Seit einigen Jahren geraten die Geschlechtergrenzen sichtbar ins Fließen, und nicht zuletzt die Werbeindustrie scheint für sich die Wirksamkeit einer »Erotik der Ambivalenz« entdeckt zu haben. Hochglanzmagazine zeigen maskulin anmutende Frauen in mädchenhaften Kleidern und zarte, verträumt blickende Männer in strengen Anzügen, Starmodels preisen »Unisex«-Parfums »for a man or a woman« an, und in Kleidungsfragen läßt sich längst nicht mehr streng zwischen »Damen« und »Herren« trennen.
Geschlechterzuschreibungen werden zunehmend auch im Alltag als soziales Konstrukt wahrgenommen – und wenn wir zwischen Männern und Frauen schon nicht mehr klar unterscheiden, warum sollten wir sie dann nicht gleichermaßen lieben können?
Marjorie Garber weist in ihrem provokanten Buch nach, daß die Vielfalt menschlichen Begehrens weitaus größer ist, als uns Erziehung und Gewohnheit gemeinhin glauben machen. An zahlreichen Beispielen aus Geschichte und Literatur, aus Psychoanalyse, Film und Alltagskultur zeigt die Autorin, wie präsent die Bisexualität als Konzept und mögliche Lebensweise in unserer Gesellschaft ist. Dennoch neigen wir dazu, zwar Prominenten die Bisexualität als Teil eines exzentrischen Lebensstils zuzubilligen, aber nicht zu akzeptieren, daß auch unsere eigene Sexualität sich nicht immer an die gängigen Etikettierungen halten muß und daß Zwischenformen durchaus möglich und reizvoll sein können.
Klug, mit Witz und einer Fülle von Material gelingt es Marjorie Garber, die Bereiche zwischen oder gar jenseits von Hetero- und Homosexualität zu erkunden. Bisexualität, so wird hier deutlich, kann eine Lebensform *sui generis* sein, die nicht nur Madonna und Lord Byron, David Bowie, Vita Sackville-West und Leonard Bernstein vorbehalten ist – Marjorie Garbers Buch lädt vielmehr dazu ein, die Grenzen der eigenen »sexuellen Identität« auszuloten und dabei viel Neues zu erfahren.

Marjorie Garber ist Professorin am Center for Literary and Cultural Studies der Harvard University. Sie hat mehrere Bücher veröffentlicht, darunter erschienen bei S. Fischer ›Verhüllte Interessen‹ (1993) und ›Die Liebe zum Hund‹ (1997).

Unsere Adresse im Internet: www.fischer-tb.de

Marjorie Garber

Die Vielfalt des Begehrens

**Bisexualität
von der Antike bis heute**

Aus dem Amerikanischen von Christiana Goldmann
und Christa Erbacher-von Grumbkow

**Fischer
Taschenbuch
Verlag**

Veröffentlicht im Fischer Taschenbuch Verlag GmbH,
Frankfurt am Main, September 2000

Die amerikanische Originalausgabe erschien 1995
unter dem Titel ›Vice Versa‹
bei Simon & Schuster, New York
© 1995 by Marjorie Garber
Für die deutsche Ausgabe:
© Fischer Taschenbuch Verlag GmbH,
Frankfurt am Main 2000
Alle Rechte vorbehalten
Gesamtherstellung: Clausen & Bosse, Leck
Printed in Germany
ISBN 3-596-14817-0

Dem Andenken von Dell Abromson gewidmet

Inhalt

Einleitung: Vice versa   9

**Teil I: Bi-Wege
Kultur, Politik, Geschichte**   39
1. Bi-Worte   41
2. Bi-sexuelle Politik   83
3. Fatal Attraction   116
4. Kein Skandal in Bohemia   135

**Teil II: Bi-ologie
Wissenschaft, Psychoanalyse,
Psychomythologie**   177
5. Das Geheimnis des Tiresias   179
6. Freud und der Goldene Fließ   200
7. Das Unbehagen in der Androgynie   249
8. Ellis im Wunderland   289
9. Standardabweichungen   305
10. Die Rückkehr zur Biologie   330
11. Andererseits   352

**Teil III: Bi-Gesetze
Institutionen des »normalen« Sex**   365
12. Schulen der Normalität   367
13. Erotische Erziehung   393
14. »Nur eine Phase«   430
15. Familienwerte   462
16. Unzweckmäßige Ehen   492

Teil IV: Bi-Sex
Die Erotik des Dritten 529
17. Erotische Dreiecke 531
18. Eifersucht 556
19. Der bisexuelle Plot 573
20. Trios 597

Epilog: »Zwischen« oder »unter«? 633

Anhang
Danksagungen 641
Anmerkungen 643
Literaturhinweise 705
Filmhinweise 707
Register 711

Einleitung: Vice versa

... Ideen über Bisexualität und die daraus folgende Art der
sexuellen Anziehung – weibliche Männer ziehen männliche
Frauen an und *vice versa*.
Sigmund Freud [1]

Identifiziert sich eine Frau nicht mit einer klassisch weiblichen
Position, so erwartet man von ihr, daß sie sich mit einer
klassisch männlichen Position identifiziert, und *vice versa*, wenn es
um einen Mann geht.
Kaja Silverman [2]

Eine große Anzahl der Befragten haben den Kreis zumindest einmal
ganz durchlaufen: Sie hatten eine Affäre mit einem Mann, dann
mit einer Frau und schließlich wieder mit einem Mann oder *vice
versa*.
Philip W. Blumstein und Pepper Schwartz [3]

Soweit ich feststellen kann, habe ich mich immer als bisexuell
empfunden, als jemanden, den Frauen und Männer gleich stark
anziehen. In einigen Lebensphasen war es mir aus psychologischen
Gründen mehr danach, statt einer Frau einen Mann zu lieben
und von ihm geliebt zu werden – oder *vice versa*.
Colin Spencer [4]

Andererseits hat Bisexualität, wie schwule, lesbische oder
heterosexuelle Sexualität, nichts mit Tugend oder Laster (*vice*)
zu tun.
Marcia Deihl [5]

Einleitung

Vice versa. Der lateinische Ausdruck bedeutet »Verkehrung der gewöhnlichen Ordnung, auf den Kopf gestellt«. *Vice* teilt mit dem Wort *vicinitas* oder »Ort« dieselbe Wurzel. Mithin: *vice versa*, vertauschte Plätze, andersherum.

Warum sollte man ein Buch über Bisexualität *Vice versa* nennen?[6] Suggeriert der Ausdruck nicht, daß es nur zwei Möglichkeiten gibt? Männlich *oder* weiblich, schwul *oder* hetero, monogam *oder* nichtmonogam, pubertär *oder* reif, normal *oder* pervers? Welches Gewicht kommt diesem »oder«, diesen einander ausschließenden Alternativen zu? Ist es vielleicht die Struktur des »versa«, die ein »vice« beinhaltet? Und wo ist der Platz der Bisexualität, die sich trotz oder – wer weiß – auch wegen des »Bi« in ihrem Namen für gewöhnlich als dritte Möglichkeit präsentiert? Schwul, hetero oder bi?

Umkehrung. Wechselseitiges Ausgeschlossensein. *Vice* (dt. = Laster). All diese Begriffe, die in dem Ausdruck *vice versa* enthalten sind, werden im Lauf dieser Untersuchung näher betrachtet. *Vice versa*. Ganz im Gegenteil.

Die Erde ist eine Scheibe. Die Sonne dreht sich um die Erde. Menschen sind entweder hetero- oder homosexuell.

Alexander der Große liebte Männer und Frauen. So auch Julius Caesar und, wie sich herausstellte, Sappho. Desgleichen Sokrates. Aber schließlich sollen die Griechen und Römer ja so ganz anders gewesen sein als wir: Sie waren Heiden. Sie lebten vor langer, langer Zeit, und ihre Kultur war völlig anderen Werten verpflichtet. Außerdem meinen wir, daß sie doch letztlich dem einen oder dem anderen den Vorzug gegeben haben müßten. Zog ein Mann an der Seite des von ihm geliebten Jünglings in den Krieg und ließ dabei eine Frau zurück, gehorchte er dann dem gesellschaftlichen und ökonomischen Druck, zu heiraten und Kinder zu zeugen? Oder paßte er sich nur anderen kulturellen Gebräuchen an, wenn er einen Knaben zu seinem Liebhaber machte, wie es ihm selber in seiner Jugend widerfahren war? Waren diese uns so fernen und doch vertrauten Menschen der Antike nun in Wirklichkeit heterosexuell oder schwul?

James I. von England, Shakespeares König, war Ehemann und Vater und hatte dennoch berühmte, ja berüchtigte Affären mit Männern. Den Herzog von Buckingham nannte er sein »süßes Kind und Weib«[7]. Und wie steht es mit Shakespeare selber? Mit 18 bereits verheiratet, seine Frau erwartete ihr erstes Kind, schrieb er wortgewaltige Liebessonette an einen jungen Mann:

Einleitung

»Herr-Herrin meiner minne«[8]. Bisexualität (neuere Arbeiten über Shakespeare bezeichnen sie oft als »Homoerotik« mit deutlich »heterosexuellen« Zügen) spielt auch in mehreren seiner Stücke eine wichtige Rolle als Motiv und Motor der Handlung, so – um nur die bekanntesten Beispiele zu nennen – in *Was ihr wollt*, *Der Kaufmann von Venedig* und *Wie es euch gefällt*. Weniger offensichtlich taucht sie auch in *Othello*, *Viel Lärm um nichts* und *Ein Wintermärchen* auf. Besonders in *Othello* sind die Auswüchse sexueller Eifersucht mit bisexuellem Begehren verbunden.

Wie viele Gelehrte bemerkten, hatten Männer häufig Sex mit anderen Männern und Frauen mit anderen Frauen, ohne daß sie sich deshalb als, wie wir heute sagen, Homosexuelle betrachteten. Im Europa der frühen Neuzeit gab es den Begriff »Bisexualität« noch nicht, was jedoch nicht bedeutet, daß es an literarischen und kulturellen Zeugnissen für sie fehlt. Ganz im Gegenteil.

Marie Antoinette, die Gemahlin Ludwigs XVI., wurde von den politischen Feinden ihres Gatten öffentlich lesbischer Beziehungen beschuldigt, und bald kursierten auch skurrile (und faszinierende) Stiche dieses Inhalts. Auch in John Clelands 1749 erschienenem Roman *Memoirs of a Woman of Pleasure* (später unter dem Titel *Memoirs of Fanny Hill* bekanntgeworden) unterhält die Heldin Fanny erregende und sexuell befriedigende Beziehungen zu Frauen und Männern. Die Bemühungen der Erzählerin und Puffmutter, diese Erfahrungen als »Initiation« oder Vorspiel für den »eigentlichen« Sex mit Männern auszugeben, vermögen wenig zu überzeugen. Gerade diese Seiten zählen zu den erotisch erregendsten des Romans, und nicht nur weil Männer sich an sexuellen Beziehungen zwischen Mädchen delektieren. Auch jede Leserin wird das bestätigen.

All diese Beispiele fallen jedoch in die Zeit vor der Erfindung des »Homosexuellen« als einer bestimmten Person, eines Typs, eines Schicksals. Vor dem 19. Jahrhundert – nach anderer Meinung vor dem 18. Jahrhundert – war Homosexualität in der abendländischen Welt eine Praktik, keine Identität.

»Der Homosexuelle des 19. Jahrhunderts ist zu einer Persönlichkeit geworden, die über eine Vergangenheit und eine Kindheit verfügt, einen Charakter, eine Lebensform, und die schließlich eine Morphologie mit indiskreter Anatomie und möglicherweise rätselhafter Physiologie besitzt. Nichts von alledem, was er ist, entrinnt seiner Sexualität«, schrieb Michel Foucault und traf damit eine Feststellung, die zum bekannten Inventar jeder

Einleitung

heutigen Debatte über sexuelle Identität wurde. »Der Sodomit war ein Gestrauchelter, der Homosexuelle ist eine Spezies.«[9]

Manchmal gehen wir zurück, während wir meinen vorwärts zu gehen (und *vice versa*). Die vielfältigen Spezifikationen von »Perversionen« und Abweichungen zogen nicht nur juristische und medizinische »Behandlungen« nach sich, sondern erzeugten auch jene Lustgefühle, die sich, jedenfalls zum Teil, der Regelverletzung verdanken.

Ist Bisexualität eine »dritte Art« sexueller Identität, zwischen oder jenseits von Homo- und Heterosexualität? Oder stellt sie nicht überhaupt das Konzept einer sexuellen Identität in Frage? Warum sollten wir, statt von Hetero-, Homo-, Auto-, Pan- und Bisexualität zu reden, nicht einfach nur »Sexualität« sagen? Kann die Bisexualität uns etwas Grundlegendes über das Wesen der menschlichen Erotik enthüllen?

Mit diesen Fragen beschäftigt sich das vorliegende Buch.

Bisexualitäten

Jeder ist bisexuell.
Volksweisheit

Bisexualität gibt es nicht.
Volksweisheit

Die Bisexualität macht ansonsten vernünftige
Leute besonders nervös.
Lear's [10]

Wie ich sehe, bekennen sich dieses Jahr
eine Menge Leute zur Bisexualität.
Martha Weinman Lear [11]

Sich unermüdlich über seine sexuellen Bedürfnisse zu befragen
kommt mir selbstzerstörerisch vor. Man kann zum Beispiel
durch den Anblick eines Stechpalmenblatts erregt werden,
durch einen Apfelbaum oder ein Kardinal-Männchen
an einem Frühlingsmorgen. So tief unsere Genitalien in unser Gefühls-
und Sexualleben eingreifen, wir müssen doch bedenken,
daß sie recht gedankenlos sein können.
John Cheever [12]

»Ich wußte immer schon, daß ich bisexuell bin«, sagte der sechzehnjährige Oberschüler Khadjihah Britton von der Rindge and Latin High School in Cambridge am alljährlichen »Tag des Coming-out« vor 250 Schulkameraden. Eine für den liberalen Geist in Cambridge, Massachusetts, typische Äußerung? Mag sein. Doch im ganzen Land von Berkeley in Kalifornien über Minneapolis in Minnesota bis Fort Lauderdale in Florida bekennt sich eine wachsende Zahl junger Leute dazu, bisexuell zu sein. Auf diese Weise, so ein Arzt, könnten sie sich einer Kategorisierung entziehen. Wer verkündet, er sei bisexuell, »sagt damit einfach, er sei noch nicht festgelegt, und bewahrt sich so eine gewisse Freiheit«[13]. Und nicht zuletzt wird damit eine gesellschaftliche und sexuelle Offenheit bewiesen, die hinreichend viele Vorbilder in der Medienwelt und Popkultur hat: Madonna, Mick Jagger und Elton John, um nur einige zu nennen.

»Wo ich wohne, wird es immer schicker«, berichtet ein zwanzigjähriger Marktforscher aus dem Mittleren Westen, und die Koordinatorin einer

Einleitung

Gruppe junger Schwuler und Bisexueller in Chicago pflichtet dem bei: »Ehrlich gesagt, sind sie für alles offen.«[14] Freiheit, Offenheit, Mode – man hört förmlich das Schnauben der »ehrbaren« Leute in der rechten wie der linken Ecke. *Newsweek* verband diese neue Offenheit auf durchaus plausible Weise mit anderen ins Wanken geratenen kulturellen Gewißheiten: »An den Oberschulen im ganzen Land ist man jetzt multikulturell und multisexuell.«[15] Andererseits behaupten manche Schwule und Lesben weiterhin, es sei leichter, sich zur Bisexualität zu bekennen. Beim Coming-out an der Rindge and Latin High School gab eine junge Lesbe das »heterosexuelle Privileg« als Losungswort für Bisexuelle aus: »Schließlich behält man ja noch immer seinen Heteroteil.« Und einige deuten diese Freiheit und Offenheit einfach als Verwirrung, zumal in einer Lebensphase, in der Teenager ihre Identität – sei es nun Beruf, Schule, Karriere, ja selbst Körpergröße und Erscheinung und, nicht zu vergessen, Sexualität – erst noch herausbilden und in diesem Prozeß ständig revidieren.

Ich las diese Kommentare zum US-amerikanischen Multikulturalismus, zum »Multisexualismus«, zum neuen »coolen« Profil der Teenager-Bisexualität und dem Coming-out an der Rindge and Latin High School auf einer Bahnfahrt von München nach Konstanz. Rindge and Latin ist einen Block von meinem Arbeitsplatz in Cambridge entfernt. Auf diese Äußerungen und Ideen zu stoßen, während mein Zug durch Oberschwaben fuhr, hatte etwas zugleich Befremdliches und Bestätigendes. Nachdem ich zuvor in München einen Vortrag über Geschlechteridentität und Erotik gehalten hatte, war ich nun auf dem Weg nach Konstanz, in jene Universitätsstadt, in der sich der Klerus im 15. Jahrhundert bemühte, das große Schisma zu überwinden, und die heute von der schweizerischen Grenze umgeben ist. Meine Gedanken kreisten um Grenzen und Grenzlinien.

Wieder zu Hause, griff ich zu einer Ausgabe der *New York Times* und entdeckte auf der Bildungs- und Wissenschaftsseite einen Artikel über einen »Oberschulclub für schwule Schüler«, wie die Überschrift mitteilte. Bei besagter Oberschule handelte es sich um die exklusive, wenngleich staatliche Hunter High School, die nach Auskunft des Artikels auf der »eleganten Upper East Side« liegt. In Anspielung auf die Abschätzung im Kinsey-Report von 1948 über *Das sexuelle Verhalten des Mannes*, daß »vermutlich 10 Prozent der Gesellschaft schwul sind«, nannte sich der Club der »10-Prozent-Club«. Und die schwulen Schüler? »Dieses Jahr«, so behauptet der Artikel, »hat kein Mitglied des 10-Prozent-Clubs erklärt, es sei ausschließlich schwul.« »Alle sind bisexuell«, sagte der Vorsitzende. »Sollte das wirklich wahr sein?« fragt der Kolumnist.

Die Antwort auf diese Frage kann man leicht voraussagen. Es ist unproblematischer, sich als »bi« zu bekennen denn als schwul. »Zu sagen, ›ich bin bisexuell‹, fällt sehr viel leichter«, meint ein Mitglied. »Man kann seine Gefühle akzeptieren, ohne sich der Gesellschaft völlig zu entfremden.« Doch weiter unten schreibt der Kolumnist leicht ironisch, daß trotz der angeblichen sexuellen Freizügigkeit der heutigen Jugend und der Tatsache, daß »der 10-Prozent-Club so freizügig sein soll, wie sein Name verspricht, ... alle befragten Bisexuellen angaben, sie hätten noch nie Beziehungen zu Angehörigen ihres eigenen Geschlechts gehabt«[16].

»Ich frage mich allmählich, ob die Trennung zwischen hetero und homo in dieser Generation nicht zusammenbricht«, meint ein schwuler Mann, der an einem angesehenen kalifornischen Institut unterrichtet. »Meine Antennen haben das ganze Semester über versagt: Einer meiner lockersten Studenten mit einer geradezu schwulen Sensibilität entpuppte sich als Hetero, der bei einer sporadisch lesbisch lebenden Mutter aufgewachsen war, während eine der bombensicheren Lesben plötzlich mit einem Mann aufkreuzte, der zuvor mit einem Transvestiten liiert gewesen war. Und wenn das in einem so seriösen Milieu wie an dieser Universität geschieht, frage ich mich, was sich so an anderen Orten entwickelt!«

Eines entwickelt sich zweifellos: ein Bi-Bewußtsein und eine Bi-Sichtbarkeit. Die Rockgruppe »Living Colour« spielte den Titel »Bi« mit dem Refrain ein: »Everybody wants you when you're bi.« Brett Anderson, Leadsänger der englischen Band »London Suede«, brachte die Gemüter in Wallung, als er über sich sagte, er sei »ein Bisexueller ohne homosexuelle Erfahrungen«[17].

Zur Tanz- und Popgruppe »Fem 2 Fem«, die als »Lipstick-Lesben« mit »schwül-sexueller Ausstrahlung« charakterisiert wird, gehören vier Frauen, von denen zwei in der Presse als »hetero«, eine als »homosexuell« und eine als »bi« bezeichnet wurden.[18] Allein die Existenz dieser dritten Kategorie, die hinter dem Namen der Sängerin Julie Ann Park unauffällig in Klammern – »(bi)« – gesetzt wurde, verleiht einer erotischen Selbstbeschreibung eine Sichtbarkeit und Legitimität, die oft als euphemistisch oder verdächtig galt.

Einleitung

Der verstorbene Rockstar Kurt Cobain erklärte in der Schwulen- und Lesbenzeitschrift *The Advocate*, daß er, hätte er nicht Courtney Love getroffen und geheiratet, »möglicherweise seinen bisexuellen Lebensstil fortgeführt hätte«[19]. Er schien damit anzudeuten, daß Bisexualität für ihn und seinesgleichen die unvermeidliche Grundeinstellung sei, natürlicher als jede monosexuelle Einseitigkeit. Sandra Bernhard, Komödiantin, Entertainerin und Covergirl des *Playboy*, eine der erstaunlichsten bisexuellen Berühmtheiten seit ihrer Beinahe-Namensschwester Sarah, rät dem Publikum in einem Kabarettstück von einseitiger Ernährung ab und empfiehlt ein Drei-Gänge-Menü: Heterosexualität, Homosexualität, Bisexualität. »Männer wie Frauen können sich sowohl auf den Mann wie auf die Frau in mir beziehen«, verkündet sie.[20]

In Rose Troches lesbischer Komödie *Go Fish* schläft eine Lesbe mit einem Mann. In *Grief*, einem Film über Aids von Richard Glazer, spielt Alexis Arquette, der bereits in dem bisexuellen Studentenfilm *Einsam, zweisam, dreisam* mitwirkte, in der Hauptrolle den Künstler Dick, der durch sein (bi)sexuelles Verhalten in ziemliche Schwierigkeiten gerät. In *Paris, France* hüpfen drei Männer und eine Frau, alle Mitglieder der schreibenden Zunft, zusammen ins Bett. Wenn solche Filme das Lesbian & Gay Film Festival prägen, zeichnet sich in der Tat ein Wandel ab. »Diese Weigerung, sich mit den anerkannten Kategorien sexueller Identität zu begnügen, ist äußerst irritierend, politisch alles andere als korrekt und verleiht dem Festival einen Funken von Unvorhersagbarkeit«, merkt der *Boston Globe* an. Das ist die neue Bisexualität, das heißt die alte Bisexualität: Bisexualität als Erotik, als »sexuelle Identität ohne Schubladendenken«[21], keineswegs Bisexualität als eine »dritte« Möglichkeit zwischen oder jenseits von Hetero- oder Homosexualität.

Nichts Neues unter der Sonne

Unter der Überschrift »Bisexualität ist in« verkündet ein anderer Artikel in *Newsweek* im Brustton der Überzeugung, daß »die Bisexualität blüht und gedeiht«. Als Gewährsleute wurden eine berühmte Musikerin mit dem Ausspruch zitiert, eine der intensivsten Romanzen ihres Lebens habe einer Frau gegolten, eine Studentin im zweiten Semester am Vassar College, die nach vier Jahren ausschließlich lesbischer Beziehungen eine Liaison mit einem

Mann einging, und zwei Psychiater mit konträren Ansichten. Der eine erklärte, »die Bisexualität ist für unsere Kultur und Gesellschaft eine Katastrophe«, während der gewählte Präsident der American Psychiatric Association verkündete, »wir nähern uns dem Punkt, wo man die Heterosexualität als Tick betrachten kann«[22].

Um nicht ins Hintertreffen zu geraten, titelte in derselben Woche *Time* »The New Bisexuals« und thematisierte die Triumphe und Heimsuchungen durch dieses sexuelle Phänomen, ausgehend von den Biographien berühmter Schauspielerinnen und Schriftsteller, dem Erscheinen von Bestseller-Romanen, Memoiren und aufsehenerregenden bisexuellen Filmen bis zu den wiederum geteilten Ansichten der psychiatrischen Zunft: »Bei der Elite und in Künstlerkreisen ist es in Mode gekommen, sich vom Gedanken der Bisexualität faszinieren zu lassen«, meinte ein Experte, während ein anderer Bisexualität und Homosexualität als Symptome kindlicher Entwicklungsstörungen beklagte. Ein Dritter behauptete sogar: »Bisexuelle sind generell unfähig, sich nur in einen Menschen zu verlieben.«[23]

Man mag vielleicht denken, daß das alles nicht sehr überraschend ist. Die Konkurrenz zwischen den Nachrichtenmagazinen sorgt schließlich häufiger dafür, daß ähnliche Geschichten im gleichen Zeitraum erscheinen, und die Allgegenwart der »bisexuellen Mode« bei Popstars, in Filmen und Talk-Shows fordert eine Beachtung durch die Medien geradezu heraus. Wie *Newsweek* mit gewissem Stolz erklärt, »sind die Nachrichtenmedien zur Kanzel für alle Prominenten geworden, die ihre Intimsphäre preisgeben und sich öffentlich zu der in Mode gekommenen Bisexualität bekennen wollen«. Was einzig überraschen könnte, ist das Erscheinungsdatum der beiden Artikel. Beide wurden im Mai 1974 – vor mehr als 20 Jahren – veröffentlicht. Zu den weiblichen Stars der Musikszene, die eine Geliebte hatten, gehörten die Folksängerin Joan Baez und die, wie die *Time* schrieb, durch und durch bisexuelle Janis Joplin. Unter den zitierten Schauspielerinnen befanden sich Tallulah Bankhead und Maria Schneider. Man streiche nur die Namen und ersetze sie durch neue, und schon hat man Stories, um die sich die Wochenmagazine heute reißen würden. Aus psychiatrischen Fachkreisen ließen sich Fachleute vernehmen, deren Namen immer wieder in Sammelbänden über das Für und Wider der Bisexualität angeführt werden: die Verteufler Charles Socarides und Natalie Shainess, die Befürworter Judd Marmor von der American Psychiatric Association und John Money, der Fachmann für Geschlechtsidentität an der Johns-Hopkins-Universität. Das obligatorische Begleitphoto

Einleitung

in *Newsweek* zeigt einen Mann in Frauenkleidern, der seinen Arm um einen Mann und eine Frau gelegt hat, und eine Gruppe von »Partygästen in einer Manhattaner Wohnung, die ihre bisexuelle Befreiung feiern«.

Doch die frühen siebziger Jahre waren in unserem Jahrhundert keineswegs die ersten, in denen die bisexuelle Mode als soziales und kulturelles Phänomen in Erscheinung trat. Die bisexuellen Experimente in den zwanziger Jahren wurden auf die Verbreitung der Freudschen Theorie (oder des Freudianismus), den Ausbruch des Ersten Weltkrieges und eine allgemeine Vorliebe für das Gewagte und Unkonventionelle zurückgeführt: Bubiköpfe, kurze Röcke, Ablehnung der Prohibition und der viktorianischen Fesseln. Die Romane Hemingways, Djuna Barnes' und Sherwood Andersons; die Theaterstücke von Sholem Asch und Edouard Bourdet; die Beliebtheit von Tansvestitenbällen (veranstaltet an so bekannten Orten wie dem Hotel Astor und dem Madison Square Garden); die bei Weißen wie Schwarzen beliebten bisexuellen Bluessänger aus Harlem, der durchschlagende Erfolg Marlene Dietrichs in Amerika: Dies alles verlieh der Bisexualität den Nimbus von Freiheit und Nonkonformismus.[24]

Warum dann dieser Wirbel um die Bisexualität in den neunziger Jahren? (Die Rede ist hier von den 1990er Jahren – die bisexuelle Lebensführung von Künstlern wie Sarah Bernhardt und Oscar Wilde gehören einer Epoche der bisexuellen Experimente und Moden an, von denen uns ein Jahrhundert trennt.) Ist Sexualität eine Modeerscheinung wie Plateauschuhe, Schlaghosen oder Doppelreiher, die auftauchen und wieder in der Versenkung verschwinden, um dann mit marginalen Differenzen ein weiteres Mal aufzuerstehen? Müssen »Neuigkeiten« ihrer Natur nach immer »neu« sein, um überhaupt bemerkt zu werden? Muß die Bisexualität stets von neuem in Vergessenheit geraten, um wiedererinnert und neu entdeckt werden zu können?

Zwischen der heutigen Faszination der Bisexualität und jener vor 20 Jahren gibt es einige gewichtige Unterschiede. In den Siebzigern, die noch immer die Ära der selbsternannten sexuellen Revolution sind, ging es offenbar um Lust, Freiheit und das Niederreißen von Schranken. Bisexualität und Drogenkultur versprachen Grenzerfahrungen und ein antibürgerliches Leben. Bisexualität und eine Zeitlang Androgynität waren die Parole.

Ein paar Jahre nach Stonewall, als der Feminismus, die Schwulen- und Lesbenbewegung an Sichtbarkeit und Stärke gewannen, schien die Bisexualität Teil einer bloßen Taktik zu sein, um das »Ufer« zu wechseln, ein Lebensstil des »alles ist möglich«, an dem jeder partizipieren konnte. Zweisamkeit war passé, Paare galten als spießig. Kommunen, Partnertausch, Dreierbeziehungen, Gruppensex – das waren die Medienklischees jener Zeit. Wer in den siebziger Jahren jung und bisexuell war, mußte entdecken, daß die Medien und die Musikszene auf unheimliche Weise die eigenen Wünsche spiegelten und sie wie alle Unterhaltungsmedien auch weckten. Noch immer war es nicht ungefährlich, sich offen als schwul zu bekennen. Wer »nur« bisexuell war, dem konnte man damals wie heute nachsagen, lediglich auf die sogenannten »heterosexuellen Privilegien« aus zu sein. Was aber, wenn jemand *wirklich* Frauen und Männer begehrte?

Auch in den neunziger Jahren müssen sich Bisexuelle manchmal den Vorwurf gefallen lassen, sie griffen nach »heterosexuellen Privilegien« (oder kämen, auch wenn sie nicht darauf aus seien, zumindest in ihren Genuß), doch die sexuelle Revolution ist längst vorbei. Statt Grenzen aufzuheben, propagieren die heutigen Kulturpolitiker die Fesseln der Identität. Grenzen feiern Auferstehung: Ethnische, rassische, religiöse und sexuelle Minderheiten bekräftigen ihre Existenz und damit ihre Macht. Obwohl Aktionsgruppen wie die Queer Nation eine Art Sammelbewegung darstellen, unter deren gastlichem Dach sich Lesben, Schwule, Bisexuelle, Transsexuelle und andere Gruppen versammeln können, welche die festen Geschlechteridentitäten unterlaufen und Praktiken vom Sadomasochismus bis zum Transvestismus pflegen, herrscht in den sexuellen Schlachten der neunziger Jahre noch immer ein Bewußtsein von Grabenkämpfen und ein gewisser Beigeschmack moralischen Märtyrertums vor.

Das Auftreten der »Biphobie«, ein in Analogie zur Homophobie geprägtes Wort[25], suggeriert, daß die Ablehnung der Bisexualität eine Form des sozialen Vorurteils ist. Heterosexuelle stempeln Bisexuelle als möglicherweise verklemmte Homosexuelle ab, die ihre Frauen mit zufällig aufgegriffenen männlichen Beischläfern betrügen und in der »unschuldigen« heterosexuellen Bevölkerung, ungeborene Kinder eingeschlossen, Aids verbreiten, während einige Schwule und Lesben Bisexuelle als ausschweifend und unentschlossen, als bloße »Zaungäste« abstempeln, die sich nicht »richtig« einlassen, die mit den Gefühlen ihrer gleichgeschlechtlichen Sexualpartner nur spielen und ihnen dann das Herz brechen, wenn sie zu ihren »eigentlichen« (sprich: heterosexuellen) Beziehungen zurückkehren.

Einleitung

Trotz dieser Pauschalurteile und Ressentiments ist die Bisexualität – und selbst der mittlerweile mehrmals wiederaufgewärmte Begriff der »bisexuellen Mode« – dank kräftiger Mithilfe durch Musikvideos, Talk-Shows, Sitcoms, Kontaktanzeigen und die sexuelle Praxis langsam, aber sicher ein Teil des Mainstreams geworden. Mitte 1992 fiel beispielsweise in den kleinen Zeitraum von nur drei Monaten eine zur besten Sendezeit ausgestrahlte dreiteilige englische Fensehreihe über die bisexuelle Ehe Vita Sackville-Wests mit Harold Nicolson, ein Leitartikel in *Lear's* über das »Bisexuelle Potential« (so die Schlagzeile über einem Titelbildphoto von Ivana Trump), ein Sonderbeitrag im *Playboy* über die frühere Madonna-Gespielin Sandra Bernhard[26], ein gereizter Artikel in der »Queer Issue«-Kolumne von *Village Voice* mit der Überschrift »Bi Any Means Necessary – Sie nennen sich selbst bisexuelle Homos und begehren zum Leidwesen vieler Einlaß in die Schwulenbewegung«[27] und ein dreiseitiger Bericht über Bisexualität in *Time*.[28]

Neuere Biographien über Marlon Brando, Laurence Olivier, Marlene Dietrich, Leonard Bernstein und John Cheever haben aufregende Details über das Bisexuelle in ihrer Persönlichkeit und ihren Beziehungen zutage gefördert. Susie Bright, Herausgeberin des lesbischen Pro-Sex-Magazins *On Our Backs*, beschrieb sich selbst als bisexuell bzw. als »bisexuelle Lesbe«. (Später werden wir sehen, daß das große Spektrum von Bezeichnungen und Selbstbezeichnungen, die das Etikett »bisexuell« näher bestimmen sollen, deutlich darauf hinweist, wie heftig dieses Terrain in unseren Tagen umkämpft ist.) Bi-Zeitschriften steigern ihre Auflage. Bi-Telefone bieten sich unter der Rubrik »Telefondienste für Erwachsene« an. Eine Reihe von Anthologien, darunter einige mit autobiographischem und bekennerischem Inhalt und andere eher akademischen Anstrichs, füllen die Buchläden.

Schon seit längerem drehen sich Fernseh-Talk-Shows um Themen wie »Bisexualität und Ehe«, »Die Ehe zwischen Homosexuellen und Heterosexuellen«, »Geschlechtsumwandlung, um gleichgeschlechtlichen Sex zu haben« (alle bei »Donahue«), »Ein Familientherapeut über die Ehe: Paare und bisexuelle Beziehungen« (»Oprah«), und die Tendenz ist weiter steigend. Fernsehserien wie »Dynasty« und »Quantum Leap« sowie im Vorabendprogramm ausgestrahlte Seifenopern haben Geschichten über Bisexuelle gesendet. In einer berühmten, zur Hauptsendezeit ausgestrahlten Folge der Fernsehreihe »L.A. Law« küßte C.J. Lamb, gespielt von der sexy aussehenden Amanda Donohoe, auf einem Parkplatz eine verwirrte und beschwipste Juristin (Michele Greene).

Die aufgeregten Reaktionen haben Donohoe und den Kuß berühmt gemacht, obwohl die Sendeanstalt alles tat, um die Erotik herunterzuspielen. »Ich glaube, daß viele junge Frauen sich über ihre Sexualität unsicher sind«, bemerkte Donohoe, »wenn man bedenkt, wieviel Ärger wir mit den Männern haben, ist das ja auch kein Wunder.«[29] Als sie hörte, ein Sprecher der NBC habe C. J.'s Bisexualität dementiert, konterte Donohoe: »Der Sender sollte den Mut haben, C. J.'s Sexualität schön in Ruhe zu lassen. Ich meine, es wäre katastrophal, wenn sie anfinge, sich mit Männern einzulassen, und nie wieder erwähnte, daß sie sich sexuell zu Frauen hingezogen fühlt.«[30] Auf einer Presseveranstaltung der NBC gefragt, welche Richtung ihre Rolle in den nächsten Folgen nehmen werde, entgegnete sie prompt: »Natürlich beide Richtungen, Schätzchen.« Händchenhaltend posierte sie mit der bisexuellen Entertainerin Sandra Bernhard vor den Photographen, und die Gerüchteküche wollte wissen, sie habe sowohl mit Bernhard als auch mit Sammy Hagar, dem blonden Sänger der Gruppe »Van Halen«, ein Verhältnis.[31] »Ich glaube, ihre Bisexualität ist für ihre Persönlichkeitsentwicklung entscheidend«, meinte Donohoe über C. J.'s Charakter und Zukunft. »Mir persönlich würde es gefallen, wenn sie sich mit ein paar christlichen Fundamentalisten anlegte.« Im Herbst 1992 wurde ihre Rolle aus dem Drehbuch für »L.A. Law« gestrichen, und es dauerte nicht lange, bis die Serie mit einer neuen weiblichen Rolle besetzt war: einer zierlichen und blonden fundamentalistischen Christin.

Mittlerweile ist der bisexuelle Kuß als ausgewiesener Publikumsmagnet in ein weniger prüdes und freizügigeres Fernsehterrain vorgedrungen: In ihrer von ABC ausgestrahlten Sitcom-Serie begleiten Roseanne und eine heterosexuelle Freundin die bisexuelle Nancy (Sandra Bernhard, die diesmal mehr als eine nur unbedeutende Nebenrolle bekam) und Nancys neue Freundin Sharon (Mariel Hemingway) in die Lesbenkneipe Lips. Anfänglich noch etwas verklemmt, läßt sich Roseanne von der allgemeinen Stimmung mitreißen, und Sharon küßt sie. »Vielleicht hat es dir ja ein bißchen gefallen«, meint Nancy amüsiert. »In der Sexualität gibt es nicht nur Schwarz oder Weiß, sondern eine riesige Grauzone. Und du hast Angst, ein kleiner Teil von dir könnte von einer Frau erregt werden.«

Der Breitenerfolg von Werbekampagnen wie jener für Calvin-Klein-Jeans und Unterwäsche hat nicht nur die säuberlich kategoriale Unterscheidung zwischen heterosexuellen und schwulen Konsumenten verwischt, sondern auch tatkräftig zu einer Verunsicherung des Marktes und der Individuen beigetragen. Bruce Webers homoerotische Photographien von Männern in Calvin-Klein-Jeans und -Slips »veranlaßten die Leute, an ihrer Sexualität zu zweifeln«, wie Weber bemerkte.[32] Ein Student, der auf die Unterhosenwerbung gestoßen war, vertraute seinem Vater an, wie sehr sie ihn verwirrte: »Sie macht einen Mann für Männer attraktiv.« Doch auch heterosexuelle und bisexuelle Frauen fanden die halbnackten muskulösen Männer anziehend. Wer auch immer die offene oder versteckte Zielgruppe der Werbeanzeigen war, sie wurden anscheinend als *bisexuell* entschlüsselt.

Wiederum tat sich ein Paradox auf. Je besser die Grenzüberwachung, um so mehr Grenzverletzungen! Und wenn, wovon ich überzeugt bin, der Akt des Cross-overs selbst eine Überschreitung ist, wie ja auch das Wort andeutet, dann steigert das erregend schuldhafte Vergnügen des Überschreitens, Eindringens, Ausspionierens und Fehlverhaltens die Erotik des Anlasses. Mit einem deutlichen Wink an die Eingeweihten gingen die Weber-Anzeigen gerade noch als heterosexuell durch und forderten zugleich Heterosexuelle auf, in ästhetische (und erotische) Bereiche vorzustoßen, die, indem sie fast alles entblößten, klare schwule Signale aussendeten. Hätte man diese Anzeigen bisexuell *genannt*, hätte man sie seltsamerweise ihrer erotischen Ausdruckskraft beraubt, die gerade in der Möglichkeit der Überschreitung zu liegen schien. Wie viele Eltern erfahren müssen, bereitet die Erlaubnis, eine Regel verletzen zu dürfen, nicht immer Vergnügen, ja sie mag das sehnlichst erwünschte Vergnügen gänzlich schal werden lassen. Und wenn Luxusgüter wie signierte Boxershorts und Parfüms für 10 Mark das Gramm aufgrund ihres horrenden Preises und ihrer verführerischen Überflüssigkeit bereits in die Kategorie »Überschreitung« fallen, wird eine weitere Überschreitung nach der Logik der Werbung das Vergnügen erst recht exquisit und das Objekt erst recht zu einem »Muß« machen.

Nehmen wir ein handgreifliches Beispiel für ein offenkundig überflüssiges Zubehör: den Hosenschlitz auf den von Calvin Klein für Frauen entworfenen Boxershorts. Als sie auf den Markt kamen, fanden zunächst einige die männlichen Unterhosen für Frauen sensationell und erregend. Für andere waren sie die »Slips mit dem breiten Bund, die wie Suspensorien für Mädchen aussehen«[33], die Verwirklichung eines früher einmal gehegten, aber längst vergessenen Wunsches. Ich erinnere mich noch gut an meine erste Garnitur, das Geschenk einer Freundin. Ober- und Unterteil waren schwarz mit einem baumwollenen Zugband und dem Namen des Designers, aufgestickt auf einem weißen Elastikbund. In einem Artikel über »Calvin Kleins neue Art der Geschlechtsverwischung«[34] grübelte *Time* darüber, warum Klein trotz der entscheidenden anatomischen Unterschiede dasselbe Design für Männer und Frauen beibehielt. Kleins Antwort: »Der Schlitz macht es einfach sexuell reizvoller.« So war es: Innerhalb von 90 Tagen wurden 80 000 Boxershorts verkauft.

Es wäre fatal, den politischen Aussagewert von Kleidung und Mode zu unterschätzen. Wir würden damit nicht nur einen Teil der Geschichte ignorieren, sondern uns auch eines großen Vergnügens berauben. Wie viele Modeartikel der neunziger Jahre enthüllen, haben die Designer unseres Jahrhunderts vorsichtig und zuweilen auch spektakulär mit der Überschreitung der Geschlechtergrenzen gespielt. Rechtzeitig zur bevorstehenden Jahrtausendwende versuchen die Experten, die sexuellen und sozialen Trends der Zukunft anhand futuristischer Entwicklungen im Kleidungsstil vorherzusagen. Der Schwulen- und Lesbenzeitschrift *The Advocate* zufolge hat die Mode in den letzten 25 Jahren »eine sehr viel komplexere Rolle für Lesben und Schwule gespielt als für Heterosexuelle«. »Sind Heterosexuelle jemals auf die Idee gekommen, durch farbige Taschentücher ihre sexuellen Vorlieben zu signalisieren?«[35]

»Zumindest in der Mode hat sich der Knoten im Drama der sexuellen Zweideutigkeit geschürzt, wurden die Röcke und wallenden Mähnen bei der Präsentation der Herrenmode hinweggefegt«[36], orakelte die *New York Times* und verkündete für alle, die es noch nicht bemerkt haben sollten, daß »der androgyne Stil der achtziger Jahre passé ist«. In den siebziger Jahren konnten Mick Jagger und David Bowie das Publikum noch schockieren, wenn sie sich mit femininem Einschlag kleideten, während Boy George und Annie Lennox als »Models« der achtziger Jahre die Rollen in der Mode umkehrten und die Designer ihren Kunden locker über die weiblichen und männlichen Genitalien fallende Kleider verordneten, die, wie die *Times* zu sagen beliebte, den Eindruck »asexueller Gleichheit« hervorriefen. Die vielbeschworene »Gesellschaftsfähigkeit der schwulen Kultur« – ein Ausdruck, dem man in diesen Tagen auf Schritt und Tritt begegnet – hat Modeartikel wie Lederhosen und Ohrstecker in der Welt des coolen Stils zu einem Muß werden lassen. Der Kurzhaarschnitt bei Frauen und langes oder extrem kurz geschorenes Haar bei Männern ist indessen wieder ein Zeichen für die Befreiung von der Geschlechteridentität und ein Aufbegehren gegen sie geworden, ohne daß die

Einleitung

Ordnung der Dinge damit wirklich bedroht würde. Wie die *Times*-Kolumnistin Suzy Menke meinte, »schreckt allein schon der Gedanke, hier würde ein sexueller Kode verletzt«. Männer mit muskulösem Oberkörper, offenstehenden Hemden und die zartknochigen, auf »armes kleines Ding« gestylten *waifs* spielen mit sexuellen Kodes, sind aber weit davon entfernt, sie zu brechen – zumindest wenn Modeschöpfer wie Gaultier, Versace, Armani, Matsuda und Paul Smith das Zepter schwingen.

»Was ich an der Mode liebe, sind ihre psychologischen und soziologischen Aspekte«, meint Calvin Klein.[37] Bruce Weber versuchte einmal, Gianni Versace zu überreden, einen Kilt für Männer zu entwerfen, was Versace, der Schöpfer von Leder- und Bondagekleidung, strikt ablehnte: keine »Röcke« für Männer in seiner Kollektion![38] Unterdessen empörte sich eine Domina in *Village Voice*, Madonnas Sex wisse nicht einmal, daß Dominanz und Unterwerfung zwei verschiedene Stiefel trügen. Auch die *New York Post* brachte einen dreiteiligen Artikel über Dominas und ihre Sklaven, was einen Reporter witzeln ließ, »binnen kurzem darf man von jedem gewöhnlichen Leser in den Vereinigten Staaten erwarten, daß er den Unterschied zwischen Lackstiefeln mit einem sieben Zoll und einem neun Zoll hohen Absatz kennt«[39]. Nachdem das Topmodel Christy Turlington auf einer Londoner Modenschau ihren beringten Nabel zeigte und Naomi Campbell am nächsten Tag nachzog, wurde auch das Body-Piercing salonfähig. Teena Maree, eine Piercerin aus Los Angeles, die die Londoner Szene versorgt, meinte dazu: »Bei uns stammt das Body-Piercing aus der Schwulen- und Fetischistenszene, aber eigentlich sind seine Ursprünge über den ganzen Planeten verstreut.«

Tätowierungen, »einst das Monopol von Machos (und Schwulen), die mit ihrer Männlichkeit protzen wollten«[40], haben ebenfalls neue Liebhaber gefunden. Bei Teenagern und Grundschülern (abwaschbare Tätowierungen standen eine Zeitlang unter den Zehnjährigen hoch im Kurs)[41] sind sie heute ebenso anzutreffen wie in modebewußten Kreisen. Das Photomodell Eve Salvini wurde für die Tätowierungen auf ihrer Glatze berühmt, und Galerien von Los Angeles bis New York haben Photographien tätowierter Körper ausgestellt. Wenn Männerkleidung für Frauen, Ohrringe und Röcke für Männer, Ringe durch Nabel und Brustwarzen für sie und ihn, Tätowierungen auf allen sichtbaren und unsichtbaren Körperteilen mittlerweile zum »Mainstream« gehören, welche Grenzen lassen sich dann noch verschieben?

Wie steht es mit dem »bisexuellen Stil«?

In Harvards Studentenzeitung *HQ* (keine Verbindung mit *GQ*) schrieb Rachel Cohen eine amüsante Glosse über die Schwierigkeit, »als bisexuelle Frau sichtbar« zu werden. Auf einer Brücke über den Charles River kam ihr ein Mann entgegen, der durch seine »auffällig umgürtete schmale Taille, sein glänzendes schwarzes Haar, seine eindrucksvollen Koteletten« und seine ganze Erscheinung »seine Identität über die Brücke führte«. Dank dieser Zeichen erkannte sie in ihm sofort ein Mitglied der »bisexuellen/schwulen/homosexuellen Gemeinschaft« und schenkte ihm ein freundliches, verschworenes Lächeln. Doch was tat er? Er starrte an ihr vorbei mit einem Blick, der nicht, wie sie gehofft hatte, »herzerwärmende, aufmunternde Gemeinschaftsbande um sie schlang«, sondern nur so zu deuten war: »Da lächelt mich diese Heterofrau auf der Brücke an und ist so blind, daß ihr trotz der vielen Stunden, die ich an meinem Outfit gearbeitet habe, nicht klar ist, daß ich offensichtlich sexuell anders gepolt bin.« Diese Begegnung machte Cohen nicht zum ersten Mal klar, daß eine bisexuelle Identität unsichtbar sein kann.

Wie soll man die Bisexualität in seinem Kleidungsstil zu erkennen geben? Rosa Dreiecke, grübelt sie, sind mittlerweile »von allen liberal gesinnten Clinton-Anhängern in Beschlag genommen worden«. Die eindeutigeren lila oder blauen »Bi-Ecke« scheinen nicht wahrgenommen zu werden, während Freedom-Ringe, schwarze Springerstiefel, Motorradjacken und kurzes Haar eine Vielzahl von Botschaften übermitteln und zudem allgemein von der Hip-Kultur okkupiert worden sind. »Cross-Dressing ist völlig unmöglich«, und eine Frau im Studentenalter, die eine Baseballmütze verkehrt herum aufsetzt, signalisiert eher »Oberschule« als »Gender-Crossing«.

Selbst wenn diese Symbole »irgend etwas« ausdrückten, so wäre die Botschaft nicht »bisexuell«. Sollten Bi-Frauen etwa halbhohe schwarze Stiefel tragen, sich nur unter einer Achsel rasieren, jeden zweiten Tag in eine Motorradjacke schlüpfen oder auf der Straße stets ein Exemplar von *Bi Any Other Name* mit sich herumtragen? Vermutlich würde nur ein großes Schild mit dem Wort »BI« in Blockschrift ihre »visi-BI-lity« steigern, vermutete Cohen. Und selbst das würde möglicherweise fehlinterpretiert werden. »Wie man es auch dreht und wendet, ich habe, wie viele in Harvard, ein schizophrenes Image und nichts zum Anziehen.«[42]

Daß es sich hierbei nicht um Philosophie oder die Archäologie der Mode handelt, sondern nur um Studentenhumor, würde Cohen als erste einräumen. Dennoch ist die These, daß Bisexualität statistisch, kulturell, historisch und politisch »unsichtbar« ist, der richtige Rahmen für diese ironische Beschreibung des Dilemmas bisexueller Studenten. Sichtbarkeit ist in der Tat etwas, was Bis nach eigenem Bekunden schon seit Jahren vermissen. Der Titel des berühmten Buches von Ralph Ellison ruft es uns dunkel in Erinnerung: *Unsichtbar*.[43] Unsichtbar wird jede Gruppe, welche die Gesellschaft zu übersehen oder zu ignorieren gewillt ist. Auf sie wartet kulturelle Mißachtung, wenn nicht gar Schlimmeres.

Die Entdeckung der Bisexualität

»Nur die Bisexualität!« schrieb Freud im August 1899 an seinen Freund Fließ. »Mit der hast Du sicherlich recht. Ich gewöhne mich auch, jeden sexuellen Akt als einen Vorgang zwischen vier Individuen aufzufassen.«[44] Nach Freud ist die angeborene bisexuelle »Konstitution« oder, wie er häufiger sagte, die bisexuelle »Anlage« eine Erklärung für seelische Konflikte und die daraus resultierenden Neurosen: »Die wichtigste dieser Perversionen, die Homosexualität, verdient kaum diesen Namen. Sie führt sich auf die konstitutionelle Bisexualität zurück.«[45] Teilweise ist sie auch eine Erklärung für die Schwierigkeit, vom Mädchen zur Frau heranzureifen – »als ob das Individuum nicht Mann oder Weib wäre, sondern jedesmal beides, nur von dem einen so viel mehr als vom andern«[46].

Als Vita Sackville-West ihre mittlerweile berühmt gewordene »Beichte, Autobiographie oder wie immer ich es nennen soll« niederschrieb – nach ihrem Tode fand ihr Sohn sie in einer verschlossenen Reisetasche[47] –, glaubte sie in einem »durchaus unpersönlichen und wissenschaftlichen Geist die bereits hinlänglich akzeptierte Theorie« vertreten zu können, »daß Fälle von doppelter Persönlichkeit tatsächlich existieren, bei denen die weiblichen und männlichen Elemente abwechselnd vorwiegen« (später werden wir sehen, in welchem Maß sie ebensowenig wie Freud nur von wissenschaftlicher Objektivität geleitet war). »Ich glaube, daß dann die Psychologie von Menschen wie mir von Interesse sein und man erkennen wird, daß viel mehr Menschen meines Typs existieren, als unter dem heutigen System der Scheinheiligkeit allgemein zugegeben wird.«[48] Das war 1920. Trotz verstreuter Artikel, die im Laufe der Jahre in Fachzeitschriften wie *The Journal of Marriage and Family*, *The Journal of Homosexuality*, *The American*

Psychologist und *The Journal of Counseling and Development* erschienen, werden »Leute ihres Typs«, Leute, die Sackville-West »doppelte Persönlichkeiten« nannte und die von anderen (mit Bewunderung oder auch Verachtung) Androgyne, verklemmte Schwule, Swinger oder Bisexuelle genannt werden, im letzten Jahrzehnt des 20. Jahrhunderts immer noch entdeckt, geoutet, übertönt und weginterpretiert. In vielen Kreisen ist Vitas »heutiges System der Scheinheiligkeit« noch längst nicht überwunden.

Einige der provokantesten Thesen zur Bisexualität erschienen allerdings weder in Fachzeitschriften noch in Homosexuellen-Blättern wie *The Advocate* und *Out/Look*, sondern in gängigen (und sogar in sogenannten Frauen-) Zeitschriften, etwa in *Ms.*, *Lear's*, *Glamour*, *Cosmopolitan* und *Mademoiselle*. 1975 schrieb Margaret Mead in *Redbook*: »Ich glaube, es ist an der Zeit, Bisexualität als eine normale Form des menschlichen Verhaltens anzuerkennen.« Natürlich hielt sie es weiterhin für dringlich, die überkommenen Einstellungen zur Homosexualität zu ändern, dennoch meinte sie, »wir werden die Zwangsjacke unserer kulturellen Überzeugungen über die sexuelle Wahl so lange nicht abstreifen können, wie wir nicht der hinreichend belegten, normalen menschlichen Fähigkeit, Mitglieder beider Geschlechter zu lieben, gerecht werden«[49].

Mit »hinreichend belegt« meint Mead den Verweis auf die zahlreichen Zeugnisse, die sich im Lauf der Zeit angesammelt haben. Zwar sind homosexuelle Beziehungen zwischen jungen und älteren Männern in Sparta und im antiken Griechenland oft angeführt worden, doch hat man es ihrer Ansicht nach häufig genug zu erwähnen unterlassen, »daß die älteren Männer auch Frauen und Kinder hatten«[50]. Das höfische Leben in der europäischen Renaissance, die Künstlercliquen des Pariser Rive Gauche vor und nach dem Ersten Weltkrieg und der Bloomsbury-Kreis in London sind historische Beispiele dafür, daß »aufgeschlossene Männer und Frauen privat, aber dennoch recht freimütig bisexuelle Beziehungen pflegten«[51]. Meads eigene Darstellung scheint zum Teil durch Nicolsons kurz zuvor veröffentlichtes *Portrait einer Ehe* angeregt worden zu sein, das nicht von fiktiven Charakteren, sondern von konkreten historischen Persönlichkeiten behauptet, sie seien fähig gewesen, auf eine sexuell und emotional befriedigende Weise Beziehungen zu Männern *und* Frauen einzugehen. Indem sie den sturen Verfechtern der »Familienwerte« unserer Tage den Fehdehandschuh hinwarf, nahm Mead, wie es einer Anthropologin wohl ansteht, eine weitreichendere kulturelle Perspektive ein: »In der Geschichte unserer Erde ist ein

Einleitung

Punkt erreicht worden, an dem die soziale Notwendigkeit, das Individuum zur Elternschaft zu drängen, hinfällig geworden ist. Es steht in unserer Macht, Männern wie auch Frauen ein Leben als autonome Subjekte zu ermöglichen.«[52]

Gloria Steinem ist nicht entgangen, daß dieser Aufruf zur Freiheit in den siebziger Jahren ebenso Margaret Meads persönlicher Geschichte entsprang wie ihren Forschungen in der vergleichenden Kulturanthropologie. Daß bisexuelle Aktivisten nahezu 20 Jahre später Margaret Mead immer noch mit diesen Worten – *Redbook*, wo sie erschienen waren, ist sinnigerweise eine Zeitschrift, die sich im wesentlichen der »Familienwerte« annimmt – als *die* Autorität für Bi-Stolz zitieren, ist sehr bemerkenswert. In den Jahren dazwischen hat das Aufkommen von Aids und der damit einhergehende Verdacht, alle heimlich Bisexuellen – was in der Praxis hieß, alle heimlich bisexuellen *Männer* – wären potentielle Überträger des Virus, zu einer radikalen Veränderung der öffentlichen Wahrnehmung geführt. Die glorreichen Jahre des bisexuellen Chics in den Siebzigern – von David Bowie bis Elton John, von *Bisexual Living* (1975), *The Bisexual Option* (1978) bis zu *Barry and Alice: Portrait of a Bisexual Marriage* (1980) – gingen in einer Flut von Büchern und Aufsätzen unter, in denen der bisexuelle Mann wirkungsvoll zum Sündenbock gestempelt wurde. Eng verbunden mit dieser Entwicklung war eine in politischer wie akademischer Hinsicht wachsende Präsenz schwuler und lesbischer Theorien. Einige schwule Theoretiker und Wissenschaftler vermuteten hinter den Angriffen auf Bisexuelle schlecht verhüllte Angriffe auf schwule Männer, denen Promiskuität, ein Doppelleben und Unreife ihres Lebensstils vorgeworfen wurde. Doch indem sie bisexuelle Männer als Schwule verteidigten, leisteten diese Theoretiker wissentlich oder unwissentlich einer jener Erscheinungen Vorschub, die von Bisexuellen am heftigsten beklagt wird: der Unsichtbarkeit. Die von den Schwulen vereinnahmten Bi-Männer hörten damit entweder auf, eine eigenständige Kategorie zu bilden, oder sie wurden als verklemmte, sich selbst hassende und verleugnende Männer hingestellt, die, hätten sie nur den Mut dazu, sich zu ihrem »wirklichen« Schwulsein bekennen würden.

Ein kurzer Blick auf die medizinische und soziologische Literatur Mitte der achtziger Jahre genügt, um die Vermutung zu erhärten, daß »Bisexualität« in dieser Zeit »als eine weitere riskante Verhaltensweise im Zeitalter von Aids« verstanden wurde. »Riskant« war in den Augen einiger gleichbedeutend mit unverantwortlich, zumal in einer schwulen Subkultur, in der das häufige Wechseln des Sexualpartners immer noch ein wichtiger Teil des sozialen und sexuellen Lebens war.

Ein befreundeter homosexueller Theoretiker, mit dem ich das gegenwärtige Vorhaben erörterte, zeigte sich über die Folgen besorgt, die eine vollständige Theorie der Bisexualität, d. h. der Nachweis ihrer Omnipräsenz in Literatur, Kultur und Gesellschaft, auf schwule und lesbische Studien haben könnte, nachdem man so hartnäckig und erfolgreich dafür gestritten hatte, daß Homosexualität *nicht* als das »andere« der Heterosexualität beschrieben wurde, sondern als Ausgangspunkt für Kulturkritik, soziale Neubewertung und gesellschaftlichen Wandel. Er befürchtete, die Bisexualität würde die Hetero- und Homosexualität polarisieren, selbst vermutlich eine Zwischenposition einnehmen und so den Ort radikaler Kritik okkupieren.

Auf dergleichen Fragen werde ich später noch ausführlicher zu sprechen kommen, hier sei indes schon gesagt, daß das wichtige und bahnbrechende Bestreben schwuler und lesbischer Studien, den kulturell geleugneten (oder unterdrückten) homosexuellen Gehalt vieler Bücher, Filme, ästhetischer Stile und persönlicher Lebensgeschichten sichtbar und konkret zu machen, viele Texte und Persönlichkeiten als schwul reklamierte, die man vielleicht mit größerem Recht als bisexuell bezeichnen könnte. Ich denke dabei an Künstler wie Virginia Woolf, Oscar Wilde, Ernest Hemingway, Cary Grant, die Dichterin H. D. (Hilda Doolittle), den Schriftsteller der Harlem Renaissance Countee Cullen, an James I. von England, an Texte wie Shakespeares *Sonette*, Alice Walkers *Die Farbe Lila*, D. H. Lawrences Erzählung *Der Fuchs*, James Baldwins *Giovannis Zimmer*, zahlreiche Vampirgeschichten und -filme von Anne Rice sowie an Filme wie *The Rocky Horror Picture Show* und *Begierde*. Jedenfalls sind dergleichen Lebensläufe und Schriften (wie viele andere, die ich erörtern werde) gute Testfälle für die kritische Bewertung der Grenzen, durch die angeblich die »Bisexualität« von »schwul und lesbisch« getrennt wird.

Zu weiteren Fragen, die von Therapeuten, Journalisten und Bisexuellen selber zur ambivalenten Stellung der Bisexualität in der heutigen Kulturszene aufgeworfen wurden, gehört das Problem der *Nichtmonogamie* (weniger wohlwollend auch Promiskuität, Unbeständigkeit und Wankelmütigkeit genannt), der *Reife* und *Unreife* (Heterosexuelle sehen in der Bisexualität oft eine »Phase« und keinen endgültigen Zustand oder einen Lebensstil; und ähnlich verspotten Schwule die Bisexualität oft als eine »Phase« auf dem Weg zu einem offenen Bekenntnis zum »wirklichen« Schwul- oder Lesbischsein), der *Modeerscheinung* und des *»heterosexuellen Privilegs«*.

Bislang ist es noch keinem soziologischen oder therapeutischen Modell der Bisexualität gelungen, ihre erotische Ausstrahlungskraft oder ihre Stigmatisierung seitens der Heterosexuellen und Homosexuellen angemessen zu beschreiben. Bis heute ist die 1948 vom Sexualwissenschaftler Alfred Kinsey entwickelte Kinsey-Skala als Standardskalierung für Homosexualität, Heterosexualität und (wie könnte es anders sein, in der Mitte) Bisexualität in Gebrauch. Kinsey bat die von ihm befragten Personen, sich in folgende Skala einzuordnen:

(0) Ausschließlich heterosexuell.
(1) Überwiegend heterosexuell und nur gelegentlich homosexuell.
(2) Überwiegend heterosexuell, aber mehr als nur gelegentlich homosexuell.
(3) Gleichermaßen hetero- wie homosexuell.
(4) Überwiegend homosexuell, aber mehr als nur gelegentlich heterosexuell.
(5) Überwiegend homosexuell, und nur gelegentlich heterosexuell.
(6) Ausschließlich homosexuell.

Viele Kritiker haben später darauf hingewiesen, daß diese Skala zwar der Sache der Toleranz und des gesellschaftlichen Verständnisses einen unschätzbaren Dienst geleistet hat, weil sie keinerlei abwertendes moralisches Urteil fällt, daß sie aber unter dem Mangel leide, viele Aspekte vernachlässigt zu haben: beispielsweise den sozialen Kontext, die kulturelle Praxis (Kinseys Stichproben stammen fast ausnahmslos aus der weißen Mittelschicht), die erotische Intensität, den körperlichen Kontakt und das emotionale Engagement sowie die sexuelle Phantasie. Sie verflacht sämtliche sexuellen Begegnungen (oder emotionalen Beziehungen) auf zwei Dimensionen. Dennoch ist sie für viele Homosexuelle und Bisexuelle, die zu dem Thema geschrieben haben, Anlaß für manch eine Diskussion über Orientierung und soziokulturelle Selbstverortung geworden. Es ist gar nicht einmal so selten, daß wir nicht nur in einer soziologischen Studie, sondern sogar in persönlichen Aufzeichnungen lesen, daß ein Mann oder eine Frau sich als »Kinsey 3« oder »Kinsey 6« bezeichnet. Die Kinsey-Skala ist als ein Kontinuum angelegt, nicht unähnlich jenem berühmten von Adrienne Rich aufgestellten »lesbischen Kontinuum«, das Beziehungen zwischen Frauen von freundschaftlichen bis zu sexuellen Begegnungen umfaßt.

Ein 1980 unternommener Versuch, die Kinsey-Skala durch ein vielschichtigeres Schema zu ersetzen, führte zu dem vom Sexualforscher Fritz Klein entwickelten »Klein-Sexual-Orientation-Grid« (KSOG).[53] Bemerkenswerterweise ging es aus einer Umfrage in der Zeitschrift *Forum* (heute *Penthouse Forum*) hervor. Vermutlich nahm man an, die Teilnehmer interessierten sich besonders für Sexualität oder die Analyse ihrer eigenen sexuellen Empfindungen. Klein forderte die Umfrageteilnehmer auf, sich hinsichtlich ihrer früheren, ihrer gegenwärtigen und ihrer als ideal vorgestellten Haltung zu Fragen der sexuellen Anziehung, des sexuellen Verhaltens, der sexuellen Phantasien, der emotionalen und sozialen Präferenzen, der Selbstidentifikation und des heterosexuellen/schwulen Lebensstils einzuordnen. Sie sollten sich in allen Kategorien einen numerischen Wert zuweisen: (1) für ausschließlich Sex mit dem anderen Geschlecht, (2) für hauptsächlich Sex mit dem anderen Geschlecht, über (4) für gleichviel Sex mit beiden Geschlechtern bis hin zu (7) für ausschließlich gleichgeschlechtlichen Sex. Fragen zur Selbstidentifikation und zum Lebensstil sollten nach einer etwas anders formulierten Skala beantwortet werden: von (1) für »nur hetero« bis (7) für »nur schwul«. Zweifellos verfeinerte das Klein-Raster das Kinsey-Kontinuum insofern, als es anerkannte, daß Sexualität ebenso eine Frage der Phantasien wie des Verhaltens ist und daß die sexuelle Orientierung und Identifikation auch Fragen des Lebensstils einschließt – zumindest was die gehobene, weitgehend städtische und größtenteils dem westlichen Kulturraum zuzuordnende Leserschaft des *Forum* betrifft. Hingegen gelang es Klein weder, die Veränderungen in den Verhaltensmustern der Menschen über einen längeren Zeitraum zu erklären, noch den Einfluß der sozialen und kulturellen Faktoren zu benennen, die ständig die Grenzen und Definitionen so offenbarer »Gegensätze« wie schwul/hetero, männlich/weiblich und sexuelle Ausrichtung/sexuelle Praxis verschieben. Und abgesehen von der alles umfassenden Kategorie »Phantasie« schenken all diese Meßskalen dem positiven Impuls zur Perversion, dem erotischen Reiz der Überschreitung, der Begierde, die durch das Überschreiten der Grenze geweckt wird, keine Beachtung. Wie die Kinsey-Skala setzt auch das Klein-Raster die beiden Pole homosexuell und heterosexuell voraus, und beide siedeln die Bisexuellen irgendwo in der Mitte an. Später folgende klinische Untersuchungen versuchten mit den KSOG-erprobten Fragen Aufschluß über die Zufriedenheit bi-

Einleitung

sexueller Männer in ihrer Ehe, die Häufigkeit eines Orgasmus bei Bi- und Heteromännern, Partnertausch bei Bi- und Heteropaaren usw. zu erhalten. Vor nicht allzu langer Zeit schlug eine weitere Untersuchung eine mehrdimensionale Skala der Sexualität vor, die unter anderem ermittelt, wie viele Personen von der Heterosexualität zur Homosexualität wechselten oder *vice versa*, ob Bisexuelle zur gleichen Zeit Verkehr mit beiden Geschlechtern hatten oder abwechselnde Perioden erleben, in denen sie sich mal zu Männern und mal zu Frauen hingezogen fühlen. Vermutlich sind Ausdrücke wie »aufeinanderfolgende« versus »gleichzeitige« Bisexualität hilfreiche Erweiterungen für eine Sprache, die noch immer in lineare Abfolgen verstrickt ist.

Daneben gibt es auch Bewertungsskalen der Bisexualität selbst. Ein Aufsatzband über die weltweiten Beziehungen zwischen Bisexualität und HIV/Aids führt folgende Spielarten auf: die »defensive Bisexualität« (Schutz gegen den Vorwurf der Homosexualität in Gesellschaften, wo diese geächtet ist), »mediterrane Bisexualität« (der aktive Part gleichgeschlechtlicher Paare gilt in einigen Mittelmeerkulturen nicht als homosexuell, so daß Männer, die mit Männern verkehren, sich weiterhin als heterosexuell betrachten können), »rituelle Bisexualität« etwa bei den Sambia in Papua-Neuguinea, wo junge Männer ältere Männer oral befriedigen, um deren »mannbar machenden« Samen zu schlucken, eine unter Umständen Jahre anhaltende Praxis, die zu den Initiationsriten gehört und offenbar von einer ausschließlichen Heterosexualität nach der Eheschließung abgelöst wird [54], »eheliche Bisexualität«, »sekundäre Bisexualität« (häufiger »situationsbedingte Bisexualität« genannt – gemeint ist gleichgeschlechtlicher Sexualverkehr in Gefängnissen oder anderen eingeschlechtlichen Einrichtungen, in öffentlichen Parks bzw. Toiletten oder gegen Bezahlung), »gleichstarkes Interesse an männlichen und weiblichen Partnern« (die sogenannte echte Bisexualität), »experimentelle Bisexualität« und »technische Bisexualität« (mit Partnern, die sich wie ein Mitglied des anderen Geschlechts kleiden oder sich irgendeiner Form von Geschlechtsumwandlung unterzogen haben: Transsexuelle oder in einigen Kulturen auch Angehörige des »dritten Geschlechts«) [55].

Wie aber stehen die Dinge, wenn wir statt des binären Gegensatzes homosexuell/heterosexuell bzw. gleichgeschlechtliche/andersgeschlechtliche Partner die Kategorie »Sexualität« (bzw. »Begehren«) an den Anfang stellten? Was wäre, wenn ein Versuch, diese Version eines »Dritten« zu verstehen, sich vom ein- oder zweidimensionalen Modell (der Skala, dem Ra-

Die Entdeckung der Bisexualität

ster) abwendet und statt dessen mit einem Modell arbeitete, das eine dritte Dimension einschlösse und damit die Frage des Zwei-versus-Eins, des Innen/Außen im wesentlichen gegenstandlos machte? Ich möchte ein Modell vorschlagen, das wir mit einem Möbius-Band vergleichen können, d. h. mit einem topologischen Raum, der sich leicht dadurch veranschaulichen läßt, daß wir die Enden eines breiten Bandes zusammenkleben, nachdem wir das eine Ende um 180 Grad gedreht haben. Auf diese Weise erhalten wir nur eine Seite und nicht zwei Seiten, so daß wir nur ein Stück in Händen halten, wenn wir das Band entlang der Mittellinie aufschneiden. Mithin haben wir nicht einen »dritten«, sondern nur einen Raum, der die Begriffe »zwei«, »eins« und »drei« umfaßt (zwei scheinbare, auf einer Illusion beruhende »Seiten«, eine stetige Oberfläche und eine dritte Dimension im Raum). Daß wir so ein weitaus angemesseneres Diagramm der Bisexualität – will heißen der *Sexualität* – erhalten, als uns irgendein Modell der »Mitte« bieten könnte (auch der »ausgeschlossenen Mitte«, wie es der Psychologe Edmund Bergler formulierte, der die Bisexualität eher abwertete)[56], ist ein entscheidender Punkt meiner Argumentation.

Eifersucht, Ehe, das erotische Dreieck, die individuell variierende sexuelle Intensität (der Sexualtrieb im Gegensatz zur sexuellen Orientierung oder zum sexuellen Ziel), der erotische Reiz der Regelverletzung, Transvestismus als Teil des bisexuellen Spiels, der Rollentausch von Männern und Frauen im Laufe der Zeit, die Generationsunterschiede, die hartnäckige Phantasie des »sich Verliebens«, die immer im Widerspruch zur unerschütterlichen Treue steht – all diese Themen kommen zur Sprache, wo es um Bisexualität geht. Und sie alle sagen etwas zur Frage der Erotik – nicht nur hinsichtlich eines kleinen Bevölkerungsausschnittes, sondern für die Mehrheit.

Ergibt es überhaupt einen Sinn, sämtliche Aktivitäten und Phantasien um gleich- und andersgeschlechtliche Beziehungen mit ein und demselben Namen zu belegen? Ist es wirklich angemessen, all diese Lebensläufe unter dieselbe allgemeine Kategorie fallen zu lassen: (1) einen Mann, der nach zehnjähriger Ehe erklärt, er sei schwul, nach San Francisco zieht und einen Lebensstil aufnimmt, zu dem häufig wechselnde Sexualpartner, Telefonsex mit Männern und schwule Aktivitäten gehören; (2) eine Frau, die in den Siebzigern durch die Frauenbewegung politisiert wurde und lesbisch wird, weil sie glaubt, daß wahre Intimität in einer patriarchalischen Kultur allein mit anderen Frauen möglich sei; (3) ein Paar, das wie Vita Sackville-West und Harold Nicolson in der ersten Hälfte unseres Jahrhunderts (oder wie die in *Time* vorgestellten 100 anderen Paare aus unserer Zeit) eine glückliche Ehe führt, wobei jeder Liebschaften mit Angehörigen des eigenen Geschlechts hat; und schließlich (4) junge Männer und Frauen, die auf der Oberschule oder im College erklärten, sie empfänden sich eher als bi denn als schwul oder hetero, ohne daß sie eine Phase schwuler oder heterosexueller Identität durchlaufen hätten?

Ich erinnere mich noch gut daran, daß auf einer Konferenz über Queer-Theory in Kalifornien eine lesbische Studentin, übrigens eine hinreißende Blondine, ganz nüchtern bemerkte, pornographische Darstellungen männlich-homosexueller Beziehungen gehörten für sie zu den erotisch erregendsten. Viele Frauen auf der Konferenz nickten zustimmend (auch ich), während eine Reihe von Männern, ältere und junge, die Stirn runzelten. Sollten wir darin ein Anzeichen dafür sehen, daß das Patriarchat noch stets das Sexgewerbe und damit unsere privatesten Gefühle kontrolliert? Ist es, wie einige Frauen meinten, ein Beleg dafür, daß der Lebensstil schwuler Männer dazu tendiert, sehr viel freimütiger nichtmonogam und experimentell zu sein, und damit ein weitaus fruchtbareres Feld für die Phantasie bietet? Oder muß man nicht, wie ich glaube, annehmen, daß Erotik und Begehren in einem gewissen Maße stets regelverletzend und politisch *in*korrekt sind? Müssen wir Frauen, die bei ihren sexuellen Spielen mit Frauen Videofilme über schwulen Sex anschauen, als »bisexuell« klassifizieren? Und wenn die Frage zu bejahen ist, gilt dann dasselbe für heterosexuelle Paare, die sich lesbische Pornographie, harte und weiche, anschauen, um ihrem eigenen Sexualleben Würze zu geben? Anders gefragt: Warum scheinen wir so sehr danach zu verlangen, daß diese dritte Kategorie »bisexuell« all jene Begierden, Phantasien und Beziehungen in sich schließt und kontrolliert, die sich durch die herkömmliche soziale Mythologie und die Institution Ehe nicht unterdrücken lassen?

Die Freuden der Desorientierung

»Eine Person mit einer offensichtlichen sexuellen Orientierung kann dennoch in einer bestimmten Beziehung für jemanden, der offenbar nicht das ›Objekt‹ dieser Orientierung ist, sexuell empfänglich sein«, schreibt der

Die Freuden der Desorientierung

Kritiker John Stoltenberg. Und weiter meint er: »Das Beharren darauf, in der Sexualität eine sexuelle Orientierung zu haben, bedeutet den Status quo zu verteidigen, sich an die Unterschiede der Geschlechter und eine sexuelle Hierarchie zu klammern; während jedes Sträuben gegen das Regiment der sexuellen Orientierung für die Frage offen ist, wohin wir gehen sollten.«[57] 1989, als man lauthals nach einer »Politik der Identität« rief, weil man sie für ein machtvolles Werkzeug der Schwulen- und Lesbenbewegung hielt, war Stoltenbergs Äußerung höchst kontrovers. Aus einem zeitlichen Abstand und vor allem aus der Perspektive der Popkultur hat das Infragestellen *einer* sexuellen Orientierung seine Brisanz verloren.

»Eine beachtliche Zahl von Leinwandfiguren hat keine eindeutige sexuelle Ausrichtung«, meint Barbara Tennison, Lesbierin und Liebhaberin von Science-fiction. Warum *glauben* wir überhaupt, sie seien heterosexuell? Nun, das ist schließlich »die anerkannte Norm in unserer Kultur«. Aber Leinwandhelden, über die in dieser Hinsicht nichts bekannt ist, können sehr wohl schwul sein, wie ja auch »die Hinwendung zum anderen Geschlecht« nicht notwendig »eine Anziehung durch das eigene Geschlecht« ausschließen muß: »Bisexualität ist auch eine Option«, und gerade »für Science-fiction-Helden muß es nicht einmal eine folgenschwere Entscheidung sein«.[58]

SF, Science-fiction, ist die utopische (wie auch die dystopische) Literatur unserer Tage. Betrachten wir etwa die sogenannte *slash-lit*, von Amateuren herausgegebene Fanzine, in denen sich die Fans romantische und sexuelle Beziehungen zwischen männlichen Ikonen der Popkultur ausmalen (beispielsweise zwischen Batman und Robin, The Lone Ranger und Tonto, Starsky und Hutch). *Slash* steht für den Schrägstrich, der die imaginierte Beziehung zwischen zwei männlichen Charakteren anzeigt: *S/H* ist demnach ein Fanzin, das von einer Romanze zwischen Starsky und Hutch handelt. Dank der Arbeiten der Filmtheoretikerin Constance Penley, die sich jahrelang mit diesem Genre beschäftigt hat, zählt K/S, ein Fanzin über die Serie *Raumschiff Enterprise* und ihre Helden, Captain Kirk und seinen Freund, den Halbvulkanier Mr. Spock, zu den bekanntesten Beispielen dieser *fandoms*, wie man sie auch nennt. In einer Nummer von K/S wird Captain Kirk nach einer (erotischen) Begegnung mit Mr. Spock mit Applaus begrüßt: »Willkommen im Reich der Bisexualität, Captain Kirk, wo das Geschlecht nichts mit Ihren Wünschen zu tun hat.«[59] Daß vor allem Frauen begeisterte Anhängerinnen der Slash-Literatur sind – anfangs waren es überwiegend heterosexuelle Frauen –, sagt etwas über den Stellenwert der erotischen Spekulation und die sogenannte »pornographische Phantasie« aus, wenn sie die hypothetischen Grenzen der Geschlechteridentität und der Sexualität überschreitet.

Laut Penley bestehen die Interessenten und Produzenten von K/S zu nahezu 100 Prozent aus Frauen. Als sie selbst als bekennende Liebhaberin dieses *fandoms* mit der Gruppe Kontakt aufnahm, war sie neugierig zu erfahren, »welche sexuelle Orientierung die Fans hatten – waren sie heterosexuell, lesbisch oder etwas von beidem?«. Sie warf auch eine damit verbundene Frage auf: Betrachteten die Fans die Liaison zwischen Spock und Kirk als homosexuell?[60]

Den Grundstein des Genres lieferte eine Kurzgeschichte, in der Spock vom *pon farr* ergriffen wird, einer sexuellen Erregung, von der alle Vulkanier jedes siebte Jahr überfallen werden und die tödlich endet, wenn sie nicht gestillt wird. Aber sie läßt sich nicht mit irgend jemandem stillen, es muß schon eine Person sein, »der man sich gefühlsmäßig verbunden fühlt«[61]. Da sich Kirk und Spock zufällig allein auf einem abgelegenen Planeten befinden, bietet Kirk sich Spock als Sexualpartner an. Nach ihrem Beischlaf entdecken sie, daß sie schon seit langem ineinander verliebt sind. Die Fans von K/S, die sich das Motto der vulkanischen Philosophie »Unendliche Vielfalt in unendlicher Kombination« zu eigen machten, neigten, wenn auch nicht ausnahmslos, dazu, die Beziehung als »kosmisches Schicksal« zu betrachten: »Die beiden Männer waren irgendwie füreinander bestimmt, und Homosexualität hat damit gar nichts zu tun.«[62]

Penley argumentiert überzeugend, diese Deutung von Kirk und Spock als »nicht homosexuell« entspringe nicht, zumindest nicht in erster Linie, einer Homophobie, sondern sei gleichsam ein Nebenprodukt (oder sollen wir sagen ein By/Bi-Produkt?) der schweifenden Phantasie. Dabei behauptet Penley nicht, daß »der Wunsch, an ihrer Heterosexualität festzuhalten, frei von jeglicher Homophobie ist«, dennoch wären »die Verfasser von K/S ziemlich entsetzt, würde man ihnen homophobische Gedanken unterstellen«[63]. Kirk und Spock eine sexuelle Beziehung, wenn auch nicht als Homosexuelle anzudichten »ermöglicht den Frauen ein sehr viel breiteres Identifikations- und Lustspektrum: In der Phantasie können sie Kirk oder Spock *sein* . . . und zugleich den einen oder auch beide (als Sexualobjekt) *haben*.«[64] Und warum ist das so? Weil das Subjekt psychoanalytisch gesehen »auf der Ebene des Unbewußten bisexuell ist«. Diese Bisexualität erlaubt, ja för-

Die Freuden der Desorientierung

dert, »eine große Vielfalt und Bandbreite von Identifikationen ... jenseits aller Geschlechterschranken«[65].

Wenn die sexuelle Vorstellung »bisexuell« ist, dann ist es letztlich gar nicht so überraschend, wenn sich heterosexuelle ebenso wie lesbische und bisexuelle Frauen von sexuellen Phantasien angezogen fühlen, die in einer populären Kultur reiner Männerbeziehungen wurzeln. Denn was das erotische Szenarium bestimmt, ist nicht die Identifikation per se, sondern das »Begehren« und die »Phantasie« – und zwar dergestalt, daß der Phantasierende eine Reihe von Rollen gleichzeitig spielen kann. Die Phantasie ist eine Geschichte, und wie die beiden Analytiker Jean Laplanche und J.-B. Pontalis behaupten, müsse dem Phantasierenden »kein bestimmter Platz in ihr zugewiesen werden«, vielmehr könne er »in der Phantasie, ja in der Syntax der Bildsequenz anwesend sein« und nicht in einer bestimmten Position oder Rolle.[66]

Die bisexuelle Mobilität der Phantasie. Das Internet ist heute sicherlich ein hervorragendes Beispiel für die virtuelle Realität der Phantasie.

Betrachten wir den Fall »Elizabeth«, einer in Chicago lebenden Frau in den Dreißigern, die auf der Suche nach einem Liebesabenteuer und nach Sex durch das Internet surfte. Sie befand sich schon bald in einem tiefen erotischen Austausch mit James, einem Architekten aus Washington, den sie über Computeranzeigen und eine Diskussionsgruppe namens »alt.sex.bondage« kennengelernt hatte. Nach der Lektüre einer erregenden erotischen Erzählung, die James über das Internet verbreitet hatte, schrieb sie ihm per E-Mail, und die beiden knüpften ein direktes und privates Verhältnis über das Internet an. Nachdem sie sich so drei Wochen lang täglich miteinander unterhalten hatten, schlug James ein Treffen vor. »Wir sollten unsere Körper nicht länger draußen lassen«, schrieb er.

James buchte ein Hotelzimmer in Los Angeles, und sie verabredeten sich in der Hotelbar. Der scharfsinnige Leser wird die Pointe sicherlich schon erraten haben. Als James auftauchte, stellte sich heraus, daß er eine Frau namens Jessica war. Nach einer einstündigen Unterhaltung, in der Elizabeth aus ihrer Überraschung und Konsternierung keinen Hehl machte, gingen sie in ihr Hotelzimmer und liebten sich. »Die Intimität zwischen uns war echt. Ich konnte plötzlich nicht mehr so tun, als sei da wegen unseres Geschlechts nichts zwischen uns.« Alles andere, meinte sie, sei Selbstbetrug. Sie sagte: »Das Geschlecht ist nur ein Etikett. Mit wem ich Sex habe, definiert nicht, wer ich bin. Es kommt darauf an, wie stark die Antennen zwischen mir und einer anderen Person sind.«[67]

»Willkommen im Reich der Bisexualität, Captain Kirk, wo das Geschlecht nichts mit Ihren Wünschen zu tun hat.« Ob nun über Internetdienste mit Stichworten wie »adult«, »sex« oder »bondage«, über »The Flirt's Nook« oder »The Romance Connection« – zweifellos werden Sex, Liebesgeschichten und Flirts heutzutage per Computer gesucht.[68] Hunderttausende bewegen sich »an der Schnittstelle von Lust und Technologie«[69]. Elizabeth, die sich selbst als »nicht lesbisch« und »nicht bisexuell« beschreibt, sah sich einer intimen Situation gegenüber, in der das Geschlecht in den Hintergrund trat, in der »sich zu lieben« in Worten und Taten, auf dem Bildschirm und im Bett, über Hunderte von Meilen getrennt und im gleichen Zimmer, eine Sache der Phantasie und der Neuerfindung des Selbst war. »Ich bin on-line, also kann ich werden«, meint sie vielleicht nur halb scherzhaft. Ihre Beziehung mit James/Jessica blieb nicht so rasant, wie sie begonnen hatte. Elizabeth gestand, sie sei doch um ihre Sicherheit besorgt gewesen, als sie einen fremden Mann in einem Hotel treffen wollte. Doch ihre Erfahrung – eine sehr direkte und völlig unerwartete »bisexuelle Erfahrung« – war für sie eine Frage persönlicher Selbstverwirklichung und persönlicher Freiheit.

Teil I: Bi-Wege

**Kultur,
Politik,
Geschichte**

1. Bi-Worte

Viele Leute meinen, »bisexuell« heißt, eine feige Lesbe zu sein.
Sandra Bernhard[1]

Homosexualität ist die Erfindung einer heterosexuellen Welt, die mit ihrer eigenen Bisexualität klarzukommen versucht.
Kate Millett[2]

Switch-hitter. Swings both ways. Fence-sitter. AC/DC. Mit diesen und anderen farbigen Ausdrücken wurde die Bisexualität in unserem Jahrhundert häufig belegt. Ob nun Baseball oder Elektrotechnik die Metaphern liefern, solche Ausdrücke suggerieren auf jeden Fall Wandlungsfähigkeit. Ein *switch-hitter*, ein Baseballspieler, der sich auf das beidhändige Schlagen versteht, hat oftmals größere Chancen, das erste »Mal« zu erreichen – ein weiterer Ausdruck mit eindeutig sexueller Konnotation.[3] Das *New Dictionary of American Slang* gibt darüber deutlicher Auskunft als irgendein Teenager meiner Jugendzeit: »Das erste Mal erreichen« bedeutet, sich zu umarmen, zu küssen, zu streicheln usw.; »das dritte Mal erreichen« heißt, »die Genitalien zu berühren und mit ihnen zu spielen«; die »Homeplate erreichen« oder »Punkte machen« bedeutet, »den Geschlechtsakt vollziehen«[4], wobei anscheinend vorausgesetzt wird, daß es nur einen einzigen »wirklichen« Geschlechtsakt zu vollziehen gibt.

Aus der Zeit, als ich noch den Baseballspieler Mickey Mantle verehrt habe, weiß ich, daß *switch-hitter* selten als solche geboren wurden, sie wurden dazu gemacht. »Den Schläger nach beiden Richtungen zu schwingen« lernt nur, wer fleißig trainiert und viel Selbstdisziplin aufbringt; natürliches Talent allein reicht nicht. Ganz sicher waren sie nicht suspekt – im Gegenteil: Mit ihrer zweifachen Stärke konnten sie ihre sportlichen und strategischen Möglichkeiten steigern. *Switch-hitter* waren bei der Mannschaftsaufstellung sogar sehr begehrt, auch wenn beim Schwingen von der einen statt von der anderen Seite ihre Geschicklichkeit und ihr Können mit einem Verlust an roher Schlagkraft einhergingen.

Eine Autorin der bisexuell feministischen Anthologien *Closer to Home* und *Bi Any Other Name* meint, »sie ziehe es vor, sich als *switch-hitter* zu bezeichnen«[5]. Im Rundbrief des Boston Bisexual Woman's Network erscheint eine Liste »berühmter *switch-hitter*«, die pikanterweise eine Auswahl aus bereits veröffentlichten *Lesbian Lists* darstellt.[6] Aufgeführt sind unter anderem Lady Emma Hamilton (»die Mätresse der Königin Maria Karoline von Neapel und Admiral Nelsons«), Natascha Rambova (»die Frau des Stummfilmherzensbrechers Rudolph Valentino und zeitweilige Geliebte der Regisseurin Alla Nazimova«) sowie Edith Lees Ellis, die Frau von Havelock Ellis. (Wer sagt da, Feministinnen hätten keinen Sinn für Humor?) *Switch-Hitter* heißt auch ein in Cambridge herausgegebenes Blatt für bisexuelle Männer und Frauen. All diese ironisch gemeinten Aneignungen machen jedoch deutlich, daß *switch-hitter* zu sein nicht automatisch Anerkennung oder reines Vergnügen bedeutet, wenn es um Sexualität geht.

Und wie steht es mit *AC/DC*, einem Ausdruck, der früher leicht verächtlich andeutete, jemand sei in sexueller wie geschlechtlicher Hinsicht nicht so ganz eindeutig oder seine sexuelle Orientierung sei ziemlich wischi-waschi (»er schien mir ein wenig *AC/DC* zu sein«)? Wiederum wundert man sich, warum Wandlungs- und Anpassungsfähigkeit etwas so Übles sein sollen. Ein Gerät, das sowohl mit Wechselstrom (*AC*) als auch mit Gleichstrom (*DC*) betrieben werden kann, ist doch eigentlich eine feine Sache. In *Brewer's Dictionary of Twentieth-Century Phrase and Fable* findet sich folgender Eintrag: »Der ursprünglich amerikanische Ausdruck, der eine Analogie zu elektrischen Geräten zieht, die sowohl mit Wechsel- als auch mit Gleichstrom laufen, wurde in den sechziger und frühen siebziger Jahren auch in Großbritannien beliebt.« Der *Brewer's* meint, möglicherweise beziehe sich der Begriff auf das »sexuelle Bild des elektrischen Stroms«, das auch in Rede vom »männlichen Stecker« und der »weiblichen Steckdose« aufscheint.[7] Man stöpselt ein, wo man will: Es funktioniert.

Auf der einen Seite begegnen wir der amerikanischen Findigkeit und dem Know-how, ja der amerikanischen Sportversessenheit (Baseball-, Hokkey- und Tennisspieler versuchen alle, ihre Beidhändigkeit zu kultivieren). Auf der anderen Seite flößt die Vorstellung, sexuelle Wandlungsfähigkeit könne ein maximales Spektrum williger Partner und Lustpraktiken ein-

Bi-Worte

schließen, Widerstand und Zurückhaltung ein, manchmal sogar Erschrekken und Widerwillen. Sexualität soll keine Erfindung, kein Sport und kein arbeitssparendes Elektrogerät sein.

Sehen wir darin eine sinnliche Zügellosigkeit, den Versuch, »den Kuchen aufzuessen und ihn trotzdem zu behalten« – um eine weitere Redewendung zu zitieren [8], die nebst ihren Varianten auf die phantasierte Situation der Bisexuellen angewandt wird? Eine bisexuelle Frau, die in einer verbindlichen monogamen Beziehung mit einer anderen Frau lebt, erzählte, ihre Partnerin »habe das Gefühl, daß, wenn ich mich für eine bisexuelle Identität entscheide, ich damit meine sexuelle Ambivalenz ausdrücke, mein Bedürfnis, den Kuchen aufzuessen und ihn trotzdem zu behalten«[9]. Was bedeutet diese Redewendung? Läuft sie darauf hinaus, »es auf beide Weisen zu haben«? Über einen verheirateten Mann, der auch mit Männern schläft, könnte man sagen, »er hat es auf beide Weisen«, gleichgültig ob dieser Ausdruck nun in seiner engsten anatomischen Bedeutung verstanden wird oder nicht. Aber »ißt er seinen Kuchen auf und behält ihn trotzdem«? Wer oder was wäre hier der Kuchen? Hier liegt eine Art Interferenz vor, irgendwann hat sich der ursprüngliche Ausdruck mit der amerikanischen Redewendung »den Kuchen mit einem Zuckerguß krönen« überkreuzt, was soviel heißt, wie »seinem Sieg die Krone aufzusetzen«, ihn zu vervollkommnen, ihm die letzte Vollendung zu geben.

Ist die Bisexualität der »Zuckerguß auf dem Kuchen« der Homosexualität? Der Heterosexualität? Oder ist bisexuelles Leben und Lieben der Zuckerguß auf dem Kuchen bisexueller Empfindungen, bisexuellen Begehrens?

Seinen »Kuchen behalten zu wollen« wird oft in einem ökonomischen Sinne verstanden: »Du kannst dein Geld nicht ausgeben und es zugleich behalten wollen.« So jedenfalls lautet die reichlich verflachte Übersetzung des Ausdrucks in einem Wörterbuch, das zugleich auf ein weiteres Beispiel für etwas Unmögliches hinweist: »Kein Knecht kann zwei Herren dienen. ... Ihr könnt nicht Gott dienen und dem Mammon« (Lukas 16, 13). Die Verbindung der beiden Wendungen scheint Gott und das Geldausgeben auf die eine Seite und den Mammon und das Horten von Reichtümern auf die andere Seite zu stellen, was der gewöhnlichen Zuweisung von Einflußsphären an diese rivalisierenden Autoritäten widerspricht.

Ich war immer der Meinung, »seinen Kuchen aufzuessen und ihn trotzdem zu behalten« bezeichne nicht nur die Unfähigkeit, Lust aufzusparen und zu rationieren, sondern auch eine damit verwandte Unersättlichkeit

43

oder fehlende Zurückhaltung. Wenn der dem Klischee entsprechende bisexuelle Mann, der eine Ehefrau und männliche Liebhaber sein eigen nennt, seine Frau als etwas Gewisses und Sicheres ansieht und seine Liebhaber dem Bereich der Lust zurechnet, dann *behält* er möglicherweise seinen Kuchen und so weiter und so fort. Das scheint der Witz der Redewendung zu sein, wenn man mit ihr über jemanden unbedacht herzieht.

Es erübrigt sich wohl zu sagen, daß die meisten Bisexuellen nicht meinen, »sie hätten alles« im Sinne eines angenehmen und leichten Lebens. Viele schildern ihre Vereinsamung, ihr Ausgestoßensein aus der Welt der Homosexuellen und ihr Gefühl, sie seien von der Welt »heterosexueller Privilegien« abgeschnitten, die ihnen viele Schwule und Lesben als Zufluchtsort unterstellt haben. Wenn »es alles haben« und »es auf beide Weisen haben« trotz des offenbaren Widerspruchs Überfluß und völlige Befriedigung beinhalten, dann deutet »seinen Kuchen zweimal essen« mitsamt dem stillschweigend ermahnenden Präfix (»man *kann nicht*«) darauf hin, daß die Vergeltung – seitens der Individuen oder der ganzen Gesellschaft – schon irgendwie im Anmarsch ist.

Ich vermute, die Animosität gegenüber den Bisexuellen, das, was die Bisexuellenbewegung »Biphobie« nennt, hängt mit der puritanischen Idee zusammen, daß niemand »alles« haben *sollte*. Eine »Entscheidung« (ein Wort, das auch in einigen schwulen Kreisen umstritten ist) soll eine Entscheidung »gegen« wie auch eine Entscheidung »für« etwas implizieren – sich »nicht für etwas entscheiden« heißt dann, sich für etwas anderes zu entscheiden.

Was bedeutet schon ein Name?

> Ich denke, daß »bisexuell« als Adjektiv durchaus brauchbar sein kann, ... doch als Substantiv ist es nicht nur unnütz, sondern auch verlogen.
> *John Malone* [10]

> Ich finde, Etiketten gehören auf Konservendosen ... Ich bin, was ich bin – und ich weiß, was ich bin.
> *Michael Stipe über »die ganze Schwul-Hetero-Bi-Sache«* [11]

Über eines ist man sich jedenfalls einig: »bisexuell« ist ein problematisches Wort. Für die Widersacher oder Abgeneigten bezeichnet es Promiskuität, Unreife oder Verwaschenheit. Für einige Lesben und Schwule bedeutet es »als heterosexuell durchgehen«, »falsches Bewußtsein« und den Wunsch nach »heterosexuellen Privilegien«. Für Psychologen mag es auf ein Anpassungsproblem hinweisen, Psychoanalytiker mögen darin einen ungelösten Ödipuskomplex wittern und Anthropologen die Enge der abendländischen (jüdisch-christlichen) Weltsicht. Für Rockstars ist es eine Dimension der Selbstdarstellung. Je nach kulturellem Kontext ist es für die Karriere förderlich (Mick Jagger, David Bowie, Sandra Bernhard) oder fatal (so für den Prediger Jim Bakker, den Kongreßabgeordneten Robert Bauman und eine Zeitlang für den Tennisstar Billie Jean King).

Talk-Show-Gäste sind davon überzeugt, »Bisexualität« sei ein Deckmantel für zügellose Wollust oder – wie bisexuelle Aktivisten bevorzugt sagen – für Nichtmonogamie. Daß auch jene, die nur einem Geschlecht zuneigen, ob sie nun heterosexuell oder homosexuell sind, seit Jahrhunderten liebend gern nichtmonogam leben, wird dabei verschwiegen.

»Rückbildung« (*back-formation*) ist ein Ausdruck aus der Linguistik, der die Art und Weise bezeichnet, in der Worte und Begriffe rückwirkend gebildet werden können, wobei der angebliche etymologische Zusammenhang eine falsche Herkunft suggeriert. Genauer gesagt, ist eine Rückbildung ein neues Wort, das aus einem bereits bestehenden Wort durch den Wegfall eines Präfixes oder eines Suffixes (oder was dafür gehalten wird) geschaffen wird. Das amerikanische Singularwort *pea* entstand durch den Wegfall des »s« aus dem früheren englischen Pluralwort *pease*, und der heutige Slangausdruck *ept*, der das literarisch korrektere Wort *apt* (passend) verdrängt, erklärt sich durch das Entfernen des Präfixes von *inept* (unpassend). Das scheint ein recht harmloser Vorgang, doch durch den Authentizität verschaffenden Verweis auf den Ursprung gerät man leicht ins Politische. Die Logik der scheinbaren Priorität – die durch die Rückbildung erweckte Illusion der Priorität – erzeugt eine Hierarchie des »Natürlichen«, »Normalen« oder »Ursprünglichen«.

Was hat die Rückbildung mit der Bisexualität zu schaffen? Sie erklärt generell, warum viele das »Bisexuelle« für eine Spielart – oft für eine perverse oder ausschweifende Variante – der »normalen« Praxis der Heterosexualität halten, statt darin eine spezifisch persönliche oder kulturelle Möglichkeit auf einem größeren Feld zu sehen, das wir einfach »Sexualität« nennen könnten. Historisch gesehen ist das Wort »heterosexuell« eine Rückbildung aus dem Wort »homosexuell«. Bevor man über den »Homosexuellen« als eine bestimmte Person, eine soziale Spezies sprach, gab es keinen Grund, von »Heterosexuellen« zu reden (wörtlich: auf das andere oder ein anderes Geschlecht gerichtet). Beide Worte tauchen im Englischen erst um die Jahrhundertwende auf. Die erste Ausgabe des *Oxford English Dictionary* von 1879 kennt keines der beiden Wörter. Sie sind zum ersten Mal im Ergänzungsband nachzulesen.

Im Englischen ist das Wort »homosexuell« etwa seit 1897 nachzuweisen. Damals griff der Sexualwissenschaftler Havelock Ellis die Wortschöpfung seines viktorianischen Zunftgenossen und Orientreisenden Richard Burton in seinen *Studies in the Psychology of Sex* auf: »›Homosexuell‹ ist ein barbarisch hybrides Wort, und ich lehne jede Verantwortung dafür ab.« Ellis zog andere, weniger »hybride« Ausdrücke vor, wie etwa »sexuelle Inversion«, einen Begriff, der eine genetische und angeborene Neigung zu Angehörigen des eigenen Geschlechts annahm.[12] Für ihn war die Sexualität eine positive Kraft im menschlichen Leben, ob es sich nun um Masturbation, oralen Sex, Geschlechtsverkehr oder die Spielart irgendeiner anderen sexuellen Begierde handelte. Ellis, der selbst mit einer bisexuellen Frau verheiratet war, schlug vor, zwei Menschen sollten, bevor sie sich dauerhaft binden, eine »Ehe auf Probe« eingehen, womit er die Freuden wechselnder Sexualpartnerschaften anerkannte und die Institution der Ehe kritisierte, die für ihn »ein eher tragischer als glücklicher Zustand« war.

Seine Kritik an dem neuen Wort »homosexuell« spiegelt keine negative Einstellung zum homosexuellen Verhalten wider, sie geht vielmehr auf die Abneigung eines humanistisch gebildeten Gelehrten gegen die Vermischung griechischer (*homo* = das Gleiche) und lateinischer (*sexus*) Wurzeln zurück. Wie sehr es auch der Philologe in ihm war, der gegen die Neuschöpfung protestierte, seine Abneigung ist sicherlich bemerkenswert, läßt sie doch die Frage von Authentizität und Ursprung deutlich hervortreten. Die Einbürgerung des Ausdrucks »homosexuell« ist um so schwieriger, als die Paternität – bezeichnenderweise eher »hetero« als »homo« – höchst problematisch ist. Erst recht problematisch wird die Sache durch die offenbare Homologie des griechischen *homo* (das Gleiche) und des lateinischen *homo* (Mann, Mensch). Die falsche Etymologie »Männerliebhaber« oder »der Männer Begehrende« kreuzt sich mit der richtigen Etymologie »einer, der dasselbe Geschlecht liebt oder begehrt«. Das Wort »Hetero« als Bezeichnung für einen Heterosexuellen, das zur Zeit unter Schwulen, Lesben und Bis kursiert, ist ein weiteres Beispiel für eine Rückbildung, die dem Wort »Homo«, der verächtlichen Bezeichnung für einen Schwulen oder einen Homosexuellen, nachgebildet ist. (Quentin Crisp sagte zum Beispiel über sich, er sei zu einer nationalen Institution, zum »Aushänge-Homo Englands« geworden.) Für jeden, der sich selbst als Teil des Mainstream fühlt, ist »Hetero« eine mahnende Erinnerung daran, wie das Vertraute fremd, das unspektakuläre Wort spektakulär und das »Selbst« für andere zum »anderen« werden kann.

In gewisser Weise ist »Heterosexualität« ein Abkömmling seines älteren Bruders »Homosexualität«. Tatsächlich verrät die erste Definition im *Oxford English Dictionary* etwas von diesem beunruhigenden Ursprung: »die normale Beziehung der Geschlechter betreffend oder sie charakterisierend« – eine Formulierung, die schon voraussetzt, was das »Normale« ist. Es folgt »Gegensatz zu homosexuell« und unmittelbar darauf »Manchmal fälschlich verwandt wie im Zitat von 1901«, dem ersten Nachweis des Wortes in *Dorland's Medical Dictionary*. Im *Dorland* wird »Heterosexualität« definiert als »abnormer oder pervertierter Sexualtrieb zum anderen Geschlecht«. Hier handelt es sich in der Tat um eine »falsche Verwendung«, postuliert doch die Standarddefinition ohne nähere Qualifikation eine »normale Beziehung der Geschlechter«. Welche Bedeutung aber sollen wir der Tatsache zuschreiben, daß »Homosexualität« wortgeschichtlich nicht nur älter als »Heterosexualität« ist, sondern daß die »abnorme« Praxis dessen, was »Heterosexualität« genannt wird, der sprachlichen Verwendung des Ausdrucks zur Bezeichnung der »normalen Beziehung der Geschlechter« vorausgeht? »*Der* Geschlechter« heißt es, was offenbar voraussetzt, der Leser wisse schon, welche Geschlechter das sind und was für sie »normal« wäre (man beachte, daß in der Definition nicht von »zwischen den Geschlechtern« die Rede ist).

Medizinische Wörterbücher (und Sexualwissenschaftler) sind natürlich immer erpicht auf pathologische Erscheinungen. Gewöhnlich definieren sie Gesundheit nicht direkt, sondern durch ihr Gegenteil oder ihre Abwesenheit. In diesem Sinne könnte man das »Normale« als eine Rückbildung aus dem interessanteren und provozierenderen »Abnormen« betrachten.

Etiketten

Weißer männlicher Single, der gern Bi-Erfahrungen machen würde, sucht weißen männlichen Single für gemeinsame Aktivitäten. Keine Schwulen.
Now [13]

»Eine homosexuelle Person gibt es ebensowenig wie eine heterosexuelle Person«, erklärte Gore Vidal 1979 den Lesern des *Playboy*. »Es handelt sich hier um Adjektive, die einen sexuellen Akt beschreiben und nicht Personen. Diese sexuellen Akte sind völlig natürlich; wären sie es nicht, würde sie niemand vollziehen.« Und Slangausdrücke und Etiketten kommentierte er so: »Der Grund, warum noch niemand ein gutes Wort zur Beschreibung eines Homosexualisten (manchmal auch unter dem Namen Schwuler, Tunte usw. bekannt) vorgeschlagen hat, ist ein ganz einfacher: Ein solches Wesen existiert nicht. Die menschliche Rasse teilt sich in weibliche und männliche Exemplare. Viele Menschen genießen sexuelle Beziehungen zu ihrem eigenen Geschlecht und viele andere nicht. Manche sind für beide empfänglich. Die Vielfalt ist eine Tatsache unserer Natur; sich darüber zu erregen ist unsinnig.«[14] Gut zehn Jahre später wiederholte Vidal, der selbst alle Etiketten, auch das Etikett »bisexuell«, ablehnt, seine These auf geistreiche Weise. »Die dümmlichen Neologismen homosexuell und heterosexuell sind Adjektive, die einen Akt, aber niemals Personen beschreiben.«[15]

Ein Homosexueller ist, wie Roy Cohn seinem Arzt Henry in Tony Kushners *Angels in America* klarmacht, nicht jemand, der ausgefallene erotische Interessen hat, sondern ein Mensch ohne Seilschaft.

ROY: Weißt du, was dein Problem ist, Henry? Du klebst an Wörtern, an Etiketten, du glaubst, sie bedeuten, was sie zu bedeuten scheinen. Aids. Homosexuell. Schwul. Lesbisch. Du glaubst, das sind Worte, die dir sagen, mit wem du ins Bett gehst, aber das sagen sie dir absolut nicht.
HENRY: Ach nein?
ROY: Nein! Wie alle Etiketten besagen sie einzig und allein nur eines: Wo steht ein solchermaßen identifiziertes Individuum in der Nahrungskette, in der Hackordnung? Nicht um Ideologie oder sexuelle Vorlieben geht es, sondern um etwas viel Einfacheres: um Power. Nicht, wen ich bumse oder wer mich bumst, sondern wer geht ans Telefon, wenn ich anrufe, wer schuldet mir einen Gefallen. Darauf beziehen sich Etiketten. Für einen, der das nicht versteht, ist »homosexuell« genau das, was ich bin, weil ich Sex mit Männern habe. Doch in Wirklichkeit ist das falsch. Homosexuelle sind nicht Männer, die mit anderen Männern schlafen. Homosexuelle sind Männer, die es in 15 Jahren immer noch nicht geschafft haben, auch nur eine winzige Antidiskriminierungsverordnung im Stadtrat durchzubringen. Homosexuelle sind Männer, die niemand kennen und die niemand kennt. Power gleich Null. Klingt das nach mir, Henry?[16]

Natürlich ist Cohn *nicht* bisexuell. Roy Cohn ist, wie er selbst erklärt, »ein heterosexueller Mann, der Männer fickt«. Daß er seine große Rede gerade dann hält, wenn sein Arzt ihm beizubringen versucht, daß er Aids hat und medizinische Betreuung braucht, macht die gespielte Tapferkeit nur um so rührender.

Ein starker Widerwille gegen das Wort »homosexuell« ist auch unter Bisexuellen verbreitet, vielleicht besonders unter jenen, »die ihren Kuchen aufessen und ihn trotzdem behalten wollen«. Wie wir in einem späteren Kapitel ausführlicher sehen werden, hat der Schriftsteller John Cheever seine sexuellen Beziehungen zu Männern und Frauen mit großer sprachlicher Kraft dokumentiert, während er nach außen hin an dem Bild des Ehemannes, Vaters und »Squires von Ossining« festhielt und es heftig ablehnte, seine Beziehungen zu Männern homosexuell zu nennen.

Nach dem Tode seines Vaters nahm Cheevers Sohn Benjamin eine verständnisvolle Haltung dazu ein, daß sein Vater seine Homosexualität geleugnet hat. »Ich glaube, es wäre völlig falsch, das als Unaufrichtigkeit zu betrachten. Zwar ist es buchstäblich genommen eine Lüge, doch in einem übertragenen Sinn stimmte es. Er hielt sich niemals für homosexuell. Ich möchte keine Haarspaltereien betreiben und auch keinen Keil zwischen meinen Vater und alle jene treiben, die sich selbst als homosexuell betrachten. Ich will damit lediglich sagen, daß er dieses Wort nicht auf sich selber anwandte, und Worte waren für ihn schrecklich wichtig.«[17]

Cheevers Sohn zieht die Bezeichnung »bisexuell« vor. »Wenn ich auf Leben und Werk meines Vaters zurückblicke, kann man kaum glauben, daß ich von seiner Bisexualität keine Ahnung hatte. Dennoch hatte ich nicht den geringsten Verdacht«, sagt er.[18] Daß sein Vater sexuell mit Männern verkehrte, entdeckte er »nach und nach«, und schließlich hielt er es »für möglich, daß er wohl von Anfang an bisexuell war«.[19] Gleichwohl lehnte John Cheever die Homosexualität in der Öffentlichkeit unbarmherzig ab. »Für die Öffentlichkeit war er ein glühender Heterosexueller, und mir gegenüber äußerte er einmal, Homosexualität mache Männer eitel, unedel und letztlich lächerlich.«[20] Es ist in Mode gekommen, eine solche Einstellung als Selbsthaß zu bezeichnen, und darin steckt gewiß mehr als ein Körnchen Wahrheit. Die Zeugnisse scheinen allerdings dafür zu sprechen, daß John Cheever weder sich noch seine Liebhaber haßte. Aber offenbar verachtete er schwule Männer, die als solche sichtbar in Erscheinung traten, vor allem schwule Pärchen.[21] In den Briefen an seine männlichen Liebhaber ist diese Widersprüchlichkeit konsistent durchgehalten. Er kann sich über einen alten Mann und seinen jugendlichen Liebhaber in einem protzigen Mercedes lustig machen und kurz darauf unbewußt Anleihen machen bei Molly Blooms ekstatischer Beschwörung der Sexualität aus den Schlußpassagen des *Ulysses*: »Ruf mich so bald wie möglich an«, schreibt er einem jungen Mann. »Melde ein R-Gespräch an, und wenn die Vermittlung mich fragt, ob ich den Anruf von **** bezahlen werde, werde ich sagen: ja, ja, ja, ja.«[22]

Cheever erinnert sich an die Beziehung zu dem Komponisten Ned Rorem (ein »ehemaliger Beau«, der »drei Tage lang meinen Schwanz dreimal täglich leckte«)[23] und gratulierte sich und Rorem in einem Brief dazu, daß sie beide nicht homosexuell seien: »Die Beschreibung deiner Liebe zu **** hat mir sehr gefallen, denn sie führte mir erneut jene Aufrichtigkeit des Herzens vor Augen, die ich an dir so bewundere, und machte mir deutlich, daß die Liebe zu einer Frau für uns beide etwas Unvergleichliches hat.«[24] Und sechs Monate später schreibt er: »Es scheint alles ganz einfach zu sein. Keiner von uns ist homosexuell, und dennoch sind wir nicht so töricht, uns darüber Gedanken zu machen. Wenn ich deinen Schwanz oder deinen

Mund begehre, brauche ich nur zu fragen, und doch weiß ich, daß es in deinem Leben so viel Besseres gibt als meine Liebe, daß ich mir vorstellen kann, dich ohne Schmerz zu verlassen.«[25]

Wenn die fiktive Figur Cohn und der Tagebuchschreiber Cheever sich beide gegen die Stigmatisierung und Marginalisierung des Wortes »homosexuell« auflehnen, so ist doch das Wort »lesbisch« nicht minder abwertend besetzt. »Männerverächterin«, eine Bezeichnung, die sowohl Feministinnen als auch Lesben hartnäckig entgegengeschleudert wird (als wären die beiden Gruppen automatisch identisch), taucht immer dann auf, wenn männliche Vorherrschaft, männliche Privilegien und/oder die männliche Anziehungskraft in Frage gestellt werden. Bisexuelle entgehen dieser besonderen kategorialen Verächtlichmachung und ziehen das Ressentiment von Schwulen und Lesben auf sich, weil sie anscheinend unter die pauschalisierende Kategorie des »heterosexuellen Privilegs« fallen, deren eine Untergruppe die »Liebhaberinnen von Männern« bilden. In charakteristischer Asymmetrie bezieht der Volksmund »Frauenverächter« eher auf mürrische alte Patriarchen, die den Gedanken verabscheuen, Frauen könnten Vizepräsidentinnen, Regimentskommandeusen oder Institutsdirektorinnen sein, aber nicht auf (explizit) schwule Männer. Das sexuelle Element kommt anscheinend erst dann ins Spiel, wenn die Verächtlichmachung durch Frauen erfolgt.

Männerverachtendes Verhalten, wie die Weigerung, sich Beine und Achseln zu rasieren (wieder sind nur Frauen betroffen), gilt als vielsagendes Zeichen für den schlechten, separatistischen, »radikalen« Feminismus. Übersehen wird dabei freilich, daß die meisten Frauen in Europa es keineswegs aus politischen Gründen vorziehen, ihre Beine und Achseln unrasiert zu lassen – für sie ist es allein eine Frage des persönlichen Stils. Offenbar hat es auch nichts zu sagen, daß viele amerikanische Feministinnen und Lesben sich *entscheiden*, ihre Beine zu enthaaren (aber wen kümmert das schon?), oder daß »Männerverachtung« (man verwende nur das griechische Wort »Misandrie« und beachte, wie sich der Sinn verändert) für die Rechten und die Medien nur als Synonym für die Abneigung gegen das Patriarchat gilt. »Männerverachtung« und haarige Beine als ein möglicher Ausdruck dafür mußten immer schon als Schreckgespenst herhalten, um den Feminismus und die sexuelle Selbstbestimmung zu diffamieren. Und der Erfolg ist wahrlich beunruhigend.

Doch der Feminismus ist nicht identisch mit einer bestimmten Art von

Kleidung, Kosmetik, Körperbehaarung – und auch nicht mit einer bestimmten Sexualität.

Welchen Reim sollen wir uns dann auf das berühmte Motto machen, »Feminismus ist eine Theorie, lesbische Liebe eine Praxis«? Es war in der Tat ein Zeichen der Zeit, der stürmischen späten sechziger und frühen siebziger Jahre.[26] Wie die Herausgeber von *Bi Any Other Name* meinen, »wurde der Separatismus während der siebziger und achtziger Jahre für viele Lesben und Schwule zu einer chauvinistischen, die eigene Heiligkeit zelebrierenden Lebensform, zum Knüppel einer strengen Parteilinie, mit dem wir uns gegenseitig zum Wächter der politischen Korrektheit aufschwangen«. Doch wie sie weiter bemerkten, »gehörten Bisexuelle zu den ersten Männern, die schwule Manifeste schrieben und eine antisexistische Männerbewegung initiierten, und zu den ersten Frauen, die eine lesbisch-feministische Bewegung ins Leben riefen«.[27]

Wie die beiden lesbischen Autorinnen Sydney Abbott und Barbara Love spekulierten, hätten einige Frauen in den frühen siebziger Jahren unter Umständen »eine echte Bisexualität entwickeln können«, denn die »Aura des *radical chic*, der Lesben in der Frauenbewegung umgab«, hätte ihren Wunsch beeinflussen können, lesbisch sein zu wollen. Mit anderen Worten, unter jenen, die sich damals als Lesben identifizierten, mögen einige gewesen sein, die, hätte das Etikett zu ihrem Wortschatz gehört und ihnen zugesagt, sich möglicherweise bisexuell genannt hätten. »Bisexuelle Frauen, die von zwei Seiten in die Zange genommen wurden und im Streit über Heterosexualität und Homosexualität das Mittelfeld einnahmen«, blieben ungehört, obwohl sie vielleicht »mehr als jede andere Gruppe in der Frauenbewegung Wichtiges zur Frage der Sexualität hätten beitragen können«. Und woran lag das? Der Grund war vermutlich, »daß bisexuelle Frauen in heterosexuellen Frauen die Angst vor der Homosexualität erweckten und in Frauen, die ein Leben als Lesben führten, die Angst vor der Heterosexualität«.[28]

Von welcher Art waren diese Ängste? Nun, es waren politische Ängste – und die Angst vor sich selbst, vor dem, was auch in ihnen stecken könnte. Wie so oft waren auch hier Angst und Begehren sehr vertraute und zugleich sehr seltsame Bettgenossen.

Heutzutage schlägt sich der Verdacht, da könne jemand die Kategorien wechseln, in einer Bezeichnung wie »L.U.G.« nieder. Das Kürzel steht für *lesbian until graduation* (lesbisch bis zum Examen) und impliziert, daß die sich zunächst als Lesbe definierende Frau entschlossen ist, sich alle heterosexuellen Privilegien zu sichern, sowie sie aus der Geborgenheit ihrer Universitätszeit heraus ist. »Sie hatte ja so ein inniges Verhältnis zu ihren Zimmergenossinnen«, bemerkt die Zeitschrift *10 Percent* sarkastisch über die typische L.U.G. »Aber das war damals, und nun ... ist man erwachsen.«[29]

Die Kategorie »Lesben, die mit Männern schlafen« wird immer umfangreicher. »Zu den selbsterklärten Lesben«, schreibt April Martin, eine New Yorker Psychologin und Verfasserin des *Lesbian and Gay Parenting Handbook*, »zählen auch einige, die gelegentlich oder sogar ausschließlich sexuell mit Männern verkehren, einige, die tiefe ernste Liebesbeziehungen zu Männern haben, und einige, deren wichtigste Kumpel und Freunde Männer sind. Es gibt auch Frauen mit denselben Verhaltensmustern, die sich als heterosexuell bezeichnen.«[30] Martin meint, »daß es unter Frauen eine größere sexuelle Vielfalt gibt als unter Männern« und daß selbsterklärte Lesben »häufiger berichten, sie fühlten sich zu Männern hingezogen und hätten sexuelle Kontakte zu ihnen«, während selbsterklärte Schwule »sehr viel seltener den Wunsch äußern, mit Frauen zu schlafen, oder solchen Wünschen, falls überhaupt vorhanden, nachgeben«.[31]

Wenn Frauen, die sich häufig zu Männern hingezogen fühlen und oft sexuelle Beziehungen zu ihnen haben, Lesben sind, so kann das nur heißen, daß zumindest in ihren Augen Lesbischsein eher eine kulturelle und politische als – ausschließlich – eine enggefaßte sexuelle Bedeutung hat. Daß nicht jeder diese Vorstellung begrüßt, erübrigt sich wohl zu sagen. Doch wie Lexikaverfasser, oftmals zu ihrem Kummer, erkennen müssen, folgen die Definitionen der Praxis. »Unsere grobschlächtigen Kategorien ›schwul‹, ›bisexuell‹ und ›heterosexuell‹ sind primär politisch und weniger deskriptiv«, meint Martin, die ihre Äußerung nicht so verstanden wissen will, daß »jeder im tiefsten Innern bisexuell wäre oder es, wenn er wollte, sein könnte«. Da sie vermutet, daß selbst beim Wegfall aller sozialen Voreingenommenheit noch immer einige berichten werden, sie seien vom ersten Augenblick an ausschließlich von dem einen oder anderen Geschlecht angezogen worden, sei die entscheidende Frage wohl: »Worin unterscheiden sich jene, die eine ausschließlich homosexuelle Anziehung spüren, von jenen, die eine ausschließlich heterosexuelle Anziehung empfinden?«[32] Oder, so könnte man hinzufügen, was unterscheidet diejenigen, die einer ausschließlichen Anziehung unterliegen, von jenen, deren Anziehung nicht festliegt?

Und wie steht es mit den Männern? Haben sie dieselben Probleme mit der Nomenklatur wie bisexuelle Frauen? Wenn ja, dann offenbar nicht im selben Maße. Die Trinität von Feminismus, lesbischer Liebe und Bisexualität hat eine in definitorischer wie parteilicher Hinsicht sehr viel komplexere Politik hervorgebracht. Schwulen Männern wird oft nachgesagt, sie seien unpolitischer, mehr mit Sex beschäftigt und weniger auf ihre gesellschaftspolitische Schlagkraft bedacht – obgleich auch das inzwischen ein überholtes Klischee ist.

Das erneute »In-sein« von lesbischer Liebe und Bisexualität hat die Aufmerksamkeit auf die Sinnlichkeit von Frauen in gleichgeschlechtlichen Beziehungen gelenkt. In schwulen und lesbischen Zeitschriften ist es zu einem Gemeinplatz geworden, daß lesbischer Sex in den vergangenen Jahren »heißer« geworden ist, womit nicht gesagt ist, daß früher Lesben weniger leidenschaftlichen Sex hatten. Die lesbische Romanautorin Katherine V. Forrest (*Die Fremde im Pool*, *Die Tote hinter der Nightwood-Bar*) weist vielmehr darauf hin, daß heute Sinnlichkeit in den Lebensbeschreibungen lesbischer Autorinnen und Filmemacherinnen groß geschrieben ist. »In gewisser Weise machen wir dasselbe durch, was schwule Männer in den siebziger Jahren durchmachten«, sagt Forrest. »Wir erkennen unsere Sexualität an und erkunden sie. Der Erfolg lesbischer Erotika spiegelt diese Entwicklung.«[33]

Außerdem hat die Queer-Bewegung einen entwicklungsfähigen Rahmen für Flirts und Sex zwischen Schwulen und Lesben geschaffen. Phantasien über andersgeschlechtliche Beziehungen haben in einige lesbische Erotika Eingang gefunden, z. B. in die Kurzgeschichte *The Surprise Party* der lesbischen Autorin Pat Califia, wo eine Lesbe von drei schwulen »Polizisten« entführt und zum Geschlechtsverkehr gezwungen wird.[34] Ein Artikel in *Details* handelte von Schwulen, die »manchmal mit heterosexuellen Frauen schlafen (und *vice versa*)«[35]. »Frag deine Freundin, wer sie zum ersten Mal auf Touren brachte«, fordert der Autor auf, »und in fünf von zehn Fällen war es ein Homo.«

Ein Artikel in der britischen Zeitschrift *Gay Times* verkündete, »Sex zwischen Schwulen und Lesben spielt sich nicht mehr im Verborgenen ab ... Die Leute beginnen allmählich offen über ihre homosexuellen Liebhaber vom anderen Geschlecht zu sprechen. Auf dem Fest nach der SM-Demonstration liebten ein Schwuler und eine Lesbe sich auf dem Tanzboden. Doch mit Heterosexualität hatte das nichts zu tun. Das war für jeden sichtbar.«[36] Wie Jo Eadie herausstellt, war hier vor allem eines sichtbar, nämlich daß Bisexualität aus dem Bewußtsein gestrichen oder verleugnet wird.[37] »Anderes-Geschlecht-gleiche-Sexualität« verklärt das Schwul- und Lesbischsein zum einzig Wahren, wodurch die Sexualität der Beteiligten nicht nur identifiziert, sondern aufgrund des homosexuellen Kontextes auch bekräftigt wird. Daß »es nicht Heterosexualität« war und daß »sie« (die Insider) es wissen können und es für sie oder andere Gleichgesinnte »sichtbar war«, wird als Wille zur Unterscheidung dargestellt, als Grenzsicherung gegen Diffusion und politisch gefährliche Überschreitung. Und was, wenn es doch Heterosexualität wäre? Müßte sich Heterosexualität dann ändern? Müßte sie dann in der Schwulen-Lesben-Queer-Szene zugelassen werden? Und wenn es *Bisexualität* wäre? Würden dann der schwule Mann und die lesbische Frau, die miteinander schlafen, Bisexuelle werden? Ist die Antwort »nein«, was *ist* dann überhaupt Bisex? Und fällt sie positiv aus, was geschieht dann mit dem Kitzel der Überschreitung? Wird sie zu einer genehmigten und *erlaubten* Grenzübertretung, die paradoxerweise das »Betreten verboten« für unwillkommene Eindringlinge noch mehr unterstreicht?

Etiketten und ihre Zuschreibung sind für viele, die sich mangels eines besseren Ausdrucks bisexuell nennen, eine große Streitfrage. In nahezu jeder bisexuellen Veröffentlichung stößt man auf das Wort »Etikett«.[38] Zur Debatte stehen dabei die »Identitätspolitik«, die Gruppensolidarität, die kulturelle Sichtbarkeit heute und damals, die Frage nach der fließenden Natur der Bisexualität. Für Rätselfreunde könnte man es so formulieren: Wie kann etwas Fließendes etwas Festes sein? Wie läßt sich eine Sexualität, die narrativ zu verstehen ist (dieses, dann jenes; dieses und jenes; dies aufgrund von jenem; dies nach jenem), mit einer Politik vereinbaren, die auf Solidarität gründet?

Elizabeth Reba Weise, die kurz darauf den Sammelband *Closer to Home* über Bisexualität und Feminismus herausgab, bemerkte 1990 auf der National Bisexual Conference, sie fühle sich »bei der Bezeichnung ›bisexuell‹ nicht ganz wohl. Dieses Etikett scheint nicht so solide zu sein, wie das Etikett ›lesbisch‹. Denn zu sagen, man sei bisexuell, heißt ja in Wirklichkeit, daß Etiketten gar nichts bedeuten. Daher kommt es mir paradox vor, das zu seiner Identität zu erheben.«[39]

»Ich verabscheue Etiketten. Meine Vergangenheit ist heterosexuell, meine Gegenwart hauptsächlich lesbisch und meine Zukunft offen«, schreibt Dvora Zipkin, die sich selbst als »bisexuelle Lesbe« charakterisiert, was sie angesichts der zur Auswahl stehenden Möglichkeiten immer noch für die beste Wahl hält.[40] Vor einigen Jahren schloß sie sich einer Frauengruppe an, die zur Erforschung der Identitätsfrage alle Frauen bat, sich selbst einer der vier Untergruppen zuzuordnen: lesbisch, bisexuell, heterosexuell und kein Etikett. Nach einigem Nachdenken entschied sie sich für die Ablehnung eines Etiketts und entdeckte, daß jene, die es ihr gleichgetan hatten, dies teils taten, weil sie nicht wußten, zu welcher Gruppe sie gehörten, teils, weil sie keine Etiketten mochten, und teils aus beiden Gründen.

Ein paar Jahre später wurde die Übung wiederholt. Wiederum verweigerte Zipkin jedes Etikett. Diesmal hatte sich ihr jedoch nur noch eine Frau angeschlossen, was auf eine Verschiebung in der kulturellen Perspektive schließen läßt. Müßte sie sich heute entscheiden, so würde sie nach ihrem Bekunden »bisexuell« ankreuzen. »Das kommt dem, was ich bin, am nächsten. Es ist das Etikett mit der größten Flexibilität und Toleranz für Veränderung.«[41] Allerdings stellte sie mit Bedauern fest, »daß oft beide Gruppen – die heterosexuelle und die lesbische – ob nun bewußt oder unbewußt – versuchen, uns Bisexuelle auf ihre Seite zu ziehen«[42].

Etiketten erfüllen für verschiedene Menschen unterschiedliche Funktionen. Für jene, die ihre Wünsche nicht in die vorgefundenen Kategorien einordnen können, die fühlen, daß es in der sexuellen Welt keinen Platz für sie gibt, scheint der Ausdruck »bisexuell« ein Gottesgeschenk zu sein, eine Offenbarung, die der Entdeckung des (fälschlich so bezeichneten) häßlichen Entleins gleichkommt: »Ich *bin* ein Schwan.« Als die Soziologen Martin Weinberg, Colin Williams und Douglas Pryor eine Umfrage unter den Mitgliedern des Bisexuellen Zentrums in San Francisco durchführten, äußerte eine Frau: »Ich habe immer geglaubt, ich müsse entweder homosexuell oder heterosexuell sein. Meine Gefühle waren immer bisexuell; ich wußte nur nicht, wie ich sie definieren sollte.« »Als ich das Wort zum ersten Mal hörte, war ich schon 26 Jahre alt, und ich wußte sofort, daß es auf mich zutraf«, sagte ein bisexueller Mann. »Ich hatte sexuelle Gefühle für Männer und Frauen. Bis dahin konnte ich meine sexuellen Empfindungen nur so deuten, daß ich entweder latent homosexuell oder verworren heterosexuell war.«[43] Mehrere Befragte meinten, Fritz Kleins 1978 erschienenes Buch *The Bisexual Option* sei für sie wie ein Spiegel gewesen, in dem sie ihr wahres Gesicht sehen konnten. In diesem Sinne äußerte sich auch die nächste Generation von Bisexuellen über den Sammelband *Bi Any Other Name* von Loraine Hutchins und Lani Kaahumanu aus dem Jahre 1991.

»Wenn es nur zwei Begriffe gibt und wir entdecken einen dritten Begriff

– es gibt Schwarz, Weiß und Mischling; es gibt homosexuell, heterosexuell und bisexuell –, dann haben wir zumindest die Dichotomie aufgebrochen«, sagte eine mittlerweile verheiratete Schriftstellerin, die sowohl Beziehungen zu Männern als auch zu Frauen hatte. »Zwar mag es sich nur um ein Übergangsstadium in der Sprache handeln, aber es ist unerläßlich, um über diese Dinge reden zu können.«

Ihre gegenwärtigen Kollegen wußten nichts von ihrer Bisexualität. Doch eines Tages kritisierte einer von ihnen während eines Essens heftig solche in Amerika grassierenden Etiketten wie »multirassisch«, und ein anderer kam auf die Sexualität zu sprechen. »Und plötzlich fühlte ich mich verpflichtet zu sagen, einen Moment mal, es ist nicht unwichtig, daß es Begriffe gibt, die in der Mitte stehen. Es ist wichtig, ob wir nur in Gegensätzen reden oder nicht. Und das heißt nicht, daß man an einem vermittelnden Begriff festhalten muß. Doch ohne solche Begriffe werden wir niemals einen Fortschritt erzielen können.«

»Es gehört zu meiner Sicht der Dinge, daß durch die Definition einer Mitte zugleich ein Ort definiert wird, ein ausgedehntes Mittelfeld, das terminologisch nicht immer fest umrissen sein wird. Schließlich ist ›bisexuell‹ nicht der Weisheit letzter Schluß. Es ist nur besser als alles, was wir zuvor hatten und von dem nichts wirklich zutraf.«[44]

Die in der Weinberg-Studie befragten Bisexuellen definierten sich nicht nur selbst als Bisexuelle, sie identifizierten sich zudem so stark mit ihrer Bisexualität, daß sie sich einem Verein anschlossen, in dem sie andere so Identifizierte kennenlernen konnten. 90 Prozent dieser Gruppe, so die Soziologen, fanden nicht, sie seien in einem Übergangsstadium von der Heterosexualität zur Homosexualität und *vice versa*, sondern meinten, sie hätten ihre sexuelle Identität gefunden. Dennoch äußerte gut ein Viertel von ihnen, ihre Bisexualität »irritiere« sie, und über die Hälfte der Frauen und dreiviertel der Männer hatten diese Irritation schon früher empfunden.

Wie sie angaben, war der Grund dafür nicht der Zweifel über ihre erotischen Neigungen, sondern der Druck der Monosexuellen, von denen einige heterosexuell, die Mehrzahl jedoch lesbisch oder schwul waren. Viele Bisexuelle, die in der San Francisco Bay leben, »reagierten auf den von ihnen erlebten Druck damit, daß sie sich wieder das Etikett ›schwul‹ oder ›lesbisch‹ zulegten und nur mit Angehörigen ihres Geschlechts Sexualverkehr hatten«. Ständig mußten sie sich anhören, daß niemand »wirklich bisexuell« sei. Für Bisexuelle gab es keine gesellschaftlich gebilligte Rolle. Bisexualität galt als eine »politisch inkorrekte und inauthentische Identität«[45]. Daher kam es zur Gründung des Bisexuellen Zentrums und der Entwicklung eines Gemeinschaftsbewußtseins.

»Als ich zum ersten Mal das Wort *bisexuell* las, wußte ich sofort, daß ich genau das war«, erklärte ein junger Stadtplaner, der sich in einer Aufsatzsammlung einige Gedanken zu »dem ›b‹-Wort« machte. Er erinnerte sich, daß er in der dritten Klasse gleich zweimal heftig verliebt war: »in den hübschesten Jungen und in das schönste Mädchen der Schule«. 20 Jahre später ging er der Sache nach und blätterte im Katalog der Universitätsbibliothek, ohne daß er ein Buch über Bisexualität gefunden hätte. 1987 fuhr er nach Washington, um dort an einer Demonstration für die Rechte von Lesben, Schwulen (und Bisexuellen) teilzunehmen, er marschierte unter dem Transparent des National Bisexual Network und lauschte der Folksängerin Holly Near.[46]

Die unter Lesben sehr beliebte Holly Near wurde zum Blitzableiter für den Streit um die bisexuelle Identität, als ihre Beziehung zu einem Mann bekannt wurde. In ihrer Autobiographie *Fire in the Rain ... Singer in the Storm* schrieb sie: »Weil mein Liebhaber ein Mann war, fiel es mir schwer, mein Glück zu teilen« – mit lesbischen Feministinnen zu teilen.[47] Gleichwohl identifizierte sie sich als Lesbe, nicht als Bisexuelle. Bett Elliott schrieb ironisch: »Holly Near lehnt es ab, sich bisexuell zu nennen, weil sie sich ›erstens nicht als bisexuell empfindet‹«[48], und weil »zweitens ihr Lesbischsein ›mit einer politischen Perspektive und weniger mit einer sexuellen Vorliebe verbunden ist‹«[49] – »was für ihre Bisexualität offenbar nicht gilt«[50]. Die Frage, wie ein politischer Raum für Bisexualität geschaffen werden könne, wurde zum Brennpunkt für alle Aktivisten.

Bi-Standards

Toujours gai toujours gai ...
Don Marquis[51]

Zu den wirkungsvollsten politischen Strategien der Lesben- und Schwulenbewegung gehörte es, Homosexuelle aus den Gräbern zu holen und beim richtigen Namen zu nennen. *The Gay Book of Days*, ein Kalendarium mit Geburtstagen, wirbt mit dem Untertitel: »Ein einschlägig illustriertes *Who's who* all jener der letzten 5000 Jahre, die schwul sind, waren, gewesen sein könnten, es vermutlich waren und nahezu gewiß schwul gewesen zu sein scheinen.«[52]

Auch der ernsthaftere und belehrendere *Gay/Lesbian Almanac* legte sich einen Untertitel zu, der spöttisch im Stil des 18. Jahrhunderts ankündigt: »Neue Zeugnisse, die in chronologischer Ordnung die wahre und phantastische GESCHICHTE aller Leute enthalten, die wir heute LESBEN und SCHWULE nennen, wie auch vom Wandel der gesellschaftlichen Formen der und Reaktionen auf die Handlungen, Gefühle und Beziehungen jener, die wir unter dem Namen Homosexuelle kennen, seit den Anfängen der amerikanischen Kolonien von 1607 bis 1740 bis zu den heutigen Vereinigten Staaten von 1880 bis 1950.«[53] Die Titel *Almanac* und *Book of Days* sind vielsagend: Die Einträge decken die aufeinanderfolgenden Jahre ab und leisten für die Geschichte dasselbe wie die Gedenktage für den Kalender, wodurch die fehlenden Bausteine einer alternativen Sozial- und Kulturgeschichte geliefert werden, die ebenso wahr wie phantastisch ist.

Es ist erwähnenswert, daß Kalender wie Almanach aus den frühen achtziger Jahren stammen, aus der Zeit, als man die Geschichte der Schwulen mit großer Anstrengung aufzuarbeiten begann. Wie Dutzende ähnlicher Veröffentlichungen wollten sie die verlorene oder vernachlässigte Vergangenheit der Vergessenheit entreißen, Figuren ins Licht rücken, die noch vor kurzem ein Schattendasein geführt hatten. Doch die Homosexuellen der Vergangenheit ans Tageslicht ziehen hieß Etiketten verteilen und, bis zu einem gewissen Punkt, die Bisexualität ausblenden. Aus »schwul (oder bisexuell)« und »lesbisch (oder bisexuell)« wurde zum Zweck der politischen Klassifizierung »schwul« und »lesbisch«. Der Begriff der »Standardeinstellung« trieb sein Unwesen.

In der Computertechnik nennt man einen bestimmten Wert für eine Variable eine »Standardeinstellung« (*default*), die automatisch durch das Betriebssystem festgelegt wird und so lange gültig bleibt, wie sie nicht aufgehoben oder außer Kraft gesetzt wird. Wenn Sie ein Textverarbeitungsprogramm auf Ihrem Computer haben, dann wird die Standardeinstellung für den Zeilenabstand vermutlich einzeilig sein; wenn Sie zweizeilig schreiben möchten, müssen Sie das Format ändern – oder, wenn Sie *immer* zweizeilig schreiben wollen, die Standardeinstellung im Betriebssystem neu einrichten, so daß das Format automatisch zwei- statt einzeilig ist. Zweizeilig wird dann zur »Standardeinstellung« oder zur »Standardkategorie«. Ähnlich verhält es sich im kulturellen Mainstream: Die Standardeinstellung für Sexualität ist »heterosexuell«. Das *Gay Book of Days* hat nun die Standardeinstellung für Sexualität als »schwul und lesbisch« neu bestimmt. »Bisexuell« wurde unter »schwul« oder »lesbisch« subsumiert und damit verdeckt, da der gesuchte Gegensatz derjenige zwischen »heterosexuell« und »nichtheterosexuell« war. Aus einer Vielzahl von Möglichkeiten wird auf diese Weise ein binäres System. Zum Gegenstand der Untersuchung – und in diesem Fall der Identifikation und Verklärung – wurde das, was am stärksten vernachlässigt oder stigmatisiert war. Die Identitätspolitik verlangte nach Identitäten und Identifikationen.

Das *Gay Book of Days* führte daher beispielsweise auf den Seiten für den Monat April folgende Person an: Henri de Montherlant (»er erkundete in seinen Romanen den diffizilen Bereich seiner doppeldeutigen Sexualität und schlachtete seine Liebschaften mit Frauen aus, während er seine noch heftigeren Affären mit Männern verhüllte«), Madame de Staël (»Madame de Staël liebte nicht nur Männer, sondern ... auch Frauen«), William Shakespeare (»zu viel steht auf dem Spiel, als daß man zugeben könnte, der größte Dichter der englischen Sprache sei möglicherweise etwas anderes als heterosexuell gewesen ... Und dennoch, warum sollte ein heterosexueller Dichter Sonette an einen Mann richten, den er ›Herr-Herrin meiner minne‹ nannte«) und schließlich Ma Rainey (»die einem Kreis schwarzer Lesben und Bisexueller angehörte, darunter auch Bessie Smith, Jackie ›Moms‹ Mabley und Josephine Baker«).

In dieser ganz zufällig herausgepickten Aprilwoche waren die historischen Persönlichkeiten, die laut Untertitel des Buches »nahezu gewiß homosexuell« waren, nach eigenem Bekunden des Autors fast ausschließlich »bisexuell«. Das ist eine lehrreiche Lektion, weniger was die Menschheitsgeschichte betrifft (obgleich auch das), wohl aber das Funktionieren der Klassifikation. »Homosexuell« schloß 1982, als die erste Ausgabe des *Gay Book of Days* erschien, »bisexuell« ein und sorgte aus der Perspektive des Titels, des Buches und der Buchwerbung für die Unsichtbarkeit der Bisexualität. Bisexuelle *waren* schwul, weil Schwule eine Minderheit darstellten und oftmals stigmatisiert wurden. Gleich dem »einen Tropfen schwarzen Blutes«, von dem es einst hieß, er entscheide über die rassische Identität, weil Weiß die favorisierte Mehrheitskategorie war, waren die gleichgeschlechtlichen Beziehungen berühmter Männer und Frauen für ihr Homosexuellsein entscheidend, gleichgültig ob sie daneben noch Liebhaber des anderen Geschlechts hatten oder nicht. Man beachte, daß sie im Titel und Untertitel des Buches als »schwul« und nicht als »lesbisch« bezeichnet werden, obwohl der Autor mit einer gewissen Gereiztheit sagt, das sei so, als sagte man *poetess* (Dichterin) statt *poet* (Dichter): »Mit ›schwul‹ meine ich einfach ›homosexuell‹, ob nun männlich oder weiblich.«[54]

Auch das ist eine Wegmarke für den historischen Wandel. Erst in den späten achtziger und neunziger Jahren fing die Lesbenbewegung an, mit der Flut von Veröffentlichungen über die schwule männliche Identität gleichzuziehen. Aber die Anmerkung des Autors über die *poetess* (und wie er hinzusetzt die *negress* und *aviatrix*) schließt keine vergleichbare Geste gegenüber Bisexuellen ein. Lesben waren zumindest in ihrer Unsichtbarkeit sichtbar. Bisexuelle waren noch nicht einmal in den Genuß dieser zweifelhaften Unterscheidung gelangt.

»Wir müssen das Offensichtliche beim Namen nennen und unsere Schriftsteller, Dichter, Maler und Aktivisten wieder für uns beanspruchen«, meinen die bisexuellen Autorinnen Loraine Hutchins und Lani Kaahumanu. Frisch ans Werk gehend, führen sie unter jenen, die »Männer wie Frauen geliebt haben«, Anaïs Nin, »die« Colette, Frida Kahlo, Lorraine Hansberry, Walt Whitman, D. H. Lawrence, Langston Hughes, W. Somerset Maugham, Djuna Barnes, Tallulah Bankhead und Ma Rainey auf.[55]

»Von Djuna Barnes wird heute nur noch als Lesbe gesprochen, dabei hatte sie viele Liebhaber, Männer und Frauen«, bemerkte Djuna Barnes' Freund, der Dichter Charles Henri Ford, der 1933 mit ihr in Paul Bowles' Haus in Tanger gelebt hatte.[56] »Wer die Gedichte Sapphos noch immer als ›lesbisch‹ klassifiziert, verfehlt das Eigentliche«, heißt es in einem Rundbrief des Boston Bisexual Women's Network. »Sapphos lesbische Liebe scheint nicht eine Ablehnung der Männer gewesen zu sein, sondern eher die Weigerung, irgendeine sexuelle Vorliebe zu unterdrücken.«[57]

Nichts ist leichter, als sich über die Neigung lustig zu machen, Exempel der ferneren oder näheren Vergangenheit auszukramen. Aber nur so konnten zugedeckte, nicht anerkannte Minderheiten in unseren Tagen die öffentliche Aufmerksamkeit auf sich lenken. In unserem Erziehungssystem gibt es durchaus Raum, das Thema anzusprechen und das Kind beim Namen zu nennen, selbst wenn dies unter die Fühl-dich-gut-Rubrik »Selbstwertgefühl« fällt. Selbstverständlich ist das kein Ersatz für eine Analyse oder eine subtile Interpretation, aber es kann jungen Menschen – und auch älteren – Mut machen, die meinen, ihresgleichen käme im Buch der Geschichte und der Kultur einfach nicht vor. In einer Zeit, wo unter den »Posties« und in der »X-Generation« eine weitverbreitete Mutlosigkeit herrscht, wo Zweifel an der Möglichkeit einer lebenswerten Zukunft laut werden, wo kulturelle, ethnische und politische Minderheiten immer noch von den christlich-traditionalistischen Eliten Diskriminierungen zu erwarten haben, ist das Sichtbarmachen von Minderheiten und ihrer Rolle ein unverzichtbares gesellschaftliches Werkzeug.

Doch welchen Sinn sollte es haben, Julius Caesar, Virginia Woolf oder Michelangelo »bisexuell« zu nennen? Die These, es gebe eine »alle Geschichtsepochen umfassende bisexuelle Kultur«, ist für einige Kritiker sowohl historisch verdächtig als auch politisch und philosophisch unhaltbar. »Die von uns entwickelten bisexuellen Identitäten sind ein Produkt unserer Zeit und unseres Milieus; sie wurden weder von Alexander dem Großen noch von Eleanor Roosevelt geteilt.«[58] Warum sollte man dann fragen, »ob Tschaikowski nun ›wirklich schwul‹ oder ›wirklich bisexuell‹ war«?

Eine weitere Schattenseite der »Rückforderung« ist politisch gesehen der Graben, den sie zwischen Bisexuellen einerseits und Schwulen und Lesben andererseits aufreißt, der Streit, wer wen als Eigentum reklamieren oder unter seine Fittiche nehmen darf: Historische Figuren werden zu Leitbildern der sexuellen Identität und dienen, ihrem historischen Kontext entrückt, der Rechtfertigung moderner oder postmoderner Lebensformen.

Ich glaube, wir geben uns darüber Illusionen hin, wieweit sich unsere Vorstellungen von kultureller Identität jemals wirklich historisieren lassen. Die Alexanders, Vita Sackville-Wests und Eleanor Roosevelts, über die wir grübeln, sind ebensosehr die Konstrukte moderner Biographen, Filmemacher und Romanciers wie die realen, ursprünglichen und historisierten Personen, die einst diese Namen trugen. (Wie so oft ist Shakespeare, der von jeder neuen Generation in ihrem Bild neu erfunden wird, auch hier die Probe aufs Exempel.)

Doch auch in der Gegenwart beschäftigt uns das Problem der Namensgebung. *The Advocate*, ein zweiwöchentlich erscheinendes Blatt, bezeichnet sich selbst als »The National Gay & Lesbian Newsmagazine«. *10 Percent* nennt sich »the magazine of gay and lesbian culture«, und die inzwischen eingestellte Zeitschrift *Out/Look* erklärte sich zum *National Lesbian & Gay Quarterly*. Trotz dieser Selbstcharakterisierung führte *The Advocate* 1994 eine

Umfrage durch, in der eine Reihe von Fragen zum Bisex gestellt wurden (»Hat sich die sexuelle Anziehungskraft der beiden Geschlechter für Sie im Vergleich zu früher *verändert*?«; »Wenn Sie sexuelle Tagträume haben, wer ist dann Gegenstand ihrer Phantasie?«). An verschiedenen Stellen ist auch von »schwul oder bisexuell« die Rede (»Haben Sie einem der nachstehenden Menschen erzählt, daß Sie schwul oder bisexuell sind?«), und »bisexuell« wird als zweite Wahl für eine Selbstidentifikation aufgeführt (nach »homosexuell/schwul«, aber noch vor »heterosexuell« und »weiß nicht«). Dennoch wird für den Fragebogen mit der in großen Lettern geschriebenen Ankündigung geworben, es handle sich um eine »spezielle Briefumfrage über schwulen Sex«.

Die Herausgeber einer anderen Zeitschrift, *Out*, nehmen für ihr Magazin in Anspruch, es reflektiere den veränderten »Status der Schwulen und Lesben« in den neunziger Jahren[59], und sehen sich als Teil der »Schwulenpresse«, obgleich eine winzig klein gedruckte, zweifellos von einem Anwalt verfaßte Anmerkung dem Leser versichert, *Out* habe nicht vor, bewußt zu »outen«. »Die Themen und Mitarbeiter von *Out* sind schwul, lesbisch, bisexuell und heterosexuell. Wird die sexuelle Orientierung oder die persönliche Praxis eines in der Veröffentlichung erwähnten oder dazu Material liefernden Individuums nicht ausdrücklich genannt, so sind keine diesbezüglichen Schlüsse beabsichtigt und sollten auch nicht unterstellt werden.« Dies ist die einzige Stelle in der Selbstdarstellung des Blattes, wo von Bisexualität die Rede ist.

Ironischerweise wird dasselbe kulturelle Unsichtbarmachen, das zur Gründung solcher Zeitschriften Anlaß gab, nun seinerseits, sei es mit Absicht, sei es aus Versehen, von den Herausgebern schwuler und lesbischer Hochglanzmagazine praktiziert. Ein »Magazin« ist eben ein Lager – nicht nur für Aufsätze und Geschichten, sondern aus einem anderen Blickwinkel auch für Munition. Wieder einmal sind die Leute mit den Magazinen die, die über die Grenzen wachen.

Zweigleisig

Als die *San Francisco Bay Times* das Wort »bisexuell« zum ersten Mal (am 1. April 1991) in ihr Impressum aufnahm und die »Schwul-lesbisch-bisexuelle Zeitung und der Veranstaltungskalender der Bay Area« wurde, war die

Bi-Worte

Leserschaft von dieser Änderung durchaus nicht erbaut. Die Herausgeberin Kim Corsaro wurde in Briefen aufgefordert, ihre sexuelle Orientierung und die der anderen Redaktionsmitglieder offenzulegen, »damit wir selber darüber urteilen können, ob die *San Francisco Bay Times* uns repräsentiert«, wie es in einem von fünf Lesben unterzeichneten Brief hieß. »Hiermit erkläre ich offiziell«, schrieb Corsaro, »daß ich lesbisch bin und keinen bisexuellen Geliebten habe.« Der Redaktionsstab bestand, laut ihrer Aussage, aus »26 Lesben, 23 Schwulen, 5 Bisexuellen und 3 Heteros«: für eine Gruppe, die sich HUAC (Homosexual Unity and Conformity) nannte, ein willkommener Anlaß für eine Satire. Sie schwärmten in San Franciscos Homosexuellenviertel mit einem sogenannten »Acme Bi Detector« aus. Verdächtige Bisexuelle (»Halb-Heteros«) wurden aufgefordert, einen Loyalitätseid abzulegen (»Weder bin ich noch war ich je bisexuell oder Mitglied einer bisexuellen Vereinigung. Auch habe ich Bisexuellen, die sich in die Schwulen- und Lesbenszene eingeschlichen haben, niemals Hilfe und Unterstützung gewährt«). Wer vor Lachen den Eid nicht zu Ende sprechen konnte oder ihn verweigerte, bekam einen gelben Doppelpfeil angeheftet. Wer den Bi-Test bestand und als eindeutig schwul oder lesbisch bestätigt wurde, erhielt als Auszeichnung einen lila Stern mit der Zahl 6, dem höchsten Eintrag (»rein« schwul) auf der Kinsey-Skala.[60]

Im großen und ganzen wird man sagen können, daß schwule und lesbische Zeitschriften und Magazine, wie andere ehemals »alternative« Publikationen auch, in Design, Anzeigen und redaktionellem Stil immer mehr den seriösen Zeitungen nacheifern, während bisexuelle 'Zine (kleine, individuell hergestellte alternative Magazine) und Rundbriefe noch immer mit einem Minimalbudget produziert werden und auch so aussehen. Und es sind diese bisexuellen Zeitschriften und die wenigen Anthologien bisexueller Schriften, wo Argumente für die »Rückforderung« von Bisexuellen früherer Zeiten ausgetauscht werden. Allerdings mußten die sexuellen Dissidenten diesmal nicht der Unsichtbarkeit entrissen werden, sondern der schwulen und lesbischen Identifikation.

Das bisexuelle Blatt *Logomotive* druckte eine seitenlange alphabetische Liste von etwa 75 bisexuellen Berühmtheiten ab. Den Anfang macht (der ewige Favorit) Alexander der Große, und den Schluß bildet (die ewige Favoritin) Virginia Woolf; dazwischen finden sich Lord Byron, Königin Christina von Schweden, Ram Dass, Freddie Mercury, Sappho und der hl. Augustinus. Eine kleingedruckte Anmerkung erklärt: »Die Liste der bisexuellen Gestalten ist zufällig. Von diesen Personen weiß man, daß sie Beziehungen zum anderen wie auch zu ihrem eigenen Geschlecht hatten. Einige haben sich als bisexuell bezeichnet, andere haben ein Etikett abgelehnt, und wieder andere identifizieren sich noch immer mit einer anderen sexuellen Orientierung als ›bisexuell‹.«[61] Darüber hinaus werden »Bi-Listen« veröffentlicht, die sich auf Bi-Filme, -Comics, und -Science-fiction beziehen, wobei das Auswahlkriterium ist, daß »ein bisexuelles Thema, bisexuelle Charaktere, Kapitel, Handlungen oder Untersuchungen vorlagen oder von Bisexuellen geschrieben bzw. produziert wurden«. Für den Fall, daß die Leser Miene machen sollten, sich allzu wohl mit den Etiketten zu fühlen, kündigt ihm eine Notiz der Herausgeber an, daß »wir unseren Namen ändern«. Künftig werde dann das Blatt *Slippery When Wet* heißen, ein Titel, der, wie die Herausgeber bemerken, noch stets mit »Verkehr« assoziiert wird. Die Verlagerung auf eine bewußt erotische Doppeldeutigkeit beleuchtet eine andere für das bisexuelle Selbstbewußtsein entscheidende Frage. Wie läßt sich Bisexualität sexy machen?

Es scheint, als habe der Bisex, was Phantasie, Gefühl und Begehren betrifft, für jeden etwas zu bieten. Gleichwohl wehrte die politisch organisierte Bisexualität in den neunziger Jahren in gewisser Weise die Sinnlichkeit ab, da sie einen Großteil ihres kämpferischen Potentials aus dem Feminismus und der Bürgerrechtsdebatte bezog und zudem um die Dämonisierung des »bisexuellen Aids-Überträgers« wußte, des unaufrichtigen Ehemannes, der seine ahnungslose Frau und die ungeborenen Kinder infiziert. Genau das wollten die neuen Zeitschriften ändern. Das Vorbild des lesbischen, lustbetonten Magazins *On Our Backs*, begründet von der »Galionsfigur der Antizensur-Bewegung«[62], der bisexuell-lesbischen Susie Bright, als direkte Herausforderung an das weniger sexbetonte und mehr auf Rechte abhebende *Off Our Backs*, führte zur Gründung und Umbenennung anderer Blätter und Zeitschriften, die das Thema *Sex* unter dem Schirm und Schutz der »Sexualität« und Bisexualität wieder aufs Tapet brachten. Das San Franciscoer Szeneblatt *Anything That Moves*, das zum ersten Mal im Januar 1991 erschien und als das erste Regionalmagazin der »bisexuellen Gemeinde« in Amerika bezeichnet werden könnte, entschied sich für den Untertitel »Jenseits des Mythos der Bisexualität«, obgleich sich in seinem Titel einer der größten Mythen überhaupt spiegelte. Unter der früheren Chefredakteurin Karla Rossi war jede Ausgabe mit einem Impressum »Über unseren Namen ...« versehen:

Bi-Worte

Unsere Entscheidung für den Titel der Zeitschrift war alles andere als einmütig. Der Entschluß, das stereotype Vorurteil, daß »Bisexuelle alles, was sich bewegt, ficken«, unseren Zwecken dienlich zu machen, hat tausendfache Reaktionen provoziert. Die Kritiker des Titels meinten, wir unterstützten das Vorurteil und schadeten unserem Image. Seine Befürworter argumentierten, er sprenge das Vorurteil und sei ein positives Bekenntnis zur Bisexualität.

Wir drängen die Leute, sich mit ihrer eigenen äußeren und inneren Biphobie zu konfrontieren. Wir erzwingen Aufmerksamkeit und definieren »alles, was sich bewegt« *in unserem Sinne* neu.

SCHAUEN SIE UNS GENAU AUFS MAUL: WIR WERDEN *ALLES* SCHREIBEN, DRUCKEN ODER SAGEN, *WAS* SICH ÜBER DIE EINENGENDEN KLISCHEES HINAUS *BEWEGT*, DIE UNS ANGEHEFTET WERDEN.[63]

Die sarkastische Übernahme eines negativen Klischees als stolz getragenes Etikett entspricht der Ehrenrettung von »pervers« durch Schwule, Lesben und andere, die ihre Homosexualität bejahen, wie auch zur Verwendung des früher geschmähten Ausdrucks »Nigger« durch die Betroffenen selber (nur durch Afroamerikaner, wie etwa die Rapgruppe »N.W.A.«, »Niggers with Attitude«) und des Wortes *fag hag*[64], das für Frauen benutzt wird, die gerne mit Schwulen zusammen sind.

Anything That Moves als Titel eines bisexuellen Magazin zu wählen heißt nicht nur, Sex wieder auf die Titelseite zu bringen, sondern auch eine bewußte Willkommensgeste zu machen. Mit offenen Armen werden nicht nur die »guten« Bisexuellen empfangen, die ihre Monogamie bekräftigen und damit die Bisexualität potentiell gesellschaftsfähig machen, sondern – zumindest theoretisch – alle, die bisexuell sind oder sich für Bisexualität interessieren. Lenore Norrgard, selbst eine aktive Streiterin für die Rechte der Bisexuellen und Gründerin des Blattes *North Bi Northwest*[65] des Seattle Bisexual Women's Network, meinte einmal, die Bisexuellen »sollten sich die harte Lektion der Schwulenbewegung zu Herzen nehmen, die uns vorführte, was bei dem Versuch, Homosexuelle als ›normal‹ darzustellen, herauskommt«[66] – d. h. bei dem Versuch, »die Fummeltunten, die Lederkerle und die promiskuitiven Schwulen« zugunsten des gehobenen, relativ unbedrohlichen, meist weißen Mannes aus den Yuppie- und Künstlerkreisen auszuschließen.

Die politische Zweckdienlichkeit der Position der »normalen Schwulen« (die auch die proportionale Mehrheit darstellen) wurde beredt in Büchern wie Bruce Bawers *A Place at the Table* verteidigt, das dem »Mainstream-Schwulen« – im Gegensatz zu dem »Schwulen der Subkultur« – einen Lebensstil zuspricht, »der sich von dem der meisten heterosexuellen Paare, die in ähnlichen beruflichen und finanziellen Umständen leben, nicht unterscheidet«.[67] Bawer vertritt die Auffassung, die »gewöhnlichen«, die Subkultur meidenden Homosexuellen seien von dieser an den Rand gedrängt worden: »Sollte die heterosexuelle Mehrheit jemals die Homosexualität akzeptieren, dann nur weil sie Homosexuelle mit Anzug und Krawatte kennt und nicht mit Brustwarzenringen und Biker-Outfit.«[68] Ich nehme an, daß Bawer die Lesben nicht unter die Rubrik »Homosexuelle« subsumiert. Bilder von Frauen im Anzug und mit Krawatte mögen sich zwar gut in Modejournalen ausnehmen, scheinen aber nicht dazu angetan zu sein, »die heterosexuelle Mehrheit« im Herzen Amerikas oder auch nur in den meisten Firmenvorständen zu beruhigen.

Anything That Moves kümmert sich weniger um das Herz Amerikas als um das Herz an sich, die Gerichte, das Beratungsgespräch und das Bett. Verglichen mit einem Hochglanzbuch wie dem Bawerschen oder edlen Magazinen wie *The Advocate*, das reich illustriert ist und ausgebuffte Leitartikler beschäftigt, ist *Anything That Moves* erfreulich direkt und kunstlos. Wie das Area Bisexual Network, dessen Organ es ist, unterstützt das Blatt ausdrücklich »jede Lebensform, sei sie nun zölibatär, monogam oder nichtmonogam, als gleichermaßen berechtigt« und »jeden Ausdruck einer verantwortlichen, auf gegenseitiger Zustimmung beruhenden Sexualität«. Es ist Zeitung und Anzeigenblatt für alle, die die Bisexualität bejahen.

Die schon erwähnte, jeder Ausgabe vorangestellte redaktionelle Erklärung fährt mit einem weltanschaulichen Credo und einer Kritik aller Etiketten fort: in wenigen Sätzen, bewunderswert klar, entschieden und leidenschaftlich engagiert.

> Bisexualität ist eine umfassende, fließende Identität. Sie sollten nicht davon ausgehen, daß Bisexualität ihrer Natur nach binär oder duogam ist, daß wir »zwei« Seiten haben oder gleichzeitig zu beiden Geschlechtern eine Beziehung haben MÜSSEN, um uns als Menschen zu verwirk-

lichen. Sie sollten nicht einmal voraussetzen, daß es nur zwei Geschlechter gibt. Verwechseln Sie das Fließende unserer Identität nicht mit Unschlüssigkeit, Unverantwortlichkeit oder der Unfähigkeit, sich zu binden. Setzen Sie Promiskuität, Untreue oder riskantes sexuelles Verhalten nicht mit Bisexualität gleich. Solche Charakterzüge sind menschlich und finden sich bei *allen* sexuellen Orientierungen. Nichts sollte über irgend jemandes Sexualität vorausgesetzt werden – auch nicht über die Ihre.

Erwarten Sie nicht, daß Ihnen aus diesen Seiten eine präzise Definition der Bisexualität entgegenspringt. Wir Bisexuellen neigen dazu, Bisexualität so zu definieren, wie es unserer Individualität entspricht. Es gibt so viele Definitionen von Bisexualität wie es Bisexuelle gibt. Viele von uns lehnen es überhaupt ab, sich ein Etikett zuzulegen, und halten das Wort »bisexuell« für unangemessen und zu einengend.[69]

Der Fehdehandschuh wurde geworfen, fragt sich nur, wer ihn aufheben wird. Denn in seiner gegenwärtigen Form und Verbreitung predigt *Anything That Moves* als Organ des Bay Area Bisexual Network (BABN) vor allem den schon Bekehrten. Wie ich annehme, wird es hauptsächlich von Bisexuellen und all jenen abonniert, von denen die Herausgeber als »bi-positive Menschen« sprechen, gleichgültig, ob sie sich nun als bisexuell oder nicht betrachten. Die über »die eigene Sexualität« falsche Erwartungen Hegenden lesen vermutlich noch nicht *ATM*.

Nebenbei gesagt ist *ATM* eine Abkürzung, deren sich das Blatt selbst bedient. Wie *PC*, das für Millionen von Menschen »Personal Computer« bedeutete, bevor es zum kulturspezifischen Kürzel für *politically correct* wurde, kommt auch *ATM* aus der Welt der Technik und Automaten. Ich jedenfalls kann diese Initialen nicht lesen, ohne sie mir im Kopf als *automated teller machine* (Geldautomat) zu übersetzen. Vermutlich haben wir auf dem Feld der Akronyme einen derart hohen Sättigungsgrad erreicht, daß praktisch jede Abkürzung einen Doppelsinn hat. Diese besonderen *tellers* mögen verschiedene Geschichten haben, dennoch taucht die seltsame Beziehung zwischen Name und Akronym auf merkwürdige und beharrliche Weise immer wieder im Bereich der Bi-Politik auf ebenso wie die Neigung, Wortspiele mit »Bi« anzustellen.

Nehmen sie UBIQUITOUS (Uppity Bi Queers United in Their Overtly Unconventional Sexuality), LABIA (Lesbian and Bi Women in Action), WRAMBA (Women's Radical Multicultural Bisexual Alliance), BI-CEP (Bisexual Committee Engaging in Politics), BiONIC (Bisexuals Organising Noise, Insurrection & Confrontation), LeBiDo (für Lesben und Bi-Frauen) und BiANGLES (in Anlehnung an *triangle*, Dreieck), eine bisexuelle Zeitschrift. Als The Boston Bisexual Women's Network, das ursprünglich *BiWoman* genannt wurde, seinen Namen in den Plural setzte (*BiWomen*), erlaubte es sich ein Wortspiel mit *by* (durch, von) und *bi*, wodurch es gleichzeitig von der ersten grundlegenden Feststellung (»Ich bin eine Frau«) zu einem politisch kollektiven Standpunkt überging.

Solche Wortspielereien, die oftmals als banal und kindisch abgetan wurden – »das Wortspiel ist die niedrigste Form des Humors«, hört man dazu von humorlosen Gelehrten –, können wichtige Effekte erzielen. Sie können die Klaviatur der Gedanken verändern, unterdrückte oder unerwünschte Assoziationen an die Oberfläche spülen oder zumindest die Aufmerksamkeit auf die Bezeichnung und ihre Bestandteile lenken, wie es beispielsweise die von der Regel abweichenden Schreibweisen vieler Waren tun (Whiskas, Kitekat, Kleenex). Hier haben wir Beispiele für sprachliche Verdichtungen und Modifizierungen, die mit der Zeit wie vertraute Wörter funktionieren: Je vertrauter sie sind, um so stärker müssen die Firmen ihre Marken gegen Übergriffe verteidigen, und um so stärker beherrschen sie den Markt und das Feld.

Dasselbe gilt für sexuelle Kürzel von S/M bis Bisex. Das »bi« in bisexuellen Wortspielen, deren Allgegenwart mitunter fast ärgerlich ist, verkauft das Produkt. »Bi« scheint sowohl benutzerfreundlich als auch täuschend geschlechtslos zu sein. Man sagt, bei dem Marsch auf Washington 1993, als Lesben, Schwule und Bis für gleiche Rechte demonstrierten, sei das Wort »bisexuell« erst nach seiner Abkürzung zu »bi« aufgenommen worden, da einige befürchteten, »bisexuell« würde die Aufmerksamkeit zu sehr auf Sex lenken.[70] Für die Scrabble-Spieler sei angemerkt, daß »bi« immerhin schon als »salopp« mit der Erklärung »kurz für bisexuell« im *Duden* steht.

Lange vor Freud erkannten die alten Traumdeuter, daß die Komik unbewußter Assoziationen tatsächlich der kürzeste Weg zum Verständnis ihrer Bedeutungen war: »Der Traum wird witzig, weil ihm der gerade und nächste Weg zum Ausdruck seiner Gedanken gesperrt ist.«[71] »Zweideutige Worte sind aber wie ›Wechsel‹ für den Assoziationsablauf. Stellt man den Wechsel anders, als er im Trauminhalt eingestellt erscheint, so kommt man wohl auf das Geleise, auf dem sich die gesuchten und noch verborgenen Gedanken hinter dem Traum bewegen.«[72] Gerade weil das Wortspiel oft verächtlich behandelt oder abgewertet wurde, vermag es etwas zu suggerieren, was sich auf einem geraderen oder ernsthafteren Weg nicht mitteilen ließ.

Das Spiel, das bisexuelle Journalisten, Essayisten und Aktivisten mit dem Wort »Bi« treiben, kann als bloßes »Spiel« passieren. Indem es spielerisch ist, spielt es auch suggestiv (wenn nicht gar unmittelbar) damit, sexy zu sein. Ist die doppelte Bedeutung in Scherzen oder Wortspielen sexuell, so spricht man häufig von Zweideutigkeiten, gleichsam das Äquivalent einer hörbaren, sexualisierten Spätzündung (*double-take*). Wie *switch-hitter* legen auch *switch-words* (Wechselworte) die Möglichkeit nahe, in mehr als einer Richtung aktiv zu werden. Und »bi« bedeutet, das sollten wir nicht vergessen, ebenso wie »doppelt« auch »zwei«.[73] Die offenbare Zweiheit der Bisexualität fordert trotz aller Dementis und Einsprüche seitens bisexueller Theoretiker oder untheoretischer Bisexueller dazu heraus, sich zweideutig auszudrücken. (Natürlich erlaubt das Wortspiel, sobald wir es als sprachliches Gegenstück zum politischen Cartoon auffassen, jede Position zu kritisieren. Eine der ganz und gar nicht schmeichelhaften Wortschöpfungen für bisexuelle Frauen in den späten achtziger Jahren war *hasbians*, ehemalige Lesben, die sich männliche Liebhaber zugelegt hatten oder jetzt ihre bisexuelle Identität bejahen.)

Was sich in der Terminologie, wie barock sie auch sein mag, manchmal niederschlägt, ist weniger der Versuch, geistreich zu sein, als das Streben nach Deutlichkeit oder alternativ nach politischer Korrektheit. Weise, die Herausgeberin von *Closer to Home*, äußert sich in *ATM* zu den Bezeichnungen, die sich ihre Autorinnen selbst beilegen: »Bi-Dyke, Bi-Lesbe, lesbisch identifizierte Bisexuelle, bi-gefühlig, Lesbierin und offiziell lesbische Bisexuelle. Jedenfalls alles andere als hetero.«[74] Solche ernst daherkommenden, nicht leicht dahingesagten Bezeichnungen wie »bisexuelle Lesbierin« und »lesbisch identifizierte Bisexuelle« legen in ihrer anscheinenden Widersprüchlichkeit die politischen Spannungen innerhalb der homosexuellen Subkulturen offen und enthüllen zudem, daß »bisexuell« letzten Endes nicht analog zu »lesbisch« und »schwul« ist und daher damit unvereinbar.

Der »echte Bisexuelle«

> Wir fordern den Sex auf, seine Wahrheit zu sagen ...,
> oder vielmehr die Wahrheit, die tief unter jener Wahrheit
> unser selbst vergraben liegt, die wir im unmittelbaren
> Bewußtsein zu haben vermeinen.
> *Michel Foucault*[75]

Wo soviel Falschheit, falsches Bewußtsein und fiktive Identität unterstellt wird wie auf diesem sexuellen Feld, mußte das Bestreben, diese flüchtige, begehrliche Art von Persönlichkeit dingfest zu machen, stets Zuflucht bei Statistiken und Zahlen suchen. Die eindimensionale Kinsey-Skala mit ihren zwei Polen war ein Teil des Problems: Da sie eine Mitte zwischen »ausschließlich heterosexuell« 0) und »ausschließlich homosexuell« 6) hatte, meinten manche, der wirkliche oder »echte« Bisexuelle müsse auf der Kinsey-Skala der 3) entsprechen, statt nach Kinseys Verständnis seiner gleitenden Skala auch in 1), 2), 4) und 5) zu suchen sein. Konnte man nur »ein bißchen bisexuell« sein? Oder muß man nicht sagen, daß sei wie »ein bißchen schwanger«? Der Ausdruck ein »echter Bisexueller« wurde zum Index für eine auf beide Geschlechter gleichverteilte Neigung – oder, wenn man so will, zu einer Möglichkeit, das Übergreifen der Bezeichnung »bisexuell« auf den größten Teil der Bevölkerung zu verhindern. Doch wie sah die »Wahrheit« über den echten Bisexuellen aus?

Aktivitäten sind leichter zu quantifizieren als das Begehren, selbst wenn so verschiedene Faktoren wie Anziehung, Phantasien, Verhalten, soziale und emotionale Vorlieben und Lebensstil gemessen werden sollen. Nachdem Fähnrich zur See Vernon E. Berg 1976 vor einem Ausschuß der US-Marine sexuelle Beziehungen zu Männern gestanden hatte, bot man ihm eine Definition als Rettungsanker an. Zunächst bekannte sich Berg als »Bisexueller«, und erst später bezeichnete er sich als schwul. Im Anschluß an ein Gespräch mit John Money, einem Sexualwissenschaftler der Johns-Hopkins-Universität, der als Sachverständiger vor dem Untersuchungsausschuß aussagen sollte, erklärte Berg, Money sei zu dem Schluß gekommen, »die Anzahl der Orgasmen, die ich bei beiden Geschlechtern hatte – damals etwa 50 zu 50 – wiese mich als einen echten Bisexuellen aus«[76]. Wer könnte dagegen noch etwas sagen?

Bei dieser Suche nach dem »echten Bisexuellen« wurde er oder sie zweifellos entweder als Fabeltier oder als bedrohte Spezies betrachtet, in jedem Fall aber als Ausnahme von der monosexuellen Regel. Die Beweislast lag beim Bisexuellen: Er oder sie mußten nachweisen, daß sie existierten. Das »echt« eines »echten Bisexuellen« ist wissenschaftlicher Jargon und bedeutet typisch oder einem Typ entsprechend – mein Wörterbuch gibt z. B. die entschiedene Auskunft, »der Molukkenkrebs ist kein echter Krebs«. Die übrigen Bedeutungen von *true*, nämlich »aufrichtig«, »authentisch«, »wahrhaft« und vor allem »treu«, werden in diesen semantischen Strudel hineingerissen, und so bleibt als Gegenwelt des Echten nur das Falsche, während die Möglichkeit von Varianten und Variationen unter den Tisch fällt.

Doch wie würde sich die Sache darstellen, wenn wir diesen Echtheitstest umdrehen und Bisexualität als die statistische Norm betrachteten? Können wir uns einen »echten Heterosexuellen« vorstellen, jemanden, der (oder die) sich noch nie zu einem Angehörigen seines (ihres) Geschlechtes hingezogen fühlte? Oder einen »echten Homosexuellen«? Diesen beiden Kategorien kommt auf der Kinsey-Skala eine 0) bzw. eine 6) zu, und den meisten Darstellungen zufolge stehen sie für eine echte Minderheit in der Weltbevölkerung.

Die Sexualität der Dichterin H. D. (Hilda Doolittle) war Gegenstand einer lebhaften Erörterung, die sich nicht auf die Tatsachen ihres Lebens, sondern auf die Deutung dieser Tatsachen stützte.

Freud nannte sie »eine perfekte Bi«. Ihre Jugendaffäre mit Frances Josepha Gregg, ihre Verlobung mit Ezra Pound, ihre Ehe mit Richard Aldington und die Geburt ihrer Tochter Perdita, ihre langjährige Beziehung zu Bryher (Künstlername der Schriftstellerin Annie Winifred Ellerman) – dies alles trug dazu bei, daß H. D. in gewissem Sinne zur bisexuellen Figur par excellence unter den Schriftstellern unseres Jahrhunderts wurde. 1934, während ihrer Analyse bei Freud in Wien, berichtete sie aufgeregt in einem Brief an Bryher, was Freud gesagt habe. »Er sagt, ›Sie müssen zwei Seiten verbergen, zum einen, daß Sie ein Mädchen waren, und dann, daß Sie ein Junge waren.‹ Es scheint, daß ich eine nahezu ausgestorbene Spezies bin, eine perfekte Bi.«[77]

Eine perfekte Bi. Für einen leidenschaftlichen Sammler wie Freud, der seine geliebte Antikensammlung im Sprechzimmer aufbewahrte, muß H. D. selbst ein Sammlerstück gewesen sein. Als er seiner gebildeten, sich vor allem für die griechische Antike interessierenden Patientin seine »Lieblingsstücke« zeigte, wies er auf eine kleine Bronzestatue der Pallas Athene hin. »Eine Hand war ausgestreckt, als hielte sie einen Stab oder Stecken. ›Sie ist vollkommen‹, sagte er, ›nur hat sie ihren *Speer verloren*.‹«[78] Die Identifizierung der speerlosen Pallas mit der »kastrierten« Frau in Freuds Aufsätzen zur Weiblichkeit wurde zum gefundenen Fressen einer bestimmten Sorte feministischer Kritik, und H. D.s Beteuerung in dem Gedicht »The Master«, daß die »Frau vollkommen ist«, gilt als ihre Antwort auf Freuds leicht herablassendes Wohlwollen, als ihre Wiederbewaffnung der phallischen Frau.

»Nun, das alles ist schrecklich aufregend«, fährt H. D. in ihrem Brief an Bryher in einem Ton fort, der aus der Distanz zugleich herausfordernd und beunruhigt klingt, »aber sprich mir im Moment *bitte* nicht von meinen eigenen [Schriften], denn der Konflikt scheint teilweise darin zu bestehen, daß das, was ich schreibe, mich an das eine oder andere Geschlecht bindet; ich VERSTECKE mich nicht länger. Doch ganz so einfach ist es nicht – und gewiß werden wir, bevor ich weggehe, zu irgendeinem Gleichgewicht kommen.«[79]

Die Krise scheint für H. D. teils in einer Bejahung ihrer Sexualität gelegen zu haben und teils eine Frage des literarischen Genres gewesen zu sein. Wie die Dichtung anderer Imagisten wurde auch die ihre damals als »weiblich«[80] bezeichnet, worunter häufig verstanden wurde, sie sei statisch, weniger bedeutend, miniaturhaft oder »passiv«. In späteren Jahren schrieb sie nicht nur Erzählungen, sondern übte sich auch in der epischen Dichtung, der traditionell »großen«, »männlichen« Form. In ihren Prosawerken, vor allem in den posthum erschienenen Tagebüchern und in ihrem Roman *Bid me to Live*, setzte sie sich damit auseinander, was es heißt, Frauen zu begehren. Doch der Konflikt, wenn es denn einer war, erschöpft sich nicht in einem Entweder-Oder. Das von ihr erhoffte »Gleichgewicht« beinhaltete ein sehr viel komplizierteres Rollenspiel. »Ich wollte nicht nur ein Junge sein, sondern ich wollte ein Held sein«, erinnerte sie sich.[81] Tatsächlich hatte sie die Rolle des »Helden« in Schulaufführungen übernommen, und die (bisexuelle) Sarah Bernhardt in einer Hosenrolle in Edmond Rostands *L'Aiglon* bewundert. Ihre Jugendgeliebte Frances Gregg hatte ihr einige »wunderschöne Photographien von sich selbst [gezeigt], auf denen sie ein griechisches Kostüm trug; sie hatte einen Knaben oder Jüngling in irgendeinem Stück gespielt«[82].

Später träumte sie, daß sie männliche Abendkleidung trug (»Ich hatte in einer der Kaffeehaus-Illustrierten einige neue Bilder von Marlene Dietrich gesehen«) und darunter »noch den langen Abend-Unterrock, der offensichtlich zu dem Ballkleid gehörte. Der Traum endet in einem Ton der Enttäuschung und Verwirrung«, erzählte sie Freud.[83] Sie assoziierte diesen Traum mit Ezra Pound, der sie zu »Schulmädchenbällen« einlud, obwohl er »so schlecht tanzte«.

Zehn Jahre zuvor hatten H. D. und Bryher auch Havelock Ellis um Rat gefragt, und der »weise Mann des Sex« meinte, Bryher sei möglicherweise ein »im falschen Körper steckender Mann«[84]. Die Vorstellung des Paares darüber, wer und was es sein könnte, wurde teilweise von Ellis' Theorien über die »sexuelle Inversion« und Edward Carpenters Gedanken zu einem »Zwischengeschlecht« genährt. Sie und Bryher spielten gemeinsam mit Paul Robeson und dessen Frau Eslanda 1930 in dem Film *Borderline* mit, bei dem Bryhers Ehemann Kenneth McPherson die Regie führte. Im Mittelpunkt stand eine Dreiecksgeschichte, die durch die Begegnung verschiedener Rassen noch verwickelter wurde. Bryher spielte eine lesbische Kneipenwirtin mit kurzem Haar und Zigarre, während »die unaufdringliche Eleganz von H. D.«, so ein Kritiker, »mitunter an einen feminisierten Mann« denken ließ.[85]

Doch das Etikett »bisexuell« war für H. D., trotz Freuds Imprimatur, weder bequem noch kostenlos zu haben.

Man lese nur die folgenden Bemerkungen aus einem Buch über den kulturellen Einfluß amerikanischer und englischer Frauen, die in der ersten Hälfte des 20. Jahrhunderts im freiwillig gewählten Pariser Exil lebten.

> Für H. D. waren die patriarchalischen und heterosexuellen Merkmale der Moderne *eine Falle*, die sie zwang, die Frage ihrer eigenen Geschlechterdifferenz, ihrer *problematischen Bisexualität*, zu verwischen. Sämtliche Schriften H. D.s bezeugen ihre *Unsicherheit hinsichtlich der sexuellen Identität*, wodurch der Akt des Schreibens für sie zu einem *hoch traumatischen* Ereignis wurde. Die sexuelle Identität, aus der heraus sie gestaltet wurden, *schwankt zwischen dem Heterosexuellen und dem Homosexuellen*. Sie fühlte sich zu *widersprüchlichen Welten* hingezogen – zur patriarchalischen und heterosexuellen Welt der Moderne (ihre Beziehung zu Ezra Pound und Richard Aldington ist dafür exemplarisch) und zur matriarchalischen und homosexuellen Welt Bryhers. Letztlich *war sie nie fähig*, sich zwischen den beiden *zu entscheiden*, und sobald sie zur Feder griff, enthüllte sich *diese Krise der sexuellen Identität*. Wäre H. D. in der Lage gewesen, *ihre sexuelle Ambivalenz, die zweifache Anziehung der Heterosexualität und Homo-*

sexualität, die sie ständig bedrängte, *aufzulösen*, hätte ihre schriftstellerische Arbeit in der einen oder anderen Weise »eine Heimat« gefunden. Doch die Entscheidung sollte nie getroffen werden.[86]

All diese von mir hervorgehobenen Formulierungen sollen andeuten, daß H. D.s anscheinende Unfähigkeit, sich selber zu erkennen oder anzuerkennen, nichts anderes als fehlende Entschlußkraft war. Ihr Problem soll darin gelegen haben, daß sie sich nicht entscheiden konnte, wer sie war, bzw. daß sie sich gegen die Folgen der Entscheidung sträubte oder sie verleugnete. Im Gegensatz zu ihrer Geliebten Bryher, die in derselben Abhandlung als eine willensstarke Frau charakterisiert wird, die »seit ihrer Pubertät wußte, daß sie lesbisch ist«[87], wird über H. D. ständig gesagt, daß »ihre sexuellen Orientierungen und emotionalen Bindungen sie in Verwirrung gestürzt« haben.[88] Die Autorin stellt die rhetorische Frage: »Hemmten die Forderungen der heterosexuellen Norm ihren schöpferischen Trieb, für den ihre lesbischen Schriften die wirkliche, ehrliche Alternative waren?«[89]

Hier wird, wie so oft, Bisexualität als Verwirrung, ja als potentielle Unaufrichtigkeit, als »hoch traumatisches« Schwanken, als Ablehnung einer Entscheidung bezeichnet. Diese Analyse ist symptomatisch für eine bestimmte Weise, in der mit der Behauptung, man sei bisexuell, umgegangen wird. Die Frage ist nicht, ob das, was über H. D. gesagt wurde, falsch oder richtig ist: Aus unserer gegenwärtigen Perspektive ist vor allem interessant, daß die Irritationen und politischen Bestrebungen des Kritikers sämtlich auf die Forderung nach *einer* Entscheidung und *einer* Wahl zulaufen, gleichsam als stünde die Bisexualität für etwas anderes, etwas Bedrohliches.

Bemerkenswert ist, daß der Ausdruck »zweifache Anziehung« als Titel der schon erwähnten soziologischen Untersuchung *Dual Attraction* von Weinberg, Williams und Pryor erscheint, was ein Zufall sein mag oder auch nicht. Das aufblitzende Ineinander von »zwei« und »zwie« (*dual* und *duel*), paradox und antithetisch wie es ist, hat neben dem Gedanken, Bisexualität beinhalte *zwei* Leidenschaften und nicht nur eine, zu dem Problem beigetragen. Fordert die Situation eine Art Hegelscher Synthese, den Begriff von einem dritten, dialektisch vermittelten Ort? Wenn jede These ihre bestimmte Negation oder ihren Gegensatz erzeugt, kann dieser Konflikt der erotischen Anziehungen dann eine Synthese hervorbringen? Oder ist der Widerspruch Teil der erotischen Kraft der Bisexualität und zugleich das, was sie so beunruhigend macht?

In ihrem Freud geltenden Gedicht »The Master« schrieb H. D., »zwei getrennte Lieben hatte ich«, womit sie die Situation bezeichnete, die er bisexuell nannte. Rachel DuPlessis und Susan Stanford Friedman, zwei Autorinnen, die als erste zu feministischen Studien über H. D. anregten, zitieren den Ausdruck »zwei getrennte Lieben« aus dem Gedicht, in dem die Verfasserin »den alten Mann« (Freud) anweist, »das Unmögliche / zu erklären / was er tat«.[90]

Nach dem Urteil von DuPlessis und Friedman wäre »Bisexualität« etwas, womit H. D. sich am Ende ausgesöhnt hätte: »Die lesbische Liebe war für H. D. weder in ihren Texten noch in ihrem Leben etwas Ausschließliches.« Sie erwähnen nicht nur ihre Verlobung mit Ezra Pound und ihre Ehe mit Richard Aldington, sondern auch die männlichen »Begleiter und Liebhaber« ihrer späteren Jahre.[91] Freud »befreite sie soweit, daß sie ihre lesbischen Wünsche erkunden und anerkennen« konnte, und »verknüpfte H. D.s Schreibhemmung mit ihrer tiefen Unruhe über ihre Bisexualität«. Das »Unmögliche«, das er erklären sollte – und erklärte –, war die »Absolutheit und Totalität ihres Verlangens nach beiden Geschlechtern«.[92] »In ihren Veröffentlichungen konnte H. D. ihre Identität als gequälte Heterosexuelle erforschen, die nichtrepressive Beziehungen zu Männern suchte, den kulturell anerkannten Liebesobjekten für Frauen.... In ihrem Privatleben ging H. D. jedoch ihrer Leidenschaft für Frauen und deren Beziehung zu ihrer eigenen künstlerischen Identität nach.«[93] War die Analyse, die H. D. später dankbar in *Huldigung an Freud* schilderte, nun »öffentlich« oder »privat«?

Claire Buck folgt darin der Psychoanalytikerin Juliet Mitchell und geht von der Annahme aus, daß »Bisexualität die Instabilität der Sexualität und der Geschlechterdifferenz markiert«.[94] Da die Bisexualität »deutlich macht, daß Männlichkeit und Weiblichkeit keine Identitäten sind, sondern Positionen des Begehrens, zu denen das Subjekt eine unsichere und veränderliche Beziehung hat«[95], liefern H. D.s Leben und Werk eine wunderbare Gelegenheit, die zentrale Bedeutung der Bisexualität für alle Argumente zu untersuchen, die in der sexuellen »Identität« ein Konstrukt sehen.

H. D.s bisexuelle Moderne ist tatsächlich eine sexuelle Postmoderne. Die »perfekte Bi« entspricht nicht der 3) auf der Kinsey-Skala, sie ist nicht säuberlich und symmetrisch zwischen hetero und schwul angesiedelt. Sie steht für etwas, für eine *Person*, die weitaus vielschichtiger und schwerer zu fassen ist. Wie Osborne in *Manche mögen's heiß* – als er erfährt, daß seine Verlobte Daphne, der er gerade einen Heiratsantrag gemacht hat, ein Mann ist – könnte man sagen: »Nobody is perfect.«

Queer

Welche Beziehung besteht zwischen »bisexuell« und »queer«? Der britische Kritiker Joseph Bristow bemerkt, daß Bisexualität in den letzten 20 Jahren manchmal als »zu queer« betrachtet wurde, während sie zu anderen Zeiten für »nicht queer genug« galt. Für ihn ist die »(Wieder)aneignung von queer« ein Stilphänomen, das er ironisch »metrosexuell« nennt, da es weitgehend in den urbanen oberen Mittelschichten gepflegt wird. Vielleicht ist es auch nur eine andere Weise zu sagen, daß es das Etikett für ein Schichtenprivileg ist.

»QUEER IST IN! Schwul und lesbisch ist veraltet, passé und OUT!«, verkündet *Ecce Queer*, ein »cooles, verschärftes Blatt«, wie eine begeisterte Leserin meint.[96] Die Begleitphotos, mit den Untertiteln Lesbe, Schwuler, Queer Boy und Queer Girl liefern eine ironisierte Typologie von Stil und Verhalten. Die Lesbe »mißbilligt die Bisexualität«, »fürchtet sich vor Modeströmungen« und »besucht Frauen-Musikfestivals, als ginge sie in die Kirche«, ihr männlich-schwules Gegenstück »kauft unter dem Ladentisch, aber bestreitet es«, geht nur auf »Partys mit den richtigen Gästen«, »sieht im Ausstellen eines Schecks einen ›politischen Akt‹« und »ist verwirrt, wenn er auf dem Christopher Street Day Motorradlesben begegnet«. Der Queer Boy »könnte tatsächlich mit einer Frau« und das Queer Girl »tatsächlich mit einem Mann geschlafen haben«. Beide werden als »total fabelhaft« beschrieben, und beide »haben zweifellos ihren Spaß«, selbst in der Politik, die auch »spaßig sein« kann. Natürlich steckt darin viel spielerischer Witz und Selbstironie – »auch sie können hip, modisch, sozial und politisch bewußt sein«, tönt der Artikel – aber dennoch wird deutlich, daß Bisexualität in der neuen Generation der Queers nicht nur Gesprächsgegenstand, sondern auch »modisch« geworden ist.

In »metrosexuellen« Kreisen ist Queersein mittlerweile so chic, daß der »hetero Queer« überall anzutreffen ist. *GQ* entwarf ein »Spektrum homosexueller Akzeptanz«, das vom »aktiven Einsatz für die Rechte Homosexueller« (Barbra Streisand, Elizabeth Taylor) über »die Aneignung homosexueller Kennzeichen« (Markie Mark, Prince) und das »Bekenntnis zum eigenen inneren Homosexuellsein« (Kurt Cobain, Sharon Stone) bis zum »Vorgeben, homosexuell zu sein« (Madonna, gewisse Collegestudenten) reicht. »Verschämte Eröffnungen der Omnisexualität« wurden als mißliches, aber notwendiges Stadium gedeutet, durch das die »Kulturelite«, um der sozialen Akzeptanz und Assimilation willen, hindurch muß, »bis dem

Amerikaner die Homosexuellenkultur bis zum Überdruß vertraut ist – wie die Hip-Hop-Kultur in den Vorstädten und die protestantisch-katholischen Mischehen«.[97] Man wird mit einiger Sicherheit sagen können, daß das nicht schon morgen der Fall sein wird. Aber ist das, was *GQ* als »Queer-ist-cool-Philosophie« bezeichnete, nun eine Mode oder eine Form der Sexualität? Gibt es da überhaupt einen Unterschied?

Bezeichnet man sich selbst als queer, so klingt es ganz anders, als wenn es höhnisch von der Straßenecke herübertönt. Die Stärke von »queer« als aggressive Verallgemeinerung, die Weigerung, »eine marginalisierende Logik der Toleranz oder der schlichten politischen Interessenvertretung« zu akzeptieren und statt dessen »den Widerstand gegen die Herrschaft des Normalen« zu fördern[98], macht den Ausdruck zu einem wirkungsvollen Werkzeug für die Theoretiker des Queerseins. Die Unverblümtheit des Wortes, das, was die lesbische Bühnenautorin Holly Hughes seine »Schockqualität« nannte[99], hat entgegen der ursprünglichen theoretischen Intention vor allem bei jungen Leuten, die sich keinen Deut um »Theorie« scheren, seine Popularität gefördert.

Doch wie viele Teilnehmer an den neuen Debatten über Sexualität betonen, hat »queer« deutliche Mängel, wo eine genaue Charakterisierung und Darstellung verlangt wird. Es ist ein postmodernes Etikett, das im Diskurs und in der Mode wurzelt und das von einer reizvollen Allgegenwart in literarischen und kulturellen Texten des frühen 20. Jahrhunderts ist (»Du bist ganz schön queer, Julie Jordan«), welche die historische Existenz von Queers lange vor der Entstehung der Queer-Bewegung zu bestätigen scheint. Doch trotz seiner Vorzüge als politisches Schlagwort ist queer letztlich kein unproblematischer politischer Begriff. Lesbische und schwule Autoren von Terry Castle bis Eric Marcus bezweifeln seine Angemessenheit, da es jene genaue Charakterisierung vermissen läßt, welche sie für entscheidend halten.[100] »Der Begriff *queer* ist, wie ich meine, in engagierten und fortschrittlichen akademischen Kreisen zum Teil deshalb so in Mode gekommen, weil er es erleichtert, die weibliche Homosexualität ›in‹ der männlichen Homosexualität aufzuheben und die lesbische ein weiteres Mal zu entkörpern«, schreibt Castle. »Insoweit mit Queer-Theory in erster Linie immer noch die Erforschung der männlichen Homosexualität gemeint scheint, störe ich mich sowohl an ihrer Sprache als auch an ihren Allgemeinheitsansprüchen.« *Queer performativity* hat unter jenen, die wissen, was mit *performativity* gemeint ist, eine eigene kulturelle Aussagekraft.

Queer

Das Wort leitet sich sowohl von »Performance« im Sinne von Theateraufführung als auch von »performativen« Sprechakten her (»Mit diesem Ring nehme ich dich zur Frau«), die der von John L. Austin entwickelten Typologie zufolge nicht nur beschreiben, sondern *handeln*.[101] *Performativity* in diesem letzteren Sinn wurde für die Funktion der Sprache in dekonstruktivistischer Sicht wichtig, wo nämlich Ursache und Wirkung, Signifikant und Welt »entkoppelt« sind. (Austin selber lehnte später, nachdem er den Terminus in seinen 1955 in Harvard gehaltenen Norton Lectures eingeführt hatte, die Idee einer »performativen« im Gegensatz zu einer »konstativen« Äußerung ab.) Soweit er nicht völlig dem theaterwissenschaftlichen Terminus der Performance angeglichen ist, wird derzeit der Begriff *performativity* in der Literaturwissenschaft, in der Gender-Diskussion und im Bereich der Queer-Theory produktiv verwendet, um »die Kontingenz im Verhältnis zwischen *Intention*, *Sein* und *Praxis* offenzulegen«[102].

Für den Mann auf der Straße (oder an der Straßenecke) bleibt »queer« in kultureller wie in diskursiver Hinsicht häufig eine Sache des Stils und der Rhetorik. Zwar mag es bei einigen jungen Leuten und einigen Akademikern beliebt sein, doch sein universalisierender Impuls steht (absichtlich) quer zu seiner freudigen Behauptung der Stigmatisierung. Gerade wegen der ambivalenten Exklusivität der »Mode« ist es höchst unwahrscheinlich, daß »jeder ist queer« in naher Zukunft das Klischee »jeder ist bisexuell« ersetzen wird.

Der Kulturtheoretiker Jonathan Dollimore meint, daß »queer« als Begriff »umgeformt werden muß«. »Ich bin fest davon überzeugt, daß wir in der Kulturpraxis politische Begriffe umformen, neu definieren, verzerren und mit ihnen spielen«, erklärt er. »›Queer‹ könnte zu einer echt provokativen Kategorie aufsteigen«, oder es könnte, wie in gewisser Weise schon geschehen, zu »einer marginalen, nahezu elitären Sache werden. Die meisten wissen nicht, was es bedeutet. Sie wissen nur, daß sich dort die Action abspielt. Nun, wenn das so bleibt, wird es einen weiteren Tod durch den Parteigeist zu beklagen geben. Doch meiner Ansicht nach läßt es sich sehr viel umfassender umformen, so daß es zu einer Annäherung an andere Begriffe, auch an das Wort ›bisexuell‹ kommen könnte.«

Wann immer wir auf die Frage »queer« versus »lesbisch und schwul«, ja »lesbisch-schwul-bisexuell-transsexuell-s/m« stoßen, scheint eines klar zu sein: Etiketten und Schlagworte sorgen nicht nur für Sichtbarkeit, sondern auch für territoriale Abgrenzung. Sie schließen ein und grenzen aus.

Bi-Worte

Ist Bisexualität in einem stärkeren Sinne »queer« als eine schwule oder lesbische Identität? Oder in einem schwächeren Sinne? Ist Bisexualität »in der Mitte«, »mal so, mal so« oder an den Extremen? Diese Kategorie des *wavering*, die von E. L. Pattullo ins Spiel gebracht worden ist, wird von Bruce Bawer zu Recht zerpflückt: »Eine kleine Minderheit von Menschen ist wirklich bisexuell.« Sie sind nicht, wie Pattullo will, »mal so, mal so«, denn sie sind nicht latent entweder hetero oder schwul; sie sind von beiden Geschlechtern gleichermaßen angezogen und werden es immer sein. Am besten würde es ihnen in einer Gesellschaft gehen, in der sie sich mit jedem, den sie lieben, zusammentun könnten, sei dies ein Mann oder eine Frau, ohne daß sie sich sozial oder rechtlich in eine der beiden Richtungen gedrängt fühlen müßten.[103]

Der Journalist Eric Marcus schildert uns das Schauspiel schwuler und lesbischer Konferenzen, wo »die wütende Rhetorik der unaufhörlichen mörderischen Auseinandersetzungen, die herumfliegenden Dogmen und die Debatten über radikale versus bürgerliche oder konservative Politik« die Teilnehmer mehr als einmal spalteten. Nach einem drei Jahre währenden Streit, ob die Vereinigung der Vassar College Lesbian and Gay Alumnae/i nun das Wort »bisexuell« in ihren Namen aufnehmen sollte, legte Marcus, »ausgelaugt von all den Streitigkeiten zwischen den Generationen, den Kulturen und Rassen über bisexuelle Geschlechtsidentität und polymorphe Sexualität«, sein Amt als Präsident der Gruppe nieder und stieß auf »queer« als ein weiteres politisches Etikett. Eine neue Debatte hatte begonnen.

Marcus schätzt das Wort nicht sehr, obgleich er einräumt, daß seine zweckdienliche Geschichte und sein provokanter Ton es »zu einem idealen Kandidaten für militante politische Schlagwörter wie ›Es gibt uns, wir sind queer, gewöhnt euch dran‹ machen«. Allerdings moniert er, daß »queer« allzuviel einschließt. Die bloße Tatsache, daß es auf »schwule, lesbische, bisexuelle, transsexuelle, transvestitische« und andere Personen anwendbar ist, stößt ihn ab: »Als schwuler Mann falle ich nicht unter all diese Dinge, ich möchte nicht unter den alles überspannenden Schirm von queer subsumiert werden. Ich bin nicht einmal glücklich darüber, mit Bisexuellen zusammengeworfen zu werden, von Transsexuellen, Transvestiten und queer Heteros ganz zu schweigen.« Er wünscht keineswegs die »Eigentümlichkeit« oder »Andersheit« seiner Existenz als erklärter Schwuler zu unterstreichen: »Ich ziehe es vor zu betonen, was ich mit anderen Menschen gemeinsam habe, nicht die Unterschiede. Und das letzte, was ich möchte, wäre, diesem Unterschied feste Form zu geben, indem ich mich über ein Wort oder eine Philosophie definiere, die mich vom Mainstream trennen.«[104]

Dieses Selbstportrait ist entwaffnend persönlich, aber dennoch wirft es einige Fragen darüber auf, gegen welche Umarmung Marcus sich eigentlich wehrt. Es klingt, als würde er gerne irgendwo dazugehören wollen, allerdings nicht zu den Randgruppen, sondern zum Mainstream. Was er »mit anderen Menschen gemeinsam hat«, scheint nicht auf die gleiche Weise zu greifen, wenn er über Bisexuelle und Transsexuelle statt über »die Mehrheit der Schwulen und Lesben« spricht. Von letzteren nimmt er an, sie wollten, ebenso wie er, im Mainstream aufgehen – ein Wort, das gleich dreimal in seinem Artikel vorkommt.

Letztlich scheint der Streit für Eric Marcus wie für viele andere Schwule und Lesben zumindest teilweise auf ein Generationenproblem zurückzugehen: »Für die jüngeren Queers, die den größten Anteil jener bilden, die sich als queer betrachten, ist Queersein eine Möglichkeit, neue und andere Wege als die ältere Generation von Schwulen und Lesben einzuschlagen.« Am meisten jedoch erstaunt mich, daß er die Bisexualität implizit weiter vom Mainstream entfernt ansiedelt als eine schwule und lesbische Identität, indem er die Bisexuellen mit (»ganz zu schweigen von«) Transsexuellen und Transvestiten in einen Topf wirft. Folgt man der Logik seiner Kategorien, läge bi nicht in der Mitte, sondern jenseits der Trennung heterosexuell – homosexuell.[105]

Wenn Bisexualität tatsächlich, wie ich vermute, nicht einfach bloß eine weitere sexuelle Orientierung ist, sondern vielmehr eine Form der Sexualität, welche die Kategorie der sexuellen Orientierung überhaupt aufhebt, wenn sie eine Sexualität ist, welche die einfachen Polaritäten von hetero und schwul, queer und »het« aus den Angeln hebt, ja sogar durch ihre biologischen und physiologischen Konnotationen die Geschlechterkategorien männlich und weiblich selber in Frage stellt, dann wird uns die Suche nach der Bedeutung des Wortes »bisexuell« eine andere Lektion lehren. Statt einer unsichtbaren, kaum wahrgenommenen Minderheit, die um ihren Platz an der Sonne kämpft, einen Namen zu geben, scheint »bisexuell«, wie die Bisexuellen selbst, überall und nirgends zu sein. Kurz gesagt, es gibt nichts Wirkliches daran. Die Frage, ob jemand »wirklich« heterosexuell oder »wirklich« homosexuell ist, verkennt die fließende, alles andere als feste Natur der Sexualität. Sie verkennt, daß die Sexualität einer Erzählung gleicht, die sich mit der Zeit ändert und keine festgelegte, wie auch immer komplexe Identität ist. Die erotische Entdeckung der Bisexualität steht für die Tatsache, daß Sexualität sich als ein Prozeß des Wachsens, der Veränderung und der Überraschung erweist, nicht als ein für allemal definierbare Seinsweise.

2. Bi-sexuelle Politik

Politik ist die Kunst des Möglichen.
Otto von Bismarck (1815—1898)

Politik sorgt für seltsame Bettgenossen.
Charles Dudley Warner (1829—1900)

»Wäre es leicht oder schwer, sich zur Bisexualität zu bekennen?« fragt Robyn Ochs, die akademisch arrivierte Expertin in Sachen Bisexualität. Anlaß war ein Treffen der Harvard Bisexual, Gay, and Lesbian Student Association zum Thema Bisexualität.

Ochs bedient sich häufig dieses Kunstgriffs, um das Eis zu brechen und die Diskussion in Gang zu bringen. Nicht daß die Vereinsmitglieder es noch hätten lernen müssen, miteinander zu reden, schließlich hatten sie seit einigen Monaten über das Thema Schwul-, Lesbisch- und Queersein debattiert. Aber einige Teilnehmer halten sich für bisexuell, während andere kontroverse Meinungen, positive oder ablehnende, zu dem Thema haben. Ochs ist gekommen, um einige dieser Gefühle, Fragen und Kommentare hervorzulocken, eine Aufgabe, die sie häufig auf dem Campus zahlreicher Colleges und bei Selbsthilfegruppen im ganzen Land erfüllt.

»Ist es leicht oder schwer, sich zur Bisexualität zu bekennen?« Die Studenten kritzeln ihre Antworten auf Karteikarten, nur das Geräusch emsigen Schreibens ist zu hören, und für einen Augenblick scheint es, als fände hier eine Prüfung statt. Dann werden die Antworten laut vorgelesen.

— Schwer, denn für viele ist Bisexualität eine Phase auf dem Weg zur »vollständigen« Homosexualität.
— Schwer, denn ich hätte das Gefühl, mit der Mode zu gehen — aarrgh.
— Schwer, da es in dieser Gesellschaft sehr schwer ist, mit einer alternativen Orientierung zu leben.

Bi-sexuelle Politik

— Leicht, denn ich habe mich schon dazu bekannt.
— Schwer, denn die Leute würden denken, ich sei eigentlich schwul, könne es aber nicht akzeptieren.
— Schwer, denn ich fühle mich nicht zu . . . Frauen hingezogen.
— Schwer, denn bi sein heißt, nicht hetero zu sein, und nicht hetero zu sein ist schwer.
— Schwer, denn die Leute können dich nicht in eine Schublade stecken.
— Leicht, denn ich würde wissen, wer ich bin.
— Schwer, denn ich hatte niemals Sex mit einem Mann.
— Schwer, denn die Eltern und die Familie würden es vielleicht nicht verstehen.
— *Leicht*, weil man dann mehr Wahlmöglichkeiten hat (einen größeren Anwärterkreis)!
— Leicht, nehme ich an, denn ich habe mich schon zu meinem Schwulsein bekannt.
— Leicht, denn Heteros würden einen nicht für so anders halten (wie Homos) – und schwer, denn diese Identität ist schwieriger zu definieren als homo.
— Schwer, denn viele Leute meinen, Bisexuelle müßten jede Menge Sex mit beiden Geschlechtern haben.
— Schwer, denn erstens ist es schwer, sich offen dazu zu bekennen, und zweitens die Eltern: Der Umstand, daß man ein Hetero-Leben führen *könnte*, aber es vielleicht nicht tut, macht es schwieriger, sein Leben zu rechtfertigen.
— Schwer, denn es würde bedeuten, sich gegenüber den Schwulen und den Heterosexuellen rechtfertigen zu müssen, auch wäre meine Rolle weniger eindeutig als heute, und ich weiß nicht, ob meine Freunde damit zurechtkämen.
— Schwer, denn nachdem ich meinem Vater mitteilte, daß ich schwul sei, hat er mir geraten, es doch damit zu versuchen.
— Leicht, denn ich habe liebevolle, verständnisvolle und coole Freunde und Freundinnen – von denen eine bisexuell ist! (Übrigens ist sie klasse!)
— Schwer, denn weder die Heterosexuellen noch die Schwulen wissen, was sie mit einem Bisexuellen anfangen sollen. Auch lassen sie einen nicht so sein, wie man will, sondern wollen, daß man das eine oder das andere ist.

– Leicht, denn Heteros sind weniger intolerant gegenüber Bis als gegenüber »Schwulen«.

Während die einzelnen Antworten vorgelesen werden, wird zustimmendes oder wiedererkennendes Lachen hörbar, auf das manchmal ernsthafte und heftige Debatten folgen. Nicht alle sind einer Meinung. Gewiß ist nicht jeder Diskussionsteilnehmer bisexuell, und viele von denen, die es nicht sind, halten es für ein eher bangloses Thema, nicht zuletzt aus Gründen, die es nach Ansicht einiger Studenten so schwermachen, sich als bisexuell zu bekennen. Außerdem ist ein leichter, generationsbedingter Widerstand gegen Robyn Ochs als Diskussionsleiterin spürbar. Einige Studenten, die stärker durch die Gay-Studies und die Queer-Theory der achtziger und neunziger Jahre beeinflußt worden sind, können wenig mit Ochs' Gedanken über die Bisexualität anfangen, die sich in der Frauenbewegung und bei der Organisierung von Basisgruppen herausgebildet haben.

Was die Teilnehmer von Ochs und ihrer Generation trennt, ist nicht nur das Alter, sondern auch die Tatsache, daß die Gruppe bigeschlechtlich bzw. koedukativ ist. Im Raum sind ungefähr gleich viel Männer und Frauen, einschließlich einer (für Harvard) beträchtlichen Anzahl von männlichen und weiblichen Farbigen. Sie sind leidenschaftlich, redegewandt, streitlustig, ungeduldig, provokativ und engagiert. Was immer Bisexualität sein mag, es fällt ihnen leicht, darüber zu reden. Und auch das zeigt einen Wandel an.

Was ist die »Politik der Bisexualität«? Ebensowenig wie man bloß auf eine Weise bisexuell sein kann, gibt es auch nur eine Politik für die Bisexualität. Es gibt eine politische Bisexualität und eine entschieden apolitische Bisexualität. Es gibt eine bisexuelle Politik, bisexuelle Politiker und die »Politik der Bisexuellenbewegung«, die in der Praxis ebenso viele verschiedene Politiken hat (wie eine Bewegung Gruppen), die sich von Region zu Region, von Land zu Land und von Altersgruppe zu Altersgruppe unterscheiden. Es mag gleichwohl sinnvoll sein, sich einige dieser Bereiche anzuschauen, nicht um eine definitive bisexuelle Ideologie (oder gar »Bideologie«?) zu begründen, sondern um einen Eindruck davon zu vermitteln, wie sich die Bisexualität wieder einmal jeder bequemen Kategorisierung entzieht und sowohl das konventionelle wie das unkonventionelle Denken unterläuft.

»Ich bin mir nicht sicher, ob es eine bisexuelle Identität gibt, nur weil manche sich als bisexuell identifizieren«, sagte Eve Kosofsky Sedgwick, eine Vertreterin der Queer-Theory 1991 in einem Interview. »*Wenn* ›bisexuell‹ eine wichtige Klassifikation wäre«, dann, so glaubt sie, würde man darüber streiten, ob Figuren wie Oscar Wilde, Cole Porter, Virginia Woolf und Eleanor Roosevelt in Wirklichkeit bisexuell, lesbisch oder schwul gewesen seien. »Aber die Schwulen- und Lesbenbewegung ist an einer solchen Grenzziehung überhaupt nicht interessiert.«[1]

Einige Streiter in der bisexuellen Bewegung *waren* jedoch aus persönlichen Gründen durchaus an einer Grenzziehung interessiert. Schließlich ging es für sie darum, im Buch der Geschichte sichtbar verzeichnet zu sein. Sedgwicks Argument bezieht seine Plausibilität aus einer klassischen Oppositionspolitik: »In dem Maße wie die Lesben- und Schwulenbewegung sagt, Bisexuelle seien nicht Teil dieser Bewegung, würde eine bisexuelle Identität klarer, notwendiger und bedeutungsvoller werden.« Ihre Rede von »dieser Bewegung« wiederholt die Geste des Ein- und Ausschließens, der territorialen Begrenzung. Das war 1991. Aber was wäre eine Bewegung, wenn sie sich nicht bewegte? Und die Allgegenwart »lesBischwuler« Gruppen auf dem Campus der Universitäten, die Tatsache, daß sich immer mehr Oberschüler und Studenten als »bi« und nicht als schwul, lesbisch oder auch queer identifizieren, zeigt, daß die Fackel weitergereicht wurde. Ein Student, der sich jahrelang an den Universitäten als eifriger Agitator betätigt hatte, erklärte: »Es liegt mir fern, den Lesben und Schwulen ihre historischen Persönlichkeiten zu *entreißen*. Aber ich will auch, daß wir einige Kapitel in die lesbische und schwule Geschichte *hineinschreiben* dürfen, und deshalb müssen wir Personen, die ein bisexuelles Leben geführt haben, wieder für uns in Anspruch nehmen. Wenn man uns, sobald wir tot sind, stolz den eigenen Reihen einverleibt, dann kann man uns auch, während wir noch leben, stolz als Genossen anführen.«[2]

Ungefähr zu derselben Zeit als Sedgwick in *Outweek* ihre Zweifel über eine bisexuelle Identität anmeldete, planten aktive Bisexuelle die zweite National Bisexuel Conference, sprach die Dichterin June Jordan vor der Stanford University Bisexual, Gay and Lesbian Student Association und änderten Organisationen in diesem Land und in andern Ländern ihre Namen: Künftig wollten sie nicht mehr »schwul und lesbisch« heißen, sondern »bisexuell, lesbisch und schwul«. Mittlerweile gibt es eine Gay, Lesbian and Bisexual Association an der Universität von Hawaii, eine Lesbian, Gay and Bisexual Coalition an der Cornell-Universität, eine Lesbian/Bisexual/Gay

Bi-sexuelle Politik

Alliance am St. Olaf's College in Minnesota und eine Gay/Lesbian/Bisexual Student Organization an der Universität von Süd-Mississippi.

Catherine Stimpson, die ehemalige Direktorin der Graduate School an der Rutgers-Universität und jetziges Vorstandsmitglied der MacArthur Foundation, sagt über ihre Studenten, sie hätten sich ganz klar als Teil der »bisexuellen dritten Welle gesehen«. Nach ihrem Bekunden standen sie »einer Aufteilung der Menschheit in Heterosexuelle und Homosexuelle recht abschätzig gegenüber«.[3]

Bisexuelle, so Larry Gross, bilden in der »jüngsten Kampagne für eine öffentliche Anerkennung« die Speerspitze all jener Gruppen, die als sexuelle Nonkonformisten »eine bestimmte Identität und gleiche Rechte« beanspruchen. »Frauen und Männer, die sich von beiden Geschlechtern gleichermaßen angezogen fühlen, haben eine eigenständige Identität für sich eingeklagt und wollten sich nicht mehr mit der Unterstellung zufriedengeben, sie würden nur ein halbherziges Bekenntnis zu ihrer Homosexualität ablegen oder unter eine hybride Kategorie fallen und auf der siebenteiligen Kinsey-Skala des Sexualverhaltens die Plätze (1) bis (5) einnehmen.«[4]

Doch gerade diese Identität führt zu Spaltungen. Bisexualität stürzt die alten Gewißheiten – hetero, schwul und lesbisch – um. Sie hat mit allen drei Kategorien Berührungspunkte und wird doch von keiner eingegrenzt. Daher ist Bisexualität auch eine Identität, die eben *keine* ist, sie steht für die Gewißheit der Ambiguität, die Stabilität des Instabilen, für eine Kategorie, die sich jeder Kategorisierung entzieht und erfolgreich widersetzt. Was die Kritikerin Elisabeth Däumer als »Vielzahl mitunter konflikterzeugender Identifizierungen, hervorgerufen durch die bisexuelle Sichtweise«, bezeichnet, als »zwiespältige Position *zwischen* Identitäten«, vermag »radikale Brüche zwischen dem sexuellen und emotionalen Verhalten einer Person und ihrer erklärten politischen Identität« hervorzurufen.[5] Was Wunder, daß die Bisexualität den Sexualpolitikern Unbehagen bereitet.

Die entscheidende Frage lautet weiterhin: Ist die Bisexualität, da sie eine bestimmte, identifizierbare Minderheit bezeichnet, trotz aller Definitionsprobleme dennoch den Kategorien »lesbisch« und »schwul« verwandt? Oder ist sie in Wahrheit eine so weitgefaßte Kategorie, daß sie viel zu groß ist, um wahrgenommen zu werden? Wenn dem so ist, was folgt dann daraus für die Identitätspolitik und die Politik der Einbeziehung und Anerkennung? Wie läßt sich ein Rückfall in einen undifferenzierten »Humanismus« vermeiden, vor dem »wir alle gleich sind«, während doch gleichzeitig eine unterschiedliche Toleranz, Sichtbarkeit und soziale Anerkennung den Eindruck erweckt, es gäbe Bürger zweiter Klasse?

Vorausgesetzt, die Bisexualität charakterisiert wie das Lesbisch- und Schwulsein tatsächlich eine weitere sexuelle Minderheit, ja selbst unter der Annahme, daß sie bloß Teil der übergreifenden Kategorie »queer« ist, ist es ein sinnvolles Unterfangen und eine kulturell wertvolle Arbeit, Vorbilder, und seien sie noch so enthistorisiert, auszugraben. Wie schon für rassische, religiöse und ethnische Gruppen wird die Wiederaneignung der Bisexuellen für diese einen gewissen sozialen Fortschritt erwirken, vergleichbar der Jubelkategorie des »Ersten«: der erste katholische Präsident der Vereinigten Staaten, der erste Afroamerikaner am Obersten Gerichtshof der Vereinigten Staaten, die erste Regisseurin in Hollywood, das erste jüdische Mitglied an der Anglistischen Fakultät der Yale-Universität.

Eine Gesetzgebung zur Sicherung der Bürgerrechte von Schwulen und Lesben wurde oft ebenso halbherzig angegangen wie die umstrittene Frage der »Schwulen in der Armee«. Ob die meisten Menschen heutzutage gegenüber sexuellen oder erotischen Minderheiten dieselbe Einstellung haben wie gegenüber ethnischen oder religiösen, wenn es um die Frage der Repräsentation und rechtlichen Absicherung geht, ist äußerst fraglich. Aber »die erste offen lesbische Präsidentin der Vereinigten Staaten« – um nur ein Beispiel zu nennen – würde, wie die Szene zu sagen pflegt, gewiß »ein Zeichen setzen«. In der wirklichen Welt hätte eine solchermaßen erklärte Identität sicherlich auch entscheidende kulturelle Folgen. Doch wie verhielte es sich mit dem »ersten bisexuellen Präsidenten«? Wäre er (oder sie) gleichermaßen einflußreich? *Das* hängt davon ab, was wir unter Bisexualität verstehen.

Bisexuelle Politiker

Das stereotype Bild eines »bisexuellen Politikers« ist der Bursche, der sich erwischen läßt. Nehmen wir den früheren Kongreßabgeordneten Robert Bauman aus Maryland. Dem konservativen Politiker, Vater von vier Kindern und entschiedenem Anhänger des rechten Flügels der Republikaner, wurde 1980 nachgewiesen, daß er sexuelle Beziehungen zu Strichjungen suchte. 1960 hatte er geheiratet: »Eine Frau, mit der mich vieles verband.

Wir waren beide römisch-katholisch und politisch streng konservativ. Wir engagierten uns beide im Nixon-Wahlkampf und arbeiteten beide auf dem Capitol Hill. Wir setzten uns für die unterschiedlichsten Sachen ein und liebten einander sehr. Unsere Ehe wurde gewissermaßen im Himmel geschlossen.«[6]

23 Jahre später, nachdem Bauman sich gegen die Anklage, er besuche Stricher, nicht verteidigen wollte, von der Presse »bloßgestellt« wurde und nicht mehr für eine Wiederwahl kandidieren konnte, teilte ihm die katholische Kirche mit, seine Ehe sei annulliert worden. Und wie begründete sie dies? Mit einem »Irrtum über die Person«. Da er, möglicherweise ihm selbst und seiner Ehefrau unbewußt, homosexuell gewesen sei, »hätte er keine gültige Ehe eingehen können«.[7] An diesem Punkt angekommen, so erklärte er später, habe er beschlossen, sich zum Schwulsein zu bekennen. Er begann öffentlich für die Rechte von Schwulen einzutreten, was er zuvor strikt abgelehnt hatte. Die American Bar Association (Anwaltskammer), die Fernseh-Magazine *Good Morning America* und *Today* rissen sich um ihn.[8] Doch weder die Reagan- noch die Bush-Administration hatte eine Verwendung für einen schwulen ehemaligen Kongreßabgeordneten. Auch waren konservative schwule Republikaner, von denen Bauman behauptet, es gebe sie in großer Zahl, nicht bereit, öffentlich einem politischen Aktionskomitee beizutreten. »Sie wollten nicht einmal einen Scheck ausstellen, sondern nur Bargeld spenden, damit sich nur ja keine Spur zu ihnen zurückverfolgen ließe.«[9]

Bauman blieb in Washington, um in der Nähe seiner vier Kinder zu sein. Nach seiner eigenen Darstellung hatte er in all den Jahren seiner Ehe, in denen er sexuelle Beziehungen zu Männern unterhielt, versucht, mit der Vorstellung zurechtzukommen, er könne homosexuell sein. In seiner Selbstbeschreibung taucht nirgendwo das Wort »bisexuell« auf. Es wäre wenig hilfreich, ihm nahezulegen, er könne doch sich oder seinen Lebensweg als bisexuell betrachten. Gewonnen wäre dadurch einzig, daß die Trennlinie zwischen Ein- und Ausschluß neu gezogen würde. Auch ließe sich dann eine Geschichte erzählen, die seinem ganzen Leben und seiner Erfahrung einen Sinn geben würde, nicht zuletzt seiner Zuneigung für seine in der Ehe geborenen Kinder, die er sicherlich nicht aus seiner Geschichte streichen möchte.

Eine Politikerin, die aufgrund ihrer Bisexualität unter starken Beschuß geriet, ist die Präsidentin der National Organization for Women: Patricia Ireland. Ihre gleichgeschlechtliche Beziehung war anders als im Fall Bauman weder ein sorgfältig gehütetes noch ein von Anfang an mit Scham belegtes »Geheimnis«, das nur durch zunehmende Unbedachtheit und Alkoholismus an den Tag kam. Baumans Sexualpartner in der Zeit seiner Ehe waren häufig Zufallsbekanntschaften; Irelands gleichgeschlechtliche Partnerschaft bestand schon seit Jahren und war Ausdruck der Zuneigung zu einer bestimmten Person. Aufgrund ihrer exponierten Stellung als Präsidentin einer Frauenvereinigung, die von ihren politischen Gegnern schon immer als »lesbisch« beschimpft wurde, geriet Ireland in die Schußlinie der Kritik. Lesbische wie heterosexuelle Frauen innerhalb und außerhalb der Frauenbewegung fielen über sie her.

Patricia Ireland, die seit ihren Studententagen mit dem in Miami lebenden Maler James Humble verheiratet war, hatte auch eine Beziehung zu einer Frau in Washington, die ungenannt bleiben wollte, da sie um ihren Arbeitsplatz fürchtete. »Spricht sie wirklich für die Frauen von heute?« fragte das *New York Times Magazine* anzüglich und bezeichnet die Tatsache, daß Ireland »einen Ehemann und eine Lebensgefährtin hat« als »eine verwirrende Enthüllung über ihr Privatleben«, die »Frauen aus dem gesamten ideologischen Spektrum verstört hat«.[10]

»Die Vorstellung von Mama, Papa, Dick, Jane, Spot und Puff gibt es noch immer«, meinte Ireland, »aber darüber hinaus gehen Menschen in ihrem Leben die verschiedensten Verbindungen ein.«[11] Obwohl die Schwulen- und Lesbenzeitschrift *The Advocate* sie erheblich unter Druck setzte, lehnte sie es ab, sich als lesbisch oder bisexuell zu bezeichnen. »Ich habe keine Aussage zu meiner Sexualität gemacht, sondern beschrieben, wer zu meiner Familie gehört«, erklärte sie.[12]

Ireland war besonders über den Vorschlag erzürnt, sie solle sich von ihrem Ehemann trennen, der sie während ihres Jurastudiums unterstützt hatte und ihr immer mit Wärme, Rücksicht und Liebe begegnet war.[13] Für Patricia Ireland war eine bisexuelle Ehe daher im doppelten Sinne politisch: Sie verteidigte vehement das Recht auf private Beziehungen zwischen Erwachsenen, auch auf eine dauerhafte und solidarische Ehe, während sie aus heterosexuellen wie homosexuellen Kreisen Schläge für ihre Entscheidung einstecken mußte. Bemerkenswerterweise scheint niemand sie als unentschieden und unentschlossen gerügt zu haben, was die übliche Haltung der Presse gegenüber Bisexuellen ist. Die Aufforderung, sie solle ihre fünfundzwanzigjährige Ehe auflösen, erging im Namen der politischen Korrektheit und nicht, weil sie der »Wahrheit über sich selbst ins Gesicht« sehen sollte. Als Frau warf man ihr weniger vor, daß sie nicht den Mut zu einer Entscheidung aufbrachte, sondern daß sie gerade und vor allem *zwei* Partner gewählt hatte.

Wenden wir uns von Patricia Ireland ab und einem frühen Vorreiter der Geschlechterpolitik zu: Harry Hay, dem Gründer der Mattachine Society. Hier begegnen wir einer weiteren faszinierenden Verbindung von Politik und Sexualität, die sowohl eine Ehe stiftete als auch ein spektakuläres Coming-out provozierte. Der 1912 in England geborene Hay war 26 Jahre alt und aktiv schwul, als er Anita Platky den Hof machte und sie heiratete. Wie Hay war Platky Mitglied der gerade aus der Taufe gehobenen Kommunistischen Partei in den Vereinigten Staaten. Sie hatten einander bei Streiks und Demonstrationen kennengelernt, nachdem ein Therapeut Hay vorgeschlagen hatte, er solle sich statt nach »mädchenhaften Knaben« doch einmal nach einem »knabenhaften Mädchen« umsehen. Die hochgewachsene und dunkelhaarige Jüdin Anita Platky »hatte einst eine Amazone auf der Bühne gespielt«[14] und fühlte sich durch ihr gemeinsames Interesse für Kunst und Politik zu Hay hingezogen.

Hay erzählte ihr von seinen homosexuellen Beziehungen, glaubte aber dennoch, ihre Ehe könne gelingen, und sie gab ihm ihr Jawort: »Zum Teufel, Liebling, ich möchte so gern mit dir zusammensein, mit dir arbeiten und leben. Laß uns gemeinsam etwas aufbauen – und ich bin sicher, daß ich es kann, ohne der Sexualität eine allzu große Bedeutung einzuräumen. Ich zweifele nicht daran, daß wir beide es können ... Viele, die heutzutage heiraten, haben kein gemeinsames Interesse [für den politischen Kampf], das sie zum Grundstein machen könnten.«[15]

Bedenkt man, welche Kategorien damals zum Stein des Anstoßes werden konnten, war abzusehen, daß die religiösen Unterschiede zwischen den beiden (Hays Eltern waren katholisch) zu weitaus heftigeren Kontroversen in der Familie führen würden, als irgendeine mögliche sexuelle Unvereinbarkeit. Hays Mutter war zunächst gegen die Heiratspläne und drängte ihn später, doch wenigstens zwei Einzelbetten zu kaufen, obwohl er auf einem Doppelbett bestand. »In den ersten Jahren war die Ehe auch körperlich leidenschaftlich«[16], bemerkt ein Chronist, und das obwohl Hay begann, öffentliche Parkanlagen aufzusuchen, und mehr als eine längere homosexuelle Affäre während seiner Ehe hatte.

Für ihre kommunistischen Genossen, die Homosexualität scharf mißbilligten, waren die Hays das ideale junge Paar. Die beiden adoptierten zwei Kinder und eröffneten einen linken Kindergarten. Ihr Haus in Los Angeles – es lag bei Silver Lake und Echo Park – war für Parteiversammlungen ein ebenso gastlicher Ort wie für Familientreffen. Etwa 1950 fanden in diesem Haus auch in aller Stille die ersten Versammlungen der Mattachine Society, der ersten homophilen Organisation in den Vereinigten Staaten, statt.

1951 zerbrach die Ehe der Hays. Damals warf ihm seine Frau vor: »Du hast nicht mich, sondern die Kommunistische Partei geheiratet.« Viele seiner schwulen Freunde aus den dreißiger Jahren hatten mittlerweile ebenfalls geheiratet, denn wie Hays Freund James Kepner meinte, »war die Ehe in den vierziger Jahren für viele Schwule, die gesellschaftlich etwas erreichen wollten, ein Muß«[17]. Hay selbst erklärte, er und Anita »hätten einander sehr geliebt und eine wunderbare Zeit mit ihrer gemeinsamen Arbeit verbracht«. Er bemerkte weiter: »Wäre sie ein Junge gewesen, wären wir vermutlich noch zusammen.«[18]

Die vierziger Jahre waren eine andere Zeit, die Kommunstische Partei und die Mattachine Society waren (was immer heutige Kritiker sagen mögen) von ganz anderem Zuschnitt als die National Organization for Women, und natürlich war Harry Hay ein Mann und Patricia Ireland eine Frau. Kurz gesagt, die Unterschiede zwischen den beiden überwiegen bei weitem die Ähnlichkeiten. Und dennoch scheinen Hay und Ireland, beide Verfechter einer Geschlechter- und Sexualpolitik, immer noch mehr miteinander gemeinsam zu haben als mit Robert Bauman.

Es ist überaus lehrreich, wie die Bisexualität in diesen politischen Lebensläufen aufscheint und verschwindet. Sie scheint als experimentelle Existenzform auf, als Teil einer Ehe, die über einen nicht unbeträchtlichen Zeitraum hinweg funktioniert und deren Fundamente Freundschaft, gemeinsame kulturelle Interessen, aber auch Sex und Familienleben waren. Sie verschwindet als ein politischer Begriff, der sich weder in der rechten noch in der linken Öffentlichkeit »gut macht«. Der »Gründer der modernen Schwulenbewegung«, wie Hay oft genannt wird, war Vater und 13 Jahre lang Ehemann. Ireland, die Wortführerin des Feminismus in einer Zeit, als die sogenannten neuen Feministinnen darauf bestanden, daß der Feminismus allen Frauen gehöre und nicht nur gewissen Gruppen, ist allem Anschein nach eine glücklich verheiratete Frau und zugleich glücklich mit einer anderen Frau verbunden.

Bisexuelle Politiker

Tolstois oft zitierter Anfang von *Anna Karenina* – »Alle glücklichen Familien sind einander ähnlich, aber jede unglückliche Familie ist auf ihre besondere Art unglücklich« – hat noch nie gestimmt. Glückliche Familien sind oft auf ihre eigene Weise glücklich. Auch die Vorstellung, Glück und Unglück glichen einem Schalter, der sich an- oder ausknipsen läßt, gehört zu jenen kulturellen Mythen, die Menschen glauben machen, Unvollkommenheit sei das gleiche wie Versagen. Gäbe es eine Kinsey-Skala für Glück, würde sich kaum jemand lange Zeit an einem der »reinen« Endpunkte aufhalten. Vergangenes Glück löst sich jedoch ebensowenig wie vergangene Leidenschaft spurlos auf. Gleichgültig ob die Spuren nun handgreiflich materiell sind – in Gestalt von Kindern, Freunden, Photographien, Erinnerungen – oder ob sie nur dazu beigetragen haben, der jetzigen Person einen vielschichtigeren und realistischeren Einblick in ihre Persönlichkeit zu verschaffen, birgt der Versuch, sie zu löschen, abzuweisen oder »über sie hinauszugelangen«, Gefahren ganz eigener Art. Die Untersuchung der Bisexualität verfolgt in der Hauptsache das Ziel, den Menschen und jenen, die ihnen nahestanden, die ungekürzte, verwickelte und oft widersprüchliche Geschichte ihres Lebens zurückzugeben. Es ist nicht ihr Ziel, Menschen das »Geständnis« abzuringen, sie »seien« bisexuell.

Doch heutzutage ist es für Politiker immer noch sehr riskant, ein widersprüchliches Leben zu führen.[19] Allen Erkenntnissen über die menschliche Natur und über die Triebkräfte politischen Handelns zum Trotz wird von Politikern erwartet, daß sie sich auf der politischen Bühne »modellhaft« zu verhalten hätten. Der Ausdruck beleuchtet die zweifache Fiktionalität dieser Erwartung: »Modell« = Vorbild ist ebenso gemeint wie »Model« = Modepuppe. Die Geschichte vergibt den Politikern alles, wenn sie erst einmal tot sind, doch nichts, solange sie leben. Mag sein, daß die wenigen bisexuellen Politiker, die *diese* Rolle spielen durften, genau aus diesem Grund der Vergangenheit, vor allem der vergangenen Geschichte der Frauen angehören.

Eine Reihe bisexueller feministischer Autorinnen hat die Anarchistin und Feministin Emma Goldman zu ihrem Vorbild erkoren, obgleich sie sich in ihren Schriften, Reden und Beziehungen überwiegend heterosexuell gab. Goldman, die verheiratet war und viele Liebhaber hatte, war das Objekt der leidenschaftlichen Gefühle Almeda Sperrys, einer anarchistischen Arbeiterin und Freundin, die, bevor sie eine von Goldmans Reden über die Übel

Bi-sexuelle Politik

der weißen Sklaverei gehörte hatte, der Prostitution nachging. Hatten die beiden Frauen eine sexuelle Beziehung? Goldmans Biographin Alice Wexler meint, »es scheint höchst unwahrscheinlich zu sein, daß Goldman Sperrys sexuelle Gefühle jemals erwiderte«[20], während Lillian Faderman glaubt, daß »ihre erotische Beziehung offenbar eine Erfüllung fand«[21].

Die »ungewöhnliche Freundschaft«[22] zwischen Goldman und Sperry inspirierte beide zu einer Reihe eindeutiger und überschwenglicher Briefe. Sperrys Erfahrungen als Prostituierte hatten ihr »eine Verachtung für Männer« eingeflößt. »Fast alle Männer versuchen Liebe zu kaufen. Wenn sie es nicht durch Heirat tun, dann eben anders.«[23] Der einzige Mann, für den sie eine gewisse Achtung empfand, war, wie sie Emma schrieb und was wohl kaum überraschen dürfte, deren engster Freund Alexander Berkman. Als Sperry feststellte, daß sie schwanger war, sagte sie, wenn es »Sascha Berkmans Baby« wäre, würde sie das Kind behalten, denn »*er* ist ein *Mann*«. Er war auch, wie Candice Falk schreibt, »Emmas Mann«. »Almeda wollte in der Phantasie den Mann besitzen, der Emma besessen hatte, wenn sie diese schon nicht direkt haben konnte.«[24]

Wie Faderman so glaubt auch Falk, daß Goldman und Sperry eine intime Beziehung hatten, obwohl sie nicht darauf wetten würde: »Es könnte sich dabei um ein Produkt von Almedas Phantasie handeln, wahrscheinlicher aber ist, daß Emma ihrer Zuneigung zu Almeda auch sexuell Ausdruck verliehen hat.« Beide Autorinnen zitieren einen leider undatierten Brief, in dem es heißt: »Wenn ich nur den Mut gehabt hätte, mich zu töten, als Du Deinen Höhepunkt hattest – denn noch glücklicher werde ich nie sein können, weil ich Dich in diesem Augenblick so vollkommen besaß. . . . Ich kann dem rhythmischen Fließen Deiner Liebeswasser nicht entkommen . . . oh, mein Liebling, mein Liebling, so süß sind Deine Säfte, und Du bist voller Honig.« Ob dies nun Phantasie ist oder nicht, jedenfalls fand Goldmans und Sperrys Beziehung in ihrem Briefwechsel eine »Erfüllung«. Goldmans anhaltende und tief erotische Beziehung zu Ben Reitman, der wichtigsten Figur in ihrem sexuellen Leben, ist sowohl ein Kontrapunkt wie auch ein Gegengewicht zu ihrer Bindung an Almeda. Die Korrespondenz mit Sperry war, wie Falk anmerkt, »um so intensiver, je mehr sie sich von Ben entfernte« und Almeda eine »Alternative zu Emmas hilfloser Leidenschaft für ihren ›Mann‹« verkörperte.[25]

Emma Goldman mag »der lesbischen Liebe als ein Lebensstil zwiespältig gegenübergestanden haben«[26], doch ihren Prinzipien nach war sie gewiß

Bisexuelle Politiker

eine Befürworterin der Homosexualität und insbesondere eine Verteidigerin Oscar Wildes, dessen Strafverfolger sie »elende Hypokriten« schimpfte. Mit wahrer Begeisterung beteiligte sie sich an einem »Streitgespräch über Inversion, Perversion und die Frage des Geschlechtsunterschieds«[27].

In einem Brief an Alexander Berkman schrieb Emma Goldman, »die Lesben sind ein verrückter Haufen. Ihre Abneigung gegenüber dem Mann ist fast schon krankhaft. Ich kann ihre Engstirnigkeit einfach nicht ertragen.«[28] Das unmittelbare Objekt ihrer Kritik, die lesbische Schriftstellerin Djuna Barnes, war »dem Mann« so »abgeneigt«, daß sie mehrere Affären mit Männern hatte und mit Fug und Recht bisexuell genannt werden könnte. Möglicherweise möchte Goldman in ihrem Brief an den langjährigen Freund, mit dem sie oftmals über Sexualität diskutiert hatte, ihre eigene Weitherzigkeit der angeblichen lesbischen »Engstirnigkeit« gegenüberstellen, über die sie bissig herfällt.

Jedenfalls wird man sagen können: Wenn ihre Stellung als »bisexuelle Politikerin« bestenfalls kompromißlerisch zu sein scheint, so war doch ihre Sexualpolitik für eine jüngere Generation von Streitern zweifellos befreiend.[29]

Ähnliches Wohlwollen und eine vergleichbare Verehrung wird Eleanor Roosevelt entgegengebracht. Darf man die »First Lady« als eine »Politikerin« bezeichnen? Die jüngere Geschichte beantwortet diese Frage positiv, obgleich diese Frauen nicht in ein Amt gewählt wurden. Roosevelt, die die Bezeichnung »First Lady« nicht schätzte, war vor, während und nach der Präsidentschaft von F. D. Roosevelt politisch stark engagiert – gerade ihr Engagement und ihre Intelligenz verschaffte ihr viele Feinde.

»Obwohl sie ihr ganzes Leben lang mit Feministinnen und Aktivisten verbündet war, wurde Eleanor Roosevelt erst spät von heutigen Feministinnen reklamiert«, schreibt Blanche Cook in ihrer Biographie.[30] Bis Lesben und Bisexuelle sie als eine der Ihren beanspruchten, verging noch mehr Zeit.

Roosevelts Freundschaft mit zwei lesbischen Paaren, Esther Lape und Elizabeth Read sowie Nancy Cook und Marion Dickerman, entwickelte sich während der zwanziger Jahre. Diese Beziehungen, die durch die gemeinsame Arbeit in einem sozialen, kulturell und politisch engagierten Frauenhilfswerk entstanden, erinnerten Roosevelt an ihre Jahre in Madame Marie Souvestres englischem Mädchenpensionat (Mädchenpensionat: eine

Bi-sexuelle Politik

Situation, die, wie wir später sehen werden, einen der erotischsten »lesbischen Romane« dieses Jahrhunderts hervorbrachte: Dorothy Strachey Bussys *Olivia*).

Doch Roosevelts kollegiale Freundschaften zu diesen Frauen rief sehr viel weniger Bestürzung hervor als ihre leidenschaftlichen Beziehungen zu der Journalistin Lorena Hickok und zu ihrem ehemaligen Leibwächter Earl Miller, einem 13 Jahre jüngeren Mann. Cook macht deutlich, daß die öffentlichen Zeugnisse von Roosevelts Leben und die Unterschlagung zahlreicher Briefe an Hickok und Miller eine »bewußte Leugnung ihrer leidenschaftlichen Freundschaften« darstellen. »Frauen, die Frauen, und Frauen, die jüngere Männer lieben, wußten seit jeher, daß sie ihre Liebe verbergen mußten, wenn sie nicht zur Zielscheibe von Klatsch und Grausamkeiten werden wollten.«[31]

Der Fall »Roosevelt und Hickok«, beide Frauen waren nach den damaligen Maßstäben nicht »attraktiv«[32], wurde mit »äußerst beleidigenden Klischees«[33] belegt und als bloßes Ergebnis von Unterdrückung und Verzweiflung erklärt (und damit diffamiert). Diese Beziehung zwischen zwei erwachsenen Frauen, die einen umfassenden und genauen Einblick in die Washingtoner Politik hatten, brachte eine lebenslange Intimität hervor, über die einige bemerkenswerte Briefe berichten, die der Vernichtung entgangen sind. Die beiden Frauen schrieben sich täglich, und Roosevelts Briefe waren oft zehn oder 15 Seiten lang.

»Ich wünschte, ich könnte heute nacht neben dir liegen und dich in meine Arme nehmen«, heißt es in einem Brief an Hickok, von dem ihre Biographin meint, »er sei besonders dafür angelegt, zu Fehlinterpretationen Anlaß zu geben«, da er ein Verlangen zum Ausdruck brächte, »das nicht meinen konnte, was es zu meinen schien«.[34] Weniger zu Fehlinterpretationen Anlaß gebend und häufig zitiert, um die erotische Natur ihrer Beziehung zu illustrieren, war Hickoks Brief an Roosevelt: »Nur noch acht Tage ... Ich sehe Deine Augen, ihr leicht spöttisches Lächeln ganz deutlich vor mir, und erinnere mich genau, wie sich die weiche Stelle, die gerade nordöstlich Deines Mundwinkels ist, an meinen Lippen anfühlt.«[35] Weil Hickok einen Großteil ihres Briefwechsels transkribierte und dabei bearbeitete, wonach sie die Originale vieler Briefe von Roosevelt wie auch viele ihrer eigenen Briefe verbrannte, sind die Zeugnisse bruchstückhaft. Das heißt jedoch nicht, daß sie keine Schlüsse erlaubten. Cooks ausgewogene und sensible Biographie, die sich hauptsächlich auf Roosevelts Schulzeit, ihre Ehe,

Bisexuelle Politiker

ihr Familienleben, ihre Freundschaften und ihre politische Tätigkeit konzentriert und ihre Sexualität weitgehend unberücksichtigt läßt, wurde in einigen Kreisen postwendend berühmt und in anderen berüchtigt, da sie angeblich Roosevelt als Lesbe outete.

Die Beziehung zu Earl Miller, die in dem Buch gleichgewichtig behandelt wird, ist weitgehend aus dem Klatsch verschwunden, obwohl sie zu Roosevelts Lebenszeiten die Gemüter erregte. Miller, ein Boxer, Sportler, Schwimmer, Reiter und ehemaliger Zirkusakrobat, wurde zu Roosevelts intimem Begleiter. Er stand nicht nur bei öffentlichen Auftritten an ihrer Seite, sondern ritt auch mit ihr aus, schwamm und musizierte mit ihr. Freunde monierten, daß ihr Umgang viel zu unbeschwert und vertraulich sei: Mehr als einmal legte er seinen Arm um ihre Hüfte, Brust oder Schulter, und sie legte ihre Hand nicht selten auf sein Knie. Roosevelts Sohn James vermutete, daß sie ein Verhältnis hatten.[36] Ihre Freundinnen Nancy Cook und Marion Dikkerman sprachen später über die Gerüchte, daß Eleanor Roosevelt ihren Mann nach der Wahl von 1932 verlassen und Earl Miller heiraten wollte.[37]

Vermutlich weil »unelegante ältere Frauen keinen Sex haben«[38] und Beziehungen zwischen älteren Frauen und jüngeren Männern ohnehin öffentlich tabu sind, wurde Earl Millers Stellung in Eleanor Roosevelts persönlichem Leben gerne ignoriert oder als Liebesbeziehung ohne »großes Zögern geleugnet«[39] und in eine schickliche Mutter-Sohn-Beziehung umgedeutet. Blanche Cook schreibt einfühlsam, daß die Beziehungen zu Hickok und Miller wohl nicht unbeeinflußt davon geblieben sind, daß es sich um eine »Romanze im verborgenen« handelte. »Gerade die Heimlichkeit verlieh dem Spiel der Herzen einen zusätzlichen Glanz.«[40] Die Beziehung zu einem jüngeren Mann wie die Beziehung zu einer »rauchenden, trinkenden, Poker spielenden Reporterin«, die »sich wie ein Mann aufführte«[41] (aber auch, wie Cook anmerkte, das Backen liebte, ihre Nägel lackierte, ein Korsett trug und Diät hielt), setzte die First Lady potentiell der Kritik und der Lächerlichkeit aus.

Dieselben politischen Erwägungen, die es opportun erscheinen ließen, Eleanor Roosevelt für den Feminismus und die lesbische Liebe »in Anspruch zu nehmen«, trugen dazu bei, die romantischen Episoden ihres Lebens an Frauen festzumachen, nicht an einer Frau und einem Mann. Wollte man ihr nun, ebenfalls in politischer Absicht, das Etikett »bisexuell« anheften, dann hieße das vielleicht nur, den Inhalt der Schubladen neu zu mischen. Dennoch würden Eleanor Roosevelts Fähigkeiten, ihre bemerkenswerte Vorstellungs- und Willenskraft wieder einmal unterschätzt, nähme man nicht zur Kenntnis, daß sie zu liebevollen, erotischen Verhältnissen mit Männern und Frauen fähig war, auf dem Papier und in persona.

Im Bunde der Dritte

Politik wird gemeinhin mit einer guten Portion Kurzsichtigkeit oder Blindheit auf einem Auge betrieben. Mit Unaufmerksamkeit oder Unfähigkeit hat das freilich nichts zu tun, es liegt vielmehr in der Natur der Sache, denn der Blick, der angestrengt auf ein Anliegen und eine Guppenidentität gerichtet ist, muß eine Differenz herstellen, eine Trennlinie zwischen »innen« und »außen«, »uns« und »ihnen« ziehen.

Schlagworte, Ausweise, Parteiabzeichen, Zeitungen, Logos und Treueschwüre gehören zum Grundinventar der organisierten Politik, ob es sich nun um die Republikanische Partei, die Kommunistische Partei oder den National Gay und Lesbian Caucus handelt. Das »wir« braucht ein »die anderen«. Je bedrohlicher »die anderen« sind, um so besser für »uns«: der »König und sein Parlament«, die »Verfechter des New Deal«, die »Reichen«, die »Juden«, die »weißen männlichen Europäer«, der »Mob«, der zur Räson gebracht werden muß, die »Rebellen«, die in ihre Schranken gewiesen werden müssen.

Kate Millett, Feministin und bisexuell, popularisierte den Ausdruck *sexual politics* in ihrem bahnbrechenden Buch gleichnamigen Titels, das 1969 erschien (in deutscher Übersetzung: *Sexus und Herrschaft*). Es beginnt mit einem tendenziösen und ohrenbetäubenden Paukenschlag, mit ausführlichen Interpretationen erotischer Texte über heterosexuelle Sodomie und erzwungenen, gewalttätigen, aber aufreizenden heterosexuellen Sex aus Romanen von Henry Miller und Norman Mailer – von Texten, die dann neben die »vernichtende Kritik der Sexualpolitik« in den Stücken Jean Genets gestellt werden, in denen Kleiderordnungen, Geschlechter-, Rassen- und Klassenschranken durchbrochen werden. »Es wird keine Revolution geben, es sei denn, ... die neuen Rebellen haben der gewohnheitsmäßigen Idiotie der alten Sexualpolitik abgeschworen«, schreibt sie über die Schlußszene von *Der Balkon*. Genet paraphrasierend, behauptet sie: »Sex [ist] der Kern all unserer Sorgen, und alle Befreiungsversuche werden uns immer wieder in demselben uranfänglichen Dilemma landen lassen, wenn wir das schädlichste aller Unterdrückungssysteme nicht aus dem Weg schaffen und nicht geradezu ins Zentrum der Sexualpolitik und des krankhaften Deliriums von Macht und Gewalt vorstoßen.«[42] Diese Rede von »Revolution« und »Befreiung« hat unverkennbar den Flair der sechziger Jahre, doch es ist ein angenehm starker Geruch, der den Geist der Jugend und frische Luft mit sich bringt.

Wenn Millett über Sexualität spricht, meint sie Macht, Gewalt und Herrschaft, obgleich der französische Philosoph Michel Foucault, dessen Name für die Akademiker der siebziger Jahre zum Synonym für das Thema »Macht und Sexualpolitik« geworden war, in ihrem Buch nicht vorkommt. Gleichwohl fehlt es Millett nicht an zitierten Autoritäten, angefangen bei Hannah Arendt und Gunnar Myrdal bis hin zu dem Psychiater Robert Stoller und dem Sexualwissenschaftler John Money.

Nachdem sie ihre Leser geschickt mit deftigen »Stellen« aus den Werken von Miller und Mailer geködert hat, die durch ihren völligen Mangel an politischer Korrektheit erst recht verführerisch sind, fährt sie, nunmehr unserer Aufmerksamkeit gewiß, damit fort, uns ihre »Theorie der Sexualpolitik« unter allen möglichen Aspekten zu unterbreiten: Der ideologische, biologische, soziologische, klassentheoretische Blickwinkel ist ebenso vertreten wie der ökonomische und erzieherische. Und bei all dem geht es um Gewalt, die mal anthropologisch (Mythos und Religion umfassend), mal psychologisch auftritt. *Der* Schlüsselbegriff aber ist das Patriarchat, ein Begriff, der damals noch nicht so abgegriffen war wie heute.

Milletts Buch darf wahrhaft beanspruchen, ein feministischer Klassiker zu sein. Angesichts des enormen Einflusses, den Begriffe wie Sexualpolitik und Sexpol in unserer Zeit ausgeübt haben[43], ist doch bemerkenswert, wie relativ wenig das Buch über Homosexualität, lesbische Liebe und Bisexualität zu sagen hat. Millett meint, die männliche Homosexualität habe »den Glanz [geerbt], der in den literarischen Fassungen heterosexueller Liebe am Erlöschen ist [und auf dem] verborgenen und heimlichen Charakter [der] unglücklichen Liebenden, Ehebrecher und solcher, die die Grenzen von Kaste und Klasse überschritten, gedieh«[44]. Ihrer Ansicht nach befand sich die lesbische Liebe in einem Stadium, wo ihre Existenz nur noch zum »Vergnügen« der Männer öffentlich ausgebeutet wurde, sei es nun in den Pornokinos der Bahnhofsgegend oder in Hollywoods Version von Lawrences *Der Fuchs*: »Vielleicht hat die weibliche Homosexualität für die Sexualpolitik später einmal eine Bedeutung. Zur Zeit jedoch ist sie ein totes Thema. Während die männliche Homosexualität sich allmählich eine widerwillige

Toleranz erkämpft, wird die lesbische Liebe mit Verachtung und Schweigen bestraft.«[45] Vergessen wir nicht, daß dies 1969 geschrieben wurde, auf dem stürmischen Höhepunkt der sexuellen Revolution!

Und welche politischen Aussichten winkten der Bisexualität? Trotz ihrer eigenen Lebensentscheidungen sah Millett für sich selbst schwarz. Bisexualität war eine Theorie, die Freud ersonnen hatte, um den intellektuellen Viktorianerinnen beruhigend versichern zu können, sie hätten einen »männlichen« Verstand: »Wir hatten es dagegen auf dem Boden der Bisexualität leicht, jede Unhöflichkeit zu vermeiden. Wir brauchten nur zu sagen: Das gilt nicht für Sie. Sie sind eine Ausnahme, in diesem Punkt mehr männlich als weiblich.«[46] Da »Weiblichkeit«, wie Millett vernichtend anmerkt, »immer noch gewaltsam postuliert und als reife Lösung des bisexuellen kindlichen Dilemmas gepriesen wird«, kann die Theorie der Bisexualität der einzelnen Frau nicht viel Hilfe anbieten.[47]

In den langen Jahren der obligatorischen und für die feministische Rezeption der Psychoanalyse charakteristischen Freud-Schelte war dies die vorherrschende Auffassung, und das nicht nur über Freud (der sich zu den »Damen« herabließ und Sexualität vom männlichen Standpunkt aus begriff), sondern auch über die Bisexualität, wie sie von den Freudianern vertreten wurde. »Trotz der Hypothese, daß wir alle mehr oder weniger bisexuell seien, fühlt man eine gewisse Angst davor, daß Männer weibliche Züge haben, so wie maskuline Züge bei Frauen unstatthaft und Beweis des Penisneides sind. Es ist bemerkenswert, wie sehr die Freudsche Theorie das eigene Postulat der Bisexualität ignoriert oder deren Symptome als Rückfälle betrachtet.«[48]

Wir werden später noch Gelegenheit haben, uns näher mit Freuds Gedanken zur Bisexualität zu beschäftigen, vor allem was seine eigenen Neigungen und Bestrebungen betrifft. Auch werden wir uns fragen müssen, wie sich die Bisexualität zur psychoanalytischen Theorie im ganzen verhält, da er sie doch als deren zentrales Dogma oder »Hauptstück« betrachtet. Fürs erste werden wir uns damit begnügen, Milletts Enttäuschung und Verärgerung darüber festzuhalten, daß »Symptome von Bisexualität« als »Rückfall« und nicht als Verschieben einer sexuellen Grenze gelten sollten. Wiederum ist das entscheidende Argument der »Infantilismus«. Nach ihrem Verständnis hielt Freud die Bisexualität für etwas Vorsexuelles, mithin Unpolitisches, wie auch immer es um das Potential einer anderen (sexy, beunruhigenden, politisierten) Art von Bisexualität bestellt sein mag.

Im Bunde der Dritte

Die sogenannten »dritten Parteien« in den USA mögen auf den Wahllisten tatsächlich an vierter, fünfter oder zehnter Stelle stehen. Zu »Dritten« werden sie dadurch, daß sie das Zwei-Parteien-System des Entweder-Oder herausfordern, das mittlerweile die amerikanische Demokratie definiert.

Nimmt eine »dritte Partei« an Größe und Stärke zu, kann sie eine der beiden ursprünglichen Parteien verdrängen, wie es 1864 im Falle der Republikanischen Partei geschah. (Die 1792 von Thomas Jefferson gegründete Partei nannte sich zunächst Demokratisch-Republikanische Partei. Diese Tatsache wird gern vergessen, weil wir uns den Gegensatz von Demokraten und Republikanern heute so schön zurechtgelegt haben.) Das lehrt uns, daß nichts für die Ewigkeit gemacht ist, auch nicht anscheinende »Gegensätze«, die ein Untersuchungs- oder Erkenntnisfeld definieren.

Was ist das »Gegenteil« von bisexuell? Monosexuell? Noch sind wir nicht soweit, obgleich nicht unvorstellbar ist, daß Mono-, Hetero- und Homosexuelle sich zusammenrotten, um den Vormarsch der Bisexuellen zu stoppen. Wenn der übliche Gegensatz der von heterosexuell/homosexuell oder hetero/schwul oder queer/hetero ist, dann ist dieser Schrägstrich der Angelpunkt für alle Kräfte, die auf Gegensätze aus sind. Wer den Schrägstrich durch eine einfache Lücke, eine Reihe von Punkten (heterosexuell ... homosexuell) ersetzt, den Gegensatz durch ein Kontinuum auflöst oder, noch erschreckender, die Worte übereinanderdruckt, stellt damit die Basis und Voraussetzung jeglicher »Politik der Sexualität« in Frage.[49]

Politik ist die Kunst des Gegensatzes, der *Erzeugung* von Gegensätzen, um Raum und Wählermassen entweder für die Veränderung oder für die Erhaltung zu gewinnen. Die Behauptung, Politik sei stets binär, wäre allzu simplifizierend, doch für die *Sprache* der Politik ist die Aussage gültig. Konföderation gegen Union. Die Regierung gegen die Guerilla. Die Linke gegen die Rechte. Ost gegen West. Und sobald eine Politik der Gegensätze sich mit einem binären Begriff der Sexualität überschneidet, verschwindet jeder Platz für Bisex, für etwas, was destabilisiert und sprengt.

Bi-sexuelle Politik

Eine Sache des Stolzes

Im Januar 1990 beschlossen die Organisatoren des Lesbian and Gay Pride March in Northampton, Massachusetts, das Wort »bisexuell«, das erst im Jahre zuvor als eine Geste der Öffnung aufgenommen worden war, aus dem Demonstrationsaufruf wieder zu streichen. Die Organisatoren sahen darin »eine politische Bündnisaussage – keine persönliche Zurückweisung von Bisexuellen«. Wenn Bisexuelle als Teilnehmer aufgeführt werden, so fürchteten sie, »wird alles verwässert, und plötzlich sind wir alle ›homosexuell‹«.[50] »Warum könnt ihr nicht einen Tag lang homosexuell sein«, wollte eine Frau von Bisexuellen wissen, die auf einer Versammlung gegen die Entscheidung vom Januar protestierten. Der wichtigste Einwand ihrer Befürworter war, daß einige lesbische Rednerinnen im Jahr zuvor als zu »spalterisch« abgelehnt worden seien. Das neue Demonstrationskomitee, das ebenfalls auf der Januarversammlung gewählt worden war, forderte, daß seine Mitglieder entweder lesbisch oder schwul sein sollten, auf keinen Fall bisexuell.

Etwa seit den siebziger Jahren gab es in Northampton eine stolze Frauengemeinde, und die Stadt wurde zum Magnet für Lesbierinnen. Es gibt Pensionen nur für Frauen, Buchläden mit lesbischer Erotika – sogar einen Buchladen, der sich weigert, Bücher von Männern im Sortiment zu führen. Laut Schätzungen sollen zehn Prozent der Frauen des 30 000 Einwohner zählenden Städtchens lesbisch sein. Jedenfalls stellen sie einen starken und manchmal umstrittenen kulturellen Faktor dar. Nach Meinung des Bürgermeisters »ist es eher eine Frage der Sichtbarkeit als der Zahlen«[51]. Wütende und empörte Lesben aus der Gegend von Northampton wollten von der lokalen Homosexuellenpresse wissen, wie Bisexuelle eigentlich dazu kommen, sich ihrer Gemeinschaft »anzuschließen«. »Verfechter der Einbeziehung«, so das Bostoner Schwulenblatt *Bay Windows*, »sind davon überzeugt, daß das Wort für eine vielfältigere und umfassendere Demonstration sorgt und daß Schwule und Lesben biphobisch sind, wenn sie die Bisexuellen draußen halten wollen. Sie meinen, das sei doch genau das, was die Heterosexuellen mit den Homosexuellen praktizieren. Die andere Seite kontert damit, daß Bisexualität und Homosexualität zwei Paar Stiefel sind, und will, daß öffentliche Demonstrationen die spezifisch schwule und lesbische Geschichte spiegeln sollen. Wenn Bisexuelle gern ihr Anderssein zelebrieren wollen, dann – so meinen sie – sollen sie es doch mit ihren eigenen Kräften und Organisationen tun.«[52]

»Ich glaube allmählich, daß einige Lesben aus Northampton in der Mitte der siebziger Jahre stehengeblieben sind«, meinte ein Beobachter.[53] Wie es aussieht, hat der Generationenkonflikt zwischen den Lesben der Frauenbewegung aus den siebziger und den Bisexuellen und Queers aus den neunziger Jahren tatsächlich die unseligen Verwicklungen wenn nicht verursacht, so doch verstärkt. Auf der Demonstration selbst wurde die Ansprache der lesbischen Rednerin Sarah Dreher von einer »Gruppe unterbrochen, die sich als bisexuell zu erkennen gab«, wie die Lokalpresse schrieb. Dreher berichtete, ein »schwuler Junge« habe zu ihr gesagt: »Sie glauben wohl, nur weil Sie älter sind, müsse man Sie respektieren.«[54] Anläßlich des Abdrucks ihrer Rede in den Rundbriefen des Boston Bisexual Women's Network wurde Dreher als »geachtetes Mitglied und Gemeindeälteste« bezeichnet. Wie ein engagierter Teilnehmer der Demonstration mitteilte, richteten sich die Animositäten gegen »Queers, Schwule, Lesben-die-mit-Männernschlafen, Lipstick-Lesben, S/M-Lesben und Transsexuelle jedweder Couleur«. Doch die Bisexuellen wurden häufig als »Ursache« der Spannungen herausgepickt. »Sie ließen sich leicht von den Lesben als ›anders‹ unterscheiden«, da sie sich »selbst einen anderen Namen gaben«.[55]

Diese Kontroverse kristallisiert die Spannung zwischen Theorie und Aktivismus. Wenn Bisexualität eine andere Erfahrung als Homosexualität *ist*, wie in diesem Buch behauptet wird, muß man dann zu dem Schluß kommen, daß die politischen Interessen von Bisexuellen und Homosexuellen so weit auseinanderdriften, daß die politischen Kräfte und Organisationen nur das Interesse der einen oder anderen Gruppe fördern sollten? Nun, aus anderen Kontexten wissen wir, daß es auch anders geht: Die Transsexuellen, Transvestiten, *shemales* und andere sehen in den Besonderheiten jeder einzelnen Gruppe kein Hindernis für eine Zusammenarbeit, wo es um gemeinsame politische Ziele geht, etwa Sichtbarkeit, kulturelle Anerkennung, Toleranz oder auch das »Recht, wo und was man will, einzukaufen«, ohne Einmischung und Stirnrunzeln anderer.[56] Müssen wir die Bisexualität für ein direktes Analogon zur Homosexualität halten, um ein gemeinsames Interesse an einem »Pride March« entwickeln zu können?

Ein Außenstehender mag das für einen Sturm im Wasserglas halten, doch die Gefühle schlugen, wie schon bei anderen ähnlichen »Namensänderungen«, auf allen Seiten hohe Wellen. So, wie schon erwähnt, als die *San Francisco Bay Times* das Wort »bisexuell« in ihr Impressum aufnahm und als die New England Association of Gay and Lesbian Psychologists erwog, »bisexuell« ihrem Namen beizufügen. Bei all diesen Gelegenheiten ging der Widerstand von Frauen aus. Wie ist das zu erklären?

Ist die »Biphobie in lesbisch/schwulen Kreisen fast ausschließlich ein weibliches Phänomen«[57]? Wenn ja, ist das der Grund dafür, daß »die meisten Frauen einen gewissen Entscheidungsspielraum hinsichtlich ihrer sexuellen Neigungen haben und die meisten Männer nicht« – eine These, die die meisten Lesbierinnen in Northampton wahrscheinlich bestreiten würden. Oder kreuzten sich die Wege der Frauenbewegung aus den siebziger Jahren so mit einem lesbischen Separatismus, daß die sexuellen und emotionalen Beziehungen zwischen Frauen auf neuartige Weise sichtbar und attraktiv wurden?

Wurden Frauen durch die Frauenbewegung lesbisch? Fraglos trifft das auf einige zu, vorausgesetzt man »wird« durch Erfahrung und nicht aus existentiellen Gründen »lesbisch«, so daß die häuslichen und erotischen Beziehungen zwischen Frauen eine Frage der bewußten Wahl eines Partners und einer Lebensform waren. Doch wenn ihre Entscheidungen vom Zeitgeist bestimmt sein sollten, dann, so könnte man behaupten, ist das auch für alle anderen gültig, ob sie sich nun für ein heterosexuelles, homosexuelles, bisexuelles, zölibatäres oder promiskuitives Leben entschieden. Niemand verliebt sich aus abstrakten Gründen, zumindest nicht auf Dauer.

Wechseln nicht auch andere Menschen ihre sexuellen Neigungen aus politischen Gründen? Selbstverständlich tun sie es. Die »normative Heterosexualität«, die Entscheidung, sich um sozialer und wirtschaftlicher Vorteile willen heterosexuell zu verhalten, entspringt eben dieser Neigung. Anders wäre das Phänomen, daß eine lesbische (oder bisexuelle) Existenz mit dem Hochschulabschluß zu Ende geht, nicht zu erklären; und gleiches gilt auch für den »hetero Queer« und den bisexuellen oder lesbischen »Chic«. So gesehen ist die Grenzlinie zwischen Mode und Politik selbst durchlässig, wie Leonard Bernstein augenfällig bewies, als er ein Fest zu Ehren der Black Panther gab. Thomas Wolfes darauf gemünzter und denkwürdiger Ausdruck *radical chic* wurde zum Vorbild aller ähnlichen Wortschöpfungen.

Möglicherweise hätte die Politik die sexuellen Neigungen mehr beeinflußt, wenn sie mit Parolen wie »Frauensolidarität«, »Unabhängigkeit« oder »freie Liebe« aufgetreten wäre, anstatt eine traditionelle Kulturpraxis wie die heterosexuelle Monogamie zu proklamieren.

In den sechziger – ja schon in den zehner und zwanziger Jahren – entsprang die »freie Liebe« ebensosehr einer Doktrin wie dem Verlangen. Doch oft wurde die Doktrin zum Verlangen, ohne daß eine bewußte Entscheidung nötig gewesen wäre. Sie war Teil des Zeitgeistes oder einer Weltanschauung, sie lag in der Luft. *Warum* man mit jemandem eine sexuelle Beziehung hatte, machte diese nicht weniger sexuell oder mehr (bzw. weniger) sexy. Schon meine Mutter gab mir den – wie sich zeigte vergeblichen – Rat: »Es ist nicht schwerer, sich in einen reichen als in einen armen Mann zu verlieben.« Das gilt auch für Frauen, die sich zum Teil aufgrund ihrer gemeinsamen feministischen Aktivitäten in Frauen verliebten. Warum auch nicht? Liebe und Sex waren in Frauengruppen, die aus gemeinsamen politischen Überzeugungen hervorgegangen waren, gleichsam natürliche Entwicklungen.

Viele Männer oder Frauen, die sich bisexuell nennen oder sich mit Bisexualität beschäftigen, tragen deshalb noch lange kein Verlangen nach einer organisierten Sexualpolitik. »Die bisexuelle Bewegung als solche läßt mich kalt, genauso wie der größte Teil der politischen schwullesbischen Gruppierungen«, verkündet die radikale Sexaktivistin Susie Bright, deren Schriften und Performances deshalb nicht weniger politische Schlagkraft hatten.[58] Als die »Altlesben« auf ihr erstes Bekenntnis zur Bisexualität ablehnend reagierten, meinte sie: »Es ist völlig berechtigt, die Abschaffung von Vorurteilen zu fordern. Doch von uns als sexuellen Wesen zu verlangen, daß wir uns in die rapide implodierenden Kategorien schwullesbisch, hetero oder bi einordnen, halte ich für widersinnig. Als ob wir unser Sexverhalten auf einer peinlich genauen, vorhersehbaren Kurve einzeichnen könnten!«

»In jungen Jahren hat mich das Verhalten der politischen ZirkusdirektorInnen, die nicht mit mir arbeiten, reden oder ficken wollten, weil ich mich als bi verstand, sehr verletzt. Inzwischen sind diese Wunden verheilt, weil ich mit ihnen allen geredet, gearbeitet und gefickt habe. Ich kenne ihr Geheimnis: Sie begehren, was sie verdammen.«[59]

Bi-sexuelle Politik

Bisexualität und Identitätspolitik

Ungestüm, fleischlich, sinnlich, essend, trinkend und zeugend,
Kein Empfindsamer, keiner, der über Männern und
Weibern steht oder abseits von ihnen,
Nicht bescheiden noch unbescheiden.
Walt Whitman [60]

»Die häufig vernehmbare Behauptung, wenn wir nur unter der Bedingung wirklicher Gleichheit lebten, die Männer umsorgend und nicht unterdrückend wären, so wäre jeder bisexuell«, ist für die Dichterin Adrienne Rich sentimental und »verschleiert zudem, unter welchen Umständen Frauen Sexualität erfahren haben«.

In ihrem klassischen, in den späten siebziger Jahren geschriebenen Essay »Compulsory Heterosexuality and Lesbian Existence« argumentiert Rich in aller Klarheit und Schärfe, daß die »Heterosexualität wie die Mutterschaft als eine *politische Institution* begriffen und untersucht werden muß«[61]. Gegen die These, die lesbische Liebe und nicht die Heterosexualität sei erklärungsbedürftig, versieht sie die Existenz einer »mythisch-biologischen Neigung zur Heterosexualität, zu einer ›Vorliebe‹ oder ›Wahl‹, die Frauen zu Männern hinzieht«, mit einem großen Fragezeichen. Heterosexualität ist für sie eine »von Männern erfundene Institution«, die dem Wohl und der Fortdauer der »männlichen Macht« und des Patriarchats dient.[62] Lesbierinnen sind aus der Geschichte sowohl durch die »Ideologie der heterosexuellen Liebe« getilgt worden als auch einer scheinbaren »Umarmung« (in Wahrheit einem historischen Ausmerzen) als »weibliche Spielart der männlichen Homosexualität« zum Opfer gefallen.[63]

Ihr Buch hatte sich unter anderem zum Ziel gesetzt, »die weibliche Erotik zu entdecken, eine Erotik, die sich nicht auf einen einzelnen Körperteil, ja nicht einmal auf den Körper beschränkt«[64], und zu erkennen, »daß die Identifikation mit dem Frausein eine Quelle der Energie, ein potentieller Born weiblicher Kraft sein kann, die unter der Institution der Heterosexualität gewaltsam beschnitten und verschwendet wurde«[65]. Deshalb ist Bisexualität für sie bloße Schwärmerei, »der alte liberale Sprung über die Aufgaben und Kämpfe hinweg, die hier und jetzt auszutragen sind«[66].

Das wurde vor anderthalb Jahrzehnten geschrieben, für junge Leute und Collegestudenten liegt das eine Ewigkeit zurück. Bisexuelle Feministinnen einer späteren Generation, auf die Richs Begriffe »zwanghafte Heterosexualität«, »heterosexuelle Privilegien« und »das lesbische Kontinuum« großen Eindruck gemacht haben, suchten in ihren Schriften nach einer wohlwollenderen Bewertung des bisexuellen Lebens, nach einer Möglichkeit, das vernichtende Urteil, es sei bloße Schwärmerei und weichlicher Liberalismus, zu mildern. (Für die damalige Zeit war es bezeichnend, daß »liberal« nach Adrienne Rich das klare Gegenteil von »radikal« war und nicht wie in der Ära nach Reagan von »konservativ«.)

Die bisexuelle Aktivistin Lani Kaahumanu schrieb 1982 sehr aufschlußreich über ihre frühere Verachtung der Bisexuellen: »Für mich waren sie ein Haufen Unaufrichtiger, über die sich nicht ernsthaft nachzudenken lohnte. Als Lesbe fühlte ich mich von ihnen peinlich berührt und ihnen irgendwie überlegen. Das bisexuelle ›Stadium‹ ernst zu nehmen war einfach naiv. Ich war mir sicher, daß sie es bald überwinden würden und ihr Coming-out hätten, sobald sie erst das sehr reale heterosexuelle Privileg fahrenließen, an das sie sich offensichtlich klammerten. Aus welchem Grund sollte sich sonst jemand bisexuell nennen?«[67] Das »Stadium«- oder »Phasen«-Argument ist, wie sie selber eingesteht, der semantische Versuch, den anderen immer noch um eine Nasenlänge zu schlagen. »Für die meisten Lesben und Schwulen ist die Bisexualität ebenso ein Stadium wie die Heterosexualität für die meisten Lesben, Schwulen und Bisexuellen.«

Natürlich ist alles ein Stadium, je nachdem, an welchem Punkt unseres Lebenslaufes wir stehen, ob wir nach vorne oder zurück schauen. »Mein politisches Bewußtsein ist lesbisch, mein Lebensstil jedoch bisexuell«, schrieb Kaahumanu. »Nicht jeder Mann ist der Feind, sowenig wie jede Frau meine Verbündete ist.«[68] Wie immer Adrienne Rich heute zur Bisexualität stehen mag – und nichts deutet auf einen Gesinnungswandel ihrerseits hin –, die von ihr verachtete Bisexualität war damals eine andere als heute. Jene Bisexualität wollte von »dem anderen« etwas abbekommen und die ehelichen Beziehungen aufbrechen, ohne die patriarchalischen Institutionen zu ändern. Und welchen politischen Einwänden sieht sich die Bisexualität heute gegenüber?

Der Vorwurf des »heterosexuellen Privilegs« ist noch nicht vom Tisch, auch wenn er seit dem Aufstieg der Bisexuellenbewegung nicht mehr wie zuvor als pauschale Verurteilung verwendet wird. Alan Sinfield, ein Veteran der Schwulenbewegung, stellt zwar fest, daß »Bisexuelle den Lesben und Schwulen in Großbritannien *politisch* verdächtig sind«, meint aber auch, daß sich ein Wandel abzeichne. »Die wichtigste Veränderung besteht darin, daß Bisexuelle sehr viel seltener als verklemmte Lesben oder Schwule betrachtet werden«, die sich nicht zu ihrer Sexualität bekennen wollen. Schwieriger ist es schon, die Vorstellung zu überwinden, Bisexualität gefährde die Identitätspolitik und untergrabe so die schwererrungenen Fortschritte der schwulen und lesbischen Befreiung.

Jonathan Dollimore, gemeinsam mit Sinfield der Begründer eines Studienprogrammes über sexuellen Nonkonformismus an der Universität von Essex, zeigte sich über das Auftauchen einer »sich nahezu puritanisch gerierenden radikalen Identitätspolitik« unter den Schwulen und Lesben besorgt. »Wir wollen keine neue Hierarchie, nicht diese tyrannischen Darstellungen, die entweder das eine oder das andere in den Menschen sehen wollen, und meinen, wenn jemand das andere wird, nachdem er zuvor das richtige war, so kann es sich nur um ›Unaufrichtigkeit‹ handeln. . . . Was ich nicht tolerieren kann, sind Menschen, die daraus eine Art exklusiver Identitätspolitik machen. Die sagen: ›Ich bin jetzt schwul‹, so als sei ihr bisheriges Leben eine Lüge gewesen oder zähle nun nicht mehr. . . . Ich glaube einfach nicht, daß Begehren so funktioniert.« Dollimore hat lange über diese Sache nachgedacht. Nach Jahren der Partnerschaft mit einem Mann lebt er nun mit einer Frau zusammen, die vor kurzem ein Kind bekam. Einige Studenten, die nach Sussex gekommen waren, um bei ihm *gay studies* zu betreiben, reagierten darauf äußerst verunsichert. »Sie haben für diese Identität gekämpft und das Trauma des Coming-out durchlebt.« »Wahrscheinlich«, so Dollimore, »haben sich einige von ihnen verraten gefühlt und auf eine Weise im Stich gelassen, die sie nicht so recht ausdrücken können. . . . Ich habe Studenten aus dem ganzen Land angezogen, die bei mir, einem Schwulen, arbeiten wollten, der nun in ihren Augen ›aufgehört hat, ein Schwuler zu sein‹.« Würde Dollimore sich als bisexuell bezeichnen? Seine Antwort: »Auf einer bestimmten Ebene würden wir alle liebend gern sämtliche Etiketten und Identitäten ablegen. Aber das ist ein Luxus. Ich könnte mich einen Schwulen oder Bisexuellen nennen.« Sein Ziel ist es, »die Selbstgefälligkeit und die Vorurteile anderer Menschen ins Wanken zu bringen, damit neue Formen der Sexualität und des Begehrens sichtbar werden«.

Michèle Barrett, Feministin und Soziologieprofessorin an der City University in London, meint, die heutige Gesellschaft und Kultur sei in einem Maße »homophobisch, daß jede Reaktion von bekennenden Schwulen auf diese Homophobie in gewissem Sinne verzeihlich ist«. Doch stellt sie auch bedauernd fest, »daß einige derer, die ihr Leben und ihre Arbeit der Sexualpolitik verschrieben haben, sich zu anderen Menschen in diesem Punkt bemerkenswert intolerant verhalten. ... Dieses Gendarmenverhalten kennt man von der heterosexuellen Familienlobby, aber ich finde es betrüblich, wie sehr die gegenwärtige Politik der Schwulenlobby und in letzter Zeit auch die radikal-feministische Lobby eine belehrende und wertende Haltung gegenüber Menschen und Beziehungen eingenommen hat.« Statt auf Befreiung hinzuwirken, hat die Befreiungsrhetorik der Schwulen neue Barrieren errichtet und »eifrig dabei mitgewirkt, jeden in eine Schublade zu stecken«.

Amanda Udis-Kessler, immer dabei, wenn in den Vereinigten Staaten über Bisexualität debattiert wird, sieht in der Biphobie eine »Krise der Bedeutung«, deren Ursache zum Teil in dem Konflikt zwischen einer konstruktivistischen Auffassung von Sexualität (wonach sexuelle Kategorien keine unveränderlichen Grundstrukturen sind, sondern etwas Fließendes, das sich durch den Einfluß kultureller und wissenschaftlicher Faktoren verändert und entwickelt) und der beharrlichen Realität von Unterdrückung und Vorurteilen liegt. Da das eigene Leben beweist, daß Sexualität etwas historisch Gewordenes ist und kein festes Etikett verträgt, bedrohen Bisexuelle die Konstituierung von Interessengruppen, die sich auf »Identität« in einem sehr engen und grundlegenden Sinne berufen. »Wer soziale Rechte auf der Grundlage der Gruppenidentität einklagt, wird die Behauptung, Identität sei nichts als ein soziales Konstrukt, kaum wohlwollend aufnehmen«, bemerkte ein Kritiker trocken.[69] Eine andere Kritikerin brachte treffend auf den Punkt, was eigentlich befürchtet wird: »Wenn die Identität erst einmal ordentlich dekonstruiert ist, werden politische Forderungen auf schwankendem Boden stehen.«[70] »Lesbierinnen und Schwule«, so Udis-Kessler, »die an einer starren Auffassung von Sexualität festhalten, identifizieren das Fließende und die anscheinende Entscheidungsfreiheit der Bisexualität mit derjenigen des Konstruktivismus und spüren, daß ein Beben die Grundfesten ihres Lebens und ihrer Identität erschüttert.«[71]

Bisexualität bedeutet, daß die sexuelle Identität nicht schon im Mutterleib oder im Alter von zwei bzw. fünf Jahren festgelegt sein mag. Bisexualität bedeutet, daß man sich nicht jederzeit durch und durch kennt. »Wie läßt sich das Fließende verfestigen? Wie läßt sich das Potential, beide Arten von Beziehungen einzugehen, in eine Kategorie packen?« Amanda Udis-Kessler beschreibt einleuchtend, welche geistigen Verrenkungen nötig waren, um aus dem Entweder-Oder ein Sowohl-Als-auch zu machen: »Die nun entstehende Legende wollte es, daß Bisexuelle weder bei dem einen noch bei dem anderen Geschlecht Befriedigung fanden. Man nahm an, sie würden es mit beiden Geschlechtern treiben, und zwar gewöhnlich gleichzeitig.«[72]

Im nächsten Schritt bildete sich die gängige Vorstellung des Bisexuellen als eines Wanderers zwischen den Welten heraus, als eines promiskuitiven, gefährlichen und nichtmonogamen Grenzverletzers. Und gleichzeitig entstand – als wäre das kein logischer Widerspruch – die Vorstellung vom Bisexuellen, der sich raushält, der auf dem Zaun zwischen beiden »Seiten« sitzt und unwillig ist, auf eine Seite hinunterzuspringen und sich »einzulassen«. Dabei wäre es naheliegender, sich ihn als jemanden vorzustellen, der durch ein Tor im Zaun bequem von einer Seite zur anderen wechselt. Der Zaun als Grenze und Zeichen des Eigentums (»Betreten verboten«, »Weitergehen verboten«, »Zur Schonung der Anlagen ist es verboten, die Wege zu verlassen«) prägte die Landschaft der sexuellen Kategorien. Wer aber errichtete die Zäune? In einer weiten Ebene gibt es Zäune, weil es an natürlichen Grenzen *fehlt*. Sie markieren daher keinen existentiellen Unterschied, sondern stecken nur die Claims von »mein« und »dein« ab.

In den neunziger Jahren versuchten bisexuelle Aktivisten ein Bündnis mit Adrienne Rich oder dem von ihr vertretenen Feminismus zu schmieden.[73] Für sie ist die Bi-Bewegung die Nachfolgerin der Schwulen- und Lesbenbewegung, die ihrerseits aus dem Feminismus der siebziger Jahre hervorging, der wiederum viel von den Strategien, den Organisationsformen und der moralischen Empörung der Bürgerrechtsbewegung in den sechziger Jahren übernommen hatte. Die Mehrheit der Bisexuellen glaubt nicht, daß jeder bisexuell ist oder daß die Bedingung wirklicher Gleichheit, die Rich so leidenschaftlich und bitter in Frage stellte, uns der Verwirklichung dieses Zustandes näher bringt oder ihn auch nur wahrscheinlicher macht. Doch die beiden Stränge des bisexuellen Denkens, die Identitätspolitik und die auf Rechte gestützte Forderung nach Sichtbarkeit einerseits sowie die theoretischen, dekonstruktivistischen, alle Kategorien hinterfragenden und für eine gründliche Neuziehung der erotischen Grenzen eintretenden Argumente andererseits lassen sich nicht ohne weiteres unter einen Hut bringen.

Obgleich einige Schwulen- und Lesbengruppen (von Heterosexuellen ganz zu schweigen) mitunter heftigen Widerstand leisteten, gelang es den Bisexuellen erstaunlich schnell, eigene Organisationen aufzubauen. Das *Interna-*

tional Directory of Bisexual Groups führt Hunderte von Organisationen, Netzwerken, Vereinen, Zeitschriften und Selbsthilfegruppen in mehr als einem Dutzend Länder auf, von Australien, Kanada, Costa Rica und El Salvador bis hin zu Rußland, Schweden, Großbritannien und Zimbabwe, nicht zu vergessen in 44 der 50 amerikanischen Bundesstaaten.[74]

In England wurde kritisch angemerkt, daß der derzeitig grassierende Separatismus der sexuellen Gruppen auch unsere Sprache beeinträchtigt hat. Würden wir von »gleichgeschlechtlich« und »andersgeschlechtlich« statt von »homosexuell« (oder schwul und lesbisch) und »heterosexuell« sprechen, vermieden wir nicht nur historische Anachronismen, sondern ermöglichten es auch, der Bisexualität eine Gegenwart einzuräumen. Wie nennt man einen verheirateten Mann, der eine Affäre mit einem anderen Mann hat? Nennen wir ihn »schwul«, so heften wir ihm ein Etikett an, das den Besonderheiten dieses Falles wahrscheinlich nicht gerecht wird. Und nicht zuletzt würde die Bisexualität auf diese Weise ausradiert. Er wird entweder »schwul« oder »hetero«.[75] Eine Sprache, die sich nur in Gegensätzen bewegt, wird für Bisexualität keinen Raum lassen, da sie die Zeitlichkeit nicht berücksichtigt: Bisexualität ist, wie ich schon sagte, keine »Identität« (und auch keine Metapher oder Trope), sondern eine Erzählung, eine Geschichte. Es ist allerdings ein politisch-praktisches Gebot, die Bisexualität zu einer Identität zu *machen*, obgleich die Bisexualität oder die Bisexualitäten selbst die Lebensfähigkeit einer »Politik der Identität« in Zweifel ziehen. Wiederum unter praktischen Gesichtspunkten resultierten daraus die internen Geplänkel zwischen Schwulen und Lesben einerseits und Bisexuellen andererseits, deren bloße Existenz ironischerweise die Tatsache unterstreicht, daß diese sicheren Identitäten und säuberlichen Trennungen sich bereits in Auflösung befinden. Das anzuerkennen heißt nicht, eine Niederlage einzuräumen, sondern einen Erfolg wahrzunehmen.

Die Politik kommt immer zu spät. Politische Bewegungen, die meinen, sie hätten ganz neue Territorien abgesteckt, werden oft von anderen überholt, die ihre Neuheit, Dringlichkeit oder Zeitlosigkeit ebenso veraltet wie verdächtig erscheinen lassen. Wenn diese Bewegungen ihre Abweichungen herausstellen, sind sie höchstwahrscheinlich an den Flanken verletzbar und schnell zu erledigen. Daher das wütende Gezeter eines Teils der Alt-Linken – die sich selbst lieber als *die* Linke sah – angesichts der Raubzüge der Neuen Linken. Als einige Überreste der Alt-Linken eine scharfe Rechtswendung hin zum Neokonservatismus machten, geriet die Neue Linke –

wiederum von links – diesmal seitens der Feministinnen und der Farbigen unter Beschuß. Das ist nicht so außergewöhnlich. Politische Veränderungen finden nun einmal auf diese Weise statt. Mit einer feministischen Kritik konfrontiert, bemerkte der Kulturkritiker Gerald Graff lächelnd: »Ich weiß, wann man mich links überholt hat.« Will man lieber links überholt als links liegengelassen werden?

Bisexualität und menschliche Freiheit

Er hat mir gesagt, daß er Männer ebenso mag wie Frauen, was ihm, wie er sagt, nur natürlich erscheine, da er ja nicht nur von zwei Rassen, sondern auch von zwei Geschlechtern abstamme. Niemand fände es merkwürdig, daß er birassisch sei, was sollte dann daran merkwürdig sein, daß er bisexuell sei? Das ist eine Erklärung, die ich noch nie gehört habe und auch nicht ganz begreifen kann, sie ist wohl zu logisch für mein Gehirn.
Alice Walker [76]

»Ich bin schwarz, und ich bin eine Frau, und ich bin eine Mutter, und ich bin bisexuell, und ich bin Nationalistin, und ich bin Antinationalistin. Und ich will alles, was ich bin, ganz und gar und in aller Freiheit sein!« So sprach die Dichterin June Jordan 1991 auf einer Versammlung von bisexuellen, schwulen und lesbischen Studenten. Deutlicher hätte sie die Sache – und sich selbst – nicht auf den Punkt bringen können.

»Die Bisexualität wirft Entweder-Oder-Formulierungen über den Haufen«, erklärte sie. »Bisexualität bedeutet, daß ich frei bin, daß ich ebenso wünsche, eine Frau zu lieben, wie ich mir wünsche, einen Mann zu lieben. Und was ist daran Besonderes? Ist das nicht die Bedeutung von Freiheit? ... Wer frei ist, ist nicht voraussagbar und kontrollierbar. Für mich ist das die positive Bedeutung, das Politikum bejahter Bisexualität.« [77]

Jordan, die in Berkeley lehrt, erzählte ihren Zuhörern in Stanford, man habe sie aufgefordert, bei zwei verschiedenen Kundgebungen auf dem Campus von Berkeley zu sprechen. 400 bis 500 Frauen und Männer versammelten sich, um gegen die Übel des Rassismus zu protestieren, während am nächsten Tag weniger als 75 Menschen zusammenkamen, um für die sexuelle Selbstbestimmung zu demonstrieren. »Es hätte nur eine Demonstration geben sollen«, erklärte Jordan, »nur eine Versammlung: denn Freiheit ist unteilbar. .... Ich muß über Bisexualität sprechen, ich glaube, daß die Analogie zur Bisexualität eine multikulturelle, multiethnische und multirassische Weltsicht ist. Bisexualität folgt aus einer solchen Perspektive und führt auch zu ihr hin.«[78]

June Jordans These, die Analogie zur Bisexualität sei eine »multirassische Identität«, läßt sich gut mit dem Vorschlag der englischen bisexuellen Aktivisten Jo Eadie vergleichen, die als Vorbild der bisexuellen Sexualpolitik die Mischung der Rassen (*miscegenation*) und den »Hybridismus« sieht. Die sexuelle Beziehung oder Ehe zwischen Angehörigen verschiedener Rassen wurde von der amerikanischen Feministin Donna Haraway als bewußt provokative Metapher für die politische Praxis vorgeschlagen.[79] »Hybridismus«, ursprünglich die Züchtung von Pflanzen oder Tieren aus verschiedenen Arten oder Rassen, veranschaulichte für Homi K. Bhabha, wie sich die »kulturelle Differenzierung« komplexer gestalten könnte, indem »die Erscheinungsformen der Autorität kritisch hinterfragt werden«[80]. Praktisch stellen beide Ausdrücke die simple Entgegensetzung von wir/sie in Frage, die in politischen Auseinandersetzungen oftmals entscheidend ist. Indem ein Modell für die Grenzverletzungen angeboten wird, werden die Grenzen selbst fragwürdig, so daß neue Einheiten entstehen, die entweder die alten ersetzen oder neben ihnen existieren.

Die Kritik am »Denken in binären Gegensätzen« argumentiert damit, daß einer der beiden Ausdrücke in der Hierarchie immer höher als der andere steht, so in den Gegensatzpaaren männlich/weiblich, schwarz/weiß, hetero/schwul. Selbst wenn die Ordnung überkommener Hierarchien bewußt auf den Kopf gestellt wird (schwarz ist besser als weiß; weiblich besser als männlich; schwul besser als hetero), entspringt daraus oft eine Verfestigung der Grenzen. Nach wie vor steht ein Entweder-Oder und kein Sowohl-Als-auch zur Wahl. »Bisexuell«, wie auch »gemischtrassig« und »hybrid« lenkt die Debatte und die Streitfrage auf ein anderes Gleis jenseits des reaktionären Reinheitswahns[81], sei diese »Reinheit« nun rassisch, national, geschlechtlich, sexuell oder erotisch. Daß die letzten beiden nicht immer identisch sind, sollte man dabei auf keinen Fall vergessen.

Worin besteht dann eine bisexuelle Politik?

Zunächst muß man sich darüber im klaren sein, daß Biphobie ein Vorbild in der Homophobie hat und ihr unmittelbares Nebenprodukt ist. Homophobie ist mehr als nur Heterosexismus, die behauptete Zentralität gegengeschlechtlicher Partnerschaft in menschlichen Beziehungen. Homophobie ist manifester Haß, Furcht und Unwissenheit gegenüber Lesbierinnen und Schwulen. Es gäbe keine Biphobie gegenüber einer (angeblichen) Minderheit innerhalb einer Minderheit, wenn letztere, die Schwulen und Lesben, nicht von feindseligen und furchtsamen Heterosexuellen unterdrückt würden, die gegenüber ihrer eigenen sexuellen Identität oft übermäßige Angst oder falsche Selbstgewißheit empfinden. Sollte die Homophobie durch die gemeinsame Anstrengung von rechtlichen Maßnahmen, moralischem Umdenken, Erneuerung und gesellschaftlicher Erziehung verschwinden, wäre es vergleichsweise einfach, die Biphobie zu überwinden.

Zweitens sollten wir zu einer Erkenntnis kommen, die sich allmählich auch an den Gerichten durchsetzt: Sie sind nicht mehr gewillt, einem verletzten »Wohlgefühl« Rechnung zu tragen, d. h., sie akzeptieren nicht mehr die beispielsweise von einigen Militärs angeführte Behauptung, die Anwesenheit von Homosexuellen riefe bei Heterosexuellen »Unwohlsein« hervor. Mit demselben Argument wurde früher auch die Rassentrennung in den Streitkräften verteidigt (solange der militärische Einsatz von Schwarzen nicht dringend erforderlich schien), die Geschlechtertrennung in den Schulen und andere Bastionen des Separatismus, die in jüngster Zeit nach und nach der Integration weichen mußten, ohne daß die Welt deshalb unterging. Und was weder für Weiße noch für Männer ein guter Grund ist, kann auch keiner für Heterosexuelle *oder* für separatistische Lesben und Schwule sein. Um es noch einmal zu sagen: Lesbierinnen, die jahrelang unterdrückt und beschimpft wurden, haben einen sehr guten Grund, einen von Unterdrückung freien, »sicheren« Raum zu wünschen. Die, wenngleich utopische, Hoffnung richtet sich darauf, daß das Gegenteil von Unterdrückung nicht zwangsläufig ein Separatismus sein oder bleiben muß. Bisexuelle Lesben wollen nach eigenem Bekunden in die lesbischen Gruppen aufgenommen werden; sie streben nicht ihre Unterwanderung an.

Drittens: Bisexuelle Politik ist in gewissem Sinne weder »sexuell« noch Politik. Es geht um Erotik, und die war und ist in vielen ihrer eindringlichsten Manifestationen politisch entschieden *in*korrekt, je nach den Szenarien von Ungleichheit, Macht, Verleugnung, Forderung und Begehren. Weder Liebe noch Sinnlichkeit sind politisch korrekt, es sei denn in einem Staat, der alle menschlichen Entscheidungen (bis hin zu ihrer Ausmerzung) reguliert. Es sei an Susie Brights Aussage erinnert, wie widersinnig es wäre, Menschen den »rapide implodierenden Kategorien ... zuzuordnen«, und es sei an June Jordans Äußerungen über das »Politikum bejahter Bisexualität« erinnert.

Bisexuelle Politik eignet sich daher dafür, die Schnittstelle zwischen politischem Handeln und sexuellem Begehren zu verstehen. Da Bisexualität durch ihre bloße Existenz alle Vorstellungen von Vorrangigkeit, Einzigartigkeit, Aufrichtigkeit und Identität dubios macht, bietet sie uns ein schönes Beispiel dafür, wie menschliche Freiheit anders begriffen werden kann – und das in einer Zeit, in der unsere Kultur von Fragen des Geschlechts und der Sexualität geradezu besessen ist.

3. Fatal Attraction

> V****** müssen aus ihren Särgen geholt und ans Tageslicht gezerrt werden, aber – und das möchten wir ausdrücklich betonen – von entsprechend autorisiertem Personal mit Gummihandschuhen, Mundschutz und einer Zahnsperre, sollte es zu einer zufälligen Berührung kommen.
> *Anna Livia*[1]

Als Paul Verhoeven 1992 den Film *Basic Instinct* in San Francisco drehte, mußten schon die Dreharbeiten wegen heftiger Proteste unterbrochen werden. In dem Film spielt Sharon Stone die Rolle der Eispickel schwingenden Catherine Tramell, die verdächtigt wird, eine »bisexuelle Serienmörderin« zu sein.[2] Im ganzen Land riefen dann Demonstranten den an der Kasse wartenden Kinogängern zu: »Catherine did it!« »Catherine did it!« wurde sogar – mit Ausrufezeichen und allem – der Name für ein Komitee der Queer Nation, das gegen die »Homophobie und Frauenfeindlichkeit« des Films zu Felde ziehen sollte. Im Gegenzug beklagten einige den Protest als Ausdruck einer repressiven politischen Korrektheit: »Vielleicht muß ein psychopathischer Killer ein weißer, heterosexueller Amerikaner sein, wenn man jeden Ärger vermeiden will.«[3] Regisseur Verhoeven gab zu, daß »viele Schauspielerinnen die Rolle der Catherine abgelehnt hatten, weil es um eine bisexuelle Mörderin ging«[4], schickte allerdings den Gemeinplatz nach: »Ich würde meinen, daß wir möglicherweise alle bisexuell geboren werden«[5] – ein Nachsatz, mit dem er sich seinen Gegnern nicht gerade empfahl.

Schadete *Basic Instinct* den Bisexuellen? Die *New York Times* schrieb, der Film »handle von einem Detektiv, dessen Suche nach dem Mörder eines Rockstars ihn zu einer Verdächtigen führt, die bisexuell ist«. Außerdem »tritt neben einer lesbischen Mörderin noch eine weitere Frau auf, die möglicherweise lesbisch und eine Mörderin ist«.[6] Der Vorsitzende der Gay and

Lesbian Alliance Against Defamation bedauerte die Tatsache, »daß Lesbierinnen und bisexuelle Frauen zu gefährlichen Mörderinnen gemacht werden und daß das Opfer ein weißer heterosexueller Mann ist«[7]. Bezeichnenderweise rückte die Schwulen- und Lesbenzeitschrift *Advocate* jedoch die lesbische Liebe und nicht die Bisexualität des Films in den Vordergrund. Der Kritiker des *Advocate* – er sprach von einem »schlechten Hetero-Film« – bemerkte, daß »jede Frau in *Basic Instinct* jemanden getötet hat, und der Auslöser für diese mörderischen Impulse ist deutlich der lesbische Sex«.[8] *Commonweal* konterte, »der Vorwurf einiger Schwulengruppen, dieser Film trage zur Homophobie bei, ist einfach falsch. Sharon Stone spielt eine bisexuelle Frau, doch ihr Lesbischsein ist nicht Ausdruck ihrer mutmaßlichen Mordgier, sondern ihrer Macht«, die ihr »durch Reichtum, Intelligenz und gutes Aussehen zufällt«. Was den Film so aufreizend machte, war »der Eindruck, daß diese Frau *alles* tun kann und möglicherweise auch tut«[9]. Klingt in diesem »alles« ein »alles, was sich bewegt« an?

Die bisexuelle Zeitschrift *Anything That Moves* handelte sich einen politischen Seitenhieb von *The Progressive* ein, der beklagte, wie die »Fetischisierung der Identitätspolitik« in den Protesten gegen *Basic Instinct* jeden Gedanken an eine Repräsentation in filmischen Darstellungen verabschiede, indem darauf gedrungen werde, nur die Mitglieder einer bestimmten Gruppe könnten »die Bedürfnisse, Wünsche und Erfahrungen dieser Gruppe angemessen und unverfälscht repräsentieren«. *The Progressive* zitierte die Protesterklärung von *Anything That Moves* (»Wir sind es leid, immer von anderen analysiert, definiert und repräsentiert zu werden«) und tadelte sie als typischen Auswuchs des »althergebrachten amerikanischen Individualismus, für den jede Identität eine Insel ist«.[10]

Andere Kritiker der Proteste von Queer Nation und ACT UP waren weniger zurückhaltend: »Wie soll die Gesellschaft auf instabile und destabilisierende Gruppen wie diese reagieren? Fraglos haben sie ein gewisses Recht auf ihrer Seite. Doch wenn sie nur ihre eigenen Rechte anerkennen und die Rechte anderer nicht respektieren, entziehen sie unserer ohnehin schon gefährdeten politischen Kultur die Grundlage. ... Aids hat offenbar dafür gesorgt, daß alle diese Werte für null und nichtig erklärt werden.«[11]

Aber wie bi ist *Basic Instinct* überhaupt? Zwei seiner weiblichen Charaktere, die von Stone gespielte Catherine und Jeanne Tripplehorn in der Rolle der Psychotherapeutin Beth Garner, haben Beziehungen zu Angehörigen beider Geschlechter (zu demselben Mann, dem von Mike Douglas verkörperten Detektiv Nick Curran, und, wie sich schließlich herausstellt, miteinander). Die unbestreitbare Sinnlichkeit von Stones Sexszenen wird noch gesteigert durch die Wahrnehmung der Gefahr (der Eispickel) und die Gefahr der Wahrnehmung (der Voyeurismus der lesbischen Geliebten Roxy). Bisexuelle Dreiecksverhältnisse – Nick–Roxy–Cathrine, Nick–Catherine–Beth – wachsen ebenso wie das mimetische Begehren: »Da gab es dieses Mädchen, das ich im College kennengelernt hatte. Ich bin einmal mit ihr ins Bett gegangen. Danach begann sie mir nachzustellen, meine Kleider zu kopieren und sich die Haare zu färben . . . Es war gräßlich«, erzählt Catherine Nick über die Person, in der er bald Beth erkennen wird. Und was Roxy betrifft, die sich später als jugendliche Mörderin entpuppt, so »wollte sie die ganze Zeit zusehen . . . Sie geriet in Erregung«. Nick, wahrlich kein Liberaler, nennt sie verächtlich »Rocky«, und Catherine wittert scharfsinnig die hinter seiner Verachtung steckende Phantasie: »Hättest du es gern, wenn sie mal dazukäme?« Einigen Kritikern ist nicht entgangen, daß sämtliche Sexszenen in Wirklichkeit heterosexuell sind: »Ein Film, in dem bisexuelle Frauen nur mit Männern schlafen, war für Verhoeven anscheinend, wenn überhaupt etwas, dann noch wollüstiger«, denn schließlich *ist* das eine Männerphantasie.[12]

Will der Film sagen, Bisexuelle seien amoralisch, mörderisch und besessen – oder bloß sinnlich und begehrenswert? Darüber hat jeder andere Vorstellungen. Bejaht er den Sex und starke Frauen, oder lehnt er die lesbische und bisexuelle Liebe ab?

Betrachtet man *Basic Instinct* mehr auf der symbolischen Ebene denn als Nachahmung der Wirklichkeit, dann drängt sich noch eine andere Phantasie auf: eine kulturelle Phantasie, durch die sich der Tatsache Sinn abgewinnen läßt, daß hier Aids-Aktivisten und Bürgerrechtler im trauten Protest vereint sind. Denn gar nicht einmal allzu tief unter der Oberfläche, lediglich durch den Umstand verdunkelt, daß die bisexuellen Protagonisten Frauen und keine Männer sind, liegt der bekannte Mythos vom bisexuellen Aids-Überträger, vom heimlichen, doppelzüngigen und »als heterosexuell durchgehenden« sexuellen Outlaw, der in den achtziger Jahren als erotischer Sündenbock herhalten mußte.

Im Film trieft es von Blut, von Blut, das sich über die Seidenlaken des ermordeten Rockstars ergießt und später den beleibten und lüsternen Bullen bespritzt, der Catherine schöne Augen macht und Beth zum Opfer fällt. Beth selbst ist durch einen Regenmantel aus Gummi geschützt. Das Blut besudelt ihr Opfer, aber nicht sie. Man lese: Gummi = Kondom = gleich Gefahr für den Ungeschützten. Die Aids-Drohung des Films spielt sich wie im Alptraum auf zwei Ebenen ab: Da ist nicht nur der sexuelle Kontakt, sondern auch der Eispickel, schon nach trivialer Lesart ein sinnfälliges Phallussymbol, aus dem hier ein Spieß gemacht wird, der Catherines unglückliche Bettgenossen durchbohrt. Die Bullen stellen zwar die Mordwaffe sicher, aber die Mörderin hat noch mehr davon. Die verwickelten sexuellen Vorgeschichten der Protagonisten passen ebenfalls in das Bild. Es handelt sich nicht allein um die Thrillertechnik des *Film noir*, derzufolge jeder (und jede) von seiner Vergangenheit eingeholt wird, sondern auch um den am meisten Grauen erregenden Aspekt der Aids-Übertragung. »Wenn man mit jemandem ins Bett geht«, erklärte der amerikanische Gesundheitsminister Otis Bowen 1987 düsteren Tones, »dann hat man Sex nicht nur mit diesem Partner, sondern mit allen, mit denen dieser während der letzten zehn Jahre ins Bett gegangen ist.«[13] Hinter dem Sex mit Catherine steht Sex mit Beth, dahinter der Sex zwischen Catherine und Beth und dahinter der Tod. Mord. Mord durch Bisexualität.

Aids und der getarnte Bisexuelle

Als Weinberg und seine Mitarbeiter ihre Studie über die Bisexualität begannen, »ahnten sie nicht im mindesten eine Entwicklung voraus, die für alle Untersuchungen über das Sexualverhalten enorme Folgen haben sollte: das Auftauchen von Aids«[14]. Als ihnen das Ausmaß der Krise allmählich klar wurde, erkannten sie, »daß umfangreiche gesellschaftliche Veränderungen – die Stigmatisierung einer tödlichen Krankheit – sexuelle Neigungen beeinflussen konnten«. 1988 gingen sie noch einmal nach San Francisco, um viele ihrer früheren Gesprächspartner wieder zu interviewen.

Das Gespenst des »bisexuellen Aids-Trägers« hatte sich in den späten achtziger Jahre zu einem veritablen Dämon ausgewachsen. »Die potentielle Rolle von Bisexuellen bei der heterosexuellen Übertragung von Aids ist sträflich unterschätzt worden«, verkündete 1987 *Atlantic Monthly* unter der provokativen Schlagzeile »Bisexuell: Ist er es oder nicht?«[15]. Im selben Jahr schrieb *Newsweek*, die Bisexuellen seien auf dem Wege, »zu den größten Parias der Aids-Krise« zu werden.[16] Als jemand, der ein gefährliches und unmoralisches Doppelleben führt, als »Homosexueller, der sich als Heterosexueller *tarnte*, wurde der Bisexuelle, wie ein Kritiker anmerkte, zum Monster der neuen Epidemie . . . zu einem Geschöpf mit unbeherrschbaren Trieben . . . das stets im verborgenen sein Unwesen trieb«[17].

»Das Aids-Gespenst für die Frauen: Der bisexuelle Mann«, lautete 1987 eine Schlagzeile auf der Titelseite der *New York Times*. Sie gehörte zu einem hochdramatischen Artikel, in dem Bisexuelle »als oftmals verschwiegene und vielschichtige Männer« bezeichnet wurden, die manchmal nicht einmal sich selbst gegenüber ihre homosexuellen Aktivitäten zugeben können. »Die Gestalt des männlichen Bisexuellen wurde, in den Mantel des Mythos und seiner eigenen Heimlichkeit gehüllt, zum Schwarzen Mann der späten achtziger Jahre und warf über alle vergangenen und zukünftigen sexuellen Erlebnisse einen schaurigen Schleier.«[18] Was immer Schrecken verbreitet, ist hier versammelt: das Gespenst, der Schwarze Mann, der nicht nur mythisch, sondern sogar »in den Mantel des Mythos gehüllt« ist. Er lauert an jeder psychischen und erotischen Ecke, um die Nichtsahnenden aus dem Hinterhalt anzugreifen.

Das Klischee vom betrügerischen bisexuellen Ehemann, der »nicht geneigt oder nicht fähig ist, sein gefährliches Doppelliebesleben unter Kontrolle zu halten«[19], prädestinierte ihn geradezu zum Sündenbock für die Ansteckung einer »unschuldigen« und ahnungslosen Bevölkerung mit Aids. *Cosmopolitan* warnte die Leser vor der »riskanten bisexuellen Liebe« und gab Tips für die Entlarvung des bisexuellen Mannes: »Kann ein Mann seine Blicke nicht von anderen Männern abwenden, ist größte Vorsicht geboten. . . . Verdächtig ist auch, wenn er sich auffallend stark dafür interessiert, wie andere Männer angezogen sind . . . Seien Sie auf der Hut, wenn er auch nur den Bruchteil einer Sekunde länger in die Augen anderer Männer blickt, als es die gesellschaftlichen Gepflogenheiten erlauben. Heterosexuelle Männer tun das nicht.«

Der Artikel warnt weiter vor »Männern in bestimmten Berufen« wie den »narzißtischen Gewerben«, als da sind die »Theater-, Mode- und Kunstwelt, die Schönheitsindustrie und die Fitneßstudios. Viele Bisexuelle ergreifen gern einen sozialen Beruf: in der Medizin, der Sozialarbeit, der therapeutischen Beratung.« Auch wer durch seine Arbeit häufig auf Reisen ist oder wer hohe Trinkgelder kassiert, ist verdächtig, kann er doch »die Spuren seiner Flirts«[20] leicht verwischen oder wird mit Geld zum Schweigen gebracht.

»Eine Ehefrau, die weiß, daß ihr Mann bisexuell ist, kann sich zumindest vor einer Ansteckung mit Geschlechtskrankheiten schützen«, riet *Cosmopolitan*. »Doch Ehefrauen, die völlig ahnungslos sind, schweben in Todesgefahr. Sieht man einmal von gemeinsam benutzten Spritzen und sexuellen Kontakten mit HIV-positiven Süchtigen ab, so haben sich mehr Frauen das Aids-Virus durch Bisexuelle zugezogen als auf irgendeinem anderen Weg«, setzte die Zeitschrift düster hinzu. Diese längst nicht mehr gültige Statistik wurde immer wieder angeführt, um das »Risiko« eines Kontaktes mit bisexuellen Männern zu unterstreichen. »Es ist wirklich erstaunlich, daß so wenig bisexuelle Männer entlarvt werden«, rätselt *Cosmopolitan*, »denn im allgemeinen sind sie sehr an Sex interessiert und wechseln häufig den Sexualpartner. Untersuchungen belegen, daß sie nicht nur häufiger sexuelle Kontakte mit ihren Ehefrauen haben als der durchschnittliche heterosexuelle Mann, sondern auch mehr sexuelle Begegnungen mit Männern als der durchschnittliche Homosexuelle!« Das Ausrufezeichen stammt von *Cosmopolitan*.

»Untersuchungen zeigen: Bisexuelle sind eine Gefahr für Frauen«, überschrieb der *Boston Globe* einen Artikel, der so begann: »Männliche Bisexuelle stellen für Hunderttausende amerikanischer Frauen ein meßbares Aids-Risiko dar.« Obgleich einige der Gefährdeten weibliche Drogenabhängige waren, stellten die heterosexuellen Frauen nach Auskunft des Artikels die weitaus größere Gruppe (als würden sich die beiden Gruppen nicht überschneiden). Beide Gruppen, die »schlechten« Frauen und die »guten« Frauen, besonders aber die »guten« – die heterosexuellen, nicht drogenabhängigen – Frauen liefen durch Kontakte, die sie für sicher hielten, Gefahr, sich das Aids-Virus zu holen. Und mehr noch, »möglicherweise können sie die Gefahr noch nicht einmal erkennen, da bisexuelle Männer ... ihre Abenteuer wahrscheinlich verschweigen«[21]. Es war die Zeit des gut getarnten heimlichen Bisexuellen.

Als Weinberg und seine Kollegen 1988 ihre Feldforschung in San Francisco wieder aufnahmen, trafen sie eine in vielfältiger Weise veränderte Gruppe von Bisexuellen an: älter geworden, mehr der Monogamie zugeneigt, gestärkt und belastet zugleich durch die Drohung des Todes, die aus ihrem Bewußtsein und ihrem Leben nicht mehr wegzudenken war. »Aids brachte mich zu der Erkenntnis, wieviel Leere ich im anonymen Sex erfahren hatte«, meinte eine der Befragten. Ein Mann sagte: »Jetzt, da ich älter und reifer bin, haben Bindung und Monogamie – das Verlangen nach einer festen Beziehung – für mich an Bedeutung gewonnen. Außerdem habe ich

Angst vor Aids.«[22] Zwei Drittel der Gesprächsteilnehmer bei dieser zweiten Interviewrunde hatten einen HIV-Test gemacht. 17 Prozent der Männer und sechs Prozent der Frauen waren positiv. Für viele war ein nichtmonogames Leben immer noch ein *Wert*, aber sie verhielten sich nicht mehr so, und der Grund dafür war nicht nur Aids. Nach Meinung der Mehrheit war es gar nicht so einfach, offene Beziehungen auf die Dauer zu leben. Andere hingegen hatten den umgekehrten Weg gewählt, sie wollten nicht weniger, sondern mehr Offenheit. Angesichts der »wachsenden Überzeugung, daß Bisexuelle HIV-Überträger sind«, war es heikler denn je, sich zur Bisexualität zu bekennen. »Der Bi-Mann wurde zum Sündenbock, weil er angeblich Aids Einlaß in die heterosexuellen Kreise verschafft hat«, äußerte ein bisexueller Mann.[23] »Seit der Aids-Krise haben Lesben mehr Angst vor jemandem, der mit Sperma in Berührung kommt«, erklärte eine Frau, »für sie bin ich eine potentielle Krankheitsüberträgerin.«[24]

Die Soziologen hatten eine Veränderung der Sexualpraktiken erwartet, eine Abwendung von »hochriskantem« Sex wie Analverkehr und eine Hinwendung zu »sicheren« Praktiken wie Masturbation. Obwohl sich herausstellte, daß Masturbationsparties (in Amerika *Jack-and-Jill-off-Parties* genannt) in einigen Kreisen zwar Swingertreffen abgelöst hatten, nahm die Masturbationsrate nach Auskunft der Befragten insgesamt nicht zu. Anscheinend wandte man sich überhaupt von der Sexualität ab. »Die hedonistische Atmosphäre der frühen achtziger Jahre, als Sex noch gefeiert wurde und Gegenstand größter Neugierde war, gehört der Vergangenheit an ... Eine entfesselte Sexualität war kein Symbol der Freiheit mehr, sondern vom Tod überschattet.«[25]

Das waren jedoch nicht die einzigen Veränderungen. Das Bisexuellen-Zentrum, der Schwerpunkt des Sozialreports, war geschlossen worden. Der Vorstand war der Ansicht, es sei wichtiger, sich politisch und sozial in der Anti-Aids-Kampagne zu engagieren, als »die Anerkennung des bisexuellen Lebensstils zu propagieren«. Weinberg und seine Mitarbeiter stellten fest, daß »der Niedergang der sexuellen Experimentierlust in San Francisco praktisch die Auflösung der ideologischen Basis für die Bisexualität nach sich gezogen hat«. Welche Ideologie ihnen dabei vorschwebte, verraten uns die Autoren allerdings nicht.[26] Anstelle des Bisexuellen-Zentrums stießen sie auf das Bay Area Bisexual Network, das mittlerweile zum Informations- und Organisationsmittelpunkt der Gegend geworden war, und auf die Herausgeber von *Anything That Moves*.

»Nicht die Bisexuellen verbreiten Aids; riskante Sexualpraktiken verbreiten Aids«, hielten die bisexuellen Aktivisten der negativen Presse über Bisexualität und HIV-Infektion entgegen. Ironischerweise brachten die Medien anläßlich der Aids-Krise das für die Bisexuellen so entscheidende Problem der »Unsichtbarkeit« zur Sprache – d. h. die Tatsache, daß sie als eine identifizierbare Kategorie zum »Verschwinden« neigen, da sie entweder als »schwul« oder als »hetero« klassifiziert werden. Plötzlich wurden die Bisexuellen in den Nachrichten tatsächlich »sichtbar«. »Schließlich existiert ›bisexuell‹ als Wort«, meinte eine Frau, während eine andere bemerkte: »Die Sichtbarkeit ist negativ und nicht positiv.« »Wir wollten anerkannt werden, aber jetzt stehen wir auf einmal als Aussätzige da«, klagte ein bisexueller Mann. Andere hingegen fühlten sich durch die Presse überraschenderweise bestärkt: »Was die Medien so über die Bisexualität verbreiten, ist durchweg negativ. Doch das gibt mir das Gefühl, daß es gerade jetzt darauf ankommt, sich zum ›Bi-Sein‹ zu bekennen.«[27]

Wie stellten sich die Befragten der Weinberg-Studie nun zu dem »Etikett Bisexualität«? Über ein Drittel derjenigen, die sich 1983 noch als bisexuell bezeichnet hatten, rückten 1988 von dieser Selbstidentifikation ab. Einige meinten, es sei richtiger, sich als schwul oder lesbisch zu beschreiben, andere »glaubten, es fehle ihnen an den sozialen Fähigkeiten oder der Gelegenheit, Beziehungen zu beiden Geschlechtern aufzunehmen«, oder dachten, ihre »Bisexualität sei nur eine ›Phase‹, etwas Vorübergehendes, eine Zwischenperiode« gewesen.[28] Eine Frau bezeichnete sich inzwischen als heterosexuell, und verschiedene andere lehnten jedes Etikett ab. »Beim Bisexuellen-Zentrum legte man viel Wert auf Bezeichnungen. Seit ich nicht mehr dorthin gehe, sind sie mir ganz egal geworden«, erklärte einer, und ein anderer sagte: »Das sexuelle Etikett war eine Schublade. Man könnte meinen, daß es eine Reihe von Vorstellungen darüber gab, wie ein Bisexueller sein mußte.«[29]

Da die Soziologen zu Beginn ihres Buches angenommen hatten, für die Mehrheit der Bisexuellen in ihrer Studie käme die Homosexualität gewissermaßen zur Heterosexualität hinzu, schien ihnen das Bild der Verankerung mehr einzuleuchten als das der Schublade. In ihrer Einleitung hatten sie behauptet: »Nachdem Heterosexuelle und Homosexuelle die Verankerung in einer ausschließlichen sexuellen Vorliebe erst einmal gelöst und sexuelle Beziehungen zu Männern und Frauen erfahren hatten, schienen ihnen nachfolgende Veränderungen leichter zu fallen.«[30] Mit den nachfolgenden Veränderungen waren »multiple Beziehungen« und »Promiskuität« gemeint. Doch nach den Ergebnissen der zweiten Interviewrunde blieb denselben Sozialforschern nur noch ein spekulatives Schulterzucken über die »bisexuelle Identität« der von ihnen Befragten. »Wer kann mit Sicherheit sagen, wie sich diese Menschen nach weiteren fünf Jahren beschreiben werden, da das Etikett ›bisexuell‹ nicht denselben verankernden Effekt zu haben scheint wie andere Bezeichnungen, die für eine ausschließliche sexuelle Vorliebe stehen.«[31]

Sogar als Forschungsgegenstand blieb »Bisexualität« etwas Flüchtiges, da sie sich einer Definition entzog und ihre wissenschaftliche Erforschung eine starke Abhängigkeit von sozialen Faktoren aufdeckte. Wenn das ausschlaggebende Kriterium die Selbstidentifikation war, was geschah dann, sobald man sich nicht mehr mit dieser Kategorie identifizierte und sich nicht länger einem Zentrum anschließen wollte? Und wenn eine »ausschließliche sexuelle Vorliebe« als Verankerung und fester Halt betrachtet wird, handelt es sich dann dabei um eine soziologische, politische, kulturelle, physiologische oder um eine erotische Tatsache des Lebens? Könnte etwas »nicht Ausschließliches« oder etwas »alles Umfassendes« jemals einen haltgebenden Effekt haben?

Transfusionen: Der bisexuelle Vampir

»Das fortgesetzte riskante Verhalten unter männlichen Bisexuellen im Zeitalter von Aids spiegelt sich nach Meinung vieler zu Recht in ihrer sexuellen Isolation, ihrer verschwindenden sozialen Sichtbarkeit und ihrem erschwerten Zugang zur Gesundheitsvorsorge wider«, stellte eine weltweite Studie über Bisexualität und HIV/Aids aus dem Jahre 1991 fest. »Sie werden marginalisiert und folglich sowohl von der Zielgruppe der heterosexuellen wie der homosexuellen Aids-Prävention ausgenommen.«[32] Berichte aus so verschiedenen Teilen der Welt wie Lateinamerika, Neuseeland, den Niederlanden, Indonesien, Indien und Afrika südlich der Sahara kamen zu dem Schluß, »daß bisexuelle Männer, die sich weiterhin mit HIV infizieren und es an ihre Partner weitergeben, weltweit wohl mit einer stärkeren Stigmatisierung und weniger gesellschaftlicher Unterstützung im allgemeinen und aus ihren eigenen sozialen Kreisen rechnen müssen als homosexuelle Männer«.[33]

Leider mangelte es auch diesen kulturübergreifenden Studien an einer einheitlichen Definition, es kamen vielmehr unterschiedliche Definitionen von Bisexualität ins Spiel. In Thailand ist der körperliche und sexuelle Kontakt zwischen Männern und Frauen strenger reglementiert als der gleichgeschlechtliche Kontakt. Thai-Kellner, die Verkehr mit Männern und Frauen hatten, aber Frauen bevorzugen, betrachten sich als heterosexuell und nicht als bisexuell.[34] In Lateinamerika ist »die Unterscheidung zwischen aktiv und passiv« sowohl im sexuellen wie im geschlechtsspezifischen Verhalten »im ganzen sehr viel bedeutsamer als medizinische oder wissenschaftliche Definitionen von Homosexualität, Heterosexualität und Bisexualität«.[35] Situationsbedingte und rituelle Bisexualität, wie auch Bisexualität in der Adoleszenzphase, findet man in verschiedenen Regionen Afrikas, von den Jorubas und den Haussas in Nigeria bis zum Brauch der »Knabenehe« bei den Azande, über die der englische Anthropologe Edward E. Evans-Pritchard vor einigen Jahren berichtete.[36] In einer niederländischen Studie über Bisexualität heißt es: »Man darf nicht vergessen, daß bisexuelles Verhalten, wo es auftritt, selten unter diesem Etikett firmiert.«[37]

Selbst für Wissenschaftler und Gesundheitsbehörden, die sich um die Eindämmung von Aids bemühen und nicht den moralischen Zeigefinger erheben oder Schuldzuweisungen vornehmen, war es ein Problem, daß es Bisexuelle in allen Ländern und Kulturen gab, aber daß sie häufig nicht einmal von sich selbst als solche erkannt wurden. Angesichts ihrer unaufspürbaren Allgegenwärtigkeit war es wohl unvermeidlich, daß Bisexuelle in der Popkultur zu einer Art Mythos wurden.

Der »bisexuelle Aids-Träger« als geheimer Doppelagent war der größte Bösewicht der achtziger Jahre, er war sogar noch niederträchtiger als der offen schwule Mann mit Aids, denn er – und manchmal auch sie – konnte als Hetero »durchgehen« und so das tödliche Virus an ein ahnungsloses Opfer weitergeben. In der Popkultur begegnen wir dieser Gestalt immer wieder, eingehüllt in das Flair einer überwältigenden erotischen Anziehungskraft: doch nun nicht Abscheu erregend, als identifizierbarer Aids-Träger, sondern verdeckt als der beliebteste erotische Doppelagent der Epoche, der Vampir.

»Der Vampir hat wie Tiresias die Sexualität von beiden Seiten kennengelernt«, bemerkte ein Kritiker. »Es scheint, als sei der Vampir sexuell zu allem fähig. ... Die Bisexualität des Vampirs ist nicht nur ungeheuer fremdartig, sie ist auch ein sehr menschlicher Impuls – ein Impuls, den ... der

Vampir auf bemerkenswerte Weise greifbar macht.«[38] Anstatt zu sterben, bringt der bisexuelle Vampir den Tod in der köstlichen Maske der Lust.

The Vampyr: A Tale hieß der erste 1819 in England erschienene populäre Vampirroman. Sein Verfasser war der Arzt John William Polidori, und das Modell für seinen Helden hatte er in seinem Patienten Lord Byron gefunden, jenem bisexuellen Dichter, der meinte »sein ganzes Wesen mache, daß er sich als Fremdling in der Gesellschaft fühle«[39]. »Sexuelle Perversion«[40], »sexuell eruptive Frauen«[41], »versteckter Frauenhaß«[42], das alles gehört zu den landläufigen Beschreibungen von Bram Stokers Dracula, über den ein Kritiker im Brustton der Überzeugung äußerte: »Die vorherrschende Empfindung in diesem Roman ist der entsetzte Aufschrei angesichts der weiblichen Sexualität.«[43] Die Vampire unseres Jahrhunderts präsentieren sich abwechselnd als verschlingende Frauen mit bedrohlich heterosexuellem Appetit, als homoerotische Männer, als vampirhafte Lesben, mal verdeckt, mal schamlos offenherzig und lüstern, als Juden[44], als rassisch »andere«[45] und in jüngster Zeit als Bisexuelle. Kurz gesagt, sie inkarnierten stets die Ängste und Begierden ihrer Zeit.

Die Gestalt des Vampirs übersetzt die von viktorianischen Sexualwissenschaftlern vertretenen Theorien der sexuellen »Inversion« in eine neue seltsame Spielart normativer Heterosexualität. Das Verlangen nach einem Mann kann nur ein weibliches Begehren und das Verlangen nach einer Frau nur ein männliches Begehren sein: Wie Christopher Craft so treffend bemerkte, »irrt sich der Körper einfach«[46]. Die Theorie der sexuellen Inversion »begreift das homoerotische Begehren als fehlgeleitete Heterosexualität«[47], und die Vampirgeschichte erotisiert und dämonisiert zugleich diese gefährdeten Grenzen: »Die Sexualität des Grafen in Dracula hat zwei Seiten.«[48] Freuds Freund und Kollege, der Psychoanalytiker Ernest Jones, meinte, »im eigentlichen Vampiraberglauben verschränken sich die einfache Vorstellung, daß die Lebenssäfte durch die erstickende Liebesumarmung aufgesaugt werden, mit perverseren Formen der Sexualität«[49]. Wie jedoch ein anderer Kommentator feststellte, »sind es die Frauen in Dracula, die von orgiastischen Träumen heimgesucht werden«[50].

Die mythische Schöpfung weiblicher, von ihren Lüsten getriebener Ungeheuer, die ihre langen Zähnen ins Fleisch versenken, und beunruhigend passiver und wollüstiger männlicher Ungeheuer, die ihre Opfer mit ihrem Blut ernähren, beweist, so Craft, »die latente Homoerotik in der Vampirgefahr«[51]. Die klassische Weise, einen Vampir zur Strecke zu bringen, näm-

lich einen Holzpflock in sein Herz zu treiben, stellt gewissermaßen eine
»phallische Korrektur«[52] dar, durch die die männliche Penetrationsgewalt
wiederhergestellt wird und ihre eigentliche, ordnungstiftende Stellung zurückerhält.

In den Volkslegenden ist der Vampirismus auch als lesbisches Phänomen
reklamiert worden. Werke wie Samuel Coleridges Gedicht »Christabel«
und mythische Gestalten wie Lilith, Eva und Lamia werden als »Vormütter
der Vampirin von heute«[53] gedeutet. Um Joseph Le Fanus 1872 erschienene
Erzählung *Carmilla, der weibliche Vampir*, »die berühmteste und einflußreichste lesbische Vampirgeschichte«[54], haben ihre Bewunderer geradezu einen
Kult gesponnen. In der ersten Hälfte des 20. Jahrhunderts wurden zahlreiche lesbische Vampirromane veröffentlicht.[55] Eindeutig lesbische Vampirfilme – der erste, *Dracula's Daughter*, wurde bereits 1936 gedreht – erfreuten sich in den späten sechziger und frühen siebziger Jahren wachsender
Beliebtheit.[56] Susan Sontag deutete das Geschehen in Ingmar Bergmans *Persona* (1966) als die qualvolle Beziehung zweier Frauen, »im mythischen Gewand des Vampirismus«[57].

»O Mann, wie Hollywood diese lesbischen Vampire liebt!« seufzte Vito
Russo.[58] Doch wenn der homosexuelle Russo der lesbischen Vampire überdrüssig war, galt das nicht für eine lesbische Leserschaft und ein lesbisches
Publikum. Bonnie Zimmerman rühmt die Attraktivität der lesbischen Liebe
im Gegensatz zur »anormalen, saft- und kraftlosen« Heterosexualität in
Daughters of Darkness[59], beobachtet die Wiederkehr des »eleganten, berükkenden und gefährlichen Vampirs« in der lesbischen Literatur[60] und postuliert einen Zusammenhang zwischen der Popularität des lesbischen Vampirfilms und der ambivalenten Reaktion auf die Frauenbewegung in den
siebziger Jahren: »Weil der Feminismus noch nicht als eine fundamentale
Bedrohung betrachtet wurde, konnten Männer den sexuellen Kitzel in der
Vorstellung von weiblichen Vampiren genießen, die Frauen entführten und
zu diesem Zweck auch mal Männer vernichteten.«[61] Charles Buschs eher
vamphaftes Stück *Vampire Lesbians of Sodom* brachte es in fünf Jahren auf 2024
Aufführungen, mehr, als ein Off-Broadway-Stück je erreichte.[62] Selbst die
These, das historische Vorbild für Dracula sei eine Frau gewesen, fand Anhänger.[63]

Wo einst die »Vampirin« eine Allegorisierung unnatürlich weiblicher
Macht in ansonsten ganz »normal« erscheinenden Frauen war (vor allem in
herrischen Schulleiterinnen und herrschsüchtigen reichen Damen), wurde

sie nun als Theaterfigur eingebürgert, und da ihr vampirisches Wesen jetzt unmittelbar zutage trat, büßte sie in gewisser Hinsicht die Macht ein, die ihrer geheimen Grenzüberschreitung entsprang. »In den zeitgenössischen Vampirfilmen wurde die Lesbierin zu einer literarischen Gestalt«, meinte die Kritikerin Sue-Ellen Case.[64] Zudem hat eine »sprunghafte Vermehrung der Untoten« mittlerweile den einsamen Vampir verdrängt. »Die Untoten nehmen überhand, sie schießen ins Kraut, sind eine Seuche, eine Verschmutzung, ein Virus, eine Krankheit – Aids. Nicht Aids als irgendeine Krankheit, sondern Aids als soziale Metapher für das gleichgeschlechtliche Begehren unter Männern, Aids als Konstruktion, die für die Seuche dieser Sexualität steht.«[65] Case sah darin eine erneute Verdrängung der Lesbierinnen, »denn das gleichgeschlechtliche Verlangen erscheint als männliche Homosexualität«.

Bleibt noch die Frage, ob Vampire »wirklich« lesbisch waren oder in sexueller Hinsicht einfach nahmen, was sich ihnen bot. Pam Keesey, die Herausgeberin von *Draculas Töchter*, einer Anthologie lesbischer Vampirgeschichten, fragte sich: »Wie sollte ich die lesbische oder bisexuelle Vampirin von jener unterscheiden, die zwischen männlichen und weiblichen Opfern keinen Unterschied macht?«[66] Lesbische oder bisexuelle Vampire scheinen mittlerweile zu einer positiven Figur geworden zu sein, und Fragen über Geschlecht und Sexualität des Autors wie auch des Lese- oder Filmpublikums sind aus der Diskussion nicht mehr wegzudenken.[67] Die Gräfin Erzsébet Báthory, das angeblich historische Vorbild für Bram Stokers Dracula, wird gleichfalls als »lesbisch oder bisexuell« beschrieben.[68] Anscheinend liebte es die Gräfin, in Männerkleider zu schlüpfen, bevor sie ihrer Vampirtätigkeit nachging. Auch hatte sie eine einflußreiche Tante: »Tante Klara war eine bekannte Lesbierin.«[69] Ist »lesbisch *oder* bisexuell« etwas anderes als »lesbisch *und* bisexuell« (oder auch »bisexuell und lesbisch«)?

Es ist interessant, daß »bisexuell« hier auf eine Weise einbezogen wird, als handle es sich um eine ganz akzeptable und unproblematische Erweiterung von »lesbisch«. In Verfolgung ihrer politischen und erotischen Ziele affirmiert die »lesbischer Vampir«-Industrie mitunter – wenn auch nicht immer – die Bisexualität als Queersein. In dem 1970 gedrehten französischen Film *Sexualterror der entfesselten Vampire* tritt eine bisexuelle Vampir-Domina in Lederkleidung und mit Ketten auf. In dem englischen Film *The Mark of Lilith* von 1986 begegnet »Lilia, eine bisexuelle Vampirin weißer Hautfarbe ... einer schwarzen lesbischen Wissenschaftlerin, deren radikale

Ansichten Lilia von ihrer vom Patriarchat verursachten Lebensblindheit befreien«[70]. Selbst Vampirfrauen, die anscheinend vor allem zum Vergnügen eines männlichen Publikums kreiert worden sind, können dieser Absicht ein subversives Schnippchen schlagen, wie der Kult sehr schön illustriert, der um Theresa Russell in *Die schwarze Witwe* oder auch um Sharon Stone in *Basic Instinct* getrieben wird. Ausschließlich lesbische Vampire sind ebenso anzutreffen wie bisexuell lesbische Vampire, nur ist die Grenze, die sie berühren, nicht die Bi- oder Ambisexualität, sondern der heterosexuelle männliche Voyeurismus.

»Ziehst du einfach Männer vor, weil Frauen schwächer, kleiner und zu schnell ausgesaugt sind?« will ein williges weibliches Opfer von Kerry, dem »Vampir« in Pat Califias gleichnamiger, in einer Lederbar spielenden Geschichte, wissen. »Soviel ich weiß, war James deine letzte ... soll ich sagen, restlos befriedigende Erfahrung ... Oder würdest du dein Leben lieber aus einer Frau trinken? ... Weigerst du dich, mich zu nehmen, weil du es zu sehr genießen würdest?«[71] »Ich warne dich. Bist du sicher, daß du wirklich etwas von meinem Blut haben möchtest?« entgegnet Kerry. In der Geschichte ist das eine Frage der Liebe. »Als die Leidenschaft wieder erwachte, hütete sie sich, in die Lippen oder die Zunge der anderen zu beißen.«[72] So sieht geschützter Sex unter Vampiren aus. »Erst wenn sie genug von ihnen haben oder sich rächen wollen, machen die Untoten ihre Opfer zu ihresgleichen: unsterblich, nutzlos und unberührbar.«[73]

Macho Sluts, Califias 1988 veröffentlichter Band erotischer Erzählungen, schließt mit »A Note on Lesbians, Aids and Safer Sex«, in der die Leser in den Gebrauch von Gummihandschuhen, erotischen Utensilien und eines Beißschutzes eingeführt werden. »Da Sex mit Männern unter Lesben ziemlich verpönt ist, ... glauben viele Lesben, daß nur die bisexuellen Frauen Krankheiten in unsere Kreise einschleppen«, stellt sie besorgt fest. »So wird man mit falschen Informationen abgespeist und erhält den Rat, sich durch Abschottung des Sexuallebens vor Ansteckung zu schützen, d. h., intime Kontakte mit bisexuellen Frauen, mit Drogenabhängigen, mit neubekehrten Hetero-Frauen, die nun ausschließlich lesbisch sind, und anderen ›Risiko‹-Gruppen zu vermeiden. Darin steckt ein Polarisierungspotential, das einige Frauen zu Sündenböcken stempelt.«[74]

»Möglicherweise erleben wir bereits, wie Risikogruppen zu ›Vampiren gemacht‹ werden«, erklärte ein Beobachter und zitierte die Äußerung eines Heterosexuellen gegenüber dem *New York Times Magazine*, daß die Botschaft des Safer Sex die Vermeidung jeglicher »Vermischung« ausdrücke: »Die Leute sagen, man solle nur noch mit der eigenen ›Sorte‹ schlafen.«[75]

Dieser Ratschlag ist für Bisexuelle besonders sinnlos: Sind sie eine »Sorte«? Und wenn, was für eine Art von Sorte sind sie? Die Sorten, an die hier gedacht wird, sind vermutlich Heterosexuelle, Homosexuelle und Fixer. Wenn der Vampirmythos von Insidern und Outsidern handelt, von endogamen und exogamen sexuellen Beziehungen oder auch, wie behauptet wurde, von der Gefahr sexueller Beziehungen zwischen den Rassen, dann paart sich seine Zeitlosigkeit und Allgegenwärtigkeit mit heutigen Ängsten und Begierden.[76] Zur Verteufelung des Bisexuellen als eines heimlichen Angehörigen der »anderen Sorte«, als »nicht unseresgleichen« – das Drama des getarnten Bisexuellen – ist die ungeheuerliche Verbindung von Aids-Träger und Vampir besonders gut geeignet. In der Dämonologie von Satan bis Dracula ist das eigentliche Skandalon, daß sie als etwas anderes »durchgehen«: der hübsche Satan, der romantische Dracula, der bisexuelle schwule Mann.

In den neunziger Jahren zogen vor allem männliche Vampire Blicke und Zuschauer an: Gary Oldman in Francis Ford Coppolas *Dracula*, Tom Cruise und Antonio Banderas in Neil Jordans Film *Interview mit einem Vampir*. »Blutsaugen könnte zum gängigen Repertoire des sexuellen Vorspiels werden«, meinte ein Banderas-Fan.[77] »In *Nosferatu, eine Symphonie des Grauens* sah Murnau eine Verbindung zwischen dem kranken Blut des Vampires und der Pest«, sagte Coppola. »Heutzutage könnten die Menschen, so wie wir es taten, einen Zusammenhang mit Aids sehen.«[78]

Und natürlich haben sie es längst getan. Doch gerade die Allgegenwart der Aids-Assoziation bereitete, wie Neil Jordan erzählte, den Drehbuchautoren von *Interview mit einem Vampir* Kopfzerbrechen. »Ein Problem, mit dem der Film von Anfang an zu kämpfen hatte, war, daß alle das Buch als Metapher für schwule Sexualität lasen«, erklärte Jordan. Banderas, der in Pedro Almodóvars brillantem Film *Das Gesetz der Begierde* einen Homosexuellen spielte und in einer Reihe von sexuell gewagten Filme desselben Regisseurs mitwirkte, trat auch als Tom Hanks' schwuler Liebhaber in *Philadelphia* auf.

Über die bisexuelle Natur ihrer unsterblichen Vampire befragt, antwortete Anne Rice, die unter einem Pseudonym begeistert Hardcore-Pornos schreibt: »Die Phantasie ist bisexuell ... Sobald wir ›den Schoß der Natur verlassen haben‹, um es mit Yeats zu sagen, erscheinen uns alle Menschen als schön, und sich mit Menschen des eigenen Geschlechts zu verbinden ist nicht schwerer als mit Menschen des anderen Geschlechts.«[79] Obwohl Jordan, dessen Film *The Crying Game* eine »heimlich« transvestitische Heldin hatte, gerade auf die »Erotik dieser Geschichte« flog, betonte er, der erotische Reiz von *Interview mit einem Vampir* sei »nicht von besonderer Art« – womit er anscheinend sagen wollte, daß die Geschichte nicht spezifisch schwul war. »Eigentlich geht es um völlig ausgefallene Objekte der Begierde.« Zum Thema des wollüstigen Verlangens nach Blut meinte er, das sei »eine dieser überbordenden Metaphern, die zugleich sehr viel und sehr wenig bedeuten können«.[80]

Coppola bemerkte zu seiner Dracula-Geschichte, daß »Blut die Urmetapher« sei. Die gefährlichen, aber lebensrettenden Transfusionen des Dr. Van Helsing, der »Blutaustausch«, für Stoker und Rice unerläßliche Bedingung für die Schaffung neuer Vampire, und die bedrohliche Erotik von Draculas Blutdurst im Film gehen alle in die gleiche Richtung. Laut Drehbuchanweisung »schnappt sich Dracula Harkers blutiges Rasiermesser, läßt es sanft über seine Zunge gleiten – die Harker nicht sieht – und leckt es ab. Er läßt es sich erotisch auf der Zunge zergehen.«[81] Als die drei Bräute ihr Liebesspiel mit Jonathan Harker beginnen, »erscheinen Mund und Zunge der mittleren Braut im Bild. Sie leckt und liebkost Harkers Brustwarze. Plötzlich beißen ihre weißen Zähne in seine Brust. Wie eine Fontäne spritzt sein Blut in ihre roten Lippen.« Harker windet sich in »Ekstase und Schmerz«. Als alle drei ihn zu küssen beginnen, stürmt ein wutschnaubender Dracula herein: »Wie könnt ihr es wagen! Ich habe euch doch verboten, ihn zu berühren. Dieser Mann gehört mir!«[82]

»Dieser Mann gehört mir!« – der Anspruch ergeht nicht unmittelbar im Namen der erotischen Begierde. Doch der Vampir verletzt jegliche Grenzlinie zwischen unerlaubten Lüsten. Aus diesem Grund ist »Vampir« keine Chiffre für eine Identität, sondern für eine Reihe historisch stigmatisierter Identitäten, kein fester Ort, sondern eine Schwelle. Ja, die Schwelle ist das Zeichen der Überschreitung, die letzte Barriere vor dem Tod. Der Versuch, den Vampir zu besitzen, wird immer am falschen Ort gemacht.

Was im frühen *Dracula* von 1890 verdeckt oder verlagert schien, liegt in Anne Rices ein Jahrhundert später geschriebenen und ungeheuer populären Vampirromanen offen zutage. Bevor er ein Vampir wurde, hatte Rices Lestat, ein junger französischer Adeliger, flüchtige sexuelle Begegnungen mit Frauen und leidenschaftliche, intellektuelle und sexuelle »Gespräche« mit

Nicolas, einem jungen Mann, den er später – mit katastrophalen Folgen – zum Vampirismus bekehrt. Nach der Einführung in die Freuden vampirischer Mahlzeiten entwickelt er eine starke Faszination für den rivalisierenden Vampirführer Armand. Ob in seiner literarischen oder seiner filmischen Gestalt, ob als Rices oder Tom Cruises Lestat: Der Vampir Lestat ist sexy, charmant und für einen Unsterblichen herzerweichend verletzlich. Ist Lestat ein Bisexueller? Oder ist er »ein Vampir, der männliche und weibliche Opfer nimmt, wie sie kommen«? Für einen Vampir ist das grundlegende Unterscheidungskriterium nicht männlich/weiblich, sondern Sterblicher/Vampir oder lebendig/untot.

»Rice beschwört auf bestechende Weise das eigentümlich Ungreifbare in der Sexualität des Vampirs«, schreibt die *Houston Post* über ihre *Chronicles of the Vampires*.[83] Zwar mag das Begehren des Vampirs nicht greifbar sein, aber es schöpft zumindest aus dem vollen. Im Laufe einer einzigen Geschichte erlebt Lestat »wonnevolle«, »hinreißende«, und »köstliche«[84] Stunden mit Magnus, seinem Vampirmeister und Verführer, mit dessen älterem Diener, mit einem jungen Mann, mit einer jungen Frau und ihrem Kind und mit seiner Mutter Gabrielle, die er bewußt zum Vampir macht, um sie vor dem Tod zu retten. »Unter dem grausamen Druck meiner Finger und Lippen war sie Fleisch und Blut, Mutter und Geliebte, alles, was ich je begehrt habe ... Wir küßten uns wie Liebende.«[85] Inzest ist in der Eroberungschronik des Vampirs nur eine weitere Verführungsgrenze, die darauf wartet, überschritten zu werden.

Nach ihrer Aufnahme in den Kreis der Vampire tötet Lestats Mutter einen jungen Mann und zieht seine Kleider an: »Um es genauer zu sagen, sie wurde der Junge.«[86] Ist Gabrielle in der älteren psychologischen Verwendung von »bisexuell« halb Mann, halb Frau? Zweifellos geht es auch hier nicht um sexuelle Identität, sondern um allegorische Bedeutung: Abhängig von den historischen Bedingungen, ist die Vampirgeschichte ein wirkungsvolles Mittel, um eine andere Art von Geschichte zu erzählen.

Auch sind Rices Vampire nicht die einzigen, die breitgestreute erotische Neigungen haben. Cathérine Deneuve in der Rolle des Vampirs Miriam in dem 1983 gedrehten Film *Begierde* – es war die erste Produktion des Regisseurs Tony Scott – erwählt Sarah Roberts zu ihrer Vampirgeliebten, nachdem ihr früherer Gespiele John Blaylock die jähen Verfallszeichen eines alternden Vampirs entwickelt.[87] Scott besetzte die Filmrollen kunstvoll mit »altbewährten Vampiren«. Blaylock, gespielt von dem schon gelegentlich bisexuell eingesetzten David Bowie – einem außerordentlich bleichgesichtigen Darsteller, bekannt als »Thin White Duke« –, mußte im Laufe des Films 300 Jahre altern, während Susan Sarandon (in der Rolle der Sarah) bereits in der *Rocky Horror Picture Show* dem transsylvanischen Herzensbrecher Tim Curry (Doctor Frank-N-Furter) zum Opfer gefallen war.

Wie sehr der Vampir die Gemüter eines bestimmten Publikums erregt, wird deutlich, wenn wir hören, daß »man in Lesbenkreisen darüber diskutierte, ob der Sex zwischen Deneuve und Sarandon echt war«[88]. Wie es zunächst scheinen könnte, drehte sich der Streit nicht um die Frage, ob die beiden sich tatsächlich vor der Kamera liebten. Vielmehr ging es darum, ob ein Körperdouble anstelle von Deneuve die Sexszenen mit Sarandon gedreht hatte, »ein Gerücht, das oft mit allen Anzeichen der Enttäuschung kolportiert wurde«. Deneuve wurde zu einer lesbischen Kultfigur, und das »100 Prozent lesbische« *Deneuve*-Magazin, »heiß und informativ ... ein absolutes Muß«[89], ist heute an Kiosken oder über Versandkataloge zu erwerben. Welche »Authentizität« den Sexszenen zukommt, mag unentscheidbar bleiben, doch die Vermutung, daß ein Körperdouble eingesetzt wurde, ist für eine Vampirfigur durchaus naheliegend. Ist da wirklich jemand? Mit wem haben wir eigentlich Sex, wenn wir mit jemandem Sex haben?

Wenn ich behaupte, der Vampir habe keine feste Identität, diese sei vielmehr buchstäblich und metaphorisch fließend, dann heißt das nicht, daß es in Literatur und Kultur keine lesbischen Vampire, vampirhaft sexualisierte Frauen oder schwule Vampire gegeben hat. Vampiren, so könnte man sagen, begegnen wir überall dort, wo die Sexualität auf Grenzen trifft. Nur ist die Kraft dieser Figur weitaus größer, wenn der Name »Vampir« *nicht* fällt, wenn die Eckzähne unsichtbar bleiben und der Vampir, allegorisch gesprochen, in Tarnung auftritt. Wer weiß, daß er eine von Vampiren bevölkerte Welt betritt, ist vorgewarnt. Nicht zuletzt aus diesem Grund war der beeindruckendste bisexuelle Vampirfilm der letzten Jahre nicht *Dracula* und auch nicht *Interview mit einem Vampir*, sondern Cyril Collards *Wilde Nächte*, für den der gutaussehende junge französische Regisseur, drei Tage nachdem er an Aids gestorben war, vier Césars erhielt.

Jean, der Protagonist des Films, liebt zwei Menschen: den Rugbyspieler und Skinhead Samy, der für den gutaussehenden und sinnlichen Jean seine Freundin verläßt, und Laura, ein junges Mädchen, das vielleicht nicht ganz zufällig den Namen von Petrarcas ätherischer Herrin trägt, der klassischen und prototypischen »Geliebten«. In Frankreich und rund um die Welt sahen viele Millionen *Wilde Nächte,* »die Geschichte eines bisexuellen Filmemachers, der sich in eine junge Schauspielerin verliebt und, seine Aids-Infektion verschweigend, ungeschützten Sexualverkehr mit ihr hat«. *Wilde Nächte* wurde zu einem Kultfilm, aber auch zum Gegenstand wütender Kontroversen. Die halb autobiographische Romanvorlage des Films wurde fast eine halbe Million Mal verkauft.[90] »Für Cyril Collard ist Aids nicht länger eine Frage der Poesie, der Hygiene und der Sterblichkeit, sondern des Begehrens und der Liebe«, verkündete ein Artikel auf der ersten Seite von *Le Monde.* »Er hatte etwas Neues zu sagen, nämlich daß auch ein Leben mit Aids immer noch ein Leben ist.«[91]

Was über Collard selbst gesagt wurde, klingt auf nachgerade unheimliche Weise vertraut: »Jean, der von Mr. Collard gespielt wird, *sieht* [im Film] *kräftig und gesund aus.* Und Mr. Collard *hat sogar seinen eigenen Tod überlebt* und ist zum Symbol für eine nach ihm benannte Generation geworden.« Doch die ihn umgebende »romantische Aura« wurde von der Nachricht »*durchlöchert*«, daß »eine angeblich durch ihn infizierte junge Frau an Aids gestorben war«.[92]

Über Nacht schlug die öffentliche Meinung um. Die Mutter der Toten dankte der Essayistin Françoise Giroud für die Veröffentlichung der Geschichte. »Ich habe meiner Tochter versprochen, nichts zu sagen, und nun ist die schwere Last dieses Geheimnisses von mir genommen«, sagte sie. Und der französische Gesundheitsminister Philippe Douse Blazy meinte: »Es ist eine sehr ernste Sache, etwas Todbringendes als das Hohelied der Liebe darzustellen.« *Le Monde* verurteilte die »nekrophile Industrie«, die nach Collards Tod kräftig daran mitwirkte, ihn zu einer Kultfigur zu stilisieren, während andere meinten, Collard müßte nun seinerseits als Sündenbock herhalten, weil man jemanden oder etwas die Schuld an Aids geben wolle. »Er war jung, er war schön, er liebte das Leben, und er säte den Tod«, schrieb ein französischer Schriftsteller.[93]

Von Collards verführerischer Ausstrahlungskraft auf der Leinwand, die in den vielen Monaten und Jahren, die der Film nach seinem Tode in den Kinos lief, spürbar blieb, ging eine vielschichtige Botschaft aus. Er *war* der bisexuelle Vampir, begehrt und dämonisiert, lebendig und tot, für die Männer und Frauen im Film – wie in den Kinos – unglaublich anziehend: »Du bespringst alles, was sich bewegt«, wirft ihm Laura vor. Romane Bohringer, die Darstellerin von Laura, versuchte den Streit zu schlichten, indem sie bestritt, daß er etwas Besonderes gewesen sei: »Er war bloß ein lebendiger Mensch aus Fleisch und Blut. Es gibt keine Schuldigen. Es gibt nur Opfer.«[94]

4. Kein Skandal in Bohemia[1]

Große Künstler sind noch nie Puritaner und selten auch nur halbwegs rechtschaffene Bürger gewesen.
Henry Louis Mencken[2]

Daß die Bisexualität in Künstlerkreisen und Subkulturen blüht und gedeiht, wird niemanden wundern. Von Bohemiens und der Avantgarde, von Künstlern, Schriftstellern und Kulturrevolutionären wird erwartet, daß sie mit sämtlichen Konventionen, voran den sexuellen, brechen. Von Bloomsbury bis Taos, von Harlem bis Hollywood, von Berlin und Paris bis Greenwich Village hat die Bisexualität in der Literatur, der Malerei, der Dichtung, der Musik und dem Theater des 20. Jahrhunderts – und nicht zu vergessen in jenem undefinierbaren Etwas, das wir »Kultur« nennen – ihre Spuren hinterlassen. Wohl aber verwundert der zudem höchst symptomatische Umstand, daß diese bisexuellen Lebensläufe oft als alles mögliche, *nur nicht* als bisexuell beschrieben wurden: Man nannte sie schwul, lesbisch oder »experimentierfreudig«, man sagte ihnen nach, sie verletzten die Sitten aus purer Lust am Verstoß – nicht aber als die Folge sexueller Neigungen oder sexuellen Begehrens. Ein weiteres Mal wird hier etwas gerade durch seine Allgegenwart unsichtbar!

Bloomsbury: »So vielfältige Neigungen«

Wie die Bisexualität in Büchern über das sexuelle Treiben der Bloomsburianer behandelt bzw. nicht behandelt wird, läßt sich der merkwürdigen Tatsache entnehmen, daß im Register eines neueren Buches über Virginia Woolf und Vita Sackville-West unter dem Stichwort »lesbische Liebe« der Eintrag »und Ehe« zu finden ist, während wir unter dem Stichwort »Ehe« erfahren: »*siehe auch* lesbische Liebe«. Bisexualität fehlt im Register völlig.

Kein Skandal in Bohemia

Doch wenn irgendein Lebensstil für den Bloomsbury-Kreis kennzeichnend ist, dann die Bisexualität. Virginia Woolf und Vita Sackville-West waren beide verheiratet *und* hatten sexuelle Beziehungen zu Frauen. Harold Nicolson hatte zeit seines Ehelebens Affären mit Männern. Der Maler Duncan Grant war mehr als sechs Jahre lang der Liebhaber des Ökonomen John Maynard Keynes, hatte später eine Liebesaffäre mit Virginia Woolfs Bruder Adrian und verbrachte den Rest seines Lebens in einer ménage à trois mit Woolfs Malerschwester Vanessa Bell und dem Schriftsteller David Garnett, der wiederum später Duncan und Vanessas Tochter Angelica heiratete. Keynes selbst war, wie wir später noch genauer sehen werden, ein aktiver und überzeugter Homosexueller, über den seine Bloomsbury-Freunde sagten, er sei mit Grant »verheiratet«[3], bevor er dann eine heterosexuelle Ehe mit der Tänzerin Lydia Lopokova einging. Auch Katherine Mansfield, die spätere Ehefrau John Middleton Murrys, war wie die Künstlerin Dora Carrington bisexuell.

Selbst Lytton Strachey, von dem man sagen könnte, von allen Bloomsburianern sei er am eindeutigsten schwul und am wenigsten bisexuell gewesen, machte einmal Virginia Stephen vor deren Ehe mit Leonard Woolf einen Heiratsantrag und lebte etliche Jahre mit Carrington zusammen, die sich heftig in ihn verliebt hatte. Eine Zeitlang wohnten Strachey und Carrington mit Ralph Partridge zusammen, der später Carrington heiratete und in den Strachey sich seinerseits verliebte. (Wie seine zweite Ehefrau berichtete, war Ralph jedoch »durch und durch heterosexuell«, so daß Strachey erkennen mußte, daß sexuell zwischen ihnen »nichts lief«.[4])

Eine der berühmtesten Anekdoten über Stracheys an Anekdoten wahrlich nicht armem Leben schildert seinen Auftritt vor dem Hampstead Tribunal, wo er darlegen wollte, daß weder seine Gesundheit noch sein Gewissen es ihm erlaubten, Militärdienst zu leisten. Der unter Hämorrhoiden leidende Strachey erschien mit einer dicken Reisedecke und einem aufblasbaren Kissen vor dem Ausschuß, das er prompt mit Luft füllte. Er ließ sich darauf nieder und bedeckte seine Knie mit dem Plaid. »Sagen Sie, Mr. Strachey«, fragte der Vorsitzende, »was würden Sie tun, wenn Sie mit ansehen müßten, wie ein deutscher Soldat versucht, Ihre Schwester zu vergewaltigen?«

Einige seiner Schwestern saßen auf der Empore. Strachey blickte sich kurz um, betrachtete sie nachdenklich und wandte sich dann mit der Antwort dem Ausschuß zu: »Ich würde versuchen, mich dazwischenzuschieben.«[5]

Diese ironisch klingende, aber völlig ernstgemeinte Antwort schien den Untersuchungsausschuß nicht sehr zu belustigen, Strachey wurde schließlich aber doch aus gesundheitlichen Gründen vom Militärdienst freigestellt. Als Geschichte über seine Neigung, der Dritte im Bunde zu sein, ist sie freilich unübertroffen. Mitzumachen, sich dazwischenschieben zu wollen, wurde nicht nur für Strachey, sondern für viele seiner Bloomsbury-Freunde ein erstaunlich befriedigender Aspekt des sexuellen und sozialen Lebens. Das Trio, das Dreieck, der Dreier und das damit einhergehende, nahezu inzestuöse Verwandeln von Freunden in Liebhaber und von Ehegatten in Vertraute ist charakteristisch für das Leben, das ein Großteil dieser »zärtlichen Freunde« führte.[6]

Die »zivilisierteste, weil am wenigsten natürliche Gesellschaftsschicht« und »die gebildeteren und liberalen Schichten«, wie Sackville-West sie nannte, unternahmen es tatsächlich in ihrem privaten und weniger privaten Leben, das von ihr proklamierte Ziel, »die allgemeine Zulassung normaler, aber unzulässiger Beziehungen« und »möglicherweise sogar eine Änderung des Systems der Ehe« zu verwirklichen. Daß diese fröhlich »unnatürlichen« und zutiefst loyalen Freunde und Kollegen sich einerseits als Bürgerschreck einen Spaß machten und andererseits mit großem Ernst und Eifer andere Grundprinzipien revolutionierten – Prinzipien der Kunst, des Romans, der Philosophie, der Mathematik und der Wirtschaftswissenschaft –, befähigte sie nur um so mehr, ihre unbeabsichtigte gesellschaftliche Vorreiterrolle wahrzunehmen. Nichts hätte sie mehr gelangweilt oder mehr belustigt als die Vorstellung, politisch korrekt zu sein.

»Wie ich es verabscheue, ein Mädchen zu sein!« schrieb die blonde und attraktive Carrington zu Beginn ihrer Beziehung an den Maler Mark Gertler, einen ihrer ersten Verehrer.[7] Ihre »knabenhafte Figur« hatte Lytton Strachey einmal dazu verführt, sie impulsiv auf einem Landspaziergang zu umarmen. Carrington, die diese Umarmung keineswegs reizvoll fand, rächte sich mit einem Streich. Sie schlich sich des Nachts mit einer Schere an sein Bett, um seinen langen, wehenden Bart zu stutzen. Als er aufwachte und ihr in die Augen sah, verliebte sie sich jedoch unerklärlicherweise »heftig« in ihn, und diese Liebe hielt ein ganzes Leben lang.[8]

Anscheinend hatte dieses seltsame Paar eine kurze und wenig ersprießliche körperliche Beziehung.[9] Ihr gemeinsames Leben drehte sich um eine Reihe von Dreiecksbeziehungen: zunächst Strachey, Carrington und Gertler, der Carrington anbetete, sie begehrte und eine Zeitlang mit ihr ins Bett ging. Gertler war für Strachey allerdings wesentlich attraktiver als für Carrington – was zu einem »Zustand« führte, der, wie Michael Holroyd schrieb, »niemanden wirklich befriedigte«.[10] Danach taten sich Strachey, Carrington und Partridge zusammen. »Je stärker Partridges Liebe für sie wurde, um so begehrenswerter wurde er für Strachey«, bemerkte Carringtons Biographin: »Die drei fanden zu einer für alle erfreulichen Beziehung«, und im Tidmarsher Mill House, das Carrington mit Strachey bewohnte, »teilte Ralph Carringtons Bett«.[11] Partridge bestürmte sie mit seinen Heiratsanträgen, in die sie schließlich einwilligte, weil sie fürchtete, ihre Liebe zu Strachey könne für diesen zu einer Last werden. In einem Brief offenbarte sie Strachey ihren Kummer und erhielt noch am selben Tag eine Antwort: »Ich bete nur, ... daß meine Liebe zu Dir, auch wenn sie nicht das ist, was Du Dir wünschst, unsere Beziehung zum Segen für Dich macht ... Du und Ralph und unser Leben in Tidmarsh sind die Dinge, die mir am meisten auf der Welt bedeuten.« In einem Ton, der ein wenig an die Nicolsons denken läßt, spricht er über das Wesen ihrer Bindung. »In Deinem Brief scheinst Du andeuten zu wollen, daß meine Liebe zu Dir mit der Zeit nachgelassen hat. Das stimmt nicht. Ich bin sicher, sie ist gewachsen. Wahr ist, daß der erste aufregende Reiz, den ich (und wohl die meisten Menschen) zu Beginn einer Affäre immer verspüre, verflogen ist. Aber statt dessen hat sich etwas Tieferes entwickelt.«[12] »O Lytton, wie schwierig das doch alles ist. Ich wünschte, ich hätte nicht so vielfältige Neigungen«, schrieb sie ihm.[13]

Etwa zehn Jahre zuvor hatte Strachey eine Vernunftehe erwogen, um seine ewigen Finanzprobleme aus der Welt zu schaffen. Damals hatte Lady Ottoline Morrell, eine gute und hilfsbereite Freundin, ihm Ethel Sands, eine reiche Lesbierin mit einem herrlichen Haus in Chelsea, als mögliche Partnerin vorgeschlagen.[14] Einmal machte er sogar Virginia Stephen einen Heiratsantrag, erkannte aber im gleichen Augenblick, daß ihn die ganze Vorstellung abstieß: »Kaum hatte ich es getan, wurde mir klar, daß es mein Tod wäre, wenn sie zugestimmt hätte ... Bei dem Gedanken, sie könnte mich küssen, geriet ich in Panik.«[15] Virginia nahm seinen Antrag an, aber besann sich sogleich eines Besseren. Mit Erleichterung bemerkte er: »Es gelang mir, mich aus der Affäre zu ziehen, noch bevor unser Gespräch zu Ende war.« Am nächsten Tag »erklärte Virginia, daß sie mich nicht liebe, und ich meinte schließlich, daß ich sie nicht heiraten möchte. Und so blieb alles beim alten.«[16] (Wie der Zufall so spielt, traf praktisch zur selben Zeit ein Brief von Leonard Woolf ein, in dem er Lytton seine eigene Absicht mitteilte, Virginia einen Antrag zu machen.) Erst sechs Jahre später begegnete Lytton Carrington zum ersten Mal auf einem Fest bei Virginias Schwester Vanessa Bell, und eine lebenslange Leidenschaft begann.

Als Carringtons Ehe mit Ralph Partridge zunächst wegen ihrer Äffare mit dessen Freund Gerald Brenan und dann wegen ihrer lesbischen Beziehung zu der Amerikanerin Henrietta Bingham, der schönen, allseits beliebten Tochter des Botschafters am St. James Court, zu kriseln begann, wurde deutlich, daß Lytton, der sich ebenfalls mit einem Reigen männlicher Liebhabern umgab, sich nicht weniger dauerhaft mit Carrington verbunden fühlte als sie sich mit ihm.

An ihre Freundin Alix Strachey, Lyttons Schwägerin (und selbst bisexuell), schrieb Carrington, sie sei »von H. [Henrietta] so hingerissen, wie schon lange von keinem Menschen mehr. Ich bedauere es mittlerweile, daß ich früher eine so verdammte Närrin war und die wollüstigen Empfindungen, die mehrere Frauen in meiner Jugend in mir erweckt haben, erstickt habe.« Ihrem Liebhaber Gerald Brenan, der über diese Art Vertraulichkeit nicht sehr beglückt war, gestand Carrington: »Ich empfand bei ihr mehr Ekstase und schämte mich hinterher überhaupt nicht. Ich glaube, daß mir Henrietta, wenn nichts anderes, so doch zumindest den Schlüssel für mein Wesen geschenkt hat. Wahrscheinlich wäre es sehr viel leichter, wenn man nur der sapphischen Liebe anhinge. Männer würden mich dann gar nicht mehr interessieren, und all diese Konflikte würden sich in Wohlgefallen auflösen.«[17]

Was Henrietta Bingham betrifft, so brachte sie Männern und Frauen dieselben Gefühle entgegen, die sie in ihnen auslöste. Bingham war 1921 mit ihrer Lehrerin, Mentorin und Geliebten Mina Kirstein nach Europa gekommen. Kirstein unterrichtete Englisch am Smith College und war die Schwester des bisexuellen Ballettimpresarios Lincoln Kirstein. Die beiden Frauen suchten Freuds Freund Ernest Jones auf, um sich analysieren zu lassen, wie dieser mit offenkundiger Freude seinem Kollegen mitteilte: »Im Dezember kam ein aktiv homosexuelles Mädchen zu mir in die Analyse ... Nun ist auch ihre Lebensgefährtin dazugestoßen. Beide sind sehr gebildet und intelligent ... Du kannst Dir also vorstellen, wie aufregend die analytische Arbeit mit den beiden ist.«[18] Der junge John Houseman verliebte sich in Henrietta, und sie nahm ihn mit in ihr Bett, ein Ereignis, an das er sich später mit »einer Mischung aus Verwirrung und Vergnügen«[19] erinnerte. Der stets hilfsbreite Jones bedachte den jungen Verehrer bereitwillig mit allerlei Ratschlägen; er klärte ihn über sexuelle Techniken auf und empfahl ihm verschiedene Methoden der Empfängnisverhütung.[20] Mina Kirstein kehrte nach Amerika zurück und heiratete wenig später. Henrietta aber blieb noch eine Zeitlang in England und vergnügte sich. Gerald Brenan äußerte über seine Rivalin: »Auch wenn sie manchmal Affären mit Männern hatte, war sie hauptsächlich lesbisch.« Nach Kentucky zurückgekehrt, ging Henrietta eine lange und befriedigende Beziehung zu der Tennisspielerin Helen Hull Jacobs ein. (Ihr Bruder Barry schrieb 1935 an ihren Vater, den Richter: »Ich glaube nicht, daß ich Henrietta jemals so ausgeglichen und glücklich erlebt habe ... Sie führt ein ausgesprochen gesundes Leben, spielt jeden Tag Tennis und reitet.«)[21]

Zur Zeit ihrer gemeinsamen Liebschaft machte Bingham gegenüber Carrington keinen Hehl daraus, daß ihre »Leidenschaften nicht von Dauer sind«[22]. Auch Gerald Brenan bestätigte, daß »Henrietta ihre Bettgespielen häufig wechselte«[23]. Bei ihrer ersten Begegnung war Bingham gerade mit dem Bildhauer Stephen Tomlin liiert, einem Freund Lyttons und Carringtons, was sie allerdings nicht daran hinderte, eine Beziehung zu Carrington einzugehen, so wenig wie es Carrington davon abhielt, immer wieder mit Brenan zu schlafen. Brenan überließ ihnen in der ersten Zeit seine Londoner Wohnung. Doch allmählich wuchs seine Eifersucht auf diese sexuelle Rivalin. »Damals war mir noch nicht klar, daß Carrington eigentlich eine Lesbierin war und daß ihre Affäre mit Henrietta unsere körperliche Beziehung beeinflussen würde ... Ich habe bitter dafür bezahlt, daß sie diese Amerkanerin kennengelernt hat.«[24] »Eigentlich eine Lesbierin« muß für ihn bedeutet haben, daß sie mit einer Frau »mehr Ekstase« empfand, eben das, was Carrington ihm mit wenig diplomatischem Gespür mitgeteilt hatte. Denn Brenan wußte sehr wohl, daß dies »die einzige lesbische Liaison« in Carringtons Leben war.[25]

Doch gleichgültig mit wem sie schliefen, in wen sie sich leidenschaftlich verliebten oder wen sie in ihren Tagträumen begehrten, Carrington und Lytton Strachey blieben irgendwie voneinander abhängig. Zwei Tage vor seinem Tod in dem Haus, das sie beide einst mit Ralph Partridge in Ham Spray, Hungerford, geteilt hatten, rief er nach ihr und sagte: »Warum ist Carrington nicht hier. Ich will sie sehen. Mein Liebling Carrington, ich liebe sie. Ich wollte sie immer heiraten und habe es nie getan.«[26] Wieviel

Bloomsbury: »So vielfältige Neigungen«

Wahrheit auch in dieser Bemerkung stecken mochte, für sie war es ein wunderbares Abschiedsgeschenk, das sie gebührend in ihrem Notizbuch festhielt. Wenige Wochen nachdem Strachey im Alter von 51 Jahren an Krebs gestorben war, beging die erst zweiunddreißigjährige Carrington Selbstmord.[27]

Vermutlich wird man einwenden wollen, dies sei doch ein recht extravaganter Kreis – Künstler, Schriftsteller, Snobs, die geradezu inzestuös und, so könnte man meinen, unverantwortlich und zügellos miteinander verkehrten. Was haben die Seltsamkeiten der kleinen Welt von Bloomsbury mit den Realitäten von Bisexualität und Ehe zu tun?

Betrachten wir die Situation eines anderen Bloomsburianers, der sich nicht als Künstler öffentlichen Ruhm erwarb: des Ökonomen John Maynard Keynes. Als Keynes knapp 40 war, heiratete er die Tänzerin Lydia Lopokova. Obwohl diese Ehe einige seiner Bloomsbury-Freunde aus der Fassung brachte – vor allem Lytton Strachey und Virginia Woolf –, war sie sehr glücklich.

Vor seiner Eheschließung war Keynes bei seinen Freunden nicht nur für seinen finanziellen Scharfsinn und sein ökonomisches Genie bekannt, sondern auch für seine homosexuellen Affären – mit Duncan Grant, Sebastian Sprott und mehreren anderen jungen Männern. Auch wußte man »von einer Reihe flüchtiger sexueller Episoden«.[28] Einer seiner neueren Biographen, Robert Skidelsky, weist darauf hin, daß sein Vorgänger Roy Harrod in seiner Biographie Keynes' Homosexualität völlig unterschlagen hatte, während andere sie zwar zur Kenntnis nahmen, aber nur um damit ihre Theorien einer allgemeineren Form von Instabilität zu untermauern: »Sir William Rees-Mogg behauptete, Keynes' Ablehnung ›allgemeiner Regeln‹, die durch seine Homosexualität verstärkt wurde, habe ihn veranlaßt, den ›Goldstandard, der eine automatische Kontrolle der Geldinflation gewährleistet‹«, abzulehnen. Der Politologe David Marquand meinte sogar, »die homosexuelle Kultur«, in der Keynes seine frühen Lebensjahre verbrachte, erkläre seine ambivalente Haltung zur Autorität und habe ihn dazu bewogen, die Wertvorstellungen und Positionen von Außenseitern zu unterstützen.[29] Eine einsame Fußnote in John C. Gilberts 1982 verfaßter Studie über Keynes und die Geldwirtschaft ließ die Frage bewußt offen: »Ob Keynes' Bisexualität irgendeine Bedeutung hat, ist eine bislang offene Frage.«[30]

Kein Skandal in Bohemia

Weniger offen ist die Frage, *daß* Keynes bisexuell war, ein intensives Sexualleben mit Männern hatte und es genoß. Ebenso unbestreitbar ist, daß er mit wenigsten zweien (wie die Bloomsburianer sagten) eine »Ehe« führte, bevor er die Lopokova heiratete. Unter »Ehe« verstand der Bloomsbury-Kreis ein »festes Verhältnis«.[31] »Du bist jetzt mit Adrian [Stephen] verheiratet, was du vorher nicht warst«, schrieb der junge Ökonom im Dezember 1910 an Duncan Grant. »Ich fühle mich sehr elend und weiß nicht, was ich tun soll.«[32] Die Liebschaft mit Duncan Grant endete 1911, und nach ein paar Jahren verhältnismäßiger Ungebundenheit und gelegentlicher Affären bahnte sich im Oktober 1920 eine Liaison mit Sebastian Sprott, einem Studenten aus Cambridge, an, und schon bald sprach man in Bloomsbury davon, daß sie »verheiratet« seien.[33] Wie viele akademisch gebildete Homosexuelle fühlte Sprott sich damals vor allem zu Männern aus der Arbeiterklasse hingezogen. Er zog durch die Berliner Schwulenkneipen, stellte ehemalige Häftlinge als Hausgehilfen ein, änderte später seinen Namen in Jack und hielt in seinen letzten Lebensjahren einen Vortrag über seine Freundschaft mit dem Londoner Scharfrichter. Keynes' Geschmack war hingegen von ganz anderer Art. Er interessierte sich eher für Künstler als für Handwerker. Außerdem begann er sich, was zumindest seine alten Freunde überraschte, nach Frauen umzusehen.

1917 und 1920 hatte es einige Liebesgeschichten mit Frauen gegeben. Im Dezember 1921 war er noch immer eng mit Sprott liiert, und die beiden verbrachten Weihnachten gemeinsam bei Lytton Strachey in Tidmarsh. In der Zwischenzeit hatte sich Keynes jedoch in Lydia Lopokova verliebt. »Ich liege in Fesseln – eine scheußliche Angelegenheit – und bin kaum ansprechbar«, schrieb er am 27. Dezember an Lytton. Seine gute Freundin Vanessa Bell – sie lebte mittlerweile mit Keynes' früherem Liebhaber Duncan Grant zusammen – warnte ihn vor einer Ehe und meinte, Lydia »wäre eine sehr kostspielige Ehefrau« und »als Geliebte weitaus vorzuziehen«. Keynes antwortete: »Du brauchst keine Angst zu haben, daß ich heirate, aber die Affäre ist sehr ernst.«[34] Und das war sie in der Tat. Keynes schlug einen ihm angebotenen Posten in Indien aus, und obwohl Lydia offiziell noch mit einem anderen Mann verheiratet war, nahm Bloomsbury diese neue Entwicklung mit Überraschung und Schrecken zur Kenntnis. »Maynard« – wie sie ihn nannten – traf sich noch immer mit Sebastian Sprott. »Maynard ist mir ein Rätsel«, schrieb Strachey an Sprott. »Ich habe nur andeutungsweise – und auch das ist schon länger her – mit ihm über seine Seelenzustände gesprochen. Aber nichts wies darauf hin, daß er Dich weniger liebt. Ich glaube, Deine Janus-Diagnose ist richtig.«[35]

Janus ist der Schutzgott der Tore und des Monats Januar; er blickt sowohl nach vorne als auch zurück. Wenn wir den Gedanken des zeitgenössischen Romanschriftstellers Paul Monette über »das Janus-Gesicht des Bi-Seins« folgen, erkennen wir, daß dieses Bild eine doppelte Identität suggeriert, vielleicht sogar eine doppelgesichtige. Allerdings scheint keiner von Keynes' Freunden ihm den Vorwurf gemacht zu haben, er habe sich für seine neue Liebe nur entschieden, um in den Genuß heterosexueller Achtbarkeit zu kommen. Duncan Grant schrieb an Vanessa Bell: »Solange ich nicht mit eigenen Augen sehe, daß Maynards Geschichte mit L. weitergeht, muß ich passen. Ich kann mir nicht vorstellen, was geschehen wird – es übersteigt meine Einbildungskraft.« Keynes' Biograph weist freilich zu Recht darauf hin, daß nicht seine Entscheidung für eine Frau überhaupt Mißfallen erregte – ein solcher Wechsel war in Bloomsbury nichts Außergewöhnliches –, sondern für diese bestimmte Frau.[36] Eine verheiratete Tänzerin galt nicht unbedingt als »solide«, und Lopokova war auch kein Bloomsburianischer Blaustrumpf. Vanessa Bell, Virginia Woolf und andere waren den beiden Liebenden alles andere als freundlich gesonnen. Für sie war Lydia ein Eindringling, der ihre frühere Intimität mit »Maynard« zerstörte, und daher hofften sie, die Affäre würde ein Ende finden, bevor es zu einer – wie Vanessa sagte – »wirklichen Ehe« käme.[37]

Taos und Santa Fé: »Wie ungezähmt und wild wir sind«

Was die Unkonventionalität und das Inzestuöse seiner sexuellen und sozialen Arrangements betrifft, stand das gesellschaftliche und künstlerische Milieu von Taos und Santa Fé in den späten zwanziger und dreißiger Jahren dem Bloomsbury-Kreis nicht nach.

Nehmen wir den Fall eines seiner gefeierten, zeitweiligen Bewohner: D. H. Lawrence. Sein Leben und Werk hat Berührungspunkte sowohl mit dem elitären Schriftstellerkreis von Bloomsbury als auch mit der neuen Künstlerkolonie in Neu Mexiko, deren Gönnerin die steinreiche Mabel Dodge Luhan (»die Ottoline des goldenen Westens«)[38] war. 1920, zwei Jahre vor seiner Ankunft mit seiner Frau Frieda von Richthofen in Taos, hatte Lawrence *Liebende Frauen* veröffentlicht, einen Roman, in dem er durch die autobiographisch gefärbte Gestalt des Rupert Birkin seinen »Traum ... von einer Art Ehe zu dritt« offenbarte.[39] Birkin – von dem Lawrences alter Freund Richard Aldington behauptete, man »hätte ihn niemals für einen anderen als Lawrence selbst halten können«[40] – hält seinem Freund Gerald Crich eindringlich entgegen:

»Die Verbindung von Mann und Frau wird zur höchsten und einzigen menschlichen Beziehung erhoben, und daher kommt all die Enge und all das Gewöhnliche und Unvollkommene.«
»Man muß das Ideal der ehelichen Liebe von seinem Piedestal herunternehmen. Wir brauchen mehr. Ich glaube an eine vollkommene Beziehung zwischen zwei Männern als *Ergänzung* ... neben der Ehe.«
»Ich kann nie begreifen, wie das dasselbe sein soll«, sagte Gerald.
»Dasselbe nicht ... aber ebenso wichtig, ebenso fruchtbar, ebenso heilig, wenn du willst.«
»Ich weiß, du glaubst an dergleichen. Siehst du, und ich, ich kann es nicht fühlen«, antwortete Gerald. Er legte die Hand auf Birkins Arm, liebreich, wie beschwörend, und hatte dabei ein fast triumphierendes Lächeln.[41]

Als Gerald am Ende des Romans stirbt, bemerkt Birkin düster zu seiner Frau Ursula: »Er hätte mich liebhaben sollen. Ich habe ihn darum gebeten.«

»Bin ich dir nicht genug?«
»Nein«, sagte er. »Du bist mir genug, soweit ich der Frau bedarf. Du bist mir der Inbegriff aller Frauen. Aber ich wollte auch einen Freund haben, der über alle Zeiten mit mir verbunden wäre, wie du es bist.« ...
»Das ist Eigensinn, Theorie, das ist verrannt.« ... »Du kannst nicht zwei Arten von Liebe haben. Wie könntest du?«
»Es sieht auch wohl so aus, als ob ich es nicht könnte. Und doch wollte ich es.«
»Du kannst es nicht, weil es verkehrt ist, eine Unmöglichkeit«, sagte sie.
»Das glaube ich nicht«, antwortete er.[42]

In diesen Schlußzeilen des Romans verkündet Lawrences Protagonist seinen Glauben an »die beiden Arten der Liebe«, was für ihn weder »Theorie« noch »verrannt« ist, sondern notwendig und lebbar. Aldington, selbst bisexuell und zeitweise mit der bisexuellen Dichterin H. D. verheiratet, glaubt, daß Birkin »Lawrences ganzes Verlangen nach einer ›Kolonie von Freunden‹ und mystisch-sinnlichen Beziehungen zu einem Freund verkörpert«.[43]

»Wie hielt Lawrence es mit seinem Verlangen nach einer engen Verbindung zu einem Mann?« fragt seine Biographin Brenda Maddox in rhetorischer Absicht und setzt hinzu: »Nach der landläufigen Bedeutung des Wortes war er kein Homosexueller. Dennoch quälte ihn zeit seines Lebens die Sehnsucht nach einer männlichen Liebe, die auch seine Ehe entgegen seinen Hoffnungen nicht hatte zerstreuen können.«[44] Für Maddox ist Lawrences Erotik »männlich plus weiblich«. »Im Gegensatz zu Forster war Lawrence kein unterdrückter Homosexueller, der nicht den Mut hatte, seinem Begehren nachzugeben. So leicht wird man ihn nicht zu fassen bekommen. Er war eher ein übersensibler Mann, dem es nicht gelang, den männlichen und weiblichen Teil seiner Persönlichkeit zu verschmelzen. Und er lebte ständig in der Angst, die Grenzen seines Ichs könnten sich auflösen.«[45] Auf dem Buchumschlag finden sich jedoch direktere Anspielungen auf »Lawrences schmerzliche Suche nach einem bisexuellen Geliebten«. Doch trotz des vielen Geredes über Lawrences »homosexuelle Sehnsüchte«, sein Vergnügen an heterosexueller Sodomie und seinen »Traum von einer Ehe zu dritt, in der die Partnerschaft zu seiner Frau durch die enge Freundschaft mit einem Mann, einem Blutsbruder, ergänzt würde«[46], kommt seine Biographie nur andeutungsweise auf den Begriff der Bisexualität zu sprechen. Für Maddox ist Birkins Sehnsucht nach einem Mann und einer Frau weniger Zeichen »für ein homosexuelles als vielmehr für ein infantiles« Verlangen – für den Wunsch, »sich mit einem Vater zu vereinigen«. »Ein Kind kann nicht beide Arten von Liebe haben«, erklärt sie. Dennoch entgeht ihr Lawrences anhaltendes Interesse »für männliche Liebhaber von Männern« nicht, ebensowenig wie sein Verlangen nach dem, was Maurice Magnus in einem Brief an Norman Douglas als »*für ihn selbst* bisexuelle Typen« bezeichnete.[47]

In Taos verbrachte Lawrence viel Zeit mit Clarence Thompson, einem »großen, blonden, hochmütigen« und verkrachten Harvard-Studenten, der sich gern auffällig herausputzte, und zumindest Mabel Luhan nahm an, daß sie eine sexuelle Beziehung hätten.[48] Jahre später knüpfte er in Frankreich eine ähnlich enge Freundschaft zu dem jungen walisischen Schriftsteller

Rhys Davies an. Seine Freunde und Kritiker konnten sich nicht darüber einig werden, ob er nun »homosexuell« war oder nicht.[49] Doch was steht letztlich hinter dieser Frage? Möchte man lediglich wissen, ob Lawrence, dem häufig nachgesagt wurde, er verfiele in einen »salbungsvollen predigerhaften« Ton, wenn er sich über das Thema erotische Freiheit ausließ, auch das von ihm Gepredigte lebte?

Auf den Hochebenen von Taos und Santa Fé herrschte ein für die bisexuelle Liebe recht förderliches Klima. Die Malerin Georgia O'Keeffe, verheiratet mit dem Photographen Alfred Stieglitz, hatte zahlreiche Liebschaften mit Männern und Frauen, so mit der bisexuellen Mabel Dodge Luhan (damals O'Keeffes Gastgeberin) und deren Ehemann Tony, einem Puebloindianer, dessen Erscheinung in indianischer Kleidung mit Türkisschmuck und hüftlangen Zöpfen und dessen Körpergröße die Besucher im Haus Luhan in Taos stets in Erstaunen versetzte. Als Mabel Luhan einmal ins Krankenhaus eingeliefert wurde, sprang Georgia als Tonys Sekretärin ein, da dieser Englisch weder lesen noch schreiben konnte. Benita Eisler merkt an: »Indem sie Mabels Eifersucht anstachelte, zahlte Georgia ihr heim, daß sie Tony bevorzugte und sich letztlich, wie die meisten bisexuellen Frauen, für einen Mann entschieden hatte.«[50]

Während dieses ersten Aufenthaltes in Taos soll O'Keeffe auch ein sexuelles Verhältnis zu ihrer Reisegefährtin Beck (Rebecca) Strand, der Ehefrau von Paul Strand, einem früheren Liebhaber von O'Keeffe und Stieglitz' Protegé, gehabt haben. In den Briefen an ihren Ehemann schwärmt Beck ununterbrochen von dem Vergnügen, das ihr das Zusammensein mit Georgia bereitet. Sie beschreibt ihre Verbindung als »ungetrübt glücklich und eine wunderbare Überraschung für mich«. »Es ist schrecklich schön, wie ungezähmt und wild wir sind«, teilte sie ihm überschwenglich mit. Sie und Georgia badeten nackt in der Sonne, spazierten unbekleidet über die Ländereien der Luhans, flirteten immer mal wieder mit dem Maler John Marin, der vor ihren verwirrenden Anschlägen floh und sich lieber dem Angeln widmete.

Taos und seine Umgebung wurde zu einem Anziehungspunkt für Künstler und Schriftsteller. Lawrence und seine Frau Frieda waren dort ebenso zu Hause wie der Dichter Witter Bynner mit seinem reichen Liebhaber Willard (»Spud«) Johnson. In diesen abgelegenen Gegenden des neuen Südwestens waren Konventionen kein Thema. Viele Lesbierinnen, darunter

Taos und Santa Fé: »Wie ungezähmt und wild wir sind«

Anthropologinnen, Archäologinnen und Photographinnen, ließen sich in der Region nieder. Man traf sie, einige auch als Paar, bei den Geselligkeiten, zu denen die konservativen, gutbürgerlichen Familien einluden. Die aus Boston stammende Mary Cabot Wheelright kaufte eine riesige Ranch in Alcalde und legte mit ihrer Kunstsammlung den Grundstock für das spätere Wheelright Museum in Santa Fé. O'Keeffe sah in Wheelright eine Rivalin. Eisler meint, »ihr offen lesbisches Leben sei für eine bisexuelle Frau eine zu große Herausforderung gewesen«[51]. Doch möglicherweise hätte jede starke Persönlichkeit und vor allem jede starke Frau eine ähnliche Wirkung auf sie gehabt.

Betrachtet man ihr an erotischen und romantischen Beziehungen reiches Leben – bei ihrer letzten Liaison war sie bereits hoch in den Achtzigern und ihr Gefährte in den Zwanzigern –, so scheint es für Georgia O'Keeffe in erster Linie um Eroberung und Wohlgefühl gegangen zu sein, nicht um das Geschlecht. Je erfolgreicher sie wurde, um so selbstherrlicher war sie in ihrer Wahl. Darin unterschied sie sich nicht von anderen zeitgenössischen Prominenten und Stars.

Gleich vielen anderen unabhängigen und erfolgreichen Frauen ihrer Zeit verachtete sie den Feminismus, obwohl sie viele seiner Ideale und auch viele seiner Extreme verkörperte.[52] Ihre Bisexualität basierte nicht auf einem politischen Credo. Sie hing einzig und allein davon ab, wen sie sah, wen sie begehrte und welche Freuden sie der Begegnung abgewinnen konnte. Wenn ihr Künstlerdasein sie von konventionellen Erwartungen entlastete oder sie antrieb, ihre eigene Unkonventionalität zu kultivieren, dann war dies gewissermaßen nur »natürlich«.

Frida Kahlo, eine weitere brillante Malerin jener Zeit und bisexuell, flirtete mit Georgia O'Keeffe in der Galerie ihres Ehemannes Stieglitz. So jedenfalls berichtet Kahlos Ehemann, der mexikanische Maler Diego Rivera der gemeinsamen Freundin Lucienne Bloch.[53] »Frida hatte zahlreiche Freundinnen, darunter auch viele Lesbierinnen«, erinnert sich Jean van Heijenoort, ein Bekannter aus jenen Tagen. »Durch ihre lesbische Ader erschien sie keineswegs etwa besonders maskulin; eher wirkte sie ephebenhaft, wie ein Junge, und zugleich ausgesprochen feminin.« Der Ehemann förderte ihre Liebschaften mit Frauen, vielleicht weil er fürchtete, ihre »sehr starken« sexuellen Begierden nicht befriedigen zu können – schließlich war er 20 Jahre älter als sie –, oder weil ihn die Vorstellung einer sexuellen Beziehung zwischen Frauen seinerseits erregte, möglicherweise traf auch beides zu. Rivera meinte, die sexuellen Organe seien bei Frauen, anders als bei Männern, »über den ganzen Körper verteilt; deshalb können zwei Frauen miteinander ganz andere und unerhörte Gefühlserfahrungen machen«[54]. Mit heterosexuellen Affären, zu denen man ihr eine stärkere Neigung nachsagte als zu homosexuellen Affären, fand sich Rivera allerdings nicht so einfach ab. Zu ihren berühmteren Liebhabern gehörten Leo Trotzki und der Bildhauer Isamu Noguchi. Rivera betrachtete »Fridas lesbische Abenteuer als eine Art Sicherheitsventil«, vermutete Jean van Heijenoort.[55] Zum Ausgleich stürzte sich Rivera selbst in zahlreiche Liebesabenteuer mit Frauen.

Wie bei O'Keeffe und Stieglitz verbanden sich der frühe Erfolg des Mannes, der eine Malerin unter seine Fittiche nahm – Kahlo war Riveras dritte Frau, O'Keeffe Stieglitz' zweite Frau, und beide wurden tatkräftig von ihren Künstlerehemännern gefördert –, und ein gesellschaftliches und erotisches Klima, das man zu Recht als »bohemienhaft« bezeichnen kann. Das nährte die Unabhängigkeit und die Experimentierlust der Frauen, die ohnehin eine starke Neigung hatten, ihren eigenen Weg zu gehen. Ist Bisexualität unter derartigen Umständen eher Wirkung oder Ursache des schöpferischen und privaten Lebens dieser beiden Malerinnen? Eine solche Frage verfehlt das Eigentliche. Zu erforschen, was hier Ursache und was Wirkung ist, würde eine reiche Erfahrung, ein kühnes Streben nach Lust und eine forderndes Begehren, das sich nicht ignorieren ließ, banalisieren und kategorisieren. Wenn diese bisexuellen Frauen auch eine Ausnahme darstellten, dann mag man ihrer Erfahrung immerhin die Erkenntnis abgewinnen, daß dem Sinn und Nutzen von Regeln enge Grenzen gesetzt sein könnten.

Kahlos für viele ihrer Selbstbildnisse charakteristischen Gemälde *Zwei Akte im Wald* (1939) und *Selbstbildnis mit abgeschnittenem Haar* (1940, mit den »sinnlichen Lippen unter einem zarten Schnurbart«, wie ein Biograph es beschreibt) spiegeln ihre Pansexualität, ihre Hetero-, Homo- und Autoerotik und ihre stark erotisierte Vorstellungswelt. »Wie man an den Selbstporträts ablesen kann, trat Fridas maskuline Seite in den späten vierziger Jahren deutlicher hervor« – so ihr Biograph Hayden Herrera. »Die Künstlerin gab ihren Gesichtszügen einen immer männlicheren Ausdruck, wobei sie bewußt den Anflug von Bartflaum auf ihrer Oberlippe verstärkte. Beide Riveras, sowohl Frida wie auch Diego, hatten hermaphroditische Züge, beide ließen sich von gleichgeschlechtlicher Ausstrahlung im Wesen ihrer Partner bezaubern.«[56] Bei einem schweren Busunglück hatte sich Frida in ihrer Jugend einen Beckenbruch zugezogen, so daß sie fortan mit einer Stahlstütze in ihrem Körper leben mußte und den Rest ihres Lebens von Schmerzen geplagt war. Sie verbrachte einen Großteil ihres Lebens im Krankenhaus und mußte 32 Operationen an ihrer Wirbelsäule und an ihrem rechten Fuß über sich ergehen lassen. Je mehr sich Fridas Gesundheit mit den Jahren verschlechterte, um so stärker wurde ihre Intimität mit Frauen. Die Kunstkritikerin Racquel Tibol meinte einmal: »Sie tröstete sich, indem sie die Freundschaft mit Frauen pflegte, die mit Diego ein Liebesverhältnis hatten.«[57]

Eines verdient vor allem hervorgehoben zu werden: der periodische Wechsel der sexuellen Anziehung (von Männern zu Frauen, von Frauen zu Männern) und seine Kontingenz (Riveras Geliebte wurden mit einem erotischen Nimbus umgeben oder zu potentiellen Eroberungen für Kahlo). Daß Kahlo – und auch O'Keeffe – während ihres ganzen Lebens mal Männer mal Frauen zu Objekten ihres sexuellen Verlangens machten, teilt uns einiges über die wesentlich bisexuelle Natur der menschlichen Beziehungen mit, wenn man sie über ein ganzes Leben hinweg betrachtet. Keine dieser Beziehungen, keine dieser Vorlieben, war für sie das »Wirkliche«. »Wirklich« war das, was sie jeweils zu einem Zeitpunkt taten.

Greenwich Village und Harlem: Lesbischer Chic – bisexueller Chic

Lillian Fadermans fesselndes Buch über das lesbische Leben im Amerika des 20. Jahrhunderts, *Odd Girls and Twilight Lovers*, widmet ein Kapitel den zwanziger Jahren, dem, was sie als »lesbischen Chic« bezeichnet. Der Ausdruck sollte zur Überschrift einer Titelgeschichte in *Newsweek* werden, in dem es um die sinnlichen Lesben der neunziger Jahre ging. Faderman zeichnet detailliert »Experimentiergeist und Repression« dieser wilden Jahre nach, vor allem ihre Manifestationen in den progressiven und künstlerischen Subkulturen von Harlem und Greenwich Village, deren Existenz am Rande der Gesellschaft für Experimente nur vorteilhaft sein konnte. Besucher und »Experimentierfreudige« konnten hier alternative Lebensstile erproben oder unter dem Deckmantel eines kulturellen Karnevals ausleben.

Was an *Odd Girls* seltsam anmutet, ist die Tatsache, daß Faderman die subversive Kultur der Lesbierinnen durchgängig so darstellt, als wäre »bisexuell« die weitaus passendere Bezeichnung. Ihr Buch, das in der schwullesbischen Buchreihe »Zwischen Männern – Zwischen Frauen« erschien, macht das Geschehen in Harlem – und in einem gewissen Maß im Village – an Menschen und »Experimenten« fest, die tatsächlich zwischen das »zwischen« fallen. Uptown wie Downtown mag es viele Lesbierinnen gegeben haben, doch was hier »lesbischer Chic« genannt wird, entpuppte sich größtenteils als »bisexueller Chic«: »Die Entwicklung des ›lesbischen Chics‹, des *bisexuellen Experimentiergeistes* der zwanziger Jahre wurde von einigen Gesellschaftkritikern auf den Ersten Weltkrieg zurückgeführt.«[58]

Der Ausdruck »bisexueller Experimentiergeist« taucht auf fünf Seiten gleich viermal auf. Er beschreibt das Verlangen junger amerikanischer Rebellen nach »unkonventionellem« und »frechem« Verhalten, das sowohl ihre Eltern schockieren als auch neue sexuelle Erlebnisformen erschließen sollte, die die damals in Mode gekommenen Freudschen Theorien am Horizont aufscheinen ließ. »Die Bisexualität schien all diesen Zielen entgegenzukommen«, sie ermöglichte es Voyeuren und Heterosexuellen, mit der Homosexualität zu spielen, ohne sich darauf festzulegen. Ein junge Frau, die erotische Gefühle für eine andere junge Frau entwickelte, konnte »ihre Erfahrung einfach als bisexuelles Experiment ausgeben, was in gewissen Kreisen durchaus auf Beifall stieß«[59].

Ob nun Experiment, dauerhafter Zustand oder etwas dazwischen, sobald man sich eingehender mit diesem Milieu befaßt, wird deutlich, daß ein bemerkenswert hoher Anteil der tonangebenden Szene in Greenwich Village und in der Harlem-Renaissance bisexuell waren.

Die sexuelle Revolution der zwanziger Jahre im Village berief sich auf den neuen Freudianismus und die Theorie einer Ehe auf kameradschaftlicher Basis, wie sie der Sexualwissenschaftler Edward Carpenter vertrat.[60] Beides erzeugte ein Klima, in dem die »freie Liebe« für Männer und Frauen als ideale oder idealisierte Form der Befreiung gepriesen wurde. In der Praxis bedeutete das überwiegend heterosexuelle Promiskuität – und wie die Praxis ebenfalls zeigte – eher für Männer als für Frauen.[61] Das Ideal der Gleichheit zwischen den Geschlechtern blieb ein Ideal – falls es überhaupt eines war –, auch wenn einige unabhängige Freigeister wie die radikale Anarchistin Emma Goldman und die Tänzerin Isodora Duncan die Gelegenheit beim Schopfe packten und sich einer Vielzahl von Liebhabern erfreuten. Im Village und seiner Kultur gab es ohne Zweifel unter Männern wie Frauen viele Homosexuelle und Bisexuelle, und das Klischee des langhaarigen, sandalentragenden Dichters, Tänzers oder Musikers, das uns aus den fünfziger und sechziger Jahren vertraut ist, reicht ein gutes Stück weiter zurück, zumindest bis in die zwanziger Jahre. Doch die »Nichtmonogamie«, die den Bisexuellen und der Bisexualität noch heute angehängt wird, war eine emphatische Geste der heterosexuellen Befreiung und, was nicht weniger erwähnenswert ist, Ausfluß einer Theorie der Gleichheit, der Autonomie und der individuellen Unabhängigkeit – ungeachtet wie schlecht oder wie gut sie in der Praxis funktionierte.

Das Beispiel einer brillanten Gestalt der literarischen Boheme aus dem Village in den zwanziger Jahren beweist exemplarisch, wie begrenzt doch der Nutzen solcher Ausdrücke wie »homosexuell«, »lesbisch« und »bisexuell« ist, sobald sie auf eine ausschließliche oder ausschließende Weise verwandt werden.

Die Dichterin, Dramatikerin, Feministin und politische Aktivistin Edna St. Vincent Millay, für ihre Freunde kurz »Vincent«, begegnet uns in Fadermans Schilderung als eine Frau, deren erotisches Leben sich während ihrer Zeit am Vassar College ausschließlich um Frauen drehte. Nach ihrem Umzug ins Village, so Faderman, geriet sie unter den Druck, »ihr ausschließliches Lesbischsein aufzugeben« und »wenigstens bisexuell« zu werden.[62]

Lebhaft, faszinierend und frech, besaß sie, wie Edmund Wilson, einer ihrer vielen glühenden männlichen Verehrer, schreibt, »die Gabe, alle in Bann zu schlagen«.[63] Die rothaarige Frau mit den grünen Augen übte auf Männer wie Frauen eine magnetische Anziehungskraft aus. Möglichweise war sie das Modell für die sinnliche Lesbe Lakey in Mary McCarthys Roman *Die Clique*, der die Lebensläufe von Schulfreundinnen des Vassar Colleges schildert. Wilson machte Vincent einen Heiratsantrag, desgleichen der Dichter Witter Bynner, den wir bereits mit seinem Liebhaber in Taos angetroffen haben. Der verheiratete Arthur Ficke verliebt sich heftig in sie. Die Historikerin Ann Douglas meinte, »ihre weiblichen und männlichen Liebhaber waren so zahlreich, daß sie die Gründung eines Clubs in Erwägung zogen«. »Einmal gestattete ›Vincent‹ ... großzügigerweise gleich zwei Männern, sie zu lieben. Edmund Wilson erhielt den oberen Teil ihres Körpers und John Peale Bishop den unteren.«[64] Diese unter den Künstlern und Intellektuellen des Village herausragende Berühmtheit setzte sich engagiert für politische Fragen ein, so auch für den Freispruch von Sacco und Vanzetti. Sie »schien die Verkörperung all dessen zu sein, was in den zwanziger Jahren das ›Jazz Age‹ genannt wurde«[65].

Kein Skandal in Bohemia

1922 heiratete Millay den holländischen Lebemann und Witwer Eugen Boissevain, der nach ihrer Biographin Jean Gould »die Vorzüge eines Liebhabers und Kameraden mit denen eines ergebenen Ehemannes verband«[66]. Gould ist der Auffassung, Boissevain, der mit seiner früheren Frau Inez Milholland – einer Feministin, die zu Millays »College-Heldinnen« gehörte – in freier Liebe zusammengelebt hatte, habe mit Millay ein ähnliches Arrangement getroffen; eine These, der auch Faderman zustimmt. »Obwohl sie sich verschiedentlich dagegen sträubte, scheint [Millay] schließlich doch dem Druck nachgegeben zu haben. Sie heiratete, wenngleich einen Mann, der ihr, wie sie erklärte, die Freiheit ließ, nach ihrem Gusto zu leben. Über ihre gemeinsame Ehe sagte sie, sie ›würden beide das Leben eines Junggesellen führen‹. Sich für ein Leben als Lesbierin zu entscheiden, war selbst in Greenwich Village zu schwierig für sie, und das trotz ihrer Liebe zu anderen Frauen, die kein Geheimnis war.«[67]

Das mag wahr oder auch eine Projektion sein, vermutlich ist es beides. Wie *Gay New York*, George Chaunceys Geschichte des schwulen urbanen Lebens vor dem Zweiten Weltkrieg zeigt, reagierten die New Yorker auf Schwule und Lesben eher mit Gleichgültigkeit oder Neugierde als mit Feindseligkeit oder Berührungsängsten.[68] Das *Gay Book of Days* merkte nicht nur an, daß Millays sinnlichste Gedichte sich an Geliebte unklaren Geschlechts richteten und ihr Leben »höchstwahrscheinlich ein bisexueller Reigen« war, es meinte auch, es sei höchste Zeit für eine neue Biographie der Dichterin, die sich anders als die älteren nicht so exzessiv über ihre Liebhaberinnen ausschweigt. Sicherlich läuft Goulds Hinweis auf »die zwei Seiten ihres Wesen – den Konflikt zwischen maskulinen und femininen Trieben« nicht auf eine deutliche Billigung von Millays bisexueller Erotik hinaus, schon deshalb nicht, weil sie spekuliert, daß »dieses Moment« Witter Bynner »abgeschreckt« haben mag. Goulds Buch erschien allerdings 1969, zu einem Zeitpunkt, als Homosexualität oder Bisexualität der Buchhelden für Autoren (und Verleger) immer noch ein heißes Eisen war.

Fadermans Gewissenhaftigkeit als Historikerin bewahrt sie erfreulicherweise vor der Gefahr, mit »sollte-könnte-hätte« zu argumentieren oder in diesem Fall mit »sollte nicht-könnte nicht-hätte nicht«. Hätten diese Frauen und Männer, so die These, die Freiheit besessen, ihr Lesbisch- oder Schwulsein auszuleben, so wären sie nicht bisexuell gewesen. Glaubt man, der Bisexuelle gehe nur einen gesellschaftlichen Kompromiß ein, hänge gleichsam sein Mäntelchen in den Wind, dann drängt sich die Überlegung auf, so jedenfalls das Argument, daß sie nur die halbe Wegstrecke zurückgelegt haben, obwohl sie in Wahrheit den ganzen Weg gehen *wollten*. Ihre Bisexualität ist so gesehen nur eine bedauerliche historische Tatsache, ein Nebenprodukt, ein »*by*«- oder »*bi*«-Produkt ihrer Unterdrückung.

Möglicherweise trifft dies auf einzelne zu. Für andere hingegen, für jene, die gleich- und andersgeschlechtliche Partner wählten, die sich für eine Ehe, ob nun aus Leidenschaft, Kameradschaft oder dem Wunsch nach Fortführung des »Junggesellendaseins« entschieden, hielten die Verwicklungen des Lebens nicht selten einen Ausgleich und oft handgreifliche Freuden bereit. Wie dem auch sei, durch die Brille der Geschichte betrachtet, ist eine »sollte-könnte-hätte«-Optik einfach verfehlt. Die Künstler, Schriftsteller, Schauspieler und Intellektuellen der zwanziger Jahre, sei es in Harlem, im Village, auf dem Pariser Rive Gauche oder in Dutzenden anderen über die Welt verstreuten Künstlerkolonien, führten ein reiches Leben und ein lebhaftes Liebesleben. Wollte man ihre in bemerkenswertem Maße bisexuelle Erfahrung um der erstrebten Utopie einer gleich- (oder anders-)geschlechtlichen (und zumindest von den Betroffenen oft gar nicht ersehnten) Konsistenz unterdrücken, würde man an die Stelle des menschlichen Reichtums, der Vielfalt, der Lust und des Leidens bloße Ideologie treten lassen. Und nicht zuletzt würde uns dabei der eigentliche Reiz dieser rauschhaften Jahre entgehen.

Millays Ehemann »ließ ihr die Freiheit, zu schreiben, zu denken, zu leben und zu lieben, was und wie sie wollte«[69]. Er kümmerte sich um den Haushalt und bewirtschaftete ihre Farm. Dort lebte sie mit ihm und schrieb ihre Gedichte, während er ihr als Sekretär und Manager zur Seite stand. Das Erscheinen der 52 Sonette, darunter »Fatal Interview«, eine wortreiche und leidenschaftliche Schilderung ihrer jüngsten Liebschaft, die oft als »abschließendes Wort der Dichterin über die sexuelle Liebe« gepriesen wird, gab den Spekulationen über die Einzelheiten ihres sexuellen und emotionalen Lebens neuen Auftrieb, so daß ein Zeitungsbericht über ihre »bereits acht Jahre dauernde« Ehe manchen enttäuschte, der auf mehr und andere Enthüllungen gehofft hatte.[70] Sie hatte ihre und er seine Liebschaften. Vielleicht war sie »nicht in ihn verliebt«, wie sie in Ficke und andere und »in die Liebe selbst«[71] verliebt gewesen war – obgleich ihr alter Freund Max Eastman begeistert davon erzählte, wie sich die beiden »in der ersten Blüte ihrer Liebe« in die Einsamkeit des Landlebens zurückgezogen hatten, um nur sich zu leben.[72] Sicher ist: Sie und Eugen hatten ein gemeinsames Leben und bis zu seinem Tode 1949 einen gemeinsamen Freundeskreis.

Kein Skandal in Bohemia

Die leidenschaftliche, gefeierte und zum Theatralischen neigende Millay wurde mit Einladungen zu Dichterlesungen überschüttet und lebte ständig unter dem Druck, ihrem Ruf gerecht zu werden. Für die Dichterin Anne Sexton, deren Leben ähnlich viele Verwicklungen mit männlichen und weiblichen Liebhabern aufwies, war sie in den fünfziger Jahren Vorbild und Hemmschuh gleichermaßen, ebenso altmodisch wie beispielhaft. »Ich bin eine Reinkarnation von Edna St. Vincent«, gestand sie ihrem Freund W. D. Snodgrass ein und enthüllte damit ihre geheime Furcht, wie Edna zu sein, die »Furcht zu schreiben, wie eine Frau schreibt«. »Ich wünschte, ich wäre ein Mann – ich möchte lieber schreiben, wie ein Mann schreibt.«[73] Millays literarische und persönliche Erfahrungen, ihr bisexuelles Liebesleben und ihre Fähigkeit, leidenschaftlich über die Liebe zu beiden – oder zu allen – Geschlechtern zu schreiben, mag freilich für Sexton von größerer Bedeutung gewesen sein, als sie wußte oder anzuerkennen bereit war.

»Auch ich streune unter deinem Mond, allmächtiger Sex / bei Einbruch der Nacht und schreie wie eine Katze«, verkündete Millay in einem Sonett, das mit der Zeile schließt »Wollust ist dort / und die Nächte nicht einsam.«[74] Ihre Liebesdichtung ist ebenso erotisch wie ironisch: »Im Dunkeln hätt' ich dich besser lieber können ... Und ich wollte, ich fühlte mich nicht als deine Mutter.«[75] Ihr bekanntestes Gedicht beginnt mit den Worten: »Meine Kerze brennt an beiden Enden; / Sie wird die Nacht nicht überdauern.«[76] Warum sollten wir die brennenden Enden am einen oder anderen Pol der Kinsey-Skala lokalisieren? Die Frage ist doch nicht, ob sie durch ihre Heirat »heterosexuell wurde« oder trotz ihrer Ehe »lesbisch blieb«. Die einzig interessante Frage ist, wie hilfreich diese Etiketten überhaupt sind, um ein so vielschichtiges, erotisches, schöpferisches und sexuell provozierendes Leben wie das ihre zu beschreiben.

Vermutlich können wir darauf keine bessere Antwort geben, als Millay in den zwanziger Jahren selbst einem Psychoanalytiker mit dichterischen Ambitionen gab. Um die Ursache für ihre ständigen Kopfschmerzen herauszufinden, drängte er ihr die Frage auf, ob sie, möglicherweise unbewußt, nicht »gelegentlich erotische Neigungen« für Angehörige ihres eigenen Geschlechtes empfinden würde. »Oh, Sie meinen, ich sei homosexuell!« entgegnete Millay gleichmütig. »Natürlich bin ich es, aber ich bin auch heterosexuell. Nur, was hat das mit meinen Kopfschmerzen zu tun?«[77]

Greenwich Village und Harlem: Lesbischer Chic – bisexueller Chic

Uptown und Downtown zündeten einige der begabtesten Künstler »ihre Kerzen an beiden Enden an«. Zu den Bluessängerinnen, die Harlems musikalischen Ruhm in den zwanziger Jahren begründeten, gehörten Bessie Smith und Ma Rainey, beide bisexuell. 1923 heiratete Bessie Smith Jack Gee, hatte aber spätestens seit 1926, als sie Lillian Simpson kennenlernte, auch sexuelle Beziehungen zu Frauen. Die Klatschspalte einer Zeitung hatte sie im Jahr zuvor mit der Männerdarstellerin Gladys Ferguson zusammen genannt. Chris Albertson ließ sich über »das breite Spektrum ihres erotischen Geschmacks«[78] aus. Der 1927 aufgenommene »Foolish Man-Blues« formuliert ein nicht ganz ehrlich gemeintes »Rätsel«, für das sie sicherlich einige Lösungen hatte, denn die »beiden Dinge«, die sie nicht zu verstehen behauptete, sind »eine männliche Frau und ein tänzelnder, Hüften schwingender weibischer Mann«.

Gertrude (Ma) Rainey, die Paul Oliver als eine »kleine, dunkelhäutige, strubbelköpfige bisexuelle Frau«[79] beschrieb, heiratete 1904, noch nicht einmal zwanzigjährig, Will (Pa) Rainey und tingelte mit ihm durch die Lande. Ihr »Prove It on Me Blues« griff spielerisch das Thema der lesbischen Liebe und des Transvestismus auf:

Sie sagen, ich tue es,
Niemand hat mich dabei erwischt
Sie werden es mir schon beweisen müssen.
Letzte Nacht ging ich aus
Mit einem Schwarm von Freunden.
Es waren wohl Frauen
Denn Männer mag ich nicht.
Ja, ich trage Schlips und Kragen ...

Weitere bisexuelle Bluessängerinnen waren Alberta Hunter, die sich mit ihrer 1919 geschlossenen Ehe, wie Faderman sagt, »einen Tarnfarbenanstrich zulegte – doch nicht, um als Heterosexuelle durchzugehen, das wäre dann doch ein zu großes Zugeständnis an das Bürgertum gewesen –, sondern um als Bisexuelle zu gelten«[80], wie auch »Ethel Waters und ihre langjährige Geliebte Ethel Williams«, die »geglaubt haben müssen, daß in ihren weltmännisch aufgeschlossenen Kreisen in Harlem die Bisexualität als interessant und provokativ, ja als durch und durch sexy galt«, denn sie verzichteten darauf, sich ausschließlich heterosexuell zu geben.[81]

Sogar eine so betont männlich auftretende Lesbierin wie die beliebte Gladys Bentley, die auf und hinter der Bühne Männerkleidung trug, mit ihrem weißen Smoking zu einer musikalischen Sensation im Clam House wurde und in New Jersey eine Frau standesamtlich heiratete, war laut Faderman »in Wahrheit bisexuell«[82]. Bentley, die mit ihren 220 Pfund, ihrem offen lesbischen Lebensstil und ihren skandalös parodistischen und lyrischen Liedern von ganz Harlem umjubelt wurde, taucht auch als legendäre Gestalt in vielen Erzählungen über das Harlem der zwanziger Jahre auf. Man erkennt sie sofort in dem transvestitischen Entertainer in Carl Van Vechtens *Parties* wieder, in Clement Woods *Deep River* und in Blair Niles' 1931 erschienenem Roman *Strange Brother* über das Leben der Schwulen in Harlem. Aus seiner Jugendzeit in Harlem erinnerte sich der Künstler Romare Bearden »an Gladys Bentley als eine Frau, die sich wie ein Mann kleidete. Auch gab es einen männlichen Unterhalter, der sich Gloria Swanson nannte. Harlem war wie Berlin, wo so etwas zur selben Zeit in den Kabaretts zu sehen war.«[83]

In ihren späteren Jahren, als ihr Ruhm der Vergangenheit angehörte, schrieb Bentley einen Artikel für *Ebony*. Unter der Überschrift »Ich bin wieder eine Frau« sagte sie sich von der lesbischen Liebe los. Einige haben behauptet, finanzielle Gründe hätten sie zur Veröffentlichung dieses Artikels gezwungen.[84] Sie erzählte, sie habe den Journalisten J.T. Gibson geheiratet, was dieser dann bestritt. 1952 heiratete Bentley in Kalifornien einen 16 Jahre jüngeren Mann, und nach ihrer Scheidung setze sie sich in ihren letzten Jahren voller Eifer für den »Temple of Love in Christ« ein.

»Bentleys letztendliche Kapitulation vor den gesellschaftlichen Normen und ihre darauffolgende Verurteilung des lesbischen Lebens sollte ihre immensen Leistungen nicht überschatten«, schreibt Eric Garber, ein Kulturhistoriker schwulen und lesbischen Lebens in Harlem.[85] Ein faires Urteil. Aber müssen wir uns für die »wirkliche« Lesbe Bentley entscheiden und unsererseits ihre künstlerisch weniger spektakulären letzten 20 Lebensjahre leugnen? Könnten die Zeugnisse nicht auch dafür sprechen, daß *beides*, ihr früherer transvestitischer Lebensstil und ihre spätere Ehe von finanziellen Erwägungen beeinflußt waren? Welcher Sinn sollte darin liegen, eine Zeitspanne herauszugreifen, zumal wenn es sich um die glanzvollste Periode in einem an Verwicklungen und Entscheidungen reichen Leben handelt, und diese als pars pro toto zu nehmen?

Für das Publikum wie auch für die auftretenden Künstler war die Bisexualität aus den Harlemer Clubs nicht wegzudenken. Viele Harlemer Nachtclubs »boten etwas für Heterosexuelle und Homosexuelle«[86]. Faderman dokumentiert, wie »die weißen Frauen nach Harlem pilgerten, um ›Lesbierinnen zu sein‹ [oder] manchmal auch, ›um es auszuprobieren‹ ... Einige dieser Frauen hielten sich für bisexuell.«[87] Darunter auch »Libby Holman, eine in den zwanziger Jahren berühmte Sängerin, die zwar verheiratet war, aber gleichwohl nach Harlem ging, wo sie nicht nur die Lesbierin spielen, sondern sich ausschweifend homosexuell verhalten konnte«. Sie und ihre Geliebte Louisa Carpenter du Pont Jenney zogen in identischen Männeranzügen und -hüten durch die Nachtbars.[88] Weitere »Berühmtheiten und Frauen aus besseren Kreisen, die größtenteils verheiratet waren, aber sich mit anderen bisexuellen Frauen vergnügen wollten«[89], waren Beatrice Lillie, Tallulah Bankhead, Jeanne Eagels, Marilyn Miller und »Lucille Le Sueur – die später als Joan Crawford bekannt wurde«[90].

Der Lebenslauf der reichen Gesellschaftsdame A'Lelia Walker war für Harlems Bewohner ein Sinnbild für »die liberale Einstellung zur Bisexualität« und »ihrer deutlichen Billigung in den höheren Schichten«. Walker war mehrere Male verheiratet gewesen und immer von einem »Schwarm schöner Frauen und femininer Männer« umgeben. »Man glaubte, ihre verschiedenen Ehen seien nur ›Fassade‹ und ihre Ehemänner selbst homosexuell«, sagt Faderman. »Doch wie viele dieser weltmännischen Bisexuellen aus Harlem fand auch sie eine Ehe erstrebenswert, wie immer es um ihr Gefühlsleben bestellt gewesen sein mag.«[91] »Unter den reichen oder berühmten Frauen Harlems war Bisexualität keine Seltenheit, auch wenn nur wenige zugegeben hätten, daß sie ausschließlich homosexuell sind.«[92]

Wieder einmal scheint stillschweigend angenommen zu werden, eine Entscheidung für die lesbische Liebe sei die schwerere gewesen, so daß eine Frau sie nur zögernd »zugegeben« hätte. Im Gegensatz dazu stand die Bisexualität in dem Ruf, problemlos, sexy und »nicht ungewöhnlich« zu sein. Faderman behauptet an keiner Stelle, daß sie weniger legitim sei. Allerdings läßt sie der These, daß Bisexualität ein Deckmantel für »ausschließliche Homosexualität« ist, ein Hintertürchen offen.

Es überrascht, daß in Fadermans Darstellung das Wort »bisexuell« häufiger fällt als »lesbisch«, obwohl Bisexualität in ihrer Argumentation als eine halbherzige Sache erscheint, als Touristenunterhaltung, als eine Art Experiment, als verführerisches Attribut – »Bisexualität scheint die sinnliche Anziehungskraft einer Frau gesteigert zu haben« – oder als eine Art von

»für etwas anderes durchgehen«. »Einige weltmännische Heterosexuelle im Harlem der zwanziger Jahre nahmen den lesbischen Anteil an der Bisexualität einfach nicht ernst.«[93]

Die turbulente, schöpferische, bewußt provokative und freizügige Kultur, die sowohl dem Bild als auch der Wirklichkeit der Harlem-Renaissance entsprach, zeichnete sich allem Anschein nach durch die Präsenz bisexueller Entertainer, Künstler, Touristen und Nachtschwärmer aus. Diese Kultur war im ästhetischen wie auch im anthropologischen oder subkulturellen Sinn des Wortes bisexuell. Zweifellos war Bisexualität in Harlem ebenso »chic« wie die lesbische Liebe, sofern chic soviel bedeutet wie modisch oder stilvoll. Indem sie die zwanziger Jahre eine Ära des »lesbischen Chics« nennt, sagt Faderman etwas Wichtiges über die Existenz und den Einfluß der lesbischen Liebe, nur muß sie dafür die Bisexualität im dem Augenblick verneinen, wo sie sie beim Namen nennt. In einem späteren Abschnitt über die wirtschaftlich harten dreißiger Jahre spricht sie vom »bisexuellen Kompromiß«, womit sie im Tonfall des Bedauerns andeutet, daß einige Lesbierinnen nur um der ökonomischen Absicherung willen geheiratet haben. Eingezwängt zwischen »Experiment« und »Kompromiß«, droht die Bisexualität wieder einmal genau dann unsichtbar zu werden, wenn sie eine Blüte erlebt und zum Signum einer Ära wird.

Ob nun als Experiment, Verlangen oder Lebensstil, die Bisexualität war aus der Kultur der zwanziger Jahre nicht wegzudenken. Sie gehörte ebensosehr zu Harlem oder dem *Jazz Age* wie die Musik und die avantgardistischen Zeitschriften. In einer Biographie Josephine Bakers erzählt ihr Adoptivsohn Jean-Claude Baker von ihren Beziehungen zu Frauen und Männern. Kurz bevor sie nach Paris ging und dort eine glänzende Karriere machte, hatte die junge Josephine eine Reihe von Liebhaberinnen, angefangen mit der Bluessängerin Clara Smith, »The Queen of the Moaners« (die übrigens nicht mit Bessie verwandt war).[94] »Mädchen brauchen Zärtlichkeit, also hatten wir Mädchenfreundschaften, die berühmten Liebhaberinnen. Aber Lesbierinnen waren im Showgeschäft nicht gut angesehen; man nannte sie Mannweiber«, berichtete Bakers Freundin Maude Russel, die in ihren Jugendjahren »the slim princess« genannt wurde. »Ich nehme an, wir waren das, was man heute bisexuell nennt.«[95]

War Bisexualität während der zwanziger Jahre unter den Frauen in Harlem keine Seltenheit, so trifft das auch auf die Männer zu. In der Harlem-

Renaissance spielten bisexuelle Männer eine wichtige Rolle in der Kunst, dem Verlagswesen und der Theaterwelt. Claude McKay, der Autor von *Home to Harlem*, dem ersten afroamerikanischen Bestseller, war selbst »ein bisexueller Schwarzer«[96] und schrieb Dialektgedichte, Sonette und Prosa. Einige schwarze Intellektuelle rügten *Home to Harlem*, das einen lebendigen und ungeschminkten Einblick ins Harlemer Leben bot, als ein ihrer Ansicht nach abstoßendes Bild der afroamerikanischen Kultur. Nach der Lektüre des Buches meinte W. E. B. DuBois, es habe ihn dringend nach einem Bad verlangt.[97] Eines Tages sitzt Jake, der verwegene Held des Romans, »groß, muskulös und schwarz«[98], in einem Speisewagen, liest Alphonse Daudets *Sappho* und summt dabei Bessie Smiths »Foolish Man-Blues«:

And there is two things in Harlem I don't understan'
It is a bulldyking woman and a faggoty man . . .

McKay hatte sexuelle Beziehungen zu Frauen und viele homosexuelle Affären. 1914 war er kurz mit einer Frau verheiratet, in die er sich als junger Mann auf Jamaica verliebt hatte. Aus der Ehe ging eine Tochter hervor, die er nie kennenlernte. Eine frühere, ebenfalls bisexuelle Geliebte, die Erzählerin und Kritikerin Josephine Herbst, schrieb einem Freund: »McKay war bisexuell, obgleich er frei von all den Manieriertheiten der meisten Homosexuellen war.« Sie wußte um McKays Sexualität nicht nur aus eigener Erfahrung, auch einige seiner Kollegen aus der Redaktion von *The Liberator* hatten ihr davon erzählt.[99] In einer kürzlich erschienenen Biographie ist zu lesen, daß »er, glauben wir den Zeugnissen, auf dem Spektrum der menschlichen Sexualbeziehungen hauptsächlich der Homosexualität zuneigte« und daß er »vermutlich die Bisexualität für sich, wenn nicht für die ganze Menschheit, als etwas völlig Normales empfand«.[100]

Dann gab es noch den Dichter Countee Cullen, der später anläßlich der feierlichen Umbenennung einer Zweigstelle der New Yorker Stadtbibliothek auf seinen Namen als »eine durch und durch unkomplizierte Persönlichkeit« bezeichnet wurde.[101] Die Hochzeit von Countee Cullen und W. E. B. DuBois' Tochter Nina Yolande war 1928 *das* gesellschaftliche Ereignis in Harlem. Tausende von Zuschauern schlossen sich den Gästen in der Salem Methodist Episcopal Church an, 16 Brautjungfern begleiteten die Braut, und Kanarienvögel sangen in vergoldeten Käfigen. Zwei Monate später schiffte sich Countee Cullen mit seinem Liebsten Harold Jackman und ohne die Braut nach Europa ein. Zwei Jahre später wurde die Ehe gelöst. Die intimen Freunde Cullen und Jackman waren als »David und Jonathan« bekannt. Jackman, ein gutaussehender Geschichtslehrer, war das Vorbild für Hauptpersonen in Romanen von Carl Van Vechten und Wallace Thurman. Cullen heiratete 1940 Ida Roberson, und die Ehe war »offenbar glücklich, wie uns zumindest ein Bericht versichert«[102].

Der Schriftsteller, Musikkritiker und Photograph Carl Van Vechten war für viele – darunter auch Langston Hughes – das Sprungbrett zu einer Karriere. Er »photographierte nahezu alle berühmten Schwarzen in Amerika«[103]. Van Vechten, ein Weißer, der von der schwarzen Kunst und Kultur begeistert und hingerissen war, führte eine offene Ehe mit der Schauspielerin Fania Marinoff, die seinen Verhältnissen zu Männern nichts in den Weg legte. Die Soireen der beiden waren berühmt und ein Treffpunkt für weiße und schwarze Künstler, Sänger, Musiker und Schriftsteller. Sie feierten und redeten bis in die frühen Morgenstunden, was die Aufmerksamkeit der Presse auf sich zog und noch mehr neugierige Besucher nach Harlem lockte.

Weiße, die »herumexperimentierten«, hielten Schwarze häufig für sexuell befreit, während Bisexualität und Beziehungen zwischen den Rassen sich als modische Grenzüberschreitungen verbanden. Nancy Cunard, die extravagante, alle Konventionen mißachtende Erbin eines Reedereivermögens, deren Anthologie *Negro* 1934 veröffentlicht wurde, erzählte ihrem Liebhaber, dem schwarzen Komponisten Henry Crowder, daß »sie Lesbierinnen mochte, schon früher ihre Gesellschaft genossen habe und es auch in Zukunft zu tun hoffte«. »Daraufhin sagte ich, ich wolle nichts mit Lesbierinnen zu tun haben, und auch nicht mit jemandem, der mit ihnen umging. ›Wenn das so ist‹, entgegnete Nancy, ›dann sollten wir uns auf der Stelle trennen.‹«[104] Nach einer vorübergehenden Trennung überlegte Crowder es sich anders. »Seitdem bin ich vielen Lesbierinnen begegnet, ich habe mit ihnen getanzt und diniert und mußte meine Meinung über sie grundlegend ändern ... Mittlerweile kann ich aufrichtig behaupten, daß zu meinen besten Freunden in Europa ein Reihe Lesbierinnen gehört.«[105] Viele von Nancys besten Freunden waren schwul, und dem Gerücht nach soll sie mit einigen von ihnen sexuelle Beziehungen gehabt haben. »Oh, *laß* es uns doch versuchen«, bestürmte sie einen noch unschlüssigen Mann an Bord eines den Kanal überquerenden Dampfers.[106]

Greenwich Village und Harlem: Lesbischer Chic – bisexueller Chic

Nicht alle Geschichten über die Bisexualität in der Harlem-Renaissance schlagen den gleichen »experimentierfreudig«-optimistischen Ton an. Viele erzählen von einer lebenslangen Auseinandersetzung mit Fragen der sozialen, kulturellen, erotischen und rassischen Identität, von der Verletzung und Wiederherstellung umstrittener Grenzen. Während eine Stegreifkünstlerin oder Entertainerin wie Gladys Bentley frech ihre sexuellen Überschreitungen herauskehrte, um ein abenteuerlüsternes Publikum anzuziehen, versuchten andere Bisexuelle, Schwule und Lesbierinnen ihren sexuellen Nonkonformismus vor den Augen der Öffentlichkeit zu verbergen. Einige heirateten, um als heterosexuell durchzugehen, so wie andere versuchten, als weiß durchzugehen. Filme wie Marlon Riggs' *Tongues Untied* verdeutlichen, daß »schwarz und schwul« erst in jüngster Zeit öffentlich und mit Stolz vertreten wird.

Wallace Thurman, der gemeinsam mit Langston Hughes und Zora Neale Hurston die kurzlebige Zeitschrift *Fire!!* herausgab, veröffentlichte 1929 einen Roman mit dem Titel *The Blacker the Berry. A Novel of Negro Life*, in dessen Mittelpunkt ein »schwarzer, bisexueller Schuft« steht.[107] Thurman, von Kritikern als »skandalträchtiger Lebemann«[108] und zudem »leicht effeminiert«[109] bezeichnet und von Langston Hughes als »extrem brillanter junger Schwarzer«[110] gepriesen, heiratete in den zwanziger Jahre die Pädagogin und Gewerkschaftlerin Louise Thompson. Beinahe unmittelbar danach reichte sie die Scheidung ein, die jedoch aus technischen Gründen nie vollzogen wurde. Sie ließ ihn in eine Abteilung für unheilbar Kranke auf Welfare Island einweisen, wo er, depressiv, alkoholsüchtig und angeblich »von Schuldgefühlen über seine sexuelle Zweideutigkeit gepeinigt«, mit 32 Jahren starb.[111]

Nella Larsens Roman *Passing* (1929) schildert ein erotisches Dreiecksverhältnis. Zwei Frauen, die hellhäutig genug sind, um als Weiße durchzugehen, wovon die eine einen Schwarzen und die andere einen Weißen geheiratet hat, begegnen sich nach Jahren der Trennung wieder. Clare, deren Ehemann nicht ahnt, daß sie schwarz ist, kommt bei einem Fenstersturz ums Leben, nachdem er ihre rassische Identität herausgefunden hat. Der Roman läßt die Frage offen, ob Clare sich umgebracht hat oder von ihrer Freundin Irene in einem Anfall von Eifersucht aus dem Fenster gestoßen wurde.

Mit seinem vielsagenden Titel wurde *Passing* als Roman über verborgene lesbische Gefühle gedeutet.[112] Irene glaubt, auch ihr Ehemann habe auf die von ihr bewunderte Clare ein begehrliches Auge geworfen, und fürchtet, daß Clares Schönheit ihre Ehe bedroht. In gewisser Weise haben wir hier eine klassisch bisexuelle Handlung: Das gleichgeschlechtliche Verlangen wird in der Phantasie sowohl auf eine andersgeschlechtliche Beziehung übertragen (da Irene Clare begehrt, wird ihr Ehemann es auch tun) als auch daraus bezogen (weil ihr Ehemann Clare begehrt, tut sie es auch). Dieses Muster analysiert schon Freud in seinem klassischen Essay *Über einige neurotische Mechanismen bei Eifersucht, Paranoia und Homosexualität*[113] und, wie wir sehen werden, liegt dem »bisexuellen Plot« in der Literatur ebenso zugrunde wie vielen bisexuellen Lebensläufen.

Die Frage, als was er rassisch und sexuell »durchgehen« könnte, war auch im Leben Jean Toomers, Autor des hochgelobten, 1923 erschienenen Romans *Zuckerrohr* virulent. Toomer war ein Mischling und eine klassische Schönheit. Als er seine erste Arbeit bei *The Liberator* einreichte, lehnte Claude McKay die Erzählung von »Miss Toomer« als zu lang und unzusammenhängend ab. Toomer »stellte die Geschlechterverwechslung schnell richtig«[114], und bald darauf wurden seine Arbeiten in der Zeitschrift gedruckt. Toomer wurde zu einer glanzvollen Gestalt der literarischen Szene in Harlem und mit offenen Armen von den literarischen Größen in Greenwich Village empfangen. Man munkelte, er hätte eine Liebschaft mit Edna St. Vincent Millay gehabt.

Offenbar wirkte Toomer besonders anziehend auf Frauen, die auch ihrem eigenen Geschlecht zugeneigt waren, oder er fühlte sich gerade von ihnen angezogen. Mabel Dodge Luhan, die Priesterin von Taos, eine Freundin Carl Van Vechtens und lange Zeit in Greenwich Village lebend, war von Toomer fasziniert und lud ihn ein, bei ihr und ihrem Ehemann in Neu Mexiko zu leben. Luhan, die Verführungen in Dreiecksverhältnissen genoß, fand es besonders aufregend, daß er eine Affäre mit Waldo Franks Ehefrau Margret Naumburg hatte: »Ich bin davon überzeugt, daß ein Mann mit einem großen und befriedigenden sexuellen Betätigungsfeld frei wird. ... Auf diese Weise bleibt er Herr der Lage.«[115] Toomer entfernte sich mit der Zeit von seinen Harlemer Kollegen und ging immer mehr in der Welt der Weißen auf. 1931 heiratete er die weiße Schriftstellerin Margery Latimer, »eine streitbare Feministin, die von Bürgerrechten, Afroamerikanern, sexuellem Nonkonformismus ... und Jean Toomer fasziniert war«[116].

In Büchern über schwarze moderne Kunst und Homosexualität ist die Sexualität Langston Hughes', des wohl berühmtesten Schriftstellers, Dichters und Autobiographen Harlems, ausgiebig besprochen worden. In seiner ausgezeichneten Biographie schreibt Arnold Rampersad, daß, obwohl seit 1948 »die Ehe für Langston keine Frage mehr war«, er »seinen Bekannten keinen Grund für die Annahme gab, dahinter stecke mehr als sein fortgeschrittenes Alter und sein eingefleischtes Junggesellentum, nämlich seine eigentliche Homosexualität«. Frances Wills Thorpe, die Langston seit 1938 kannte, teilte Rampersad mit: »Möglicherweise war Langston bisexuell, aber ich würde jeden Eid auf die Bibel schwören, daß er nicht homosexuell war. Ich kenne einige Fauen, die sich mit ihm trafen, und da sie in der Mehrzahl gesunde und intelligente Personen waren, hätten sie sich nicht hinters Licht führen lassen.«[117] In Isaac Juliens James Baldwin gewidmetem Film *Looking for Langston* (1988), der das Leben schwuler Schriftsteller wie Baldwin, Bruce Nugent und Essex Hemphill schildert, wird Hughes' Leben im Rahmen einer Harlem-Renaissance thematisiert, von der man mittlerweile laut Henry Louis Gates annimmt, daß »sie zweifellos ebenso schwul wie schwarz war, was freilich nicht heißt, daß sie ausschließlich das war«[118]. In den Eingangsszenen des Films taucht der Regisseur Julien als die Leiche im Sarg auf, womit er sich gleichsam mit Hughes identifiziert. Doch wie Gates richtig betont, wäre es verfehlt zu meinen, »der Film fixiere die historische Frage über Hughes' sexuelles Leben« oder aber mache sie gegenstandslos, da er bloß eine Fiktion sei.[119] Die Frage, was da fixiert oder nicht fixiert wird, berührt den Kern der Postmoderne wie des Poststrukturalismus und ist für all jene ein Problem, die es »wissen« wollen oder die in der Identitätspolitik eher eine Gewißheit als einen Prozeß sehen möchten. »Wenn *Looking for Langston* eine Reflexion über die Harlem-Renaissance ist, so ist er auch eine leidenschaftliche Ablehnung der heftigen Homophobie, die mit der Black-Power- und der Black-Aesthetic-Bewegung verbunden ist.«[120]

Doch die Dichotomie von schwul und hetero ist nicht auf alle Lebensläufe zugeschnitten. Langston auf der anderen Seite der Grenze anzusiedeln, ihn von der heterosexuellen auf die homosexuelle Seite zu schieben, mag die entscheidende politische Funktion erfüllen, das schwarze Schwulsein oder das schwule Schwarzsein in der Geschichte zu legitimieren. Wenn »wir nach Langston suchen und Isaac finden«[121], dann bedeutet das bloß, daß sich die Vergangenheit durch die bewußte Aneignung der Gegenwart zurückgewinnen läßt.

Kein Skandal in Bohemia

Giovannis Zimmergenosse

Wie wir sahen, wurde die Bisexualität vom Standpunkt der Sexualpolitik oftmals als politisch inkorrekt verurteilt. Dank neuerer Arbeiten über schwarze Schriftsteller wie Langston Hughes, Alain Locke, Countee Cullen und Claude McKay wissen wir, daß schwarz und schwul sein oder schwarz und bisexuell sein kaum die Ausnahme war. Beides war im Amerika der zwanziger Jahre die Regel und wurde in der Regel verborgen. Doch James Baldwins 1956 erschienener Roman *Giovannis Zimmer*, die Geschichte eines bisexuellen Weißen, der sich nicht entscheiden kann, weicht stärker als gewöhnlich vom Pfad des schwarzen Selbstbewußtseins und der Selbstbejahung ab. Baldwins Schwulsein, von der entstehenden Black-Power-Bewegung weder gewünscht noch toleriert, entsprach nicht dem Machobild der sechziger Jahre. Wie kam es, daß gerade der Bisexualität die Last des rassischen Ausgestoßenseins und des Selbstzweifels auferlegt wurde? Das ist eine der Geschichten, die uns *Giovannis Zimmer* erzählt.

In welchem Sinne ist Baldwins David bisexuell? Die Rahmenhandlung des Buches ist Davids Beziehung zu seiner Verlobten Hella, die ihn zu Beginn des Romans verlassen hat, um nach Amerika zurückzukehren. Doch Hella steht nie im Zentrum des Romans. David lernt Giovanni kennen und lieben, nachdem sie nach Spanien aufgebrochen war, um über seinen Heiratsantrag nachzudenken.

Die Affäre mit Giovanni, die sich in dem realen und allegorischen, mehr einer Abstellkammer gleichenden »Zimmer« wie auch vor dem Hintergrund eines zwielichtigen und ziemlich schwulen Paris abspielt, krempelt Davids Leben um. Er ist fast die ganze Zeit über unreflektiert glücklich, bis ein Brief von Hella eintrifft, in dem sie ihre bevorstehende Rückkehr ankündigt und ihm ihr Jawort gibt. Von dem Augenblick an zerfällt alles um ihn herum. Er gabelt ein Mädchen auf und geht mit ihr ins Bett, dabei empfindet er nur Haß für sich, für sie und für die ganze Angelegenheit. Er holt Hella am Bahnhof ab und erkennt voll Freude ihr Haar wieder, das sie nun »etwas kürzer« trug. Mit sonnengebräuntem Gesicht steht sie da, »breitbeinig wie ein Junge«[122]. Ohne ein Wort zu sagen, verbannt er Giovanni aus seinem Leben, bis sie sich zufällig wiedersehen und David erfährt, daß Giovanni bei Jacques untergeschlüpft ist, einer französischen Tunte, die sie beide ausgenommen haben und verachten.

Nach und nach dämmert es David, daß seine Liebe zu Giovanni eine Ehe mit Hella unmöglich gemacht hat. Überstürzt verläßt er das Haus, das er mit Hella in Südfrankreich gemietet hat, und geht nach Nizza. Dort liest er einen Matrosen auf und verbringt mehrere Tage mit ihm. Schließlich erscheint Hella und wirft ihm voller Bitterkeit vor, daß er ihr verschwiegen hat, was sie beide bereits wußten. In der Zwischenzeit wurde Giovanni verhaftet, weil er Guillaume, eine andere ältere Tunte, getötet hat. Auf der verzeifelten Suche nach Arbeit hatte er sich erneut an den Barbesitzer Guillaume gewandt. Doch dieser hat ihn voller Verachtung zu seinem Lustknaben gemacht und dann versucht, ihn vor die Tür zu setzen. Der Roman wird von der bevorstehenden Hinrichtung Giovannis und Hellas Rückkehr nach Amerika eingerahmt. David sieht sich in seiner Phantasie dazu verurteilt, namenlose Knaben aufzugreifen, unfähig zu heiraten oder sich auch nur glücklich zu verlieben.

»Als ich Hella versicherte, daß ich sie geliebt hätte, dachte ich an jene Tage, da mir noch nichts Schreckliches, Unwiderrufliches geschehen war, an die Zeit, als eine Affäre eben nur eine Affäre war. Ganz gleich aber, in wie vielen Betten ich bis zur Stunde meines Todes noch liegen werde – nach dieser Nacht, nach dem Morgen, der kommt, ist es für mich vorbei mit solchen knabenhaften, begeistert genossenen Affären, die, wenn man es recht bedenkt, nichts weiter sind als eine höhere oder zumindest anspruchsvolle Art der Masturbation. Die Menschen sind zu verschieden, als daß man sie so leichthin behandeln könnte. Und ich bin zu mannigfaltig, als daß man mir trauen könnte. Anderenfalls wäre ich jetzt nicht allein in diesem Haus, würde Hella nicht auf hoher See schwimmen, wäre Giovanni nicht dazu verdammt, irgendwann in dieser Nacht auf der Guillotine zu sterben.«[123]

Diese meisterhafte Beschreibung, ein Höhepunkt der retardierenden Erzählkunst, befindet sich am Anfang des Romans, nicht am Ende. Der Roman wird erklären müssen, wie David, Hella und Giovanni in die Lage gekommen sind, mit der ihre Geschichte anfängt. Das kleine Geheimnis, warum, für welches und an wem begangenes Verbrechen Giovanni im Gefängnis landet, wird nur allmählich gelüftet: am Ende, parallel zu der Geschichte, wie David sein eigenes – ja was? – Schicksal, Wesen, Verlangen erkennt.

In *Giovannis Zimmer* wird viel über die Geschlechterrollen nachgedacht. Der wirkungsvolle Kunstgriff eines Ich-Erzählers ermöglicht sowohl einfühlsame als auch unverstellte Enthüllungen. »Ich gaukelte mir anfangs vor, es mache mir Freude, die Hausfrau zu spielen, wenn Giovanni zur Arbeit

Kein Skandal in Bohemia

gegangen war«, überlegt David, »aber ich bin keine Hausfrau – Männer können niemals Hausfrauen sein.«[124] Und im Gegensatz dazu Hellas verzweiflungsvolles Flehen: »David, bitte, laß mich eine Frau sein. Es ist mir gleich, was du mit mir machst. Es ist mir gleich, was du von mir verlangst. Ich trage das Haar lang, ich gebe das Rauchen auf, ich werfe die Bücher weg ... Laß mich nur eine Frau sein, nimm mich. Das ist es, was ich will. Das ist *alles*, was ich will.«[125] In dieser Nacht verläßt er sie und macht sich an einen Matrosen in einer Bar in Nizza heran. Was David an Hella geliebt hat, war ihre Unabhängigkeit, ihre »Jungenhaftigkeit« und ihre Widerborstigkeit. Sobald sie nachgibt, sobald sie über Dauer und Kinder reden, fühlt er sich in der Falle. Über dieselbe Frage hatte er sich schon früher mit Giovanni gestritten:

»Ich ... ich kann kein Leben mit dir führen.«
»Aber du kannst ein Leben mit Hella führen, wie? ...«
»Ja«, antwortete ich müde, »mit ihr kann ich ein Leben führen.« Ich stand auf. Ich zitterte. »Was für ein Leben können wir in diesem Zimmer führen – in diesem schmutzigen kleinen Zimmer? Überhaupt, was für ein Leben können zwei Männer zusammen führen? All diese Liebe, von der du redest – was steckt denn anderes dahinter als dein Wunsch, dich stark zu fühlen? Du möchtest der große Arbeiter sein, der das Geld nach Hause bringt, du möchtest, daß ich hier auf dich warte, daß ich abwasche und das Essen koche und dieses elende Loch von einem Zimmer saubermache, daß ich dich küsse, wenn du zur Tür hereinkommst, und nachts mit dir schlafe und dein kleines *Mädchen* bin. Das ist es, was du möchtest. Das ist es, was du meinst, und das ist *alles*, was du meinst, wenn du von deiner Liebe zu mir redest. Du sagst, daß ich dich töten möchte. Was, glaubst du, hast du mir angetan?«
»Ich versuche nicht, dich zu einem kleinen Mädchen zu machen. Wenn ich ein kleines Mädchen haben wollte, würde ich mit einem kleinen Mädchen leben.«
»Und warum tust du's nicht? Weil du Angst hast, nicht wahr? Du hast nicht den Mumm, dich mit einer Frau einzulassen, wie du's gern möchtest, und deshalb nimmst du *mich*.«
Er war kreidebleich. »Du erzählst mir in einem fort, *was* ich will. Ich habe nur davon gesprochen, *wen* ich will.«
»Aber ich bin ein Mann«, rief ich. »Ein Mann! Was kann denn zwischen uns sein?«

»Du weißt sehr gut, was zwischen uns sein kann«, sagte Giovanni langsam. »Aus diesem Grunde verläßt du mich ja.«[126]

Giovannis Unterscheidung zwischen »*was* er will« und »*wen* er will« spiegelt das Verhalten vieler heutiger Bisexueller wider. Sie betonen immer wieder, daß sie sich in eine bestimmte Person und nicht in ein Geschlecht verlieben.

Die Bisexualität ist in *Giovannis Zimmer* eine Metapher für das Exil, für ein Leben am Rande der Gesellschaft, für Heimatlosigkeit. In einer wichtigen Hinsicht freilich ist *Giovannis Zimmer* kein bisexueller Roman. Es ist ein Roman, in dem man die Bisexualität für ein Artefakt halten könnte, für einen Kunstgriff, für das Ergebnis eines Nachdenkens, das auf andere Fragen abzielte. Am Ende stellt sich heraus, daß die Bisexualität, die überall im Roman spürbar zu sein scheint, eigentlich nirgendwo ist. Wie David ist auch Giovanni bisexuell. Er überläßt sich seinen Erinnerungen an die Mädchen im heimatlichen Italien, vor allem an ein bestimmtes Dorfmädchen, die Mutter seines totgeborenen Kindes.

> In Italien hatte ich eine Frau, und sie war sehr gut zu mir. Sie liebte mich, sie liebte *mich*, und sie sorgte für mich. Wenn ich von der Arbeit kam, aus den Weinbergen, war sie immer da, und es gab nie Schwierigkeiten zwischen uns. Ich war jung damals, ich wußte nichts von den Dingen, die ich später lernte, und auch nichts von den schrecklichen Dingen, die du mich gelehrt hast. Ich dachte, alle Frauen wären wie sie. Ich dachte, alle Männer wären wie ich – ich dachte, ich wäre wie alle anderen Männer. Ich war nicht unglücklich, und ich war nicht einsam – denn sie war ja da –, und ich sehnte mich nicht nach dem Tod. Ich wollte immer in meinem Dorf bleiben und in den Weinbergen arbeiten und unseren Wein trinken und mein Mädchen lieben.[127]

»Sie liebte *mich*«. Aber liebte er auch sie? Darüber schweigt er. Worüber er wiederholt spricht, ist seine Liebe zu David. Selbst Hella sieht diese Liebe, obgleich sie von der Affäre noch nichts weiß. »Er hat dich geliebt«, sagte Hella zu David. »Warum hast du mir das nicht erzählt? Oder wußtest du es nicht?«[128]

Giovanni verkörpert das Naturhafte, den rundum sinnlichen und sexuellen Mann, der Männer und Frauen leidenschaftlich zu lieben vermag, während David, der paradigmatische Bisexuelle des Romans, in Wahrheit weder die Frauen noch den sexuellen Verkehr mit ihnen mag. In dem ganzen mit Sexualität getränkten Buch gibt es nur zwei ausdrücklich sexuelle Episoden: Beide Male spielen sie sich zwischen David und einer Frau ab. Die eine ist Sue, eine unsichere und dickliche Amerikanerin, die er aufliest, um sich nach Erhalt von Hellas Brief seiner Heterosexualität zu versichern, und natürlich Hella selbst. Und beide Male wird sein Abscheu vor dem weiblichen Körper deutlich. »Irgendwo auf dem Grunde meiner selbst erkannte ich, daß ich ein furchtbares Unrecht an ihr beging und daß ich es meiner Ehre schuldig war, diese Tatsache nicht allzu offensichtlich werden zu lassen«, kommentiert er seinen verzweifelten Beischlaf mit Sue. »Ich bemühte mich, ihr in diesem qualvollen Liebesakt begreiflich zu machen, daß es nicht sie war, die ich verabscheute, nicht *ihr* Fleisch.«[129] Und nachdem er zunächst erleichtert war, bei Hella Vertrautheit und Zufriedenheit zu empfinden, macht er mit ihr dieselbe Erfahrung. Der Abschnitt, der seinen Widerwillen beschreibt, ist sehr drastisch; so drastisch, daß ich ihn noch aus meiner ersten Lektüre unangenehm lebhaft in Erinnerung habe, und das liegt immerhin 25 Jahre zurück. David schreibt:

> Ich weiß nicht mehr, wann ich zum erstenmal entdeckte, daß Hella mich kaltließ, daß ich ihren Körper reizlos fand, daß ihre Nähe mich störte. Unvermittelt war es soweit – was wohl nur heißt, daß es bereits seit langer Zeit im Gange war. Vielleicht fing es damit an, daß ich mich zurückschrecken fühlte, als sie mir bei Tisch etwas auf den Teller legte und dabei mit der Spitze ihrer Brust leicht meinen Arm streifte. Hellas Unterwäsche, die ich bisher als so unwahrscheinlich süß duftend empfunden hatte, daß mir schien, sie wasche sie viel zu oft, kam mir jetzt unästhetisch und unsauber vor, wenn ich sie im Badezimmer auf der Leine hängen sah. Ein Körper, der mit so albernen, schräggeschnittenen Kleidungsstücken bedeckt werden mußte, war in meinen Augen lächerlich. Manchmal beobachtete ich, wie sich ihr nackter Leib bewegte, und wünschte, er wär härter und fester. Beim Anblick ihrer Brüste geriet ich in größte Verwirrung, und wenn ich in sie eindrang, war mir, als würde ich nicht wieder lebend herauskommen. Alles, was mich früher entzückt hatte, rief jetzt Unbehagen und Ekel in mir hervor.[130]

Die Vagina dentata, der verschlingende Schoß, gehört mit zu den bekanntesten dieser fleischlichen Bilder des Eingeschlossenwerdens und des Ekels, für die »Misogynie« ein zu klinischer und in unseren Tagen auch ein politisch zu aufgeladener Begriff ist. Daß der Körper eines geliebten Menschen plötzlich abstoßend erscheint, ist für viele Heterosexuelle, Homosexuelle und Bisexuelle gleichermaßer eine durchaus vertraute, wenn auch nicht willkommene Erfahrung, hinter der nicht die Absicht steht, den Menschen, für den sie sich einst entschieden hatten und den sie nun nicht mehr begehren können, nicht mehr zu lieben und zu begehren. Es wäre sicherlich unangemessen, David als Frauenhasser abzustempeln. Dennoch ist es in gewisser Weise bezeichnend, daß Baldwin in seinem Roman den Sex mit Männern zart und romantisch ausmalt, wohingegen Sex mit Frauen plump, kraftlos und wenn nicht erschreckend oder grotesk, so doch zumindest lächerlich ist.

Wenn man so will, kann man David als einen »diachron praktizierenden Bisexuellen« bezeichnen, als einen Mann, der einst Männer *und* Frauen liebte – zu Beginn erzählt er von seinem ersten sexuellen Erlebnis mit einem Schulfreund, von seinen Freuden und seinen Ängsten vor der Zukunft – und jetzt nur noch Männer begehrt. Diese einfache Beschreibung ist jedoch der Genauigkeit eines so sorgfältig aufgebauten Romans unangemessen. Fritz Klein deutet *Giovannis Zimmer* in seinem Buch *The Bisexual Option* als »innere private Hölle des neurotischen Bisexuellen«, als »Darstellung des Tiefpunkts von Bisexualität«: »In der Literatur wird der Bisexuelle überwiegend als Schurke – als Spion oder Verräter – oder als schwacher, wankelmütiger Neurotiker dargestellt. In *Giovannis Zimmer* werden diese beiden Gestalten nebeneinandergestellt.«[131]

Dieses Aufrechnen, was für den Bisexuellen günstig, was für den Bisexuellen ungünstig ist, mag durchaus am Platze sein, auch wenn es heute nicht mehr denselben Stellenwert hat wie in den siebziger Jahren, als Klein sein Buch schrieb. Ich würde ihm zustimmen, daß »Davids Bisexualität nicht real ist«. Andererseits ist anzumerken, daß wir möglicherweise unter »real« nicht dasselbe verstehen. Für Klein macht David einen »Übergang zur Homosexualität« durch. Man muß jedoch im Auge behalten, inwieweit die Bisexualität hier als Folie dient, um verwickelte Fragen der Rasse und der Kultur zu behandeln. In seinem Essay »Encounter on the Seine: Black Meets Brown«, der ursprünglich 1950 unter dem Titel »The Negro in Paris« erschienen ist und 1955, ein Jahr vor der Veröffentlichung von *Giovannis*

Zimmer, in den *Notes of a Native Son* wiederabgedruckt wurde, stellt Baldwin ein anderes Dreieck vor, das der Rasse und Hautfarbe. Schwarz, Braun und Weiß erfüllen in disem Essay in etwa dieselbe Funktion wie heterosexuell, bisexuell und homosexuell in *Giovannis Zimmer*. Das heißt nicht, daß sie Punkt für Punkt deckungsgleich sind. Es geht vielmehr darum, daß aus zweien unvermeidlich drei werden.

»Der Neger und der Afrikaner«, schreibt Baldwin, »stehen sich, durch 300 Jahre getrennt, gegenüber – und diese Entfremdung ist zu groß, als daß ein Abend des guten Willens sie überbrücken könnte, sie ist zu schwerschwiegend und zu zweischneidig, als daß man sie in Worte fassen könnte. Die Entfremdung zwingt den Neger, sich als Mischling zu sehen. Und das nicht nur in körperlicher Hinsicht: Alle seine Lebensäußerungen verraten die Erinnerung an die Versteigerung auf dem Sklavenmarkt und die Auswirkung des glücklichen Endes. In den weißen Amerikanern erkennt er, sozusagen in einer höheren Tonart, seine Spannungen, seine Schrecken und seine Zärtlichkeit wieder. Zum ersten Mal geht ihm dunkel auf, welche Rolle sie im Leben und in der Geschichte des jeweils anderen gespielt haben. Jetzt ist er Blut von ihrem Blut und Fleisch von ihrem Fleisch. Sie haben einander geliebt und gehaßt, sie waren voneinander besessen und haben sich voreinander gefürchtet, und sein Blut ist in ihre Erde geflossen. Daher kann er sie nicht verleugnen. Sie kommen nicht von voneinander los: Eine Scheidung wäre undenkbar.

Der amerikanische Neger kann dem Afrikaner nicht erklären, was zweifellos an ihm wie ein Mangel an Männlichkeit, an Rassenstolz und als rührselige Fähigkeit zur Vergebung erscheinen muß. Er kann ihm nur schwer verständlich machen, daß er sein Geburtsrecht als Schwarzer nicht verkauft hat, sondern daß er im Gegenteil um die Anerkennung und das Geltendmachen seines Geburtsrechtes ringt. Vielleicht begreift er jetzt, daß er gerade in seinem Bedürfnis, sich in ein Verhältnis zu seiner Vergangenheit zu setzen, am meisten Amerikaner ist, daß, kurz gesagt, diese bodenlose Entfremdung von sich selber und seinem Volk die amerikanische Erfahrung ist.«[132]

Ein Mangel an Männlichkeit, verstanden als Mangel an Rassenstolz; eine Entfremdung, die sich als Quintessenz der amerikanischen Erfahrung herausstellt; ein hybrider Zustand, der sich nicht auf das Körperliche beschränkt; eine durch Liebe, Haß, Besessenheit und Furcht derart bestimmte Beziehung, daß »er sie nicht verleugnen kann« und »eine Scheidung undenkbar wäre«. Es bedarf keiner großen Interpretationskunst, um darin die Schlüsselthemen von *Giovannis Zimmer* wie auch von Baldwins damaliger Deutung des Rassenproblems wiederzuerkennen. Die Metapher der Ehe, hier treffend in die Metapher von der undenkbaren Scheidung gehüllt, kennzeichnet die Beziehung des amerikanischen Negers zum weißen Amerika.

Wie der Autor in seiner Einleitung bemerkt, wurde *Notes of a Native Son* tatsächlich zur selben Zeit wie *Giovannis Zimmer* abgeschlossen, und beide schärften durch die Überschneidung von Homosexualität und Schwarzsein das Bewußtsein seiner Entfremdung. Baldwin hatte den Titelessay von *Notes of a Native Son* gerade beendet, als er nach Amerika zurückkehrte. »Dort vollendete ich *Giovannis Zimmer*. Die Verlagswelt, diese Brutstätte des ›gesunden‹ Urteils, betrachtete das Buch mit Entsetzen und Abscheu. Sie weigerte sich, es in die Hand zu nehmen, und erklärte, der Verfasser sei ein junger *Neger*, der sein Publikum verprellen und seine Karriere ruinieren würde, wenn er dieses Buch veröffentlichte. Kurz gesagt, man wollte es aus Sorge um mich nicht drucken. Ich brachte, vielleicht eine Spur zu scharf, meine Dankbarkeit zum Ausdruck, lieh mir Geld von einem Freund, ging an Bord des nächsten Schiffes und fuhr mit meinem Liebhaber nach Frankreich zurück.«[133]

Metaphorische Deutungen werfen stets die Frage auf, was der eigentlich erörterte Gegenstand ist und auf welche Weise er bildhaft vorgestellt wird. Ist die Bisexualität in *Giovannis Zimmer* nun das »Eigentliche« oder nur das Vehikel des Buches? Ist es ein Roman über Bisexualität, oder geht es eher um schwule Identität? Behandelt er »eigentlich« die komplizierte Situation eines amerikanischen Negers um die Mitte dieses Jahrhunderts, d. h. eine Kategorie und Persönlichkeit, die in dem Roman offensichtlich gar nicht vorkommt?

In Wahrheit geht es jedoch nicht um das »eigentlich«, sondern um das »wie«. *Giovannis Zimmer* ist zweifellos ein Buch über schuldbeladene oder nicht schuldbeladene Bisexualität: über Davids oder Giovannis Version der Bisexualität. Aus kulturellen, moralischen, finanziellen und sinnlichen Gründen scheint die Bisexualität eine ebenso unhaltbare wie unvermeidliche Position zu sein. (David gelingt es erst dann, Geld von zu Hause zu bekommen, als er seine bevorstehende Heirat mit Hella ankündigt.) Mehr noch, das Begehren scheint ebenso Bestandteil wie Produkt von Kultur, Sitte und ökonomischen Zwängen zu sein, obgleich diese manchmal eher durch ein äußeres Gesetz als durch eine innere Logik verbunden sind. (Seine Verlobung mit Hella erstickt sein Verlangen nach ihr; der Geldmangel zwingt ihn, Giovannis Zimmer zu teilen, was ihr gegenseitiges Begehren eher steigert als abkühlt.) Wenn Davids Bisexualität nicht real ist, ein Punkt, den ich Klein schon konzediert habe, dann ist es gerade ihre Unwirklichkeit, die die Erörterung lohnt. Ebenso wird man sagen können, daß, wenn *Giovannis Zimmer* sich als ein Roman über Rassenprobleme lesen läßt, obwohl kein Farbiger darin vorkommt, man ihn genausogut als Roman über Bisexualität lesen kann, gleichgültig ob seine Protagonisten nun »wirklich« bisexuell sind oder nicht. Die Frage ist schließlich nicht, ob David ein gutes Muster für Bisexuelle ist.

Ohne daß diese Ausdrücke fielen, tauchte die Frage des Musters oder Vorbildes tatsächlich in einer der wütendsten Kritiken an Baldwins politischer Einstellung zu Rasse und Sexualität auf, nämlich in Eldridge Cleavers Essay »Notizen über einen Landessohn« in *Seele auf Eis*.[134] In direkter Anspielung auf das Beispiel Richard Wrights – des Autors von *Sohn dieses Landes* – ersetzt Cleaver Baldwins »von« durch ein »über« und stellt Baldwin wegen seines »ethnischen Selbsthasses«[135] zur Rede. Warum haßt Baldwin sich, sein Schwarzsein, seine Identität als Neger? Für Cleaver lautet die Antwort: weil er homosexuell ist. Vielleicht aber ist er auch homosexuell geworden, weil er sich und sein Schwarzsein haßt.

In Cleavers Augen sind schwarze Intellektuelle wie Baldwin zur Verkörperung all dessen geworden, was sie eigentlich als Feind erkennen müßten. »Der intellektuelle Heuchler« – Cleaver nimmt wahrlich kein Blatt vor den Mund – »haßt sich selbst« und »wird ein Weißer in einem schwarzen Körper«.[136] Bei diesem Ausdruck fühlt man sich sogleich an die landläufige Beschreibung des Transsexuellen erinnert und des sexuell Invertierten als einer Frau, die in einem männlichen Körper gefangen ist.

»Der schwarze Homosexuelle verkörpert diesen Widerspruch vollkommen, wenn seine Homosexualität mit der Rassenfrage zusammenhängt«, er ist, wie Cleaver meint, durch den weißen Mann »seiner Maskulinität beraubt« worden. Ein Schriftsteller, der ein echter »Rebell und Mann« ist, wie etwa Richard Wright, wird von Homosexualität nur selten sprechen, allenfalls im Zusammenhang mit der »Jagd auf Tunten«, wie sie Jugendbanden in den schwarzen Ghettos Amerikas veranstalten. Wrights Romanhelden mögen »von einer Art Impotenz gehemmt« sein, doch sind sie gleichwohl »entschieden heterosexuell ... Ihre Heterosexualität trat nicht offen oder betont ans Licht, sie war eher angedeutet als Voraussetzung, so wie wir es von allen Männern annehmen, bis etwas uns das Gegenteil beweist.«[137] Was ist dieses *etwas*?

Baldwins Romane sind beispielsweise dieses Etwas. Baldwins »erste Liebe« galt »dem weißen Mann«, und diese Liebe wird er bei aller Anstrengung nicht hinter »dem Weihrauch seiner Prosa« verbergen können. Aus diesem Grund ist Eldrigde Cleavers »Liebe zu Baldwins Vision zwiespältig geworden«[138]. Wie zwiespältig diese »Liebe« wurde und wie tief sie dabei in die Sprache der Homosexualität eintaucht, wird im Laufe des Essays deutlich werden. Denn Cleavers Essay ist die Geschichte einer enttäuschten Liebe.

Früher verlangte er »nach allem, was Baldwin geschrieben hat«. Er fand für sein Verlangen sogar ein seltsames Bild: Er wünschte sich, »auf einem Kissen unter der Gebärmutter der Schreibmaschine Baldwins zu sitzen und jede neugeborene Seite im Augenblick ihres Eintritts in unsere Welt aufzufangen«[139]. Ist Cleaver hier die Hebamme? Oder der Vater? Wie dem auch sei, es geht um die Geburt eines Kindes, ein recht verbreitetes Klischee für literarische Schöpfungen von Männern. Mehr als seltsam ist allerdings die Art und Weise, in der das Bild ausgesponnen wird. Denn Cleaver wird es immer weiter ausreizen, vielleicht weil er gar nicht anders kann.

Sehen »wir einen Augenblick von James Baldwins Fall ab«, sagt Cleaver, an dessen Aufrichtigkeit hier Zweifel angebracht sind, denn er verliert Baldwin auch nicht eine Sekunde aus dem Blick. »Es scheint ..., daß viele homosexuelle Neger, die den rassischen Todeswunsch hegen, wütend und frustriert sind, weil sie in ihrer Krankheit von einem weißen Mann kein Kind haben können.« Obwohl sie sich »bis an die Zehenspitzen für den weißen Mann bücken ... ist die Frucht ihrer Rassenvermischung nicht der kleine halbweiße Abkömmling« ihrer Träume. Trotz ihrer Anstrengungen, »den Samen des weißen Mannes aufzunehmen«[140], erzeugen diese schwarzen Homosexuellen nichts oder nichts als die beiläufige Lust körperlicher Triebabfuhr, eine Entspannung der Nerven.

In diesem Abschnitt ist der schwarze Mann unten und der weiße Mann oben; der Weiße dringt ein, während in den Schwarzen eingedrungen wird, diesen passiven Empfänger weißer Sexualität und Kultur. Cleaver überschüttet die Gestalt des Rufus Scott in Baldwins Roman *Eine andere Welt* mit bitterem Hohn: »Ein armseliges Wesen, das sich auf des weißen Mannes

Kein Skandal in Bohemia

Zeitvertreib, den Selbstmord, einließ, das sich von einem weißen bisexuellen Homosexuellen in den Arsch ficken ließ.«[141] Cleaver baut sich unausgesprochen und ausgesprochen zu Rufus Scotts Gegenbild auf. Er ist nicht nur ein militanter Schwarzer, sondern auch ein aktiver Heterosexueller, der dem weißen Macho Norman Mailer vor der schwarzen Tunte James Baldwin den Vorzug gibt.

Cleaver – der Cleaver dieses Essays – schätzt die Homosexuellen nicht und zitiert Norman Mailer: »Es ist natürlich, wenn auch beklagenswert, daß viele herausgeforderte Homosexuelle sich im Glauben wiegen, in der Homosexualität liege etwas wesentlich Überlegenes; verfolgt man indes diesen Standpunkt nur weit genug, ist er genauso verblödet, lächerlich und unmenschlich wie die Voreingenommenheit des Heterosexuellen.« Hier hören wir, was nicht vergessen werden sollte, die sechziger und nicht die neunziger Jahre reden.

»Ich, beispielsweise, glaube nicht«, setzt Cleaver mit beißender Ironie hinzu, »daß die Homosexualität auf der Skala der menschlichen Evolution der letzte Schritt über die Heterosexualität hinaus ist. Homosexualität ist eine Krankheit genau wie Kindesschändung oder das Verlangen, Chef von General Motors zu werden.«[142]

Vor die Wahl gestellt, setzt er als seine Autorität den heterosexuellen Weißen über den homosexuellen Schwarzen. Während er Mailers Analyse in *The White Negro* als »prophetisch und durchdringend« lobt, verwirft er Baldwins Kritik daran als »schulmeisterhaft«. Mailer »trifft« mit seiner Ablehnung der Homosexualität »ins Schwarze«, Baldwins Charaktere hingegen »scheinen alle in einem Vakuum zu vögeln und zu lecken«.[143]

Mailer gebührt »um des soliden, wahren Kerns willen, den er vermittelte«, Anerkennung. Seine verbalen Auswüchse sollte man darüber vergessen: »Schließlich wollen wir das Baby und nicht das Blut der Nachgeburt.«[144] Der Same wie das Kind stammen von Mailer. Kein Wunder, daß Cleaver für seine frühere »Liebe« zu Baldwin »zwiespältige« Gefühle hegt. Was er erlebt, kommt der Eifersucht recht nahe: Baldwin liebt einen anderen, er liebt den weißen Mann; und irgendwie nicht ihn. Die Sprache, in die er seine Rache kleidet, ist genau die Sprache, die er verworfen zu haben glaubt, nämlich die Sprache der Rassenmischung, ja der Bisexualität.

Man könnte Cleavers Essay als ausgeprägt heterosexuell bezeichnen. Er setzt Homosexualität mit Dekadenz gleich und Heterosexualität mit einer

Jungschen Synthese oder der Konvergenz von Gegensätzen. Für ihn besteht das Paradox darin, daß Mailer und nicht Baldwin der wahre Erbe Richard Wrights ist, da jener »die Männlichkeit«[145] hochhält. Die gewalttätige, die Sinne aufreizende Heterosexualität einer Mailerschen Kurzgeschichte wie *The Time of Her Time* ist offenbar der romantischen, freiwilligen und ebenso sinnlichen Liebe zwischen zwei Männern wie in *Giovannis Zimmer* vorzuziehen, weil sie »männlicher« ist. (In Mailers Erzählung zwingt ein Weißer mittleren Alters eine kühl spöttische junge Weiße zum Orgasmus, indem er sie gegen ihren Willen von hinten nimmt.)

Es ist vielleicht erwähnenswert, daß Cleaver viele seiner Essays im Gefängnis schrieb, wo die Frage, wer oben und wer unten ist oder ob ein schwarzer Mann sich »von einem weißen bisexuellen Homosexuellen im Arsch ficken läßt« oder nicht, sehr wohl eine persönliche und situationsbedingte Bedeutung haben kann. Experten von Freud bis Kinsey und Jean Genet wußten, daß Homosexualität zum Gefängnisalltag gehörte, ganz zu schweigen davon, daß die Medien als einen neuen Skandal der neunziger Jahre »entdeckten«, daß Männer im Gefängnis von Männern vergewaltigt werden. Doch Cleavers eigene Darstellung seiner Gefängniszeit ist deutlich, ja herausfordernd heterosexuell. Er setzte sich dafür ein, daß alle Häftlinge, nicht nur die Verheirateten, intime Frauenbesuche empfangen können, und hängte das Bild einer weißen Frau an seine Zellenwand. Der Wärter riß es herunter. Nach einer ersten Verurteilung wegen Besitzes von Marihuana mußte er das zweite Mal wegen einer Vergewaltigung einsitzen, die er selbst als eine »Tat der Rebellion« bezeichnete. Maxwell Geismar sprach von einer »Vergewaltigung aus Prinzip«[146]: Entstanden aus Cleavers Haß auf die weißen Frauen, weil sie für schwarze Männer zu einem Schönheitsideal geworden sind, und aus Wut über die weißen Männer, die eine lange Geschichte des Raubs und der Vergewaltigung schwarzer Frauen hatten.

Seine wütenden Ausfälle gegen Baldwin wurden von derselben Leidenschaft genährt. Wie bei dem weißen Pin-up-Girl an seiner Zellenwand erkennt er, daß er liebt, was er haßt, und haßt, was er liebt. Trotz einer enormen Willensanstrengung ist er nicht Herr seiner eigenen Begierden. Wenn Baldwin »sich von einem weißen bisexuellen Homosexuellen im Arsch ficken läßt«, dann wird Cleaver es ihm – oder sich selbst – nie verzeihen.

Es lohnt sich, bei der Geschichte von Eldridge Cleavers Reaktion auf James Baldwin zu verweilen. Sie ist nicht nur an sich interessant, sie demonstriert uns auch auf nutzbringende und passende Weise, wie gefährlich ein

Kein Skandal in Bohemia

öffentliches Zurschaustellen überdeterminierter Neigungen ist. Wie ich bereits oben andeutete, befinden sich Künstler und Schriftsteller, eben weil sie sowohl ein Teil des Mainstreams als auch Außenseiter sind, in der einzigartigen Position, neue Wege gehen und einen Wandel anzeigen zu können. Eine solche Position bringt jedoch Risiken eigener Art mit sich. Die Öffentlichkeit kann kreativen Nonkonformisten und Dissidenten heute applaudieren und sie morgen zerreißen und *vice versa*. Bisexualität, selbst wenn sie in literarischen Texten verhandelt wird, kann symptomatische Gefühle von Eifersucht, Enttäuschung und Verrat hervorrufen – und auch Begehren. Am Ende gibt es keine Sicherheit, ob die geliebte Person erkannt und besessen wird. Wie die Kunst so sind auch Lebensläufe weit davon entfernt, politisch korrekt zu sein.

Teil II: Bi-ologie

Wissenschaft, Psychoanalyse, Psychomythologie

5. Das Geheimnis des Tiresias

Ich weiß, wie man sich als Frau fühlt, schließlich bin ich eine.
Man kann mich nicht einfach als Mann klassifizieren.
Pete Townshend von »The Who«

Wenn ihr an eine Straßengabelung kommt, schlagt sie ein.
Baseballmanager und Philosoph Yogi Berra

Ovid erzählt, Tiresias (oder in griechischer Schreibweise Teiresias) sei das Opfer eines Streites zwischen dem Göttervater und der Göttermutter geworden, weil er »von beiden Seiten die Liebe kannte«. Eines Tages stieß Tiresias im Wald auf zwei sich paarende Schlangen. Er schlug mit seinem Stock auf sie ein, trennte sie und wurde daraufhin in eine Frau verwandelt. Nach sieben Jahren wiederholte sich das Ereignis, und er erhielt seine männliche Gestalt zurück. Das göttliche Paar fragte Tiresias, wer mehr Lust beim Liebesspiel empfinde, der Mann oder die Frau. Als er zur Antwort gab, »die Frauen«, blendete Juno ihn. Jupiter, unfähig die Strafe aufzuheben, verlieh ihm – als Geschenk oder als Fluch? – die Sehergabe: »das Künftige zu wissen«.[1]

In der älteren griechischen Version des Mythos in der *Melampodie* ist noch deutlicher von dem Zugewinn an Lust die Rede: Zeus und Hera stritten sich, ob der Mann oder die Frau größere Lust beim Liebesspiel (*synousía*) empfände. Tiresias sollte die Frage klären. Er entschied: »Von zehn Teilen genießt der Mann nur einen; doch der Sinn der Frau genießt alle zehn.« Darüber wurde Hera zornig und blendete ihn, doch Zeus verlieh ihm die Gabe des Sehers und ein langes Leben.[2]

Tiresias ist wohl die klassische Gestalt, die am häufigsten von Dichtern, Romanciers und Soziologen beschworen wird, um die Paradoxien der Bisexualität zu beschreiben. Warum ist das so?

Das Geheimnis des Tiresias

»Ich fühle mich wie Tiresias«

Wie Tiresias hat der Vampir beide Seiten des Geschlechts erfahren . . .
Es scheint, als sei der Vampir sexuell zu allem fähig.
John Allen Stevenson [3]

»Ich fühle mich wie Tiresias, ich bin in der merkwürdigen Situation, unmittelbar zwei sehr verschiedene Formen der sexuellen Lust miteinander vergleichen zu können.«[4] Das sagt Jan Clausen, eine Frau, die sich nach Jahren eines »technisch untadeligen« lesbischen Lebens plötzlich in einen Mann verliebte. Ihr in der Schwulen- und Lesbenzeitschrift *Out/Look* veröffentlichter Artikel löste erwartungsgemäß eine heftige Kontroverse aus. Die sensationsheischende Überschrift lautete: »Was hat es zu bedeuten, wenn eine Lesbe sich in einen Mann verliebt?«, und Clausen selbst bezeichnete ihre Lage als »neuerlichen Sündenfall«, da ihre Heterosexualität plötzlich zu einer neuen Überschreitung wurde, zu einem neuen Risiko, einer neuen Erotik des Verbotenen. Aus dem Paradies des sexuellen und politischen Separatismus vertrieben, befindet sie sich nun im »Identitätsfegefeuer« der Bisexualität; übrigens eine von ihr abgelehnte Identifikation.

»Ich weiß nicht, was ein ›bisexuelles Begehren‹ sein sollte, denn mein Verlangen richtet sich immer auf ein bestimmtes Individuum mit einem bestimmten sozialen und biologischen Geschlecht. Wenn ich mit einer Frau zusammen bin, dann liebe ich, wie eine Frau Frauen liebt, und bin ich mit einem Mann zusammen, liebe ich, wie eine Frau Männer liebt. Bisexualität ist daher für mich überhaupt keine sexuelle Identität. Sie ist vielmehr eine Art Anti-Identität, eine – natürlich unbewußte – Weigerung, sich auf ein Objekt der Begierde, eine Art zu lieben festlegen zu lassen.«

Nach einer langen Beziehung zu einer Frau »überrascht« sie der sexuelle Verkehr mit ihrem männlichen Liebhaber »durch seine körperliche Direktheit«. Clausen sagt, sie habe ihre Geliebte in gewisser Weise als Konkurrentin erfahren, da ihr Körper dem ihren gleich war. Bei einem Mann fühlt sie sich einzigartig, »denn wir haben kein gemeinsames körperliches Sein«. Gleichwohl sind Frauen für sie weiterhin begehrenswert. Nur ziehen jetzt die femininen Frauen stärker ihre Blicke auf sich, während sie sich zuvor mehr zu den maskulinen hingezogen fühlte. Sie ist weiß, und ihr Liebhaber schwarz. Sie fragt sich, warum *dieser* Unterschied für alle, die meinen, sie müßten ihren Entscheidungen Kategorien anheften, nicht ebenso zählt wie das Geschlecht. Lesbischer Sex gleicht für sie mehr einem Gedicht, während der Sexualverkehr mit Männern eher einem Roman entspricht.

Clausen beruft sich auf Tiresias als Signum für ihre Erfahrung, Männer und Frauen geliebt zu haben. Und wie Tiresias kann sie der Einladung nicht widerstehen, Vergleiche zu ziehen.

»Wer sind die besseren Liebhaber, Männer oder Frauen? Frauen?« Wer so fragte, war nicht Jupiter, sondern der Talkmaster Phil Donahue, und die Antwort gab die »Sexpertin« Susie Bright. »Wenn Menschen sich verlieben und es zu Intimitäten kommt, dann ist es das Intensivste überhaupt, was das Leben für uns bereithält, ob es sich nun um einen Mann, eine Frau oder eine Grapefruit handelt«, meinte Bright, auf die man sich als TV-Zugnummer immer verlassen kann. »Man weiß, daß man verliebt ist und daß nichts anderes zählt und schon die leichteste Berührung einen einfach verrückt macht.«[5]

Wohl wissend, daß sein Publikum es gern genauer wissen will, versuchte Donahue seine Expertin festzunageln: »Susie Bright – sind Sie? ... Sind Sie, ja was sind Sie eigentlich? Sind Sie – äh – sind Sie bisexuell, oder mögen Sie das Wort nicht.« »Ich habe sowohl Männer als auch Frauen geliebt«, merkte Bright an und stellte fest, daß das Publikum viel entspannter reagierte, wenn über »Liebe« (was ist das eigentlich?) und über »Gott« (billigte Er es?) statt über »Sex« gesprochen wurde. »Inwiefern unterscheiden sich die intimen Beziehungen zu Männern und zu Frauen?« fragte sie die Zuschauer. »Es gibt Unterschiede, und es lohnt sich, darüber zu reden, doch solange wir uns weiterhin davor fürchten und über anderes reden, werden wir nie zu diesem Punkt kommen.«

Donahue, der sein Geschäft ausgezeichnet versteht, blendete hier einen Werbeblock ein. (Talk-Shows haben ihre eigenen Versionen des Vorspiels.) Als die Sendung weiterging, war nur Susie Bright bereit, über die Unterschiede zu reden, und selbst dann blieb das Publikum unzufrieden.

»Ich würde gern wissen, was Sie vorziehen?« fragte eine Frau aus dem Auditorium. »Schließlich haben Sie kürzlich ein Baby bekommen.« »Nun, Sie werden mir darauf keine Antwort entlocken können«, entgegnete Bright. »Wenn ich Sie nach Ihrer Lieblingsspeise oder dem schönsten Ort fragte, an dem Sie jemals gewesen sind, oder auch wer in der Familie Ihr Liebling ist, dann würden Sie vermutlich sagen: ›Ich liebe den einen, weil er etwas Bestimmtes für mich getan hat, aber den anderen, weil er mich einfach umhaut, weil er etwas in mir ausgelöst hat, was noch kein anderer vorher geschafft hat.«»

In diesem spannungsgeladenen Augenblick erhob sich ein Mann im Publikum, warf Bright vor, die »wahre heterosexuelle Liebe und Sexualität« herabzusetzen, und riet ihr: »Es ist einfach großartig. Sie sollten es einmal versuchen. Aber vermutlich können Sie es nicht.« Ein verblüffter Donahue erinnerte den Mann: »Aber sie hat doch ein Kind!« Woraufhin ihn dieser zurechtwies: »Na ja, ein Kind kann doch jeder haben.« »Ist das so?« fragte Donahue. Ende der Sendung.

Was Tiresias auszeichnet, ist zum Teil der privilegierte Standpunkt des Experten oder »Sexperten«. Was anscheinend gewünscht wird oder als wünschenswert erscheint, ist die Möglichkeit, sämtliche Angebote auf dem erotischen Sektor wahrzunehmen – das wird zuweilen unter dem Namen »Bisexualität« verkauft. »Es ist eine Bisexualität des Denkens«, bemerkte der Produzent eines Fernsehfilms über den transsexuellen Tennisstar Renée Richards. »Frauen beispielsweise fragen sich immer häufiger, was wohl ein Mann beim Sexualverkehr empfindet. Und solche Sachen.«[6]

Selbst auf dem Niveau einer Fernseh-Talk-Show ist die Neugierde auf den Vergleich unverkennbar. Ein Transsexueller, der sich drei geschlechtsumwandelnden Operationen unterzogen hatte – und das wie Tiresias im Siebenjahresrhythmus –, wurde von dem beharrlich bohrenden Donahue über die Bandbreite seiner Erfahrung ausgequetscht. »Sie wurden als Frau geboren, wurden dann ein Mann, danach erneut eine Frau und sind jetzt wieder ein Mann.« Ein Zuschauer im Publikum fragte, ob sein Gehirn nun männlich oder weiblich sei; ein Anrufer – zweifellos nicht der einzige – wollte ganz unverblümt wissen, welch andere Erfolge ihm der Übergang denn eingebracht hätte. Sei er »nun befriedigt«? »Kriegen Sie ihn hoch? Was ist die Geschichte?«[7]

»Die Geschichte« *ist*, so würde ich meinen, diejenige von Tiresias. Tiresias spielt in vielen wichtigen Sagen der griechischen und römischen Literatur ein Rolle. Die Geschichte seiner Geschlechtsumwandlung wurde oft neu erzählt – beispielsweise von Ovid. Im Alter ist er der berühmteste Seher des alten Griechenland, von Königen und Heroen als Weiser hoch geachtet. Sowohl Ödipus als auch Pentheus stürzen ins Verderben, als sie ihn um Rat fragen und seinen Spruch mißachten: In Sophokles' *König Ödipus* und Euripides' *Bakchen* verschließen sich diese beiden starrsinnigen Herrscher der Einsicht des Sehers. Auch nach seinem Tod hört er nicht auf, weise Ratschläge zu geben. So offenbart er Odysseus in der Unterwelt, wie er in seine Heimat Ithaka gelangen könne. Wie ist es möglich, daß sich diese scheinbar unzusammenhängenden Erzählungen um ein und dieselbe rätselhafte und allgegenwärtige Gestalt ranken? Was ist die Geschichte?

»Die Geschichte des Tiresias, des Sehers, der sieben Jahre als Frau lebte, ist lediglich die bekannteste von vielen Legenden über Männer und Frauen, die im Laufe ihres Lebens ihr Geschlecht wechselten«, schrieb Martin Duberman in seinem Beitrag zur »Bisexualitätsdebatte«. Duberman, der versichert, daß er weder bisexuell ist noch jemals war, hatte ein Jahr zuvor in seinem Tagebuch notiert: »Bisexuelle scheinen wie Pilze aus dem Boden zu schießen.« Er erklärte, daß »Bisexualität zunehmend zu dem Maßstab geworden ist, an dem sich jeder messen lassen muß, der gerne ein über jeden Zweifel erhabenes Mitglied der sexuellen Revolution sein möchte.«[8]

Auch für Duberman steht Tiresias für eine sexuelle »Anti-Identität«, für den *inneren* sexuellen Unterschied, für »die bisexuelle Unparteilichkeit der Griechen« (ein Ausdruck, den Duberman von Will Durant übernommen hat), die Schritt für Schritt von der jüdisch-christlichen Homophobie und dem cartesianischen Dualismus verdrängt wurde und die seiner Ansicht nach 1980 ein Comeback zu feiern schien. Die Bisexualität paßt nicht in eine Welt, in der ein Mensch als entweder männlich *oder* weiblich, entweder schwarz *oder* weiß, entweder homosexuell *oder* heterosexuell klassifiziert wird. Das Wissen des Tiresias, das sich in den vielen bisexuellen und androgynen Göttern der alten Griechen spiegelt, ist sowohl von homosexueller wie von heterosexueller Seite unter Beschuß geraten. Dennoch »scheint es unbestreitbar zu sein, daß die Bisexualität gegenwärtig sichtbarer und selbstbewußter auftritt als je zuvor«. Dubermans Fazit lautet, daß »Menschen sich sexuell so verhalten werden, wie es ihrer Kultur entspricht«, und daß trotz aller von Herrschaftsinteressen geförderter Mechanismen des Vergessens und Verdrängens derlei kulturelle Formen über die Jahrhunderte hinweg eine große Vielfalt aufweisen.

In seiner offenherzigen und faszinierenden Autobiographie *What Did I Do?* denkt der bisexuelle Maler Larry Rivers über seine verschiedenen sexuellen Affären mit Männern nach, die er neben seinen beiden Ehen und zahlreichen Liebschaften mit Frauen hatte. Rivers schreibt: »Mit ungefähr 27 war homosexueller Sex für mich ein Abenteuer, etwa auf der gleichen Ebene wie das Ausprobieren einer neuen Position mit einer Frau.«[9] Seine Phantasien, ob bei der Masturbation oder beim sexuellen Verkehr mit einem Mann, drehten sich immer um Frauen. »Ich war so davon überzeugt, heterosexuell zu sein, daß ich problemlos homosexuell sein konnte.«[10] Mit Vorliebe zitiert er Gore Vidals Maxime: »Es gibt keine Homosexuellen, sondern nur homosexuelle Handlungen.«[11] Als er jedoch in den vierziger, fünfziger und sechziger Jahren im Greenwich Village der Jazzmusiker, Dichter und Maler lebte, verliebte er sich, wie er sagt, in die »Welt der Homosexuellen«[12] und manchmal auch in die Homosexuellen selbst, in Schwule und Lesben gleichermaßen. Zu seinen vielen Partnern gehörte die Dichterin Jean Garrique, die auch die Geliebte der Romanschriftstellerin Josephine Herbst war.

Rivers' heftigste Liebschaft mit einem Bewohner dieser Welt der Homosexuellen war jedoch seine Affäre mit dem Dichter Frank O'Hara. In der Erinnerung an sie beschwört er die Situation des Tiresias:

»Was das Körperliche zwischen uns auf eine ›zivilisierte‹ Weise beendete, waren die Frauen, die mit mir schliefen, und die (nahezu) ungeteilte Aufmerksamkeit, die sie dafür von mir verlangten. Was zwischen Frank und mir existierte, hatte nicht seinesgleichen und mußte schließlich zu Ende gehen. Ich schenkte Frank Lust, ich schuldete ihm nichts. Über Treue zwischen Männern dachte in meinen Kreisen niemand auch nur eine Sekunde lang nach. Weil die Frauen mir eine solche sexuelle Lust verschafften, schuldete ich ihnen etwas.« Und hier fällt ihm Tiresias ein: »Ich weiß, daß Frauen die Sexualität ebenso genießen wie Männer, und glaubt man dem Hermaphroditen Tiresias, so genießen sie sie sogar stärker. Damals in den fünfziger Jahre hatte ich immer noch am Päckchen meiner Herkunft aus der Bronx zu tragen.«[13]

In diesem wehmütigen Blick zurück sieht Rivers sich nicht *selbst* als Tiresias. Er führt den Seher vielmehr als ironischen Experten für die Lust der Frauen an, für eine Lust, die Rivers herabsetzt, obwohl es ihn danach verlangt. Indem er die Identität des Tiresias von sich weist und sie auf »Tiresias den Hermaphroditen« überträgt, bewahrt er das Ergreifende seiner Gefühle für O'Hara (»die Nähe unserer Freundschaft und alles, was er mir bedeutete, konnte nicht mein Unwohlsein darüber mildern, daß ich mich mit einem Mann eingelassen hatte«) und die ungestüme Intensität seines jugendlichen Verlangens nach Frauen. Auch vermeidet er es, sich als bisexuell zu bezeichnen. Seine Liebschaften, die er in allen Einzelheiten in seiner

Autobiographie ausbreitet, verraten uns, daß er kein Kostverächter war: Er nahm es, wie es kam. Gehört Rivers zu Masters und Johnsons »Ambisexuellen«, die gleich starke sexuelle Lust aus Männern und Frauen, ja aus jedem sexuellen Abenteuer ziehen? Oder ist er nur ein Freigeist, der auf die vielschichtige Erotik eines gesteigerten künstlerischen und kulturellen Milieus reagiert, in dem Ideen ebenso provokativ waren wie Körper? Was bedeutet die Gestalt des Tiresias für ihn?

Die berühmteste Erscheinung des Tiresias in moderner Gewandung (oder Nichtgewandung) ist wohl T. S. Eliots »Greis mit runzligen Weiberbrüsten« aus seinem Gedicht *Das wüste Land* von 1922 – wahrscheinlich ist es auch die Quelle für Larry Rivers' Beschreibung des Tiresias als »Hermaphrodit«.

> Kann ich Tiresias, pochend zwischen zwei Leben, ich blinder
> Greis mit runzligen Weiberbrüsten, sehen,
> In der lila Stunde, der Abendstunde,

ruft Eliots desillusionierter Betrachter des sozialen Verfalls aus.

> Ich, Tiresias, Greis mit runzligen Weiberbrüsten
> Sah dieses Schauspiel und prophezeite den Rest –
> Auch ich erwartete den Gast, der kommen sollte.

Die traurige Verführungsszene, Eliots profanierte Fabel der Tippse und des Angestellten, vollzieht sich in der verdrießlichen Stille sexueller Regellosigkeit.

> (Und ich Tiresias litt dies alles vor,
> Was sich auf diesem Bett abspielt, das gleiche;
> Ich, der ich saß zu Theben unterm Tor,
> Ich, der ich wandelte im Totenreiche.)[14]

Eliot fügt hier die Fragmente der Tiresias-Geschichte von Ovid (»Greis mit runzligen Weiberbrüsten«) bis Sophokles (»zu Theben unterm Tor«) und Homer (»der ich wandelte im Totenreiche«) zusammen. Tiresias, der das »alles vorlitt«, ist der weise, resignierte Betrachter, er ist Zuschauer, nicht Miterlebender und irgendwie sowohl männlich als auch weiblich.

Von den Brüsten des Tiresias war schon vor Eliot einmal die Rede – und vielleicht noch spektakulärer: in Guillaume Apollinaires surrealistischem Stück *Die Brüste des Tiresias*. Er begann seine Arbeit daran bereits 1903, es wurde jedoch erst 1917 aufgeführt. Höchstwahrscheinlich hat Eliot, der sich ja sehr für die Literatur der französischen Avantgarde interessierte, es gekannt. In dem Stück beginnt Tirésias sein Leben als Frau, als Thérèse, die aufbegehrende Ehefrau, die sich zum Feminismus bekennt und sich prompt in einen Mann, Tirésias, verwandelt. Sie läßt sich einen Bart wachsen, ihre Brüste (an ihrer Brust befestigte Luftballons) fallen sogleich ab, und sie zwingt ihren Mann zum Kleidertausch. Ihr namenloser Ehemann akzeptiert diese Zuweisung eines neuen Geschlechts mit Gleichmut (»Da meine Frau ein Mann ist/ ist es nur billig, daß ich eine Frau bin«) und lernt, wie man an einem Tag 40 049 Kinder zur Welt bringt.

Dann sucht er den Rat einer Wahrsagerin, die in vielem Eliots Madame Sosostris, der »berühmten Seherin, ... der klügsten Frau in ganz Europa« gleicht. Natürlich stellt sich heraus, daß sie die/der verkleidete Thérèse/ Tirésias ist. Am Ende des Stückes beschließt Thérèse, sich aus dem öffentlichen Leben zurückzuziehen und zu ihrem Ehemann zurückzukehren. Neben anderen nützlichen Dingen fürs Eheleben bringt sie »drei einflußreiche Damen, deren Liebhaber ich wurde«, mit.

Apollinaires Thérèse/Tirésias ist eher die Phantasiegestalt einer Transsexuellen als eines Hermaphroditen. Ihre Brüste kommen und gehen mit ihrem Geschlecht. (Die »drei einflußreichen Damen« kennen sie wahrscheinlich als Tirésias.) So gesehen hat Apollinaires Stück mehr mit der gleichfalls surrealen »Nachtstadt«-Episode aus James Joyces *Ulysses* als mit Eliots *Das wüste Land* gemeinsam. Als Buch im selben Jahr wie Eliots Gedicht erschienen, präsentiert *Ulysses* ein weiteres Bild des Tiresias, und zwar in Blooms Begegnung mit der transvestitischen, die Geschlechter wechselnden Gestalt der Domina Bella/Bello Cohen.

In Homers *Odyssee* lebt Tiresias in der Unterwelt, wo er Odysseus verrät, wie dieser sicher zu Weib und Sohn zurückkehren könne. Bella ist in Joyces Roman durch ihren Geschlechterwechsel im Laufe der Episode als Tiresias identifizierbar. Auch trägt sie einen schwarzen Hornfächer, gleichsam eine belebte geschwätzige Version des »Ruders« bei sich, das Homers Tiresias dem Odysseus zur Mitnahme empfiehlt.[15] Phantasiert Bloom dies alles? Ist es sein Alptraum? Die überdeterminierte Gestalt des modernen Tiresias, der beide Felder des Geschlechts beackert, scheint hier Ambivalenz, Erfahrung und ein gewisses billiges Pathos zu verkörpern.

Auch die geschlechtlichen Inkarnationen des »Gewaltigen-Doktor-Matthew-Mächtig-cum grano salis Dante-O'Connor« aus Djuna Barnes' *Nachtgewächs* erinnern an Tiresias. Sie und die Bisexualität sind Schlüsselthemen. Wenn Eliots Tiresias ein Hermaphrodit ist, Apollinaires ein Transsexueller und der Tiresias von Joyce zugleich transsexuell, transvestitisch und homosexuell (denn Bella/Bello beschwört mit ihrem Schnurrbart, den kurzen Haaren und dem Rock ebenso das Klischee der »männlichen Lesbe« herauf wie das Bild des »Mannes«), dann ist Barnes' Tiresias eindeutig homosexuell.

In der berühmtesten Szene des Romans wird Dr. O'Connor, ein brillant ersonnener und leicht theatralischer, alternder Schwuler, dabei ertappt, wie er geschminkt, mit Perücke und einem flanellenen Damennachthemd angetan, im Bett liegt. »Doktor, ich bitte Sie, mir alles zu sagen, was Sie von der Nacht wissen«[16], fleht Nora, die an ihrer heftigen Leidenschaft für die bisexuelle Robin Vote verzweifelt. O'Connor, »wenn auch als bärtige Dame, die letzte Frau auf dieser Welt«[17], wie er selbst von sich behauptet, erzählt ihr daraufhin langatmige Geschichten aus seinem Leben, das gleich dem des klassischen Tiresias mehrere Leben zu umfassen scheint: »Zu früheren Zeiten war ich vielleicht ein Mädchen in Marseille, das es mit einem Matrosen trieb, stoßweise gegen die Hafenmole.«[18] Nora sucht bei ihm jene Klugheit, von der sie meint, sie müsse die Frucht seiner Erfahrung sein. Auch hier hat der moderne Tiresias wie der Eliots alles vorgelitten, »was sich auf diesem Bett abspielt, das gleiche«.

Ein unbeständiger Charakter

Aber wer ist Tiresias? In welcher Gestalt erscheint er? Wie wird seine Sexualität heute, wenn die Frage des Geschlechts debattiert wird, von der hohen Kunst, der Popkultur und den Talk-Shows begrifflich gefaßt oder beschrieben? Deutlich ist zumindest, daß sich Tiresias in diesen verschiedenen Zitaten als eine wandelbare Gestalt erweist. Martin Duberman scheint in ihm einen Transsexuellen zu sehen, während Larry Rivers ihn einen »Hermaphroditen« nennt. Jan Clausen, die »sich wie Tiresias fühlt«, wirft die Frage nach der »bisexuellen Identität« und »dem bisexuellen Begehren« nur auf, um diese Begriffe zu verwerfen, da sie die vielschichtigen Möglichkeiten der persönlichen Reaktion eher verdinglichen und beschränken möchte, als ihnen neue Räume zu eröffnen.

Das Geheimnis des Tiresias

Zwar wird der Begriff »bisexuell« in allen Fällen ins Spiel gebracht, aber zugleich lehnt man ihn ab und sträubt sich gegen ihn. Die Autoren selbst nennen sich – oft ganz bewußt – »nicht bisexuell«: Die Gründe dafür sind verschieden. So bleibt uns nur zu bemerken, daß Tiresias in vielfältigen Formen auftaucht, in denen die Bisexualität zugleich heraufbeschworen und gemieden wird. Ich halte es für keinen Zufall, daß das Wort »bisexuell« in den angeführten Beispielen überreich an Bedeutungen und zugleich arm an Befürwortern ist. Doch weit entfernt davon, ein Problem oder ein Hindernis für das Verständnis der Bisexualität zu bilden, sind diese Unbestimmbarkeiten und diese Verschiebungen für die Frage der Bisexualität gerade zentral – zentral deshalb, weil darin etwas Entscheidendes über die Natur des menschlichen Begehrens zum Vorschein kommt. Erotik ist das, was sich entzieht, was gegen Regeln verstößt, Kategorien über den Haufen wirft und allen Grenzen spottet. Sie läßt sich nicht in einem Handbuch, einem Diagramm, einem Labortest oder einem Manifest fixieren. Zu sagen, jemand »ist« bisexuell, heißt, dieses »ist« auf unerlaubte Weise zu verwenden.

Es mag daher so scheinen, als diene die Gestalt des Tiresias dazu, alles mögliche, *nur nicht* die Bisexualität in unserer Phantasie Form annehmen zu lassen. Die Bisexualität konstituiert sich hier gerade als Widerstand, als die »Weigerung, sich auf eines beschränken zu lassen«, auch wenn dieses »eine« als »bi« definiert wird. Und wenn, wie ich glaube, die Bisexualität im selben Verhältnis zur *Erzählung* steht wie der Transvestismus oder der Hermaphroditismus zum *Bild*, dann ergibt es Sinn, daß die Anrufung des Tiresias den Ort einer *Geschichte* und nicht den eines *Körpers* bezeichnet. Nicht irgendein Zustand oder eine Lebensphase, sondern das ganze Leben, die ganze Lebens*geschichte* wird sexualisiert und erotisiert. Das Wesen der Bisexualität besteht ja gerade darin, vielfältige Begierden und zeitliche Veränderungen anzuerkennen.

Ungeachtet des gegenteiligen Beispiels aus *Nachtgewächs* wird Tiresias anscheinend, wenn auch nicht immer, als heterosexuell vorgestellt: als Mann, der mit einer Frau, oder als Frau, die mit einem Mann geschlafen hat. Im Ovidschen Mythos wie in den vorgestellten modernen Neufassungen wechselt Tiresias das Geschlecht und nicht seine Partner. Sein Wissen scheint sich auf seine eigene Lust als Mann oder als Frau zu beziehen.

Ist »Bisexualität« wirklich nur ein Alternieren von Männlichkeit und Weiblichkeit, bloß eine Version dessen, was Freud in seinen frühen Schriften die »bisexuelle Veranlagung« aller Menschen genannt hat? Muß man Tiresias allegorisch deuten, als jemanden, »der sich auf seine weibliche Seite einläßt«, wie viele vormals männliche Transsexuelle zu sagen pflegen?

Transsexualität, Hermaphroditismus und Homosexualität waren ja kein unerheblicher Teil jenes wissenschaftlichen und sozialen Diskurses über Bisexualität, der sich im Laufe der Zeit entwickelt hat. Das Wort »bisexuell« bezog sich zunächst auf das Vorhandensein männlicher und weiblicher Geschlechtsorgane (mitunter auch des Fortpflanzungsvermögens) in ein und demselben Körper. In früheren psychoanalytischen Schriften ist Bisexualität ein Synonym für Hermaphroditismus, während das, was wir heute Bisexualität nennen – die sexuelle Neigung zu Männern und Frauen –, als ein Aspekt der Homosexualität oder der sexuellen Inversion galt.

Kulturgeschichtlich gesehen, vor allem im Mythos und in der Literatur, laufen diese widersprüchlichen Definitionen allesamt in der Figur des Tiresias zusammen. Im Grund geht es hier, und das ist keineswegs trivial, um die Frage, ob sich Bisexualität auf das Subjekt oder das Objekt bezieht. Vielleicht muß man sich sogar *generell* fragen, ob *jegliche* Sexualität sich nun auf das Subjekt oder das Objekt bezieht. Gilt das geheimnisvolle Wissen des Tiresias, das ihm Verehrung und Schimpf einbringt, ihm die Sehergabe verleiht und ihn mit Blindheit schlägt, letztlich seiner *eigenen* Lust oder der des/der anderen?

»Die Konzeptualisierung der Bisexualität als männliche und weibliche *Anlagen*, die jeweils heterosexuelle Ziele als intentionale Korrelate haben«, schreibt Judith Butler, »verweist darauf, daß Freud unter ›Bisexualität‹ die *Koinzidenz zweier heterosexueller Begehren in einer einzigen Psyche* versteht.«[19] Wäre dem tatsächlich so, dann wäre Tiresias ein treffendes Sinnbild für den Bisexuellen. Doch die ganze Rede von »Anlagen« setzt, wie Butler und andere immer betont haben, neben einem biologisch fundierten Begriff von Männlichkeit und Weiblichkeit in der menschlichen Psyche auch eine »heterosexuelle Matrix für das Begehren« voraus, die jedoch in Wahrheit kulturell, d. h. durch Verbote und Sanktionen erzeugt wurde. Gayle Rubin hat gezeigt, daß der Begriff einer normativen Heterosexualität zur gesellschaftlichen Organisation des biologischen und sozialen Geschlechts gehört. »Das soziale Geschlecht ist nicht nur eine Identifikation mit einem natürlichen Geschlecht, es impliziert auch, daß sich das sexuelle Begehren auf das andere Geschlecht richten soll. Die sexuelle Arbeitsteilung ist in beiden – den sozialen wie biologischen – Aspekten des Geschlechts enthalten, sie erschafft sie als männlich und weiblich und zugleich als heterosexuell.«[20]

Wenn, wie in vielen Gender-Studien behauptet wird, die heterosexuelle Vorstellung von der Bisexualität nichts anderes als den Widerstand gegen die Anerkennung des primär gleichgeschlechtlichen Verlangens anzeigt, dann sollte dieses Bild der männlichen und weiblichen (oder der maskulinen und femininen) Seite der Persönlichkeit bzw. des Gehirns ebenfalls als ungenaues und überholtes Denken verabschiedet werden – oder, was noch mehr vonnöten ist, als kulturelle Homophobie verworfen werden, die bloß eine unwillkommene Wahrheit über das homosexuelle Verlangen verschleiert.

Wer das Wissen des Tiresias als heterosexuell, und mithin als *nicht* homosexuell oder *nicht* queer, betrachtet, scheint mir auf einige sehr reale Freuden des sexuellen Rollenspiels und -wechsels zu verzichten. Zumindest für mich hat die Vorstellung, daß Vita Sackville-West als »Julian« verkleidet Virginia Woolf zu einem geheimen Wochenendausflug einlädt, einen ganz eigenen, höchst erotischen Reiz. War »Julian« der Dritte in Virginias und Vitas Bett? War er männlich oder weiblich?

Hera/Juno möchte wissen, wann *Tiresias* Lust empfand. War es als Mann? Oder als Frau? Soll hier wirklich die Lust des anderen erforscht werden, und liegt die erotische Lust der Bisexualität zum Teil darin, der *andere zu sein*, sei es nun im ausdrücklichen Rollenspiel (»Wie war ich?«), in der Phantasie oder im erotischen Effekt der Überschreitung? Empfindet man die eigene Lust oder die des anderen? Wessen Lust empfindet man? Hat es dir gefallen?

Die Filmkritikerin Linda Williams betrachtet den Streit zwischen den Göttern, in den Tiresias verstrickt wird, als Fabel über den »Catch 22« im Geschlechterkampf.[21] Da für die Griechen Lust und Selbstbeherrschung Gegensätze waren, »verliert die Frau im Machtspiel, wenn sie in der Lust gewinnt«[22]. Durch die *Anerkennung* ihrer Lust verliert sie, auch wenn sie durch das *Empfinden* der Lust gewinnt.

Williams' Bemerkungen zur harten Pornographie bieten eine gedankenreiche allegorische Deutung der Tiresias-Geschichte, die eine deutliche Verbindung zur Bisexualität zieht: »Das Ideal der Bisexualität spornt die Suche nach dem Wissen über die Lust des anderen an. Das eine Geschlecht kann zu dem unbekannten anderen aufbrechen und, erfüllt mit Wissen und Lust, in den sicheren Hafen des ›Selbst‹ zurückkehren. Obgleich die Pornographie dieses Ideal größtenteils Lügen straft – denn wie Tiresias kann sie nur vom Standpunkt ihres phallischen Ursprungs aus sprechen –, spekuliert sie darüber, ob eine solche Reise möglich ist. Selbstverständlich ist das nicht der Fall, denn so etwas wie eine deutliche geschlechtliche Identität, die von einem festumrissenen Selbst zu einem anderen festumrissenen Selbst gehen kann, existiert nicht. Auch muß die Reise daran scheitern, daß diese Identitäten selbst in fließenden Beziehungen zu fiktiven ›anderen‹ konstruiert sind, die lediglich in unseren Beziehungen zu ihnen existieren. Doch die Unmöglichkeit eines pornographischen Wissens hindert die Phantasie nicht daran zu blühen; sie mag sie sogar anstacheln.«

Der englische Kulturwissenschaftler Jonathan Dollimore versucht dieser Frage ganz konkret auf den Grund zu gehen, indem er seine Lustempfindungen beim Anschauen von Sexvideos beschreibt. »Wenn ich mir ein Video anschaue, auf dem ein Mann und eine Frau miteinander schlafen, merke ich, daß ich mich stark mit beiden Positionen identifiziere. Ich entdecke auch, daß sich die Identifikation mit der Frau nicht genau mit meiner schwulen Erfahrung deckt, wo ich mir etwa wünschen würde, von diesem Mann als Mann gefickt zu werden.« Doch beim Anschauen des Videos wünscht er sich, »von diesem Mann als Frau gefickt zu werden – mein Erleben heftet sich sehr stark an die Frau – mein Begehren ist sehr stark durch die Frau vermittelt. Um es ganz einfach zu sagen, manchmal wünsche ich mir die Vagina. Ich will mich nicht einfach als Mann in die Position der Frau begeben. Damit will ich allerdings in keiner Weise behaupten, daß diese Art komplexer Verbindung oder Phantasie von Identifikation und Begehren ausschließlich von einem Bisexuellen so erfahren wird. Ich weiß bloß, daß es dort für mich am interessantesten ausgelotet wurde.«

Geben Menschen, die für diese fließendere Art von sexueller Phantasie offen sind, bessere Liebhaber ab? Jedenfalls bessere, als sie vordem waren, meinte Dollimore, gleichgültig, ob sie nun besser als andere Menschen sind. Vielleicht muß man sagen, sie sind eher anders geworden als »besser«. Die Fähigkeit, sich in viele sexuelle Rollen hineinzuimaginieren, ermöglicht es, daß Identifikation *und* Begehren Teil des sexuellen Szenariums und der Beziehungsdynamik werden. Es ist nicht nur eine Sache der Theorie, sondern der Lust.

Was Dollimore die »Phantasie von Identifikation und Begehren« und Williams »die Unmöglichkeit des pornographischen Wissens« nennt, ist eben das Wissen des Tiresias. Muß man nicht sogar vermuten, daß für

Das Geheimnis des Tiresias

Juno/Hera und Jupiter/Zeus Tiresias selbst zum Phantasieobjekt erotischer Spekulation wurde?

Wenn die Bisexualität und auch Tiresias oftmals als heterosexuell vorgestellt werden, d. h. als Gleichzeitigkeit oder Alternieren eines männlichen und eines weiblichen Selbst, das ein Objekt des jeweils anderen Geschlechts begehrt, fragt sich, welche Veränderungen für diese Aufstellung einer heterosexuellen Norm die Annahme bringt, die Bisexualität sei mit der Phantasie verknüpft, man wisse über die Lust des anderen Bescheid.

Das ist der Schlüssel zu *Auf den Körper geschrieben* (1992), einem erotischen Roman von Jeannette Winterson, in dem das Geschlecht des Ich-Erzählers, wie der Klappentext unwiderruflich erklärt, »im unklaren« bleibt. Das Buch handelt von »der Liebe und den Möglichkeiten, sie in Worte zu fassen«.[23]

Natürlich sind Autoren nicht für die Buchumschläge verantwortlich. Doch das »unklare« Geschlecht des erzählenden Ichs wurde in fast allen Rezensionen des Buches hervorgehoben. Die Leser waren allgemein der Meinung, es handle sich um eine Frau, und mithin sei das Dreierverhältnis bisexuell, obgleich Wintersons listige Zurückhaltung dieses Wissens – wenn es überhaupt Wissen *ist* – sowohl die erotische Kraft des Buches als auch dessen Verkaufsziffern gesteigert hat. Allein durch das Pronomen (»ich«) und seine Formen (»mir«, »mich«) ausgewiesen und ausdrücklich mit einer bisexuellen Vergangenheit ausgestattet (»Ich hatte einmal eine Geliebte. Sie hieß Bathsheba.« »Ich lag in den letzten Zuckungen einer Affäre mit einer Holländerin namens Inge.« »Ich hatte einmal einen Freund, der hieß Crazy Frank«)[24], verwickelt die erzählende Person in *Auf den Körper geschrieben* den Leser stets in einen erotischen Dialog, worin sie schildert, was »ich« für »dich« und mit »dir« tun möchte. Das »Du« hat einen bestimmten Referenten – Louise, die gegenwärtige Geliebte der erzählenden Person –, aber in Dutzenden von aphoristischen, mit Pronomen getränkten Sätzen geht das »Du« über diesen Referenten hinaus: »Du mußt bar allen Lebens sein, so wie ich bar allen Lebens bin« und »Du bist, was ich kenne.«[25]

Was wir hier beobachten, ist die Erotik des *shifters*, eine Technik, die sich wohl am besten verdeutlichen läßt, wenn wir noch einmal kurz auf Joyces *Ulysses* zurückgreifen. Daß diese Technik dort mit der Identität des Tiresias und mit seinem geheimen Wissens verwoben ist, ist gewiß kein Zufall.

»Bin ich sie war du träumt zuvor?« fragt Bella/Bello Cohens Fächer und legt im Ulysses ein eigenes tiresisches Geschlechterrätsel vor: »War dann sie er du uns bekannt? Bin alle sie dieselb nun wir?«[26] Auch die Pronomen sind hier *shifters*, um einen Begriff Roman Jakobsons zu verwenden – Worte, die ihren Referenten je nach Kontext und je nach Verwendung wechseln. »Bin alle sie dieselb nun wir?« Welches ist du und welches ist ich? Sind »sie« alle nun »uns« oder »wir«? Die Frage des *shifters* und des sich verschiebenden Referenten ist in der Tat zentral, wenn wir sowohl Tiresias' Sexualität als auch seine gerühmte Klugheit verstehen wollen. Tiresias selbst (oder sie selbst) ist ein *shifter*, ein Index für die Instabilität des biologischen und sozialen Geschlechts und für das erotische Geheimnis der Bisexualität. Markiert das X-Chromosom oder das Y-Chromosom, das weibliche oder das männliche, die Stelle?

Betrachten wir die Erzählung über einen postmodernen Tiresias oder vielmehr den klassischen Teiresias, wie ihn die zeitgenössische Schriftstellerin Meredith Steinbach vorstellt. Steinbachs Erzählung wechselt zwischen der dritten und ersten Person, um die mythologische Szene erneut entstehen zu lassen. »Wie es geschah, daß ich, Teiresias, zum Manne heranwuchs, weiß ich nicht«, beginnt ein Kapitel. »Meine Mutter und ihre Mägde haben oft gesagt, daß es so sein werde, daß kleine Knaben eines Tages ganz unerklärlich zu Männern würden.« Indem sie die »natürliche« Entwicklung vom Knaben zum Mann als etwas Merkwürdiges hinstellt, wirft Steinbach-Teiresias erneut jene Frage auf, die Freud mit »Bisexualität« beantwortet sah.

Mitunter erinnert der Ton des Steinbachschen Teiresias an Mary Renault, eine lesbische Autorin, deren Bücher über die klassische Antike sich einer beispiellosen Beliebtheit unter männlichen Homosexuellen erfreuten, als der populäre Kulturbetrieb die »gesunde« homosexuelle und bisexuelle Liebe noch so gut wie gar nicht entdeckt hatte. »Der ›weibliche‹ Liebhaber, der Eunuch Bagoas, der persische Knabe«, so Renaults Biograph David Sweetman, »scheinen für Mary eine Lösung für die Probleme der Geschlechteridentität zu sein. Denn wie T. S. Eliots Tiresias sind sie keines von beiden und doch beide Geschlechter zugleich.«[27] Steinbach imaginiert die Urszene, in der Teiresias sein Wissen kundtun soll.

> Teiresias reibt sich mit den Fäusten sein Erstaunen aus den Augen. Ihn haben die Götter gerufen, um einen Streit zu schlichten ... Zeus legt ihm die Frage vor: »Wer empfindet die größte Lust beim Sex? Wer emp-

fängt am meisten, Teiresias, der Mann oder die Frau?« »Ja«, sagt Hera leise, »erzähl es uns Teiresias. Wir haben vernommen, daß du einen Traum hattest und daß du darin alles warst.«[28]

Was die Götter zu hören wünschen, ist die Geschichte seiner Verwandlung. Weil Steinbachs Roman nicht so bekannt ist wie die Werke von Eliot und Joyce und sie zudem etwas Neues geschaffen hat, erlaube ich mir, sie ausführlich zu zitieren. Das Neue ist, daß sie sich Teiresias in dem Augenblick vorstellt, der die Antwort auf die Frage der Götter bereithält. Sie imaginiert, wie Teiresias sexuell mit jemandem verkehrt – aber mit wem?

Vielleicht war überhaupt nichts Ungewöhnliches an seinen nächtlichen Erfahrungen und der Art, wie er sich an seine zarten neuen Brüste erinnerte, weiß zwischen seinen beiden Armen. Der Augenblick selbst war eine unentwirrbare Vermischung von Ereignissen, und das Ergebnis sollte Teiresias zeit seines Lebens nicht mehr vergessen. Dieser Augenblick, da er beides war: gesehen werden und sehen, Frau und Mann. Zwei Männeraugen, glänzend wie Achate, schauten ihn an. Dreh dich, dreh dich noch einmal, denn tief unter dem Gewölbe seiner Rippen, stieg eine Wärme auf, Teiresias!, schien sich zusammenzuziehen, verdichtete sich zu einem Feuer in seinem weichen Fleisch, strömte aus, hinaus, die Innenseite seiner Beine hinab. Dann war es ihm, als würde sein Geschlecht von innen nach außen gestülpt werden. Etwas schmiegte sich eng ins Innere. Vor und zurück senkte er seine Hüften. Wer wußte schon, wie die Wirklichkeiten zusammentrafen – was war das polierte Holz, was ihm eingefügt?
Schwindel ... er sah die Frau, dunkles Haar, die hohen Wangenknochen umspielend, er sah die weiche Linie ihrer Schultern, leuchtend, bis ... Schwindel ... sah zwischen neuen Armen sein eigenes Frauenantlitz heraufschauen. Und ... dreh dich noch einmal ... dort ein dunkles Männergesicht, ein starkes Kinn, fleischige Schultern, die Brust breit, mit weichem lockigem Haar bedeckt, eine Einladung an Wangen und Lippen und unter den Fingerspitzen die lange sanfte Kurve des Rückens. Nie hatte er es so gesehen. Und dann das Stoßen, mal kraftvoll, mal zart, das Eindringen in jenen Teil, den Teiresias als Frau nun ganz innerlich kennenlernen sollte.[29]

Ein unbeständiger Charakter

Der wiederholte »Schwindel« im Laufe der Verwandlung des Mannes zur Frau und der Frau zum Mann bedient sich der filmischen Technik harter Schnitte – Schuß und Gegenschuß –, um Teiresias' Erstaunen zu betonen und die Spaltung in seiner Position als Subjekt anzuzeigen: »Dieser Augenblick, da er beides war: gesehen werden und sehen, Frau und Mann.« Dieses doppelte Sehen, dieser Augenblick des Gesehenwerdens und des Sehens, wird ihn schließlich das Augenlicht kosten. »Nie hatte er es so gesehen.« Später, nach der Erfahrung, »sein eigenes Frauenantlitz« gesehen zu haben, wird er anders sehen, einen anderen Blick haben, die Zukunft sehen. Hier stellt sich uns eine weitere Frage: Was hat Tiresias' Blindheit mit seiner (Bi)sexualität zu tun?

Wenn wir »Tiresias« sagen, welchen meinen wir dann? Die Mannfrau des Ovid? Den blinden Seher des Sophokles, der bereits weiß, was Ödipus noch entdecken muß. Wie ist es zu erklären, daß Tiresias, der um die Lust von Männern und Frauen weiß, zugleich der Patriarch, der alte weise Mann ist, der in die Zukunft schauen kann? Was hat die Weisheit des Tiresias mit dem Wechsel seiner Gestalt, mit dem Wandel seines Geschlechts zu tun? Warum sollte das eine die Folge des anderen sein?

Mitunter waren die Gelehrten versucht, den blinden Seher von dem Tiresias zu trennen, der die Lust der Frau und des Mannes erfahren hatte.[30] Doch diese beiden sind ein und dieselbe Person. Was hat es zu bedeuten, daß die absonderlichste Gestalt in der klassischen griechischen und römischen Literatur zugleich die weiseste ist?

Nach seiner Blendung wird Tiresias zum legendären Weisen, der überall in den griechischen Epen und Dramen auftaucht. Wo immer die Geschlechteridentität in die Krise gerät, eine Wegkreuzung der Sexualität erreicht wird, stoßen wir auf Tiresias. Sucht man nach ihm, so ist er überall. Wie Alfred Hitchcock, der mit den berühmten Kurzauftritten in seinen Filmen »gewissermaßen eine optische Signatur«[31] hinterläßt, ist Tiresias immer dabei. Er ist der klassische Hintergrundcharakter, der Dritte, der immer irgendwo in den Kulissen steht.

In Sophokles' *König Ödipus*[32], jener Geschichte, die zum Grundstein der Psychoanalyse werden sollte, weilt Tiresias, als die grausige Wahrheit zutage tritt, bei Ödipus in Theben. Unwissentlich hat Ödipus sein Schicksal erfüllt, seinen Vater getötet und seine Mutter geheiratet.[33] Um dem verhängnisvollen Orakelspruch zu entgehen, flieht Ödipus aus Korinth, trifft an einer Wegkreuzung auf einen Fremden und erschlägt ihn. In Theben an-

Das Geheimnis des Tiresias

gekommen, löst er das Rätsel der Sphinx, rettet das Land und nimmt die verwitwete Königin zur Frau. Eine Seuche sucht die Stadt heim. Ödipus schwört, den Missetäter, der durch seinen Aufenthalt in den Mauern der Stadt die Seuche hervorgerufen hat, zu bestrafen. Tiresias ist da: »Des Mannes Mörder, den du suchst, sag ich, bist du!«[34]

Tiresias ist auch zu einer früheren Zeit der griechischen Geschichte in Theben, als nämlich der sittenstrenge junge König Pentheus die Bacchanalien des Gottes Dionysos verhöhnt, wie Euripides eindringlich in den *Bakchen* beschreibt. Pentheus, der sich weigert, den Gott zu ehren, trifft auf einen anmutigen Fremden. Der bartlose Mann mit wallendem Lockenhaar und zarter Haut ist, was der junge König nicht ahnt, Dionysos selbst in verwandelter Gestalt. »Du Gottloser, kannst den Gott nicht sehen«, sagt der Fremde nach seiner Gefangennahme. »Du weißt nicht, wer du bist.« Tiresias, alt, blind und närrisch anzuschauen in Rehkitzfell und Efeu, dem Gewand der Bacchanten, versucht Pentheus zu warnen. Der junge Mann aber verschließt seine Ohren und wird durch eine List überredet, Perücke und Kleider einer Frau anzulegen. Schließlich wird er von seiner eigenen Mutter getötet, die ihn im bacchantischen Rausch für ein Tier hält.

Tiresias ist da.

Tiresias ist auch anwesend, wenn ein anderer schöner Knabe seinem Geschick entgegengeht. Kurz zuvor hat Ovid berichtet, wie Tiresias zum blinden Seher wurde, da erzählt er im selben Buch der *Metamorphosen* die warnende Geschichte des Narcissus, der von Männern und Frauen begehrt wird und sie aus Stolz allesamt verhöhnt.[35] Seine Mutter hatte einst Tiresias befragt, ob Narcissus den Lauf des Lebens vollenden würde, und erhielt die rätselhafte Antwort: »Wird sich selbst er nicht schauen!« Narcissus verliebt sich in sein eigenes Spiegelbild, ohne zunächst zu erkennen, wen er sieht. Als ihm schließlich aufgeht, »der da bin ich«, ertrinkt er bei dem vergeblichen Versuch, sich zu umarmen.

In der Narcissus-Sage erkennt und durchschaut Tiresias, der Mann und Frau gewesen ist, das Schicksal eines anderen Zwitterwesens, eines für Männer und Frauen erotisch anziehenden Knaben, der auf der Schwelle vom Jünglings- zum Mannesalter steht. Diese auf den ersten Blick so verschiedenen Charaktere – der eine alt und weise, der andere jung, dumm und schön, diese spiegelnden Gestalten, Tiresias und Narcissus –, lassen sich als Typen des Bisexuellen, begehrend und Objekt der Begierde, betrachten.

Narcissus ist für Männer und Frauen gleichermaßen reizvoll, und diese erwählen ihn nicht wegen seines Geschlechts, sondern weil sie seiner Schönheit (und seiner Sprödigkeit) verfallen sind. Zwar ist die Geschichte der Nymphe Echo und ihrer tragischen Leidenschaft für ihn die bekannteste seiner Eroberungen, doch es ist das von der Rachegöttin erhörte Gebet eines verschmähten *Jünglings*, eines jungen Mannes, das Narcissus in sich selbst vernarrt werden läßt. Im Gegensatz dazu ist Tiresias' Sexualität nie männlich und weiblich zugleich, spielt sich stets hinter den Kulissen ab und ist implizit heteroerotisch. Wir erleben ihn nie beim Liebesakt, wir kennen keine Geschichte, in der er sich verliebt. Seine Weisheit wird als Tatsache dargestellt: Irgendwie ist er ein Wissender.

Der antike Dichter Kallimachos präsentiert uns eine weitere Version der Blendung des Tiresias. Er erzählt, Tiresias überraschte die Göttin Pallas Athene beim Baden und sah das Verbotene: den Körper der »männlichen Jungfrau« (Brust *und* Schenkel!) – ein unheimlicher Anblick.[36] Beide, Tiresias und Athene, haben einen »zwiespältigen geschlechtlichen Status«, beide werden mit Weisheit und Sexualität assoziiert. Athene wird häufig mit männlichen und weiblichen Insignien dargestellt – einer Lanze und einem Spinnrocken –, und der Eindringling mag die Göttin als phallische Frau gesehen haben, als Frau mit männlicher und weiblicher Anatomie. Möglicherweise hat er aber auch, wie Nicole Loraux meint, gesehen, daß sie den Körper einer Frau und die Kräfte eines Mannes besitzt. Welcher Anblick hätte das größere Geheimnis aufgedeckt? Welcher wäre unheimlicher gewesen? Es ist verlockend, in dieser Geschichte eine weitere Version über die Entdeckung der Bisexualität zu sehen, wobei der Körper der Athene die Stelle der sich paarenden Schlangen einnehmen würde.[37] Darf man »Bisexualität« hier *sowohl* morphologisch *als auch* erotisch verstehen, oder muß eine Deutung der anderen weichen?

Ödipus, Pentheus, Narcissus, Athene. Man beachte, daß alle diese Geschichten Versionen gleicher Ereignisse beinhalten: Gefahrbringendes oder unerlaubtes Sehen, Wechsel des Geschlechts, sexuelle Begierde und körperliche Verwandlung. Es sind sämtlich Geschichten mit zwei Seiten, sie handeln vom Protagonisten und vom Zuschauer. »Du bist der, den du suchst.« »Du weißt nicht, wer du bist.« »Wird sich selbst er nicht schauen.« »Der da bin ich.«

Es ist das Schicksal des Narcissus wie das des Ödipus und des Pentheus, sich nicht selbst zu erkennen, wenn sie ihrem Selbst in einer anderen Gestalt begegnen. Wiederum ist die Erotik der Verschiebung am Werk: Und Tiresias ist da.

»Das Subjekt, das wissen soll«

»Jedoch indem Freud zutage bringt, was man nur als die Schicksalslinien des Subjekts bezeichnen kann, ist's die Gestalt von Tiresias, mit der wir uns fragen angesichts der Ambiguität, in der sein Verdikt wirksam wird«, meint der französische Psychoanalytiker Jacques Lacan.[38] In dieser These wird Tiresias ausdrücklich mit Freud identifiziert. Wie Tiresias' prophetische Rätsel werden auch Freuds Interpretationen der Äußerungen des Patienten stets in indirekter Form vorgebracht und in der Schwebe gelassen. Seine Macht, die Macht des Analytikers, liegt gerade darin, daß er sie nicht einsetzt. Und eben das ermöglicht in der psychoanalytischen Theorie die Übertragung: Der Patient »überträgt« die Gedanken und Gefühle eines älteren Szenarios (die Bindungen an seine Eltern, seine Geschwister, einen Partner) auf ein jüngeres (die Beziehung zum Analytiker), und so werden sie erinnert, wiederholt und durchgearbeitet. Der Analytiker wird zu einer dritten Partei. Gleich dem dritten Schauspieler im klassischen griechischen Drama spielt er oder sie viele Rollen.

Lacan sieht in Freud selbst das Objekt der Übertragung, das *sujet supposé savoir*, das »Subjekt, das wissen soll«. In seiner Beschreibung wird die psychoanalytische Institution zum Pendant von Orakel und Seher im 20. Jahrhundert.

»Was will die Organisation der Psychoanalytiker mit all den Befähigungszertifikaten denn anderes – als anzuzeigen, an wen man sich wenden kann, jenes Subjekt, das wissen soll zu repräsentieren?« fragt Lacan.

»Nun, aus der Erkenntnis aller heraus ist doch eines so gut wie sicher: daß kein Psychoanalytiker, in welch bescheidener Form auch immer, ein absolutes Wissen zu repräsentieren vorgeben kann. Daher läßt sich in gewissem Sinne sagen, daß der, an den man sich wenden kann, wenn es überhaupt eins gibt, nur ein einziges haben kann. Ein solches *Ein einziges* war, zu Lebzeiten, Freud.«

Jeder weiß, so Lacan, daß kein Psychoanalytiker alles wissen kann. Mit der einen Ausnahme: Freud. Denn als Vater der Psychoanalyse war er das, was es zu wissen gab, er war »in bezug auf das Unbewußte legitimerweise das Subjekt ..., von dem anzunehmen war, daß es wußte«. Und wie Lacan betont: »Er war nicht nur das Subjekt, von dem man Wissen annahm. Er wußte, und er hat uns dieses Wissen in ... unzerstörbaren Begriffen hinterlassen.«[39]

Was wußte er?

Er besaß das Wissen des Tiresias, denn jeder Ort, an dem Tiresias auftaucht, wird zu einer Primärszene der Psychoanalyse. Freud wußte um den Narzißmus, den Ödipuskomplex, das Drama der sprechenden Toten und die Wegkreuzungen von Geschlecht und Sexualität, um das Rätsel von »männlich« und »weiblich«. Er wußte, was Tiresias wußte. Und Tiresias wußte, daß bisexuelles Wissen analytisches Wissen ist; allerdings nur vom Standpunkt der Blindheit aus.

Die Fähigkeit des Analytikers, der mangelnden Selbsterkenntnis des anderen den Spiegel vorzuhalten, hängt davon ab, daß er als Wissender *angenommen* wird. Daher das klassische analytische Szenario: Der weise alte und bärtige Mann sitzt am Kopfende der Couch, wo der Patient ihn nicht sehen, doch von wo aus er den Patienten beobachten kann. Das Sehen mit den Augen wird als Hindernis für die Einsicht angesehen. Die Blindheit des Tiresias ist zugleich ein Zeichen seiner Bisexualität und seines intuitiven Wissens. Nur soweit das Bewußtsein betroffen ist, ist er blind; im Unbewußten ist er sehend.[40]

»Seitdem ich mit dem Gesichtspunkt der Bisexualität bekannt geworden bin«, schreibt Freud in den *Drei Abhandlungen zur Sexualtheorie*, »halte ich dieses Moment für das hier maßgebende und meine, ohne der Bisexualität Rechnung zu tragen, wird man kaum zum Verständnis der tatsächlich zu beobachtenden Sexualäußerungen von Mann und Frau gelangen können.«[41] Und in einem Brief an seinen Freund Wilhelm Fließ heißt es, »daß die Verdrängung und die Neurosen, die Selbständigkeit des Unbewußten also, die Bisexualität zur Voraussetzung hat«[42].

Narzissus, Ödipus, die Unterwelt und Blindheit. Tiresias ermöglicht uns, die verborgenen Verbindungen zwischen antikem Mythos und Freudscher Theorie zu verstehen, zwischen Bisexualität und analytischer Einsicht, zwischen Begehren und Verleugnung. Die Szene des Tiresias ist auf unheimliche Weise auch die »andere Szene«, die Szene des Unbewußten. Wo wir auf Tiresias stoßen, treffen wir auch die Psychoanalyse an. Und wo wir der Psychoanalyse begegnen, kommt uns die Bisexualität entgegen.

6. Freud und der Goldene Fließ

Die Unsterblichkeit, Vergeltung, das ganze Jenseits sind solche
Darstellungen unseres psychischen Inneren. Meschugge?
Psycho-Mythologie.
Freud an Fließ [1]

Es gibt noch alte Götter, denn ich habe unlängst einige bekommen,
darunter einen Janus aus Stein, der mit seinen zwei Gesichtern
mich sehr überlegen anschaut.
Freud an Fließ [2]

Vielleicht haben Sie den Eindruck, unsere Theorien seien eine Art
von Mythologie, nicht einmal eine erfreuliche in diesem Fall.
Aber läuft nicht jede Naturwissenschaft auf eine solche Art von
Mythologie hinaus?
Freud [3]

Die Psychoanalyse, die als Kunst und Wissenschaft in der letzten Hälfte des 19. Jahrhunderts das Licht der Welt erblickte, neigt dazu, ihre Geschichten vom menschlichen Entwicklungsgang in klassische Mythen zu kleiden, angefangen mit Freuds Ödipuskomplex bis zu Hélène Cixous »Lachen der Medusa«. Die enge Beziehung zwischen Psychoanalyse und klassischer Mythologie als Formen des erklärenden Erzählens offenbart sich nicht zuletzt darin, daß Freud, als er den Sexualtrieb in seinen bahnbrechenden *Drei Abhandlungen über die Sexualtheorie* erörterte, auf einen Mythos zurückgriff. »Der populären Theorie des Geschlechtstriebes entspricht am schönsten die poetische Fabel von der Teilung des Menschen in zwei Hälften – Mann und Weib –, die sich in der Liebe wieder zu vereinigen streben.«[4]

Mit der »Fabel« ist natürlich Aristophanes' komische Darstellung in Platons *Gastmahl* gemeint. Das Ausmaß, in dem es sich um eine populäre Theorie handelt, wird durch Freuds eigene editorische Auslassung oder Unterdrückung noch verstärkt. In seiner Version der Geschichte setzt er voraus, daß die ursprünglichen Geschöpfe jeweils halb männlich und halb weiblich waren, und fährt dann fort: »Es wirkt darum wie eine große Überraschung zu hören, daß es Männer gibt, für die nicht das Weib, sondern der Mann, Weiber, für die nicht der Mann, sondern das Weib das Sexualobjekt darstellt.« Nach der ursprünglichen Fabel des Aristophanes hätte man jedoch genau das erwartet:

> Nämlich unsere ehemalige Natur war nicht dieselbige wie jetzt, sondern ganz eine andere. Denn erstlich gab es drei Geschlechter von Menschen, nicht wie jetzt nur zwei, männliches und weibliches, sondern es gab noch ein drittes dazu, welches das gemeinschaftliche war von diesen beiden, dessen Name auch noch übrig ist, es selbst aber ist verschwunden. Mannweiblich (androgynon) nämlich war damals das eine, Gestalt und Benennung zusammengesetzt aus jenen beiden, dem männlichen und weiblichen, jetzt aber ist es nur noch ein Name, der zum Schimpf gebraucht wird. Ferner war die ganze Gestalt eines jeden Menschen rund, so daß Rücken und Brust im Kreise herumgingen. Und vier Hände hatte jeder und Schenkel ebensoviel als Hände, und zwei Angesichter auf einem kreisrunden Halse einander genau ähnlich, und einen gemeinschaftlichen Kopf für beide einander gegenüberstehenden Angesichter, und vier Ohren, auch zwei Schamteile, und alles übrige, wie es sich hieraus ein jeder weiter ausbilden kann.[5]

Diese Geschöpfe waren laut Aristophanes überheblich und stark. Sie versuchten, den Himmel zu stürmen und mit den Göttern zu wetteifern. Daher entschied Zeus sich zu einer Gegenmaßnahme: Er schnitt sie entzwei und beauftragte Apollon, jedes Gesicht zur Schnittseite hin zu drehen. Doch nachdem die Zweiteilung vollendet war, empfand jede Hälfte eine schreckliche Sehnsucht nach der anderen. Vor lauter Verlangen, wiedervereinigt zu werden, starb die Gattung aus. Da empfand Zeus Mitleid für sie und wurde anderen Sinnes: Er verlegte ihre Geschlechtsteile nach vorne, so daß sie künftig »ineinander zeugten, der Mann in der Frau«. Wenn also eine männliche und eine weibliche Hälfte zusammenkamen, entstanden Nachkommen, kamen jedoch zwei männliche zusammen, so fanden sie »eine Befriedigung durch ihr Zusammensein und [konnten] sich erquickt zu ihren Geschäften wenden und, was sonst zum Leben gehört, besorgen«[6].

Die von Freud erwähnte poetische Fabel deutet also auf ein ganz anderes Schicksal hin als das von Freuds Version nahegelegte heterosexuelle. Für Aristophanes ist die heterosexuelle Liebe, die Liebe des Männlichen für das Weibliche weder die bewundernswerteste noch die höchste. Im Gegenteil: Da sie von dem »mannweiblichen Geschlecht« abstammt, führt sie oft zu Exzessen. »Also sucht nun immer jedes sein anderes Stück«, sagt Aristophanes.

Welche Männer nun von einem solchen gemeinschaftlichen Schnitt sind, was damals Mannweib hieß, sind weiberliebend, und die meisten Ehebrecher gehören zu diesem Geschlecht, und so auch welche Weiber männerliebend sind und ehebrecherisch, die kommen aus diesem Geschlecht. Welche Weiber aber Abschnitte eines Weibes sind, die kümmern sich nicht viel um die Männer, sondern sind mehr den Weibern zugewendet, und die Tribaden kommen aus diesem Geschlecht; die aber Schnitte eines Mannes sind, suchen das Männliche auf, und solange sie noch Knaben sind, lieben sie als Schnittstücke des Mannes die Männer, und bei Männern zu liegen und sich mit ihnen zu umschlingen ergötzt sie, und dies sind die trefflichsten unter den Knaben und heranwachsenden Jünglingen, weil sie die männlichsten sind von Natur.
Einige nun nennen sie zwar schamlos, aber mit Unrecht. Denn nicht aus Schamlosigkeit tun sie dies, sondern weil sie mit Mut und Kühnheit und Mannhaftigkeit das ihnen Ähnliche lieben. Davon ist ein großer Beweis, daß, wenn sie vollkommen ausgebildet sind, solche Männer vorzüglich für die Angelegenheiten des Staates gedeihen ... zur Ehe aber und Kinderzeugung haben sie von Natur keine Lust, sondern nur durch das Gesetz werden sie dazu genötigt, ihnen selbst wäre es genug, untereinander zu leben unverehelicht.[7]

Betrachten wir diese poetische Fabel einmal im Hinblick darauf, was sie uns über die Sexualität lehrt bzw. über das Thema, das Freud dazu motivierte, sie anzuführen, nämlich die »Abweichungen in bezug auf das Sexualobjekt« als Teil des umfassenderen Gegenstandes der »sexuellen Abirrungen«. Wer sind hier diejenigen, die abweichen und abirren?
Die heterosexuellen Liebenden in Aristophanes Fabel – nach Freud die »ursprünglichen Menschen«[8], die »in zwei Hälften – Mann und Weib« geteilt wurden – stammen nicht nur vom »mannweiblichen Geschlecht« ab

(zu Freuds Zeiten eine Bezeichnung für männliche und weibliche Homosexuelle), sondern stechen auch durch ihre nichtmonogamen Leidenschaften und Triebe hervor. Sie sind Ehebrecher und mannstolle Frauen. In dieser witzigen kleinen Geschichte würde man vergebens nach dem Idealbild des heterosexuellen Paares mit intakten Familienwerten suchen. Im Gegenteil, Treue und entscheidende Kulturwerte scheinen in der gleichgeschlechtlichen, vor allem in der Liebe zwischen Männern am besten aufgehoben zu sein. Auch Männlichkeit und Mannhaftigkeit gelten nicht als Tugenden des heterosexuellen (genauer gesagt, des vom mannweiblichen Geschlecht abstammenden) Liebhabers. Sie wirken eher wie eine Verstärkung zur Beschreibung von »Personen, die handeln, wie Männer handeln sollten«, d. h., die Worte werden, wenn auch mit einer kleinen Wendung, in etwa so verwendet wie heute. In Aristophanes' Fabel ist der Mann am männlichsten, der Männer liebt; der mannhafteste, der sich einen männlichen Liebhaber erwählt. Und sie sind es auch, die in den öffentlichen Angelegenheiten am einflußreichsten sind. Freud selbst führt an, daß in Griechenland »die männlichsten Männer unter den Invertierten erscheinen«.[9]

Wir dürfen nicht vergessen, daß zu Zeiten Platons nur Männer am öffentlichen Leben teilnehmen durften, so daß allein die Beziehungen zwischen Männern für politische Gleichheit und Teilnahme an der öffentlichen Sphäre taugten. Diese männlichen, vom ursprünglich männlichen Geschlecht abstammenden Männer zögen es vor, nicht zu heiraten und keine Kinder zu zeugen, doch sie »beugen sich den gesellschaftlichen Sitten«. Ehe und Familienleben waren private Angelegenheiten, zwar weniger erhaben, aber doch für die Fortdauer der Gattung und der Kultur sozial notwendig. Aristophanes kommt zu dem Schluß, daß »unser ganzes Geschlecht – Männer wie Frauen – glückselig würde«, wenn »jeder seinen eigentümlichen Liebling gewönne, um so zur ursprünglichen Natur zurückzukehren«.

Später zitierte Freud in *Jenseits des Lustprinzips* erneut die Fabel des Aristophanes, doch nicht um eine Sexualtheorie zu untermauern, sondern um ein Argument über den menschlichen Selbsterhaltungstrieb, die von ihm so genannten »Lebenstriebe« abzustützen. An dieser Stelle spricht er unumwunden aus, daß die Geschichte des Aristophanes »nicht nur die Herkunft des Geschlechtstriebes, sondern auch seine wichtigsten Variationen in bezug auf das Objekt behandelt«[10]. Er betont hier also genau das, was man bereits im Abschnitt »Abweichungen in Bezug auf das Sexualobjekt« in den *Drei Abhandlungen* erwartet hätte, wo aber nichts dergleichen gesagt wird.

Unter der allgemeinen Überschrift »Die sexuellen Abirrungen«, zu denen er nicht nur die Inversion, sondern auch die Bisexualität zählt, wird Aristophanes' Fabel oder, genauer gesagt, Platons Erzählung seiner Fabel von Freud dazu verwendet, eine »populäre« Theorie der heterosexuellen Zwangsläufgkeit einzuführen.

Sofern man mittels anatomischer Figuren überhaupt eine derart komplexe Geschichte durcheinandergewürfelter Anatomien charakterisieren kann, scheint die Fabel von der ursprünglichen Zweiheit Bisexualität gerade *nicht* zuzulassen. Die »ursprünglichen« drei Geschlechter waren männlich/männlich, weiblich/weiblich und männlich/weiblich. Was an Liebeswerbung (»suchen und umarmen«) zwischen ihnen vorgeht, ist offenbar die Suche nach der fehlenden Hälfte, die als entweder männlich oder weiblich eindeutig bestimmt ist. Die Hälften der urspünglich männlich/männlichen Paare mögen unter dem gesellschaftlichen Druck heiraten und Kinder zeugen oder auch wünschen, eine neue Generation gleichgeschlechtlich Liebender, wie sie selbst es sind, in die Welt zu setzen.[11] Doch das Begehren und der Eros scheint sich hier immer nur auf *ein* Geschlecht zu richten. Jene, die in dieser allegorischen Geschichte am stärksten der Promiskuität und der Wahllosigkeit huldigen, scheinen die Heterosexuellen zu sein.

Und wie steht es mit der Bisexualität? Bei den Griechen galt das Verhalten, das wir heute bisexuell nennen, durchaus als normal.[12] Solange es nicht zu Ausschweifungen kam, galt es weder als eine Abirrung noch als Zeichen für Abweichung oder Degeneration, und auch dann wurde nicht das Geschlecht des Partners gerügt, sondern die Unersättlichkeit des Individuums. Von Alkibiades, dem griechischen Feldherrn und Staatsmann des späten 5. Jahrhunderts v. Chr., wurde mit Bewunderung überliefert, er habe in seiner Jugend den Frauen ihre Männer entfremdet und in späteren Jahren die Frauen ihren Männern abspenstig gemacht.[13] Sokrates, von dessen Vorliebe für junge Männer in den Platonischen Dialogen häufig die Rede ist, besuchte laut Xenophon auch weibliche Prostituierte.[14] Aristogeiton, der gefeierte Mörder des athenischen Tyrannen Hipparchos, hatte einen Liebhaber, Harmodios, und eine Geliebte.[15]

Schriftsteller von Theokrit bis zu Meleagros und Lukian reden häufig von »Frauen und Knaben« als austauschbaren Lustobjekten.[16] In den *Gesetzen* erwähnt Platon die sexuelle Abstinenz eines berühmten Athleten, der während »seiner Übungen weder eine Frau noch einen Knaben berührte«[17]. Der hier spricht, ist ein Athener, der jeden unfruchtbaren Sexualakt, ob nun mit

Männern oder Frauen, als schädlich für die Gesellschaft beklagt. Der springende Punkt ist nicht, daß alle alten Griechen einhellig bisexuelle Beziehungen guthießen. Entscheidend ist vielmehr, daß Bi- oder Ambisexualität in vielen Kontexten als selbstverständlich angenommen wurde. Ja, wie der wiederholte Ausdruck »Frauen und Knaben« nahelegt, könnten wir, wenn es uns denn nach einer Zweiteilung verlangt, sehr wohl »Frauen und Knaben« auf die eine Seite und »Männer« auf die andere stellen.

Folgten wir Aristophanes, dann ist die Heterosexualität nur eine Variante und keineswegs ein notwendiger Zug der menschlichen Liebe. Freud versucht diese Geschichte – im Einklang mit der im 19. Jahrhundert vorherrschenden Sexualwissenschaft – als eine Geschichte der Inversion umzuschreiben. Er unterscheidet »absolut Invertierte«, die immer gleichgeschlechtliche Partner wählen; »okkasionell Invertierte«, die nur unter gewissen äußeren Umständen mit ihrem eigenen Geschlecht verkehren (etwa in gleichgeschlechtlichen Schulen oder in Gefängnissen); und »amphigen Invertierte«, denen der Charakter der Ausschließlichkeit fehlt und die Männer oder Frauen als Liebhaber wählen.[18]

Die amphigen Invertierten, jene, deren »Sexualobjekt ebensowohl dem gleichen wie dem anderen Geschlecht angehören« kann, gleichen am stärksten den von uns heute als bisexuell Bezeichneten. Die Kategorie der »okkasionell Invertierten« hingegen, von denen manch einer sich etwa in Untersuchungen über das Sexualverhalten wie dem Kinsey-Report wiederfinden würde, ist noch heute ein umstrittenes Terrain. Während die einen behaupten, sie seien in der Tat bisexuell, verwerfen die anderen, darunter viele Betroffene selbst, das Etikett »bi« und beschreiben ihre Erfahrungen statt dessen als experimentell oder situationsabhängig. Heute würde man Freuds »okkasionelle Invertierte« in den meisten Fällen als »situationsbedingte Bisexuelle« bezeichnen. Der Gefangene Valentin in dem Film *Kuß der Spinnenfrau* ist ein gutes Beispiel für eine derartige »Okkasion« und ihre unklaren Grenzen.

Man beachte, daß der Sexualität von Freuds amphigen Invertierten »der Charakter der Ausschließlichkeit« fehlt. Nichts spräche dagegen, diese Behauptung umzukehren und damit die Betreffenden so zu kennzeichnen, daß sie »den Charakter der Einschließlichkeit besitzen«. Doch in diesem Fall wären sie keine »Invertierten«, vielmehr würde dem Monosexuellen und dem ausschließlich Heterosexuellen etwas fehlen. Wie wir später sehen, hat

Freud mit Unterbrechungen immer wieder über die Frage der erotischen Ausschließlichkeit oder, wie Bisexuelle sagen würden, der Monosexualität nachgedacht. In einem Zusatz von 1915 zu den *Drei Abhandlungen* kommt er zu dem Schluß, daß »auch das ausschließliche sexuelle Interesse des Mannes für das Weib ein der Aufklärung bedürftiges Problem« sei.[19]

In seinem ursprünglichen Erklärungsversuch der sexuellen Inversion meinte Freud (wie auch Fließ und andere), daß ihre Ursachen sehr wahrscheinlich biologischer Natur seien. Das Wort »amphigen« bedeutet bezeichnenderweise »mit beidem (oder als beides) geboren«. Im Anschluß an Krafft-Ebings Terminologie nennt Freud die Inversion auch »seelischen« oder »psychischen Hermaphroditismus«.

An dieser Darstellung überrascht vor allem, daß Freud selbst die Bisexualität *nicht* in die Kategorien der amphigenen oder okkasionellen Inversion einordnet. Zumindest in den *Drei Abhandlungen* ist Bisexualität für ihn ein eigenständiger Gegenstand, der mit Anatomie, Physiologie und Hermaphroditismus, kurz gesagt, mit Biologie zu tun hat: Der »populären Meinung gilt ein Mensch entweder als Mann oder als Weib. Die Wissenschaft kennt aber Fälle, in denen die Geschlechtscharaktere verwischt erscheinen und somit die Geschlechtsbestimmung erschwert wird; zunächst auf anatomischem Gebiet. Die Genitalien dieser Personen vereinigen männliche und weibliche Charaktere (Hermaphroditismus).«[20]

Die Wissenschaft ist hier das Subjekt, das wissen soll. Und die Wissenschaft weiß, daß es manchmal schwierig ist, hier etwas zu wissen. Man vergleiche dieses Eröffnungsgambit mit einer sehr ähnlichen Aussage in Freuds späterer Vorlesung *Die Weiblichkeit* (1933): »Männlich oder weiblich ist die erste Unterscheidung, die Sie machen, wenn Sie mit einem anderen menschlichen Wesen zusammentreffen, und Sie sind gewöhnt, diese Unterscheidung mit unbedenklicher Sicherheit zu machen.« Doch dann tritt wieder eine allegorisierte »Wissenschaft« auf und zerstört diese behagliche Gewißheit.

Und dann sagt Ihnen die Wissenschaft etwas, was Ihren Erwartungen zuwiderläuft und wahrscheinlich geeignet ist, Ihre Gefühle zu verwirren. Sie macht Sie darauf aufmerksam, daß Teile des männlichen Geschlechtsapparats sich auch im Körper des Weibes finden, wenngleich in verkümmertem Zustand, und das gleiche im anderen Fall. Sie sieht in diesem

Vorkommen das Anzeichen einer Zwiegeschlechtigkeit, *Bisexualität*, als ob das Individuum nicht Mann oder Weib wäre, sondern jedesmal beides, nur von dem einen so viel mehr als vom anderen.[21]

Sind Hermaphroditen bisexuell? Manchmal. Sind Bisexuelle Hermaphroditen? Selten. Dennoch ist diese Vermischung des Körperlichen und Erotischen in der Definition des Wortes »bisexuell« hartnäckig anzutreffen. Metaphern und Bilder haben den eigentlichen Gegenstand überlagert.

Die Geschichte des Hermaphroditus

> Ovids Hermaphrodit, der weniger bisexuell als vielmehr asexuell ist, besteht nicht aus zwei Geschlechtern, sondern aus zwei Hälften. Also eine Phantasie der Einheit. Zwei in einem und nicht einmal zwei Ganze.
> *Hélène Cixous*[22]

> Man schilt mich jetzt, oh Schmach, Hermaphrodit.
> *Johann Wolfgang v. Goethe*[23]

In Ovids *Metamorphosen* ist Hermaphroditus der Sohn des Hermes und der Aphrodite, deren beider Namen er vereinigt. Wie von Narcissus so sagt man auch von ihm, sein Schicksal habe sich an einer Quelle erfüllt. Dort nämlich begegnete ihm die Nymphe Salmacis, die sogleich in heftiger Begierde zu ihm entbrannte. Der naive Hermaphroditus entzog sich ihren Liebkosungen, doch sie verfolgte ihn, umschlang ihn und wollte ihn nicht gehenlassen. Salmacis flehte zu den Göttern, sie mögen ein Fleisch werden. »So sind, als in zäher Verstrickung die Leiber der beiden vereinigt, zwei sie nicht mehr, eine Zwiegestalt doch, nicht Mädchen nicht Knabe weiter zu nennen, erscheinen so keines von beiden und beides.«[24]

Was sich für Tiresias verbot, gilt auch hier: Gabe oder Fluch der Götter lassen sich nicht rückgängig machen. Hermaphroditus war zu diesem »zwiegestaltigen« (*biformis*) Leben verurteilt. Allerdings erhörten die Götter auch sein Gebet, und künftig sollte die Quelle die Männlichkeit eines jeden Mannes schwächen, der in ihr badete, und ihn zu einem »Halbmann« (*semivir*) machen. Ein wenig Mathematik ist hier angebracht: Zwei (*biformis*) ist hinsichtlich Anatomie und Geschlechtlichkeit offenbar weniger als eins (*semivir*). Diese Lektion sollte bei späteren und rigideren Generationen nicht auf taube Ohren stoßen.

Für Ovid ist die Geschichte des Hermaphroditus eng mit derjenigen des Narcissus und der des Tiresias und seiner Verwandlung verwandt. Diese für ihren Helden offenbar so mißvergnügliche und warnende Erzählung mußte in jüngerer Zeit dafür herhalten, die anatomische und biologische Vermischung des Männlichen und Weiblichen zu veranschaulichen – und nicht die Möglichkeit einer komplexen Erotik.

Wir sollten nicht vergessen, daß die Kulte der alten Griechen und Ägypter von einer großen Verehrung hermaphroditischer Gottheiten zeugen. Der im Körper des Göttervaters ausgetragene Dionysos wurde als eine Gottheit verehrt, welche die Grenzen des Geschlechts überschritt. Häufig wird er als weiblich dargestellt, wie in den *Bakchen* des Euripides, wo er, wie wir sahen, bartlos und mit gelocktem Haar auftrat. Sein Zeichen aber ist der entweder mit dem Körper verbundene oder als losgelöstes Sinnbild der Sexualität und erotischen Kraft vorausgetragene Phallus.

Seit dem Mittelalter bezeichnete das Wort »Hermaphrodit« im Englischen einen Menschen, in dem sich männliche und weibliche Züge tatsächlich oder scheinbar vereinigten. Daher besteht die gemeinhin abwertend gebrauchte Bedeutung »effeminierter Mann oder virile Frau« zusammen mit den eher wissenschaftlichen und unvermeidlich auch moralischen oder ethischen Verwendungsweisen des Wortes. Ovids unglückseliger Hermaphroditus, den sein Sträuben gegen die sexuelle Unterwerfung durch eine Frau zu einem zwiegestaltigen, halben Mann gemacht hat und dessen klassische Darstellungen oftmals die beneidenswertesten Aspekte göttlicher Transzendenz und kraftstrotzender Sexualität symbolisierten, wurde in Mittelalter und Neuzeit als Zeichen (1) anatomischer Anomalie oder Mißbildung, (2) männlicher (oder weiblicher) Homosexualität, (3) von Effeminiertheit oder Verweichlichung, (4) moralischer Inkonsistenz oder Selbstwidersprüchlichkeit mit einem Anteil von Heuchelei und (5) der Verdorbenheit angeführt.

Vieles schien für das Urteil davon abgehangen zu haben, ob das eine oder andere Geschlecht sichtbar dominierte und ob die hermaphroditische Erscheinung, Kleidung oder das Verhalten freiwillig oder erzwungen waren[25] und ob das Geschlecht oder vielmehr die Sexualorgane irgendwo im Bild präsent waren. So wurden etwa die »epicönischen und hermaphroditischen Klöster, in denen Mönche und Nonnen zusammenlebten«, verdammt, wie

Die Geschichte des Hermaphroditus

auch der »weibische Putz, mit dem sich einige Hermaphroditen schmükken«. Vom sagenumwobenen Sardanapal von Assyrien, den seine verweichlichte Lebensweise offenbar nicht davon abhielt, heldenhafte Feldzüge gegen die aufrührerischen Meder zu führen, wird erzählt, er habe sich und sein Weib angesichts der drohenden Niederlage verbrannt: »Auf diese Weise befreite er seine Untertanen von einem hermaphroditischen Ungeheuer, das weder richtig Mann noch richtig Weib war, da er seinem Geschlecht nach zwar Mann, aber im Herzen ein Weib war.« Während man hermaphroditische Menschengestalten häufig anfeindete (sofern sie ihr zwitterhaftes Sein selbst wählten) oder bemitleidete (wenn es ihnen aufgezwungen war)[26], wurden andererseits nichtmenschliche Geschöpfe wie Drachen, Engel oder »der stille frische Abend, der Zeit Hermaphrodit« als Teil der Natur gebilligt oder idealisiert.

Was wir mithin beim Hermaphroditen beobachten, ist eine Kulturgeschichte, die Personen mit zwitterhaftem Geschlecht in eine Allegorie verwandelt (sei es der Fruchtbarkeit, der Sexualität, der undifferenzierten Kraft, des Irrationalen usw.), und eine empirische Geschichte, die Personen dieses Merkmals entdeckt und sie, je nach Kultur und Überzeugungen, als außergewöhnliche Geschöpfe verehrt, als Mißgeburten bedauert oder versucht, sie auf eine ihr freundlich und aufgeklärt erscheinende Weise zu verändern, auszulöschen, zu interpretieren, zu »normalisieren« oder zu verbergen. Im nächsten Kapitel werden wir sehen, daß das Schicksal des Hermaphroditen in vielen Stücken demjenigen des Androgynen gleicht. Beide wurden abstrakt idealisiert, im Fleisch zur Ausnahme gestempelt und stigmatisiert, wenn sie sich irgendwie auf das Gebiet der Sexualität zu wagen schienen.

Der große Gegensatz

Tiresias: Ich wollte, daß Sie sich vor Ihrer unseligen Gewohnheit hüten, alles fragen, wissen und begreifen zu wollen.
Jean Cocteau[27]

Daß *wir* von dieser Sphinx auch unserseits das Fragen lernen?
Friedrich Nietzsche[28]

Man kann drei mythologische Tropen der Bisexualität unterscheiden: als Erfahrung (Tiresias), als Wesenhaftigkeit (Hermaphroditus) und als Begehren (Aristophanes' Fabel im *Gastmahl*). Alle drei haben Freud beeinflußt. Daneben gab es jedoch, wie wir sehen werden, eine vierte, noch gewichtigere mythische Erzählung: die Geschichte des Ödipus. Was kann uns dieser Urmythos der Psychoanalyse über die Bisexualität enthüllen?

Die Geschichte des Ödipus beginnt damit, daß der Held einen alten Mann an einer Wegkreuzung erschlägt. Der Alte ist Laios, der Vater des Ödipus, der seinen Sohn in den Bergen aussetzen ließ, um so seiner Ermordung durch ihn zu entgehen. Doch dieser Mythos hat eine nicht unwesentliche Vorgeschichte: Der junge, von König Pelops freundlich an seinem Hof empfangene Laios dankte seinem Gastgeber die Aufnahme schlecht und verführte dessen schönen Sohn Chrysippos. Es ist der für die Vergewaltigung seines Sohnes Vergeltung suchende Pelops, der das Haus des Labdakos verflucht und prophezeit, Laios werde von seinem eigenen Sohn getötet werden. Der Ödipusmythos hat daher seinen Ursprung in einer homosexuellen Verführungsgeschichte und in Laios' Bisexualität.

Von einigen Autoren wird Laios geradezu als Erfinder der Päderastie hingestellt.[29] Andere werfen ihm nicht die Verführung des Knaben Chrysippos, sondern die Verletzung der Gastfreundschaft vor. Laios wurde als »pervers, als aktiver Homosexueller mit sadistischen Zügen« gescholten – kurz gesagt, er entsprach genau dem Typus Vater, dem Freud in seiner frühen, später verworfenen »Verführungstheorie« die Neurosen seiner Patienten anlastete.[30]

In *König Ödipus* schließt Sophokles dieses Motiv aus, ebenso wie Freud den vererbten Fluch und das Thema des Vaters als Verführer aus seiner Interpretation des Ödipusmythos ausklammert. Dennoch darf man mit Sicherheit annehmen, daß er aus den populären Mythensammlungen des 19. Jahrhunderts die Geschichte von Laios und Chrysippos kannte. Dieses

Verschweigen hat einige psychoanalytische Autoren aufhorchen lassen, die vermuteten, es sei für Freud allzu bedrohlich gewesen, in die Sexualgeschichte seines Vaters und dessen außereheliche Liebschaften mit Frauen einzudringen.[31]

Allerdings mag Freud noch aus einem anderen Grund darauf verzichtet haben, die Verbindung zwischen Ödipus und dem durch die bisexuellen Beziehungen seines Vaters ausgelösten und ererbten Familienfluch hervorzuheben. Nachdem er seine frühere »Verführungstheorie« durch die Theorie des Ödipuskomplexes ersetzt hatte, legte Freud in der Psychoanalyse den Nachdruck auf die infantilen sexuellen *Phantasien* und nicht auf die sexuellen *Erfahrungen* des Kindes mit seinen Eltern. Und auch in seinen späteren Werken, wo ein verfeinertes kulturelles Verständnis der Bisexualität die Stelle einer biologisch begriffenen, angeborenen und ursprünglich »bisexuellen Veranlagung« einnimmt, legt er den Akzent auf die Phantasie und das Begehren und nicht auf irgend etwas »nur« Historisches.

Freud beschäftigte sich bis an sein Lebensende mit dem Rätsel der Bisexualität. Man könnte sogar meinen, er sei nach seinem Tode gleichsam als Gespenst zurückgekehrt, um den Lebenden einige abschließende Erkenntnisse mitzuteilen, denn in dem posthum veröffentlichten *Abriß der Psychoanalyse* griff er noch einmal die große »Rätselhaftigkeit« der biologischen »Zweiheit der Geschlechter« auf, für deren Bezeichnung er noch immer den Ausdruck »Bisexualität« verwandte:

> In großer Rätselhaftigkeit erhebt sich vor uns die biologische Tatsache der Zweiheit der Geschlechter, ein Letztes für unsere Kenntnis, jeder Zurückführung auf Anderes trotzend. Die Psychoanalyse hat nichts zur Klärung dieses Problems beigetragen, es gehört offenbar ganz der Biologie an. Im Seelenleben finden wir nur Reflexe jenes großen Gegensatzes, deren Deutung durch die längst geahnte Tatsache erschwert wird, daß kein Einzelwesen sich auf die Reaktionsweisen eines einzigen Geschlechts einschränkt, sondern stets denen des entgegengesetzten einen gewissen Raum läßt ... Diese Tatsache auch der psychologischen Bisexualität belastet alle unsere Ermittlungen, erschwert ihre Beschreibung.[32]

Gegensatz. Zweiheit. Bisexualität. Die entscheidende Zahl in allen diesen Wörtern ist die Zwei: zwei Geschlechter, zwei Seiten der Persönlichkeit, nicht nur ein Gegensatz, sondern ein »großer Gegensatz«, dessen

Größe den Wissenschaftler verwirrt und den gesellschaftlichen und psychoanalytischen Beobachter Demut lehrt. Der »große Gegensatz« wird aber auch als »große Rätselhaftigkeit« bezeichnet. Diese Rätselhaftigkeit der biologischen Tatsache, daß es zwei Geschlechter gibt, ist, wie das »Rätsel der Weiblichkeit«, das sich in *Neue Folge der Vorlesungen* stellt, und das »große Rätsel der Geschlechtlichkeit«, mit dem die *Endliche und die unendliche Analyse* endet, deutlich von der Aura der Sphinx umgeben.

Die Sphinx bekommt ein Geschlecht

Viele Jahre später wanderte Ödipus, alt und blind, durch das Land. Ein vertrauter Geruch stieg ihm in die Nase. Es war die Sphinx. Ödipus sagte: »Ich möchte dich etwas fragen. Warum habe ich meine Mutter nicht erkannt?« »Du hast die falsche Antwort gegeben«, antwortete die Sphinx. »Aber dadurch wurde doch erst alles möglich«, entgegnete Ödipus. »Nein«, sagte sie. »Als ich fragte, wer geht des Morgens auf vier Beinen, des Mittags auf zwei und am Abend auf drei, gabst du zur Antwort: der Mensch. Über die Frau hast du nichts gesagt.« »Aber, wenn wir Mensch sagen, so meinen wir auch die Frauen. Das weiß doch jeder.« Sie sagte: »Das glaubst du.«
Muriel Rukeyser [33]

SOLDAT: Du bist noch feucht hinter den Ohren ... Was hast du denn? ... Was verdrehst du die Augen?
JUNGER SOLDAT: Es ist zu dumm ... Es schien mir, als ob ich einen Schlag gehört hätte. Ich glaubte, sie wäre da.
SOLDAT: Die Sphinx?
JUNGER SOLDAT: Nein, die Erscheinung, das Gespenst.
Jean Cocteau [34]

Künstler und Schriftsteller, die sich mit Fragen der sexuellen Orientierung beschäftigen, scheinen oft die Sphinx als Sinnbild ihrer eigenen Rätsel zu wählen. 1969 posierte der Sänger David Bowie vor einem Photographen im Kostüm der Sphinx. Hände und Arme vor sich ausgestreckt, mit rosalakkierten, an Klauen erinnernden Fingernägeln, einem riesigen Ring an der einen und einem Armband an der anderen Hand, das Gesicht von einem ägyptischen Kopfputz umgeben, war die Sphinx für diesen Darsteller mit vielen Masken, Kostümen, Rollen und Sexualitäten das perfekte Bild.

Zu denen, die ein besonders intimes Verhältnis zur Sphinx haben, gehört auch die lesbische Autorin Monique Wittig, die eine erotische Begegnung zwischen zwei Sphinxen schildert, und Oscar Wilde, der bisexuelle Erfinder der modernen Homosexualität. Wildes »Sphinx«, geschrieben in der Tradition der französischen Poesie des Montparnasse, wird zu Beginn als »schön und schweigend«, »wunderlich grotesk, ... halb Weib, halb Tier« geschildert. Doch gegen Ende des Gedichts, an dem Wilde jahrelang arbeitete, war sie zur »falsch falschen Sphinx« geworden, die »durstend« ihn »heimgesucht«.[35]

Die lange Interpretationsgeschichte der Sphinx hat sich häufig der Frage des Geschlechts und der Sexualität zugewandt. In Jungianischen Deutungen erscheint die Sphinx häufig als Verschmelzung von Animus und Anima, von Männlichem und Weiblichem[36], während die Freudsche Psychoanalyse sie mit dem Geschlechtsunterschied und der Kastrationsangst assoziiert: »Das kleine Kind«, schreibt ein Analytiker, »ist mit Kopf und Brüsten der Mutter vertraut, während der ständig bedeckte Unterleib das Unbekannte repräsentiert.«[37] Der psychoanalytische Anthropologe Géza Róheim interpretierte, wie schon in einer Fußnote erwähnt, das Wesen mit der unbestimmten Anzahl von Beinen im Rätsel der Sphinx als symbolische Verkörperung der Urszene, als eine Phantasie oder Erinnerung an den im Geschlechtsverkehr vereinten Körper von Mutter und Vater.[38]

Aus Anlaß seines fünfzigsten Geburtstages im Jahre 1906 erhielt Freud von seinen Wiener Kollegen ein sorgfältig ausgewähltes Geschenk. Es handelte sich um eine Medaille, die auf der einen Seite Freuds Portrait im Profil zeigt und auf der anderen Seite Ödipus, als er das Rätsel der Sphinx löst. Die griechische Inschrift, ein Zitat aus Sophokles' *König Ödipus*, lautet: »Der die berühmten Rätsel löste, mächtig wie kein Zweiter war.«[39] Zweifellos war dies eine Anspielung auf Freud als den modernen Ödipus.

Bei der Überreichung ereignete sich, wie Ernest Jones schreibt, »etwas Seltsames«. Als Freud die Inschrift las, wurde er »blaß und unruhig«; er »verhielt sich, als wäre ihm ein Geist erschienen« – ein Geist aus der Vergangenheit –, »und so war es auch«. Er wollte unbedingt wissen, wer auf das Sophokles-Zitat verfallen war, und erklärte dann, daß er als junger Student an der Wiener Universität oft durch den Innenhof geschlendert sei, um die Büsten der berühmten Professoren zu betrachten. Er stellte sich dabei vor, wie auch seine Büste irgendwann einmal dort aufgestellt würde, und – das war nun das Unheimliche – in seiner Phantasie trug sie »genau die Inschrift«, die er nun auf der Medaille sah.[40]

Es lohnt sich, die von dem Bildhauer Karl Maria Schwerdtner entworfene Medaille näher zu betrachten. Auf der einen Seite Freud: energisch, bärtig, angespannt, mit entschlossenem Blick. Das Brustbild endet, den Konventionen entsprechend, mit der Schulterlinie seines professoralen Anzugs. Auf der anderen Seite sieht man Ödipus, einen klassischen Akt mit Kopfbinde, bartlos und auf einen Stab gestützt, wie er gelassen vor einer Sphinx steht, die einen wunderschönen präraphaelitischen Frauenkopf und die Vorderfüße eines Löwen hat. Diese Sphinx mit einer losen Haarsträhne und ihrem gestochen scharfen Profil könnte von Dante Gabriel Rossetti stammen. Sie ist größer als Ödipus, und wie Freud auf der Rückseite der Medaille erscheint sie als Kopf- und Schulterbüste, die uns ihr rechtes Profil zuwendet. Auf einem Felsen sitzend, schaut sie Ödipus geradewegs in die Augen, der restliche Körper unterhalb der Schulterlinie wird durch den Rand der Münze abgeschnitten.

Die Darstellung weist einige Merkwürdigkeiten auf. Zum einen wird Ödipus, der, den Kopf auf den Arm gelegt, die klassische Haltung des tief in Gedanken Versunkenen einnimmt, trotz seiner augenfälligen Jugend aufgrund des Stabes der dritten und letzten Phase im Rätsel zugeordnet (»Was geht am Abend auf drei Beinen?«). Als Bildelement mag der Stab vom Bildhauer den klassischen Statuen abgeschaut worden sein, die oft einen Baumstumpf oder einen anderen dafür geeigneten Gegenstand als Stütze für die freistehenden Körper brauchen. Auch ist der Stab für die Pose des Nachdenkens unerläßlich, denn Ödipus muß sich ja auf *etwas* lehnen können, um sein Kinn in die Hand zu stützen. Dennoch ist die Wirkung ein wenig merkwürdig, da die Szene unmittelbar auf den Augenblick anspielt, in dem Ödipus das Rätsel löst, und damals war er in der Blüte seiner Jahre. »Was geht des Morgens auf vier Beinen, des Mittags auf zweien und am Abend auf drei Beinen?« Der Stab, der in einer ausgeprägten Diagonale mitten durch die Medaille läuft und den Raum der Sphinx vom Raum des Ödipus trennt, wirft eine neue Frage auf: »Was bedeutet es, daß der Ödipus, der das Rätsel der Sphinx löst, auf drei statt auf zwei Beinen steht?«

Noch mehr aber überrascht am Entwurf der Medaille, daß Freud, der doch deutlich die Ödipusgestalt des Sophokles-Zitats sein soll, bildlich nicht mit Ödipus, sondern mit der Sphinx verschwistert ist. Ikonographisch gesehen, ähneln die beiden Köpfe im Profil – beide entsprechen in ihrer Haartracht dem Geschmack der Jahrhundertwende, beide schauen in die gleiche Richtung, beide sind als Schulterbilder dargestellt – sich erheblich mehr als der Kopf Freuds der Figur des Ödipus in seiner bewußt klassizistischen Nacktheit und Haltung. Und dennoch deuteten alle »Leser« der Medaille, allen voran die Wiener Psychoanalytikerzunft, die sie als Geschenk für ihr Oberhaupt in Auftrag gegeben hatte, die Gabe als eine direkte Illustration der sophokleischen Inschrift: Freud ist der »mächtige« Mann, der »die berühmten Rätsel löste«.

»Wer von uns ist hier Ödipus? Wer Sphinx?« fragte Nietzsche.[41] In einem gewissen Sinne könnte man die paradoxe Formulierung wagen, das »wissen sollende Subjekt« sei nicht, wer die Antworten besitzt, sondern wer die Fragen stellt. Man frage nur jeden, der eine Analyse gemacht hat. »Ist der Analytiker nicht immer die Sphinx?«[42] Vielleicht ist Freud für uns heute deshalb so hilfreich, weil er das Rätsel auf verschiedene Weise beständig neu aufwarf, und nicht, weil er es löste. Keine Frage aber wurde von Freud häufiger gestellt als die der Bisexualität.

»Nun die Hauptsache!«

> Nun die Hauptsache! Soviel ich erkenne, wird meine nächste Arbeit lauten »Die menschliche Bisexualität«, wird das Problem an der Wurzel fassen und das letzte Wort sagen, das mir zu sagen vergönnt sein dürfte. Das letzte und tiefste.
> *Freud an Fließ*[43]

> Auch die Bisexualität unterschätze ich keineswegs, ich erwarte alle weitere Erleuchtung von ihr.
> *Freud an Fließ*[44]

»Nur die Bisexualität! Mit der hast Du sicherlich recht. Ich gewöhne mich auch, jeden sexuellen Akt als einen Vorgang zwischen vier Individuen aufzufassen.«[45] Dieser begeisterte Einwurf in einem Brief an Fließ vom August 1899 markiert einen entscheidenden Moment in Freuds Denken. Außerdem markiert er auch die überdeterminierte und emotional aufgeladene Natur ihrer Beziehung, die ein bitteres Ende nehmen sollte.

Die »Entdeckung« der Bisexualität als fundamentaler Tatsache des menschlichen Lebens durch Freuds engen Freund Fließ wie auch Freuds begeisterte Aufnahme des Begriffes stellen vitale Entwicklungsmomente in den neuen und vielschichtigen Überlegungen zur Sexualität, zur Verdrängung und zum Begehren im 20. Jahrhundert dar.

Im Laufe seines langen Berufslebens erhob Freud die Bisexualität zu einem zentralen Bestandteil weitgefaßter Theorien, die erklären wollten, welchen formenden Einflüssen die Kultur und die Psyche unterworfen waren, vom Physischen (Zwischengeschlechtlichkeit, Hermaphroditismus) bis zum Psychologischen (Homosexualität, Perversion, Verdrängung, Sublimierung und Übertragung). Der Begriff war in seinem Werk wie auch in den Schriften seiner Zeitgenossen, die sich auf dem neuen Felde der Sexualwissenschaft betätigten, stets anzutreffen – man denke nur an Autoren wie Havelock Ellis und Edward Carpenter, von denen in einem späteren Kapitel zum Thema »Wissenschaft« die Rede sein wird. Bei Freud, dessen Arbeit eine lange, an Umbrüchen reiche Periode der Kulturgeschichte überspannt, läßt sich ein beträchtlicher Bedeutungswandel des Wortes von den Anfängen seiner Laufbahn im 19. Jahrhundert bis zu ihrem Ende am Vorabend des Zweiten Weltkrieges feststellen. Wenn ich Freud hier in den Mittelpunkt rücke, dann will ich damit einerseits den enormen Einfluß betonen, den die Freudianischen Begriffe der Bisexualität im Guten wie im Schlechten auf die Kultur der Moderne ausübten, und andererseits Freud, die Psychoanalyse und die Bisexualität an der durchlässigen Grenze zwischen Mythos und Wissenschaft ansiedeln.

Als Freud über Bisexualität nachzudenken begann, tat er dies aus einer biologischen, chemischen und anatomischen Perspektive; auf jeden Fall betrachtete er sie als angeboren, als »Bisexualität aller Menschen«[46]. Sein Begriff der »bisexuellen Veranlagung« implizierte eine Art von »infantilem Einheitssex«[47]. Das Kind, dessen Körper die biologischen Spuren des Männlichen und Weiblichen aufwies, fühlt sich erotisch zu Männern und Frauen hingezogen. Erst durch den Mechanismus der Verdrängung wird sie oder er später zur »Reife« gelangen und dabei eine Seite der »bisexuellen Veranlagung« im Einklang mit den (heterosexuellen) Normen und Erwartungen der Gesellschaft unterdrücken: Die »sexuelle Konstitution, die sich ja aus der ursprünglichen Bisexualität herausbildet«, wird in Folge der kindlichen Erfahrungen und der Sozialisation verdrängt.[48]

Dieser Gedanke, der – wie wir sehen werden – größtenteils auf Freuds Gespräche mit Fließ zurückgeht, erklärte die Neurosen: Wenn die verdrängte andere Seite (die männliche Seite der Frauen, die weibliche Seite der Männer) manifest wird, kommt es zu Störungen und Leiden.

Wie aus dieser kurzen Darlegung ersichtlich, wird die »ursprünglich bisexuelle Veranlagung« nicht nur als angeboren und biologisch vorgestellt, sondern auch als innerer Bestandteil eines zugleich hetero- und monosexuellen Systems. Normalerweise wuchsen Männer dazu heran, Frauen zu begehren und jedes zurückgebliebene »ursprüngliche« Verlangen nach Männern zu verdrängen – für Frauen galt das Umgekehrte. Ein Erwachsener war lediglich hinsichtlich seiner biologischen Beschaffenheit bisexuell. Was wir heute Bisexualität nennen – die sexuelle Neigung zu Männern und Frauen –, war ein Problem, ein neurotisches Symptom.

Letztlich warf jedoch diese Beschreibung für Freud mehr Fragen auf, als sie beantwortete. Zu einem späteren Zeitpunkt änderte er seine Vorstellungen von einer primären Bisexualität und sah in ihr nicht mehr – wie es Jacqueline Rose auf den Punkt bringt – »eine undifferenzierte, vor jeder symbolischen Differenz liegende geschlechtliche Natur«, sondern »den allen Subjekten möglichen Zugang zu beiden Positionen in bezug auf diesen Unterschied selbst«.[49]

Mit anderen Worten: Bisexualität stellt kein biologisches oder entwicklungsbedingtes Stadium dar, das dem »reifen« heterosexuellen Verlangen vorausgeht. Vielmehr ist anzunehmen, daß alle Menschen bezüglich ihrer Sexualität schwankend oder geteilt sind. Sie entwickeln sexuelle Rollen und Wünsche ebensosehr als Folge kultureller wie auch biologischer Faktoren und eines »auferlegten geschlechtsspezifischen Verhaltens«.[50] Für den »späten« Freud bedeutete Bisexualität mithin, daß die sexuelle Identität und die Wahl des Sexualobjektes nicht von Natur aus festgelegt sind.

Fließ hatte behauptet, die »bisexuelle Konstitution des Menschen« sei direkter Ausfluß seiner Biologie, so daß in (biologischen) Männern normalerweise das Weibliche und in (biologischen) Frauen das Männliche verdrängt worden sei. In der 1919 erschienenen Arbeit *Ein Kind wird geschlagen* nahm Freud einen ganz anderen Standpunkt ein und betonte, »daß bei männlichen und weiblichen Individuen sowohl männliche wie weibliche Triebregungen vorkommen und ebenso durch Verdrängung unbewußt werden können«[51].

Entscheidend für diesen mehrdimensionalen Begriff von Bisexualität ist Freuds revidierter Begriff des Ödipuskomplexes, der den Geschlechterunterschied begründet. Der Ödipuskomplex, für Freud der zentrale Komplex, das Mittelstück seiner Theorie, der »eigentliche Kern der Neurose«[52], umfaßt in seiner vollständigen Form sowohl die »positive« Version des Komplexes, in der das Kind – wie Ödipus im sophokleischen Drama – ein sexuelles Verlangen nach dem gegengeschlechtlichen und Rivalität zum gleichgeschlechtlichen Elternteil empfindet, als auch die »negative« Version, in der die Situation umgekehrt ist. Das Kind begehrt den gleichgeschlechtlichen und empfindet Rivalität zum gegengeschlechtlichen Elternteil.

In der Freudschen Theorie sind der Ödipuskomplex und seine Begleiterscheinungen, Penisneid und Kastrationskomplex, Teil der organisierenden Struktur des menschlichen Begehrens. Über das Inzestverbot erzeugen sie ein unauflösliches Band zwischen Wunsch und Begehren auf der einen Seite und Sitte und Gesetz auf der anderen Seite. 1923 schreibt er daher in *Das Ich und das Es*: »Eingehendere Untersuchung deckt zumeist den *vollständigeren* Ödipuskomplex auf, der ein zweifacher ist, ein positiver und ein negativer, abhängig von der ursprünglichen Bisexualität des Kindes.«

Wie Freud einräumt, macht »dieses Eingreifen der Bisexualität ... es so schwer, die Verhältnisse der primitiven Objektwahlen und Identifizierungen zu durchschauen, und noch schwieriger, sie faßlich zu beschreiben. Es könnte auch sein, daß die im Elternverhältnis konstatierte Ambivalenz durchaus auf die Bisexualität zu beziehen wäre und nicht ... durch die Rivalitätseinstellung aus der Identifizierung entwickelt würde.«[53] Freud, der am Begriff der Bisexualität festhielt, aber seine Bedeutung mehr auf das psychologische und kulturelle Feld verschob, statt ihn wie in früheren Jahren als biologische und anatomische Gegebenheit zu begreifen, entwickelte in seinen späteren Werken eine geschmeidigere und subtilere Idee von der sexuellen Identität und dem Begehren. Kultur und Sprache zwingen zu einer Entscheidung, aber, wie Jacqueline Rose bemerkt, »jeder kann das Lager wechseln und sich auf der anderen Seite des ihm von der Anatomie zugewiesenen Bereichs einschreiben«[54].

Auch ist der Übergang keine Einbahnstraße. Individuen sind ständig damit beschäftigt, ihre Sexualität zu inszenieren. Sexuelles Verhalten bezeichnet, wie die vieldiskutierten Ausdrücke »Männlichkeit« und »Weiblichkeit«, keine bestimmte Identität, sondern Positionen der Identifikation, Positionen, die ihrem Wesen nach fließend und nicht festgelegt sind.

»Nun die Hauptsache!«

Postfreudianische Theoretiker, in erster Linie Feministinnen und Queer-Theoretiker, haben einige der Freudschen Thesen zur Bisexualität überzeugend kritisiert. So meint Hélène Cixous, man müsse unterscheiden zwischen der »Bisexualität als der Phantasie von einem vollständigen Wesen«, »als Phantasie der Einheit, die weniger bisexuell als asexuell ist«, wie Ovids Hermaphroditus sie verkörpert, und dem, was sie »die *andere Bisexualität*« nennt, die »Lokalisierung der Anwesenheit beider Geschlechter in sich selbst«, die vielfältige Wünsche erlaubt.[55]

Judith Butler vertritt die These, daß jeder Begriff einer »primären Bisexualität« und ihrer Verdrängung seinerseits eine Rückbildung ist, die aus einer vorgegebenen oder aufgezwungenen heterosexuellen Norm folgt. »Der Versuch, eine Sexualität ›vor dem Gesetz‹ ausfindig zu machen und zu beschreiben – sei es als primäre Bisexualität oder als ideale, uneingeschränkte polymorphe Sexualität –, beinhaltet, daß das Gesetz der Sexualität vorangeht.« Man kann ein Gesetz nur dann brechen oder sich außerhalb des Gesetzes stellen, wenn die Vorstellung des Gesetzes schon gegeben ist. Die Sexualität, wie sie heute im allgemeinen begriffen wird, ist in der Tat vom Gesetz hervorgebracht worden: von Tabus, Verboten, sozialen und ökonomischen Motiven. Zweifelsohne bringt »das Gesetz *sowohl* die sanktionierte Heterosexualität *als auch* die das Gesetz übertretende Homosexualität«[56] hervor. Bisexualität erweist sich »nicht als eine Möglichkeit jenseits der Kultur, sondern als konkrete kulturelle Möglichkeit, die als unmöglich abgewiesen und (um)beschrieben wird«[57].

Andere Autoren, die über Bisexualität geschrieben haben, neigen in jüngster Zeit dazu, Freuds Ansichten für überholt zu erklären oder sie – insbesondere die begeisterten Kommentare in seinen Briefen an Fließ – nur als bloße Randbemerkungen zu den eigenen politischeren Überlegungen über die Bisexualität gelten zu lassen. Doch jede These darüber, wo die Theorie der Bisexualität, der bisexuellen Politik oder Praxis heute steht, muß Freuds entscheidenden Einfluß zur Kenntnis nehmen.

Einmal brillant und Ärgernis erregend, einmal voller Selbstzweifel und dann wieder von unerschütterlicher Selbstgewißheit, ist Freud der geistige Vorläufer vieler moderner und postmoderner Spekulationen über Sexualität und Bisexualität. »Freud«, von oftmals weniger brillanten Anhängern popularisiert, aus dem Kontext gerissen zitiert, enthistorisiert und umgeschrieben, ist wie »Shakespeare« zu einem Kulturmonolithen, ja zu einem Mythos, geworden.

Freud und der Goldene Fließ

Die endliche und die unendliche Freundschaft

... daß peinliche Erinnerungen mit besonderer Leichtigkeit dem
motivierten Vergessen verfallen, verdiente auf mehrere Gebiete
bezogen zu werden.
Sigmund Freud[58]

Selig sind die Vergesslichen: denn sie werden auch mit ihren
Dummheiten »fertig«.
Friedrich Nietzsche[59]

Untersucht man die Geschichte von Freuds Interesse an der Bisexualität und ihrer grundlegenden Beziehung zu seinem Werk, so stößt man zwangsläufig auf seine Freundschaft mit Wilhelm Fließ. Die beiden Männer trafen sich zum ersten Mal 1887. Damals besuchte Fließ, ein Berliner Hals-, Nasen- und Ohrenspezialist, in Wien einige Vorlesungen Freuds über Neuropathologie. Die beiden Männer hatten einen ähnlichen Hintergrund: Sie waren Juden, Ärzte, in der medizinischen Forschung tätig und in ihrem beruflichen wie persönlichen Betätigungsfeld intellektuelle und gesellschaftliche Außenseiter. Beide zeichneten sich durch intellektuellen Wagemut und den Ehrgeiz aus, die wissenschaftlichen Paradigmen ihrer Zeit umzustürzen. Fließ verdankte seine Berühmtheit in der Hauptsache zwei Theorien, nämlich daß die Nase der Sitz der sexuellen Leidenschaft sei und daß das physiologische Leben von Männern und Frauen durch 23- bzw. 28tägige Zyklen bestimmt sei.

Seine Theorie der Nasenerotik mutet heute sehr viel befremdlicher an als zu seiner Zeit, da die Hysterie und Symptomverschiebungen von gewöhnlich intimeren unteren Körperteilen auf andere – schicklichere und aussprechbare – Teile sich zu einer entscheidenden Grundlage der späteren Psychoanalyse herausentwickelte. Für damalige Rassenhygieniker war die Nase ein entscheidendes Charakteristikum der Juden, und einigen Theorien zufolge ließ sich auch eine kriminelle Veranlagung an ihr ablesen. Ihre vorspringende Form ließ an die männlichen Genitalien denken: Eine große Nase verspricht einen großen Penis. Jedenfalls erschienen Freuds eigene Gedanken zur infantilen Sexualität, zum Ödipuskomplex und dem darin implizierten Inzestwunsch, oder auch seine Vorstellung, körperliche Manifestationen wie Lähmungserscheinungen bis hin zum Masochismus hätten psychologische Wurzeln, in diesem Rahmen nicht allzu weit hergeholt.

Setzt man diese Ideen und ein geistiges Klima voraus, das schon Sexualwissenschaftler wie Richard von Krafft-Ebing, Havelock Ellis und Magnus Hirschfeld zu Spekulationen über die Homosexualität als »drittes Geschlecht« angeregt hatte, dürfte die Einführung eines Begriffs wie »Bisexualität« nicht allzu ungewöhnlich erschienen sein.

Fließ sah ihn aber offenbar als sein geistiges Eigentum an, und in den ersten Jahren ihrer Freundschaft war Freud sorgfältig darauf bedacht, diese Eigentumsrechte nicht zu verletzen. Im Dezember 1897 trafen sich die beiden Männer in Breslau, wo Fließ Freud mit seiner neuesten Theorie der Bisexualität vertraut machte, die er, was nicht unumstritten war, mit der Beid- oder Linkshändigkeit assoziierte. Wie Freud nach seiner Rückkehr äußerte, war die Begegnung für ihn berauschend: »Zurück und wieder eingespannt, mit dem köstlichen Nachgeschmack unserer Breslauer Tage. Bi-Bi tönt mir in den Ohren.«[60] In einem späteren Kapitel werden wir sehen, daß die Analogie zur Linkshändigkeit immer wieder im Sexualitätsdiskurs auftauchen wird. Doch zunächst einmal fällt auf, wie stark Freuds Eindruck war, eine Entdeckung gemacht zu haben, und daß damit ein Gefühl sozialen, ja erotischen Glücks einherging.

In ihrem Briefwechsel setzten die beiden Freunde das Breslauer Gespräch fort. Am 15. März 1898 teilte Freud Fließ mit: »Auch die Bisexualität unterschätze ich keineswegs, ich erwarte alle weitere Erleuchtung von ihr, speziell seit jenem Moment am Breslauer Markt, da wir uns in einer Rede trafen.«[61] Das atemberaubende Glück, sich mit jemandem geistig verbunden zu fühlen, färbt die ganze Erinnerung rosarot und läßt eine authentische sexuelle Energie durchscheinen. Denn wie der Briefwechsel zwischen Freud und Fließ deutlich macht, ist Sexualität, mit welch wissenschaftlichem Gestus sie auch erforscht und verfolgt wurde, nicht etwas nur Theoretisches. Sie mußte fast zwangsläufig auf den Bereich des Zwischenmenschlichen übergreifen, wo die Bisexualität, das diskutierte Thema, ja auch ihren angestammten Platz hat. Und genau das geschah auch.

»Was tut Deine Frau anders, als im dunkeln Zwang die Anregung ausarbeiten, die Breuer ihr damals in die Seele gelegt, als er ihr Glück dazu wünschte, daß ich nicht in Berlin lebe und ihre Ehe nicht stören kann«, schrieb er im August 1901 an Fließ, als ihre Freundschaft schon abgekühlt war. Dann wirft er ihm vor, »auch Du . . . nimmst Partei gegen mich«. Und offenbar auf die Beziehung zwischen Breuer und seinem Bruder anspielend, fährt er fort: »Ich teile aber Deine Verachtung der Männerfreundschaft nicht, wahrscheinlich weil ich in hohem Grade Partei bin. Mir hat, wie Du ja weißt, nie das Weib im Leben den Kameraden, den Freund ersetzt.« Tatsächlich hätte Breuers »männliche Neigung« – wohlgemerkt Breuers, nicht Freuds –, wäre sie nicht »so zaghaft« gewesen, »ein schönes Beispiel, zu welchen Leistungen sich die androphile Strömung beim Manne sublimieren läßt«, abgegeben.[62] Freuds Ansichten über den relativen Wert von Männer- und Frauenfreundschaften waren offenbar nicht neu und wohl bekannt. Am 30. Oktober 1911 schrieb ihm Emma Jung über die Entfremdung zwischen ihm und ihrem Ehemann und bat den »lieben Herrn Professor«, sie »nicht etwa zu jenen Frauen [zu zählen], die, wie Sie einmal sagten, stets ihre Freundschaften stören«.[63]

Nach dem traumatischen Ende der Freundschaft zu Fließ schrieb Freud in einem Brief an seinen Kollegen Sándor Ferenczi, »ein Stück homosexueller Besetzung« sei »eingezogen«.[64] Marie Bonaparte, eine andere befreundete Analytikerin, notierte in ihren privaten Aufzeichnungen, daß »Martha Freud wohl verstand, daß Fließ ihrem Mann etwas anderes geben konnte als sie. Fließ empfand für Freud, nach Freuds eigener Aussage, eine ebenso leidenschaftliche Freundschaft wie Freud für Fließ.«[65] Diese Äußerung macht auf schöne Weise deutlich, worin die Zuneigung, aber auch die Rivalität der beiden Männer gründete: »Was die Bisexualität betrifft, so konnte Fließ, auch wenn Freud von ihr erstmals durch ihn erfahren hat, keine Priorität für den Gedanken selbst in der Biologie beanspruchen. ›Und wenn er mir die Bisexualität gegeben hat, so hatte ich ihm vorher die Sexualität gegeben.‹ Das hat mir Freud gesagt.«[66]

Der Bruch zwischen Fließ und Freud wurde einerseits durch Fließens intellektuell wie persönlich stark besitzergreifende Haltung und andererseits durch ein außergewöhnliches »Vergessen« von seiten Freuds herbeigeführt: Er hatte vergessen, daß nicht er allein auf die Theorie der Bisexualität verfallen war.

Einige Jahre pflegten die beiden Freunde, wie sie es nannten, private »Kongresse« abzuhalten – ein Ausdruck, der sehr genau das Öffentliche beruflicher Konferenzen mit dem Intimen des Sexualverkehrs verband.[67] Bei einer dieser Gelegenheiten hatte Freud Fließ offenbar mitgeteilt, er sei zu dem Ergebnis gekommen, Neurosen ließen sich nur unter der Annahme erklären, daß alle Menschen eine bisexuelle Konstitution hätten. Verwundert entgegnete Fließ, das habe er Freud doch schon vor Jahren vorgeschlagen, dieser habe allerdings damals sehr skeptisch darauf reagiert.

Zerknirscht und in der Absicht, ihre Freundschaft zu kitten, leistete Freud in seiner Schrift *Zur Psychopathologie des Alltagslebens* gewissermaßen Abbitte. Diese Arbeit ist, wie er Fließ in seinem Brief über die »androphile Strömung« zwischen Männern mitteilte, »voll von Beziehungen auf Dich, manifesten, zu denen Du das Material geliefert, und versteckten, bei denen das Motiv auf Dich zurückgeht«.[68] Und so lautet die Stelle:

Im Sommer des Jahres 1901 erklärte ich einmal einem Freunde, mit dem ich damals in regem Gedankenaustausch über wissenschaftliche Fragen stand: Diese neurotischen Probleme sind nur dann zu lösen, wenn wir uns ganz und voll auf den Boden der Annahme einer ursprünglichen Bisexualität des Individuums stellen. Ich erhielt zur Antwort: »Das habe ich Dir schon vor zweieinhalb Jahren in Br. gesagt, als wir jenen Abendspaziergang machten. Du wolltest damals nichts davon hören.« Es ist nun schmerzlich, so zum Aufgeben seiner Originalität aufgefordert zu werden. Ich konnte mich an ein solches Gespräch und an diese Eröffnung meines Freundes nicht erinnern.[69]

Eine Woche später erinnerte Freud sich an das Geschehen, »wie mein Freund es in mir erwecken wollte«. Dieses Beispiel für ein »Vergessen« ist an sich schon vielsagend, doch noch mehr Gewicht kommt ihm durch seine Plazierung zu. Das zudem von 1900 auf 1901 verlegte Beispiel Fließ (dessen Name natürlich nicht fällt) und die Originalität der Bisexualitätstheorie ist in der *Psychopathologie* das elfte und letzte Beispiel, das unter der allgemeinen Überschrift »Vergessen von Eindrücken und Erkenntnissen« zu finden ist. Vielleicht könnte man Freud verdächtigen, das Beispiel an einer recht unauffälligen Stelle untergebracht zu haben, denn wie er selbst im Buch bekennt, war die ganze Episode sowohl »schmerzlich« als auch verwirrend. Unmittelbar nach der Erzählung dieser Anekdote, die schließlich die letzte ist, fühlt er sich jedoch gedrängt, das »Warum« aller seiner Beispiele auf den Punkt zu bringen. Seine Zusammenfassung ist sehr aufschlußreich:

»Ausstellungen an seiner Ehefrau – Freundschaft, die ins Gegenteil umgeschlagen hat – Irrtum in ärztlicher Diagnostik – Zurückweisung durch Gleichstrebende – Entlehnung von Ideen: es ist wohl kaum zufällig, daß eine Anzahl von Beispielen des Vergessens, die ohne Auswahl gesammelt worden sind, zu ihrer Auflösung des Eingehens auf so peinliche Themata bedürfen.«[70]

Man beachte, daß praktisch *alle* diese Charakterisierungen, die sich auf die verschiedenen elf Einzelbeispiele beziehen, auf fast unheimliche Weise allesamt von seinem elften Beispiel erfüllt werden, der Geschichte von Fließ und der Bisexualität (die doch bloß für das »Entlehnen der Idee eines anderen« stehen sollte). Fließ, von Freud einst als der »einzige Andere«[71] bezeichnet, dessen Lob für ihn »Nektar und Ambrosia«[72] sei, ist 1901 zu einer Quelle der Angst, der Rivalität und Konkurrenz geworden.

Kurz nach diesem Gedächtnisausfall und seinem reuevollen Nachspiel hatte Freud einen Traum: Darin trug er seinem »Freunde eine schwierige und lang gesuchte Theorie der Bisexualität« vor. Der Freund war natürlich Fließ und der Traum, wie Freud bei der Niederschrift der *Traumdeutung* schloß, ein Beispiel für die »wunscherfüllende Kraft des Traumes«. Und wie sah die Theorie aus? Obgleich sie ihm »klar und lückenlos« erschien, wurde die lang gesuchte Theorie »im Traum nicht mitgeteilt«.[73]

Gegenstand des Traumes war also nicht eine inhaltliche Theorie der Bisexualität. Es ging vielmehr darum, die richtige Theorie zu finden und die Antwort triumphierend Fließ vorzulegen, dem, als er das Manuskript des Traumbuches las, dieses weitere Anzeichen von Rivalität nicht entgangen sein wird.

Auch ein anderer, noch berühmterer Traum handelt von Fließ und ihrer beider wissenschaftlicher Rivalität. Gemeint ist der sogenannte *Non vixit*-Traum, in dem Freud und Fließ einem toten Freund, P., begegneten. Fließ, der nicht erkannte, daß er einen Toten vor sich hatte, richtete einige Worte an ihn. Freud unterbrach ihn daraufhin und erklärte, der Freund könne ihn nicht verstehen, da er »*non vivit*«, nicht am Leben sei. Im Traum aber versprach sich Freud und sagte »*non vixit*« (er hat nicht gelebt), ein Irrtum, den er unmittelbar im Traum realisierte. Daraufhin sah er P. so durchdringend an, daß dieser verschwamm und sich schließlich auflöste. Er wurde zu einer Erscheinung, einem »Revenant« – einem zurückkehrenden Geist. Der Freud des Traumes war über dieses Verschwinden »ungemein erfreut« und schloß daraus, »daß eine solche Person nur so lange besteht, als man es mag, und daß sie durch den Wunsch des anderen beseitigt werden kann«.[74] Nach Freuds eigener Deutung könne man den Traum so auslegen, daß Freud sich ebenso wie (oder anstelle) des recht schuldlosen P., den er mit seinem Blick ins Nichts schickt, auch seines Freundes Fließ entledigen kann. »Ich bin aber«, so beteuert er, »in Wirklichkeit unfähig, das zu tun – was ich nämlich im Traume tue – die Rücksicht auf so teure Personen meinem Ehrgeiz aufzuopfern.« Ja, er meint, daß er »(im Unbewußten) mit Bedauern erwogen haben muß, wie mein hochbegabter und ganz der Wissenschaft ergebener Freund P. durch einen allzufrühen Tod seinen begründeten Anspruch auf ein Denkmal in diesen Räumen verloren« hat. Auch fiel ihm auf, »daß in der Traumszene eine feindselige und eine zärtliche Gedankenströmung gegen meinen Freund P. zusammentreffen, die erstere oberflächlich, die letztere verdeckt«.[75]

Freuds Interpretation des Traumes zieht keinerlei Verbindung zur Theorie der Bisexualität. Doch die Bemerkung über den »begründeten Anspruch auf ein Denkmal« seitens eines Kollegen, der sein Leben der Wissenschaft widmete und dem gegenüber er ein Zusammentreffen feindseliger und zärtlicher Gefühle konstatierte (hier in der umgekehrter Reihenfolge dessen, was er in der Beziehung des Träumenden zu P. bemerkt hat – die Zärtlichkeit ist auf der Oberfläche, die Feindseligkeit versteckt), weist recht eindeutig auf Fließ hin. Und wie wir uns erinnern, wurde Freud, als ihm ein paar Jahre später anläßlich seines fünfzigsten Geburtstages ein »Denkmal« für seine wissenschaftlichen Leistungen gestiftet wurde, bei der Übergabe so bleich, »als sei ihm ein Geist erschienen«.[76]

»Seitdem ich mit dem Gesichtspunkte der Bisexualität bekannt geworden bin, halte ich dieses Moment für das hier maßgebende«, erklärte Freud in den *Drei Abhandlungen zur Sexualtheorie*, »und meine, ohne der Bisexualität Rechnung zu tragen, wird man kaum zum Verständnis der tatsächlich zu beobachtenden Sexualäußerungen von Mann und Weib gelangen können.«[77] So lautet der Satz in allen Auflagen der *Drei Abhandlungen* mit Ausnahme der ersten Auflage. Ihr gegenüber wurde etwas ausgelassen, revidiert oder unterdrückt. In der Orginalausgabe von 1905 begann der Satz: »Seit ich mit dem Gesichtspunkt der Bisexualität durch W. Fließ bekannt geworden bin ...« Als Freud 1905 die *Drei Abhandlungen* überarbeitete, hat er, wie in seinem Traum, den Rivalen verschwinden lassen.

Je länger Freud über den Begriff der Bisexualität grübelte, um so mehr schien er ihm die Antwort auf sein Kernproblem bereitzuhalten: die Verdrängung. Er schloß, daß diese »nur durch Reaktion zwischen zwei sexuellen Strömungen möglich« sei. Und genau diese Einsicht verdankte er Fließ, was er in seinem Brief vom 7. August 1901 durchaus anerkannte: »Die Idee selbst ist Deine. Du erinnerst Dich, ich habe Dir vor Jahren gesagt, die Lösung liegt in der Sexualität, als Du noch Nasenarzt und Chirurg warst, und

Du hast Jahre später korrigiert: in der Bisexualität, und ich sehe, Du hast recht.«

Es ging in der Tat um die Frage der Autorschaft und der Priorität. Und will man der Wahrheit die Ehre geben, so war es Fließens Idee. »Vielleicht muß ich also noch mehr von Dir entlehnen, vielleicht nötigt mich mein Ehrlichkeitsgefühl, Dich zu bitten, die Arbeit mit mir zu zeichnen, wobei der bei mir kärgliche anatomisch-biologische Teil eine Ausbreitung für sich gewinnen würde. Den psychischen Aspekt der Bisexualität und die Erklärung der Neurotik würde ich zum Ziel nehmen.« Von diesem »nächsten Zukunftsprojekt« erhoffte sich Freud, daß es sie »wieder recht ordentlich auch in wissenschaftlichen Dingen einigen wird«.[78]

Natürlich kam es nie zu einer solchen Zusammenarbeit. Statt dessen erhielt Freud eine wütende Antwort seines Freudes, der sich über die anscheinende Aneignung seiner Ideen beschwerte.

Daß in seinem Brief von Anstand und Ehrlichkeit die Rede ist, deutet darauf hin, wie unwohl Freud sich in seiner Haut fühlte und wie peinlich ihm das Ganze war. Er brauchte dringend eine Theorie der Bisexualität als Teil seiner umfassenden Darlegung über die menschliche Sexualität. Doch Fließ verweigerte die Zusammenarbeit und zog es vor, die Vervollständigung seiner eigenen Tabellen abzuwarten. Freud sah sich dadurch zunehmend in die Defensive gedrängt. Einen Monat später schrieb er gereizt: »Gewiß wollte ich nichts anderes, als meine Zugabe zu der Theorie der Bisexualität bearbeiten, den Satz ausführen, daß die Verdrängung und die Neurosen, die Selbständigkeit des Unbewußten also, die Bisexualität zur Voraussetzung hat.« Fließ hätte doch mittlerweile durch »die betreffende Stelle von der Priorität« in der *Psychopathologie* wissen sollen, daß er, Freud, nicht beabsichtigte, die Lorbeeren dafür einzustecken. Da aber »das allgemein Biologische und Anatomische der Bisexualität« unverzichtbar sei, und »fast alles, was ich dazu weiß, von Dir herrührt, so bleibt nichts anderes übrig, als mich auf Dich zu berufen oder diese Einleitung ganz von Dir zu beziehen«.[79]

Die Spannung zwischen den beiden Männern erreichte einen Höhepunkt, nachdem Fließ 1904 Otto Weiningers im Vorjahr erschienenes Buch *Geschlecht und Charakter* gelesen hatte. Denn Weininger verficht darin eine Theorie der Bisexualität, derzufolge sowohl die sexuelle Neigung als auch die Verdrängung auf das gemeinsame Vorliegen männlicher und weiblicher Charakterzüge in allen lebenden Organismen zurückgeht. Fließ warf Freud vor, er habe über einen gemeinsamen Bekannten seine, Fließens, Überlegungen zur Bisexualität an Weininger durchsickern lassen.

Empört und bitter schrieb er an seinen Freund: »Lieber Sigmund, ein Werk von Weininger ist mir zur Kenntnis gekommen, in dessen erstem, biologischen Teil ich zu meiner Verblüffung die Ausführung von meinen Ideen über Bisexualität und die daraus folgende Art der sexuellen Anziehung – weibliche Männer ziehen männliche Frauen an und *vice versa* – beschrieben finde.«[80]

Weininger, eine recht komplexe, labile und vom jüdischem Selbsthaß gepeinigte Persönlichkeit, hatte auf spektakuläre Weise Selbstmord begangen, indem er sich im Wiener Beethoven-Haus erschoß. Seine kategorischen und exzentrischen Meinungen über Geschlecht, Sexualität und Rasse – beispielsweise seine Kritik des Judentums – wurde später von den Nazis vereinnahmt. Paradoxerweise wurde er aber auch von Feministinnen wie Charlotte Perkins Gilman mit Bewunderung zitiert. Freud charakterisierte ihn später als »hochbegabten und sexuell gestörten jungen Philosophen«[81]. Nicht zuletzt dank des aufsehenerregenden Selbstmords seines dreiundzwanzigjährigen Autors wurde *Geschlecht und Charakter* schnell zu einem internationalen Erfolgsbuch, das schließlich in mindestens 16 Sprachen übersetzt wurde.

Weiningers Ansichten zur Bisexualität waren ebenso berüchtigt wie faszinierend – ihm zufolge lebt der Mensch in einem Zustand »dauernder Doppelgeschlechtlichkeit«[82]. Ein idealer Mann oder eine ideale Frau existieren in Wirklichkeit nicht, auch wenn wir derartige Ideale hypothetisch konstruieren können: »Also Mann und Weib sind wie zwei Substanzen, die in verschiedenem Mischungsverhältnis, ohne daß je der Koeffizient der einen Substanz Null wird, auf die lebenden Individuen verteilt sind. Es gibt in der Erfahrung nicht Mann noch Weib, könnte man sagen, sondern nur männlich und weiblich.«[83]

Wenn wir »noch ohne tückische tiefere Hintergedanken, dem Männlichen ein positives, dem Weiblichen ein negatives Vorzeichen geben«, sind wir in der Lage, die physiologischen Variationen über das ganze Geschlechterspektrum zu erklären: »recht weibische Männer mit starkem Bartwuchs, Weiber, die bei abnorm kurzem Haar und deutlich sichtbarem Bartwuchs gut entwickelte Brüste und ein geräumiges Becken aufweisen«.[84]

Die sexuelle Anziehung besteht mithin im Zusammenkommen eines »ganz Männlichen« und eines »ganz Weiblichen« durch die mathematische Verbindung der männlich-weiblichen Anteile in einem »Mann« und der weiblich-männlichen Anteile in einer »Frau«: Ein zu vier Fünfteln männlicher und einem Fünftel weiblicher Mann fände daher seine Partnerin in einer zu vier Fünfteln weiblichen und zu einem Fünftel männlichen Frau usw. Um seine Theorie der sexuellen Komplementarität zu unterstützen, erzählt Weininger eine Anekdote: »Auf den Anblick einer bisexuell funktionierenden Schauspielerin mit leichtem Bartanfluge, einer tiefen sonoren Stimme und fast ohne Haare auf dem Kopfe habe ich einen bisexuellen Mann ausrufen hören: ›Ja, das ist ein Prachtweib!‹ ›Das Weib‹ ist eben für jeden ein anderes und doch dasselbe, ›im Weibe‹ hat noch jeder Dichter Verschiedenes und doch ein Gleiches besungen.«[85] Aus diesen Beispielen ist ersichtlich, daß Weininger unter »Bisexualität« das Nebeneinander von »männlichen« und »weiblichen« Charakterzügen in allen Individuen verstand, die aus diesem Grunde ihr jeweiliges Komplement suchten.

Die historische Gedankenwelt der Jahrhundertwende einmal vorausgesetzt, klingt das alles recht plausibel. Ja, es erinnert stark an Aristophanes' Fabel des geteilten Menschen im *Gastmahl*, allerdings mit einem Unterschied, den es mit vielen biologischen Theorien der Bisexualität gemeinsam hat, daß nämlich in der Abstraktion eine ursprüngliche Heterosexualität angenommen wird. Männer werden von Frauen angezogen, Frauen von Männern. Der »Invertierte« ist immer anatomisch determiniert: »Einen rein ›psychosexuellen Hermaphroditismus‹ gibt es nicht.«[86] Doch da Weininger auch glaubte, der Mann sei der Frau überlegen – »der Mann hat alles in sich«, aber »die Frau kann nie zum Manne werden«[87], »ein weiblicher Genius ist demnach eine contradictio in adjecto«[88] – und er zudem Männlichkeit mit Geist, Gedächtnis, Wissenschaft, Moral und Ariertum verbindet, während der Frau Falschheit, mangelndes Urteilsvermögen, Amoral, Hysterie und das Jüdische zukommt, werden seine Ansichten zur ursprünglichen Bisexualität in gewisser Weise von seinen kulturellen und rassistischen Annahmen überformt.

»Ein unauflösbares Rätsel bleibt nur dies, warum gerade die Frau mit dieser vergötternden Liebe geliebt wird«, fragt er sich.[89] Andererseits ist »die Neigung zu lesbischer Liebe in einer Frau eben Ausfluß ihrer Männlichkeit, diese aber Bedingung ihres Höherstehens«. Daher waren Katharina II. von Rußland, Königin Christine von Schweden und George Sand, wie überhaupt »alle Frauen und Mädchen von auch nur einigermaßen in Betracht kommender Begabung« für Weininger »zum Teil bisexuell, zum Teil ausschließlich homosexuell.«[90]

Weiningers Kapitel über das Judentum muß die jüdischen Ärzte Freud und Fließ bei der Lektüre besonders irritiert haben. (»Der Jude ist stets lüsterner, geiler ... als der arische Mann«; »niemand, der ihn kennt, empfindet den Juden als ein Liebenswertes«; »und der Jude ist nichts, im tiefsten Grunde darum, weil er nichts glaubt«; »Er könnte hier überaus leicht geneigt sein, dem Juden einen größeren Anteil an der Weiblichkeit zuzuschreiben als dem Arier, ja am Ende eine platonische *metexis* auch des männlichsten Juden am Weibe anzunehmen sich bewogen fühlen.«; »So wenig wie es in Wirklichkeit eine ›Würde der Frauen‹ gibt, so unmöglich ist die Vorstellung eines jüdischen ›gentleman‹.«)[91] In ihrem Briefwechsel äußern sich Freud und Fließ nicht zu diesen rassistischen Schlußfolgerungen aus einer biologischen und dauernden Bisexualität, auch verlieren sie kein Wort darüber, daß Weininger ein konvertierter Jude war. Statt dessen nehmen sie eine entschieden allgemeine Perspektive ein. Sie sehen über die rassistischen und religiösen Ausfälle hinweg oder daran vorbei und beachten nur die jede kulturelle Differenz transzendierende Wissenschaft. Einige Jahre später kommt Freud mit klinischer Nüchternheit auf Weiningers Analogie zwischen Juden und Frauen zu sprechen. In einer Fußnote zum »Kleinen Hans« behauptet er: »Der Kastrationskomplex ist die tiefste unbewußte Wurzel des Antisemitismus.«[92] In diesem äußerst spannungsgeladenen Augenblick der Beziehung Freud – Fließ steht allein die Frage im Mittelpunkt, ob und wie Weininger die Idee der »Bisexualität« gestohlen hat. Was er dann daraus macht, bleibt unberücksichtigt.

Fließens Verärgerung war durchaus verständlich. Da Weininger Hermann Swoboda kannte (einen Schüler Freuds, der kurz zuvor mit einem weiteren Buch über Bisexualität an die Öffentlichkeit getreten war), schrieb Fließ an Freud, er »habe keinen Zweifel, daß Weininger über Dich zur Kenntnis meiner Ideen gekommen ist und daß von seiner Seite ein Mißbrauch mit fremdem Gut getrieben wurde«, und fragte ihn ohne Umschweife: »Was weißt Du darüber?«[93]

Freud reagierte auf diese direkte Anfrage alles andere als aufrichtig. Er stritt eine Bekanntschaft mit Weininger ab und erklärte, im Laufe einer Analysesitzung nur ganz beiläufig mit Swoboda über die Bisexualität gesprochen zu haben. Fließ versichernd, dies sei »alles, was ich darüber weiß«, vermutete er weiter, Weininger hätte den Gedanken der Bisexualität möglicherweise »anderswoher« bekommen, nachdem Swobodas beiläufige Bemerkung ihn auf diese Spur angesetzt habe. An Fließ schrieb er: »Auch ich glaube, daß der selige Weininger ein Einbrecher war mit einem gefundenen Schlüssel.« Unterdessen schloß Freud seine *Drei Abhandlungen zur Sexualtheorie* ab, »in denen ich dem Thema Bisexualität möglichst ausweiche«[94]. Fließ zeigte sich jedoch wenig überzeugt. Er wandte sich an seinen Freund Oscar Rie, der ihm wahrheitsgemäß mitteilte, Freud habe Weiningers Buch im Manuskript vorgelegen. Außerdem hatte Weininger verkündet, daß seine Idee der Bisexualität »durchaus neu« sei. Er konnte sie also nicht »anderswoher« bekommen haben. Warum hatte Freud ihn nicht darauf hingewiesen, daß es Fließens Idee sei? Warum hatte er seinen Freund nicht gewarnt? Und wie komme Freud dazu, die Idee der »dauernden Bisexualität« in seiner Behandlung zu verwenden, nachdem er sie doch im Gespräch mit Fließ zurückgewiesen hatte?

Angesichts dieser neuen Informationen legte Freud ein Geständnis ab. Er hatte – wieder einmal – »vergessen«, wie eingehend er mit Weininger über Swoboda gesprochen hatte. »Im Zusammenwirken mit meinem eigenen Versuch, Dir diese Originalität zu entwenden, verstehe ich dann mein Benehmen gegen Weininger und mein weiteres Vergessen.« Mit anderen Worten: Er selbst war der Einbrecher mit dem Schlüssel. Freilich könne man, wie er beschwichtigend anmerkt, seine Ideen nicht patentieren, vor allem dann nicht, wenn sie bereits flügge geworden, in die Welt hinausgegangen sind. »Du wirst zugeben, daß ein findiger Kopf leicht auch von selbst den Schritt tun kann, die bisexuelle Anlage von einigen auf alle auszudehnen, wenngleich dieser Schritt Dein Novum ist. Für mich persönlich warst Du stets (seit 1901) der Autor der Idee der Bisexualität.« Da die Angelegenheit aber nun schon so weite Kreise gezogen habe und um weiteren Mißverständnissen und Prioritätsstreitigkeiten vorzubeugen, bat Freud, Fließ möge doch so freundlich sein, die Bemerkungen zur Bisexualität in den *Drei Abhandlungen* zu lesen und zu seiner Zufriedenheit zu ändern. Er, Freud, warte begierig darauf, daß Fließ seine »Biologie der Öffentlichkeit« übergebe, um seine eigenen Ideen vorzutragen. Im übrigen »kommt bei mir von Bisexualität oder anderen Dingen, die ich Dir entlehnt habe, so wenig vor«, daß ein paar Anmerkungen genügen müßten. Allerdings wäre es schön, wenn Fließ sie überprüfte, um keinen »Anlaß zu einem späteren Vorwurf« darin zu finden.[95]

Damit endete der Briefwechsel und ihre Freundschaft. Fließ, der immer noch verärgert war, bewog den Freund Richard Pfennig dazu, ein Pamphlet gegen Weininger, Swoboda und Freud zu veröffentlichen. Im Januar 1906 fiel Freud in einem Brief an Karl Kraus, den Wiener Satiriker und Herausgeber der geistreichen und bissig politischen Zeitschrift *Die Fackel*, vernichtend über diese Broschüre her. Im Tone der Selbstgerechtigkeit schreibt er: »Es gilt die Abwehr der Überhebung einer brutalen Persönlichkeit und die Verweisung des kleinlichen persönlichen Ehrgeizes aus dem Tempelbezirk der Wissenschaft.«[96] Magnus Hirschfeld, dem Sexualwissenschaftler und Herausgeber des Berliner *Jahrbuches für sexuelle Zwischenstufen* gegenüber bezeichnete er das Pamphlet als ein »abscheuliches Machwerk«, das auch ihn »mit einer absurden Verdächtigung bedenkt«. Es sei »das Hirngespinst eines Ehrgeizigen«, der seine Urteilsfähigkeit eingebüßt habe. Ernst setzt er hinzu: »Aber es ist auch nicht angenehm, einem Menschen, mit dem man zwölf Jahre lang intimste Freundschaft gepflogen hat, öffentlich harte Worte sagen zu müssen.«[97]

Ein paar Jahre später bezeichnete Freud in einem Brief an seinen neuen Vertrauten C. G. Jung Fließ als »meinen einstigen Freund«, der »eine schöne Paranoia entwickelt hat, nachdem er sich der gewiß nicht geringen Neigung zu mir entledigt«. Eine Paranoia konnte für Freud unterschiedliche Phänomene umfassen, Erotomanie ebenso wie Verfolgungs-, Größen- und Eifersuchtswahn, die allesamt eine Abwehr der Homosexualität darstellten.[98] Doch wie er Jung gegenüber mit einem offensichtlichen Schulterzucken bemerkte: »Man muß aus allem etwas zu lernen suchen.«[99]

Mit der Freundschaft zu Fließ endete in gewisser Weise auch die erste Phase von Freuds Überlegungen zur Bisexualität. Das Ausmaß, in dem sie durch diese Beziehung und eine, wie manche Kritiker meinen, emotional bedingte Überschätzung der Fließschen Auffassungen beeinflußt worden sind[100], mag weiterhin ein Gegenstand der Debatte sein. Eines aber ist sicher, als Freud mit Fließ brach, verabschiedete er nicht die Bisexualität. Im Gegenteil. Er fuhr, wie Juliet Mitchell scharfsinnig bemerkte, fort, über ihre Bedeutungen nachzudenken und sie zu verfeinern. »Wie so viele epochemachenden Begriffe Freuds war sie anfangs nur eine tastende Ahnung, wurde in Frage gestellt, geprüft, modifiziert, für mangelhaft befunden und schließlich als wesentlicher Begriff neu eingeführt ... Wie im Falle von ›männlich‹ und ›weiblich‹ blieb das Wort gleich, aber sein Sinn änderte sich.«[101]

Wie kam es zu dieser Bedeutungsverschiebung? Und was besagt die These, die Bisexualität sei eher psychologisch und kulturell, statt anatomisch oder biologisch determiniert?

Auf der Suche nach den Antworten sollten wir uns vor Augen halten, daß die Bisexualität für Freud im Laufe seiner Arbeit stets ein Schlüsselproblem – vielleicht sogar das Problem überhaupt – war, und zwar nach der theoretischen ebenso wie nach der praktischen Seite. Mitchell nennt sie treffend »das unausgeführte Muster im Teppich«. Gleich dem von Henry James beschworenen ungreifbaren Etwas war sie für Freud »der eigentliche Plan, die Schnur, an der die Perlen aufgereiht sind, der vergrabene Schatz«[102]. Als solcher aber blieb sie ironischerweise zugleich im dunkeln.

Zu einem frühen Zeitpunkt in ihrer Beziehung hatte Freud an seinen Freund geschrieben, er erwarte sich vom Begriff der Bisexualität »alle weitere Erleuchtung« über die Frage der sexuellen Identität und der Neurosen.[103] Als Freud an der Niederschrift des Falles »Dora« arbeitete – er erschien erst 1905, war aber größtenteils im Jahre 1901, noch auf dem Zenit seiner Freundschaft zu Fließ verfaßt worden –, teilte er ihm mit: »Aufs Organische gibt es nur Durchblicke, und zwar auf die erogenen Zonen und die Bisexualität. Aber genannt und anerkannt ist es einmal und vorbereitet für eine ausführliche Darstellung ein anderes Mal.«[104] Wie wir bereits sahen, schrieb er ein paar Monate später aufgeregt an Fließ: »Nun die Hauptsache! Soviel ich erkenne, wird meine nächste Arbeit lauten ›Die menschliche Bisexualität‹.«[105] Zur Abfassung eines solches Buches kam es dann jedoch nicht. Doch ließe sich mit Fug und Recht behaupten, sein gesamtes Werk könne unter den Titel »Die menschliche Bisexualität« subsumiert werden.

Mitunter erweckt er den Eindruck, als wolle er die Theorie der Bisexualität gerne Fließens unkundigen Händen entreißen. In einem Aufsatz aus dem Jahre 1919, fast 20 Jahre nach seiner Schwärmerei für Fließ, lehnt er die Idee, daß jedes biologische Geschlecht die Triebregungen des jeweils anderen Geschlechts verdrängt (»Beim Manne ist das unbewußte Verdrängte auf weibliche Triebregungen zurückzuführen; umgekehrt so beim Weibe«)[106] scharf ab. Und diese »anonyme« Theorie, von der er recht schroff und nicht ganz der Wahrheit entsprechend behauptet, er habe sie »immer für unzutreffend und irreführend gehalten«, schreibt er »einem damals befreundeten Kollegen« zu, d. h. Fließ.[107]

Im Grunde jedoch arbeitete Freud weiterhin daran, eine eigene Theorie zu entwickeln. Zu den Punkten, die er ständig in den Vordergrund rückte, gehören drei, die sich auf spätere Ansichten über die Bisexualität besonders auswirken: das Wesen der Erotik und des bisexuellen Begehrens; die Beziehung zwischen drei offensichtlichen »Gegensatzpaaren« (männlich-weiblich, aktiv-passiv und homosexuell-heterosexuell) sowie das »Problem« der Monosexualität.

Objektbeziehungen

Manchmal redet Freud so, als sei die bisexuelle Neigung eine erotische Beziehung der Person zum männlichen Aspekt einer Frau oder zum weiblichen Aspekt eines Mannes oder Knabens. Seine in den *Drei Abhandlungen* enthaltene Darstellung der »Inversion« bei den alten Griechen beschreibt eine solche Neigung:

> Bei den Griechen, wo die männlichsten Männer unter den Invertierten erscheinen, ist es klar, daß nicht der männliche Charakter des Knaben, sondern seine körperliche Annäherung an das Weib sowie seine weiblichen seelischen Eigenschaften, Schüchternheit, Zurückhaltung, Lern- und Hilfsbedürftigkeit die Liebe des Mannes entzündeten. Sobald der Knabe ein Mann wurde, hörte er auf, ein Sexualobjekt für den Mann zu sein, und wurde selbst ein Knabenliebhaber.
>
> Das Sexualobjekt ist also in diesem Falle, wie in vielen anderen, nicht das gleiche Geschlecht, sondern die Vereinigung beider Geschlechtscharaktere, das Kompromiß etwa zwischen einer Regung, die nach dem Manne, und einer, die nach dem Weibe verlangt, mit der festgehaltenen Bedingung der Männlichkeit des Körpers (der Genitalien).

1915 setzte Freud als Schlußstein für seine Argumentation die Worte hinzu: »sozusagen die Spiegelung der eigenen bisexuellen Natur«[108]. Diese Äußerung ist dazu angetan, verschiedene Leute zu verärgern. Viele Feministinnen werden sich dagegen verwahren, daß ihnen Schüchternheit und Zurückhaltung als natürliche Eigenschaften nachgesagt werden, und viele Schwule und Lesben werden die Idee anfeinden, daß »das Sexualobjekt nicht das gleiche Geschlecht« sei. Freuds männlicher Bürger des alten Griechenland scheint sich »in Wirklichkeit« nach einem weiblichen Partner zu sehnen oder, wie Freud es formuliert, nach einer »Vereinigung beider Geschlechtscharaktere«. Seine Entscheidung gilt als »Kompromiß« – noch so ein rotes Tuch.

Doch faktisch fällt seine Wahl auf einen Knaben. Nicht auf einen Mann, nicht auf eine Frau und nicht auf einen Kompromiß.

Aus einer erotischen Perspektive ergibt die Freudsche These jedoch einen gewissen Sinn, jedenfalls dann, wenn wir es ihm nachsehen können, daß er in seiner und nicht in unserer Zeit schrieb. Tatsächlich gehören in unserer Zeit gerade die Stars, Photomodelle und Entertainer, die »eine Vereinigung beider Geschlechtscharaktere« darstellen, zu unseren begehrtesten Phantasieobjekten. *Ist* das Sexualobjekt »sozusagen die Spiegelung der eigenen bisexuellen Natur«? In welcher Beziehung steht das Subjekt zum Objekt?

In dem 1908 publizierten Aufsatz *Hysterische Phantasien und ihre Beziehung zur Bisexualität* erklärte Freud, daß es »zur Lösung des hysterischen Symptoms zweier sexueller Phantasien bedarf, von denen die eine männlichen, die andere weiblichen Charakter hat, so daß eine dieser Phantasien einer homosexuellen Regung entspringt«. Dergleichen Symptome haben also oft eine »bisexuelle Bedeutung«, d. h., sie sind Teil zweier verschiedener Geschichten oder zweier Versionen bzw. Perspektiven derselben Geschichte. »Man braucht sich dann nicht zu verwundern und nicht irre werden, wenn ein Symptom anscheinend ungemindert fortbesteht, obwohl man die eine seiner sexuellen Bedeutungen bereits gelöst hat. Es stützt sich dann noch auf die vielleicht nicht vermutete entgegengesetztgeschlechtliche.«[109]

In einem solchen Fall wetteifern im selben Individuum männliche und weibliche Phantasien miteinander. Freud führt hier ein Beispiel an, das wir schon an anderer Stelle erwähnten, das Beispiel einer Frau, die »mit der einen Hand das Gewand an den Leib preßt (als Weib), mit der anderen es abzureißen versucht (als Mann)«. René Magrittes Gemälde *Die gigantischen Tage* veranschaulicht diesen Widerstreit sehr schön. Eine riesenhafte nackte Frau stößt einen bekleideten männlichen Körper von sich, der rätselhafterweise zugleich ein Teil von ihr ist; während sie mit ihrem Arm seine Schulter wegstößt, tätscheln seine Hände, die ebenfalls, wie es scheint, mit ihr verbunden sind, ihren Schenkel. Man mag in dem Artikel von 1908 eine Art mittleres Entwicklungsstadium in Freuds Gedanken zur Bisexualität sehen, eine – wie Juliet Mitchell es formuliert – »Zwischenstation« zwischen dem Begriff der ursprünglichen Bisexualität und der komplexeren Vorstellung von den »Schwankungen und Schwingungen«[110] beim Erwachsenen.

In der 1920 verfaßten Studie über »einen Fall von weiblicher Homosexualität« findet der Begriff »Bisexualität« in der Beschreibung dieser Art doppelter Neigung erneut Verwendung. Bei der Patientin handelte es sich um eine achtzehnjährige Frau, die sich in eine zehn Jahre ältere Frau verliebt hatte, die nach Äußerungen ihrer Eltern zahlreiche Liebschaften mit Männern hatte und auch eine Affäre mit einer verheirateten Freundin. Dieser »Halbweltdame«, wie Freud sie nannte, galt die ganze Verehrung der jungen Frau: Sie sandte ihr Blumen, wartete an Trambahnhaltestellen auf sie, küßte ihr die Hand und unternahm sogar einen Selbstmordversuch, als ihr Vater, der den beiden Frauen auf der Straße begegnete, »mit einem zornigen Blick an den beiden« vorüberging.[111] Ob die Frauen tatsächlich eine intime Beziehung hatten und »die Grenzen einer zärtlichen Schwärmerei bereits überschritten« waren, blieb im dunkeln. Dennoch empfanden die Eltern ein starkes »Mißfallen« an der Sache und brachten ihre Tochter zu Freud, damit sie »Heilung« finde.

Bei der Niederschrift des Falles ergriff Freud die Gelegenheit, sich vom Gedanken des biologischen Determinismus oder des »physischen Hermaphroditismus« – also von Fließens alter These – zu verabschieden. »Nichtanalytische Leser« werden sicherlich wissen wollen, ob das »homosexuelle Mädchen« somatische Züge des anderen Geschlechts aufwies. Freud sah sich außerstande, diese Frage eindeutig zu beantworten – »der Psychoanalytiker pflegt sich ja eine eingehende körperliche Untersuchung seiner Patienten in bestimmten Fällen zu versagen«. Mit einiger Sicherheit kann er nur sagen, daß in den meisten Fällen keine Verbindung zwischen physischem und psychischem Hermaphroditismus vorliege, allerdings mit der Einschränkung, daß »die körperliche und seelische Ausprägung des entgegengesetzten Geschlechtscharakters« eher bei Frauen als bei Männern anzutreffen sei. Tatsächlich zeigte die Patientin – sie hatte »den hohen Wuchs des Vaters« – gewisse »männliche« Züge, etwa ein gutes Urteilsvermögen. Ihre »intellektuellen Eigenschaften«, »die Schärfe ihres Verständnisses und die kühle Klarheit ihres Denkens« konnten »Andeutungen einer somatischen Männlichkeit« sein. Dennoch mißt Freud dem kein großes Gewicht bei, da es sich eher um »konventionelle« als um »wissenschaftliche« Unterscheidungen handelt. Was die Leidenschaft der jungen Frau vor allem auszeichnete, war ihr Verhalten: Sie zeigte »die Demut und großartige Sexualüberschätzung des liebenden Mannes«, einschließlich der »Bevorzugung des Liebens vor dem Geliebtwerden«.[112]

Man mag sich fragen, ob Freud je die Möglichkeit erwogen hat, diese Klischees voneinander abzukoppeln und sich eine Lesbierin vorzustellen, die *butch on the streets, femme in the sheets* ist.

Freuds konventionelle Auffassung der geschlechtsspezifischen Liebeswerbung hinderte ihn daran, das Verhalten des Liebenden und der Geliebten als flexible Rollen und nicht als Gegensätze zu sehen. Er schloß daher, daß seine Patientin »nicht nur ein weibliches Objekt gewählt, sondern auch eine männliche Einstellung zu ihm gewonnen« hatte.[113]

Freuds an der ödipalen Dreiecksbeziehung orientierte Untersuchung entdeckte in der jungen Frau den enttäuschten Wunsch, das Kind ihres Vaters austragen zu dürfen, eine Rivalität zur Mutter, die dem Vater noch ein Kind – einen Sohn – geboren *hatte*, und die Ablehnung der Liebe zum Vater und der weiblichen Rolle. »Sie wandelte sich zum Manne um und nahm die Mutter an Stelle des Vaters zum Liebesobjekt.«[114] Dadurch stellte sie auch die Beziehung zu ihrer Mutter wieder her und fand in der älteren Frau, die zum Objekt ihrer gegenwärtigen Leidenschaft wurde, einen »Mutterersatz«.

Für lesbische und homosexuelle Autoren lag die Kritik an Freuds Einstellung auf der Hand: Nicht das Mädchen, sondern ihre Eltern waren das »Problem«. Es war mit seiner Leidenschaft völlig zufrieden und zeigte keinerlei neurotische Symptome, nur ihre Eltern hielten die Beziehung für untragbar und schickten sie zum Arzt. Wie im Fall »Dora«, wo die Haltung des Analytikers zu einer in eine Frau verliebten Patientin sogar noch fragwürdiger ist, ist es verführerisch, mit Freuds Unzulänglichkeiten hart ins Gericht zu gehen. Wenn er keine Möglichkeit hat, die sexuelle Neigung einer Frau zu ihrem eigenen Geschlecht anders als durch die platte Diagnose zu verstehen, »sie habe sich zum Manne verwandelt«, dann muß an dieser Vorstellung irgend etwas faul sein.

Gleichwohl enthält dieser Fall Elemente, die vom bisexuellen Standpunkt aus betrachtet äußerst faszinierend sind. Als Freud sich für die Erklärung entschied, seine Patientin habe »ihre Weiblichkeit« aus Konkurrenz und Enttäuschung »verworfen«, zieht er zunächst eine Parallele zu ähnlichen Störungen bei Männern, die oft »nach einer ersten peinlichen Erfahrung dauernd mit dem treulosen Geschlecht der Frauen zerfallen und Weiberfeinde werden«, und blendet dann, ohne Ankündigung, einen anekdotischen Schnappschuß der normativen Bisexualität ein, eine soziokulturelle Version der früheren biologischen These über die anatomischen Spuren des anderen Geschlechts im eigenen Geschlecht: »Unser aller Libido schwankt normalerweise lebenslang zwischen dem männlichen und dem weiblichen Objekt; der Junggeselle gibt seine Freundschaften auf, wenn er heiratet, und kehrt zum Stammtisch zurück, wenn seine Ehe schal geworden ist.«[115]

1920 war Freud 64 Jahre alt. Seit 1886 war er verheiratet. Bereits aus der Korrespondenz mit Fließ und einem an Freud gerichteten Brief von Jungs Ehefrau wissen wir, welche immense Bedeutung Männerfreundschaften für Freud hatten. Mitten in eine klinische Darstellung, die bemüht ist, das »Geheimnis der Homosexualität«[116] anhand des Falles einer jungen Frau zu enträtseln, kommt er mit diesem abgestandenen Beispiel der »durchgängigen Bisexualität des Menschen«[117], indem er die »normalen« sexuellen Schwankungen des Mannes in mittleren Jahren schildert. Das mag uns an den bekennerhaften Ton eines Briefes an Fließ erinnern, in dem er die Allgemeingültigkeit des Ödipuskomplexes behauptet hatte: »Jeder ... war einmal im Keime und in der Phantasie ein solcher Ödipus.«[118]

Im Falle der homosexuellen Frau drängte sich Freud auch eine Deutung der Bisexualität auf, die auf eine erotische Identifikation und Phantasie hindeutete. »Sie wurde durch die schlanke Erscheinung, die strenge Schönheit und das rauhe Wesen der Dame an ihren eigenen, etwas älteren Bruder gemahnt. Das endlich gewählte Objekt entsprach also nicht nur ihrem Frauen-, sondern auch ihrem Männerideal, es vereinigte die Befriedigung der homosexuellen Wunschrichtung mit jener der heterosexuellen.«[119]

Diese Tatsache sollte uns laut Freud »ein Wink [sein], sich Wesen und Entstehung der Inversion nicht allzu einfach vorzustellen und die durchgängige Bisexualität des Menschen nicht aus dem Auge zu verlieren«[120]. In der Wahl des Liebesobjekts seitens der jungen Frau sieht er einen Beweis für die Theorie der Bisexualität, da »sie in der ›Dame‹ auf ein Objekt stieß, welches gleichzeitig dem noch am Bruder haftenden Anteil ihrer heterosexuellen Libido Befriedigung bot«[121].

Die Bisexualität der jungen Frau manifestierte sich sowohl in der Identifikation als auch im Begehren. Aus einer heutigen Laienperspektive neigt man möglicherweise der Annahme zu, daß es sich hier keineswegs um echte Bisexualität handelt, da das Liebesobjekt im wirklichen Leben eine Frau bleibt, gleichgültig, welche Phantasien mit ihrer oder der Identität ihrer Geliebten verbunden sind. Doch Freud geht es hier um ein Verständnis der *Identifikations-* und *Wunschhaltungen* überhaupt.

Freud und der Goldene Fließ

Eine Verteidigung des Ersatzes

Ein Weib ist manchmal ein ganz brauchbares Surrogat für die
Selbstbefriedigung. Freilich gehört ein Übermaß von Phantasie
dazu.
Karl Kraus [122]

Interpretationen des späten 20. Jahrhunderts haben eine eindeutige Tendenz, zwischen synchron und diachron praktizierter Bisexualität zu unterscheiden. Freuds Beispiel des Männerstammtisches (»wenn die Ehe schal geworden ist«) ist ein klares Beispiel für die diachrone Form. Hingegen ist – jedenfalls in seiner Deutung – die Wahl des Liebesobjektes seitens der Frau in der Phantasie synchron (die von ihr geliebte ältere Frau ist ein »Ersatz« sowohl für die Mutter als auch für den Bruder).

Natürlich ist niemand von dem Gedanken begeistert, ein Ersatz zu sein oder einen Ersatz zu lieben, und am allerwenigsten diejenigen, denen man vorhält, sie würden bloß nachahmen, was andere lautstark als das »Wahre« verkünden. Genau das war die Situation der Schwulen und Lesben, an der sich erst in jüngster Zeit etwas geändert hat. Jahrzehntelang wurde ihre Sexualität als zweitrangig, als Abklatsch, ja als bemitleidenswert bedauert, und das von selbstzufriedenen Heteros, deren eigene Vorstellungen von romantischer Liebe direkt der Schundliteratur, manchen Hollywoodfilmen und den Frauenzeitschriften entsprungen sind und die einem beabsichtigten Mißverständnis jenes komplexen Systems aufsaßen, das einst unter der Bezeichnung »die große Liebe« firmierte. Nach dieser Vorbemerkung möchte ich nun doch ein gutes Wort für den Ersatzmechanismus in der Erotik einlegen. Zunächst ist zu sagen, daß das »Wahre« in diesem idealisierten Sinne eine bloße Chimäre ist. Und zweitens kann der Ersatz, wie die »signifikante Assoziationskette« des Theoretikers, ein guter Lehrmeister des Wunsches sein.

Die Frau in der vorgestellten Fallgeschichte liebt dieselbe Person zweimal: »als Weib« und »als Mann«. Freud bezeichnet das – allerdings vom Standpunkt des Subjekts und nicht des Objekts aus – mit gutem Recht als Bisexualität. Damit erkennt Freud die Bedeutung der Phantasie, das, was er »Sexualüberschätzung« nennt, für alle romantischen Liebesgeschichten an.

Die *Psychogenese eines Falles von weiblicher Homosexualität* war interessanterweise Freuds letzte Fallgeschichte, sehr viel später niedergeschrieben als jene Fälle, die seinen Ruf begründeten: »Dora« (1905), der »Kleine Hans« (1909), der »Rattenmann« (1909), Schreber (1911) und der »Wolfsmann« (1918), dessen Veröffentlichung aufgrund des Ersten Weltkrieges einige Jahre hinausgeschoben wurde. Später folgten aus seiner Fallstudie über die weibliche Homosexualität die Aufsätze *Einige psychische Folgen des anatomischen Geschlechtsunterschieds* (1925), *Über die weibliche Sexualität* (1931) und *Die Weiblichkeit* (1933). Indem er eine neue Darstellungsform entwickelte – fortan ließ er die klinischen Details, die Schilderung besonderer Träume und Ereignisse weg und lieferte statt dessen eine allgemeinere, mitunter normativ wertende Darstellung des »kleinen Mädchens«, der »Frau«, des »weiblichen Sexuallebens« – , wandelte sich seine Erzählung zwangsläufig ins Allegorische, so daß er eine Geschichte erzählte, die nicht mehr von einer konkreten Person handelte, sondern, wie er meinte, von uns allen.

Die Bisexualität bewahrte für ihn weiterhin ihre Bedeutung als Kern der Entwicklung und des ihr innewohnenden Geheimnisses. In seinen letzten Lebensjahren war er davon überzeugt, daß die »Bisexualität beim Weib viel deutlicher hervortritt als beim Mann«[123]. Als Grund dafür gab er an, daß Frauen zwei Sexualorgane haben: die »männliche« Klitoris und die »weibliche« Vagina. Der sexuelle Reifungsprozeß und die Entwicklung einer »normalen« Weiblichkeit konnte seiner Meinung nach nur dann erfolgreich abgeschlossen werden, wenn das kleine Mädchen auf die Masturbation und die »Aktivität« verzichtet und aufhört, die Mutter zu begehren. »Das kleine Mädchen will der Mutter dies neue Kind gemacht haben, ganz so wie der Knabe.« Freud weiß natürlich: »Das klingt ja absurd genug, aber vielleicht nur darum, weil es uns so ungewohnt klingt.«[124]

In Kindern, Knaben wie Mädchen, sind dieselben libidinösen Kräfte wirksam: Es gibt nur eine Libido, die sowohl aktive wie passive Ziele oder Lustquellen hat. Heterosexualität bei Frauen, die von Freud vielsagend mit dem »Weg zur Entwicklung der Weiblichkeit« identifiziert wird, entsteht in der Tat aus einer Reihe von Enttäuschungen, Verlusten und Demütigungen.[125]

Doch nicht nur Freuds Gedanken wandelten sich, auch Persönlichkeit und Umstände seiner Patienten blieben nicht dieselben. Vor dem Ersten Weltkrieg stammte Freuds Klientel überwiegend aus der Mittelschicht; viele von ihnen waren Juden aus wohlhabenden Familien, die Symptome von Hysterie zeigten und durch diese zum Teil schwer beeinträchtigt waren. Ihre

Symptome waren sexueller Art und auf vergangene traumatische Erfahrungen zurückführbar. Wie Elisabeth Young-Bruehl bemerkt: »Der eingedämmte Wunsch sucht ein Ersatzventil in den Symptomen, und für Hysteriker bildeten diese Symptome ihr gesamtes Sexualleben.«[126]

In dem Maße, wie sich Freuds Patientenkreis änderte und die Gesellschaft ihrerseits nach dem Ersten Weltkrieg in eine große Umbruchsphase eintrat, wurde die Bisexualität der Frauen, die einst als Ursache der Hysterie und der Verdrängung galt, von Freud mehr und mehr als Erklärung dafür herangezogen, daß Frauen in die männlichen Berufe (so auch in die psychoanalytische Praxis) eindringen konnten. Bisexualität konnte die ansonsten unverständlich bleibende kulturelle Kreativität der Frauen und ihre Erfolge in der öffentlichen Sphäre begreifbar machen. Bemerkenswerterweise unterscheidet sich dieser Standpunkt gar nicht so sehr von den Beobachtungen des »hochbegabten, aber sexuell gestörten« Otto Weininger.

»Durch den Widerspruch der Feministen, die uns eine völlige Gleichstellung und Gleichschätzung der Geschlechter aufdrängen wollen«, will sich Freud »in solchen Urteilen nicht beirren lassen, wohl aber bereitwillig zugestehen, daß auch die Mehrzahl der Männer weit hinter dem männlichen Ideal zurückbleibt und daß alle menschlichen Individuen infolge ihrer bisexuellen Anlage und der gekreuzten Vererbung männliche und weibliche Charaktere in sich vereinigen, so daß die reine Männlichkeit und Weiblichkeit theoretische Konstruktionen bleiben mit ungesichertem Inhalt«.[127] Auch diese These hatte schon Weininger vorgebracht.

In seiner frühen Theorie der Bisexualität fand Freud eine Achse, um die herum er andere offenbare Gegensätze anordnen konnte. Ja, ihre Entdeckung *als* Gegensätze schien seine Theorie zu bestätigen. Wenn Elemente, die als männlich und weiblich anzusehen waren, gemeinsam vorlagen, dann war die Bisexualität in der Tat bewiesen. Er hielt daher mit großer Befriedigung fest: »Wir sehen so gewisse der Perversionsneigungen regelmäßig als *Gegensatzpaare* auftreten.« Und was den Sadismus und Masochismus betraf, so war er »versucht, solche gleichzeitig vorhandene Gegensätze mit dem in der Bisexualität vereinten Gegensatz von männlich und weiblich in Beziehung zu setzen«.[128]

So lautete die Passage in der ersten 1905 veröffentlichten wie auch in der zweiten 1910 erschienenen Auflage der *Drei Abhandlungen*. Doch 1915 unterlegte Freud den Begriffen »Männlichkeit« und »Weiblichkeit« eine neue

Bedeutung: In der dritten Auflage fügte er dem soeben zitierten Abschnitt einen entscheidenden, die Termini näher bestimmenden Nebensatz hinzu. Nun war folgendes zu lesen: »Dagegen wäre man versucht, solche gleichzeitig vorhandene Gegensätze mit dem in der Bisexualität vereinten Gegensatz von männlich und weiblich in Beziehung zu setzen, dessen Bedeutung in der Psychoanalyse auf den Gegensatz von aktiv und passiv reduziert ist.«

1924 endlich wurde die »Reduktion« zur »Einsetzung« erweitert, so daß die Fassung letzter Hand, so wie sie heute in den *Gesammelten Werken* zu finden ist, die in der Bisexualität vereinigte Männlichkeit und Weiblichkeit als einen Gegensatz begreift, »für welchen in der Psychoanalyse häufig der von aktiv und passiv einzusetzen ist«.

An den verschiedenen Schichten der editorischen Eingriffe in diesen Abschnitt läßt sich vorzüglich demonstrieren, daß Freuds Denken offenbar vom Biologischen zum Kulturellen hinübergewechselt ist. Die leicht apologetische Auslegung von »männlich« und »weiblich« als »aktiv« und »passiv« wäre ein von Feministinnen oft angefeindeter Schlüssel für seine späten Aufsätze zur *Über die weibliche Sexualität* und *Die Weiblichkeit*. »Wir sind gewohnt, männlich und weiblich auch als seelische Qualitäten zu gebrauchen, und haben ebenso den Gesichtspunkt der Bisexualität auf das Seelenleben übertragen«, schrieb Freud in *Die Weiblichkeit*.

> Wir sprechen also davon, daß ein Mensch, ob Männchen oder Weibchen, sich in diesem Punkt männlich, in jenem weiblich benehme. Aber Sie werden bald einsehen, das ist bloß Gefügigkeit gegen die Anatomie und gegen die Konvention. Sie können den Begriffen männlich und weiblich *keinen* neuen Inhalt geben. Die Unterscheidung ist keine psychologische; wenn Sie männlich sagen, meinen Sie in der Regel »aktiv«, und wenn Sie weiblich sagen, »passiv«.[129]

Aber Freud ist auch davon überzeugt, daß Frauen auf vielerlei Weisen aktiv sein können, während Männer sich passiv verhalten müssen, um ordentliche Mitglieder der Gesellschaft zu werden. In der Natur sind die weiblichen Vertreter einer Gattung, wie Freud betont, manchmal aggressiver als die männlichen – etwa weibliche Spinnen.[130] »Wenn Sie jetzt sagen«, meint Freud höflich und gelassen, »diese Tatsachen enthielten eben den Beweis, daß Männer wie Weiber im psychologischen Sinn bisexuell sind, so entnehme ich daraus, daß Sie bei sich beschlossen haben, ›aktiv‹ mit ›männlich‹, ›passiv‹ mit ›weiblich‹ zusammenfallen zu lassen. Aber ich rate Ihnen davon ab. Es erscheint mir unzweckmäßig, und es bringt keine neue Erkenntnis.«[131]

Wie wir bereits wissen, brachte Freud in seinem posthum veröffentlichten Alterswerk *Abriß der Psychonalyse* erneut sein Erstaunen darüber zum Ausdruck, in wie »großer Rätselhaftigkeit sich vor uns die biologische Tatsache der Zweiheit der Geschlechter erhebt«, für deren Bezeichnung er immer noch das Wort »Bisexualität« verwandte. Dort schrieb er, daß

> kein Einzelwesen sich auf die Reaktionsweisen eines einzigen Geschlechts einschränkt, sondern stets denen des entgegengesetzten einen gewissen Raum läßt, gerade wie sein Körper neben den ausgebildeten Organen des einen Geschlechts auch die verkümmerten, oft nutzlos gewordenen Rudimente des anderen mit sich trägt.
>
> Zur Unterscheidung des Männlichen vom Weiblichen im Seelenleben dient uns eine offenbar ungenügende empirische und konventionelle Gleichstellung. Wir heißen alles, was stark und aktiv ist, männlich, was schwach und passiv ist, weiblich. Diese Tatsache auch der psychologischen Bisexualität belastet alle unsere Ermittlungen, erschwert ihre Beschreibung.[132]

Aus Gründen, die mit Freud nichts zu tun haben, belasten diese binären Gleichsetzungen uns noch heute. Mitunter sieht Freud in der Bisexualität eine Vereinigung männlicher und weiblicher Charakterzüge, manchmal glaubt er sie jedoch auch in einem Widerstreit befangen. Aus der Vereinigung gingen ein Leonardo da Vinci oder eine Anna Freud hervor, aus dem Widerstreit Hysterie, Neurosen, Inversionen oder Störungen. Wie aber sollte man den Unterschied feststellen?

Wenn Freud sich darum bemühte, männlich – weiblich nicht länger mit aktiv – passiv gleichzusetzen, dann bereitete es den nachfolgenden Generationen beträchtliche Schwierigkeiten, Geschlecht von Sexualität zu unterscheiden und über die Vorstellung hinauszugelangen, schwule Männer müßten zwangsläufig »weiblich« und Lesbierinnen »männlich« sein. Wo paßte die Bisexualität in diese Vorstellung hinein?

Ist Bisexualität eine Vereinigung oder ein Kompromiß, um zwei von mehreren Worten herauszugreifen, die Freud manchmal für ihre Beschreibung verwandte? Ist sie die Mitte zwischen zwei ausschließlicheren Positionen, wie die Kinsey-Skala nahelegt? Oder ist Bisexualität das Ganze, das, was Freud bei anderer Gelegenheit als »vollständige bisexuelle Funktionen« des Individuums beschrieb, so daß Heterosexualität und Homosexualität ihrerseits nur kompromißlerische Teile sind? Ist Bisexualität jenseits von Homo- und Heterosexualität anzutreffen, oder liegt sie dazwischen?

Für Freud, wie auch für seine Kollegen und Gegner, stellte sich diese Frage in Form einer weiteren Rückbildung: »Monosexualität«.

»Ein der Aufklärung bedürftiges Problem«

Über seinen Mitarbeiter Wilhelm Stekel, einem Mitglied der Psychologischen Mittwoch-Gesellschaft, die jede Woche im Hause der Freuds zusammenkam, sagte Freud einmal, er sei »in der Theorie und im Denken schwach«[133]. So urteilte er, als er mit Stekel noch auf recht gutem Fuße stand. Nach dem Bruch nannte er ihn »ein unerziehbares Individuum, ein *mauvais sujet*« und sogar ein »Schwein«. Doch er erkannte auch an, daß Stekel »von uns allen die beste Spürnase für den Sinn des Unbewußten hat«. An Jung schrieb er: »Ich habe ihm oft in Deutungen widersprochen und dann später eingesehen, daß er recht hatte. So muß man ihn halten und mit Mißtrauen von ihm lernen.«[134]

Stekel war in der Mittwoch-Gesellschaft dafür berüchtigt, daß er gern das Gespräch an sich riß und zu diesem Zwecke auch nicht davor zurückscheute, einen Patienten zu erfinden, der an der gerade erörterten Störung litt – Ernest Jones nannte diese Gestalt »Stekels Mittwochpatient«[135]. Stekels unter dem Titel *Störungen des Trieb- und Affektlebens: die parapathischen Erkrankungen* versammelten klinischen Untersuchungen enthalten auch einen Band über Onanie und Homosexualität, der 1950 unter dem etwas irreführenden Titel *Bi-Sexual Love* auszugsweise ins Englische übersetzt wurde.

Stekels Abhandlung ist allerdings weniger eine Studie zur Bisexualität als vielmehr eine Kritik gewisser psychoanalytischer Ansichten über Homosexualität. Zu Beginn des Buches greift er alle Ärzte an, die in der Masturbation die Ursache für die Homosexualität sehen (richtiger wäre es, wie er kategorisch behauptet, in der Masturbation die Ursache für die *Sexualität* zu sehen). Als Motti wählte er einen Aphorismus Nietzsches – »Leben – ist das nicht gerade ein Anders-sein-wollen, als diese Natur ist?« – und eine nicht weniger vielsagende Bemerkung Goethes: »Die Knabenliebe ist so alt wie die Menschheit, und man könne daher sagen, sie liege in der Natur, ob sie gleich gegen die Natur sei.«[136] Wie Freud erkannte er, daß das, was seine Gesellschaft unter den Kategorien des »Natürlichen« und des »Normalen« verstand, tatsächlich auf Verdrängung beruht.

Die hilfreichsten Einsichten in Stekels Buch entspringen direkt jener Tendenz, die Freud an ihm kritisierte, d. h. seiner Neigung, simplifizierende Thesen zu Ideen aufzustellen, die Freud für zu sensationell und umstritten hielt. »*Es gibt keine angeborene Homosexualität und keine angeborene Heterosexualität. Es gibt nur eine Bisexualität*«[137], verkündete er, und: »Es gibt keine monosexuellen Menschen! ... Alle Menschen sind bisexuell. Es gibt aber Menschen, die aus bestimmten Motiven und unter dem Eindruck bestimmter Verhältnisse entweder die homosexuelle oder die heterosexuelle Komponente unterdrücken müssen und dann scheinbar als Monosexuelle gelten ... Jede Monosexualität ist nicht das Normale, nicht das Natürliche. *Die Natur hat uns bisexuell gemacht und verlangt auch die bisexuelle Betätigung.*«

Wie wir sehen, teilte Stekel viele dieser Ansichten mit Freud oder übernahm sie sogar von ihm. Doch was sich in Freuds eigenem Werk zwar durchhält, aber nicht so offen zutage liegt, versteht Stekel, wenn auch mit einem guten Schuß »Populärpsychologie«, durch die Betonung der Anomalie oder Unnatürlichkeit der Monosexualität gut zu beleuchten: »Der rein Heterosexuelle ist immer im gewissen Sinne ein Neurotiker, das heißt, schon die Verdrängung der homosexuellen Komponente verursacht seine Disposition zur Neurose, ja ist schon ein Stück Neurose, das ja keinem Normalmenschen fehlt.«[138]

1915 schrieb Freud in einer wichtigen Fußnote der *Drei Abhandlungen*, »daß alle Menschen der gleichgeschlechtlichen Objektwahl fähig sind und dieselbe auch im Unbewußten vollzogen haben«. Und, wie bereits zitiert: »Im Sinne der Psychoanalyse ist also auch das ausschließliche sexuelle Interesse des Mannes für das Weib ein der Aufklärung bedürftiges Problem und keine Selbstverständlichkeit, der eine im Grunde chemische Anziehung zu unterlegen ist.«[139]

Mit anderen Worten, das homosexuelle Verlangen ist nicht weniger einleuchtend als das heterosexuelle, während *jedes* »ausschließliche sexuelle Interesse«, ob nun hetero- oder homosexuell, ein »Problem« für die Analyse ist.

In seiner Fallstudie über eine homosexuelle Frau von 1920 sind Freuds Äußerungen gleichermaßen unmißverständlich: »Man muß sich sagen, daß auch die normale Sexualität auf einer Einschränkung der Objektwahl beruht, und im allgemeinen ist das Unternehmen, einen vollentwickelten Homosexuellen in einen Heterosexuellen zu verwandeln, nicht aussichtsreicher als das Umgekehrte, nur daß man dies letztere aus guten praktischen Gründen niemals versucht.«[140]

Freud schlägt hier einen ironischen Ton an, der die Gesellschaft aufs Korn nimmt. Die praktischen Gründe mögen so »gut« sein, wie sie wollen, letztlich sind sie nur pragmatisch und nicht psychologisch motiviert. Im Unterschied zu einigen seiner psychoanalytischen Anhänger der nächsten Generation war Freud von der Möglichkeit einer »Umwandlung«, ob nun von der Homosexualität zur Heterosexualität oder *vice versa*, nicht sehr überzeugt. Die einzig wirksamen »Umwandlungen« sind nach seiner Einschätzung jene, in denen es gelang, »daß man der homosexuell eingeengten Person den bis dahin versperrten Weg zum anderen Geschlechte frei machen konnte, also ihre volle bisexuelle Funktion wiederherstellte«.[141]

Anders formuliert: Homosexuelle, die Freud konsultiert haben, »wurden« Bisexuelle und nicht Heterosexuelle. Sie haben die erotische Anziehung durch gleichgeschlechtliche Partner nicht aufgegeben. Aus Gründen, die erotischer oder »praktischer« Natur sein mögen, haben sie lediglich zusätzliche Beziehungen zum anderen Geschlecht aufgenommen.

Hätten sie ohne den gesellschaftlichen Druck und die Schmähung jemals eine Behandlung angefangen? Die Frage läßt sich mit ziemlicher Gewißheit verneinen. Aber folgt daraus, daß ihre »Umwandlung« unecht ist? Wenn wir diese Frage bejahen, finden wir uns binnen kurzem wieder im Reich der Natur statt der Kultur.

Freud verwendet das Wort »bisexuell« in mehrfacher Bedeutung. Es kann heißen, (1) die Sexualorgane beider Geschlechter zu besitzen, (2) zwei Seelen, eine männliche und eine weibliche, zu haben und (3) eine schwankende und geteilte Sexualität zu haben, die hinsichtlich der Identifikation wie auch des Objekts nicht festgelegt, sondern fließend ist. Und wie hält er es mit unserer heute gebräuchlichen einfacheren Definition, daß bisexuell ist, wer mit Männern und Frauen Geschlechtsverkehr hat?

Gegen Ende seiner Laufbahn verwandte Freud das Wort »bisexuell« in einem Sinn, der dem unsrigen recht nahe kommt. In *Die endliche und die unendliche Analyse* von 1937, der letzten zu seinen Lebzeiten erschienenen Arbeit, findet sich die zukunftsweisende Bemerkung:

Freud und der Goldene Fließ

> Es ist bekannt, daß es zu allen Zeiten Menschen gegeben hat und noch gibt, die Personen des gleichen wie des anderen Geschlechts zu ihren Sexualobjekten nehmen können, ohne daß die eine Richtung die andere beeinträchtigt. Wir heißen diese Leute Bisexuelle, nehmen ihre Existenz hin, ohne uns viel darüber zu verwundern. Wir haben aber gelernt, daß alle Menschen in diesem Sinne bisexuell sind, ihre Libido entweder in manifester oder in latenter Weise auf Objekte beider Geschlechter verteilen.[142]

Personen, die er einst mit dem klinischen Ausdruck »amphigen invertiert« belegt hat, werden nun kommentarlos akzeptiert. Wer einen Kommentar herausfordert, sind die Monosexuellen, die »zweite und zahlreichere Klasse« derjenigen, für die homosexuelles und heterosexuelles Begehren in Widerstreit geraten und von denen man mit Recht sagen kann: »Die Heterosexualität eines Mannes duldet keine Homosexualität, und ebenso ist es umgekehrt.«[143]

Bisexualität und Zivilisation

Als Freud Fließ voller Begeisterung mitteilte, er beabsichtige, ein wichtiges Buch über »Die menschliche Bisexualität« zu schreiben – was angesichts des persönlichen Anteils seines Briefpartners an dem Thema recht unvorsichtig war –, wies dies, wie wir inzwischen wissen, nicht nur auf die *Drei Abhandlungen* und den Fall »Dora« hin, sondern auch auf so unterschiedliche Arbeiten wie *Das Unbehagen in der Kultur* und *Die endliche und die unendliche Analyse*. So beschäftigt sich Freud in seiner letzten und weitreichendsten Darstellung der menschlichen Kultur noch einmal mit den Themen seiner Anfänge: Bisexualität und Verdrängung. Im Brief vom 7. August 1901 an Fließ hatte Freud als seine »Haupterkenntnis« ausgegeben, daß die Bisexualität des Individuums die langgesuchte Antwort auf die »Verdrängung, mein Kernproblem«, sei.[144] In seinen letzten Aufsätzen beschäftigt er sich noch einmal mit dem Problem der Verdrängung, betont jedoch nun das kulturelle und nicht das individuelle Moment.

In *Das Unbehagen in der Kultur* vertritt er die These, daß Verdrängung die *Grundlage* der Kultur sei. Er spricht von sexuellen Abweichlern, als seien sie eine unterdrückte Bevölkerungsschicht, die jederzeit revoltieren könnte. Seine Sprache ist die eines Europas, das sich bereits – wir schreiben das Jahr 1930 – erkennbar im Belagerungszustand befand. Er sagt: »Dabei benimmt sich die Kultur gegen die Sexualität wie ein Volksstamm oder eine Schicht der Bevölkerung, die eine andere ihrer Ausbeutung unterworfen hat. Die Angst vor dem Aufstand der Unterdrückten treibt zu strengen Vorsichtsmaßregeln.« Und bewußt ironisch setzt er hinzu: »Einen Höhepunkt solcher Entwicklung zeigt unsere westeuropäische Kultur.«

Der Kern der Verdrängung, die Unterdrückung der »unzweideutig bisexuellen Anlage«, ist die Zurückweisung gleichgeschlechtlicher Liebe, »außergenitaler Befriedigungen« und überhaupt sämtlicher Beziehungen, die nicht den Maßstäben der »Legitimität« und der »Einehe« entsprechen. Das aber heißt, zurückgewiesen wird alles, was zu befördern heute den Schwulen, Lesben und Bisexuellen vorgeworfen wird. »Die heutige Kultur gibt deutlich zu erkennen, daß sie sexuelle Beziehungen nur auf Grund einer einmaligen, unauflösbaren Bindung eines Mannes an ein Weib gestatten will, daß sie die Sexualität als selbständige Lustquelle nicht mag und sie nur als bisher unersetzte Quelle für die Vermehrung der Menschen zu dulden gesinnt ist.« Dieses »Extrem« hat entscheidende moralische Konsequenzen für Kultur und Zivilisation. »Die in diesen Verboten kundgegebene Forderung eines für alle gleichartigen Sexuallebens setzt sich über die Ungleichheiten in der angeborenen und erworbenen Sexualkonstitution der Menschen hinaus, schneidet eine ziemliche Anzahl von ihnen vom Sexualgenuß ab und wird so die Quelle schwerer Ungerechtigkeiten.«[145]

Was will es dann heißen, daß sich in diesem Essay, der eine Theorie des Triebes, der Aggression, der Zerstörung und der Verdrängung als Ultima ratio dessen, was wir Kultur nennen, vorlegt, eine längere Fußnote zur Bisexualität findet?

Die Fußnote unterstreicht die ambivalente Haltung der Abhandlung zur Kultur und dem Unbehagen in ihr und faßt noch einmal Freuds schon häufig vorgetragene allgemeine Thesen zur Bisexualität zusammen: Menschen haben eine »unzweideutig« bisexuelle Anlage; möglicherweise waren sie einmal biologische Hermaphroditen; das »Individuum entspricht einer Verschmelzung zweier symmetrischer Hälften, von denen nach Ansicht mancher Forscher die eine rein männlich, die andere weiblich ist«; »Wir sind gewohnt zu sagen: jeder Mensch zeige sowohl männliche als weibliche Triebregungen«; die Geschlechtscharaktere werden in der Psychologie in die Zuschreibungen von Aktivität und Passivität übersetzt, in Eigenschaften, die in Wahrheit nicht dem männlichen und weiblichen Verhalten in der Tierwelt entsprechen.

Wenn wir als tatsächlich annehmen, daß der einzelne in seinem Sexualleben männliche wie weibliche Wünsche befriedigen will, sind wir für die Möglichkeit vorbereitet, daß diese Ansprüche nicht durch das nämliche Objekt erfüllt werden und daß sie einander stören, wenn es nicht gelingt, sie auseinanderzuhalten und jede Regung in eine besondere, ihr angemessene Bahn zu leiten.[146]

Wenn die Verdrängung Grundlage der Kultur ist, dann ist das, was verdrängt wird, die Bisexualität in ihren vielen Erscheinungsformen – verdrängt zu unserem eigenen Besten. Die Gesellschaft hängt von der Verdrängung der Bisexualität ab, nur so kann sie ihre Gesetze, Kodes, Grenzen und ihre soziale Organisation, kurz alles, was »Kultur« definiert, durchsetzen.

7. Das Unbehagen in der Androgynie

> Ich wiege mich vorderhand im beinahe autoerotischen Genuß
> meiner mythologischen Träume ...
> *Jung an Freud* [1]

Die Geschichte des Tiresias und die Mythen der Sphinx haben uns darüber aufgeklärt, wie die westliche Literatur und Kultur Fragen der Bisexualität aufgeworfen hat: als Rätsel oder Geheimnis, als Begehren, das Begehren zu fixieren, und als Bewußtsein einer berauschenden Grenzüberschreitung, ermöglicht durch das Wissen, das Erfahren oder das Phantasieren der Lust des anderen.

Neben diesen gibt es jedoch ein weiteres mythologisches Konstrukt, das noch häufiger mit der Bisexualität verwechselt und vermengt wurde: die Androgynie. In der Liste der »Psychomythologien« wurde keiner Gestalt eine engere Beziehung zur Bisexualität zugeschrieben als dem Androgynen, einer zugleich männlichen und weiblichen Figur, die in Kunst und Literatur der Antike als transzendente und harmonische Einheit von Gegensätzen vorgestellt wurde.

Philosophen, Dichter und Religionswissenschaftler haben die Androgynie häufig als einen erhöhten Seinszustand dargestellt, als ideale Vervollkommnung der Menschheit im Zustand der Transzendenz. Doch paradoxerweise spricht dieses Bild der Ganzheit sexuelle Symbole nur an, um den Körper zurückzulassen, um Dauer und Vollkommenheit jenseits von Geschlecht, Sexualität und Begehren zu erreichen. Zugleich bezeichnet Androgynie in der »wirklichen Welt« das Fehlen geschlechtlicher Differenzierung in Stil und Erscheinung, d. h. eine so wenig spezifische Körperlichkeit, daß sie schon wieder spezifisch ist – man denke nur an Showstars wie k.d. lang und Michael Jackson oder an bestimmte Olympiasportlerinnen – aber auch *Pansexualität*, eine Sinnlichkeit, die sich für viele verschiedene Objekte in vielen verschiedenen Formen als begehrend und begehrenswert darstellt, so in den Karrieren von Rock- und Filmstars wie Mick Jagger, Elvis Presley und Marlene Dietrich. Nur werden in den letztgenannten Fällen Geschlecht, Geschlechteridentität und Sexualität keineswegs transzendiert. Sie stehen vielmehr im Vordergrund.

Was hat Androgynie mit Bisexualität zu tun?

Der Androgyne und der Hermaphrodit

Beide Worte hatten ursprünglich die gleiche Bedeutung: Dem griechischen Wort *androgynos* entspricht »mann-weiblich«. Heute werden sie meist so verwandt, daß der Androgyne eine Synthese darstellt, der Hermaphrodit hingegen eine Hybridform. Der Hermaphrodit weist die Insignien von Männlichkeit und Weiblichkeit auf: In der Antike wurden Hermaphroditen oftmals mit weiblichen Brüsten und einem Penis dargestellt. Demgegenüber zeichnet sich der Androgyne gewöhnlich dadurch aus, daß er ununterscheidbar maskulin/feminin ist. Das belegt eine Anekdote, die 1984 in einer Nummer der Zeitschrift *People* erschien: »Ein Psychologe fragte kürzlich seinen siebenjährigen Neffen, ›Ist Michael Jackson ein Mädchen oder ein Junge?‹ Das Kind dachte einen Augenblick nach und sagte dann: ›Beides.‹«[2]

Man könnte daher sagen, der Hermaphrodit verkörpere das biologisch-anatomische Geschlecht, der Androgyne die Geschlechtsidentität und der Bisexuelle, zumindest in der modernen Verwendungsweise des Wortes, die Sexualität. Da das Wort »bisexuell« zunächst biologisch-zweigeschlechtlich bedeutet, wurde es oft mit beiden, dem Hermaphroditen und dem Androgynen, verwechselt, verschmolzen oder gekreuzt. So bezeichnet Freud den anatomischen Hermaphroditen in dem Sinn als bisexuell, als »er einen zugleich männlichen und weiblichen Körper hat«, und verwendet dann den Begriff »psychosexueller Hermaphrodit« für eine Person, deren »Sexualobjekt sowohl ihrem eigenen wie dem entgegengesetzten Geschlecht angehören kann«, also für eine Person, die wir heute als bisexuell bezeichnen würden.

Doch erst C. G. Jung und seine Anhänger – von Mircea Eliade bis Joseph Campbell – popularisierten in diesem Jahrhundert den Kult des Androgynen. »Zweigeschlechtigkeit« bedeutet für Jung eine transzendente Einheit, eine »Ganzheit«, und ihr Symbol oder »Archetypus« war der Androgyne oder Hermaphrodit.

In seiner Abhandlung *Zur Psychologie des Kinderarchetypus* schreibt Jung in einem Kapitel mit der Überschrift »Der Hermaphroditismus des Kindes«: »Es ist eine bemerkenswerte Tatsache, daß vielleicht die Mehrheit der kosmogonischen Götter zweigeschlechtiger Natur sind. Der Hermaphroditus bedeutet nichts anderes als eine Vereinigung der stärksten und auffallendsten Gegensätze.«[3] Und in einem Abschnitt, der die Lehre der seelischen »Ganzheit« vom Feminismus der siebziger Jahre bis zur Männerbewegung der neunziger Jahre vorausnimmt, führt er seine Theorie der »Zweigeschlechtigkeit« als eine Harmonie der Gegensätze weiter aus:

Das zweigeschlechtige Urwesen wird im Laufe der Kulturentwicklung zum Symbol der Einheit der Persönlichkeit, des Selbst, in welchem der Konflikt der Gegensätze zur Ruhe kommt. Das Urwesen wird auf diesem Wege zum fernen *Ziel* der Selbstverwirklichung menschlichen Wesens, indem es von Anfang an schon eine Projektion der unbewußten Ganzheit war.[4]

Der Jung-Schüler Erich Neumann verwandte das Wort »doppelgeschlechtlich« in ähnlicher Bedeutung, um das Nebeneinander von Männlichem und Weiblichem in einer Form zu bezeichnen. So begreift Neumann das alte aztekische Symbol des heiligen Brunnens als »bisexuelles Schöpfungssymbol«: »Das Wasser ist einerseits männlich strömend befruchtend, aber der Brunnen als Ganzes ist ein Uterus-Symbol des gebärenden Weiblichen, das Bäche und Ströme aus seinem Erdschoß gebiert.«[5] (Sowohl die romantisch-schwärmerische Prosa als auch die Teilung von Männlich und Weiblich in Befruchtendes und Gebärendes sind Erkennungszeichen des Jungianischen Diskurses; neuere Beispiele für diesen Stil finden sich bei Jungianern unserer Tage wie etwa Robert Bly und Camille Paglia.)

Aus Texten der Spätantike, der Gnostik und jener Tradition, die Christus androgyne Züge verleiht, schließt Jung, daß die Vorstellungskraft des Menschen seit jeher und auf sämtlichen Kulturstufen von dieser Idee beflügelt wurde.[6] So wird beispielsweise im *Zweiten Clemensbrief* ein kommendes Gottesreich beschrieben, in dem »die zwei Eines sein werden, und das Äußere wie das Innere, und das Männliche mit dem Weiblichen, weder männlich noch weiblich«[7].

Das Unbehagen in der Androgynie

Der Gedanke, daß die Geschichte der Weltkulturen von einer Allgegenwärtigkeit des Androgynen zeuge, ist ein Aspekt der Jungschen Theorie der Archetypen, die ihrerseits auf dem Begriff des »kollektiven Unbewußten« beruht. Grob gesagt, ist das »kollektive Unbewußte« ein Unbewußtes, das allgemein, unveränderlich und »in allen Individuen das Gleiche« ist, ein Unbewußtes, das »sich nicht im Einzelnen entwickelt, sondern ererbt ist«. Dieser Begriff des »kollektiven Unbewußten«, den Jung vom »persönlichen Unbewußten«, der eigentlichen epochalen Entdeckung der Psychoanalyse, zu unterscheiden suchte, verdeutlich einerseits, wieviel Jung Freud schuldet, und andererseits, wie sehr er die ursprüngliche Freudsche Theorie modifiziert hat.

Während das persönliche Unbewußte wesentlich aus Inhalten besteht, die in einer Zeit bewußt waren, aus dem Bewußtsein jedoch entschwunden sind, indem sie entweder vergessen oder verdrängt wurden, waren die Inhalte des kollektiven Unbewußten nie im Bewußtsein und wurden somit nie individuell erworben, sondern verdankten ihr Dasein ausschließlich der Vererbung.[8]

Inwiefern ist diese romantische und mystische Phantasie der mythischen Urquellen bloß eine Projektion des Unbewußten ihrer Erforscher? Der Psychiater und Dritte-Welt-Experte Frantz Fanon lieferte eine schlagende Kritik am kollektiven Unbewußten, das für ihn »ganz einfach die Gesamtheit der Vorurteile, der Mythen, der kollektiven Verhaltensweisen einer Gruppe« ist, das Ergebnis eines »unreflektierten kulturellen Zwangs«.[9]

Die europäische Zivilisation zeichnet sich dadurch aus, daß es innerhalb dessen, was Jung das kollektive Unbewußte nennt, einen Archetypus gibt: Ausdruck der bösen Triebe, des jedem Ich innewohnenden Dunkels, des nichtzivilisierten Wilden, des Negers, der in jedem Weißen schlummert. Und Jung will bei allen nichtzivilisierten Völkern dieselbe psychische Struktur festgestellt haben, die sein Diagramm wiedergibt. Ich persönlich bin der Ansicht, daß Jung sich geirrt hat. Im übrigen haben alle Völker, die er kennenlernte – Puebloindianer aus Arizona oder Neger aus Kenia in Britisch-Ostafrika – mehr oder weniger traumatische Begegnungen mit den Weißen gehabt.[10]

Auf den Punkt gebracht, heißt das, »Jung verwechselt Instinkt und Gewohnheit«. »Im kollektiven Unterbewußtsein des *homo occidentalis* symbolisiert der Neger oder, wenn man lieber will, die schwarze Farbe das Böse, die Sünde, das Elend, den Tod, den Krieg und den Hunger.« Aber »das kollektive Unbewußte ist« – was Jung auch immer behauptet haben mag – »nicht an die Gehirnstruktur gebunden«. Vielmehr wurde es erworben, aufgezwungen und nach dem gleichnamigen psychoanalytischen Mechanismus »projiziert«: »Als die europäische Zivilisation mit der schwarzen Welt, mit diesen wilden Völkern in Berührung kam, waren sich alle einig: diese Neger verkörperten das Prinzip des Bösen.« Die Verwunderung darüber, daß etwa ein Bewohner der Antillen »dieselben Phantasien hat wie ein Europäer«, ist daher keineswegs angebracht. Schließlich hat er oder sie sich »die Archetypen« aus dem »kollektiven Unbewußten« der Europäer angeeignet.[11]

Jung, so Fanon, »will zur Jugend der Welt gehen. Aber er irrt sich auf merkwürdige Weise. Er geht nur bis zur Jugend Europas.«[12] Und was für Jung gilt, gilt auch für seine Nachfolger. In ihrer Studie über »die Mythen und Riten der Bisexualität im klassischen Altertum« entdeckte die französische Gelehrte Marie Delcourt im Rückgriff auf Jung überraschende Parallelen zwischen doppelgestaltigen Göttern in Griechenland und Rom und verbindet sie mit späteren Erscheinungen weiblicher Heiliger in Männerkleidung. Doch obwohl ihre Thesen Allgemeingültigkeit beanspruchen – der »Hermaphrodit ist ein Beispiel für den *reinen* Mythos, den der Mensch ersann, als er noch tastend seinen Ort in der Welt suchte« –, klammert sie einiges Material aus der vergleichenden Studie aus: »Was nun den Androgynen in den östlichen Religionen betrifft, so tritt er in so zahlreicher und fremdartiger Gestalt auf, daß er hier nicht berücksichtigt werden kann; dazu bedarf es einer eigenen Untersuchung.«[13]

Andere haben darauf hingewiesen, daß Jung »selten anerkennt, daß Kulturen möglicherweise größere Unterschiede aufweisen«, als die psychologischen Attribute nahelegen, die doch nur Ausfluß seiner eigenen Kultur sind.[14] Ihn interessierten die Ähnlichkeiten und nicht die Unterschiede. Wie seine Nachfolger sucht auch Jung nach einer totalisierenden und universalen Struktur. Seine Beispiele stammen in der Mehrheit nicht aus Fallstudien, sondern aus den Mythologien der Völker, die allesamt den Destillierapparat seiner vorgefaßten Begriffe und Vorurteile passieren mußten. Heraus kommen »universale« Deutungen, die doch nichts sind als bloß seine *eigenen*.

Die Problematik dieser Methode wurde in dem Moment offenkundig, wo er versuchte, die allgemeinen Prinzipien auf wirkliche Personen anzuwenden.

AnimAversionen

Anima ist bei Jung die unbewußte weibliche Seite im Manne, und *Animus* die entsprechende männliche Seite in der Frau. Der Androgyne oder der Hermaphrodit (für Jung austauschbare Begriffe) stellen die ideale Integration des Männlichen und Weiblichen in der Psyche des Individuums dar. Diesen Zustand nennt Jung »Ganzheit« oder »Individuation«.

Die menschliche Ganzheit besteht nämlich aus einer Vereinigung der bewußten und der unbewußten Persönlichkeit. Wie jedes Individuum aus männlichen sowohl wie weiblichen Genen hervorgeht und das jeweilige Geschlecht durch das Vorwiegen der entsprechenden Gene bestimmt wird, so hat auch in der Psyche nur das Bewußtsein, im Falle des Mannes, männliches Vorzeichen, das Unbewußte dagegen hat weibliche Qualität. Bei der Frau liegt der Fall umgekehrt. Ich habe diese Tatsache in meiner Anima-Theorie nur wiederentdeckt und formuliert. Bekannt war sie schon längst.[15]

Jenseits des romantischen Traums von der einheitlichen Kultur des kollektiven Unbewußten und der Archetypentheorie verfällt diese Auffassung dem Irrtum, männliche und weibliche Züge seien sowohl vorgegeben als auch universal und die Beziehung zwischen Bewußtem und Unbewußtem sei stets heterosexuell. Jung und seine Anhänger sahen im Männlichen und Weiblichen bekannte und unveränderliche Größen. Man brauchte nur hinzusehen (wenn auch durch eine selbstverfertigte Brille), und man würde schon sehen.

Die zur Förderung der innerpsychischen Ganzheit entworfene Theorie wurde allerdings komplizierter, da Jung einräumen mußte: »Praktisch hingegen liegt der Fall nicht so einfach, indem nämlich in der Regel das weibliche Unbewußte des Mannes auf ein weibliches Gegenüber, und das männliche Unbewußte der Frau auf einen Mann projiziert ist.« Doch wie er leichthin meint, ist die »Erhellung dieser Problematik ... aber speziell psychologisch und gehört nicht mehr in die Erläuterung des mythologischen Hermaphroditus«, zu dem er dann auch liebend gern zurückkehrt.[16]

Die Schwierigkeit lag zum Teil in Jungs unerschütterlicher Neigung zu Abstraktionen. Anima, Animus, Persona, der Schatten und der weise alte Mann – um nur die grundlegendsten seiner Archetypen aufzuzählen – waren irgendwo »da draußen« im kollektiven Unbewußten anzutreffen: zeitlos, universal, ewig und unveränderlich.[17] Innerhalb eines so großen Entwurfs mußten der menschliche Körper und seine Wünsche zwangsläufig einen Platz in den hinteren Reihen einnehmen. Reale, biologische Hermaphroditen waren keine Archetypen, sondern Ungeheuer. Anziehend war einzig und allein die Idealisierung.

Männer und Frauen aus Fleisch und Blut, die mit ihrer Anima oder ihrem Animus in Kontakt standen, gelten als wenig erstrebenswert. In seinem recht tendenziösen Aufsatz *Die Frau in Europa* meint Jung: »Da aber der Mensch Männliches und Weibliches in seiner Natur vereinigt, so kann ein Mann Weibliches und eine Frau Männliches leben. Jedoch steht dem Manne das Weibliche im Hintergrund, so wie der Frau das Männliche. Lebt man nun das Gegengeschlechtliche, so lebt man in seinem eigenen Hintergrund, wobei das Eigentliche zu kurz kommt. Ein Mann sollte als Mann leben und eine Frau als Frau.« Soviel zur Androgynie, wenn sie im wirklichen Leben und nicht nur in der mystischen Theorie vorkommt.

Die Natur der Frau, so Jung, zeichnet sich durch »Launen und Emotionen« aus, das, was ihr aus dem Unbewußten zufließt, ist »beileibe nicht wirkliche Vernünftigkeit«. Es ist vielmehr eine »Art *Meinung*«, die mit dem Anspruch gültiger Wahrheit auftritt. »So kann es geschehen, ... daß der Verstand einer einen männlichen Beruf ausübenden Frau, von ihr unbemerkt, für ihre Umgebung aber sehr bemerkbar, von der unbewußten Männlichkeit beeinflußt wird. Daraus entsteht eine gewisse starre Verstandesmäßigkeit mit sogenannten Prinzipien und einer ganzen Menge von Argumentiererei, welche in aufreizender Art immer etwas daneben geht.« Im schlimmsten aller Fälle können sich diese Meinungen zu einer »dämonischen Leidenschaft« auswachsen, »welche die Männer irritiert und verstimmt« und »den Charme und den Sinn des weiblichen Wesens« unterdrücken. Möglicherweise kann die Frau auch »frigid werden« oder gar ein »aggressiver, dringlicher Sexualtypus, welcher dem Manne eigentümlich ist«. Des weiteren gibt es die »namentlich in angelsächsischen Ländern bevorzugte Möglichkeit«, eine »fakultative Homosexualität in der männlichen

Rolle« zu entwickeln.[18] Gibt es eine Heilung für diese gefährlichen Übel? Um den Animus zu zügeln und die Dominanz des »Gegengeschlechtlichen« zu verhindern, ist »eine ganz besondere Notwendigkeit der intimen Beziehung zum anderen Geschlecht vorhanden«.

Heterosexualität heißt also die Kur sowohl für die Bisexualität (das gemeinsame Vorliegen männlicher und weiblicher Elemente in der Psyche) als auch für die »fakultative Homosexualität« (ein höchst interessanter Ausdruck, der vermittels der darin hypothetisch enthaltenen anderen Möglichkeiten eine Bisexualität im heutigen Sinne impliziert). Angesichts der allgemeinen Jungschen Anschauungen über die Geschlechter ist dieser Schluß nicht überraschend. Wohl aber überrascht es, wenn wir erfahren, daß Jung diese Kur mehr als einmal ausprobierte.

Jungs Liebschaften mit zweien seiner Patientinnen, Sabina Spielrein und Toni Wolff, sind in der jüngeren Geschichte der Psychoanalyse häufig kommentiert worden.[19] Spielrein wie Wolff waren sowohl seine Patientinnen als auch Kolleginnen. Wolff arbeitete als seine Forschungsassistentin, bis Emma Jung schließlich dagegen protestierte. Später, um 1915, als Jung unter Halluzinationen und zeitweiligem Persönlichkeitsverlust litt, wurde sie praktisch in den Haushalt aufgenommen, da sich ihre Anwesenheit als heilsam für ihn erwies.[20] In Spielrein, die selbst Psychoanalytikerin wurde, hat man mit durchaus einleuchtenden Gründen das Vorbild für den Begriff der Anima gesehen, für jene innere weibliche Stimme, die Jung als »Frau in mir«[21] bezeichnete und über die er gegenüber seinen Studenten ergänzte, »die animabegabte Frau erscheine dem Mann als die Frau, der man gehorchen muß«[22]. Als Muse und Verführerin erfüllte ihn die Anima zunächst mit Mißtrauen, aber auch mit Begehren, »denn was sie sagt, ist oft von einer verführerischen Kraft und einer abgründigen Schlauheit ... Die Anima hätte auch mir einreden können, ich sei ein mißverstandener Künstler, und mein soi-disant Künstlertum verleihe mir das Recht, die Realität zu vernachlässigen ... Die Zweideutigkeit der Anima, Sprachrohr des Unbewußten, kann einen Mann in Grund und Boden vernichten.«[23] Als Jung 1918/19 die Beziehung abbrach, war ihm, als träte er aus der »Dunkelheit« heraus. Zu einem Brief von »jener ästhetischen Dame« meinte er: »Der Brief ging mir auf die Nerven. Er war keineswegs dumm und darum insinuierend.«[24]

Animosität

Jungs Begriff des männlichen Animus ist ganz offensichtlich eine Rückbildung aus seiner persönlichen Vision oder vielmehr den Einflüsterungen der Anima als »der Frau in mir«. »Wahrscheinlich, so dachte ich, handelt es sich um die ›Seele‹ im primitiven Sinn, und ich fragte mich, warum die Seele als ›Anima‹ bezeichnet worden sei. Warum stellte man sie sich als weiblich vor? Später sah ich, daß es sich bei der weiblichen Figur in mir um eine typische oder archetypische Gestalt im Unbewußten des Mannes handelt, und ich bezeichnete sie als ›Anima‹. Die entsprechende Figur im Unbewußten der Frau nannte ich ›Animus‹.«[25]

Mit anderen Worten: Die Anima war keine bloße Abstraktion, sondern ein Mittelding zwischen einer erotischen Phantasie und einer Halluzination. Wie John Kerr so treffend bemerkte, hatte die Idee der Anima von Anfang an »eine romantische Dimension, was die anhaltende Popularität dieses Begriffs zum Teil erklären mag«. Sich zu verlieben lief nun darauf hinaus, eben jene Person des anderen Geschlechts zu finden, die das eigene andere oder innere Selbst verkörperte. Das Wort »Anima« hat einen angenehmen Klang (Jungs naive Überlegungen zum Geschlecht der Substantive – »Warum stellte man sie sich als weiblich vor?« – verweilen nicht bei der entsprechenden Frage, warum Philosophen und Künstler als männlich vorgestellt werden), doch »Animus« hat – sollte es wirklich reiner Zufall sein? – eine etwas bedrohlichere Konnotation.[26]

Wenn ein Mann sich unter die Herrschaft seiner inneren Anima beugt, geschieht anscheinend etwas sehr Vertrautes: Er »wird« wie der effeminierte Mann der Renaissance oder einige Varianten des Invertierten aus dem 19. Jahrhundert eine Frau:

> Gewiß können auch Männer sehr weiblich argumentieren, nämlich dann, wenn sie animabesessen sind und dadurch in den Animus ihrer Anima verwandelt werden. Ihnen geht es dabei hauptsächlich um die persönliche *Eitelkeit* und *Empfindlichkeit*; den Frauen aber geht es um die *Macht* der Wahrheit oder der Gerechtigkeit oder anderer »-heiten« und »-keiten«, denn für ihre Eitelkeit haben Schneiderin und Coiffeur bereits gesorgt.[27]

Nun ist aber der Mann gezwungen, »ein Stück Weiblichkeit zu entwickeln, das heißt psychologisch und erotisch sehend zu werden, um nicht hoffnungslos und knabenhaft bewundernd der vorausgehenden Frau nachlaufen zu müssen, auf die Gefahr hin, von ihr in die Tasche gesteckt zu werden«. Dennoch bleibt es eine unbezweifelbare Tatsache: »Die Männlichkeit der Frau und die Weiblichkeit des Mannes sind minderwertig.«[28]

Kurz gesagt, während Jung die Gegensätze angeblich zu einer mystischen Einheit verschmilzt, verschärft er sie in Wahrheit aufs entschiedenste. Das Weibliche und das Männliche sind für ihn Entsprechungen des Eros und des Logos, und obgleich Jung die tiefgreifenden Implikationen dieser Teilung von sich weist – »Ich gebrauche ›Eros‹ und ›Logos‹ bloß als begriffliche Hilfsmittel, um die Tatsache zu beschreiben, daß das Bewußtsein der Frau mehr durch das Verbindende des Eros als durch das Unterscheidende und Erkenntnismäßige des Logos charakterisiert ist«[29] –, ist er fest von der Unwandelbarkeit dieser stereotypen Geschlechteridentitäten überzeugt. Es ist faszinierend zu beobachten, wie er im festen Vertrauen auf seine eigene Vernünftigkeit ganz sicher über die »Gewißheit« auf seiten der *Frau* urteilt, die »statt aus Überlegungen, aus Meinungen besteht. Darunter verstehe ich apriorische Annahmen mit sozusagen absolutem Wahrheitsanspruch«, und die durchgängig sein *eigenes* Vorgehen kennzeichnet. Wie er ganz richtig bemerkt, kann »dergleichen ... wie jedermann weiß, irritierend wirken«.[30]

Und hier liegt das Paradox: Jung und seine Schüler konnten sich Androgynie *nur* als theoretisches Konstrukt vorstellen. Der Androgyne war eine Idee, ein Ideal, eine Vision, eine Lehre oder ein Geisteszustand, d. h. alles mögliche, nur keine konkrete Realität. Sobald er zu einer Realität *wurde*, Hand in Hand mit seinem Spiegelbild die Straße hinunterging und die sexuelle Zweideutigkeit zur Verführung und Bezauberung eines Publikums ausbeutete, wurde er mit Schmutz beworfen, fehlinterpretiert und entsprach ganz und gar nicht dem, was sie meinten.

Androgynie und Bisexualität

Für Freud war Homosexualität eine Art von Bisexualität. Jung hingegen beharrt darauf, daß Homosexuelle irrtümlicherweise versuchen, eine Seinsform real auszuleben, die ihrem Wesen nach nur geistig und symbolisch ist. Seine Kritik an der Freudschen Theorie der Bisexualität moniert, daß diese auf dem Persönlichen und nicht auf dem Transzendenten beruht. Für June Singer, eine Analytikerin der Jungschen Schule, zeigt sich »der entscheidende Unterschied zwischen Bisexualität und Androgynie« darin, daß »Bisexualität sich im allgemeinen auf das offene Ausagieren von männlichem und weiblichem sexuellen Verhalten [bezieht]. Jung schien jedoch zu dem Schluß zu kommen, daß Bisexualität in unserer heutigen westlichen Welt ein noch mißverstandener Ausdruck für eine natürliche, jedoch unbewußte Tendenz zur Androgynie hin ist.«[31] Aufgrund seiner Untersuchungen zum Volkstum, der Mythologie und im Bereich der vergleichenden Religionswissenschaft kannte Jung Gesellschaften, in denen die erotische Bisexualität – neben dem Transvestitismus und der Transsexualität – ein wesentlicher Bestandteil der Kultur war. Gleichwohl hat er stets das Innerpsychische betont. »Jung betrachtete Bisexualität als archetypisches Element des kollektiven Unbewußten, das unter bestimmten Bedingungen als normatives kulturelles Verfahren an die Oberfläche tritt«, schreibt Singer. »In einigen Gesellschaften war es absolute Vorbedingung, das bisexuelle – oder vielmehr das androgyne – Potential zu akzeptieren, um als vollwertiges Mitglied in die Gemeinschaft der Erwachsenen zugelassen zu werden.«[32]

Man beachte, wie beiläufig Singer die Korrektur anbringt: »bisexuell – oder vielmehr androgyn«. Bisexualität als Terminus wird ignoriert, übergangen oder übersprungen. Eines ihrer anthropologischen Beispiele bezieht sich auf die Subincision, das Aufschlitzen des Penis bei den australischen Aborigines – ein Ritual, bei dem die in den Erwachsenenstand aufzunehmenden Knaben eine »Penisgebärmutter« erhalten. Andere Beispiele führen den rituellen Kleidertausch an. Bei den afrikanischen Massai, Nuba und Nandi tragen die jungen Männer während ihrer Initiation Frauenkleidung, wohingegen die jungen Mädchen bei den südafrikanischen Sotho zu diesem Anlaß Männerkleidung anlegen.[33] Bisexualität wird in diesen Fällen durch die Praxis des geschlechtlichen Rollentausches und nicht durch sexuelle Praktiken veranschaulicht.

Der symptomatische Wunsch, die Androgynie von den sexuellen Implikationen der Bisexualität zu reinigen, trat in diesem Jahrhundert immer wieder auf. Was soll ich antworten, »wenn sie mich nach meiner Identität fragen«, wo ich doch »androgyn bin«[34], schrieb die Dichterin Adrienne Rich 1972, einige Jahre bevor sie in ihrem Artikel »Compulsory Heterosexuality and Lesbian Existence« die »sentimentale«, »liberale« und »oft erhobene« Behauptung verdammte, in einer Welt vollkommener Gleichheit »wäre jeder bisexuell«.[35]

In den frühen siebziger Jahren erfreute sich die Androgynie einer gewissen modischen Beliebtheit. Carolyn Heilbruns Buch *Toward a Recognition of Androgyny* erschien 1973 und gab die Anregung zu einem von der Modern Language Association auf ihrem Jahreskongreß durchgeführten Symposion zum Thema »Androgynie: Tatsache oder Fiktion«. Heilbruns Buch verfolgte ein bestimmtes und spezifisch umrissenes politisches Ziel und verkündete: »Die Androgynie sucht die Individuen von den Fesseln des Schicklichen zu befreien ... Androgynie fördert den Geist der Versöhnung zwischen den Geschlechtern; sie fördert zudem eine Vielfalt von Erfahrungen, die allen Individuen offensteht, die sich als Frau aggressiv und als Mann zärtlich verhalten können.«[36] Das ist bezeichnend: Die Androgynie »sucht« und »fördert« den gesellschaftlichen Wandel. Androgynie war eine Glaubenshaltung, eine Weltanschauung, eine Ansicht, die schon bald als utopisch und folglich als Sackgasse und Täuschung gehandelt wurde.

Doch dem ging eine Phase der Begeisterung voraus, in der enthusiastische Schwärmerinnen wie Camille Paglia – deren Buch *Die Masken der Sexualität*[37] mit seinem vielsagenden Jungianischen Titel und seiner Vorliebe für neues Heidentum ein Mischmasch aus verwässertem Nietzsche und aufgewärmtem Jung ist[38] – anfingen, kleine Geschichten des Androgynen als eines kulturellen Rollenvorbilds zu schreiben. Skeptischere Beobachter, von denen viele, aber keineswegs alle Feministinnen waren, meinten, die Vorstellung des Androgynen könnte »ihrem Wesen nach eher reaktionär als befreiend«[39] wirken, da sie historische Prozesse ausklammere und statt dessen »ein statisches Bild der Vollkommenheit verewige«[40].

Dieses statische Bild geht natürlich direkt auf Jung und die mit seinen Anschauungen sympathisierenden Gelehrten zurück. Man denke nur an Joseph Campbell, dessen Verkaufserfolge *Der Heros in tausend Gestalten* und *Die Masken Gottes* um die androgyne, mythische Erfahrung des Helden und die Allgegenwart der Androgynie in der Religion kreisen. Auch Norman Brown wurde ständig angeführt, um die Schlüsselrolle der Androgynie in mystischen Schriften von der Kabbala über Jakob Böhme bis zu Nikolai Berdjajew zu belegen. Er vermittelt einen Eindruck davon, wie sehr man in der Mitte unseres Jahrhunderts Geschmack an großen Ideen und umfassenden Weltanschauungen fand, wenn er beispielsweise Berdjajew zitiert: »Der große anthropologische Mythos, der allein die Grundlage einer anthropologischen Metaphysik sein kann, ist der Mythos vom Hermaphroditen.«[41]

Im Rückblick ist es erstaunlich, wie sich das feministische Interesse an der Androgynie intellektuell von den Formulierungen männlicher Gelehrter nährte, die eher einen Hang nach rechts hatten und den politischen wie intellektuellen Leistungen von Frauen feindselig gegenüberstanden. Das ist auch den Feministinnen nicht entgangen. Kaum waren dergleichen Anschauungen propagiert worden, haben auch schon nachdenkliche Kritikerinnen auf die Tatsache hingewiesen, daß der Begriff des Androgynen historisch meist so gemeint war, daß »das Männliche durch das Weibliche ergänzt wurde«. Die grundlegende Inferiorität der Frauen wurde somit stillschweigend vorausgesetzt. Auch nahm man ohne weiteres an, daß »das weibliche Gefäß nicht dazu geschaffen sei, männliche Intelligenz und Spiritualität aufzunehmen, während es für das männliche Gefäß nicht nur möglich, sondern geradezu natürlich sei, mit weiblichem Gefühl und Körperlichkeit ge- und erfüllt zu werden«[42]. Vor allem Jung und Neumann glaubten, es »sei dringend nötig, daß die Männer in unserer patriarchalischen Gesellschaft das Weibliche in sich anerkannten, bevor die ungezügelte Verbindung von männlicher Wissenschaft und männlicher Aggressivität uns alle vernichtet«. Allerdings »knüpften sie weit gedämpftere Hoffnungen daran, daß Frauen die in ihnen liegenden männlichen Eigenschaften des Verstandes und der Aggressivität verwirklichten«. Ganz im Gegenteil, eine Anerkennung und Integration dieser Eigenschaften galt ihnen als eine »riskante, unheilvolle Sache«[43].

Kein Geringerer als James Hillman, der Direktor des C. G. Jung-Instituts in Zürich (inzwischen in Küsnacht), warnte davor, daß die »analytische Psychologie« – d. h. die Theorie der Jungianer – »nolens volens eine sehr alte Tradition fortsetzt, die der Frau eine Seele abspricht und die Bilder dieser Seele zu Schatten degradiert«[44]. Andere Autoren haben kritisch eingewendet, daß der Begriff des Androgynen nicht nur eine statische Vorstellung von *Vollkommenheit* beinhalte, sondern auch verhältnismäßig statische Ansichten über die Essenz des Männlichen und Weiblichen und die Bedeutung dieser Wörter, wenn sie auf »Mann« und »Frau« angewendet werden. Allmählich wurde deutlich, daß die Androgynie möglicherweise doch kein Rezept für gesellschaftliche Veränderungen ist.

Mary Daly, eine streitbare radikalfeministische Theologin, gehörte zu denen, die das Ideal der Androgynie zunächst begrüßten und sich dann eines

Das Unbehagen in der Androgynie

Besseren besannen. In ihrem Buch *Jenseits von Gottvater, Sohn & Co.* setzte sie noch auf psychische Ganzheit und das Werden »androgyner menschlicher Wesen«.[45] Kurz darauf machte sie jedoch eine Kehrtwendung und »widerrief«, wie sie selbst es ausdrückte, da das Wort »ein verwirrender Begriff« und »eine Mißgeburt« sei, »es vermittelt so etwas wie ›John Travolta und Farrah Fawcett-Majors mit Tesafilm zusammengepappt‹«.[46] (Bei einer ihrer Gesprächsrunden klebte Daly auch andere Paare rhetorisch zusammen, etwa John Wayne und Brigitte Bardot. Doch die bereits mit einem Bindestrich versehene Fawcett-Majors, die damals die Hauptrolle in der keineswegs theologischen Fernsehserie *Drei Engel für Charlie* spielte, kam ihren Zwecken am meisten entgegen und durfte daher in der veröffentlichten Version erscheinen.)

Was machte Daly so wütend? Nun, sie betrachtete die Androgynie als Verrat, als ein falsches, auf einer irrigen Voraussetzung beruhendes Versprechen. »Feministische Theoretikerinnen haben sich frustrierenden Versuchen unterzogen, unsere Integrität mit Termini wie ›Androgynie‹ zu beschreiben«, notierte sie bitter.

> Die Erfahrung zeigte, daß dieses Wort, von dem wir nun erkennen, daß es in seiner Zusammenfassung von entstellten Gattungsbegriffen Pseudoganzheit ausdrückt, unser Denken verfehlt und betrogen hat. Das trügerische Wort war eine Falle.
>
> Als das Echo dieses Wortes, ausgesprochen von denen, die unser Denken miß/mies-interpretieren, zu uns zurückkam, wurde uns klar, daß ein Zusammenfügen der »Hälften«, wie sie dem Bewußtsein von der patriarchalen Sprache angeboten wurden, dazu führte, daß eher ein Nichts denn ein Ganzes entstand.
>
> *Androgynie* ist nicht nur eine Worthülse, die den Reichtum des Sei-ens nicht wiedergeben kann. Sie hat auch die Funktion eines Vakuums, das seine gebannten Opfer in sich hineinsaugt.

Voll Wut und mit der Wahrheit auf ihrer Seite schließt sie, daß eine »derartige Pseudo-Ganzheit, charakteristisch für alle falschen Universalismen (beispielsweise Humanismus, menschliche Befreiung)«, der tiefe Abgrund ist, der überspannt werden muß.[47] Wenig später äußerte auch Catherine Stimpson ihre Bedenken, daß das Ideal der Androgynie den Stachel der Homosexualität aus dem politischen und akademischen Diskurs entfernen

Androgynie und Bisexualität

könne, indem das Phantasiebild einer Einheit männlicher und weiblicher Eigenschaften in einem sicheren heterosexuellen Rahmen angeboten wurde. Männer sollten fürsorglich sein und Geschirr abwaschen; Frauen könnten beruflich Karriere machen. Der sensible Mann und die Frau, die auch »draußen« alles erreichen kann, ergaben sich als neue Idealisierungen, die zumindest auf der Oberfläche den Rahmen des guten alten Ideals von Ehe und Familie nicht sprengten. Was die beiden im Bett miteinander trieben, wurde nicht weiter erörtert.

Selbst Hinweise auf die Berührungsflächen von Androgynie und Schwulenkultur blieben ohne Folgen. Heilbruns Buch beginnt und endet mit Virginia Woolf, deren »androgyne Vision« zu jener Zeit in kaum einer feministischen Erörterung über Androgynie fehlen durfte. In *Ein Zimmer für sich allein* präsentiert Woolf ihre persönliche Version der platonischen Fabel, wie sie in den siebziger Jahren von vielen Feministinnen oft und beifällig zitiert wurde:

> Und ich fuhr amateurhaft fort, einen Plan der Seele zu skizzieren, wonach in jedem von uns zwei Kräfte vorherrschen, eine männliche, eine weibliche: und im Männerverstand dominiert der Mann über die Frau, und im Frauenverstand dominiert die Frau über den Mann. Der normale und angenehme Geisteszustand ist erreicht, wenn die beiden in Harmonie miteinander leben, geistig kooperieren. Im Mann muß der weibliche Teil noch wirksam sein; und eine Frau muß auch Umgang pflegen mit dem Mann in sich. Coleridge meinte das vielleicht, als er sagte, daß der große Geist androgyn sei ... Erst wenn diese Fusion stattfindet, ist der Geist ganz fruchtbar gemacht und kann alle seine Fähigkeiten anwenden.[48]

Auch das Coleridge-Zitat geisterte durch die Literatur, wurde jedoch stets als freischwebendes Diktum oder als Meinung angeführt, nicht als Aussage über Coleridges Leben, Neigungen oder Wünsche. Woolf, Coleridge und natürlich Shakespeare (»der Typus des Androgynen« wie Woolf sagte) waren Musterandrogyne: gewissermaßen Androgyne oberhalb der Gürtellinie.

Eines aber betonten die Verfechter der Androgynie unablässig: Sie sei nicht mit der Bisexualität zu verwechseln. Wir sollten uns hier an Freuds Diktum erinnern, daß der Widerstand auf ein emotional erträgreiches Schürfgebiet schließen läßt.

Das Unbehagen in der Androgynie

So versuchte Carolyn Heilbrun, als sie sich über den Erfolg ihres Buches Gedanken machte, ihre Begrifflichkeit unter Ausschluß des Erotischen zu klären. »Als ich von Androgynie sprach, dachte ich weder an einen Hermaphroditen, noch verstand ich darunter bisexuell oder homosexuell. Mittlerweile habe ich erfahren, daß weit mehr Menschen bisexuell sind, als wir glaubten. Wir werden uns in der Zukunft sicherlich mit dieser Vorstellung anfreunden müssen. Aber als ich an meinem Buch schrieb, schwebte mir nicht die Bisexualität vor.«[49]

Auch die feministische Kritikerin Barbara Charlesworth Gelpi zog eine Trennlinie: »Zunächst möchte ich definieren, wie ich das Wort ›Androgynie‹ verwende. Ich verstehe darunter eine potentielle oder auch tatsächliche psychische Einheit, die in allen Individuen als existierend gedacht ist. Meine Ausführungen beziehen sich nicht unmittelbar auf körperliche Bisexualität, auf lesbische Liebe oder Homosexualität.«[50]

»Bisexualität ist keinesfalls dasselbe wie Androgynie«, betont June Singer in ihrem Buch *Androgyny* (deutsch: *Nur Frau, Nur Mann?*), und anläßlich der ein Jahrzehnt später erschienenen zweiten Auflage wiederholt sie diese Absage mit einer Heftigkeit, die ein tiefgehendes persönliches Unbehagen anzudeuten scheint:

Androgyny kam zu einem Zeitpunkt heraus, als die Mehrdeutigkeit der Sexualität zu einem der Schockeffekte in der Popkultur wurde. Männliche Rockstars traten als Karikatur der anstößigsten weiblichen Attribute auf, angefangen vom herausgeputzten, nuttenhaften Typ bis hin zu äußerst lächerlichen Effeminiertheiten. Gleichzeitig bestimmten die Bluejeans das modische Erscheinungsbild auf der Straße; der Trend zur Geschmeidigkeit und Schlankheit, langem Haar und schweren Schuhen machte es oft schwierig, das Geschlecht eines jungen Menschen an seiner Rückenansicht abzulesen. So war man dankbar, daß ein Bart oder Schnurrbart das Rätsel löste, wenn sich die Person umdrehte. Für viele nahm Androgynie die Bedeutung einer hoffnungslosen und unseligen Vermischung der Geschlechter an. Noch weiter konnte man sich von der tatsächlichen Intention des Buches nicht entfernen.[51]

Mithin gab es zumindest zwei Arten von Androgynie, die gute, d. h. das geistige, mythische, archetypische und schöpferische innerpsychische Einssein, und die schlechte, d. h. die körperliche, sinnliche, verwirrende, die sehr wahrscheinlich in Bisexualität, Gruppensex, die »unselige Vermischung der Geschlechter« und in eine »Überfülle erotischer Möglichkeiten« mündete, für die Eliade das Œuvre der dekadenten Schriftsteller von Oscar Wilde bis zu Théophile Gautier und Algeron C. Swinburne verantwortlich macht.[52] Da der gesamte Überbau der Androgynie wie auch die Theorie der Archetypen auf grundlegenden Gegensätzen beruht (männlich/weiblich, Seele/Schatten etc.), vermochte das nicht zu überraschen. Was ein wenig erstaunte, war die Heftigkeit, mit der diese Unterscheidung von guter und schlechter – oder wie ihre Verteidiger lieber sagen –, von wahrer und falscher Androgynie verfochten wurde.

In »Anmerkungen zu Camp« meinte Susan Sontag, der Androgyne sei »ohne Zweifel eines der großen Leitbilder der Camp-Sehweise«. Als Beispiel nennt sie »die dünnen, fließenden, geschlechtslosen Körper auf Drucken und Plakaten des Jugendstils; die geisterhafte, androgyne Leere hinter der vollkommenen Schönheit der Garbo«.[53] Singer warf Sontag vor, sie gebrauche den Begriff des Androgynen ganz »falsch«, wenn sie ihn auf »jene effeminierten jungen Männer [anwende], die in geckenhafter Kleidung herumliefen, oder auf Frauen mit jungenhafter Figur und Aussehen«.

Camp, so Sontag, nähert sich »einer meist uneingestandenen Wahrheit des Geschmacks: Die raffinierteste Form des sexuellen Reizes besteht (ebenso wie die raffinierteste Form des sexuellen Genusses) in einem Verstoß gegen die Natur des eigenes Geschlechts. Das Schönste am männlichen Mann ist etwas Weibliches, das Schönste an einer weiblichen Frau ist etwas Männliches.« Diese Behauptung weist eine verblüffende Ähnlichkeit zu Jacques Lacans Beobachtung auf, daß »beim Menschen die männliche Parade selbst als weiblich erscheint«[54].

Sontag setzte noch scharfsinnig hinzu: »Verknüpft mit der Vorliebe des Camp-Geschmacks für das Androgyne ist etwas, das nur auf den ersten Blick etwas völlig anderes zu sein scheint: eine Vorliebe für die Übertreibung sexueller Merkmale und individueller Manierismen. Aus naheliegenden Gründen sind Filmstars die besten Beispiele, die in diesem Zusammenhang genannt werden können.«[55]

Singer hielt diese Beschreibung der Androgynie für gefährlich irreführend, und zwar gerade weil der Androgyne darin als Gestalt eines Übergangsstils und nicht als ewig und zeitlos auftritt. Das Ideal der Androgynie mußte vor der Mode, der Laune und der Vermischung geschützt werden. Definitionen wie die Sontags erinnern Singer – wie schon Eliade – zu ihrem

Bedauern an die »geschmacklosen Romane« Wildes und Gautiers, an das »pathologische Interesse an sexueller Geißelung« bei de Sade und Swinburne, an die »Vampirleidenschaft« der *Salome* und »die Verherrlichung der lesbischen Liebe« bei Baudelaire – kurz gesagt, an all das, was heute diejenigen, die sich mit Queer-Kultur beschäftigen, am meisten interessiert.

Nicht zuletzt aus diesem Grund argumentiert Singer so vehement gegen eine Vermischung von Androgynie und Bisexualität. So zitiert sie die Aussage eines jungen Mannes: »Bisexualität ist jetzt Mode. Ich weiß nicht genau, wohin das führt. Ich glaube, es hat nicht so viel mit dem sexuellen Verhalten zu tun, sondern viel mehr mit der Empathie für andere Menschen. Ich glaube, es hat sogar etwas mit der Einstellung zu sich selber zu tun. Versucht man, danach zu handeln, tritt Verwirrung ein; weder man selbst noch die anderen wissen genau, wer man ist. Man entwickelt sich nicht weiter. Es verwischen sich bloß die Konturen.«[56]

Die »Konturen« können scheinbar nur dann scharf bleiben, wenn man nicht an sie rührt.

»Eine perfekte und natürliche Alternative«

Ging es jedoch um ihre eigene klinische Praxis, schlug Singer einen anderen Kurs ein. Sie sah sich zu einem Eingeständnis gezwungen: »Im Zusammenhang mit Androgynie könnte Bisexualität eine perfekte und natürliche Alternative sein, mit der einige Menschen ihre Sexualität ausdrücken können.« Dieser »freifließenden Energie« ließe sich »immer dort Ausdruck verleihen, wo sie angezogen wird; das heißt also mit Angehörigen des entgegengesetzten Geschlechts, des eigenen oder – die dritte Alternative – mit Angehörigen beider Geschlechter«.[57] Um Ti-Grace Atkinson zu paraphrasieren: Androgynie mag die Theorie sein, Bisexualität aber ist oft die Praxis.

Singer berichtet vom Fall des Herrn A., eines verheirateten Mannes, der »von dem Gedanken besessen gewesen [war], daß, wenn er seinem Wunsch nach Sex mit einem Mann nachgäbe, er irgendwie ein Land beträte, aus dem es keine Rückkehr geben würde. Er wäre nicht länger heterosexuell; er würde homosexuell werden.« Herr A. war nach Singer davon überzeugt, »daß, wenn man sich mit dem heterosexuellen Teil der Gesellschaft einließ, man sich notwendig vom homosexuellen Teil ausschloß und umgekehrt«.[58]

»Eine perfekte und natürliche Alternative«

Vielleicht geht die Annahme zu weit, daß A. hier für Androgynie steht und diese kleine Fallstudie eine Allegorie der Androgynie und des Unbehagens ist, das sie hervorruft.

Singer berichtet weiter: »Hier wurde es notwendig, das bisexuelle Potential zu betrachten. Bisexualität ist denen, die ihre Sexualität als polyvalent erleben und eine Vielfalt von sexuellen Experimenten um ihrer selbst willen genießen, nicht fremd. Aber Bisexualität als eine mögliche Form dauerhafter Beziehungen, ernst genommen im Kontext von Liebe und als Basis einer seriösen Verpflichtung – dafür muß sich freimütige Unterstützung erst noch finden.« Doch als Therapeutin stellte sie »die Frage nach der Bisexualität auch im Gespräch mit A.«[59].

Anscheinend war Herr A. mit diesem Vorschlag nicht unzufrieden. »Befreit von dem Gefühl, daß jede homosexuelle Erfahrung zu diesem Zeitpunkt einen ›Homosexuellen‹ aus ihm machen würde, überlegte er, die Erforschung dieses Aspekts seines Charakters zu riskieren.« An dieser Stelle verwandelt sich Singers normalerweise nüchtern handwerkliche Prosa in ein Feuerwerk süßlicher Lyrismen, in denen wir bereits das deutliche Markenzeichen der Jungianer erkannt haben. Um ihrer eigenen Darstellung Gerechtigkeit widerfahren zu lassen, möchte ich sie ausführlich zitieren:

Es war, als sei er in die mythische Welt eingetreten, die wilden bewaldeten Berge nahe Theben, die einst die Fabelwesen der Mänaden beherbergt hatten, die Gefährten von Dionysos. Jene Frauen hatten ihre Heimat verlassen, um den halb männlichen, halb weiblichen Gott anzubeten, um zu träumen und sich zu erfreuen, manchmal auch um zu zerstören. A. war ebenso bezaubert vom Gott der Bisexualität und von der Bisexualität des Gottes. Er empfand seine Bisexualität um so mehr, als er bemerkte, daß sein Leben zu Hause und bei der Arbeit lediglich männliche Funktionen erforderte. Er betrachtete seine Gattin als eine Frau, die alle femininen Stereotype erfüllte und von ihm die Übernahme der männlichen Rolle erwartete. Er fühlte sich überfordert. Die Vorstellung von sexuellen Beziehungen zu ihr war ihm mehr und mehr zuwider, und er sehnte sich danach, auszuruhen und seine eigene Anmut, Schönheit und besonders seine Passivität in den Armen eines Mannes auszuleben.[60]

Was bedeutet in diesem bemerkenswerten Abschnitt das Wort »Bisexualität«? Folgen wir Singer, dann scheint es zu besagen, daß A. »zur femininen

Hälfte seiner Natur *wurde*«. Es bedeutet anscheinend nicht, daß er zur gleichen Zeit sexuelle Beziehungen zu seiner Frau und zu Männern unterhielt, obgleich wir erfahren, daß der »Heilungsprozeß begann«, als A. deutlich wurde, daß er keine »einseitige Rolle« spielen müsse. Nach einem langen Gespräch mit seiner Frau verbesserte sich das sexuelle Leben in der Ehe. Doch wie es sich genau verbesserte, bleibt offen. »Als die Frage, welches Etikett er nun seiner Sexualität aufkleben sollte, weniger wichtig für ihn geworden war, konnte er die ganze Angelegenheit mit all seinen Gefühlen und Einsichten mit seiner Frau besprechen.« Und er hörte auf, unkontrolliert zu trinken!

Es ist nicht leicht zu entscheiden, was letztlich mit Herrn A. geschah. »Er wurde sich der Ebbe und der Flut seines Energiestromes mehr bewußt, ebenso wie der Notwendigkeit, beide Bewegungen zu erfahren: die aktive, progressive, nach Ordnung tendierende; und die passive, regressive, dem kreativen Chaos zuneigende.«[61]

Man braucht nicht lange zu raten, um sagen zu können, was hier die »männliche« und was die »weibliche« Energie ist. Und so geht es im Buch weiter bis zum Fall von Frau B., die ihren Mann nach fünfjähriger Ehe verließ, um mit einer Frau zusammenzuleben, bei der sie all jene Qualitäten entdeckte, die Frauen in der Regel von Männern erwarten: Diszipliniertheit und Aktivität. Frau B. läßt Singer an die »Praktiken der Amazonen in den antiken Sagen« denken, und sie fragt sich, »ob B. wirklich homosexuell« ist.[62]

Als nächstes beschreibt sie den Fall von Herrn C., einem schüchternen Südstaatler, der während seiner Collegezeit in homosexuelle Kreise geriet, dort eine Fixierung auf Schwarze als Sexualpartner entwickelte und später anläßlich einer Geschäftsreise mit einem schwulen Freund einen Privatclub aufsuchte, in dem »alles erlaubt« war, so daß er kurz darauf eine Wandlung zum Heterosexuellen durchmachte. »In seinem Fall war der Ausflug in die Homosexualität ein Schritt auf dem Wege seiner psychischen und sexuellen Entwicklung gewesen. Dies bedeutet nicht, daß Homosexualität notwendig mit Unreife und Heterosexualität mit Reife gleichgesetzt werden kann. In C.s Fall war der Fortschritt aber entwicklungsbedingt.«[63] Erwartungsgemäß fühlt sich Singer an eine »archetypische Assoziation« erinnert, an »ein uraltes Ritual«, bei dem hermaphroditische Knaben tanzen und »das noch heute auf den Straßen von Alt-Delhi praktiziert wird«.[64]

Es ist lehrreich, ihre Art zu schreiben mit der gleichfalls prophetischen

Sprache Camille Paglias zu vergleichen. So heißt es beispielsweise über Shakespeares Rosalinde aus *Wie es euch gefällt*: »Rosalindes Zweigeschlechtlichkeit und ihre ständigen Wandlungen sind das Quecksilber des alchimistischen Mercurius, der die Regenbogenfarben des Pfauenschwanzes trug. C. G. Jung stellt fest: ›Mercurius als Quecksilber eignet sich vorzüglich zur Charakterisierung des liquiden, das heißt beweglichen Verstandes.‹ ... Der Stein der Weisen oder der hermaphroditische *Rebis* der Alchimie hat häufig Flügel, die Jung ›als Ahnung (Intuition), respektive geistige (geflügelte!) Möglichkeit‹ deutet. Die zugleich maskuline und feminine Rosalinde ist ein Mercurius der raschen, souveränen Intelligenz. Schnelligkeit als hermaphroditische Transzendenz. Wir bobachten sie bei Vergils Amazone Camilla und beim ekstatischen Flug von Giambolognas ephebischem Merkur.«[65]

In Paglias Ergüssen wie auch in Singers etwas gezügelterer Prosa werden uns die alchimistischen und mystischen Elemente der Jungschen Psychologie als Erklärungen angeboten – genauer gesagt, sie werden neben die erörterte Materie gestellt, als erklärten sie alles von selbst.

Nach Singers Meinung akzeptiert der Androgyne »mit vollem Bewußtsein das Zusammenspiel von männlichen und weiblichen Eigenschaften in der Psyche des einzelnen. Eine Eigenschaft ergänzt die andere, vergleichbar mit dem aktiven eindringenden Spermium, welches eine Ergänzung zu dem wartenden nachgiebigen Ei darstellt.«[66] Wovor Freud sein Publikum sowohl in *Die Weiblichkeit* als auch in langen Fußnoten zu den *Drei Abhandlungen* und zum *Unbehagen in der Kultur* gewarnt hat[67], nämlich die Dichotomie von aktiv und passiv, wird hier unverhüllt wieder als natürliches, weil biologisches Verhältnis der Geschlechter rehabilitiert.

»Androgyne sind seltener als Einhörner«[68], meinte eine sich selbst als radikale Feministin bezeichnende Autorin wehmütig während der Nachwehen des Androgynie-Booms. Zur selben Zeit beschäftigte das Einhorn auch andere gleichgesinnte Kritiker, die sich vielleicht daran erinnerten, daß es nur in Begleitung einer Jungfrau zu fangen ist. »Wenn der Homosexuelle für viele Kulturen der Ausgestoßene ist, dann ist der Androgyne ihr Einhorn«, schrieb Catherine Stimpson in den frühen siebziger Jahren. Der Androgyne sei »nicht mehr und nicht weniger als eine Idee« oder, um genauer zu sein, die Summe zweier Ideen, der Idee des Femininen und der Idee des Maskulinen.[69] Als Aktivistin der jungen schwul-lesbischen Befreiungsbewegung fragte sie sich, wie die damals modische Idee des Androgynen in politisches Handeln übersetzbar sei. Sie fürchtete, die Jagd nach dem phantasmagorischen Androgynen könne verschleiern, welche Gefahr von Stereotypen wie »männlich« und »weiblich« ausgeht, und den Blick von der Tatsache der Homosexualität und dem Leben der Homosexuellen ablenken. Androgynie, wie sie damals von feministischen Kritikerinnen diskutiert wurde und in literarische Werke wie Ursula LeGuins *The Left Hand of Darkness* einging, war ihrer Ansicht nach tatsächlich weit entfernt von Homosexualität oder arbeitete ihr entgegen.

Selbst für heterosexuelle Feministinnen berührte die Androgynie wichtige politische und philosophische Grenzen, da ihr normatives Idealbild eher männlich als weiblich war: das Bild eines bereicherten und mitfühlenden Mannes, der mit seinen »weiblichen« Sensibilitäten in Berührung stand, und nicht das der gesellschaftlich weitaus brisanteren Gestalt der »männlich« identifizierten, maskulinisierten, aggressiven oder selbstbewußten Frau. Stimpson verwirft damit Heilbruns Behauptung, daß die Androgynie von Frauen handle. In der Praxis wie in der Geschichte, so Stimpson, ging es dabei nahezu immer um den Mann. Die neuen Verkörperungen der Androgynie in den neunziger Jahren zeigen, daß sich diese These durchaus auf Fakten berufen kann. So tradieren sich die Jungschen Theorien, ob nun vom Androgynen die Rede ist oder nicht, auf pointierte Weise im Diskurs der Männerbewegung und vieler transvestitischer Männergruppen.

Zudem war der klassische, von Jung, Platon und der anthropologischen Sicht der Weltreligionen abgeleitete Begriff der Androgynie seinem Wesen nach heterosexuell. Die Kritikerin Cynthia Secor hielt dies fest: »Der historisch entwickelte Begriff der Androgynie betont die heterosexuelle Zweisamkeit, das Paar, und unterdrückt damit sowohl die Promiskuität als auch vielfache, nichtheterosexuelle Beziehungen ... In einer Kultur wie der unsrigen, die bis vor kurzem in jeder Frau das persönliche Eigentum eines Mannes sah, können vielfache Beziehungen so wie bisexuelle und homosexuelle Entscheidungen ein befreiendes Verhalten darstellen.«[70]

Das mag genau wie der Ruf zu den Waffen klingen, der von der extremen Rechten am stärksten befürchtet und karikiert wird, aber es vermittelt uns auch einen scharfsinnigen Einblick in die Dynamik der Kulturgeschichte. Das »befreiende Verhalten« der Bisexualität und ihre am häufigsten kritisierten Möglichkeiten (vielfache Beziehungen, Promiskuität, homosexuelle Entscheidungen) waren die praktischen Affekte und Effekte ebenjener

Theorie der Androgynie, die von gemäßigten Feministinnen vertreten wurde, und das trotz oder wegen ihres Insistierens, Androgynie habe nichts mit Sex oder Sinnlichkeit zu tun, sondern allein mit Gleichheit und Ganzheit.

Je mehr Widerstand diesem Verhalten selbst auf höchstem theoretischen Niveau entgegengebracht wurde, um so reizvoller wurde es. »Was im sexuellen Bereich geschehen würde, wenn erst einmal eine soziale und psychische Einheit existiert, läßt sich nicht voraussagen«, wurde ganz nüchtern in einem Essay festgestellt. »Möglicherweise nehmen Bisexualität und Homosexualität zu, vielleicht auch nicht; sicherlich aber dürfen wir natürlichere, weniger angstbesetzte sexuelle Beziehungen – welcher Art auch immer – erwarten. Zu androgynen, in einer androgynen Gesellschaft lebenden Menschen zu werden würde sich zweifellos auf unsere sexuellen Verhältnisse zueinander auswirken. Dennoch lassen wir uns bei der Entwicklung des neuen Begriffes von Androgynie eindeutig von einer kulturellen und nicht einer körperlichen Bedeutung leiten.«[71]

So entpuppte sich eine Philosophie, die angeblich nichts mit Sexualität zu tun hatte, schließlich doch als eine, in der es um die Sexualität ging.

Seltsame Bettgenossen

An der Spaltung in »gute« und »schlechte« Androgynie wird noch heute festgehalten, nicht zuletzt aus strategischen Gründen. Wenn die Frauenbewegung der siebziger Jahre und die spirituelle Seite des Feminismus stark von Jung beeinflußt waren, dann kann die Jungsche Schule heutzutage vor allem auf die Anhängerschaft zweier Gruppen setzen, der bereits erwähnten Männerbewegung und einiger transvestitischer oder die Geschlechteridentität auf anderem Wege überschreitender Zirkel. Wahrscheinlich ist es kein Zufall, daß beide Gruppen, die sich gegenseitig durchaus für seltsame Bettgenossen halten, hauptsächlich mit der weiblichen Seite im Mann beschäftigt sind und nicht mit der männlichen Seite in der Frau. Auch wird es kaum überraschen, daß in offiziellen Äußerungen einiger dieser Gruppen die Heterosexualität betont wird, und das der Tatsache zum Trotz, daß einige ihrer Mitglieder »ganz privat« ihre eigene sexuelle Experimentierlust – ja ihre Bisexualität – anerkennen.

»Als der Gedanke an DIE FRAU zur Manie wurde, kam ich schließlich auf die Idee, ich müsse es mit einer Psychotherapie nach Jung versuchen«, schreibt Sam Keen, der Guru der Männerbewegung mit entwaffnender Offenheit in seinem Bestseller *Feuer im Bauch: Über das Mann-Sein*. »Wenn ich meinen eigenen weiblichen Anteil kennenlernte, würde ich vielleicht nicht mehr so abhängig davon sein, bei den Frauen Befriedigung und Beistand zu suchen. Doch die Therapie schien mich nur noch tiefer in die Arme der FRAU zu treiben. Während mehrerer introspektiver Jahre jonglierte ich grüblerisch mit geschlechtsspezifischen Prädikaten herum und fragte mich ständig: Bin ich empfänglich, fürsorglich, intuitiv, sinnlich, nachgiebig – kurz ›feminin‹ genug? Bin ich initiativ, entscheidungsfreudig, rational, aggressiv – also ›maskulin‹ genug?«[72]

Wie die Feministin Catherine Stimpson hält auch Sam Keen die Androgynie für einen Mythos: den »Unisex-Mythos«. »Eine ganze Männergeneration, die Hippies, stimmte zu, törnte sich an, stieg aus, wurde sanft und ließ das Haar lang wachsen. Bei den Wohlhabenderen waren Unisex-Haarschnitte und Boutiquen für Sie und Ihn ›in‹. Auch die neuen Berufsfrauen in gehobenen Berufen kleideten sich im Unisex-Stil, in dem sich ihr Anspruch auf Gleichwertigkeit ausdrückte. Sie trugen Aktenkoffer und gedeckte ›maskuline‹ Kostüme und Hosenanzüge in Grau, Blau oder Nadelstreifen, die bislang die Uniform des aufstrebenden leitenden Angestellten gewesen waren. Unter den Psychologen glaubten einige, der Unisex-Mythos beweise Jungs Glauben an die Bisexualität von Männern und Frauen. Gemäß der Jungschen Analyse müssen Männer, um ein Ganzes zu werden, ihre weibliche Seite entdecken – ihre ›Anima‹ oder Seele. Die Frauen müssen für ihre Ganzheit den ›Animus‹, d. h. ihre auf die Außenwelt gerichtete, aggressive Seite aufspüren ... Am Ende dieses Prozesses müssen Mann und Frau zuerst das Maskuline und Feminine in ihrem Inneren miteinander verschmelzen, bevor er oder sie sich in realistischer Weise einem Angehörigen des anderen Geschlechts zuwenden kann.«[73]

Doch irgendwann begann Keen den Nutzen solcher Etiketten anzuzweifeln. »Meiner Meinung nach wäre es zweckdienlich, wir hörten auf, die Wörter ›maskulin‹ und ›feminin‹ zu gebrauchen, es sei denn, wir hätten die klischeehaften Vorstellungen von den Geschlechtern im Sinn, die in der Vergangenheit üblich waren. Es ist sehr viel besser, am wirklichen Geheimnis um Mann und Frau festzuhalten, als weiter eine falsche Geheimnistuerei um das Maskuline und das Feminine zu veranstalten.«[74]

Und was den Unisex-Mythos betrifft, so beobachtet Keen einen klaren »Kursverlust an der Mythen-Börse«. »Statt dessen pochen beide Geschlechter wieder auf ihre jeweilige Eigenart und heben die Unterschiede hervor.«[75] Gleichwohl huldigt Keen einer gewissen Nostalgie: »Was die Idee der Androgynität immer noch ansprechend macht, ist die Tatsache, daß wir dann den anderen bereits in uns tragen.«[76]

Falls wir Androgyne sind. Wieder einmal ist der entschiedene Heterosexismus dieser Auffassung von Androgynie mit Händen zu greifen. Keens Entdeckungsreise begann nach dem Scheitern seiner ersten Ehe, und er macht den Leser weitschweifig mit den Freuden seiner zweiten Ehe bekannt. Ob sie nun von der FRAU oder den Frauen besessen sind, von wirklichen Geheimnissen oder falscher Geheimnistuerei, die Männerbewegung und Keen sehen in der Androgynie jedenfalls keine Aufforderung, ihre *homosexuelle* Seite zu erkunden. Zumindest nicht offen.

»Wir sind weiße, gebildete und heterosexuelle Männer«, bekannte Mark Gerzon. »Wir reden schnell über Sex, aber nur zögerlich über Intimität ... Wir nennen uns oft richtige, heißblütige Vollblutamerikaner und machen uns manchmal über ›Homos‹ lustig ... Und dennoch fühlen wir uns zunehmend verwundbar.«[77] Gerzon würde als Ergebnis seiner Analyse »der Veränderung des amerikanischen Männerbildes« gern sehen, wenn an die Stelle von fünf alten »Archetypen der Männlichkeit« (dem Pionier, dem Soldaten, dem Experten, dem Brotverdiener und dem Herrn) fünf neu »entstehende Männlichkeiten« treten würden (der Heiler, der Gefährte, der Vermittler, der Kollege und der Nährer). »Die dadurch symbolisierten menschlichen Eigenschaften überschreiten die Geschlechtsidentität«, betont er. »Heilen, Nähren oder Vermitteln sind weder männliche noch weibliche Rollen«, so daß »die entstehenden Männlichkeiten im Gegensatz zu den alten Archetypen nicht nur für Männer sind.«[78] Dieser durch und durch an Geschlechteridentitäten gebundene Versuch, die Geschlechteridentitäten zu überwinden, zeigt exemplarisch, wie unkorrigierbar der Jungsche Zwiespalt ist.

In der Absicht, sein Laienpublikum nicht zu verschrecken, meint Gerzon, »Archetyp« sei ein »schwerfälliges Wort«, was ihn freilich nicht daran hindert, es weiterhin zu verwenden. »Unsere Aufgabe besteht, wie Jung meint, nicht darin, diese Vorstellungen oder Archetypen zu leugnen, sondern sie uns bewußt zu machen:«[79] »Sämtliche in diesem Buch beschriebenen männlichen Archetypen«, bemerkt Gerzon, »fordern eine Leugnung des Weiblichen. Sie sind von einer Verneinung des unabhängigen schöpferischen Vermögens des Frauseins abhängig (seiner sogenannten männlichen Seite), wie auch von der Verneinung der zärtlichen, verletzlichen Dimension des Mannseins (seiner sogenannten weiblichen Seite) ... Die Spiritualität des Mannes ist nicht gezwungen, das Weibliche zu verleugnen. Im Gegenteil, sie beruht darauf, die Weiblichkeit als wesenhaften Teil unserer selbst zu bejahen.«[80]

Die andere große Bewegung, die weiterhin die Jungschen Kategorien der männlichen und weiblichen »Ganzheit« für brauchbar hält, wird von jenen gebildet, die durch Cross-Dressing oder andere Praktiken die Geschlechteridentitäten überschreiten. So verschiedenartig und komplex diese Gruppen sind, zu denen die Transsexuellen ebenso wie die Freizeit-Transvestiten, Tunten und S/M-Gruppen zählen, sprechen sie doch nicht mit einer Stimme. Viele männliche Transvestiten, mit denen ich gesprochen habe, erklärten, sie würden gern »mit ihrer weiblichen Seite in Berührung kommen«. Unter »weiblich« verstanden sie oft weicher und demonstrativ emotionaler, mit Kleidern, Schminke, Stoffen und ästhetischen Details beschäftigt, an Musik und Kunst interessiert, sozialer, interpersoneller und unaggressiv.

Die Broschüre für die Fantasia Fair, das jährliche Transvestitentreffen in Provincetown, Massachusetts, lädt die Besucher ein: »Leben Sie Ihre Phantasie aus!«, »Lassen Sie Ihren Traum Wirklichkeit werden!«, »Leben Sie zehn Tage ›*en femme*‹!«. Herausgegeben vom Human Outreach & Achievement Institute, dem Sponsor der Veranstaltung, stellt die Broschüre die entscheidende Frage und beantwortet sie auch: »An wen richten wir uns? – An Transsexuelle, Androgyne, Transvestiten und alle, die die Geschlechteridentitäten überschreiten.«

Transvestiten sind nicht notwendigerweise Androgyne, aber dennoch streben viele nach einem Begriff von Androgynie als Fundament ihres persönlichen und genealogischen Selbstverständnisses. Ein Aufsatz von Holly Boswell in *TV/TS Tapestry* faßt die bekannten Argumente noch einmal zusammen:

> Heute erkennen Therapeuten an, daß Andro-gynie – die eigene persönliche Mischung sogenannter männlicher und weiblicher Eigenschaften – die gesündeste Form der Selbstverwirklichung und Erfüllung ist. Das be-

deutet, gesellschaftlich konditionierte Verhaltensweisen zu transzendieren, um sein einzigartiges Selbst zu realisieren. C. G. Jung nannte diesen Prozeß *Individuation* und erkannte, daß die Versöhnung mit der eigenen inneren gegengeschlechtlichen Energie (die weibliche *Anima* im Mann und der männliche *Animus* in der Frau) der Schlüssel zur *Ganzheit* ist.

Boswell schließt daraus: »Obgleich viele ein androgynes Potential haben, umfaßt die Tradition eines *dritten Geschlechts* nur eine Minderheit, bei der diese Tendenzen sehr viel hervorstechender sind.« Zu denen, die »wirklich über die Geschlechteridentäten hinaus sind«, zählt sie die Berdache im Bereich der nordamerikanischen Indianerkultur, die Schamanen Sibiriens, die Mahu aus Polynesien und die Amazonen – allesamt bekannte Gestalten sowohl in der kulturellen Genealogie der Cross-Dresser als auch in der Hochkultur-Mythologie der Jungschen Archetypen.[81]

Ein Kästchen unten auf der Seite macht die Botschaft noch einmal deutlich: »Androgenie ... ist die gesündeste Weise der Selbstverwirklichung.« Tatsächlich stand hier »Androgenie«! Satzfehler dieser Art sind in *Tapestry* nicht selten, in diesem Fall ist der Fehler jedoch vielsagend: *gyn* = Frau wird ersetzt durch *gen* = abstammend von; aus Androgyn wird Androgen, ein Hormon, das männliche Eigenschaften verstärkt. Für die Trans-Gender-Gruppen spielen Hormone selbstverständlich eine große Rolle, daher ist der Fehler, in dem man eine neue Spielart der Hormontherapie sehen könnte, vollkommen naheliegend. Aber er ist auch verräterisch.

Tri-Ess, die Gesellschaft für das »Zweite Selbst«, ist eine landesweite Unterstützergruppe für heterosexuelle Transvestiten und ihre Ehegatten oder Partner. Welchen Zweck die Gesellschaft verfolgt, geht aus der Erklärung hervor, die alle zukünftigen Mitglieder abgeben müssen. Sie schließt mit den Worten: »Durch mein Ersuchen um Mitgliedschaft erkenne ich an, daß ich an den ungehinderten Ausdruck meiner Persönlichkeit glaube, der weiblichen wie der männlichen.«

Weiblich und männlich, nicht schwul und hetero. Schwule Cross-Dresser und Transsexuelle können zum ermäßigten Mitgliedsbeitrag »Freunde von Tri-Ess« werden. Lesbierinnen werden gar nicht erwähnt. Es wäre interessant, sich vorzustellen, was Jung zu dieser Entwicklung gesagt hätte, die eine vollkommen logische, wenn auch buchstäbliche Übertragung seiner idealen Kategorien auf konkrete und sichtbare Bedingungen darstellt.

Das Unbehagen in der Androgynie

Tri-Ess ist eher die Ausnahme als die Regel unter den Organisationen der Cross-Dresser. Ihre restriktive Politik ist sehr wahrscheinlich durch den Wunsch motiviert, einer weiteren Stigmatisierung durch Klischees vorzubeugen. (Immer noch glaubt eine große Mehrheit in diesem Land, daß alle Cross-Dresser schwul sind und alle Schwulen der Promiskuität frönen.) Aber natürlich bejahen viele Cross-Dresser sowohl den Sex als auch das Schwulsein. Überraschenderweise sind viele auch bisexuell, wodurch sie die beiden Teile dieses viel diskutierten Wortes wieder miteinander synchronisieren.

Auf meinen Reisen durch die Vereinigten Staaten und Europa habe ich nicht wenige Transvestiten getroffen, die sich selbst im heute gebräuchlichen Sinne des Wortes als bisexuell bezeichnen. Sie hatten Liebschaften mit Männern und Frauen oder wünschten sie sich. Bei einem handelte es sich um einen verheirateten Therapeuten, der selbst in Frauenkleider schlüpfte und eine große Organisation für den Bedarf von Cross-Dressern leitete. Eine andere war Francis Vavra.

Francis Vavra ist eine weibliche Transvestitin, deren Ehemann sich als Frau kleidet. Außerdem ist Francis bisexuell und der Überzeugung, daß eine Beziehung zwischen den Geschlechteridentität(en) und der Sexualität besteht. »Mein Innenleben kreiste immer um eine Doppelexistenz«, erzählt Francis. »Mein ganzes Leben lang habe ich mich körperlich immer zu Jungen/Mädchen, Männern/Frauen hingezogen gefühlt und empfunden, daß ich persönlich beide Geschlechter bin (sowohl zu gleichen als auch zu verschiedenen Zeiten).« Francis bekannte sich praktisch in einem Atemzug zu ihrer Bisexualität und ihrem Transvestismus und begann Stripteasebars, Frauen-Tanzclubs und andere Zusammenkünfte aufzusuchen, wo es zu körperlichen Begegnungen mit Frauen kam. In ihren inneren Monologen und ihren Gesprächen mit einem Therapeuten spekulierte sie mehr über ihre transvestitischen Neigungen als über ihre Sexualität. »Meine Sexualität ist ein ganz natürlicher Teil meines Seins.«

> Ich habe mich immer als ausgeglichen und ganz erlebt, auch wenn ich einem Geschlecht oder einer sexuellen Entscheidung den Vorrang gab, denn beide waren mir jederzeit bewußt. Stets waren es die anderen, die wollten, daß ich mich »entscheide«, wer ich bin, oder daß ich endlich eines von beiden bleibe (hetero/homo, weiblich/männlich). Ich wehre mich dagegen, da ich wirklich beides bin. Wenn ich mich von Kopf bis

Fuß als Francis kleide (mit Schnurrbart usw.), nehme ich, verglichen mit meinem Selbst als Frau, wo ich mich leichter zwischen meinen inneren Geschlechtsgefühlen und Bi-Attraktionen hin und her bewege, eine extremere »Verschiebung« wahr. In letzter Zeit habe ich mir »Bi-Filme« angeschaut und fühle mich dabei gleichermaßen zum Helden wie zur Heldin hingezogen. Daher kann ich mich auch mit beiden identifizieren.[82]

Diese letzte Bemerkung trifft die Frage des Begehrens ins Mark. Einige Therapeuten und Analytiker sind der Meinung, daß Attraktion und Identifikation einander entgegengesetzt sind. Daher sahen sich, wie Laura Mulvey meint, feministische Filmkritikerinnen in den siebziger Jahren zu der These genötigt, (Hetero-)Frauen müßten (implizit) in ihrer Phantasie zu Transvestiten oder »Geschlechtsüberschreitern« werden, denn nur so könnten sie für Filme empfänglich werden, die von Männern für ein überwiegend männliches Publikum gemacht wurden, für Filme, in denen Frauen die Position der Betrachteten, der Angestarrten zugewiesen wird, kurz: des Objekts.

Für Lesbierinnen, so konterten einige Kritiker, ergebe sich das Problem nicht, und falls doch, auf eine ganz andere Weise. Lesbierinnen konnten Hetero-Filme mit heterosexuellen Liebesgeschichten anschauen und eine unmittelbare Beziehung zwischen dem Kameraauge und ihrer eigenen Schaulust herstellen. Doch auch wenn die Sexobjekte zu interessanteren und aktiveren Subjekten wurden, wurde die Subjekt/Objekt-Struktur offenbar nur modifiziert und nicht gänzlich unterlaufen. Der Zuschauer mußte immer noch wählen. Francis' Selbstbeschreibung hingegen hebelt die ganze Frage der Identifikation aus, indem sie anerkennt, daß erotische Positionen (potentiell stets) gedoppelt sind: *vice versa*. Beides, Anziehung und Identifikation, sind für Francis offenstehende Positionen und sogar im Augenblick des Schauens nicht immer antithetisch.

Bereits bei der bisexuellen Werbung war zu beobachten, daß die bewußt anvisierten Zielgruppen niemals die einzigen sind, die auf die Provokation der Bilder reagierten. In den fünfziger Jahren konnten schwule (und bisexuelle) Männer Marlon Brando und James Dean in Rollen bewundern, die eigentlich dazu angetan waren, das weibliche Publikum ins Kino zu locken, so wie sie sich in den neunziger Jahren erotisch an der Werbung für Parfüms, Eau de Cologne und Unterwäsche delektieren können. Heterosexuelle (und bisexuelle) Frauen finden Vergnügen daran, die durchmodellierten Körper männlicher Schwuler anzuschauen.

Das Unbehagen in der Androgynie

Nachdem Geraldo Rivera Francis' Geschichte gehört und Photographien von Francis und ihrem Ehemann Roxanna – beide in der Kleidung des je anderen Geschlechts – betrachtet hatte, fragte er in einer Sendung über das Phänomen von »Frauen, die sich als Mann kleiden«: »Dr. Garber, möchte Francis wirklich ein Mann sein?« Francis war eine von fünf Transvestiten, die in der Sendung vorgestellt wurden. Weil ich ein Buch über Transvestismus und Cross-Dressing geschrieben hatte, war ich als »Expertin« geladen. Für Geraldo und seine Produzenten war eine »Expertin« jemand, der in den Köpfen und Motiven der geladenen Teilnehmer lesen konnte, denen man offenbar nicht zutraute, daß sie sich selbst kannten. Wie immer war »der Experte« derjenige, der wissen sollte, was ablief. So war ich Dr. Garber, eine durchaus korrekte, aber hier irreführende Anrede – denn ich bin Doktor der Anglistik, nicht der Medizin oder Psychologie, während die Diskussionsteilnehmer mit Vornamen angeredet wurden. »Wie sollte ich das wissen«, entgegnete ich. »Fragen sie doch lieber Francis.«

Vom Standpunkt des »Expertentums« war dies gewiß die falsche Antwort, doch immerhin gab sie Francis die Gelegenheit zu sagen, was »s/he« dachte: Nein, s/he wolle kein Mann sein. Sie sei ganz zufrieden mit dem, wer und was s/he war. »S/he« war das von Francis selbst favorisierte Pronomen. Geraldo und sein Publikum wollten offensichtlich, daß Francis zwischen Polaritäten, die sie für wirklich und einander ausschließend hielten, wählen sollte. Sie wünschten keineswegs, daß jemand sich hinstellte und diese Pole selbst in Zweifel zog. Oder vielmehr, sie erwarteten genau das von jemandem, damit ihnen das lustvolle Erlebnis zuteil wurde, es zugleich zu genießen und zu verwerfen. Als Publikum waren sie in der angenehmen Lage, den Skandal zu genießen, zu verabscheuen und, was wohl das Erotischste überhaupt war, sich über ihn erhaben zu dünken. (Interessanterweise äußerten sich einige ältere Damen aus dem Publikum voller Bewunderung über den Lebensstil der Podiumsgäste. Starke Einwände kamen, einmal abgesehen von den fundamentalistischen Hardlinern, die den Werten der Familie das Wort reden, nur von einigen jungen Frauen in kurzen Röcken und schulterfreien Blusen, die nicht begreifen konnten, warum ihre Pendants auf dem Podium nicht wie *sie* aussehen wollten.)

Androgynie an den Grenzen des Geschlechts

»Federn! Androgynie! Wiedereröffnung der Folies-Bergère«, lautete 1993 die Schlagzeile im Feuilleton der New York Times. Als das ehrwürdige Pariser Varieté im Dezember 1992 schloß, schienen die einst gewagten busenfreien Revuegirls mit Federbüschen für viele Leute aus dem Showbusineß nicht mehr skandalös, sondern nur noch abgedroschen. Doch bereits ein knappes Jahr später stürmten Pariser und Touristen erneut das Varieté. Was lockte sie? »Geschlechtliche Ambiguität, bizarre Körper, unglaubliche Stimmen, abrupte Übergänge vom Surrealen zum Beinahe-Slapstick und ein Tango, der zum Markenzeichen geworden war.« Die Ankündigung eines »androgynen jungen Berbers auf einem Schimmel mit einem verblüffenden, ja durchdringenden Sopran« gab den Ton an, der, wie zu hören war, vom magischen Realismus eines Gabriel García Márquez ebenso beeinflußt wurde wie von den phantastischen Transvestiten und Zwergen Federico Fellinis.[83]

Hier wird suggeriert, daß die Androgynie im Stile der neunziger Jahre nicht nur »Camp« war, sondern auch Sex und »geschlechtliche Ambiguität«. Die gefeiertsten Showstars unserer Tage werden als androgyn und sexy angepriesen. Ihr Auftreten als Grenzgänger ist Teil ihrer Anziehungskraft. Der Wunsch, »mit seiner weiblichen (oder männlichen) Persönlichkeit in Berührung zu kommen«, oder, wie ein Jungianischer Kulturanthropologe es ausdrückte, »die männliche und weibliche Seite des Menschen miteinander zu versöhnen«, sollte damit keineswegs verwechselt werden, denn wenn Androgynie ihren sexuellen Auftritt auf der Bühne bekommt, hat das mit Versöhnung wenig zu tun.[84] Von Boy George bis zu Prince markiert die bestürzende Natur der ungewissen Geschlechteridentität selbst eine erotische Grenze.

»Viele der neuen androgynen Frauen«, so verkündet ein Artikel in dem Schwulen- und Lesbenmagazin Out/Look über Pop-, Folk-, Rock- und Punksängerinnen wie Michelle Shocked, Tracy Chapman, Phranc, k.d. lang und die Indigo Girls, »verliehen ihren Liedern und ihrem Image eine sexuelle Ambiguität, die mitunter an Camp grenzte.« Aber handelte es sich dabei »um lesbische Musik«?[85] Eine gute Frage. Phranc, die sich mit einer Brikettfrisur präsentierte, sang in den neunziger Jahren: »Androgynie ist die Eintrittskarte oder scheint es zu sein. Trage keine Brikettfrisur und rede nicht von Sexualität, dann wirst du es weit bringen, Mädchen. Du wirst einen Plattenvertrag bekommen und ein Star werden.« Über Michelle

Das Unbehagen in der Androgynie

Shocked kursierte zur gleichen Zeit das Gerücht, »sie sei mit einem Mann zusammen«. Wie sich herausstellte, entsprach es der Wahrheit, entscheidender aber ist, daß diese Information als Klatschgeschichte überhaupt interessant war. Lesbierinnen und streitbare Bisexuelle erinnerten sich noch sehr gut an Holly Near, die »ihre Bisexualität verbarg, um ein weibliches Musikpublikum anzuziehen«. »Wir haben dafür gesorgt, daß die Androgynie einen sicheren Platz in den Hitlisten bekommt«, sagte die Sängerin und Liedermacherin Deirdre McCalla.

Hat ein Künstler mit Androgynie im Showgeschäft mehr Erfolg, wenn er sich zur Heterosexualität oder zur Bisexualität bekennt – oder sollte man ihm raten, seine sexuellen Vorlieben geschickt zu verbergen und jede Stellungnahme zu verweigern? Mit anderen Worten: Blüht die Phantasie kräftiger, wenn Tatsachen fehlen – unabhängig davon, ob sie bloß als Gerücht auftauchen oder durch Beweise untermauert werden? Das Erscheinen mag androgyn sein, doch das allein deutet nicht darauf hin, daß der Künstler androgyn ist – oder bisexuell. (Leider werden auch in diesen Zusamenhängen die beiden Ausdrücke nur allzuoft vermischt und zusammengeworfen.)

Ist von Androgynie die Rede, kommen ganz verschiedene Ideen und Assoziationen ins Spiel: eine Unbestimmtheit der Geschlechteridentität, die an sich sexy ist und an einer erregenden Grenzlinie verläuft; eine unbedrohliche, vielleicht sogar asexuelle Unbestimmtheit der Geschlechtsidentität, die an einer bloß verblüffenden Grenzlinie verläuft; und eine spirituelle Transzendenz, welche die Grenzlinie ganz und gar auslöscht.

Eine Verehrerin von k.d. lang berichtet: »Ich warf nur einen Blick auf k.d. lang und sagte zu mir: ›Ist das ein Junge oder ein Mädchen?‹ Etwas an ihrer Haltung gefiel mir.«[86] Eine andere bisexuelle Frau erzählte ihren Traum von k.d. lang: »Früher habe ich mich von einem androgynen Aussehen nie besonders angezogen gefühlt, aber nun fliege ich auf Leute, deren Geschlecht auf den ersten Blick nicht zu erkennen ist, ganz egal, welches Geschlecht sie haben.«[87]

Ohne die Grenzlinie, ohne die »Borderline«, mag es zwar Sex geben, aber sexy ist es nicht.

Pat Riley, klein, stämmig, bebrillt, mit Khakihosen und einem bis zum Hals zugeknöpften Cowboyhemd, entspricht nicht der üblichen Vorstellung eines Sexsymbols. Pats Clou ist die Unbestimmtheit seines/ihres Geschlechts: Ist Pat ein Mann oder eine Frau? Tatsächlich sieht Pat nicht sehr

Androgynie an den Grenzen des Geschlechts

männlich aus, allerdings auch nicht sehr weiblich. »Pat's Theme« endet mit dem triumphierenden Refrain: »Es ist Zeit für die Androgynie – hier ist Pat.«

Pats Lebensgeschichte im Taschenbuch beschert uns ein gelungenes Experiment in unterdrückten Pronomen. So erfahren wir, daß seine/ihre stolzen Eltern, Fran und Jean, sich bereits in Pats früher Kindheit scheiden ließen. »Aber Dad zog ins Nachbarhaus.« (Wer ist Dad?) Beide Eltern heirateten nicht mehr, »allerdings brannte Jean kurze Zeit mit irgendeinem Idioten durch«.[88] Ist »*some idiot*« ein Mann oder eine Frau, ist er/sie hetero oder schwul? Ist Jean es? Wer weiß das schon? Und wen kümmert es?

Unmittelbar nach Ehe und Scheidung der Eltern lesen wir, für welches naturwissenschaftliches Projekt sich Pat in der Schule entschied. Das Thema hieß, wie könnte es auch anders sein, »Ungeschlechtliche Fortpflanzung«. Der Abschlußbericht wurde vom Lehrer schlecht benotet, da er meinte, er habe zuwenig mit Pats eigenen Gedanken und Lebenserfahrungen zu tun. Dann ein Sprung zur Tanzstunde und zu Photos, auf denen wir Pat zuerst mit einem Jungen, dann mit einem Mädchen tanzen sehen (beide sind größer als er/sie). Ausschnitte aus der Schulzeitung und Pats eigene Schilderung betonen, daß die Schüler angehalten wurden, nicht »automatisch einen Partner des anderen Geschlechts zu wählen«.

Pat verliebt sich in »Chris«. Und als Chris ihm/ihr unvermeidlich den Laufpaß wegen einer anderen Person gibt, trägt diese ebenfalls einen androgynen Namem: »Terry«. (Pat geht zu guter Letzt eine Beziehung zu »Adrian« ein.) Muß eigens gesagt werden, daß Pats Lieblingsentertainer Michael Jackson ist und die erste Bühnenrolle Peter Pan war?

Ist Pat bisexuell? Wie soll man das wissen (und wen kümmert's)? Pats Puppen-Alter-ego, Little Pat, betont: »Ich verabrede mich nur mit Marionetten des anderen Geschlechts.« Hier gleitet die Komödie, wenn auch behutsam, von der Androgynie zur Homo- und Bisexualität hinüber.

Ein Vergleich zwischen Pat und Dil, der von Jaye Davidson gespielten Rolle in Neil Jordans *The Crying Game*, läuft auf einen Vergleich zwischen ... ja, was hinaus? Äpfel und Apfelsinen? Kalk und Käse? Dil ist sexy, erotisch, weiblich, verführerisch; Pat hat ganz bewußt nichts von alledem. (Allerdings läßt die Vielfarbigkeit und Perversität des sexuellen Geschmacks vermuten, daß es irgendwo einen Sexy-Pat-Fanclub geben muß.) Dil sieht wie eine umwerfende Frau aus oder, wenn man scharfe Augen und genug Erfahrung hat, wie ein umwerfender Transvestit. Später, wenn Fergus ihr das

Haar abschneidet und sie in das Sweatshirt und die Flanellhosen ihres toten Freundes steckt, wirkt Dil noch mädchenhafter. Man nimmt ihr den Mann nicht wirklich ab. Doch Fergus hat seine sexuelle Unschuld in diesen Dingen noch nicht verloren. Man stelle sich daher seine Bestürzung vor, als sie sich auszieht, und er ihren Körper sieht: ihren Penis.

Unzählige Männer meines Bekanntenkreises – zugegeben: Sie waren heterosexuell und zufällig auch weiß und mittleren Alters – äußerten mir gegenüber die Vermutung, der Regisseur habe in dieser Szene ein Double eingesetzt. Der nackte Körper, der Körper mit dem Penis, sei nicht mit dem Körper der Person identisch, die in den früheren Szenen vor der Kamera stand. Mit anderen Worten, sie wurden zu Opfern dessen, was Freud »Verleugnung« nennt. Sie und Fergus hatten das gleiche Problem: Sie hatten etwas begehrt, von dem sie, nachdem sie »erkannt« hatten, was es war, »wußten«, daß sie es nicht begehrten. Oder doch? Die Spaltung zwischen Körper und Geist, bzw. Begehren und Wissen, war für diese Männer so extrem, daß sie schon lieber glauben wollten, der Trick sei rein technisch bewerkstelligt worden und habe nichts mit ihrer Psyche oder ihrer Libido zu tun.

An diesem dramatischen Höhepunkt, als Dil alle Hüllen fallen läßt und Fergus, angewidert von seinem eigenen Begehren, sich abwendet, ist Dil, wenn auch nur für einen Augenblick, sichtbar androgyn, ist er zugleich Mann und Frau. Und Fergus? Ist er, weil er sich zu Dil ebenso wie zu (anderen) Frauen hingezogen fühlt, bisexuell? Und wie steht es mit Dils früherem Freund, einem Soldaten, der von der IRA-Aktivistin Jude verführt und dann ans Messer geliefert wird? Ist er bisexuell?

Und was ist mit meinen Freunden, ihrer Verleugnung und ihrem Begehren? Man wird sie nicht als »bisexuell« bezeichnen können, zumindest nicht auf der Basis dieser einen Reaktion. Daß sie sich zu Dil hingezogen fühlten, war keine Fehlhandlung. (In der erotischen Anziehung gibt es so wenig ein »falsch«, wie es im Unbewußten ein »nein« gibt.) Man könnte vielleicht sagen, sie reagierten im performativen Sinn »bisexuell« auf die Hinweise und Fehlhinweise der Geschlechteridentität, auf die durch Kunst und Künstlichkeit erschaffene »Frau«, kurz: auf die Darstellung der Weiblichkeit, die noch empathischer und erotischer wirkte, weil sie eine Grenze berührte. Dieser Fehler, der keiner ist, gibt uns Aufschluß über die Bisexualität oder die Erotik der bisexuellen Anziehung: Normalerweise löschen wir viele erotische Augenblicke in unserem Leben aus oder rationalisieren sie weg, weil sie unserem zur Schau getragenen Selbstverständnis nicht entsprechen.

Das mag Verdrängung, Sublimierung oder (was der katastrophalste Abwehrmechanismus ist) Homophobie sein, in jedem Fall ist es die Weigerung, den Stellenwert des Begehrens anzuerkennen.

Diese Art der Weigerung scheint mir in Sally Potters Film *Orlando* (1992) ihr Unwesen zu treiben, einem Film, den die Presse vorwiegend bejubelte und über dessen »androgynen Helden« viel debattiert wurde. Androgynie war das von Potter bevorzugte Wort, obgleich Virginia Woolfs Roman und die ihm zugrundeliegenden Lebensgeschichten sehr viel mehr mit Bisexualität zu tun haben: Vita Sackville-West war der Prototyp einer zufriedenen bisexuellen Frau. Potters Film hingegen, der, wie sie wiederholt betont, nur lockere Verbindungen zum Roman hat, beschäftigt sich vorrangig mit Geschlechteridentität und weniger mit Sexualität. Als hübscher junger Mann hat Orlando, gespielt von einer eher blassen Tilda Swinton, keine sexuellen Beziehungen. Als hübsche junge Frau hat Orlando, nun von einer etwas lebhafteren Tilda Swinton verkörpert, zwar dergleichen, allerdings nur mit einem ungestümen Amerikaner (Popstar Billy Zane), der sich in einer banal byronesken Attitüde gefällt. Keine homosexuellen, keine bisexuellen Affären. Wie Caryn James in der *New York Times* schreibt, »hatte die zarte Ms. Swinton keinerlei Ähnlichkeit mit Vita Sackville-West, die Virginia Woolf einmal liebevoll als ›schnurrbärtig‹ bezeichnet hatte«[89]. Mit anderen Worten: Statt mehrdeutige, ambivalente und regelverletzende Sexualität vorgesetzt zu bekommen, werden wir mit sanfter und harmloser Androgynie abgespeist.

In den Szenen am Hof Königin Elizabeths beschreibt Orlando sich aus dem Off als von »jener weiblichen Erscheinung, die jeder Jüngling in dieser Epoche anstrebte«. Die Schlußepisode, die Orlando über die reale Zeit des Woolfschen Romans hinausführt – dieser endet 1928, während Potters Film bis in die neunziger Jahre reicht –, wird erneut durch Orlandos Stimme konterkariert, wobei diesmal die »leicht androgyne« Erscheinung erwähnt wird, nach der die heutigen »Frauen streben«. »Ob als Mann oder Frau, Orlando ist sexuell stets auf der Höhe der Zeit«, lautete der knappe Kommentar eines Kritikers.[90] Aber geht es um Sex oder nur um die Geschlechteridentität?

In einem Punkt sind sich indes alle Besprechungen einig: Der Höhepunkt des Films wird schon recht früh erreicht, nämlich mit dem Auftritt der großartigen, feurigen homosexuellen »Queen«[91] Quentin Crisp als Königin Elizabeth I. neben Orlando als Jüngling. In Anspielung auf den Befehl, den

Elizabeth Orlando zu Beginn des Films erteilt, endet die Besprechung in der *New York Times* mit der Lobeshymne: »Ms. Potters außergewöhnlicher Film verspricht weder zu verblassen noch zu altern.« Wie es der Zufall will, brachte es erst eine Anzeige, die unmittelbar auf die Filmkritik folgte, auf den Punkt: »CAMP, EIN PLATZ ZUM TRÄUMEN: SPENDEN SIE FÜR DEN FRESH-AIR-FUND!«[92] Vermutlich hätte dem ganzen Film eine Brise »Camp« gutgetan.

Jane Marcus wettert gegen das Fehlen einer schwulen Sehweise: »Ahnt Sally Potter überhaupt, welche Bedeutung Orlando für den Leser hat, was Orlandos ungreifbare Sexualität seit Jahrzehnten bedeutet? Wie kann sie es wagen, Orlando bloß als weiße, heterosexuelle Engländerin darzustellen?«[93]

Und was sah die Regisseurin in ihrem Film? Bei einer Diskussion im Anschluß an die Vorführung des Films an der Universität von Sussex erklärte Potter, sie habe beabsichtigt, Orlando »etwas Wesentliches« über sich selbst herausfinden zu lassen, »etwas Transzendentes«, da Virginia Woolf mit Orlando fraglos eine »unschuldige, zutiefst menschliche Persönlichkeit« habe schaffen wollen.[94] Etwas Wesentliches, etwas Transzendentes. Der Androgyne als Humanum. In Potters *Orlando* kann es keine Bisexualität geben, weil es keine Sexualität gibt.

Die wirklich interessante Frage zu Androgynie ist: Wie kann sie beides bedeuten, Geschlechtslosigkeit und Sinnlichkeit? Was macht das Verwirrspiel mit den Geschlechtermerkmalen, die geschlechtliche Fehldeutung oder die unenträtselbare Geschlechtsidentität so sexy? Wie ist es möglich, daß Leute, die auf übertrieben »männliche« oder »weibliche« Gestalten anspringen, zugleich von Menschen mit ungewisser oder grenzüberschreitend doppeldeutiger Geschlechtsidentität und unklarer Sexualität angezogen werden? Verehrer von k.d. lang können ebensogut für Julia Roberts oder Kelly McGillis schwärmen; wer von Boy George oder David Bowie hingerissen ist, mag auch bei den Auftritten Clint Eastwoods oder Sylvester Stallones ein erotisches Vergnügen empfinden. Zu den verbreitetsten Erkenntnissen über die Lust an Fummel, Cross-Dressing und transvestitischer Show gehört, daß eine auf die Spitze getriebene Männlichkeit in das Reich der Weiblichkeit hinübergleiten kann – Stallone mit seinen Rehaugen und seinem glatten gepflegten Körper ist in der Tat ein gutes Beispiel dafür –, und das Umgekehrte (*vice versa*) mag auch für übertriebene Weiblichkeit gelten – man denke nur an Mae West.

Androgynie an den Grenzen des Geschlechts

Falls es zwischen Bisexualität und Androgynie irgendeine Verwandtschaft gibt, dann kann sie jedenfalls nicht auf Ähnlichkeit oder Analogie beruhen, sondern bedarf vielmehr eines ganz anderen Mechanismus. Daher folgt auch nicht automatisch, daß sexuell »durchschnittliche« Menschen sich zu Leuten hingezogen fühlen, welche die Geschlechtergrenzen überschreiten oder ein Verwirrspiel mit den Geschlechteridentitäten treiben.

Wahrscheinlich klärt sich die Frage, wie sich Androgynie und Sinnlichkeit zueinander verhalten, wenn wir Androgynie als Metapher analysieren, die zweifach bestimmt ist: durch das sinnbildlich verwandte Wort (den Bildspender) und die Idee, die es vermitteln soll (den Bildempfänger). Androgynie ist sexy, wenn sie der Bildspender ist, die von uns wahrgenommene körperliche Form oder Darbietung, während sie als Bildempfänger, d. h. als Idee oder Idealisierung, alles andere als sexy ist. Ist die Darbietung androgyn, ist sie häufig erotisch, und ihre Erotik ist oftmals bisexuell, d. h. für Männer und Frauen gleichermaßen reizvoll.

»Mick Jagger war der erste Popstar, der *beide* Geschlechter anzog: heterosexuelle Männer ebenso wie Frauen und Schwule«, meinte einer seiner Freunde aus alten Tagen mit einer sehr interessanten Verwendung des Wortes »beide«. »Er konnte wie keiner vor und nach ihm beide Geschlechter in Raserei versetzen.«[95] »Bisexualität und Androgynie«, sagte ein anderer Bekannter Jaggers aus den siebziger Jahren, wurden »nicht nur gebilligt«, sie waren sogar »erwünscht«.[96]

Die 1960er und 1970er Jahre führten uns wie Oscar Wildes und Aubrey Beardsleys 1890er Jahre vor, daß Androgynie – zumindest die »böse« der Bad Guys und Bad Girls – sexy sein konnte. So gesehen bedeutet Androgynie grenzüberschreitende Geschlechtlichkeit (Jungen und Männer mit langen Haaren und Schminke, Frauen mit sehr kurzem Haar oder geschorenen Köpfen, ein Cross-over der Kleidung, von Jeans bis zu Kleidern für Männer). Androgynie weist auf *bi-lib* hin, auf die Verwechslung oder Fehldeutung der Geschlechter. Was sie so aufregend machte, war nicht zuletzt, daß sie die Gewißheiten unserer Eltern über Geschlechter und Geschlechterrollen zunichte machte, einmal ganz davon abgesehen, daß jeder Akt des Lesens – jede Interpretation von Zeichen – aufregend ist. Mit anderen Worten, das Aufregende lag in der Ungewißheit, im möglichen Risiko.

Ist Androgynie nicht der Bildspender der Metapher, sondern der Bildempfänger, bezeichnet sie demnach so etwas wie Ganzheit oder Integration der Persönlichkeit, ist sie entschieden *un*sinnlich. In diesem Fall bedeutet sie Stillstand und Einheit oder sollte es bedeuten, ja manchmal sollte sie *nichts als das* bedeuten. Keinesfalls aber sollte sie Bewegung oder Begehren anzeigen. Mit anderen Worten, sie bezeichnete nicht Mangel, sondern im Gegenteil Erfüllung.

Um die Jahrhundertwende bezeichnete das Wort »androgyn« eine bestimmte Art männlicher Homosexueller, die sich auch als »Frauendarsteller« bezeichnen mochten, obgleich sie nichts mit der Bühne zu schaffen hatten. Später wandelte sich die Bedeutung, und das Wort wurde nun für jene Art undifferenzierter Geschlechtlichkeit benutzt, die man in den sechziger Jahren »Unisex« nannte. Ein kurzer Blick auf die Wortgeschichte von »Unisex«, das heute hauptsächlich zur Beschreibung von Haarschnitten, Sweatshirts, Blousons und anderen geschlechtsindifferenten Kleidungsstücken verwendet wird, klärt uns darüber auf, daß der »Sex« mit den Jahren dahingeschwunden ist.

Was an dem Ausdruck Androgynie an und für sich und als Synonym für Bisexualität faul ist, ist der Versuch, den Sex aus dem Geschlecht zu tilgen. Mircea Eliade schreibt: »Der Androgyne gilt den beiden anderen Geschlechtern als überlegen, da er Ganzheit und folglich Vollkommenheit verkörpert.«[97] Der Androgyne wird als ein vollkommenes, vollständiges, heiter in sich selbst ruhendes Wesen idealisiert, ähnlich der verschleierten hermaphroditischen Venus Edmund Spensers:

> Gewiß, er war nicht Hülle für des Weibes Scham
> Nicht war das Werk sich eines Makels gram.
> Doch flüstert man, sie zeige zwei in eins,
> Da Mann und Weib in einem Leibe Wohnung nahm.
> Gatt' und Mutter ist sie neuen Seins,
> Will sie empfahn: ein andres braucht sie kein's.[98]

»Ein andres braucht sie kein's«. Das ist der springende Punkt. Der Androgyne, Jungs ganzheitliche Persönlichkeit, hat an sich selbst genug, er ist ein heiter-gelassenes, in sich ruhendes Geschöpf. Er oder sie braucht keinen anderen.

Daß dieses Ideal ebenso unerfüllbar wie gefährlich sein kann, demonstrierte der Fall Michael Jackson, Amerikas androgyner Liebling, ein Star, der für seine offenbare Geschlechtslosigkeit ebenso berühmt ist wie für seinen spektakulären (und sexy) Stil – »der mythisch-androgyne Jackson« wie *Vanity Fair* schrieb.[99] Doch nahezu jeder Mensch, sei er auch »ein einsiedlerisches Kind-Mann ohne bekannte Liebesaffären«, der »es vorzieht, in Gesellschaft von Kindern ein Leben in der Phantasie zu führen«[100], wird sehr wahrscheinlich die künstliche Schranke zwischen »guter« und »schlechter« Androgynie überschreiten.

Eine Erinnerung an das, was Jung in *Zur Psychologie des Kinderarchetypus* den »Hermaproditismus« des Kindes, den »die Ganzheit des Menschen« ausdrückenden Archetypus des Kindes nannte, drängt sich hier auf: »Das ewige Kind im Menschen ist eine unbeschreibliche Erfahrung, eine Unangepaßtheit, ein Nachteil, eine göttliche Prärogative.«[101] Wenn, wie Sam Keen betont, die für die Männerbewegung so wichtige »wilde Persönlichkeit« des Mannes »viele Namen und viele Gesichter hat«, darunter »Homo ludens, der Playboy, der Puer aeternis, Peter Pan«[102], dann scheint Jackson die geradezu unheimliche Verkörperung der Phantasiefigur »Kind im Mann« zu sein.

Im Falle Jackson führte der ursprüngliche Irrtum, Jackson selbst könne einem Jungschen Archetypus gleichen und zeitlos, unwandelbar, ewig und transzendent sein, unvermeidbar zum »Alptraum in Neverland«, wie *Vanity Fair* titelte, eine Zeitschrift, die ihren Namen ganz zu Recht trägt.

Jackson lebt auf der Neverland Ranch. In meinem Buch *Verhüllte Interessen* schrieb ich, seine ewige Jugend, sein jede Geschlechteridentität überschreitender Stil und seine große Beliebtheit bei Kindern mache ihn zum Peter Pan unserer Zeit; zum nahezu ersten männlichen Peter, da James Barrie die Rolle ursprünglich für eine junge Schauspielerin geschrieben hatte.[103] Der Skandal um Jacksons angebliche Beziehung zu einem Knaben hatte gerade seinen Höhepunkt erreicht, da wurde ein Filmproduzent aus Hollywood mit dem Ausspruch zitiert, Jackson habe niemals das Zeug zu einem Filmstar gehabt. »Er bringt einfach nicht die charakteristische Persönlichkeit mit, die ein Film braucht«, erklärte der Produzent. »Ich glaube allerdings, daß er einen sehr guten Peter Pan abgeben würde. In jeder anderen Rolle wäre er jedoch eine Fehlbesetzung.«[104]

Tatsächlich hatte Jackson sich aus Peter Pan in James Barrie verwandelt, vom ewigen Kind zum Mann, der sich mit Kindern umgibt. Die Folgen waren niederschmetternd, nicht nur für Jackson und seine Umgebung, sondern auch für seine Fans. »Nachdem ich Jackson ein viertel Jahrhundert lang abwechselnd bewundert und bemitleidet habe«, schrieb der Kolumnist Derrick Z. Jackson (kein Verwandter), »befinde ich mich nun in einer Zwickmühle, die nicht weniger seltsam ist als seine Androgynie und das Auslöschen seiner Rassenmerkmale ... Wenn er Kinder mißbraucht hat, verdient er eine schwere Gefängnisstrafe und muß unbedingt eine Therapie machen. Doch das Kind in mir betet, daß er es nicht getan hat.«[105]

Jacksons unerwartete Heirat mit Lisa Marie Presley, der Tochter des »Kings«, lenkte die Aufmerksamkeit der Medien von seinem angeblichen Interesse für Knaben ab. Dennoch wurde seine neu bestätigte und institutionell beglaubigte Heterosexualität von der Presse überwiegend als reines Vertuschungsmanöver betrachtet. Soviel ich weiß, hat niemand Jackson als Bisexuellen reklamiert. In den Augen der Öffentlichkeit hatte er nicht die Grenze zwischen einer imaginierten Homosexualität und einer mutmaßlichen Heterosexualität überschritten, sondern die Grenze zwischen Androgynie und Sexualität. Trotz oder vielleicht auch wegen des manifest erotischen Anstrichs seiner brillanten Bühnenauftritte wollte das Publikum Jackson unbeschmutzt von jeder Sexualität sehen. Die Ehe vermochte zwar die Gemüter zu beschwichtigen – sie war ein ausgezeichneter Werbecoup und eine dynastische Sensation –, aber durch sie gelang es nicht, Jacksons idealisierte Androgynie wiederherzustellen. Das hätte natürlich auch keine tatsächliche sexuelle Beziehung oder eine Menge von sexuellen Beziehungen leisten können.

8. Ellis im Wunderland

> Welches Muster unser ganzes Leben beherrscht, wird im
> allgegenwärtigen Sexualverhalten sichtbar, das in die Körper
> unserer Männer und Frauen eingewoben ist.
> *Havelock Ellis* [1]

> Jeder Künstler schreibt seine eigene Autobiographie.
> *Havelock Ellis* [2]

Bisexualität hat zwei grundlegende Bedeutungen, die sich zumindest auf der Oberfläche reiben. Die erste bezieht sich auf das Subjekt, die zweite auf das Objekt oder vielmehr die Objekte des Begehrens.

Unsere heutige Verwendung des Wortes als Bezeichnung für eine Person, »die sich sexuell zu Angehörigen beider Geschlechter hingezogen fühlt«, stützt sich auf die zweite Bedeutung. Die frühere Bedeutung, auf die die heutige nicht sehr glücklich aufgepfropft wurde, meinte »aus zwei Geschlechtern« oder »ein Individuum, das beide Geschlechter in sich vereinigt« – eine Bedeutung, die den Ideen des 19. Jahrhunderts über Biologie, Botanik, Evolution und tierisches Verhalten entsprang[3], aber auch dem Mythos, der Fabel und der Religion.

So konnte der Dichter Samuel Taylor Coleridge im frühen 19. Jahrhundert von der »uralten Tradition des *homo androgynus* – d. h. des zweigeschlechtigen Urmenschen« (*bi-sexual*) schreiben.[4] »Zweigeschlechtig« ist der im 19. Jahrhundert bevorzugte Ausdruck. Das 17. Jahrhundert sprach in diesem Zusammenhang von *bisexed* oder gar *bisexous*, wiederum sowohl in biologischer[5] als auch religiöser Hinsicht:

> *Our bisexed Parents, free from sin,*
> *In Eden did their double birth begin.* [6]

Man beachte, daß in diesem Zweizeiler *bisexed* und *free from sin* einander gleichgesetzt sind. Hier, wie auch in Coleridges »zweigeschlechtig« gedachten Urmenschen, schwingt tatsächlich so etwas wie eine gnostische Erinnerung an die ursprünglich zwiefältige Seinsweise mit, ähnlich Aristophanes' zitierter Fabel von den durchtrennten Geschöpfen in Platons *Gastmahl*.

»Bisexuell« in diesem Sinne bedeutet ungeteilt, vollkommen, vor dem Sündenfall. Nach dieser engeren Verwendungsweise des Wortes hieß bisexuell zu sein, über die menschliche Sexualität hinauszuwachsen oder sie zu transzendieren. Bisexualität war der Ursprung, aber, in idealisierter Gestalt, auch das Ziel.

Natürlich beinhaltet die Teleologie der Naturwissenschaft eine ganz andere Fortschrittsidee: Im Laufe der Zeit *entwickelten* sich die Geschlechter. Eine Rose oder eine Schnecke mochte zweigeschlechtig sein, doch der Mensch als Teil einer höher entwickelten Ordnung war männlich oder weiblich und nicht beides. Jedenfalls könnte man das meinen.

Tatsächlich aber glaubte die Naturwissenschaft im 19. Jahrhundert, der Mensch sei von seiner Konstitution her bisexuell, weise eine latente Bisexualität oder eine ursprüngliche bisexuelle Veranlagung auf. Als Beweis wurden die rudimentären Symmetrien männlicher und weiblicher Körper angeführt: die männliche Brust, die Homologie von Penis und Klitoris, Labia und Skrotum. Darwin und seine Anhänger erklärten, die Vorfahren der Wirbeltiere seien hermaphroditisch gewesen und auch die Wirbeltiere seien im embryonalen Stadium Hermaphroditen und manchmal sogar hinsichtlich ihrer körperlichen Manifestationen »bisexuell«.[7]

Bisexualität, verstanden als ein biologisches »Zwei-in-einem«, wurde allgemein als Tatsache anerkannt. Zur selben Zeit ließen sich spekulative Denker, angefangen mit dem Sexualwissenschaftler Karl Heinrich Ulrichs bis zum Philosophen Arthur Schopenhauer, über die »Zweigeschlechtigkeit des Menschen« aus.[8]

Von diesen Beobachtungen bis zu einer psycho-sexuellen Theorie über das Wesen des Begehrens war es nur ein kleiner Schritt. Ulrich, selbst ein Homosexueller – oder, wie er lieber sagte, ein »Urning«, »Uranier« oder »Invertierter« –, ging in Anlehnung an Aristophanes' Fabel von einer angeborenen Bisexualität als Erklärung für die sexuelle Inversion aus. Diese These wurde von Autoren wie Edward Carpenter und am prominentesten von Havelock Ellis weitergesponnen. Eine nähere Beschäftigung mit den Theorien dieser frühen Sexualforscher und unmittelbaren Vorläufer Freuds läßt es erst recht rätselhaft erscheinen, wieso Fließ Freud so lange davon hat überzeugen können, daß er ein Patent auf den Gedanken der Bisexualität besitze. Denn Bisexualität lag mit all ihren verschiedenen Bedeutungen buchstäblich »in der Luft«.

Carpenters Sexualtheorie, vorgestellt in der 1895 erschienenen Abhandlung *Love's Coming of Age* (deutsch: *Wenn die Menschen reif zur Liebe werden*) und der 1908 erstmals veröffentlichten Essaysammlung *The Intermediate Sex*, zog die Möglichkeit einer nahezu metaphysischen Einheit in Betracht: »Nicht immer hält die Natur die beiden Elementreihen, welche die beiden Geschlechter darstellen, säuberlich getrennt.«[9] In seinem späteren Werk *The Psychology of the Poet Shelley* beschäftigte sich Carpenter mit der Bisexualität des Dichters Percy Bysshe Shelley. Wie Jeffrey Weeks feststellte, sah Carpenter »vielfache Anzeichen für die Evolution eines neuen *mittleren* Menschentyps, der weder ausgeprägt männlich noch ausgeprägt weiblich« sein wird, so daß die Bisexualität möglicherweise zur sozialen und kulturellen Norm werden könnte.[10] *Wenn die Menschen reif zur Liebe werden* propagierte die in späteren Jahren recht einflußreiche Theorie einer »wirklichen« Ehe mit einem kameradschaftlichen Hintergrund, in der das »Ideal einer ganz exklusiven Verbindung« zweitrangig war und statt dessen »ein freieres, weiteres und gesünderes Verhältnis« gesucht wurde, das über den anfänglichen sexuellen Zauber jugendlicher Verliebtheit hinauswächst.[11]

Ebenso einflußreich und ebenso überzeugend waren die Argumente von Havelock Ellis. Seit seinen Anfängen 1896 bis zu seinem späteren bahnbrechenden Werk *Psychology of Sex* verteidigte Ellis die These, die »Inversion« sei eine »psychische und somatische Entwicklung auf der Grundlage einer latenten Bisexualität«[12]. Wohlgemerkt: psychisch *und* somatisch. Die Inversion oder Homosexualität war nicht weniger eine Sache der Psyche wie des Körpers. Sie war konstitutionell[13] und mit einem früheren entwicklungsgeschichtlichen Stadium des Organismus verbunden – mit einem Stadium, das Ellis und andere »Bisexualität« nannten.

Der Invertierte war teilweise Mann, teilweise Frau oder vielmehr teils maskulin, teils feminin. Die feminine Seite des männlichen Invertierten begehrte Männer; die maskuline Seite der weiblichen Invertierten begehrte Frauen. Dergestalt ließ sich die menschliche Sexualität immer noch dem heterosexuellen Modell nachbilden. Homosexualität war die Folge der Bisexualität. Tatsächlich wurden die beiden Begriffe nahezu äquivalent verwandt.

Ellis im Wunderland

Ellis' unmittelbarer Vorläufer Richard von Krafft-Ebing hat ebenfalls die These verfochten, daß die Bisexualität, begreife man sie im medizinhistorischen Licht, das Angeborensein der Homosexualität bewies: »Es ist wahrscheinlich, auf Grund genauer Untersuchung der sogen. erworbenen Fälle, daß die auch hier vorhandene und als unerläßliche Bedingung zu betrachtende Veranlagung in einer latenten Homo- oder mindestens Bisexualität besteht.«[14] Damals wie in gewisser Weise auch heute noch entsprang der Hinweis auf das Angeborensein einer liberalen Einstellung. Inversion war keine Sache der freien Wahl (und damit potentiell verbrecherisch oder lasterhaft), sondern eine »Veranlagung« – ein Begriff, der gleich seinem heutigen Pendant »Orientierung« nicht nur die Wissenschaft, sondern auch die Natur auf den Plan ruft.

Ellis hatte sogar die Erblichkeit als Faktor in Anschlag gebracht, womit er genetische Theorien vorwegnahm, die erst ein Jahrhundert später vertreten wurden. »Dieser erbliche Anteil der Inversion ist von höchster Bedeutung. Für mich besteht kein Zweifel am Vorliegen dieser Tendenz.«[15] Fast 39 Prozent seiner Fälle hatten »invertierte Verwandte«; zu ähnlichen Zahlen waren laut Ellis auch andere Wissenschaftler gekommen, beispielsweise Lucien S. von Römer und Magnus Hirschfeld. (Wir werden weiter unten sehen, daß auch im späten 20. Jahrhundert ähnliche genetische Untersuchungen angestellt worden sind. Michael Bailey und Richard Pillard wie auch Dean Hamer sind den Familiengeschichten homosexueller Zwillinge oder Brüder nachgegangen, um zu beweisen, daß die Neigung zur Homosexualität erblich sein könnte.)

Der Bisexuelle, so wie er oder sie uns heute erscheint, d. h. als eine Person, die sich gleichermaßen zu Männern wie zu Frauen hingezogen fühlt, wurde in der frühen sexualwissenschaftlichen Literatur ganz im Einklang mit eben dieser Logik des Körpers, als »psychosexueller Hermaphrodit« bezeichnet.[16] Seele und Begehren ließen sich willig vom Körper führen.

Das Bild »zwei Geschlechter in einem Körper« erklärte die gleichgeschlechtliche Anziehung dadurch, daß sie sie wegerklärte. Schließlich sollten wir uns nicht zum gleichen Geschlecht hingezogen fühlen, was uns erregen soll, ist vielmehr das andere Geschlecht, das von der maskulinen (oder femininen) Seite in unserem scheinbar weiblichen (oder männlichen) Ich identifiziert wird. Zu eben dem Zeitpunkt, wo die Wissenschaft einen

Platz für den Invertierten und seinen offenbaren Ursprung entdeckte, rettete sie auch die Heterosexualität.

Wieder einmal fällt auf, wie schnell Erörterungen über die Bisexualität zu Diskussionen über Homosexualität übergehen. Tatsächlich ist dies eine allgemeine Tendenz in der sexualwissenschaftlichen Literatur. Zwar wird beharrlich von Bisexualität gesprochen, doch nur sofern sie als eine Veranlagung oder eine Prädisposition gilt. In der Praxis hingegen macht sich eine deutliche Auflösungstendenz bemerkbar, und wo sie nicht ganz verschwindet, wird sie unter anderen Begriffen verborgen. Obgleich Ellis die moderne Verwendung von »bisexuell« im Sinne von »Personen, die sich zu beiden Geschlechtern hingezogen fühlen« erwähnt und sie für »zweckdienlicher« als das sperrige Wort »psychosexueller Hermaphrodit«[17] hält, geht es ihm eher darum, zwischen Homosexualität und Inversion zu unterscheiden, als eine Definition für Bisexualität zu finden, die das Verlangen nach Männern und Frauen einschloß. Verständlich wird dies teils durch sein Bemühen, Homosexualität so zu definieren, daß darunter auch Personen fielen, deren Neigung zum eigenen Geschlecht nur »schwach und bloß zeitweilig« entwickelt war, also Personen, die wir heute im weitesten Sinne als bisexuell bezeichnen würden.

Die allmähliche Verschmelzung der beiden Bedeutungen von Bisexualität fand ihren Abschluß in den ersten Jahrzehnten des 20. Jahrhunderts, wie Ellis in späteren Auflagen seiner *Psychology of Sex* selbst feststellte. »Unter Bisexualität läßt sich nicht nur die zweifache Gerichtetheit des Sexualtriebs verstehen, sondern auch das Vorliegen beider Geschlechter in ein und demselben Individuum.«

Zwar mögen wir diesen »doppelgeschlechtigen« Begriff von Bisexualität seltsam und veraltet finden, aber es ist bemerkenswert, daß noch 1972 ein Buch mit dem Titel *Napoleon – Bisexual Emperor* erschien, in dem ein Arzt behauptete, eine Überfunktion der Hypophyse »während der Zeit seiner größten Machtentfaltung« nebst einer »mit seiner femininen Erscheinung und seinem Hypogonadismus verbundenen Schwäche des Sexualorgans« könne Napoleons »Furcht vor der Liebe, den Frauen und der Ehe« ausgelöst haben und auch an den Auswüchsen spezifisch männlicher Charakterzüge wie »Stärke, Macht, Grausamkeit und Grobheit« nicht unbeteiligt gewesen sein.[18] Noch im späten 20. Jahrhundert war es demnach möglich, eine biologische Erklärung, und sei sie noch so idiosynkratisch, für Geschichte und Schicksal anzubieten.

»Ungewißheit und Zweifel«

Ellis erkannte deutlich, daß die »einfachste aller möglichen Klassifikationen« die Einteilung sexuell aktiver Personen in drei Gruppen sei: die Heterosexuellen, die Bisexuellen und die Homosexuellen – eine noch heute gebräuchliche Einteilung. Dennoch hielt er den »praktischen Nutzen« dieser Dreiteilung für »recht gering«. Aber warum? Weil »die Gruppe der Bisexuellen Ungewißheit und Zweifel aufkommen läßt«.[19]

Und was versteht Ellis unter »Ungewißheit und Zweifel«? Tatsächlich befürchtete er, daß sich die Kategorie bei näherem Hinsehen aufblähen könnte (d. h. viele, wenn nicht gar die meisten Heterosexuellen und Homosexuellen einschließen würde) oder sich auflösen könnte (da sie nicht klar von den anderen beiden Kategorien zu unterscheiden ist):

> Nun ist es aber so, daß nicht nur ein erheblicher Teil jener, die mit Recht für heterosexuell gehalten werden, irgendwann im Laufe ihres Lebens ein Gefühl erfahren haben, das als sexuelle Neigung zu Angehörigen ihres eigenen Geschlechts gedeutet werden kann. Auch ein großer Anteil jener, die eindeutig und ausgeprägt homosexuell sind, haben Beziehungen zu Personen des anderen Geschlechts gehabt. Der gesellschaftliche Druck, der alle in die normalen sexuellen Bahnen zwingt, reicht aus, um jenen schwachen Keim der Heterosexualität zu entwickeln, der auch in Homosexuellen vorhanden sein mag, wodurch sie bisexuell werden.[20]

Bisexualität ist demnach ein Artefakt des zur normativen Heterosexualität zwingenden gesellschaftlichen Drucks. Sie charakterisiert sowohl die Empfindungen »jener, die mit Recht für heterosexuell gehalten werden«, als auch derjenigen, »die eindeutig und ausgeprägt homosexuell sind«. (Der Unterschied dieser beiden Formulierungen »mit Recht gehalten werden«, und »eindeutig und ausgeprägt« deutet auf das Ungleichgewicht zwischen einer gesellschaftlich gebilligten Identität und einem Außenseiterempfinden hin, wobei Heterosexualität die Grundkategorie, der nicht weiter spezifizierte Begriff ist.)

Auch wenn »Ungewißheit und Zweifel« hier die schwierige Suche des Sozialwissenschaftlers nach funktionalen Klassifikationen thematisieren, sind sie durch und durch symptomatisch für die Ungreifbarkeit der »Bisexualität« als Begriff. Tatsächlich weisen sie eine erstaunliche Ähnlichkeit zu einigen jener Schmähbegriffe auf, mit denen Bisexuelle seit Ellis' Tagen und bis heute bedacht werden: Doppelzüngigkeit, psychische Instabilität, Unreife, Scheinhaftigkeit oder bloß in einer Übergangsphase begriffen.

Ellis selbst enthält sich solcher Wertungen. Da er fest vom Angeborensein der Inversion überzeugt war, glaubte er auch, daß es ein Kontinuum des sexuellen Verhaltens gibt, auf dem sich »Perversionen« als bloße Auswüchse des normalen oder durchschnittlichen Verhaltens einzeichnen ließen. Wo immer sich ihm die Gelegenheit bot, verwahrte er sich gegen die präskriptive Idee des »Normalen«. Bisexualität und Ambisexualität, wobei die erste auf latent organische Anzeichen und die zweite auf undifferenzierte infantile Wünsche zurückging, waren für ihn Hilfsmittel, um die Legitimität von Homosexualität und anderen tabuisierten Praktiken zu beweisen.[21]

> Embryologen, Sexualphysiologen und Biologen stimmen dem Gedanken der Bisexualität im allgemeinen nicht nur zu, sie räumen auch ein, daß er möglicherweise die Homosexualität zu erklären hilft. So gesehen mag man sagen, die Idee gehöre heute zum allgemeinen Gedankengut. Zu behaupten, sie liefere eine angemessene Erklärung für die Homosexualität, hieße indes, den Mund zu voll nehmen. Aber immerhin läßt sie uns bis zu einem gewissen Grade verstehen, was für viele ein großes Rätsel ist. Und zudem ist sie eine nützliche Grundlage für die Klassifikation der Homosexualität wie auch anderer Zwischenformen sexueller Anomalien innerhalb derselben Gruppe.[22]

Zu der »Gruppe« gehören der körperliche Hermaphroditismus, das Eunuchentum und der Transvestismus, die seiner Ansicht nach potentiell als Aspekte latenter Bisexualität gelten müssen, obgleich viele der zu diesen Gruppen Gehörenden weder damals noch heute homosexuell waren oder als homosexuell galten. Daher »ist es eine passende Klassifikation, die Gruppe der homosexuellen Phänomene unter den Zwischenformen auf eine organisch bisexuelle Grundlage zu stellen«, obgleich sie schwerlich auf »eine vollständige Erklärung« hinausläuft. Vielleicht, spekulierte Ellis, ist es eher eine Sache der Drüsen, von inneren Sekretionen oder Stoffwechselprozessen, die Körper und Seele beeinflussen. Homosexualität oder sexuelle Inversion könnte »sehr gut eine ›Abart‹ oder eine Variation darstellen, eine jener organischen Abweichungen, die wir überall in der belebten Natur beobachten«.[23]

Soviel zur »organischen« oder »latenten« Bisexualität. Doch sobald er Bisexualität als eine Reihe sexueller Praktiken und nicht als organische Anlage in den Blick nimmt, »ergibt sich, daß die Gruppe der Bisexuellen Ungewißheit und Zweifel aufkommen läßt«. Die Ungewißheit und der Zweifel des Wissenschaftlers sind im Laufe der Zeit in die Psyche des Subjekts projiziert worden. Wie kann man mit Sicherheit wissen, ob man selbst bisexuell ist oder einen Bisexuellen zu identifizieren vermag, wenn die Kategorie Bisexualität überhaupt keine klar definierte Kategorie ist?

»Zwei eigenartige Leute«

Es wäre interessant zu erfahren, inwieweit Ellis, so er es überhaupt tat, über »die Ungewißheit und den Zweifel« nachdachte, den diese »oberflächlichen« und unwissenschaftlichen (aber offenbar unumgänglichen) Klassifikationen in seinem eigenen Leben auslösten. Ein Gelehrter und Wissenschaftler, selbst wenn er sich den Ehrentitel »der weise Mann der Sexualkunde« erworben hat, muß nicht zwangsläufig durch die Wechselfälle biographischer Einzelheiten vom Pfad der objektiven Untersuchung abgelenkt werden. Ebenso wie es erwähnenswert ist, daß viele Biologen aus den achtziger und neunziger Jahren unseres Jahrhunderts, die nach Verbindungen zwischen den Genen oder dem Gehirn und schwuler (männlicher) Identität forschen, selbst schwule Männer sind, die Teile von sich selbst unter dem Elektronenmikroskop betrachten, ist es auch von einigem Interesse, daß Havelock Ellis mit einer Frau verheiratet war, von deren »angeborener sexueller Inversion« er überzeugt war – einer Frau, die er ein Leben lang liebte, mit der er zusammenlebte und offenbar, wenn auch unterbrochen durch eine lange Reihe gegenseitig tolerierter Affären, sexuelle Beziehungen hatte. Nach ihrem Tode glaubte er lange, daß nun auch sein Leben zu Ende sei. (Da täuschte er sich freilich. Er verliebte sich noch einmal und lebte bis zu seinem Tode mit Françoise Delisle zusammen, die ihren Nachnamen als Anagramm des seinigen gebildet hatte.)

Havelock Ellis und Edith Lees Ellis, Schriftstellerin und Dramatikerin, deren Lesungen in Amerika außerordentlich gut besucht waren, hatten beschlossen, keine Kinder zu bekommen und finanziell voneinander unabhängig zu bleiben. Ellis hatte zuvor ein leidenschaftliches (möglicherweise sexuell nicht vollzogenes) Verhältnis mit der feministischen Schriftstellerin

Olive Schreiner, die sich anscheinend in ihrem Privatleben nach sexueller Unterwerfung sehnte, wie sie ihr Ellis nicht bieten konnte. Seine Bewunderung für Edith galt nicht zuletzt ihren knabenhaften Eigenschaften, die kein unerheblicher Teil ihres Charmes waren. Als Schülerin schmeichelte man ihr oft, sie sehe aus wie Byron, und ermutigte sie, die männlichen Hauptrollen in Shakespeare-Stücken zu spielen.[24] Vor allem als Romeo erhielt sie großen Beifall, und möglicherweise schwebte Ellis gerade diese Rolle vor, als er später in seiner Autobiographie schilderte, welche Gefühle ihn beherrschten, als er von der Liebschaft seiner Frau mit Claire, einer ihrer früheren Klassenkameradinnen, erfuhr.

Wie er betonte, sei er nicht eifersüchtig gewesen. »Aber schließlich war ich auch nur ein Mensch. Unterschwellig blieb in mir die Empfindung zurück, daß das mir so werte Ideal von Liebe und Ehe einen Sprung bekommen hatte. Auch nährte ich eine geheime Wunde in meinem Herzen, ›nicht so tief wie ein Brunnen, noch so weit wie eine Kirchtüre‹, aber doch immerhin heftig genug, um die Vorstellung von der gegenseitigen Hingabe in der Ehe zu töten.«[25]

Sich selbst in der Rolle des Mercutio und Edith in der des Romeo sehend, empfängt er eine »geheime Wunde«, möglicherweise eher unbeabsichtigt zugefügt, aber nichtsdestoweniger tödlich. »Wir waren gezwungen, eine umfassendere und tiefere Vorstellung von der Liebe zu entwickeln, denn jene wunderbare konventionelle Vorstellung war für uns gestorben. Selbst ein ausgeprägter Gerechtigkeitssinn hätte auf die Dauer eine so einseitige sexuelle Freiheit in der Ehe schwerlich tolerieren können. Es mag wahr sein, daß ich ausschließlich heterosexuell war und sie nicht und daß ich deshalb nicht das Bedürfnis nach einem Seitensprung empfand. Ebenso wahr war indes auch, daß eben jene Eigentümlichkeiten ihres Wesens, die weitgehend ihre Homosexualität verursachten, zwar unsere Kameradschaft verstärkten, den rein weiblichen Eigenschaften der Milde und der Ruhe, die ein Mann bei der Frau sucht, jedoch Abbruch taten, weshalb sie in unserem Fall der strengen ehelichen Treue widersprachen. Und so sollte es auch kommen.«

Diese Worte wurden lange nach ihrer Liebschaft mit Claire, ihrer noch heftigeren Leidenschaft für Lily und den »zahlreichen intimen Beziehungen zu Frauen« geschrieben, die Edith, wie Ellis sagt, ihr ganzes Leben hindurch pflegte.[26]

Ich wußte es natürlich, denn sie erzählte mir alles über die schwärmerische und manchmal leidenschaftliche Zuneigung, die sie seit ihrer frühen Schulzeit bis ein paar Jahre vor unserer Ehe für ihre Freundinnen empfunden hatte. Ich wußte, daß für sie als Schulmädchen diese Freundschaften manchmal eine zarte, dabei deutlich sinnliche Note gehabt hatten, wenn auch nicht in dem Maß wie in ihren Erwachsenenfreundschaften mit Frauen. Ich wußte, daß solche Empfindungen bei jungen Mädchen nichts Ungewöhnliches sind. Doch damals war ich noch nicht im Besitz irgendwelcher praktischer Erkenntnisse über die angeborene sexuelle Inversion. In meinem Essay über Walt Whitman in *The New Spirit* habe ich den homosexuellen Zug bei Whitman in einer Fußnote stirnrunzelnd als unmaßgeblich abgewiesen. Hätte man mich jemals gefragt, ob Edith eine homosexuelle Anlage habe, so hätte ich sicherlich ähnlich reagiert. Damals war ich noch nicht in der Lage, all die subtilen Spuren eines entgegengesetzten sexuellen Temperaments aufzuspüren, das ohne Zweifel von Anfang an in ihr und in Whitman angelegt war ... Die männlichen Züge lagen bei Edith ebensowenig zu Tage wie die weiblichen bei Whitman. Ich glaube, daß sie den meisten Menschen entgangen sind, und ich kann nicht oft genug wiederholen, daß sie keineswegs in irgendeinem Grade ein Mann war. Sie war immer Frau, Knabe und Kind, und wie mir schien, war sie dies alles zu gleichen Teilen.[27]

Frau, Knabe und Kind. Die viktorianische Neigung, diese drei Rollen zu erotisieren und miteinander zu vermischen, die wir am Erfolg von Barries Theaterstück *Peter Pan* und der Beliebtheit des *principal boy* in Varietétheatern (eine hübsche junge Frau spielte einen hübschen jungen Mann) ablesen können, bestimmte ohne Zweifel auch Ellis' eigene Neigung. Der Leser seiner Autobiographie darf Vermutungen darüber anstellen, ob der »Knabe« für den Ehemann ebenso einen erotischen Reiz besaß wie die »Frau«.
Dasselbe Bild beschwört er in der Schilderung von Ediths Beziehung zu Lily, die ein Jahr nach Beginn ihrer beider Affäre starb und die Geliebte danach als Geist heimzusuchen pflegte.

Wie immer war Edith von grenzenloser Hingabe und großem Einfallsreichtum, um ihre liebende Zuneigung zu beweisen. In solchen Zeiten glich sie nach Haltung und Feuer einem leidenschaftlichen Knaben, ja selbst ihr Auftreten und ihre Gesten waren knabenhaft, doch nie männlich. Und obgleich sie das Herz einer Frau hatte, war ihre ruhelose Tätigkeit, ihr Mutwille, ihr fröhliches, schallendes Lachen, das so gut zu ihrem wohlgeformten, kompakten Kopf mit dem kurzen, gelockten Haar paßte, mehr als eine Pose.[28]

Gelegentlich scheint Ellis Edith und Lily, die unter der wachsamen Fuchtel ihrer älteren Schwester stand, auch zu einem Stelldichein verholfen zu haben.

Einmal überließ ich ihnen einen Tag lang mein Arbeitszimmer in Hawkes Point, damit sie dort in aller Ruhe picknicken konnten. Nur selten war es ihnen möglich, die Nacht miteinander zu verbringen, und es kam nicht oft vor, daß Lily noch spät am Abend, wenn niemand mehr mit ihr rechnete, mit ihrem kleinen Nachthemd in der Handtasche nach Cabris eilte.[29]

»Ihr *seid* zwei eigenartige Leute«, hatte Claire lächelnd zu Edith gesagt, als diese meinte, man könne Ellis ruhig in die wahre Natur ihrer beider Beziehung einweihen.[30] Für Ellis schien es von Bedeutung zu sein, Edith eigenartig, sich selbst aber normal zu nennen: von ausgeglichenem Naturell, mit einem »ausgeprägten Gerechtigkeitssinn« und »ausschließlich heterosexuell«. Aus seiner zweimaligen Bekräftigung, daß Edith, wie »knabenhaft« sie auch gewesen sein mag, »niemals in irgendeinem Grade wirklich Mann« gewesen ist und niemals Posen und Gesten eines Mannes an den Tag gelegt hat, klingt eine deutliche und bemerkenswerte Abwehr heraus.

Ob Frau, Kind oder Knabe: in all diesen Rollen konnte Edith sein Gegenstück sein, denn »Mann« ist zu allen der konventionelle Gegensatz. Er konnte sie sich als Knabe vorstellen, ihr erlauben, eine Frau zu sein, und mit ihr wie mit einem Kind flirten. Aber sie konnte unmöglich ein Mann sein, denn dann wäre sie nicht vom anderen, sondern vom selben Geschlecht gewesen.

Indem er die Inversion invertiert, indem er eine Frau liebt und heiratet, die er als knabenhafte Geliebte anderer Frauen phantasieren konnte, schlüpfte Ellis selbst sowohl in die Rolle des leidenschaftslosen Forschers als auch in die Rolle des leidenschaftlichen Gegenstands der Forschung. »Ein Mann, der sich zu Knaben hingezogen fühlt, kann möglicherweise veranlaßt werden, eine knabenhafte Frau zu lieben«, schrieb er mit Berufung auf den frühen Pionier der Sexualkunde Albert Moll. »Wahrscheinlich ist diese Methode sehr nutzbringend bei Bisexuellen oder Heranwachsenden, deren Homosexualität noch nicht voll entwickelt ist.«[31] Ellis mag »ausschließlich heterosexuell« gewesen sein, an Abweichungen und an Neugierde auf solche Abweichungen vom geraden Weg fehlte es ihm nicht. Er dachte vielleicht mehr über Sexualität nach als die meisten Menschen und lebte sie möglicherweise weniger aus. Bisexualität war für ihn eine instabile Untersuchungskategorie, die ihm gleichwohl auch einen Spielraum für die Einbildungskraft, die Spekulation und die Wunschübertragung geschaffen haben könnte.

Arthur Calder-Marshall, einer seiner Biographen, meinte, Edith Ellis sei im Grunde genommen weder lesbisch noch »angeboren invertiert« gewesen, sondern eine von der Ehe sexuell frustrierte Frau. »Wenn ich mich nicht irre, erteilte Havelock Ellis seiner Frau Edith und Claire deshalb seinen Segen, weil er Edith sexuell nicht zu befriedigen vermochte, obgleich es ihm gelang, eine für sie beide sehr fruchtbare Liebesbeziehung auf seelisch-geistiger Ebene zu schaffen. Er konnte nicht verlangen, daß sie sich bei einer Frau nicht das holte, was er ihr zu geben unfähig war.«[32] Und daß Edith sich gerade Frauen als Liebhaberinnen gewählt hat, geschah wohl, so der Biograph, zum Teil aus Zartgefühl: Sie wollte den Stolz ihres Ehemannes nicht kränken.

Calder-Marshall verfaßte seine Biographie in den fünfziger Jahren kurz nach der Veröffentlichung des zweiten Kinsey-Reports (*Das sexuelle Verhalten der Frau*) und berief sich auf dessen schon erwähnte berühmte Skala, in der, wie wir bald im Detail sehen werden, Bisexualität nur als statistische Überschneidung auftaucht.

> Nach Kinseys Maßstäben, der homosexuelle Neigungen von (0) für keinerlei Neigung bis hin zu (6) für keinerlei heterosexuelle Neigung rangieren läßt, hätte Edith jetzt eine (4) auf der Skala erhalten. Das heißt, sie war nicht völlig invertiert. Aufgrund ihrer Frühreife und ihrer nicht sehr glücklichen Kindheit vollzog sie, verglichen mit anderen Menschen, recht spät den Übergang vom Sexualverhalten einer Pubertierenden zu demjenigen eines Erwachsenen. Doch aufgrund von Havelock Ellis' Versagen erlitt sie einen Rückfall.[33]

Vom heutigen Standpunkt aus betrachtet, ist dies eine recht ungewöhnliche Kulturanalyse. Wie Ellis sieht Calder-Marshall in der lesbischen Liebe (oder ganz allgemein in jeder gleichgeschlechtlichen Neigung) eine Übergangsphase, etwas, das Edith möglicherweise überwunden hätte, wenn ihr Ehemann fähig gewesen wäre, ihre sexuellen Bedürfnisse zu befriedigen, und er nicht so unerschütterlich von der Richtigkeit seiner Theorien überzeugt gewesen wäre. Ähnlich wie wir versuchen könnten, Calder-Marshall vor dem Hintergrund seiner Zeit zu betrachten, versucht auch dieser, Ellis als Kind seiner Zeit zu deuten:

> Damals wußte niemand sehr viel über die Ursachen dessen, was wir gewöhnlich Homosexualität nennen, was er aber lieber als sexuelle Inversion bezeichnete. Selbst heute noch ist umstritten, ob sie ausschließlich angeboren ist oder auf äußere Einflüsse bzw. eine Mischung aus beidem zurückgeht. Havelock Ellis kam zu dem Schluß, daß es zwei Arten von Homosexualität gibt, die angeborene sexuelle Inversion und die Pseudo-Homosexualität. Es spricht jedoch mehr für die Existenz von allerlei Zwischenformen, die sich problemloser in heilbare und unheilbare Fälle einteilen lassen. Grob gesagt entsprechen die heilbaren Fälle den Klassen (1) bis (3) auf der Kinsey-Skala, während die unheilbaren den Klassen (4) bis (6) zuzuordnen wären. Edith Ellis wünschte eine Heilung, und von einem nichtdominanten Mann wie Ellis fühlte sie sich physisch auch nicht merklich abgestoßen. Andererseits wurde sie durch Ellis' Überzeugung, sie sei ein unheilbarer Fall von sexueller Inversion, und durch seinen fehlenden Wunsch, sie zu heilen, auf ein Verhalten zurückgeworfen, das sie bereits hinter sich gelassen hatte. Sie hatte den Eindruck, er wolle sie zu einer sexuell Invertierten machen, weil es ihm an der sexuellen Potenz mangelte, sie für das Normale zu gewinnen.[34]
>
> Sie glaubte, daß er sie für seine Arbeit benutzte, daß er sie zu einer Lesbierin machte, um der weiblichen Seite an der ganzen Sache auf die Spur zu kommen, statt ihr aus ihren Problemen herauszuhelfen.[35]

Die »Probleme«, die »Form des emotionalen Ausdrucks, die sie überwunden hatte«, sind Calder-Marshalls wohl nur eingeschränkt objektiver Ansicht entsprungen, einige Invertierte für heilbar und einige für unheilbar zu halten. Edith, so glaubte er, »wollte geheilt werden«.[36]

Das Wort »Heilung« führte auch Ellis im Mund, obgleich er daran zweifelte, daß ein wirklicher Invertierter jemals einen Wunsch danach verspürte.[37] Die moralische Spitze im Wort »Rückfall« bringt wohl eher Calder-Marshalls eigene Einstellung zur Homosexualität zum Ausdruck. Auch er betrachtet die Bisexuellen und sieht sie nicht. Sie sind für ihn, wie in gewisser Weise auch für Ellis, »Zwischenformen«, die entweder heilbar sind oder nicht, d. h., man kann sie wieder für die normale Heterosexualität gewinnen, oder sie können erneut in die homosexuellen Neigungen ihrer Adoleszenz zurückfallen, die sie eigentlich überwunden haben sollten. »Zwischenformen« sind heilbar oder auch nicht, je nachdem wo sie auf der Kinsey-Skala einzuordnen sind. Was sich solchen Vorstellungen entzieht, ist, daß sie vielleicht lieber bleiben wollen, wo und was sie sind.

Während sonst Biographen als Person meist zurücktreten, flicht Calder-Marshall eine Bemerkung in der ersten Person ein und unterstreicht damit seine große Neugier in dieser Sache: »Ich frage mich, ob Havelock mit seiner anfänglichen Diagnose recht hatte, daß Edith von Geburt an eine nur Frauen zugeneigte sexuell Invertierte war. Warum hätte sie dann mit 55 Jahren ihren Ehemann über einen sexuellen Seitensprung zur Rede stellen sollen, der ihr doch eigentlich ganz gleichgültig hätte sein müssen.«

So formuliert wird man die Frage nicht angemessen beantworten können. Calder-Marshalls Edith ist eine Frau, die darauf wartet, daß ihr Ehemann endlich erkennt, wie sehr sie ihn begehrt, und die unterdessen geduldig ihre Zeit mit einer Reihe körperlicher Beziehungen zu Frauen füllte, »die jene Seite ihrer Natur befriedigten, der Havelock nicht gerecht wurde«. Im Grunde sei ihre Homosexualität situations- oder »milieubedingt«[38] bzw., wie Freud später reichlich mystifizierend sagte, »okkasionell« gewesen, gleich der Homosexualität von Schülern (oder Schülerinnen), Soldaten und Gefangenen. Mit der einen Ausnahme, daß sie weder in einem Internat lebte noch in einer Kaserne oder einem Gefängnis, sondern in einer Ehe.

Für ihn war die Geschichte kurz gesagt die, daß ihre spirituelle Liebe im Laufe ihrer Ehe so tief geworden war, daß sie ihre Seitensprünge mit vielen Frauen und seine weitaus selteneren intimen Beziehungen zu Frauen überstand ... Von ihrer Warte aus muß sich die Geschichte ihrer Ehe so dargestellt haben, daß Edith sein ruhiges, ungeheuer duldsames Naturell so sehr liebte, daß sie seine ihr vor der Eheschließung diktierten Bedingungen akzeptierte: keine Kinder, getrennte Wohnungen, lange

Perioden der Abwesenheit ... Sie versuchte, ihn zur Männlichkeit zu verführen, doch als er ihrer Affäre mit Claire den Segen erteilte, nahm sie dies als Bekenntnis seiner Impotenz hin. Amy [eine von Ellis' Liebschaften] war ihr so verhaßt, weil die Affäre nicht zu ihrer Theorie seiner Impotenz paßte ... Sie verliebte sich in Lily und nahm nach deren Tod eine Reihe von körperlichen Beziehungen zu anderen Frauen auf, die jene Seite ihrer Natur befriedigten, der Havelock nicht gerecht wurde. Er seinerseits hatte einige leicht erotische Freundschaften mit Frauen, die ihrer geistigen Liebe, die Havelock zu teuer war, nicht schadeten. Doch als Margaret Sanger die Bühne betrat und Havelock sich in sie verliebte – wenn auch *nur* platonisch, wie er scharf betonte –, verlor Edith das seelische Gleichgewicht, obgleich sie ihre Liebe für Havelock trotz allem bewahrte.[39]

Was hier »trotz allem bewahrt« wird, ist Ediths eigentliche Heterosexualität. Sollte sich das wie ein Drehbuch für einen Film der »Schwarzen Serie« aus den vierziger Jahre anhören, der von Treue, Verdächtigung und ungewolltem Verrat handelt, dann weist es auch, und vermutlich gerade deshalb, auf das Bedürfnis nach einer »Geschichte« hin, welche die vielfältigen Formen sexueller Lust erklärt bzw. wegerklärt.

»Die Gruppe der Bisexuellen läßt Ungewißheit und Zweifel aufkommen«, hatte Ellis in *Sexual Inversion* geschrieben, einer Studie, die ihn auf einen Schlag zu *dem* Experten seiner Zeit machte. Täglich erhielt er Besuche und Briefe von Menschen, die mit ihren Problemen lieber zum großen weisen Mann der Sexualkunde gehen wollten als zum Arzt oder zum Priester. »Die Unterteilung in heterosexuell, bisexuell und homosexuell ist trotz ihrer Oberflächlichkeit von Nutzen, doch genügt sie kaum einer wissenschaftlichen Klassifikation«, schloß er. Daher schien es ihm das beste, »einen Klassifikationsversuch gar nicht erst zu unternehmen«.[40]

Diese Klassifikation, die keine ist oder zumindest »nicht wissenschaftlich« ist, wurde im Laufe dieses Jahrhunderts gang und gäbe. Heute stoßen wir in populären wie in medizinischen Abhandlungen auf schwul, hetero und bi als den sexuellen Identitäten. Kinseys in der Einleitung vorgestellte 7-Punkte-Skala, deren explizite Absicht es war, die unbefriedigende Dreiteilung zu verfeinern, schuf faktisch einen Mittelbereich, der irgendeinen Grad von Bisexualität bezeichnete, ohne je das Wort zu verwenden.

Wie Paul Robinson bemerkt, war Kinsey sich »offenbar nicht bewußt, daß theoretisch gesehen eine siebenteilige Gliederung sich von einer dreiteiligen nicht *grundlegend* unterscheidet«. Beide gehen von derselben Annahme aus, daß »graduelle Unterschiede an irgendeinem Punkt zu qualitativen Unterschieden werden«.[41]

Das Wort »bisexuell« löste sich dabei allerdings in Luft auf, obgleich der Begriff (oder die Tatsache) überall gegenwärtig blieb. Die Kinsey-Skala buchstabierte aus, was Ellis schon bemerkt hatte: Die Gruppe der Bisexuellen läßt Unsicherheit und Zweifel aufkommen. Im Interesse der wissenschaftlichen Klassifikation verschwand die Bisexualität – und war überall anzutreffen.

9. Standardabweichungen

> Was du nicht weißt, würde ein großartiges Buch ergeben.
> Sydney Smith [1]

> Wenn die Zeit reicht, stößt uns früher oder später alles zu.
> George Bernhard Shaw [2]

Als Wardell Pomeroy, Mitverfasser des Kinsey-Reports, von einem Interviewer gefragt wurde, warum einer bisexuell wird, entgegnete er, die Frage sei falsch gestellt. »Sie sollten besser fragen: ›Warum ist es nicht jedermann?‹« [3]

Wenn diese Frage bedeutet, »Warum hat nicht jeder erotische Beziehungen zu Männern und Frauen?«, dann muß man nicht lange nach Antworten suchen: Verdrängung, Religion, Abwehr, Verleugnung, Bequemlichkeit, Scheu, Mangel an Gelegenheit, vorzeitige Festlegung, mangelnde Einbildungskraft oder ein erotisch bereits ausgefülltes Leben, wenn auch nur mit einem Menschen oder einem Geschlecht.

Aber auch dann ist die Frage immer noch falsch gestellt. Gore Vidals Unterscheidung zwischen Sein und Verhalten legt den Finger auf ein weiteres Paradox in der Definition und Diskussion der Bisexualität. Geht es darum, daß man womöglich sexuelle Gefühle für die Angehörigen beider Geschlechter hegt? Oder steht das Vermögen, danach zu handeln, zur Debatte? Oder ist das Handeln, der Sex, der springende Punkt? Diese Unklarheit erklärt zum Teil, warum Statistiken über Bisexuelle mit derart unterschiedlichen Zahlen aufwarten, von 10 Prozent nach einer Umfrage der Zeitschrift *Essence* (Befragte, die sich selbst bisexuell nannten) über 15 Prozent laut Kinsey-Report (sowohl für Männer als auch für Frauen) bis zu den 80 Prozent, die von der Aktivistin und Therapeutin Maggi Rubenstein angegeben werden und alle umfaßten, die gleichgeschlechtliche Phantasien, Gefühle oder Träume haben oder zu haben vorgaben. [4]

Standardabweichungen

Dieses weite Auseinanderklaffen muß uns, selbst wenn wir eine gewisse Fehlerquote in Rechnung stellen, zu denken geben. Die Behauptung, praktisch jeder sei bisexuell, ist wie die (ebenfalls oft zu vernehmende) Gegenthese, keiner sei bisexuell, zumindest ein Indiz dafür, daß der Bisexualität eine erhebliche kulturelle Bedeutung zugeschrieben wird. Es mag für alles Weitere vielleicht fruchtbarer sein, Freuds bereits zitierte Version des Problems anzuführen: »Im Sinne der Psychoanalyse ist also auch das ausschließliche sexuelle Interesse des Mannes für das Weib ein der Aufklärung bedürftiges Problem.«[5]

Wer Bisexualität als bloße Fiktion abtut, greift gern zu dem Argument, Bisexuelle seien »in Wirklichkeit« Homosexuelle, die zu ihrer Homosexualität nicht stehen wollen oder können, eine Auffassung, die von einigen schwulen und lesbischen Separatisten ebenso verfochten wird wie von einer Reihe Psychoanalytiker und Psychologen, beispielsweise von Irving Bieber[6] und John Malone. 1980 erklärte Malone: »Ein Homosexueller, der sich akzeptiert, hat nicht das Bedürfnis, den Titel ›bisexuell‹ zu beanspruchen.« Das Wort »bisexuell« mochte seiner Meinung nach als Adjektiv eine gewisse Berechtigung haben, doch als »Substantiv, ist es nicht nur nutzlos, sondern grob irreführend«.[7] Also ist jeder oder keiner bisexuell. Und was bleibt, ist eine Unterscheidung ohne Unterschied.

Die Suche nach dem Allgemeinen maskiert wie das Bedürfnis, eine Norm zu formulieren, nur die Angst vor der Differenz und verschiebt sie auf Ursprungstheorien. Die Feministin Mariana Valverde schrieb einmal: »Manchmal wird auch das Argument vorgebracht, Bisexualität sei der Konformität von exklusiver Heterosexualität und der Enge von exklusiver Homosexualität überlegen. Mit anderen Worten, dieser Ansatz legitimiert Bisexualität auf dieselbe Weise, wie konservatives Gedankengut die ausschließliche Heterosexualität legitimiert, nämlich durch den Verweis auf einen Mythos dessen, was als ›natürlich‹ gilt.« Andererseits widersetzt sich die Bisexualität kulturellen Selbstverständlichkeiten, indem sie die Gegensätze in Frage stellt, auf denen unsere Begriffe von sexueller Normalität gründen: »Es ist interessant, daß die Bisexualität, wie die Homosexualität, zwar als eine weitere deviante Identität betrachtet wird, gleichzeitig aber auch als Zurückweisung des Norm/Devianz-Modells funktioniert.«[8]

Ist Bisexualität nun die konservativste oder die radikalste Vorstellung von menschlicher Sexualität? Die natürlichste oder die perverseste?

Kinseys gleitende Skala

Wie die Autoren des Kinsey-Reports klar erkannten, waren »reine« Heterosexualität und »reine« Homosexualität für die meisten Amerikaner bloße Abstraktionen ohne wirklichen Erfahrungshintergrund, unabhängig davon, wie sie sich selbst klassifizierten. Tatsächlich war die Zweiteilung nur dadurch aufrechtzuerhalten, »daß man alle Personen, die ausschließlich heterosexuell sind, in eine heterosexuelle Kategorie einordnet, und alle, die irgendein Maß an Erlebnissen mit ihrem eigenen Geschlecht haben, selbst einschließlich derer mit den geringfügigsten Erfahrungen, in eine homosexuelle Kategorie«. »Es wäre ebenso vernünftig, alle als heterosexuell zu bezeichnen, die überhaupt ein heterosexuelles Erleben gehabt haben, ungeachtet des Anteils an homosexueller Erfahrung, die sie vielleicht auch haben können.«[9] Die Trennung in heterosexuell und homosexuell ist ein Kunstprodukt, das in religiösen und kulturellen Vorurteilen wurzelt und mit den wissenschaftlichen Realitäten nichts zu tun hat. Bisexualität oder, genauer, eine Mischung aus homosexuellen und heterosexuellen Erfahrungen und Reaktionen spiegelt die menschliche Realität weitaus angemessener wider. Jedenfalls glaubten die Wissenschaftler, das herausgefunden zu haben.

Der 1948 veröffentlichte erste Report *Das sexuelle Verhalten des Mannes* löste bei den »Betroffenen« in den USA einen Skandal aus. So zeigte sich, daß das, was man selbst macht, und das, von dem man glaubt, daß andere es machen (oder nicht machen) sollten, zwei verschiedene Dinge sind.

Was sagt der erste Kinsey-Report über Bisexuelle? Erstens fällt auf, daß sich *nahezu die Hälfte* der männlichen Bevölkerung in dieser Kategorie wiederfindet. 46 Prozent der Befragten hatten sowohl über heterosexuelle als auch über homosexuelle Erfahrungen berichtet oder hatten als Erwachsene auf Personen beiderlei Geschlechts reagiert. Zweitens ist festzuhalten, daß der Begriff, der diese Gruppe definieren soll, ebenso unangemessen wie ungenau ist.

Die Verfasser des Berichts erklärten: Es ist »bedauerlich, daß das Wort bisexuell zur Beschreibung dieser mittleren Gruppe gewählt wurde. Der Terminus wird als Substantiv verwendet zur Bezeichnung von Individuen, Personen; die ursprüngliche Bedeutung des Wortes und die Art, in der es gewöhnlich angewandt wird, sagt aus, daß diese Personen sowohl maskuline als auch feminine Eigenschaften in einem Körper aufweisen. Wir haben uns gegen die Verwendung der Termini heterosexuell und homosexuell gewandt, wenn sie als Hauptwörter gebraucht wurden, die sich auf Personen beziehen. Ähnlich ist es unhaltbar, von der Voraussetzung auszugehen, daß diese ›bisexuellen Personen‹ eine Anatomie oder ein endokrines System oder andere physiologische Eigenschaften aufweisen, die sie teils männlich und teils weiblich machen, das heißt ihnen gleichzeitig zwei Geschlechter zuschreiben.«

In recht kategorischem Ton heißt es dann weiter: »Andererseits zeigt der Terminus, wenn er auf die menschliche geschlechtliche Verhaltensweise angewandt wird, daß es Personen gibt, die sexuelle Beziehungen sowohl mit Männern als auch mit Frauen wählen. Solange nicht bewiesen ist – und dies ist bisher der Fall –, daß eine solche Freiheit der Wahl in sexuellen Beziehungen von Personen abhängt, die in ihrer Anatomie sowohl weibliche als auch männliche Strukturen oder männliche und weibliche Vermögen aufweisen, ist es unangebracht, solche Personen als bisexuell zu bezeichnen. Zweifellos wird der Terminus von den Forschern auf dem Gebiet der menschlichen Verhaltensweise und in der Öffentlichkeit im allgemeinen wegen seiner weiten Verbreitung weiterhin verwendet werden. Er sollte jedoch mit dem Wissen darum verwendet werden, daß er nach den Worten heterosexuell und homosexuell geprägt wurde, sich wie diese auf das Geschlecht des Partners bezieht und bezüglich der Konstitution der als bisexuell bezeichneten Person nichts aussagt.«[10]

Was die Sexualkundler der Jahrhundertwende von Havelock Ellis und Richard von Krafft-Ebing bis hin zum frühen Freud annahmen, wird hier pauschal verworfen, weil es dafür keine faktischen Beweise gibt. Zudem scheint die Konstruktion der Zwischenkategorie »bisexuell« ganz klar auf der vorgefaßten Annahme einer binären Sexualität zu beruhen. Die Verfasser des Kinsey-Reports lassen keinen Zweifel daran, daß die hypothetische Einteilung aller sexuellen Wesen auf dieser Welt in zwei Gruppen, die Hetero- und die Homosexuellen, eine potentiell falsche Dichotomie erzeugt, die in der Folge mit dazu beiträgt, daß die Bedeutung der »Bisexualität« im Sexualleben der Menschen mißverstanden und unterschätzt wird.

> Bezüglich der Formen sexuellen Verhaltens gehen viele Wissenschaftler und Laien von der Annahme aus, daß es »heterosexuelle« und »homosexuelle« Menschen gibt, daß diese zwei Typen in der sexuellen Welt Antithesen vertreten und daß nur eine unbedeutende Klasse von »bisexuellen« eine Zwischenstellung zwischen den anderen Gruppen ein-

nimmt. Es wird dabei vorausgesetzt, daß jeder Mensch vererbungsmäßig – veranlagungsmäßig – entweder heterosexuell oder homosexuell ist.[11]

So schrieb man 1948. Und es scheint, als hätten wir seitdem praktisch keinen Fortschritt in bezug auf ein besseres Verständnis der Bisexualität im sexuellen und kulturellen Leben gemacht.

Doch der Kinsey-Report begnügt sich nicht damit, Verhalten zu dokumentieren und die Genealogie von Begriffen mit einem Fragezeichen zu versehen. Da der Report, wie schon Freud, die repressive Rolle der Kultur in der Sexualpolitik anprangert, setzt er sich für ein Verständnis menschlicher Sexualität ein, das ohne Annahmen über das »Normale« und »Gesunde« auskommt. Gäbe es keinen gesellschaftlichen Konformitätsdruck, keine Mißbilligung jeder Abweichung, wäre die Zahl der Bisexuellen in Amerika nach Meinung der Autoren noch höher.

Wenn die homosexuelle Betätigung weiterhin in einem derart großen Ausmaß anhält, wie das gegenwärtig der Fall ist, trotz der starken öffentlichen Einstellung gegen sie und trotz der schweren Strafen, die unsere anglo-amerikanische Kultur ihr durch Jahrhunderte hindurch auferlegte, scheint einiger Grund für die Annahme zu bestehen, daß eine derartige Betätigung in den Geschichten eines viel größeren Teiles der Bevölkerung auftreten würde, wenn es keine gesellschaftlichen Beschränkungen gäbe. Das sehr verbreitete Vorkommen der Homosexualität im alten Griechenland und ihre heutige weite Verbreitung in einigen Kulturen, in welchen eine solche Betätigung nicht so tabu ist wie in unserer eigenen, läßt annehmen, daß die Veranlagung eines Individuums, erotisch auf irgendwelche Stimuli zu reagieren, ob sie nun von Personen des gleichen oder des anderen Geschlechts ausgehen, grundsätzlich in den Arten verankert ist. Daß heterosexuelle und homosexuelle Verhaltensweisen erlernt sein sollen, die in erheblichem Ausmaß von den Sitten der Kultur, in welcher das Individuum erzogen wurde, abhängig ist, ist eine Möglichkeit, die weitgehend berücksichtigt werden muß, bevor die Auffassung akzeptiert werden kann, daß die Homosexualität erblich ist und daß die Verhaltensweisen jedes Menschen als angeboren so festgelegt sind, daß keinerlei Modifizierungen während ihres Lebens zu erwarten sind.[12]

Standardabweichungen

Es mag sehr wohl sein, daß Heterosexualität ebenso wie Homosexualität kulturell erzeugte Kategorien sind, die eher für erlerntes Verhalten stehen als für »Natur«. Trifft dies zu, dann gibt es nur Grenzen, die durch gesellschaftliche Regeln gesetzt werden. Die Kinsey-Skala legt dies selbst nahe: Ähnlich einem Farbspektrum entwirft sie eine Reihe von Variationen, die eher von einem Dimmer als von einem Ein-Aus-Schalter bestimmt werden und allein durch die Konvention in diskrete »Farben« oder »sexuelle Verhaltensweisen« unterteilt werden.

Was die Unterstellung betrifft, Homosexuelle und Bisexuelle seien gestörte Neurotiker (man darf nicht vergessen, daß wir uns im Jahr 1948 am Vorabend der McCarthy-Ära und ihrer Hexenjagd befinden und die US-Regierung erst ein paar Jahre zuvor erklärt hatte, daß Homosexualität in der Armee nicht geduldet werden könne)[13], so hinterfragten die Verfasser des Berichts auch hier das Muster von Ursache und Wirkung: »Es ist jedoch die Frage, ob diese Personen homosexuelle Geschichten aufweisen, weil sie neurotisch sind, oder ob ihre neurotischen Störungen das Produkt ihrer homosexuellen Betätigung und der Reaktion der Gesellschaft auf sie sind.«[14] Wenn eine Praktik geächtet wird und alle, die ihr nachgehen, zu Geächteten erklärt werden, erzeugt dann nicht die Gesellschaft durch ihre Blindheit und Intoleranz erst die Neurose?

Die Verfasser der Kinsey-Reports standen allen »Versuchen, die biologischen Grundlagen der homosexuellen Betätigung zu identifizieren«, mit großer Skepsis gegenüber, und zwar deshalb, weil die Grenzen durchlässig sind: Laut ihrer Studie gab es recht viele Individuen mit homosexuellen und heterosexuellen Erfahrungen und Reaktionen, und das »eher oft sogar in der gleichen Zeitspanne oder sogar im gleichen Augenblick«. In der Tat waren es die Belege für ein bisexuelles Verhalten und bisexuelle Empfindungen, welche die Verfasser zu der berühmten Kinsey-Skala veranlaßten – und das gerade in einer Zeit, wo derartiges Verhalten und derartige Empfindungen von Politikern, dem Pentagon, dem medizinischen Establishment und den Medien unter Beschuß genommen wurden.

»Darüber hinaus muß betont werden, daß es ein großer Unterschied ist, ob man eine Alles-oder-Nichts-Behauptung akzeptiert, wie dies bei Heterosexualität und Homosexualität gewöhnlich der Fall ist, oder ob man die Faktoren erkennt, die für das Kontinuum verantwortlich sind, das wir als existent zwischen ausschließlich heterosexuellen und ausschließlich homosexuellen Fällen vorfinden.«[15] Was der Kinsey-Report belegte – und was die meisten Amerikaner in erster Linie schockiert haben mag –, war nicht die Existenz einer beträchtlichen Anzahl von *Homosexuellen*, sondern die überwältigende Präsenz von *Bisexuellen* und Bisexualität im amerikanischen Leben.

Zahlreiche Untersuchungen haben diese Schlußfolgerung untermauert. Wie Barbara Ehrenreich in ihrem Kommentar zu einer 1989 von Wissenschaftlern im Zusammenhang mit der National Academy of Sciences durchgeführten Studie bemerkt, »ist ›Bisexualität‹ entweder ein recht verbreitetes Phänomen oder eine weitere künstliche, Überschneidungen verhehlende Kategorie ... Was Heterosexuelle wirklich fürchten, ist nicht, daß ›sie‹ als befremdliche Untergruppe mit perversem Geschmack hinsichtlich ihrer Bettgenossen einen ungebührlichen Anteil an Macht und Aufmerksamkeit erringen, sondern daß ›sie‹ sehr wohl ›wir‹ sein mögen.«[16]

Auch dies wurde von den Kinsey-Autoren in gewisser Weise vorausgesehen. »Es ist ein Kennzeichen des menschlichen Geistes, daß er in seiner Klassifizierung der Phänomene Zweiteilungen vorzunehmen versucht«[17], schreiben sie in ihrem zweiten Report *Das sexuelle Verhalten der Frau*, der eher wegen seiner Enthüllungen über den weiblichen Orgasmus zur Kenntnis genommen wurde als wegen seiner umfänglichen Behandlung der Bi- und Homosexualität. Für viele Menschen – und sie hätten hinzufügen können, vor allem für viele Amerikaner in den nach außen hin konformistischen fünfziger Jahren – gilt: »Die Dinge sind entweder so oder anders. Das sexuelle Verhalten ist entweder normal oder abnorm, gesellschaftlich zu billigen oder abzulehnen, heterosexuell oder homosexuell; und viele Menschen wollen nicht glauben, daß es hier viele graduelle Unterschiede zwischen den beiden Extremen gibt.«[18]

Obwohl das Wort »bisexuell« nirgendwo auf der legendären Kinsey-Skala auftaucht, entdeckten Kinsey und seine Kollegen bei der Analyse ihrer Ergebnisse, nahezu *nichts als* Bisexualität. Im zweiten Report, der im leidenschaftslosen, unpersönlichen Jargon der Sozialwissenschaft den »beinahe 8000 Frauen, die die Angaben gemacht haben, auf denen dieses Buch beruht« gewidmet ist, bekräftigen sie: »Es sollte nochmals darauf hingewiesen werden, wie es bereits in unserer Arbeit über den Mann geschehen ist, daß es unmöglich ist, die Zahl der Personen festzustellen, die ›homosexuell‹ oder ›heterosexuell‹ sind. Es ist lediglich möglich, die Zahl der Personen zu bestimmen, die zu einem bestimmten Zeitpunkt in die einzelnen Kategorien einer heterosexuell-homosexuellen Skala gehören.«[19]

Standardabweichungen

Und wer waren die Befragten? Es handelte sich um »5940 weiße, nicht strafgefangene Frauen«[20] und etwa 5300 weiße Männer. Die 915 interviewten Frauen mit Gefängniserfahrung wurden ausgeschlossen, weil ihre Sexualgeschichten die Berechnungen »schwerwiegend verzerrt« hätten, und die 943 nichtweißen Frauen, weil die Stichprobe zu klein war, um einen statistisch abgesicherten Vergleich zu ermöglichen. Zu einem ähnlichen Schluß kamen die Wissenschaftler auch bei dem Report über den Mann: »Die Sexualgeschichte des männlichen Negers können wir nicht darstellen, da die Zahl der in der Stichprobe vertretenen Neger, wenngleich von *gewisser* Größe, doch nicht hinreicht, Analysen zuzulassen, wie wir sie hier für den weißen Mann unternehmen.«[21] Es lohnt sich auch, einen Blick auf die Berufe der befragten Frauen zu werfen. Das Spektrum reicht von Beerenpflückerinnen, Zirkusreiterinnen, Zigarettenfräulein, Vorsteherin eines Frauencolleges, Männerdarstellerin, Angehörige der Heilsarmee, Mixerin in einer Eisbar und bezahlter Tänzerin in Männertanzbars bis zur Taxifahrerin, während die Ehemänner der befragten Frauen in alphabetischer Ordnung den Berufen des Abtreibers bis zum Zuhälter nachgingen. Dazwischen finden sich Diebe, Dichter, Missionare, Psychiater, Wiskeyschmuggler und Y.M.C.A.-Angestellte. Für eine Momentaufnahme der weißen amerikanischen Mittelklasse nach dem Kriege gibt es keine bessere und auch keine enthüllendere Quelle.

Die Kinsey-Skala umfaßte beides, die »handfeste Erfahrung« und die »psychische Reaktion«, und man fand heraus, daß 8 bis 10 Prozent der verheirateten Frauen, 11 bis 20 Prozent der ledigen Frauen und 14 bis 17 Prozent der geschiedenen und verwitweten Frauen von homosexuellen Reaktionen in der Zeit zwischen ihrem zwanzigsten und ihrem fünfunddreißigsten Lebensjahr berichteten. Stellt man die unterschiedlich große Anzahl der Individuen in jeder Gruppe in Rechnung, kommt man für Frauen insgesamt zu einem Ergebnis von 28 Prozent. Diese Zahl liegt sehr viel niedriger als der Prozentsatz für Männer (laut Kinseys Berechnungen im Report über den Mann betrug er 50 Prozent), und das trotz der weitverbreiteten, nun durch die Angaben widerlegten Annahme, Frauen hätten häufiger homosexuelle Reaktionen und Kontakte als Männer.

Diese irrige Meinung schrieben die Wissenschaftler der Duldung offener Zuneigungen zwischen Frauen und der beharrlichen männlichen Wunschvorstellung zu, zwei Frauen beim Liebesspiel zu beobachten. Das Wunschdenken der heterosexuellen Männer mag daher die Schätzungen in die Höhe getrieben haben: »Psychoanalytiker sehen darin auch einen Versuch der Männer, ihre eigenen homosexuellen Interessen zu rechtfertigen oder abzuleugnen.«[22]

Wie die Kinsey-Autoren feststellen, ging man diesen »Interessen«, eine Generation bevor sie in akademischen Gender-Untersuchungen als »Homosozialität« benannt wurden, in Männereinrichtungen wie Cafés, Kneipen, Nachtclubs, Saunen, Sporthallen und Schwimmbädern nach und tauschte sich in spezifisch homosexuellen Zeitschriften und organisierten homosexuellen Diskussionsgruppen aus. Wenn wir mit Kinsey unter »bisexuell« den Komplex von Reaktionen und Kontakten verstehen, die in den Untersuchungen angegeben wurden, scheint die amerikanische Kultur auf ein bisexuelles Leben ausgelegt zu sein.

Doch obwohl sie ihnen verbreitet nachgingen, verurteilten die Amerikaner solche Praktiken, möglicherweise, wie einschlägige Untersuchungen heute behaupten, gerade weil sie ihnen nachgingen. In beeindruckend liberalem Tonfall bemerkt der Report, daß »besonders in unserem jüdisch-christlichen Kulturkreis« einige Arten des Sexualverhaltens »durch religiöse Vorschriften, öffentliche Meinung und durch das Gesetz verdammt werden, weil sie den Bräuchen der betreffenden Kultur zuwiderlaufen oder weil sie an sich als sündhaft oder falsch angesehen werden und nicht, weil sie andere Menschen, ihrem Eigentum oder der Sicherheit der gesamten Gemeinschaft schaden könnten«.[23] »Richte dich in deinem Tun nach meinen Worten und nicht nach meinen Taten«, lautet dem Kinsey-Report zufolge die Quintessenz der amerikanischen Moral.

Ohne es ausdrücklich zu sagen, warfen die Wissenschaftler aus Indiana den amerikanischen Moralisten Provinzialismus vor und meinten (mit einem Argument, das die Auffassung des Forschers Simon LeVay vorwegnimmt und das sich die heutigen Soziobiologen und Entwicklungspsychologen gut merken sollten), daß »die bestehenden Säugetierarten trotz ihrer weitverbreiteten homosexuellen Betätigung überlebten«, und Beziehungen zwischen Männern in einigen muslimischen und buddhistischen Kulturkreisen nichts Ungewöhnliches seien, obgleich dies Kulturen sind, »in denen die Institution der Familie außerordentlich stark ist«.[24] Zwar verwenden sie hier nicht das Wort »Bisexualität«, doch daß sie darüber reden, ist unverkennbar. An der einzigen Stelle, wo im Report über die Frau das Wort explizit erwähnt wird, legt Kinsey die Möglichkeit diachron oder synchron praktizierter Bisexualität dar: »Bisweilen treten die homosexuellen und heterosexuellen Reaktionen zu verschiedenen Zeiten des Lebens auf; manchmal aber auch gleichzeitig.«[25]

Kinsey erkannte auch, welch erotisches Potential in einer »Grenzgängertechnik« liegt. Die homosexuelle Liebeskunst kann den heterosexuellen Sex erregender und lustvoller machen. »Die meisten Männer nähern sich den Frauen so, wie sie es von einem Sexualpartner für sich selbst wünschen«, dagegen bevorzugen »Frauen in ihren heterosexuellen Beziehungen tatsächlich Techniken, die den in homosexuellen Beziehungen allgemein benutzten sehr nahestehen.«

Frauen, erklärt der Report, genießen eine »allgemeine emotionale Erregung«, bevor es zu einer spezifisch sexuellen Berührung kommt. Sie wünschen sich »meist eine körperliche Stimulierung des gesamten Körpers« vor dem spezifisch genitalen Kontakt, eine Erregung der Klitoris und der labia minora bis hin zum Orgasmus. Die meisten Sexfibeln aus den sechziger und auch den siebziger Jahren tradierten diese Information über das weibliche Lustkontinuum von der emotionalen Erregung bis hin zum Orgasmus. Erst einige sex-positive Gruppen aus der bisexuellen und lesbischen Szene griffen in den achtziger Jahren diese Auffassung an. Sie verteidigten S/M, eine Weiterentwicklung der Bejahung von schwulem Sex, der die Möglichkeiten von Zufallsbekanntschaften und zahlreichen, auch anonymen Partnern pries. Dennoch wird man den Verfassern des Kinsey-Reports von 1953 einen gewissen visionären Blick nicht absprechen wollen, vor allem wenn sie mit lakonischem und vielleicht unbewußtem Witz behaupten, es sei »natürlich durchaus möglich, daß der Mann genug über die sexuellen Reaktionen der Frau lernt, um die heterosexuelle Begegnung ebenso erfolgreich zu gestalten, wie es vielen Frauen in ihren homosexuellen Begegnungen gelingt«. Mit Geduld und Geschicklichkeit kann ein Mann lernen, eine Frau so »erfolgreich« (oder lustvoll) zu lieben, wie Frauen es untereinander tun.[26]

Wie es der Zufall will, hört man dergleichen oft über bisexuelle Liebhaber und Liebhaberinnen: Die erotische Konzentration auf einen Partner des eigenen Geschlechts ermöglicht es den Bisexuellen, auch hinsichtlich der Lust des heterosexuellen Partners sensibler zu sein. Als ich einen (heterosexuellen) Freund fragte, worin seiner Meinung nach die besondere Anziehungskraft eines schon viele Jahre schwulen Mannes für seine gegenwärtige Partnerin liege, antwortete er, als handle es sich um eine ganz selbstverständlich Tatsache, daß schwule Männer die besseren Liebhaber sind: »Bei ihm kommt und kommt sie einfach.«

Man beachte, daß in den Kinsey-Reports im amerikanischen Original nie die Rede von Männern und Frauen ist, sondern immer nur von weiblichen und männlichen Personen bzw. Individuen. Ähnlich wie die bewußt trockenen Titel der beiden Reports unterstreichen auch die Wörter *male* und *female*, daß die Untersuchungen ihre Wurzeln in der Tier-Verhaltensforschung haben: Kinsey war Insektenforscher und unterzeichnete seine Briefe mit »Alfred Kinsey, Professor der Zoologie«.[27] Wörter wie »männlich« und »weiblich« nehmen den aufreizenden Informationen in all den nüchternen Tabellen und Diagrammen jedes erotische Prickeln. Dennoch wurde der erste Report gleich nach dem Erscheinen ein Bestseller: Innerhalb von zehn Tagen nach der ersten Veröffentlichung gab der Verleger schon die sechste Auflage in Auftrag; 185 000 Exemplare, für die damalige Zeit eine beeindruckende Zahl, wurden gedruckt – und man konnte sicher sein, daß die Leser nicht nur Zoologen waren.

Zu den ersten Lesern gehörte der Filmschauspieler Rock Hudson, der den ersten Report sofort nach Erscheinen mit seinen schwulen Freunden Mark Miller und George Nader diskutierte. Nicht nur sie, sondern viele andere gleich ihnen entdeckten, daß ihre Existenz zum ersten Mal von »einem anerkannten Wissenschaftler, einem unparteiischen Beobachter bestätigt« wurde. Hudson las Kinseys Statistiken als »Bestätigung«. Männer zerfallen »nicht in zwei deutlich unterschiedene Kategorien von heterosexuell und homosexuell«.[28] Die meisten Männer bewegen sich *zwischen* ausschließlicher Homosexualität und ausschließlicher Heterosexualität. Mehr als einer von drei Männern hatte homosexuelle Erfahrungen. Das war für Hudson nichts Neues, wohl aber für die Welt, in der er lebte, und für die USA.

Aus nächster Nähe

Der Erfolg der beiden Kinsey-Reports gab in Amerika das Signal für die Entstehung einer ganz neuen Informationsindustrie in Sachen Sex, die den kaum verhüllten Wunsch nach schlüpfrigen Einzelheiten, Namen und Gesichtern befriedigen wollte. All die sinnlichen Männer und Frauen, die masturbierten, Petting machten, Varietés besuchten, Orgasmen, wechselnde Partner und sexuellen Verkehr mit Tieren hatten, wurden nun sichtbar gemacht, nachdem sie zuvor hinter den nüchternen Forschungsergebnissen Kinseys verschwunden waren, unkenntlich geworden durch den Tarnanstrich der farblosen Begriffe »männlich« und »weiblich« und den unbarmherzigen Aufmarsch von Zahlenkolonnen.

Nun wurden diese verborgenen Individuen ans Licht gezerrt, erhielten Gestalt und Stimme, ob durch ihre Erzählungen bei Umfragen oder durch ihr Auftreten in Talk-Shows. Einige schrieben Bücher über ihr Leben, in denen sie mit Anekdoten statt mit Statistiken aufwarteten. Im Gefolge der sexuellen Revolution und hart auf den Fersen der (ersten) Entdeckung der »neuen Bisexuellen« 1974 durch *Time* und *Newsweek* und der wochenlangen Fernsehdebatte über Bisexualität, die 1975 von Barbara Wolters in ihrer Talk-Show mit dem treffenden Titel »Nicht nur für Frauen« ausgelöst wurde, erschienen Bücher wie *Bisexual Living* (1975), *View from another Closet: Exploring Bisexualität in Women* (1976), *The New Couple: Women and Gay Men* (1979) und *Barry and Alice: Portrait of a Bisexual Marriage* (1980). Nach der durch die Aids-Krise ausgelösten Verteufelung bisexueller Männer folgte dann in den achtziger Jahren noch *When Husbands Come Out of the Closet* (1989).

Eine Mitfünfzigerin, »Arztgattin, Mutter zweier Kinder, begeisterte Tennis- und Golfspielerin« und zudem Laienanalytikerin der Freudschen Schule, wurde im Mai 1974 von der Zeitschrift *Vogue* über ihre Bisexualität befragt. Sie meinte: »Heutzutage ist die halbe Welt bisexuell ... Das Problem besteht meiner Meinung nach darin, nun dafür zu sorgen, daß es so unwichtig wird wie das, was man zu Abend gegessen hat.« Gefragt, ob »die ausschließliche Homosexualität oder Heterosexualität ... oder, was das betrifft, auch die Bisexualität irgendwie genetisch bedingt« sei, gab sie zur Antwort, ihrer Ansicht nach sei sie erworben und nicht angeboren. Nicht ganz klar wird, warum der Interviewer glaubte, sie sei eine Expertin in diesen Fragen.

Bisexualität von Charlotte Wolff, einer angesehenen Psychiaterin, die sich selbst als bisexuell bezeichnet, referiert einige mythologische und psychoanalytische Ansichten zum Gegenstand, konzentriert sich aber in der Hauptsache auf Interviews mit etwa 150 Bisexuellen beiderlei Geschlechts, die sich auf Annoncen in *Gay News*, *Spare Rib*, *Time Out* und dem Vereinsblatt der tranvestitisch-transsexuellen Beaumont Society gemeldet hatten. Im guten alten Kinsey-Stil werden im Anhang einige Tabellen angeführt, welche die Antworten auf die Fragen verzeichnen. Beispielsweise: »Bedeutet Bisexualität einen geistigen (kreativen, gesellschaftlichen) Vorteil?« und »Wünscht Vp, dem anderen Geschlecht anzugehören?«[29]

Das Buch des Psychiaters Fritz Klein *The Bisexual Option* (1978) wollte den populärwissenschaftlichen Markt bedienen und wurde auf der Rückseite der Taschenbuchausgabe dafür gelobt, daß »es in klarer Prosa bekennende Bisexuelle zu Wort kommen läßt«. Klein erörterte »den Mythos des nichtexistierenden Bisexuellen« und schlug ein neues, Neurose und Gesundheit überspannendes Kontinuum vor, das (wie auch das Kontiuum von Heterosexualität bis Homosexualität) in Richtung der beiden äußeren Pole zu kollabieren schien. Auf die Profile von »vier neurotischen Bisexuellen« – Nora, Walter, Ann und Donald – folgten die Profile von drei gesunden Bisexuellen – Harold, Hazel und Jane. Vermutlich hätte jeder darauf gewettet, daß die Neurotiker bessere Geschichten erzählen. (Mir gefiel vor allem die Geschichte Anns, zu deren Liebhabern auch ein hinreißender Transvestit zählte, der die Einnahme von Hormonen erwog, um sich für sie Brüste wachsen zu lassen. In seiner Phantasie wollte er gern eine Lesbierin sein. Nachdem Ann sein Angebot ausgeschlagen hatte, ging sie zu einem Therapeuten, der ihr riet, es doch einmal mit einer Frau zu versuchen. Was sie auch mit erfreulich lustvollem Ergebnis tat. Klein kam zu dem Schluß, daß man über Anns bisexuelle Identität weniger klare Aussagen treffen könne als über ihre geringe Selbstachtung und den Wunsch, Schmerz zugefügt zu bekommen.)

Der Untertitel von Kleins Buch, *A Concept of One Hundred Percent Intimacy*, macht noch einmal deutlich, daß sein Adressat die Psycho-Szene ist, aber dennoch ist das Buch, wie versprochen, in klarer Prosa geschrieben. Allerdings hat Klein auch durchaus Veröffentlichungen im Jargon des medizinischen Experten geschrieben. Er, Hal Wells, Co-Autor von *Bisexual Living*, Jean Schaar Gochros, Verfasserin von *When Husbands Come Out of the Closet* und andere Therapeuten traten als Experten auf (Susie Bright, die Augurin der bisexuellen Erotik, nannte sich gar »Sexpertin«), während die von ihnen Befragten und die Patienten das Material lieferten.[30] Die Anwesenheit einer wissenschaftlichen Autorität wurde später in sämtlichen Talk-Shows ein Muß, allerdings war ihre Rolle eher undankbar. Der Fernsehrahmen war die Bühne für das Sensationelle. Wie ich aus meinen eigenen Talk-Show-Auftritten weiß, wird der Experte immer als angeblich »normaler Mann« oder »normale Frau« eingeladen. Stars sind die »eigentlichen« Gäste, die aus ihrem Sexualleben plaudern dürfen.

Die Talk-Shows lösten die populärpsychologischen Bücher nicht ab, sondern setzten sie in Szene. Oft wurden die Experten deshalb ausgewählt, weil sie schon ein Buch zum Thema verfaßt hatten. Diese trügerische Aura der »Wissenschaft«, verstärkt durch die Gastgeber, die die geladenen Experten ganz betont mit ihrem Titel anzureden pflegen, ist nicht zuletzt Kinsey und dem Bedürfnis des Publikums geschuldet, es endlich *wissen* zu wollen.[31]

Natürlich sind Eheberater oder Experten für Sexualfragen schon lange ein fester Bestandteil der Medien, bereit, all jenen mit Rat und therapeutischem Know-how zur Seite zu stehen, die ein privateres Orakel weder aufsuchen wollen noch können. (Tiresias übernahm, wie wir sahen, für Juno und Jupiter diese Rolle.) Während uns das Fernsehen in letzter Zeit bisexuelle Ehen eher als interessante Leckerbissen denn als katastrophale Arrangements präsentiert, betrachtete die Kummerkastenecke, eine freundlichere, zahmere und weiblichere Version der geföhnten Fernseh-Talk-Shows unserer Tage, die Bisexualität eher als eheliches Unglück.

Über Jahre beglückte das *Ladie's Home Journal* hilfesuchende Leser, die über eine unglückliche Ehe klagten, unter der Rubrik »Ist diese Ehe noch zu retten?« mit seinen Ratschlägen. Zu Beginn des Jahres 1982 beschäftigte sich die Zeitschrift mit dem Thema Bisexualität als Bedrohung für die Ehe. »Ginger ahnte nicht, daß Tom ein Doppelleben führte. Was geschieht, wenn eine Frau entdecken muß, daß ihr Mann eine Affäre hat, noch dazu mit einem Mann?« Unter der Überschrift »Mein Mann ist bisexuell« wühlte die Zeitschrift in den Eingeweiden von Toms und Gingers Beziehung und führte die »Sache« plastisch vor Augen.

Der Artikel begann so: »Ihr langes schimmerndes Blondhaar zurückwerfend, sagte Ginger: ›Ich kann mir nicht vorstellen, wie Tom und ich weitermachen können.‹« Sie hatte »nicht den geringsten Schimmer gehabt«, daß ihr Mann homosexuell oder vielmehr bisexuell sei, schließlich gingen sie immer noch miteinander ins Bett. Erst als sie Tom zu seinem Therapeuten begleitete, platzte er mit der Wahrheit heraus: »Du bist die einzige Frau, die ich je geliebt habe, und du bedeutest mir sehr viel. Aber ich bin bisexuell.«

Nachdem sie den ersten Schock überwunden hatte, dachte Ginger über ihre Beziehung nach. Sie erinnerte sich, daß sie als junges Mädchen »gerade von seiner Sensibilität so angezogen wurde«. Aber nun fragte sie sich, ob ihre Eltern nicht doch recht hatten, als sie ihr von einer Ehe mit Tom abrieten. Jetzt mußte sie sich damit auseinandersetzen, daß ihr Ehemann eine sexuelle Beziehung zu Harry unterhielt, »einem Junggesellen, der Tom seinen derzeitigen Job verschafft hatte«.

Tom gibt eine recht taktvolle Darstellung seines Verlangens nach »männlicher Kameradschaft«. Seine bisexuellen Bedürfnisse schreibt er nicht der sinnlichen Ausstrahlung der Männer zu, sondern anderen Faktoren: seiner sexuellen Unerfahrenheit, seinem Bewußtsein, ein schlechter Liebhaber zu sein, dem Naserümpfen von Gingers nach Höherem strebenden Eltern gegenüber ihrer Ehe, seiner eigenen überbehüteten Kindheit und seiner wenig zu Zärtlichkeiten neigenden Familie, frühen sexuellen Erfahrungen mit einem älteren Mann, Gingers »zwanghafter Redelust«, ihrem »leeren Geschwätz« und seiner »Schwierigkeit, ihre sexuellen Bedürfnisse zu befriedigen«. (Und all das auf zwei Seiten.) Für Harry empfinde er vor allen Dingen ein Gefühl der Dankbarkeit.

Der Eheberater, jeder Zoll ein Fachmann, ist optimistisch. »Nach achtmonatiger Therapie«, berichtet er, »traf Tom seine Entscheidung. Seine Beziehung zu Ginger war sehr viel besser geworden. Er fühlte sich von ihr nicht mehr bedroht, und damit verschwand jeder Grund, nach homosexuellen Kontakten zu suchen.« Tom und Ginger zogen in einen anderen Bundesstaat, »um einen Schlußstrich unter Toms Vergangenheit zu ziehen«.[32]

Der Leser mag sich zu Recht fragen, ob Bisexualität tatsächlich das Problem dieser Ehe war und ob es eine gute Idee war, sie zu »retten«, doch das ist einzig und allein Toms und Gingers Sache. Was sich festzuhalten lohnt, ist jedoch, daß eine »Rettung« der Ehe in diesem Fall darauf hinauslief, die bisexuelle Seite über Bord zu werfen. Für den Experten war ganz klar, daß Tom vor einer Entscheidung stehe: Entweder müsse er sich für Sex mit Männern oder für Sex mit Ginger entscheiden, wobei er Ginger indirekt dafür verantwortlich machte, daß es Tom zum eigenen Geschlecht zog.

Auch wenn der Experte der Frauenzeitschrift meinte, die Ehe sei nur zu retten, wenn der bisexuelle Partner sich entweder für Frauen oder für Männer als Liebesobjekte entscheide, mußte diese Meinung nicht für jeden verbindlich sein. Ein anderes Paar, das mit dem Gedanken an die Ehe liebäugelte, verbreitete sich auf den Seiten von *Cosmopolitan* über dasselbe Problem: die Bisexualität des Mannes. Der Artikel fragt selbstverständlich mit Kursivierung: »Bietet die Heirat mit einem Bisexuellen *irgendeine* Aussicht auf eheliches Glück?« Einige der interviewten Paare »antworteten mit einem klaren ›Ja‹«. Und bezeichnenderweise spielt Sex – das, was wir Bi-Sex nennen könnten, die Lust mit einem Bisexuellen ins Bett zu gehen – dabei eine wichtige Rolle.

Mark, »ein Börsenmakler Anfang 30, der abends in kleinen, avantgardistischen Nachtclubs Klavier spielt«, ging mit Ann aus, die in San Francisco für eine Wach- und Schließgesellschaft arbeitete und »klar sah, daß annehmbare Männer auf ihrem beruflichen Niveau eher rar gesät sind«. Mark »versuchte Ann mehr durch Taten als durch Worte anzudeuten, daß er bisexuell sei«, schließlich ließ er es auf eine Konfrontation ankommen. Ann saß auf der einen Seite des Tisches »und nippte nervös an ihrem Tequila«, ihr gegenüber saßen Mark und sein »bester Freund Peter«. Sie alberten mit ihren Weingläsern herum, und Peter »streichelte zärtlich Marks Hals«. Nach zwei qualvollen Wochen rief Ann ihn an. Sie trafen sich, liebten sich, und Mark machte Ann einen Heiratsantrag. Und was war mit Ann? Sie »begann immer deutlicher zu erkennen, daß sie ihre Haltung drastisch ändern müsse, sollte die Beziehung von Dauer sein«.[33]

Man beachte, daß hier die monosexuelle Frau, nicht der bisexuelle Mann, eine Veränderung in Erwägung zieht. Bisexuelle Männer sind »anziehender, sinnlicher, und praktisch jede Stadt im Land *wimmelt* von ihnen«, meinte eine andere Frau. Das Liebesspiel mit ihnen ist umwerfend. »Im Bett zeigen bisexuelle Liebhaber große Sensibilität und eine tabulose Neugierde. Sie sind daran gewöhnt, beim Sex zu geben *und* zu nehmen, was die *eigene* Lust einfach steigern muß.« Andere konsultierte Paare meinten, sie hätten einige feste Regeln. Sie wollten weder die Liebhaber ihres Partners kennenlernen noch über irgendwelche Affären sprechen.

Das war in den Tagen, bevor Aids für diese Paare zum Problem wurde. 1988 konnte eine andere konventionelle Frauenzeitschrift, *Woman's Today*, die »schockierende Wahrheit« über die Ehe von Tim und Barbara enthüllen: »Mein Mann liebte Männer ... Ich hätte niemals gedacht, daß Bisexualität, Aids oder eine Scheidung in meinem Leben zum Problem werden könnte«, teilte Barbara mit, »ich komme aus dem Mittleren Westen und bin dort in den fünfziger Jahren aufgewachsen. Wahrscheinlich würde man mich für eine sehr traditionelle und konventionelle Frau halten.« Die Zeitschrift schilderte das Ende der Ehe und gab den Frauen »Hinweise« dafür, »wie man einen bisexuellen Mann entlarvt«.[34]

In diesen Zeitschriften hat die Sparte »Wissenschaft« in letzter Zeit die geschwätzige, vertrauliche Intimität von »Trost und Rat« verdrängt, in der jeweils nur über *eine* Beziehung gesprochen wurde, wenn auch auf eine verallgemeinerbare, ja universalisierbare Weise. Kinsey hatte bewiesen, daß Sexualumfragen zu einem Publikumsrenner werden konnten, und Artikel wurden immer häufiger, in denen deduktiv aus Statistiken statt induktiv (oder verführerisch) aus Anekdoten verallgemeinert wurde. Vielleicht weil »anspruchsvolle«, frei über den Ladentisch erhältliche Erotikmagazine angeblich einen besonderen Reiz für die sexuell Abenteuerlustigen haben, bezogen Untersuchungen zur Bisexualität ihre Hinweise und ihre Belege aus solchen Hochglanzblättern. So stammten die Daten für den *Klein Sexual Orientation Grid*, die später auch die Grundlage für Kleins Buch *The Bisexual Option* bildeten, aus der Zeitschrift *Forum*. Die von *Playboy* im Januar 1982 unter den Lesern veranstaltete Sexualumfrage – »die größte, die je durchgeführt und tabellarisch erfaßt wurde« – war die Quelle eines Berichts über die Verhaltensmuster und die sexuelle Identität bisexueller Männer. Das Ergebnis, demzufolge weitaus mehr Männer bisexuell waren als zugegeben, wird niemanden mehr überraschen, schließlich hatten schon Kinsey und seine Mitautoren eben das nachgewiesen. Annähernd zwei Drittel der Männer, die als Erwachsene homosexuelle Erfahrungen gemacht haben, bezeichneten sich nicht als bisexuell, sondern als heterosexuell – einer von acht hatte bisexuelle Erfahrungen, doch nur einer von 21 wollte sich als Bisexueller angesprochen wissen. Dabei war der Grund *nicht*, daß die Erlebnisse einer anderen Zeit angehörten, so daß die Männer ihre bisexuelle »Phase überwunden hatten«. Von denjenigen, die zugaben, als Erwachsene sexuelle Begegnungen mit Männern gehabt zu haben und für die Zukunft nicht ausschließen wollten, daß es wieder zu gleichgeschlechtlichen Erlebnissen kommen könnte, bezeichneten sich nur 39 Prozent als bisexuell – die übrigen bestanden darauf, heterosexuell zu sein.[35]

Daten und Quelle dieser Untersuchung geben einen Hinweis auf Sinn und Zweck des Unternehmens: Die Wissenschaftler wollten zuverlässig herausfinden, wer durch Intimkontakt übertragbare Krankheiten, sprich Aids, besonders gefährdet ist. Was für *Playboy* noch ein Spiel gewesen sein mag, wurde in den nachfolgenden Jahren tödlicher Ernst, und der Fehler, sich selbst als bisexuell zu identifizieren, hatte psychologische und politische Folgen, von epidemiologischen gar nicht erst zu reden. Die Studie weist auf einige Mängel hin, die der Kinsey-Report bezüglich Fragen der Selbsteinschätzung aufweist. »Die Menschen gehen normalerweise nicht davon aus, daß sich ihr eigenes Sexualverhalten auf einem Kontinuum verorten läßt«, war das Fazit der Forscher. »Sie möchten sich gern in klar abgegrenzte Kategorien einordnen, und die von ihnen gewählten Kategorien sind für sie affektiv besetzt.« Auch der Begriff des *passing* (des »durchgehen als«), der oft herangezogen wird, um das Verhalten verheirateter Bisexueller zu beschreiben, scheint nur von begrenztem Nutzen zu sein: »Ein Großteil der Männer, die sich selbst als heterosexuell identifizierten, betrachten dies vemutlich nicht als einen Fall von ›passing‹ oder von Verleugnung. Vielmehr griffen sie aus dem Drehbuch des sexuellen Lebens, das ihnen nur zwei Kategorien anbietet, jene heraus, die am ehesten auf sie zutraf. Menschen schlüpfen gern in sozial definierte Kategorien, und ›bisexuell‹ gehört nicht dazu.«[36]

Das zeigt die Risiken für eine Untersuchung, die sich über eine so lange Zeit hinzieht. Denn seit den neunziger Jahren ist »bisexuell« als Etikett wieder weitaus anerkannter, nicht zuletzt dank der Arbeit bisexueller Organisationen und aufgrund von Filmen wie *Basic Instinct*, *Einsam, zweisam, dreisam* und *Drei von ganzem Herzen*. Doch ob sich heute sehr viel mehr *Playboy*-Leser als »bi« bezeichnen würden, sei dahingestellt. Im Juni 1993 veröffentlichte *Mademoiselle* die Ergebnisse einer gemeinsam mit *Details* durchgeführten Umfrage unter 2400 Lesern. Die Erhebung umfaßte 90 Fragen, darunter, ob die Befragten jemals gleichgeschlechtliche Intimkontakte hatten, ob das auf ihren Partner zutraf, ob sie jemals an einem Dreier teilgenommen haben (diese Frage befand sich in einem Fragenkomplex zum Gebrauch von Videokameras, Dildos und Nahrungsmitteln für sexuelle Zwecke, zu Bodypiercing, S/M und zu sexuellen Beziehungen zu sehr viel älteren oder jüngeren Partnern – offenbar *Mademoiselles* Katalog der Perversionen) und wie ihr Sexualleben durch Aids verändert worden war. Auch legte man ihnen die Frage vor, ob sie »heterosexuell, bisexuell oder homosexuell« seien, wobei die Abfolge suggerierte, daß »bi« die Mittelposition behauptet und nicht die extreme Spitze der Erfahrung und des Experimentierens darstellt.

Und was enthüllte nun diese Umfrage über die Leser von *Mademoiselle* und *Details*? »Die Leser, die an der Umfrage teilgenommen haben, sind fast ausschließlich heterosexuell, wenn's um die Tat geht. Nur drei Frauen erklärten, sie seien homosexuell ... Doch ihr Phantasieleben ist eine ganz andere Sache.« 18 Prozent geben sich sexuellen Phantasien mit Männern und Frauen hin. Nur 7 Prozent der Frauen hatten einen Dreier mitgemacht, »allerdings haben 21 Prozent der Männer solche Erfahrungen mit Dreiern anzubieten (die 7 Prozent der Frauen müssen ziemlich beschäftigt gewesen sein)«.[37] Wie viele sind nun bisexuell? Das verrät uns *Mademoiselle* nicht.

In einem vier Monate vorher erschienenen Artikel hatte *Mademoiselle* sich jedoch über die Epoche der »Baby-Dykes« verbreitet und unter der Schlagzeile »eine der heißesten Fragen unter Lesben aller Altersstufen« auch die Bisexualität ins Visier genommen.[38] Ohne sich auf eine Umfrage stützen zu können, zeichnete der Artikel die Vorurteile gegenüber Bisexuellen in den Kreisen junger Lesben auf: Bisexualität ist bloß »Bequemlichkeit«, d. h. Beanspruchung heterosexueller Privilegien, ein Freibrief für Abwehr, die Weigerung, sich zur Homosexualität zu bekennen, eine angenehme Position, um Lesben als »Sexspielzeug« zu benutzen. Er zitierte auch wiederholt eine Mutter, die ihre Tochter ständig korrigierte, wenn diese sagte, sie sei homosexuell: »Du bist nicht homosexuell, du bist bisexuell.« Der Generationenkonflikt »bi ist schlimm, homosexuell ist besser – homosexuell ist schlimm, bi ist besser« ist hier mit Händen zu greifen. Auch erkennt man schnell, wie das reißerische Trend-Vokabular (»heiß«, »neuer Stil«, »nächste Generation«) die nüchtern-statistische Basis von Sexualumfragen ersetzt, die mit Sorgfalt ein Verhalten über größere Zeiträume untersuchen wollen.

Die sogenannte Battelle-Studie, die Untersuchungsergebnisse einer Gruppe von Wissenschaftlern am Battelle Human Affairs Research Center in Seattle, Washington, wurde nach ihrer Veröffentlichung durch das Alan Guttmacher Institute im März 1993 enthusiastisch von der Presse besprochen, weil ihr zufolge nur 1 Prozent, und nicht wie Kinsey behauptet hatte 10 Prozent, aller Amerikaner »ausschließlich homosexuell« waren.[39] Schwulengruppen, die sich bis dahin auf die 10 Prozent als untere Grenze verlassen hatten und von einer sehr viel höheren Dunkelziffer ausgingen, begegneten dem Ergebnis mit Mißtrauen, und das Schwulen- und Lesbenblatt *10 Percent* bezweifelte stark, daß die Battelle-Methode mit persönlichen, von Wissenschaftlerinnen durchgeführten Interviews überhaupt zu verläßlichen Ergebnissen kommen könne. Warum sollte ein heimlicher Schwuler sich gerade gegenüber einer aufdringlichen Sozialwissenschaftlerin outen?

Aus anderen Gründen ist die Battelle-Studie trotzdem sehr interessant. Die Untersuchung wollte gesicherte Angaben über das Vorherrschen vaginaler, analer und oraler Sexualpraktiken in der männlichen Altersgruppe zwischen 20 und 39 Jahren machen. Dabei gingen die Sozialwissenschaftler von bestimmten Annahmen aus: Die Religion (vor allem eine stark konservative Religion) fördert eine »restriktivere Sexualideologie«, so daß Männer, die sich als religiös bezeichneten, mit geringerer Wahrscheinlichkeit andere als vaginale Sexpraktiken ausüben oder ihre Partnerinnen wechseln;

umgekehrt erhöht eine gute Bildung die Wahrscheinlichkeit, analen oder oralen Sex zu treiben und häufig die Partner zu wechseln, da sie »den Grad spiegelt, in dem ein Individuum für neue Gedanken und unkonventionelle Werte offen ist«; höheres Alter und Ehe bzw. Lebensgemeinschaft dürften vermutlich positiv mit sexueller Erfahrung korreliert sein, so daß von älteren, verheirateten Befragten eine größere und vielfältigere sexuelle Erfahrung zu erwarten war; Rasse und ethnische Zugehörigkeit seien aus Gründen, die für die Wissenschaftler nicht ganz geklärt waren, oft wichtige Determinanten für die sexuellen Erfahrungen erwachsener Männer. Zu diesem letzten Punkt ist anzumerken, daß die Wissenschaftler des Battelle-Instituts von einem Entweder-Oder ausgingen: »weiß« oder »schwarz«. Eine Fußnote klärt darüber auf, daß »›weiß‹ alle Männern einschließt, die nicht als ›schwarz‹ rubriziert worden sind (Weiße, Asiaten oder Südseeinsulaner, Indianer und nichtschwarze Hispanos)«. Auf ähnliche Weise wurden unter der Kategorie »Religion« konservative Protestanten, liberalere Protestanten und Katholiken unterschieden, während Juden, Moslems, Pantheisten und Atheisten in eine Kategorie »andere oder keine« fielen. Dieser Umstand ist geeignet, gewisse Bedenken hinsichtlich dessen zu wekken, was die Wissenschaftler eigentlich zu messen glaubten, und er ist auch bezeichnend für die Art und Weise des weiteren Vorgehens. Die befragten Männer wurden aufgefordert, ihre sexuelle Orientierung folgendermaßen zu beschreiben:

Auf die Frage »Von welcher Art waren in den vergangenen 10 Jahren Ihre sexuellen Aktivitäten?« standen ihnen als Antworten zur Verfügung: (1) ausschließlich heterosexuell, (2) überwiegend heterosexuell, (3) zu gleichen Teilen hetero- und homosexuell, (4) überwiegend homosexuell und (5) ausschließlich homosexuell. Bisexualität erscheint mithin wieder einmal als Überschneidung von Heterosexualität und Homosexualität, so daß der Unterschied gewissermaßen auf zwei offenbar erkennbare und etablierte Kategorien aufgeteilt wird. Doch von den fünf Auswahlmöglichkeiten der Studie stehen drei für einen bisexuellen Lebensstil. Beispielsweise erfahren wir, daß »Bildung positiv mit gleichgeschlechtlicher Aktivität korreliert war, aber nicht mit ausschließlich homosexueller Aktivität«.[40]

Der Bericht merkt an, daß die Zahlen für eine gleichgeschlechtliche Aktivität ein wenig niedriger liegen als die anderer kurz zuvor durchgeführter Untersuchungen. Doch keine der Untersuchungen »nähere sich den 10 Prozent an, die seit der Kinsey-Studie ständig angeführt werden«. Laut

Anmerkung der Verfasser war eine 1991 unter Männern und Frauen durchgeführte Umfrage zu der Schätzung gelangt, daß »3 Prozent der Erwachsenen keinerlei Sexualkontakte hatten, 91–93 Pozent ausschließlich heterosexuelle Begegnungen, 5–6 Prozent bisexuelle und weniger als 1 Prozent ausschließlich homosexuelle«.[41] Das ist das einzige Mal, daß im ganzen Battelle-Bericht das Wort »bisexuell« fällt. An keiner Stelle verwenden die Wissenschaftler es als eine Kategorie ihrer eigenen Untersuchung.

Ein Grund dafür mag das Bestreben sein, die Stigmatisierung des Bisexuellen als Aids-Überträger zu vermeiden, die allerorten durch die soziomedizinische Literatur der achtziger Jahre spukte. Die Battelle-Studie wollte in erster Linie das Risiko verschiedener Bevölkerungsgruppen herausfinden, sich das HIV-Virus oder andere durch Geschlechtsverkehr übertragene Krankheiten zuzuziehen. Der Bericht kommentiert diese Frage und gewichtet das Risiko einer Aids-Übertragung für jede Gruppe und jedes sexuelle Verhalten. So erfahren wir, daß konservative protestantische Männer sehr wahrscheinlich weder passiv noch aktiv oralen Sex haben, daß Hispanos mit größerer Wahrscheinlichkeit Analverkehr praktizieren, aber sehr wahrscheinlich keinen oralen Sex, und daß lediglich 20 Prozent der Männer zwischen 20 und 39 Jahren Analverkehr ausübten (eine Zahl, die, den Autoren zufolge, zwei anderen kürzlich durchgeführten Untersuchungen über sexuell aktive heterosexuelle Männer und Frauen entsprach).

Daß eine direkte Benennung der bisexuellen Identität durch ihre Abwesenheit glänzt, ist wieder einmal Indiz dafür, auf welche Schwierigkeit die Sozialwissenschaft bei ihrem Versuch stößt, eine so fließende Kategorie tabellarisch zu erfassen. Betrachten wir beispielsweise den »Masters und Johnson«-Report *On Sex and Human Loving* aus den sechziger Jahren. Bei »Masters und Johnson« handelt es sich in Wahrheit um ein Trio. Elf Bücher, die meist nur William H. Masters und Virginia E. Johnson zugeschrieben werden, sind von Robert C. Kolodny mit herausgegeben, der auf dem Umschlag ihres letzten Werkes als »ihr langjähriger Mitarbeiter« ausgewiesen wird.[42] Doch trotz dieser vielversprechenden Dreierkonstellation hatte keiner der drei auch nur einen Bruchteil dessen über das Thema Bisexualität zu sagen, was Kinsey darüber verlauten läßt. Das sechshundertseitige Werk *On Sex and Human Loving* enthält ganze drei Seiten zu diesem Thema. Immerhin genug für ihr Eingeständnis, daß die Bisexualität ohne Zweifel ein Problem für den Sexualwissenschaftler darstellt: »Das Wesen der Bisexualität wirft gegenwärtig noch manches Rätsel auf. Wir wissen nicht genau, was sie ›verursacht‹, und an den verschiedenen Mustern bisexueller Biographien hat schon manch eine Theorie über den Ursprung der sexuellen Orientierung Schiffbruch erlitten.«[43]

Das ist nur allzu wahr und zu Recht ein großes Problem für die Wissenschaftler. Nach Ursache und Ursprung zu forschen ist eine der Aufgaben des Arztes, wenn er eine Krankheit untersucht – also etwas Eigentümliches und von der Norm Abweichendes. Warum dann nicht gleich Ursache und Ursprung der Monosexualität erforschen, die doch sehr viel eigentümlicher erscheint als die Bisexualität, da sie eine ganze Klasse von Personen aus dem Kreis potentieller Objekte und Subjekte erotischer Liebe ausschließt? So knapp wie möglich werden auf den drei Seiten die Umstände aufgelistet, die mit größter Wahrscheinlichkeit ein bisexuelles Verhalten hervorrufen: sexuelle Experimentierlust, Gruppensex, »bisexuelle Philosophie« als »Produkt persönlicher Glaubenssysteme« (worunter anscheinend die von ihnen in Anführungszeichen gesetzte »Frauenbewegung« zu verstehen ist). Des weiteren gibt es noch situationsbedingte Bisexuelle im Gefängnis und in der Armee, »heterosexuelle« Strichjungen, Besucher öffentlicher Toiletten und Männerclubs und laut ihrer eigenen Wortschöpfung »Ambisexuelle«, die der Charakterisierung dessen entsprechen, was die Herausgeber des bisexuellen Blattes *Anything That Moves* ironisch als Titel wählten.

Das Bedeutsamste, was sie über Bisexualität zu sagen haben, ist auch ihr letztes Wort dazu: »Es ist gut möglich, daß unsere Einsicht in die Komplexität menschlicher Sexualität in dem Maße wächst, wie wir mehr über den Gegenstand lernen.« Das mag recht nichtssagend klingen, aber immerhin wird hier die Tatsache anerkannt, daß Sexualwissenschaftler das Pferd möglicherweise von hinten aufgezäumt haben oder, wie der Titel *dieses* Buches andeutet: *vice versa*. Nicht Bisexualität ist das Rätsel. Das Rätsel ist die sexuelle Ausschließlichkeit.

Doch solche Signale werden von heutigen Sexualwissenschaftlern nicht wahrgenommen, die weiterhin mit ihrem Versuch fortfahren, die Sexualität in Schubladen zu stecken. Der 1993 erschienene *Janus-Report* (so benannt nach den Forschern Samuel J. und Cynthia L. Janus, leider nicht nach dem doppelköpfigen Gott) sieht sich selbst als Nachfolger von Kinsey und Masters und Johnson. Janus u. Janus fanden heraus, daß die »Anzahl jener, die entweder häufig oder durchgängig homosexuelle Handlungen ausübten, sich zu gleichen Teilen als homosexuell oder bisexuell ausgaben«[44]. Allerdings sprachen sie dasselbe Problem an, das schon Kinsey beunruhigt hatte:

Wie soll man »homosexuell« und »bisexuell« definieren – eine wahrlich grundlegende Frage. Denn wie sie zeigten, würde die Anzahl der Homosexuellen, wenn nicht nur »anhaltende« und »häufige« homosexuelle Begegnungen, sondern auch »gelegentliche« festgehalten würden, sprunghaft von 4 Prozent der Männer und 2 Prozent der Frauen (laut ihrer eigenen Studie) auf 22 Prozent bei den Männern und 17 Prozent bei den Frauen ansteigen, »was die meisten Schätzungen bei weitem übersteigt«. Die Reaktion des *Janus-Reports* war nicht, Menschen mit gelegentlichen oder häufigen homosexuellen Erfahrungen als bisexuell zu erfassen. Man entschied sich statt dessen, die »sporadischen« Daten bei der Zusammenstellung der Statistiken unter den Tisch fallen zu lassen. Auf diese Weise konnten die Wissenschaftler eine Tabelle produzieren, die einen recht geringen Prozentsatz »selbstidentifizierter« Bisexueller aufweist (5 Prozent der Männer, 3 Prozent der Frauen), doch verzichteten sie dafür auf eine Tabelle für das Verhalten, ganz zu schweigen von einer für Phantasien und Träume.

Ein Bericht über *Sexual Behaviour in Britain* von 1994 informierte die Leser, daß mehr als die Hälfte aller Männer mit gleichgeschlechtlichem Partner in den letzten fünf Jahren auch einen Sexualpartner des anderen Geschlechts hatten, während die Zahl für Frauen gar 75 Prozent betrug. Dieses »hohe Vorkommen bisexuellen Verhaltens« wurde auch von amerikanischen, französischen und norwegischen Studien belegt. Die französischen Zahlen sprachen von 82 Prozent der Männer und 78 Prozent der Frauen, die norwegischen von 83 bzw. 75 Prozent. Mit anderen Worten: Ein erstaunlich hoher Anteil von Männern und Frauen, die von »gleichgeschlechtlichen« Sexualpraktiken berichteten, erzählten auch von sexuellen Kontakten mit dem »anderen Geschlecht«.[45] Man hätte meinen können, dies seien erstaunliche Neuigkeiten und die Bisexualität verdiene damit zumindest ein Kapitel oder einen Unterabschnitt in dem 400 Seiten starken Bericht. Tatsache ist, daß diese Information auf drei Seiten eines langen Kapitels mit dem Titel »Sexual Diversity und Homosexual Behaviour« steht und das Interesse der Wissenschaftler vor allem wegen ihrer Implikationen für die Ansteckungsprävention erweckt. In dem ganzen Band entfallen auf das Thema Bisexualität spärliche fünf Seiten.

Auch das hochgepriesene Werk *Sex in America*, das der »umfassendste und aufschlußreichste Bericht über unser sexuelles Verhalten heute und seine überraschenden Implikationen« sein wollte, vermischt munter homosexuell und bisexuell. Tortendiagramme und Säulenschaubilder zeigen, wie

Standardabweichungen

hoch der Prozentsatz der befragten Amerikaner ist, die sich als »entweder homosexuell oder bisexuell« bezeichnen, wodurch die Bisexualität statistisch wieder einmal unsichtbar gemacht wird.[46]

Die Untersuchung berücksichtigt gleichgeschlechtliche Wünsche, gleichgeschlechtliches Verhalten und/oder gleichgeschlechtliche Identifikation und verzeichnet pflichtbewußt die Überschneidungen (»mehr Personen finden Angehörige ihres Geschlechts sexuell attraktiv als homosexuellen Sex haben«; von den 8,6 Prozent der befragten Frauen, die gleichgeschlechtliche Empfindungen oder Erfahrungen einräumten, »betrachtet sich ein beträchtlicher Anteil [13 Prozent] nicht als lesbisch, obwohl sie durchaus andere Frauen begehrten und auch sexuelle Beziehungen mit Frauen hatten«).[47] Doch wie für Masters und Johnson und andere Wissenschaftler lautet auch für die Verfasser dieses Berichts die große Frage, wie »homosexuell« zu definieren sei:

> Im Laufe ihres Lebens verändern Leute oftmals ihr Sexualverhalten, so daß man unmöglich behaupten kann, ein bestimmtes Verhaltensmuster weise eine Person als homosexuell aus ... Ist ein Mann, der seine Frau nach 20 Jahren wegen eines homosexuellen Geliebten verläßt, nun homosexuell oder heterosexuell? ... Ist es eine verheiratete Frau, die vor einem Jahrzehnt mit ihrer Zimmergenossin im College sexuelle Beziehungen hatte? Darf man annehmen, daß eine homosexuelle Erfahrung jemand für alle Zeit als homosexuell definiert?[48]

Trotz dieser und anderer ähnlicher Fragen suchten sie weiterhin nach Homosexualität statt nach Bisexualität, während sie unablässig ihre Frustration darüber ausdrückten, daß sie sie nicht finden konnten: »Wir können nicht so einfach sagen, eine Person sei homosexuell oder nicht homosexuell.«

Und offenbar fällt es noch viel schwerer zu sagen, daß jemand bisexuell (oder nicht) ist. Von den vier Stellen der Studie, in denen von Bisexualität die Rede ist, tritt sie an zwei Stellen in der übergreifenden Kategorie »homosexuell oder bisexuell« auf, und die beiden anderen Stellen finden sich, wie nicht anders zu erwarten, in einem Kapitel über Aids, in dem vor Dunkelmännern wie jenem »bisexuellen Mann« gewarnt wird, der »auf Long Island wohnte und heimlich nach New York City fuhr, um sexuelle Kontakte zu Männern zu suchen. Er infizierte sich mit dem HIV-Virus und gab es an seine Frau weiter ... Um die Ausbreitung von HIV über infizierte schwule

Männer auf Männer zu untersuchen, die sexuelle Beziehungen zu Männern und Frauen unterhalten, müssen wir wissen, mit wem bisexuelle Männer ein Verhältnis eingehen, und auch, wo sie leben.«[49] Sofern Bisexualität überhaupt in dieser Studie auftaucht, erscheint sie, eben aufgrund ihrer »geheimen« (d. h. undokumentierten) Natur, als Gesundheitsrisiko, nicht als eine Weise zu leben und zu lieben.

Ist Bisexualität ein sexuelles Verhalten, ein Lebensstil oder eine Sexualität? Fritz Klein und andere haben jedenfalls deutlich gemacht, daß sie nicht als eine Kultur in dem Sinne galt, wie wir seit den Tagen Oscar Wildes von einer schwulen und lesbischen Kultur sprechen. Wie viele andere festgestellt haben, war Bisexualität jedoch als gelebte Praxis für viele Kulturen historisch grundlegend, angefangen beim antiken Griechenland bis hin zu Teilen von Neuguinea im 20. Jahrhundert. Wie ihre Allgegenwart mit ihrer Unsichtbarkeit vereinbar ist, wie ihr Status zu definieren ist, stellt die Wissenschaft vor ein Problem, dem sie traditionell mit Entwicklungsmodellen für das Individuum oder die Gesellschaft zu Leibe rückte.

Dadurch sahen sich Wissenschaftler allerdings genötigt, die »sexuelle Orientierung« als eine Kategorie zu behandeln, die von Kriterien wie Haarfarbe, Körpergröße, Muskulatur, Geld, gesellschaftlicher Stellung und anderen Charakteristika strikt getrennt ist, um deren Bedeutung für die Erotik Romanschriftsteller und Werbefachleute aber sehr wohl wissen.

Die scheinbare Solidität von »homosexuell« und »heterosexuell« als wissenschaftlich meßbare Kategorien – im Gegensatz zum ungenauen, begrifflich schwer zu fassenden »bisexuell« – war mit ein Grund dafür, daß in sozialwissenschaftlichen Sexualreports die Bisexualität unsichtbar bleibt. Dasselbe gilt, wie wir bald sehen werden, von der Biologie. Doch wie die Biologin Ruth Hubbard feststellte, »verdunkelt die Verwendung des Ausdrucks ›sexuelle Orientierung‹ zur Beschreibung von Personen mit gleichgeschlechtlichen und andersgeschlechtlichen Sexualkontakten die Tatsache, daß viele von uns andere starke und konsequente sexuelle Orientierungen haben – etwa hinsichtlich der Haarfarbe, der Körpergestalt oder rassischer Typen. Nach Genen zu suchen, die mit *diesen* Orientierungen verbunden sind, wäre genauso logisch, wie nach ›homosexuellen Genen‹ zu suchen.«[50]

10. Die Rückkehr zur Biologie

> Ob wir finden, was wir suchen, ist, biologisch gesprochen, bedeutungslos.
> *Edna St. Vincent Millay*[1]

Zu viele Geschlechter

»Liebe Ann Landers«, schrieb »ein besorgter Vater aus Ukiah, Kalifornien« an den *Miami Herold*:

> Mein halbwüchsiger Sohn kam vor ein paar Tagen mit einer Geschichte nach Hause, die mich glatt umwarf. Einer seiner High-School-Lehrer hatte den Schülern gesagt, in der menschlichen Gattung gebe es fünf Geschlechter: Männer, Frauen, Homosexuelle, Bisexuelle und Asexuelle ...
> Ich sagte meinem Sohn, daß der Lehrer etwas Falsches behauptet hat, daß es nur ZWEI Geschlechter gibt, Männer und Frauen, und daß die anderen Kategorien sexuelle Praktiken bezeichnen.
> Ann, diese Fehlinformation macht mich bestürzt ... Was sagen die Experten dazu? Behaupten sie etwa, es gibt heute fünf Geschlechter? Alles ändert sich so schnell, daß man kaum noch mithalten kann.

Ann Landers zeigte sich der ihr zugemuteten Aufgabe durchaus gewachsen und brachte die Dinge eilends ins rechte Lot. »Es gibt nur zwei Geschlechter: Mann und Frau. Aus jüngeren Untersuchungen geht hervor, daß Homosexualität, Bisexualität und Asexualität nicht die Folge irgendwelcher Fehlentwicklungen der Geschlechtsorgane sind, sondern eher eine biochemisch-genetische Veränderung, die bislang noch niemand erklären konnte.«[2]

Dieser unter der Überschrift »Lehrer muß seine Lektion lernen – Es gibt keine fünf Geschlechter« erschienene Briefwechsel, der zwar pädagogisch dürftig sein mag, aber uns beruhigt aufatmen läßt, verdeutlicht auf recht bezeichnende Weise, wie sehr das Verlangen wächst, die Auswüchse der menschlichen Sexualität allgemein verständlich zu kategorisieren und zu erklären. Was manchmal sexuelle Präferenz (das Moment der Wahl betonend) und manchmal sexuelle Orientierung (das Schicksalhafte unterstreichend) genannt wird, wird in diesem Schulbeispiel – zumindest in der Schilderung des besorgten Vaters – mit »Geschlecht« gleichgesetzt. Das biologische Geschlecht (*sex*) und das soziologische, anthropologische und kulturelle Geschlecht (*gender*) werden hier stillschweigend und wenig hilfreich vermischt. Infolgedessen wird die Heterosexualität, die absichtsvoll nicht unter den Geschlechtern aufgelistet wird, als der natürliche Tummelplatz der beiden genannten Geschlechter, Mann und Frau, gerettet. Ann Landers' Antwort, die in geraffter Form sowohl auf die Liste der fünf Geschlechter als auch auf die darin implizierte Kritik eingeht, erklärt, daß Bi-, Homo- und Asexualität nicht »falsch«, sondern nur anders seien. Sie falsch zu schelten wäre nicht richtig, doch Geschlechter sind sie nicht.

Für die Rubrik »Trost und Rat« einer Zeitung ist eine solche Reaktion durchaus nicht überraschend, und nichts daran wäre irritierend erschienen, hätte man nicht drei Monate später in der angesehenen Zeitschrift *The Sciences* den Artikel »Die fünf Geschlechter« der Genetikerin Anne Fausto-Sterling lesen können, der in seinem Untertitel provokativ erklärt: »Warum männlich und weiblich nicht genügen«.[3]

Fausto-Sterling schildert, wie intersexuelle Personen, Menschen, deren Körper biologisch, anatomisch oder chemisch eine Mischung aus Mann und Frau darstellen, vom Recht gar nicht wahrgenommen und von der Medizin neu zugeordnet werden.

Die festverwurzelte Überzeugung der westlichen Kultur, es gebe nur zwei Geschlechter, läßt sich an den Beschränkungen unserer Sprache (um einige ihrer Subjekte zu beschreiben, muß Fausto-Sterling zu sprachlichen Kunstformen wie »sie/er« und »seine/ihre« greifen) und am Recht ablesen (in den vergangenen Jahrhundert sind Rechte und Verpflichtungen wie das Wahlrecht, der Militärdienst, die Ehe oder auf gegenseitiger Zustimmung beruhender Sexualverkehr von Gesetzen geregelt worden, die nur Männer und Frauen kennen). Als Folge dieser Auffassung entwickelte sich eine kulturelle Abwehr gegenüber allen offensichtlich intersexuellen Individuen, die Fausto-Sterling »*herms*«, echte Hermaphroditen mit Hoden und

Eierstöcken, »*merms*« (männliche Pseudohermaphroditen mit Hoden und Ansätzen weiblicher Geschlechtsteile, aber ohne Eierstöcke) und »*ferms*« (weibliche Pseudohermaphroditen mit Eierstöcken und Ansätzen männlicher Geschlechtsteile, aber ohne Hoden) nennt.

Die Ärzte haben den Körpern solcher Personen einen gewissen Anschein von Normalität verliehen, indem sie Kinder neu klassifizierten, bei denen in der Pubertät die Herausbildung von Geschlechtsmerkmalen nicht dem zu Erwartenden entsprach, etwa wenn sich ein Organ bei einem »weiblichen« Individuum entwickelte, das eher einem Penis gleicht als einer Klitoris, oder wenn ein »männliches« Individuum mit einem X- und Y-Chromosom Brüste entwickelte und zu menstruieren begann. Fausto-Sterling betont, daß »die Ziele dieses Vorgehens durchaus menschenfreundlich sind. Sie spiegeln den Wunsch der Betroffenen wider, physisch wie psychisch dazugehören zu können. Doch welche Voraussetzungen diesem Wunsch zugrunde liegen – daß es nur zwei Geschlechter geben darf, daß einzig die Heterosexualität normal ist, daß es nur ein gültiges Modell psychischer Gesundheit gibt –, all das wurde von den Medizinern praktisch nicht reflektiert.«[4]

Das ist so, als würde das häßliche Entlein aus dem Märchen durch einen veterinärmedizinischen Eingriff (und begleitende Beratung) zu seinem (oder ihrem?) Wohl aus einem nicht diagnostizierten Schwan zu einer kosmetisch verschönerten Wildente gemacht.

»Hermaphroditen«, bekräftigt Fausto-Sterling mit Eloquenz, »haben aufsässige Körper. Sie lassen sich nicht auf natürlichem Weg unter eine ›Entweder-Oder‹-Klassifizierung subsumieren; allein einem Chirurgenmesser könnte das gelingen. Doch warum sollte es uns beunruhigen, wenn eine ›Frau‹, die dadurch definiert ist, daß sie Brüste, Vagina, Uterus und Eierstöcke hat und menstruiert, auch eine Klitoris aufweist, die groß genug ist, um in die Vagina einer anderen Frau einzudringen? Warum sollte es uns beunruhigen, wenn es Menschen gibt, deren biologische Ausstattung sie befähigt, ganz ›natürlich‹ mit Männern und Frauen sexuelle Beziehungen zu unterhalten? Die Antwort scheint in dem kulturellen Bedürfnis zu liegen, an den klaren Unterschieden zwischen den Geschlechtern festzuhalten. Die Gesellschaft verlangt die Kontrolle intersexueller Körper, weil sie die große Trennung verwischen und überbrücken. Insofern Hermaphroditen buchstäblich beide Geschlechter verkörpern, stellen sie die herkömmlichen Überzeugungen über die Geschlechterdifferenz in Frage: Sie verfügen über die irritierende Fähigkeit, manchmal wie das eine Geschlecht und manchmal wie das andere zu leben, und sie beschwören das Gespenst der Homosexualität herauf.«[5]

Der Homosexualität oder der Bisexualität? »Mit Männern und Frauen ›natürliche‹ sexuelle Beziehungen zu unterhalten.« Fausto-Sterlings furchtlose und herausfordernde Vision einer Gesellschaft, auf die wir vielleicht noch Generationen warten müssen, antizipiert, daß »die Sexualität wegen ihrer vielfältigen Möglichkeiten gefeiert und nicht mehr gefürchtet oder lächerlich gemacht wird«. Damit stößt die Genetikerin nicht nur die Tür zu einer umfassenderen Akzeptanz der Homosexualität auf. Sie weist auch den Bisexuellen und allen anderen, die sich nicht säuberlich in die vorgefaßten Ansichten von sozialer Normalität fügen, einen Ort zu.

Überflüssig zu sagen, daß eine solch visionäre Auffassung von Wissenschaft und Gesellschaft nicht unwidersprochen blieb. Eine Kurzfassung von Fausto-Sterlings Artikel auf der Diskussionsseite der *New York Times* unter dem Titel »Wie viele Geschlechter gibt es?« löste erwartungsgemäß ein breites Spektrum von Kommentaren aus. Ein Leser jammerte: »Wie kommt es nur, daß Leute, sobald sie über die menschliche Sexualität nachdenken, so außergewöhnlich wirres Zeug daherreden?«[6] *The Sexual Continuum*, ein Buch des britischen Genetikers Winston Holt, wurde mit dem Satz zitiert, »jeder von uns ist bis zu einem gewissen Grade heterosexuell und homosexuell und mithin bisexuell«, und auch Alfred Kinseys Behauptung, »der einzige anormale sexuelle Akt ist derjenige, den man nicht vollziehen kann«[7], wurde angeführt. Die Leser der *New York Times* wurden daran erinnert, daß »die Indianer glaubten, es gebe vier Geschlechter: Männer, die Frauen lieben, Männer, die Männer lieben, Frauen, die Frauen lieben, und Frauen, die Männer lieben. Und da Männer, die Männer lieben, und Frauen, die Frauen lieben, in der Minderzahl waren, mußten sie von den Göttern gesegnet sein.«[8] (Solche Hinweise auf andere Kulturen und Traditionen sind häufig in bisexuellen Blättern und Rundbriefen zu finden.)

Was kulturgeschichtlich besonders überrascht, ist die Art und Weise, in der die neunziger Jahre unseres Jahrhunderts die neunziger Jahre des letzten Jahrhunderts wieder auferstehen lassen. Biologistische Argumente zur Erklärung der Homosexualität bestimmen erneut die Debatte und sind in Mode. Wieder einmal werden Familiengeschichten wie vor 100 Jahren nach Erbanlagen durchleuchtet, um eine Antwort auf das Rätsel der menschliche Sexualität zu finden, die sich auf überprüfbare »Tatsachen« berufen kann, auf die Wissenschaft und nicht auf den Einfluß der Kultur. Und wieder einmal scheitert, wie schon vor 100 Jahren, die Suche nach der biologischen Wahrheit an einer unbequemen Tatsache: an der Bisexualität als einer menschlichen Verhaltensform. Denn die Bisexualität macht einen Strich durch die Rechnung, bringt die sauberen Säulendiagramme für die Bevölkerungsanteile der Heterosexuellen und der Homosexuellen durcheinander.

Bi für Biologie, von (griech.) *bios* = Leben. Bi für Bisexualität, von (lat.) *bis* = zweimal.

Die Frage der Bi-ologie

Die Biologie ist wieder zur Stelle. Nachdem sie jahrzehntelang mit ihren Erklärungen für homosexuelles Verhalten (oder, wie man tadelnd mit erhobenem Zeigefinger sagte, »homosexuelle Neigungen«) ins Abseits geraten war, feiert sie nun ein überwältigendes Comeback. Das »schwule Gen«, das »schwule Gehirn« und der biologische Imperativ – nicht die Wahl eines Lebenstils, sondern ein DNS-Muster, biologische »Fakten« – stehen heute im Mittelpunkt wissenschaftlicher Untersuchungen.[9] Die Politik ist mit diesen neuen (oder vielmehr wieder zum Leben erweckten) Thesen wieder an den Anfang zurückgekehrt. Wie das *Wall Street Journal* bemerkte, »könnte die Entdeckung einer eindeutig biologischen Ursache der Homosexualität im Kampf für die Rechte der Homosexuellen von großem Vorteil sein. Sollte sich herausstellen, daß Homosexualität ein ebenso unveränderliches Kennzeichen ist wie die Hautfarbe, könnten alle Gesetze, welche die Homosexualität kriminalisieren, gestrichen werden.«[10] Gleichgeschlechtliche Ehen, die Sicherung des Arbeitsplatzes, Antidiskriminierung im Mietrecht: All das könnte von einer Neudefinition der Homosexualität – biologisch verursacht und nicht sozial und kulturell gewählt – abhängen.

Paul Cameron, der Leiter des Family Research Institute, einer konservativen, politisch einflußreichen Gruppe, die unter dem Slogan »Wissenschaftler verteidigen traditionelle Familienwerte« firmiert, gab den Aktivisten für die Rechte der Homosexuellen folgenden politischen Rat: »Wäre ich der Vorsitzende der Schwulenrechtsbewegung, würde ich sagen: ›Jungens, was immer wir machen, wir müssen sie davon überzeugen, daß wir so geboren wurden.‹ Wenn sie die Mehrheit der Amerikaner davon überzeugen können, ist der Weg für sie frei.«

Die Frage der Bi-ologie

Doch eine derartige Politik hat für die Schwulen und Lesben auch eine andere Seite: Sollte wissenschaftlich »bewiesen« werden, daß Homosexualität keine Sache der Wahl ist, was stünde dann einer erneuten Pathologisierung und »Heilung« im Wege? Oder was spricht gegen eine medizinisch indizierte Abtreibung, nachdem ein pränataler Test das schwullesbische Gen nachgewiesen hat? Setzt man bei der Forderung nach gleichen Rechten auf die Wissenschaft, so eröffnet man die Möglichkeit, eine Wahl der Sexualität als illegitim abzuwerten. Auch wird damit stillschweigend das Entweder-Oder der Zweiteilung in heterosexuell und homosexuell bekräftigt. Was würde wohl geschehen, wenn sich in einem Routinetest ergäbe, daß bis dahin »einwandfrei« heterosexuelle Männer und Frauen das schwullesbische Gen hätten? Hieße das, sie wären in Wirklichkeit homosexuell? Würde daraus folgen, daß sie therapeutisch als Homosexuelle resozialisiert werden müßten, damit sie ihren Genen treu sind?

»Eine biologische Erklärung der Homosexualität erklärt gleichzeitig die Heterosexualität«, schreiben Michael Bailey und Richard Pillard in einem Artikel, der Simon LeVays Ergebnisse seiner Hirnforschung als gute Nachricht für Schwule und Lesben begrüßt. Sie bemerken, daß die »Homophobie die einzige Form der Heuchelei ist, die ehrenwerte Leute öffentlich ungeniert zum Ausdruck bringen dürfen«, und glauben, die wissenschaftliche Erforschung der Ursprünge sexueller Orientierung würde die öffentliche Debatte erweitern und zu bahnbrechenden »Selbstentdeckungen« führen.[11] Den genetischen Ursprüngen der Homosexualität nachzuspüren ist ihrer Ansicht nach nicht stigmatisierender, als nach den genetischen Ursachen von Extravertiertheit und Intelligenz zu suchen, die eher als positive denn als negative Eigenschaften gelten.

Die Suche nach einer »wissenschaftlichen« Erklärung (oder sollte man besser wissenschaftliche »Erklärung« schreiben?) für die Homosexualität und Heterosexualität hat in letzter Zeit sowohl Kritiker der Geschlechteridentität als auch Biologen bewegt. »Niemand weiß, wie sich sexuelle Orientierung in Wirklichkeit entwickelt«, merkte Mariana Valverde 1987 an. Einen Grund für diesen Mangel sieht sie darin, »daß sich fast die gesamte Forschung bisher darauf konzentriert hat, die ›Ursachen‹ für Homosexualität herauszufinden – als ob Heterosexualität keine Ursachen hätte«.[12] Diesem Mangel abhelfen und das Ungleichgewicht ausgleichen wollten die Untersuchungen von Bailey, Pillard, LeVay und Hamer, doch sie schufen damit nur ein neues Ungleichgewicht. Indem sie mit ihren Forschungsmodellen versuchten, jede Mehrdeutigkeit fernzuhalten, radierten sie zwangsläufig die Bisexualität aus.

Die alten biologischen Auffassungen der Sexualkundler des 19. Jahrhunderts – (und später die »Rassenhygiene« der Nazis, die Menschen mit »angeborener« Homosexualität als genetisch minderwertig ansah und damit zur Vernichtung bestimmte) – behaupteten, Homosexuelle seien an bestimmten Merkmalen zu erkennen, die Männer an ihrem fehlenden Bartwuchs und »schwachen Handgelenken«, die Frauen an einer vergrößerten Klitoris und einem kurzen Haarschnitt. Nach dieser biologischen Logik wurden beispielsweise jüdische Männer mit Frauen und Homosexuellen assoziiert; sie waren orientalisch, verweichlicht, degeneriert, beschnitten (und damit bereits selbstkastriert), hatten eine hohe Stimme und ein auffallendes Gebärdenspiel. Dem Sexualwissenschaftler Richard von Krafft-Ebing zufolge konnte man vor allem leicht die von Geburt an sexuell Invertierten identifizieren. Sie verriet die hohe Stimme, die schmale Brust und das breite Becken bei den Männern und umgekehrt die tiefe Stimme, die kleinen Brüste und das enge Becken bei den Frauen.[13] Die Form des Körpers stellte das invertierte Begehren dar: Wenn ein Mann einen Mann begehrte, so mußte er nach dieser Theorie der »idealen« angeborenen sexuellen Inversion nicht wie ein Mann, sondern wie eine Frau aussehen. Auf diese Weise konnte sich die Heterosexualität als maßgebliches Modell behaupten. Vorgestellt wurde stets ein männlich-weibliches Paar, auch wenn der »männliche« Teil eine Lesbierin in Hosen oder der »weibliche« ein Mann in Röcken war. Die Diagnose der Homosexualität als einer Perversion mit biologischen Wurzeln und klinischen Symptomen, die im Verhalten sichtbar werden (Frauen, die Hosen trugen, rauchten, eine Heirat scheuten; Männer, die in ihrer Kindheit mit Puppen spielten und später als Friseur, Ballettänzer oder Innendekorateur arbeiteten), wurde von der liberalen Psychologie und Psychoanalyse verworfen.

Das Fundament für Freuds anfängliches Beharren darauf, daß alle Menschen eine bisexuelle Veranlagung haben, liegt in seinem früheren Vertrauen auf die Biologie. Unter »bisexuell« subsumierte Freud eine ganze Reihe von Dingen, angefangen von dem, was wir eindeutige Homosexualität nennen würden, über gleichgeschlechtliche Freundschaften, die Identifikation mit dem anderen Geschlecht, jedes die Geschlechterrollen überschreitende Verhalten (Männer, die sich effeminiert geben; männliche

Frauen), bis hin zu dem noch undifferenzierten Embryonalgewebe und den Gewebe- und Organrudimenten des, wie er und seine Nachfolger sagten, »anderen« Geschlechts. Doch Freuds frühe Versuche, eine biologische und anatomische Basis für das zu finden, was er wechselweise als »bisexuelle Veranlagung«, »bisexuelle Konstitution« und »bisexuelle Organisation« aller Menschen bezeichnet, weist eine erstaunliche Ähnlichkeit zu jüngeren, nahezu 100 Jahre später verfochtenen Thesen auf, die wiederum ihr Heil in der Biologie suchen.

»Wir sind alle ziemlich bunt gemischt«, erklärte ein Professor, der Forschungen über Androgene und Frauenkrankheiten durchführt.[14]

Doch selbst wenn die moderne Wissenschaft sich der Tatsache gegenübersieht, daß »die Grenze zwischen Männlichkeit und Weiblichkeit eine sehr viel größere Grauzone aufweist, als man meint«, weil sie immer deutlicher erkennen muß, daß männliche Sexualhormone wie Testosteron im Körper einer Frau eine entscheidende Rolle spielen, bleiben die Implikationen unerforscht. »Männliches Hormon beeinflußt auch Kopf und Körper der Frauen«, verkündete die *New York Times*. »Was die Gesellschaft für normal hält und was tatsächlich für Frauen normal ist, können ganz verschiedene Dinge sein«, erklärte ein anderer Arzt. »Frauen können einen Vollbart haben und dennoch stillen.«[15] Obwohl die Debatte über die Auswirkung der Androgene auf das Gehirn und den Körper der Frauen immer heftiger wird – sind Frauen mit einem höheren Anteil an Androgenen tatsächlich »mathematisch begabter, aggressiver, sexuell aktiver und mehr von Waffen und Computern fasziniert«?[16] –, scheint sie nicht die These zu beinhalten, daß die »gemischte« Biologie auch »gemischte« Wünsche impliziert, im Klartext: bisexuelle Begierden.

Freud schrieb: »Die Bisexualitätslehre ist in ihrer rohesten Form von einem Wortführer der männlichen Invertierten ausgesprochen worden: weibliches Gehirn im männlichen Körper. Allein wir kennen die Charaktere eines ›weiblichen Gehirns‹ nicht.« Auch Krafft-Ebing ist für Freud ein Anhänger der vielleicht nicht ganz so abwegigen Theorie, daß »die bisexuelle Anlage dem Individuum ebenso männliche und weibliche Gehirnzentren mitgibt wie somatische Geschlechtsorgane«. Dennoch bleibt Freud skeptisch: »Von den männlichen und weiblichen ›Zentren‹ gilt aber dasselbe wie vom männlichen und weiblichen Gehirn, und nebenbei wissen wir nicht einmal, ob wir für die Geschlechtsfunktionen abgegrenzte Gehirnstellen (›Zentren‹) wie etwa für die Sprache annehmen dürfen.«[17]

Die Rückkehr zur Biologie

Spätere Theorien über das Geschlecht, etwa die des Psychoanalytikers Robert J. Stoller, versahen diese These, obwohl sie Freuds Annahmen guthießen, unter Hinweis auf neuere wissenschaftliche Forschungen mit einem Fragezeichen. Stoller versicherte, daß »das Gehirn weiblich ist, da *bei beiden Geschlechtern* ein weibliches Verhalten resultiert, wenn die männlichen Hormone nicht hinzutreten«[18]. Der Rummel, den die Medien um Simon LeVays 1991 veröffentlichte Untersuchungen des Hypothalamus veranstalteten, galt erneut dem Territorium der »Sexualzentren im Gehirn«, mit dem Ziel, die biologische Basis der Homosexualität nachzuweisen.

Laut LeVay – er untersuchte die Gehirne von 41 Männern und Frauen, darunter viele Gehirne homosexueller, an Aids verstorbener Männer, aber keines einer lesbischen Frau – ist der Hypothalamus, der »Teil des Gehirns, der sexuelle Empfindungen erzeugt«, bei schwulen Männern kleiner als bei heterosexuellen Männern. Infolgedessen ließen sich Argumente für eine genetische und biologische Grundlage der männlichen Homosexualität anführen. Es könnte durchaus sein, daß homosexuelle Männer als solche geboren und nicht dazu gemacht werden. Auch Friseure und Floristen, erklärt er provozierend im Schwulen- und Lesbenmagazine *The Advocate*, sind möglicherweise biologisch determiniert und an der Größe ihres Hypothalamus zu identifizieren.[19] (Wie die Schlagzeile des *Advocate* ironisch anmerkt, wird in Gesprächen über Sexualität nicht selten gefragt: »Und wie groß ist deiner?«)

Welche Vorteile ergeben sich, wenn die Sexualität auf die Biologie zurückführbar wäre? Haben sich nicht einige Homosexuelle vehement gegen die Vorstellung gewehrt, ihre Gehirnstruktur habe ihr Leben ein für allemal programmiert? LeVay, selbst homosexuell, zog eine mittlerweile vertraute Analogie zur Bürgerrechtsbewegung der sechziger Jahre. Sollte die homosexuelle Identität angeboren und nicht frei gewählt sein, genetisch festgelegt und keine Sache von bloßer Laune, eher in der Biologie als im Verhalten wurzelnd, dann müßten alle Gesetze aufgehoben werden, die einer Chancengleichheit für Homosexuelle entgegenstehen. LeVay wies auf das Ergebnis von Umfragen hin, demzufolge man mehr Toleranz gegenüber Schwulen und Lesben üben würde, falls man glauben könnte, sie seien »so geboren« und hätten sich nicht »freiwillig für diesen Lebensstil entschieden«.[20]

LeVay kehrt nicht nur zur Biologie zurück, sondern vielmehr zur Soziobiologie. Es ist bezeichnend, daß er in seinen Bemerkungen immer wieder Analogien zu männlichen Löwen, lesbischen Möwen und den evolutionären

Strategien männlicher Säugetiere zieht, deren Promiskuität den Fortbestand der Gattung sichern soll. Folglich gehorchen homosexuelle Männer dem biologischen Gebot, sich viele Partner zu suchen, ein Gebot, das bei heterosexuellen Männern durch »die weibliche Abneigung gegen Promiskuität« gezügelt wird. Mit der Rückkehr zur Biologie scheint sich der befreiende Akt Freuds und seiner Nachfolger erledigt zu haben.

Welcher Platz aber wurde der Bisexualität in einem medizinischen Forschungsprogramm wie dem von Simon LeVay zugewiesen? Wenn der Hypothalamus schwuler Männer kleiner ist als der heterosexueller Männer, wie groß müßte dann der eines Bisexuellen sein? Sollten wir ihn uns wie die Möbel von Goldlöckchens drittem Bär vorstellen – weder zu groß noch zu klein, sondern gerade richtig –, als mittelgroße Drüse für die ausgeschlossene Mitte sexueller Orientierung?[21] Könnten Bisexuelle einen noch kleineren Hypothalamus als schwule Männer haben oder gar einen größeren als heterosexuelle Männer? Oder wird die Medizin jenen Psychologen und Psychiatern Argumente liefern, die in der Bisexualität eine Täuschung sehen? Ist jeder Hypothalamus entweder homo- oder heterosexuell? Gibt es so etwas wie ein »Bi-Gehirn«? Und wenn nicht, wie sollen wir dann Bisexualität erklären? Diese Schlüsselfrage wird auch von den vielen politisch korrekten Einwänden gegen LeVays Untersuchung verkannt, die ihm vorwarfen, er würde das sexuelle Begehren aus dem Bereich des kulturell bestimmten Verhaltens entfernen und einer eugenischen Kampagne Vorschub leisten, die zur Tötung Homosexueller bereits im Mutterleib aufrufen könnte.

LeVays Kritiker beanstandeten an seiner Hypothese zunächst die vom jeweiligen Sexualobjekt bestimmte Symmetrieannahme, daß nämlich diejenigen, die sich zu Männern hingezogen fühlen (schwule Männer und heterosexuelle Frauen), einen kleineren Hypothalamus haben sollen als solche, die sich zu Frauen hingezogen fühlen (heterosexuelle Männer und Lesbierinnen). Da ihm aber für seine Untersuchung keine Gehirne lesbischer Frauen zur Verfügung gestanden hätten, habe er diesen Teil seiner Hypothese nicht testen können. Zweitens wurde kritisch eingewandt, seinen eigenen Daten zufolge sei ja die Bandbreite der Hypothalamusgröße für Homosexuelle und Heterosexuelle nahezu identisch, wobei einige Homosexuelle einen größeren Hypothalamus haben als viele Heterosexuelle, während einige Heterosexuelle einen kleineren Hypothalamus haben als viele Homosexuelle. Dies deute aber darauf hin, »daß zwar die Gruppen gruppenspezifisch differieren, dieser Unterschied es jedoch nicht erlaubt, die sexuelle Orientierung

Die Rückkehr zur Biologie

eines Individuums durch einen Blick auf den Hypothalamus zu entscheiden«[22]. Und drittens ließen sich weder die Bandbreite noch das Ausmaß des sexuellen Verhaltens verifizieren, da er seine Untersuchungen nur an Leichen vornahm.

Dieser letzte Punkt ist für die Frage nach der Bisexualität entscheidend. LeVay beschreibt seine Objekte so: »19 waren homosexuelle Männer, die an den Folgen einer Aids-Erkrankung verstorben waren (in diese Gruppe fiel auch ein bisexueller Mann). 16 waren vorgeblich heterosexuelle Männer; 6 von ihnen waren an Aids und 10 an anderen Ursachen gestorben. 6 waren vorgeblich heterosexuelle Frauen. Eine von ihnen starb an Aids, 5 an anderen Ursachen.«[23]

Das Wort »vorgeblich« wurde mit folgender Fußnote versehen: »2 der Personen (beide Aids-Patienten) hatten jede homosexuelle Aktivität bestritten. Aus den Unterlagen der verbleibenden 14 Patienten war nicht ersichtlich, welche sexuelle Orientierung sie hatten. Aufgrund des laut Kinsey-Report zahlenmäßigen Übergewichts heterosexueller Männer in der Bevölkerung nahm man an, daß die meisten von ihnen, wenn nicht gar alle, heterosexuell waren.«

Eine recht eigentümliche »wissenschaftliche« Schlußfolgerung! Es zeigt sich, daß LeVays Kategorie der heterosexuellen Männer, die Arbeitsgrundlage seiner vergleichenden Studie zu einer Differenz zwischen heterosexuellen und homosexuellen Männern, beinahe gänzlich mit Schlüssen, Vermutungen oder statistischen Zahlen hantiert, deren Herkunft eine sozialwissenschaftliche Studie ist, die, und sei sie auf ihrem Feld noch so anerkannt, immerhin 40 Jahre zuvor verfaßt wurde. Anzunehmen, daß die Prozentsätze über eine so lange Zeit gleichbleiben und Kinseys Zahlen auch 1991 noch ausreichen, um 14 Männer, über deren sexuelle Orientierung überhaupt nichts bekannt ist, als heterosexuell einzuordnen, zeugt nicht nur von erheblicher Naivität, sondern auch von großer Voreingenommenheit: LeVay nimmt als gegeben an, was seine Studie erst beweisen soll, nämlich daß Homosexualität und Heterosexualität biologisch bedingt und vielleicht angeboren sind, nicht aber sozial und kulturell beeinflußt. Denn wären Homosexualität und Heterosexualität – oder um Kinseys unverfänglichere Ausdrücke homosexuelles und heterosexuelles *Verhalten* zu verwenden – tatsächlich substantiell durch kulturelle Faktoren beeinflußbar und damit veränderlich, wäre die Annahme unbegründet, »das zahlenmäßige Übergewicht« des Jahres 1948 würde heute noch gelten.

Die Frage der Bi-ologie

Dann ist da noch der Aids-Patient, der »jede homosexuelle Aktivität bestritten hat« – eine nicht uninteressante Wortwahl, scheint sie doch zu implizieren, die Wissenschaftler oder behandelnden Ärzte hätten ihn zunächst für einen Homosexuellen »gehalten« –, und nicht zu vergessen der »bisexuelle Mann«, den LeVay der Gruppe der Homosexuellen zuschlug. Warum sollte er ihn nicht mit derselben Logik in die heterosexuelle Gruppe aufnehmen? Ja, warum nicht in *beide* Gruppen? »Homosexuell« wird hier in der Tat zur Ausgangskategorie und bedeutet soviel wie »alles, nur nicht heterosexuell«.

Entweder sah LeVay in der Bisexualität ein euphemistisches Deckmäntelchen für die homosexuelle Identität, so daß ein »Bisexueller« in der Begrifflichkeit seiner Studie in Wahrheit ein schwuler Mann war, der sich oder anderen gegenüber nicht zu seiner Homosexualität stehen wollte, oder er nahm hypothetisch an, ein sexuelles Interesse für Männer wirke sich so auf den Hypothalamus eines Mannes aus, daß dieser ungeachtet des sexuellen Interesses auch für Frauen unter dem Mikroskop eher homosexuell als heterosexuell aussehen wird. In beiden Fällen verschwindet ein weiteres Mal die Bisexualität als wissenschaftlich bestimmbare Kategorie. Das bisexuelle Individuum wird zu statistischen Zwecken den homosexuellen Männern zugeschlagen, während die »vorgeblichen« Heterosexuellen, deren Sexualleben tatsächlich im dunkeln liegt, zu den Heterosexuellen zählen.

LeVay schreibt zu Beginn seines Artikel in *Science*, die sexuelle Orientierung sei traditionell unter psychologischen, anthropologischen oder moralischen Gesichtspunkten untersucht worden[24], und läßt keinen Zweifel daran, daß er den Diskurs in eine andere Richtung lenken möchte: hin zu biologischen Daten und wissenschaftlich belegbaren Tatsachen. Er beschließt seine Arbeit mit einem Hinweis auf die Interpretationsprobleme seiner Daten, einschließlich der bereits oben festgehaltenen Tatsache, daß seine Möglichkeiten, die Gehirnstruktur und die zweifellos existierende Vielfalt des Sexualverhaltens miteinander zu korrelieren, durch den »Gebrauch von Material post mortem« beschränkt sei – ein recht verharmlosender Ausdruck, denn tote Männer erzählen keine Geschichten mehr.

Das Schlüsselwort ist hier »zweifellos«. Es wird zum bisexuellen Gespenst des Artikels (hier, dort, überall) oder, wenn man so will, zur bisexuellen Leiche in seinem nur einen Spaltbreit geöffneten Keller. Denn worin kann diese unbezweifelte Vielfalt des Sexualverhaltens bestehen, von der in einem Aufsatz die Rede ist, der sich nur mit dem Sexualobjekt (Männer oder Frauen) und nicht mit dem sexuellen Ziel (oraler, analer oder genitaler Sex) befaßt[25], worin, wenn nicht in der Bisexualität? Wieviel »Vielfalt« braucht es, um nach der Entweder-Oder-Logik der LeVayschen Klassifikationen einen Heterosexuellen zu einem Homosexuellen oder einen Homosexuellen zu einem Heterosexuellen zu machen?

Aufgefordert, er möge doch erklären, wie es kommt, daß »ein vierzigjähriger verheirateter Mann mit zwei Kindern« sich eines Tages als schwul outet, vergleicht LeVay das Schwulsein solcher Männer mit anderen genetischen Veranlagungen, beispielsweise mit bestimmten Formen von Diabetes, die sich auch erst in fortgeschrittenem Alter manifestieren. »Ihre Sexualität ist möglicherweise ebenso genetisch belastet wie diejenige von Kindern, die bereits im Alter von 12 Jahren entdecken, daß sie homosexuell sind.«[26] Nach LeVay sind demnach solche Fälle diachroner Bisexualität Hinweis auf eine Art von Latenz. Diese Männer sind genetisch homosexuell und nicht bisexuell, ihre Homosexualität war ihnen nur lange Zeit verborgen geblieben. Bisexualität erscheint hier als eine Art von genetisch-falschem Bewußtsein.

Sollten wir im entgegengesetzten Fall einer Person, die frühe sexuelle Erfahrungen mit gleichgeschlechtlichen Partnern hatte und dann auf exklusive andersgeschlechtliche Beziehungen umgeschaltet hat (Bisexualität als »Phase«, Freuds »okkasionelle Invertierte«), erwarten, daß der Hypothalamus die Antwort »heterosexuell« gibt? Und was sollen wir zu dem männlichen oder weiblichen Individuum sagen, daß genetisch auf Homosexualität programmiert ist, aber stirbt, bevor das Programm anlaufen konnte? Würde die Drüse einer solchen Person ihre zukünftige Identität enthüllen? Wäre er oder sie »in Wirklichkeit« *potentiell* homosexuell? In LeVays Studie gibt es sechs Variablen: homosexuell/heterosexuell, männlich/weiblich, an Aids gestorben/an anderen Ursachen gestorben. Bisexualität wäre hier nur eine weitere unerwünschte Komplikation, gleichgültig ob die Größe des Hypothalamus nun das Produkt angeborener genetischer Veranlagung ist oder, wie auch vermutet wurde, aus der gelebten Erfahrung als homosexuelle oder heterosexuelle Person resultiert.

Die Frage nach der Bisexualität wird zudem noch dadurch verschärft, daß Lesben in dieser Studie nicht vorkommen. LeVay entschuldigte sich später dafür, daß er »die Tradition, Frauen in biochemischen Forschungen auszuschließen«, fortgeführt habe, und erklärte, er hätte keine »Gehirne

Die Frage der Bi-ologie

von Frauen mit bekannter sexueller Orientierung« finden können, da diese Information in medizinischen Karteien gewöhnlich nicht enthalten sei. Da viele seiner Objekte Aids-infizierte schwule Männer waren, wurde ihre Sexualität zu einem Teil ihrer Krankheitsätiologie. Man »wußte« um ihre Homosexualität. Von den Frauen »wußte« man demgegenüber offenbar, daß sie heterosexuell waren. Aber wie »wissen« wir das? Wieviel homosexueller oder heterosexueller Sex ist nötig, damit jemand homosexuell oder heterosexuell ist? Denken wir noch einmal an das Gespenst des bisexuellen Aids-Überträgers, dessen geheimes Leben selbst als eine Ursache der Infektion betrachtet wurde und dessen Persönlichkeit angeblich doppelzüngig, feige, zügellos und voller Selbsthaß sein sollte. War einer von ihnen unter den Aids-Toten in LeVays Studie? Wenn ja, hätte er ihn unter »homosexuell« eingeordnet?

Als die Biologin Ruth Hubbard über den im 19. Jahrhundert einsetzenden Paradigmenwechsel nachdachte, durch den »Homosexualität nicht mehr das war, was man tat, sondern zu dem wurde, was man war«, kam sie zu dem treffenden Urteil, daß »eine derartige Kategorisierung die bisher anerkannte Tatsache verdunkelte, daß viele Menschen sexuelle Beziehungen nicht ausschließlich zu dem einen oder anderen Geschlecht unterhalten«.[27] An welchem Punkt gerät die für eine Durchsetzung gleicher Rechte unerläßliche Politik der Identität in Konflikt mit der politischen Unkorrektheit des menschlichen Begehrens?

Manche fühlen sich nur zu Rothaarigen oder Muskelprotzen oder Geldsäcken hingezogen. Nennen wir sie deshalb rossophil, bizeptophil oder plutophil? Untersuchen wir aus diesem Grund ihre Gehirne oder ihre Gene? Wenn eine junge schöne Frau einen uralten reichen Mann heiratet, sehen wir in ihr vielleicht eine Abenteurerin oder eine Erbschleicherin, doch wir werden ihr kaum eine genetisch bestimmte Perversion nachsagen. Und was würden wir sagen, wenn dieselbe Frau zuvor mit einem gleichaltrigen Mann verheiratet gewesen ist oder wenn ein Mann, der früher eine schwarzhaarige Frau geehelicht hatte, nun einer Blondine sein Jawort gibt? Würden wir ihnen mit Fragen zusetzen, warum sie sich so gewandelt haben?

Man mag einwenden, daß blondes oder schwarzes Haar die ökonomische Sphäre nicht berührt und auch nichts mit den Institutionen von Ehe und Patriarchat zu tun hat. Aber was ist, wenn eine weiße Frau einen schwarzen

Mann heiratet? Es gibt ein Wort für diese früher ungesetzliche Praxis: Rassenmischung. Ehen zwischen Schwarzen und Weißen verstoßen zumindest in den Vereinigten Staaten nicht mehr gegen das Gesetz, und selbst wenn viele, Schwarze und Weiße, noch heute privat die Stirn darüber runzeln, ist die Mischehe – zwischen Schwarzen und Weißen, Christen und Juden – mittlerweile kulturell weitaus stärker akzeptiert als vor 50 Jahren. Heutzutage nennen wir derartige Arrangements nicht Rassenmischung, sondern nur noch Ehe oder bestenfalls Mischehe.

Warum sträuben wir uns so gegen die Vorstellung, daß es nur eine Sexualität gibt und die von uns so präzise definierten »Sexualitäten« alle gleichermaßen zulässige und befriedigende Aspekte dieser einen Sexualität sind?

Das zu akzeptieren hieße allerdings, die sozialen Strukturen, auf denen die Zivilisation und die Gesellschaft beruhen, zu gefährden. Und außerdem mag ein Grund für dieses Sträuben sein, daß die Erotik in der Gegenwart zu einem beträchtlichen Teil darauf aus ist, Grenzen zu überschreiten, daß sich der Kitzel des Gewagten einstellt, daß Gesetze gebrochen oder Tabus verhöhnt werden. Auch die sogenannte »freie Liebe« (die außereheliche, nicht monogame, ambisexuelle Liebe) scheint darauf angewiesen zu sein, daß es Regeln gibt, die sie ignoriert.

Schwullesbische Gene

Simon LeVay, der mittlerweile seine wissenschaftliche Laufbahn aufgegeben hat und in der Erwachsenenbildung am West Hollywood Institute of Gay and Lesbian Education arbeitet, hat den Medien die »schwullesbische Drüse« geschenkt. Andere Forscher, Michael Bailey und Richard Pillard sowie Dean H. Hamer und seine Mitarbeiter vom National Cancer Institute, haben uns das »schwullesbische Gen« beschert. Hamers Untersuchung, deren Ergebnisse im Juli 1993 in *Science* veröffentlicht wurden – zwei Jahre nachdem Le-Vays Artikel in derselben Zeitschrift erschienen waren –, beschäftigt sich mit 40 homosexuellen Brüderpaaren und stellt fest, daß 33 Paare identische Abschnitte an der Spitze des X-Chromosoms (dem Erbteil der Mutter) aufwiesen, die sie genetisch zur Homosexualität prädisponierten. Wiederum war der unmittelbare nichtwissenschaftliche Niederschlag politischer Natur, und wie schon bei anderer Gelegenheit wurde die Entdeckung in die Debatte über gleiche Rechte einbezogen.

Schwullesbische Gene

Auch dieselben Ängste und dieselben Zweifel wurden wieder laut. Würde man nun bald damit experimentieren, wie die Bevölkerung von Homosexuellen befreit werden könne? Würde man Gentherapien verordnen? War es überhaupt möglich, eine klare Trennungslinie zwischen homosexuell und heterosexuell zu ziehen? Anne Fausto-Sterling, die frühere Versuche, durch genetische Untersuchungen Aufschlüsse über menschliches Verhalten zu gewinnen, eher skeptisch beurteilt hatte, war nun des Lobes voll, da Hamer zu sehr behutsamen Schlußfolgerungen gekommen sei, die ein Zusammenspiel von Genen, Gehirn und Umwelt bei der Ausprägung des menschlichen Verhaltens nicht ausschlossen. Und was LeVay betraf, so beschrieb die New York Times seine Reaktion als »enthusiastisch« und zitierte seine Worte, Hamers Ergebnisse seien »die bedeutendste wissenschaftliche Entdeckung, die je über die sexuelle Orientierung gemacht worden ist«.[28]

Doch wieder einmal sorgt das Problem der Bisexualität für Komplikationen, um nicht zu sagen für »schiefe« Resultate. Hamers Forschungsgruppe durchforstete die Lebensgeschichten von 114 Männern, die sich selbst als homosexuell bezeichneten. Nachdem sie eine erstaunlich hohe Anzahl homosexueller Männer in der mütterlichen Linie entdeckt hatten, nahmen sie die Brüder unter die Lupe, da bei ihnen eine weitgehende genetische Ähnlichkeit vorliegen dürfte. Die Untersuchung ihrer X-Chromosomen offenbarte eine bemerkenswerte Übereinstimmung von DNA-Markern an deren Spitzen.

Woher mußte man, daß die Männer schwul waren? Nun, sie hatten es ja selbst gesagt. Niemand, der von sich behauptet hatte, heterosexuell oder bisexuell zu sein, wurde in der Untersuchung berücksichtigt. Von einer parallelen Studie über (wiederum selbsterklärte) Lesben sind bislang noch keine Ergebnisse veröffentlicht worden. Hamer erklärte: »Die sexuelle Orientierung ist eine viel zu komplexe Angelegenheit, als daß sie durch ein einzelnes Gen bestimmt würde.« Doch wenn das Vorliegen oder das Fehlen dieses genetischen Merkmals entweder auf eine direkte Beziehung zur Wahl des Sexualobjekts oder (wie man auch vermutet hatte) auf eine »konstitutionelle« Prädisposition zur Homosexualität hinweisen, welcher Status kommt dann dem Bisexuellen zu? Müssen wir uns vorstellen, daß er – sei es aus heldenhaften oder perversen Motiven – sich der Botschaft seiner Gene widersetzt, wenn er Verhältnisse zu Frauen sucht? Sollten genetische Faktoren als Wahlmöglichkeiten oder als Grenzen betrachtet werden? Wieder einmal befinden wir uns auf dem Boden des »Natürlichen« und »Ursprünglichen«.

Hamer und sein Forschungsteam am National Cancer Institute leiteten ihren Aufsatz über Genetik und männliche Homosexualität mit der modischen Bemerkung ein, Homosexualität sei eine ganz »natürlich auftretende Variation«, wodurch sie gleichsam unter den Schutz des Darwinismus gestellt wird. Ihre Studie »rekrutierte« ihre Probanden, wie schon Michael Bailey und Richard Pillard zuvor bei ihrer Zwillingsforschung, »durch Anzeigen in regionalen und nationalen Zeitschriften für Homophile«.[29]

Am Ende fühlten sie sich aufgerufen, vor den ethischen Konsequenzen für die Medizin zu warnen – ein Thema, das Jonathan Tolins' Stück *The Twilight of the Golds* antizipierte. Darin erfährt ein Ehepaar nach einem Gentest, ihr noch ungeborenes Kind würde homosexuell werden. Sollten sie das Kind zur Welt bringen oder es abtreiben und versuchen, ein heterosexuelles Kind zu bekommen?

Mit bewundernswerter Direktheit schreiben Hamer und seine Kollegen: »Wir glauben, daß es durch und durch unmoralisch wäre, mit Hilfe solcher Informationen die gegenwärtige oder zukünftige sexuelle Orientierung einer Person festzustellen oder zu verändern, ob sie nun homosexuell oder heterosexuell ist oder irgendeinem der anderen normalen Attribute menschlichen Verhaltens entspricht.«[30] Die Pointe liegt hier in den »anderen normalen Attributen«, was noch einmal betont, daß Homosexuelle in der Sprache der Biologie und der Psychologie genauso »normal« und »natürlich« sind wie Heterosexuelle.

Wer aber sind Hamers Homo- oder Heterosexuelle? Im Rückgriff auf die Kinsey-Skala von (0) bis (6) entdeckte Hamer, daß seine Heterosexuellen sehr hetero – Kinsey (0) und (1) – und seine Schwulen sehr schwul sind – Kinsey (5) und (6) –, wenn wir ihre eigenen Aussagen, Neigungen und Phantasien berücksichtigen. »Lediglich die Skala des Sexual*verhaltens* zeigte eine leichte Überschneidung der beiden Gruppen, und das in der Hauptsache aufgrund von Erfahrungen in der Pubertät und im frühen Erwachsenenalter.«[31] Mithin klaffte zumindest bei einer kleinen Gruppe von Leuten das, was sie über ihre Sexualität(en) äußerten, und das, was sie taten, auseinander. Indem sie jene frühen Erfahrungen als bedeutungslos abtaten, konnten die Forscher zu dem Schluß kommen, die sexuelle Orientierung sei ein »dimorphes[32] und nicht ein kontinuierlich variables Merkmal«. Mit anderen Worten: Es gelang ihnen, die Bisexualität aus ihren Erwägungen zu eliminieren. Heterosexuelle, die sexuelle Begegnungen mit Männern hatten, und Homosexuelle, die sexuelle Begegnungen mit Frauen hatten, waren Teil dieses dimorphen Musters.

Darüber hinaus wurden die Testpersonen aufgefordert, bei Auskünften über ihre Familiengeschichte sämtliche männlichen Verwandten entweder als »eindeutig homosexuell« oder »nicht eindeutig als homosexuell bekannt (heterosexuell, bisexuell oder unklar)« einzustufen. In Gesprächen mit den Verwandten bestätigten die Forscher diese Aussagen mit Ausnahme eines Mannes, der sich als asexuell bezeichnete, und zweier anderer, die eine Antwort verweigerten. (Die Gesamtzahl der Testpersonen und Verwandten in dieser Studie betrug 166.) Aus statistischen Gründen sollte »bisexuell« im Rahmen dieser Untersuchung »nicht homosexuell« statt »homosexuell« bedeuten. Während LeVays Ausgangskategorie »homosexuell« war, lautete sie für Hamer »nicht homosexuell«.

Hamer und seine Mitarbeiter verhielten sich, vermutlich zu Recht, hinsichtlich dieser Verflachung ihrer Stichprobe ziemlich defensiv: »Zweifellos stellt es eine grobe Simplifizierung dar, wenn man Individuen als entweder homosexuell oder nichthomosexuell beschreibt. Aber dennoch scheint es einer zuverlässigen Kategorisierung der untersuchten Bevölkerungsgruppe zu entsprechen.« Wieder stoßen wir auf das Wort »zweifellos«, ein Wort, das in LeVays Geschichte der Hypothalamus-Untersuchung die Rolle des bisexuellen Gespenstes spielte. Das gleiche läßt sich auch über Hamers Genforschung sagen, denn was da »zweifellos eine grobe Simplifizierung« darstellt, ist in der Tat das Auslöschen der Bisexualität als Untersuchungskategorie. Ein wissenschaftlicher Beweis für die Beziehung zwischen Homosexualität und Genetik ist offenbar nur dann zu führen, wenn Verwirrungen wie »bisexuell«, »asexuell« oder das extrem irritierende »unklar« beseitigt werden.

Mit anderen Worten: Die Bisexualität mußte im Interesse der Wissenschaft wieder einmal zum Verschwinden gebracht werden. Allerdings nicht vollständig.

In ihrem Schlußwort, das – wie wir bereits sahen – zur politischen Besonnenheit mahnt, schlugen Hamer und seine Kollegen vor, die genetische Studie auszuweiten, so daß nicht nur »Männer, die sich selbst als überwiegend oder ausschließlich homosexuell bezeichneten« berücksichtigt werden, sondern auch »Individuen, die sich für bisexuell oder ambisexuell halten«. Zum Angelpunkt einer wissenschaftlichen Untersuchung über sexuelle Orientierungen wird mithin nicht das Verhalten der Individuen, sondern was sie selbst bekunden. Was sagt uns das über das Verhältnis von Gedanken zu Handlungen?

Man könnte Hamers Untersuchung vorhalten, daß sie die Selbstbeschreibung als Tatsache zugrunde legt, statt die sexuellen Kontakte ebenso systematisch aufzuarbeiten wie die Stammbäume und die DNS-Marker, und so nur zu einer wenig überraschenden Erkenntnis kommt: Männer, die sagen, sie seien homosexuell, sind homosexuell. Die *Times* machte deutlich, warum sie auf die Neuigkeit eher zurückhaltend reagierte (»Bericht meint, Homosexualität sei genetisch bestimmt«), sie warf nämlich die Frage nach der »Ambiguität« auf. »Bislang beschränkte sich die Untersuchung auf Männer, die behaupten, homosexuell zu sein. Damit eliminierte sie jegliche Ambiguität, die sich einstellte, wenn die Gene derjenigen berücksichtigt würden, die sich selbst heterosexuell nennen.« Die wahre Ambiguität, die darin liegt, ist gewissermaßen selbst ambige, und sie tritt zudem gleich doppelt auf, zum einen in der sorgfältigen Formulierung, »Männer, die *behaupteten*, homosexuell zu sein ... Männer, die *sich selbst* heterosexuell *nennen*«, und zum anderen in der wesenseigenen Ambiguität der Sexualität und Erotik, vor allem, wenn man die ganze Lebensspanne betrachtet.[33] Das »bi« inmitten der »Ambiguität« ist für mein Argument mehr als nur ein glücklicher Zufall, es ist ein sprachliches Anhängsel, wie das genetische Anhängsel am Ende des Chromosoms. Es weist auf ein Potential hin und wirft eine Frage auf. Ist es möglich, jede Ambiguität zu eliminieren, oder ist es überhaupt wünschenswert? Was meint die Wissenschaft, wenn sie behauptet, die Wahrheit über das sexuelle Begehren zu kennen? Markiert X wirklich die Stelle?

Viele Wissenschaftler, die Untersuchungen über Genetik und homosexuelle Identität durchführen, sind wie Simon LeVay selbst homosexuell. Das allein ist kein ausreichendes Indiz für eine Voreingenommenheit, aber es läßt vielleicht auf eine gewisse Überdeterminiertheit des Interesses schließen. Wie vielen Forschern, sei es nun in einer geisteswissenschaftlichen oder einer naturwissenschaftlichen Disziplin, geht es auch ihnen um Selbstfindung. Ihre Arbeiten fanden Resonanz in der Identitätspolitik. Ob es sich nun um »gute« oder um »schlechte« Neuigkeiten für Homosexuelle handelte, in jedem Fall wurden Wesensidentitäten und nicht fließende Konstruktionen bestätigt. Sollten wir nun auf eine Gruppe von bisexuellen Wissenschaftlern warten, die nach einer Bi-Drüse, einem Bi-Gen oder gar nach einem bisexuell identifizierten männlichen Probanden mit einem kleinen Hypothalamus und einem unmarkierten X-Chromosom suchen? Oder *vice versa*?

Jenseits der Statistik

Dem Bestreben der Sozialwissenschaftler, Sexualitäten auf einem quantifizierbaren Kontinuum anzusiedeln, und den Bemühungen der Genetiker, die homosexuelle Identität mit Hilfe des Mikroskops zu fixieren und zu bestimmen, ist der Wunsch gemeinsam, etwas zu *sehen*: Sie wollen klar sehen, wer homosexuell ist, wer heterosexuell ist und wer diese Grenzen möglicherweise überschreitet, ohne es zu zeigen oder zu wissen. Da die Bürgerrechtsdebatte, zumindest in den Vereinigten Staaten, von der Identität der Person abhängt – die amerikanische Verfassung schützt nur Personen, nicht Handlungen –, haben Bisexuelle auf den Spuren des schwulen und lesbischen Kampfes um die Bürgerrechte versucht, eine sichtbare und identifizierbare Gruppe zu bilden. So wie einige Homosexuelle fest davon überzeugt sind, ein wissenschaftlicher Beweis ihrer Existenz könne ihnen helfen, eine Gleichbehandlung vor dem Gesetz zu erzwingen, glauben auch einige Bisexuelle, Gleichheit durch Sichtbarkeit erringen zu können. Ihr Vorbild ist ohne Zweifel eine Identitätspolitik, die nicht nur Gruppeninteressen zugute kam, sondern auch das historische Selbstbewußtsein und den persönlichen Stolz von Afroamerikanern, Frauen, Asiaten, Latinos, Indianern und in den letzten zehn Jahren auch von Schwulen und Lesben ermöglicht hat.

Doch die Bisexualität läßt sich nicht glatt in dieses Modell zwängen. Auch wenn man sie aus politischen und humanitären Erwägungen so umfassend wie möglich definiert, so daß alle eingeschlossen werden, die sich irgendwie zu Männern und Frauen hingezogen fühlen, werden bisexuelle Aktivisten sehr schnell auf die ganz realen Differenzen zwischen zwei bisexuellen Verhaltensformen stoßen, die Sozialwissenschaftler als »synchron« bzw. »diachron« bezeichnen.

Wenn »diachron praktizierende« Bisexuelle je nach Art ihrer gegenwärtigen Praxis als Homosexuelle (»endlich wagen sie ihr Coming-out«) oder Heterosexuelle (»endlich werden sie heterosexuell und wachsen über ihre pubertäre Phase hinaus«) kategorisiert werden, dann steht nicht nur die Definition von Bisexualität auf dem Spiel, sondern auch die Kategorien Homosexualität und Heterosexualität geraten ins Wanken.

Sozialwissenschaftliche Instrumentarien wie die Kinsey-Skala oder das Klein-Raster mögen noch so deutlich aussprechen, daß eine solche »Reinheit« der Einordnung ein bloßes kulturelles Artefakt ist, »homo« und »hetero« halten zäh daran fest, sich über den Gegensatz zu definieren. Sowohl die Wissenschaft als auch die Identitätspolitik haben ein Interesse daran, diesen Gegensatz festzuschreiben.

Bisexualität als dritte Kategorie aufzunehmen läuft nicht darauf hinaus, die für die Analyse benötigten Begriffe neu definieren zu wollen, vielmehr zeigen sich darin die radikalen Grenzen einer Rechtsdebatte, die mit dem Begriff einer festen Identität argumentiert. Das ist ein Grund, warum das Unterfangen, historische und zeitgenössische Berühmtheiten als bisexuell statt als homosexuell zu reklamieren, für so viel Aufruhr in bisexuellen und homosexuellen Kreisen gesorgt hat.

Biologen sehen die Bisexualität nicht, wenn sie durch ihre Instrumente schauen, und Sozialwissenschaftler sehen sie nur als Kompositum. Dennoch gibt es sie, bei anderen Säugetieren so gut wie bei Menschen, bei gewöhnlichen Leuten so gut wie bei Berühmtheiten, bei Erwachsenen so gut wie bei Kindern. Wenn die Objekte der sozialwissenschaftlichen Analyse in den Talk-Shows auf schillernde Weise zum Leben erwachen und die unvermeidliche Diskussion auslösen, ob sie von den Medien mißbraucht werden oder ob sie umgekehrt die Medien für ihre Zwecke gebrauchen, dann haben sich die homosexuellen und bisexuellen Aktivisten von heute ebenso die nüchternen Kategorien der Kinsey-Skala angeeignet.

Wie die bisexuelle Autorin Amanda Udis-Kessler bemerkte, sind »Begriffe wie ›einer von zehn‹ und ›Kinsey (6)‹ vermutlich ebenso tief in die Schwulenkultur eingedrungen wie Judy Garland, Oscar Wilde, Leder, die ›Desert Hearts‹, Provincetown und Ferron«[34].

Indem sie »Kinsey (6)« oder »Kinsey (3)« (= zu gleichen Teilen hetero- und homosexuell) als T-Shirt-Bekenntnis tragen, erobern sich die Nachfolger von Kinseys abstrakten »männlichen« und »weiblichen« Individuen mit Persönlichkeit, Ironie und Witz das Untersuchungsfeld zurück. Aber gerade indem sie diesen Abstraktionen Leben einflößen, verleihen sie ihnen eine Wirklichkeit. In Kategorien zu denken heißt, sie zu erfüllen. Es ist kein Zufall, daß mit der zunehmenden Sichtbarkeit der Schwulen und Lesben ein

Jenseits der Statistik

schwuler und lesbischer Chic ebenso entstand wie Kampagnen zur Liberalisierung oder Unterdrückung schwuler und lesbischer Rechte.

Als daher eine bisexuelle feministische Autorin auf die Verwendung der Begriffe »synchron« und »diachron praktizierte Bisexualität« in einer Skala aufmerksam wurde, war es für sie leicht zu prophezeien, daß dieser »neue Jargon seinen Weg in viele Bi-Kreise finden würde«[35]. Daß diese Begriffe alles andere als neu waren[36], fällt dabei nicht weiter ins Gewicht. Das Bemühen der Bisexuellen, ihre Existenz zu spiegeln und wissenschaftlich abzusegnen, sicherte den Begriffen eine neue Verwendungsweise. Wie zuvor Rock Hudson bei der Lektüre des Kinsey-Reports und Simon LeVay, als er die Biologie der schwulen Identität skizzierte, wollen auch die Bisexuellen im Buch der Natur lesen und sich dort schon verzeichnet finden.

Letztlich wird sich der Gegenstand der Untersuchung jedoch selbst dem wachsamsten Forscherblick entziehen. Bisexualität macht jede Statistik zunichte, vereitelt jeden Dimorphismus und schafft eine flatterhafte Gruppe von Subjekten, die sich nicht in ordentliche und feste Kategorien sperren läßt. Kein Zirkel wird die Gestalt eines Begehrens mit seinen Spitzen markieren können, das glücklicherweise auch mit den feinsten und bewährtesten Instrumenten nicht quantifizierbar ist.

11. Andererseits

ambisextrous, Adj. humoristisch (Zusammensetzung aus
AMBIDEXTROUS, Adj. und *SEX*, Sub.) = *AMBISEXUAL*, Adj.

ambisexual, Adj. (von *AMBI* und *SEXUAL*, Adj.)
Zweigeschlechtlich, bisexuell; Personen, die beiden
Geschlechtern zugeneigt sind oder von ihnen begehrt werden.

ambisinistrous, Adj. (von Lateinisch *amb(i)* = beide und *sinister* = links
+ OUS = *AMBILAEVOUS*. Sozusagen beiderseits linkshändig;
Gegensatz zu *ambidexter*)
Oxford English Dictionary[1]

Der Leserbriefschreiber, der sich anläßlich von Anne Fausto-Sterlings Artikel in der *New York Times* zu der rhetorischen Frage aufschwang, »Wie kommt es nur, daß Leute, sobald sie über die menschliche Sexualität nachdenken, so außergewöhnlich wirres Zeug daherreden?«, zog im weiteren einen Vergleich zu dem »weniger emotional aufgeladenen« Thema der »Händigkeit«. »Die meisten Menschen würden zugeben, daß es zweierlei Hände gibt, eine rechte und eine linke«, behauptete er, um dann zu fragen, ob Leute mit fehlenden oder zusätzlichen Fingern die Einteilung ändern würden, so daß man schließen müßte, »daß es in Wirklichkeit nicht zwei Arten von Händen gibt, sondern mindestens sechs Arten«.[2]

Doch wie es der Zufall will, weist dieser »weniger emotional aufgeladene« Vergleich eine verblüffende Ähnlichkeit zu einem Gedankenaustausch auf höchstem Niveau zwischen Freud und seinem Freund Fließ über den Gegenstand der Bisexualität und der Händigkeit auf, der seinerseits mit der hartnäckigen Analogie von Linkshändigkeit und Homosexualität bzw. Beidhändigkeit und Bisexualität verbunden ist.

Mit schöner Regelmäßigkeit wird immer wieder auf Analogien zwischen Linkshändigkeit und homosexueller Identität hingewiesen. Die Leserbriefseite der *Times* veröffentlichte beispielsweise am selben Tag zwei Beiträge zu diesem Thema. Chandler Burr führte an, daß »Wissenschaftler schon vor Jahren zu dem Schluß kamen, die sexuelle Orientierung sei keine Sache der freien Wahl«, und dies »legte ihnen der gesunde Menschenverstand praktisch auf dieselbe Weise nahe wie den Schluß, daß auch die Linkshändigkeit nicht dem Willen unterworfen ist. Linkshänder berichten, sie haben sich nicht bewußt dafür entschieden, linkshändig zu sein. Wie die Homosexualität deutet sich auch die Linkshändigkeit meistens in der frühen Kindheit an.«[3]

In einem Auszug aus dem Buch *Exploding the Gene Myth* zitiert die Biologin Ruth Hubbard den homosexuellen Journalisten Randy Shilts, der einmal meinte, eine biologische Erklärung der Homosexualität »würde das Schwulsein auf eine Ebene mit der Linkshändigkeit stellen, was in der Tat auch alles ist«.[4] Mit der ihr eigenen Direktheit kommentiert Hubbard: »Das Argument ist wenig überzeugend. Noch bis in die zweite Hälfte unseres Jahrhunderts wurden Linkshänder oft gezwungen, sich umzustellen und bestraft, wenn sie weiterhin das ›schlechte‹ Händchen bevorzugten. Einen Unterschied biologisch zu begründen schützt nicht vor Borniertheit.«[5]

Der Vergleich scheint nahezu ein Allgemeinplatz geworden zu sein. Fähnrich zur See Vernon E. Berg, der später an prominenter Stelle in Shilts Buch über Homosexuelle in der Armee figurierte, wurde noch 1976 von *Time* als »ein bekennender Bisexueller« bezeichnet. Sein Vater, ein protestantischer Geistlicher, erklärte in *Time*: »Einige Leute werden als Linkshänder und andere als Rechtshänder geboren. In unserer Familie akzeptieren wir die Menschen, wie sie sind.«[6] Und der Tennisstar Martina Navratilova spottete in einer 1985 erschienenen Autobiographie (noch bevor sie in den neunziger Jahren zu einer lesbischen Berühmtheit wurde): »In der Presse wurde mir das Etikett ›die bisexuelle Überläuferin‹ angehängt. Möchten Sie noch ein Geheimnis erfahren? Ich bin sogar beidhändig. Ich verabscheue Etiketten. Nennen sie mich doch einfach Martina.«

Wilhelm Fließ hat in sein Buch *Der Ablauf des Lebens. Grundlegung zur exakten Biologie* (1906) ein umfangreiches Kapitel »Die Bedeutung der zweiseitigen Symmetrie« mit 67 Fallgeschichten über linkshändige Personen aufgenommen, welche psychologische und physische Merkmale des anderen Geschlechts zeigten. Nach Fließ waren Beidhändigkeit und Bisexualität von Linkshändigkeit und Homosexualität nicht zu trennen.

Ähnlich hatte der Sexualwissenschaftler Havelock Ellis in seiner Studie über die sexuelle Inversion bemerkt, »daß erwachsene bisexuelle Personen mehrheitlich eine stärkere und organischere Tendenz zur Homosexualität als zur Heterosexualität zu haben scheinen. Man sollte daher annehmen, daß Bisexualität bei einem Großteil der Fälle mit der Beidhändigkeit zu vergleichen ist, die gewöhnlich bei organisch linkshändigen Leuten vorkommt.«[7] – Eine Beobachtung, für die er sich auf eine Reihe von Fachleuten beruft.

Ellis sagt nichts darüber, wie es um seine eigene Händigkeit bestellt ist. Der Punkt wird ganz allgemein in der Einleitung zu »homosexuelle autobiographische Äußerungen« berührt, die ihm von Invertierten anvertraut worden waren.

Doch in Ellis' *eigener* Autobiographie erfahren wir etwas in diesem Zusammenhang durchaus Interessantes. Er schildert dort sein »linkisches Auftreten« und seine Ungeschicklichkeit bei kindlichen Spielen, wofür er die folgende Erklärung anbietet: »Ich glaube, ich war von Natur aus linkshändig. Jedenfalls gelang es mir nie, einen Ball mit der rechten Hand zu werfen, und obgleich ich nie mit der linken Hand geschrieben habe, brachte ich meine Lehrer immer damit zur Verzweiflung, wie ich mit der rechten Hand die Feder führte.«[8]

Von Natur aus linkshändig, aber ohne Zweifel, wie es dem Brauch der Zeit entsprach, dazu gezwungen, mit der rechten Hand zu schreiben, bildete Ellis selbst eine Beidhändigkeit aus, einen Zustand, den er ganz zwanglos mit der Bisexualität vergleicht, kurz bevor er sich den sehr detailreichen Fallgeschichten zuwendet. Wie schon erwähnt, äußert er sich an einer anderen Stelle seiner Autobiographie zu seiner eigenen »ausschließlichen Heterosexualität«, der »Knabenhaftigkeit« seiner Frau und ihren Affären mit Frauen.

Manchmal ist Beidhändigkeit eben nur Beidhändigkeit, wie eine Zigarre manchmal eben nur eine Zigarre ist. Doch bei einem Mann, dem es in derselben Autobiographie nicht schwerfällt zu verstehen, daß der verschämte Protest seiner Mutter, »Ich wollte nicht, daß du mich dabei siehst« – als er sie beobachtete, wie sie auf einem Weg im Londoner Zoo urinierte – »nicht für bare Münze zu nehmen war« und auch klar als ein »Ich wollte, daß du mich dabei siehst« oder sogar »Ich wollte liebend gern, daß du mich dabei siehst«[9] zu deuten war, bei einem Mann, der zu so subtilen Deutungen fähig war, darf man vermuten, daß er in seiner Schilderung etwas »links liegen« gelassen hat. Und das gleiche gilt, wie wir bald sehen werden, für Freud und Fließ.

Bi-Bi Baby

Die leidenschaftliche Freundschaft zwischen Freud und Fließ mag, wie wir schon sahen, die Begeisterung erklären, die aus Freuds Brief vom 29. Dezember 1897 herausklingt: »Zurück und wieder eingespannt, mit dem köstlichen Nachgeschmack unserer Breslauer Tage. Bi-Bi tönt mir in den Ohren.«[10]

»Bi-Bi« stand für Bisexualität und Bilateralität, für Fließens Theorie der Verbindung zwischen Bisexualität und Linkshändigkeit.

»Ich wünsche mir jetzt«, so Freud weiter, »recht viel Material für die unbarmherzig strenge Nachprüfung der Linkshändigkeit. Nadel und Faden habe ich bereits.« Der letzte Satz spielt auf einen gängigen Linkshändigkeitstest an.

Im Winter 1897/98 versuchte Freud herauszufinden, warum er die Theorie der Linkshändigkeit nur zögerlich akzeptieren konnte. An Fließ schrieb er: »Daß Dir mein noch ablehnendes Verhältnis zur Deutung der Linkshändigkeit so nahe geht, ist mir sehr interessant. Ich will versuchen, objektiv zu sein, ich weiß nämlich, wie schwer es ist ... Hätte ich Abneigung aus persönlichen Gründen, weil ich selbst ein Stück neurotisch bin, so müßte sich diese Abneigung gerade gegen die Bisexualität kehren, der wir ja die Neigung zur Verdrängung Schuld geben. Mir kommt vor, ich sträube mich nur gegen die Durchdringung von Bisexualität und Bilateralität, die Du forderst.«

Möglicherweise, so spekuliert Freud, sei ja auch Fließ aus persönlichen Gründen an seiner, Freuds, Haltung zur Theorie der bisexuellen Bilateralität interessiert. »Ferner kam mir vor, Du hieltest mich selbst für ein Stück Linkshänder; und wenn, würdest Du mir's sagen, da diese Selbsterkenntnis nichts mich Verletzendes hat. Es liegt nur an Dir, wenn Du nicht alles Diskrete von mir weißt; soweit kennst Du mich lange. Ich weiß nun nichts von einer Bevorzugung der Linken jetzt oder in der Kindheit, eher könnte ich sagen, daß ich vor Jahren zwei linke Hände gehabt habe. Nur eines kann ich

Dir entgegenbringen. Ich weiß nicht, ob es anderen ohne weiteres evident ist, wo sie rechts oder links haben und wo rechts und links bei anderen sind.«

Sein eigenes »niederträchtig geringes Raumvorstellungsvermögen« mag, wie er einräumt, mit diesem Mangel verbunden sein. Mit anderen Worten: Sollte Fließ ihn für linkshändig (homosexuell) halten, dann möglicherweise, weil er, Freud, manchmal verwirrt und sich nicht sicher sei, welches seine linke (homosexuelle) und seine rechte (heterosexuelle) Seite ist oder, mehr noch und entscheidender, »wo rechts und links bei anderen sind« (zum Beispiel bei Fließ).

Mit einem der für ihn so bezeichnenden und entwaffnenden Geistesblitze analytischer Selbsterkenntnis faßt er seine Überlegungen zusammen: »So scheint es mir. Nun weiß ich ja, daß es trotzdem anders sein kann und daß meine bisherige Abneigung gegen Deine Auffassung der Linkshändigkeit auf unbewußten Motiven beruhen mag. Sind die hysterisch, so haben sie sicherlich mit dem Thema nichts zu tun, sondern halten sich nur ans Schlagwort. Etwa, daß ich etwas angestellt habe, was man nur mit der Linken tun kann. Die Aufklärung darüber kommt dann irgendeinmal, Gott weiß, wann.«[11] Dachte Freud hier an Rousseaus berühmte Äußerung, daß Lesen eine Tätigkeit sei, die man mit einer Hand verfolgen könne, während man mit der anderen masturbiert? Oder schwebte ihm die in vielen Kulturen verbreitete Ansicht vor, daß die linke Hand unsauber sei, nicht geeignet, das Essen zum Mund zu führen, weil man sich mir ihr den Hintern abwischte?[12] Was kann er »angestellt haben«, was »man nur mit der Linken tun kann«?

Freuds Analytikerkollege Ernest Jones behandelte in seiner autorisierten Freud-Biographie die Frage der Linkshändigkeit als eine Art Scherz, als Zeichen für Fließens intellektuelle Besitzansprüche. Er meinte, Fließ »zieh Freud fälschlicherweise der Linkshändigkeit«, worauf Freud »scherzhaft« entgegnete, er habe immer zwei linke Hände gehabt. Jones stellt die Geschichte mit Ironie und Entschiedenheit dar: »Fließ deutete Freuds Zögern als Zeichen des Zweifels an seiner großen Theorie der Bisexualität, mit der seiner Ansicht nach die Linkshändigkeit zusammenhing und die für ihn, wie wir sehen werden, unantastbar war.«[13]

Die Bi-Bi-Theorie verdient jedoch mehr als eine beiläufige Bemerkung. Einerseits, weil Freud sich später anläßlich des Falles Leonardo da Vinci über das Verhältnis von Linkshändigkeit, Homosexualität und künstlerischem Genie ausließ, und andererseits, weil die Gesellschaft auf so auffallend parallele Weise versucht hat, Linkshänder, Homosexuelle und Bisexuelle zu »heilen« oder zu »bekehren«.

Ein knappes Jahr nach dem ursprünglichen »Bi-Bi«-Gespräch dachte Freud noch immer über die Theorie seines Freundes nach. »Leonardo, von dem kein Liebeshandel bekannt ist, war vielleicht der berühmteste Linkshänder. Kannst Du ihn brauchen?« schrieb er Fließ.[14] Und Jahre später, nach dem Ende ihrer Freundschaft, »brauchte« er Leonardo selbst als Thema für ein Buch. Indem Freud in der Manier der psychoanalytischen Biographie – er räumt bereitwillig ein, daß seine Analytikerkollegen ihm vorhalten könnten, er schreibe einen »psychoanalytischen Roman« – Leonardos Mutterbindung, seinem Autoerotismus und Narzißmus (der hier praktisch zum ersten Mal als psychoanalytischer Begriff eingeführt wird)[15], seiner Homosexualität und seiner wissenschaftlichen und künstlerischen Leidenschaft nachging, schuf Freud eine Theorie der Androgynie, der ursprünglichen Bisexualität und der Linkshändigkeit.

Wie er feststellt, verbinden viele mythologische Gottheiten, etwa in Ägypten und im antiken Griechenland, männliche und weibliche Geschlechtsmerkmale miteinander, da dies die einzig angemessene Darstellung göttlicher Vollkommenheit ist. Die phallische Mutter, die kindliche Phantasie, die die Mutter mit einem Penis, dem Zeichen der Vollständigkeit und Vollkommenheit, ausstattet, ist eine psychoanalytische Version dieses Ideals. Leonardo, das uneheliche Kind einer von ihm vergötterten Mutter, hat vermutlich seine frühe erotische Bindung an sie unterdrückt und auf Knaben, wie er einer war, übertragen (Autoerotismus und Narzißmus). Für einen homosexuellen Mann ist dies in der Tat eine gelungene Ablenkung von einem unannehmbaren heterosexuellen Verlangen: »Durch die Verdrängung der Liebe zur Mutter konserviert er dieselbe in seinem Unbewußten und bleibt von nun an der Mutter treu. Wenn er als Liebhaber Knaben nachzulaufen scheint, so läuft er in Wirklichkeit vor den anderen Frauen davon, die ihn untreu machen könnten.«[16]

Es gibt daher einen Typus des homosexuellen Mannes – Freud betont eigens, daß dies nur einer von vielen möglichen Entwicklungswegen zur Homosexualität ist –, der ursprünglich heterosexuell ist und dessen Bekehrung zur Monosexualität (in diesem Fall zum Begehren von Knaben und Männern) auf das heftige und unterdrückte Verlangen nach einer Frau (der Mutter) zurückgeht.

Andererseits

Freud gesteht, daß wir über Leonardos sexuelle Beziehungen faktisch wenig wissen, hebt jedoch hervor, daß er »nur auffällig schöne Knaben und Jünglinge zu seinen Schülern nahm« und zudem für sie sorgte, »wie eine Mutter ihre Kinder pflegt«.[17] »Die Abwendung von jeder grobsinnlichen Betätigung wird das augenfälligste Ergebnis der Umwandlung sein; Leonardo wird abstinent leben können und den Eindruck eines asexuellen Menschen machen.«[18] Daß er nicht neurotisch wurde, verdankt er der künstlerischen Sublimierung seines erotischen Verlangens. Eine spätere Beziehung zu seinem Vater und dann zu einem adeligen Mäzen (einem Vaterersatz), so vermutet Freud, könnte eine weitere Verschiebung in ihm ausgelöst haben, in diesem Fall von der Malerei zur wissenschaftlichen Forschung und zurück.

Doch was ist nun mit seiner Linkshändigkeit? Welche Rolle spielt diese Eigenschaft in Freuds bewundernder Diagnose eines androgynen, nicht neurotischen Künstlers und Wissenschaftlers? Sie wird in der Tat als Bestätigung angeführt: »Die biologische Forschung unserer Zeit neigt dazu, die Hauptzüge der organischen Konstitution eines Menschen durch die Vermengung männlicher und weiblicher Anlagen im [chemischen] stofflichen Sinne zu erklären; die Körperschönheit wie die Linkshändigkeit Leonardos gestatteten hier manche Anlehnung.«[19]

Die Biologie, die sich nicht wie die Psychoanalyse mit den »Trieben«, sondern mit dem Körper beschäftigt, liefert offenbar erhärtende Fakten. Leonardo war schön und linkshändig; also könnte er sehr wohl homosexuell gewesen sein oder vielmehr, wie die Theorie der Linkshändigkeit in der Tat meint: bisexuell.

Es ist bezeichnend, daß Freud selbst 1910, zu einem Zeitpunkt, an dem er längst mit Fließ gebrochen hatte und sich nicht davor scheute, ihn in Briefen an andere Kollegen als »paranoid« zu beschimpfen, was in seiner damaligen psychoanalytischer Begrifflichkeit schlicht »homosexuell« hieß[20], noch so sehr von dem Gedanken der Linkshändigkeit gepackt war, daß er ihn in den Schlußabsatz seines Essays aufnahm.

Die da-Vinci-Gelehrten debattierten damals in der Tat heftig über die genaue Natur seiner Beidhändigkeit, wobei einige behaupteten, er sei mit beiden Hände gleich geschickt gewesen, während andere meinten, er zeichnete mit der rechten und malte mit der linken Hand, so daß er nicht wirklich beidhändig gewesen sein könne.[21] Was aber vor allem auffällt, ist die Tatsache, daß Linkshändigkeit und Beidhändigkeit als Abweichungen von der rechthändigen Norm nicht nur miteinander verknüpft, sondern auch miteinander identifiziert, ja sogar miteinander verwechselt werden. In eben dieser Weise haben die Wissenschaftler zu Freuds Zeiten, ob sie nun Sexualwissenschaftler oder Psychoanalytiker waren, dazu geneigt, Homosexualität und Bisexualität zu vermengen. Und diese Tendenz besteht, wie wir sehen werden, noch heute in einigen Kreisen fort.

»Alle entscheidenden Schläge werden mit der linken Hand geführt werden«[22]

Sinister (ungünstig, unglücklich) ist das lateinische Wort für »links«, das Französische *gauche* hat die Bedeutung »unbeholfen« oder »ungeschickt« angenommen. Im Gegensatz dazu heißt »rechts« im Lateinischen *dexter* (gewandt, geschickt) und im Französischen *droit* (wie in *adroit*). Auch das deutsche Wort *linkisch* ist mit dem Wort »links« verbunden, ebenso wie *recht*, *richtig* mit »rechts«. Das Italienische *mancino* bezeichnet nicht nur einen Linkshänder, sondern auch einen Dieb. Darüber hinaus läßt sich diese Sozioetymologie von links und rechts in vielen nichteuropäischen Sprachen nachweisen. In den Bantu-Sprachen, um nur ein weiteres Beispiel zu nennen, steht »links« oft für Pech oder Unterlegenheit.[23] Das englische *left* leitet sich vom keltischen Lyft ab, was soviel wie »schwach« oder »zerbrochen« heißt.

Linkshändigkeit war seit jeher ein kulturell faszinierender Gegenstand für Schriftsteller und Denker von Platon bis Darwin, von Sir Thomas Browne bis zu Carlyle, von Benjamin Franklin bis William James. Die Bibel und frühe ägyptische Grabinschriften erwähnen ausdrücklich, welche Tätigkeiten nur mit der rechten Hand ausgeübt werden dürfen und welche für die linke verboten sind. Im Prediger Salomo heißt es: »Des Weisen Herz ist zu seiner Rechten, aber des Toren Herz ist zu seiner Linken« (Prediger 10,2). Im Gleichnis von den Schafen und Böcken werden die Völker am Tage des Jüngsten Gerichts voneinander geschieden: Die Schafe zur Rechten Gottes werden ins Himmelreich eingehen, die »verfluchten« Böcke zu seiner Linken sind zum ewigen Feuer verdammt (Matthäus 25, 31–41).

Die alten Griechen und Römer, die Navajos und Zunis, die Maoris und die Eingeborenen von Maui, sie alle haben die Links-rechts-Distinktion zur Beschreibung mythologischer und religiöser Glaubensmeinungen herange-

Andererseits

zogen. In vielen, wenn auch nicht in allen Gesellschaften wurde Linkshändigkeit im Laufe der Zeit mit Aberglauben, Hexerei und Unsauberkeit assoziiert.

Auch vor dem Geschlecht hat die Links-rechts-Unterscheidung nicht haltgemacht. Rechtshändigkeit wurde oftmals mit Männlichkeit und Kreativität, Linkshändigkeit mit Weiblichkeit und Zerstörung gleichgesetzt.[24] Anaxagoras behauptet, »Männchen entstünden, wenn der aus den rechtsliegenden Teilen abgesonderte Samen an den rechten Teilen der Gebärmutter haften bleibe, Weibchen, wenn das Umgekehrte der Fall sei«[25]. Aristoteles erwähnt das Wortpaar Rechtes und Linkes in den zehn Gegensätzen der Pythagoreer und verbindet die linken Körperteile mit dem Weiblichen (»feuchter« und »wärmer«), die rechten hingegen mit dem Männlichen.[26] Auch die Geburt Evas aus Adams linker Seite wird mit dem Sündenfall in Verbindung gebracht.

Die Vorstellungen über den sinistren Linkshänder entspringen nicht nur einem antiquierten Volksglauben. Die medizinische Forschung hat sich den Mystikern in ihrem Streben beigesellt, die Geschichte der »schlechten« Linken und »guten« Rechten zu schreiben. 1903, einige Jahre vor dem Erscheinen der Fließschen Untersuchung, sah der italienische Kriminologe Cesare Lombroso in der Linkshändigkeit ein Zeichen von Degeneration und behauptete, Linkshänder seien überproportional unter Verbrechern, Psychopathen und Schwachsinnigen vertreten.[27] Ira S. Wile stellt 1934 in einer einschlägigen Monographie fest, daß »viele Leute, ähnlich den Parias und Unberührbaren, die nur mit ihrer linken Hand das Unreine berühren sollen, die Linke ausschließlich für den Gebrauch im exkrementalen Bereich reservieren. Die linke Hand ist die unsaubere Hand.«[28] Und nach dem Ende des Zweiten Weltkrieges und zu Beginn dessen, was später abwertend als *momism*[29] bezeichnet werden sollte, erklärte Abram Blau, ein amerikanischer Psychiatrieprofessor, daß Linkshändigkeit oder, wie er lieber sagte, »Sinistralität«, »nichts anders ist, als ein Ausdruck des kindlichen Negativismus«[30], der auf die Vernachlässigung oder die Ablehnung durch die Mutter zurückzuführen und ihr anzulasten sei.

Blau zitiert zustimmend das psychiatrische Profil eines typischen Linkshänders, der »sinistralen Persönlichkeit«. »Er ist, was Kleidung und Etikette betrifft, übertrieben penibel, widmete sich mit übertriebener Hingabe dem Sammeln nutzloser Gegenstände und ist entweder brutal oder kühl reserviert.«[31] (Die Beschreibung ähnelt gespenstisch den verteufelnden Klischees, die damals über einen bestimmten Typus des männlichen Homosexuellen kursierten.) Darüber hinaus betont er, daß Linksseitigkeit und bewußte Linkshändigkeit nicht ererbt, sondern gewählt werden und somit Präferenzen und keine Orientierungen sind.

»Es gibt absolut keinen Beweis für die These, daß Dominanz, entweder in der Händigkeit oder in irgendeiner anderen Form, eine angeborene menschliche Fähigkeit ist ... Die Theorie der Vererbung muß als falsch verworfen werden.« Daher ist der Linkshänder ein unerklärlicher Abweichler, der den anerkannten Sitten und der sozialen Klugheit trotzt: »Warum ein kleiner Prozentsatz der menschlichen Rasse weiterhin beharrlich die linke oder unkonventionelle Hand gebraucht, und das trotz aller Tabus und rigider, von der Gesellschaft errichteter Barrieren zur Verhinderung solchen Gebrauchs, hat lange Zeit Gelehrte und Wissenschaftler vor ein großes Problem gestellt.«[32]

Wissenschaftler haben jahrelang dieselben hypothetischen Annahmen gemacht und sich gefragt, ob Linkshändigkeit entweder durch einen pathologischen Zustand *verursacht* wird oder das *Merkmal* einer zugrundeliegenden Pathologie ist. Die Liste der möglichen Verdächtigen ist lang. Geistesschwäche (mentale Störungen), Autismus, Schizophrenie, Alkoholismus, Dyslexie, Bettnässen, Kriminalität, blondes Haar, künstlerische Kreativität, außergewöhnliche sprachliche Fähigkeiten und Homosexualität – sie alle wurden mit der sinistren Tatsache der Linkshändigkeit in Verbindung gebracht.[33] Ein Wissenschaftler hat kürzlich sogar behauptet, Linkshändige hätten eine etwa neun Jahre kürzere Lebenserwartung als Rechtshänder![34]

Einige jüngere Studien haben eine mögliche Beziehung zwischen Testosteron und Linkshändigkeit vermutet, und ein Wissenschaftler meinte sogar, Lesbierinnen wären mit höherer Wahrscheinlichkeit linkshändig.[35] (Sollte ich hier endlich bekennen, daß ich selbst linkshändig, genauer gesagt beidhändig bin? Ich schreibe und spiele Tennis mit der linken Hand, schlage und werfe mit der rechten Hand.)

Eine Studie, die ihre Testpersonen durch »eine örtliche Homosexuellen-Organisation« in Kanada rekrutierte, verkündigte, daß der Anteil der links- oder gemischthändigen Lesbierinnen in der Untersuchungsgruppe 69 Prozent betrug – mehr als viermal soviel wie bei den heterosexuellen Frauen.[36] Eine vergleichende Untersuchung von 100 heterosexuellen und 94 homosexuellen Männern in London kam ebenfalls zu dem Ergebnis, daß »Linkshänder unter den männlichen Homosexuellen überproportional«

vertreten sind, ein Resultat, das, wie behauptet wurde, spätere Untersuchungen bestätigt haben.[37]

Doch wie schon im Falle Freud und Fließ, ja im Falle Leonardo sind Linkshänder nicht genau das, was sie zu sein scheinen. Denn wie sich herausstellt, bedeutet hier »Linkshänder«, daß sie zu denen gehören, »die nicht durchgängig oder überwiegend Rechthänder sind«. Die binäre Natur der Untersuchung eliminiert jegliche Gemischt- oder Beidhändigkeit: »Die Gruppe der Nichtrechtshänder bestand sowohl aus links- wie auch aus gemischthändigen Personen.«[38] Beidhändigkeit gehörte nicht zu den Kategorien, die für die Befragten zur Auswahl standen – ein Verfahren, das auch »bisexuell« zwischen »homosexuell« und »nicht durchgängig oder überwiegend heterosexuell« in vielen Untersuchungen zum Verschwinden brachte.

Wir sollten uns daran erinnern, daß Fließ die psychosexuelle Beziehung zwischen Händigkeit und Sexualität in einem »Die Bedeutung der zweiseitigen Symmetrie« überschriebenen Kapitel erörtert. Tatsächlich spielt die Beidhändigkeit keine geringe Rolle in einigen klassischen Diskussionen über Links und Rechts in der westlichen Kultur. Beispielsweise streiten sich die Talmudgelehrten darüber, ob das hebräische *itter yad yemino* an einigen wichtigen Bibelstellen nun »linkshändig« oder »beidhändig« bedeutet.[39]

Platon trägt ein starkes Argument zugunsten der Beidhändigkeit vor, wobei er die Vorliebe für die rechte Hand auf kulturellen Aberglauben zurückführt, auf »die Unwissenheit der Kindermägde und Mütter«: »Die Natur steht bei beiden Gliedern so ziemlich im Gleichgewicht; nur wir selbst haben durch unsere Angewöhnungen und ungeeigneten Gebrauch diese Verschiedenheit an sie hingebracht.« Um eine unnötige, nur auf »Narrheit« beruhende Beschneidung der menschlichen Fähigkeit zu verhindern, sollen »männliche und weibliche Vorsteher« in der Ausbildung der Jugend dafür sorgen, daß »Knaben und Mädchen insgesamt mit Füßen und Händen recht tüchtig werden und womöglich ihrer Natur keinen Schaden antun durch ihre Angewöhnungen«.[40]

Die Analogie zur Theorie der ursprünglichen Bisexualität ist mit Händen zu greifen. Gewohnheit, Narrheit, »die Unwissenheit der Kindermägde und Mütter« (vorweggenommener *momism*?) sind, wie Fließ behaupten könnte, dafür verantwortlich, daß die menschliche Fähigkeit, beide Geschlechter zu lieben und zu begehren, »gestört« wurde und unsere natürlichen Gaben dergestalt beschränkt und unterdrückt wurden. Bisexualität ist die »natürliche Gabe«, die zum Schaden für den einzelnen und die Kultur unterdrückt wird.

Die Geschichte überliefert eine beträchtliche Anzahl berühmter bisexueller Beidhänder, von Alexander dem Großen, der Männer wie Frauen liebte und von dem die Legende sagt, er habe auf seinen Reisen einen Stamm entdeckt, der ausschließlich linkshändig sei, bis hin zu Robert Baden-Powell, dem Gründer der Pfadfinderbewegung, der es liebte, »in Rökken zu tanzen«, mit einem geliebten Armeekameraden zusammenlebte, erst in fortgeschrittenem Alter heiratete und, selbst beidhändig, von einem Ashanti-Häuptling mit der linken Hand begrüßt wurde, wie es einem Helden anstand. Baden-Powell führte später das linkshändige, konspirative Händeschütteln bei den Pfadfindern ein, die sich nichtsdestotrotz beharrlich weigerten, Homosexuelle als Gruppenführer oder als Mitglieder der Pfadfindertruppen zuzulassen.[41]

Baden-Powell wurde die Ehre zuteil, die Einleitung zu dem Buch *Ambidexterity* zu schreiben und mit beiden Händen zu unterzeichnen, das John Jackson verfaßt hat, der Gründer der Ambidextral Culture Society. Jacksons 1905 zur Bekämpfung des heidnischen Vorurteils gegen den gleichberechtigten Gebrauch beider Hände gegründete Gesellschaft stand fest hinter ihrem Schlachtruf »Gerechtigkeit und Gleichheit für die linke Hand«.[42] Jackson stritt auch für die Steilschrift, da die übliche Kursivschrift für Rechtshänder ausgelegt ist, eine Reform, die für mich im zweiten Schuljahr eine große Wohltat gewesen wäre.

Wie Platon Jahrhunderte zuvor, so verteidigte auch Baden-Powell die Beidhändigkeit als nützlich für die Kriegführung und damit als letztlich patriotisch. Der Maler Edwin Landseer, Zeichenlehrer der linkshändigen Königin Victoria, war einer von vielen Prominenten, die die Lobby der Beidhänder unterstützten.

Doch auch die linkshändige Befreiungsbewegung hatte ihre Lästerzungen. Ein bekannter Arzt trat damals ans Rednerpult, um in einer Vorlesung mit dem Titel »Dexterity and the Bend Sinister« gegen den »Beigeschmack der Schrulligkeit« unter den Beidhändern zu wettern, zu deren Verfechtern auch »solche gehören, die dem Vegetarismus, der Ablehnung des Hütetragens und der Impfung wie auch anderen Marotten huldigen«.[43]

In dieser Periode der englischen und amerikanischen Geschichte blühten die Gesellschaften zur Förderung des Temperenzlertums, der phonetischen

Andererseits

Schreibweise, des Frauenwahlrechts und der These, Sir Francis Bacon komme die Autorschaft an »Shakespeares« Stücken zu. Es wäre ein leichtes, über diese eifernden Amateure zu spotten, doch ist keine dieser Ideen völlig vom Erdboden verschwunden, und man könnte sogar behaupten, die eine oder andere habe mittlerweile eine gewisse Achtbarkeit erlangt.

Teil III: Bi-Gesetze

Institutionen des »normalen« Sex

12. Schulen der Normalität

> Man hat ein sonderbares Gefühl, wenn man in so vorgerückten
> Jahren noch einmal den Auftrag erhält, einen »deutschen
> Aufsatz« für das Gymnasium zu schreiben.
> *Sigmund Freud* [1]

> Meine Ergriffenheit bei der Begegnung mit meinem früheren
> Gymnasialprofessor mahnt mich, ein erstes Bekenntnis
> abzulegen: Ich weiß nicht, was uns stärker in Anspruch nahm und
> bedeutsamer für uns wurde, die Beschäftigung mit den uns
> vorgetragenen Wissenschaften oder die mit den Persönlichkeiten
> unserer Lehrer.
> *Sigmund Freud* [2]

> In der englischen Grund- und Internatsschule sind Liebesabenteuer
> notgedrungen gleichgeschlechtlich.
> *Robert Graves* [3]

Normal, III.

Das Wort »normal« stammt aus dem Lateinischen und bedeutet lotrecht oder im rechten Winkel. Mit der Zeit hat sich die ursprüngliche Bedeutung so gewandelt, daß »normal« im 19. Jahrhundert schließlich das Regelmäßige oder Gewöhnliche, das einer Regel oder einer Ordnung Folgende, das nicht vom gewöhnlichen Typus oder Maß Abweichende bezeichnete. In der heutigen Chemie und Physik tritt »normal« in einer spezifisch technischen Verwendungsweise auf, die den statistischen Durchschnitt oder den Mittelwert benennt. Im Laufe der Zeit ist das Wort jedoch auch in den Rang eines moralischen und quasimedizinischen Ausdrucks erhoben worden, in dem das »Durchschnittliche« oder der »Mittelwert« mit dem Richtigen, Wahren oder Angemessenen vermengt wurde.

Normal Schools sind, zurückgehend auf die französische *école normale*,

Schulen der Normalität

Ausbildungsinstitute für Lehrer, gewöhnlich für Volksschullehrer. Auf einer Konferenz, die vor einigen Jahren in der Stadt Normal in Illinois stattfand, dem Sitz der staatlichen Universität von Illinois in einem ehemaligem Lehrerseminar, witzelten die Teilnehmer, sie hätten mit »Normal, Ill.« den perfekten Versammlungsort für das Diskussionsthema Feminismus und Psychoanalyse gewählt. Die Stadt hat ihren Namen von dem Lehrerseminar erhalten.

Bei meinem Auftritt in Geraldo Riveras Fernsehshow – mir war die Rolle der »Expertin« zugedacht, die mit mehreren transvestitischen Frauen sprechen sollte –, lautete die erste Frage an mich: »Dr. Garber, ist das normal?« Ich antwortete, es mag vielleicht ungewöhnlich sein, aber es ist völlig »normal«. Allerdings halte ich »normal« nicht für einen sehr hilfreichen Begriff. Geraldo schien darin ein Ausweichen zu spüren, doch die anwesenden Transvestiten pflichteten mir sofort bei. Die Form seiner Frage unterstrich, wie sehr das Wort »normal« im späten 20. Jahrhundert als eine Art soziokultureller Rückbildung aus dem diffamierenden »abnormal« verstanden wird.

»Abnormal« (»vom Üblichen, von der Norm abweichend«; auch »geistig nicht normal«) ist eine weitere Wortschöpfung des 19. Jahrhunderts mit einer faszinierend variantenreichen Geschichte, die von »anomal« bis zu dem abwertenden »abnorm« reicht. »Wenige Wörter«, so das *Oxford English Dictionary*, »weisen eine solche Reihe pseudoetymologischer Verkehrungen auf.« Anders gesagt: »abnormal« ist selbst ein abnormales Wort, das verschiedene »Verkehrungen« darstellt und ausagiert, indem es Schreibweise und Form verändert.

Für Freud und seine psychoanalytischen Nachfolger war es die große Einsicht in den Gedanken der Bisexualität, daß »normales« heterosexuelles Verhalten keineswegs einer biologisch oder göttlich verordneten menschlichen Natur entspringt, sondern Folge zivilisatorischer Konditionierung ist. »Der Psychoanalyse«, schrieb Freud in den *Drei Abhandlungen*, »erscheint vielmehr die Unabhängigkeit der Objektwahl vom Geschlecht des Objektes ... als das Ursprüngliche, aus dem sich durch Einschränkung nach der einen oder der anderen Seite der normale wie der Inversionstypus entwickeln.« »Normal« und »invertiert« waren lediglich die gängigen Begriffe, keine Werturteile. »Ja, die Bindungen libidinöser Gefühle an Personen des gleichen Geschlechtes spielen als Faktoren im normalen Seelenleben keine geringere ... Rolle als die, welche dem entgegengesetzten Geschlecht gelten.« Auch die normale Sexualität beruht für Freud auf einer Einschränkung der Objektwahl, und er betont, »daß alle Menschen der gleichgeschlechtlichen Objektwahl fähig sind und dieselbe auch im Unbewußten vollzogen haben«.[4]

Doch wer ein normales und kein krankes Individuum werden will, lernt seine Bedürfnisse in Übereinstimmung mit den Erwartungen anderer zu beschneiden. Und nirgendwo sind diese Erwartungen rigider als in der Zeit des Erwachsenwerdens.

In einer 1922 an der Universität Zürich gehaltenen Vorlesung wandte sich C. G. Jung auch dem *Liebesproblem des Studenten* zu: »Nicht allzu selten gibt es homosexuelle Beziehungen zwischen Studenten, und zwar bei beiden Geschlechtern«, teilte er seinem studentischen Publikum mit, meinte aber, sie wären »bei uns und überhaupt auf dem Kontinent« seltener als in jenen Ländern, wo Jungen und Mädchen strikt voneinander getrennt erzogen würden. Seinen Zuhörern versicherte er: »Ich spreche hier nicht von jenen Homosexuellen, welche als pathologische Figuren einer wirklichen Freundschaftsbeziehung unfähig sind und daher unter Normalen auch keinen Anklang finden, sondern von mehr oder weniger normalen Jünglingen, die eine schwärmerische Freundschaft in einem solchen Maß für einander empfinden, daß sie ihr Gefühl auch in sexueller Form ausdrücken.«

»Mehr oder weniger normale« Jünglinge. Was sind sie nun – mehr oder weniger? »Es handelt sich in solchen Fällen nicht um die mutuelle Masturbation, die auf einer früheren Altersstufe in Gymnasien und Konvikten an der Tagesordnung ist, sondern um eine höhere, seelische Form, die im antiken Sinne des Wortes ›Freundschaft‹ genannt zu werden verdient«, vor allem eine Freundschaft zwischen einem älteren Mann und einem jüngeren. »Ein leicht homosexueller Lehrer« verdankt anscheinend »seiner Abart oft eine glänzende erzieherische Fähigkeit«. Doch »je eindeutiger einer homosexuell ist, desto mehr ist er zur Untreue und zur bloßen Knabenverführung geneigt«. »Eine solche Freundschaft bedeutet natürlich einen besonderen Kultus des Gefühls, also des weiblichen Elementes im Manne. Er wird schwärmerisch, seelenvoll, ästhetizistisch, empfindsam, mit einem Wort: effeminiert. Und dieses weibische Gebaren steht dem Mann nicht an.«[5]

Unter Jungs Führung sind wir mühelos und zwangsläufig von der Betrachtung »homosexueller Beziehungen zwischen Studenten, und zwar bei beiden Geschlechtern«, zu sexuellen Beziehungen zwischen Männern übergegangen. Und so wie derartige sexuelle Beziehungen zwischen »mehr oder weniger normalen« Studenten stattfinden – wobei die Floskel »mehr oder weniger« die offenbare Tatsache verdeckt, daß einige seiner Ansicht nach mehr oder weniger »normal« sind –, ist auch Jungs Betrachtung der sexuellen Beziehungen zwischen Lehrern und Studenten mit einem »mehr oder weniger« versehen – der »leicht homosexuelle« Lehrer und der »eindeutig homosexuelle«. Offenbar ist für ihn weniger mehr. Je »eindeutiger homosexuell« ein Lehrer ist, um so mehr gleicht er einer Frau: Er wird schwärmerisch, seelenvoll, empfindsam usw.

Und wie sehen die Beziehungen zwischen Akademikerinnen aus? Der Altersunterschied ist hier für Jung von untergeordneter Bedeutung, denn im Mittelpunkt stehen der »Austausch von Zärtlichkeitsgefühlen« und von »Gedanken«. »Meistens«, so Jung, »handelt es sich um temperamentvolle, intellektuelle, etwas männliche Frauen, die in einer solchen Beziehung einen Schutz und ein Übergewicht gegen den Mann suchen. Ihre Einstellung zum Mann ist daher oft von verblüffender Sicherheit und einem gewissen leisen Trotz. Die Wirkung auf den Charakter ist eine Verstärkung der männlichen Züge und ein Verlust des weiblichen Zaubers. Oft entdeckt der Mann ihre Homosexualität durch die Beobachtung, daß ihn eine solche Frau so kalt wie ein Eiskeller läßt.«[6]

Seiner beharrlichen Idealisierung der archetypischen Androgynie in Mythen und Legenden zum Trotz bringt Jung das Phänomen des »femininen« Mannes und der »maskulinen« Frau im wirklichen Leben völlig aus dem Gleichgewicht. Wer Männern gegenüber Selbstsicherheit an den Tag legt, büßt offenbar den »weiblichen Zauber« ein. Es ist nur allzu deutlich, wer hier »verblüfft« und wer »kalt wie ein Eiskeller« ist.

Was sagt nun Jung über die Bisexualität in bezug auf das »Liebesproblem des Studenten«? Es überrascht wohl nicht, daß Jung an diesem Punkt auf das »Normale« zusteuert: »Die Ausübung der Homosexualität in normalen Fällen präjudiziert eine spätere heterosexuelle Betätigung nicht. Die beiden können sogar zeitweise nebeneinander bestehen. Ich habe eine sehr intelligente Frau gesehen, die ihr ganzes Leben in einer homosexuellen Beziehung lebte und mit fünfzig Jahren in eine normale Beziehung zu einem Mann trat.«

In »normalen Fällen« können jene, die sich der Homosexualität hingeben, »normal« werden, vorausgesetzt, sie lassen genügend Zeit verstreichen. Daß Heterosexualität und Homosexualität »sogar zeitweise nebeneinander bestehen können«, demonstriert noch einmal die bisexuelle Prämisse, die Jungs eher wolkigen Vorstellungen vom »kosmischen Einssein« zugrunde liegt.

Flammen

> Nun erhebt die Liebe scheu und unschuldig ihr Haupt in der Gestalt
> des »Verknallt seins«, des »Verschossen seins«, der »Flamme«.
> *Arthur Marshall*[7]

> Da mich durch mein Geschicke
> zum Reden zwingt das glühende Begehren,
> das immer mich zu Seufzern zwang und Tränen,
> so, mich den Weg zu lehren,
> zeig' Amor, der es schürte, mir die Brücke,
> mein Dichten gleichzustimmen mit dem Sehnen!
> *Petrarca*[8]

Ist Schwärmen wirklich Liebe?

Manchmal ist es besser. Nichts kommt dem Gefühl der überklaren Selbstwahrnehmung gleich, die den ganzen Körper erbeben läßt, nichts der körperlichen Sensation gesteigerter Empfindsamkeit – dem buchstäblich schneller schlagenden Herzen – in der Nähe des geliebten Menschen, jener ungebrochenen Idealisierung des ersehnten Objekts, das nie enttäuscht, weil es nie wirklich erkannt wird. Auch sind diese Freuden nicht nur der Jugend vergönnt. »Ich liebe es, einen Schwarm zu haben«, bekannte die dreißigjährige Robyn Ochs in einem Vortrag über Bisexualität. »Es gehört zu den hinreißendsten Freuden in meinem Leben, und ich bin froh darüber. Allerdings gehe ich diesen Freuden nur selten nach.«[9]

Das Schwärmen, das Verliebtsein, das auf jemanden »Fliegen«, einen »Schwarm« haben, wie es in dem Buch *Giggling in the Shrubbery* beschrieben wird (das Gegenstück über Knabenschulen trägt den Titel *Whimpering in the Rhododendrons*[10]) ist eher eine englische als eine amerikanische Erscheinung, obgleich vergleichbare »Flammen«, »Schwärmereien« und »verliebte Narren« auf beiden Seiten des Atlantiks zu finden sind.[11] Wir schreiben die dreißiger und vierziger Jahre. Vermutlich sind die Erinnerungen der ehemaligen Schüler recht selektiv, oder die Schüler wurden danach ausgewählt, was sie erinnerten und nicht erinnerten. »Wirkliche Sexualaffären kommen nicht vor, nichts auch nur annähernd Physisches«, versichern uns die Herausgeber. »Verliebtes Herumgetändel würde eher Abscheu hervorgerufen haben, denn diese Beziehungen spielten durchweg auf einer sublimeren Ebene.«[12] Nichtsdestoweniger, einige Erinnerungen in *Giggling* sind faszinierend. Wieviel da wirklich sublimiert wird und ob das »Herumgetändel« so ganz ausbleibt, mag der Leser entscheiden.

In dieser reinen Frauengesellschaft waren wir für seltsame »Schwärmereien« anfällig. Es gab den Kult, sich in irgendein Mitglied des Lehrkörpers oder ein anderes Mädchen zu verlieben. Unsere Direktorin bestärkte uns in der Meinung, Sex sei eine schmutzige Sache. Daran auch nur zu denken und davon zu sprechen, sei erniedrigend. Sie pries die Liebe zwischen David und Jonathan als vorbildlich. Die Ehe galt als Notbehelf für den Plebs.[13]

Eine Schilderug des Pensionatlebens:

Wir waren ineinander »verknallt« – meine Großmutter, die vor vielen Jahre ein Internat besuchte, nannte es eine »Flamme haben«. Die ganz Kleinen waren entweder in eine Aufsichtsschülerin, ein Mädchen der höheren Klassen, in die Sportlehrerin oder sogar in eine Nonne verknallt. Als ich zu den Großen gehörte, merkte ich, daß die kleinen Mädchen für mich schwärmten. Auch hatten wir a.b.F. und b.F. – »allerbeste Freundinnen« und »beste Freundinnen«, es gab da einen feinen Unterschied ...
Ich weiß heute noch nicht, ob in diesen Verliebtheiten oder Freundschaften ein lesbischer Unterton mitschwang – sicherlich wußten wir keine Einzelheiten darüber ... Ich kann mich noch gut daran erinnern, daß ich mitten in der Nacht aus meinem Schlafraum schlich und zu [einem Mädchen] ins Bett schlüpfte. Dort lagen wir dann Seite an Seite und redeten; ich genoß diese Besuche, aber ich erinnere mich an sich nicht, dabei eigentlich sexuelle Gefühle gehabt zu haben.[14]

Dieses »an sich« zur Charakterisierung des abschließenden Eindrucks ist schon köstlich. Ein anderes Mädchen wußte folgendes zu berichten:

Was das Sexuelle betraf, so waren wir sehr unschuldig. Einige Mädchen pflegten sich in ältere Mädchen zu verlieben. Aber das erschöpfte sich darin, ihnen in der Kirche Blicke zuzuwerfen und ihnen Briefchen zu schreiben, in denen stand, wie wundervoll sie doch seien. Ich erinnere mich an das Gerücht, daß die Mädchen einer anderen Schule keine Haarbürsten mit Handgriffen benutzen durften, und obwohl wir alle darüber lachten und so taten, als wüßten wir, warum, sprachen wir nie miteinander über den möglichen Grund. Männer bekamen wir nicht zu Gesicht, ausgenommen das Schulfaktotum ... unseren Rektor und Priester, einen Mann, der uns Volkstänze beibrachte und einen Klavierspieler namens Raymond, den wir bei uns Schmalhans nannten – ein in unseren Augen vernichtendes Urteil. Obwohl die meisten von uns hübsche Mädchen waren, die eine Bühnenkarriere anstrebten und in den Schulferien Parties besuchten, vermißten wir das andere Geschlecht nicht. Als ich die Schule verließ, war ich 18, und nie hatte ich mich nach Koedukation gesehnt. Zu meiner Zeit gab es zwei ältere Mädchen, über die das Gerücht ging, sie hätten »es getan«, aber etwas Genaues wußten wir nicht.[15]

Die Erinnerungen sind eine reiche Fundgrube für die Legendenbildung, angefangen von den Haarbürsten mit Handgriffen bis zu dem unbestätigten, aber erotisch faszinierenden Gerücht, zwei ältere Mädchen hätten »es getan«. Was mich jedoch am meisten überrascht, ist die Geschichte über die »Schwärmereien« für ältere Mädchen. »Es erschöpfte sich darin, ihnen in der Kirche Blicke zuzuwerfen« und »ihnen Briefchen zu schreiben, in denen stand, wie wundervoll sie doch seien«. Leser von Dante und Petrarca sollten aufhorchen. Auch diese Dichter himmelten ihre unerreichbaren Engel in der Kirche an, verliebten sich auf den ersten Blick in sie und schrieben über ihr Verlangen und ihre Qual. Ich möchte nicht über die literarischen Qualitäten von Briefchen in englischen Mädchenpensionaten urteilen. Doch die Schwärmereien selbst und die in diesen beiläufigen Erinnerungen geschilderte Form der Sehnsucht liegen auf derselben Linie wie das, was heterosexuell gewendet für die Sonett-Tradition und damit die Liebeslyrik in Italien, Frankreich und England bestimmend gewesen ist. Das Abwiegeln der ehemaligen Schülerin (»wir waren in sexuellen Dingen ganz und gar unschuldig«, »es erschöpfte sich darin...«) verbirgt den Schmerz, die Ekstase und den Ernst des Augenblicks. Eine Schwärmerei ist schließlich eine kleine Leidenschaft; und für den Leidenschaftlichen ist keine Leidenschaft gering. Wenn wir diese homoerotischen Momente in einer erotischen Laufbahn, die sich im weiteren heterosexuell stabilisieren mag, abwertend verkleinern, vernachlässigen wir nicht nur bewußt die pubertäre Homoerotik, als wäre sie bloß die fehlbesetzte Generalprobe für das »Eigentliche«, wir unterschätzen auch auf unzulässige Weise die Kraft der Leidenschaft und des Begehrens, welche die erste Liebe begleitet.

Italienische Mädchen bezeichnen eine Schulfreundschaft als »Flamme« (*fiamma*), bemerkt Havelock Ellis. »In jedem Internat gilt die Flamme als eine unumgängliche Institution. Gewöhnlich ist die Beziehung entschieden platonisch, und im allgemeinen spielt sie sich zwischen einer Internatsschülerin und einer Externen ab.«

Eine in den neunziger Jahren des vorigen Jahrhunderts von italienischen Sozialwissenschaftlern unter Schülerinnen eines Lehrerinnenseminars im Alter von 12 bis 20 durchgeführte Untersuchung kam zu dem Ergebnis, daß der dort wirksame binäre Gegensatz – die erotisch besetzte Grenze – nicht, wie man aufgrund der Situation meinen könnte, zwischen männlichen und weiblichen Wesen verläuft und auch nicht zwischen älteren und jüngeren Mädchen, sondern zwischen drinnen und draußen, zwischen Internen und Externen. »Die Internatsschüler waren am leichtesten entflammbar, aber der Funke kam von den Externen.«[16]

Etwa 60 Prozent der Schülerinnen sollen in ihrer Schulzeit eine Flamme gehabt haben. Eine Schülerin, »die ihrerseits viele Herzen ›entflammt‹ hatte«, erzählte, daß sich die Internen manchmal in Externe verliebten, noch bevor sie sie kannten, einzig und allein, weil ihnen der Ruf der Eleganz und der Schönheit vorauseilte. »Nicht ahnend, welche Leidenschaften sie entfesselt hat, geht die Angebetete durch die Schule und weiß nicht, daß ihr Gang, ihre Bewegungen, ihre Kleidung von den Treppen oder dem Flur der Schlafräume aus begutachtet werden.«[17]

Als eine ehemalige »Interne« am Tag ihrer Wiederankunft durch das Internat geführt wurde, stürzte ihre frühere Kameradin auf sie zu. »Sie umarmte mich, verschloß meinen Mund mit einem Kuß und streichelte sanft über mein Haar. Ich starrte sie erstaunt an, empfand jedoch ein köstliches Gefühl höchsten Wohlbefindens. Das war der Anfang des Idylls.« Die Küsse erweckten ganz neue Gefühle in ihr: »Ich spürte, daß sie nicht wie die Küsse meiner Mutter, meines Vaters, meines Bruders und anderer Kameradinnen waren; sie erfüllte mich mit einer ungekannten Empfindung;

die Berührung dieser feuchten, fleischigen Lippen verstörte mich.« Sie gingen dazu über, Briefe zu wechseln und »die üblichen Rechte und Pflichten von ›Flammen‹ wahrzunehmen«.

Doch anders als Freundschaften durften Flammen nicht geteilt werden, und deshalb drohte stets Eifersucht. Diese Schülerin fürchtete sich vor der »Othello-gleichen Eifersucht« ihrer Flamme: »Sie ließ mir kaum die Luft zum Atmen, ja sie biß mich sogar.« Sie ihrerseits hatte Angst, »sie zu verlieren«, eine Angst, die sie eines Tages arglos der Direktorin bekannte. Die Beichte gipfelte darin, daß sie »sich in ihre Arme warf«. Unter diesem Umstand nimmt es nicht wunder, daß das Lächeln der Direktorin ihr »durchs Herz ging« und sie unmittelbar davon überzeugte, »wie dumm ich doch war und welch einen Irrweg meine Kameradin eingeschlagen hatte. Von dem Tag an konnte ich meine Flamme nicht mehr ertragen.« Für die leidenschaftliche und ungestüme Geliebte scheint der »Irrweg« zu sexuellen Aktivitäten geführt zu haben. (»Später erfuhr ich, sie sei eine Beziehung eingegangen, auf der nicht der Segen der Kirche ruhte.«) Auf der andern Seite (oder: das rechte Ufer nicht verlassend) blieb die nun auf die Direktorin übertragene Leidenschaft der Erzählerin im sicheren Hafen des »Platonischen« – jedenfalls wenn wir ihrem Bericht folgen.[18]

Kam es mit einer Flamme in der Regel zu sexuellen Aktivitäten? Das hängt ganz davon ab, wen man fragt, und auch davon, was man unter Sex versteht, ob man beispielsweise glaubt, er sei grundsätzlich oder nur graduell von Liebkosungen, Küssen, Händchen halten und Umarmungen verschieden. Eine Frau betont, sie habe während ihrer ganzen Schulzeit nur von einer eindeutig homosexuellen Beziehung gewußt, und das »betreffende Paar war wenig beliebt«.[19] Ellis selbst meint, es gebe zwar »ein unzweifelhaft sexuelles Element« zwischen den Flammen, aber daraus folge nicht, daß die fraglichen Mädchen »eine echte angeborene Perversion des Geschlechtstriebes« zeigten, was heißt, nach seiner Definition waren sie keine Lesbierinnen, denn sobald sie das Internat verließen, um ins »gesellschaftliche Leben einzutreten, verschwanden diese Gefühle«. Woher er weiß, was sie fühlten – im Gegensatz zu dem, was sie taten –, bleibt sein Geheimnis. Ins gesellschaftliche Leben eintreten hieß zweifellos, auf den Heiratsmarkt gehen, und dieser Wechsel des Schauplatzes wird nicht weniger durch soziale als durch erotische Interessen bedingt gewesen sein.[20]

Doch es geht ihm hier auch darum, die Legitimität solcher Gefühle zu verteidigen, auch wenn er es auf eine Weise tut, die das heutige homosexuelle Empfinden irritieren muß, da er ihre Vergänglichkeit betont. Lehrerseminare, Normal Schools, *sind* laut Ellis normal. »Es gibt keinen Grund anzunehmen, daß Lehrerinnen ein größeres Kontingent unter den pervertierten Personen stellen als andere weibliche Gruppen.«[21]

Da eine Normal School eine Ausbildungsstätte für Lehrer ist, hatten die Wissenschaftler ausreichend Gelegenheit, eine Reihe ehemaliger, nun selbst als Lehrerinnen tätiger Schülerinnen zu befragen. Eine Frau, die »niemals weder Gegenstand noch treibende Kraft einer solchen heftigen Schwärmerei war«, aber »reichlich Gelegenheit zu persönlichen Beobachtungen« fand, schreibt über die typische Beziehung zu einer Flamme: Sie »gleicht in allen Stücken einer Liebesaffäre«, mit einer dominierenden Liebenden und einer scheuen oder sich beharrlich sträubenden Geliebten. Es werden sämtliche Stadien der Liebeswerbung durchlaufen, von der stummen Anbetung bis zu Blumengeschenken, kleinen Botschaften, die von Dritten überbracht werden, und schließlich einer Liebeserklärung und ihrer eventuellen Annahme. Diese Lehrerin sah darin etwas, was einer Liebesbeziehung »gleicht«, aber keine ist. Ellis nennt die Flamme eine »*Liebesfiktion, ein Spiel der sexuellen Liebe*«, und die italienischen Forscher pflichten ihm bei, wenn sie die zwischen den Flammen ausgetauschten Briefe als eine Art Masturbation oder »geistige Onanie« bezeichnen. Eine andere ehemalige Schülerin ist fest davon überzeugt, daß Heterosexualität die Beziehung zu einer Flamme verhindert: »Ich kann behaupten, daß ein Mädchen, das in einen Mann verliebt ist, niemals Flammen-Gefühle für eine Gefährtin empfindet.«[22] Aber das heißt doch nur, daß sie, wenn sie den einen liebt, nicht zugleich jemand anderen liebt!

Die Annahme, es gebe eine Art Fortschritt von der homosexuellen zur heterosexuellen Liebe mit der Implikation, die Schülerinnenliebe sei bloßes »Sandkastenspiel«, verkennt sowohl die Heftigkeit solcher Gefühle als auch die Tatsache, daß sie mit schöner Vollständigkeit sämtliche Stadien der Leidenschaft, der Qual und des Hochgefühls durchläuft, die wir als Echtheitssiegel des Verliebtseins betrachten. Die italienischen Forscher listeten alle Merkmale auf, die eine solche Beziehung von der gewöhnlichen Freundschaft unterscheidet. Diese Liste lohnt eine nähere Betrachtung, da sie eine Typologie der Liebe liefert, und zwar jeder Liebe, vor allem aber der von uns »romantisch« genannten Liebe, d. h. in der Regel: der Liebe zwischen Jugendlichen.

(1) die außergewöhnliche Häufigkeit, mit der oft auf sehr listenreichem Wege Briefe gewechselt werden;

(2) das starke Verlangen, einander zu sehen, miteinander zu sprechen, die Hand des anderen zu drücken, sich zu umarmen und zu küssen;

(3) die endlosen Gespräche und stundenlangen Träumereien;

(4) die hartnäckige Eifersucht, mit ihren vielfältigen Ränken und üblichen Folgen;

(5) die übersteigerte Wertschätzung der Eigenschaften des geliebten Menschen;

(6) die Neigung, den Namen der Geliebten überall zu verewigen;

(7) die neidlose Anerkennung der Vorzüge des geliebten Menschen;

(8) die Selbstverleugnung der Liebenden bei der Überwindung aller Hindernisse, die Äußerungen ihrer Liebe entgegenstehen;

(9) die Eitelkeit, mit der einige auf die Äußerungen ihrer Flamme reagieren;

(10) das Bewußtsein, etwas Verbotenes zu tun;

(11) die Eroberungslust und das Hüten von Liebespfändern (Briefe usw.).[23]

Romeo und Julia, das exemplarische heterosexuelle »italienische« Liebespaar, und Shakespeares andere sehnsüchtig-schmachtende Erwachsene von Orlando bis zu den Navarreser Herren in *Verlorene Liebesmühe* legen identische Symptome an den Tag.

Trotz ihrer »anscheinend nicht sexuellen Natur« sagt Ellis über die Flamme, daß »sämtliche sexuellen Äußerungen der Schuljugend um sie kreisen und daß in ihren vielfältigen Aspekten, wenn auch mit unterschiedlicher Intensität, das sexuelle Gefühl sich nach allen seinen Abstufungen ausleben kann«. Aber galt dies nur für Italien? Sicher nicht. In England blühten anscheinend »Schwärmereien« und »verliebte Narreteien« in den Internaten und Colleges, obwohl die Anstalten alles unternahmen, um solche »krankhaften« und »ungesunden« Gefühle zu unterbinden.

»Nach dem zu urteilen, was mir Frauen erzählten, die eine dieser ›Schwärmereien‹ durchlebt hatten, seitdem aber Männer liebten«, schreibt eine Kennerin von Mädcheninternaten, »waren in beiden Fällen die ausgelösten Gefühle einander ähnlich, was ihnen zum Zeitpunkt ihrer Schwärmerei allerdings nicht bewußt war.« Wie Ellis setzt sie voraus, diese Schwärmereien seien für die meisten jungen Mädchen eine bloße Phase, obgleich sie auch Mädchen kannte, die zwar nach der Schulzeit »zahlreiche Flirts mit dem anderen Geschlecht hatten« und »schwerlich der Inversion beschuldigt werden konnten«, aber dennoch an diesen leidenschaftlich romantischen Freundschaften festhielten.[24]

Daß romantische Freundschaften zwischen Frauen früher und heute existiert und fortgedauert haben, vermag uns dank jüngerer Untersuchungen nicht zu überraschen.[25] Allerdings geht aus ihnen auch hervor, was dabei von vielen ebenso hartnäckig geleugnet wird wie von Ellis die Leidenschaft zwischen Frauen: daß die verschiedenen Arten des Eros im Grunde ununterscheidbar sind.

Tatsache ist, daß wir *lernen* zu lieben. Wir *lernen* zu begehren. Wir »*gestalten*«, um einen sozialwissenschaftlichen Terminus zu verwenden, unsere erotischen Gefühle. Einige dieser Mädchen wurden (oder blieben) heterosexuell; andere wurden (oder blieben) lesbisch. Die Heterosexuellen – die »normalen« Schulabsolventen – waren der Studie der italienischen Mediziner zufolge zu etwa 60 Prozent emotional und möglicherweise auch praktisch bisexuell. Sie liebten Frauen; später liebten sie Männer. Und zwar nicht unbedingt »statt dessen«. Vielleicht »gerade weil«.

Ellis' Korrespondentin erzählt eine faszinierende Anekdote über zwei junge Frauen, A. und B., die sich an einem Mädchencollege kennenlernten und sich augenblicklich zueinander hingezogen fühlten. Beide hatten bereits einen »Schwarm« gehabt; bei der einen war es ein Mann (»ein Schauspieler, den sie kürzlich gesehen hatte«), bei der anderen eine verheiratete Frau. Die zwei Frauen »lebten nur füreinander« und wurden »unzertrennlich«. Das »sexuelle Element« war in ihrer Beziehung »zweifellos vorhanden«, obgleich damals »beide in sexuellen Fragen völlig unwissend« waren. Diese intensive Beziehung dauerte etwa drei bis vier Jahre, und noch zehn Jahre später, nachdem sich ihre Lebenswege längst getrennt und beide die Liebe zu einem Mann erfahren hatten, »schätzten sie sich sehr«. Die Briefschreiberin fühlt sich gedrängt anzumerken, daß »A. und B. auf Männer und Frauen gleichermaßen attraktiv wirkten« und daß »vor allem B., ohne auch nur im leisesten dazu zu ermuntern, immer ›schwärmerische‹ Gefühle in ihren Geschlechtsgenossinnen hervorrief«.[26]

Man weiß nicht so recht, ob man dieser letzten Aussage glauben soll. Nach meiner Erfahrung erweckt man nicht ständig starke erotische Gefühle, ohne in gewisser Weise dazu zu ermutigen, sei dies auch nur unbewußt oder nur in Andeutungen. Würden wir sagen, A. und B. sind heterosexuell, weil sie einen Mann geliebt haben? Oder sind sie Lesbierinnen, sogar sich selbst verleugnende Lesbierinnen? Bisexuelle? Diese Kategorien scheinen von außen herangetragen zu werden, um Beziehungen und Gefühle in Schubladen zu pressen, über die A. und B., wer immer sie gewesen sein mögen (und ob nun, wie ich vermute oder vielleicht auch nur hoffe, die Briefschreiberin eine von ihnen war), sehr wohl selbst befinden konnten.

Strich drunter?

> In dieser Umgebung ist es nicht unnatürlich, daß ein jüngerer Knabe einen älteren Knaben anzieht. Ein junger Knabe kommt dem weiblichen Ideal am nächsten. Ja, in einer Public School hat ein kleiner Junge viele Eigenschaften, die ein Mann von einer Frau erwartet und erhofft. Er ist klein, schwach und schutzbedürftig. Er gehört wie die Frauen einer fernen Welt an, da er sich in einem anderen Kreis des Schullebens bewegt, andere Freunde, andere Sorgen, andere Bestrebungen hat. Er ist ein unentdeckter Kontinent. Das Gefühl ist echt, und gewöhnlich überfällt es den älteren Jungen ganz unerwartet.
> *Alec Waugh* [27]

> Da ich ein Kind war, da redete ich wie ein Kind und war klug wie ein Kind und hatte kindliche Anschläge; da ich aber Mann ward, tat ich ab, was kindlich war.
> *1. Korinther 13,10*

»In der englischen Grund- und Internatsschule sind Liebesabenteuer notgedrungen gleichgeschlechtlich«, schreibt der Dichter und Mythenforscher Robert Graves. »Das andere Geschlecht wird verachtet und wie etwas Obszönes behandelt. Viele Jungen erholen sich niemals von dieser entstellten Sichtweise. Auf jeden mit homosexueller Anlage Geborenen kommen mindestens zehn, die durch das Internatssystem zu permanent Pseudohomosexuellen gemacht werden. Und neun von diesen zehn sind ebenso jungenhaft und empfindsam, wie ich es war.«[28]

Graves' Schilderung der Schuljahre eines englischen Jungen aus der Ober- und oberen Mittelschicht in seinen autobiographischen Einnerungen *Strich drunter!* dokumentiert eine Idealisierung der Liebe unter den Schuljungen, die den »Schwärmereien« und »Flammen« bei den Mädchen entspricht. Wörter wie »Liebesabenteuer« und »anständig« verweisen auf einen Codex höfischer Liebe.

»Pseudohomosexuelle« ist hier nicht als postmodernes Phänomen auszulegen, etwa im Sinne des sogenannten »Straight Queer« oder »Queer Straight«, des Heterosexuellen, der es für chic hält, als homosexuell zu gelten. »Pseudohomosexueller« ist in diesem Zusammenhang ein Terminus technicus, den der Sexualwissenschaftler Iwan Bloch zur Bezeichnung von Personen einführte, die homosexuelle Beziehungen haben, weil sie unter gleichgeschlechtlichen Umständen leben und keinen Kontakt zu den Mitgliedern des anderen Geschlechts haben.[29]

In seinem Abriß der englischen Sexualgeschichte verzeichnet Bloch einen »gelegentlich unübersehbaren Anstieg der Homosexualität«, der durch die Mode und eine ausschweifende Lebensführung begünstigt wird, ein »wahrhaft epidemisches Zunehmen homosexueller Neigungen, die sich manchmal nur leise und verschwommen andeuten, doch zu Zeiten auch heftig werden und zu einer offenbaren Perversion des natürlichen Gefühls führen können«. »Pseudohomosexualität« existiert in England vor allem unter »Matrosen, Schuljungen und Studenten, Berg- und Straßenarbeitern; Fußballern, Sportlern, Mitgliedern bestimmter Männer- und Jugendbünde und ähnlichem« – kurz gesagt, in einem hohen Prozentsatz der männlichen Bevölkerung. Wie Bloch hinzusetzt, spielt neben dem englischen Klubleben und der Verherrlichung des Sports, der dem Kult der Homosexualität bei den sportbegeisterten alten Griechen ähnelt, auch »der fehlende Verkehr mit Frauen und vor allem die Trunksucht eine wichtig Rolle«.[30]

Die Männerbündelei des englischen Lebens provoziert demnach praktisch auf allen sozialen Ebenen eine Pseudohomosexualität. Wie läßt sich diese Pseudoversion von der echten unterscheiden? Vermutlich entpuppen sich Pseudohomosexuelle irgendwann einmal (auch) als Heterosexuelle, d. h. als Bisexuelle, oder als das, was die heutige Soziologie als »diachron praktizierende Bisexuelle« bezeichnet – Menschen, die zu verschiedenen Zeiten ihres Lebens sexuellen Verkehr mit gleichgeschlechtlichen und gegengeschlechtlichen Partnern haben.

Wie wir sahen, nannte Freud diesen Personenkreis »okkasionell invertiert«, worunter er verstand, daß sie »unter gewissen äußeren Bedingungen, von denen die Unzugänglichkeit des normalen Sexualobjektes und die Nachahmung obenan stehen«, eine »Person des gleichen Geschlechtes zum

Sexualobjekt nehmen und im Sexualakt mit ihr Befriedigung empfinden« können.[31] Die Abwesenheit eines Sexualpartners des anderen Geschlechts und »Gewöhnung und Sitte« waren entscheidende Bestandteile der Blochschen Kategorie, die er später »sekundäre Homosexualität« (oder »Pseudohomosexualität«) benannte.[32] Heute spricht man häufiger von »situationsbedingten Bisexuellen«.

Viele zeigten sich vom Phänomen der Pseudohomosexualität fasziniert. Magnus Hirschfeld führt drei Klassen sogenannter »unechter Homosexueller« auf: männliche Prostituierte und Erpresser; gutmütige und mitleidige Seelen, die sich bereitwillig lieben lassen; die Insassen von gleichgeschlechtlichen Schulen, Kasernen oder Gefängnissen.[33] Ellis hingegen wies diesen Klassifikationsversuch schroff zurück und bemerkte, »alle drei von Hirschfeld aufgezählten Klassen können sehr wohl in der Mehrzahl echte homosexuelle oder bisexuelle Individuen umfassen«, denn es ginge im wesentlichen nicht um einen qualitativen, sondern um einen bloß graduellen Gefühlsunterschied.

Nimmt man an, daß »das Sexualleben fundamental bisexuell« ist, dann, so Ellis, haben einige Menschen derartig starke homosexuelle Gefühle, daß diese selbst in der Nähe eines potentiell heterosexuellen Liebesobjektes andauern, während die homosexuellen Reaktionen bei anderen durch das heterosexuelle Begehren »verdunkelt« würden. »Dennoch wäre es falsch, die letztgenannten Fälle als unecht oder ›pseudo‹ zu bezeichnen«, erklärt Ellis rundheraus.[34] Begehren sei Begehren, und nichts daran sei unecht oder »pseudo«, wie auch immer es um die Situation oder »Okkasion« bestellt gewesen ist. Der Körper konnte reagieren, das Herz konnte brechen.

Worte wie »pseudo« und »unecht«, die eine Dialektik von wahr und falsch, Original und Kopie heraufbeschwören, erinnern uns daran, daß homosexuelles Begehren (und die homosexuelle Kultur in all ihren Spielarten) meist als Imitat des Echten abgetan wurde.[35] Mit gutem Recht könnte man *alle* Erotizismen »pseudo« nennen, denn was sind die Kennzeichen des Echten, wenn es um menschliche Gefühle geht? Urteilen wir nach dem Ergebnis (Ehe, langjährige Beziehung, Selbstmordversuch)? Halten wir uns an die Teleologie der persönlichen Geschichte (eine aufgelöste Verlobung, eine anschließende Ehe mit einer anderen Person, eine heterosexuelle Beziehung, die von einer homosexuellen abgelöst wird)? Ist das »Wirkliche« das zuletzt Geschehene oder das Verlorene?

Gleichgültig ob der Boden des Echten nun Homosexualität oder Heterosexualität sein soll, ein Begriff wie »pseudohomosexuell« (sowie sein biologistisch aufgefaßtes Pendant »pseudohermaphroditisch« – Krafft-Ebings Begriff für das, was wir jetzt bisexuell nennen) suggeriert auf jeden Fall falsches Bewußtsein: Das betreffende Subjekt könne unmöglich wissen, was mit ihm oder ihr los ist, sonst wäre er oder sie eben entweder heterosexuell oder homosexuell. In dasselbe Horn wie seine zeitgenössischen Sexualwissenschaftler blasend, für die Inversion eine angeborene, vielleicht sogar eine erbliche Eigenschaft war, stellt Graves' Beschreibung dem »Pseudohomosexuellen« den »geborenen Homosexuellen« gegenüber (Freuds »absolut Invertierten«). Der Pseudohomosexuelle werde sich genauso wie der okkasionell Invertierte, sowie er nur Gelegenheit dazu findet, der Heterosexualität zuwenden oder zu ihr zurückkehren.

Nun war aber, wie Graves zu verstehen gibt, der Pseudohomosexuelle eher die Regel als die Ausnahme in der getrenntgeschlechtlichen Internatserziehung. Der Pseudofall war tatsächlich der Normalfall, sei es angeboren oder erst dazu gemacht – eine Differenz, die oft erst *post festum* deutlich wurde.

Es ist die Ironie einer homosexuellenfeindlichen Kultur, daß ihre exklusivsten zur Selbstreproduktion bestimmten Stätten und Institutionen die ergiebigsten Brutstätten der Homosexualität waren. Dies ist den Zöglingen dieses Schulsystems nicht entgangen. Alan Sinfield bemerkt, daß die englische Mittelklasse mit der getrenntgeschlechtlichen Schulerziehung gegen Ende des 19. Jahrhunderts durchaus in der Absicht ernst machte, die jungen Männer vor der Ablenkung durch Frauen zu schützen.[36] »Die Knaben von der weiblichen Welt zu trennen, die normalerweise ihre Kindheit beherrscht hatte, und sie systematischer Verrohung zu unterziehen war nicht der bloß zufällig für die ›gute Erziehung‹ entrichtete Preis: Exakt darum ging es.«[37]

»Würfe man alle, die Oscar Wildes Vergehen schuldig sind, ins Gefängnis, würden Eton und Harrow, Rugby und Winchester ausbluten, und die Gefängnisse von Pentonville and Holloway sich füllen«, kommentierte W. F. Stead 1895 das über Wilde verhängte Gerichtsurteil. »In der Zwischenzeit dürfen die Knaben in den Privatschulen ungestraft Praktiken huldigen, für die sie nach der Schule zu Zwangsarbeit verurteilt würden.«[38] Sinfield sagte einmal bissig: »Die Privatschulen waren für die Ausbildung einer homosexuellen Identität entscheidend. Denn in vielen Fällen schufen sie, trotz des offiziellen Tabus, ein inoffizielles, doch gleichwohl einflußreiches kulturelles Milieu, in dem die gleichgeschlechtliche Passion durchaus positiv bewertet werden konnte.«[39]

Die rhetorische Beschwörung des griechischen *paideia*-Ideals und eine hausinterne Hierarchie, in der die jüngeren Knaben »die Leibeigenen« der älteren waren, lieferten praktisch eine Garantie dafür, daß die Unterwerfung unter das System leidenschaftliche Gefühlszustände und Schwärmereien hervorrief. Wie in einem Brief an Havelock Ellis zu lesen ist, »konnte niemand durch das Internats- und Collegeleben gehen, ohne auf Schritt und Tritt die Anzeichen für das betreffende Phänomen wahrzunehmen. Ich bin davon überzeugt, daß es in vielen Fällen keine klare Trennungslinie zwischen der sogannten Freundschaft und der Liebe gab; vermutlich geht es auf den Einfluß der Sitten und der öffentlichen Meinung zurück, daß sich in den meisten Fällen die körperliche Leidenschaft schließlich auf das andere Geschlecht spezialisierte.«[40]

Nach Ansicht dieses Beobachters war mithin das »Gemachte« – das, was in Graves' übernommener Bezeichnung »pseudo« war – in Wahrheit die *Heterosexualität*. Sitte und öffentliche Meinung warfen ihr Gewicht zugunsten des »anderen Geschlechts« – des Normalen, wie es normalerweise verstanden wird – in die Waagschale. Diese Faktoren gaben den Ausschlag dafür, daß der Internatsschüler oder Collegestudent sich »spezialisierte«, d. h. seine sexuelle Praxis hetero statt bi wurde.

Spezialisierung bedeutet eine Einengung des Betätigungsfeldes. In der Biologie, und sie ist hier wahrscheinlich gemeint, bedeutet »spezialisiert« auch »an die Umwelt angepaßt«, was durch die deutliche kulturelle Konditionierung in der Schulzeit, wie uneindeutig ihre verdeckten Botschaften auch sind, offenbar glänzend erreicht wird. Wenn aber der Heterosexuelle ein Spezialist ist, dann könnte man den Bisexuellen als Universalisten betrachten. Und gegen diese Universalisierung, die Möglichkeit, Angehörige *beider* Geschlechter zu begehren und zu lieben, richtet sich mit äußerster Unerbittlichkeit (und mit größter Hingabe) der erotische Codex der Konformisten in den gleichgeschlechtlichen Institutionen, sei es eine Schule, eine Kaserne oder ein Gefängnis.

Allmählich wird deutlich, daß »Normalisierung« ebenso eine Funktion der Erfahrung wie des Erzählens von ihr ist. Der Wunsch, die sexuellen und gefühlvollen Autobiographien von Pensionats- und Internatsschülern zu erzählen, herauszugeben und zu zensieren, steht im Widerspruch zu der Furcht (dem Verlangen?) vor einer Rückkehr des Unterdrückten. Robert Graves schildert seine Schuljahre in Charterhouse in einem zugleich leichten und beiläufigen Ton: »Im vierten Jahr allerdings verliebte ich mich in einen drei Jahre jüngeren Schüler, der außergewöhnlich feinsinnig und intelligent war. Wir wollen ihn ›Dick‹ nennen ... Irgendeines sexuellen Verlangens ihm gegenüber war ich mir dabei nicht bewußt, und unsere Gespräche blieben stets unpersönlich. Diese unerlaubte Bekanntschaft blieb nicht unbemerkt; ein Lehrer, der ebenfalls im Chor sang, legte mir nahe, ihr ein Ende zu machen ... Schließlich stellte der Direktor mich zur Rede. Ich hielt ihm einen hochtrabenden Vortrag über die Vorteile von Freundschaften zwischen älteren und jüngeren Knaben, indem ich Platon, die griechischen Dichter, Shakespeare, Michelangelo und andere zitierte, die genauso empfunden hatten wie ich. Er ließ mich gehen, ohne die Sache weiter zu verfolgen.«[41]

»Meine Jungens sind verliebt, aber selten erotisch«, äußerte der Direktor von Charterhouse ganz arglos vor Kollegen. Im Rückblick auf die leidenschaftlichen Empfindungen seiner Schulzeit stimmt Graves mit dieser Unterscheidung zwischen Verliebtheit (damit meinte er das rein gefühlsmäßige Sich-Verlieben in einen jüngeren Schüler) und Erotik, der erwachenden Sinnlichkeit, überein. »Die Intimitäten, zu denen es oft kam, spielten sich niemals zwischen einem älteren Knaben und dem Gegenstand seiner Zuneigung ab – das hätte die romantischen Träumereien gestört –, sondern fast ausschließlich zwischen Jungen gleichen Alters, die nicht ineinander verliebt waren, sondern sich gegenseitig als bequem erreichbare Sexualobjekte benutzten.«[42] Einmal gingen Graves und sein Boxpartner mit ungewöhnlicher Verbissenheit aufeinander los, aber sein Gegner wollte sich unter keinen Umständen auszählen lassen. »Später fand ich heraus, daß er sich der Anwesenheit Dicks ebenso bewußt war wie ich.«[43]

»Ein oder zwei Wochen darauf machte ich wegen Dick eine der furchtbarsten Viertelstunden meines Lebens durch«, berichtet er. »Daß der Lehrer, der im Chor sang, mich ermahnte, während des Gottesdienstes in der Kapelle keine Blicke mit Dick zu wechseln, hatte mich bereits in Wut gebracht. Als mir dann aber einer der Chorjungen erzählte, er habe gesehen, wie jener Lehrer bei einem Chorfest Dick heimlich geküßt habe, wurde ich wahnsinnig wütend, ohne nach weiteren Einzelheiten oder Zeugen zu fragen. Ich ging zu dem Lehrer und sagte ihm, daß ich die Sache dem Direktor melden würde, wenn er nicht kündige. An der Schule war er für derartige Dinge schon bekannt, und Jungen zu küssen stellte eine strafbare Handlung dar.«[44] Der Lehrer wies die Anschuldigung strikt von sich, aber der herbeizitierte Dick bestätigte die Geschichte seines Freundes. Der Lehrer erlitt einen Zusammenbruch, versprach, zum Ende des Schuljahres zu kündigen, und dankte dem jungen Graves, daß er den Direktor aus dem Spiel gelassen habe. Ein Jahr später, 1915, fiel er im Krieg. Inzwischen hatte Dick gebeichtet, daß ihn dieser Lehrer nie geküßt habe. Er habe Graves nur aus der Klemme, in der er offenbar steckte, heraushelfen wollen. »Es muß wohl«, schloß Graves ohne große Anzeichen von Reue, »irgendein anderer Junge aus dem Chor gewesen sein.«[45]

In der Erinnerung an diesen Lebensabschnitt meint Graves: »Die Dichtung und Dick waren nach wie vor nahezu die einzigen Dinge, die wirklich zählten.«[46] Doch von diesem Augenblick an berichten die Memoiren von seinem Weg der Normalisierung. Graves verließ die Schule, trat in die Armee ein, zeichnete sich im Krieg aus und schlug, zögernd, aber dennoch zielstrebig, den Pfad der Heterosexualität ein. 1919, während er in Oxford von einer Erkrankung genas, »verliebte« er sich »in Marjorie, eine Lernschwester; aber ich sagte ihr zu der Zeit nichts davon. Zwar war mein Herz heil, wenn auch etwas betäubt, nachdem Dick sich daraus zurückgezogen hatte, aber ich empfand es doch als schwierig, mich auf die Liebe zu einer Frau einzustellen.«[47]

Kurz darauf heiratete er Nancy Nicholson, eine Feministin. Gegen die Formel, dem Gatten treu zu »dienen«, wehrte sie sich bei der Trauung. Sie trug Hosen, weil es bequemer war, schnitt ihr Haar kurz und behielt ihren Mädchennamen. Als Graves sie kennenlernte, war sie gerade 16 Jahre alt, aber bereits eine Persönlichkeit, die genau wußte, was sie wollte. Sie wünschte sich (und gebar in der Folge) vier Kinder: zwei Jungen und zwei Mädchen.

In einem Abschnitt, der sich durch das Fehlen jeglicher Emphase auszeichnet, berichtet Graves: »Sie machte es genau wie geplant, begann aber, ihre Heirat als einen Treuebruch an sich selbst zu bereuen – als ein Zugeständnis an das Patriarchat. Sie hätte sie gern irgendwie rückgängig gemacht – allerdings nicht durch eine Scheidung, die ebenso schlimm war wie eine Ehe –, damit sie und ich ohne gesetzlichen oder religiösen Zwang weiter zusammen leben könnten.« Und ohne Unterbrechung setzt er hinzu: »Ungefähr um diese Zeit traf ich Dick zum letztenmal wieder und fand ihn unangenehm freundlich. Er war in Oxford und stand kurz davor, in den diplomatischen Dienst einzutreten. Er hatte sich so verändert, daß es mir fast absurd schien, jemals seinetwegen so gelitten zu haben. Aber die karikatureske Ähnlichkeit mit dem Jungen, den ich geliebt hatte, blieb erhalten.«[48]

Als Gespenst beschworen und aus Graves' erotischer Phantasie offenbar längst verbannt, verschwindet der »so veränderte« Dick aus der Erzählung, und Nancy tut es ihm schließlich nach. (Nach der Scheidung heiratete Graves erneut und zeugte mit seiner zweiten Frau noch einmal vier Kinder.) Doch Dicks Verschwinden hinterließ Spuren, die Spuren des Ausradierens.

Im wirklichen Leben trug Dick den Namen G. H. Johnstone, für seine Freunde »Peter«. Diesen Spitznamen, mit dem Graves auch liebevoll seinen jüngeren Bruder rief, hatte er von Graves erhalten. In der 1929 erschienenen Ausgabe von *Strich drunter!* berichtet Graves, wie ihm ein Gerichtsfall zu Ohren gekommen war, in dem von Peter Johnstone und einem »gewissen Antrag« die Rede war, den dieser dem Korporal eines kanadischen Regiments gemacht haben soll. »Diese Neuigkeiten warfen mich fast um. Ich glaube, daß der Krieg [Johnstone] um den Verstand gebracht hat.« Kurz gesagt: »Es wäre leichter, ihn mir als tot vorzustellen.«[49]

Seinem Neffen und Biographen Richard Perceval Graves zufolge war es der Schock dieser Nachricht, der Robert Graves zur entschiedenen Heterosexualität bekehrte. »Mit Erleichterung erinnerte Robert sich an seine flüchtige Liebesaffäre mit Marjorie. Sie bewies ihm, daß, obwohl er wie viele junge Männer eine Phase durchgemacht hatte, die er nun pseudohomosexuell nannte, seine natürlichen Triebe heterosexueller Art waren.«

In seinen Memoiren stellt Graves, wie schon zitiert, Vermutungen über die Pseudohomosexualität der Schüler an: »Viele Jungen erholen sich niemals von dieser entstellten Sichtweise. Ich wurde erst durch einen Schock geheilt, als ich einundzwanzig war.«[50] Sein Schock angesichts von Dicks Zusammenstoß mit dem Gesetz fiel jedoch in einer revidierten Ausgabe 30 Jahre später (und damit in der deutschen Ausgabe) ebenso dem Rotstift zum Opfer wie die persönliche Erinnerung über seine »Heilung«. Stehen blieb nur: »Viele Jungen erholen sie niemals von dieser entstellten Sichtweise.«

Man könnte nun meinen, nicht Prüderie, sondern Klugheit habe diese Korrekturen diktiert. »Ich frage mich, wie es meinen Verlegern gelang, nicht verklagt zu werden«, merkte Graves im Vorwort zur revidierten Ausgabe an. Mittlerweile war er Dichter, Gelehrter und Übersetzer klassischer Literatur, kurz: ein berühmter Mann. Die fünfziger Jahre waren ein weniger freundliches Klima für sexuelle Offenherzigkeit und homosexuelle Erinnerungen als die liberalen zwanziger Jahre. Dennoch dürfte es nicht ganz unberechtigt sein, wenn man seine Entwicklung vom Pseudohomosexuellen zum *pater familias* zumindest teilweise als eine Geschichte liest, in der jemand zutiefst erschreckt den rechten heterosexuellen Pfad einschlägt.

Normalvollzug

> Ein weiterer und noch wichtigerer Grund sollte den Leser davon abhalten, sich schockiert zu fühlen. Wir haben es mit jungen Männern zu tun, die sich in einem Übergangsstadium befinden. In den meisten Fällen schienen sich diese seltsamen Gemütszustände nur vorübergehend zu manifestieren ... Wenn wir die Universität verlassen, werden wir normal.
> *Terence Greenidge* [51]

In Eduard M. Forsters posthum erschienenem Roman *Maurice* meint ein Dean aus Cambridge: »Es war unnatürlich, daß Männer von verschiedenem Charakter allzu vertraulich miteinander umgingen, und obwohl Studenten, anders als Schuljungen, offiziell als normal gelten, übten die Tutoren ein gewisses Maß an Wachsamkeit aus und fühlten sich verpflichtet, eine Liebesaffäre zu durchkreuzen, wann immer sie konnten.«[52]

In *Maurice*, der Geschichte eines Forster nicht unähnlichen jungen Mannes, der vor dem Ersten Weltkrieg in der Welt der englischen Privatschulen und Universitäten mit seiner Homosexualität ringt und sie schließlich akzeptiert, indiziert das Wort »normal« ein verbotenes Verlangen. Maurice liebt Clive Durham, einen Kommilitonen aus seinen Cambridger Studententagen. Nach Beendigung ihres Studiums haben die beiden ihre weitgehend platonische, aber sehr leidenschaftliche Beziehung weitergeführt. Sie verbringen jeden Mittwoch und die Wochenenden zusammen, wenn auch nicht im selben Bett, ja nicht einmal, wie sich herausstellt, im selben Schlafzimmer. Seine Mutter meint nachsichtig: »Maurice ist ein richtiger alter Junggeselle.«[53]

Richtig, normal, richtig normal. In den soziologischen Klassifizierungen des Dean schwingt ein empirischer Skeptizismus mit, denn »offiziell normal« bedeutet potentiell »anomal«, und die Liebesaffären, die die Tutoren mit Freude durchkreuzen, ereignen sich immerhin so häufig, daß sie sowohl auffallen als auch mit Vergnügen verhindert werden. Außerdem ist das, was für Studenten normal ist, für Schuljungen offenbar anomal – für sie ist das Anomale die Norm. Wie einem richtigen alten Junggesellen ist es dem Schuljungen erlaubt, sich gleichgeschlechtlichen Neigungen hinzugeben. In der offziellen Welt, hier durch den Dean verkörpert, der Maurice relegiert, handelt es sich um eine Trennungslinie, deren Grenzen bekannt und respektiert sind.

»Mann und Weib! Ah, wie herrlich!« ruft ein Lehrer begeistert vor dem Knaben Maurice aus und weiht ihn in die Geheimnisse des ehelichen Sexuallebens ein. (Er meint, der vaterlose Maurice brauchte ein erzieherisches Gespräch von Mann zu Mann.) »Du kannst das jetzt noch nicht verstehen, doch eines Tages wirst du es verstehen, und wenn es soweit ist, dann erinnere dich an deinen armen alten Erzieher, der dich mit der Nase darauf gestoßen hat.«

»Ich glaube, ich werde nicht heiraten«, meint Maurice, worauf sein jovialer Wohltäter mit einer Einladung reagiert: »Heute in zehn Jahren lade ich dich zusammen mit deiner Frau zum Dinner bei mir und meiner Frau ein.« Das intime Gespräch des Älteren mit dem Jüngeren blieb nicht ohne die gewünschte Wirkung. »Maurice fühlte sich geschmeichelt und fing an, über eine Heirat nachzudenken.«[54]

Zehn Jahre später hat Maurice jeden Gedanken an eine Ehe aufgegeben, doch für Clive liegen die Dinge anders. »Ich bin gegen meinen Willen normal geworden. Ich kann es nicht ändern.« Das schreibt Clive Maurice aus Griechenland, der Stätte, an der sich ironischerweise seine Rückkehr zur Heterosexualität vollzieht.[55] »Es hatte keine warnenden Anzeichen gegeben – nur eine schwer deutbare Veränderung des Lebensgefühls, nur eine Vorahnung: ›Du, der du bisher Männer geliebt hast, wirst hinfort Frauen lieben. Verstehe es oder auch nicht, das ist mir gleich.‹«[56] Nun unternimmt Clive Spazierfahrten und schaut den Frauen nach, die seine Blicke erwidern. »Wie glücklich gestalteten normale Leute ihr Leben!«[57] Als die Zeit gekommen ist, dem skeptischen und liebenden Maurice gegenüberzutreten, wiederholt Clive persönlich, was er schon in seinem Brief gestanden hatte (»Ich bin normal geworden – wie andere Männer«[58]). Im Laufe einer aufwühlenden Stunde verliebt er sich prompt in Ada, Maurices Schwester und weibliches Pendant, und läßt ebenso prompt seine verliebten Gefühle für sie wieder fallen. »Wir lieben uns und wissen es«, beharrt Maurice. Doch Clive entgegnet mit Entschiedenheit: »Wenn ich jemanden liebe, dann ist es Ada.« Und er fügt hinzu: »Ich erwähne ihren Namen aufs Geratewohl, als Beispiel sozusagen«[59] – eine Einschränkung, die verständlicherweise nicht geeignet ist, Maurice zu beschwichtigen. Doch Clive »fand genau das in ihr, was er in seinem Übergangsstadium benötigte ... Sie war der Kompromiß zwischen Erinnerung und Sehnsucht.«[60]

Wie die meisten Kompromisse, so trifft auch diesen das Schicksal, schon bald nicht mehr zu befriedigen, und als Clive das Haus verläßt, sagt er sich, »er würde Ada nicht heiraten – sie war nur ein Zwischenstadium gewesen«[61]. Diese klinisch-nüchterne Redeweise entspricht seiner zwanghaft wiederholten Selbstdiagnose, er sei doch »normal« – bis sie zu einer sich selbst erfüllenden und schließlich zu einer auch befriedigenden Prophezeiung wird. Im Rückblick oder vielmehr in seiner von einem merkwürdigen Gedächtnisausfall begleiteten Rückschau entpuppt sich Clive endlich als »normal«. Er heiratet Anne Woods, kandidiert fürs Parlament und verwandelt sich in einen dünkelhaften jungen Gutsbesitzer, dessen Haar vor der Zeit schütter wird. Und was wird aus Maurice? Er wird vom Gespenst der Normalität, das heißt der Ehe, verfolgt. Die Andeutung, Ada könne seinen Platz in Clives Gefühlen einnehmen, läßt ihn die Beherrschung verlieren: »Außer in einem Punkt war er völlig normal, und er benahm sich so, wie sich ein durchschnittlicher Mann verhalten hätte, der nach zwei glücklichen Jahren von seiner Frau betrogen wird.«[62] In diesem schlichten Vergleich ist Clive die »Frau«. Um Clive nicht zu verlieren, jedenfalls nicht vollkommen, verkündet Maurice seine durch und durch unehrlichen Absichten:

> »Es geht darum, daß ich hoffe, mich zu verheiraten«, sagte Maurice, und die Wörter kamen aus ihm heraus, als führten sie ein eigenes Leben.
> »Ich bin schrecklich glücklich«, sagte Clive und senkte seinen Blick. »Maurice, ich bin schrecklich glücklich. Es ist das Wunderbarste auf der Welt, vielleicht das einzige ...«

Warum senkt Clive den Blick? – eine Geste, die normalerweise, jedenfalls in der Literatur, weiblicher Schüchternheit und Koketterie vorbehalten bleibt. Maurices Erklärung erleichtert ihn, sie löscht ihre frühere Leidenschaft füreinander aus, macht sie unsichtbar. Oder aber: Maurices Erklärung schmerzt ihn. Er lügt, wenn er sagt, er sei glücklich.

Schulen der Normalität

Er hob seinen Blick. »O Maurice, ich bin so glücklich. Du hast gut daran getan, es mir zu erzählen – es ist genau das, was ich mir immer für dich gewünscht habe.«
»Ich weiß.«[63]

Clive ist durch Maurices Neuigkeiten beglückt, »weil diese Entscheidung seine eigene Position klärte. Er haßte aufgesetztes, exzentrisches Benehmen. Cambridge, das blaue Zimmer, gewisse Lichtungen im Park waren ... nein, sie waren nicht besudelt, es war ja nichts Schändliches dort geschehen ..., aber sie zeigten sich doch in einem etwas lächerlichen Licht.« Seit seiner Heirat mit Anne »spielte er mit dem Gedanken, ihr die Sache mit Maurice zu beichten«, doch ihr sexuelles Leben verlief stumm. »Trotz einer sorgfältigen Erziehung hatte ihr niemand etwas über die körperliche Liebe erzählt.«

»Aber es geschah immer, ohne daß sie ein einziges Wort miteinander redeten ... Es gab so vieles, über das sie niemals sprechen konnten. Er sah sie nie nackt, noch sie ihn. Beide ignorierten die gewöhnlichen Funktionen des Fortpflanzungsprozesses und der Verdauung. Und somit würde jene Episode seiner Unreife nie Gegenstand eines Gesprächs werden« – d. h., Maurice würde nie zur Sprache kommen. »Man konnte einfach nicht darüber sprechen. Sie stand nicht etwa zwischen ihm und ihr. Anne stand zwischen ihm und jener Episode, und als er sich alles nochmals durch den Kopf gehen ließ, war er froh darüber.«[64]

Clive fühlt sich durch Maurices Geständnis »geläutert«, und im Überschwang der Gefühle küßt er – »durfte er es wagen, der Vergangenheit eine Geste zu entleihen?« – Maurices Hand.

Er beeilt sich, Anne Maurices Pläne mitzuteilen, und macht für sich aus ihrer Zweierbeziehungen eine Dreierbeziehung. Denn das Ehepaar verbündet sich sofort mit Maurice, um seiner (vorgeschwindelten) Brautwerbung zum Erfolg zu verhelfen. »Sein Mädchen in der Stadt, die seinen Heiratsantrag beinahe angenommen hatte, aber eben nur beinahe, schien ein offenes Geheimnis zu sein. Es spielte überhaupt keine Rolle, wie krank er aussah oder wie merkwürdig er sich benahm, offiziell war er ein Verliebter, und sie legten alles so aus, wie es ihnen paßte, und fanden ihn köstlich.«[65] Clives »Normalität« sucht Unterstützung in Maurices »Normalität«, damit er sich um so nachdrücklicher von jedem »exzentrischen Verhalten« freisprechen kann.

Durch Clives Kuß (den er als »banal« und »prüde«[66] empfunden hatte) aus der Bahn geworfen, flüchtet Maurice nach London und sucht Hilfe bei einem Hypnotiseur: »Als er mit dem *Punch* ins Wartezimmer verbannt wurde, verstärkte sich das Gefühl von Normalität. Er ging seinem Schicksal gelassen entgegen. Er wollte eine Frau: Sie sollte ihm gesellschaftliche Sicherheit geben, seine Wollust zügeln und ihm Kinder gebären.«[67] »Ich ... werde Ihnen etwas suggerieren, das, wenn Sie erwachen, sich hoffentlich fortsetzen und Teil Ihres normalen Zustandes sein wird«, sagt der Hypnotiseur beruhigend.[68] Doch jeder Fortschritt, den Maurice möglicherweise auf einen »normalen« Zustand hin machen könnte, wird jäh durch seine Liebelei mit Alec Scudder, Clives Wildhüter, gehemmt. »Indem er dem Körper nachgab, hatte Maurice die Verirrung seiner Seele bestärkt – dieses Wort gebrauchte der Arzt in seinem abschließenden Urteil – und sich damit aus der Gemeinschaft der normalen Menschen ausgeschlossen.«[69]

Alec Scudder ist, das sollte nicht unbemerkt bleiben, der einzige manifest Bisexuelle in Forsters Roman. In einem Brief an Maurice schreibt er: »Es ist nur natürlich, ein Mädchen zu wollen, Sie können nicht gegen die menschliche Natur angehen ... Ich bin noch nie auf diese Weise mit einem Gentleman zusammengewesen.« Und in einem drohenden Ton schreibt er auch (dick unterstrichen): »Ich weiß über Sie und Mr. Durham Bescheid.« Der Gedanke, daß »Clive nun doch nicht ganz aus diesem Schmutz herausgehalten worden war«, verschaffte Maurice ein flüchtiges Vergnügen.[70] Doch für Alec wie für Maurice geht es nicht einfach um Sex, sondern um Liebe.

Und noch einmal taucht die Frage des »Normalen« auf, als nämlich Maurice nach Southampton fährt, um Alec Lebewohl zu sagen, der auf dem Schiff *Normannia* nach Argentinien auswandern will. Der Schiffsname suggeriert nicht nur »Normanne«, sondern auch »normal« und »Mann«. Doch Alec wird diesen Pfad nicht einschlagen, trotz Maurices verzweiflungsvoller Überzeugung, daß, »sobald Alec zu seinem neuen Leben aufbrach, er sein Abenteuer mit dem Gentleman vergessen und irgendwann heiraten würde«. »Noch soviel Verständnis würde die *Normannia* nicht daran hindern, auszulaufen.«[71]

Während er auf dem Dock darauf wartet, sich von Alec verabschieden zu können, tritt der Pfarrer von dessen Gemeinde auf ihn zu und wirft ihn noch einmal auf den Gefühlszustand eines Schuljungen zurück: »›Nun, das ist sehr nett von Ihnen‹, fing der Geistliche alsbald das Gespräch an. Er sprach wie ein Sozialarbeiter zum andern, aber Maurice hatte den Eindruck, als liege ein Schleier über seiner Stimme.« Maurice versuchte zu antworten – zwei oder drei normale Sätze konnten ihn vielleicht retten –, aber er fand keine Worte, und seine Unterlippe zitterte wie diejenige eines unglücklichen Jungen ... Das Zittern breitete sich über seinen Körper aus, und die Kleider klebten an seiner Haut. Er schien sich wieder in der Schule zu befinden, völlig wehrlos.«

Was wußte der Pfarrer? Früher hatte Maurice gedacht, »daß sich ein blasser Pfarrer in seiner Soutane keine Vorstellung von männlicher Liebe machen könne«, doch nun »fürchtete und haßte« er seinen geistlichen Begleiter, der die dunkle Bemerkung fallenläßt, Scudder habe sich »der Wollust schuldig gemacht«. Und nach einer schicksalschweren Pause fährt er fort: »Mit Frauen.« »Ich habe Grund zu der Annahme, daß der junge Scudder jene Nacht, in der er nicht aufgetaucht ist, in London verbracht hat.«[72]

»Was für ein Mensch ist dieser Wildhüter«, fragt Maurice Clive mit größter Beiläufigkeit. »Aufrichtig?« (*straight*) Er zittert, als er diese »äußerste Frage« stellte.

»Scudder? Ein bißchen zu gerissen, um aufrichtig zu sein. Anne würde sagen, ich sei unfair. Du kannst von Dienstboten nicht erwarten, daß ihre Ehrlichkeit unseren Maßstäben entspricht, ebensowenig wie du Treue oder Dankbarkeit erwarten kannst.«[73]

Am Ende des Romans, nachdem Maurice sich zu seiner leidenschaftlichen Liebe für Alec bekannt hat und auf Nimmerwiedersehen verschwindet, wendet sich Clive, der gerade dabei war, einen Wahlaufruf zu redigieren, wieder seiner Arbeit zu: »Er wartete eine Weile in der Allee, dann ging er ins Haus zurück, um seine Druckfahnen zu korrigieren und über einen Weg nachzudenken, wie er die Wahrheit vor Anne verheimlichen konnte.«[74]

Der Schlußakkord beschwört ein Klischee, das Bisexuellen immer anhängt: die Irreführung der Ehefrau. Clive hat Maurice verleugnet, doch Forsters bildhafte und etwas »überreife« Prosa läßt uns glauben, daß das gefühlsbeladene Thema weiter im Raum schwebt. Wie der angebetete Schuljunge in Robert Graves' Memoiren wird Maurice zu einem Gespenst, zum stets wieder auftauchenden Geist der vergangenen Leidenschaft. »Bis ans Ende seines Lebens war sich Clive nicht sicher, wann genau Maurice gegangen war, und mit zunehmendem Alter wurde er unsicherer, ob der Augenblick überhaupt jemals eingetreten sei. Das blaue Zimmer schimmerte immer noch schwach, die Farne wogten. Von einem zeitlosen Ort aus, der Cambridge ähnelte, begann sein Freund ihm zuzuwinken, eingetaucht in die Sonne, während er die Düfte und Geräusche des Frühjahrstrimesters von sich abschüttelte.«[75]

13. Erotische Erziehung

> Es ist bekannt, wie leicht sich aus Gefühlsbeziehungen freundschaftlicher Art, auf Anerkennung und Bewunderung gegründet, erotische Wünsche entwickeln (das Molièresche: »Embrassez-moi pour l'amour du Grec«), zwischen Meister und Schülerin, Künstler und entzückter Zuhörerin, zumal bei Frauen.
> *Sigmund Freud* [1]

> Der Schüler und der Lehrer wechselten einen langen Blick, in dem ein Bewußtsein von sehr viel mehr lag, als sonst, selbst unausgesprochen, in einer solchen Beziehung anklingt.
> *Henry James* [2]

> Wahrscheinlich wird der Herr ja jetzt Lehrer werden, so wie die meisten Herren, die wegen unsittlichen Betragens wegmüssen?
> *Evelyn Waugh* [3]

»Wir alle sind Griechen«

Der nostalgische Ruf nach klassischer Bildung, nach einer soliden Grundlage in den griechischen und lateinischen Klassikern ist in jüngster Zeit unter pessimistischen Wertkonservativen, die in dem von ihnen als »Multikulturalismus« bezeichneten Phänomen den Feind dessen sehen, was sie »Kultur« nennen, laut geworden. In den ersten Jahrzehnten dieses Jahrhunderts sprach T. S. Eliot in einem fiktiven Dialog einige dieser Argumente an. Manche meinen, »die toten Dichter stehen uns deshalb so fern, weil wir soviel mehr wissen als sie«. »Das stimmt allerdings«, kann man darauf entgegnen, »und zwar sind sie selbst das, was wir wissen.«[4]

Hier ist nicht der Ort, sich auf die Vielschichtigkeit der gegenwärtigen Debatte über den literarischen Kanon einzulassen. Man mag nun meinen, derartige akademische Grabenkriege haben nichts mit unserem Gegenstand, der Bisexualität, zu tun. Damit könnten wir uns auch zufriedengeben, denn vielleicht wollen wir ja gerade *nichts* über Bisexualität wissen. Vielleicht hätten wir ja gern, daß die Vergangenheit, unsere historischen Auffassungen von jenem schwer faßbaren und unwiderstehlichen Etwas, das »Liebe« heißt, und alles, was wir Persönlichkeit nennen, von Bisexualität nicht berührt wird – und damit auch wir selbst.

Wie Altphilologen und Humanisten sehr wohl wissen, tun sich die griechischen und römischen Klassiker schwer, wenn sie versuchen, die damalige Gesellschaft als zweifelsfrei heterosexuell zu beschreiben. Eine frühe Szene in *Maurice*, die sowohl im Film als auch im Roman von unvergeßlicher Komik ist, schildert, wie ein Student bei einer Übersetzungsübung über eine zweideutige Stelle stolpert, woraufhin der Dekan Mr. Cornwallis »mit leiser, tonloser Stimme bemerkte: ›Lassen Sie diese Stelle aus: Sie bezieht sich auf das unaussprechliche Laster der Griechen.‹«

Der noch vom ungebrochenen Eifer des Erstsemesters beseelte Clive verurteilt diese Haltung Maurice gegenüber als Heuchelei, als eine Zensur, für die der Pädagoge gefeuert gehört. »Ich betrachte es einzig und allein unter dem Gesichtspunkt der humanistischen Bildung. Die Griechen, oder doch die meisten von ihnen, hatten Neigungen in dieser Richtung, und sie auszuklammern heißt, die Hauptstütze der Athener Gesellschaft auszuklammern.«[5] Und um sein summarisches Urteil zu krönen, fragt er Maurice ganz beiläufig, aber zweifellos in Erwartung einer positiven Antwort: »Haben Sie das *Gastmahl* gelesen?«[6]

Auch für Lytton Strachey, wie sein Freund Forster zu jener Zeit Student in Cambridge, war die Lektüre von Platons *Gastmahl* eine Offenbarung. Er hatte es in seinen Schultagen, wie er sagt, »mit einer Aufwallung von Vergnügen und Schmerz« gelesen, hingerissen von »der überraschenden, erleichternden und angstbesetzten Erkenntnis, daß vor 2000 Jahren im glanzvollen Griechenland die Menschen genau das empfunden hatten, was ich heute empfand«.[7] Stracheys Liebesgeschichten in der Schule waren »sehr wahrscheinlich platonisch und unerfüllt«, schreibt sein Biograph – und die Beziehung zwischen Platon und der bedeutungsschweren platonischen Liebe ist Teil einer Kulturgeschichte des Gefühls, die wir gerne verharmlosen, wenn wir sie nicht gar ganz vergessen. Platonische Liebe ist nicht zuletzt deshalb so machtvoll, weil sie sexuell unerfüllt bleibt, weil sie die Spannung, die Erwartung, die Hoffnung und die kleinen Freuden des Blickkontaktes und des scheuen Lächelns verlängert. Die sexuelle Erfüllung, wie heiß ersehnt sie auch sein mag, ist in gewisser Hinsicht der Tod der platonischen Liebe, denn die Lust liegt im Warten, in der Leugnung oder der vorgeblichen Leugnung des Begehrens. Und der Kuppler vieler solcher Liebesbeziehungen war, wie bei Clive und Maurice, Platon oder vielmehr seine Werke, ein lebendiges Überbleibsel des klassischen Altertums.

Daß Bücher gefährlich sein können, ist wahrlich nichts Neues. Platon selbst hat vor den Gefahren der Dichtung gewarnt. Der Literaturwissenschaftler Jonathan Dollimore, der über sexuelle Abweichungen und Perversionen schreibt, äußerte einmal: »Meine Faszination für die Homoerotik begann, als ich anfing, Bücher zu lesen.« Er wußte nicht so recht, »ob das nun heißt, daß mich die Bücher verführten – so herum hätte ich es lieber –, oder ob die Bücher irgend etwas in mir freisetzten, was der Wahrheit wahrscheinlich näher kommt«. »Doch ich liebe die Vorstellung«, bekräftigte er, »daß die Bücher mich verführten! Die großen Werke!«[8]

Die großen Werke! Genau das ist es. *Die* kennen wir. »Ist es nicht gefährlich, den Knaben Platon in die Hand zu drücken, wenn man sie zu einer konventionellen Moral anhalten will?« fragt Arthur C. Benson, der Biograph des Ästheten Walter Pater.[9] Und der Philosoph Allan Bloom, ein Platon-Spezialist, beklagte in den Jahren nach 1968 das Schwinden jeder echten intellektuellen Begeisterung an den amerikanischen Universitäten. »Heutzutage ist es sehr viel schwerer, die Bücher der Klassiker mit irgendeiner Erfahrung oder einem Bedürfnis der Studenten in Verbindung zu bringen.«[10] Einigen Kulturkritikern ist die Ironie darin nicht entgangen. Einer von ihnen bemerkte, daß »für Leute wie Dinesh D'Souza, ... William Bennett und ... Camille Paglia«, glühende Verfechter »humanistisch-literarischer Bildung und lehrplangemäßer Correctness«, die antiken Klassiker Roms und Griechenlands ein »Bollwerk gegen einen ganzen Schwarm größerer und kleinerer Literaten waren, die ihren Platz einnehmen wollten: gegen all dies Post-Dies und Post-Das, gegen den Multikulturalismus, die feministische Theorie, die Frauenforschung und in jüngster Zeit die Lesben- und Schwulenforschung«. Dabei standen »die Texte und Theorien, für die sie sich so eifrig einsetzen, einmal in vorderster Front von Queer-Theory und Lesben- und Schwulenforschung«.[11]

Zum klassischen Erziehungsrepertoire in Griechenland gehörten in der Regel Beziehungen zwischen Knaben (*paides*) und Männern (*erastes*), deren pädagogisches und philosophisches Engagement uns nicht nur das Wort *paideia* schenkte (und damit den Titel eines vielgelobten Buches über die Ideale der griechischen Kultur)[12], sondern auch das Wort »Päderastie« als abwertenden Ausdruck für erotische Beziehungen zwischen erwachsenen Männern und Kindern.

Die Ausdrücke »homosexuell«, »lesbisch« und »bisexuell« sind als Begriffe der Neuzeit zur Bezeichnung erotischer Beziehungen in der Antike nur schlecht geeignet. Das gilt selbst für die Begriffe »gleichgeschlechtlich« und »gegengeschlechtlich«, denn der Sexualdiskurs der Antike wurde durch das »soziale Geschlecht« bestimmt, nicht durch die Anatomie. Männer wurden im wesentlichen nicht danach eingeteilt, ob sie homosexuell oder heterosexuell waren, sondern danach, ob sie beim Sexualverkehr den männlichen oder weiblichen Part übernahmen.

Im klassischen Athen konnte ein erwachsener Mann jeden sozial unter ihm Stehenden penetrieren – einen Knaben, eine Frau, einen Fremden, Sklaven beiderlei Geschlechts –, es wäre aber für ihn beschämend gewesen, penetriert zu werden. Mit zunehmendem Alter wuchs der Knabe in eine andere sexuelle Rolle hinein. Er wurde vom *paides* oder *eromenos* (Geliebten) zum *erastes*, zum Liebhaber, wobei sich dieser Wandel nicht plötzlich, sondern allmählich vollzog. Zunächst mußte er nämlich das Stadium des *neaniskos*, des Jünglings zwischen 15 und 25 Jahren, durchlaufen, in dem er aktiv und passiv war.[13] Ein Erwachsener konnte nach seiner Heirat sexuelle Beziehungen sowohl zu *paides* als auch zu Frauen unterhalten: »Die Griechen waren sicherlich in dem Sinne bisexuell, daß sie in ihrer Knabenzeit von Männern geliebt wurden und in den ersten Jahren ihrer Mannbarkeit die Liebe zu heranwachsenden Knaben bevorzugten.«[14]

»Gemeine Liebesaffären ohne erzieherischen Wert« zwischen Knaben und Männern waren durch das attische Gesetz unter Strafe gestellt[15], doch freiwillig eingegangene Verhältnisse wurden geduldet, vorausgesetzt, der Liebhaber war alt genug und als Mentor eine gute Wahl, also nicht nur physisch attraktiv.

Man hat häufig gemeint, die Griechen seien »nicht ein Leben lang *erastai* geblieben«[16], sondern hätten als Erwachsene ihre Sexualität hauptsächlich Frauen zugewendet, ob diese nun Ehefrauen, Konkubinen, Kurtisanen oder Prostituierte waren. Doch meinen viele Gelehrte heute, die Praxis sei vielschichtiger gewesen, und erwachsene Bürger hätten ihr ganzes Leben lang Beziehungen zu Knaben wie auch zu Frauen unterhalten. Jedenfalls ließ die griechische Erziehung, der unsere idealisierten Begriffe einer »klassischen Erziehung« entstammen, geistige und philosophische Beziehungen zwischen erwachsenen Männern und Knaben zu, ja mehr noch, sie hing wesentlich von ihnen ab und förderte solche Beziehungen.

Auch die Römer, so wird behauptet, »meinten, es sei für einen Mann normal, sexuelle Beziehungen sowohl zu Männern als auch zu Frauen einzugehen«[17]. Gore Vidal kommentiert unsere Irritation angesichts eines so fließenden Begriffs von »normal« bei unseren Vorfahren:

> Zu den felsenfesten Überzeugungen eines Amerikaners im 20. Jahrhundert gehört es, daß Menschen entweder heterosexuell oder, weil ihr normaler psychischer Reifungsprozeß irgendwie unterbrochen wurde, homosexuell sind; ein Vor und Zurück ist für ihn nahezu undenkbar. Für uns ist die Norm, heterosexuell zu sein; die Familie steht im Mittelpunkt; alles andere ist Abweichung, die gefällt oder nicht, je nach Geschmack und moralischer Einstellung. Sueton erschließt uns da eine ganz andere Welt. Er nimmt an, daß der Mensch bisexuell ist und daß er, vorausgesetzt nichts stört seine Freiheit, andere zu lieben – oder im Fall der Cäsaren vielleicht eher: andere zu mißhandeln –, je nach Lust und Laune freudig von Männern zu Frauen wechselt ... Für uns Heutige ist es schon seltsam, von Neros gleichzeitiger Leidenschaft für einen Mann und eine Frau zu lesen. Irgend etwas scheint da nicht zu stimmen. Es sollte das eine sein oder das andere, keinesfalls beides.[18]

Aber ist »bisexuell« wirklich der angemessene Begriff? Wie schon erwähnt, war im »klassischen Athen das erotische Begehren und die Wahl des Sexualobjekts im allgemeinen nicht durch das anatomische Geschlecht (Männer versus Frauen) bestimmt, sondern eher Ausdruck sozialer Machtbeziehungen (Ranghöhere versus Rangniedere)«. Zwischen Homosexualität und Heterosexualität zu unterscheiden »hätte für den klassischen Athener keinen Sinn ergeben; soweit sie sich dessen bewußt waren, gab es nicht zwei verschiedene Arten von ›Sexualität‹, zwei unterschiedlich strukturierte psychosexuelle Zustände oder Formen affektiver Orientierung, sondern nur eine allen freien und erwachsenen Männern gemeinsame Form geschlechtlicher Erfahrung mit etwa ebensoviel Spielraum für den individuellen Geschmack wie bei den Gaumenfreuden«.[19]

Das soll nicht heißen, daß »alle griechischen Männer eine solche Indifferenz empfunden haben müssen«, es geht vielmehr um die Beobachtung, daß es vielen antiken Zeugnissen zufolge ein Zögern gab, »allein aufgrund des

Erotische Erziehung

früheren Sexualverhaltens eines Mannes oder früherer, in der Wahl des Sexualobjekts sich abzeichnender Muster im Einzelfall vorauszusagen, welchem Geschlecht das von ihm geliebte Wesen angehört«[20]. Es wird auch die Meinung vertreten, man müsse in der »Kulturform, die diese Weigerung griechischer Männer ermögliche, zwischen Sexualobjekten eindeutig aufgrund des anatomischen Geschlechts zu unterscheiden«, eine »Bisexualität der Penetration« oder eine »gegenüber ihrem Objekt indifferente Heterosexualität« sehen.[21] Halperin findet es jedoch sinnvoller, dies überhaupt nicht als »Sexualität« im modernen Sinn zu charakterisieren.

Ist es schon schwierig, für die Gegenwart passende Begriffe zu finden, so gilt dies erst recht, wenn man moderne oder postmoderne Vorstellungen von sexueller Identität auf die alten Griechen anwenden will. So gesehen gab es im klassischen Athen keine Homosexuellen, allerdings auch keine Heterosexuellen – und schon gar keine Bisexuellen im heutigen Sinn.

Jedenfalls ist es eine unbequeme Tatsache, daß die Erotik, *eros* im weitesten Sinne des Wortes, ein wesentlicher Aspekt der antiken Erziehung war und aus griechischen und römischen Schriften von Platon bis Martial nicht wegzudenken ist. Bloom schreibt mit Bedauern, was er in den Hörsälen von heute vermisse, sei »die Begeisterung und die Neugierde des jungen Glaukon in Platons *Staat*, dessen *eros* die Vorstellung in ihm erweckt, daß herrliche Freuden auf ihn warten, um die er nicht betrogen werden will und in die ihn ein Lehrer einweisen soll«. Und das erzählt Sokrates, Glaukons Lehrer, ihm über das allumfassende Wesen der Liebe:

> ... einem so in der Liebe bewanderten Manne aber ziemt es nicht, dessen uneingedenk zu sein, daß alle blühenden Knaben den Knabenfreund und Verliebten reizen und quälen, weil sie alle seiner Bemühung und Zuneigung wert scheinen. Oder macht ihr es nicht so mit den Schönen? Der eine, der eine aufgeworfene Nase hat, wird niedlich genannt und als solcher von euch gelobt, des anderen Habichtsnase sagt ihr, sei königlich, und der in der Mitte zwischen beiden habe die schönsten Verhältnisse. Die Braunen, heißt es, sehen männlich aus, die Blonden aber sind Göttersöhne; und daß einer ein Wachsgesicht hat, meinst du wohl, daß diesen Ausdruck schon ein anderer erfunden habe als ein beschönigender Liebhaber, der das Bleiche leicht an einem ertrug, wenn er nur jugendlich war? Und mit einem Worte, jeder Vorwand ist euch recht, und ihr

habt für alles einen Ausdruck, damit ihr nur keinen von denen verwerfen dürft, die in der Blüte Jugend sind.[22]

An den einfältigen und glanzlosen Glaukons seiner Tage findet der Möchtegern-Sokrates Bloom so fatal, daß sie eben nicht »in der Jugend Blüte sind«, daß Philosophie und Humaniora sie kalt lassen und sie statt dessen nichts von sich geben als »Klischees, Oberflächlichkeiten – alles Stoff für eine Satire«.[23] »Jene Schärfung des Geistes, die dazu befähigt, die subtilen Unterschiede zwischen Menschen, ihren Taten und ihren Motiven zu erkennen, und die eine echte Urteilskraft heranbildet, sie ist unmöglich ohne Rückgriff auf die große Literatur.«[24] Die große Literatur: Das sind vor allem die griechischen und römischen Klassiker.

»Wir alle sind Griechen«, behauptet der englische Romantiker Shelley im Vorwort zu seinem lyrischen Drama *Hellas*.[25] In einer Abhandlung über die Liebe im alten Griechenland wettert er heftig dagegen, daß die Herausgeber und Übersetzer seiner Zeit die Homoerotik aus der antiken Dichtung tilgten.[26] In der ersten in zwei Teilen 1761 und 1767 veröffentlichten englischen Übersetzung des *Gastmahls* wurde das Geschlecht der Protagonisten kurz und entschlossen verändert, eine Praxis, der auch die Herausgeber der Shakespeare-Sonette zur gleichen Zeit und aus denselben Gründen huldigten. Aus dem griechischen *eromenos* wurde die »Geliebte« und aus dem »Heer der Liebhaber«, gewissermaßen das historische Gegenstück zur berühmten thebanischen Kriegergemeinschaft, wurde folgerichtig eine Gesellschaft von Rittern und Damen. Das griechische Wort für »Knabe« wurde kurzerhand mit »Mädchen« oder »Frau« übersetzt und so die gleichgeschlechtliche Liebe für alle des Griechischen Unkundigen unsichtbar gemacht.[27] Und wie das Beispiel aus *Maurice* zeigt, retteten einen nicht einmal Griechischkenntnisse, da die Studenten häufig genug aufgefordert oder belehrt wurden, ihren Blick von dem buchstäblich »unaussprechlichen Laster der Griechen« abzuwenden.

In Deutschland standen die klassischen Sprachen in so hohem Ansehen, daß freimütige Übersetzungen, ja sogar »gelehrte Abhandlungen über die griechische Knabenliebe« unzensiert im 19. Jahrhundert erscheinen konnten und »der homosexuellen Emanzipationsbewegung in Deutschland, die sich im 20. Jahrhundert sammelte, den Weg bereiteten«[28]. Einige Jahrzehnte später verwies Allan Bloom beifällig auf die »Anleihe bei Platon« in

Erotische Erziehung

Thomas Manns *Tod in Venedig*. Der alternde Aschenbach erkennt schlagartig seine päderastische Liebe zu einem schönen jungen Knaben am Strand, als er sich an Zitate aus dem *Phaidros* erinnert, »offenbar eine der Schriften, die Aschenbach als Schüler gelesen hatte«. »Platon«, so Bloom, »war in das Corpus der griechischen Tradition aufgenommen worden, doch der Inhalt, die Abhandlung über die Liebe eines Mannes zu einem Knaben, sollte diesen nicht affizieren.« Daß dem doch so *ist*, daß Aschenbachs Erotik durch das klassische Beispiel erregt und bestätigt wird, scheint für Bloom ein Zeichen geistiger Gesundheit zu sein. »Platons achtbarer Dialog ist der Mittler zwischen Aschenbachs gutem Gewissen und seiner Fleischeslust.« Anders als seine konservativen Kollegen William Bennett und Roger Kimball, *ist* Bloom in der Lage, das zu lesen, was die von ihm so verehrten Klassiker zu sagen haben. »Platon fand eine Möglichkeit, perverse Sexualität auszudrücken, sie zu veredeln und zu sublimieren.«[29] Zu sublimieren ist nicht allein achtbar, sondern auch schön: Das ist, da hat Bloom völlig recht, der vom Lehrer eingeschlagene Weg. Wir sind alle Griechen.

»Wir sind alle Griechen.« Dieser Anspruch auf ein Erbe war auch im Leben und Werk des Shelley-Freundes und -Zeitgenossen Lord Byron, des berühmtesten Bisexuellen seiner Zeit, ein erotischer Anspruch. Während seiner Schulzeit in Harrow war Byrons Gefühlsleben von Beziehungen zu jüngeren Knaben erfüllt. Sie sind das Thema einiger Gedichte, die er noch in Harrow verfaßte, kurz bevor er auf die Universität Cambridge wechselte. Louis Crompton bemerkt dazu: »Von Anfang an waren Byrons Biographen genötigt, seine vielen Schwärmereien für Mitschüler und seine heftigen Leidenschaften für sie zu berücksichtigen.«[30] John Cam Hobhouse, ein lebenslanger Freund Byrons, der »über Byrons Bisexualität ohne Zweifel besser Bescheid wußte, als irgendein anderer, über dessen Zeugnis wir verfügen«[31], kritzelte an den Rand einer wenige Jahre nach dem Tode des Dichters erschienenen Biographie, daß »die wahre Ursache und das eigentliche Motiv all dieser Knabenfreundschaften« offenbar übersehen oder verharmlost wurden.

Byrons frühe Dichtung spiegelt sein Interesse für Frauen und Jünglinge. Möglicherweise kam die Lektüre der griechischen und römischen Klassiker, in denen die Knabenliebe ja ein gängiges Thema ist, seinen Jugendgedichten literarisch zugute. Seit dem Erscheinen von *Childe Harold's Pilgerfahrt*, das ihn über Nacht berühmt machte, gehört die Bisexualität zum Bild seiner poetischen Persönlichkeit, denn der Band enthält seine Liebesgedichte an John Edelstone, die Gedichte »An Thyrza« und eine Reihe von Gedichten, die durch eine kurze Liebschaft mit Constance Spencer Smith inspiriert worden waren. Ein Kritiker meinte sogar, ihn vor dem Schicksal des Orpheus warnen zu müssen (Orpheus wurde von den Bacchantinnen getötet, als er sich, nach dem endgültigen Verlust seiner geliebten Eurydike, der Knabenliebe zuwandte), und Crompton entging nicht die Ironie, daß ausgerechnet seine Gedichte an Edlestone als idealer Ausdruck der Liebe gepriesen wurden. »Das Paradox offenbart, wie sehr es seine Persönlichkeit danach drängte, seine Identität als Bisexueller zu bekräftigen.«[32] Als wolle er dies Verdikt gleichsam bestätigen, verstrickte sich Byron als nächstes in eine Liebschaft zu Lady Caroline Lamb, einer Frau, der es Vergnügen bereitete, ihn im Kostüm eines männlichen Pagen aufzusuchen.

Dennoch entschloß sich Byron wie die ängstlichen Übersetzer griechischer Texte, das Geschlecht in seinen Schriften zu verschleiern. Er veränderte das Genus in seinen Gedichten, ließ in seinen autobiographischen Aufzeichnungen in der Schwebe, von wem er sprach, und verbarg in seinen Briefen Name und Geschlecht des geliebten Menschen hinter erfundenen Namen.[33] Kurz gesagt, im literarischen Sinne erschien er als Heterosexueller, als textueller Heterosexueller.

Diese Geschichte des Umschreibens, der Verschlüsselung und der Herausgabe von Klassikern mit der Absicht, sie eine anständige Geschichte erzählen zu lassen (meistens mit heterosexuellem Schluß), wiederholte sich zwanghaft in den Sittenbüchern der modernen Erziehung in England und Amerika. Die geheime Identität von Platons *Phaidros* und anderer paradigmatisch homosexueller Texte war jahrelang für Schuljungen – und selbstverständlich auch Schulmädchen – ein Sesam-öffne-dich. Das geht deutlich aus einem Buch wie Mary Renaults *Der Wagenlenker* hervor, in dem der *Phaidros* für die junge Laurie denselben Effekt hat wie das *Gastmahl* für den jungen Lytton Strachey. Lange Zeit war »die Liebe der Griechen« ein vertrauter Euphemismus, wenn es denn überhaupt ein Euphemismus war.

Doch viele wollen von dem Erbe der gleichgeschlechtlichen und gegengeschlechtlichen Erotizismen, die sowohl unabhängig voneinander als auch gemeinsam das Wesen des *eros* bezeichnen, ebensowenig wissen wie von der Geschichte der griechischen Erziehung, die die grundlegend erotische Natur der pädagogischen Beziehung klar erkannte und zu nutzen wußte. Wie viele der hier untersuchten Texte zeigen, wird eine ganze andere Geschichte favorisiert, als selbstverständlich erzählt und offenbar geglaubt: die Geschichte von Experimentierlust, Verblendung, Ersatz und Bekehrung, womit gleichgeschlechtliche Beziehungen unter Schülern oder erotische Spannungen zwischen Schülern und Lehrern als unwirklich, unernst und unbeständig gedeutet werden.

Es ist erwähnenswert, daß die Zensur der Geschichten ebenso unter homosexuellen wie unter heterosexuellen Vorzeichen stattfindet. Wir beginnen mit dem Ende der Geschichte und erzählen sie auf eine Weise neu, daß sie »richtig« ausgeht. So als könnte es bei dieser Lebensgeschichte gar nicht anders sein, kommt dann die Person heraus, die wir glauben jetzt zu sein. Freud nannte dieses Verfahren in seiner Traumtheorie »sekundäre Bearbeitung«: Im Traum wird der Heterogenität der Gedanken und Wünsche eine plausible zusammenhängende und logische Geschichte übergestülpt.

Aber warum sollten wir gerade die Gefühle wegwischen – seien es heterosexuelle oder homosexuelle –, die uns zu genau dem Zeitpunkt überwältigen, an dem wir unserer selbst als Geschlechtswesen gewahr werden, als Individuen, die einen Körper, Phantasien und Wünsche haben? In solchen Empfindungen bloße Liebesfiktionen oder ein »Spiel sexueller Liebe« zu sehen, wie Havelock Ellis es zu tun versucht war, bedeutet nichts anderes, als sich vor sich selber zu verstecken. Es ist nichts als emotionale Heuchelei.

Statt etwas Entscheidendes *anzuschauen*, wird *hindurchgeschaut*, und es wird als Teil der einen oder anderen Art erotischer Liebe beschrieben, so als gäbe es nur zwei Arten, als wäre das Leben wie die digitale Technologie unbestreitbar binär: schwul *oder* hetero, männlich *oder* weiblich, reif *oder* unreif, Kind *oder* Erwachsener. Wie viele Menschen sehen im Rückblick auf ihr Leben nur das eine oder das andere? Was vergessen, unterdrückt, ausgelöscht oder verleugnet wird, ist wieder einmal die Bisexualität der ganzen Lebensspanne: die Fähigkeit, Männer und Frauen, Jungen und Mädchen, gleichgeschlechtliche und andersgeschlechtliche Partner zu lieben, zu begehren, sie zu verehren und in sie vernarrt zu sein, gleichgültig, ob diese Liebe sich körperlich erfüllt oder, und darin womöglich noch mächtiger, ein Wunschtraum bleibt. Ein solches Begehren, auf das nicht die Tat folgt, unerfüllt oder enttäuscht zu nennen ist, wie gesagt, gänzlich irreführend.

Einige wichtige Bemerkungen zum Zusammenhang von Bisexualität und Pädagogik scheinen mir hier angebracht. Erstens ist das erotische Objekt in Schulgeschichten häufig die Anstalt selbst, so daß Pädagogik und Erotik eher natürliche als unnatürliche Partner sind; und gerade diese Natürlichkeit verlangt, daß die Verbindung *ex cathedra* als unnatürlich und unerlaubt zurückgewiesen wird. Unter »Anstalt« verstehe ich sowohl die Lehrer als auch die Schule. Die lustbesetzte Vorstellung, als Ehemaliger oder Ehemalige an die eigene Erziehungsanstalt zurückzukehren, ist ebenso Ausfluß der Phantasie wie der Erinnerung – eine Tatsache, die sich insbesondere die Leiter von Privatschulen schon immer zunutze gemacht haben, um deren Kassen zu füllen. Was die Schule vermittelt, liegt irgendwo zwischen Wissen und Begehren, und häufig ist das Begehren oder, wie Freud sagt, »die Überschätzung des Objekts« notwendig, damit überhaupt etwas gelernt wird. Es ist gerade die Fähigkeit, zu lieben und sich zu verlieben, die Erziehung möglich macht.

Zweitens, und dieser Punkt hängt mit der ersten Bemerkung zusammen, kann der Lehrer, ganz unabhängig von seinem Geschlecht oder seiner Sexualität, zum Übertragungsobjekt für die Gefühle des Schülers werden, vergleichbar der psychoanalytischen Situation, wo der Patient sowohl seine Vater- als auch seine Mutterbeziehung auf den Analytiker übertragen kann. Das erotische Zentrum der Anziehung liegt irgendwo zwischen dem Wunsch, der Lehrer zu *sein*, und dem Wunsch, ihn zu *besitzen*. So wünschen sich die Schuljungen in dem Film *Der Club der toten Dichter* sehnsüchtig, der junge Mr. John Keating zu sein, und verfallen deshalb auf die Idee, den von ihm gegründeten und schon lange eingeschlafenen Club der toten Dichter wiederzubeleben. Sie wollen Mr. Keating aber auch *besitzen* und reden ihn, von ihm dazu aufgefordert und ohne zu wissen, was sie da sagen, als »O Captain My Captain« an, eine Anspielung auf Walt Whitman, deren erotische Untertöne auszuloten der Film nicht willens ist oder sich jedenfalls nicht die Mühe macht. Als guter Lehrer weiß Keating, daß er seine Schüler am ehesten für die Dichtung begeistern kann, wenn seine Begeisterung ansteckend wirkt. Keatings Heterosexualität wird durch eine Photographie seiner Freundin auf dem Schreibtisch seines Arbeitszimmers bewiesen, und das Bild ist ein wirkungsvoller Puffer zwischen ihm und dem Gefühlverwirrungen ausgelieferten Schüler, der hereinkommt und seinen Rat sucht. Obwohl die Szene onkelhaftes Wohlwollen ausstrahlt, ist sie hoch brisant und gipfelt, wenn auch auf Umwegen, darin, daß der Junge die Vorschläge des Lehrers akzeptiert, die Wünsche des Vaters mißachtet und schließlich Selbstmord begeht. Zwischen Lehrern und Schülern muß es nicht (zwangsläufig) zu *Sex* kommen, damit es jede Menge *Erotik* gibt.

Der dritte und gegenwärtig vermutlich umstrittenste Punkt ist, daß zwar einzelne *Charaktere* und *Sexualpraktiken* in den berühmten Schulgeschichten als lesbisch oder schwul identifizierbar sind, wie ja auch die skandalösen Enthüllungen und die Bewußtwerdungsprozesse in diesen Erzählungen möglicherweise eine lesbische oder schwule Identität offenbaren, daß aber der *Plot*, in dem sich das Ganze abspielt, häufig *bisexuell* ist, gleichgültig ob es bisexuelle Charaktere im Text gibt oder nicht. Unter die »Schulgeschichten« rechne ich Werke wie *Der Wagenlenker*, *A Seperate Peace*, *Mädchen in Uniform*, *Anders als die andern* und *Brideshead Revisited*, in welchen das Erwachsenwerden oft mit einem Coming-out zusammenfällt und die tiefen Gefühle der Schüler füreinander oder für ihre Lehrer freimütig anerkannt und ergründet werden. Parker Tyler, ein schwuler Filmhistoriker, schrieb einen bitterbösen Verriß des Films *Anders als die andern* (in dem ein schwul erscheinender, aber in Wahrheit heterosexueller Junge durch die von ihm umschwärmte Wohnheimmutter vor einem Leben in Selbstzweifel, wenn nicht gar Schlimmerem, gerettet wird) und meint ganz richtig, die »wirkliche« Homosexualität des Films liege in dem »durch die Statuten ermöglichen, ambisexuellen Sadismus der Schuljungen«, nicht darin, daß der langhaarige, musikalisch begabte Held den Vorwurf auf sich zieht, er sei effeminiert. »In *Anders als die andern* wird eine altmodische akademische Institution so dargestellt, als handelte es sich um eine irrationale ›kriminelle‹ Vereinigung.«[34]

Meine Behauptung wird vermutlich in einigen Kreisen auf Widerstand stoßen, weil sie einer gerade erst etablierten Disziplin abträglich zu sein scheint und vermeintlich in Frage stellt, daß die Entdeckung eines schwullesbischen Literaturkanons ein Fortschritt war. Eskamotiert sie nicht sogar die schwule und lesbische Liebe genau in dem Augenblick wieder, da sie sich endlich einer lange vorenthaltenen Anerkennung erfreuen darf? Das zu tun liegt mir fern. Dennoch scheint es mir wichtig zu sein, daß wir diese Romane, Novellen und Filme vor dem Hintergrund einer Welt lesen, in der alles heterosexuell interpretiert wird, und daß sie selbst ein Teil dieser Welt sind, mitunter zwar widerstrebend, aber ständig dessen eingedenk. Daß alle Schulen im wörtlichen Sinn »Normal Schools« sind – d. h. Schulen, auf denen u. a. Normalität gelehrt wird –, bedeutet, daß ein Gespräch über die Schulzeit ein Gespräch über das Anormale als Norm ist.

Zwei durch drei: Das geht nicht auf

Im Vorwort zu einer Ausgabe ihrer Theaterstücke schreibt Lillian Hellman, sie selbst sei das Vorbild für Mary, das Schulmädchen aus *The Children's Hour*, gewesen. Nach der heimlichen Lektüre von Théophile Gautiers erotischem bisexuellen Roman *Mademoiselle de Maupin* streut Mary das Gerücht aus, ihre Lehrerinnen pflegten »unnatürliche« Beziehungen. Hellman griff zurück in ihre Kindheit und »entdeckte den Tag, an dem *ich* Mlle de Maupin beendete; den Tag, an dem *ich* einen Herzanfall vortäuschte, den Tag, an dem *ich* sah, wie ein Arm umgedreht wurde. Und ich dachte wieder einmal, wieviel halb Erinnertes, halb Beobachtetes, halb Verstandenes es doch gibt.«[35] Wie Mrs. Mortar und Martha Dobie ist auch Mary, wie Hellman auf ihrem Manuskript am Rande notierte, »anomal«.[36] Tatsächlich taucht das Wort »anomal« in bezug auf diese drei Charaktere sehr häufig in den Notizen auf und bezeichnet stets »Unvollkommenheit, Ambiguität und Außenseiterdasein«[37].

Empfand Hellman sich selbst als anomal? Die Sprecherin im »Julia-Abschnitt« von *Pentimento* bekennt, daß »die Liebe, die ich für sie empfand, zu stark, zu vielschichtig war, als daß man darin bloß das sexuelle Verlangen eines Mädchens für ein anderes hätte sehen können. Und dennoch war auch das vorhanden.«[38] Doch als ein Bekannter die beiden Frauen beschuldigt, eine lesbische Beziehung zu haben (»jeder wußte von mir und Julia«), ohrfeigt sie ihn, stößt den Tisch um und geht nach Hause. In ihren Erinnerungen *Eine unfertige Frau* zitiert Hellman mit unverkennbarem Stolz Ernest Hemingways Bemerkung: »Du hast also doch Mumm in den Knochen. Oben hätte ich das nicht gedacht. Aber du hast tatsächlich Mumm.«[39] Lillian Hellman war entschlossen, sich unter den männlichen Schriftstellern und Dramatikern einen Namen zu machen, ohne, wie es einer selbstbewußten Frau nur allzu häufig passiert, als lesbisches Mannweib etikettiert zu werden. »Ihr ganzes Leben lang«, meinte eine Kritikerin, »arbeitete Hellman am öffentlichen Mythos ihrer aggressiven Heterosexualität, ein Mythos, der die Hinweise auf die Bisexualität, die in ihren Erinnerungen hin und wieder an die Oberfläche dringen, ins Dunkle zurücktreten läßt.«[40]

Dennoch ist *The Children's Hour* ein bisexuelles Stück. Allerdings nicht, weil einer der Charaktere bisexuell ist – obgleich meine Kandidatin für »den« bisexuellen Part im Plot Martha wäre, die ihrer Freundin Karen bekennt, sie habe sie »auf die Weise geliebt, wie die anderen sagen«, sondern

Erotische Erziehung

eher, weil die Dynamik des Stückes auf die Entscheidung hinausläuft, ob das Zusammenleben mit einem Mann dem mit einer Frau vorzuziehen sei.

Karen Wright und Martha Dobie sind Freundinnen, die gemeinsam ein Mädchenpensionat leiten. Joe, Dr. Joseph Cardin, ist schon seit vielen Jahren Karens Freund, und gleich zu Beginn des Stücks verloben sich die beiden offiziell. Als Martha wissen will, ob das nun heißt, daß »wir unsere Ferien nicht gemeinsam verbringen werden«, antwortet Karen, »natürlich werden wir das tun, wir alle drei«.

Martha hatte sich darauf gefreut, daß »nur du und ich fahren werden – wie damals im College«. Laut Hellmans Regieanweisungen spricht Karen »gutgelaunt«, man möchte fast sagen, unsensibel, über die Änderung ihrer Pläne: »Nun gut, jetzt werden wir eben zu dritt fahren. Das wird sicherlich auch schön werden.«[41] Martha ist sich da nicht so sicher.

Sicher ist sie, daß »wir drei nicht zusammenleben können« – bezieht sich dabei allerdings auf ein anderes Dreieck, eine Gruppe von drei *Frauen*: Karen, Martha und Marthas herrische und unfähige Tante Lilly Mortar, eine ehemalige Schauspielerin, die an der Schule Sprechunterricht erteilt. Mrs. Mortar ist es, die aus Wut über den Vorschlag der jüngeren, ihr eine Abfindung zu zahlen, wenn sie die Schule verläßt, als erste das Unaussprechliche beim Namen nennt: Marthas Eifersucht auf Joe.

MRS. MORTAR: Immer wenn dieser Mann das Haus betritt, hast du einen Anfall. Anscheinend kannst du den Gedanken nicht ertragen, daß die beiden zusammen sind. Gott weiß, was du tun wirst, wenn sie erst einmal verheiratet sind. Du bist einfach eifersüchtig, das ist es.
MARTHA: Du weißt genau, daß ich Joe sehr mag.
MRS. MORTAR: Ich weiß auch, daß du Karen lieber magst. Und das ist unnatürlich, so unnatürlich wie nur etwas. Es gefällt dir nicht, daß sie zusammen sind. Schon als Kind warst du so. Wenn du eine kleine Freundin hattest, wurdest du immer wütend, wenn sie einen anderen mochte. In deinem Alter solltest du dir lieber einen eigenen Verehrer suchen.[42]

»Unnatürlich« ist in diesem Stück das Erkennungswort für lesbisches Begehren. Wenn ein drittes Dreiergrüppchen, die gehässige Schülerin Mary Tilford und ihre beiden Zimmergenossinnen, sich über dieses von ihnen belauschte Gespräch unterhalten, dreht sich alles um die Bedeutung jenes Wortes:

PEGGY: Also Mortar hat gesagt, daß Dobie auf die beiden eifersüchtig ist, daß sie schon als kleines Mädchen so war und daß sie sich besser einen eigenen Liebhaber nehmen soll, weil es unnatürlich ist, und daß sie nie wollte, daß ein anderer Miss Wright gern hat, und das ist unnatürlich ...
MARY: Was meinte sie damit, daß Dobie eifersüchtig ist?
PEGGY: Was ist unnatürlich?
EVELYN: »Un« heißt nicht. Nicht natürlich.
PEGGY: Es ist seltsam, denn alle heiraten doch.
MARY: Viele nicht – sie sind zu häßlich.[43]

Mary gehört anscheinend zu den Anhängern der antifeministischen oder antilesbischen Fraktion, die meint, »sie kriegt keinen Mann ab und wird zur Männerverächterin«. Was weiß sie über lesbische Liebe? Sie weiß das, was sie in *Mademoiselle de Maupin* gelesen hat, in einem Roman, der zwar als lesbisch beschrieben wurde, aber ebensogut das Prädikat bisexuell erhalten könnte.[44] Denn schließlich ist die Heldin hocherfreut, einen Liebhaber *und* eine Geliebte zu haben, und am Ende bekennt sie sich ausdrücklich dazu: »Mein Traum wäre, bei beiden Geschlechtern meine doppelte Natur zu stillen. Heute bei Frauen, morgen bei Männern.«[45] Die Zuschauer sollen denken, Marys eigene lüsterne Phantasie wäre eine Ausgeburt ihrer Lektüre, ihre Phantasien über die beiden Schulleiterinnen wären nichts als von Romanen genährte Erfindung.

Doch bevor sie ihrer in sie vernarrten und leichtgläubigen Großmutter unter ständiger Wiederholung der Schlüsselwörter »eifersüchtig« und »unnatürlich« die Geschichte erzählen kann, wird Marys eigenes Dreiergrüppchen aufgelöst. Mary ist das schwarze Schaf. »Du und Evelyn, ihr habt niemals so etwas getan«, sagt Karen zu ihnen. »Wir werden euch drei trennen müssen.« Drei Dreiergruppen, und alle sind vergänglich und unbeständig. Doch so unbeständig sie auch sein mögen, erst bei ihrer Auflösung bricht die Katastrophe herein. Was denkt der Mann? Cardin ist nicht nur Karens Verlobter, sondern auch Mary Tilfords Verwandter. Als er die Frage der bevorstehenden Hochzeit in einem Gespräch mit Martha anschneidet, nimmt diese das zum Vorwand, um auf das Thema des Dreiecks zu kommen.

CARDIN: Hören Sie meine Liebe, ich will Karen heiraten, aber nicht Mary Tilford in den Ehevertrag aufnehmen. *(Martha macht eine kleine Bewegung. Cardin faßt sie bei den Schultern und dreht sie zu sich herum. Sein Ge-*

sicht ist ernst, seine Stimme freundlich) Vergessen Sie Mary für eine Minute. Sie und ich müssen etwas anderes klären. Sobald ich die Heirat erwähne – daß Karen mich heiraten wird – tun Sie – *(sie stöhnt)* – Das meine ich. Ich mag Sie. Ich habe immer geglaubt, Sie mögen mich. Was ist es dann? Ich weiß, wie sehr Sie Karen mögen, warum sollte unsere Ehe einen so großen Unterschied machen –
MARTHA *(seine Händen von ihren Schultern abschüttelnd)*: Sie verdammter ... Ich wollte *(Sie verbirgt das Gesicht in ihren Händen. Cardin betrachtet sie schweigend, zündet sich mechanisch eine Zigarette an. Sie nimmt die Hände von ihrem Gesicht und streckt sie ihm entgegen. Reumütig)* Joe, bitte, es tut mir leid. Ich bin eine übellaunige, verbiesterte Närrin –
CARDIN *(er umfaßt ihre Hände mit der einen Hand und tätschelt sie mit der anderen)*: Ach, lassen Sie nur. *(Er legt seinen Arm um sie, und sie lehnt ihren Kopf an sein Revers. So stehen sie da, als Karen hereinkommt ...)*
MARTHA *(zu Karen, während sie sich die Augen trocknet)*: Dein Freund hat wunderbare Schultern, um sich daran auszuweinen.[46]

Nachdem die schreckliche Anschuldigung des »sündhaften sexuellen Treibens« zwischen den beiden Frauen gefallen ist und Marys Großmutter all ihren Freunden impulsiv (herrisch?, beharrlich?, unheilvoll?) rät, ihre Töchter aus Wrights und Dobies Schule zu nehmen, schlägt Cardin in einem Anflug von Ritterlichkeit vor, »sie alle drei«[47] sollten das Neuengland-Städtchen Lancet (Hellman wählte die Namen sehr bewußt: *lancet* ist ein zweischneidiges chirurgisches Instrument) verlassen und – ausgerechnet – nach Wien gehen, in Freuds Heimatstadt, wo Cardin, wie wir erfahren, seine medizinische Ausbildung gemacht hat. Doch Karen ist davon überzeugt, daß zwei durch drei (oder *vice versa*) nicht aufgeht, daß »es nicht gehen wird ... wir beide zusammen«.

Sie verdächtigt ihn, daß er sie verdächtigt, daß er glaubt, an der Geschichte über ihre lesbische Liebe könne etwas Wahres dran sein. Von ihr provoziert, stellt er die Frage, und das allein überzeugt sie schon davon, daß er immer Zweifel hegen wird, obwohl sie entschieden geleugnet hat (»Nein, Martha und ich haben uns nie berührt«). Kurz gesagt, sie bringt ihn dazu, sie aufzugeben. Das Ende bricht schnell herein: Marthas Geständnis (»Ich habe dich geliebt. Ich liebe dich. Ich lehnte deine Heirat ab; vielleicht weil ich dich besitzen wollte; vielleicht wollte ich dich immer schon besitzen; vielleicht fand ich kein Wort dafür ... Ich habe nie einen Mann geliebt.

Vorher wußte ich nie, warum eigentlich nicht. Vielleicht ist es das.«)[48] und Selbstmord, Mrs. Mortars Urteil, als sie die Tote findet (»Es ist so seltsam – gleich nebenan«)[49], Mrs. Tilfords Eintreffen, ihr Widerruf – ihre Enkelin hat die falsche Beschuldigung zugegeben – und die Bitte um Vergebung.

Doch Marthas Selbstmord ist nicht das einzige, was sich nicht mehr rückgängig machen läßt. Selbst wenn sie am Leben geblieben wäre, wie in der auf Heterosexualität getrimmten Verfilmung *Infame Lügen*, wäre das von allen drei Parteien so bedachtsam kultivierte Arrangement nicht wieder herstellbar gewesen. Seine Erotik lebte davon, daß nichts ausgesprochen wurde, davon, wie sich die erotische Spannung zwischen den dreien entwickelt, von den nicht realisierten Wünschen. In dem Augenblick, wo das »wir alle drei« zu einer Realität wird, zu einem geplanten zukünftigen Arrangement, das mithin aufhört, ein erfreulich »zufälliges« gegenwärtiges Arrangement zu sein, wird die Erotik der Situation abgeblockt und erstickt. Wieder einmal begegnet uns ein Geflecht von intensiver Nähe, erregender Latenz und einem unabgeschlossenen, weil unausgesprochenen und unaussprechlichen Begehren. Erfüllung, sei es als glückliche Vereinigung von Karen und Martha (ohne den störenden Joe) oder als echte ménage à trois wäre gar nicht erwünscht. Erwünscht ist, wie Martha unmißverständlich sagt, daß alles beim alten hätte bleiben können.

»Meine Schwärmerei war kein Spaß«

> Das Leben will gelebt und die Neugierde wach gehalten werden.
> Man sollte niemals, aus welchem Grund auch immer,
> dem Leben den Rücken kehren.
> *Eleanor Roosevelt* [50]

»Und wie hätte ich auch zu erkennen vermocht, was sich da in mir abspielte?« schreibt Dorothy Strachey Bussy in ihrer Einleitung zu *Olivia*, einem erotischen Roman über ein Schulmädchen, der von einer ungewöhnlich emotionalen Ausstrahlungskraft ist:

> Eine Belehrung gab es nirgends. Wohl fand ich zuweilen ein Dichterwort (ja, mit Dichtern war ich schon damals vertraut), das meinen Zustand seltsam zu beleuchten schien. Dies aber – so dachte ich – mußte

Erotische Erziehung

Irrtum oder Zufall sein. Was konnte ich kleines Mädchen gemein haben mit diesen erwachsenen Menschen und ihren Liebschaften? Mein Fall war so anders geartet, so gänzlich unerhört! Und in der Tat war niemals von Empfindungen wie den meinen die Rede, es wäre denn im Scherz. Ja, spaßhafte Bemerkungen konnte man mitunter hören, verschmitzte Anspielungen auf Schulmädel-Schwärmereien. Ich aber wußte wohl, daß meine »Schwärmerei« kein Spaß war – und ahnte darin undeutlich und bange etwas irgendwie Beschämendes, zutiefst zu Verbergendes.[51]

Olivia ist ein gutes Beispiel für das, was Blanche Wiesen Cook »das europäische Pensionatsgenre« nannte, das »die lesbische Literatur vor den fünfziger Jahren beherrschte«.[52] Die Heldin verliebt sich in Mlle Julie und begehrt sie – am heftigsten, als sie sieht, wie diese die nackte Schulter einer anderen Frau küßt. In dem 1931 entstandenen deutschen Spielfilm *Mädchen in Uniform* (nach Christa Winsloes gleichnamigem Theaterstück) gibt es zwei Typen von starken Frauen: die Butch und die Femme. Während die männlich auftretende Schulleiterin auf der Seite des heterosexuellen Verbots steht, erwidert Fräulein von Bernberg, der Schwarm aller Mädchen, die homoerotischen Gefühle der jungen Heldin so stark, daß es für alle Beteiligten desaströs ist. Und das soll keine Liebe sein? Können wir uns erotische Gefühle vorstellen, die heftiger als diese sind?

Im Film wird die junge Manuela, ein neuer Zögling des Pensionats, sofort von ihren Mitschülerinnen darüber aufgeklärt, daß alle in Fräulein von Bernberg verschossen sind. Groß ist die Macht der Phantasie, der Andeutung und der Verlassenheit: Kaum hat ihre schroffe Verwandte sie im Pensionat abgeliefert, bietet sich Manuela ein neues Objekt der Begierde. Als sie dem berühmten Fräulein auf der Treppe begegnet, ist sie, überflüssig zu sagen, bereits mehr als nur halb »verliebt«. Man beachte jedoch, daß die Zimmergenossinnen Manuela, als sie den Schlafraum dieser Mädchenschule betritt, eifrig eine verborgene Wand zeigen, die sie mit Photographien männlicher Filmstars und anderer Traummänner verziert haben. Der Nährboden der Erotik scheint hier die Heterosexualität zu sein, die geheime Leidenschaft für *Männer*, die, kaum thematisiert, auch schon wieder spurlos aus dem Film verschwindet. Die Dreierkonstellation des Begehrens, die sich an der besagten Photowand bricht, ermöglicht die »normale« Schulleidenschaft für Fräulein von Bernberg.

Manuela, die zum Liebling der Lehrerin wird, besitzt keine Männerphotographien. Ihre Leidenschaft unterscheidet sich durch ihre (offenbare) Bereitschaft, die Lehrerin ohne Umwege, ohne Interpolation, zum Objekt der Begierde zu erwählen. In Wahrheit aber wird ihr Begehren durch das normalisierende Begehren ihrer Schulkameradinnen gebrochen, für die es kein Widerspruch ist, das eine an die Wand zu heften und sich nach dem anderen zu sehnen. Manuela zeichnet so das bisexuelle Dreieck in einer indirekten verkürzten Form nach. Das Begehren wirkt gerade durch solche Interpolationen; die kleinsten Freuden sind auf mancherlei Weise die lustvollsten, ja mitunter kaum zu ertragenden. So verhielt es sich zweifellos auch für *Olivia* und Dorothy Strachey Bussy.

»Der Bericht dessen, was mir zustieß in jenem einen Schuljahr in Frankreich, scheint sich mir leicht zu einer Erzählung zu verdichten«, bemerkt Bussy in ihrem Vorwort zu *Olivia*. »Die Wahrheit hat darin eine gewisse Durchsiebung und Übertragung, ja vielleicht sogar eine oberflächliche Veränderung erfahren, wie dies bei Selbstbiographien wohl unvermeidlich ist.« Es ist die Geschichte einer Zeit, in der »ich mir zum ersten Male meiner selbst bewußt wurde, bewußt Liebe und Freude, Tod und Schmerz aufnahm, und in der alle Reaktion auf diese Eindrücke ebenso unerwartet und überraschend kam, ebenso *ungewollt* erschien wie das Erlebnis selbst«.[53]

Dies ist also eine wahre Schilderung, wie stark sie auch gefiltert und literarisch bearbeitet sein mag. Welche Wahrheit will sie uns mitteilen?

»Die Liebe hat stets die wichtigste Rolle in meinem Leben gespielt: Sie war das einzige, von dem ich dachte, nein, fühlte, daß es im höchsten Sinn der Mühe lohne, und so will ich denn auch nicht behaupten, daß der hier mitgeteilten Erfahrung nicht andere gefolgt wären. Zu jener Zeit aber war ich zutiefst unschuldig, von jener Unschuld, wie nur die völlige Ahnungslosigkeit sie verleiht. Weder wußte ich, wie mir geschah, noch was anderen vor mir zugestoßen war...«[54]

Diese mitreißende Liebesgeschichte zeichnet aus, daß es die *erste* Liebe war. Doch dadurch wird sie nicht weniger wahrhaft. Im Gegenteil, vielleicht ist sie es um so mehr. »Bei späteren Gelegenheiten stand stets ein Teil des eigenen Ich beiseite und verglich, analysierte, erhob Einspruch. ›Ist dies nun wahrhaft? Ist es echt?‹ ... War dieser Stich ins Herz, war diese Wonne mein – oder hatte ich nur davon gelesen? Für jedes Gefühl, bei allen Wechselfällen der Leidenschaft fiel mir ein Dichterwort ein.«[55]

Erotische Erziehung

Dorothy Strachey Bussy hatte bis zum Ausbruch des Deutsch-Französischen Krieges die französische Schule Les Ruches besucht, deren Leiterin die charismatische Marie Souvestre war, die Tochter des französischen Philosophen und Romanciers Emile Souvestre. Als Schwester von Lytton und James Strachey, einem berühmten Freud-Biographen und -Übersetzer, entstammte Dorothy einer bemerkenswerten Familie. Eine ihrer Schwestern, Joan Pernel Strachey, wurde Rektorin des Newnham College in Cambridge, während sich Philippa und Marjorie Strachey einen Namen in der Politik, dem Erziehungswesen und den Künsten machten. Ihre Mutter Lady Strachey (Jane Maria Grant) half Marie Souvestre, eine neue Schule, die Allenwood-Schule, in England zu eröffnen und Schülerinnen aus den liberalen intellektuellen Kreisen jener Zeit für sie zu werben. Später wurde Dorothy die Übersetzerin und Freundin André Gides. Seit 1903 war sie mit dem französischen Maler Simon Bussy verheiratet. 1933 schrieb sie im Alter von 68 Jahren *Olivia*.

Was hat es zu bedeuten, wenn eine verheiratete Frau einen der mitreißendsten lesbischen Romane unserer Zeit schreibt und ihn in der Einleitung ihre »Selbstbiographie« nennt? Es bedeutet zweierlei: zum einen, daß wir die Rolle der bisexuellen Gefühle in unserem Leben unterschätzen, und zum anderen, daß wir den Anspruch der Schwärmerei, wahrhafte Liebe zu sein, nicht belächeln dürfen, sondern als legitim ernst nehmen müssen.

Der Roman ist dem »teuren Andenken Virginia Woolfs gewidmet«. Die köstlichen Schilderungen der Pensionatsleidenschaft haben ihn zu einem der Lieblingsbücher unter heutigen Lesbierinnen gemacht.[56] »Viele Frauen, darunter auch Bussy (wenn sie mit Olivias Stimme spricht), scheinen als junge Mädchen eine vollkommenere Liebe gefunden zu haben als jemals in späteren Jahren mit einem Mann«, meint eine lesbische Literaturkritikerin.[57] Eine ähnliche These verficht Diane Fuss in einer Fußnote zu ihrem Kapitel über die Hysterie in Mädchenpensionaten: »Stracheys Ehe schmälert in gar keiner Weise die Bedeutung, die *Olivia* als autobiographischer ›lesbischer Roman‹ hat, ... ja man könnte sogar sagen, erst sie verleiht dem unverkennbaren (mitunter überbordenden) nostalgischem Ton, der die Erzählung von Anfang bis Ende belebt, eine gewisse Schärfe. Was für Virginia Woolf gilt, trifft auch auf Dorothy Strachey zu: Ihre Sexualität widersetzt sich einer bequemen, schnellen oder vereinfachenden Kategorisierung.«[58]

Und eben dieser Widerstand gegen eine »bequeme, schnelle oder vereinfachende Kategorisierung« steckt, wie ich behaupte, den eigentlichen und ausgedehnten Bereich der Bisexualität ab. Die ältere Frau, die im Tonfall eines Schulmädchens schreibt, weiß dies so überzeugend zu tun, daß viele Leser meinen, die Erzählung stamme aus der Feder einer Frau, die erst vor kurzem ihre Kindheit hinter sich gelassen hat und noch die klare und bedingungslose Leidenschaft eines Kindes besitzt: »Ich aber wußte wohl, daß meine ›Schwärmerei‹ kein Spaß war.«

Das Vorbild des fiktiven Les Avons in *Olivia*, Marie Souvestres Pensionat Les Ruches, wurde nicht nur von Dorothy Strachey und ihrer Schwester Elinor besucht, sondern auch von Natalie Barney und anderen Töchtern amerikanischer und europäischer Liberaler, von Frauen, die sich wie Barney einen Ruf als Künstlerinnen, Intellektuelle, Salondamen oder auch sexueller Freigeister erwarben. (Barney war eine der berühmtesten Lesben des Nachkriegs-Paris.)

An der fortschrittlichen Allenwood-Schule, aus der Generationen bemerkenswerter Frauen hervorgingen, hielt Dorothy Strachey Kurse über Shakespeare. 1899 traf die damals sechzehnjährige Eleanor Roosevelt als neue Schülerin ein und stieg sofort in die Riege von Marie Souvestres Lieblingsschülerinnen auf. Bei Tisch saß sie neben ihr und war wie Olivia von der dynamischen, witzigen, brillanten damals fast Siebzigjährigen hingerissen.

Nur in Begleitung ihrer Schülerin reiste die Lehrerin nach Frankreich, Belgien und Deutschland und einmal – mit einer anderen Schülerin – auch nach Rom. Nachdem Roosevelt Allenwood verlassen hatte, verband die beiden Frauen bis zum Tode von Souvestre ein herzlicher Briefwechsel. In ihren Memoiren verriet Roosevelt, daß sie neben den Briefen ihres Vaters stets auch die von Souvestre bei sich trug. Zeit ihres Lebens hatte Eleanor Roosevelt eine Porträtaufnahme ihrer Lehrerin auf dem Schreibtisch stehen.

Während ihres Aufenthaltes in Allenwood war Eleanor Roosevelt, wie eine Schulkameradin erzählte, der »absolute Mittelpunkt«. »Sie wurde von allen geliebt. Samstags hatten wir Ausgang und durften nach Putney gehen. Dort gab es Läden, wo man Bücher und Blumen kaufen konnte. Junge Mädchen haben oft einen Schwarm, und so kauften wir Veilchen und Bücher, um sie ins Zimmer des verehrten Mädchens zu legen. Eleanors Zimmer war jeden Samstag voller Blumen, so sehr wurde sie bewundert.«[59] Ihre besondere Stellung als bevorzugte Begleiterin von Marie Souvestre scheint ihr in

Erotische Erziehung

den Augen der anderen nicht geschadet zu haben, im Gegenteil, sie wurde nun erst recht bewundert und Gegenstand der Schwärmereien.

Als *Olivia* 1948 anonym in der von Leonard und Virginia Woolf betriebenen Hogarth Press erschien, schickte eine Klassenkameradin aus Allenwood ein Exemplar an Eleanor Roosevelt und legte es der früheren First Lady mit den Worten nahe, es sei »ein Büchlein, das ich sehr interessant finde«. »Da es nicht dick ist, wird es Ihnen nicht viel von Ihrer kostbaren Zeit stehlen.«[60] Roosevelt schrieb ihr einen Dankesbrief und meinte, das Buch habe ihr Vergnügen bereitet. »Ich bin froh, daß *Olivia* Ihnen gefallen hat«, antwortete ihre Schulkameradin Marjorie Bennett Vaughn in ihrem nächsten Brief. »Es hat mich Jahre zurückversetzt!« Auf Eleanor Roosevelts Hochzeitsreise nach Europa im Sommer 1905 hatten sie und Bennett in Erinnerungen an Mlle Souvestre geschwelgt, die im März desselben Jahres gestorben war. Sie suchte mit ihrem Ehemann alle Orte auf, zu denen sie früher mit ihrer Lehrerin gereist war, und da »wurde mir der große Verlust bewußt, und mehr als einmal wünschte ich sie sehnlichst herbei«[61]. Mehr als 40 Jahre später weckte das Buchgeschenk in ihr Erinnerungen an das frühere innige Verhältnis zwischen den Schülerinnen und auch zwischen Schülerin und Lehrerin.

Doch Eleanor Roosevelt war keine Olivia. Blanche Cook meint, sie habe sich sehr »bestimmt über ihre eigenen Gefühle zu Marie Souvestre«[62] geäußert, und sieht sie vielmehr in dem Charakter der Laura, der Lieblingsschülerin Mlle Julies verkörpert, in der »linkischen«, »nicht gut angezogenen«, aber »klugen« und »geistig überlegenen« Schülerin, dem »Musterbeispiel aller Tugenden«, die Olivia nach anfänglicher Eifersucht sehr mochte. »Liebst du sie?« fragte die leidenschaftlich verliebte Olivia Laura. »O ja«, antwortete Laura, »das weißt du doch. Alles Schöne in meinem Leben verdanke ich ihr ... Sie ist es, die mir die Augen geöffnet hat für alles, was mir in der Welt liebenswert erscheint. Mit tausend Schätzen hat sie mich beschenkt.« »Und sag mir, Laura: Klopft dein Herz wild, wenn du in den Raum trittst, wo sie sich aufhält? Stockt es, wenn du ihre Hand berührst? Wird dir die Kehle trocken, wenn du sie ansprechen willst. Wagst du es kaum, den Blick auf sie zu richten, und kannst ihn doch auch wieder nicht abwenden?«

»Nun«, sagte Laura ..., »sonst nichts. Nur daß ich sie eben liebhabe.«[63]

Übertragene Zuneigung

Ich schwärmte für sie – nein, ich war in sie verliebt.
Aus dem Film Lianna

Olivia nennt ihre Gefühle einen »Schulmädchenschwarm«, obwohl sie genau weiß, daß ihre »Schwärmerei kein Spaß ist«. Was geschieht, wenn sich dieselben heftigen Gefühle zwischen einer Studentin und einer Professorin entwickeln, also zwischen Erwachsenen? John Sayles' 1983 gedrehter Film *Lianna* geht dieser Frage mit großem Einfühlungsvermögen nach. Lianna, die Frau eines Collegeprofessors für Dokumentarfilm, besucht einen Abendkurs bei einer Professorin für Kinderpsychologie und fängt, zur Bestürzung ihrer besten Freundin und zur herablassenden und spöttischen Befriedigung ihres chronisch untreuen Ehemannes, eine Affäre mit ihr an. Ihr frühreifer, dreizehnjähriger Sohn gibt sich hingegen eher blasiert. »So, so, meine alte Dame ist eine Lesbe – das is ja ein Ding«, meint er. Seine Mutter verlangt ärgerlich, er solle sich einer anderen Sprache befleißigen: »Ich bin nicht deine alte Dame, ich bin deine Mutter.« Am Ende des Films kehrt Liannas Geliebte zu ihrer früheren Freundin zurück, doch dem Zuschauer ist mittlerweile klar, daß Lianna sich jetzt, wie sie selbst sagt, als »homosexuell« betrachtet. Ihre beste Freundin Sandy erzählt, sie habe gesagt, »das sei nichts Neues – sie habe sich immer schon so gefühlt«. In einer der schönsten Filmszenen geht Lianna lächelnd durch die Straßen und bemerkt plötzlich, daß alle Frauen, die ihr begegnen, sexy und reizvoll sind.

Liannas Neigung, sich in Lehrer zu verlieben, hat eine lange Geschichte, sie ist eine Wiederholungstäterin. Nach ihrem ersten Studienjahr heiratete sie ihren Englischprofessor und gab das Studium auf. »Ich habe als Studentin mit dem Hauptfach Englisch angefangen«, erzählt sie Ruth zu Beginn ihrer Verliebtheit. »Du hast angefangen? Und als was hast du aufgehört?« »Als Ehefrau.« Doch selbst diese Lehrer-Schüler-Beziehung war nicht ihre erste, wie wir in der Verführungsszene in Ruths Wohnung erfahren. Wie viele von beiden Seiten angestrebte Verführungen greift auch diese zu einem bewährten Mittel. Man spricht über frühere sexuelle Initiationen, um die Phantasie anzuregen und die Schwelle zu überschreiten. Neben Ruth auf dem Sofa sitzend (jedesmal wenn die Kamera sich auf die beiden richtet, sind sie näher zusammengerückt), erzählt Lianna die Geschichte ihres ersten Schwärmens für die Leiterin eines Ferienlagers. Sie und ihre Stubenkameradin schlichen nachts hinter ihr her, wenn sie am Strand ihren Freund von der Rettungswacht traf, und schauten zu, wie sich die beiden liebten. (»Sie hatte einfach sagenhafte Brüste«, erzählt Lianna.) Danach gingen sie in ihr Bett und spielten »Lagerleiterin und Rettungsschwimmer«. »Ich schwärmte für sie – nein, ich war in sie verliebt.« Dies ist für Ruth der richtige Augenblick, Lianna zu küssen, und bald finden sie sich im Bett wieder. »Schläfst du mit vielen Frauen«, fragt Lianna. »Mit vielen?« sagt Ruth. »Nein – aber ich tue es schon eine ganze Weile.« Ruth war auch schon einmal verheiratet gewesen, »ein ganzes Jahr lang. Es war einfach ein Irrtum. Wir sagten einander, daß es uns leid täte, und dann wandten wir uns anderen Dingen zu.« Ist Ruth bisexuell? An keiner Stelle des Films fällt dieses Wort.

Dick, Liannas Ehemann, sagt ihr klipp und klar, ob sie das Sorgerecht für die Kinder bekäme, hinge davon ab, ob sie »wirklich aufs andere Ufer gegangen« sei. Offenbar hält er es, wie auch Lianna, für eine Entweder-Oder-Angelegenheit. Als er sich mit den Kindern zusammensetzt, um ihnen von Liannas lesbischer Liebschaft zu erzählen, nähert er sich ganz behutsam dem Thema, das Spenser dann schnell auf den Punkt bringt: »Du meinst, wie Homos?«

DICK: Wenn es zwischen Frauen geschieht...
SPENCER: Dann sagt man Lesben.
DICK: Ja – aber wir wollen dieses Wort nicht gebrauchen.

Zumindest wird »dieses Wort« ausgesprochen, um es mit einem Tabu zu belegen. Spencer geniert sich nicht, von Homos und Lesben zu sprechen. Lianna nimmt das Wort »homosexuell« in den Mund, auch wenn sie dabei verlegen kichern muß. (Natürlich) liest sie *The Well of Loneliness*, den lesbischen Klassiker von 1928, und es gibt eine herrliche Szene im Katalograum der Bibliothek, als sie im Schlagwortkatalog blätternd vor sich hin murmelt: »Ledbetter – Lermontov – LESBIAN!« Eine aufgeschreckte ältere Dame neben ihr schaut auf, um dann schnell wieder wegzuschauen. Niemand gebraucht das Wort »bisexuell«, und niemand denkt auch nur daran, ausgenommen vielleicht Ruth bei dem Versuch, Lianna zu erklären, warum sie glaubt, die Sache zwischen ihnen könne nie ernst werden: »Manchmal beginnen Frauen – Hetero-Frauen – eine Affäre, nur um zu sehen, was sie dabei empfinden.« Selbst in diesem Augenblick, wo Lianna sich dazu durchringt, sich als »homosexuell« zu bezeichnen, spricht Ruth von »hetero«.

Sind wir hier auf ein weiteres Bermudadreieck für die Bisexualität gestoßen? Als Lianna ihrem Mann erzählt, sie habe eine Affäre, fragt er schroff: »War es der Mann deiner Träume?« »Es war kein Mann«, sagt Lianna. Dick ist sowohl erleichtert als auch belustigt. »Für die graue Maus, die du einst warst, hast du dich ganz schön rausgemacht.« Als ihm klar wird, daß sie eine Affäre mit »Professorin Brennan« hatte (»Ich hatte immer schon das Gefühl, daß irgend etwas an ihr faul ist«), kommt er sofort auf den Punkt:

    DICK: Du bumst also immer noch mit deinen Lehrern.
    LIANNA: Du bumst also immer noch mit deinen Studentinnen.
    DICK: Jedenfalls haben sie das richtige Geschlecht.

Selbst für ihre Freundin Sandy, die Frau des Footballtrainers, die ebenfalls Ruth Brennans Abendkurs besucht, kommt die Sache nicht überraschend. Einmal, noch bevor etwas geschehen ist, hatte sie zu Lianna am Ende des Kurses gesagt: »Ich glaube, du schwärmst für sie.« Aber sie dachte dabei nicht an einen »wirklichen« Schwarm, also das, was sie für einen Footballspieler war. Sie meinte, das Schwärmen sei nur auf einen Lehrer übertragen – als ob das etwas ganz anderes sei.

Daß es irgendwie nichts mit »richtiger« Sexualität zu tun hat, wenn man für einen Lehrer oder eine Lehrerin schwärmt, in sie verschossen oder verknallt ist, gehört seit jeher zu der Normalisierungsthese. Die Kehrseite solcher Verhältnisse, daß Lehrern, die mit ihren Studentinnen schlafen, sexuelle Belästigung vorgeworfen werden kann, wird ebenfalls in *Lianna* gezeigt. Dick hat nicht nur eine Affäre mit einer Doktorandin (auf einer ausgelassenen Party des Anglistischen Seminars treibt er es mit ihr im Sandkasten, während bärtige Pädagogen drinnen mit ernster Mine an ihrem Chablis nippen), es scheint auch, daß er und viele seiner Kollegen frühere Studentinnen geheiratet haben, nur um sie kurz darauf zu ihren Sekretärinnen oder Forschungsassistentinnen zu machen statt zu Objekten der Phantasie und der Wollust. Doch die Beziehung zwischen Lianna und Ruth ist anders. Sandy mag es nicht so recht glauben. »Professorin Brennan?« ruft sie verwirrt aus. »Eine Affäre – du meinst eine richtige Liebesaffäre?«

Auch Ruths Liebschaft mit einer Frau namens Jan hat einen akademischen Rahmen. Eines Abends verkündet sie ihren Kursteilnehmern, sie müsse die Stadt verlassen (erst verhältnismäßig spät im Film wird klar, daß sie Gastprofessorin von einem auswärtigen College ist), weil sie etwas mit dem Institutsdirektor zu besprechen habe. Lianna möchte wissen, ob es nur ein Vorwand für ihren geplanten Besuch bei Jan ist. Doch Jan *ist*, wie sich herausstellt, der Institutsdirektor, was Lianna sich offenbar nie hätte träumen lassen. Institutsdirektoren sind für sie immer Männer, und Frauen, Ruth ausgenommen, sind meistens die beruflich weniger einflußreichen Partner.

»Du bist der einzige Mensch, den ich jemals geliebt habe«, sagt Lianna kurz vor ihrer Trennung zu Ruth. Ihrem Ehemann hatte sie gesagt, sie wolle sich verlieben – und nicht, wie sie betont, wieder einmal verlieben. Was sie für ihn empfunden hatte, war für sie nicht Liebe. Und was war mit der Leiterin des Ferienlagers? Hatte Lianna (zu Verführungszwecken) nur etwas hochgespielt, als sie sagte: »Ich schwärmte für sie – nein, ich war in sie verliebt«? Als sie und ihre Freundin Leiterin-und-Rettungsschwimmer im Bett spielten, waren beide mal in die eine, mal in die andere Rolle geschlüpft.

Die großen Romane, in denen erotische Gefühle auf den Lehrer übertragen werden, zeigen das Klassenzimmer als einen Ort, an dem der heranwachsende Liebende das gleichgeschlechtliche Begehren entdeckt. Dennoch möchte ich betonen, daß die Übertragung auf den Lehrer *bisexuell* ist, was heißt, sie stimmt nicht notwendig mit der gewöhnlichen Sexualität oder der sexuellen Orientierung des Schülers überein. Daß viele große Lehrer tatsächlich bisexuell *gewesen* sind – daß sie Männer und Frauen geliebt haben und mit beiden Geschlechtern Liebschaften hatten –, ist eine etwas, aber eben nur eine *etwas* andere Geschichte.

Ich möchte noch einmal betonen, daß die von mir erotisch genannte Erziehung – und das heißt praktisch *jede* Erziehung – im strukturellen Sinne bisexuell ist, also eine Eigenschaft der gesamten Anstalt bezeichnet und nicht eine Eigenschaft von Individuen an ihr. Bisexualität im pädagogischen Kontext bezieht sich nicht auf Merkmale von Individuen, sondern auf Beziehungen, auf ein verwickeltes Zusammenspiel von Begehren, Identifikation, Macht und Hierarchie. Meine These lautet nicht, daß Schüler oder Lehrer bisexuell werden, sondern daß sie in eine Struktur des Lehrens und Lernens eingebunden sind, die selbst bisexuell-erotisch angelegt ist, und daß sie diese häufig mit Lust weiter ausgestalten. Meine These läuft auch keineswegs auf die im Grunde genommen leere Behauptung hinaus, daß jeder bisexuell ist. Ob wir uns selbst als bisexuell, heterosexuell, lesbisch, schwul oder irgendwie anders sexuell betrachten, ist vollkommen gleichgültig, entscheidend ist, daß wir in einer bisexuellen Kultur leben, deren Bisexualität in so großen Buchstaben geschrieben wird, daß sie wie die Riesenbuchstaben »Stiller Ozean« auf der Landkarte Polynesiens untergehen.

Chemie im Klassenzimmer

> Die Laien ... werden gewiß auch diese Erörterungen über die Übertragungsliebe zum Anlasse nehmen, um die Aufmerksamkeit der Welt auf die Gefährlichkeit dieser therapeutischen Methode zu lenken. Der Psychoanalytiker weiß, daß er mit den explosivsten Kräften arbeitet und derselben Vorsicht und Gewissenhaftigkeit bedarf wie der Chemiker. Aber wann ist dem Chemiker je die Beschäftigung mit den ob ihrer Wirkung unentbehrlichen Explosivstoffen wegen deren Gefährlichkeit untersagt worden?
> *Sigmund Freud*[64]

> »In diesem Glas habe ich genug Schießpulver, um die ganze Schule in die Luft zu sprengen«, sagte Miss Lockhart mit unbewegter Stimme. Sie stand im weißen Leinenmantel hinter ihrem Arbeitstisch, beide Hände auf ein zu drei Vierteln mit dunkelgrauem Pulver gefülltes Glas gelegt. Das ängstliche Schweigen, das nach ihren Worten über die Klasse fiel, war genau das, was sie erwartet hatte; denn sie begann stets die erste Stunde des naturwissenschaftlichen Unterrichts mit dieser Feststellung und dem Schießpulver auf dem Tisch. Dieser erste Unterricht war eigentlich überhaupt kein Unterricht, sondern lediglich eine Benennung der eindrucksvollsten Gegenstände im Chemiesaal. Alle Augen waren auf das Glas gerichtet.
> *Muriel Spark*[65]

Freuds leicht gereizte Bemerkungen über die Bedeutung und Gefahr der Übertragungsliebe finden ein unbeabsichtigtes Echo in der Beschreibung von Miss Lockhart in *Die Blütezeit der Miss Jean Brodie*, die dann von Miss Brodie, ein wenig eifersüchtig, abgewehrt wird. »Ich überlasse sie ihren Gefäßen und Gasen. Sie sind alle ganz große Materialisten, diese Frauen in der Oberstufe, alle gehören sie der Fabian Society an und sind Pazifisten.«[66]

Die Übertragung ist die Aktualisierung unbewußter Wünsche aus der Vergangenheit – oftmals handelt es sich um Liebes- oder Haßgefühle für die Eltern – an einem neuen Schauplatz, etwa in der Beziehung zwischen dem

Erotische Erziehung

Analytiker und dem Analysanden. Das Phänomen der Übertragung – die durch sie erzeugten positiven und negativen Gefühle – sorgt dafür, daß »die verborgenen und vergessenen Liebesregungen der Kranken aktuell und manifest« werden.[67] Mit anderen Worten: Der Patient kann sich in den Analytiker, der Schüler in den Lehrer »verlieben«. Wird die entgegengesetzte Richtung eingeschlagen, spricht man von Gegenübertragung. In beiden Fällen kann das Pulverfaß dem Chemiker ins Gesicht fliegen. Vielleicht ist es kein Zufall, daß wir über Liebe und Sex oft sagen, daß »die Chemie stimmen muß«.

Was hat nun die Übertragung mit Bisexualität zu tun? Im Klassenzimmer und während der analytischen Sitzung spielt sie sogar eine erhebliche Rolle. Denn Analytiker oder Lehrer beiderlei Geschlechts können die Stelle des väterlichen wie des mütterlichen Elternteils einnehmen. Die bisexuelle Dichterin H. D. (Hilda Doolittle) schreibt: »... und doch befriedigt mich die Aussage, meine ›Übertragung‹ richtete sich auf Freud als Mutter, nicht ganz. Er hatte gesagt: ›Und – ich muß Ihnen sagen (Sie waren offen mit mir, und ich will offen mit Ihnen sein), ich bin *nicht* gern die Mutter in der Übertragung – es überrascht und schockiert mich immer ein wenig. Ich fühle mich so sehr als Mann.‹« Woraufhin H. D. ihn fragte, »ob dann andere das, was er Mutterübertragung nannte, bei ihm hätten. Er sagte ironisch und, wie ich glaubte, ein wenig nachdenklich: ›Oh, *sehr* viele.‹«[68]

Die Schülerinnen, für die die unscheinbare Miss Lockhart zwischen ihren Gefäßen und Chemikalien faszinierend war, hielten Miss Brodie auf ein vielschichtige Weise für sexy. Die Brodie-Clique »unterschied sich«, wie die autoritäre Direktorin Miss Mackay erklärte, von den übrigen Mädchen an der Marcia-Blaine-Schule. »Miss Brodies Mädchen sind immer schon anders gewesen, aber in den letzten zwei Jahren waren sie *auffällig* anders.« Der Unterschied hat zumindest teilweise etwas mit Sex zu tun. »In vieler Hinsicht war es das Jahr der meisten sexuellen Erlebnisse der Brodie-Clique, deren Mitglieder inzwischen elf und zwölf geworden waren; das Jahr floß über vor erregenden Geschehnissen. Im späteren Leben war Sex für sie nur eines unter vielen Dingen. In diesem Jahr aber bedeutete er ihnen alles.«[69]

Miss Brodie selbst ist die Heldin eines heterosexuellen Dramas, die Spitze eines erotischen Dreiecks. Denn an der Marcia-Blaine-Schule gibt es nur wenige Männer. »Der eine war Mr. Gordon Lowther, der Musiklehrer für die ganze Schule, Unter- und Oberstufe. Der andere war Mr. Teddy

Lloyd, der in der Oberstufe Zeichnen und Kunsterziehung lehrte. Sie waren die beiden einzigen Männer des Lehrkörpers. Beide hatten sich bereits ein wenig in Miss Brodie verliebt, denn sie fanden in ihr das einzige sexbegabte Wesen in ihrer täglichen Umgebung, und obwohl sie es nicht merkten, begannen sie sich bereits als Rivalen um ihre Aufmerksamkeit zu bemühen.«[70] Lloyd, der verheiratete einarmige Kunstlehrer, wird, von Miss Brodie angestiftet, zum Maler – und Liebhaber – einiger ihrer Mädchen. Lowther, der langweiligere der beiden Burschen, macht ihr fleißig den Hof, um dann die konventionellere Chemielehrerin zu heiraten.

Obgleich Miss Brodie mit Lowther, wie die Mädchen in feierlichem Ton zu sagen pflegen, »Sexualverkehr« hat, ist Teddy Lloyd derjenige, der die Phantasien der Mädchen anregt. Denn zwischen ihr und Lloyd spielte sich etwas sehr viel Aufregenderes ab: ein Kuß. Oder genauer gesagt, die Schilderung eines Kusses, der wie in *The Children's Hour* von einer Dritten beobachtet wurde. Monica Douglas behauptet, »daß sie gesehen habe, wie Mr. Lloyd Miss Brodie küßte. Sie erstattete den übrigen fünf Mitgliedern der Brodie-Clique einen sehr genauen Bericht. Die anderen waren sehr aufgeregt und fanden es schwierig, ihr zu glauben.« »Aber ich *hab'* sie gesehen, sag' ich dir.« »Sie haben mich nicht gesehen ... Ich drehte mich rasch um und rannte fort.«

»War es ein langer, schmachtender Kuß?« verlangte Sandy zu wissen, während Jenny näher trat, um die Antwort zu hören.

Monica blickte aus den Augenwinkeln zur Decke hoch, als rechnete sie im Geiste nach. Als sie ihre Kalkulation beendet hatte, sagte sie schließlich: »Ja, das war er.«

»Woher weißt du das, wenn du doch nicht stehengeblieben bist, um zu sehen, wie lange er dauerte?«

»Schon nach dem wenigen, das ich gesehen habe«, erwiderte Monica, zornig werdend, »kann ich das beurteilen. Es war ein kleiner Teil von einem langen Kuß; das konnte ich schon daraus ersehen, daß er seinen Arm um sie gelegt hatte, und ...«

»Ich glaub' das alles nicht«, sagte Sandy mit quäkender Stimme, denn sie war sehr aufgeregt und versuchte verzweifelt, die Wahrheit von Monicas Bericht zu erweisen, indem sie alle Zweifel aussonderte. »Du mußt geträumt haben«, meinte sie.[71]

Erotische Erziehung

In *The Children's Hour* wird Mary Tilfords Erzählung, sie habe zwei Frauen beim Kuß gesehen, als gehässige Phantasie dargestellt; die Tür hatte gar kein Schlüsselloch, durch das Mary die beiden Frauen hätte beobachten können. Der von Monica geschilderte heterosexuelle Kuß erscheint ebenfalls wie ein Traum. Sandy wünscht sich so sehr, selbst Zeugin gewesen zu sein, daß sie ein Experiment versucht: Sie öffnete die Tür, sperrte den Mund auf und sauste wie der Blitz davon. »Während ihrer vierten Wiederholungsaufführung« wird sie von Miss Brodie überrascht, die wissen möchte, was sie da treibt. »Wir spielen bloß«, antwortet Sandy.[72]

Hugh Carruthers, der tote Geliebte der Heldin, liefert die Urszene für die Brodie-Clique. Er »fiel wie ein Blatt im Herbst« auf den Schlachtfeldern Flanderns. Sandy und Jenny verfassen gemeinsam ein Melodrama über Hugh (es beginnt mit der Phantasie, daß »er nicht gefallen war; dieses Mißverständnis hatte ein Fehler im Telegramm hervorgerufen«), wollen die Geschichte aber erst dann veröffentlichen, wenn sie selbst ihre »Blütezeit« erreicht haben. »Glaubst du, daß Miss Brodie je mit Hugh Geschlechtsverkehr hatte?« fragt Jenny. »Ich glaubte nicht, daß sie überhaupt an so etwas gedacht haben«, sagt Jenny. »Ihre Liebe stand über diesen Dingen.«[73] Ob Hugh, der angeblich eine Woche vor dem Waffenstillstand getötet wurde, jemals außerhalb dieser kollektiven Phantasie existierte, ist eine Frage, die weder das Buch noch die Verfilmung (*Die besten Jahre der Miss Jean Brodie*) mit Maggie Smith beantwortet.

Und was ist mit Miss Brodie? Sie ist die Architektin ihrer Ersatzphantasien, in denen sie kräftig auf der Klaviatur der Übertragung spielt, und sagt voraus, daß ein Mädchen sich sexueller Erfolge wird rühmen können, daß ein anderes mathematische Lorbeeren erringen und ein drittes sich als Spionin hervortun wird usw. Auch versucht sie, eine Affäre zwischen Rose Stanley und Teddy Lloyd zustande zu bringen: »Ich bin seine Muse, aber ich habe der Liebe zu ihm entsagt, um euch Mädchen die besten Jahre meines Lebens zu weihen. Ich bin seine Muse, aber Rose soll meinen Platz einnehmen.«[74]

Sandy, die schließlich tatsächlich mit Lloyd ins Bett geht, ist wütend über Miss Brodies Starrsinn und Beschränktheit. Sie »stellte fest, daß die Frau regelrecht von der Idee besessen war, Rose müsse mit dem Manne schlafen, den sie selbst liebte. Diese Vorstellung war an sich nicht neu; neu war nur, daß Sandy sie in Wirklichkeit miterlebte. Sie dachte an jene Miss Brodie zurück, die vor acht Jahren unter der Ulme gesessen und ihnen ihre erste, einfache Liebesgeschichte erzählt hatte, und sie versuchte zu ergründen, wieweit es Miss Brodie war, die während der vergangenen Jahre Komplikationen hervorgerufen hatte, beziehungsweise wieweit sie selbst jetzt Miss Brodie mit anderen Augen sah.«[75]

Zudem ist sie eifersüchtig. Warum erkennt Miss Brodie nicht Sandys erotische Ausstrahlung, ihre sexuelle Attraktivität? Und vor allem, warum malt Teddy Lloyd, der bald eine Affäre mit Sandy haben wird, alle Brodie-Mädchen wie »eine einzige, große Miss Brodie«[76]? »Und Sandy hielt die Frau auch für eine unbewußte Lesbierin. Und viele Theorien aus den Lehrbüchern der Psychologie stuften Miss Brodie irgendwo ein, aber keine konnte ihr Spiegelbild auf den Leinwänden des einarmigen Teddy Lloyd löschen.«[77]

Diese unbewußten Lesben! Sandy (sie ist mittlerweile zum Katholizismus konvertiert und hält in ihrer Klosterzelle für die Presse hof), die später *Die Transfiguration des Gewöhnlichen*, ein sehr erfolgreiches psychologisches Buch schreibt, mag dabei an etwas Bestimmtes gedacht haben, doch was ist eigentlich eine »unbewußte Lesbe«? Eine sexuell frustrierte alte Jungfer? Eine Heterosexuelle, die sich selbst täuscht und verleugnet? Miss Brodie sagt, sie lebe nur für ihre Mädchen, hat aber keine sexuellen Beziehungen zu ihnen. Statt dessen schläft sie mit dem langweiligen Mr. Lowther. Wessen Unterbewußtsein wird hier eigentlich erforscht?

Zur Debatte steht nicht das Lesbischsein, sondern die Übertragungsliebe.

Erotische Erziehung

Professor für Begehren

Professoren äußern sich selten dazu, welche Rolle der Eros und die Erotik in unseren Hörsälen spielen. Da wir in der philosophischen Kultur des abendländischen metaphysischen Dualismus groß geworden sind, haben viele von uns die Vorstellung verinnerlicht, es gäbe eine Spaltung zwischen Körper und Geist. In diesem Glauben betritt der Lehrer den Hörsaal so, als wäre ausschließlich der Geist präsent und nicht der Körper.
Bell Hooks [78]

Eben weil ich von der Unmöglichkeit überzeugt bin, säuberlich zwischen sexuellen und anderen Arten der Beziehung zu unterscheiden, halte ich die Kampagne zur Heraushaltung des Sexuellen aus der Pädagogik nicht nur für gefährlich, sondern für ausgesprochen unpraktikabel.
Jane Gallop [79]

Jane Gallop ist Englischprofessorin an der Universität von Wisconsin-Milwaukee und außerdem eine bedeutende Feministin. In den frühen siebziger Jahren war sie bekennende Lesbierin. Sie und ihr langjähriger Freund, der Photograph und Filmemacher Dick Blau, haben einen siebenjährigen Sohn. Gallop spricht ohne Scheu über die Beziehung zwischen Erotik und Pädagogik. Die Schwärmerei für einen Lehrer oder Professor ist für sie »eine Form der Übertragung: Menschen, die neu in unser Leben eintreten, wird die emotionale Bedeutung verliehen, die einst unsere Eltern für uns hatten«, erklärte sie in einer Titelgeschichte des akademischen Klatschmagazins *Lingua Franca*. »Wenn Studenten für jemanden zu schwärmen anfangen, wie sie es häufig tun, würden sie liebend gern offen über das Objekt ihrer Begierde sprechen. Sie betrachten das Verliebtsein wie ein Analytiker die Übertragung: als intellektuell stimulierend, wenn es eingestanden wird, als Hindernis für den Lernprozeß, wenn nicht.«[80]

Wie konnte Gallop zum Thema einer Titelgeschichte werden? Nun, zwei lesbische Studentinnen, übrigens höhere Semester, hatten ihr sexuelle Belästigung vorgeworfen, aber die Universität hatte sie von diesem Vorwurf freigesprochen. Vielleicht war es unvermeidlich, daß der ausgewogene und überwiegend positive Bericht in *Lingua Franca* an Miss Brodie erinnerte:

Professor für Begehren

Wenn sie klug ist, wird eine Professorin nicht viel Aufhebens von den Sympathien oder dem Begehren machen, das Studenten in ihr erregen – besonders heutzutage nicht, wo jeder sich solche Mühe gibt, eine erotische Aufladung des Hörsaals zu vermeiden. Besser für eine Akademikerin, daß sie zu einer unpersönlichen, geschlechtslosen, pedantischen Lehrerin wird, als daß sie den Fehler von Miss Jean Brodie begeht und ihre Leidenschaften sich in den Körpern der ihr anvertrauten Mädchen brechen läßt. Ein kluger Professor wird gut daran tun, keinen allzu genauen Blick auf die Art Beziehung zu werfen, für deren Potential zur Ausuferung und Übertragung deutsche Akademiker eine Antenne haben, wenn sie die Betreuer der Doktoranden *Doktorväter* nennen.

Nur daß Jane Gallop, die Feministin und Literaturkritikerin, eben nicht so klug ist.[81]

Ein Grund dafür, daß diese Geschichte Aufsehen erregt hat, ist natürlich ihr »Mann-beißt-Hund«-Aspekt, der unlängst in Michael Crichtons Roman *Disclosure* und dem darauf basierenden Film erschöpfend behandelt wurde. Diesmal ist es die Frau und Vorgesetzte, die der sexuellen Belästigung beschuldigt wird, und zwar mit der doppelten Pointe, daß Gallop, die »mit Männern und Frauen geschlafen hat« (sogar der relativ offene Artikel in *Lingua Franca* kann sich aus irgendeinem Grund nicht entschließen, »bisexuell« zu sagen), von zwei lesbischen Frauen angeklagt wurde, deren eine ihr den Vorwurf machte, »sich eine modische lesbische Attitüde zu geben«[82]. In den frühen Siebzigern *war* Gallop öffentlich und politisch als Lesbierin aufgetreten. Bei einer Gelegenheit spöttelte sie in aller Öffentlichkeit, ihre »sexuelle Präferenz seien die höheren Semester«, um so ein für gewöhnlich verdrängtes, erotisches Knistern in den Hörsälen offen anzusprechen. Als sie und eine Studentin, die auf einer Beziehung von gleich zu gleich anstelle von Professorin zu Studentin bestand, sich in einem Lesbencafé des Ortes ausgiebig und demonstrativ küßten, sahen einige der anwesenden Studentinnen darin eine Demonstration, andere nur einen Spaß. Eine war sich sicher, daß jeder, der nicht dabeigewesen war, den Witz dessen, was sich da abgespielt hatte, einfach nicht verstehen würde. Gallop jedenfalls machte keinen Hehl daraus, wie sie das Ganze auffaßte. »Ich wollte die anderen Studentinnen im Café dazu anregen, über die erotische Komponente der Lehrer-Schüler-Beziehung nachzudenken.« Für sie zählte es zu den Aufgaben eines

Erotische Erziehung

Lehrers, »die Studenten zu verunsichern, ihnen Fragen vorzulegen, mit denen sie nicht unbedingt konfrontiert werden wollen«[83].

Dieselbe Doktorandin, die über sich selbst sagte, sie sei von Gallops Büchern und ihrem Ruf als Theoretikerin schon lange vor dem Besuch ihrer Seminare »ganz hingerissen« gewesen, hatte ihre Mentorin für die Zeitschrift *Composition Studies: Freshman English News* interviewt – nicht gerade das Organ, in dem man einen lebhaften Gedankenaustausch über das Verhältnis zwischen der Lust am Schreiben und der Lust am Sex erwarten würde. Doch genau darum ging es. Gallop zog die Analogie zwischen der Lust, dem Widerstand und dem Überschreiten von Schwellen, und die Studentin insistierte darauf, ihre eigenen Belange zur Sprache zu bringen: »Da wir schon beim Thema Sex und Schreiben sind, frage ich mich, wie paßt dazu Ihre Auffassung vom Lehren als einer Form der Verführung?«[84]

Der Kuß hatte für alle üble Folgen. Die Studentin warf ihr nicht nur sexuelle Belästigung vor, sie veröffentlichte ihre Anschuldigungen auch im *Lesbian and Gay Studies Newsletter*. Auf einer von Gallop veranstalteten Konferenz über Pädagogik verteilten die Studenten Flugblätter, und mehrere geladene Vortragende fühlten sich belästigt oder, wie einer formulierte, »einer Atmosphäre der Einschüchterung« ausgesetzt. Für einige schien das Problem in Wahrheit darin zu liegen, daß Gallop nicht irgendeine Professorin ist, sondern über Macht und großes Ansehen verfügt, und daß die Studenten ambivalente Gefühle gegenüber einer einflußreichen, sinnlichen Frau hegten, die sowohl eine Bad-Girl-Feministin als auch eine international anerkannte Literaturwissenschaftlerin ist.

Was das Problem der sexuellen Belästigung betrifft, so ist Gallop selbst gespalten und merkt an, daß viele »Männer in den Fünfzigern, deren jetzige Ehefrauen vor 20 oder 30 Jahren ihre Studentinnen waren«, bezweifeln, daß es Belästigung überhaupt gibt. »Wenn sexuelle Belästigung nach Sex klingt, dann geraten wir in eine Situation, in der jeder offiziell erklärt, es sei schlecht, aber jeder es tut.« Andere weibliche Fakultätsmitglieder stimmten dem zu, unterstützten aber – anders als Gallop – gleichwohl die Politik der Universität, die jegliche amouröse Beziehung zwischen Studenten und Professoren unterbindet, auch wenn diese auf gegenseitigem Einverständnis beruhen. Eine Professorin meinte, »in meiner Fakultät sind eine ganze Reihe von Männern und Frauen mit früheren Studentinnen und Studenten verheiratet. Es wäre daher interessant zu sehen, wie sich eine solche Maßnahme unter Leuten durchsetzen läßt, die nicht nur etwas Derartiges getan haben, sondern darin auch nichts Schlechtes sehen oder meinen, das sei immer schon der Lauf der Welt gewesen.«[85]

Das sei immer schon der Lauf der Welt gewesen. Was in die Augen springt, ist der Heterosexismus dieser »Normalisierung« durch die Ehe. Wie die Bisexualität unsichtbar wird, wenn sie als »eigentlich heterosexuell (aber experimentierend)« oder als »eigentlich homosexuell (aber es nicht zugeben wollend)« ausbuchstabiert wird, so werden verbotene Liebesbeziehungen zwischen Professoren und Studenten als Regelverletzung unsichtbar, wenn es die Ehe als »happy end« gibt. Im Rückblick mit »normalen« Augen erscheinen sie als romantische Affären, nicht als Regelverletzungen. Aber wie steht es, wenn es sich um gleichgeschlechtliche Partner handelt? Und ist nicht auch das, wie wir gesehen haben, weitgehend »schon immer der Lauf der Welt gewesen«?

Eine Freundin äußerte gegenüber Havelock Ellis, »Schwärmereien für Lehrer sind sehr viel verbreiteter als Schwärmereien zwischen zwei Mädchen. In diesem Fall macht das Mädchen kein Geheimnis aus seiner Zuneigung und breitet vor jedem, der es hören will, seine Gefühle aus.« Der schulische Rahmen ist in der Tat ein Kreuzungs- oder Treffpunkt zweier verschiedener, aber verwandter Idealisierungen. Schwärmereien für Schulkameraden – den Kapitän der Hockeymannschaft, den Schulsprecher – basieren teilweise auf Übertragung; das bewunderte Objekt ist immer großartiger, älter, anerkannter und oft von anderen begehrt, doch die Schwärmerei für einen Lehrer, sei er nun gleich- oder andersgeschlechtlich, *ist* Übertragung. Und die Übertragung ist das Herzstück der Pädagogik. Aus diesem Grund fällt es so schwer, darüber zu reden; und deshalb taucht, wann immer Charisma im Unterricht zu spüren ist, die Möglichkeit der sexuellen Belästigung am Horizont auf. Begehren – Übertragung und Gegenübertragung vom Schüler auf den Lehrer und umgekehrt – ist weder ein zufälliger noch ein unerwünschter Nebeneffekt, sondern ein wesentlicher Teil des Prozesses.

Wo unterrichtet wird, lauert *immer* die Gefahr der Verführung. Was wir lernen, ist, ihr zu widerstehen, sie in der Schwebe zu halten, ihr eine andere Richtung zu geben, wodurch wir oft einen Gefühlsüberschwang erzeugen, der in den Lernprozeß selber eingeht. Ein guter Lehrer lernt auch das.

Erotische Erziehung

Aus der Schule plaudern

Wir haben verschiedene Weisen betrachtet, in denen die unvermeidliche, wenn auch oft unterdrückte und geleugnete Erotik in der Erziehung das Lernen bisexuell affiziert. Die Liebe zu einem gleichgeschlechtlichen Schul-, Zimmer,- Mannschaftskameraden oder Lehrer wird oft als »normal« kodiert, wenn sie bestimmten Erwartungen entspricht und sie von den Betroffenen und/oder ihren Mentoren als zeitweilig und vorübergehend betrachtet wird. Indem sie sie als bloße Phase definiert, übernimmt die Gesellschaft eine zentrale Rolle bei der Neukodierung und Umformung dieser jugendlichen Gefühle. In einer solchen Deutung ist es normal, da wieder herauszuwachsen, gleichgeschlechtliches Begehren nicht länger als normal zu empfinden und mit der Zeit ein »normales« Verlangen nach dem anderen Geschlecht zu entwickeln. Mit dem bequemen Begriff der Phase wird oft die Bedeutung der ersten Liebe heruntergespielt.

Auf derartige Übertragungen stoßen wir nicht nur in so spezifischen Einrichtungen wie gleichgeschlechtlichen Internaten, sondern auch in anderen vertrauteren Bildungsanstalten: Colleges, Universitäten, Abendschulen für Erwachsene. Wie die Literaturgeschichte bezeugt, sind Liebesabenteuer auch hier kein Hindernis, sondern im Gegenteil ein Ansporn für das Lernen. Die Gefahr der Grenzüberschreitung verleiht sowohl der Grenze als auch dem Lernprozeß eine erotische Note.

»Normal« ist, daß der erotische Gehalt der pädagogischen Beziehung geleugnet oder verdrängt wird. Wird er unmittelbar anerkannt, erhebt sich nicht nur das Gespenst der »sexuellen Belästigung«, ein allzu weitgehendes Zulassen des Begehrens könnte auch die Möglichkeit, durch Übertragung zu lernen, vermindern statt erhöhen. Genau diese »Normalisierung«, diese automatische Sublimierung, wollte Jane Gallop in Frage stellen.

Im nächsten Kapitel wird uns der Höhepunkt und Abschluß der »Normalisierung« beschäftigen, wie er uns in der Geschichte des erzieherischen Reifungsprozesses nahegebracht wird, d. h. die Vorstellung, daß es »normal« sei, eine feste sexuelle Identität zu erwerben, sei diese nun heterosexuell oder homosexuell. Die These, Bisexualität bedeute Unreife, ist eng mit der Annahme verbunden, Reifsein hieße, zwischen zwei deutlichen Alternativen zu wählen. In der idealen oder vielmehr der normativ idealisierten Version der Geschichte gibt es in Wahrheit natürlich keine Wahl: Jeder und jede ist glücklich und eindeutig heterosexuell. Geschichten, die den

Übergang von der gleichgeschlechtlichen zur gegengeschlechtlichen Liebe schildern, werde ich »Bekehrungsgeschichten« nennen, um sowohl den vertrauten Wechsel zur »vollen« Heterosexualität wie auch den häufig damit einhergehenden missionarischen Sinn zu betonen. An keiner Stelle dieses Übergangs – die Erfahrung einer gleichgeschlechtlichen Schulliebe, ihre Umkodierung als »Phase«, die Übertragungsbeziehung zwischen Lehrer und Schüler und die abschließende Festigung einer sexuellen Identität – gibt es offenbar Platz für die Bisexualität als einer Realität.

Die Wahrheit hängt, wie wir sehen werden, vom Wesen der Erzählung ab, von der »Geschichte« ebenso wie von der »Bekehrung«. Bevor mich der Leser darauf festnagelt, möchte ich aus freien Stücken sagen, daß mein eigenes Bedürfnis, Sinn zu stiften, zweifellos bei meiner Version dieser Geschichten mitspielt, bei den Geschichten, die »aus der Schule plaudern«.

14. »Nur eine Phase«

> Und als er auf dem Wege war und nahe Damaskus kam,
> umleuchtete ihn plötzlich ein Licht vom Himmel ...
> Der Herr sprach zu ihm: Stehe auf und gehe hin in die Gasse,
> die da heißt die gerade.
> *Apostelgeschichte 9, 3 u.11*

Bekehrungsgeschichten

Der Begriff »Bekehrung« oder auch Konversion scheint sich – wie wir gesehen haben – großer Beliebtheit zu erfreuen, wenn es wirkliche oder auch nur angenommene Wandlungen in der sexuellen Orientierung eines Menschen zu bezeichnen gilt. Halten wir uns an das, was Paulus auf der Straße nach Damaskus begegnet ist, so ist Bekehrung etwas, das geschieht, wenn man sich bereits auf einem Weg befindet, etwas, das eine innere Umkehr bewirkt, eine Umorientierung, eine Kehre oder Wende. Freud hat das, wie bereits zitiert, so formuliert: »Im allgemeinen ist das Unternehmen, einen vollentwickelten Homosexuellen in einen Heterosexuellen zu verwandeln, nicht viel aussichtsreicher als das umgekehrte, nur daß man dies letztere aus guten praktischen Gründen niemals versucht.«[1] In dem Film *Lianna* erfährt die weibliche Hauptfigur von ihrem chronisch untreuen Ehemann, ihr Sorgerecht für die Kinder hänge davon ab, ob sie »ganz aufs andere Ufer gewechselt habe«. Wie an diesem Beispiel zu erkennen, impliziert die Konversion nicht selten eine Form von Indoktrination oder Zugehörigkeit zu einer Sekte – d. h. zumindest in den Augen derer, die einer anderen »Glaubensgemeinschaft« angehören. Aus den »guten praktischen Gründen« Freuds ist dies bei Bekehrungen zur Heterosexualität vermutlich weniger der Fall als bei all den Konvertiten zur männlichen oder weiblichen Homosexualität.

Der Reiz der Bekehrungsmetapher liegt unter anderem in ihrer narrativen Klarheit: Ich war dies, jetzt bin ich das. Ich war blind, jetzt bin ich sehend geworden. Aufgrund der wechselseitigen Ausschließlichkeit beider Zustände – hier Verblendung, hier Erkenntnis – erscheint es unmöglich, diese Lebensgeschichten als bisexuell zu bezeichnen. Wie in den meisten Fällen von Verblendung und Erkenntnis ist die Wahrheit vermutlich aber ein wenig komplizierter.

Einige Bekehrungsgeschichten haben den zusätzlichen Vorteil – jedenfalls für den Bekehrten –, daß sie eine unbequeme Vergangenheit wirkungsvoll und plötzlich ausblenden. Es gab ein »Vorher«, und danach ist »Jetzt«. Glaubt man an eine Bekehrung, dann dürfen diese beiden Stadien offenbar nichts miteinander zu tun haben. Die Tatsache, daß manch ein unbedeutender Beteiligter an der Watergate-Affäre öffentlich seine Bekehrung zelebrierte, »wiedergeboren« wurde und sich mit Eifer auf den Pfad der Tugend begab, wurde in weiten Kreisen als Reinigungsgeste akzeptiert, die ausreichte, den moralischen Makel zu tilgen. Aus verwandten Gründen sind auch Bekehrungsgeschichten in Gefängnissen nicht ungewöhnlich, womit nicht gesagt sein soll, sie seien immer unecht oder unaufrichtig. Aber die Bekehrung ist, um ein etwas überstrapaziertes Wort zu gebrauchen, »binär«. Sie zieht eine Grenze. Und sie hat keinerlei Interesse, die Existenz oder das Wesen dieser Grenzlinie in Frage zu stellen.

Wir haben bereits in vorangegangenen Kapiteln einige Geschichten erwähnt, die man als Bekehrungen lesen könnte, so etwa Robert Graves' Entschluß, zu heiraten und beunruhigende Offenbarungen über die Homosexualität eines inzwischen erwachsenen, einst von ihm geliebten Knaben aus seinen Gedanken – und seiner Autobiographie – zu streichen. In Forsters Roman *Maurice* geht die Titelfigur sogar so weit, einen Arzt zu konsultieren, der ihn möglicherweise zu »ändern« vermag – diese Suche nach einer Umwandlung vom Schwulen zum Normalen mit Hilfe der Medizin oder der Psychoanalyse gehört zu den verbreitetsten Bekehrungsgeschichten des 20. Jahrhunderts, ein säkularer Glaubensartikel für viele, denen Ärzte als eine Art magisch begabte Halbgötter in Weiß gelten. Wie bei anderen erzwungenen Bekehrungen, von denen die Geschichte berichtet, zeigt sich freilich auch in Maurices Fall, daß derlei Prozeduren nicht immer erfolgreich oder gar frei von Risiken und Nebenwirkungen sind. Wie viele Psychiater sind nötig, um eine Glühbirne zu wechseln? Die Antwort lautet: »Einer. Aber die Glühbirne muß es wirklich wollen.«

»Nur eine Phase«

Kann man sich zur Bisexualität bekehren? Ein ironischer Kommentar zu diesem Bekehrungsrummel tauchte kürzlich in Form eines Buttons auf, der seinen Träger als »wiedergeborenen Bisexuellen« auswies. Aber es gibt in der Tat zahlreiche Memoirenschreiber und Talk-Show-Gäste, denen es ein Anliegen ist zu erklären, daß sie früher in dem Bewußtsein lebten, schwul oder heterosexuell zu sein, sich heute jedoch als bisexuell empfinden. Allerdings haben persönliche Korrekturen dieser Art im allgemeinen nichts Ausschließliches oder Denunzierendes, und sie treten auch nicht als Revision der gesamten persönlichen Geschichte auf. Die Haltung ist vielmehr eher umfassender geworden und schließt nun nichts mehr aus. Ein früher homosexueller Mann, der jetzt eine heterosexuelle Beziehung lebt, beschrieb das als »auch die andere Hälfte der Menschheit attraktiv finden«. Er hatte das Interesse an Männern nicht verloren – keineswegs. Aber jetzt hatte er eine Beziehung zu einer Frau.

Eine Frau könnte sagen: »Ich weiß jetzt, daß ich bisexuell bin«. Oder: »Ich weiß jetzt, daß ich lesbisch bin.« (Weniger wahrscheinlich wäre: »Ich weiß jetzt, daß ich heterosexuell bin.«) Aber all das sind keine Bekehrungen. Eine Bekehrung kennt keine Übergänge, sie gleicht einem An-Aus-Schalter. Außerhalb des psychologischen Kontextes ist sie nicht selten durch Überlegungen motiviert, die man politisch nennen könnte: Solidarität, die Privilegien der Heterosexualität, die inzwischen wohl eher der Vergangenheit angehörende Entscheidung, daß gewisse Lebensformen und Aktivitäten, etwa Kinder zu haben, eher in eine hetero- als in eine homosexuelle Welt gehören. Ja sogar Glaubensgründe konnten eine Rolle spielen, die Überzeugung etwa, daß Homo- und Bisexualität gegen das göttliche Gebot verstoßen. Heutzutage sind Bekehrungsgeschichten auch eng mit der Frage sexueller Etikettierung und mit Identitätskategorien verknüpft.

Was mich an dieser Stelle jedoch vor allem interessiert, sind nicht Bekehrungen, sondern *Geschichten* von Bekehrungen – die Art und Weise, in der die Geschichte *als* Bekehrung erzählt wird. Die Bekehrungsgeschichten von Paulus und Augustinus bis hin zu Malcolm X nehmen in der westlichen Kultur und Literatur einen breiten Raum ein. *Sexuelle* Bekehrungsgeschichten besitzen freilich ihren eigenen Reiz. Sie versprechen nicht nur die Suche nach Selbsterkenntnis, ein gerütteltes Maß an Selbstzucht und Seelenerforschung, sondern darüber hinaus eine Reihe unvermeidlicher und höchst interessanter sexueller Details. Es gehört schließlich zu den verkaufsfördernden Eigenschaften einer Bekehrungsgeschichte, daß sie dem Konvertiten ein vergangenes Leben in Schmutz und Sünde gestattet, ja, es eigentlich voraussetzt. Wie Satan in Miltons *Paradise Lost* sind die »Bösen« die interessantesten Gestalten. Wie groß die Tugend auch sein mag, für die Erzählung gibt sie schon *per definitionem* weniger her: Monogamie und häusliches Glück mögen den Monogamen und Häuslichen Vergnügen bereiten, als Lesestoff fallen sie weit hinter bunte, wechselvolle Abenteuer zurück, und dabei ist es einerlei, ob sie hetero-, homo- oder bisexueller Natur sind. Wir werden sowohl bei Stephen Spender als auch bei Paul Monette sehen, daß ein guter Geschichtenerzähler bei der Darstellung seiner Abenteuer aus seinen sexuellen *Miß*-Geschicken das meiste Kapital zu schlagen vermag.

In den klassischen Erzählungen der sexuellen Bekehrung geht es um Bekehrungen vom Hetero- zum Homosexuellen oder umgekehrt. Ich möchte hier einige ausgewählte sexuelle Bekehrungsgeschichten eingehender betrachten, nicht in der Absicht, ihren konzeptionellen Rahmen zu bestätigen, sondern um zu zeigen, wie dieser Rahmen die Bisexualität aus der Erzählung verschwinden läßt. In besagten Erzählungen wird, was ja schon Freuds Hinweis auf die »guten praktischen Gründe« impliziert, die scheinbare Symmetrie der Bekehrungen von der Homo- zur Heterosexualität und von der Hetero- zur Homosexualität durch die Institutionen normativer Heterosexualität, insbesondere die Ehe, gestört. Die erotische Investition der Menschen in die Institution Ehe darf nicht unterschätzt werden, sei diese Investition nun positiv oder negativ. Wir werden die Ehe als Institution im nächsten Kapitel eingehender betrachten. Zunächst wollen wir ihre *narrative* Funktion ins Auge fassen.

»Nur eine Phase«

Hinein in die Phase

> Anders als bei der Sexualität gibt es beim Kitzeln keinen
> Höhepunkt ...
> Ist das Szenario des Kitzelns nicht, wo es die größte Beruhigung und
> Sicherheit bietet, eine einzigartige Vergegenwärtigung des nicht
> fixierten und überallhin verschiebbaren Begehrens? Und ist es nicht
> dort, wo es am verstörendsten ist, ein Musterbeispiel eines
> perversen Kontrakts? Wirft dieses entzückende Spiel mit seiner
> unablässigen Neuinszenierung von unwiderstehlicher Attraktion
> und unvermeidlicher Repulsion eines Objekts, wirft also dieses
> Spiel, dessen letzte Befriedigung eine Frustation ist, nicht ein
> besonderes Licht auf die Unmöglichkeit von Befriedigung und
> Vereinigung?
> *Adam Phillips*[2]

Das Grundmuster des sexuellen »Phasen«-Plots kommt in Robert Townes Film *Personal Best* (1982) erkennbar, wenn auch dezent zur Anwendung. Interessant ist, daß der Film von David Geffen produziert wurde, der inzwischen den Übergang vom Bisexuellen zum Homosexuellen vollzogen hat. Mariel Hemingway spielt Chris Cahill, eine »drittklassige Hürdenläuferin«, die von ihrem Vater trainiert wird. Bei den Qualifikationskämpfen zu den Olympischen Spielen in Eugene, Oregon, wird die Fünfkämpferin Tory Skinner (Patrice Donnelly) auf sie aufmerksam, und nach den fast schon obligatorischen Verführungsszenen: (1) Weinen an Torys Schulter, (2) dem gemeinsamen Joint auf dem Fußboden ihrer Wohnung und (3) einem Wettkampf im Armdrücken mit unentschiedenem Ausgang (provoziert durch Torys spöttische Bemerkung, Chris habe keinen Kampfgeist) werden die beiden Frauen ein Paar.

Tory überredet ihren skeptischen Trainer, Chris mit dem Leichtathletikteam trainieren zu lassen, und schon bald genießt Chris seine besondere Aufmerksamkeit. Wir sehen, wie er nach einem Wadenkrampf ihre Beine massiert, und es dauert nicht lange, bis er ihr ein Stipendium anbietet. Bedingung ist, daß sie den Sommer über in der Stadt bleibt und mit ihm trainiert. Wo ist der Haken? Nun, sie soll für den Fünfkampf trainieren, was sie zur direkten Konkurrentin Torys macht. Diese ist alles andere als erfreut und außerdem wütend, weil Chris sich während einer Party auf einen unschuldigen Flirt mit einem Jungen eingelassen hat. Chris weiß offenbar so wenig über (Hetero-)Sex, daß ihr die Pointe eines Onaniewitzes entgeht, den eine der Athletinnen im Dampfbad erzählt. In den Liebesszenen der beiden Frauen, den einzigen erotischen Momenten des Films, geht es um die Frage des »Kitzelns«, was Chris, wie sie sagt, bei ihren Brüdern gelernt hat.

Als Tory Chris beim Hochsprungtraining einen falschen Rat gibt (Mit Absicht? Oder hat ihr Unbewußtes ihr einen Streich gespielt?), verletzt sich Chris am Knie, scheidet aus den Pan-Am-Games aus und geht mit dem Trainer nach Hause. Der ist entschlossen, Chris und Tory zu trennen, und unternimmt einen Annäherungsversuch, als Chris auf dem Bett liegt, ihr Knie schont und Eiskrem ißt. Aber Chris versteht wieder einmal gar nichts – er ist ihr Trainer, nicht ihr Liebhaber, und für sie sind diese Rollen strikt getrennt. Er zieht sich zurück, begleitet das Team zu den Wettkämpfen und fordert sie auf, im Schwimmbecken zu trainieren. Und dort trifft sie dann natürlich einen Mann: Denny.

Nicht irgendeinen Mann. Wie sich zeigt, handelt es sich um einen ehemaligen Olympiasieger, obgleich sie ihn im Gewichtheben schlägt. (Das mag nun wiederum daran liegen, daß er wie gebannt auf ihren Schoß starrt, als sie ihn beim Hanteltraining überwacht.) Wie auch immer, sie und Denny kommen offenbar schnell zur Sache, obwohl der Film keine Sexszenen zwischen den beiden zeigt. Auf die Frage einer Teamkollegin »Was ist denn in dich gefahren?« reagiert sie mit einer wortlosen, aber deutlichen Geste (darauf jene: »Ist das alles?«).

Die Frage »Was ist denn in dich gefahren?« wird in einer Szene noch einmal aufgegriffen, in der Chris und Denny im (genauer: auf dem) Bett zu sehen sind. Er steht auf, um zur Toilette zu gehen, und sie begleitet ihn. Sie möchte seinen Penis halten, während er uriniert; sie hat schon immer mal im Stehen pinkeln wollen. Er ist unentschlossen, verlegen, aber schließlich fügsam. Er ist *piss shy*: »Ich kann nicht, das haut nicht hin.« Aber Chris ist wild entschlossen: Sie betätigt die Spülung und voilà! Da ist sie, die phallische Frau, die alles tun und haben kann, einschließlich des Wettkampfes auf olympischem Niveau. Was für eine Metamorphose, denkt man an den Anfang des Films und das unglückliche Mädchen, das seinen Vater enttäuscht hat.

Denny gibt zu erkennen, daß er von ihrer Affäre mit Tory wußte – »die beiden hübschesten Mädchen in San Luis Obispo! Das war kein Geheimnis« – und daß es ihm egal ist (er sagt es dreimal, mit Nachdruck). Er möchte nur, daß Chris ehrlich zu ihm ist. »Da gibt es nichts zu erzählen«, antwortet sie und schaut ihm in die Augen. »Wir sehen uns überhaupt nicht mehr – nie mehr.« Aber trotz Trainer Tingloffs nachdrücklicher Versuche, sie voneinander fernzuhalten, versöhnen sich die beiden Frauen auf dem Sportplatz. Chris wünscht Tory Glück und opfert einen Sieg, um auch ihrer Exgeliebten die Qualifikation für die Olympiade in Moskau zu ermöglichen. Die Vereinigten Staaten haben allerdings schon den Boykott der Olympischen Spiele erklärt, weshalb die beiden Frauen (und eine weitere Mannschaftskollegin) – wie ein Sportreporter sagt – »startklar und ohne Ziel« zurückbleiben. Auf dem Siegerpodest nennt Tory, die niemals irgendwelchen Unmut zeigt, Chris' Freund »wirklich ganz nett – für einen Jungen«.

Soweit die Geschichte. Und soweit beschreibt sie die typische Bekehrung von etwas, das manchmal eine Phase des Experimentierens, manchmal eine Schulmädchenschwärmerei genannt wird, zu einer angeblich reiferen, heterosexuellen Beziehung zu einem Mann. Chris wächst aus ihrer lesbischen Affäre heraus und kodiert sie (in diesem Märchen ohne jeden Verlust) wieder als das, was sie vorher war: Freundschaft.

Allerdings ignoriert diese Darstellung einen Großteil der an sich schon sparsamen Erotik in der Geschichte. Denn diese bisexuelle Bekehrungsgeschichte ist in Wirklichkeit eine Familienromanze. Für den Zuschauer bleibt rätselhaft, warum die »transitorischen« Beziehungen erotischer sind als die anscheinend wirkliche bzw. endgültige Beziehung. Versuchen wir es noch einmal.

Betrachten wir *Personal Best* im Hinblick auf die zwischenmenschlichen Beziehungen, kommen die ödipalen Dreicke der Geschichte zum Vorschein. Chris hat zwei Paar »Eltern«, ihre biologischen (wobei ihr Vater bekanntlich auch als Trainer fungiert) und das Paar, das diese ablöst: Tory und Trainer Tingloff. Letzten Endes wendet sich Chris von beiden Elternpaaren ab, und dem Entwicklungsmodell entsprechend »muß« sie das tun, um zur Persönlichkeit und zur heterosexuellen Liebe zu reifen. In den Eingangsszenen des Films wird sie von ihrem Vater mit Fragen bedrängt (»Sag mir ganz genau, was dich an deinem Sprungbein stört«). Mit unterdrückter Wut nimmt er zur Kenntnis, daß sie sich einen anderen Trainer gesucht hat. (»Was bietet er dir? Volles Training – Einzelunterricht? Was?« »Nichts«. »*Nichts?*«) Ihre nahezu unsichtbare Mutter versucht zu intervenieren, wird aber von ihrem Ehemann rasch zum Schweigen gebracht. Und das ist das letzte, was wir im Film von beiden zu sehen bekommen.

Das zweite Dreieck, bestehend aus Tory, Tingloff und Chris, entwickelt sich aus einer lesbischen Dyade, wobei sich in Torys Liebe Identifikation und Begehren vermischen. »Wenn ich das hätte, was du hast – Schnelligkeit, Stärke, Flexibilität...«, sagt sie, heftig atmend. Lesbischen Kritikerinnen wird es vermutlich mißfallen, daß ich die Verbindung Tory – Chris als Mutter-Kind-Verhältnis betrachte, deshalb möchte ich betonen, daß hier von Positionen innerhalb einer Struktur die Rede ist, nicht von sexuellen Rollenspielen, obwohl es mindestens zwei Szenen gibt, in denen sich Tory mütterlich-schützend gegenüber Chris verhält: einmal, als sich Chris an ihrer Schulter ausweint, und ein zweites Mal, als sie sich bei einer Leichtathletikveranstaltung in Kolumbien eine Lebensmittelvergiftung zuzieht. Tory ruft den Arzt und wacht die ganze Nacht bei ihrer kranken Geliebten, die ihrerseits darauf besteht, daß Tory bei ihr bleibt und sich nicht hinlegt, obwohl sie am nächsten Tag an einem Wettkampf teilnimmt. Wie zu erwarten, gewinnt die völlig wiederhergestellte Chris, Tory ist erschöpft und versagt. Der Trainer stellt sich auf die Seite von Chris.

Obwohl wir gesehen haben, wie Chris das Gerangel zwischen Tory und Tingloff eifersüchtig beobachtet (bekanntlich ist es nur Torys Intervention zu danken, daß Tingloff sie angenommen hat), hat eine Verschiebung stattgefunden. Der »neue« Vater will das Kind nun für sich haben. Jetzt ist es an Tory, eifersüchtig zu sein, auf einer Party, wo sie sich betrinkt, und auf dem Sportplatz. Der Trainer möchte, daß Chris im Männertrainingsraum ihr Krafttraining absolviert, wo er und nicht Tory sie überwacht. Tory deutet dies ganz richtig als den Anfang vom Ende. »Vielleicht sollten wir jemand anderen kennenlernen«, schlägt sie Chris bekümmert vor. Aber diese versteht nicht. »Mensch Tory, wir sind doch Freundinnen.« »Ja, wir sind Freundinnen – aber hin und wieder gehen wir auch zusammen ins Bett.« Und sie sagt nicht »kitzeln«.

Chris hat keine sexuelle Bezeichnung für die Beziehung zu Tory: Als Denny sie über ihre Vergangenheit ausfragt, sagt sie: »Wir haben zusammen gewohnt«, obwohl sie – wie wir erfahren – ganze drei Jahre zusammengelebt haben. Wenn das eine »Phase« ist – und der Film scheint uns das glauben machen zu wollen –, so war es jedenfalls keine flüchtige Phase.

Andererseits ist auch eine sexuelle Beziehung zum Trainer, obwohl man sie als Zeichen heterosexuellen »Fortschritts« ansehen könnte, »unmöglich«, da sie inzestuös wäre. Das Leichtathletikteam ist wie eine Familie. Als Tingloff die Grenze überschreitet und die verletzte Chris in sein Apartment bringt, erkennt er die möglichen Folgen sofort und zieht sich zurück.

»Nur eine Phase«

In der Tat scheint Chris nicht die geringste Ahnung von den erotischen/sexuellen Vorstellungen zu haben, die sie in anderen weckt. Wie ein Kind nimmt sie die ihr in reichem Maße zufließende sportliche und emotionale Zuwendung von Tingloff und Tory an, ohne je ihren eigenen sexuellen Part in diesen Beziehungen anzuerkennen. Dies ist keine Übertragungs-, sondern eine Gegenübertragungsromanze, die gesunde Heterosexualität zu einer Sache zwischen Brüdern (Geschwistern) statt zwischen Eltern macht.

Wir erinnern uns, daß Chris das »Kitzeln« im Spiel mit den Brüdern gelernt hat und von ihnen dafür bezahlt wurde. Der letzte Wettkampf, die Olympischen Ausscheidungskämpfe im Jahre 1980, findet wieder in Oregon statt, womit der Film zu den Anfangsszenen zurückkehrt und sie zugleich rekapituliert. Als Chris ihre Chancen anscheinend vergeben hat, richtet ihr einer der Funktionäre aus: »Ihr Bruder möchte Sie sprechen.« Der »Bruder« ist Denny, dessen weise Ratschläge (»Du mußt nicht gegen andere antreten, sondern gegen dich selbst.«) seiner harmlosen, ein wenig banalen Erscheinung in etwa entsprechen. Trotz des »Bruder«-Etikettes, das eigentlich nur seine eigene Beschränktheit zeigen soll, ist Denny exogam und anders/verschieden. Er gehört nicht mehr dem Leichtathletikteam an – er ist auf Wasserball umgestiegen. Eine Beziehung zu ihm verletzt keine anderen Bindungen, was möglicherweise erklärt, warum er im Film so merkwürdig unerotisch wirkt.

Die gesamte erotische Energie von *Personal Best* und die oft einfallsreiche Kameraführung (die auf den langen, muskulösen Beinen der Sportlerinnen beim Training in den Sanddünen verweilt oder in einer schnell geschnittenen Sequenz die Beine und Hinterteile von Hochspringerinnen zeigt) konzentriert sich auf den Körper der Frauen, insbesondere auf das vollkommene Muskelspiel der beiden weiblichen Stars. Die Männer kommen weniger gut weg. In der Frontalaufnahme des nackten Denny auf dem Weg zur Toilette erscheint der männliche Körper eher verwundbar als erotisch, und Trainer Tingloff ist, trotz seines zeitgemäßen Mick-Jagger-Haarschnitts, der Begehrende, nicht das Objekt der Begierde. Wie im Leben so häufig, verliert auch in diesem Film die starke, entrückte Lehrergestalt ihre Macht und gibt sich der Lächerlichkeit preis, sobald sie ihr Begehren offenbart.

In ihren verschiedenen Formen stellt Bisexualität in *Personal Best* eine Möglichkeit dar zu erklären, warum schöne blonde Mädchen, die Make-up tragen, Sex mit Frauen haben können. Tory, die ungeschminkte, ist die echte Lesbe. Chris ist etwas anderes. Ist sie bisexuell? Oder nur jemand, der noch nicht weiß, daß die sexuelle Erzählung einen Höhepunkt hat? Wenn sie das in den drei Jahren mit Tory nicht gelernt hat, muß sie etwas verpaßt haben.

Raus aus der Phase [3]

Die Vorstellung, Bisexualität sei nur eine Phase, ein Experimentierstadium, ein Nebenprodukt adoleszenter Fleischeslust, eine Frage der Gelegenheit und des Ausprobierens, aber keinesfalls eine reife, erwachsene und stabile Form des Sexuallebens, gehört zu den verbreitetsten Gemeinplätzen zu diesem Thema. Filmen wie *Personal Best* gelingt es, beides zu zeigen, ohne den Status quo tatsächlich in Frage zu stellen: Chris' Affäre mit der aparten, selbstbewußten Sprinterin Tory enthält genug Provokation für das breite Publikum, aber ein richtiger Mann schafft es, sie im Handumdrehen wieder auf den richtigen Weg zu bringen.

Daß Mariel Hemingway 1994 in einer Episode der Fernsehserie *Roseanne* als Lesbe (im Kleinformat) auftrat und Roseanne in einer Schwulenbar küßte, mag eine von den Produzenten der Serie durchaus kalkulierte Entscheidung gewesen sein, um den in die Jahre gekommenen Babyboomern ihr Coming-out in *Personal Best* noch einmal in Erinnerung zu rufen. Auch wenn besagtem Coming-out – dem des Murmeltiers im Frühling nicht unähnlich – eine längere Abwesenheit aus der Schwulenszene gefolgt war. Als Begleiterin der nicht nur vor der Kamera bisexuellen Sandra Bernhard wirkt Mariel Hemingway allerdings sehr viel erotischer und selbstbewußter als in Robert Townes Film.

Roseanne, die Hauptfigur der Serie, fand sich jedenfalls plötzlich zwischen den Fronten und den Kuß angenehmer, als ihr zuzugeben lieb war. Außerdem konnte sie es nicht ertragen, daß ihr über die Maßen neugieriger Ehemann das Ereignis und ihre Beschreibung desselben als Anlaß für eigene sexuelle Phantasien nutzte. Vielleicht *sei* sie ja lesbisch, meint er hoffnungsfroh – »nur ein kleines bißchen lesbisch« –, das heißt lesbisch bzw. bisexuell genug, um erregend auf ihn zu wirken. Sie dreht den Spieß um und beschreibt *ihre* Vorstellungen vom Sex zwischen Männern. Ernüchtert löscht er das Licht und schließt grimmig die Augen.

»Es ist nur eine Phase« – das ist die Reaktion und die Hoffnung vieler Eltern, wenn ihnen ihre Kinder erzählen, daß sie schwul, lesbisch oder bisexuell sind. Aber Bisexuellen wird häufig auch von Schwulen und Lesben vorgeworfen, daß sie lediglich »eine Phase« durchlaufen, denn eigentlich gebe es nur zwei Pole, einen homo- und einen heterosexuellen. Dahinter steckt offenbar die Vorstellung, daß sie, wenn sie erst einmal erwachsen geworden sind, wissen werden, zu welcher Seite sie gehören. Und bis es soweit ist, redet, probiert, täuscht und posiert man oder wird durch gefährliche Liebschaften in die Irre geführt. Damit ist Bisexualität als an sich unreif definiert, ja sie wird gewissermaßen zu einem Zeichen mangelnder Reife; und Bisexuelle werden sowohl von homo- wie von heterosexueller Seite her gedrängt, derlei Kindereien bleiben zu lassen.

Die Bekehrung des Oscar Wilde

Es ist im höchsten Maße passend, daß ein Fenster an ihn erinnert.
Er ist weder drinnen noch draußen.
Merlin Holland, Oscar Wildes Enkel,
über das Glasfenster, das zu Ehren
seines Großvaters in der Westminster Abbey
eingesetzt wurde.[4]

In einigen Bekehrungsgeschichten, wie etwa der obigen, ist Homosexualität die Phase und die Ehe das narrative Ziel. In anderen steht an erster Stelle die Ehe als eine Art Blindheit, die durch die Erkenntnis, daß man »eigentlich« schwul ist, überwunden wird.

Ein schönes und umstrittenes Beispiel dafür ist Oscar Wilde, die paradigmatische Gründerfigur unseres Jahrhunderts, was homosexuellen Stil und Esprit, homosexuelle Kultur und Sensibilität betrifft. Manch einer wird darauf beharren, daß Wilde schon immer schwul gewesen sei, trotz seiner leidenschaftlichen Werbung um Constance und die überaus erfolgreichen ersten Ehejahre mit ihr.[5] Richard Ellmanns autoritativ auftretende Biographie Oscar Wildes nimmt aus sicherer Distanz eine ausgewogenere Haltung zu den Leidenschaften des jungen Ehemannes ein: »Seine inneren Ressourcen waren mannigfaltig: Aus ihnen vermochte er *Die Sphinx* ebenso wie später *Das Bildnis des Dorian Grey* oder *Salome*« zu schöpfen ... Doch so eine Ehe barg ja noch andere, geheimere Möglichkeiten: Unter ihrem Dach ließen sich hohe und niedere Ästhetik vielleicht vereinen, gäbe es Platz nicht nur für Sphinxe und sonstige Anrüchigkeiten, sondern auch für gepflegte Konversationen und verzückt-orthodoxe Schäferstündchen.« Bei der Lektüre des dekadenten Romans *Gegen den Strich* von Joris-Karl Huysmans habe es Wilde eine Passage ganz besonders angetan, in der eine homosexuelle Erfahrung geschildert wird, denn sie »wies ihm den Weg zu einem Leben in Heimlichkeit, das von der gutbürgerlichen Rolle, die er als Constances Ehemann spielte, himmelweit entfernt war«[6].

Die Affäre mit Robert Ross in Oxford scheint Wildes erste homosexuelle Erfahrung gewesen zu sein. Als sie sich begegneten, war Ross 17 Jahre alt.[7] Und wieder erkennt Ellmann einen Wendepunkt: »Jetzt, als Prosaautor, konnte er auf die Praxis zurückgreifen: Das Für und Wider der Ehe stand fortan im Zentrum seines Schreibens. Die Homosexualität befeuerte ihn.«[8] Was Constance Wilde anbelangt, so ist sie, »was die Neuorientierung ihres Mannes betraf, nur ein einziges Mal argwöhnisch geworden, und das erst 1895, als sie einmal unverhofft nach Hause gekommen war«[9].

»Neuorientierung« ist Ellmanns Bezeichnung und zugleich eine leise Provokation. Wenn »sexuelle Orientierung« der Sammeleuphemismus für geschlechtsbestimmtes Begehren ist und ganz bewußt einem Ausdruck wie »sexuelle Präferenz« vorgezogen wird, der eine Entscheidung zu implizieren scheint, was ist dann eine »Neuorientierung«? Eine bewußte oder eine unbewußte Entscheidung? Eine Veränderung der sexuellen Natur eines Menschen? Eine kulturell bedingte Verschiebung? Oder schlicht das neutrale Umgehen einer Erklärung?

Was immer es bedeuten mag, »Neuorientierung« scheint doch eine vorherige »Orientierung« zu implizieren. Nach Wildes berüchtigter Affäre mit Lord Douglas, die ihm den Prozeß und die Verurteilung einbrachte, erwog seine Frau die Scheidung. Wilde jedoch sagte, »er wolle um keinen Preis eine Trennung von Frau und Kindern, worauf eine Scheidung ja hinauslaufe«[10]. Obgleich Constance ihren und den Namen ihrer Kinder von Wilde in Holland änderte, besuchte sie ihn im Gefängnis und schrieb ihm nach seiner Entlassung und während seines späteren Exils in Frankreich jede Woche einen Brief. Er wollte wieder mit ihr und den beiden Söhnen zusammenleben. In der Zwischenzeit besuchte er eine weibliche Prostituierte, ohne Vergnügen daran zu finden: »Die erste seit zehn Jahren, und es wird auch die letzte sein.« Allerdings trug er seinem Freund, dem Dichter Ernest Dowson, auf: »Aber erzähl das getrost in England, es wird meinen Ruf dort vollständig wiederherstellen.«[11]

»Nur eine Phase«

Gore Vidal verhehlte nicht ein gewisses Amüsement über die diversen Neufassungen der Wilde-Saga. »In den vier Jahrzehnten, die seit dem Zweiten Weltkrieg vergangen sind, ist Wilde immer mehr zum heldenhaften Opfer einer heuchlerischen Gesellschaft geworden, deren gehätschelte Glaubensartikel über Sex gewaltsam erschüttert werden sollten, zuerst durch den Krieg, in dem Millionen Männer weltweit am größten Geheimnis der Militärkaste teilhaben konnten; und zweitens durch Kinsey, der zu berichten wußte, daß mehr als ein Drittel der Bevölkerung der siegreichen Männerrepublik an den Stammesgeheimnissen teilgehabt hatte«, schreibt er in seiner Rezension der Ellmann-Biographie. »Das Ergebnis ist, daß Oscar Wilde nun nicht länger als Krimineller betrachtet wurde; er konnte sich lediglich einer Gesellschaft nicht anpassen, die dieser Anpassung gar nicht wert war.« Ellmanns Version der Geschichte Oscar Wildes mit ihren lebendigen Schilderungen seines Geschlechtslebens und seines Todes »mag den Aids-geplagten achtziger Jahren durchaus entsprechen«.[12]

»Bei Oscar Wilde habe ich das Gefühl«, meint Jonathan Dollimore, der sich ausgiebig mit ihm auseinandergesetzt hat[13], »daß er eindeutig bisexuell war, und in einem gewissen Sinne finde ich es bedauerlich, daß Wildes Beziehung zu seiner Frau als permanente Täuschung dargestellt wird. Noch vor zehn Jahren hat man von ihm nur als von einem Homosexuellen sprechen mögen. Heute ist, wie ich glaube, genau der rechte Zeitpunkt, Wildes Botschaft noch einmal zu überdenken.« Daß Oscar Wilde jedoch eine Bekehrungserfahrung hatte, die für ihn als Individuum und als Künstler von offenbarender Wirkung war, daran glaubt auch Dollimore.

Dollimore nennt die Entdeckung seiner eigenen Homosexualität eine »klassische Bekehrungsgeschichte. Weil ich niemals derartige Phantasien hatte, es mich nie danach verlangte. Als es geschah, war es einfach eine unglaubliche Verwandlung.«

> Ich erinnere mich, daß ich mich hinsetzte und dachte, wenn eine solch radikale Umwandlung in meinem Sexualleben möglich ist, ein Prozeß, in dem ich das Undenkbare werde, dann ist alles möglich.
> Für mich war es also eine Bekehrung. Es hat alles verändert. Und noch immer strukturiert sich mein Leben um dieses revolutionäre Ereignis. Aus diesem Grund bin ich fähig, die Bekehrungsgeschichte zu verstehen. Was ich nicht tolerieren kann, was ich nicht ernst nehmen kann und was mich aggressiv macht, sind Menschen, die daraus eine Art exklusiver

Identitätspolitik machen. Die sagen: »Ich bin jetzt schwul. Das ist die Geschichte meines Lebens.« Ich glaube einfach nicht, daß Begehren so funktioniert.

Oscar Wilde hat eine solche Bekehrungsgeschichte erlebt. Und ein Aspekt, der mir in bezug auf Oscar Wilde wichtig schien, ist die ungeheure Macht dieser Erfahrung, wenn man sich selbst als einen erkennt, dessen Begehren abweicht. Und welch ungeheure Energie sie für eine Kritik der Gesellschaft verleiht. Das abweichende Begehren, Aufsehen zu erregen, ist sein Vermächtnis. Und in diesem Sinne wird er immer zu mir sprechen.[14]

Wenn wir unsere Definition der Bisexualität nicht auf die mystische Spezies der/des »perfekten Bi« beschränken, die/der Männer und Frauen gleichermaßen begehrt, dann *war* Wilde seiner Erfahrung nach *tatsächlich* bisexuell. Junge Männer wurden seine sexuelle Präferenz, und seine Heirat scheint zweifellos auch gesellschaftlich und finanziell begründet gewesen zu sein. Schwul und hetero hier als einander ausschließende Alternativen zu betrachten hieße freilich nicht nur Wilde, sondern auch die Komplexität menschlicher Sexualität unterschätzen. Die Aussage, Wilde sei homo-, nicht bisexuell gewesen, ist mehr der Politik als der Biographie geschuldet. Sie ist verlockend, aber nicht wahr.

Da nun aber Wildes Genie darin lag, sich selbst als einen Verkünder der Perversität und insbesondere der Überschreitung zu erfinden, hieße, seine Person als bisexuell *statt* als schwul zu reklamieren, nichts anderes, als jene Geste der Fragmentierung und Etikettierung, der Bestimmung des Wesenhaften zu wiederholen, die seiner eigenen Praxis und Denkweise diametral entgegengesetzt ist. Die Notwendigkeit einer Bezeichnung für eine solche grenzüberschreitende Selbsterfindung hat das Wort »queer« in Umlauf gebracht. Allerdings besteht die Gefahr, daß auch »queer« bald nur das Etikett für eine weitere Kategorie, Identität oder politische Gruppierung wird, die – ganz im Widerspruch zu Oscar Wilde – einen brillanten, grenzüberschreitenden Stil durch korrekte, gleichbleibende »Aufrichtigkeit« ersetzt.

»Nur eine Phase«

Die zwiefache Bekehrung des Stephen Spender

Die Behauptung, das bisexuelle Leben sei eine Lüge, gegen die sich Dollimore in Wildes Fall verwahrt, war auch der zentrale Punkt im Streit zwischen dem Schriftsteller David Leavitt und Stephen Spender, dem Vorbild seines Romanhelden und Unholds in *While England Sleeps*.

Das Interesse an der schon seit einigen Jahren vergriffenen Autobiographie Spenders, *World Within World* (erschienen 1951), belebte sich jäh, als der Schriftsteller David Leavitt Teile dieses Buches für einen eigenen Roman verwendete und Spender ein Gerichtsverfahren wegen Verletzung des Urheberrechts anstrengte. Der Verlag Leavitts schloß einen außergerichtlichen Vergleich und stimmte einem weltweiten Verkaufsverbot des Romans in der ursprünglich veröffentlichten Fassung zu. Leavitt, der sein Buch als Hommage an Spender gedacht hatte und den Roman ursprünglich mit einer entsprechenden Widmung versehen wollte, erklärte sich bereit, die strittigen Textpassagen zu entfernen.

David Leavitt ist ein schwuler Schriftsteller, und *While England Sleeps* erzählt die Geschichte der Liebe und sexuellen Leidenschaft seines Helden Brian Botsford zu Edward Phelan, einem jungen Mann aus der Arbeiterklasse. Brian lernt Edward auf einer politischen Versammlung kennen. Später bietet er ihm an, mit ihm zusammenzuleben. Leavitts Geschichte ist im Grunde die überarbeitete und ausgeschmückte Version von Spenders »mit einer gewissen, notwendigen Zurückhaltung« geschriebenen Autobiographie.[15] Brian unterhält (wie der junge Spender seinerzeit) gleichzeitig eine Beziehung zu einer Frau, der lebhaften und freisinnigen Philippa Archibald, die er einer finanziell großzügigen Tante zuliebe – wenn auch zögernd – bereit war, kennenzulernen. Zu seiner Überraschung erweist sich Philippa als sexy und durchaus nicht langweilig. Sie geht mit ihm ins Bett, er beginnt sie regelmäßig zu sehen und mit ihr zu schlafen (dem fügsamen, treuen Edward, mit dem er weiterhin zusammen wohnt, erzählt er nichts davon). In einer Schlüsselszene des Romans macht er ihr einen Heiratsantrag und wird abgewiesen: »Ist dir je in den Sinn gekommen, du könntest in einer homosexuellen Beziehung glücklicher sein?« fragt sie ihn. »Ich denke, du hast nur geglaubt, daß du mit mir glücklich bist, Brian. Ich konnte sehen, daß du es nicht warst.«[16]

An diesem Punkt bemerkt er, daß er eigentlich Edward liebt, aber natürlich ist es zu spät. Edward ist nach Spanien abgereist und stirbt dort (in Leavitts Roman, nicht in Spenders Autobiographie) an Typhus in den Armen des hilflosen Brian einen qualvollen Tod. (Die Beschreibung seiner Krankheitssymptome enthält deutliche Analogien zu Aids.)

Edward ist das emotionale Zentrum des Romans und verfolgt den Erzähler noch lange nach seinem Tod. Obgleich Brians spätere Beziehung zu einem anderen Homosexuellen kurz erwähnt wird (sie dauert 20 Jahre und endet, als sein Liebhaber ihn wegen eines jungen Tänzers verläßt), sind alle Zärtlichkeit, Erotik und die wahren Gefühle fraglos an diese verlorene und beinahe vollkommene Leidenschaft gebunden. Am Ende des Romans taucht auch Philippa noch einmal kurz auf: als spröde Dame der Gesellschaft mit kurzen Haaren, »gescheit« daherredend und mit einer merkwürdigen Art zu lächeln.[17] Zudem zeigt sich, daß Philippas »ideologisch promiskuitive« Tante Dot die eigentliche Ursache für Edwards Schwierigkeiten mit den spanischen Kommunisten war und damit die Schuld an seinem tragischen Tod trägt. »Ideologisch promiskuitiv« sind Philippas Worte.

Daß Philippa eine hohle Person ist, wird schon früh deutlich; überhaupt sind Leavitts lesbische Frauenfiguren (von denen es im Roman einige gibt) sehr viel liebenswerter als die heterosexuellen. Nachdem sie das erste Mal miteinander geschlafen haben, teilt Philippa Brian mit, sein Mangel an Erfahrung sei offenkundig (es ist »ziemlich bekannt – daß du homosexuell bist«). Allerdings beeilt sie sich hinzuzufügen, daß ihr das nichts ausmacht. »Ich zum Beispiel halte Sexualität nicht für etwas Starres. Ich bin sicher, unter den richtigen Umständen könnte ich sehr wohl eine Frau lieben und werde es auch tun ... Was mich anbelangt, ist Liebe etwas, das sich zwischen Menschen, nicht zwischen Geschlechtern abspielt. Warum sollten wir uns beschränken. Wir leben im Jahr 1936, das ist praktisch die Zukunft.«[18]

Dieses perfekte bisexuelle Klischee, das in den identitätsbesessenen Essays der neunziger Jahre so häufig zu finden ist, kommt als fröhlich-banales Bettkantengeplapper daher, und Brians Beitrag dazu ist bei aller Ernsthaftigkeit nicht weniger platt: »Ich hatte immer die Absicht, mit einer Frau zusammenzusein – nein, nicht die Absicht, das ist es nicht, was ich meine. Ich meine, ich hatte immer das Gefühl, daß es mein *Schicksal* ist, mich in eine Frau zu verlieben. Und das soll nicht heißen, daß die Liebe zwischen Männern falsch ist – nur hatte ich immer den Verdacht, daß das für mich nicht alles sein kann. Verstehst du?«[19]

»Nur eine Phase«

Dem Leser wird schnell klar, daß Philippa recht hat und Brian sich entweder täuscht oder von seinem Verlangen nach Respektabilität geblendet wird. Und alles, was ihm schließlich widerfährt (eine scheiternde Karriere als Drehbuchschreiber in Hollywood, Berufsverbot, die Trennung von seinem Lebensgefährten, eine Prostataoperation), ist irgendwie eine Folge dieses Mangels an Mut oder Selbsterkenntnis, der ihn, wie kurz auch immer, die oberflächliche Philippa dem ernsthaften, loyalen und sexuell attraktiven Edward vorziehen ließ.

Als Spender sein Mißfallen darüber zum Ausdruck brachte, wie seine Lebensgeschichte hier benutzt und neu geschrieben wurde, schlug Leavitt von jenem politischen Standpunkt aus zurück, der auch seinen Roman geprägt hat: »Im deutlichen Gegensatz zu *World Within World* ist mein Held nach seiner Ankunft in Spanien keinen Augenblick im Zweifel darüber, auf wen sich seine Loyalität bezieht. Und wo Spender seine Homosexualität für das widerruft, was er ›das Normale‹ nannte – er war zweimal verheiratet –, bekennt sich Botsford am Ende ohne Scham und Reue zu seiner Homosexualität.«[20] »Widerruf« und »Loyaliät« verbinden sich zu einer starken Aussage, die Leavitt in seinem kurzen Artikel noch durch Forsters berühmtes Lob der Freundschaft unterstreicht: »Sollte ich je vor der Wahl stehen, mein Land oder meinen Freund zu verraten, so hoffe ich, den Mut zu besitzen, mein Land zu verraten.«[21] Damit hat Leavitt Spenders Ehen wie den Widerruf eines Überläufers beschrieben, der seine Staatsbürgerschaft widerruft.

Für ihn ist Bisexualität eine Art Verrat. Oder ist dieser Widerruf eher eine Art unnötigen Opfers, da der ängstliche Spender Freuden »entsagt«, die Botsford »ohne Scham und Reue« genießen kann? Jedenfalls erscheinen die beiden Ehen Spenders als eine Art kompensatorischer Overkill, und gerade in ihrer Doppelzahl als Substitut für sein eigentliches – das heißt homosexuelles Begehren.

Widerruft man eine bestimmte Sexualität? Kann man denn ein Begehren wirklich widerrufen?

Nun hat auch Spender in *World Within World* dieses Wort gebraucht, freilich nicht in bezug auf die Homosexualität, sondern auf die Heterosexualität, die er in der Tat, wie Leavitt behauptet, »ein normales Leben« nennt. »Da zwischen zwei Menschen gleichen Geschlechts eine Beziehung von tiefstem Verstehen möglich ist«, schreibt Spender, »verzichtet mancher, der eine solche Beziehung erfahren hat, auf ein normales Leben.« Auf den ersten Blick scheint dies eine Bejahung jener dauerhaften homosexuellen Bindungen, die einige seiner engen Freunde, wie Christopher Isherwood und Wystan H. Auden, mit anderen Männern eingegangen waren. Und wenn Leavitt ihm den Gebrauch des Wortes »normal« nachsehen könnte (das hier, wie bei Freud, offensichtlich die Bedeutung hat, »was die meisten Menschen erwarten«, und nicht, »was ich für richtig halte«), würde er die hier vertretenen liberalen Empfindungen möglicherweise annehmbar finden. Liberalität ist freilich nicht das, was er sucht. Er will so etwas wie Solidarität und Konsistenz. Er will, daß Spender sich zu seinem Schwulsein bekennt. Und wo Spender das verweigert, betrachtet er ihn als einen, der sich hinter dem heterosexuellen Privileg versteckt.

Dabei geht es in der Passage, in der Spender über den Widerruf spricht, weder um Homo- noch um Heterosexualität, sondern um Spenders eigene Sexualität, die der Journalist James Atlas in der *New York Times* als »sexuelle Verwirrung« charakterisiert hat: »Die sexuelle Verwirrung des Autors liegt immer dicht unter der Oberfläche. Der Konflikt zwischen Spenders Neigung für Männer und dem Bedürfnis, ein normales häusliches Leben zu führen – er hat zweimal geheiratet –, ist eines seiner zentralen Themen.«[22]

Welche Beziehung besteht zwischen der von Atlas laienhaft diagnostizierten »sexuellen Verwirrung« und Bisexualität? Die Beantwortung dieser Frage erfordert einen genaueren Blick auf eine Reihe von Schlüsselpassagen der Autobiographie, die Atlas nur auszugsweise zitiert. Allerdings mag es von Nutzen sein, zuvor einige Fakten aus Spenders Leben zu rekapitulieren, wie er sie in seiner Autobiographie schildert und wie sie später von Freunden und Kommentatoren beschrieben worden sind.

Als junger Mann war Spender wie seine Oxforder Freunde Auden und Isherwood homosexuell. Wie sie hatte er seine Liebesaffären mit jungen Männern, nicht selten Männern aus einer unteren (und daher exotischen) Gesellschaftsschicht. Im Alter von 25 Jahren verband ihn eine enge Beziehung mit Tony Hyndman (in der Autobiographie »Jimmy« genannt), mit dem er zusammengelebt hatte und durch Europa gereist war. Zur selben Zeit begann seine Affäre mit der Psychoanalytikerin Muriel Gardiner, die bereits zweimal verheiratet und Mutter eines Kindes war.

Im Herbst 1934 schrieb Spender an Isherwood über seine Beziehung zu Muriel Gardiner:

»Nur eine Phase«

Was nun die Veränderung betrifft, so sitze ich deswegen keineswegs auf dem hohen Roß. Eigentlich bin ich völlig Deiner Meinung, es ist vor allem eine Frage von Zeit, Ort und Umständen. Es berührt mich so wenig, daß es noch nicht einmal meine Beziehung zu Tony verändert hat. Im großen und ganzen ist sie dadurch sogar besser geworden. Ich glaube, ich liebe ihn gewiß mehr, als mir das je bei einer Frau möglich wäre. Da ich es aber befriedigender finde, mit einer Frau zu schlafen, heißt das auch, daß unsere Beziehung nicht eine ist, deren man müde wird, wenn die sexuelle Anziehungskraft ermattet. Sobald man über all das schreibt, schreibt man jedenfalls nicht gut darüber.[23]

Einige Monate später bekommt Isherwood einen weiteren Brief im gleichen Tenor: »Ich fühle mich durch mein neues Leben kein bißchen verändert. Denk das bitte nicht ... Ich bewundere Tony, und meine Gefühle für ihn sind noch immer dieselben.«[24]

Während seiner Affäre mit Gardiner lebte Spender teils in Wien, teils in London, nicht bereit, Hyndman »aufzugeben«.[25] Die gesellschaftlichen und persönlichen Unterschiede zwischen den beiden Männern verliehen ihrer Beziehung »etwas Geheimnisvolles, das fast schon einem Geschlechtsunterschied gleichkam«, schrieb Spender. »Was ich liebte, war sein Hintergrund, das Soldatische an ihm, seine Arbeiterfamilie.«[26] Daß seine Liaison mit Gardiner zu einer Zeit begann, als Hyndman im Krankenhaus lag und die beiden Männer in Wien Gardiners Gäste waren, verkomplizierte die Beziehung zusätzlich. »Wir sahen uns vor die Erkenntnis gestellt, daß ich vielleicht tatsächlich nicht in der Lage war, mich zu entscheiden. Und das hieß nicht, die Umstände hätten es mir unmöglich gemacht ... Das, was wir meine ›Ambivalenz‹ nannten, hielt beständig Wache und lag wie ein Schwert zwischen uns.«[27]

Muriel Gardiner heiratete schließlich einen anderen, eine Tatsache, die Spender nicht wirklich überrascht hat. Aber er beschloß, sich von Hyndman zu trennen, und beide Männer bezogen Wohnungen in verschiedenen Stadtteilen Londons.

Im Herbst 1936 lernte Spender bei einem Abendessen Inez Pearn kennen. Wenige Tage später machte er ihr einen Heiratsantrag, und nach drei Wochen waren sie verheiratet. In *World Within World* reflektiert er sein überstürztes Handeln: Die Trennung von Muriel Gardiner war noch nicht überwunden. Freundschaften hatten sich als zerbrechlich erwiesen, und seine

Einsamkeit ließ sich durch Arbeit nicht kompensieren. Er fand Inez höchst anziehend und fürchtete, ein anderer könne ihm mit einem Antrag zuvorkommen. »Heirat schien die einzige Lösung.«[28]

Bevor wir nun den voreiligen Schluß ziehen, es handle sich hierbei um die Abwehrreaktion eines heimlichen Homosexuellen, der sich den Konsequenzen seiner schwulen Identität nicht stellen kann, sollten wir bedenken, wie häufig gerade solche »Gründe« zur Schließung von Ehen (und zwar durchaus erfolgreichen Ehen) zwischen Menschen geführt haben, deren sexuelle Geschichte und sexuelles Begehren eher heterosexuell als homosexuell sind. Spender jedenfalls schreibt in seiner Autobiographie: »Man könnte sagen, wir ›beteten‹ einander an.«[29]

Die Ehe hielt drei Jahre. In dieser Zeit beschäftigte sich Spender intensiv mit Politik und verbrachte einen Großteil seiner Zeit in Spanien, unter anderem in dem verzweifelten Versuch, Hyndman zu retten, der sich den Internationalen Brigaden angeschlossen hatte. Er fühlte sich verantwortlich, da er Hyndman überredet hatte, Mitglied der Kommunistischen Partei zu werden, und glaubte, daß seine Trennung von ihm und die Heirat mit Inez Hyndmans Entschluß, in Spanien zu kämpfen, wesentlich mitbestimmt habe. Über seine Ehe jedoch schreibt er, obgleich sie keineswegs perfekt war: »Sie schien mir der Mittelpunkt meines Lebens.«

Einmal bleibt er bei seiner Rückkehr vor dem Haus stehen, und »das Wissen, daß sie oben in der Wohnung war, erfüllte mich mit einem berauschenden Gefühl des Staunens«. Als er bemerkt, daß seine Frau einen anderen liebt, stürzt er in tiefe Verzweiflung. »Es gab Zeiten, in denen ich nur noch dumpfe Wut und Eifersucht empfand.«[30] Ich zitiere diese Stellen nur, um zu belegen, daß Spender selbst seine Ehe als eine leidenschaftliche Beziehung, nicht als ein konventionelles Arrangement betrachtete.

Im Sommer 1939 trennen sich Stephen und Inez. Er vergleicht seine erste Reaktion auf die Trennung mit dem Wahnsinn eines Süchtigen im Entzug. Spender beschließt, sich nie mehr so verletzbar zu machen. Wie schon andere vor ihm, hat er seine Meinung freilich wieder geändert. Im April 1941 heiratet er die Pianistin Natascha Litvin. Die Ehe, aus der zwei Kinder hervorgegangen sind, hält über 50 Jahre. Zuerst plagen ihn Schuldgefühle wegen der gescheiterten Beziehungen zu Hyndman, Gardiner und Pearn. »Eines Tages sagte Natasha zu mir: ›Von jetzt an gibt es keine Schuld mehr. Jetzt gibt es nur noch uns‹, und auf diesem Glauben ... gründete unsere Ehe.«[31]

»Nur eine Phase«

Die Geschichte seines Lebens, wie Spender sie schreibt, ist eine Geschichte von homo- und heterosexuellen Beziehungen, von emotionalen Bindungen an Männer und Frauen und schließlich die Geschichte einer dauerhaften Ehe. Diesem Leben bescheinigt James Atlas, ohne zu zögern, »sexuelle Konfusion«.

Die Textpassage, die Atlas zitiert, um seine Behauptung zu belegen, stammt aus *World Within World*. Es geht darin zuerst um ein sehr modern anmutendes Thema: um gleichgeschlechtliche Beziehungen und psychosexuelle Etiketten. Ich zitiere besagte Textstelle, wobei die für Atlas und seine Diagnose der »sexuellen Konfusion« ausschlaggebenden Sätze kursiv wiedergegeben sind:

> Ich frage mich, ob sich nicht viele unserer Zeitgenossen mit ihrer Selbstetikettierung zugleich zu einer psychologischen Lehrbuchidentität verurteilen? *So befürchte ich beispielsweise, daß viele heute glauben, eine Vorstellung von Freundschaft, die man aufgrund gewisser Aspekte als homosexuell bezeichnen könnte, schließe normale sexuelle Beziehungen aus; und umgekehrt, daß die heterosexuelle Beziehung alle Beziehungen ausschließt, die als homosexuell interpretiert werden könnten.* Infolge dieser Neigung, sich selbst Etiketten anzuheften, sind die Menschen gezwungen, Entscheidungen zu treffen, die in vergangenen Zeiten nicht nötig waren. Und da zwischen zwei Menschen gleichen Geschlechts eine Beziehung von tiefstem Verstehen möglich ist, verzichtet mancher, der eine solche Beziehung erfahren hat, auf ein normales Leben.[32]

Spender weist darauf hin, daß in früheren Zeiten sogenannte abnormale Beziehungen häufig neben »normalen« bestanden haben: »Die Menschen legten sich weniger fest und paßten sich eher an.« Shakespeare, bemerkt er, erklärt in den Sonetten seine Liebe zu einem Mann und fordert ihn gleichzeitig auf, zu heiraten und Kinder zu zeugen. Selbst in den mittleren Sonetten, in denen die Leidenschaft des Dichters »weniger selbstlos« ist, spricht er zugleich auch von seiner weiblichen Geliebten. An keiner Stelle taucht die Vorstellung von »einer Welt von Männern eines dritten Geschlechtes« auf, der der Dichter und sein Geliebter angehören, eine Vorstellung, »von der viele literarische Werke des 20. Jahrhunderts durchdrungen sind«.

Nichtsdestoweniger beschloß Spender, »den Versuch zu unternehmen, jene Eigenschaften zu überwinden, die mich von der allgemeinen menschlichen Erfahrung isolierten, auch dem Normalen näherzukommen. Der Begriff ›normal‹ steht hier für das, was gemeinhin als solches betrachtet wird. In Wahrheit ist es für den einzelnen ›normal‹, einfach seiner Natur zu entsprechen. Es geht mir jedoch hier darum, die Bejahung meiner Natur der allgemeinen Vorstellung vom Normalen anzupassen, auch wenn dies ein selten zu erreichendes Ideal sein mag.«[33]

In seinem eher boshaften Porträt Spenders im *New Yorker* bescheinigt Ian Hamilton dieser Analyse einen »Hang zum Komisch-Pompösen«. »Das Spendersche Ich läßt sich anhand dreier übergeordneter Interessen ausloten, die ihn ein Leben lang beschäftigt haben: Ruhm, Sex und Politik. In all diesen Bereichen beherrschte ihn eine tiefe Unentschlossenheit.«[34] Unentschlossenheit, Unentschiedenheit, ja sogar Verrat – das sind nicht einmal allzu verschlüsselte Kennwörter für Bisexualität. Wie komisch ernsthaft oder unentschlossen sich Spenders Versuche, mit diesen Problemen umzugehen, aus heutiger Sicht auch ausnehmen mögen, so werden doch heute noch strittige Fragen aufgeworfen.

Spenders Erwähnung einer »Welt von Männern eines dritten Geschlechts« verweist auf die Arbeit von Pionieren wie Magnus Hirschfeld, der 1919 in Berlin das Institut für Sexualwissenschaft gründete und auf institutionellem Wege versuchte, den § 175 des Strafgesetzbuches zu verändern, der homosexuelle Handlungen zwischen Männern unter Strafe stellte. Spenders Freund Isherwood wohnte während seiner ersten Berliner Jahre in unmittelbarer Nähe des Instituts und verkehrte mit »Patienten oder Gästen – wie immer man es bezeichnen will«[35]. Er berichtet, daß Hirschfeld, trotz gelegentlicher Prügeleien mit Anhängern der NSDAP, »in einer Rede vor Mitgliedern des Deutschen Reichstags die Klagen des Dritten Geschlechts«[36] vorgetragen habe.

Für Isherwood war die Entdeckung, daß es »Artgenossen« gab und Homosexualität nicht länger als etwas Privates zu betrachten war, »das er und seine Freunde für ihr Leben entdeckt hatten«[37], eine zuerst unwillkommene, aber dann mit wachsendem Stolz angenommene Wahrheit. Auch bei Spender scheinen diese Kategorien, Institute und Gesellschaften einen Selbstprüfungsprozeß in Gang gesetzt zu haben, der ihn allerdings zu anderen Wahrheiten und Selbsterkenntnissen führte.

Spenders Beschreibung des »Normalen« ist offenkundig ein Zugeständnis an die allgemeinen Vorstellungen von Homo- und Heterosexualität in einer Zeit, als es die Schwulenbewegung noch nicht gab. Heute würde er den darin enthaltenen Gewinn oder Verlust möglicherweise anders bewerten. Jedenfalls bringen seine Bemühungen um eine historische Betrachtung sexueller Etiketten etwas wie eine Beschreibung normativer *Bisexualität* hervor: nicht als Entscheidung, sondern als Wahl, wie der Dichter Wallace Stevens sagt. In Spenders Verständnis sind »normal« und »abnormal« keine medizinisch oder theologisch, sondern gesellschaftlich konstruierte Begriffe. Ist die zitierte Textstelle wirklich eine Beschreibung »sexueller Konfusion«? Ton und Inhalt sagen etwas anderes.

Spender findet für seine Empfindungen eine etwas andere psychologische Beschreibung: das, was er und Muriel Gardiner »Ambivalenz« genannt hatten. In der psychoanalytischen Terminologie heißt Ambivalenz, für ein Objekt gleichzeitig Haß- und Liebesgefühle zu empfinden.[38] Es ist ein starkes und ganz und gar nicht vages Gefühl; und es ist nicht dasselbe wie »entscheidungsunfähig«.

Nach Hyndman entschied Spender, daß er nicht mit einem Mann leben konnte. Ja, die Beziehung zu Hyndman hatte ihn erst dazu gebracht, »ein Bedürfnis nach Frauen wahrzunehmen«. Die Freundschaft zu einem Mann war ihm deshalb nicht entbehrlich geworden, aber er brauchte einen Mann, um seine »Arbeit und [seine] Entwicklung, ja sogar [sein] Bedürfnis nach Frauen mit ihm zu identifizieren«. Allmählich wurde ihm »eine Ambivalenz in [seiner] Haltung gegenüber Männern und Frauen deutlich bewußt«: »In der Liebe zu einem Freund kam das Bedürfnis nach Identifikation zum Ausdruck. Hinter der Liebe zu einer Frau stand das Bedürfnis nach einer Beziehung zu jemandem, der anders als ich, ja geradezu mein Gegenstück war.« Diese Bedürfnisse »schienen sich in einem gewissen Grade gegenseitig auszuschließen, so daß es scheinen mochte, als hätte ich im Zusammensein mit dem Freund eine ganze Welt, die Welt von Ehe und Verpflichtung, aufgegeben und sei aufgenommen in eine ganz andere, von gegenseitigem Verstehen erfüllte Welt, in der Arbeit, Ideen, Spiel und körperliche Schönheit in unser beider Leben einander entsprachen«. Die Frauen jedoch »eröffneten mir die Ganzheit eines Lebens außerhalb des meinen, in dem ich der Frau gab, was ihr fremd war, und von ihr nahm, was mir selbst fremd war; eine Erfahrung, die das gegenseitige Spiegeln im körperlich-seelischen Kameraden nicht erlaubte«.[39]

Auch diese Selbstanalyse wäre hinsichtlich ihrer Geschlechterstereotypen und des verleugneten Begehrens leicht auseinanderzunehmen, wären wir entschlossen, den Text zu zerreißen, anstatt von ihm zu lernen. Warum sollte man Identifikation von Begehren trennen? Warum beschließen, daß Frauen irgendwie »anders« sind, ins Register der Gefühle *nicht* als Gefährten aufzunehmen sind, mit denen man Arbeit, Spiel und Ideen teilt? Offenbart Spender an dieser Stelle nicht genau die Form präfeministischen und präschwulen Bewußtseins, das Autoren wie Leavitt dazu nötigt, ein Leben so umzuschreiben, wie es hätte sein sollen?

Ich glaube das nicht, oder vielmehr, ich glaube nicht, daß sich seine Gedanken über die Abschnitte oder Ambivalenzen seines Lebens auf bedeutsame Weise von jenen nachträglichen Überlegungen unterscheiden, die jedermann anstellt, wenn er eine Entscheidungssituation in seinem Leben erklären soll. Erinnern wir uns an das »Geheimnisvolle, das fast schon einem Geschlechtsunterschied gleichkam« – und das über die Unterschiede in Herkunft und Interessen in die Beziehung zu »Jimmy« einfloß. Für Spender scheint Erotik – gleichgültig, was sie für andere ist – eng mit solch realen oder auch phantasierten Unterschieden verbunden.

Bisher hat sich immer wieder gezeigt, daß Bisexualität eine Struktur des Begehrens aufweist, in der das Geschlecht nicht mehr ausschlaggebender Faktor, sondern lediglich *ein* Beispiel erotischer Differenz – oder erotischer Gleichheit und erotischer Widerspiegelung – ist. Die Struktur »X ist *wie* ich (ist weiblich, blond, trägt lange Haare, ist arm, liebt Bach), deshalb begehre ich (sie bzw. ihn)«, ist funktional nicht unterscheidbar von »X ist *nicht wie* ich (männlich, dunkelhaarig, reich, liebt Heavy Metal), deshalb begehre ich (sie bzw. ihn)«. Beide Aussagen sind nachträgliche Rationalisierungen. Wenn Spender von zwei gleichzeitigen, aber sich überschneidenden Bedürfnissen spricht, so beschreibt er ganz allgemein, wie eine emotionale und erotische Wahl vorgenommen wird.

Gegen Ende von *World Within World* greift Spender das Problem noch einmal auf: »In einem anderen genau das zu finden, was ich selbst war, brachte mir Enttäuschung und Glück, denn ich fand Böses und Gutes gleichermaßen.« Rückblickend meint er, seine Beziehungen zu Frauen seien die beständigsten gewesen, denn »in der Beziehung von Gegensätzen blieb immer das Geheimnis einer unbekannten Größe«.[40]

Wenn man heute mit Menschen spricht, die sich selbst als bisexuell bezeichnen, stößt man häufig auf eine Form dieser Teilung bzw. Verdoppelung des Begehrens. Sex mit einem gleichgeschlechtlichen Partner bietet Spiegelung, Sex mit einem andersgeschlechtlichen Partner Ergänzung. Wir haben bereits mehrere Versionen dieser Geschichte gehört, und weitere werden folgen. Martin Weinberg und seine Mitautoren haben diese »beiden Bedürfnisse ... die nebeneinander bestehen« in ihrer soziologischen Untersuchung zur Bisexualität »zweifache Anziehung« genannt.

Auf der anderen Seite gibt es viele Bisexuelle, die ihr Begehren nicht ganz so säuberlich nach zwei Typen unterscheiden. Ein Anwalt, den ich befragte, sagte mir: »Ich glaube, das meiste von dem, was Menschen über ihre sexuelle Erfahrung sagen, ist reine Phantasie. Deshalb nehme ich es auch nicht ernst.« Glaubt er, daß sie lügen? »Nun, sie sagen in dem Moment etwas, das gesagt werden muß und für sie eine emotionale Wahrheit besitzt. Aber ich habe unzählige Schilderungen sexueller Biographien und Geschichten gehört, von denen ich genau wußte, daß sie den Tatsachen nur vage entsprechen.«

»Ich fühle mich zu vielen verschiedenen Menschen körperlich hingezogen«, fuhr er fort. »Aber meistens finde ich Menschen in ihrer Besonderheit, als Individuen erotisch anziehend. Der andere präsentiert sich doch als eine eigene, persönliche Welt und nicht zuerst und vor allem als Mann oder Frau. Was einen Menschen sexuell anziehend macht, mag mit seinem Geschlecht zu tun haben oder auch nicht – vielleicht sind es seine Ideen, seine Art zu sprechen, zu gehen oder sich zu bewegen.« Und Sex selbst, »Sexualität und die besonderen erotischen Praktiken« von Menschen sind immer »sehr gewohnheitsbedingt«.

Schwule Autoren wollen Spenders Homosexualität retten, indem sie seine Ehe mit Natascha dem Bedürfnis nach sozialer Akzeptanz und seinem Konformismus zuschreiben. Und es wäre in der Tat sozialer Konformismus, wenn die Vergangenheit dafür unterschlagen werden müßte – aber dem steht schon allein die Existenz eines Buches wie *World Within World* entgegen. Spenders Freund David Plante sagte, »die Schwulenbewegung« sieht ihn »einfach nur als Homosexuellen ... Also simplifizieren sie ihn. Sie sehen nur das Klischee: einen homosexuellen Mann, der mit einer heterosexuellen Frau verheiratet ist. Sie behaupten also, Stephen verrate sowohl die Ehe als auch die Homosexuellen.«[41] In ihrem Wunsch, Spender als *entweder* schwul *oder* hetero, seine Entscheidungen als *entweder* irregeführt *oder* authentisch, als *entweder* gesellschaftlich bestimmt *oder* seiner Sexualität entsprechend zu sehen, versuchen sie, aus ihren missionarischen Positionen heraus aus einem bisexuellen Leben ein monosexuelles zu machen.

Die zwiefache Bekehrung des Stephen Spender

Das naheliegendste Gegenargument ist freilich die Tatsache, daß Spender zu einem anderen historischen Zeitpunkt gelebt und seine Entscheidungen getroffen hat als Leavitt. Für Leavitt war Spender ursprünglich eine Art Wegbereiter, der Leavitts eigene, umfassendere Wahlmöglichkeiten und größere Offenheit erst möglich gemacht hatte. Aber jetzt repräsentiert Spender die alte Garde und die Anhänger Leavitts die Avantgarde mit einem politischen Programm, das ihnen auf eine unanfechtbare Weise moralisch korrekt erscheint.

Die gegenseitigen Mißverständnisse sind zum Teil in der grundsätzlichen rechtlichen Ungleichheit von Heterosexuellen und Homosexuellen begründet. Hätte es etwa die Möglichkeit der Eheschließung zwischen Homosexuellen gegeben, wäre die Partnerwahl mit allen ökonomischen und gesellschaftlichen Rechten nicht durch das Gesetz beschränkt, dann hätte Spender ganz andere Wahlmöglichkeiten gehabt. Wäre, als Spender in England aufwuchs, Homosexualität nicht ungesetzlich gewesen, sondern eine frei verfügbare, gesellschaftlich tolerierte Option, hätte der junge Spender sich möglicherweise für ein Leben mit einem männlichen Partner entschieden oder für dauerhafte erotische Beziehungen zu Männern, wie das seine Freunde Auden und Isherwood allen Gesetzen zum Trotz getan haben. Oder er hätte sich vielleicht doch für eine Frau entschieden. Freilich sollte man die Erotik des Verbotenen nicht unterschätzen – Gefahr und Perversion besitzen ihren eigenen zwingenden Reiz. Würde man *Heterosexualität* heute plötzlich für gesetzeswidrig erklären, gäbe es zweifellos bald eine Untergrundszene heimlicher Heterosexueller, die andersgeschlechtliche Partner aufregend fänden, weil der Umgang mit ihnen verboten ist. Aber es gibt keine Zeitmaschine, die Spender oder auch uns alle zurück in die Zukunft katapultieren könnte.

»Nur eine Phase«

Janusgesichter

> Ich liebte ihn aufrichtig, und als er mir sagte, die Liebe der Frauen
> sei etwas Schreckliches, glaubte ich ihm.
> *Vacslav Nijinskij über Sergej Diaghilev,*
> *den er verließ, um Romola de Pulszki*
> *zu heiraten.*[42]

Paul Monette wurde bekannt als Verfasser bissiger und eloquenter Memoiren sowie von Literatur über schwule Männer und die Aids-Krise. Er arbeitete nach seinem Studium in Yale unter anderem als Englischlehrer an der Sutton Hill School in Connecticut, wo er inmitten pubertierender Jungen lebte. Schwankend »zwischen Zölibat und zwanghafter Obsession«, wohnte er auf dem Gelände dieser Schule mit der Atmosphäre einer Besserungsanstalt unter der Führung von »pensionierten Colonels und rausgeworfenen Mönchen«, in der die Jugendlichen auf den Besuch des College vorbereitet wurden. Dort läßt er sich von einem gutaussehenden Jungen verführen, der zu Hause in New Jersey eine Freundin hat.

Seine Homosexualität verbergend und von Angst gepeinigt, hatte er die Zeit in Andover und Yale hinter sich gebracht, jeden seiner Schritte streng kontrolliert, seine Schwärmerei für andere Männer in Freundschaften anstatt in sexuelle Beziehungen umgesetzt. »Übereifrig asexuell und sogar zum Schwitzen zu ängstlich«, hätte er eigentlich als »ergrauter Leiter der Englischabteilung einer zweitklassigen Jungenschule« enden müssen. »Selbstverständlich wäre ich inzwischen Hausherr in einem Schlafsaal der großen Schüler – schlösse ›spezielle‹ Freundschaften mit den Unglücksraben und stählte mich gegen die Versuchung, Rücken zu tätscheln.«[43] Was bewahrte ihn vor diesem »Schicksal des Schulmeisters«? Sein Coming-out, sagt er, und das Zusammentreffen mit Roger, seinem Geliebten.

In *Coming Out* beschreibt Monette seine Lebensgeschichte bis zu dem Zeitpunkt, als er Roger kennenlernt, dessen Aids-Erkrankung und Tod er in *Geliehene Zeit* so bewegend geschildert hat. Der dramatische Höhepunkt von *Coming Out* (bzw. dieser Entwicklungsgeschichte) ist also das erste Zusammentreffen mit Roger bei einer Dinner Party in Beacon Hill, das auf den letzten drei Seiten beschrieben wird. (Ich hatte »endlich den Richtigen gefunden«[44]). Wer den Bestseller *Geliehene Zeit* gelesen hat, wird mit diesem (in der Folge so bittersüßen) Happy-End gerechnet haben, in der Hoffnung, daß die pikaresken Abenteuer des Helden – eines glücklosen Naiven mit Begabung zur Selbstdramatisierung, in jener Zeit vor Schwulenbewegung und Queer-Theory – ihre narrative Lösung finden möge.

Monette ist besonders gut, wenn es darum geht, jene kleinen Details aufzuspüren, die ein Licht auf die großen Fragen werfen. Wenn er in *Coming Out* über seine Erfahrungen mit Bisexualität spricht, gibt er seine Ambivalenz offen zu. »Das doppelte Janusgesicht des Bi-Seins habe ich nie ganz begriffen – da doch Janus der römische Gott der Türen und Tore war, vor allem der Schränke. Ich kenne zu viele, die die Wahrheit vor ihren Frauen verborgen haben und ihre Männer wie Strichjungen benutzten... Jetzt versuche ich in Sachen bi nicht den Oberschwulen zu spielen. Meist gelingt es mir nicht.«[45]

Das doppelte Janusgesicht des Bi-Seins. Vielleicht erinnern wir uns an den Brief Freuds an seinen Freund Fließ, in dem von dem »Janus aus Stein« in seiner Sammlung die Rede ist, »der mit seinen zwei Gesichtern mich sehr überlegen anschaut«.[46] Wie Monette schon sagt, zeigt sich (oder zeigte sich) das Überlegenheitsgefühl häufig bei den »Oberschwulen«, für die schwule Identität »die Wahrheit« war und das Gesicht des Janus zwei Gesichter, Gespaltensein und falsches Bewußtsein ausdrückte. Dabei ist »oberschwul« ein vergleichsweise junges Produkt der schwer erkämpften und noch nicht ungefährdeten schwulen Befreiung. In den Erinnerungen Monettes erscheint Homosexualität meist als etwas, das jeder zu »heilen« versucht.

Monettes Geschichte ähnelt ein wenig Forsters *Maurice*: Auf anfängliches Nichtwissen um sich selbst folgt die Entdeckung, dann Verdrängung, das sexuelle Erwachen, die drohende Entdeckung führt zum Therapeuten, dann der Versuch, »normal zu leben«, und schließlich die Begegnung mit »dem Richtigen«. In dieser recht vertrauten narrativen Struktur stellt Monette seine Abenteuer mit Frauen vor, seinen sogenannten »heterosexuellen Marathon«[47].

Zuerst die Panik: Die halb ungewollte Affäre mit Greg, einem forschen Erstsemester an jener zweitklassigen Prep-School, an der Monette arbeitet und wohnt. »Ich wußte, wir befanden uns auf gefährlichem Gelände: Lehrer belästigt Schüler«[48], erinnert er sich, obwohl Greg die Beziehung initiiert und die führende Rolle übernimmt. Es geschieht das fast schon Unausweichliche: Gregs Bewunderung endet in einer Art Erpressung. Daraufhin wechselt Monette – trotz Unterstützung der Schulleitung, die glaubt, daß der Schüler die Unwahrheit sagt – zuerst an eine gemischte (angesehenere)

»Nur eine Phase«

Schule, danach übernimmt er einen Teilzeitjob an einem Mädchencollege und landet schließlich über einen Job als Dekorateur und nach verschiedenen homosexuellen Begegnungen in Boston bei einem Psychotherapeuten. »Ich wäre gerne normal«, teilt er diesem mit. Aber insgeheim hegt er Zweifel: »Wie sollte ich mir jemals beibringen, Männer nicht erotisch zu finden? Es war so tief in mir verankert wie die Tatsache der Geschlechtszugehörigkeit als solche.« Der Ausdruck »beibringen« ist nicht zufällig gewählt: Der Lehrer ist wieder zum Schüler geworden. »Es war, als schriebe man sich für einen Fortgeschrittenenkurs in Selbstwerdung ein – nicht nur mit Bücherliste und Abgabefristen, sondern auch mit der Möglichkeit, sich vor der Klasse und einem wohlwollenden Lehrer zu produzieren. Ein weiterer Anlauf zu einer weiteren Eins.«[49] Für das Studium der Bekehrungsgeschichte sei festgehalten, daß Monette nicht sagt: »Wie sollte ich mir jemals beibringen, Frauen zu begehren?«, sondern: »Wie sollte ich mir jemals beibringen, Männer *nicht* erotisch zu finden?« Konversion verlangt Negation.

Von nun an erscheint das Wort »heterosexuell« in den Erinnerungen mit aggressiver Selbstironie. Monette stürzt sich in den »heterosexuellen Marathon« mit Emma, Julia, Sally, Alida und Ellen: »Doch kaum war ich zu der Erkenntnis gelangt, daß ich womöglich ein Heterosexueller im Schrank war, war jedes Treffen mit Emma mit der Möglichkeit einer Liebesgeschichte befrachtet.«[50] »Und die ganze Woche klingelte das Telefon, Freunde hatten uns zusammen gesehen und waren ebenso hingerissen von Julia wie ich. So heterosexuell hatte ich mich noch nie gefühlt.«[51] Nach einem Autounfall, den er glaubt verschuldet zu haben, weil er seinem jungen Beifahrer zuviel Aufmerksamkeit zollte, geht er entschlossen mit seiner Geliebten ins Bett: »Und soweit ich mich erinnere, wollte ich sogar in jener Nacht eine weitere Lektion in Heterosex.«[52]

Kurz und gut, er wird zu einer Karikatur »galoppierender und zügelloser Männlichkeit« und gerät in einen »Rausch der Selbstzufriedenheit«[53] durch jede neue heterosexuelle Eroberung. »Heute begreife ich«, schreibt Monette, nachdem er diese Krise überwunden hat, »wie hartnäckig er mein ganzes begeistertes Heterowerden in Frage stellte. Er erkannte, daß es nichts als Ausflucht war. Ich wollte nicht wahrhaben, daß ich mich nicht schämen mußte, schwul zu sein.«[54] Aber dieser Blick entspricht dem *Heute*, der Gegenwart des Erinnernden und Schreibenden, in der der Prozeß des »Mann-Werdens« mit dem »Schwul-Sein« abgeschlossen ist. Wie war es *da-*

mals? Damals hießen die Schlüsselbegriffe »normal« und »bisexuell« und bildeten einen merkwürdigen Gegensatz.

»Und endlich schaffte ich die wilde Sache – die *normale* Sache«[55], berichtet Monette aus der Zeit seiner heterosexuellen Beischlafaktivitäten. Das hervorgehobene *normal* stammt dabei von ihm selbst!

Und was denkt der Therapeut? »Wenn ich bisexuell sein wollte, gut, aber die männliche Hälfte mußte auch praktizierbar und befriedigend sein, nicht so quälerisch und selbstverleugnend.«[56] »*Natürlich* sei ich bisexuell, erklärte Edie fröhlich und spornte mich an, es auf beide Arten zu treiben.«[57] Daraufhin trifft er Pip, einen jungen Architekten, und nimmt ihn mit nach Hause, seit Monaten der erste Mann, mit dem er schläft. »Nachdem wir gekommen waren, unterhielten wir uns noch die halbe Nacht darüber, was ›bi‹ bedeutete. Wir fanden beide, daß unser überwiegendes Interesse der normalen Sache mit Frauen galt.«[58] Er trifft sich nun mit Pip und einer Frau namens Sally: »Welche bessere Methode gäbe es für mich, um herauszufinden, wie bi ich war, als einen von jeder Sorte zu haben?«[59] Sally ist die offizielle Freundin eines Architekten namens Justin, der einen Dreier initiiert und Monette später nach Vermont einlädt: »Doch selbstverständlich war ich nur aus einem Grund aufs Land gefahren, und zwar wollte ich die Sache mit Justin durchziehen. War es deshalb, weil ich sauer auf Sally war? Oder hatte ich schließlich entschieden, daß Justin und ich verwandte Seelen waren, da er sich seinen Bi-Neigungen eher hingab, als ihnen zu entfliehen?«[60]

Gleichzeitig beginnt er eine Beziehung mit einer weiteren Frau, Ellen: »Dann verbrachte ich das Wochenende bei Ellen und hoffte, daß die Bi-Verwirrung verschwinden würde.«[61] Er schreibt in sein Tagebuch: »Über E. nachgedacht. Ich glaube: Vielleicht bringe ich es ja doch noch zustande, unser Sexualleben ist jetzt ziemlich ›normal‹, was immer das bedeutet. Nicht aufregend, doch das liegt daran, daß ich mir nicht zutraue, daß ich es aufregend *machen* kann. Glaube auch: immerhin ist es ein Miteinander, eine richtige Beziehung, doch was ist mit meinem Alleinseinsbedürfnis, was mit meiner Liebe zu all dem Posieren, dem Zotigen und dem Kitzel, wenn ich mir einen Mann suche, was ist mit dem nackten *Verlangen* ...«[62]

Monette und Ellen verbringen einige Zeit am Strand von Truro, und Ellen lernt einen »gut sechzigjährigen Mann, einen Designer aus Montreal«, kennen, der ganz nebenbei bemerkt: »Ich glaube, dein Liebhaber ist homosexuell.« Monette fühlt sich verraten, verfolgt und glaubt nun, daß er »schwul ›aussah‹, selbst mit einer Frau am Arm«[63]. Außerdem erzählt Ellen ihrer Zufallsbekanntschaft, »sie liebe mich, obwohl der Sex mit mir nicht besonders sei«, was ganz Monettes Einschätzung ihres »normalen« Geschlechtslebens in seinem Tagebuch entspricht. In der Tat scheinen seine Liebhaberinnen ihn eher wegen als trotz seines Schwulseins (oder Queerseins) zu lieben: »Ich liebe sogar den Schwulen in dir«, sagt Julia (was ihm, wie er glaubt, schmeicheln soll). »Ich finde nicht, daß er jemand ist, für den man sich schämen muß. Ich glaube einfach, er wird allmählich überflüssig.«[64]

Wie sich freilich zeigt, irrt Julia. Monettes Erinnerungen enden nach seiner ersten Begegnung mit Roger, der »endlich der Richtige« ist. Damit ist seine Geschichte die Geschichte einer mißlungenen Bekehrung: Seinen Therapeuten an Eifer noch überbietend, wirft er sich in den »heterosexuellen Marathon« – mit der Energie der Verdrängung und des guten Schülers. Als einzig »Normales« lernt er freilich, Frauen geringzuschätzen. Reichlich ironisch merkt er an: »Aus der privilegierten Perspektive eines Lebens außerhalb des Schranks läßt es sich nur allzu leicht spotten und kritisieren. Ich sehe das manische Posieren und die quälerischen Selbstzweifel.«[65] Die Frauen erscheinen im Rückblick loyal, liebevoll und von großem praktischen Wert: »Ich muß mich gewaltsam daran erinnern, daß meine Liebe zu jenen Frauen nicht nur ein Mehr an vergeudeter Zeit bedeutete. Daß sie es schließlich waren, die jene Eisdecke durchbrachen, die mich unter den lebenden Toten festhielt. Daß ich mich Roger oder irgendeinem anderen Mann nie hätte eröffnen können, wenn es nicht vorher die Frauen von 1972 und 1973 gegeben hätte. Vorurteilsfrei und zärtlich gingen sie im weiten Land des Herzens ihr eigenes Risiko ein. Kein Kuß war je vergeudete Zeit.«[66]

Wessen Zeit fürchtet er zu vergeuden, um wessen Zeit handelt es sich am Anfang und am Ende des Zitats? War »kein Kuß ... je vergeudete Zeit« für *sie*, obwohl er sich gewaltsam daran erinnern muß, daß seine Liebe »nicht nur ein Mehr an vergeudeter Zeit bedeutete«? Die Frauen waren kräftige kleine Schleppdampfer, Eisbrecher, die den Weg freimachten für Roger und die wahre Liebe.

War Paul Monette je ein Bisexueller? Monette ist ein guter Testfall. Er ist ein schwuler Mann. Als solcher hat er geschrieben, gedacht und gelebt. Er war *nicht* bisexuell. Oder doch? Wenn er einmal bi war, gehört er dann zu denen, die begrifflich oder statistisch als bisexuell zu gelten haben? Anders gesagt, bezeichnet »bisexuell« hier eine Kategorie von Personen, die zu irgendeiner Zeit Männer und Frauen geliebt bzw. mit ihnen geschlafen haben? Oder ist Bisexualität hier ein Kunstgriff der Bekehrungsgeschichte? Es ist unmöglich festzustellen, ob Monettes Beziehungen überhaupt erst *zustande kamen*, weil sie forciert waren, oder ob sie dadurch *ruiniert* wurden. Vielleicht wäre er ohne den Druck, »normal« zu werden, gar keine sexuellen Beziehungen zu Frauen eingegangen. Oder er hätte sie mehr genießen können. Aber das hieße implizieren, daß Sexualität außerhalb von jeder Geschichte vorkommen kann. Monettes Erzählung lehrt uns im Grunde dasselbe wie Spenders Geschichte, nur auf andere Weise: Bisexualität bezeichnet den Punkt, an dem all unsere Fragen über Erotik, Repression und gesellschaftliche Arrangements in eine kritische Phase eintreten.

15. Familienwerte

> Sie war verheiratet, gewiß; aber wenn der Gemahl ständig ums
> Kap Hoorn segelte, war das eine Ehe? Wenn man ihn gern hatte, war
> das eine Ehe? Wenn man andere Leute gern hatte, war das eine Ehe?
> Und schließlich, wenn man immer noch wünschte, mehr als
> alles auf der Welt, Gedichte zu schreiben, war das eine Ehe?
> Sie hatte ihre Zweifel.
> *Virginia Woolf*[1]

> »Ich verstehe nicht, warum nach dieser halben Stunde nicht alles
> wieder normal sein kann, wie in der *Brady-Family*?«
> »Weil Mr. Brady an Aids gestorben ist.«
> *Aus dem Film* Voll das Leben

> Keine Frau, sondern ein Mann ist der Grund für Carrie Fishers
> Tränen auf dem Weg zum Scheidungsrichter. Die
> Schauspielerin trennt sich von Bryan Lourd, dem Vater ihrer 20
> Monate alten Tochter, weil er ein Verhältnis mit einem Mann
> hat.
> *Susan Bickelhaupt*[2]

Die Frage von Bisexualität und Ehe interessiert die meisten Menschen, ob sie nun an die Existenz der Bisexualität glauben oder nicht. Führen Bisexuelle monogame Ehen? Wenn ja, inwiefern sind sie dann bisexuell? Wenn nein, inwiefern sind es dann Ehen?

Die Verknüpfung von Bisexualität und Nichtmonogamie ist so verbreitet, daß im *Boston Phoenix* einmal die Annahme von Kontaktanzeigen Bisexueller verweigert wurde, die nach »dauerhaften, monogamen Beziehungen« suchten. (Die einheimischen Betroffenen organisierten eine erfolgreiche Telefon- und Öffentlichkeitskampagne, um die Zeitungsmacher zum Einlenken zu bewegen.) Wie viele Bisexuelle angesichts anhaltender Mißverständnisse in den Medien immer wieder mit Recht betonen, müssen die Fragen Monogamie/Nichtmonogamie und Monosexualität/Bisexualität völlig getrennt voneinander betrachtet werden. Denken wir an so überzeugte Nichtmonogamisten wie den Playboy Porfirio Rubirosa, den Basketballstar Magic Johnson, die Erbin Doris Duke oder auch Elizabeth Taylor – die mit ihren bislang acht Ehen vielleicht eher als »Serienmonogamistin« zu bezeichnen wäre.

Monogamie und Nichtmonogamie haben vielfältige Auswirkungen auf die Ehe, selbst – oder vielleicht gerade – wenn die Partner erklärte Monogamisten sind. Der ganze Lärm um die bisexuelle Nichtmonogamie hat zum Teil auch mit dem speziellen Gebrauch zu tun, den Soziologen und bisexuelle Aktivisten von diesem Begriff machen (es ist schwer vorstellbar, daß Elizabeth Taylor oder auch Magic Johnson so viel Aufhebens um ihren »häufig wechselnden Geschlechtsverkehr« machen, wie so etwas im Amtsdeutsch heißt). Aber bisexuelle Nichtmonogamie beinhaltet auch Vorstellungen von sexuellem Betrug (das Gefühl, betrogen worden zu sein, ist Partnern von mono- und bisexuellen Personen gleichermaßen vertraut und soll später behandelt werden) und in neuerer Zeit von der Gefahr, daß arglose, treue Partner mit Aids und anderen durch Geschlechtsverkehr übertragenen Krankheiten infiziert werden (gewöhnlich sind in diesen Vorstellungen die Ehefrauen heimlich bisexueller Männer »betroffen«).

Vielen Partnern von Bisexuellen stellt sich nach deren Coming-out dann die Frage: War unsere Ehe eine Farce? Was ist das eigentlich, eine Ehe?

Was ist eine Ehe?

> Ich sage, wir wollen nichts mehr von Heiraten wissen.
> *William Shakespeare*[3]

Matrimony bezeichnet im Englischen sowohl den Akt der Eheschließung als auch den Zustand des Verheiratetseins, die Ehe. Es geht auf das lateinische *matrimonium* mit der Wurzel *mater* = Mutter zurück. Verheiratet zu werden bedeutete offenbar, offiziell und kulturell gebilligt in der Lage zu sein, Mutter zu werden.[4]

Und wie steht es mit dem verwandten Begriff *patrimony*? Er geht offensichtlich in ähnlicher Weise auf das Lateinische zurück. Das moderne Wörterbuch sagt dazu: »a. Erbteil vom Vater oder einem Vorfahren, Patrimonium. b. eine Erbschaft oder ein Vermächtnis, Erbgut. c. Kirchengut.«

Familienwerte

Matrimony bedeutet also Ehe (mit der Implikation zukünftiger Mutterschaft), *patrimony* Erbschaft. Der Vater in *patrimony* ist tatsächlich der tote Vater, der Erbvater, der das Erbe weitergibt, sei es in Form von Grundbesitz, Namen, Wertpapieren oder Philosophien.

Es wäre naiv zu fragen, warum diese beiden in Struktur und Etymologie so offenkundig ähnlichen Wörter derart verschiedene Bedeutungen angenommen haben. Verwandt sind schließlich auch die inzwischen als Schmäh- oder Idealbegriffe etwas aus der Mode gekommenen »Patriarchat« und »Matriarchat«: die Herrschaft der Väter (bzw. Männer) und die Herrschaft der Mütter (bzw. Frauen). Und obgleich Matronyme (oder Metronyme) in unserer westlichen Kultur weniger verbreitet sind als Patronyme, so steckt doch hinter beiden derselbe Gedanke: Man erbt den Namen vom weiblichen bzw. männlichen Elternteil. Die Diskrepanz von *patrimony* und *matrimony* stellt uns jedoch vor ein gewichtiges Problem, was unsere Vorstellungen von Geschlecht und Geschlechteridentität, Begehren und Partnerschaft, sozialer Freiheit und wirtschaftlicher Kontrolle betrifft. Und von größter Bedeutung ist diese Diskrepanz, wenn wir den Platz der Bisexualität in unserer kulturellen Vergangenheit – und Zukunft – überdenken wollen.

Die Asymmetrie zwischen Müttern und Vätern, die uns in diesem etymologischen Exkurs entgegentritt, hat viele Soziologen zu der Überlegung geführt, ob die Institution Ehe den heute so stark im Wandel begriffenen Geschlechterrollen noch angemessen ist. »Die Ehe bringt den Frauen nicht mehr viel«, schreibt die Feministin Katha Pollitt. »Es ist in unserer säkularen modernen Gesellschaft nicht mehr möglich, Ehe und Mutterschaft wieder aneinander zu binden. Dafür müßten wir das 19. Jahrhundert zurückholen: den Kult der Jungfräulichkeit und die Doppelmoral wiederherstellen, Geburtenkontrolle verbieten, die Möglichkeiten der Scheidung drastisch einschränken, Frauen die gutbezahlten Jobs wegnehmen, unverheiratete Schwangere unter Androhung sozialer Ächtung dazu zwingen, ihre Kinder zur Adoption freizugeben und unehelichen Kindern jeden rechtlichen Status absprechen.« Vieles davon, wenn auch nicht alles, erinnert mich weniger ans 19. Jahrhundert als an die Klein- und Vorstädte der fünfziger Jahre des 20. Jahrhunderts, in denen der Kult der Jungfräulichkeit und die Stigmatisierung lediger Mütter zumindest rhetorisch in voller Blüte stand, viele Frauen sich nicht zur Scheidung entschließen konnten und die meisten keine anständig bezahlten Jobs hatten. Die Bezeichnung *divorcée* (geschieden), ob nun mit dem Attribut *gay* (hier: lebenslustig, fröhlich, glücklich) versehen oder nicht, ist heute in den USA kaum noch zu hören, in den fünfziger Jahren war sie sehr gebräuchlich und bedeutete »gewagt, heiter, lebenslustig, unmoralisch, freizügig« und vor allem »verfügbar«. Heutzutage »brauchen Frauen, wenn sie selbst für ihren Lebensunterhalt aufkommen können, nicht mehr um dessentwillen zu heiraten, was man früher vornehm Sicherheit nannte, was aber, unverblümt gesprochen, Geld heißt. Wenn alleinstehende Frauen in ihrer eigenen Wohnung Sex haben können, die Achtung von Freunden genießen und einen interessanten Beruf ausüben, dann besteht keinerlei Notwendigkeit mehr, sich einzureden, jede Ehe sei besser als keine. Warum sollten sie nicht ein Kind alleine haben? Kinder machen Freude, was man von vielen Männern nicht sagen kann.«

Pollitts Schlußfolgerungen legen die Entmystifizierung der Ehe als unabdingbares Mittelstandsideal nahe. »Statt den Versuch zu unternehmen, Frauen – und Männer – an eine überlebte Institution anzupassen, sollten wir unsere Institutionen dem realen Leben der Menschen anpassen«, indem wir alleinerziehenden Müttern Erziehungsurlaub, Tagesmütter, flexible Arbeitszeiten und Kinderärzte mit Abendsprechstunden anbieten.[5] Inzwischen ist die Zahl der bewußt alleinerziehenden Mütter drastisch gestiegen, 11,3 Prozent davon sind Frauen mit einem College-Abschluß und 8,3 Prozent der Frauen arbeiten in akademischen Berufen und im Management – ganz zu schweigen von Filmstars und anderen Personen des öffentlichen Lebens, für die derlei materielle Probleme vermutlich keine Rolle spielen. Früher war die Ehe Voraussetzung für die Mutterschaft; heute bekommt man Kinder häufig vor oder anstelle der Ehe.

Der direkt nach Präsident Clintons Amtsantritt 1993 laut gewordene Aufschrei der Entrüstung über die Möglichkeit, Homosexuelle beim Militär offiziell zu dulden, hat eine Reihe von Überlegungen zu dem schwierigen und häufig unaufrichtigen Verhältnis zwischen Schwulen und Lesben und den gesellschaftlichen Institutionen provoziert. Sehr vernünftig und aufrichtig äußerte sich Andrew Sullivan, Herausgeber der Zeitschrift *The New Republic*, in seinem Essay »The Politics of Homosexuality«. Für Sullivan ist das Recht zu heiraten ebenso wie das Recht, Wehrdienst zu leisten, ein entscheidendes Kriterium für die vollen Bürgerrechte: »Wenn das Verbot, Militärdienst zu leisten, an den Kern dessen rührt, was es heißt, Staatsbürger zu sein, dann geht es bei dem Verbot der Eheschließung um die zentralen

Familienwerte

Momente dessen, was es heißt, ein Mitglied der bürgerlichen Gesellschaft zu sein.«[6] Und da »die Heterosexualität der Ehe staatsbürgerlich nur wesentlich ist, insofern die Ehe als Institution verstanden wird, die dazu da ist, Kinder hervorzubringen, und diese Definition von der bürgerlichen Gesellschaft schon lange aufgegeben wurde«, ist das Verbot der Eheschließung zwischen homosexuellen Partnern lediglich als Zeichen öffentlicher Mißbilligung zu werten. Auf der Gefühlsebene, behauptet Sullivan, wird die Ehe »durch eine Art der Beziehung bestimmt, die selbst unter Heterosexuellen selten ist«. Daß viele Schwule und Lesben in dauerhaften Beziehungen leben und auch künftig solche Beziehungen eingehen werden, ist offenkundig, und die Frage, ob alle Homosexuellen das wollen oder nicht, spielt dabei kaum eine Rolle. Ihnen das Recht zur Legalisierung dieser Beziehungen zu geben, mindert »den Anreiz für Heterosexuelle, dasselbe zu tun«, keineswegs.

Mit anderen Worten, warum sollten homosexuelle Ehen eine Bedrohung für die heterosexuelle Ehe darstellen, wenn diese als Institution nicht bereits gefährdet ist? Sullivan, wahrlich kein Radikaler, betont die menschliche Seite des Problems: »Den meisten von uns – ob schwul oder nicht – bringt man bei, daß der Höhepunkt des Gefühlslebens in der Ehe zu finden sei.« Verweigert man homosexuellen Menschen diese Verbindung, so ist der Wert ihrer festen Beziehungen damit herabgemindert, in den Augen der Gesellschaft wie auch vor dem Gesetz: »Man gewährt ihren Beziehungen keine wirkliche Heimat, keine Möglichkeit, sie vollständig in das soziale Netz von Familie und Freunden zu integrieren.« Lebenspartner sind nur mit Euphemismen zu beschreiben (z. B. eben als »Lebenspartner«). »Der tapfere Versuch, so zu tun, als ob Homosexuelle die Ehe nicht brauchen«, sagt Sullivan, fordert einen hohen emotionalen und sozialen Preis. In beiden Fragen – Homosexuelle in der Armee und Eheschließungen zwischen Homosexuellen – geht es nicht darum, private Toleranz, sondern öffentliche Gleichheit gesetzlich zu verankern.

So gehören Schwule und Lesben heute paradoxerweise zu den hartnäckigsten Verfechtern des Eheideals. John Boswell, ein Historiker der Schwulenbewegung, informierte seine verblüfften Leser darüber, daß es bereits im 8. Jahrhundert Kirchengemeinden gab, in denen gleichgeschlechtliche Verbindungen Gottes Segen erhielten.[7] Als der »Doonesbury«-Zeichner Garry Trudeau diese Information in einem Comicstrip verarbeitete, verzichteten zwei Zeitungen in Illinois auf seinen Beitrag.[8] Die Gesetzesvorlage für die Institution der *domestic partners* für schwule und lesbische Paare sieht die Möglichkeit vor, ihre Beziehung amtlich registrieren zu lassen. Damit hätten sie Zugang zu gewissen materiellen Vergünstigungen, die in unserer Kultur für Ehepaare selbstverständlich sind (Krankenversicherung, gemeinsames Sorgerecht für Kinder, gewisse Aspekte des Erbrechts). Dieser Akt gesellschaftlicher Anerkennung und Wahrnehmung, den dieses Gesetz darstellen würde, hat eine Reihe interessanter Fragen über die Natur der Ehe aufgeworfen.

Ehen als Zweckverband

Im allgemeinen Sprachgebrauch kann »bisexuelle Ehe« ganz verschiedene Bedeutungen haben: die offene Beziehung, in der ein oder beide Partner sexuelle Beziehungen zu Angehörigen des eigenen Geschlechts und zum Ehepartner unterhalten, und die sogenannte Zweck- oder Vernunftehe, die von beiden Partnern aus pragmatischen, nicht erotischen Gründen geschlossen wird. Dabei sollte man bedenken, daß bis vor gar nicht allzu langer Zeit die *meisten* Ehen in diesem Sinne »Zweckehen« waren und daß Besitz, Erbe und dynastische Erwägungen für ihr Zustandekommen eine ebenso große Rolle spielten wie romantische Liebe. Über weite Strecken der Menschheitsgeschichte galten romantische Liebe und Ehe als Gegensätze; daher waren für die mittelalterliche »höfische Liebe« immer drei nötig: Ehefrau, Ehemann und Troubadour/Liebhaber. »Der Minnesänger/Dichter«, sagt C. S. Lewis in einer bis heute unübertroffenen Beschreibung, »wendet sich gewöhnlich an die Ehefrau eines anderen Mannes, und diese Situation wird so beiläufig akzeptiert, daß er ihrem Manne nur selten Beachtung schenkt: Sein eigentlicher Feind ist der Rivale.«[9] *De Amore*, das Handbuch der höfischen Liebe des Andreas Capellanus aus dem 12. Jahrhundert, schließt die Liebe aus der Beziehung zwischen den Eheleuten aus, die von Pflicht und Notwendigkeit bestimmt wird.[10] Unsere vergleichsweise moderne Vorstellung, daß Liebe und Ehe zusammengehören wie Pferd und Wagen, macht in Wirklichkeit das Pferd gleichbedeutend mit dem Wagen.

Zweckehen zwischen schwulen (oder bisexuellen) Männern und lesbischen (oder bisexuellen) Frauen waren im goldenen Zeitalter Hollywoods durchaus verbreitet, denn die nervösen Studiobosse legten größten Wert darauf, daß ihre Stars den Wertvorstellungen der breiten amerikanischen

Familienwerte

Öffentlichkeit entsprachen. Und Eheverträge oder -arrangements zwischen Schwulen, Lesben und Bisexuellen, denen der Ehestand zweckdienlich schien, hat es zu allen Zeiten gegeben.

Die Dichterin H. D., laut Freud eine »perfekte Bi«, wurde von Ezra Pound umworben, heiratete den Altphilologen Richard Aldington, hatte ihre dauerhafteste Beziehung jedoch zu Bryher, die unter diesem Namen historische Romane veröffentlichte und eigentlich Annie Winifred Ellerman hieß. Auch Bryher, Tochter des millionenschweren Reeders John Ellerman und lebenslange Lesbierin, war verheiratet: zuerst mit dem Verleger Robert McAlmon und später mit dem Schriftsteller Kenneth McPherson.

Bryhers Vater mißbilligte ihr unstetes Wanderleben, und da sie fürchten mußte, daß er ihr die Schecks strich, machte sie McAlmon einen Heiratsantrag: »Er wollte nach Paris, um Joyce kennenzulernen, besaß aber nicht das Geld für die Überfahrt. Ich erklärte ihm mein Problem und deutete an, daß meine Familie mich in Ruhe lassen würde, wenn wir heirateten. Ich würde ihm einen Teil meines Taschengeldes abtreten, und er würde dafür gelegentlich zusammen mit mir meine Eltern besuchen. Ansonsten würden wir ein streng getrenntes Leben führen.«[11]

Seine lukrative Scheidung von Bryher trug McAlmon prompt den Spitznamen »MacAlimony« (etwa: McAlimente) ein.[12] Die Auffassungen darüber, ob ihm am Vollzug der Ehe gelegen war oder nicht und ob er ihn schließlich erreicht hat, gehen auseinander. Kenneth Lynn glaubt, es »gibt Grund zur Annahme, daß er eine echte Zuneigung zu seiner Frau entwickelte, sowohl geistig als auch körperlich. Die Tatsache jedoch, daß sie ihn verschmähte, dürfte wie nichts anderes in seinem Leben als Erwachsener seine Kindheitserfahrung bestätigt haben, die Welt sei gegen ihn.«[13] Als McAlmons Freund William Carlos Williams rundweg behauptete, die McAlmon-Bryher-Ehe sei nie vollzogen worden, beendete McAlmon die Freundschaft. Die Schriftstellerin Kay Boyle erklärte, Bryher habe McAlmon an der Nase herumgeführt, um ihre Beziehung zu H. D. weiterführen zu können.[14] Aber unabhängig von den sexuellen »Fakten« dieser Ehe war sie zu einem gewissen Zeitpunkt beiden von Nutzen. Als sie diesen Zweck nicht mehr erfüllte, ließ man sich scheiden.

Bryher scheint ihre Homosexualität nie ernsthaft in Frage gestellt zu haben, ging aber dennoch eine zweite Ehe ein. Diese Ehe mit Kenneth McPherson soll »zum Schutze H. D.s, deren Ehemann Richard Aldington nichts von ihrer Affäre mit McPherson erfahren sollte«[15], geschlossen worden sein und war ebenfalls eine »Zweckheirat«. Aber wessen Zwecken dienten diese Ehen in erster Linie?

»Tarn-Ehen schwuler Soldaten befürchtet«, lautete die Schlagzeile der *New York Times*. In dem entsprechenden Artikel wurde eine im Militär heute durchaus verbreitete Strategie beschrieben: »Zweckehen mit andersgeschlechtlichen, möglicherweise ebenfalls homosexuellen Partnern.«[16] Hunderte, vielleicht sogar Tausende homosexueller Soldaten und Soldatinnen haben solche Zweckehen geschlossen. In einem Fall heiratete eine lesbische Obergefreite ihren besten Freund, einen schwulen Obergefreiten. Brautjungfer war ihre Lebensgefährtin, Brautführer der Freund des Bräutigams. Als die Ehefrau ihren Dienst quittierte, »brauchte sie diese Ehe nicht mehr« und ließ sich scheiden. Gelegentlich werden auch Zivilisten geheiratet. Eheleute sparen Steuern und genießen materielle Vergünstigungen in Form von höherem Sold, Krankenversicherung, ja sogar einer niedrigeren Autoversicherung, da Verheiratete weniger Unfälle verursachen. Solche Scheinehen waren durchaus mit Aufwand verbunden, denn die Behörden blieben wachsam: »Am Valentinstag schickte mein Mann mir immer Blumen ins Büro, oder er holte mich zum Mittagessen ab«, berichtet eine verheiratete lesbische Frau. Geburtstage und wichtige Daten im Leben des Partners werden mit großer Aufmerksamkeit wahrgenommen und militärische Veranstaltungen häufig gemeinsam besucht, obwohl viele dieser Ehepaare nicht zusammen wohnen. Es ist anstrengend, den Schein zu wahren, und viele würden das Versteckspiel gerne beenden.

Wie im Artikel jedoch betont wird, sind Zweckehen auch unter Heterosexuellen durchaus keine Seltenheit – auch unter heterosexuellen Militärangehörigen, die vor allem an den Vergünstigungen interessiert sind. Und die obligatorischen Aufmerksamkeiten an Geburtstagen, an Hochzeitstagen und bei gesellschaftlichen Anlässen haben auch in vielen verdeckt dysfunktionalen heterosexuellen Ehen die Funktion, den Schein der »erfolgreichen« Ehe zu wahren.

Viele Menschen heiraten um der Staatsangehörigkeit willen. Auf den Stützpunkten in Übersee haben zahlreiche Soldaten gegen Bezahlung ausländische Frauen geheiratet, die damit zu Bürgerinnen der Vereinigten Staaten werden. Ist die Einbürgerung vollzogen, lassen sich diese Paare meist scheiden, und die Frau holt ihre Familie in die USA nach.

Der Dichter W. H. Auden schloß eine solche »Paß-Ehe« mit Erika Mann, der Tochter Thomas Manns. Erika Mann, die in dem Film *Mädchen in Uniform* mitgespielt hatte und in München das nazikritische Kabarett »Die Pfeffermühle« leitete, was sie ihre deutsche Staatsbürgerschaft kostete, bat 1935 Christopher Isherwood, sie zu heiraten, damit sie einen britischen Paß bekäme. Sie war zuvor mit dem Schauspieler Gustav Gründgens verheiratet gewesen, der sich zum Nazisympathisanten entwickelte und es schließlich zum Intendanten des Berliner Staatstheaters brachte, aber es heißt, sie habe »stark lesbische Tendenzen und Neigungen gehabt«[17] – ein Zeitgenosse, der sie damals kennenlernte, bemerkte einmal, »sie war zu neun Zehnteln ein Mann – und das ist kein Wortspiel«.[18]

Isherwood fühlte sich »geehrt, erregt, erheitert«, wie er sagt – und »antwortete zögernd: ›Nein.‹« Er sagte Erika Mann, die Heirat würde ihm Schwierigkeiten mit seiner Familie bereiten, was auf eine komplizierte Weise auch der Wahrheit entsprach. Seine Mutter wünschte sich noch immer Enkelkinder und »wäre über so eine Vernunftheirat entsetzt gewesen«. Sein Liebhaber Heinz hätte durch Isherwoods Heirat mit einer Frau, die vom Dritten Reich zur »Volksfeindin« erklärt worden war, durchaus in Gefahr geraten können. Und er selbst mußte gestehen, daß er »eine eingewurzelte Abscheu gegen die Ehe« habe.

Isherwood sagt, er schreckte vor einer Ehe mit Erika zurück, »bloß damit nicht irgend jemand irgendwo ihm unterstellen würde, er versuche, als heterosexuell durchzugehen«. Er hielt die Ehe für »das Sakrament Der [sic!] Anderen«. »Selbst, wenn seine heterosexuellen Freunde heirateten, war ihm das eher zuwider. Taten es seine im Grunde homosexuellen Freunde – unter dem Vorwand, sie wären eigentlich bisexuell, wollten Kinder haben oder ihre Frau wäre ›jemand, der versteht‹ –, dann äußerte zwar auch Christopher Verständnis, fühlte sich jedoch abgestoßen. Später würden viele von ihnen nebenbei wieder Sex mit Männern haben, aber weiterhin behaupten, die Ehe wäre das einzig Sinnvolle und Homosexualität unreif – d. h. anrüchig, gefährlich, illegal ...«[19] Er konnte sich nicht überwinden, Erika zu heiraten, fragte aber, ob er den Vorschlag an seinen Freund Auden weiterreichen dürfe. Audens telegrafische Antwort lautete: »Mit Freuden.«

Auden war damals Lehrer an der Downs School in Colwall in Herefordshire und teilte mit einem Lehrerkollegen ein Häuschen in der Nähe der Schule. Als der langwartete Brief mit Photos von Erika ankam, riß er das Päckchen eilig auf und verkündete seinem Mitbewohner: »Das ist meine

Frau.« Er ging zum Standesamt, um das Aufgebot zu bestellen, konnte aber dort weder das Alter noch den derzeitigen Namen seiner zukünftigen Frau angeben, da sie ja verheiratet gewesen war. Die Papiere bekam er trotzdem. Der ältliche Standesbeamte, meinte Auden trocken, »hätte mich mit dem Schürhaken verheiratet«.[20]

Nach der Hochzeit brachte er Erika zum Hotel zurück und schrieb an Stephen Spender: »Ich habe sie vor der Hochzeit nicht gesehen und werde sie wahrscheinlich nie mehr wiedersehen. Aber sie ist sehr nett.«[21] Nach seinem anfänglichen Amüsement über die Situation begann er jedoch, Bewunderung für sie zu empfinden und, wie ihr Bruder Golo meinte, die Beziehung ein wenig ernster zu nehmen.[22] 1936 widmete er ihr einen Band Gedichte und schrieb an einen Freund: »Seit wir uns das letzte Mal sahen, habe ich (der Papiere wegen) Erika Mann, die Tochter Thomas Manns, geheiratet; sie ist ein wunderbarer Mensch.«[23] Er besuchte die Familie Mann in der Schweiz und lernte auch Thomas Mann kennen. Im Jahre 1939 statteten Auden und Isherwood Erika und ihren Eltern in Princeton, New Jersey, einen Besuch ab und wurden von Thomas Mann gebeten, sich mit auf einem Familienphoto für das *Time Magazine* ablichten zu lassen. »Daß Mr. Auden Ihr Schwiegersohn ist, weiß ich«, sagte der Photograph, »aber Mr. Isherwood – in welchem Verhältnis steht er zu ihrer Familie?« »Er ist der Familienkuppler«, antwortete Thomas Mann auf deutsch, was alle außer dem Photographen verstanden.[24]

Was Auden betraf, so waren seine Erinnerungen an den Ehestand immerhin angenehm genug, um später noch einen zweiten Versuch zu wagen. 1970 trug er der Philosophin Hannah Arendt die Ehe an, deren Mann Heinrich Blücher gerade gestorben war. Nach Audens Tod im Jahre 1973 deutete Arendt in einem Brief an Mary McCarthy diesen Antrag als Hilferuf und sprach mit Bedauern davon, daß sie es abgelehnt habe, »ihm zu helfen, als er darum bat«[25].

In Ang Lees Film *Das Hochzeitsbankett* (1993) erfährt die bisexuelle Zweckehe ihre doppelte Umkehrung. Wai Tung (Winston Chao), ein schwuler, in Taiwan geborener und inzwischen eingebürgerter amerikanischer Immobilienmakler, lebt mit seinem Lebensgefährten Simon (Mitchell Lichtenstein) glücklich in Greenwich Village, aber seine Eltern wünschen sich sehnlichst ein Enkelkind und erkundigen sich ständig, wann er denn nun endlich seine »Verlobte« heiraten wird, von der er ständig berichtet. Als sie beschließen, von Taiwan nach New York zu reisen, um seine Braut kennenzulernen, muß aus der fiktiven Verlobung Wirklichkeit werden, und Wai Tung bestellt das Aufgebot für sich und Wei Wei (May Chin), eine chinesische Malerin, die als Kellnerin jobt und eine Green Card braucht, um in den Vereinigten Staaten bleiben zu können. Diese fühlt sich zu ihm hingezogen, obwohl sie von Simon weiß. Bei dem Hochzeitsbankett, das dem Film seinen Titel gibt, betrinken sich Braut und Bräutigam, legen auf das lautstarke und beharrliche Drängen ihrer Freunde die Kleider ab und vollziehen die Ehe mit dem für die Geschichte unvermeidlichen Ausgang: Wei Wei wird schwanger, und ihre Schwiegereltern bleiben in New York, um die Geburt des Kindes zu erwarten.

Wie alle Zweckehen dient auch diese in Wirklichkeit keinem. Wei Wei kann nicht kochen, setzt ihren neuen Verwandten dennoch köstliche Mahlzeiten vor, die allerdings Simon zubereitet hat. Simon selbst geht das Arrangement mehr und mehr auf die Nerven. Die Lösung der Geschichte, in der Wai Tungs Vater jenes zeremonielle Geldgeschenk, das traditionsgemäß einem neuen Familienmitglied zusteht, an Simon übergibt statt an seine Schwiegertochter Wei Wei, verbindet Tradition und Neuerung und erkennt die homosexuelle Ehe an, die – wie die »verräterischen schwulen Einrichtungsgegenstände«[26] im Apartment – vor der Ankunft der Eltern »versteckt« worden war.

Verheiratet mit einer Talk-Show

> Janine Walker und Ken Baldwin sind verlobt. Janine sagt, Ken ist ihr Prinz, und nun sucht sie nach ihrer Prinzessin.
> *Oprah Winfrey*[27]

In einigen »bisexuellen Ehen« gehört die Bejahung des monogamen Ehelebens dazu, in anderen nicht – was man auch über heterosexuelle Ehen sagen könnte. »Ich habe mich auf eine Beziehung zu diesem Menschen eingelassen«, sagte die bisexuelle Eve Diana in der Talk-Show »Donahue«. Sie sei in der Schwulenszene sehr bekannt gewesen, habe eine Reihe von Beziehungen zu Frauen gehabt und lebe nun in einer monogamen Ehe: »Das hat mit Bisexualität nichts zu tun.« Wie hatte ihr Ehemann reagiert, als er von ihrer Bisexualität erfuhr? »Viele Männer hätten wohl die Salatgabel fallen lassen und sich aus dem Staub gemacht«, meinte Phil Donahue. »Ich glaube, es war mein Glück, daß ich nicht weiß, wie eine Salatgabel aussieht«, lautete die gelassene Antwort des Ehemanns.[28]

In Amerika deutet für abergläubische Menschen das Fallenlassen einer Gabel den bevorstehenden Besuch einer Frau an. Fällt ein Messer, wird der Besucher ein Mann bzw. ein Junge sein. In anderen Teilen der Welt ist es genau umgekehrt: Ein Messer zeigt den Besuch einer weiblichen Person an, eine Gabel den einer männlichen.[29] Donahues Randbemerkung – und Johns Erwiderung – hatten somit eine unbeabsichtigte Pointe. Der erwartete Gast könnte männlich *oder* weiblich sein: Die Gabel war bisexuell.

Das typische bisexuelle Paar ist ebenso schwer zu finden wie der typische Heterosexuelle oder der typische Republikaner. Je mehr Klischees man anhäuft, desto mehr verschwindet das Individuum. Wie Talk-Shows aber nun einmal sind, hat sich die Mehrzahl der im Fernsehstudio befragten »verheirateten Bisexuellen« im Gegensatz zu Eve Diana nicht auf eine monogame Beziehung festgelegt.

Tyrone und Tony waren Gäste in der »Ricky Lake Show« über das Thema Bisexualität. Tyrone war verheiratet und hat zwei Kinder, lebt aber derzeit mit Tony. Als Tony sagte, er sei schwul und nicht bi, applaudierte das Publikum. »Schwul zu sein ist also okay, bisexuell zu sein nicht?« fragte Ricky. Das Problem schienen Tyrones Ehe und Kinder zu sein, besonders als sich herausstellte, daß Tony am Anfang der Beziehung in die Wohnung des Ehepaars eingezogen war. Einige Jahre später hatte Tyrones Frau, die nicht in der Talk-Show auftreten wollte, die Wohnung verlassen. Der recht jung wirkende Tyrone gab an, er habe zehn Jahre mit seiner Frau und fünf Jahre mit Tony gelebt, davon drei Jahre mit beiden zusammen. Erneute Buhrufe aus dem Publikum. »Ich habe eine Frau und zwei Kinder, und ich habe einen Liebhaber«, sagte er gelassen, »und das ist kein Problem für mich. Falls es für Sie problematisch ist, ist das Ihr Problem.« Und so war es.

Ein weiteres Problem schien zu sein, daß es Tyrone zu gut ging. »Er darf seinen Kuchen behalten und ihn essen«, monierten einige Zuschauer. Dagegen versicherte er, auch seine Frau habe Möglichkeiten (Freiheiten?) und nutze sie. Er sprach über die Nähe zu seinen Kindern, bezeichnete sich als Tonys Liebhaber. Warum war er nicht von Konflikten zerrissen? Was *war* sein Problem? Mit Faszination und Mißbilligung scheint das Publikum zur Kenntnis zu nehmen, daß einer, auf die eine oder andere Weise, »beides« hat.

Familienwerte

Anfang der achtziger Jahre traten in einer »Donahue«-Show Ehepaare mit bisexuellen Ehemännern auf; in einem Fall arbeitete die Ehefrau als Therapeutin. Tina habe doch gewußt, daß Richard schwul war, als sie ihn heiratete?

»Ja«, bestätigte Tina, »ich wußte, schon am Tag als ich ihn kennenlernte, daß er bisexuell war. Weil wir uns nämlich in einer Gruppe namens Bisexual Center in Southern California trafen.«

»Ich bin nicht schwul und auch nicht wirklich völlig hetero«, ließ Richard wissen. »Ich glaube, ich bin schon mein ganzes Leben lang bisexuell gewesen... Warum kann ich nicht verheiratet sein wie jeder andere auch? Vielleicht ist meine Ehe ein wenig anders, da ja auch meine Bedürfnisse und meine Vorstellung vom Glück etwas anders sind; aber nur weil sie nicht jedermanns Normalvorstellung entspricht, muß ich den Rest meines Lebens nicht über Bord werfen.«

Anrufer und Zuschauer waren erwartungsgemäß nicht dieser Meinung und bescheinigten den Ehepartnern von Bisexuellen Mangel an Selbstbewußtsein und Selbstachtung. Tina brachte das Faß zum Überlaufen, indem sie gelassen erklärte, sie und ihr Gatte seien auf der Suche nach »einem weiteren Mann für unsere Ehe, einem dritten gleichberechtigten Partner«. Tina vertraute dem Publikum an, sie und Richard schliefen einmal pro Tag miteinander, »und das genügt mir völlig«. Falls ihr Ehemann »sich anderswo mehr holen« wolle, sei das für sie in Ordnung. »Ich versuche in jeder Lage, meinem Mann das Leben so angenehm wie möglich zu machen«, erklärte eine andere Teilnehmerin der Gesprächsrunde.

»Mir hat man gesagt, jemand ist entweder homosexuell oder nicht, dazwischen gibt es nichts«, meinte ein Anrufer. »Da hat man Ihnen etwas Falsches gesagt«, antwortete Tina, die Therapeutin. »Wie bitte?« ließ der verblüffte Anrufer hören. »Man hat Ihnen etwas Falsches gesagt. Das ist ein gesellschaftliches Vorurteil, das nicht stimmt. Es gibt sehr viele bisexuelle Menschen auf der Welt.« Der Anrufer war noch nicht zufriedengestellt. Hätte der schwule Partner nicht in einer homosexuellen Beziehung glücklich werden können? Darauf Richard: »Ich habe schon in ausschließlich homosexuellen und ausschließlich heterosexuellen Beziehungen gelebt, aber immer hatte ich das Gefühl, daß mir etwas fehlt.« »Als Bisexueller«, meinte er, »paßt man nirgendwo richtig hinein.«

Das Erstaunen des Publikums darüber, daß es solche Ehen gab und sie auch noch funktionierten, war deutlich spürbar. Aber die Talk-Show endete mit der quasi obligatorischen, geteilten Meinung. Donahue schlug zwei mögliche Einstellungen zur Abstimmung vor: »Außer den Betroffenen geht das eigentlich niemanden etwas an, und wir freuen uns mit ihnen« oder »Das ist falsch, und diese Menschen sollten einer Person treu sein, unabhängig von ihrer Sexualität«. Erwartungsgemäß erhielt die zweite Option mehr Stimmen.

Auch Gastgeber einer Talk-Show stolpern auf der Suche nach der nächsten Frage gelegentlich über sich selbst. So geriet die gewöhnlich nicht so leicht zu verunsichernde Oprah Winfrey in ihrem Gespräch mit der oben erwähnten Janine Walker, die einen Verlobten hatte und gleichzeitig nach ihrer Prinzessin Ausschau hielt, aus dem Tritt.

OPRAH: Fühlt sich die Liebe zu einer Frau genauso an wie die Liebe zu einem Mann?
JANINE: Nein.
OPRAH: Nein? Aha. Ich dachte, das wäre eine dumme Frage.

Nach dem obligatorischen Werbeblock durfte Janine erklären, was sie meinte. Die sexuelle Beziehung zu einer Frau könne Freundschaft, Reden, Herumalbern, einen Einkaufsbummel und Witze über Männer implizieren. »Das wäre dann so eine Art freundschaftliche Liebesaffäre«, vermutete Oprah. Darauf Walker: »Richtig, ich bin ja nicht auf promiskuitiven Sex aus.«

Das ist eine Version der Geschichten, die bisexuelle Frauen über den Sex mit Frauen zu erzählen haben. Aber es gibt noch eine andere, in der es sehr viel direkter und offener um die Freuden der gleichgeschlechtlichen Erotik geht. Männerkörper sind hart, Frauenkörper weich. Männer sind »anders«, Frauen »gleich«. Männer sind größer, Frauen kleiner. Warum sich für eines von beiden entscheiden?

Bisexualität heißt nicht, »daß du mit einem Mann und zwei Frauen schlafen willst«, insistierte Janine Walker. »Viele Männer haben solche Phantasien über Sex mit zwei Frauen. Und sie glauben, ›bisexuell‹ bedeute genau das ... Aber das tut es nicht.«

Jedenfalls nicht genau. Betrachten wir eine andere Beziehung zwischen zwei Frauen und einem Mann. Nina und David Hartley leben in einer Dreierbeziehung mit Bobbie, mit der sie gelegentlich zusammen schlafen. David und Bobbie waren 18 Jahre lang ein Paar, aber Bobbie wollte keine Kinder; dann lernte David Nina kennen, und die wünschte sich Kinder. Die beiden Frauen behaupten, sie seien nicht eifersüchtig aufeinander. »Sie ist mehr als eine Schwester, ich betrachte sie als meine Ehefrau«, sagt Bobbie, darauf der Gastgeber Phil Donahue trocken: »Die Mormonen werden begeistert sein.«[30]

Aber Bobby ist beharrlich: »Ich habe eine Ehefrau, anstatt eine zu sein«, sagt sie und fügt hinzu: »Und jede Ehefrau weiß, wovon ich spreche.«

Bi-gamie

Ein Mitglied eines erotischen Dreiergespanns berichtet, was ihm und seinen Beziehungspartnern auf einer Swingerkonferenz im Jahre 1978 zustieß: »Der Veranstalter wußte nicht, wie er mit einer Dreierbeziehung verfahren sollte. Also wirklich, das muß man sich vorstellen: Swinger sind Paare! Am Ende hat er dann doch etwas gefunden, wir konnten bei einem Ehepaar wohnen. Ihren Kindern haben sie erzählt, wir seien Mormonen.«[31]

Die Mormonen sind dafür bekannt, »wertkonservativ« zu sein: Heterosexualität, Treue, Verzicht auf Drogen, Alkohol, ja sogar Koffein. In einem Punkt befanden sich die Mormonen allerdings lange Zeit nicht im Einklang mit dem heutigen Familienwerte-Credo, denn die Lehre ihrer Kirche sah für Männer die Vielweiberei vor. Die Streichung der Polygamie als Kirchendoktrin ist relativ jung und war der Preis für die Aufnahme des Staates Utah in die Vereinigten Staaten. Polygamie ist eine Praxis, die nicht nur dem Wortsinn nach als Stütze des Patriarchats fungiert, sie bescherte dem Mann in der Regel auch eine Vielzahl von Kindern (was in der Landwirtschaft und in anderen Familienbetrieben nicht zu unterschätzen war) sowie eine entsprechende Menge an Arbeitskräften für die häuslichen Verrichtungen (die Frauen). Darüber hinaus ist sie das offenkundige Gegenstück zur Monogamie, die in der Skala der üblichen Familienwerte ganz oben rangiert.

»Da der Mann von Natur aus polygam ist, verlangte die Erneuerung aller Dinge anstelle der Ausmerzung einer unveränderlichen Natur die kirchliche Weihe dieser Polygamie«, schreibt Harold Bloom in seiner Studie über das Mormonentum, *The American Religion*. Bloom betrachtet diese Einschätzung als »aufrichtig und realistisch« und spricht lakonisch von der »geschulten Arithmetik«, mit der die Gelehrten darüber diskutierten, ob Brigham

Young nun 27 oder 55 Frauen hatte und ob Joseph Smith »in den drei Jahren vor seiner Ermordung 84 Ehen bewältigt hat«.[32] »Ein reines oder auch unreines Vergnügen« nennt Bloom diese gelehrten Spekulationen mit einem boshaften Unterton.

Bei all der Aufregung über Bisexuelle, ihren nichtmonogamen Lebensstil und die Gefahren, die der Institution der Ehe daraus erwachsen, ist erstaunlich, mit welcher Beständigkeit sich der »bisexuelle Mormone« als Charakter in den Romanen und Theaterstücken über das öffentliche und private Leben in Amerika hält. Liegt es am polygamen Hintergrund und den damit verbundenen Vorurteilen, daß die Figur des bisexuellen Mormonen mit überraschender Häufigkeit in den zeitgenössischen Erkundungen über Bisexualität und Ehe auftaucht? Ich denke z. B. an John Pitt in Tony Kushners *Angels in America*, den verheirateten Mormonenpolitiker, der seine Frau verläßt und sich einen Liebhaber nimmt, oder auch an jenen rechtschaffenen, prinzipientreuen und verheirateten Senator Anderson, den moralischen Mittelpunkt in Allen Drurys Roman *Macht und Recht*.

Anderson, Senator des Staates Utah, »einer der kommenden Männer des Landes«, »entstammt einer bekannten Familie aus Salt Lake City, die in den Kirchenräten hohe Stellungen bekleidet«, und sieht mit Zuversicht einem »befriedigenden und nützlichen Leben im Dienste seines Landes« entgegen.[33] Sein Name und der Staat, den er vertritt, verweisen auf Brigham Young, einen Begründer der Mormonenkirche, auch bekannt unter dem Namen »Kirche Jesu Christi der Heiligen der letzten Tage«. Anderson ist kein Heiliger, aber ein nachdenklicher, auf sich selbst vertrauender Mensch, der »mit mehr Erfolg als viele andere den weniger erfreulichen Aspekten des menschlichen Lebens aus dem Weg gegangen war«[34]. Das heißt, bis zu jenem Tag, an dem er sich in einem Senatsausschuß mißliebig macht und daraufhin in die Schußlinie gerät.

Drurys Buch ist ein typisches Exemplar jener dickleibigen Romane, die Ende der fünfziger Jahre Konjunktur hatten: über 600 engbedruckte Seiten, selbst der Klappentext nennt das Werk »massiv«. Es will ein umfassendes – wenn auch nicht ganz ausgewogenes – Bild sowohl der Charaktere als auch der politischen Kultur Washingtons zeichnen, in der sie agieren. Wir werden also ausführlich über Andersons Jugend, seine Zeit in Stanford und jene beunruhigende Begegnung mit einem Mitglied seiner Studentenverbindung informiert, der »nur einmal ... das Risiko auf sich nahm, ihn leise zu fragen: ›Es ist nicht leicht, nicht wahr?‹«, als sie zusammen in einer kleinen

Familienwerte

Bar südlich der Market Street in San Francisco saßen. Aber »dieser Freund hatte, wie Brigham vermutete, gewisse Probleme, mit denen er nichts zu tun haben wollte«. Er sieht ihn daher freundlich, aber durchdringend an und wechselt das Thema. Den Umgang mit Frauen »fand er ausreichend angenehm, um sicher zu sein, daß er nicht wollte, was sein Kommilitone wollte«.[35]

Mit diesen schlichten Hinweisen schickt unser Autor seinen Helden in den Krieg im Pazifik.

All das berührte ihn jedoch in seinem Innersten nicht, obgleich es vielen anders lieber gewesen wäre und einige ihm das deutlich zeigten. Und nicht immer geschah es in dem dafür üblichen Kontext. Zuerst überrascht und dann mit der ihm eigenen Gelassenheit gegenüber den Dingen des Lebens, stellte er fest, daß es häufig Offiziere oder einfache Soldaten waren, viele von ihnen verheiratet, die in seiner steten Freundlichkeit und Anständigkeit Möglichkeiten zu erkennen glaubten, derer sie sich vergewissern wollten, offenbar mit dem Gedanken, daß sie sich vermutlich täuschten, es aber gleichwohl wunderbar wäre, wenn nicht.[36]

Und hat Anderson darauf reagiert? »Mit einer Ausnahme hielt ihn immer etwas zurück.« Bis zu jenem verhängnisvollen Tag in Honolulu:

Gegen Ende des Krieges war er auf eine zweimonatige Ruhepause nach Honolulu zurückgekehrt und lag eines Nachmittags am Strande, als jemand ganz ohne Umschweife zu ihm kam und sich neben ihn in den Sand legte. Nahezu eine Stunde lang blieben sie fast regungslos liegen und sahen einander kaum an ... Die schreckliche, aushöhlende Einsamkeit des Krieges, seine innere Müdigkeit und seine Zweifel an sich selbst, das lastende Bewußtsein von Not und Tod in aller Welt, das Bedürfnis nach ein wenig Ruhe und Frieden, ohne Kampf gegen sich selbst oder andere, all das hatte ihn plötzlich überwältigt, und wie zwei Kinder, wie in Trance, waren sie zusammen ins Hotel zurückgekehrt und von da an fast einen Monat hindurch nur selten einer ohne den anderen gewesen. Zu einer anderen Zeit und an einem anderen Ort wäre es nie geschehen; aber im Kriege war es nichts so Ungewöhnliches, wie Brig beobachtet hatte, und kein Mensch kümmerte sich darum. Vier Wochen lang war er glücklich... dann wurde er aus Gründen, die er selbst nicht näher bestimmen konnte, die aber, wie er sich später sagte, wahrscheinlich berechtigt waren, mißtrauisch, auf das Mißtrauen folgte Eifersucht und eine Zeit der Herzensqual, wie er sie nie wieder zu erleben hoffte ... Er bat um Rückversetzung an die Front; ... [Sie] sahen einander zum letzten Mal, als er das Hotel verließ, sahen einander an und blickten in eine andere Richtung. Er wußte, daß sie nie wieder beisammensein würden, aber auch, daß wahrscheinlich keiner von ihnen je wieder etwas so tief erleben konnte.[37]

Der kühle Stil verdeckt nicht die eigentliche Aussage: Ohne daß ein einziges Wort je das Geschlecht seines Partners verraten würde, wird Brigham Andersons Affäre mit einem Soldaten, seine emotionale Befreiung und seine sexuelle Eifersucht sorgsam als der wunde Punkt dieses Helden dargestellt. Damit werden seine Rückkehr in die Staaten und nach Utah, seine Zeit in der Stanford Law School und ein Brief des noch immer geschlechtslosen und namenlosen Freundes begründet. »Er behielt ihn einen Tag und eine Nacht, las ihn immer wieder, dachte daran, ihn zu beantworten, begann, die Adresse zu schreiben, besann sich und zerriß ihn schließlich in kleine Stücke... Aber es schmerzte immer noch, und es schmerzte sehr... Er hörte nie mehr etwas, obwohl es, kurz nachdem er sich landesweit einen Namen gemacht hatte, eine Zeit gab, in der er fürchtete, etwas zu hören, das ihm schaden könnte. Aber nichts geschah.«[38]

Von da an arbeitet er ernsthaft am Aufbau seiner politischen Karriere und macht sich ebenso beflissen auf die Suche nach einer Frau. »Eines Abends lernte er in Provo ein zurückhaltendes, unauffälliges Mädchen kennen, die ihn zu mögen schien; nach sechs Monaten war er überzeugt, daß auch er sie gerne hatte, und am Ende des Jahres waren sie verheiratet... Er tat sein Bestes, um Mabel Anderson glücklich zu machen, und meistens gelang es ihm auch. Manchmal überfielen ihn schmerzliche Erinnerungen, aber er war sicher, daß seine Frau nichts davon bemerkte. Unerbittlich schob er die Gedanken beiseite und widmete sich seiner Familie und seiner Karriere.« Er kehrt nach Salt Lake City zurück und findet seine »älteren Schwestern verheiratet, seinen älteren Bruder einen Mann der Kirche, seine jüngeren Schwestern herangewachsen und seine Eltern – mehr denn je – unerschütterliche Säulen der Gesellschaft«.[39]

Der Ton von *Macht und Recht* wirkt heute eher komisch, aber die Krise, die Brigham Anderson zu Fall bringt, wird in düsteren Andeutungen eingeführt, die einer griechischen Tragödie würdig wären. Es ist weder von Bisexualität noch von Homosexualität je die Rede, und nur ein Hauch Schwulenbar liegt in dem sprechenden Blick seines Freundes und der unausgesprochenen Frage. Und dann gibt es noch die Hochglanzversion einer Schwulen-Kontaktanzeige mit jener heißen Liebesgeschichte am Strand von Honolulu.

Aus den zitierten Textstellen geht deutlich hervor, daß die Liebe zu seiner Frau in die Welt von Patriotismus, Religion, Pflicht, Politik und Ehrgeiz gehört.[40] Das »vollkommene Glück« und auch die »Herzensqual«, die er mit seinem Geliebten auf Hawaii erlebte, sind Teil eines anderen Szenarios. Seine Frau, so muß er schließlich erkennen, »gehört zu jenen guten Menschen, die all ihren ernsthaften Bemühungen zum Trotz im Grunde langweilig sind«.[41] »Die Episode auf Hawaii«, wie er sie für sich nennt, bleibt für sein Selbstverständnis von zentraler Bedeutung: »Nichts erfüllte ihn jemals wieder mit dieser Mischung aus Ruhelosigkeit, Unsicherheit, Drang und Begehren ... Trotz aller Pein und obwohl es nichts war, worüber man in Salt Lake City gerne sprechen würde, bedauerte er nicht, daß es geschehen war.« Allerdings »gab es zehntausend Gründe – sein Ruf, die Familie, sein Heim und die Karriere –, es nicht wieder aufleben zu lassen«.[42]

In Otto Premingers Verfilmung *Sturm über Washington* wird diese einzige homosexuelle Episode im Leben des Brig Anderson durch die Machenschaften des undurchsichtigen, ehrgeizigen, linksgerichteten Senators Fred van Ackerman (mit Überzeugung gespielt von George Grizzard) aufgedeckt, einer Art linkem McCarthy. Van Ackerman ist in den Besitz eines Photos gelangt, das Andersons Affäre enthüllt und ihn »belastet«. Er sorgt dafür, daß es in Mabel Andersons Hände gelangt. Brigs Liebhaber wird als attraktiver schwuler Stricher dargestellt, sein eunuchenhafter Zuhälter besitzt ein mit rosa Satin bezogenes Doppelbett – im offenkundigen Kontrast zu Brig Andersons bürgerlich-solidem Leben. Die Szene, in der Brig ihm in einer Schwulenbar in New York begegnet, ist ein melodramatisches Paradestück. Von Verzweiflung, verletztem Ehrgefühl, Selbsthaß und der Angst vor der Schande seiner Familie überwältigt, schneidet sich Anderson in seinem Büro die Kehle durch.

Im Roman ist die Situation ein wenig komplizierter. Anderson bittet seine Frau, ein paar alte Armeeuniformen wegzuwerfen. In den Taschen einer dieser Uniformen befindet sich das verräterische Photo mit einer vielsagenden Aufschrift (die im Buch nie zitiert wird!). Eine Reinemachefrau legt das in einem braunen Umschlag verpackte Photo mit einigen anderen Papieren auf Andersons Schreibtisch. Auf dem Weg zur Arbeit nimmt Anderson den ganzen Stapel und damit auch das Photo an sich. Der Umschlag fällt aus seinem Auto und in die Hände eines neugierigen Richters vom Supreme Court, der den Wert des Photos sofort erkennt und es dem Führer der Mehrheitspartei im Senat aushändigt. Als Anderson in seiner Funktion als Vorsitzender des zentralen Ernennungsausschusses sich weigert, den vom Präsidenten vorgeschlagenen Kandiaten für das Außenministerium zu akzeptieren (dieser war Mitglied einer kommunistischen Vereinigung und hat das unter Eid geleugnet), bittet der Präsident um das Photo und bekommt es auch. Er gibt es an den skrupellosen Senator van Ackerman weiter, dem Führer eines »Komitees zur Förderung des gegenseitigen Stillhalteabkommens mit der Sowjetunion«. Auf einer vom Fernsehen übertragenen Veranstaltung spricht van Ackerman auf Anderson gemünzt Joe McCarthys berühmten Satz: »Ich halte hier in meiner Hand den Beweis für die moralische Unzulänglichkeit.«[43] Er plant, die Wahrheit über Anderson in einer Rede vor dem Senat zu offenbaren.

Als sich in Washington herumspricht, was Brigham Anderson in Honolulu getan hat, erhält Mabel Anderson einen anonymen Anruf, dem ein grober, aber deutlicher Brief folgt: »Die aus ausgeschnittenen Zeitungsbuchstaben zusammengeklebte Botschaft war deutlich, selbst für Mabel, die von derlei Dingen – und nicht nur von diesen – wenig Ahnung hat.« »Es ist passiert, es ist einfach passiert«, sagt Anderson seiner Frau, »ich bin vom rechten Weg abgekommen.«[44] Ihre Reaktion ist die typische Reaktion einer von einem bisexuellen Partner Betrogenen: »*Wie kann ich jemals wieder sicher sein?*« »Er hatte das Gefühl, die Welt sei untergegangen«, und sie versucht ihre Worte zurückzunehmen: »Das habe ich nicht gemeint ... nein, nein, nein, das habe ich nicht gemeint ...«[45], aber tatsächlich meint sie es *doch*. Zum guten Schluß erhält Anderson einen Anruf und hört »eine Stimme, die er weder geglaubt noch gewünscht hatte, jemals wieder zu hören«. Sie sagt: »Sie haben mich gesucht, ... sie haben mir Geld angeboten, sehr viel Geld« und »ich habe ihnen gesagt, was sie wissen wollten.«[46]

Auch hier hält Drury an der merkwürdigen Geschlechtslosigkeit des verflossenen Liebhabers fest, im Verlaufe ihres langen Gesprächs erscheint er nur als »die Stimme«, niemals »er«. Die Stimme ist wehmütig, entschuldigend, verzweifelt, traurig. »Ich hätte dir geholfen«, sagt Anderson, und die Stimme sagt: »Ich wollte dir niemals weh tun.« Anderson verfaßt einen schriftlichen Bericht über das, was damals geschah, und erschießt sich in seinem Büro. Im Augenblick seines Todes erkennt er »in einem letzten Augenblick tiefer und unerschütterlicher Ehrlichkeit«, daß er »im Tode nicht nur an seine Familie dachte. Er dachte an einen langen, heißen Nachmittag am Strand von Honolulu.«[47]

Mit anderen Worten, das bittersüße Ende von Brigham Andersons Geschichte in Drurys *Macht und Recht* ist eher eine Bestätigung seiner vergangenen Leidenschaft als eine Distanzierung von ihr. Mabel Anderson, die treue Mormonenfrau, wird fortwährend abgewertet, sie ist gut, aber im Grunde langweilig: »In letzter Zeit empfand er zuweilen eine um sich greifende Langeweile, die er zwar nicht immer ganz verborgen hatte, aber nie zu deutlich zeigte. Mabel wußte es trotzdem, und sie waren immer häufiger deswegen in Streit geraten. Ihre Auseinandersetzungen waren meist nicht ernst und mit einem Scherz, einem Kuß, einem Geschenk hie und da oder einem Ausgang am Abend wieder beizulegen.«[48] Mabel ist »peinlich aufrichtig, etwas begriffsstutzig und durch geschickt vorgetäuschtes sexuelles Verlangen bei Laune zu halten ... Und in einem Anfall plötzlicher Reue hatte er ihr gesagt, wie sehr er sie liebe und zum Beweis Dinge getan, die sie sehr genoß.«[49] Andersons Gründe, nie mehr eine Beziehung zu einem Mann zu suchen, sind »der gute Ruf, Familie, Heim und Karriere«, aber auch »Selbsterhaltung, seine Verpflichtung der Gesellschaft gegenüber, Integrität und *Selbstverleugnung*«.[50] Die wahre Liebe seines Lebens sind seine kleine Tochter und der verlorene Geliebte, beide gefaßt in Bildern seligen Glücks angesichts der Wellen des Ozeans.

Es ist vielleicht nicht ganz ohne Bedeutung, daß in Drurys Roman dem heroischen Brig Anderson – »diesem netten Kerl, den jeder so gerne mochte« – Fred van Ackerman gegenübersteht, der »intrigante kleine Mann aus Wyoming«.[51] »Warum sollte ich mir die Mühe machen herauszufinden, was in diesem seltsamen (i.O.: *queer*) kleinen Kopf vorgeht?« fragt sich ein Senator beim Sonnenbad im Solarium, das im obersten Stock des neuen Bürogebäudes der Senatoren untergebracht ist und »mit seiner Turnhallenatmosphäre, dem Geruch nach Dampf, Desinfektionsmitteln, Schweiß und nackten Körpern« Anderson »an Dinge denken läßt, an die er nicht denken wollte«.[52] Anderson mag der edle Bisexuelle sein, Ackerman jedenfalls ist der intrigante Queer.

Der verlorene Geliebte, die Stimme am Telefon, bekommt erst in den letzten Gedanken des sterbenden Anderson (»ein verlorener Junge weinte am Telefon«) und in seinem eigenen Selbstmord ein Geschlecht: Ein »großer junger Mann mit gequältem Blick betrank sich in einem schäbigen Café in einer Kleinstadt in Indiana und sprang von einer Brücke. Er hatte keine Papiere bei sich, und keiner wußte, wer er war.«[53]

Die Beziehung zwischen dem schwulen Louis Ironson in Tony Kushners *Perestroika*, dem zweiten Teil von *Angels in America*, und Joe Pitt, seinem bisexuellen Liebhaber mormonischer Herkunft, scheitert an der Entdeckung, daß Joe als Mitarbeiter des Justizministeriums Gerichtsurteile vorbereitet und geschrieben hat, die Louis als »gesetzliches Schwulenklatschen«[54] betrachtet – Entscheidungen, in denen etwa steht, daß »Homosexuelle . . . keinen Anspruch auf gleichen Schutz durch das Gesetz«[55] haben. »Haben Sie keinen Anstand, Sir? Immer noch nicht? Haben Sie keinen Funken von Anstand? Wer hat das gesagt?«[56] fragt er Joe. Das Zitat, das er selbst »die großartigste Pointe in der amerikanischen Geschichte«[57] nennt, ist Joseph Welchs berühmte Maßregelung des Senators Joseph McCarthy in den Army-McCarthy-Hearings. Gleichermaßen schockiert ihn die Entdeckung, daß Joe Mormone ist.

Warum ist Kushners – wie Drurys – verwirrter bisexueller Held ein Mormone? Joes Mormonentum spielt in Kushners Drama eine zentrale Rolle. Im ersten Teil *Die Jahrtausendwende naht* wird er als pflichtbewußter Ehemann einer Frau vorgestellt, die er sich bemüht, bei Laune zu halten, »Partner« nennt und aus den wichtigen Bereichen seines Lebens heraushält. Das betrifft Kleinigkeiten wie seine Sexualität und seine ehrgeizigen politischen Pläne. Harper Pitt rächt sich, indem sie Pillen schluckt und Visionen hat, ihrem Ehemann begegnet sie jedoch mit sicherem Instinkt:

HARPER: Ich hab im Radio gehört, wie man einen bläst.
JOE: Was?
HARPER: Willste mal?
JOE: So ein Zeug solltest du dir aber wirklich nicht anhören.
HARPER: Mormonen dürfen blasen.[58]

Joe ruft seine Mutter aus einer Telefonzelle im Central Park an, um ihr zu sagen, daß er homosexuell ist (was seine Mutter »albern« findet), danach konfrontiert er seine Frau damit. »Ich wußte es, als wir heirateten. Ich wußte es, ach, ich glaube, seit ich überhaupt irgend etwas wußte, aber . . .

Familienwerte

Ich weiß nicht, ich dachte, daß ich mich vielleicht mit viel Anstrengung und Willenskraft ändern könnte ... Sexuell empfinde ich gar nichts für dich, Harper. Hab ich noch nie, glaube ich.«[59]

Im zweiten Teil des Stücks führen Harper und Joe ein postkoitales Gespräch:

HARPER: Beim Sex mit mir. Warum machst du immer die Augen zu?
JOE: Tu ich gar nicht.
HARPER: Doch, immer. Du kannst ruhig sagen, warum, ich weiß die Antwort schon.
JOE: Warum muß ich dann ...
HARPER: Du stellst dir Sachen vor. Stellst dir Männer vor.
JOE: Ja.[60]

Indem er Joe zum Mormonen macht, dramatisiert und thematisiert Kushner eine moderne Glaubenskrise, deren Wurzel das Rätsel der Sexualität ist. Das Mormonentum dient seinen dramatischen Zwecken zum einen, weil es eine *amerikanische* Religion ist, und zum anderen, weil es an Engel und an die Erlösung des einzelnen glaubt. Und Kushner stellt wie Drury seinem prinzipientreuen und innerlich zerrissenen Mormonen die Doppelzüngigkeit Senator McCarthys und seiner Anhänger gegenüber, denn Joe Pitt wird von Roy Cohn gefördert. Als er dem an Aids sterbenden Cohn im Krankenhaus erzählt, er habe seine Frau wegen eines Mannes verlassen, bekommt er die nur für Joe überraschende, indignierte Antwort: »Du bist mit einem Mann zusammen? ... Jetzt hörst du mir zu!« sagt er, »ich will, daß du nach Hause gehst. Zu deiner Frau. Egal, was du sonst am Laufen hast, Schluß damit.«[61]

Das in sich widersprüchliche Bild des bisexuellen Mormonen wird zum ausdrucksstarken Paradigma für die Bedingungen von Konflikt und Entscheidung. Aber was geschieht, wenn dieses fiktionale Konstrukt mit menschlicher Stimme zu sprechen beginnt?

»Obwohl ich als Mormone aufgewachsen bin«, sagt der sich selbst als bisexuell bezeichnende Christopher Alexander, »ist es mir gelungen, einige jener höchst bedeutsamen antihomosexuellen Botschaften zu überhören, die viele innerhalb der Mormonenkirche und auch anderer Kirchen vermitteln.«[62] Während seiner High-School-Zeit sammelte er sexuelle Erfahrungen mit Frauen und Männern, bezeichnete sich als schwul, schwärmte heimlich für Lesben. Auf dem College traf er Teresa. »Teresa wußte, daß ich nicht sonderlich promiskuitiv oder mit vielen Männern sexuell verkehrte, aber im Gegensatz zu ihr war ich nichtmonogam.«[63] Nach der Teilnahme an der Lesbian and Gay Freedom Day Parade in San Francisco engagierten sich die beiden in der Gruppe »Affirmation: Gay and Lesbian Mormons«. Danach hatte Alexander eine ernsthafte Beziehung zu einem Mann, begann sich mit Aids zu beschäftigen, heiratete Teresa und wurde leitender Koordinator von »Affirmation«, woraufhin sich eine Reihe von Mitgliedern darüber beklagte, daß ein verheirateter bisexueller Mann eine Gruppe schwuler und lesbischer Mormonen leitete. »Er zählt nicht, er ist bisexuell«, monierten einige seiner Mitarbeiter. Alexander hielt durch (»inzwischen fühlte ich mich in meiner Identität als Bisexueller sehr viel sicherer«) und begann, Workshops für aidskranke Bisexuelle und Selbsthilfegruppen für Bis und Heterosexuelle zu veranstalten. Bei der Internationalen Aidskonferenz im Jahre 1987 lernte er einen Mann kennen, in den er sich verliebte. Alle drei – Teresa, Christopher und sein neuer Liebhaber Martin – verbrachten bis zu Martins Tod viel Zeit miteinander. »Manchmal nahm Martin an meinen Workshops teil, wenn ich über Bisexualität sprach. Einmal traten er und Teresa sogar gemeinsam in einem Ausschuß auf.« Chris Alexander glaubt, daß »es mehr Menschen schaffen könnten, ein befriedigendes bisexuelles Leben zu führen, wenn sie ihre Vorstellungen von sich selbst nicht auf eine einzige sexuelle Kategorie beschränken würden«.[64]

Die Geschichte von Chris Alexander ist ungewöhnlich, aber nicht spektakulär, vor allem wenn er sie selbst erzählt. »Ich habe mein ganzes bisheriges Leben gebraucht, um zu lernen, mich mit meiner Bisexualität wohl zu fühlen«, bemerkt er. Kushner und Drury wählen die Figur eines bisexuellen Mormonen, um die offensichtliche Unmöglichkeit eines Zwischenbereiches zwischen Ehe und gleichgeschlechtlicher Erotik hervorzuheben. In den weitaus banaleren Gefilden des »realen Lebens« ist es gerade jene theoretisch unmögliche Zwischenwelt, in der zu leben sich mancher Mormone und viele andere Menschen entschieden haben.

Familienwerte

Ein Katzenhaus

Was *ist* denn nun die »Amerikanische Religion«? Ist es die Religion der Mormonen, wie uns Harold Bloom glauben machen will? Oder ist es die puritanische Sexualität und ihr merkwürdiger, aber unvermeidlicher »Bettgenosse«, die Wiederkehr des Verdrängten?

Der Plot von *Macht und Recht* (die begrabene Liebe zu einem männlichen Gefährten stürzt den verheirateten Protagonisten ins Verderben) weist große Ähnlichkeiten mit der Handlung von Tennessee Williams' *Die Katze auf dem heißen Blechdach* auf. Und wie im Krankenzimmer auf der Bühne von *Angels in America* ist auch hier ein Bett das zentrale Requisit: »ein großes Doppelbett, das so oft wie möglich von der Regie als ein funktioneller Teil des Bühnenbildes benützt werden sollte, wobei zu empfehlen ist, daß es ein wenig nach vorn geneigt ist, damit man die Personen darauf besser sehen kann«. Den Raum, in dem es steht, und das ganze Haus, das heute einem »Plantagenbesitzer im Mississippi-Delta« gehört, bewohnte einst ein Schwulenpaar, »die ursprünglichen Besitzer der Plantage, Jack Straw und Peter Ochello ... zwei alte Junggesellen, die das Zimmer ihr Leben lang miteinander teilten«.[65]

Damit spielt Tennessee Williams' brillante Analyse der modernen Ehe um die Mitte der fünfziger Jahre auf einer Bühne, die ursprünglich Schauplatz einer homosexuellen »Ehe« war. Williams' Vorstellungen entsprechend, »spukt« die Beziehung von Straw und Ochello durch das Stück. Neben ihr erscheint die Ehe von Maggie, der Katze, deren Stimme »manchmal so tief wird wie die eines Jungen«, so daß »man sie plötzlich vor sich sieht als Kind beim Spielen von Jungenspielen«, und dem Exfootballstar, derzeitigen Alkoholiker und – wie er selbst befürchtet – »schwulen« Brick Pollitt, als großes Lügengespinst.

Was ist eine Ehe? Im Stück denken die meisten, Ehe bedeute Sex und Kinder. »Ich möchte eine Frage an dich richten«, sagt Big Mama, »eine Frage: Machst du Brick im Bett glücklich?« »Warum fragst du nicht, ob er *mich* im Bett glücklich macht?« erwidert Maggie. (In der bereinigten Filmfassung aus dem Jahre 1958 mit Elizabeth Taylor und Paul Newman in den Hauptrollen sind die Worte »im Bett« diskret gestrichen, und aus der Frage nach sexueller Befriedigung ist die Frage nach einem nicht näher benenn- oder definierbaren »Glück« geworden.) »Etwas stimmt nicht!« beharrt Big Mama – die schließlich *Bricks* Mama ist. »Du bist kinderlos, und dein Mann trinkt!« In den Regieanweisungen heißt es: »*Zeigt auf das Bett*«. »Wenn eine Ehe in die Brüche geht, dann geht sie *hier* in die Brüche, *hier*!«[66]

Das, was an Maggies und Bricks Ehe nicht stimmt, hat, wie wir bald erfahren, etwas mit Bricks Beziehung zu seinem Jugendfreund Skipper zu tun, mit dem Maggie eine Affäre hatte. Skipper ist tot, seitdem kann Brick Maggies Gegenwart nicht mehr ertragen. Maggie beteuert, mit dieser Affäre hätten sie und Skipper nur versucht, sich Brick näher zu fühlen. »Und während wir uns liebten, träumte jeder von uns beiden davon, daß du es wärst!«[67]

In Maggies Augen waren Brick und Skipper das Paar und sie die unliebsame Dritte im Bunde: »Ich erinnere mich, wir gingen auf dem College einmal zu viert aus, Gladys Fitzgerald und ich und Skipper und du, aber es war eigentlich ein Rendezvous zwischen dir und Skipper, Gladys und ich waren eben dabei, so als bräuchtet ihr Anstandsdamen – wegen des guten Eindrucks.«[68] Für Brick heißt das, etwas zu »beschmutzen«, das einzige »Große und Wahre« in seinem Leben, die Freundschaft mit Skipper, in den Schmutz zu ziehen: »Ich habe dich geheiratet, Maggie. Warum hätte ich dich geheiratet ... wenn ich –?« Die fehlenden Worte, »pervers« (*queer*) und »Päderast« (*sodomy*), fallen erst in einem Gespräch zwischen Brick und Big Daddy im zweiten Akt.

Für Maggie bestand das »*unbewußte* Verlangen« (Maggies Hervorhebung und Maggies Freudscher Begriff!) nur auf Skippers Seite. Als sie zu ihm sagte: »SKIPPER! HÖR AUF, MEINEN MANN ZU LIEBEN, ODER SAGE IHM, DASS ER DICH GEWÄHREN LASSEN MUSS« (Williams' Großschreibung ist ein Hinweis auf die Lautstärke, in der dieser Satz gesprochen werden soll), lief er zuerst weg und versuchte später, mit ihrer erotischen Unterstützung, zu beweisen, »daß das, was ich gesagt hatte, nicht auf Wahrheit beruhte«. Jetzt weigert sich Brick, sie anzufassen, und sie wünscht sich ein Sexualleben und Kinder. Sie hat sich sogar von einem Gynäkologen untersuchen lassen. Die Tatsache, daß ihre langweilige Schwägerin bereits fünf »halslose Ungeheuer« geboren hat und das sechste erwartet, steht ihr nur allzu deutlich vor Augen. Maggies »Problem« wird am Ende des ersten Aktes von Brick ausgesprochen: »... was in Teufels Namen bringt dich dazu anzunehmen, daß du je ein Kind haben wirst von einem Mann, der dich nicht ertragen kann?« »Das ist ein Problem«, antwortet sie, »mit dem ich selbst fertig werden muß.«

Bricks Unglück hat ihm nicht nur ein Alkoholproblem, sondern auch

Familienwerte

einen Knöchelbruch eingebracht, den er sich bei einem mitternächtlichen Hürdenlauf auf dem High-School-Sportplatz zugezogen hat. Der gebrochene Knöchel und seine Krücke weisen ihm in diesem ausgesprochen freudianischen Stück eindeutig die Rolle des Ödipus (wörtlich: »Schwellfuß«) zu, Kastrationskomplex und alles übrige eingeschlossen. Daß seine Eltern in typischer Südstaatenmanier Big Daddy und Big Mama heißen, unterstreicht die überzeichnete und doch machtvolle Ödipalisierung der Geschichte. Wir sind nicht mehr weit von Edward Albees surreal grausam-netten Familien entfernt, die ihre Kinder in der Ausübung sogenannter Liebe buchstäblich zerreißen.

Die eigentliche Verbindung zur Bisexualität liegt allerdings nicht in diesen unmißverständlich ödipalen Kennzeichen, sondern in einem anderen Aspekt des ödipalen Dreiecks. Es handelt sich dabei um die sogenannte Urszene, jenes traumatische Ereignis, das vom Kind beobachtet, erinnert oder phantasiert und zur Quelle späterer Störungen wird. *Die Katze auf dem heißen Blechdach* deckt die Geschichte der Beziehung Bricks zu Skipper auf, einer Beziehung, die Brick keinesfalls als »pervers« bezeichnen will. In den ungewöhnlich ausführlichen Regieanweisungen des Autors wird sie als »jenes Verbotene, Unzulässige, das Skipper bis in den Tod hinein zu leugnen versuchte« eingeführt. Die Frage lautet: Machen das Zulassen des Unzulässigen und das Anerkennen des Verleugneten aus Brick einen Homosexuellen und aus seiner Ehe eine gesellschaftliche Fiktion oder – wie manche Interpreten meinen – eine verhüllte transvestitische Verbindung?

Am Ende des Stückes verkündet Maggie dem erstaunten Familienrat, sie sei schwanger, dann löscht sie das Licht im Schlafzimmer und macht sich daran, »die Lüge Wahrheit werden zu lassen«. Zu diesem Zweck wirft sie Bricks Krücke über das Geländer und verschließt die von Williams genauestens als Schrank (*closet*) beschriebene Hausbar: »Dieses Möbelstück, dieses Denkmal beherbergt wie ein regelrechter kleiner Schrein alle die Tröstungen und Illusionen, hinter denen wir uns vor den Dingen verstecken, mit denen die Charaktere in diesem Stück konfrontiert werden...«[69] Die beiden Gesten bedeuten dasselbe.

Die »Urszene« kommt in einem Schlagaustausch zwischen dem anscheinend schwachen Sohn und dem anscheinend starken Vater zum Vorschein: »Du hast zu trinken angefangen, als dein Freund Skipper starb«, sagt Big Daddy, der selbst schon Krebs hat, ohne es zu wissen. »*Fünf Sekunden Pause*« lautet die Regieanweisung (auf der Bühne ist das eine lange Pause). »*Brick macht eine erschreckte Bewegung, er greift nach seiner Krücke«.* »Was willst du damit sagen?« »Ich will nichts damit sagen – – aber Gooper und Mae haben angedeutet, daß etwas nicht stimmte in deiner –.«

»Nicht stimmte –?« »Ich meine, nicht ganz *normal* war – in deiner Freundschaft mit –.« Wie so oft löst das Wort »normal« eine heftige Reaktion aus, allerdings nicht die übliche:

> BRICK: Normal? Nein, es war zu selten, um normal zu sein; alle aufrichtigen Dinge zwischen zwei Menschen sind zu selten, um normal zu sein. O ja, gewiß, manchmal legte er seine Hand auf meine Schulter, und ich tat dasselbe, o ja, und wenn wir zusammen als Fußballer auf Tour gingen und nachts in demselben Hotelzimmer schliefen, da haben wir uns die Hände gereicht über den Raum zwischen den beiden Betten hinweg und uns »Gute Nacht« gesagt, ja und ein- oder zweimal –.
> BIG DADDY: Brick, niemand würde sagen, das wäre nicht normal!
> BRICK: Dann irrt sich dieser »niemand«. Es war nicht normal! Es war rein und aufrichtig, und das ist nicht normal![70]

Der Footballstar Brick zeigt hier ein erstklassiges Beispiel für sogenannte homosexuelle Panik. Seine Nähe zu Skipper machen ihm Homosexualität, alte Tunten, Perverse und Schwuchteln verhaßt, zumindest erscheint es so. Als er und Skipper entdeckten, daß ein Mitglied ihrer Verbindung »versuchte, ja, auch nur *versuchte*, eine unnatürliche Beziehung mit ...«[71], erzählt er seinem Vater aufgebracht, hätten sie ihn hinausgeworfen. Zuletzt habe man gehört, er sei in Nordafrika. Er ist empört (ist er das?) darüber, daß Big Daddy zu glauben scheint, »wir hätten zusammen Unanständiges getrieben ... Wie ein Paar ... Päderasten? Wie zwei Schweine?«[72] Aber das ist *seine* Vorstellung, nicht die Big Daddys. In *wessen* unbewußtem Verlangen lauert dieser Gedanke, ließe sich fragen, selbst wenn er nur geleugnet werden soll? Vielleicht, überlegt er wütend, hat man ihn und Maggie deshalb in dem Zimmer untergebracht, das einst Straw und Ochello bewohnten, wo »diese beiden alten Tunten in einem Doppelbett schliefen, in dem sie beide starben«[73].

So viel Rauch – und gar kein Feuer? Es sei Maggies Schuld, behauptet Brick. »Weißt du, ich glaube, daß Maggie sich immer vernachlässigt fühlte, weil wir beide uns nie näher kamen als zwei Katzen – auf einem Zaun.« Deshalb hat Maggie Skipper bearbeitet »und ihm eingeredet, hat ihm diese falsche, dreckige Idee in den Kopf gesetzt, Skipper und ich, wir wären nur zwei verhinderte alte Tanten wie die beiden, die in diesem Zimmer zusammengelebt hatten, Jack Straw und Peter Ochello! – Und dann ging der arme Skipper mit Maggie ins Bett, um ihr zu beweisen, daß es nicht wahr war, und als es nicht klappte, dachte er, es wäre wahr!«[74] Und er wurde zum Säufer. Und starb.

Big Daddy ist ein guter Psychologe; Williams macht ihn zu einem solchen. »*Big Daddy hat sich die Geschichte angehört und die Spreu vom Weizen getrennt*«, läßt er uns wissen. »*Jetzt sieht er seinen Sohn an.*« Und er stellt die unvermeidliche Frage des Analytikers. Nicht: »Was hast du dabei gefühlt?«, sondern die andere: »Was hast du ausgelassen?« Und dann kommt es »heraus«. Brick hat das Ferngespräch ausgelassen – Skipper hat ihn angerufen, und das war das letzte Gespräch der beiden Männer, »in dem er mir, betrunken, ein Geständnis machte, worauf ich einhängte!«[75].

Tennessee Williams ist ein Meister der heimlichen Schuld aus vergangenen Tagen. In *Endstation Sehnsucht* ertappt Blanche Dubois ihren jungen Ehemann im Bett mit einem Jungen. Sie sagt ihm, daß er sie anekle, und provoziert damit seinen Selbstmord. In der Verfilmung des Stückes bekennt sich Blanche am Tod ihres Mannes schuldig, der Grund wird bezeichnenderweise verschwiegen. Ist das finstere Geheimnis die Homo- oder die Bisexualität? Es scheint sinnlos, sich darüber zu streiten – in beiden Dramen ist der Mann verheiratet und empfindet zweierlei Verlangen.

Die Katze auf dem heißen Blechdach erzählt zwei widersprüchliche Geschichten über Bricks Sexualität, die eine in den Regieanweisungen und Notizen des Autors, die andere im Bühnendialog. In der ersten Geschichte ist die strittige »Wahrheit«, um die die Charaktere ringen, daß Brick ein Homosexueller ist; die zweite behauptet, daß er das nicht sein kann (nicht ist – nicht sein darf). Keine der beiden Versionen läßt interpretativen Spielraum dafür, daß seine Liebe zu Skipper und seine Ehe mit Maggie gleichermaßen »wahr« sein könnten. Bisexualität böte zwar die Möglichkeit, seine Erfahrungen zu beschreiben, ist jedoch nur als Lüge vorstellbar, gleich wie die Wahrheit aussehen mag.

Die Verfilmung des Stücks reduziert diese Möglichkeit und die Erotik der Beziehung Bricks zu Skipper noch weiter. Sämtliche Spuren von Tunten, Schwuchteln und Perversen sind ebenso getilgt wie das Händchenhalten mit Skipper im Hotelzimmer. Maggie spricht nicht mehr vom »Rendezvous« der beiden Jungen in der High School, noch war sie wirklich mit Skipper im Bett. Ihre eheliche Unschuld bleibt gewahrt; sie sagt, sie habe befürchtet, beide zu verlieren, wenn sie ihn tatsächlich verführt hätte. Apropos Verführung: Am Ende des Films ist Bricks Sexualität wieder hergestellt, denn es ist er, nicht Maggie, der die Einladung ins Schlafzimmer ausspricht und seine Absicht erklärt, den Kinderwunsch zu erfüllen. Nachdem er die Sache mit Big Daddy bereinigt hat, der im Film anstelle des weitgehend ignorierten Skipper die Rolle des verlorenen Liebesobjektes spielt, wirft Brick selbst die Krücke hin und fordert seine Frau auf, die Tür zu schließen. Elia Kazan überredete Williams, die Bühnenfassung zu ändern, Big Daddy im letzten Akt mehr Raum zu geben und Maggie liebenswerter zu machen. Der Film gipfelt also in der Wiederherstellung der Vater-Sohn-Beziehung, die sich in Bricks Bereitschaft zeigt, seinen Vater endlich Big Daddy zu nennen, was er bisher abgelehnt hat.

Interessanterweise findet sich die Wiedereinsetzung des Vaters als zentrale Gestalt auch in der Filmversion eines anderen bisexuellen Dramas, nämlich in Steven Spielbergs Verfilmung des Romans *Die Farbe Lila* von Alice Walker. Der Roman hat ein utopisch-bisexuelles Ende. Celie und ihr ehemals brutaler Ehemann »Mr.« sitzen nähend zusammen auf der Veranda, beide in Gedanken bei Shug Avery, der Frau, die sie lieben. Spielberg erfindet einen Vater, von dem sich Shug Avery entfremdet hat (im Roman ist ihr Vater unbekannt) und der sich als der Ortspfarrer erweist. Die Versöhnung der beiden findet in einer fröhlichen Vereinigung der Kneipenbesucher mit der Kirchengemeinde statt. Wie zu erwarten, rückt der Film auch die sexuelle Beziehung zwischen Shug und Celie zurecht und macht daraus eine warme Freundschaft. So wird in beiden Filmen, *Die Katze auf dem heißen Blechdach* und *Die Farbe Lila*, am Ende jegliche Bisexualität beseitigt, und eine Vaterfigur beherrscht die Bühne. Wo die ursprünglichen Werke Fragen sexueller Ambivalenz und Entdeckung subtil und mit leiser Subversivität ausloten, wird in den Filmen alles, was beunruhigend oder produktiv ist, durch die Rückkehr zum väterlichen Ordnungsprinzip beseitigt. Keine Reflexion über Bisexualität, Ehe und Familienwerte kann sich der Erkenntnis verschließen, daß die Patriarchen wieder am Grab der Bisexualität stehen. Möglicherweise sind diese Filme Miniaturversionen dessen, was die Institution der Ehe reproduzieren soll.

16. Unzweckmäßige Ehen

> Eine Ehe, so frei, so spontan, so in sich selbst begründet, daß sie den Gatten weite Wege voneinander weg gestatten würde, sei es in gemeinsamen oder auch in ganz getrennten Aufgaben und Interessen, und sie dennoch all die Zeit im Band absolutester Sympathie zusammenhalten würde, eine solche Ehe würde gerade durch ihre Freiheit um so heißer anziehend, und gerade durch ihren Spielraum und ihre Weite nur um so reicher und lebenskräftiger, ja in gewissem Sinn unzerstörbar sein.
> *Edward Carpenter*[1]

Die »bisexuelle Ehe« hat die Welt der Boulevardpresse, der Talk-Shows und der Vulgärpsychologie schon immer fasziniert, nicht zuletzt weil sie vielen als Widerspruch in sich erscheint. Definiert man die Ehe als exklusive und andere ausschließende sexuelle und soziale Beziehung zwischen zwei Menschen mit einer starken ökonomischen Grundlage und einem öffentlichen Treueversprechen (»bis daß der Tod euch scheidet«), dann kann sie doch nicht bisexuell sein?

Wie die lesbische Aktivistin Ann Northrop meint, rührt die Verwirrung daher, daß »Bisexualität fälschlicherweise mit gleichzeitig bestehenden Beziehungen gleichgesetzt wird«.[2] Auch wegen des erotischen Kitzels – sich vorzustellen, daß tatsächlich *jemand* all diese aufregenden sexuellen Abenteuer erlebt! – geraten bekennende Bisexuelle, die zugleich verheiratet sind, ob mit Bi- oder Monosexuellen, unter öffentlichen Beschuß.

Zum Teil sind die Schwierigkeiten mit dem Begriff »bisexuelle Ehe« sicher semantisch bedingt: Bezeichnet er eine Ehe zwischen Bisexuellen, die Ehe mit einem Bisexuellen oder jene Sorte Ehe, die Roseanne Arnold, ihr Exgatte Tom und ihrer beider Assistentin Kim Silva im Rahmen eines Publicity-Gags geschlossen haben: eine Ehe, die die Grenzen und die Bedeutung des Begriffs an sich ausweitet? Oder heißt »bisexuelle Ehe«, mit zwei

Menschen verschiedenen Geschlechts gleichzeitig verheiratet zu sein? In Sidney Lumets *Hundstage* (1975), der nach einer wahren Geschichte gedreht wurde, spielt Al Pacino den Bankräuber Sonny, der von seinen beiden »Frauen« in den Ruin getrieben wird: von Angie, der Mutter seiner Kinder, und Leon, einem Schwulen, den er ganz in Weiß à la Greenwich Village geheiratet hat – mit Transvestiten als Brautjungfern. Im Abspann erfahren wir, daß der Bankräuber Sonny schließlich im Gefängnis landet, Angie von Sozialhilfe lebt und Leon eine Geschlechtsumwandlung vornehmen läßt.

Manche Menschen heiraten und entscheiden bzw. entdecken dann, daß sie bisexuell sind. Andere Menschen heiraten und entscheiden bzw. entdecken dann, daß sie schwul sind, bleiben aber aus den verschiedensten Gründen verheiratet, sei es um der schon vielfach genannten heterosexuellen Privilegien willen oder aus dem Wunsch heraus, für sich selbst und ihre Kinder die Familie zusammenzuhalten, oder sei es einfach, weil sie gerne mit ihrem Ehepartner zusammen sind. Wieder andere Menschen heiraten in voller Kenntnis, daß sie oder ihr Partner bisexuell sind. Manche bisexuellen Ehen sind sichtbarer als andere, und einige Bisexuelle haben sich in besonderer Weise für die Ehe als Institution eingesetzt – oder auch nur für ihre eigene Ehe, ob sie nun einem Zweck diente oder (gelegentlich) unzweckmäßig war. Wir wollen einige Beispiele bisexueller Ehegeschichten genauer betrachten.

In dem Film *Beziehungsweise andersrum* (1977) teilen sich ein Schwuler und eine Lesbe eine Wohnung. Albert (Perry King) wurde früher von einem berühmten Dirigenten ausgehalten; Stella (Meg Foster) hat eine Beziehung zu einer heimlichen Lesbe, einer Lehrerin, die schreckliche Angst vor der Entdeckung hat. (Die Drehbuchautoren haben sich offenbar das Vergnügen gemacht, klassische Liebesgeschichten zu plündern. »Stella« und ihre lesbische Geliebte »Phyl« – hier als Kurzform für Phyllis – verdanken ihre Namen Philip Sidneys Sonett-Zyklus *Astrophel and Stella*; Albert ist die männliche Variante der sich immerfort entziehenden, bisexuellen Geliebten Albertine aus Marcel Prousts *Auf der Suche nach der verlorenen Zeit*.) Stella und Albert verlieben sich, heiraten und bekommen ein Kind. Alberts neugewonnene Heterosexualität wird (in den Augen des Publikums) durch seine Affäre mit einem wunderschönen weiblichen Model endgültig bestätigt. Die Enthüllungsszene am Höhepunkt des Films – Alberts Geliebte steht unter der Dusche, und Stella öffnet die Tür, um ihren vermeintlichen Rivalen zu entlarven – ist auch für das Kinopublikum mit einem Überraschungsmoment verbunden, da es, wie Stella, lange in dem Glauben gehalten wird, Albert sei zum Sex mit Männern zurückgekehrt.

Erwartungsgemäß wurde *Beziehungsweise andersrum* kritisiert, weil der Film die Vorstellung bestärke, daß »Schwule ›normal werden‹ können« und »ihre Homosexualität entbehrlich«[3] sei. Kurz, der Film wurde als Entwicklungsgeschichte verstanden. Man hätte den Plot auch als bisexuell bezeichnen können, aber die Entwicklung vom Schwulen zum Heterosexuellen macht diese Vorstellung zunichte.

In dem 1982 gedrehten Film *Making Love* verläuft die Entwicklung in die andere Richtung: nicht von schwul nach hetero, sondern umgekehrt. Zack (Michael Ontkean), Arzt in Beverly Hills, hat eine Affäre mit Bart (Harry Hamlin), einem erfolgreichen Schriftsteller, und möchte seine Frau verlassen, aber Bart ist an einer festen Bindung nicht interessiert. Zack verläßt seine Frau trotzdem, geht nach New York und findet einen männlichen Partner. Vito Russo merkt dazu an: »»Dies war das erste Mal, daß man im kommerziellen Film einem schwulen Paar ein Happy-End zugestand. Hollywood hält das für radikal, und das ist sein Fehler. Wenn der Film nur davon handelt, ist er langweilig.«[4] Schwule Kritiker stimmten zu: zu hetero für Schwule und zu schwul für Heteros.

Der Film benutzt tatsächlich alle Klischees seiner Zeit: den bisexuellen Ehemann als schwulen Betrüger und den verzweifelten Versuch der Ehefrau, ihre Ehe zu retten, koste es, was es wolle. »Ich bin verheiratet, Bart. Nicht daß ich etwa schwul wäre«, protestiert Zack, bevor er mit Bart ins Bett fällt. Durch sein düsteres Schweigen beunruhigt, drängt ihn seine Frau Claire zu reden:

CLAIRE: Zack, was es auch sein mag, ich bin deine Frau, und ich liebe dich.
ZACK: Ich empfinde gewisse Bedürfnisse, die ich bisher immer unterdrückt habe, jetzt drängen sie immer stärker an die Oberfläche. Ich fühle mich zu Männern hingezogen. Und ich muß aufhören, es zu leugnen.
CLAIRE: Was willst du mir sagen? Daß unsere Ehe eine Lüge ist?

Als Claire vorschlägt, Zack solle einen Psychologen aufsuchen, insistiert er, er sei nicht krank und werde sich nicht »ändern«. »Also gut, dann werden wir es akzeptieren«, erklärt sie tapfer, aber das will Zack auch nicht: »Ich will kein Doppelleben«, lautet seine Antwort.

Und wieder einmal wird die Bisexualität wegnormalisiert. Die Ehe ist entweder echt oder eine Lüge – alles, bloß kein doppeltes Leben.

Ganz anders Barry Kohn und Alice Matusow. Sie gaben ihrem 1980 erschienenen Buch den Untertitel »Portrait of a Bisexual Marriage«, eine deutliche Anspielung auf Nigel Nicolsons *Portrait einer Ehe*, den Bestseller über das Leben seiner bisexuellen Eltern Harold Nicolson und Vita Sackville-West. Alice und Barry erklärten, sie hätten ihr Buch im Kontext der »sexuellen Revolution« der ausgehenden siebziger Jahre geschrieben. »Die Menschen beginnen, ihr Recht auf sexuelle Selbstbestimmung zu behaupten«, mit dem Resultat, daß »immer mehr Menschen über Bisexualität sprechen«.[5]

»Was uns von anderen unterscheidet, ist die Tatsache, daß unsere Ehe nicht mehr auf den traditionellen Vorstellungen von Monogamie, Treue und Heterosexualität gründet«, erklären sie in der Einleitung zu ihrem Buch. »Wir sind beide bisexuell, und wir gehen offen damit um, dennoch bleibt unsere Ehe die wichtigste Beziehung in unserem Leben.«

Barry war der erste, der seine Bisexualität akzeptierte. Er offenbarte sich Alice, die nun ihrerseits ihre sexuellen Empfindungen zu erforschen begann. Er »hatte nicht vor, sich zu ändern«[6] – dieser Satz taucht in Alices Kapiteln mehrfach auf. Also besorgte sie sich einen Vibrator, las Rita Mae Browns *Rubyfruit Jungle* und schlief mit einer engen Freundin und einem männlichen Rolfer. Psychotherapeuten wurden aufgesucht. Von seinem Therapeuten erfuhr Barry, er könne »geheilt« werden, und von seinem Geliebten, er sei schwul. Erst als er entdeckte, daß es Selbsthilfegruppen für »bisexuelle und schwule verheiratete Männer« gab, schwand allmählich das Gefühl, ein Exot zu sein. Gegen Alices anfängliche Widerstände gründete er eine eigene Selbsthilfegruppe.

Er selbst hält sich für bisexuell. »Ich habe zwar mit anderen Männern und Frauen geschlafen, aber Alice befriedigt mich sexuell mehr als jeder andere.«[7] Nach jahrelangen Phantasien über Analverkehr offenbart er sich Alice, woraufhin auch diese Praxis in ihr sexuelles Repertoire Eingang findet. Aber: »Obwohl mir meine Erfahrungen mit Analsex gezeigt haben, daß sexuelle Praktiken mit Männern und Frauen quasi austauschbar sein können«, weiß er den Unterschied doch zu schätzen. »Ich möchte keines von beidem missen, weder die einzigartige Erfahrung des Vaginalverkehrs mit einer Frau noch die Lust, einen Mann zu berühren, mich in der Größe seines Körpers und in der Kraft seiner Muskeln zu verlieren.«[8]

Unzweckmäßige Ehen

Alice hatte mittlerweile die Trauerarbeit bezüglich ihrer Ehe aufgenommen und durchlief sämtliche Stadien der von Elisabeth Kübler-Ross beschriebenen Entwicklung: Nichtwahrhabenwollen, Verhandeln, Depression und Zustimmung.[9] Sie begann, erotische und emotionale Beziehungen zu Frauen aufzunehmen, und legte ihre stereotypen Vorstellungen über die lesbische Liebe und weibliche Schönheit ab.[10]

Das Buch, das sie – kapitelweise abwechselnd – zusammen schrieben, gibt sich als Erfogsstory: Sie wohnen an einer baumbestandenen Straße, fahren einen roten Kombi und haben einen siebenjährigen Sohn. Er ist Anwalt, sie Sozialarbeiterin. Bisexualität als *american dream*! Der Traum endete 1987, als Barry Kohn an Aids starb.

Im Folgenden sollen vier bemerkenswerte bisexuelle Ehen unter die Lupe genommen werden, die jeweils beträchtliche Aufmerksamkeit erregt haben, zum einen aufgrund der Prominenz der beteiligten Personen, und zum anderen, weil in mindestens zwei Fällen bisexuelle Schriftsteller ihre Erfahrungen in Tagebüchern verarbeitet haben, die unser Verständnis davon, wie solche Ehen funktionieren – bzw. nicht funktionieren – vertiefen. Es handelt sich zunächst um die Ehen des Komponisten Leonard Bernstein und des Schriftstellers John Cheever. Das dritte Ehepaar sind Paul und Jane Bowles, die vierte und berühmteste bisexuelle Ehe des Jahrhunderts ist die von Vita Sackville-West und Harold Nicolson. In zwei der vier Fälle ist nur ein Partner bisexuell – was der überwiegenden Mehrheit bisexueller Ehen entspricht. In den beiden anderen ist vielleicht, wenn auch nur vorübergehend, eine Annäherung an die von Edward Carpenter vorgestellte Utopie einer Kameradschaftsehe gelungen.

Ein Musiker, der überall mitspielt

> Faßt wieder Mut, Mädels: Der fesche Leonard Bernstein, *the musical man of all trades*, ist durchaus noch zu haben. In dieser Ecke hieß es neulich, er sei verheiratet mit Felicia Montealegre, der Nr. 1 unter den TV-Divas. Dem ist nicht so. Sie waren einst verlobt, doch die Romanze fand kurz vor dem Altar ein Ende.
> *Klatschspalte der* Pittsburgh Press, *7. Januar 1950*

Es ist heute schwer nachzuvollziehen, wie hinterhältig dieses Stück Zeitungsklatsch wirklich ist. Möglicherweise sind alle darin enthaltenen Doppeldeutigkeiten unbeabsichtigt. *Musical* (musikalisch) ist ein altes Slangwort für »homosexuell«, und die Bedeutung von *man of all trades* (einer, der überall mitspielt, überall seine Finger drin hat) erklärt sich im schwulen Kontext von selbst. Aber Bernstein wird nicht als überzeugter Junggeselle bezeichnet, sondern als einer, »der zu haben ist«. Daß er aussah wie ein Filmstar und internationale Berühmtheit genoß, machte ihn zweifellos zu einer begehrten Partie. Die angesprochene, »kurz vor dem Altar« beendete »Romanze«, endete bereits 1947 mit der Auflösung der Verlobung. Als das Paar dann 1951 doch noch vor den Altar trat, geschah dies nach längeren Verhandlungen über die Natur dieses speziellen Ehebundes.

Die Ehe von Leonard Bernstein und Felicia Montealegre Cohn kam erst nach mehrfachem Aufschub und reiflichen Überlegungen zustande. Bernstein war ein musikalisches Wunderkind, glamourös und sexy, hatte einige Beziehungen zu Männern hinter sich und viele Freunde in New Yorks homosexueller Künstlerszene. Felicia war die katholische Enkelin eines Rabbi und hatte eine äußerst erfolgreiche Karriere als Schauspielerin gemacht. Millionen sahen sie als Nora in Henrik Ibsens *Ein Puppenheim*, jener exemplarischen Untersuchung über die Rolle der Frau in der Ehe. Zur Zeit ihrer Eheschließung war sie vermutlich bekannter als ihr Gatte.

Leonard Bernsteins frühes Geschlechtsleben kann eigentlich nur als bisexuell bezeichnet werden. Seiner Freundin Mildred Spiegel vertraute er in seinen College-Jahren an, er wisse noch nicht, für welches Geschlecht er sich entscheiden solle – »das Pendel schwang hin und her«[11]. Einem anderen Freund teilte er 1939 mit, er habe »ein wunderbares Mädchen kennengelernt. Ich werde bald wieder ein Sexualleben haben. Das gibt mir Auftrieb.«[12] Gleichzeitig fühlte er sich in starkem Maße zu Männern hingezogen. Einige seiner Komponisten-Mentoren waren homosexuell, z. B. Aron

Copland und Marc Blitzstein. Nachdem sich ihre Freundschaft vertieft hatte, schrieb er Copland regelmäßig über seine Abenteuer mit Männern und Frauen, Briefe, von denen dieser sagte, sie seien »genau die Art, wie ich sie gerne bekomme: Briefe, in denen es ständig heißt: ›Du fehlst mir, ich vergöttere Dich‹, und hintenrum huschen Matrosen und Soldaten in einer allgemeinen Atmosphäre des sittlichen Verfalls.«[13]

»Mein Französisch hat enorm profitiert, teils durch die Marquise und Alphand und meinen neuen Freund und Gespielen, Prinz Tschawdaschawadse. Alles sehr verwirrend... Was soll ich tun? Ich weiß es – ich heirate meine neue Freundin – sie ist wunderbar – die Tochter meines Zahnarztes. ... Grüße an Farley Granger. Kannst Du nicht etwas für mich einfädeln?« schrieb Bernstein übermütig, und: »Ich bin so verwirrt wie eh und je, teils wegen meines neuen Freundes und meiner neuen Freundin, die ich unfairerweise in etwas hineinzuziehen fürchte.«[14]

Während sie selbst zwischen ihrer ersten Verlobung mit Bernstein 1947 und ihrer Hochzeit im Jahre 1951 eine Affäre mit dem verheirateten Richard Hart unterhielt, hatte ihm Felicia geschrieben: »Lieber Lenny, warte, bis Du Dich verliebst, bis über beide Ohren, bevor Du heiratest. Alles andere ist zweite Wahl, und damit betrügst Du Dich und den anderen.«[15]

Als Kind gläubiger Juden war Bernstein seinem Biographen und Freund Humphrey Burton zufolge »ein altmodischer Mensch mit Familiensinn«, der es trotz seiner Weltgewandtheit »seinen Eltern recht machen und die hebräischen Gebote befolgen, fruchtbar sein und sich mehren wollte. Bei der Trauungszeremonie zitterte er unentwegt, doch er hielt tapfer durch: Es war eine der schwierigsten und wichtigsten Entscheidungen in seinem Leben.«[16] Und was Felicia anbelangt, die alle Trennungen und Versöhnungen ausgehalten hatte, so stellt Burton zuerst die Frage, um sie danach selbst zu beantworten: »Wußte Felicia um Bernsteins Bisexualität, als sie ihn heiratete? Es ist wohl so, daß sie um seine Vergangenheit wußte und dachte, sie könnte ihn ändern.«[17] Sie fühlten sich erotisch zueinander hingezogen, und letzten Endes war er nie ausschließlich schwul gewesen. Im September 1951 heirateten sie, und im nächsten Frühjahr konnte Bernstein seiner Klavierlehrerin Helen Coates die stolze Mitteilung machen: »WIR SIND SCHWANGER.«[18] 1953 kam ihre Tochter Jamie zur Welt, der Sohn Alexander wurde 1955 und die Tochter Nina 1962 geboren.

Es folgten 20 Jahre Ehe, in denen Bernstein auf der Höhe einer glänzenden Karriere als Komponist und Dirigent gelegentliche homosexuelle Begegnungen hatte, die jedoch sein Leben mit Felicia und den Kindern weder berührten noch bedrohten. Jamie Bernstein kamen bei einem Sommerjob in Tanglewood Gerüchte über die homosexuelle Vergangenheit ihres Vaters zu Ohren, die dieser auf ihre Anfragen hin als unwahr bezeichnete und als Erfindungen bösartiger Neider abtat. Im Jahre 1971 lernte Bernstein Tom Cothran kennen, den Musikdirektor eines Radiosenders in San Francisco, und verliebte sich in ihn. In den nächsten fünf Jahren wurde Cothran festes Mitglied seiner Familie und war schließlich der Grund, warum er sich von ihr trennte.

»Enge Freunde hatten schon lange vermutet, daß seine Ehe eher auf Freundschaft als auf physischer Anziehung beruhte«, meint sein Biograph Burton[19], während ein anderer Freund berichtet, Bernstein habe ihm unter Tränen anvertraut, er verspüre seit der Brustoperation seiner Frau kein sexuelles Verlangen mehr nach ihr. »Er steckte in einer Krise, die mit seiner Sexualität zusammenhing«, berichtet Burton. »Gleichzeitig fiel es ihm immer schwerer, seine Sehnsucht nach der Liebe junger Männer zu unterdrücken.«[20] Zeiten und Sitten ändern sich – die siebziger Jahre waren angebrochen. Außerdem befaßte er sich mit seiner eigenen Sterblichkeit und dachte darüber nach, »wie ich die Zeit einteilen soll, die mir noch bleibt«[21]. Sollte er seinen Lebensstil ändern? Seine Frau fand den Liebesbrief eines Mannes an ihren Gatten. Jemand erzählte ihr am Telefon, ihr Mann habe ein Verhältnis mit seinem Assistenten. Es schien, als ob er die unausgesprochene Vereinbarung, diskret zu sein und die Familie zu schützen, nicht länger einhalten wollte. 1976 verließ er Felicia wegen Cothran. *Newsweek* nannte es eine »Trennung auf Probe«[22], und Felicia sagte dem *People*-Magazin: »Wir hoffen auf eine Versöhnung.«[23]

Wenige Monate später kehrte Bernstein zu Felicia zurück, die jedoch nicht lange danach einen Rückfall von Lungenkrebs erlitt und 1978 starb. Bernstein lebte noch zwölf Jahre. Sein letzter Liebhaber, der angehende Schriftsteller Mark Adams Taylor, war 28 Jahre alt, als sie sich 1989 kennenlernten. Taylor berichtet, Bernstein »war bekannt für die vielen jungen Männer, die er gehabt hatte«. »Ich wurde unglaublich verführt«, sagte er, »aber es war nicht bloß Sex.« Bernstein war inzwischen Großvater geworden und 71 Jahre alt. Er sagte Taylor, daß er ihn liebe, aber er habe auch seine Frau geliebt.

»Leidenschaftlich?« fragte Taylor (er war schließlich noch nicht 30). »Jeden, den ich liebe, liebe ich leidenschaftlich«, sagte Bernstein.[24]

Unzweckmäßige Ehen

Über-Cheever [25]

»Hast du dich je in einen Mann verliebt?« fragte Susan Cheever ihren Vater John Cheever in einem Interview für *Newsweek* im Jahre 1977.[26] Cheever hatte gerade seinen Roman *Falconer* veröffentlicht, in dem er in deutlicher Abkehr von seinem bisherigen vornehm-zurückhaltenden Erzählstil homosexuelle Beziehungen ganz explizit beschrieben hatte.

»Ich glaube, es besteht die Möglichkeit, daß ich mich in einen Mann verliebe«, antwortete Cheever. »Es könnte geschehen. Daß es bisher noch nicht geschehen ist, ist reiner Zufall. Ich würde mir allerdings gut überlegen, ob ich die Festigkeit und die Fröhlichkeit, die ich in der heterosexuellen Welt erfahren habe, aufgeben möchte.«

Die junge Reporterin empfand diese Antwort offenbar als ausweichend und hakte nach: »Hast du denn jemals eine homosexuelle Erfahrung gemacht?« »Meine Antwort ist ja, Susie, ich habe viele, ausschließlich angenehme Begegnungen dieser Art gehabt, und sie fanden allesamt im Alter zwischen neun und elf Jahren statt.« Wäre die Sprache so etwas wie ein Lügendetektor, so würden bei der liebevollen Anrede »Susie« die Zeiger weit ausschlagen – als Zeichen dafür, daß der Sprecher nicht die ganze Wahrheit sagt. Und daß es in der Tat so war, sollten die Tochter und der Rest der Welt bald erfahren.

»Wenige wußten über seine Bisexualität Bescheid«, schrieb sein Sohn Ben im Vorwort zu den 1990, acht Jahre nach John Cheevers Tod, erschienenen Tagebüchern seines Vaters. »Sehr wenige wußten über die Zahl seiner Seitensprünge Bescheid.«[27] Zu den merkwürdigeren Aspekten dieser Enthüllungsgeschichte gehört, daß seine Kinder, von denen zwei – Susan und Ben – selbst Schriftsteller sind, an diesen Enthüllungen beteiligt waren.

Die Veröffentlichung der Tagebücher John Cheevers geschah auf seinen eigenen Wunsch. Anfang 1980, drei Jahre nach dem *Newsweek*-Interview, bat er seinen Sohn, eines der Notizbücher zu lesen. Benjamin Cheever las, sein Vater saß weinend neben ihm. Sie waren beide der Meinung, daß vieles in den Tagebüchern für junge Schriftsteller von Interesse sei, daß aber die Tagebücher erst nach John Cheevers Tod veröffentlicht werden sollten. Cheever war besorgt, für seine Familie könne die Veröffentlichung ein Problem sein. Sein Sohn sagte, das könnte sie schon verkraften.

Nach John Cheevers Tod legte Robert Gottlieb, sein Freund und Herausgeber des *New Yorker*, die Auswahl der Textpassagen fest, die zuerst auszugsweise in dieser Zeitschrift und später in erweiterter Form als Buch veröffentlicht werden sollten. Gottliebs Auswahlprinzip bestand darin, der Spur von »Cheevers Innenleben zu folgen, wie er sie Tag für Tag, Jahr für Jahr aufgezeichnet hat« und »die Konflikte und Erfüllungen jener etwa 35 Jahre, die diese Tagebücher umspannen, im richtigen Verhältnis widerspiegeln«. Der Gedanke war, einen Schriftsteller bei seiner Arbeit zu zeigen, beim Denken, Abwägen und in der Auseinandersetzung mit sich selbst. »Wiederholungen wurden auf ein Mindestmaß beschränkt, außer dort, wo sie offenbar Ausdruck von Obsessionen waren, die als solche berücksichtigt werden mußten.«[28]

Unter diesen »Obsessionen« war die Sexualität vielleicht die hervorstechendste. Cheever spricht von ihr meist als »Homosexualität«, aber das mag zum Teil daran liegen, daß er sich im anderen Lager befindet. Er schreibt als Mann mit Frau und drei Kindern, der sich in vielerlei Hinsicht ein Leben ohne diesen heterosexuellen Rahmen nicht vorstellen kann. Das Wort »Bisexualität« erscheint in den veröffentlichten Tagebucheintragungen nur einmal, und es beschreibt – bezeichnenderweise – nicht Cheevers Situation, sondern die eines namenlosen jungen Mannes in einer Therapiegruppe, der von allen Gruppenmitgliedern – außer Cheever – als »Aufschneider« tituliert wird. Benjamin Cheever kann 1991, als er die Tagebücher vorstellt, ganz selbstverständlich von der Bisexualität seines Vaters sprechen, während diesem der Begriff »Bisexualität« zur Beschreibung eines Lebesstils noch nicht zur Verfügung stand. Wieder einmal bleibt die Bisexualität unsichtbar. Zumindest in seinen Tagebüchern neigt Cheever dazu, sich sowohl als realen wie auch als fiktionalen Charakter im ständigen Übergang vom einen zum anderen zu betrachten. Bedeutet für ihn Bisexualität, nicht anzuerkennen, daß er ist, was er ist, und dafür ständig die Fiktion aufrechtzuerhalten, er entwickle sich (oder trete als ein anderer heraus = coming out) zu etwas anderem oder einem anderen?

Die folgenden Tagebucheintragungen sind Zeugnis eines Lebens in ständiger Auseinandersetzung mit der Frage der Erotik und den damit verbundenen Freuden und Ängsten. Empfindungen körperlichen Wohlgefühls werden immer wieder abgelöst von dem Gefühl großer persönlicher Einsamkeit. Die Gesamtheit seiner Freuden – an Worten, an der Natur, seinen Kindern, an seinem eigenen Körper, an der Begegnung mit anderen Körpern – ist auf diesen Seiten festgehalten, nicht ohne Selbstbewußtsein (dafür ist er zu sehr Schriftsteller), aber gleichwohl mit gnadenloser Selbstenthüllung, auch wenn letztlich nur seine Selbsttäuschung enthüllt wird.

In seinen Beobachtungen liegt mehr Wahrheit als Konsistenz. Einen Augenblick scheint er überzeugt: »Ich bin schwul. Ich bin schwul«, und schreibt: »Ich war überzeugt davon, daß ich endgültig meine homosexuelle Orientierung entdeckt hätte und mein restliches Leben unglücklich mit einem Mann verbringen müßte. Ich sah meine bisherige Existenz deutlich als sexuellen Betrug vor mir.« Im nächsten erwacht er »mit dem Gedanken an Rührei ... und mir wird klar, daß jedes dauerhafte gefühlsorientierte Leben mit einem Mann, der nicht mein Bruder oder mein Sohn ist, höchst strapaziös und völlig unmöglich wäre«. In einigen Punkten jedoch ist er ganz sicher: Männer seiner Generation wurden dazu erzogen, Homosexualität zu fürchten, besonders die eigene; sehr oft liebt und begehrt er seine Frau, obwohl er, laut Tagebuch, ständig mit ihr über Scheidung spricht[29]; und die Liebe, insbesondere die Liebe eines jüngeren Menschen, eines männlichen oder weiblichen Protegés, sind für den narzißtischen Schriftsteller Notwendigkeit, unerwartete Freude und Geschenk.

Cheever wurde 1912 geboren. Die folgenden Tagebucheintragungen, in denen es immer um Fragen der Bisexualität und Erotik geht, beginnen in seinem siebenundvierzigsten Lebensjahr. Die letzten Eintragungen aus seinem Todesjahr wurden somit im Alter von 70 Jahren geschrieben.

> Das war das Jahr, wo sich jedermann in den Vereinigten Staaten Sorgen über die Homosexualität machte. Man machte sich auch über andere Dinge Sorgen, doch diese anderen Ängste wurden öffentlich diskutiert und erörtert, während die Ängste bezüglich der Homosexualität im dunkeln blieben: unausgesprochen blieben. Ist er? Haben sie? Bin ich? Könnte ich? schien sich jeder insgeheim zu fragen.[30] (1959)
>
> Ich verbringe die Nacht mit C. [einem Mann], und wie sehe ich das im nachhinein? Ich schäme mich offenbar nicht, und doch spüre ich, befürchte ich das Gewicht gesellschaftlicher Zwänge, die drohende Strafe. Aber ich habe nur meinen Instinkten gehorcht, habe diskret versucht, mir in meiner trunkenen Einsamkeit, in meinem nagenden Verlangen nach sexueller Zärtlichkeit Erleichterung zu verschaffen. Vielleicht hat dieser Vorfall tatsächlich etwas mit Sünde zu tun, aber ich habe in meinem ganzen Erwachsenenleben erst dreimal diese Art von Verkehr ge-

habt. Ich kenne mein unruhiges Wesen und habe versucht, es in schöpferische Bahnen zu lenken. Ich habe es mir nicht gewünscht, hier allein und Versuchungen ausgesetzt zu sein, aber ich hoffe aufrichtig, daß so etwas nicht wieder passiert. Ich hoffe, daß das, was ich getan habe, nicht unrecht war. Ich hoffe, ich habe niemanden, den ich liebe, verletzt. Das Schlimmste ist vielleicht, daß ich mich in die Lage gebracht habe, möglicherweise lügen zu müssen.[31] (1960)

Es ist der Körper meiner Frau, den ich am liebsten liebkosen möchte, sie ist es, in die ich mich am liebsten verströmen möchte, aber wenn sie nicht da ist, scheine ich keine Bedenken zu haben, mich anderswo zu ergießen. Ich sehe X zum ersten Mal am Rand des Swimmingpools. Er sonnt sich, nackt, sein Bauch ist mit einem Handtuch bedeckt ... Ich mag weder seine Stimme noch seine Gedanken; ich werde wahrscheinlich auch nicht seine Arbeit mögen. Das einzige, was ich an ihm mag, ist, daß er sich als sanftes Objekt sinnlicher Annehmlichkeiten präsentiert oder anbietet. Und doch bin ich schon hundertmal in diesem Land gewesen, und es ist nicht, wie es scheinen könnte, das Tal des Todesschattens. Und wie auch die instinktmäßigen Gegebenheiten aussehen mögen, es bleibt doch die Tatsache bestehen, daß ich ein Doppelleben widerwärtig finde, morbide und jedenfalls unmöglich.[32] (1962)

Es ist unangemessen, die Beziehungen zwischen Männern mit dem Wort »Liebe« zu kennzeichnen. Auch bei erschöpfendster Betrachtung ist in solchen Verbindungen keine Spur von Sexualität zu entdecken. Mit größter Begeisterung blicken wir einander ins Gesicht, aber unterhalb des Halses gibt es nichts zu betrachten. Wir sind glücklich und zufrieden, sobald wir zusammen sind, aber wenn wir getrennt sind, denken wir nie aneinander. Diese Bande sind nicht schwächer als andere, die wir in unserem Leben knüpfen, und doch können wir sie mit völliger Verantwortungslosigkeit aufnehmen und wieder fallenlassen. Wir besuchen einander nicht im Krankenhaus, und wenn wir getrennt sind, schreiben wir uns selten Briefe, doch wenn wir zusammen sind, haben wir zumindest einige Symptome dessen, was wir als Liebe bezeichnen.[33] (1963)

Bei den Dreharbeiten sehe ich den unliebsamen – und ich glaube unlösbaren – Widerspruch, mit dem ich leben muß. Würde ich lieber an D.s Brüsten saugen oder R.s ausgeprägte Brustmuskeln drücken? Hinter meinem Rücken höre ich das Wort »Homosexueller«, und es scheint meine Welt entzweibrechen zu lassen ... Es ist Unwissen, unser Unwissen voneinander, das dieses furchtbare erotische Chaos verursacht.[34] (1966)

Ich sinne über den Mangel an Vielseitigkeit in unseren sexuellen Bedürfnissen nach. A liebt seine Frau, und nur sie. B liebt junge Männer, und wenn sie rar sind, knutscht er mit Männern, die sich jugendlich geben. C mag alle hübschen Frauen zwischen zwölf und fünfzig, ungeachtet ihrer Rasse. D mag sich selbst und holt sich häufig einen runter. Er mag auch Männer, die ihm soweit ähneln, daß sein Orgasmus narzißtisch wird. E mag sowohl Männer als auch Frauen, je nach Stimmung, und ich weiß nicht, ob er der Tragischste oder der Natürlichste in dieser Gruppe ist. Keiner von ihnen hat auf irgendeiner erkennbaren Ebene die gleichen Bedürfnisse wie die andern. Sie haben die gleichen Bräuche, Eßgewohnheiten, den gleichen Kleidergeschmack, die gleichen Gesetze und Regierungen, aber nackt und geil wirken sie wie Männer von verschiedenen Planeten.[35] (1968)

Im *Esquire* ein Beitrag über die Neue Homosexualität. Ich weiß nicht, was ich davon halten soll. Es wird behauptet, daß die Absonderlichkeiten des altmodischen Homosexuellen sich überwinden lassen, wenn erst einmal die Schuldgefühle überwunden sind. Männer, die Männer lieben, werden dann mannhafte und verantwortungsvolle Bürger sein. Es wird auch behauptet, ein androgynes Leben könnte vollkommen glücklich verlaufen, aber ich habe das nie erlebt.[36] (1969)

[In einer Klinik wegen seines Alkoholproblems:] Während der Gruppenanalyse spricht ein junger Mann über seine Bisexualität und wird von allen in der Gruppe außer mir als Aufschneider bezeichnet. Ich hätte vielleicht sagen sollen, daß ich mich auch als Aufschneider bezeichnen müßte, wenn es aufschneiderisch ist, Ängste wegen bisexueller Neigungen zu haben.[37] (1975)

Ich bin höchst anfällig für romantische Liebe ... Gestern beim Mittagessen empfand ich diese berauschende Arroganz des selbsternannten Außenseiters, des sexuellen Exilanten. Ich bin anders als ihr, anders als irgendeiner von euch ... Ich bin schwul und stehe dazu. Gleichzeitig finde ich die Kellnerin so begehrenswert, daß ich ihre Hände, ihren Mund verschlingen könnte.[38] (1977)

Da ich einsam war und meine Einsamkeit durch Reisen, Motelzimmer, schlechtes Essen, Lesungen und die Oberflächlichkeit des Herumstehens bei Empfängen noch verstärkt wurde, verliebte ich mich in einem ungewöhnlich verkommenen Motelzimmer in M. ... Drei Monate lang schrieb er mir Liebesbriefe, und als wir uns wiedersahen, rissen wir einander die Kleider vom Leib und gaben uns Zungenküsse. Wir sollten uns noch zweimal begegnen, einmal für einige Stunden in einem Motel und einmal für zwanzig Minuten nackt miteinander vor einem Verlegeressen, an dem ich teilnehmen mußte. Ein Jahr lang sollte ich an ihn denken, fortwährend und in schmerzlichster Verwirrung. Ich war überzeugt davon, daß ich endgültig meine homosexuelle Orientierung entdeckt hätte und mein restliches Leben unglücklich mit einem Mann verbringen müßte. Ich sah meine bisherige Existenz deutlich als sexuellen Betrug vor mir ... Und ich war entschlossen, mir diese Liebe nicht von den dummen Vorurteilen einer auf Fortpflanzung ausgerichteten Gesellschaft zerstören zu lassen. Beim Mittagessen mit Freunden, die von ihren langweiligen Erfolgen in Sachen Lüsternheit erzählten, dachte ich: Ich bin schwul, ich bin schwul, endlich von alldem befreit. Das hielt jedoch nicht lange an.[39] (1978)

Dann denke ich an H., die im Osten ist, und daran, wie sehr ich sie liebe ... Wie einfach und kraftvoll alles erscheint. Wir sind dazu bestimmt, uns zu lieben ... Ich habe dieses wunderbare Gefühl schon früher erlebt – mit andern Frauen, mit Männern, mit dieser Ehefrau, die mich zur Zeit nicht in ihr Zimmer läßt. Es erscheint so natürlich wie das Gehen.[40] (1980)

Ich bin vollkommen glücklich mit M., und ich glaube, ihm geht es genauso mit mir, und es ist ein Glücksgefühl, wie ich es noch nie gekannt habe. Ich suche, das ist ganz natürlich, nach seinen Grenzen, und als mein großartiger, treuer Freund auf ein Feld goldener Blätter deutet, bewundere ich zwar seine Anmut, aber ich verspüre nicht den Wunsch, ein Gedicht darüber zu schreiben, wie es bei einer Frau der Fall wäre. Das ist kein Mangel, sondern ein Unterschied, und mir wird deutlich bewußt, daß wir beide noch Arbeit zu erledigen haben. Der Abschied von M. ist wirklich zärtlich, doch am nächsten Morgen wache ich in den Armen eines imaginären Mädchens auf.[41] (1980)

Der letzte Eintrag beschreibt die besonderen Freuden des »Verliebtseins« im Unterschied zum bloßen Lieben bzw. Geliebtwerden. Dieses Gefühl der gesteigerten Wahrnehmung von Luft, Natur, Klang, des Lebendigseins, all dessen, was eine Liebesaffäre zumindest in ihren Anfangsstadien auszeichnet, hat Cheever in seinen Tagebüchern immer wieder eindrucksvoll beschrieben. Dabei sind seine Bemerkungen zuweilen auch unbewußt geschlechtsspezifisch geprägt (er und M. »haben noch Arbeit zu erledigen« – es würde ihm nie in den Sinn kommen, etwas Derartiges über seine Frau zu sagen). Die Abwehr des Impulses, für einen Mann ein Gedicht zu schreiben (die Muse bleibt offenbar weiblich), ist verbunden mit einer poetischen Anspielung – der Abschied von M. ist wie der Abschied Romeos von Julia süßes Trennungsweh. Wo freilich Romeo den Wunsch verspürt, »Gute Nacht« zu rufen, bis er den Morgen sieht, erwacht Cheever am Morgen in den Armen eines »imaginären Mädchens«.

Zuweilen lächerlich, voller Selbstmitleid und zutiefst bewegend, sind diese Tagebücher John Cheevers Zeugnis eines Lebens, in dem die Erotik allerhöchste Bedeutung hatte, unter Mißachtung der Folgen für andere menschliche Beziehungen:

> Auf die tödliche Gefahr des Narzißmus hin: Ich bin also dieser alte Mann, der da auf seinen Hockey-Schlittschuhen seine Runden auf dem zugefrorenen Ententeich dreht und hin und wieder innehält, um sich über die Schönheit des winterlichen Sonnenuntergangs auszulassen. Und ich bin derjenige, den man am frühen Sommermorgen zur heiligen Kommunion in einer Hochkirche radeln sehen kann, wo noch das Knie gebeugt und das Cranmer-Gebetbuch benutzt wird. Ich bin auch derjenige, dessen laute Lustschreie durch die Wände des Millstream Motels zu hören sind. »So kannst du doch nicht weiterleben«, sagt mein Geliebter. Ich bin mir nicht ganz sicher, was das heißen soll.[42] (1981)

1981 suchte Cheever noch einmal das Krankenhaus auf, um sich eine krebskranke Niere entfernen zu lassen. Sein Geliebter kam, um ihn abzuholen und nach Hause zu bringen, wobei er sich um 20 Minuten verspätete:

> Ein Nachteil bei der homosexuellen Liebe ist, daß man dabei auf einen Mann warten muß. Auf eine Frau warten zu müssen scheint Schicksal zu sein, aber auf seinen Geliebten warten zu müssen ist ganz schön schmerzhaft.[43]

1982 bringt man ihn, noch immer leidend, zu einer Feierstunde, wo er eine Auszeichnung erhält. Sein Geliebter und die Familie sind ebenfalls anwesend. Zwei Tage später hat er Sex mit einem anderen Mann.

... am Freitag bitte ich dann R., zu einem Besuch vorbeizukommen. Er ist ein angenehmer junger Mann, über dessen Lebensweise, dessen Freunde ich nichts weiß und mir nichts vorstellen kann. Der fleischliche Trieb ist sehr leidenschaftlich, und schon vor dem Mittagessen geraten wir heftig aneinander. Ich finde meinen Orgasmus sehr befriedigend und sehr wichtig ... aber ich scheine mir vor lauter Leidenschaft die Brust gezerrt zu haben. Das ist ziemlich schmerzhaft.[44]

John Cheever starb am 18. Juni 1982.

Als Susan Cheever nach dem Tod ihres Vaters noch einmal über ihn schrieb, sind ihre ehemals vorsichtigen Fragen und seine ehemals ausweichenden Antworten längst Geschichte: »Jahrzehntelang hat mein Vater mit seinen Begierden gekämpft«, schrieb sie nun. »Er empfand sie – in Übereinstimmung mit der Gesellschaft, in der er lebte, als unannehmbar.«[45] Die beiden Kämpfe, die er austrug, den mit seiner Frau und den mit dem Alkohol, waren eng mit einem dritten verbunden: »Seine sexuellen Begierden gehörten zu den Dingen, die meinen Vater am meisten beschäftigten, und daß er Männer begehrte, war für ihn im gleichen Maße quälend, wie er das Verlangen nach Frauen als selbstbestätigend und ekstatisch erlebte. In den Tagebüchern hat er sich immer wieder mit dem Thema Homosexualität auseinandergesetzt.« Cheever liebte Männer, sagt sie, aber er mochte Homosexuelle nicht, für ihn waren sie »lispelnde Männer mit dünnen Armen, ... die Geschenkläden führen und Antiquitäten verkaufen ... Er hatte schreckliche Angst, seine Lust an der homosexuellen Liebe könne ihn der natürlichen Welt, dem reinen und Sicherheit schenkenden Einfluß seiner Familie, den männlichen Vergnügen, die er außerdem empfand, entfremden. Er war in einer Welt und in einer Religion erzogen worden, die Homosexualität bedingungslos ablehnte.«[46]

Im Hinblick auf die Tagebucheinträge ist diese Auffassung nicht ganz haltbar. Auch viele Passagen, in denen von homosexuellem Sex oder der Liebe zu Männern die Rede ist, wären mit »selbstbestätigend und ekstatisch« (um Susan Cheevers Worte zu benutzen) adäquat beschrieben. Auch die »Freuden der natürlichen Welt« wurden ihm – wie wir gesehen haben – in jenem durchaus körperlich empfundenen Wohlgefühl zuteil, das mit dem »Verliebtsein« einhergeht, unabhängig vom Geschlecht des Liebesobjekts.

Unzweckmäßige Ehen

Dennoch geht die Tochter mit der »Ambivalenz«[47] ihres Vaters und deren kulturellen und historischen Bedingungen sehr direkt, voll Verständnis und ohne jedes Pathos um:

> Mein Vater hat sein gerüttelt Maß an heterosexuellen Affären gehabt, aber als er seiner Liebe zu Männern nachzugeben begann, waren seine Verwirrung und sein Selbsthaß so groß wie noch nie zuvor. Durch die sexuelle Freiheit der sechziger Jahre wurde alles nur noch schlimmer. 50 Jahre hatte er damit zugebracht, sein homosexuelles Verlangen und seine ausgeprägte Besessenheit mit Sex in all seinen Formen zu unterdrücken. Jetzt kamen überall andere schwule Schriftsteller aus den Schränken (*closets*). John Rechys *Nacht in der Stadt* und James Baldwins *Giovannis Zimmer* waren nur zwei von vielen Romanen, in denen es speziell und durchaus anschaulich um homosexuelles Leben ging. Ich glaube, er war deshalb um so entschlossener, sein Geheimnis zu wahren ... Ich glaube, es war nicht zuletzt die Angst vor seinem Verlangen, die meinen Vater immer wieder zur Flasche greifen ließ; und die Besorgnis über seine sexuelle Ambivalenz hat ihn wohl auch an seiner Ehe festhalten lassen. Solange er der *Ossining-Squire* war, ein Vater dreier Kinder, der Hunde liebende, reitende, grasmähende, geduldige Ehemann, konnte die Öffentlichkeit nicht an seinen sexuellen Präferenzen zweifeln, und seine eigenen Zweifel mag es ebenfalls gelindert haben.«[48]

Susan Cheever gibt den Erfahrungen ihres Vaters einen Kontext. Während seines Aufenthaltes als *writer-in-residence* an der University of Iowa kam er im Alter von 60 Jahren erstmals mit »Groupies« in Berührung, »und er sprach fortwährend von seiner heterosexuellen Popularität«. »Er war nie allein. Genauer gesagt, war er nie oder selten im Bett allein.«[49] Nach einer schlimmen Zeit als Gastprofessor an der Boston University ließ er sich 1975 zur Entziehungskur in die Smithers Alcoholism Rehabilitation Unit einweisen. Es gelang ihm, einige Lebensbereiche wieder unter Kontrolle zu bringen, aber »sein Verlangen nach der Liebe von Männern wuchs«[50].

1976 schrieb er den Roman *Falconer*, in dessen Mittelpunkt eine »zarte homosexuelle Liebesgeschichte« steht. Der Protagonist ist ein heroinsüchtiger Mann, dessen »Ehe eine Travestie des Ehegelöbnisses ist«[51]. »Und wie steht es mit der heterosexuellen Welt?« fragte Susan Cheever in ihrem *Newsweek*-Interview. »Frauen, die nicht wissen, was für ein freundlicher, großzügiger und liebevoller Mann du bist, könnten sich an deiner Darstellung des Luders Marcia im *Falconer* stoßen.« Der Romanautor erhob Einwände, meinte, seine Interviewerin sähe das zu »eng«, das sei nicht seine Absicht gewesen. »Ich habe eigentlich keine Botschaft, was die Frauen anbelangt.« Und wie war das mit seiner eigenen Ehe? »Oh, sie war außergewöhnlich«, antwortete der Befragte. »Daß zwei Menschen mit so starken Temperamenten wie den unsrigen in der Lage waren, fast 40 Jahre zusammenzuleben, scheint mir ein glänzendes Beispiel für den Reichtum und die Vielfalt der menschlichen Natur ... und in diesen 40 Jahren ist kaum eine Woche vergangen, in der wir nicht über Scheidung gesprochen hätten.«

»Aber in *Falconer* scheinst du zu sagen, das Heil der Männer liege in ihrer Beziehung zu anderen Männern.« »Nein, das Gefühl habe ich überhaupt nicht. Ich glaube, das Heil von Männern und Frauen liegt in ihrer Beziehung zu Männern und Frauen. Ich glaube, das Heil von Männern und Frauen liegt in Männern, Frauen und Kindern.«[52]

Nach der Veröffentlichung von *Falconer* und dem Erzählungsband *The Stories of John Cheever*, der ihm eine Reihe bedeutender Literaturpreise einbrachte, nahm er seine Laufbahn als Gastprofessor an verschiedenen Universitäten wieder auf. Bei einem dieser Aufenthalte lernte er »Rip« (wie er in manchen Tagebucheintragungen genannt wird) kennen, »den jungen Schriftsteller, der ihm bis ans Ende seines Lebens enger Freund, Liebhaber und Vertrauter sein sollte«.[53]

Rip, der in den veröffentlichten Tagebüchern »M.« heißt, war wie Cheever verheiratet. Sie waren beide in Sorge wegen der Auswirkungen ihrer Beziehung auf die Ehe des anderen. Sie wurden Gefährten und Liebhaber, obgleich Susan Cheever sagt, sie habe nicht gewußt, daß sie ein Paar waren, bis sie nach ihres Vaters Tod die Tagebücher las. »Ich glaube, am meisten überraschte mich, daß ich es nicht schon gewußt hatte. Wenn ich heute zurückschaue, dann scheint mir die Beziehung meines Vaters zu Rip, trotz all ihrer schmerzhaft offenkundigen Probleme, eine Quelle zärtlicher und befriedigender Liebe gewesen zu sein. Seine Ehe mit meiner Mutter war nicht besonders glücklich, seine Kinder waren aus dem Haus und seine Liebhaberinnen alt oder in Kalifornien. Auch hat er in Rip wohl sich selbst gesehen.«[54]

Ich möchte an dieser Stelle eine weitere Bemerkung zum Kontext anfügen, die manchen Lesern vielleicht irrelevant erscheinen mag. In ihren Veröffentlichungen und Einleitungen zu den Cheever-Tagebüchern kommen sowohl Susan als auch Benjamin Cheever kurz auf ihre eigenen Scheidungen bzw. zweiten Ehen zu sprechen. Benjamin Cheever berichtet, die ersten Seiten der Tagebücher habe er kurz nach der Trennung von seiner Frau gelesen, als er wieder bei seinen Eltern wohnte.[55] Inzwischen ist er wieder verheiratet, Susan Cheever war zweimal verheiratet und wurde zweimal geschieden.

Der ausgewogene Bericht dieser Kinder über den Starrsinn, die Zügellosigkeit und das anfallsweise auftretende Selbstmitleid ihres Vaters steht im Kontext einer Welt, in der große Entscheidungen (z. B. zu heiraten oder sein Leben grundlegend zu ändern) nicht mehr die gleiche Bedeutung haben wie früher. Während der Jugendzeit John Cheevers galten in Amerika sowohl Homosexuelle als auch Geschiedene als Schandfleck. Dennoch scheint es in seinen Tagebüchern nie so, als ob er sich ein schwules Leben wirklich wünschte. In einem gewissen Sinne wollte er genau das, was er hatte; den Luxus von zuviel und nicht genug, das Paradox einer Entscheidung, die – so wie er sie lebte – nie wirklich eine war.

Nirgendwo steht geschrieben, Bisexuelle oder Bisexualität hätten liebenswert zu sein. Cheever, der ein herausragender Schriftsteller war, erscheint in seinen Tagebüchern – nicht nur wenn er über Sex spricht, sondern auch in seinen Aussagen über Kollegen, Arbeit und Familie – häufig als der verwöhnte, launische, gereizte, borniert *WASP*[56]. Seine Seitensprünge sind gerade deshalb so reizvoll, weil es Seitensprünge sind. Für ihn ist die Liebe in ihrer ekstatischen, romantischen Form etwas, das außerhalb der Ehe, und vielleicht nur dort, existieren kann. Aber er liebt – und verliebt sich. Die Worte, die er in den *Tagebüchern* für seine Leidenschaften, die großen und kleinen, für Frauen und Männer, findet, haben jenen authentischen Ton, der seinem glatten Dementi im *Newsweek*-Interview fehlt.

»Direkt nach seinem Tod«, sagte Benjamin Cheever in einem Interview, »haben mich die homosexuellen Affären besonders aufgebracht. Seine öffentliche Ablehnung der Homosexualität war immer so unerbittlich gewesen.«

»Heute denke ich, man muß die Menschen, die man liebt, nehmen, wie sie sind. Ich habe meinen Vater geliebt. Er war bisexuell. Aber seine Bisexualität hat ihm nicht nur Schmerz bereitet. Sie hat ihm auch Freude gebracht. Ja, ich war überrascht, daß mein Vater zu so kaltblütiger Heuchelei fähig gewesen war. Aber dann habe ich entdeckt, das war sein Versuch, besser zu sein, als er tatsächlich war.«[57]

»Liebenswerte Perversionen«

Die Ehe der beiden amerikanischen Schriftsteller Paul und Jane Bowles gehört zu den bemerkenswertesten Literatenehen des 20. Jahrhunderts. Die Veröffentlichung von Paul Bowles' Photographien und Briefen sowie die Verfilmung seiner Novelle *Himmel über der Wüste* durch Bernardo Bertolucci hat das allgemeine Interesse an seinem Werk wieder belebt. Gleichzeitig entdeckte eine neue Generation feministischer und lesbischer Leserinnen die Romane von Jane Bowles (z. B. *Zwei ernsthafte Damen*) für sich.

Paul Bowles war als Schriftsteller und Komponist gleichermaßen talentiert. Zu seinen Freunden und Förderern gehörten unter anderen Aaron Copland, Virgil Thompson, Djuna Barnes, Gertrude Stein, Claude McKay und Tennessee Williams. Seine Briefe sind eine faszinierende Lektüre. »Vielleicht«, schrieb er mit 19 Jahren voll Selbstironie an einen Freund, »kann ich noch normal werden (und damit meine ich entweder hetero oder homo), wenn nicht, dann muß ich mein Leben damit zubringen, etwas zu suchen, in das ich mich endgültig verliebe.« Er scheint allerdings zu ahnen, dies könne nur »etwas Verderbtes sein. ›In meinem Leben‹ kann es unmöglich Liebe, Zuneigung oder gar Befriedigung geben. Was mir gefallen soll, muß verderbt sein. Das ist so, wirklich. Geschlagen werden z. B.: ein Laster. Doch wie erfreulich! Waldbrände legen. Wie exquisit. Sich selbst beißen, bis es weh tut. Alles sehr viel lustvoller, als sich mit Jungen oder Mädchen danebenzubenehmen.«[58]

In einem anderen übermütigen Brief an seinen Freund findet sich die freilich rhetorische Frage: »Kann ein Mensch, der durch und durch heterosexuell ist, für die liebenswerten Perversionen Nachsicht empfinden? ... Ich glaube nicht. Nur wer jedes Laster amüsant genug findet, um seinen Verlockungen zu erliegen, kann anderen wirklich mitfühlend begegnen ... *Moi*, ich würde gerne alle Formen der Lust aus nächster Nähe kennenlernen ... Wie ich natürlich zu den Lastern sowohl heterosexuelle als auch andere Genüsse zähle. Jede Form – ein Laster.«[59] Bowles hatte Verlaine gelesen und André Gide, mit dem er sich später anfreunden sollte.

Aber die hier an den Tag gelegte Offenheit für jede Art von Erfahrungen ist nicht nur Pose. 1933 klagt er in einem Brief an Aaron Copland, die Rückkehr nach Amerika habe sein Geschlechtsleben erheblich reduziert: »Wo kann ich in diesem Land 35 oder 40 Personen in einer Woche haben, ohne je

Gefahr zu laufen, einen davon wiederzusehen? In Algerien entsprach das in etwa der Durchschnittsrate.«[60]

Als eine langjährige Freundin ihn bedrängte und »ständig fragte, wann wir denn nun heiraten«, empfand er – gelinde gesagt – Gleichgültigkeit. »Ich stellte fest, daß ich kein Verlangen mehr verspürte, mich in irgendeiner Weise mit ihr zu amüsieren. Es war eine Tortur. Stundenlange Küsse, und dann war es schließlich aus. *Comme il serait dangereux d'aimer les jeunes filles, comme on aime les garçons; plusieurs par jour! On serait déjà en prison quelque part!*«[61] Dieser Brief an Copland setzt nicht nur ein gemeinsames Interesse an jungen Männern voraus, sondern reflektiert zugleich eine damals gewiß verbreitete Doppelmoral. Es war nicht schwierig, einen Jungen fürs Bett zu finden, und zumindest in Nordafrika, wo Bowles gelebt hatte, hatte es keinerlei Konsequenzen. Mit Mädchen ins Bett zu gehen, vor allem mit den Töchtern der Mittelklasse, war eine ganz andere Sache.

Als Bowles dann selbst heiratete, ließ er diese Neuigkeit ganz nebenbei in einem Brief an die Herausgeberin Dorothy Norman einfließen: »Ich dachte mir, jetzt heirate ich, also tat ich es, und dann haben wir uns, wie zu erwarten, auf eine Reise in verschiedene Erdteile begeben.«[62] Jane Auer, seine Ehefrau, war lebhaft, exzentrisch und hochintelligent. Tennessee Williams nannte sie einmal die »bedeutendste Prosaschriftstellerin der modernen amerikanischen Literatur«, und Truman Capote, der mit Anerkennung über ihre »knabenhafte Kleidung und ihre Schulmädchenfigur« sowie ihre Rolle als »ewiges Straßengör, so mitleiderregend, wie ein mitleiderregender Nichterwachsener eben sein kann«, schrieb, nannte sie einst »diese moderne Legende namens Jane Bowles«.[63]

Ihre Biographin Millicent Dillon spricht von Jane Bowles' »Unsicherheit hinsichtlich ihrer eigenen Sexualität ... und darüber, was sie aus dieser Sexualität machen sollte. Vorausgesetzt, sie hätte die Wahl«.[64] Jane weigerte sich zunächst, mit Paul zu schlafen. Als sie miteinander auszugehen begannen, zog sie es bei einem ersten Zusammentreffen mit Erika Mann vor, sich mit dieser zu unterhalten, und »er fand sie nicht besonders attraktiv«[65]. Dennoch fühlten sie sich zueinander hingezogen und heirateten im Jahre 1938. Einige Freunde hielten ihre Ehe für eine Zweckheirat, andere behaupteten, Janes Mutter habe sie dazu gedrängt. Paul Bowles selbst erzählt, sie hätten sich vorgestellt, wie es wäre, verheiratet zu sein, dann aber gemeint: »Es ist schrecklich, gebunden zu sein«, und das ging schließlich unmerklich über in »Warum eigentlich nicht? Versuchen wir's!« »Von der Phantasie zur Wirklichkeit ist es manchmal ein kleinerer Schritt, als man glaubt...«, merkt er nachdenklich an.[66]

Millicent Dillon schreibt, 1940 »war ihre sexuelle Beziehung beendet« – eine Folge der lesbischen Beziehungen Janes und ihrer wachsenden Verwicklung in das Leben der Boheme. Sie trug Männerkleidung und war nächtens meist außer Haus. »Paul versuchte, sie [d. h. die sexuelle Beziehung] wiederaufzunehmen, doch Jane lehnte ab. Sie wollte nicht einmal darüber sprechen. Schließlich gab er es auf, sie überreden zu wollen. In gewisser Weise war es eine Erleichterung für ihn. Zumindest, so glaubte er, wären damit die Zeiten vorbei, da er Nacht für Nacht auf sie wartete und sich den Kopf zerbrach, was sie machte, mit wem sie zusammen war, ob ihr etwas zugestoßen sein könnte. Die Ehe ging weiter, nur die Form hatte sich verändert. Die sexuelle Beziehung war vorbei; jetzt basierte die Zuneigung füreinander auf ihrer kreativen Entwicklung.«[67] Auch bei dieser von Paul Bowles (»ohne den es kein Buch gegeben hätte – oder sicher nicht dieses Buch«[68]) geteilten Einschätzung ließe sich die Frage stellen: Was ist eine Ehe? In diesem Fall wurde die Ehe durch einen bisexuellen Mann und eine lesbische Frau neu erfunden und hielt ein Leben lang.

Im Laufe ihres nomadischen und nicht selten extravaganten Lebens hatte Jane Bowles Affären mit Helvetia Perkins, Renée Henry, der Prinzessin Martha Ruspoli de Chambrun, einer Frau in Tanger namens Cherifa sowie einer Reihe von Frauen, die in ihrer Biographie unter Pseudonymen auftreten. Wie Millicent Dillon sagt, umgab Jane stets ein geheimnisvoller sexueller Nimbus, und die Gerüchte über ihre lesbischen Geliebten waren Legion. »Natürlich sage ich jedem ins Gesicht, daß ich Jüdin bin und lesbisch«, erklärt sie Marguerite McBey.[69] Hatte sie Affären mit Männern? Das, meint Dillon, »gehört ebenfalls zu ihrem sexuellen Nimbus«, doch obwohl viele Männer sie attraktiv fanden, hielt sie auf ihre Weise ihrer Ehe und Paul Bowles die Treue. Dione Lewis erzählte sie, sie wisse, »daß Paul nichts gegen Affären mit Frauen hätte, aber sehr verletzt wäre, wenn sie eine Beziehung mit einem Mann hätte«.[70] Eine andere Freundin, Roberta Bobba, betonte die Bedeutung dieser Beziehung: »Ich kannte ein paar lesbische Frauen, die verheiratet waren, entweder auf Druck der Familie oder um den Schein zu wahren. Aber Jane schlüpfte wirklich in die Rolle der Ehefrau. Sie tat es nicht der Form halber.«[71]

Viele Jahre später, nach Janes Tod, schrieb Paul Bowles an die Dokumentarfilmerin Regina Weinrich (die 1994 mit Catherine Warnow einen Film mit dem Titel *Paul Bowles: The Complete Outsider* über ihn drehte) und wehrte sich gegen den Vorwurf, er halte Informationen über sich selbst zurück. »Was mein Geschlechtsleben angeht«, schrieb er, »so war es immer weitgehend imaginär; die wenigen ›Beziehungen und Intimitäten‹, die es gegeben hat, sind alle in der Autobiographie besprochen worden. Ich glaube, was die Leute wirklich wissen wollen, ist, mit wem man ins Bett gegangen ist. Um diese Frage zu beantworten, hätte man die Namen der Betreffenden kennen müssen.«[72]

Zu den »falschen Vorstellungen, die sich um den Bowles-Mythos ranken«, gehört auch das verbeitete Mißverständnis, »daß die Beziehung zu seiner Frau ... nicht besonders hingebungsvoll gewesen sei«. Wie Michael Upchurch zeigt, wird dieser Mythos durch die Briefe klar und deutlich zerstört, denn aus ihnen gehen Paul Bowles' liebevolle Zuneigung für »Janie«, seine Einsamkeit und sein Schmerz nach ihrem Schlaganfall im Jahre 1957 deutlich hervor. Nach 16 Jahren in verschiedenen Krankenhäusern starb Jane Bowles, 56 Jahre alt, 1973 an den Folgen dieses Schlaganfalls.

Warum *braucht* der »Bowles-Mythos« diese Vorstellung von einer Ehe, die keine wirkliche Ehe war? Ist es ihre Offenheit, die sie als Ehe disqualifiziert? Wenn alle Ehen einen Sextest zu bestehen hätten, wie viele würden wohl in aller Stille durchfallen?

Wie die weitaus bekanntere bisexuelle Ehe von Harold Nicolson und Vita Sackville-West war die Ehe von Paul und Jane Bowles eine Verbindung zwischen zwei selbstbewußten, willensstarken Persönlichkeiten. Und in beiden Fällen bestand eine starke Bindung zwischen den Ehepartnern, auch »wenn die Ehe selbst nicht dem entsprach, was die meisten dafür halten«[73].

Die Zweckmäßigkeit des Unzweckmäßigen

Ich möchte dieses Kapitel mit einer ausführlicheren Betrachtung der Ehe beschließen, die in den letzten Jahren zum Paradigma einer bisexuellen Ehe geworden ist. Nigel Nicolsons *Portrait einer Ehe*, die Geschichte seiner Eltern, des Diplomaten Harold Nicolson und der Schriftstellerin Vita Sackville-West, erschien im Jahre 1973 – elf Jahre nach dem Tod seiner Mutter und fünf Jahre nach dem Tod seines Vaters. Violet Trefusis, die Frau, die

Die Zweckmäßigkeit des Unzweckmäßigen

Vita Sackville-West geliebt hat, war ein Jahr zuvor gestorben. Erst nach dem Tod dieser Menschen, schreibt Nigel Nicolson, war es möglich, die Autobiographie Vita Sackville-Wests zu veröffentlichen. »Der Leser möge nicht in wenigen Minuten einen Entschluß verurteilen, über den ich zehn Jahre lang nachgedacht habe«, bittet er in seinem Vorwort. »Einige wenige unter den Freunden meiner Eltern hatten Bedenken, aber die meisten bestärkten mich in meiner wachsenden Überzeugung, daß ein Erlebnis dieser Art in den siebziger Jahren nicht mehr als schändlich oder nicht mitteilbar angesehen zu werden brauchte, denn die Autobiographie war mit tiefer Gefühlsbewegung geschrieben und besitzt eine Integrität und Gültigkeit von allgemeiner und umfassender Bedeutung.«[74]

Rückblickend erstaunt am meisten Nigel Nicolsons Zuversicht, daß mit den siebziger Jahren eine Zeit der Toleranz und Akzeptanz beginnen würde. Heute, mehr als 20 Jahre später, sind Intoleranz und Repression wieder bestimmend – in Gestalt fundamentalistischer religiöser Anschauungen, die unter der Flagge sogenannter Familienwerte und eines rigiden (und jeder Logik baren) unerotischen Patriotismus amerikanischer oder britischer Provenienz segeln. Hören wir, mit welchem Nachdruck Nicolson den »Fall« seiner Eltern vertritt:

> Es ist die Geschichte zweier Menschen, die aus Liebe heirateten und deren Liebe sich mit jedem Jahr, das verging, vertiefte, obwohl beide unablässig und im wechselseitigen Einverständnis einander untreu waren. Beide liebten Menschen ihres Geschlechts, aber nicht ausschließlich. Ihre Ehe überlebte nicht nur Untreue, sexuelle Unvereinbarkeit und langes Getrenntsein, sondern gewann dadurch sogar an Kraft und Beständigkeit. Ein jeder gewährte schließlich dem anderen volle Freiheit, ohne daß Fragen gestellt oder Vorwürfe erhoben wurden. Ehre wurzelte in Unehre.[75]

Ein seltsamer Anachronismus umweht diese Deklaration. Worte wie »Ehre« und »Unehre« sind heute weitgehend in den Bereich des Militärischen – oder die Auseinandersetzungen rivalisierender Straßengangs – verbannt. Selten begegnet man ihnen im ehelichen Kontext, zumindest nachdem man die feierliche Eheschließung hinter sich hat. Und die nörgelnden Moralisten auf unseren modernen Kanzeln (vom Think-Tank bis zur Talk-Show) werden gewiß bestreiten, daß eine Ehe, die durch Untreue »an Kraft und Beständigkeit« gewonnen hat, mit dem Begriff »Ehre« angemessen beschrieben ist. Die Liebe seiner Eltern füreinander, schreibt der Sohn, »machte aus einer Nichtehe eine ungeahnt erfolgreiche Ehe«. Wie kann man eine Ehe, die laut Nicolson »oberflächlich gesehen, ein Fehlschlag war, weil sie unvollkommen war«, als musterhaft hinstellen? Wieso kann ein Buch, das die Geschichte dieser Ehe erzählt, sich selbst als »Lobpreisung der Ehe« bezeichnen? Wie kam es, daß eine bisexuelle Ehe ein solcher Erfolg werden konnte?

Beginnen wir mit der Sache, durch die sich die Ehe von Harold Nicolson und Vita Sackville-West von allen anderen unterscheidet, und das ist nicht die Bisexualität der Partner, sondern jene grundlegende und allererste Untreue, die jeder erotischen Liaison Vitas vorausging: ihre leidenschaftliche Liebe zu einem Haus. Als weiblicher Sprößling einer Familie mit männlicher Erbfolge konnte Vita Sackville-West den geliebten Familiensitz Knole, das elisabethanische Haus, in dem sie aufwuchs, nicht erben. Knole sollte ihre primäre Leidenschaft bleiben, ihre »Primärbeziehung« (um im Jargon der soziologischen Analysen bisexueller Lebensformen zu bleiben) – jene/r unerreichbare Geliebte, deren/dessen Verlust und Nichtverfügbarkeit für den Liebenden sämtlichen Bedürfnissen und allem Begehren zugrunde liegt und es strukturiert. (»Als der Hochzeitstag herannahte«, schreibt Nigel Nicolson, »spürte Vita keine Zweifel oder Bedenken; nur daß sie Knole verlassen mußte, tat ihr weh.«[76]) Im Schatten dieser privilegierten Passion, einer Leidenschaft, die nicht weniger ungesetzlich war als jede homosexuelle und/oder außereheliche Untreue (denn nach dem Gesetz war es unmöglich, daß eine Frau erbte), stand Vita Sackville-Wests Liebe zu Harold Nicolson und Violet Trefusis, zu Geoffrey Scott und Virgina Woolf.

Spricht man von Knole (»Ach, mein schönes Knole«, nennt Vita es liebevoll am Anfang ihrer Autobiographie[77]), klingt natürlich die Frage der Klassenzugehörigkeit an, die man an dieser Stelle sicher nicht als irrelevant abtun darf. Angehörigen sowohl der Ober- als auch der Unterschicht werden, zumindest in der Literatur, häufig Exzesse und Abenteuer zugestanden, die sich die lesende Mittelklasse lustvoll versagt. In Amerika, wo man vorgibt, derlei Klassenstrukturen nicht zu haben, fallen diese sehnsuchtsvollen Projektionen noch weitaus bunter aus, und wir neigen dazu, unsere Film- und Popstars, Kapitalisten, Philanthropen und die Mitglieder der politischen Familien wie den Rockefellers, Kennedys oder Roosevelts zu

Die Zweckmäßigkeit des Unzweckmäßigen

Königen und Königinnen zu machen (wobei einige dieser Menschen tatsächlich in den »echten« Hochadel eingeheiratet haben – man denke etwa an die Ehe von Grace Kelly und dem Fürsten Rainier von Monaco). Virginia Woolfs heutige Leser betrachten sie häufig ganz naiv als eine Feministin der bürgerlichen Mittelklasse, die das Establishment in Frage stellt, und nicht so sehr als die privilegierte Angehörige einer privilegierten Gesellschaft, die es sich z. B. erlauben konnte zu sagen, daß sie Juden nicht besonders mochte (obwohl sie einen geheiratet hat). Auch die Nicolsons kultivierten eine gewisse Abneigung gegen Juden und Farbige – was den heftigen Widerspruch ihrer beiden Söhne hervorrief.[78] Sie hatten das Gefühl, in einer Welt zu leben, die zugleich in höchstem Maße exklusiv und zweifellos etwas Besonderes war.

Für Vita und Harold, wie die Kritik sie gewöhnlich nennt, waren die Freuden des Nonkonformismus *noblesse oblige*, auch wenn es ein wenig unmodern ist, es so zu nennen. Nicht ohne Grund beginnt Vita Sackville-West ihre autobiographischen Erinnerungen mit einem Bericht über ihren Großvater Lord Sackville und seine Liaison mit Pepita, jener schönen spanischen Tänzerin, mit der er sieben uneheliche Kinder zeugte, darunter auch Vitas Mutter. Desgleichen ist es nicht ganz untypisch, daß sie feststellt, die Mutter ihrer Geliebten Violet sei »die Mätresse des Königs« gewesen (was Violet mit einem Hauch Romantik umgab, noch bevor ihre Affäre begonnen hatte).[79] Das ist kein Fall von Snobismus, obwohl auch dieser gelegentlich als Aphrodisiakum zu wirken vermag, da er im Kalkül des Begehrens Insider gegen Outsider stellt, sondern eine Frage des Anspruches. Vita Sackville-West empfand es schlicht als ihr Recht, zu lieben und zu leben, wie es ihr gefiel. Dies ist einer der Gründe, warum sie für einige Leser (und Kinogänger) eine Art Heldin geworden ist.

Dank der äußerst erfolgreichen Verfilmung von *Portrait einer Ehe* – ein weiteres Beispiel für den *bisexual chic* der neunziger Jahre, der sich nicht unbedingt in gesellschaftliche Akzeptanz für weniger berühmte bisexuelle Zeitgenossen ummünzen ließ – ist die Geschichte inzwischen recht bekannt. Vita Sackville-West und Harold Nicolson heirateten 1913, in den darauffolgenden Jahren kamen ihre beiden Söhne zur Welt. Vitas Affäre mit Violet Keppel (eine Affäre, die das etwas überstrapazierte Attribut »stürmisch« verdient) begann im April 1918. Etwas mehr als ein Jahr später, im Juni 1919, heiratete Violet Denys Trefusis, bestand allerdings darauf, daß »ihre Ehe nur dem Namen nach existieren sollte; es sollte keinerlei sexuelle

Unzweckmäßige Ehen

Beziehung zwischen ihnen geben«[80], und drängte Vita, mit ihr »durchzubrennen«. (Frustriert schrieb Harold an seine Frau: »Wie kommst Du auf den Gedanken, daß es nur Durchbrennen mit Violet oder Abendessen kochen für mich gibt, und nichts dazwischen?«[81]) Als die beiden Frauen tatsächlich schließlich zusammen nach Amiens durchbrennen, folgen ihnen ihre Ehemänner in einem Zweisitzerflugzeug, ganz im Stil der Opera Buffa. Die Beziehung der beiden Frauen dauerte mit Unterbrechungen bis in den Herbst 1921, dann kehrt Violet zu Denys zurück. Vita und Harold blieben verheiratet und – obwohl beide in der Folge ihre Affären hatten – bis zu Vitas Tod im Jahre 1962 glücklich verheiratet.

Vita, die »so jungenhaft wie nur möglich« aufwuchs, sich nach Hosen oder einem Kilt sehnte (später pflegte sie in beidem aufzutreten), erinnert sich selbst als ein farbloses, aber intelligentes Kind. Zweifellos war sie, was die Liebe anbelangt, nicht auf den Kopf gefallen, wenn ihre retrospektive Einschätzung als Beleg gelten darf. Als sie mit zwölf Jahren die damals zehnjährige Violet kennenlernte, habe sie sie »mit unwandelbarer Verachtung behandelt, meine einzige Leistung wirklich fähiger Menschenbehandlung, die sie an mich band, wie kein Beweis der Anhänglichkeit sie hätte festhalten können«.[82] Die beiden Mädchen wurden rasch zu Freundinnen, Violet gab ihr einen Ring und einen Kuß, und Vita verliebte sich prompt in eine andere Frau. Ihre erste Affäre hatte sie, parallel zu Harolds Werbung und ihrer Verlobung, mit Rosamund Grosvenor: »Ich habe, glaube ich, schon angedeutet, daß Männer mich nicht anzogen, daß ich an sie nicht ›auf die Art‹ dachte, wie man sagt. Frauen zogen mich an. Rosamund tat es.« Nicht lange, und sie lebten »in der denkbar größten Intimität miteinander ... O ja, gewiß, es war mir wohl undeutlich bewußt, daß es mir nicht anstand, mit Rosamund zu schlafen, und ich hätte ganz gewiß nicht zugelassen, daß irgend jemand es herausbekam, aber weiter ging mein Schuldgefühl nicht.« Allerdings war die Beziehung »nahezu ausschließlich körperlich«. Rosamund, die bei ihrer Hochzeit als Brautjungfer auftreten sollte, war »recht dumm«. »... als Kameradin hat sie mich ... eigentlich immer gelangweilt«.[83]

»Harold hingegen nicht, ... der beste *Gespiele*, den ich je gehabt habe mit seiner glänzenden Gescheitheit.«[84] Als er sie um ihre Hand bittet, willigt sie ein. »Es kam mir überhaupt nicht unrecht vor, daß ich mehr oder weniger mit Harold verlobt und gleichzeitig sehr in Rosamund verliebt war.« Ihre

Die Zweckmäßigkeit des Unzweckmäßigen

Leidenschaft für Rosamund wuchs im Laufe ihrer Verlobungszeit. (»...ich liebte Harold von diesem Tag an«, schreibt sie. »Aber ich setzte meine Liaison mit Rosamund fort. Ich sage das mit tiefer Beschämung.«[85]) Ihre Beziehung mit Harold war »so frisch, so intellektuell, so unkörperlich«. »Manche Männer scheinen geborene Liebhaber zu sein, andere geborene Ehegatten.« Harold gehörte zur zweiten Gruppe. Ihre Flitterwochen in Florenz verbrachten Vita und ihr Gatte in eben dem Häuschen, das sie 18 Monate zuvor mit Rosamund bewohnt hatte. Sie bezeichnet diesen Umstand als »eines der Dinge, über die ich mich am meisten in meinem Leben schäme«, da es nicht nur treulos gegenüber Rosamund war, sondern auch einen ausgeprägten Mangel an Taktgefühl offenbarte.[86] Aber sie tat es. Harold bot ihr die »reine Freude des Zusammenseins« ohne die Komplikationen einer allzu ausgeprägten Erotik: »Alles war offen, freimütig, sicher; und obwohl ich nie die körperliche Leidenschaft erfuhr, die ich für Rosamund verspürt hatte, fehlte sie mir eigentlich nicht.«[87]

Ich scheine unfähig zur Treue zu sein, damals so sehr wie heute. Aber meine einzige Rechtfertigung ist, daß ich meine Lieben in zwei Hälften teile; Harold, der unveränderlich, immerwährend und *das Beste* ist; es war nie irgend etwas anderes als absolute Reinheit in meiner Liebe zu Harold, so wie nie etwas anderes als absolute helle Reinheit in seinem Wesen war. Auf der anderen Seite steht meine verderbte, widernatürliche Wesensart, die Rosamund liebte und sie tyrannisierte und sie schließlich ohne das geringste Herzklopfen im Stich ließ und die jetzt unabänderlich mit Violet verkettet ist.[88]

Das Vergnügen an der Verruchtheit des Bad Girls ist ebenso spürbar wie ihre Vorliebe für den zeitlichen Aspekt der Dinge: Ihre Liebe zu Harold ist »unveränderlich, immerwährend«, die Liebe zu Violet »unabänderlich« – obwohl sie dann ein Ende fand. Was jedoch in Vitas Selbstanalyse am meisten besticht, ist das manichäische (bzw. pseudomanichäische) Bild, das sie von sich selbst entwirft: zum einen guter Engel (dem Harolds »absolute helle Reinheit« zur Seite steht), zum anderen gefallenen Engel (»meine verderbte Wesensart«). »Ich bedaure ..., daß der Mensch, den Harold heiratete, nicht völlig und gänzlich der war, für den er ihn hielt, und daß der Mensch, der Violet liebt und besitzt, nicht eine zweite Person ist, weil ein jeder zu einem jeden paßt.«[89]

»Violet hatte das Geheimnis meines Doppelwesens entdeckt«, schreibt Vita in ihren Erinnerungen über die Ereignisse des 18. April 1920, die ihr »Leben veränderten«.[90] Die Geschichte ihrer Verführung – denn zumindest in ihrem Bericht ist es eine solche – ist eine verführerische Lektüre. Die beiden Frauen waren allein in Long Barn, dem Landhaus der Nicolsons. Harold hielt sich in London auf. Vita hatte sich gerade Männerkleidung beschafft (»Kniehosen und Gamaschen« – »wie sie damals die zum Kriegsdienst verpflichteten Landarbeiterinnen trugen«), und in der »ungewohnten Freiheit«, die sie ihr gewährten, sprang, kletterte und schwang sie sich über Gatter und fühlte sich »wie ein Schuljunge, den man an einem Feiertag hinausgelassen hat«. Violet folgte ihr, »wandte nicht einen Blick« von ihr. An diesem Abend redeten sie bis zwei Uhr morgens miteinander – vielmehr Vita redete. ». . . während Violet nur zuhörte – was geschickt von ihr war . . . Sie war viel geschickter als ich. Ich hätte ein 18jähriger Junge sein können und sie eine Frau von 35. Sie ging unendlich klug vor – sie erschreckte mich nicht, sie drängte mich nicht, sie gestattete mir nicht zu sehen, wohin ich ging; auf ihrer Seite war alles ganz bewußt, aber auf meiner war es ganz einfach die Trunkenheit der Befreiung – die Befreiung einer Hälfte meiner Persönlichkeit.«

Violet lag auf dem Sofa, Vita »saß tief in den Lehnsessel versunken«. Violet nahm »meine Hände und spreizte meine Finger auseinander, um die einzelnen Punkte zu zählen, warum sie mich liebte. Ich hatte mir von einer solchen Kunst der Liebe nichts träumen lassen.« »Sie sprach meine unerweckten Sinne an«, schreibt Vita. »Sie zog mich zu sich herab, bis ich sie küßte – das hatte ich seit vielen Jahren nicht mehr getan. Dann war sie so klug, aufzustehen und ins Bett zu gehen; aber ich küßte sie noch einmal im Dunkeln, nachdem ich unsere einsame Lampe ausgeblasen hatte.« Vita verbrachte eine schlaflose Nacht in großer Erregung. Erst mehr als eine Woche später, auf einem gemeinsamen Ausflug nach Cornwall (ohne Harold), schliefen sie schließlich miteinander. Bei einer Unterbrechung ihrer Reise in Plymouth waren sie »zum nächsten Hotel« gegangen, wo man ihnen gesagt hatte, es sei nur noch ein Zimmer frei. »Das schien das Schicksal bestimmt zu haben.«[91]

Keiner, der je eine Affäre voller Gefahren und Risiken (gibt es andere?) erlebt hat, kann sich der Erotik dieses Berichtes entziehen. Der abwesende Ehemann, in den Gedanken seiner Frau doch so präsent (»nachdem ich ihr gesagt hatte, wie alle meine Sanftheit und Weiblichkeit einzig von Harold

Die Zweckmäßigkeit des Unzweckmäßigen

ausgelöst würde und wie gegenüber allen anderen meine Haltung vollständig andersherum sei«[92]); das Gefühl von Freiheit und Maskerade, das ihr die Männerkleidung gab, die lustvoll-quälende Berührung, die verzögerte und dadurch gesteigerte Lust, das einzige freie Zimmer im Hotel, als ob sich die Umstände verschworen hätten, ihr Verlangen zu stillen.

Violets größter Coup war, wie Vita sofort erkannte, den »Jungen« in Vita zu befreien – den »Jungen« aus jenen umfangreichen historischen Romanen, die sie in ihrer Jugend geschrieben hatte, ihr früheres Alter ego. Das Tragen von Männerkleidung blieb ein erotisierendes Moment in ihrer Beziehung, und so wurde »Julian« geboren, die perfekt verkleidete Vita, die aussah »wie ein ziemlich unordentlicher junger Mann..., wie ein etwa neunzehnjähriger Student«, der mit Violet Zigarette rauchend vom Hyde Park Corner zur Bond Street spaziert war, mit ihr in einem Taxi zum Bahnhof fuhr, von dort in eine Pension und ins Bett. (»Die Wirtin war sehr wohlwollend, und ich erklärte ihr, Violet sei meine Frau.«[93]) Julian taucht im Briefwechsel zwischen Violet und Vita immer wieder, gelegentlich auch in den Erinnerungen auf. »Sobald wir in Paris waren, war alles anders, und wir führten dasselbe Leben wie im Jahr zuvor: Cafés, Theater und ›Julian‹.« »... zuweilen sah ich Leute, die ich kannte, und überlegte, was sie wohl denken würden, wenn sie über den latschigen jungen Mann mit dem verbundenen Kopf und dem *voyou*-Aussehen die Wahrheit wüßten, und ob sie die schweigsame und spöttisch dreinblickende Frau erkennen würden, der sie vielleicht bei einem Diner oder einem Ball begegnet waren.« Es wird deutlich, daß Gefahr und Risiko selbst Teil der sexuellen Erregung sind: »Nie habe ich etwas so zu schätzen gewußt wie dieses Leben: die Heimlichkeit, das Versteckspielen, die ständigen Hintergedanken und die kecke Herausforderung gegenüber jedem Polizisten, an dem ich vorüberging.«[94] Nigel Nicolson bemerkt, eigentlich sei Violet das größere Risiko eingegangen, denn Violet war nicht verkleidet und in Cafés, bei Tanztees und in Pensionen als Begleiterin des »latschigen jungen Mannes« immer in Gefahr, erkannt zu werden. »Violet [war] doch sie selbst, ein vornehmes, elegantes Mädchen der guten Gesellschaft, ein wenig wirrköpfig zwar, wie man allgemein meinte, aber doch nicht verderbt und lasterhaft, und hier tauchte sie nun in Gesellschaft dieses anrüchigen Jungen an öffentlichen Orten auf, wo sie oder gar beide jeden Augenblick erkannt werden konnten!«[95]

»Du könntest alles mit mir machen«, schrieb Violet an Vita, »– oder vielmehr, Julian könnte es. Ich liebe Julian über alles Maß, besitzgierig, grenzenlos. Für mich bedeutet er die ganze Emanzipation, die ganze Freiheit, Jugend, Ehrgeiz, Errungenschaft.«[96]

Und was war inzwischen mit Harold und der perfekten Ehe geschehen? Zuerst kannte Harold die Einzelheiten dieser Affäre nicht, sah in Violet die langjährige Freundin seiner Frau, mit der sie verständlicherweise und ganz natürlich viel Zeit verbrachte, während er im Außenministerium seiner Arbeit nachging. Vita besaß ein gewisses Talent zur Verstellung und – was es genauer trifft – zur Selbstrechtfertigung. Als jedoch die Einsätze stiegen – als Denys Trefusis um Violets Hand anhielt und die Nachricht, daß die beiden Frauen bereits seit vier Monaten zusammen in Monte Carlo lebten, zum Lieblingsthema der Klatschtanten der feinen Gesellschaft in London und Paris wurde –, begannen Harold und Denys die Beziehung zwischen Vita und Violet als potentielle Bedrohung zu betrachten. »Schauerlicher Gedanke, was für Freunde Denys und Julian wären«, schrieb Violet kokett in einem Brief an Vita. »Sie stünden in offenem Wettbewerb um [mich].«[97]

Was macht eine Ehe aus? Sex? Freundschaft? Vertrauen? Verständnis? Kinder? Gemeinsamer Geschmack oder gemeinsame Interessen?

Als Vitas und Harolds Söhne geboren waren, war klar, daß für beide das eheliche Geschlechtsleben einen großen Teil seines Reizes eingebüßt hatte. Beide fühlten sich eigentlich mehr zu Vertretern ihres eigenen Geschlechtes hingezogen als zueinander. Vitas Sohn schreibt: »Sie hatte keine Vorstellung von irgendeiner moralischen Unterscheidung zwischen homosexueller und heterosexueller Liebe; beides war für sie ›Liebe‹, ohne Einschränkung oder nähere Bestimmung.«[98] Und Harold, der allerdings nicht wie Vita unter einem Hang zu großen Leidenschaften litt, zog »zufällige« Begegnungen mit Männern dem Geschlechtsverkehr mit seiner Frau auf die Dauer vor. »Bei seinem ausgeprägten Pflichtgefühl (das viel stärker war als bei Vita) empfand er es als weniger treulos, in ihrer Abwesenheit mit Männern zu schlafen als mit anderen Frauen.«[99] Diesen Standpunkt findet man in bisexuellen Ehen nicht selten. Allerdings war die Ehe der Nicolsons eine ungewöhnlich ausgewogene bisexuelle Ehe, da beide Partner gleichgeschlechtliche Beziehungen unterhielten. »Es war ein Glück, daß beide so veranlagt waren«, lautet der gelassene Kommentar ihres Sohnes. »Wäre es nur bei einem von ihnen der Fall gewesen, so wäre ihre Ehe wahrscheinlich zusammengebrochen. Violet zerstörte ihre körperliche Zusammengehörigkeit nicht; sie lieferte lediglich die Alternative, nach der Vita unbewußt suchte im Augenblick, da ihre körperliche Leidenschaft für Harold und die seine für sie abzukühlen begann.«[100]

»Ist es, weil ich nicht erotisch genug bin? Daß ich an solche Dinge überhaupt auch nur denken kann!« schreibt Harold an Vita im September 1918 zu Beginn ihrer Affäre mit Violet. »Und gegen mich habe ich diese kleine, krumme, verklemmte, erotische, unverantwortliche, unabänderliche und uferlose Person. Ich hasse sie nicht. Nicht mehr als ich Opium hassen würde, wenn Du es nehmen würdest.«[101] Harold, bestätigt sein Sohn, neigte dazu, unangenehmen Wahrheiten aus dem Wege zu gehen. (Er belegt dies damit, daß Harold in seinen Biographien Verlaines und Swinburnes die Homosexualität des einen und den Masochismus des anderen heruntergespielt habe.[102]) Vita, von Natur aus die lebhaftere Persönlichkeit, »haßte Denys Trefusis«[103] und betrachtete ihn auf ganz besondere Weise als sexuellen Rivalen. Nach seiner Vermählung mit Violet, die Vita hätte verhindern können, wäre sie Violets flehentlichen Wünschen entsprechend in London geblieben, war sie verrückt vor sexueller Eifersucht. Sie wohnte allein in einem kleinen Pariser Hotel und besuchte Violet, die sich auf der Hochzeitsreise dort aufhielt: »Dorthin nahm ich sie mit, behandelte sie brutal, liebkoste sie, besaß sie, es war mir alles ganz egal, ich wollte nur Denys weh tun, obwohl er gar nichts davon wußte.«[104] Danach reiste sie mit Harold in die Schweiz, während Violet und Denys ihre Hochzeitsreise fortsetzten. Nachdem die Paare (jedes für sich) nach England zurückgekehrt waren, erzählte Vita ihrer Mutter die Wahrheit, und wenig später waren sie und Violet auf dem Weg nach Monte Carlo. Vita berichtet ein wenig ironisch, nach einer »grotesken Unterredung mit Trefusis in London«, im Verlaufe derer er sie fragte, »wieviel Geld ich haben müsse für Violets und meinen Unterhalt, wenn wir weggingen«, sei sie sich vorgekommen »wie ein junger Mann..., der Violet heiraten will und von ihrem Vater ausgefragt wird«.[105] Ich glaube, man sollte betonen, daß sie diese Rolle *schätzte*, obwohl sie die Situation grotesk fand. Der stolze Erbe der Sackvilles, der sie gewesen wäre, wenn sie als Junge auf die Welt gekommen wäre, und zu dem Virginia Woolf sie in Gestalt des Orlando machen sollte, entsprach ihrer romantischen Persönlichkeit und ihrer Leidenschaftlichkeit.

Wie der Herausgeber der Briefe Violets an Vita ganz richtig bemerkt, »benutzte Violet Sex, um Intimität zu erlangen, während Vita Intimität einsetzte, um Sex zu bekommen«[106]. »Und wenn Du es gewollt hättest«, schrieb Vita, »hätte ich mein Fleisch für Dich erniedrigt. Ich hätte mich dem für mich größten Greuel unterworfen – ich hätte ein Kind bekommen, um Dir eine Freude zu machen.«

»Als wir heirateten«, schrieb Vita 1960, zwei Jahre vor ihrem Tod, an Harold, »warst Du älter als ich und wußtest viel besser Bescheid. Ich war sehr jung und sehr unschuldig, ich wußte nichts von Homosexualität. Ich wußte nicht einmal, daß es so etwas gab, weder zwischen Männern noch zwischen Frauen. Du hättest es mir sagen sollen. Du hättest mich warnen sollen. Du hättest mir sagen müssen, wie es mit Dir selbst stand, und mich warnen sollen, daß das gleiche wahrscheinlich auch mir passieren werde. Es hätte uns viel Kummer und viele Mißverständnisse erspart. Aber ich wußte einfach nicht Bescheid.«[107]

Worüber sie »nicht Bescheid wußte«, hatte mehr mit der Macht der Leidenschaft als mit den mechanischen Aspekten der Sexualität zu tun – schließlich hatte sie während ihrer ganzen Verlobungszeit mit Rosamund Grosvenor geschlafen. Aber die Beziehung zu Violet war anders. Ende 1922 schrieb sie an ihren Gatten: »Nicht für eine Million Pfund möchte ich mit Violet wieder etwas zu tun haben, selbst wenn es Dich nicht gäbe, den ich von Grund aus tief und unheilbar liebe. Ach ja, ich weiß, Du wirst sagen: ›Aber Du hast mich auch damals geliebt, und trotzdem bist Du mit ihr auf und davon gegangen.‹ Das stimmt durchaus. Ich liebte Dich und liebte Dich überhaupt immer während all dieser erbärmliche Jahre, aber Du weißt doch, was blinde Leidenschaft ist, und ich war eben von Sinnen.«[108] Der Unterschied war, wie Harold selbst einst zugab, der zwischen Lieben und Verliebtsein. Etwa 20 Jahre später, als Violet während des Krieges Frankreich verließ, nach England zurückkehrte und wieder in Vitas Leben trat, schrieb ihr diese:

> Ich kann die ganze Verwirrung und das Labyrinth Deines Lebens nicht ertragen. Ich will mich nicht wieder von vorn in Dich verlieben.
> Du bist die nicht explodierte Bombe in meinem Leben.
> Ich will nicht, daß Du explodierst.
> Ich will nicht, daß Du mein Leben durcheinanderbringst.[109]

Über den Tag, an dem ihr die Natur ihrer Gefühle zu Violet erstmals deutlich wurde, schrieb Vita in ihren autobiographischen Aufzeichnungen:

Die Zweckmäßigkeit des Unzweckmäßigen

Ich muß immer nur denken, daß Harold, wenn er dies je lesen sollte, so sehr leiden wird, aber ich bitte ihn, daran zu denken, daß er über einen *anderen* Menschen liest, nicht über den, den er kennt. Außerdem schreibe ich dies, weil ich von keiner wahrheitsgetreuen Aufzeichnung einer solchen Verbindung weiß, und damit meine ich eine Aufzeichnung, die ohne den geringsten Wunsch niedergeschrieben ist, lasterhaften Neigungen bei möglichen Lesern entgegenzukommen.[110]

Selbst damals war sie überzeugt, das eigentliche Problem liege in den falschen Vorstellungen der Gesellschaft von »normalen« und »natürlichen« menschlichen Beziehungen und in der Institutionalisierung eines ganz und gar inadäquaten und antiquierten Ehebegriffs.

... weil ich der Überzeugung bin, daß die Geschlechter im Laufe der Jahrhunderte infolge ihrer wachsenden Ähnlichkeit mehr und mehr ineinander übergehen; weil ich überzeugt bin, daß man sehr weitgehend aufhören wird, solche Verbindungen als lediglich unnatürlich zu betrachten, und daß man zumindest ihre intellektuelle Seite, wenn auch nicht ihre physische, wesentlich besser verstehen wird ... Ich glaube, daß dann die Psychologie von Menschen wie mir von Interesse sein und man erkennen wird, daß viel mehr Menschen meines Typs existieren, als unter dem heutigen System der Scheinheiligkeit allgemein zugegeben wird ...

Der erste Schritt in Richtung auf solche freimütige Unvoreingenommenheit muß durch die allgemeine Zulassung normaler, aber unzulässiger Beziehungen geschehen, durch die Erleichterung der Ehescheidung oder möglicherweise sogar durch eine Änderung des Systems der Ehe. Ein solcher Fortschritt muß notwendigerweise von den gebildeteren und liberaleren Gesellschaftsschichten kommen. Da »unnatürlich« soviel bedeutet wie »von der Natur entfernt«, kann man nur von der zivilisiertesten, weil der am wenigsten natürlichen Gesellschaftsschicht erwarten, daß sie ein solches Erzeugnis der Zivilisation toleriert.[111]

Klasse und Bildung würden dazu beitragen, die Fiktion einer »natürlichen« Heterosexualität zu zerstören, das »Unzulässige« (Homosexualität, Bisexualität, sogar die illegitime Verbindung ihrer berühmten Großeltern) als »normal« zu etablieren. Die »zivilisierteste, weil am wenigsten natürliche« Klasse muß die Führung übernehmen.

Unzweckmäßige Ehen

Was hielten die Nicolsons, dieses vorbildliche und »zivilisierteste«, wenn auch »am wenigsten natürliche« Paar, von der Ehe? Sie hielten sie sowohl für »unnatürlich« wie auch für »die größte aller menschlichen Wohltaten«, deren »Grundlage Liebe sein muß, die von der Intelligenz gelenkt wird«.[112] Nachdem ihre Affäre mit Violet beendet war, brachten sie beide hin und wieder jemanden auf ein gemeinsames Wochenende mit nach Long Barn. »Vita ist Harold absolut zärtlich ergeben«, notiert Vitas Mutter Lady Sackville in ihr Tagebuch, »aber es ist überhaupt nichts Sexuelles zwischen ihnen, was doch bei einem so jungen und gutaussehenden Paar recht seltsam ist. Sie ist nicht im geringsten eifersüchtig auf ihn . . .«[113] Vita selbst schreibt: »Ich nehme an, daß 99 Menschen von 100, wenn sie alles über uns wüßten, uns verderbt und entartet nennen würden«, aber ihrer eigenen Meinung nach sind sie alles andere als das: ». . . unsere beiden Leben, das äußere und das innere, sind reiche Leben.«[114]

»›Vertrauen‹«, schreibt ihr Sohn, »bedeutet in den meisten Ehen soviel wie Treue. In ihrer Ehe bedeutete es, daß sie stets einander rechtzeitig vor herannahenden emotionellen Krisen warnten und, was immer geschah, am Ende zu ihrem gemeinsamen Mittelpunkt zurückkehrten.«[115] »Ich glaube«, schrieb Vita kurz vor ihrem Tod an Harold, »das ist wirklich, abgesehen von unserer tiefen Liebe füreinander, die Grundlage unserer Ehe, denn wir haben uns nie gegenseitig eingemischt und waren seltsamerweise nie eifersüchtig aufeinander.«[116]

Auch Violet Trefusis brachte die Ehe letzten Endes Glück, auch wenn ihr Gatte Denys 1929 an Tuberkulose starb. In ihrer eigenen Autobiographie schreibt sie: »Ehen lassen sich in zwei Kategorien einteilen: jene, die gut beginnen und schlecht enden, und jene, die schlecht beginnen und gut enden. Die meine gehörte der zweiten Gruppe an.« Nach einem unruhigen Jahr ließen sie sich gemeinsam in Frankreich nieder: »Dieselben Dinge brachten uns zum Lachen. Wir stritten uns viel und liebten einander nicht wenig. Wir waren mehr zu beneiden als zu bemitleiden.«[117] Violet wurde, wie Vita, eine erfolgreiche Schriftstellerin und zentrale Figur unter den Pariser Intellektuellen. Weder sie noch ihre Geliebte ließen sich von der Stärke ihrer ungewöhnlichen Leidenschaft daran hindern, das selbstgewählte Leben, seine Pflichten und Möglichkeiten zu bewältigen.

Nach ihrer leidenschaftlichen Liebe zu Violet hatte Vita zahlreiche andere Affären mit Frauen wie Mary Campbell, die damals mit ihrem Mann, dem

Die Zweckmäßigkeit des Unzweckmäßigen

Dichter Roy Campbell, im Gärtnerhäuschen von Long Barn wohnte, mit Hilda Matheson, Abteilungsleiterin bei der BBC, auf deren Einladung Harold und Vita im Rundfunk über die Bedeutung der Ehe sprachen, und mit Virginia Woolf.

Nigel Nicolson betrachtete es als eine »Travestie ihrer [Virginias und Vitas] Beziehung, sie eine ›Affäre‹ zu nennen«, denn »die körperliche Seite ihrer Freundschaft war ein vorfühlender Versuch und nicht sehr gelungen und dauerte nur einige Monate, vielleicht ein Jahr«.[118] Derartige Differenzierungen sind vermutlich abhängig davon, was man für eine Affäre hält, aber die Meinung des Sohnes scheint sich mit der seiner Mutter zu decken. »Und schließlich ... habe ich eine Todesangst davor, körperliche Empfindungen in ihr wachzurufen, eben wegen der Geisteskrankheit«, schrieb Vita im August 1926 an Harold. »Außerdem ist Virginia nicht die Art von Mensch, an den man in diesem Sinne denkt. An der ganzen Vorstellung ist etwas Unvereinbares und beinahe Unanständiges. Ich *habe* mit ihr geschlafen (zweimal), aber das ist auch alles. So, und jetzt weißt Du die ganze Geschichte, und ich hoffe, ich habe Dich nicht schockiert. Mein Liebster, Du bist der eine und einzige Mensch für mich in der Welt.«[119]

Bedenken wir, daß dies ein Brief an Vitas Ehemann ist und sie Gründe haben mag, die Bedeutung der erotischen Beziehung zu Virginia Woolf abzuschwächen. Feministisch orientierte Wissenschaftlerinnen haben auf verspielte und erotische Briefe von Virginia an Vita verwiesen, in denen sie sie z. B. drängt, ihren »Mann zu verlassen«[120]. »Liebste«, heißt es beispielsweise, »bitte geh nicht nach Ägypten. Bleib in England. Liebe Virginia. Nimm sie in Deine Arme ...«[121] Falls, wie Mitchell Leaska bemerkt, Vita »die Neigung [hatte], vielleicht sogar das Talent, zwischen Ehemänner und -frauen zu geraten«[122], konnte auch Virginia, durch den Reiz des Gefährlichen und die Herausforderung an ihre eigene sexuelle Anziehungskraft motiviert, sexuelle Eifersucht in eine erotische Kraft verwandeln. Aber vielleicht erlebte sie ihre eigentlichen erotischen Erfahrungen in und mit der Sprache, und die Affäre zwischen Virginia und Vita wurde am intensivsten in *Orlando* gelebt, einem Buch, das Nigel Nicolson als »den längsten und bezauberndsten Liebesbrief der Literatur« bezeichnet.

Virginia schrieb an Vita, wenige Tage bevor sie miteinander ins Bett gingen: »In ganz London sind nur wir beide gern verheiratet.«[123] So war es in der Tat. Virginia Woolf, deren Arrangements mit ihrem Gatten ihrer sexuellen Indifferenz entsprachen (»Außerdem hat sie nie mit jemand zusammengelebt außer mit Leonard, was ein schrecklicher Mißgriff war und sehr bald aufgegeben wurde«, berichtet Vita ihrem Mann [124]), fand Kraft und Lebensfreude in ihrer Ehe, in Leonards Intelligenz und Fürsorge und ihrer gemeinsamen Arbeit. Kurz nach Virginias Selbstmord schrieb Vita zutiefst verzweifelt an Harold: »Ich dachte: Wie seltsam! Ich nehme an, daß Hadji [ihr Kosename für Nicolson] und ich einander so untreu waren, wie man vom konventionellen Standpunkt aus betrachtet nur sein kann, ja schlimmer noch als untreu, nimmt man die Homosexualität hinzu. Und doch, so schwöre ich, könnten sich keine zwei Menschen auf der Welt mehr lieben als wir, nach all diesen Jahren.«

»Es *ist* seltsam, nicht wahr? Es zerstört alle orthodoxen Vorstellungen von der Ehe?« Das letzte Fragezeichen – offensichtlich fehl am Platz und doch perfekt plaziert – ist Vitas.[125]

Alle Ehen sind auf ihre eigene Weise unorthodox. Einige bekennen sich eher dazu als andere, und einige bewahren ihre Geheimnisse, meist zu ihrem eigenen Schaden. Aber die Ehe ist eine Institution und sexuelles Verlangen, obwohl gern direkt und problemlos mit »Liebe und Ehe« in eins gesetzt, ein kapriziöses, unbeständiges und oftmals unlenkbares Etwas. Wie kann eine Struktur wie die Ehe eine Kraft wie die Erotik fassen? Unvollkommen, wenn überhaupt. Vielleicht kann man sagen, daß *jede* Ehe im Spannungsfeld zwischen Wildem und Gezähmtem, Abenteuer und Routine, Leidenschaft und Verpflichtung steht. An bisexuellen Ehen wird lediglich offenkundiger deutlich, was sich emotional in jeder dauerhaften, in einer Struktur gefaßten Bindung abspielt. Die Möglichkeit, zwischen männlichen und weiblichen Liebespartnern »zu wählen«, erscheint vielleicht extremer, extravaganter, grenzüberschreitender als andere phantasierte oder realisierte Wahlmöglichkeiten, mit denen die Partner in jeder Ehe konfrontiert sind. Aber gerade weil sich Partner in bisexuellen Ehen dem Paradoxon ihres Begehrens stellen müssen, gelingt ihnen zuweilen ein besonders aufmerksamer Umgang mit sich selbst, ihren Partnern und ihrer Ehe. Was diese Ehen also verdeutlichen, ist nicht so sehr das Paradoxon der Bisexualität als vielmehr die Unvereinbarkeit einer stabilen Ehe mit unbändigem sexuellen Begehren.

Teil IV: Bi-Sex

Die Erotik des Dritten

17. Erotische Dreiecke

> Man bemerkte ganz richtig, wenn die Dreiecke sich einen Gott
> zulegten, gäben sie ihm drei Seiten.
> *Montesquieu* [1]

Alles, was wir über den Zustand des Verliebtseins wissen, setzt Exklusivität voraus, geht davon aus, daß es für Liebende »natürlich« ist, vorzugsweise in glühender Leidenschaft und fürs ganze Leben, zueinanderzufinden. Es scheint, als ob Logik und Sprache verlangen, daß Paare – ob homo-, hetero- oder bisexuell – in Erzählungen von Liebe und Begehren wie die Tiere in Noahs Arche immer zwei und zwei erscheinen. Wie jedoch aus vielen Untersuchungen hervorgeht, besteht die Grundeinheit des Paares nicht aus zwei, sondern aus drei Personen.

Berühmte Paare treten häufig in einer Formation auf, die man »Liebesdreieck« nennen könnte. Artus, Ginevra und Lanzelot; Scarlett, Rhett und Ashley; »Shakespeare«, die schwarze Dame und sein Dichterrivale; Archie, Betty und Veronica; Helena, Menelaos und Paris; Tristan, Isolde und König Marke – sie sind unsere Vorbilder, wenn wir an die große Liebe denken.

Die grundlegenden Erzählungen von romantischer Liebe in der westlichen Kultur und in vielen anderen Kulturen handeln von Liebhabern, die den Kampf um die Geliebte gegen ihren Rivalen gewinnen bzw. sie auf tragische Weise an ihn verlieren. Fast scheint es, als ob die Liebe sich nur am Hindernis entzünde. Und das würde erklären, warum der Ehebruch in der westlichen Literatur eine so zentrale Rolle spielt. Dabei kann das Hindernis, der Rivale, vielerlei Formen annehmen und viele verschiedene Rollen spielen: Wäre der Liebende z. B. ein Mann, so könnte der Rivale ein anderer Mann sein oder eine Frau, ein besitzergreifender (oder inzestuöser) Elternteil, eine Heiligengestalt oder eine Lehrerfigur, die stellvertretend für ein Elternteil als alternatives Objekt der Begierde dient, die Karriere oder eine innere Berufung, die der erfolgreichen Werbung im Wege steht, oder – wie in der Vergangenheit keineswegs unüblich – Gott. Das gleiche gilt, wenn die liebende Person eine Frau ist.

Schon vor über 20 Jahren hat René Girard auf die Schlüsselrolle aufmerksam gemacht, die Rivalität in romantischen Liebesgeschichten spielt. Er fand das, was er »trianguläres Begehren« und später »mimetisches Begehren« nannte (ein Begehren, das nicht so sehr durch das angebliche Liebesobjekt, als durch das Begehren des Rivalen hervorgerufen wird), in der Liebesliteratur von Don Quichote bis heute. Liebe ist vermittelt, sie ist keine gerade Linie, sondern ein Dreieck. »Das trianguläre Begehren ist das Begehren, das sein Objekt umgestaltet.«[2] Der höfische Liebhaber, der Snob, das Kind: Sie alle lieben, was jemand anders liebt – *weil* es von einem anderen geliebt wird. Durch das Begehren des anderen wird uns etwas oder jemand begehrenswert. Wir erlernen das Begehren, und wir lernen zu begehren, indem wir das Begehren des anderen nachahmen. Girard zitiert eine Schlüsselstelle aus Prousts *Auf der Suche nach der verlorenen Zeit:* »In der Liebe verhält es sich so, daß unser glücklicher Rivale – das heißt also unser Feind – unser Wohltäter ist. Ein Wesen, das in uns nur ein unbedeutendes physisches Verlangen geweckt hat, versieht er zusätzlich mit einem ungeheuren Wert, der nichts mit ihm zu tun hat, den wir gleichwohl aber mit ihm verwechseln.«[3]

Das Dreieck ist nur ein Modell oder besser: eine »ganze Modellfamilie«. Es »ist keine *Gestalt*. Die wirklichen Strukturen sind intersubjektiv. Sie sind nicht lokalisierbar: Das Dreick hat keine Realität; es ist eine systematische Metapher, die systematisch verfolgt wird.«[4] Was beschrieben wird, ist folglich eine Beziehung, ein Zusammenhang von Positionen, die sich gegenseitig definieren. Der Vermittler bringt zwei Möglichkeitssphären zusammen, die von den beiden Rivalen repräsentiert werden. Das Ergebnis ist eine wachsende »Ambivalenz des Begehrens«[5], in der Leidenschaft und Haß, Liebe und Eifersucht sich wechselseitig bedingen und voneinander zehren. »Die Priorität des anderen im Begehren ... ist unzweifelhaft«[6], schreibt Girard. Was mein Rivale begehrt, kann auch Gegenstand meines Begehrens werden, *gerade weil* er oder sie es begehrt. Anders gesagt, das Begehren wird durch Wettkampf und Rivalität hervorgerufen, nicht durch die Eigenschaften der begehrten Person. In Girards Analyse werden die großen heterosexuellen Romanzen erst durch die Bedeutung des anderen *Mannes* für den Liebhaber möglich.

Erotische Dreiecke

Obwohl die von Girard untersuchten literarischen Liebesgeschichten im allgemeinen heterosexuelle sind, gibt er zu, daß sein Modell auch als Erklärung für »zumindest einige Formen von Homosexualität« dienen könnte. Bei Proust diagnostiziert er einen solchen Übergang: Prousts Homosexualität zeige als »die allmähliche Übertragung eines erotischen Wertes, der im ›normalen‹ Don-Juanismus an das Objekt selbst gebunden bleibt, auf den Vermittler«.[7]

Die feministische Kritikerin Eve Kosofsky Sedgwick griff Girards Hinweis auf, die Beziehung zwischen Homosexualität und triangulärem Begehren genauer unter die Lupe zu nehmen, und kam dabei zu ganz unerwarteten Resultaten. Sie fand, daß sich Girards Modell nicht etwa von Heterosexualität auf Homosexualität *erweitern* läßt, sondern daß genaugenommen Homosexualität Heterosexualität *erklärt*. Sedgwick beschreibt Girards entscheidende Erkenntnis in ihrer eigenen Studie des triangulären Begehrens so: »In jeder erotischen Rivalität ist die Verbindung zwischen den beiden Rivalen ebenso intensiv und machtvoll wie deren jeweilige Bindung an den Gegenstand ihrer Liebe ... Tatsächlich scheint es so, als ob Girard das Band zwischen den Rivalen in einem erotischen Dreieck für stärker hält ... als das Band zwischen jedem der rivalisierenden Liebenden und dem gemeinsamen Liebesobjekt. Und in der männerzentrierten Romantradition der europäischen Hochkultur bestehen die von Girard aufgespürten Dreiecke meist aus zwei rivalisierenden Männern und einer Frau; was er also mit großer Beharrlichkeit immer wieder aufspürt, ist das Band zwischen zwei Männern.«[8]

Wie Sedgwick anmerkt, ist Girards Dreiecksschema sowohl von modernen anthropologischen Erkenntnissen (insbesondere den Beobachtungen Claude Lévi-Strauss' über den »Frauentausch« in primitiven Gesellschaften) als auch von Freud stark beeinflußt, dessen berühmtes »ödipales Dreieck« – das Kind zwischen seiner Liebe zur Mutter und der Rivalität mit dem Vater – zur Grundlage der modernen Psychoanalyse wurde. Und da solche Formulierungen, ob sie nun von Freud oder Girard oder aus den Volksmythen stammen, aus denen beide die Belege für ihre Thesen zogen, geschichtsübergreifend sind, setzen sie ein stets gleichbleibendes menschliches Thema voraus, das von Kultur und Geschichte relativ unbeeinflußt ist.

Sedgwick verfolgt Girards Schema einen entscheidenden Schritt weiter und lenkt die Aufmerksamkeit, wie schon der Titel ihres Buches andeutet, auf die Beziehung »zwischen Männern«. Dabei entwickelt sie ein nuanciertes, vielschichtiges Paradigma, das großen Einfluß auf die späteren *gay studies* haben sollte.[9] Nebenbei stellt sie fest, daß weder Freud noch Girard ihre erotischen Dreiecke geschlechtsspezifisch differenzieren bzw., und das bedeutet im Grunde dasselbe, stets ein Dreieck annehmen, das aus zwei Männern und einer Frau besteht, um welche beide rivalisieren. Insbesondere stützt sie sich auf die Arbeit der Anthropologin Gayle Rubin, die patriarchalische Heterosexualität mit dem Frauentausch verbindet, indem sie Claude Lévi-Strauss' Beschreibung dieses Tausches (»Die globale Tauschbeziehung, welche die Heirat bildet, stellt sich nicht zwischen einem Mann und einer Frau her, die beide etwas schulden und etwas erhalten, sondern zwischen zwei Gruppen von Männern, und die Frau spielt dabei die Rolle eines der Tauschobjekte und nicht die eines der Partner, zwischen denen der Tausch stattfindet.«[10]) analysiert. Sedgwick lenkt die Aufmerksamkeit auf die homosozialen und homosexuellen Bande zwischen Männern und darauf, wie diese Verbindungen je nach herrschenden Vorstellungen von Klasse, Geschlecht und Macht historisch als »männlich/viril« bzw. »weibisch/effeminiert« kodiert wurden.

Im Rückgriff auf Interpretationsansätze von Michel Foucault und Jaques Lacan schlägt Sedgwick eine Neubestimmung des erotischen Dreiecks vor. Sie behandelt es nicht länger »als eine ahistorische, platonische Form, eine tödliche Symmetrie, von der die historischen Zufälle der Geschlechteridentität, Sprache, Klasse und Macht negativ abweichen, sondern als sensibles Instrument gerade zur Erfassung der Beziehungen von Macht und Bedeutung, mit dem auch das Spiel von Begehren und Identifikation anschaulich zu machen ist, in welchem der einzelne mit der Gesellschaft um die höhere Position verhandelt«[11]. Kurzum, sie zeichnet das erotische Dreieck neu und zeigt, daß es nicht symmetrisch ist. Da Männer und Frauen historisch betrachtet in den meisten Gesellschaften nicht über gleiche kulturelle Macht verfügen und der herrschenden Rede von Gegensätzlichkeit oder Komplementarität (»gegengeschlechtlich« oder die »andere Hälfte«) zum Trotz »ein Geschlecht als marginalisierte Untergruppe des anderen und nicht als gleichwertige Alternative behandelt wird«, werden Bindungen zwischen Männern und Bindungen zwischen Frauen unterschiedlich erscheinen und unterschiedlich zu bewerten sein.

Aus diesen zentralen Erkenntnissen hat sich ein umfangreiches Forschungsfeld entwickelt, das, um nur ein Beispiel zu nennen, auch zur Erklärung der relativen Unsichtbarkeit der weiblichen Homosexualität im Vergleich zur männlichen im 19. Jahrhundert beizutragen vermag. Da Männer traditionell über mehr soziale und ökonomische Macht verfügen, ist die männliche Homosexualität sehr viel bedrohlicher als die weibliche und wird daher vom Gesetz verfolgt. In ähnlicher Weise liegt in der Form männlicher homosozialer Bindungen nicht selten der Versuch, die als bedrohlich wahrgenommene Homosexualität abzuwehren. Die britischen Clubs und Pfadfindergruppen sind zwar typische Männerbünde, aber nicht der Ort erotischer Männerbeziehungen, zumindest nicht offiziell. Um homo*soziale* Bedürfnisse akzeptabel zu machen, wird homo*sexuelles* Begehren stigmatisiert und diffamiert, und es entsteht ein (vergleichsweise) sicherer Ort für die Beziehungen zwischen Männern. So verstanden wird Heterosexualität zum notwendigen Hintergrund für das Verlangen des Mannes nach dem Mann.

Eve Sedgwicks asymmetrisches erotisches Dreieck stellt somit eine neue verbesserte Version (oder vielmehr die alte »originale« patriarchalische Version in neuem Licht) des relativ schematischen und symmetrischen Dreiecks Girards dar, welches seinerseits eine Art Übertragung des Freudschen ödipalen Dreiecks auf das »Frauentausch«-Dreieck Lévi-Strauss' war. Die drei Eckpunkte sind dieselben geblieben: zwei Männer und eine Frau. Die Frau mag als Produkt der Phantasie ganz hypothetisch sein (wie etwa jene rein hypothetische Frauensperson, die dem »schönen Jüngling« in den Shakespeare-Sonetten als Mutter seiner zukünftigen Kinder dienen soll, jener Abbilder seiner selbst, die ihn der Sprecher der Sonette zu zeugen drängt), als auch Sinnbild für eine abstrakte Qualität oder Entität (wie die schöne Helena, bei Marlowe das »Gesicht, das tausend Schiffe trieb«, idealisiert bei Homer oder ein wenig kompromittiert und ironisiert in Shakespeares *Troilus und Cressida*). Aber unabhängig davon, wie symmetrisch oder asymmetrisch seine Geschlechter- und Machtbeziehungen sein mögen, verbindet oder konfrontiert das konventionelle Dreieck zwei Männer im (scheinbaren) Kampf um eine Frau.

Die andere Frau

Girard hat gezeigt, welche Rolle der Rivale spielt, wenn es darum geht, das Begehren zu steigern. Sedgwick fragte, was sich hinter der Bezeichnung »Rivale« verbirgt. Terry Castle und andere lesbische Autorinnen begannen nun die Frage aufzuwerfen, was all diese Dreiecke unsichtbar machen. Im klassischen Dreieck, bestehend aus zwei Männern und einer Frau, verschwindet die andere Frau.

Castle, die derzeit zu den einflußreichsten und interessantesten lesbischen Autorinnen zählt, äußert sich zustimmend über Sedgwicks Arbeit, bringt aber auch gründliche Kritik daran an. Wenn, so ihre Darstellung der Sedgwickschen Thesen, »das erotische Paradigma Mann-Frau-Mann in der englischen Literatur endlos wiederholt wird, und zwar zur Abwehr der destabilisierenden Bedrohung männlicher Homosexualität«, und wenn »die trianguläre Mann-Frau-Mann-Formation am Ende jeder Erzählung bestätigt wird – als Zeichen nicht nur für normative (d. h. heterosexuelle) männliche Bindungen, sondern auch für die wieder mobilisierte patriarchalische Kontrolle«, dann stellt sich für Terry Castle die Frage, »wo in einem derart allumfassenden, beharrlich auf Beziehungen ›zwischen Männern‹ ausgerichteten System Raum für die Beziehungen zwischen Frauen bleibt«.[12]

Offensichtlich eine rhetorische Frage! In Terry Castles Verständnis der Sedgwickschen Thesen lautet die ebenso offensichtliche Antwort: »nirgends«. Mit einer gewissen Schärfe notiert Terry Castle, daß »eine ganze Gruppe von Frauen – Lesben – vollständig aus dem Blickfeld verschwindet«[13]. Und zwar im wörtlichen Sinne: Aus der Reproduktion von Manets *Frühstück im Freien*, die den Umschlag von *Between Men* ziert, ist eine der beiden Frauen wegretuschiert. Wo Manet zwei (bekleidete) Männer und zwei (nackte) Frauen gemalt hatte, bietet sich dem Auge des Betrachters jetzt nur noch eine Dreiergruppe.

Um ihren Standpunkt zu demonstrieren, konstruiert Castle ein weiteres Dreieck. Sie kippt das Girard-Sedgwick-Dreieck um bzw. faltet es auseinander, dreht es auf eine seiner Seiten und bekommt so ein daran anschließendes Dreieck, dessen dritter Punkt weiblich statt männlich ist. »Jetzt nimmt einer der Eckpunkte des ursprünglichen Dreiecks die ›mittlere‹ bzw. die untergeordnete Position des Vermittlers ein.« Neben das »normative« Mann-Frau-Mann-Dreieck hat sie sein Spiegelbild gesetzt: Frau-Mann-Frau.

Mehr noch: Wie die Bedrohung der patriarchalischen Kultur in der Möglichkeit lag, daß die beiden männlichen Eckpunkte »sich direkt miteinander verbinden, sozusagen die heterosexuelle durch eine explizit homosexuelle Dyade ersetzen«, meint Terry Castle, könnten sich auch die beiden weiblichen Pole vereinen, den Übergang von der »homosozialen zur *lesbischen* Bindung« vollziehen. Damit würde der männliche Pol herausfallen, denn es gibt nun keinen Mann mehr, mit dem er sich verbinden könnte.

Castle gibt nun eine Definition lesbischer Literatur, die auf der Funktionsweise einer solchen Dreiecksstruktur basiert. Das »grundlegende Prinzip der lesbischen Erzählung« ist für sie die Tatsache, »daß die männliche Bindung unterdrückt werden muß, wenn die weibliche greifen soll«. (Daß Castles Sprache eher an ärztliche Anweisungen zur Unterdrückung einer Infektion erinnert, ist kein Zufall; wie Sedgwick wählt sie ihre Worte sehr bewußt. Unter »männlicher Bindung« versteht sie »männliche homo*soziale* Bindung«, da »lesbische Charaktere in Romanen problemlos mit männlichen homo*sexuellen* Charakteren koexistieren können und das auch tun«[14].

Was ist der Nutzen eines solchen Prinzips? Zum einen erlaubt es dem interessierten Leser die beiden Kontexte auszumachen, in denen der Plot des lesbischen Begehrens vermutlich zu finden sein wird: Schule und Pubertät (die Sphären vorehelicher Beziehungen), Scheidung, Witwenschaft und Trennung (die Sphären nachehelicher Beziehungen). »In jedem dieser mimetischen Kontexte ist die männliche erotische Triangulierung entweder eindeutig abwesend oder wird attackiert.«[15]

Castle räumt ein, daß die erotischen Männerfiguren in solchen Werken nicht immer, ja nicht einmal häufig, abwesend sind: »Die zentrale lesbische Bindung wird zuweilen untergraben oder zerstört, meist weil eine der Hauptpersonen stirbt, ... heiratet ... oder sich auf andere Weise mit der erotischen oder sozialen Welt der Männer versöhnt.«

Damit offenbaren diese Romane und andere mit der Pubertät befaßte Literatur »einen ›dysphorischen‹ lesbischen Gegenplot«, in dem »weibliches homosexuelles Verlangen als zeitlich begrenztes Phänomen erscheint – als vorübergehende Phase innerhalb eines umfassenderen Modells heterosexueller *Bildung* [i.O. deutsch]«. Nacheheliche lesbische Fiktion hingegen wäre »der ›euphorische‹ lesbische Gegenplot«, weil die gleichgeschlechtliche Beziehung auf die gegengeschlechtliche folgt, statt ihr vorauszugehen. »Typisch in solchen Romanen ist das Scheitern der Ehe bzw. der heterosexuellen Liebe der Heldin, das zum Anlaß für die Bekehrung zum homosexuellen Begehren wird.«[16]

Ein Plot ist demnach dysphorisch, wenn er in Heterosexualität endet, und euphorisch, wenn die lesbische Liebe siegt. Der entgegengesetzte Plot ist der sogenannte Ehe-Plot, der in der englischen Literatur des 18. und

19. Jahrhunderts immer wieder erzählt wird und für den der berühmte – wie ironisch auch immer gemeinte – Anfangssatz von Jane Austens *Stolz und Vorurteil* steht: »Es ist eine allgemein anerkannte Wahrheit, daß ein Junggeselle, der ein beachtliches Vermögen besitzt, zu seinem Glück nur noch einer Frau bedarf.«

Mit einer Spur jenes bissigen Humors benutzt Castle die Begriffe »dysphorisch« und »euphorisch«, um eine wichtige politische Aussage zu machen. Es gibt, wie sie zeigen möchte, große Werke der Literatur, zumindest im 20. Jahrhundert, die zum Vergnügen ihrer Leser dauerhaft und befriedigende erotische Beziehungen »zwischen Frauen« schildern.

Girard, Sedgwick und Castle gehen von der Erklärung des erotischen Paars aus. Girard erklärt die romantische Liebe als trianguläres Begehren. Sedgwick betrachtet die Beziehung zwischen den männlichen Rivalen als den eigentlichen Sinn dieser Struktur, in der sie als Konkurrenten um die Gunst einer Frau erscheinen. Castle sieht bei Sedgwick und Girard die Beziehungen zwischen Frauen unterschlagen, die sie ins Zentrum rücken möchte, indem sie den männlichen Vermittler eliminiert.

In allen drei Analysen bleibt jedoch als *konstitutives* Element für die Dynamik des Paares die Triangularität, mit anderen Worten: die Bisexualität. In allen drei Fällen ist es die bisexuelle Triangularität, die sowohl Hetero- als auch Homosexualität provoziert, erklärt und umfaßt. Während sie also in erster Linie das Paar zu behandeln scheinen, beweisen sie doch *alle* nur, daß die kürzeste Entfernung zwischen zwei Punkten ein Dreieck ist.

Die Romantisierung der Struktur

Ein weiteres Muster für Triangularität soll den springenden Punkt dieser These unterstreichen – ein Muster, das sozusagen im spitzen Winkel auf diese fortschreitende Reihe von Variationen zum Thema »erotische Rivalität« stößt. Das Dreiecksdiagramm, das Shoshana Felman in ihrer Interpretation von Edgar Allan Poes *Der stibitzte Brief* entwickelt, betont Positionen innerhalb einer Struktur anstelle angeborener, wesenhafter Identitäten. Felman beschreibt, wie der Psychoanalytiker Jacques Lacan diese Kurzgeschichte liest und dabei der Frage »Was wiederholt sich?« nachgeht – wie der Begriff »Wiederholungszwang«, so wie ihn Freud in *Jenseits des Lustprin-*

zips beschreibt, in *Der stibitzte Brief* sowohl auf als auch unterhalb der Ebene bewußten Handelns wirksam ist.

Poes Erzählung ist natürlich ihrerseits eine Geschichte über erotische Rivalität: Die Königin hat ein Verhältnis, von dem der König nichts weiß. Der Minister entwendet einen belastenden Brief, der den Ehebruch der Königin enthüllt. Dupin, der Detektiv, findet durch seine Überlegungen das Versteck des Briefes, entwendet ihn seinerseits und gibt ihn der Königin zurück. (Das Geschlecht des Briefschreibers bleibt übrigens ungenannt!)

Wie Felman bemerkt, ist die »Urszene« die, in der der Brief aus dem Schlafzimmer der Königin gestohlen wird. Die zweite Szene, die Wiederholung, ist der Diebstahl des Briefes durch Dupin aus dem Arbeitszimmer des Ministers:

> Für Lacan besteht die Wiederholung nicht nur in der thematischen Ähnlichkeit des zweifachen *Diebstahls*, sondern in der strukturellen Situation, in der dieser stattfindet: In beiden Fällen ist der Diebstahl das Ergebnis einer intersubjektiven Beziehung zwischen drei Polen. In der ersten Szene sind die drei Akteure König, Königin und Minister. In der zweiten die Polizei, der Minister und Dupin ... Wiederholt wird, mit anderen Worten, nicht ein psychologischer Akt als Funktion der individuellen Psychologie eines Charakters, sondern drei funktionale *Positionen in einer Struktur*, die, da sie drei verschiedene *Gesichtspunkte* bestimmen, drei verschiedene Beziehungen zum Akt des Sehens verkörpern.[17]

Mit anderen Worten: Die Dreieckskonstruktionen von Girard, Sedgwick und Castle zeigen erotisches Verlangen als abhängig von der Position innerhalb einer triangulären Struktur – einer Struktur, die sich mit jedem neu hinzutretenden Mitspieler wiederholt. In *Vom Winde verweht* verliebt sich Scarlett O'Hara auch deshalb in Ashley Wilkes, weil dieser mit ihrer Cousine Melanie Hamilton verlobt ist; Rhett Butlers Leidenschaft für Scarlett hat ihren Ursprung in seinem Wissen von ihrer Leidenschaft für Ashley. In Théophile Gautiers Roman *Mademoiselle de Maupin* gibt es ein auf zwei verschiedene Weisen deutbares Dreieck, denn es ist unklar, ob es sich bei dem mysteriösen und verführerischen »Théodore« um eine Frau oder einen Mann handelt: Der Erzähler D'Albert, seine Verlobte Rosette und »Théodore« bilden ein Dreieck, aber ist es ein Dreieck aus zwei Männern und einer Frau oder aus zwei Frauen und einem Mann? In beiden Fällen zirkuliert die Position des »Rivalen« unter den Hauptakteuren. In einem Stück von Ferenc Molnár verkleidet sich ein Ehemann als Wachtposten und verführt seine eigene Frau, die später zu erkennen gibt, daß sie die Maskerade von Anfang an durchschaut hat. Der Ehemann lebt somit seine Eifersucht und seine eigenen ambivalenten Wünsche (daß er recht hatte, sie zu verdächtigen; daß sein Verdacht unbegründet sei) aus, während sowohl die Treue als auch die Untreue seiner Frau Bestätigungen seiner Phantasien sind. Aber mit wem ist sie ihm untreu gewesen? Der Wunsch dieses Mannes nach Triangularität war so groß, daß er selbst zwei Rollen übernahm. Die einzige Person, an die er sie zu verlieren ertragen konnte, war er selbst.

Girard, Sedgwick und Castle sind selbst als Eckpunkte eines Dreiecks vorstellbar: Jeder blickt aus seinem eigenen Eck auf das Zusammenspiel von Anziehung und Rivalität, Liebe und Haß, das (1) heterosexuellen, (2) schwulen und (3) lesbischen Plots in der Literatur zugrunde liegt. Jeder eröffnet uns eine neue Lesart, und zwar für die gesamte Literatur der abendländischen Tradition von der griechischen Klassik bis heute. Jeder dieser Eckpunkte ist allerdings nur *zweiwertig*: Es gibt nur die Entweder-Oder-Wahl *zwischen* dem Rivalen und der Geliebten. Doch wer ist wer? Wenn wir das erotische Dreieck wirklich ernst nehmen, werden wir sehen, daß es sich – wie schon einmal von Wallace Stevens zitiert – nicht um eine Entscheidung handelt, sondern um eine Wahl.

Eroberung oder Verführung – »der Sieg« – wirkt als Aphrodisiakum oft ebenso stark wie die spezifischen Reize des oder der Geliebten. In der Tat ist der Unterschied häufig nicht festzustellen. Wenn wir sagen, wir wollen »um unserer selbst« (im engl. *ourselves*, Plural) willen geliebt werden, welche »Selbste« meinen wir damit?

Natürlich läßt sich keiner gerne sagen, er sei nicht in eine Person, sondern in eine Struktur verliebt. Das ist, wie die Idee des Unbewußten, vielen unangenehm. Wir glauben gerne, daß wir die Herren im eigenen Hause sind, und wenn schon nicht unser ganzes Leben, so doch wenigstens unsere Gefühle und Empfindungen kontrollieren. Mit einem Unbewußten ausgestattet zu sein, das Dinge begehrt, die sich von unseren vermeintlichen und artikulierten Wünschen nicht nur unterscheiden, sondern ihnen häufig sogar widersprechen, ist, gelinde gesagt, beunruhigend. Ganz ähnlich verhält es sich mit der »Liebe«, der begehrenswertesten aller menschlichen Fähigkeiten. Wir investieren eine Menge emotionales Kapital in die Vorstellung von der »wahren Liebe«: »der Mann/die Frau meines Lebens«, »im Himmel geschlossene« Ehen, »das perfekte Paar«. Doch unsere größten Liebesgeschichten sind, wie wir gesehen haben, Dreiecksgeschichten.

Die Logik des Dritten

Wenn wir sehen, wie das erotische Dreieck in der Praxis funktioniert, werden allmählich einige Dinge klar, nicht nur im Hinblick auf Dreiecksstrukturen, sondern auch, was die Vorstellungen der Menschen über Bisexualität angeht. Wie es scheint, lassen sich manche Menschen – wie manche literarische Figuren – auf erotische Dreiecksbeziehungen ein

— weil ihnen (bewußt oder unbewußt) die *Struktur gefällt*. Für sie ist das *Dreieck* an sich erotisch besetzt, mehr als eines seiner Elemente. Ob das nun daran liegt, daß sie das Werben der Ehe vorziehen, den Prozeß der Verführung ihrem Erfolg oder die (relative) Komplexität der (relativen) Einfachheit: Allein die Konkurrenz bringt das Blut in Wallung. Ungewißheit ist erregend – und es ist erregend, sie, wenn auch nur kurz, in Gewißheit zu verwandeln;

— weil sie die *Position des »Dritten«* schätzen, dessen, der unterbricht/einbricht – was im ödipalen Dreieck und im Film häufig die Position des Kindes ist. Das soll nicht heißen, daß die dritte Person unbedingt jünger, unschuldiger oder auf andere Weise »kindlicher« sein muß als die beiden anderen. Es ist das Kind, das beobachtet, lauscht und sich das Recht nimmt, einzuschreiten. In jedem Dreieck gibt es mehr als einen Akteur, aber jede Position kann zur gleichen Zeit immer nur von einem besetzt werden;

— weil sie gerne die *Positionen wechseln*, besonders über die Grenzen von Geschlecht und Sexualität hinweg. Es mag den Anschein haben, als ob dieses Spiel ebensogut oder sogar besser von zwei Personen zu spielen sei. Aber dann würden immer nur zwei Positionen zur Auswahl stehen: Selbst bei einem Positionswechsel bliebe man in der gleichen Beziehung (Mädchen–Junge, Herr–Sklave, Ja–Nein, vice-versa). Bei dreien sind die Permutationen nicht nur zahlreicher, sondern auch flexibler. Der dritte (oder vierte oder fünfte, denn »drei« heißt hier mehr als zwei) eröffnet dem Paar/der Dyade die Welt. Bei Sophokles übernahm diese

Funktion der dritte Schauspieler, der im Verlaufe eines einzigen Stückes mehrere verschiedene Rollen spielen konnte.

Dreiecksstrukturen sind also nicht immer ein Unglück, ein Unfall, oder auch nur die Mitte zwischen »hier« und »dort«, zwischen »ihm« und »ihr« wie bei der Bisexualität. Zuweilen werden sie, bewußt oder unbewußt, gesucht, *weil* sie triangulär sind. Darüber hinaus kann sich die Funktion eines Dreiecks in einem Plot – in Literatur, Theater, Kino, Autobiographie, Biographie oder Traum – von seiner Funktion für die Motivation eines Charakters oder Individuums unterscheiden. So mag das trianguläre Spiel etwa eine Ambivalenz widerspiegeln, die anderswo im Plot gegeben, aber nicht bewußt *als solche* erkennbar ist. Das könnte die Schwierigkeit sein, eine Wahl zu treffen, oder noch wichtiger, die Schwierigkeit, richtig und falsch, Freund und Feind, ja sogar Selbst von Nichtselbst oder dem anderen zu unterscheiden. Damit wäre das trianguläre Spiel symptomatisch für die Geschichte als ganze, nicht nur für einen ihrer Charaktere.

Wir erinnern uns an die Ehrenmedaille, die Freud 1906 erhielt. Im selben Jahr brachte der frühere Freund Wilhelm Fließ endlich seine eigene Theorie der Bisexualität heraus, das Buch *Der Ablauf des Lebens: Die Begründung der Exakten Biologie*.

Zwei Jahre zuvor hatte sich Freud in seinem letzten Brief an Fließ beschwert, daß dieser noch nichts über das eifersüchtig als sein geistiges Eigentum gehütete Thema Bisexualität veröffentlicht habe: »Ich kann unterdes gar nichts tun, auch nicht einmal den Witz fertigmachen, der sich in einem entscheidenden Punkt auf etwas in der Sexualtheorie beruft.«[18] Was war dieser entscheidende Punkt? Was hat ein Witz mit Sexualität zu tun – oder mit Bisexualität?

Der Witz funktioniert über die Logik des Dritten. Ein zotiger Witz, sagt Freud, sei die beabsichtigte Hervorhebung sexueller Tatsachen und Verhältnisse durch die Rede. Die Heterosexualität der Gesellschaft voraussetzend, bemerkt er: »Die Zote ist also ursprünglich an das Weib gerichtet und einem Verführungsversuch gleichzusetzen.«[19] Ist jedoch eine dritte Person anwesend, wird die alsbaldige Befriedigung verhindert. Wie der tendenziöse Witz braucht auch die Zote drei Personen: eine, die den Witz macht, eine zweite als dessen sexuelles oder feindliches Objekt und schließlich die dritte, die über den Witz lacht. »Hier wird endlich greifbar, was der Witz im Dienste seiner Tendenz leistet. Er ermöglicht die Befriedigung eines Triebes (des lüsternen und feindseligen) gegen ein im Wege stehendes Hindernis.«[20]

Ein Witz funktioniert, so Freud, aufgrund der *dritten Person* – nicht in der Dualität, sondern im Dreieck: »Der psychische Vorgang des Witzes vollendet sich zwischen der ersten, dem Ich, und der dritten, der fremden Person, nicht wie beim Komischen zwischen dem Ich und der Objektperson.«[21] Und ein Rätsel, meint Freud, ist eine Art Witz, der größere intellektuelle Leistung erfordert und daher nicht so sehr zum Lachen als zum Denken anregt.[22] Auch das Rätsel funktioniert über die Logik des Dritten.

Auch auf der Bühne und im Film liegt in der Position des Dritten häufig das komische Element. Die Situation, in der sich die Komödie des Dritten entfaltet, ist durchaus vertraut. Meist handelt es sich um eine Variante jener Standardsituation der Bühnen- oder Filmfarce von Richard Brinsley Sheridans *Lästerschule* bis hin zur TV-Sitcom *Three's Company*. Aus Gründen, die offensichtlich nichts mit Sex oder Sexualität zu tun haben, finden sich drei Menschen – zwei Männer und eine Frau oder zwei Frauen und ein Mann – in einem Schlafzimmer, einem Apartment, im Zimmer eines Studentenwohnheims oder in einem Wohnwagenanhänger wieder. Die nun folgenden komischen Verwirrungen, Interaktionen und Kombinationen entstehen allesamt aus Zweideutigkeiten, unschuldiger erotischer Ausstrahlung und erotisch attraktiver »Unschuld«.

Die Situation ist eine Variante der von Hollywood so oft genutzten Geschichte vom unverheirateten Paar, das eine Nacht im selben Zimmer verbringen muß und damit den Stoff für die klassische romantische Komödie abgibt: etwa in *Es geschah in einer Nacht* (1934) und *Sylvia Scarlett* (1936), wo die sexuelle Komödie durch Katherine Hepburns Verkleidung als Mann noch ein wenig verkompliziert wird; in *Königin Christine* (1933), wo Greta Garbo im eleganten Männerkostüm mit John Gilbert das Himmelbett teilt, und in *Ich war eine männliche Kriegsbraut* (1949), wo sich Cary Grant als Frau verkleidet.

Es ist kein Zufall, daß in den drei letztgenannten Filmen mit Cross-Dressing, Geschlechtsverwechslung und der leisen Drohung homoerotischer Anziehung gearbeitet wird. Die dritte Partei ist hier zugleich anwesend und abwesend in dem Vertreter/der Vertreterin der zweiten Partei: Garbo als junger Mann, Garbo als Königin. Obgleich nur zwei Personen beteiligt sind, entfaltet das imaginäre Dreieck seine Wirkung. Der grenzüberschrei-

Erotische Dreiecke

tende erotische Witz, daß jemand mit einem gleichgeschlechtlichen Partner ins Bett geht und dort entdeckt, daß dieser in Wirklichkeit dem anderen Geschlecht angehört, wirkt sich erotisierend auf das konventionelle Verhältnis (Mann–Frau) aus und bringt Gefährliches und Gewagtes »sicher« auf die Matratze. In mancher Hinsicht entspricht dies dem Szenario »Totale Frau«[23], in dem sich das Hausmütterchen für den Gatten in Leder und Ketten wirft (oder als französisches Hausmädchen in Strapsen und Spitzenschürze auftritt). Die Verfremdung des vertrauten Sexpartners macht die Begegnung als Geschichte aufregender. Und für den Hollywoodfilm bietet es die Möglichkeit, über schwule und lesbische Sexualität zu sprechen, ohne den Anschein zu erwecken, es zu tun.

Explizit bisexuelle Dreiecksbeziehungen weisen eine große Vielfalt an erotischen Formen auf. In einer der möglichen Varianten steht eine eindeutig als bisexuell erkennbare Person an der Spitze des Dreiecks. So haben z. B. Catherine Bourne in Hemingways Roman *Der Garten Eden*, Bob Elkin im Film *Sunday, Bloody Sunday* und Catherine Tramell in *Basic Instinct* je einen männlichen und eine weibliche Geliebte/n. Wie die Beispiele freilich bereits andeuten, ist das Ergebnis nicht immer gleich: Meist wird das noch offene Dreieck durch irgendeine Art von Beziehung geschlossen. Anders gesagt, wir haben es hier nicht mit einer Entweder-Oder-Entscheidung zwischen Tugend und Laster oder gar mit einer dreiwertigen Wahl eines Paris zu tun. Das Dreieck *ist* ein Dreieck, kein V, und gerade die Verbindung zwischen den »anderen« Partnern muß spezifiziert werden. Gleich der fehlenden »vierten Wand« der Guckkastenbühne, die die Illusion erweckt, das Publikum habe an einer Realität teil, die ihrerseits das Publikum nicht wahrnimmt, ist diese dritte Seite des Dreiecks wirksamer und bestimmender, als auf den ersten Blick erscheinen mag.

Wie wir weiter unten sehen, werden Catherine Bournes Ehemann und ihre Geliebte selbst ein Paar und planen schließlich sogar die Heirat, nachdem die ausgeschlossene Catherine die Manuskripte ihres Ehemannes verbrannt und sich dann auf die Flucht nach Norden gemacht hat. Die Rivalen in *Sunday, Bloody Sunday* – Alex Greville (Glenda Jackson) und Daniel Hirsh (Peter Finch) – sind feinere und komplexere Charaktere als der junge Bildhauer Bob Elkin (Murray Head), der ihrer beider Geliebter ist. Am Ende des Films stehen sie ein wenig verkrampft nebeneinander auf einer Straße in Hampstead und kondolieren sich gegenseitig, da er sie beide verlassen hat,

Die Logik des Dritten

um in Amerika Karriere zu machen. Es wäre gewiß voreilig, darin nur eine Konfrontation der Alten mit der Neuen Welt zu sehen, aber es genügt auch nicht zu sagen – wie das damals viele taten –, der bisexuelle Mann sei bindungsunfähig und von Natur aus untreu. Wie Vito Russo ganz richtig bemerkt, wollte das Publikum damals »Stabilität des Gefühls« in den Charakteren: »Man muß Entscheidungen treffen können. Head entscheidet sich für Männer *und* Frauen, und das ist gegen die Regel, das wird nicht als Entscheidung anerkannt.«[24]

In *Basic Instinct*, wo die Dreiecksstruktur Nick (Michael Douglas) zuerst mit der bekennenden Lesbe Roxy konfrontiert (Leilani Sarelle) und dann mit der bisexuellen, ihre Sexualität verbergenden Psychotherapeutin Beth (Jeanne Tripplehorn), bringt die offene Dreiecksseite Schwung in die Geschichte: Beth und Catherine (Sharon Stone) hatten einst eine Beziehung, Beth und Nick waren vor Beginn der Filmhandlung ebenfalls ein Paar, womit zufällig (oder vielleicht nicht ganz zufällig) ein weiteres sexuelles Tabu verletzt wird, das sexuelle Beziehungen zwischen Therapeuten und Patienten verbietet. Die Affäre von Nick und Catherine verdoppelt die Dreiecke (Nick–Catherine–Roxy, Nick–Catherine–Beth). Als dann die aufreizend kühle und sexuell attraktive Roxy, die »gerne zusieht«, wenn Catherine mit einem Mann ins Bett geht (bzw. die Catherine gerne als Zuschauerin nebenan weiß), bei einer Autoverfolgungsjagd mit Nick ums Leben kommt, rückt das gefährlichere, weil schwer erkennbare, zweite Dreieck ins Zentrum, das Dreieck, in dem beide Frauen bisexuell sind.

Aber selbst ein offensichtlich bisexuelles Dreieck mag seine versteckten Winkel haben. Der 1992/93 entstandene Film *Drei von ganzem Herzen* erzählt die Geschichte der Lesbe Connie (Kelly Lynch), ihrer bisexuellen Freundin Ellen (Sherilyn Fenn) und des professionellen Callboys und »Kavaliers« Joe (William Baldwin), den Connie anheuert, um ihre Geliebte zurückzugewinnen. Der Film repräsentiert das Liebesdreieck der neunziger Jahre: Der äußerst attraktive Joe, von Janet Maslin zutreffend als »Hauptliebesobjekt des Filmes«[25] ausgemacht, hat seinen ersten Auftritt auf der Leinwand nackt in einer Badewanne beim Telefonsex mit einer Kundin. Wie zu erwarten, verliebt er sich in die Frau, die er für Connie zurückgewinnen soll. Die aktiven Seiten des Dreiecks wären damit Connie–Ellen und Joe–Ellen. Tatsächlich jedoch sehen wir mehr Intimität zwischen Connie und Joe als bei den anderen Paaren: Die lesbische Krankenschwester

und der Mann für gewisse Stunden, der seinen Job gerne los wäre, scheinen
– vom Standpunkt der Komödie aus betrachtet – füreinander geschaffen.
Joe und Connie sitzen zusammen auf Connies Bett albern herum und flirten.
Joe und Ellen sehen wir im Bett beim Sex. Connie und Ellen erscheinen
zusammen nur auf Connies liebevoll gehüteten Videos, die sie fast
zwanghaft immer wieder ansieht. Launisches Hollywood? Vielleicht. Bestimmend
für den Film ist die Beziehung zwischen Connie und Joe: Am
Ende gehen die beiden nebeneinander, er hat seinen Arm um ihre Schultern
gelegt, und beide teilen ihren gemeinsamen Kummer über Ellens Flucht.
Ein Zitat aus dem Film *Die Reifeprüfung* (Joe läuft auf der Straße hinter Ellens
Taxi her und ruft »Ellen, Ellen!« – »Elaine, Elaine!« schrie Dustin Hoffman
an der Kirchentür) verfehlt seine ironische Wirkung nicht, zumal Connie
anmerkt, *sie* hätte das Taxi sogar in Stöckelschuhen eingeholt. Die sie natürlich
nie trägt, abgesehen von besonderen Anlässen wie der Hochzeit ihrer
Schwester, bei denen man sich verkleidet und cross-dressed auftritt. *Will
Joe das Taxi und damit die eher konventionelle Ellen wirklich kriegen?* Wie
dem auch sei: Der Film läßt ihn mit Connie zurück. Eine gute Wahl.

Erotische Substitutionen

Das Spiel von Liebe und Sex arbeitet häufig mit Projektion und Rollenspiel,
mit wechselnden Identifikationen und wechselndem Verlangen, ob die fragliche
Sexualität nun »normal« oder »schwul« ist. *Rote Azalee*, Anchee Mins
außergewöhnliches Erinnerungsbuch an ihre politische und emotionale Erziehung
in China während der letzten Jahre unter Mao, erzählt von einem
jungen Mädchen aus Schanghai, das in einer LPG das Bett mit ihrer Parteisekretärin
Yan teilt. Die beiden Frauen werden Freundinnen, obwohl sie in
der Öffentlichkeit nie verrieten, wie vertraut sie miteinander waren. Sie
sprechen über »Gott und die Welt und auch über das Wichtigste aller verbotenen
Themen: Männer«.[26] Während der Kulturrevolution konnte
außerehelicher Geschlechtsverkehr mit dem Tode bestraft werden, homosexuelle
Liebe galt als konterrevolutionäres Verbrechen. Eines Nachts offenbart
Yan ein Geheimnis – sie liebt einen Mann. Anchee Min bietet sich
an, als ihre Botin zu Leopard Lee zu gehen. Sie hat eine gute Schulbildung
genossen und beginnt nun auf Yans Bitten hin, deren Briefe an Leopard zu
verbessern. Wie Cyrano de Bergerac wird sie zum erotischen Vermittler. In

ihrer Rolle als Postillon d'amour jubelt Anchee Min: »Unsere Vertrautheit gehörte mir ganz allein.«[27]

Unter einem Vorwand – »ich sagte, ich hätte nicht genug Decken, ich hätte Angst, mir eine Erkältung zu holen« – schlüpft sie zu Yan ins Bett und gibt ihr den Brief. Yan ist überwältigt. »Ihr schoß die Röte ins Gesicht. Immer wieder las sie den Brief durch und flüsterte, so etwas Gutes hätte sie noch nie gelesen. Sie habe ja gar nicht gewußt, wie begabt ich wäre. Und drückte ihre Wange an meine.« Sie überlegt, wie Leopard wohl reagieren wird, wenn er den Brief liest. »Sich in dich verlieben, sagte ich. Da forderte sie mich auf, zu wiederholen, was ich da eben gesagt hätte, und ich tat es. Sie flüsterte: ›Wieso bist du dir so sicher?‹, und ich antwortete im Flüsterton: ›Wenn ich ein Mann wäre, würde ich das tun.‹«[28] Yan dreht sich zu Seite und murmelt: »›Zu schade, daß du kein Mann bist.‹ . . . ›Und was würdest du tun, wenn ich einer wäre?‹ fragte ich. Sie drehte sich wieder zu mir um und sagte, dann würde sie genau das tun, was ich in dem Brief beschrieben hatte.«[29]

Obgleich beide Frauen augenscheinlich noch ganz auf Leopard fixiert sind, hat ihre Beziehung zweifellos bereits begonnen und gewinnt einen Teil ihrer erotischen Triebkraft aus Projektion und Substitution. Anchee Min läßt sich auf einem Traktor zur Kompanie Leopards mitnehmen, um ihm den angeblich von Yan geschriebenen Brief zu bringen. Sie ist »so aufgeregt, als ob es sich um ein Stelldichein mit meinem eigenen Geliebten handelte«.[30] Er reagiert nervös und kühl, sie bringt ihm vier Briefe in zwei Monaten, aber er beantwortet keinen. Yan bleibt liebeskrank, und Min teilt weiterhin ihr Bett, was sie mit den Temperaturen begründet. Alle paar Wochen bringt sie Leopard einen Brief. Als Yan eine politische Schulung besucht, an der auch Leopard teilnimmt, fürchtet Min, sie zu verlieren. Wie zu erwarten, geschieht genau das Gegenteil. Yan kommt zurück und ist geheilt. »Es ist alles aus, und es ist nie etwas passiert«, sagt sie. Und Min, ihre leidenschaftliche Verehrerin, antwortet: »Jetzt wünschte ich mir, du wärest ein Mann.«[31]

Die Szene, in der sie miteinander schlafen, enthält eine doppelte Substitution: Der »Ersatz« für das »Original« erweist sich als das eigentliche Liebesobjekt: ». . . und da fragte ich sie, ob ich für sie Leopard sei. Da umarmte sie mich und erklärte, einen Leopard hätte es nie gegeben. Ich sei es, der Leopard erschaffen hätte, und ich entgegnete, schließlich sei sie es gewesen, die mir den Auftrag erteilt hätte. Sie sagte: ›Du hast deine Sache gut gemacht.«[32] »In dem Augenblick, als ich ihre Brüste berührte, erlebte ich einen süßen Schock ... *ich wußte nicht, welche Rolle ich nunmehr spielte: die des Mannes, den sie sich vorstellte, oder meine eigene.*«[33] Die Frage, was sie *wirklich* ist und was Yan *wirklich* will, tut hier nichts zur Sache: Sie bekommen, was sie wollen, und was sie bekommen, das wollen sie. Sie sind Liebende, und Leopard hat als Mittlerfigur für ihr Begehren eine zentrale Rolle gespielt.

Später wird Yan doch noch Leopards Geliebte, und Min beobachtet die beiden durch den Vorhang beim Liebesspiel im Haus ihrer Eltern. Sie hatte sich bereit erklärt, Wache zu stehen. »Ich ... wußte, wie sie sich bewegte, wenn sie erregt war und nicht anders konnte, als mich fester und immer fester an sich zu drücken, so daß ich regelrecht an ihr klebte, und die Bißmale ihrer Zähne auf meiner Schulter. Ich wollte Zuschauerin sein und zugucken, wenn sie mit Leopard tat, was ich mit ihr getan habe und doch nicht getan habe.«[34]

Als sie die beiden zusammen sieht, »versuchte [ich], mein Verlangen zu zügeln. Das Verlangen, ihnen zuzusehen. Das Verlangen, mein anderes Ich zu beobachten – Yan ... Ich steckte in Yan drin, und so waren jetzt nicht zwei, sondern drei Menschen auf der Veranda.«[35] Nachher bittet Yan sie herein. »Sie schloß mich in die Arme und sagte: ›Tut mir leid, daß ich dies tue, aber ich kann einfach nicht anders. Ich denke, jetzt sind wir soweit, daß jeder sein eigenes Leben weiterleben kann.‹« Und dann schläft Yan noch einmal mit Leopard. »Tief steckte sie ihm die Zunge in den Mund, zeigte es mir ganz bewußt, tat es für mich.«[36] Rückblickend sagt sie: »Ich war nie auf den Gedanken gekommen, sie nur für mich allein zu haben – bis zu dem Augenblick, an dem ich sah, wie Leopard sie berührte.«[37]

Anchee Mins Leben schlägt eine völlig andere Richtung ein, als man sie auffordert, sich um eine Rolle in einem Film über das Leben von Maos Frau Jiang Ching zu bewerben, der *Die Rote Azalee* heißen sollte. Sie fällt der Intrige einer Mitbewerberin zum Opfer und bekommt die Rolle nicht. Als Scriptgirl lernt sie jedoch einen Mann kennen, den alle nur den »Supervisor« nennen. »Seine Finger waren zartgliedrig und glatt wie die einer Frau.« Im Opernkostüm und »durch die Schminke sah er schön und weiblich aus ... War er nun ein Mann oder eine Frau? Er schien beides zu sein, war auf groteske Weise schön.«[38] Selbst der Erste Beleuchter des Filmteams hält den Supervisor für »schöner als eine Frau. Und dann fragte er: ›Warum bist du ein Mann? Du solltest kein Mann sein – mit der Kleidung machst du dein ganzes Aussehen kaputt.‹«[39]

Obwohl der Supervisor verheiratet ist und in Peking lebt, werden er und Min hinter dem Krematorium im Friedenspark ein Liebespaar. Dies ist der Ort, »wo nachts einsame Männer und Frauen zusammenkommen und das Wesen des menschlichen Dramas erleben«: Sie masturbieren, während sie heimlich die Paare beobachten. »Sie wissen, wenn sie erwischt werden, wird man sie erschießen, und wir wissen das auch. Sie betrachten diesen Augenblick als ihre letzte Leistung, genauso wie wir. Angst versüßt die Stimmung.«[40] Er spürt, daß sie schon einen Geliebten hatte, und ist schokkiert, als er erfährt, daß es eine Frau war. »Wenn das, was ich mit Yan teilte, Liebe war, dann war das, was ich mit dem Supervisor teilte, Ehrgeiz«, stellt Min fest.[41] Und doch sehnt sie seine Rückkehr herbei.

In der gefährlichen Welt revolutionärer Politik nehmen die Dinge noch einmal einen unerwarteten Lauf. Die Filmproduktion wird abgebrochen, Min wird zu Probeaufnahmen für *Rote Azalee* nach Peking beordert und soll ihre ehemalige Rivalin ersetzen. Dahinter steckt natürlich der Supervisor, aber ihren neidischen Kollegen gegenüber behauptet sie, sie kenne niemanden in Peking und sei glücklich, für das Wohl der Partei weiterhin als Scriptgirl zu arbeiten. Für kurze Zeit wird sie berühmt. Der Supervisor gesteht ihr im Bett, daß er sich mit Maos Frau Jiang Ching identifiziert. Sie hätten beide Ibsens *Nora* gespielt. Jetzt soll Anchee Min zur Verkörperung der Genossin Jiang Ching und des Supervisors werden – eine weitere erotische Substitution. Bevor jedoch die Dreharbeiten beginnen, stirbt Mao. Das Gerücht taucht auf, seine Frau habe ihn ermordet. Min und der Supervisor befinden sich ganz plötzlich auf der Seite der Verlierer. »Wir hielten einander in den Armen. Ich fühlte Yan.«[42]

Verliebt in ein Paar

Ein Film wie *Henry und June* (1990) vermittelt uns einen lebendigen Eindruck von den komplexen Freuden des erotischen Dreiecks. Erzählt wird die Geschichte des Schriftstellers Henry Miller, seiner Ehefrau June, sexy und »junonisch«, und der Anaïs Nin, Verfasserin eines intimen Tagebuchs, die während der dreißiger Jahre in Paris eine kurze, aber heftige Affäre mit Miller hatte. Die Handlung wird von zwei sich überschneidenden Dreiecken bestimmt: Das eine besteht aus Anaïs Nin, ihrem Ehemann Hugo und Henry Miller; das zweite aus Anaïs, Henry und June.

Erotische Dreiecke

Der Film stellt sie uns als ödipale Dreiecke vor. Anaïs ist das großäugige, unersättlich neugierige Kind, das ständig Türen öffnet oder Vorhänge hebt, um ineinander verschlungene nackte Körper zu beobachten. Die Schauspielerin Maria de Medeiros mit ihrem runden weißen Gesicht und den großen schwarzen Augen ist ideale Beobachterin und perfekter Eindringling zugleich. Anaïs folgt Henry in ein Bordell mit statuenhaften, nackten Frauen und beobachtet, wie er einer Prostituierten die Treppe hinauf folgt. Sie braucht nicht lange, um ihren Gatten Hugo dazu zu bringen, dasselbe Bordell mit ihr gemeinsam zu besuchen und die Darbietungen zweier Frauen beim Liebesspiel zu beobachten. Anaïs und Hugo gehen mit Henry und June auf Fahrradtour. Als diese vom Rad steigen, um sich – gegen einen Baum gelehnt – nachdrücklich ihrer Liebe hinzugeben, beobachtet sie Anaïs mit ihren großen Augen. Jede Nacht im Ehebett mit Hugo führt sie ihr Tagebuch, beschreibt zuerst, was sie sieht, und später, mit einer wachsenden Zahl von Erfahrungen, was sie tut.

Henrys Roman handelt von June, so daß Anaïs bereits in sie verliebt ist, als sie endlich leibhaftig in Erscheinung tritt. Anaïs' erotische Schwärmerei für June ist im Film das unerreichte Ziel, der Ort, an dem sie niemals ankommt. In der Buchvorlage, einer Zusammenstellung von Texten über Henry und June aus Anaïs Nins berühmten Tagebüchern, hat ihre Romanze mit June sehr viel explizitere, greifbarere Formen. Das von ihrem literarischen Nachlaßverwalter und (bigamistischen) Gatten Rupert Pole zusammengestellte Buch endet passenderweise mit einem kleinen bisexuellen Scherz: »Also wird Henry heute nachmittag kommen, und morgen werde ich mit June ausgehen.« Aber das eigentlich unerreichbare Objekt der Tagebücher ist der Psychoanalytiker, ein »großer, aufrichtiger Mann«, der versucht, sie davon zu überzeugen, daß Erotik und Gefühl zuweilen koexistieren. Mit ironisch überzogenem Pathos bemerkt sie dazu: »Das Bewußtsein, daß Übertragung ein künstlich erregtes Gefühl ist, erfüllt mich mit größerem Mißtrauen als je zuvor. Wenn ich schon echte Manifestationen der Liebe bezweifle, um wieviel größer sind meine Zweifel an dieser geistig hervorgerufenen Bindung.«[43]

Im Film jedoch erscheint Anaïs Nins Affäre mit Henry Miller trotz heftiger Leidenschaft und intensiver Körperlichkeit im Vergleich zu ihrer Passion für die unerreichbare June fast als Ersatz- oder Übergangsphänomen. Er ist in Paris, June ist in den Vereinigten Staaten mit ihrer lesbischen Geliebten Jean: »Ich habe die wildesten Sachen gemacht, die schmutzigsten

Dinge – aber ich war superb dabei«, erzählt ihr June beim Besuch einer Lesbenbar. »Jetzt fühle ich mich unschuldig.« Diese paradoxe Kombination aus Wildheit, Schmutz und Unschuld wird zu Anaïs' Idealzustand, den sie am Ende des Films dann auch weitgehend erreicht hat. Beim Anblick Junes erinnert sich Anaïs plötzlich an eine Schlüsselszene aus *Mädchen in Uniform*, in der die Schülerinnen des Internats ihren Gutenachtkuß von Fräulein von Bernburg bekommen, in die sie allesamt verliebt sind. Und wieder fühlt sich Anaïs als das Kind: June besitzt für sie eine ungeheure sexuelle Autorität. »Liebst du Frauen?« fragt sie. »Was meinst du damit?« fragt June im Scherz zurück. »Was ist mit Jean?« Am nächsten Tag reist June nach New York und läßt Anaïs unbefriedigt und begierig zurück.

Ein solches Zitat gehört zum Standardrepertoire des modernen Kinos und hat in Filmen mit bisexueller Thematik häufig die Funktion, eine Beziehung ironisch zu kommentieren oder auf den verdeckten Wunsch nach einer anderen Beziehung hinzuweisen (wie etwa in *Making Love*). Dabei bekommt der ältere Film, zumal wenn er nicht in Farbe ist, die Qualität von Traum- oder Phantasiebildern. So hebt sich in unserem Falle das dramatische Schwarzweiß von *Mädchen in Uniform* eindrucksvoll gegen die farbige Üppigkeit von *Henry und June* ab. Von besonderem Interesse ist hier freilich die Tatsache, daß auch in den Tagebüchern auf *Mädchen in Uniform* Bezug genommen wird, der Film jedoch Lehrer- und Schülerrolle *umkehrt*. In Nins Tagebüchern ist es June, die den Vergleich zieht, wobei sie sich selbst anstelle von Anaïs die Rolle der schwärmerischen Manuela zuteilt. Was Anaïs zu der rhetorischen Frage verleitet: »Warum will June mich stark und sich selbst als leidenschaftliches Kind sehen, das von der Lehrerin geliebt wird?« Es scheint, als bedürfe June des Schutzes, nicht Anaïs.[44]

»Ich möchte sie ficken wie ein Mann«, teilt Anaïs ihrem Mann Hugo im Bett mit. Sie spricht über June und möchte, daß er so tut, als würde er mit June schlafen. Währenddessen kann sie in ihrer Phantasie sowohl Hugos (ficken wie ein Mann) als auch Junes Position einnehmen. Sie erkennt, daß Begehren und Identifikation für sie alternative Orte der Lust darstellen, und es besteht kein Grund, nicht beides zu haben.

Die Affäre mit Henry beginnt hinter der Bühne eines Nachtclubs – Henry reißt ihr die Kleider vom Leib, während Hugo auf der Bühne für den Congaspieler eingesprungen ist. Der Film blendet von der erotischen Lust mit Henry zur erotischen Lust mit Hugo über: »Ich liebe dich, Henry.« »Ich liebe dich, Hugo.« Dieselbe Substitution, allerdings ein wenig gefahr- und lustvoller, findet am Fastnachtsdienstag noch einmal statt, aber Henry bringt, was nicht typisch für ihn ist, keine Erektion zustande. Anaïs wandert durch die Straßen, wo sie von einem halbnackten Mann mit blauer Körperbemalung und einer Karnevalsmaske, der ihr in eine Gasse gefolgt ist, wortlos genommen wird. »Ich liebe dich, Pussywillow«, sagt er am Ende. Mit diesem eigenartigen, gewöhnlich von Hugo gebrauchten Kosenamen gibt er sich zu erkennen. »Ich habe Henry zum ersten Mal betrogen, und zwar mit meinem eigenen Mann.« Was als eine weitere Variante der Methode »Totale Frau« zur Auffrischung der Ehe erscheinen mag, wirkt Wunder. Die Waagschale senkt sich auf Hugos Seite: Von nun an werden sie das sexuelle Abenteuer gemeinsam suchen.

Also auf ins Bordell, wo die Puffmutter sie auffordert, zwei Frauen zu wählen, die sich vor ihren Augen lieben sollen. Anaïs sucht natürlich eine Frau aus, die June ähnlich sieht, und eine, die ihr selbst ähnelt. Das Liebesspiel findet vor einem Spiegel statt, was den Eindruck erweckt, als wären da zwei Paare. Als die Frauen ihr Liebesspiel unterbrechen, um zu fragen, ob Anaïs und Hugo bestimmte Wünsche haben, sagt Anaïs, wie sie es haben will: »Ja, hören Sie auf, so zu tun, als seien Sie ein Mann.« Sie wünscht nicht einen Mann und eine Frau, sondern June und sich selbst in sexueller Vereinigung zu sehen. Die blonde Prostituierte unterbricht ihr Tun und sagt: »Kommt doch her zu uns.« Hugo und Anaïs in ihrer Abendrobe sehen sich an. Sie würden gerne, aber sie tun es nicht. Ein wenig später wird Anaïs alleine in dieses Bordell zurückkehren, wir sehen sie dort mit der Prostituierten trinken, die June ähnlich sieht, während aus dem Grammophon Josephine Bakers Lied »J'ai deux amours« erklingt. Bakers zwei Lieben, »mon pays et Paris«, bilden einen beredten Kommentar zu Nins eigenen, unmittelbareren und körperlicheren »deux amours«: Henry und June.

Das bisexuelle Dreieck Henry, June und Anaïs wird im Film durch Junes Abreise aus Paris hinausgezögert. An seiner Stelle versammelt sich nun das zweite bisexuelle Dreieck – Hugo, Anaïs und Henry – im Bett, nicht zum Sex, sondern zur Lektüre, und natürlich liest man etwas über June. Die Szene ist eine moderne Abwandlung der typisch französischen Posse. Henry, der sein Buch vollendet hat, radelt zu Anaïs' Haus und begibt sich in ihr Arbeitszimmer, wo sie sich der Liebe hingeben. Hugo kommt nach Hause, wird in der Küche von der Zofe aufgehalten, die seine regennassen

Haare trocknet und ihm ein Baguette aufwärmt. Sie bietet es ihm so an, daß er es als ganzes anbeißen muß (eine unweigerlich komische phallische Szene, die das, was im Stockwerk darüber vor sich geht, vermutlich umkehrt). Hugo ist damit sowohl das Baby als auch der gehörnte Ehemann. Als er sich schließlich seiner Frau ankündigt (»Pussywillow, ich bin zu Hause«), reagiert Anaïs blitzschnell, fängt ihn vor der Tür ab und zieht ihn weg mit der Begründung, Henry sei »die ganze Nacht aufgewesen« und habe sein Buch zu Ende geschrieben, jetzt schlafe er. Wenig später versucht Henry, der ein wenig überanstrengt wirkt, sich auf Zehenspitzen treppabwärts aus dem Haus zu schleichen, aber Hugo ruft ihn ins angrenzende Schlafzimmer. »Komm her zu uns«, sagt Hugo und wiederholt damit die Worte der blonden Prostituierten aus der lesbischen Szene im Bordell. Sie lesen Henrys Roman mit hörbaren Äußerungen der Bewunderung und des Vergnügens. Henry, der sich jetzt nicht mehr entziehen kann, setzt sich keusch auf das Bett neben die beiden. Die Zofe bringt Erfrischungen, sieht die Dreiergruppe auf dem Bett und bekreuzigt sich, als sie den Raum verläßt.

June (Uma Thurman), die die ganze Zeit über in New York war, kehrt zurück, umarmt Anaïs und sagt mit ihrer wunderbaren rauhen Stimme und einem etwas unsicheren Unterschichtakzent: »Ich weiß nicht, wegen wem ich zurückgekommen bin.« Nun ist June zwar bereit, die Spitze eines Dreiecks zu besetzen, aber keineswegs einen der untergeordneten Punkte. Anaïs und sie sind endlich zusammen in einem Schlafzimmer gelandet und entledigen sich eben ihrer Unterwäsche, als Anaïs – ein wenig unbedacht, wie es scheinen will – durchblicken läßt, daß sie und Henry miteinander schlafen. Sie meint, man brauche nicht zu befürchten, daß Henry hereinplatzen könnte: Wenn er einmal eingeschlafen sei, könne nichts und niemand ihn wecken. Im nun folgenden Wortgefecht werden die Chancen des Publikums, die »echte« Liebesszene zwischen den beiden zu sehen, ein für allemal zunichte, denn June rauscht aus dem Schlafzimmer mit der perfekten bisexuellen Variante von »Zum Teufel beider Sippschaft«[45]: »Ich bin die falsche Frau für dich, Henry. Ich bin die falsche Frau für *dich*, Anaïs.«

Anaïs Nins Tagebücher bringen diese beharrliche Triangulierung des Begehrens immer wieder zum Vorschein. »Ich bin eifersüchtig: auf June oder auf Henry?«[46] fragt sie schon ganz früh, und Henry beschreibt das ganze Szenario: »Mir scheint, von jenem ersten Augenblick an, da du die Tür öffnetest und deine Hand ausstrecktest, war ich gefangen, war ich dein. June spürte es auch. Sie sagte sofort, du seist in mich verliebt oder ich in dich. Aber ich wußte selbst nicht, daß ich verliebt war. Ich sprach begeistert von dir, rückhaltlos. Und dann lernte June dich kennen und verliebte sich in dich.«[47] Es muß nicht daran erinnert werden, daß es die Stimme Anaïs' ist, nicht Henrys oder Junes. Die Tagebücher sind ihre Darstellung und häufig als Fiktion bzw. erotische Phantasie bezeichnet worden. Als Phantasiegebilde jedoch sagen sie Wahrheiten, gleichgültig wie eng sie sich an die Tatsachen halten. Nin wechselt die Positionen, spielt Rollen: »Ich möchte June besitzen. Ich identifiziere mich mit den Männern, die in sie eindringen können.« Auch mit ihrem Ehemann: »Hugo legt sich auf mich, und ich gehorche instinktiv Henrys geflüsterten Anweisungen. Ich schließe meine Beine um Hugo, und er ruft ekstatisch: ›Liebling, Liebling, was tust du da? Du machst mich wahnsinnig! Ich habe noch nie solche Lust empfunden wie heute!‹« Substitution und übertragenes Begehren *ist*, was sie begehrt. »Alles, was Henry über sie [d.i. June] gesagt hatte, traf zu.« Als ihr Psychoanalytiker sich »das Ende [ihrer] Abhängigkeit von Henry und June« vorstellt, schließt sie daraus auf seine Eifersucht. Dennoch fühlt sie sich weiterhin zu ihm hingezogen, vor allem als sie »den sinnlichen Schwung seiner Lippen ..., die Andeutung von Zügellosigkeit« sieht.[48]

Das Tagebuch und seine Verfasserin bilden zusammen eine dyadische Struktur, einen geschlossenen Kreis. Nins »Ehe« mit dem Tagebuch, das sie, wie bereits angemerkt, jeden Abend mit ins Bett nimmt, womit sie und ihr Gatte wieder zu dritt sind, braucht die ständige Unterbrechung durch den Leser und das Gefühl, sich vor ihm zu entblößen. Und dieser Leser wird verstanden als legal/illegaler Spion, als privilegierter Voyeur. Die Eingangsszene von *Henry und June* zeigt einen wollüstigen Verleger (mit Bart, er vertritt die Stelle des Psychanalytikers), den die Lektüre der Erinnerungen Nins erregt haben. In den Tagebuchauszügen tritt er auf als Schriftsteller und Verlagsassistent (ohne Bart), und obgleich er mit ihr an ihrem Buch über D. H. Lawrence arbeitet, ist es ihre Lektüre *seines* Romans, die *sie* erregt. In beiden Fällen wird in der sexuellen Interaktion mit ihm, in der sie sich selbst als unerfahren, einfallslos und letztlich bis zur Herablassung großmütig beschreibt, das Muster ihrer erotischen Erweckung durch Henry und June sowie die damit verbundene und Lust bereitende Täuschung ihres Gatten festgelegt. Nach der Begegnung mit dem Verlagsassistenten erzählt sie Hugo die Geschichte »nur zum Teil, indem ich meinen Part der Aktivitäten auslasse, nur die Bedeutung für ihn und mich heraushebe«.[49] Hugo, das haben wir gesehen, reagiert auf ihre Beischlafphantasien mit andern Männern im Bett mit ekstatischen Ausrufen: »Liebling, Liebling, was tust du da? Du machst mich wahnsinnig! Ich habe noch nie solche Lust empfunden wie heute!«

Interessanterweise kann er June nicht ausstehen. »Hugo gibt zu, daß er eifersüchtig ist. Sie haben sich vom ersten Augenblick an gehaßt.« Seine Eifersucht nimmt die zu erwartende Richtung, er entscheidet, June habe einen »männlichen Hals, eine männliche Stimme und grobe Hände«, ihre Stärke sei »wie die eines Mannes«. »Glaubt sie, daß sie mit ihrer weiblichen Einfühlsamkeit und Feinsinnigkeit irgend etwas an dir lieben kann, das ich nicht bereits liebe?« fragt er oder, besser, läßt sie ihn fragen.[50] Also dürfen Anaïs' Gefühle (»Am Ende des Abends war ich wie ein Mann schrecklich verliebt in ihr Gesicht und ihren Körper«) die eines Mannes sein, während Junes Gefühle sie männlich machen. Anderseits (oder ist es dieselbe Seite) erfahren wir, daß June ihre Beziehung zu Jean zu Hause in Brooklyn beendet hat: »Jean war zu maskulin.«[51] Anaïs mit ihren Spitzenkragen, rosafarbenen Kleidern und kleinen schwarzen Jäckchen ist gewiß Femme genug. Ihr Cousin und Bewunderer versichert ihr, obwohl sie June begehre, sei sie »nicht lesbisch, weil [sie] die Männer nicht hasse – im Gegenteil«[52].

In gewisser Weise sind Verzögerung und Substitution für Anaïs das größte Vergnügen. Darüber hinaus entspricht ihr Verhalten freilich auch einer anderen Struktur, die uns aus einigen sexuellen Dreiecken und dem Leben vieler Menschen vertraut ist: Sie verliebt sich in ein Paar. Ich glaube, daß dies vor allem bei Jugendlichen und anderen in der Liebe relativ unerfahrenen Menschen sehr verbreitet ist. Das Paar besitzt so viel strahlenden Glanz. Immerhin ist es diesen beiden Menschen gelungen, die begehrenswertesten Objekte zu erringen: einander. Ihr Leben gewährt einen flüchtigen Blick auf Intimität und sexuelle Attraktivität, gerade unzugänglich genug, um unwiderstehlich zu erscheinen. Und dann geben sie, durch so viel Zuwendung angenehm berührt, die Bewunderung, die man ihnen zollt, in einem gewissen Maß auch zurück. Bald ergibt sich die (vielleicht scheinbare) Möglichkeit, ein Mehr an Aufmerksamkeit vom einen oder anderen zu erlangen. Und bevor man recht weiß, entsteht ein Konkurrenzkampf um besagte Zuneigung. Mit ein wenig Ausdauer und Liebe zum Risiko hat man am Ende gar eine Beziehung zu einem oder gar beiden Partnern. Viele erotische Dreiecke haben so begonnen – und viele Scheidungen. Aber das Ausgangsgefühl ist hier ein bisexuelles. Die Attraktion ist das Paar.

18. Eifersucht

> Eifersucht und Neid implizieren die Existenz eines Dritten: Objekt, Subjekt und eine dritte Person, gegen die Eifersucht und Neid gerichtet sind. Somit sind diese beiden »Laster« triangulär.
> René Girard[1]

> Erzähl mir nichts von schwullesbischem oder Bi-Stolz. Liebe kennt keinen Stolz – das hat die Wirklichkeit bewiesen.
> Susie Bright[2]

Die klassische Dreiecksgeschichte vom verschobenen Begehren steht im Mittelpunkt von *Obsession*, der unautorisierten Biographie Calvin Kleins. Nach Meinung der Autoren könnte damit der entscheidende Wandel in Kleins Beziehung zu seiner zukünftigen Frau Kelly Rector erklärt werden. Monatelang hatte die beiden ein kameradschaftliches und romantisches Verhältnis verbunden, aber – wenn wir den Biographen glauben – kein sexuelles. Klein war schon einmal verheiratet, aber seit seiner Scheidung vor allem mit schwulen Männern liiert. Auf einer Party in Los Angeles wurde das Paar Warren Beatty vorgestellt, den Calvin Klein nach Auskunft seiner Freunde schon lange äußerst attraktiv fand. Angeblich war es »Beatty, dem Kelly das Verdienst zuschrieb, aus einer platonischen Romanze eine echte Liebesbeziehung gemacht zu haben«[3].

Auf der Party begann Beatty mit Kelly Rector zu flirten. Am nächsten Tag rief er sie an und ging mit ihr ins Bett. Klein war eifersüchtig – aber auf wen? Ein enger Vertrauter sagte: »Es war, als ob er mit Kelly ein Stück von Warren besäße.«[4] In der Biographie gibt es keine näheren Angaben dazu, wer der »enge Vertraute« ist, keine Fußnote, keine Quelle dieser Aussage. Freilich ist es für unsere Zwecke unerheblich, von wem sie stammt und wie der genaue Wortlaut ist. Was der oder die betreffende Person den Verfassern gegenüber andeutete oder – wenn man solchen Belegen mit Skepsis begegnet – was die Biographen gesucht und »gefunden« haben, ist das bisexuelle Dreieck in Aktion: Ich liebe nicht *ihn*, ich liebe sie. Übertragenes Begehren. »Nicht lange nach dem Warren Beatty-Zwischenfall«, soll Kelly alten Freunden erzählt haben, startete Calvin seinen ersten sexuellen Annäherungsversuch, und sie landeten zusammen im Bett. Von da an waren sie, trotz der Einwände ihrer Freunde – »Aber er ist doch *schwul*« –, ein Paar und drei Jahre später verheiratet.

Eifersucht dient zuweilen als Deckmantel für eine sehr viel komplexere Empfindung und nicht selten zur Abwehr homosexueller Anziehung, wie etwa in Nella Larsens *Passing* oder – in einem explizit schwulen Kontext – in Mary Renaults *Der Wagenlenker*. Allerdings wird aus sämtlichen Analysen der Eifersucht deutlich, daß es sich dabei auch um ein komplexes, eigenständiges Gefühl handelt. Eifersucht kann Leidenschaft sowohl tarnen als auch konstituieren. Ist sie also Bremse oder Motor?

»1985 ist ein aufregendes Jahr«, jubelte die Soziologin Kathleen Fullerton Bernhard, die sich dem Studium der Eifersucht verschrieben hatte. »In diesem Jahr ist die Eifersucht ans Tageslicht gekommen!«[5]

Was meint sie mit dieser provozierenden Bemerkung? Sie erklärt: »Nancy Friday schrieb über ihre persönlichen Erfahrungen in dem Buch *Eifersucht*. In *Psychology Today* erschien ein Bericht mit dem Titel ›The Heart of Jealousy‹; und schließlich ist da noch die schriftliche Zusammenfassung meiner eigenen Arbeit.« Und offenbar selbst nicht ganz frei von derartigen Empfindungen fährt sie fort: »Offen gesagt, es ist an der Zeit, daß die Menschen ihre Erfahrungen mit der Eifersucht miteinander teilen.«

Daß die Eifersucht an das Tageslicht (und damit an das Licht der Öffentlichkeit) kommt, legt den Schluß nahe, daß zu ihren verborgenen Geschichten auch die Homosexualität gehört. Davon hat Freud bereits in einem vieldiskutierten Aufsatz aus dem Jahre 1922 gesprochen. Nancy Friday selbst beschreibt aus der Tiefe »ihrer eigenen, freimütig offengelegten Erfahrungen« ihre Gespräche mit ihrem Freund Richard Robertiello, einem attraktiven, verheirateten Psychotherapeuten, der zahlreiche Affären gehabt hatte. Ihm ist das Buch über die Eifersucht gewidmet.

»Was ist es für ein Gefühl, eine gute Frau an einen anderen Mann zu verlieren?« fragt sie ihn. »Ich erinnere mich an eine«, antwortet er. »Ich verlor sie an einen anderen Analytiker. Ich hatte die merkwürdigste Phantasie, nämlich, es mit ihm zu treiben, mit dem Burschen, dessentwegen sie mich verließ. Ist das nicht verrückt?«

»Freud schreibt«, erinnert ihn Nancy Friday, »die Phantasie des Mannes, seine Frau mit einem anderen Mann zu teilen, legt nahe, daß das wichtigste Gefühl zwischen den beiden Männern besteht.«[6]

»Das ist Blödsinn«, erwidert ihr Freund, was vermutlich zu erwarten war (Ärzte sind schlechte Patienten). »Freuds Deutung hat nichts mit mir zu tun.« Natürlich hatte er Phantasien über seine Frau, sie »treibe es mit dem Botenjungen und anderen aus der ›Unterschicht‹« (die Anführungszeichen stammen von Nancy Friday). »Haben Sie sich nicht mit diesen Männern identifiziert? Haben Sie sich nicht selbst als einen von ihnen vorgestellt?«

»Das ist etwas anderes. Das sehe ich in meiner Praxis sehr häufig; eine ganz andere Geschichte. Das ist der Wunsch nach einer Verinnerlichung eines männlichen Modells, damit Männer wissen, wie man ein richtiger Mann ist.«

»Gehört dazu nicht auch ein Gefühl, dem anderen Mann nahe sein zu wollen, zumindest in der Phantasie? Auf eine Art, die die Welt in der Realität verbietet?«

»Sicher. Aber das ist nicht abartig oder schwul. Es ist mehr wie diese griechische Idee von der Gemeinsamkeit der Männer, in der wir lernen, Männer zu sein und unsere Männlichkeit zu verstärken ... Alles dient letztlich der Verstärkung ihrer Heterosexualität. Das ist nicht das, was Freud sagte. Meine Phantasie ist nicht homosexuell.«

»Ich habe das Wort homosexuell nie gebraucht«, stellt Nancy Friday darauf fest.[7]

»Nach Jahrzehnten der Verbannung in die Illustrierten und ihren Kummerkasten sind Eifersucht und Neid als komplexe zwischenmenschliche Gefühle jetzt zu legitimen Gegenständen wissenschaftlicher Forschung geworden.« So erklärt Peter Salovey, Herausgeber einer 1991 erschienenen Aufsatzsammlung zu diesen Themen mit Beiträgen von Soziologen, Sozialpsychologen und Klinischen Psychologen.[8] Dieser Tenor ist auch in anderen Büchern zum Thema zu finden, die etwa um dieselbe Zeit von Psychologen geschrieben wurden.[9] Die Eifersucht hatte sich zum Objekt wissenschaftlicher Forschung gemausert.

Es mag durchaus passend erscheinen, daß die gierigen achtziger Jahre in den neunziger Jahren einen sozialwissenschaftlichen Diskurs über Eifersucht und Neid auslösen. Wie jedoch eine ganze Reihe von Wissenschaftlern festgestellt haben, liegt der Wendepunkt der Eifersuchtsforschung nicht in den neunziger Jahren, in denen einige dieser Untersuchungen veröffentlicht wurden, sondern in einer Reihe von Psychologentagungen im Jahre 1977, als Wissenschaftler wie Eugene Mathes feststellten, daß sie »nicht die einzigen waren, die sich mit Eifersuchtsforschung befaßten«[10].

Daß Eifersucht in den Rang eines quantifizierbaren Gegenstands wissenschaftlicher Forschung aufstieg, scheint somit eher dem Gerangel um Sex (in den Siebzigern) als dem um Geld (in den Achtzigern) geschuldet. Die Zunahme vorehelicher sexueller Aktivität, die einer Studie zufolge »fast überall in den Vereinigten Staaten zu verzeichnen war«[11], weckte die Vorstellung, daß sexuelle Freiheit auch innerhalb der Ehe möglich sein müsse. Die »offene Ehe« wurde zum Thema.[12] War Eifersucht aus der Mode gekommen? Offenbar nicht. Denn plötzlich gab es neben Rubins »Love Scale« aus dem Jahre 1970[13] die »Interpersonal Jealousy Scale«[14], die »Self-Report Jealousy Scale«, die »Projective Jealousy Scale«, die »Chronic Jealousy Scale«, die »Relationship Jealousy Scale«, die »Interpersonal Relationship Scale«, die »Multidimensional Jealousy Scale« und viele andere mehr. Die Grundlage bildete die Vorstellung von romantischer Liebe als einer Verbindung von Treue, Zuneigung und Intimität und die Vorstellung, mit diesen Kriterien die moderne Liebe und folglich auch die moderne bzw. romantische Eifersucht quantifizieren und beschreiben zu können.

Die Fragen der Eifersuchtsforscher waren nicht selten ausgesprochen erfinderisch. In einer Feldstudie von Mathes wurden beispielsweise Leute telephonisch gefragt, ob sie damit einverstanden wären, wenn man mit ihrem Partner ausginge. Diese Studie wurde von einem Kollegen als »sehr klug« und »mutig« bewertet.[15] Die Fragebögen wiesen allerdings eine unreflektiert heterosexuelle Tendenz auf und stellten Situationen zur Entscheidung wie: »Ich glaube nicht, daß es mich stören würde, wenn mein Partner/meine Partnerin mit einem Angehörigen des anderen Geschlechts flirten würde« (Beurteilungsmöglichkeit: von »absolut falsch« bis »absolut zutreffend«) oder »Wenn ein Angehöriger des anderen Geschlechts beim Anblick meines Partners/meiner Partnerin angenehm berührt erschiene, wäre mir das unangenehm.«[16]

Gibt es einen Grund zur Annahme, die Ergebnisse hätten anders ausgesehen, wenn die Befragten schwul oder lesbisch wären und gleichgeschlechtliche Partner hätten?

1989 hieß es noch, daß »die Unterschiede im Eifersuchtsverhalten von Partnern mit homosexueller bzw. heterosexueller Orientierung noch kaum erforscht sind«[17]. Eifersucht spielte in schwulen und lesbischen Beziehungen ebenso eine Rolle wie in heterosexuellen. »Eifersucht mag für schwule Paare ein größeres Problem darstellen als für lesbische Paare, da männliche Homosexuelle im allgemeinen mehr Sexpartner haben als heterosexuelle Männer und Frauen oder Lesben«[18], lautete das Ergebnis einer Studie. Eine andere berichtete, homosexuelle Männer schienen *weniger* von Eifersucht geplagt als heterosexuelle Männer, vermutlich weil sie viele Sexpartner hätten.[19] Lesbische Frauen, so spekulierten die Forscher, »mögen vor allem fürchten, die Geliebte könnte eine heterosexuelle Beziehung suchen, um der Stigmatisierung oder den Belastungen zu entgehen, die mit lesbischen Beziehungen verbunden sind«.[20] Man muß darauf hinweisen, daß all diese Untersuchungen in den siebziger bzw. Anfang der achtziger Jahre veröffentlicht wurden. Es dauert gewöhnlich einige Zeit, bis sozialwissenschaftliche Statistiken gedruckt vorliegen. Inzwischen haben zahlreiche Faktoren, von Aids über das Outing und den lesbischen bzw. schwulen Chic, die Situation verändert (und zweifellos die Resultate verschoben).

Die Eifersuchtsforscher haben sich auch Swinger, Teilnehmer an Gruppensex und Mitglieder von Kommunen vorgenommen – mit ebenso widersprüchlichen wie spannenden Ergebnissen. Der Anstoß zum Partnertausch ging in der Regel vom Ehemann aus, hatte ein Paar jedoch erst einmal damit angefangen, fanden die Ehefrauen mindestens soviel Gefallen daran wie ihre Männer[21] – besonders, weil viele Männer sich durch den direkten Vergleich mit anderen Männern offenbar gehemmt fühlten.[22] Obwohl man versuchte, durch die Aufstellung von Spielregeln für die außereheliche Beziehung die Eifersucht in Grenzen zu halten – vergleichbar den Grundregeln für Bisexuelle in *Dual Attraction* –, stiegen viele Swinger (fast ein Drittel aller, die es probiert hatten) aufgrund von Eifersuchtsproblemen aus.[23] Aber sie hielten sich selbst für weniger eifersüchtig als Nichtswinger. Partner in Gruppen von Ehepaaren zeigten mehr Interesse an den nichtsexuellen Aspekten einer Beziehung, wie etwa Kindererziehung und Arbeit, dennoch »weist alles darauf hin, daß die romantische Eifersucht ein signifikantes Problem in Kommunen ganz allgemein und besonders in Gruppen von Ehepaaren darstellt«[24], bei denen partnerlose Individuen häufig zugunsten von Paaren ausgeschlossen wurden, um das Eifersuchtsproblem zu verringern. Mit anderen Worten: Drei waren gefährlicher als vier.

Vermutlich die interessanteste Einzelinformation aus der vergleichenden Eifersuchtsforschung kam aus der Sparte »Androgynie«, die gemäß dem »Bem Sex-Role Inventory«[25] aus dem Jahre 1974 als die Fähigkeit beschrieben wurde, sowohl männliche als auch weibliche Geschlechtsrollen zu übernehmen. Androgyne Männer, so fand man, waren *eifersüchtiger* als andere Männer, während androgyne Frauen *weniger* Eifersucht zeigten als andere Frauen oder androgyne Männer.[26] Warum? »Wir wissen es nicht«, erklären die Forscher.[27]

Da die Bem-Skala die Probanden auffordert, sich selbst hinsichtlich »weiblicher« Eigenschaften wie fröhlich, kindlich, mitfühlend, liebevoll und »männlicher« Eigenschaften wie aggressiv, ehrgeizig, analytisch, mit Führerqualitäten einzuschätzen, muß man sie vielleicht eher als Zeichen ihrer Zeit betrachten und nicht als maßgebliches »Inventar« von Wahrheiten über Geschlechterrolle, Geschlecht und Sexualität. Ich denke, das Verhältnis zur Eifersucht wird im selben Maße von Selbstwahrnehmung (oder Selbstwertgefühl) bestimmt wie von Männlichkeit oder Weiblichkeit, es sei denn, Forscher und Wissenschaftler können der Neigung nicht widerstehen, Weiblichkeit in Begriffen wie Widerspiegeln und Abhängigkeit zu definieren. Wenn »weibliche Subjekte (männlichen oder weiblichen Geschlechts) angeben, ihr Selbstwertgefühl sei abhängiger von den Handlungen ihres Partners als das anderer Menschen«, dann scheint es einleuchtend zu sein, daß die »femininen« und »androgynen« Probanden abhängiger und damit eifersüchtiger erschienen. Allerdings scheint man hier einem Zirkelschluß aufzusitzen: Eifersucht wird zur Definition eines Aspektes von Weiblichkeit, der dann angeblich, von weiblichen Personen losgelöst, frei unter Männern und Frauen zirkulieren darf. Erhebt sie dann ihr schrecklich Haupt, wird die eifersüchtige Person häufig als besitzergreifend, klammernd, kontrollierend, mit anderen Worten als weiblich empfunden. Sie verhält sich wie eine Frau. Obgleich immer wieder gesagt wird, daß gerade notorische Prügler auf das reale oder von ihnen phantasierte Leben ihrer Partner eifersüchtig sind.

Welche Rolle spielt die *Bisexualität* in dieser Ökonomie der Eifersucht? Eine der Eifersuchtstheorien geht von einer Dreiecksbeziehung zwischen einer Person P, seiner/m oder ihrer/m Geliebten B und einem Rivalen R aus. Eine ganze Reihe von Studien vertraten die Ansicht, »das Verheerendste, was P passieren kann, ist der Geschlechtsverkehr zwischen R und B«. Warum? Weil »das den schlimmsten Fall bezeichnet: P hat B höchstwahrscheinlich an R verloren«.[28] Ist aber P deshalb automatisch eifersüchtig? Das hängt von seinen bzw. ihren Wertvorstellungen ab. »Wenn P Monogamie, Exklusivität und Treue schätzt, dann ist die Existenz von R bedrohlicher, als wenn P individuelle Freiheit oder Teilen für wichtig erachtet. Ja, wenn P letzteres wertschätzt, dann mag er die Anwesenheit von R als positiv/günstig empfinden, weil sie B und auch P die Möglichkeit gibt, sexuelle Freiheit zu erleben und P die Chance bekommt, B mit R zu teilen.«[29]

Das P-B-R-Dreieck scheint die Beteiligung zumindest einer weiblichen und einer männlichen Person zu implizieren. Wenn P männlich ist, dann ist B weiblich und der Rivale R damit implizit, wenn auch nicht ausdrücklich, männlich. Auf wen ist P mehr eifersüchtig, falls er oder sie eifersüchtig *ist* – auf B oder auf R, auf die Geliebte oder auf den Rivalen? Verschiedene Untersuchungen scheinen davon auszugehen, daß es B ist, die das Vertrauen von P mißbraucht.[30]

Nun spricht eine Psychologin, die sich mit den homosexuellen Anteilen in heterosexueller Eifersucht befaßt, von »der übergroße[n] Beschäftigung der Eifersüchtigen mit dem Rivalen. Man hat den Eindruck, er sei für ihn viel wichtiger als für den Partner.«[31] Dies betont den Aspekt der übermäßigen Gefühlszuwendung, die die eigenartige erotische Stärke der dritten Person im sexuellen Dreieck charakterisiert. Freud nannte diese übermäßige Investition von Gefühlen »Sexualüberschätzung« und beschrieb sie als den Ursprung »des eigentümlichen ... Zustandes der Verliebtheit«.[32] Wir verlieben uns immer in eine Phantasievorstellung, und manchmal ist es ebenso leicht, über den Rivalen zu phantasieren, der so begehrenswert ist, daß er oder sie den/die Geliebte/n wegnehmen könnte, wie über die/den vertrautere/n Geliebte/n, die/den man »kennt«. Freuds Freund und Biograph Ernest Jones schreibt dazu: »Umfangreiches klinisches Material über verschiedene Formen von Eifersucht haben gezeigt, daß Eifersucht meist keine Reaktion auf eine objektive Situation darstellt, sondern eher bestimmten innerpsychischen Motiven gehorcht, ja sogar, so seltsam es klingen mag, den verdrängten Wunsch verrät, betrogen zu werden ... Dies trifft vor allem auf Personen mit einer bisexuellen Veranlagung zu, die aus diesem Grund den Wunsch haben, in der triangulären Situation sowohl den männlichen als auch den weiblichen Part zu übernehmen.«[33] Die Triangulierung ist sowohl progressiv und assoziativ als auch mimetisch oder imitativ. Wenn wir begehren, was der Rivale begehrt, so begehren wir zuweilen auch den Rivalen wegen seines Begehrens.

Eifersucht

In einer Gruppendiskussion über Bisexualität kam ich auf den Maler Larry Rivers zu sprechen, der in seiner Autobiographie *What Did I Do?* über seine Liebesbeziehungen zu einer Reihe von Männern und Frauen spricht. »Larry Rivers?« sagte eine Frau im Publikum. »Meine Mutter hat ihn gekannt. Sie sagte immer, er sei trisexuell (*trisexual, to try* = versuchen) und hätte alles probiert.«

In dieser etwas abenteuerlichen Bedeutung gehört Trisexualität zum Szenario der »offenen Ehe« und jenes nichtmonogamen Lebensstils, der in der allgemeinen Vorstellung häufig mit Bisexuellen assoziiert wird. Wie funktioniert Eifersucht in solchen Beziehungen? Ist die permanente sexuelle Eifersucht nicht eines der größten Risiken der Bisexualität?

Susie Bright zumindest ist dieser Meinung. »Eifersucht«, behauptet sie in einem Aufsatz mit dem Titel »BlindSexual« (»Von Wetterfahnen und dem grünäugigen Monster«), »macht alle gleich«:

> Sicherheit und Ausschließlichkeit – so oft versprochen wie gebrochen – stehen hoch oben auf der Wunschliste aller Liebenden. Ich verabscheue Eifersucht und kann sie doch nur mit strenger Disziplin unter Kontrolle halten. Sie ist wie eine Haut, derer ich mich nicht entledigen kann.
>
> Ich suche nach Geliebten, die meine Bisexualität nicht als Bedrohung betrachten, die nicht fürchten, daß ihre Liebe zu mir in stetem Wettstreit mit ihrem Geschlecht steht. Diese Angst ist die eigentliche Reaktion auf Bisexualität, nicht politische Thesen. Wenn ein bisexueller Mensch des Verrats bezichtigt wird, entlarvt dies unsere verzweifelte und durchaus menschliche Angst davor, abgewiesen zu werden. Auch mir selbst fällt es schwer, diese Eigenschaft an mir zu akzeptieren.
>
> Laß mich offen und ohne Scham sein, wie es meiner Profession geziemt. Auch von *dir* möchte ich nicht hören, daß du »bisexuell« bist; vor allem nicht, nachdem du mich gefickt hast, bis mir Hören und Sehen verging. Erzähl mir nicht, wer du »bist«. Vor dir steht auch nur ein Mensch, eifersüchtig und verletzlich, und vielleicht verliebe ich mich ernstlich in dich. Zeig mir, was du kannst. Falls es dir gelingt, mich zu blenden, folge ich dir, vielleicht bis zur Selbstaufgabe, bis zum Verrat, über glühende Kohlen. Unsere Begegnung wird unter dem Zeichen des Persönlichen stehen, nicht zwangsläufig unter dem Schirm von Prinzipien. Im Augenblick nach dem Orgasmus ist es das, was zählt. Und noch lange danach.[34]

Da steht es, direkt und unverblümt. In der allgemeinen Vorstellung ist Bisexualität mit Eifersucht verbunden, denn sie macht uns klar, daß niemand für ungefährlich gehalten werden darf. Jeder ist ein potentieller erotischer Rivale. Im Zustande der Homo- bzw. Heterosexualität kommt zumindest eine Hälfte der Welt für den sexuellen Betrug nicht in Frage. Jetzt muß man sich jedesmal, wenn der Partner mit den Jungs *oder* mit den Mädels ausgeht, fragen, was da sonst noch passieren könnte. Hier droht die Paranoia pandemisch zu werden.

Dies ist ein Grund, warum Therapeuten und Gastgeber von Talk-Shows immer wieder fragen, ob Bisexuelle oder, noch häufiger, ihre Partner eifersüchtig sind. Darin steckt ein Teil Projektion: Der staunen- bis schreckenerregende Anblick einer Person, die sich zu Männern und Frauen gleichermaßen hingezogen fühlt, scheint monosexuelle Ängste vor Eifersucht und erotischem Betrug auf den Plan zu rufen. »Nichtmonogame Bisexualität bringt Bewegung in die Sache«, schreibt eine bisexuelle Frau. »Vertrauen heißt nicht mehr, ›Ich werde dich immer lieben‹ oder ›Ich werde niemals eine/n andere/n lieben als dich‹ – das sind wenig haltbare Versprechungen –, Vertrauen heißt dann: ›Ich werde aufrichtig zu dir sein‹.«[35] Gar nicht so einfach; nichts ist schwerer, als die Kontrolle aufzugeben.

Und doch scheinen Bisexuelle in Wirklichkeit *nicht* besonders eifersüchtig zu sein. Vielleicht hat ja schon vorher eine Auswahl stattgefunden, indem Menschen mit einem besonders ausgeprägten Hang zur Eifersucht Lebenssituationen meiden, in denen dieses Gefühl geradezu provoziert wird. Gegen eine solch bequeme darwinistische Lösung sprechen allerdings die unerfreulichen Beispiele von zwanghaft nachspionierenden, chronisch prügelnden und anderen unkontrollierbar possessiv-kontrollierenden Partnern, seien sie nun hetero-, homo- oder bisexuell.

Die Frage, welche der Beziehungen des Partners die größere Eifersucht hervorrufen, die gleich- oder die andersgeschlechtlichen, wird fast immer gestellt. Ist eine Frau eifersüchtiger, wenn ihr männlicher Partner ein Verhältnis mit einer Frau oder mit einem Mann hat? Zahlreiche Talk-Shows haben sich über diese Frage ausgelassen – Geraldo brachte sie auf den Punkt: »Was geschieht, wenn der andere Mann eine Frau ist?«[36] In diesem Fall bestand die Gruppe der Gäste aus Frauen, die eine »Ehe für ein lesbisches Leben aufgegeben hatten«.

In der Studie *Dual Attraction* gibt es ein kurzes Kapitel zum Thema »Eifersucht«. Darin wird »untersucht, wie erfolgreich Bisexuelle in nichtmonogamen Beziehungen sind«, und der Frage nachgegangen, ob »Primärpartner« mehr Eifersucht auf einen dritten, außerhalb der Beziehung stehenden Partner empfinden, wenn er das gleiche Geschlecht hat. Nach den Ergebnissen der Umfragen war das in der Tat so. Die Erklärung dafür lautet, »daß eine Person vom gleichen Geschlecht ähnliche Bedürfnisse erfüllen und einen somit ersetzen kann«.[37] Im großen und ganzen fand ich die Ergebnisse der Studie wenig überraschend, aber diese Schlußfolgerung hat mich erstaunt.

Dual Attraction zitiert auch Beispiele für die entgegengesetzte Reaktion – z. B. sagte ein Mann über seine Partnerin: »Ich weiß nicht, ob der Begriff ›eifersüchtig‹ hier zutreffend ist. Sie wußte einfach nicht, wie sie mit einem *Mann* konkurrieren sollte.«[38] Vermutlich basieren meine eigenen Empfindungen auf einer Verbindung von Informationen aus den Medien und persönlicher Erfahrung. Und gewiß rührt in den Erzählungen über bisexuellen »Betrug« (oder in den Coming-out-Geschichten über verheiratete und heimliche Bisexuelle und Schwule) der Kummer des beteiligten Partners auch daher, daß er überrascht und getäuscht wurde. In Ira Levins Stück *Deathtrap*, das später von Sidney Lumet mit Michael Caine und Christopher Reeve verfilmt wurde (*Mörderspiel*, 1982), schließt die Täuschung auch das Publikum mit ein. Der Dramatiker Sidney Bruhl scheint eifersüchtig auf die Werke seines jüngeren Kollegen Clifford Anderson, dem er, wie das Publikum und Bruhls Ehefrau glauben, persönlich noch nie begegnet ist. Es stellt sich jedoch bald heraus, daß Anderson und Bruhl ein Paar sind und gemeinsam die Ermordung der Gattin Bruhls planen. Nach deren Tod entwickelt sich der literarische Konkurrenzkampf tatsächlich, mit vorhersehbaren, aber durchaus unterhaltsamen Konsequenzen.

Wie gingen die Bisexuellen in der *Dual-Attraction*-Studie mit ihrer Eifersucht um? Im Wesentlichen, indem sie sich Regeln gaben, die eine gewisse Kontrolle – oder die Illusion von Kontrolle – zuließen. Dabei schien der Inhalt dieser Regeln weniger wichtig, als daß es sie gab. Wie viele Partner man außerhalb einer Beziehung hat, ob die Sekundärpartner dem Primärpartner vorgestellt werden oder nicht, wieviel Zeit man mit ihnen verbringen konnte, wo sich die nichtprimären Partner trafen, ob sie gleich- oder gegengeschlechtlich waren, ob Gelegenheitssex erlaubt war – all das wurde verhandelt. Wie aus der Studie hervorgeht, haben sich seit dem Auftreten von Aids die Entscheidungen in den letztgenannten und einigen anderen Punkten drastisch geändert. Karen F., Herausgeberin der *Bi-Girl World*, meint dazu:

Eifersucht

Das allgemeine Klischee sagt: »bisexuell ist gleich nichtmonogam« . . . Meiner Erfahrung nach stimmt das nicht unbedingt, obwohl bisexuelle Menschen insgesamt sexuell offener und experimentierfreudiger zu sein scheinen, und das kann dann wiederum zu nichtmonogamen Beziehungen führen, muß aber nicht. Ich selbst habe mich immer emotional monogam gefühlt, besonders in meiner längsten Beziehung – meiner derzeitigen, mit einer Frau –, aber offen gesagt habe ich es noch nie (weder mit einem Mann noch mit einer Frau) geschafft, sexuell monogam zu bleiben.

In meiner derzeitigen Beziehung ist diese Zweigleisigkeit sogar nötig – sie ist nämlich nichtsexuell. Meine Partnerin, die ich sehr liebe, hat sich noch nie sehr für Sex interessiert, und wir haben schon ziemlich bald die lockere Vereinbarung getroffen, daß ich mit anderen schlafen konnte, solange sie unsere Beziehung nicht stören (das heißt, es muß ein Mann sein und ich »verliebe« mich nicht). Das hat im Laufe unserer viereinhalb Jahre dauernden Beziehung *ganz gut* geklappt, aber es war nicht perfekt. Es hat sich gezeigt, daß meine Partnerin die schnelle Nummer – eine Nacht und nicht mehr – am annehmbarsten fand. Ich habe nicht viel davon erzählt und mich auch nie wirklich auf die betreffende Person eingelassen. Das waren Männer und Frauen, und interessanterweise hat das Geschlecht in diesen Fällen weder für mich noch für meine Partnerin eine Rolle gespielt. Viel schwieriger für uns beide waren die längeren, intensiveren Geschichten. Davon hat es drei gegeben – alle mit Männern. Ich bedaure jede einzelne dieser Affären und habe geschworen, mich nie mehr so auf einen Mann einzulassen.

Ich bin also ganz zufrieden mit dem, was ich jetzt habe – eine enge, starke und dauerhafte Beziehung zu einer Frau, mit der Möglichkeit, daneben kurze sexuelle Begegnungen mit Männern und Frauen zu haben, in die ich aber keine Gefühle investiere. Vielleicht ein merkwürdiges Arrangement, aber irgendwie entspricht es mir. Ich habe mich so daran gewöhnt, daß es mir normal vorkommt – ich kann mir kaum noch vorstellen, wie es ist, in einer traditionellen sexuellen Beziehung mit einem Mann zu leben.

Andererseits gibt es etwas in mir, das sich nach »Normalität« sehnt – entweder in Form einer Ehe mit einem anständigen Mann (was augenblicklich in weiter Ferne liegt) oder als großartige, sexuell erfüllte Beziehung mit einer etwas weniger labilen Frau. Beide Möglichkeiten gehen mir hin und wieder durch den Kopf, aber ich bemühe mich nicht um sie. Im Augenblick fühle ich mich ganz glücklich ... Sieht so aus, als ob ich – und gewisse andere Bisexuelle aus meinem Bekanntenkreis – einfach nicht in die amerikanische Gegenwartskultur passen. Na ja.[39]

Der Rechtswissenschaftler Brian Ford kann Karens Darstellung, daß Bisexualität gesunden Realismus und Aufgeschlossenheit nahelegt, nur unterstreichen. Darüber hinaus, glaubt er, könnte »die Idee der Bisexualität« dazu beitragen, uns »von den eingefahrenen Gleisen der Identitätsproblematik herunterzuholen«, ob es sich nun um »Rassenidentität« oder »Geschlechteridentität« handelt: »Das *Konzept* der Bisexualität erschüttert unsere Vorstellungen von Priorität, Einzigartigkeit und Wahrheit.«

Er warnt allerdings davor, »den Bisexuellen mit einem besonderen Wissen oder Potential auszustatten. Mir scheint, man kann mit seiner Bisexualität ebenso phantasielos umgehen, ebenso eingefahren sein wie ein heterosexueller oder schwuler Mensch.« Aber die »Gestaltung einer Beziehung zu einem anderen Menschen erfordert sowohl ein utopisches als auch ein pragmatisches Element, und es hat keinen Zweck, so zu tun, als ob es nur das eine oder das andere gebe«.

Bisexualität »ist ein Bild dafür, daß man diese Dinge zugleich und zusammen besitzt«. Ein Beispiel:

Sie haben eine Beziehung zu einer Frau und sagen: »eigentlich bin ich bisexuell«. Das heißt nicht, daß Sie gerade einen Betrug begehen, es könnte bedeuten, daß Sie die Eigenart und Besonderheit einer bestimmten Beziehung und die Unmöglichkeit einer Verschmelzung anerkennen. Etwas bleibt draußen – in mancher Hinsicht werden menschliche Beziehungen nicht dem utopischen Ideal entsprechen.

Man kennt nie den ganzen Menschen – man kennt nie einen anderen Menschen ganz. Hätte ich als Mann eine Beziehung zu einer Frau, selbst wenn ich wüßte, daß sie Männer attraktiv findet, wäre die Vorstellung anmaßend und lächerlich, ich als einzelner Mann könnte ihr gesamtes erotisches Leben kennen. Ich glaube, bei Bisexuellen ist das nicht anders. Wenn man jedoch zugibt, daß man sich für das andere Geschlecht interessiert, oder mit der Möglichkeit spielt, sich darauf einzulassen, dann wird dem Beziehungspartner deutlich, daß er nicht das ganze erotische Selbst seines Partners ausfüllt.[40]

Eifersucht

Die Liebe zum Geliebten wird zuweilen durch unbewußte Gefühle für den Rivalen kompliziert. Dieser Punkt, der später für Girard und auch Sedgwick so entscheidende Bedeutung bekommen sollte, gehörte zu den zentralen Thesen eines kurzen Artikels von Freud aus dem Jahre 1921: *Über einige neurotische Mechanismen bei Eifersucht, Paranoia und Homosexualität*, auf den Nancy Friday ihren Freund, jenen entschieden »heterosexuellen« Psychotherapeuten, angesprochen hatte. Freud unterscheidet »drei Schichten oder Stufen der Eifersucht«, eine »normale« und zwei pathologische: (1) *konkurrierend* oder normal, (2) *projiziert*, und (3) *wahnhaft*. Die normale Eifersucht, sagt Freud gleich zu Beginn, wird »von manchen Personen bisexuell erlebt ..., das heißt, beim Manne wird außer dem Schmerz um das geliebte Weib und dem Haß gegen den männlichen Rivalen auch Trauer um den unbewußt geliebten Mann und Haß gegen das Weib als Rivalin bei ihm zur Verstärkung wirksam«.[41]

Wir sollten bedenken, daß Freud hier aus der klinischen Perspektive und nicht – oder vielmehr nicht in erster Linie – vom Standpunkt der Literatur aus schreibt. Damit nehmen seine Beobachtungen die Deutungen von Literaturkritikern vorweg und bestätigen sie zugleich durch die Empirie.

Projizierte Eifersucht hat – im Gegensatz zur konkurrierenden Eifersucht – ihre Wurzeln in der Schuld. Sie »geht beim Manne wie beim Weibe aus der eigenen, im Leben betätigten Untreue oder aus Antrieben zur Untreue hervor, die der Verdrängung verfallen sind« – in anderen Worten, aus tatsächlicher oder phantasierter Untreue. Besonders verheiratete Menschen sind dieser Art von Versuchung ausgesetzt, und Freud, selbst Ehemann, stellt fest, daß »die gesellschaftlichen Sitten ... diesem allgemeinen Sachverhalt in kluger Weise Rechnung getragen« haben, indem sie den Flirt mit einer dritten Person (oder das, was er »kleine Schrittchen in der Richtung der Untreue« nennt) innerhalb der Ehe gestatten. Das Resultat ist, über die Triangulierung, gewöhnlich ein Wiedererwachen der Gefühle für den ursprünglichen Partner: »Die am fremden Objekt entzündete Begierde wird in einer gewissen Rückkehr zur Treue am eigenen Objekt befriedigt.« Somit kann »der gesellschaftliche ›Flirt‹ auch eine Versicherung gegen wirkliche Untreue sein«. Der Eifersüchtige freilich will die Funktion dieses hilfreichen psychischen Mechanismus nicht anerkennen. Er projiziert »die eigenen Antriebe zur Untreue auf die andere Partei, welcher er die Treue schuldig ist«, und fühlt sich im Vergleich besser. »In der Behandlung eines solchen Eifersüchtigen muß man es vermeiden, ihm das Material, auf das er sich stützt, zu bestreiten, man kann ihn nur zu einer anderen Einschätzung desselben bestimmen wollen.«[42]

Auf merkwürdig indirekte Weise zitiert Freud nun einen literarischen Text, um seine Beobachtungen zu stützen. Er bedient sich dazu des klassischen Falles, nämlich Shakespeares *Othello*. Allerdings kommen in der entsprechenden Fußnote weder Othello noch Jago zu Wort, die ja beide ein Ausmaß an Eifersucht offenbaren, das mit gutem Grund als wahnhaft bezeichnet werden darf. Vielmehr zitiert Freud zwei Zeilen aus Desdemonas »Weidenlied« aus dem vierten Akt: »Ich nannt' ihn: du Falscher! Was sagt er dazu?/.../ Seh' ich nach den Mädeln, nach den Buben siehst du.«[43] Hier bezichtigt nicht ein Ehemann seine Frau, sondern eine *Frau* ihren Geliebten der Untreue! Fast scheint es, als ob der Mechanismus, der die Eifersucht vom Objekt auf das Subjekt verschiebt, auch in Freuds Text wirksam geworden wäre.

Erst mit der *wahnhaften* Eifersucht kommen wir Othello und (vor allem) Jago näher. Wie die projizierte Eifersucht hat auch sie laut Freud ihre Wurzeln in »verdrängten Untreuebestrebungen, aber die Objekte dieser Phantasien sind gleichgeschlechtlicher Art«. Gleich anderen Fällen von Paranoia betrachtet er sie als »Versuch zur Abwehr einer überstarken homosexuellen Regung«. Freuds Formel für die *wahnhafte* Eifersucht lautet daher: »*Ich liebe ihn ja nicht, sie liebt ihn.*«[44] Hier spricht die Position des »Rivalen«, bzw. sie widerspricht in dem Versuch, die Aufmerksamkeit des Geliebten in eine andere Richtung zu lenken.

Wie wir gesehen haben, betrachtet Freud Homosexualität als etwas, das für das Individuum einen »Ursprung« hat – sowohl eine seelische als auch – in manchen Fällen – eine organische Voraussetzung bzw. Ursache. In seinem Aufsatz über die Eifersucht faßt er die bereits identifizierten Faktoren kurz und bündig zusammen: Mutterfixierung, Narzißmus, Kastrationsangst und Verführung. Diesen gesellt er nun »einen neuen Mechanismus« hinzu, »der zu einer homosexuellen Objektwahl führt«: die kindliche Eifersucht auf Rivalen, die durch Verdrängung eine Umwandlung erfährt, »so daß die früheren Rivalen nun die ersten homosexuellen Liebesobjekte wurden«. Das ist, stellt Freud fest, das Gegenstück zur Paranoia, bei der aus der zuerst geliebten Person der gehaßte Verfolger wird. Von besonderem Interesse ist freilich, daß »dieser neue Mechanismus der homosexuellen Objektwahl, die Entstehung aus überwundener Rivalität und verdrängter Aggressionsneigung« in seiner klinischen Beobachtung »nur zu homosexuellen Einstellungen« führte, »welche die Heterosexualität nicht ausschlossen und keinen *horror feminae* mit sich brachten«[45]. Mit anderen Worten, sie sind bisexuell.

Liebe macht blind

Eifersucht gehört schon ebenso lange zum Inventar von Literatur und Drama wie die von ihr kaum zu trennende Liebe. Als Alain Robbe-Grillet, ein Vertreter des *Nouveau Roman*, seinem dritten Roman den Titel *La Jalousie* gab, schien er einer langen Tradition zu folgen ... Es gibt eine Reihe ständig wiederkehrender Motive ... Das bemerkenswerteste sind jene vor sämtlichen Fenstern angebrachten Jalousien. Sie heißen im Englischen *blinds*. Auch *Blinds* wäre ein passender Titel für diese Erzählung gewesen.
Germaine Brée[46]

Das Dreieck des Begehrens ist ein gleichschenkliges Dreieck. Daher nimmt das Begehren an Intensität immer dann zu, wenn sich die Person in der mittleren Position dem begehrenden Subjekt nähert.
René Girard[47]

»Von allen Gegenständen des Hasses ist die Frau, die wir einmal geliebt haben, der verhaßteste«, sagt Max Beerbohm in *Suleika Dobson*. Liebe und Haß verwandeln sich sehr viel leichter ineinander, als daß eines dieser extrem starken Gefühle einfach vergeht.

In *Othello* etwa sind Jagos leidenschaftliche (erotische) Gefühle für Othello mindestens so stark wie das, was er für Desdemona empfindet, und die Mischung aus Liebe und Haß, die ihn erfüllt, ist für das trianguläre Begehren absolut typisch. Diese »Umkehrung des Affekts« – die beunruhigende Leichtigkeit, mit der sich Liebe in Haß und Haß in Liebe umkehrt – wird vielen Liebenden aus eigener Erfahrung bekannt sein und gehört zum Grundinventar der Rachetragödie.

Othellos Eifersucht auf seinen Freund Cassio wird zum einen dadurch verschärft, daß dieser in Othellos Werbung um Desdemona die Rolle des Vermittlers gespielt hat (»der für dich warb«, erinnert sich Desdemona, und Othello erzählt Jago, er »ging von einem oft zum andern«[48]), und zum anderen durch Cassios gutes Aussehen und vollendetes Benehmen, das schließlich Jago und Othello bewundernd und neidvoll zur Kenntnis nehmen. (»So zeigt sein Leben täglich eine Schönheit, die mich verhäßlicht.«[49])

Liebe macht blind

Dem Dreieck Othello – Cassio – Desdemona, in dem Othello sein Verlangen nach Desdemona offenlegt und sein Verlangen nach Cassio sublimiert und verdrängt – so daß ihm die Vorstellung nicht schwerfällt, Desdemona könne Cassio statt seiner wählen –, folgt also das Dreieck Jago – Othello – Desdemona, in dem Jagos verhinderte Liebe zu Othello in Form von Haß Gestalt annimmt und schließlich zu seiner fiktiven (Re-)Konstruktion des ursprünglichen Dreiecks Othello – Cassio – Desdemona führt.

Othellos Liebe zu Cassio verwandelt sich in Haß, und tragischerweise geschieht dies auch mit seiner Liebe zu Desdemona. Jago, dessen eigenes Begehren keine Erfüllung findet, stellt den Haß in den Dienst der Liebe. Daß seine Gefühle zu Othello *tatsächlich* eine Art erotischer Leidenschaft sind, wird in jener schrecklichen, vielleicht stärksten Szene des Stückes deutlich, als er mit Othello eine Art Trauung inszeniert.

Durch Jago von Desdemonas Untreue überzeugt, fällt Othello auf die Knie und schwört:

> OTHELLO: Nun, beim kristallnen Äther,
> Mit schuld'ger Ehrfurcht vor dem heil'gen Eid
> Verpfänd' ich hier mein Wort.
> JAGO: Steht noch nicht auf –
> Bezeugt's ihr ewig glüh'nden Lichter dort!
> Ihr Elemente, die ihr uns umschließt!
> Bezeugt, daß Jago hier sich weiht mit allem,
> Was sein Verstand, was Herz und Hand vermag,
> Othellos Schmach zu ahnden! Er gebiete,
> Und zu gehorchen sei mir Liebespflicht,
> Wie blutig auch die Tat.

Wenig später sagt Othello: »Nun bist du mein Leutnant!«, worauf Jago erwidert: »Ich bin auf ewig Euer!«[50] Die Sprache – »bezeugen«, »verpfänden« (*engage*), »heil'ger Eid«, das Versprechen von »Herz und Hand« und ganz besonders das Wort »gehorchen« – spielt auf ein Ehebündnis an: Gehorsam wurde noch Anfang unseres Jahrhunderts im anglikanischen Hochzeitsritus als erste Pflicht der Frau genannt. Eine Szene, in der es Jago gelingt, die beiden Männer Seite an Seite knien zu lassen, bringt diese Bühneninszenierung einer bigamistischen, rein männlichen »Eheschließung« zuwege: »Ich bin auf ewig Euer.«

Eifersucht

Othello gehört zu den drei Stücken Shakespeares, in denen die erotische Eifersucht zur primären Triebkraft einer potentiell tragischen Handlung wird, *Viel Lärm um nichts* und *Das Wintermärchen* sind die beiden anderen. In jedem Stück entwickelt sich ein erotisches Dreieck, ein Ehemann oder angehender Ehemann wird getäuscht und in dem Glauben gehalten, seine Auserwählte sei ihm nicht treu. Und in jedem Fall besteht zugleich mit dem Verdacht weiblicher Untreue eine Bindung zwischen dem Mann und seinem engsten Freund, die als Quelle des Vergnügens und der Beunruhigung unterschätzt wird und den Verdacht der Untreue geradezu erst hervorzurufen scheint. Ist der Liebhaber eifersüchtig auf die Frau oder den Mann?

Die erotischen Verhandlungen in diesen drei Stücken werden im Guten wie im Schlechten über die Triangulierung geführt, und jede Interaktion innerhalb der Triade Liebhaber, Geliebte und Rivale bzw. Mittler wird durch erotische Gefühle kompliziert. Tatsächlich sind diese Stücke auf ihre Weise Beispiele für das, was ich den »bisexuellen Plot« genannt habe. Die daran teilhaben, interagieren miteinander – ganz gleich, ob sie Bisexuelle sind oder nicht – in einer Dreiecksbeziehung, die durch erotische Spannung, Konkurrenz, Positionswechsel und mimetisches bzw. rivalisierendes Begehren sowohl auf gleich- wie auf andersgeschlechtlicher Seite in Bewegung gerät.

19. Der bisexuelle Plot

> Im tragischen Leben, weiß Gott
> Brauchts keinen Schurken! Uns bringt die Leidenschaft zu Fall.
> *George Meredith* [1]

An anderer Stelle habe ich Lillian Hellmans *The Children's Hour* einen »bisexuellen Plot« genannt, obgleich nicht deutlich wird, welcher Art die erotischen Beziehungen zwischen Karen, Martha und Joe eigentlich sind, die Handlung *als solche* aber von den bisexuellen Spannungen zwischen den Hauptfiguren vorangetrieben wird. Freuds Aufsatz über die Eifersucht gestattet eine ganz ähnliche Interpretation des *Othello*, wobei die Frage, ob Jago (oder auch Othello) nun homosexuell ist oder nicht, für unsere Zwecke weniger Bedeutung hat als die auf glänzende und komplexe Weise sexualisierten Beziehungen zwischen Jago, Othello, Desdemona und Cassio.

In unseren Überlegungen zum Bild der Bisexualität im allgemeinen Bewußtsein sind wir auf eine Reihe von charakteristischen Merkmalen des bisexuellen Plots gestoßen: die »Phase«, aus der man im Laufe der Entwicklung zur heterosexuellen (manchmal auch schwulen oder lesbischen) »Reife« herauswächst; den Zustand der Unentschiedenheit oder Verwirrung; die Rivalität zwischen einem Mann und einer Frau, die ihrerseits an einer dritten Person erotisch interessiert bzw. für diese erotisch interessant sind; eine Liebesbeziehung zu einem Paar, in der Eifersucht und Rivalität entweder in eine Form von Beziehung zu beiden Partnern umgesetzt wird oder aber in den Versuch mündet, einen von beiden für sich zu gewinnen. Häufig ist die erotische Spannung dann am größten, wenn sie nicht in Handlungen mündet. (Filmemacher begehen oft den Fehler, sexuelle Empfindungen auf der Leinwand darzustellen, was nicht selten dazu führt, daß die erotische Spannung des Dreiecks ab- statt zunimmt. Wir werden einige Beispiele dafür im folgenden besprechen.)

Der bisexuelle Plot

Ich verstehe den bisexuellen Plot als eine Form der erotischen Triangulierung, in der jemand sich im Zwiespalt befindet, ob er mit einem Mann oder mit einer Frau leben will. Ich möchte im folgenden zwei klassische Beispiele für diesen Plot betrachten und darauf verweisen, wie auch hier die Bisexualität nicht angesehen wird, sondern vielmehr durch sie hindurchgesehen wird: Sie wird umgedeutet und soll dem Zweck dienen, eine ganz andere Geschichte zu erzählen. Wir sehen, wie sie entweder auf die eine oder auf die andere Seite der (so wahrgenommenen) erotischen Dualität gestellt und entweder als »eigentlich« heterosexuell oder »eigentlich« lesbisch oder schwul verstanden wird. Bisexualität ist auch in diesen Beispielen überall und nirgends, eine gefährlich unstete Form des Begehrens, die sowohl von den handelnden Figuren als auch von den Kritikern auf irgendeine Weise zum Verschwinden gebracht werden muß.

»Die berühmte Phase«

> ... daß dieses Vergnügen an Abendbesuchen von Studenten und
> Journalisten eine »Phase« sei und daher von selbst zu Ende ginge,
> wenn sie erst über größere geistige Fähigkeiten verfügte ...
> Henry James[2]

Henry James' 1885/86 erschienener Roman *Die Damen aus Boston* ist lange Zeit als Buch über die Idee der »romantischen Frauenfreundschaft« und über das Problem der lesbischen Liebe gelesen worden. Die Geschichte des klassischen Dreiecks Olive Chancellor, Verena Tarrant und Basil Ransom beginnt mit Olive, die Verena als Gefährtin und Schützling bei sich aufnimmt, und endet damit, daß Basil sie mit sich fortnimmt. Die Beziehung zwischen Olive und Verena ist ein klassisches Beispiel für die sogenannte »Boston-Ehe«, ein Arrangement, das in New England am Ende des 19. Jahrhunderts durchaus verbreitet war. Es handelte sich dabei um die monogame Verbindung zweier unverheirateter Frauen auf der Basis gemeinsamer kultureller, sozialer und politischer Interessen.

Lillian Faderman schreibt über die Boston-Ehe: »Ob diese Vereinigungen manchmal oder oft auch sexuell waren, werden wir nie wissen, wir wissen aber mit Sicherheit, daß diese Frauen ihr Leben vor allem mit anderen Frauen verbrachten. Sie schenkten ihre Aufmerksamkeit und Energie anderen Frauen und knüpften starke emotionale Bindungen miteinander.«³ Mit großem Geschick zeigt Faderman die Tendenz der Literaturkritik (darunter viele Männer) um die Mitte des 20. Jahrhunderts, *Die Damen aus Boston* als den Triumph der Natur über das Unnatürliche zu deuten, als den Sieg der Heterosexualität Basils (und Verenas) über Olives lesbische Liebe, die als »perverse Sexualität«⁴ und »Geisteskrankheit«⁵ bezeichnet wird. Basil rettet Verena aus einer »unnatürlichen Verbindung«⁶ und gibt ihr statt dessen die Möglichkeit, in einer »natürlichen« und »normalen« heterosexuellen Ehe Erfüllung zu finden.

Ein neuerer, von Terry Castle zutreffend beschriebener Trend unter den Kritikern bezweifelt die zentrale Bedeutung der lesbischen Liebe für den Roman. »Das Thema ist ein anderes«⁷, lautet die schlichte Behauptung Walter F. Wrights aus dem Jahre 1962. Castle zitiert aus Jean Strouses Biographie der Schwester des Romanciers, Alice James (die selbst in einer Boston-Ehe lebte), die Warnung, es sei »ein großer Fehler, Lesbianismus in *Die Damen aus Boston* hineinzulesen«⁸. Der Kritiker Tony Tanner kommt in seiner Analyse des Romans zu dem Schluß, »ihn als eine Studie über die lesbische Liebe zu betrachten«⁹ sei zugleich »irrelevant und einschränkend«. Andere Kritiker, so Castle, erkennen Olives Existenz als Lesbierin an, aber nur um sie als »schreckliche«¹⁰, »verschrobene«¹¹ und »unnatürliche«¹² Gestalt zu denunzieren, die »Männer haßt«¹³ und Verenas Leben zerstören will.

In ihrer eigenen klugen Analyse des Romans dreht Castle den Spieß um und beharrt auf Olives »heroischem« Lesbentum.¹⁴ Sie nennt *Die Damen aus Boston* »die erste und vielleicht unheimlichste ›lesbische Tragödie‹ in der modernen englischen und amerikanischen Literatur« und »Olive Chancellor (möglicherweise) die erste lesbische, tragische Heldin«.¹⁵

Gemeinsam ist vielen dieser modernen Interpretationen das Interesse an Olive, der komplexen Protagonistin. »James hat seine Sympathie für sie bereits gezeigt«¹⁶, meint Castle, bevor Rivalität und Verlust eine »tragische« Figur aus ihr machen. Wenn nun aber *Die Damen aus Boston* als »lesbischer Roman«¹⁷ klassifiziert werden kann, was Terry Castle in der Nachfolge Jeanette Fosters versucht, und wenn zum anderen Kritikerinnen »das Lesbenthema in *Die Damen aus Boston* im Ganzen mit mehr Gleichmut zu behandeln geneigt waren als selbst diejenigen ihrer männlichen Kollegen, die Olive die größte Sympathie entgegenbrachten«¹⁸, dann sollte man festhalten, daß Olive zwar eine »Lesbierin« ist, Verena aber mit gleichem Recht als »Bisexuelle« bezeichnet werden darf. Warum nennen wir *Die Damen aus*

Der bisexuelle Plot

Boston also nicht einen »bisexuellen Roman«? Oder, um es weniger grundsätzlich zu sagen, einen Roman mit einem bisexuellen Plot? Castle weist kritisch darauf hin, daß Olive zur »geisterhaften« bzw. »schattenhaften Lesbe« wird, deren Sexualität häufig übersehen oder außer acht gelassen wird, die aber, sei's als »Schreckgespenst« oder als »Heldin«, den Roman zu »ihrem« Roman macht.[19] Dasselbe tut Vanessa Redgrave in *Damen aus Boston*, der Verfilmung des Romans mit Christopher Reeve und Madeleine Potter.

Olives Interesse an einer engen Beziehung zu einer jungen Frau wird schon am Anfang des Romans deutlich:

> Sie wünschte sich sehnlichst, ein *ganz* armes Mädchen kennenzulernen. Es mochte den Anschein haben, als sei das ein Vergnügen, das man sich sehr leicht verschaffen könne; jedoch – ihr war dieses Erlebnis noch nicht vergönnt gewesen. Sie hatte sich um die Bekanntschaft mit ein paar bleichen Ladenmädchen bemüht, aber sie schienen Angst vor ihr zu haben, und so war ihr Versuch gescheitert. Sie sah ihr Schicksal als wesentlich tragischer an, als die Mädchen selbst es taten; sie begriffen nicht, was sie von ihnen wollte, und zogen zu Olives Entsetzen jedesmal Charlie ins Gespräch. Charlie war ein junger Mann in einem weißen Kittel mit einem Papierkragen; ging man der Sache auf den Grund, so galt das Interesse der Mädchen weitaus mehr ihm als ihr. An Charlie lag ihnen sehr viel mehr als am Frauenstimmrecht.[20]

Da wir gerade nach schemenhaften Gestalten suchen: Charlie ist ein ausgezeichneter Kandidat. Er existiert nur als Redewendung, als unvollendete Skizze eines Dreieckspunktes. Aber obwohl Verena kein bleiches Ladenmädchen ist und Basil kein Charlie, wird sich dieses Szenario in Olives wichtigster Beziehung ihres Lebens wiederholen.

In Verena fand sie, »wonach sie so lange gesucht hatte – eine Freundin, mit deren Seele ihre eigene verschmelzen könne. Zwar war eine Freundschaft nur möglich, wenn beide Beteiligten sie erstrebten, aber es konnte ja gar nicht sein, daß dieses so ungeheuer sympathische Mädchen ihr Freundschaftsangebot zurückweisen würde.«[21] »Wollen Sie für alle Zeiten meine Freundin sein, meine Herzensfreundin, die mir näher steht als irgend etwas sonst, als jeder andere Mensch?« fragt sie.[22] Auch Verena, heißt es trocken, »hatte von Freundschaft geträumt, aber ihre größte Sehnsucht hatte ihr

»Die berühmte Phase«

nicht gegolten«[23]. Hat sie wie die Ladenmädchen von einem »Charlie« geträumt?

Wie auch immer, es dauert nicht lange, da tritt ein »Charlie« auf den Plan. Kaum hat Olive Verena eingeladen, bei ihr zu wohnen und (falsch) Goethe zitiert (»Entsagen sollst du, sollst entsagen«), als sich störender Besuch anmeldet.

»Ach, ich glaube, selbstlos kann ich sein!« rief Verena lachend. Und sie erhob sich ziemlich rasch, gleichsam als wolle sie den Beweis für ihre Worte liefern, indem sie sich verabschiedete. Olive streckte die Hand aus, um sie festzuhalten, und in diesem Augenblick wurde eine der Portieren des Zimmers zur Seite geschoben, und Miß Chancellors kleines Stubenmädchen bat einen Herren einzutreten.[24]

Es ist Basil Ransom. Verena versucht sich zu verabschieden – sie glaubt, »daß es in . . . den höchsten gesellschaftlichen Kreisen üblich sei zu gehen, wenn ein anderer Gast kam«[25] –, aber natürlich sind weder Basil noch Olive damit einverstanden. »Zu dritt standen sie mitten in dem charakteristischen Zimmer, und zum ersten Mal im Leben beschloß Olive Chancellor, zwei Menschen, die sich unter ihrem Dach begegneten, einander nicht vorzustellen.« »*Muß* sie gehen, Miss Olive?« fragt Ransom und zu Verena gewandt: »Ergreifen Sie vor einem einzelnen Mann die Flucht?«[26]

Wie macht man aus dreien zwei, aus einem Dreieck eine Linie? Das ist die geometrische Agonie des Romans, und sie wird weder durch die Häuslichkeit der Szenerie noch durch die milde oder auch nicht so milde Ironie des Autors weniger qualvoll.[27] Ransom etabliert ohne Umschweife den störenden Charakter des Dritten. »›Ich will riskieren, hier eine Feststellung zu treffen: Ich mag Sie genauso gern, wie Sie einander mögen!‹ ›Wieviel er darüber schon weiß!‹ sagte Verena und lächelte zu Olive Chancellor hinüber.«[28]

Aber Verena kann ihr Interesse an jungen Männern nicht ganz und gar verbergen. Als Olive ihr das verhängnisvolle Versprechen abringt, niemals zu heiraten, beschreibt sie Verena die »Phase«, die ihre junge Freundin ihrer Meinung nach gerade durchläuft. Die Phase ist nicht Homo-, sondern Heterosexualität; und die Tatsache, daß Olive sie als Phase beschreibt, sei eine »optimistische Behauptung« ihrerseits. »Ich habe nicht die geringste Angst, daß du einen abstoßenden Mann heiraten könntest«, erklärt Olive, »in Gefahr brächte dich nur ein attraktiver Mann.«

577

Der bisexuelle Plot

»Ich bin nur froh, daß Sie wenigstenz die Existenz *einiger* attraktiver Männer zugeben«, rief Verena mit jenem hellen Lachen aus, das ihre Verehrung für Miss Chancellor noch nicht zu unterdrücken vermocht hatte. »Manchmal sieht es so aus, als gäbe es überhaupt keine Männer, die Sie sympathisch finden könnten!«

»Ich kann mir durchaus einen Mann vorstellen, der mir höchst sympathisch wäre«, erwiderte Olive nach einem Augenblick. »Aber die, die ich sehe, mag ich nicht. In meinen Augen sind sie armselige Geschöpfe« ... Und dies war das Ende des Gesprächs: Nachdem Verena, fügsam wie immer, der optimistischen Behauptung ihrer Freundin zugestimmt hatte, daß dieses Vergnügen an Abendbesuchen von Studenten und Journalisten eine »Phase« sei und daher von selbst zu Ende ginge, wenn sie erst über größere geistige Fähigkeiten verfügte, erklärte sie, daß die Ungerechtigkeit der Männer vielleicht etwas Zufälliges oder Teil ihres Charakters sei, daß sie sich jedenfalls gründlich wandeln müsse, ehe sie heiraten wolle.[29]

Als daher der Harvard-Student Henry Burrage beginnt, ihr den Hof zu machen, »empfing [Verena] ihn mit Olives vollem Einverständnis. Sie waren übereingekommen, der berühmten ›Phase‹ keine künstlichen Grenzen zu stecken.«[30] Die Affäre verläuft im Sande (Burrage ist ein »Charlie«, er ist sowohl in Olives Augen als auch in einer alten englischen Bedeutung des Wortes ein Dummkopf), aber die eigentliche Gefahr für Olive droht erst, als Basil Ransom für einen Monat nach Marmion kommt.

»Ich will ihn nicht heiraten«, sagt Verena zu Olive und gesteht zugleich: ». . . ich mag ihn besser leiden als irgendeinen der Herren, die mir je begegnet sind.« »Auch schon früher hatte Olive gelegentlich Verdacht gehegt und Ängste ausgestanden; aber jetzt erkannte sie, wie unnütz und närrisch sie gewesen waren, denn dies war etwas völlig anderes als irgendeine jener ›Phasen‹, deren Entwicklung sie bis jetzt so unruhig verfolgt hatte.«[31]

Es gehört zu den kleineren, aber köstlichen Ironien des Romans, daß Verenas Vorstellungen über die Ehe sehr viel kühner sind als die ihrer Freundin. Ihr Vater, der ein wenig ölige Mr. Tarrant, war »eine Zeitlang Mitglied der berühmten Cayuga-Gemeinde gewesen ..., in der es keine Ehefrauen oder Ehemänner gab oder so etwas Ähnliches«.[32] »Cayuga« ist ein Phantasiename für die Oneida-Gemeinschaft, die zwischen 1848 und 1879 ihre Blütezeit hatte. Es handelte sich dabei um eine im Staate New York ansässige religiöse Gruppe, deren Mitglieder an die »komplexe Ehe« glaubten – was bei ihren Kritikern »freie Liebe« hieß. Verena, deren Erfahrungen Olive dreimal in einem Satz mit dem Attribut »sonderbar« (*queer*) beschreibt (»Verenas Leben war sonderbarer, als sie es für möglich gehalten hatte, und das Sonderbarste daran war, daß sie selbst es keineswegs für sonderbar zu halten schien«[33]), ist unter Leuten aufgewachsen, »die sich weigerten, die Bindung der Ehe anzuerkennen«, und spricht »über die Ehe so, wie sie über den neuesten Roman hätte sprechen können – als sei dieses Thema schon häufig in ihrer Gegenwart diskutiert worden«. Bei den forschen Reden ihrer jungen Freundin schwindelt der vergleichsweise gesetzten Olive, und sie schließt die Augen »wie jemand, der darauf wartet, daß ein Schwindelgefühl vorbeigeht«.

> Aber obwohl Olive keinerlei Ansichten über die Ehe hatte, außer, daß sie es hassen würde, selbst eine derartige Verbindung einzugehen – mit dieser Reform wollte sie sich daher auch gar nicht befassen –, sagte ihr doch die »Atmosphäre« von Kreisen nicht zu, die solche Institutionen in Frage stellten. Sie hatte keine Lust, dieses Problem näher zu untersuchen; und nur um ganz sicherzugehen, wollte sie Verena fragen, ob sie damit einverstanden sei oder nicht.
> »Ehrlich gesagt«, erwiderte Miss Tarrant, »ich ziehe freie Verbindungen vor.«
> Eine Sekunde hielt Olive den Atem an; eine solche Idee war ihr so unsympathisch. Dann flüsterte sie statt einer Antwort unsicher: »Ich wünschte, Sie ließen sich von mir helfen.«[34]

Wie schon aus Henry James' ironischem Vergleich der »Bindung der Ehe« mit dem neuesten Roman ersichtlich wird, plappert Verena schlicht die Überzeugungen der Freunde ihrer Eltern nach, wenn sie sich für »freie Bindungen« ausspricht. Sie denkt durchaus nicht daran, demnächst einen nichtmonogamen Lebenswandel zu führen. Dennoch fällt Olive ironischerweise die Aufgabe zu, die Ausschließlichkeit der Ehe zu vertreten, was durch ihren späteren Antrag an Verena noch unterstrichen wird. Ihr inständiges Flehen »Versprich mir, nicht zu heiraten!«[35] ist im Grunde ein Heiratsantrag. In kühleren, bedachteren Momenten sieht Olive das selbst so: »Jetzt ist mir das alles klar; ich habe begriffen, daß nur meine Eifersucht aus mir gesprochen hat – meine rastlose, gierige Eifersucht ... Ich will nicht, daß du irgend etwas unterschreibst; ich will nichts als dein Vertrauen – will nur das, was diesem Vertrauen entspringt. Ich hoffe aus tiefstem Herzen, daß du nicht heiraten wirst, wenn du es aber nicht tust, darf der Grund dafür nicht ein Versprechen sein, das du mir gegeben hast.«[36]

Das ist natürlich ein noch raffinierterer Doublebind als der erste Antrag, obgleich das nicht unbedingt Olives Absichten entspricht. Sie ersetzt ihren früheren Heiratsantrag durch das, was man das Angebot einer »freien Bindung« nennen könnte; keine »Unterschrift«, kein Versprechen, nein, Verenas freier Wille wird ihre Beziehung besiegeln. »›Versprich nichts, versprich nichts!‹ fuhr sie fort. ›Es wäre mir lieber, du tätest es nicht.‹«[37] Henry James kommentiert mit der ihm eigenen Schärfe: »Ihre Art, ihre Inkonsequenz wieder gutzumachen, war echt weiblich; sie wollte sich gleichzeitig eine Sicherheit verschaffen und durch ihre Bitten ein Versprechen verhüten.«[38] Wenig später führen Olive und Verena ihr erstes Gespräch über die »Phase« der heterosexuellen Werbung.

Olive möchte Ausschließlichkeit. Ihre Schwester, die Gesellschaftsdame Mrs. Luna, sagt über Henry Burrages Werben um Verena zu Basil: »Olive steht zwischen ihnen – wenn es nach ihr geht, wird sie eine alte Jungfer werden; und hauptsächlich will sie sich selbst sichern.«[39] Henrys Mutter ist derselben Meinung: »Ich vermute«, sagt sie zu Olive, »der Gedanke, sie könne heiraten, sagt Ihnen durchaus nicht zu; dadurch zerbräche ja eine Freundschaft, die für Sie so reich an Interesse ist.« (Olive fragte sich einen Moment lang, ob sie nicht eigentlich »so überaus nützlich« hatte sagen wollen.[40]) Und: »Sie können mich natürlich mit Recht fragen‹, fügte Mrs. Burrage lächelnd hinzu, ›wieso Sie sich günstig über einen jungen Mann äußern sollten, der ausgerechnet den Menschen heiraten will, von dem Sie am meisten wünschen, er möge unverheiratet bleiben!‹ Diese Definition Verenas stimmte selbstredend vollkommen; aber es klang für Olive nicht gerade angenehm, diesen Umstand so klar erkannt zu wissen.«[41]

Der Kampf zwischen – oder unter – Olive, Verena und Basil Ransom ist damit in gewisser Hinsicht der Kampf eines Paares gegen das Dreieck. Aber wer bildet das Paar, und wer ist der Dritte? Als Olive von Verenas heimlicher Korrespondenz mit Basil erfährt und mit heftiger Eifersucht darauf reagiert, antwortet die arglose Verena in vertrauten Worten: »Und jetzt... ist es wirklich seltsam von dir, immer noch an mir zu zweifeln und zu glauben, ich sei nicht mehr denn je an unsere alten Träume gekettet (*wedded*).«[42] Das Zauberwort tut seine Wirkung, am Ende der Szene (das zugleich das Ende des Kapitels ist) steht der verhaltenste und erotischste Moment des Romans:

Olive »wandte den Blick nicht eine Sekunde von Verena ab, spürte, daß diese bis in die Tiefe ihres Herzens aufgewühlt war, daß eine wunderbare, aufrichtige Leidenschaft sie beseelte, daß sie ein zitterndes, reines Mädchen war, das sein Leben einer Sache geweiht und tatsächlich entsagt hatte, daß sie beide vor aller Unbill sicher waren und sie selbst höchst ungerecht und taktlos gewesen war. Sie trat langsam an sie heran, schloß sie in die Arme und hielt sie lange umschlungen; dann küßte sie sie, ohne ein Wort zu sagen.«[43]

Wow! Hätte Henry James das Kapitel an dieser Stelle beendet, wäre die Wirkung wohl eindrucksvoll genug gewesen. Aber er setzt eine störende kleine Coda, einen kühlen letzten Satz hinzu: »Woraus Verena schloß, daß sie ihr glaubte.« Sofort wechseln Aufmerksamkeit und Interesse des Lesers von Olive zu Verena, und Olives Emphase rückt sie, wie so viele leidenschaftlich und schutzlos Liebende männlichen oder weiblichen Geschlechts, an den Rand der Lächerlichkeit. Jene Szene am Anfang des Romans, in der Basil das *tête-à-tête* zwischen den beiden Frauen stört, wird sich später wiederholen, wenn er unliebsamerweise in ihrem Haus bei Marmion auf Cape Cod erscheint. Und wieder wird am störenden Dritten die Form des Dreiecks nur allzu deutlich. »In plötzlichem Entsetzen starrte sie ihn an; für den Moment hatte ihre Selbstbeherrschung sie völlig im Stich gelassen ... Er konnte kein Wort zu ihr sagen, nichts ..., das die abscheuliche Tatsache seiner Anwesenheit hätte versöhnlicher machen können. Er konnte ihr nur Zeit geben, es zu begreifen und sie erraten zu lassen, daß sie ihn diesmal nicht wieder loswürde.«[44] Selbst die »schlichte« Miss Birdseye weiß, um was es geht, als Basil ihr sagt, er sei entschlossen, diesen Besuch zu machen.

Auf ihren Einwand: »Da wäre es doch ein Jammer, wenn ich ihnen zusetzte und ihnen alles verdürbe«, sagt Basil:

»Das werde ich wohl leider tun, Miss Birdseye.«
»Ach, nun ja, ein Herr«, murmelte die alte Frau vor sich hin.
»Ja, nicht wahr? Was kann man von einem Herrn schon erwarten? Wenn ich's kann, werde ich ihnen bestimmt alles verderben.«[45]

Inwiefern ist es begründet, *Die Damen aus Boston* als bisexuellen Roman oder als Roman mit einem bisexuellen Plot zu bezeichnen? Verena ist empfänglich für Aufmerksamkeiten von männlicher und weiblicher Seite. Ihre Beziehung zu Olive wäre, mit der entsprechenden historischen Vorsicht, jenem im alten Griechenland gepflegten Schüler-Mentor-Verhältnis vergleichbar. Wir haben bereits festgestellt, daß in Olives Wunschvorstellung eine entscheidende *Un*gleichheit zwischen den Partnern vorherrscht (»Sie wünschte sich sehnlichst, ein *ganz* armes Mädchen kennenzulernen«), das heißt in diesem Fall einen Unterschied nach Klasse bzw. Vermögen und Alter. Verenas Jugend und Naivität und ihre schrecklichen Eltern geben Olive Gelegenheit zu fürsorglicher Dominanz. Sie hatte »die ganze Nacht über wach gelegen und darüber nachgedacht . . ., ihre Gedanken hatten sich dann auf die eine Idee konzentriert, daß sie zusammen, wenn sie das Mädchen nur aus der Gefahr, auf vulgäre Art ausgenutzt zu werden, erretten, sich ihm völlig widmen und zu seiner Beschützerin machen könnte, vielleicht das große Ziel erreichen würden«[46].

Man erinnere sich daran, daß etwa zu der Zeit, als Henry James seinen Roman schrieb (er erschien zuerst 1885/86 als Fortsetzungsroman im *Century Magazine*), die modernen Kategorien »Homosexualität« und »Heterosexualität« zur Klassifizierung von Personen eingeführt wurden. »Bis dahin«, faßt die Soziologin Paula Rust das in der neuesten Gender-Forschung diskutierte Problem zusammen, »war die sexuelle Persönlichkeit eines Menschen nicht über das Geschlecht seines Partners bestimmt worden. Struktur und Definition von Sexualität wurden primär nicht nach dem genitalen Geschlecht, sondern nach Klasse, Alter und Geschlechterrolle bestimmt.«[47] Jede verallgemeinernde Behauptung dieser Art ist natürlich anfechtbar und durch Ausnahmen zu widerlegen. Betrachtet man jedoch Geschlecht und Werbeverhalten in *Die Damen aus Boston*, so sollte man die Bedeutung von Klasse, Alter und Geschlechterrolle in der Verbindung zwischen Olive und Verena beachten. Olive kauft, oder besser: mietet Verena von ihren Eltern für ein Jahr. Sie tritt »an ihren Schreibtisch . . ., um einen Scheck über eine sehr beträchtliche Summe für Mr. Tarrant auszuschreiben. ›Lassen Sie uns in Ruhe – völlig in Ruhe – während eines Jahres; dann schreibe ich Ihnen einen weiteren Scheck aus.‹«[48] Und während Olives Hingabe an die Beziehung deutlich leidenschaftlich und unmißverständlich erotisch ist (obgleich sie das selbst nicht zu erkennen vermag), so ist Verena – neben ihrem Wunsch, etwas zu lernen – eher an den damit verbundenen Annehmlichkeiten, Umständen und Gelegenheiten interessiert. Macht das die Beziehung zu einer ungleichen oder unnatürlichen? Wie viele – heterosexuelle – Ehen werden noch heute auf dieser Basis geschlossen? Urteilen Sie selbst.

»Sind die beiden Damen wirklich so eng befreundet?« fragt Basil die arglose Miss Birdseye. »Sie erzählt ihr . . . fast alles; sie stehen sich ja so nahe« (*their union is so close*), lautet die Antwort.⁴⁹

Die Beziehung zwischen Olive und Verena wird mehrfach als *union* beschrieben. »Nicht länger mehr war Verena nur der passive Teil in dieser Freundschaft (*union*) zweier junger Frauen, nicht länger begnügte sie sich mit Bewunderung; jetzt war sie voller Leidenschaft und strahlte eine wunderbare Kraft aus.«⁵⁰ Sie »konnte Verena keine Stunde mehr trauen. Noch am Abend zuvor hatte sie ihr, mit dem schmerzzerrissenen Antlitz eines Engels, geschworen, daß sie ihre Wahl getroffen habe, daß ihr ihre Freundschaft (*union*) und ihre Arbeit mehr bedeuteten, als jedes andere Leben es je vermöge . . .«⁵¹

Als Olive von Verena erfährt, daß Basil sie um ihre Hand gebeten hat, versucht sie »ihren eigenen Verlust . . . *ihre zerstörte Freundschaft* (*union*)« zugunsten der öffentlichen oder politischen Frage, Verenas »Abfall von ihrer Gesinnung«, hintanzustellen. Ihr Ausbruch ist jedoch nur auf dem Hintergrund sexueller Eifersucht zu verstehen:

> Olive warf sich über die Couch und vergrub das Gesicht in den Kissen, die sie in ihrer Verzweiflung zerknüllte, und jammerte, daß er Verena gar nicht wirklich liebe, daß er sie nie geliebt habe und daß er nur so tue, weil er ihre Bewegung hasse; und die Bewegung allein wolle er schädigen, wolle ihr das Schlimmste antun, das er sich ausdenken könne. Er liebe sie nicht, er hasse sie, er wolle sie nur unterdrücken, zermalmen, umbringen – und das würde sie mit Sicherheit erleben, wenn sie auf ihn hörte. Er wisse sehr wohl, daß ihre Stimme etwas Magisches habe, und von dem Augenblick an, da er sie zum ersten Mal gehört, sei er entschlossen gewesen, sie zum Schweigen zu bringen. Nicht Zärtlichkeit sei seine Triebfeder – sondern teuflische Bosheit.⁵²

Diese leidenschaftliche, von erotischem Schmerz erfüllte Passage bezieht ihre Ausdruckskraft auch aus einem Rückgriff auf Shakespeares *Othello*, dem klassischen Ort der sexuellen Eifersucht. Basils »teuflische Bosheit« erinnert an Samuel Taylor Coleridges berühmte Bemerkung, Jago sei die Quintessenz des Bösen und habe kein anderes Motiv für seine Taten als »grundlose Bosheit«. Ganz am Ende sagt Othello an Jago gewandt: »Bist du ein Teufel, kann ich dich nicht töten.«⁵³ Vom Taschentuch, das Othello Desdemona gab und dessen Verlust zum falschen Indiz für ihre Untreue wird, heißt es, es stecke »Magie« in seinem Gewebe.[54] Und im tragischen Schluß der Shakespeare-Tragödie ist Wirklichkeit geworden, was sich Olive in ihrem Schmerz vorstellt: Er liebt sie nicht, er haßt sie, er will sie nur unterdrücken, zermalmen, umbringen. Vielleicht sind die Verweise nicht sehr deutlich, aber sie sind nachhaltig. Olives Verzweiflung hält eine Reihe von beklagenswerten Wochen an[55] und wird in ihrer Wiederholung eines altvertrauten Schemas »tragisch«, um Terry Castles Bezeichnung wieder aufzugreifen (die übrigens auch bei Francis O. Matthiessen und nicht zuletzt bei Henry James fällt[56]).

Verenas Entscheidung am Ende des Romans erscheint ihr selbst nicht als Entscheidung, sondern als etwas Unausweichliches, obgleich sie anerkennt, daß es von Olives Warte aus als »Verrat« erscheinen muß: »Was geschehen war, war einfach genug: Die Wahrheit war nur auf die andere Seite übergewechselt ... Sie liebte, sie war verliebt – sie spürte es in jeder Faser ihres Seins ... Leidenschaft war es nach wie vor – zweifellos; nur hatte sie jetzt ihren Gegenstand gewechselt. In der Vergangenheit war sie überzeugt gewesen, ihr geistiges Feuer brannte mit einer Art Doppelflamme: Die eine Hälfte brannte für die mitfühlende Freundschaft zu einer ganz ungewöhnlichen Frau, die andere für das Mitleid mit den Leiden der Frauen im allgemeinen. Verena starrte entsetzt auf den farblosen Staub, in den innerhalb von drei kurzen Monaten ... eine solche Überzeugung zu fallen vermochte.«[57]

Fragen wir noch einmal: Inwiefern ist es sinnvoll, Verena als »bisexuell« zu bezeichnen? Ihrem Verhältnis zu Olive und ihrer beider *union* fehlte immer schon der sinnliche Aspekt, die »Erregung« der Gefühle. Und »bisexuell« ist eindeutig kein Begriff der damaligen Zeit. Wenn Homo- und Heterosexuelle als sexuelle Typen damals gerade »erfunden« wurden, so war dem Bisexuellen nur ein kurzes Aufblitzen in der Vorstellung von Havelock Ellis vergönnt. Aber Menschen lieben auf verschiedene Weisen, und die Entdeckung eines neuen Spektrums von Gefühlen macht frühere Empfindungen nicht unglaubwürdig. War Verenas Beziehung zu Olive und der Frauenbewegung nur eine Phase?

Zu den beständigsten Vorwürfen gegen Bisexuelle gehört heute noch, sie seien »sexuelle Opportunisten, unbeständige Liebhaber, Verräter, politische Feiglinge und Zaungäste«[58]. Wenn Verena erkennt, daß ihre Gefühle

»Die berühmte Phase«

für Basil eine Art Verrat an Olive sind, und ihr Versprechen, seine Frau zu werden, das Ende ihrer öffentlichen Karriere als feministische Rednerin bedeutet, zeigt sie, daß einige dieser Vorwürfe sie getroffen haben. Sie scheint doch in der Tat das heterosexuelle Privileg und ein häusliches Dasein einem sogenannten frauenbestimmten Leben vorzuziehen. »Leidenschaft war es nach wie vor – zweifellos; nur hatte sie jetzt ihren Gegenstand gewechselt.« Olive, die ihre Sexualität als eine Form des politischen Aktivismus strukturiert hat, versucht das Persönliche vom Politischen zu trennen. Aber die beiden sind unzertrennlich.

Man hat mit großer Energie darüber gestritten, ob *Die Damen aus Boston* in erster Linie ein Roman über Politik (Feminismus, Macht[59], Südstaatenaristokratie) oder über Sexualität (»die Anfänge des Lesbianismus« und »unnatürliche Freundschaften«[60], »eine normale Beziehung in einer kranken Gesellschaft«[61], ein »phallisches Melodram«[62], ein »lesbischer Roman«) ist. Aber Politik und Sexualität sind nicht nur Metaphern füreinander, sie bedeuten dasselbe. Auch aus diesem Grund ist der bisexuelle Plot des Romans so stark.

Alle Kritiker, die den Roman als Apologie des »heterosexuellen Fundaments menschlicher Existenz« gegen Olives »Homosexualität« (kompromißlos als »der biologische Ausdruck für einen rigiden Egozentrismus« definiert, »der dem heterogenen Charakter der Wirklichkeit gegenüber die Augen verschließt«[63]) verstehen, werden mit Irving Howe beglückt zur Kenntnis nehmen, daß Basil gewinnt.[64] Leon Edel kommt mit seinem Hinweis, daß es sich bei Olive und Basil eigentlich um Spiegelbilder handelt, der Wahrheit freilich näher: »Alle, die den Roman als ›lesbischen‹ Roman verstanden haben, neigen dazu, Ransom in einem positiveren Licht zu sehen, als James selbst ihn gezeigt hat – denn für sie ist er der Erretter Verenas vor Olives Verderbtheit. In Wahrheit hat James für keinen der beiden viel Respekt übrig.«[65] Man beachte, daß Edel 1962 selbstverständlich davon ausgeht, daß »alle, die den Roman als ›lesbischen‹ Roman verstanden haben«, Olives Leidenschaft natürlich als abstoßend empfinden. 30 Jahre später hat das Pendel nach der anderen Seite ausgeschlagen, und die Kritik, die sich am meisten für *Die Damen aus Boston* interessiert (und zugleich die interessantesten Einsichten gewinnt), stammt von lesbischen Literaturkritikerinnen bzw. von AutorInnen, die bereit sind, Wahrheit und Würde – ja »das Heroische« – des lesbischen Begehrens anzuerkennen. »Nirgendwo«, stellt die lesbische Feministin Judith Fetterley fest, »findet sich bei James auch nur der kleinste Hinweis darauf, daß er über etwas Abnormes, Unnatürliches oder Perverses zu schreiben glaubt oder daß die Dramatik seiner Geschichte darin liegt, daß er die Kräfte der Vernunft und des Gesunden gegen die Mächte der Verderbtheit führt.«[66]

Wie bereits angedeutet, glaube ich, daß personenbezogene Parteinahme in der Literaturkritik, sei es nun, daß »Basil gewinnt« oder daß Olive eine »Heldin« ist, im besten Falle einen Standpunkt gegenüber dem Roman absichert, der im Kopf des Interpreten bereits feststeht. Howe würde das Buch vermutlich weniger bewundernswert finden, wenn Ransom verloren hätte, wenn die von ihm als »Kampf zwischen Ideologien, die nicht gleichermaßen in Opposition zum Natürlichen und Menschlichen stehen« beschriebene Auseinandersetzung damit endete, daß Olive und Verena in Eintracht und Frieden zusammenlebten. Für Judith Fetterley ist der Roman teils eine Manifestation mimetischen Begehrens (Basil begehrt Verena, weil Olive sie begehrt)[67], teils James' Version des »ewigen Dreiecks«: Ein »Mann und eine Frau kämpfen um die Liebe und den Besitz einer anderen Frau, der Mann gewinnt, und die Frage ist, warum«[68]. Nachdem sie diese Frage lange erörtert hat, kommt sie zu dem Ergebnis: »Er allein ist in der Lage, sie sexuell zu erregen.« Ihrer politischen Überzeugung folgend, bedauert sie das. »Wenn Frauen auf männliche Sexualität nur reagieren können, wenn sie sich in Formen von Macht, Aggression und Sadismus äußert, dann stehen die Triebkräfte ihrer Sexualität ihrer Emanzipation diametral entgegen... Frauen sind zum Masochismus verdammt, der Lust nur im Schmerz erleben kann.«[69]

Was erfahren wir über Bisexualität, wenn wir den Plot des Romans als bisexuell betrachten? Wir erfahren, daß das Thema Macht in der Sexualität zentrale Bedeutung hat, und zwar auf sehr komplexe Weise, denn es ist möglich, von etwas zutiefst sexuell erregt zu sein, das einen machtlos macht.

Desgleichen ist es möglich, wie in den Untersuchungen von Lehrer-Schüler-Verhältnissen festgestellt wurde, eine erotische Beziehung zu einer Institution einzugehen. Olive und Basil versuchen, Verena eben dazu zu bringen, wobei seine Institution (nennen Sie es Patriarchat, Ehe, romantische Liebe oder Heterosexualität) die vertrautere ist.

Dieser Roman darf im selben Maße bisexuell genannt werden, in dem Bisexualität eine wichtige Erzählung im Doublebind weiblicher Sexualität darstellt. In *Die Damen aus Boston* ist Bisexualität eigentlich eine Wirkung –

eine Wirkung der Schwierigkeit, das weibliche Verlangen nach Macht und Lust zu befriedigen. Verenas Sexualität ist von ihren äußeren Umständen und Verhältnissen nicht zu trennen. Die beiden Sexualitäten in ihr sind insofern real, als sie zwei konkurrierende erotische Sphären, zwei konkurrierende Erzählungen ihrer Zukunft repräsentieren. Olive möchte eine davon gerne als Phase bezeichnen, aber die Strategie schlägt fehl. Verena wird von ihrem Verlangen, erobert zu werden, überwältigt. Nicht an Basils Männlichkeit, sondern an seiner Mißachtung ihres Widerstandes entzündet sich ihre Leidenschaft.

Über ihren Namen wäre eine Verbindung von Olive zu Olivia aus Shakespeares *Was ihr wollt* denkbar, jener reichen und vornehmen Dame, die sich zuerst in eine Frau in Männerkleidern und dann in deren Zwillingsbruder verliebt. »*You are betroth'd both to a maid and man*« (»Jungfräulich ist der Euch vermählte Mann«), erklärt ihr dieser, »*But nature to her bias drew in that*« (»Doch die Natur folgt' ihrem Zug hierin«)[70], womit er ihre Wahl noch eben rechtzeitig »heterosexualisiert« hat. Olive ist auch, wie von einigen feministischen Autorinnen festgestellt, eine Vorläuferin der Hauptfigur in Dorothy Stracheys Bussys *Olivia*.[71] Basil Ransom bedeutet auch »königliche Erlösung« (*ransom* = Lösegeld, aber auch: Erlösung), und der Leser mag selbst entscheiden, ob es nur um einen Austausch von Gütern geht oder um die Erlösung von den Sünden. In dem berühmten, düsteren letzten Satz des Romans benutzt James das Wort *union*, das bisher der Beziehung zwischen Verena und Olive vorbehalten war, für die bevorstehende Heirat mit Basil. (Interessanterweise wurde dieser Begriff in den neunziger Jahren als Bezeichnung für gleichgeschlechtliche Beziehungen vorgeschlagen, die vor dem Gesetz nicht als »Ehe« anerkannt werden.) Mit Tränen in den Augen flüchtet Verena aus dem Vortragssaal: »Leider ist zu befürchten, daß dies in der so gar nicht großartigen Ehe (*union*), die einzugehen sie bereit war, durchaus nicht die letzten waren, die zu vergießen ihr das Schicksal bestimmte.«[72]

Leibfuchs

D. H. Lawrences 1923 erschienener Kurzroman *Der Fuchs* ist nicht nur einer der meistzitierten literarischen Texte zum Thema Bisexualität, sondern auch einer der eindrucksvollsten.

Der bisexuelle Plot

Der Roman erzählt von zwei jungen Frauen namens March und Banford, die zur Zeit des Ersten Weltkrieges gemeinsam einen Bauernhof führen. »Die beiden Mädchen wurden in der Regel bei ihrem Nachnamen genannt«, heißt es im ersten Satz, erst einige Seiten später erfahren wir, daß March mit Vornamen Nellie heißt, und noch einige Seiten weiter wird Banford Jill genannt.

Wie viele englische Frauen in Kriegszeiten erledigt March die Feldarbeit und den größten Teil der Arbeiten außerhalb des Hauses. Dabei trägt sie Männerhosen, Kittel und Mütze. Sie hat in Abendkursen Tischlern gelernt, damit sie »den Mann im Hause« abgeben kann. Sie gleicht, wie Lawrence sagt, »einem flinken jungen Mann« mit »sicheren mühelosen Bewegungen«. »Ein männliches Gesicht hatte sie freilich nicht.« Banford, »ein zartes, schmächtiges, bebrilltes Ding«, ist »die eigentliche Besitzerin; Nellie March hatte wenig oder gar kein Geld«. Banfords Vater hatte seine Tochter beim Einrichten der Farm unterstützt, »weil sie schwerlich Heiratsaussichten hatte«.[73]

Die zwei Frauen haben es nicht leicht: »Jung waren sie nicht mehr, sondern nahe den Dreißig.«[74] Sie halten Hühner und Enten, verkaufen jedoch die beiden Kühe, mit denen sie begonnen haben, die eine, weil sie ständig wegläuft, die andere, weil sie trächtig ist: Die beiden Frauen fühlen sich ohne Mann dem nahenden Ereignis nicht gewachsen und bekommen Angst. (Lawrence hat im Umgang mit Symbolen nie eine besonders leichte Hand gezeigt, weshalb die beiden Jungkühe durchaus mit ihren glücklosen Besitzerinnen gleichzusetzen sind.) Hühner und Enten holt der titelgebende Fuchs, und March entwickelt eine Art mystischer Bindung zu diesem Tier: »Er kannte sie. Sie war wie verzaubert, und sie wußte, daß er sie kannte. Er sah ihr in die Augen, und das Herz wollte ihr schier aussetzen. Er kannte sie und fürchtete sich nicht!«[75] Da ist sie wieder – die Attraktivität des Räubers.

Nach drei Jahren des Zusammenlebens gibt »es in diesem Leben der Einsamkeit zwischen ihnen auch Gereiztheiten und Überdruß«[76], weshalb ihnen Henry Grenfel, ein junger Soldat, der eines Tages ins Haus schneit und bei ihnen bleibt, willkommen ist. Für Banford ist er anfangs eine Art jüngerer Bruder, im Laufe der Erzählung wird er freilich mehr und mehr eindeutig mit dem Fuchs identifiziert. »Für March aber – war er der Fuchs. Sein Vorstrecken des Kopfes, das Schimmern des feinen Flaums auf seinen Wangen, die scharfen Augen – für sie war er der Fuchs, anders sah sie ihn nicht.«[77] »Da war er, in voller Gegenwart: der Fuchs. Sie brauchte ihn nicht mehr zu suchen.«[78]

Henry beginnt sofort, sich für Nelly zu interessieren, und beschließt, sie zu heiraten. Sein Antrag überrascht sie zuerst, aber sie fühlt sich auch zu ihm hingezogen und läßt es sich gefallen; Jill ist wütend, wie zu erwarten war. Im Haus machen sich Spannungen breit: »Jeder saß in eigensinniger Abgeschiedenheit an seinem Platz« – im spitzen Winkel eines Dreiecks.[79]

Nelly fühlt sich hin- und hergerissen zwischen ihrer Zuneigung zu Jill und der schier animalischen Energie des jungen Mannes. Es kommt zu qualvollen Szenen um die Bettgehzeit, wenn Jill Nelly in ihr gemeinsames Zimmer ruft und Henry sie drängt, bei ihm am Kamin zu bleiben. In der Nacht lauscht er manchmal an ihrer Schlafzimmertür. Die Sinnlichkeit der Erzählung wird durch Lawrences zuweilen eher indirekte Ausdrucksweise keineswegs geschmälert; Henry ist das männliche Tier (»...wie er da in seiner Khakiuniform vorm Feuer saß, strömte ein schwacher, doch deutlicher Wildgeruch von ihm aus«[80]), instinkthaft, mit einer gewaltigen Abneigung gegen alles, was ihm im Wege steht – und gegen Jill.

> Er fühlte sich beleidigt und war schlechter Laune ... Banford schien geweint zu haben, aber sie behandelte ihn jetzt von oben herab wie einen Vagabunden.
> March aber schien geradezu aufzublühen. Sie saß mit ihrem Häkelzeug zwischen den beiden, als fände sie eine Befriedigung darin, mit einem kleinen, bösen Lächeln auf dem Gesicht.[81]

Inmitten all dieses Aufruhrs der Gefühle tötet Henry den Fuchs. March berührt den toten Körper des Tieres mit einem Erschauern, das eindeutig sexueller Natur ist:

> Weiß und weich wie Schnee der Bauch: *weiß und weich wie Schnee*. Sie ließ die Hand sanft daran entlanggleiten. Die herrliche, schwarzschimmernde Rute knisterte wie mit elektrischen Funken geladen. *Sie ließ die Hand daran entlanggleiten und erschauerte.*[82]

Dies ist in vielerlei Hinsicht die explizit erotischste Begegnung der Erzählung.

Die erotische Temperatur steigt weiter, als March eines Abends in einem

Der bisexuelle Plot

Kleid erscheint und sich Henry überrascht ihres Körpers und ihrer Verletzlichkeit bewußt wird. »*Weich und zugänglich war sie in ihrem Kleid. Der Gedanke berührte ihn wie eine ewige Verpflichtung*«: die Butch als Femme. Auch in Männerkleidern hatte er sie aufregend gefunden, aber diese Empfindungen sind andere. »Mit einem Mal fühlte er sich nicht als Jüngling mehr, sondern als Mann. Er fühlte etwas von der Schwere eines Männerschicksals über sich.«[83] Henry führt Nelly aus dem Haus, Jill bleibt schluchzend zurück. Es gelingt Henry, Nelly zur Heirat zu überreden, obwohl sie das Gefühl hat, sie »muß zu Jill«[84].

»Wärst du lieber mit Miss Banford ins Bett gegangen?« Es war eine Herausforderung. Sie dachte lange nach. Dann: »Nein. Das möchte ich auch nicht.«
»Möchtest du dein Leben lang mit ihr zusammen sein, bis ihr alt und weißhaarig seid?«
»Nein. Jill und ich als zwei alte Weiber – nein.«[85]

Henrys Haß auf Jill ist spürbar und seine Wut auf sie, die seinem Glück im Wege steht, ungezügelt: »Kleines Scheusal, das du bist«, denkt er, sie beobachtend, »gebrechlich, wie sie war, aber mit dieser gräßlichen Beharrlichkeit, die er an ihr so haßte ... Alles werde ich dir heimzahlen.«[86]

Die Lösung des Plots folgt sogleich. Henry, der die Farm verlassen hat und zu seinem Regiment zurückgekehrt ist, erhält einen Brief von Nelly, in dem sie die Verlobung auflöst. Er wird unwirklich für sie, wenn er nicht bei ihr ist. Jill *ist* hier: »Sie gibt mir das Gefühl, wieder bei klarem Verstand zu sein«, schreibt Nelly, »ich liebe Jill.«[87] Aufgebracht läßt Henry sich beurlauben und fährt mit dem Fahrrad zur Farm, wo die Hand des Schicksals in Gestalt eines Baumes wartet, der gefällt werden muß. Jills Eltern sind zu Besuch gekommen, und vor ihren Augen fällt er den Baum. Die Fallrichtung hat er so berechnet, daß Jill von einem Ast erschlagen wird. »Er hatte gesiegt.«[88]

Obwohl Nelly ihn schließlich heiratet, so war er doch nicht »ganz und gar Sieger«, es gelingt ihr nicht, die von ihm geforderte Passivität zu entwickeln.

Irgend etwas fehlte ... Er wollte sie dazu bringen, sich zu unterwerfen, sich ihm hinzugeben, ihr waches Bewußtsein einfach aufzugeben.

... Er wollte ihr das Bewußtsein nehmen. Sie sollte nur noch seine Frau sein ... Immer fühlte sie, sie müsse etwas tun, sie müsse sich zu etwas aufraffen. Aber da war ja nichts, das sie tun, zu dem sie sich aufraffen konnte. Sie war froh, daß Jill tot war. Sie hätte Jill niemals glücklich machen können.[89]

Manchmal dachte er voll Bitterkeit, er hätte sie verlassen sollen. Er hätte Banford nicht töten sollen. Er hätte es Banford und March überlassen sollen, sich gegenseitig umzubringen ... *Aber das war nur Ungeduld, und das wußte er. Er wartete, wartete darauf, nach Westen zu gehen.*[90]

Am Ende des Romans stehen beide auf einer Klippe im Westen Cornwalls und blicken hinaus auf den Horizont. Sie warten auf den Zeitpunkt ihrer Abreise nach Kanada, von wo er kommt und wo Arbeit auf ihn wartet. »»Ach, wäre es doch erst soweit«, erwiderte er mit einem Schmerz in der Stimme.«[91]

Die Ähnlichkeiten dieses Schlußtableaus mit Miltons *Das verlorene Paradies* sind keineswegs zufällig – wie schon gesagt, Lawrence trägt die Symbolik zuweilen ein wenig dick auf. Aber die emotionale Aufrichtigkeit seiner Darstellung wird durch die Beschreibung der ersten Ehewochen noch unterstrichen. Es wäre ein leichtes gewesen, die Geschichte mit Henrys Triumph, mit einem eindeutigen »Sieg«, enden zu lassen: »Er hatte gewonnen.« (Irving Howe sagt über *Die Damen aus Boston*: »Ransom gewinnt.«)

Tatsächlich scheint Henry Grenfell in seiner unreifen, etwas ungehobelten Art dem sehr viel weltläufigeren Basil Ransom nicht ganz unähnlich. Betrachten wir in der folgenden Passage Verenas Reaktion auf Basil:

> Sie sagte kein weiteres Wort, aber ihr ganzes Gesicht beschwor ihn, sie freizulassen und sie zu verschonen; und je mehr sie so aussah, desto stärker ließ das Gefühl des Glücks und des Erfolgs sein Herz klopfen, denn er ersah daraus genau das, was er wissen wollte. Er erkannte, daß sie Angst vor ihm hatte, daß sie ihr Selbstvertrauen verloren hatte und daß seine Interpretation ihres Naturells richtig war (sie war überaus verletzlich, sie war für die Liebe, für ihn bestimmt) und daß es nur eine Frage der Zeit sein würde, ehe er den Punkt erreichte, den er erreichen wollte.[92]

»Ransom gewinnt.« – »Er hatte gewonnen.« Oder, wie Vito Russo über den Film *The Fox* (1967) bemerkt: »Die lesbische Liebe unterliegt.«

Der bisexuelle Plot

»Ein Baum fällt zwischen Jills (Sandy Dennis) Beine und erschlägt sie. Ellen (Anne Heywood) geht im Abendrot mit Paul fort«, mit diesem aufdringlichen jungen Mann, der im Film rätselhafterweise Paul (Keir Dullea) genannt wird. Russo nimmt es von der komischen Seite: »Eine Lesbe ist tot, die andere geheilt ... Aber weil Sandy Dennis das Kleid trug und Anne Heywood die Hosen, waren die amerikanischen Kritiker über diesen Ausgang verwirrt.« Martin Gottfried bezweifelte in einem Beitrag für *Women's Wear Daily*, daß Paul »den kessen Vater« Ellen der »fraulichen Lesbierin« Jill vorziehen würde. Wieso sollte »die frauliche die echte Lesbierin sein?«[93]. Vielleicht hat diese Frage für eine Zeitschrift mit dem Titel *Women's Wear Daily* besondere Brisanz. Bleibt festzustellen, daß Russo Ellen für eine Lesbe hält, wenn auch für eine, die am Ende des Films »geheilt« wird. Das Wort »bisexuell« taucht in seiner Darstellung nicht einmal auf.

In der Verfilmung wurden einige Momente der erotischen Spannung im Roman expliziert: Wir sehen, wie die beiden Frauen miteinander schlafen, Ellen und Paul bei einem Stelldichein in einer verlassenen Hütte und schließlich »Ellen, die sich vor einem Spiegel selbst befriedigt und dabei heterosexuellen Phantasien frönt«[94]. Man schrieb schließlich das Jahr 1968 und befand sich auf dem sogenannten Höhepunkt der sexuellen Revolution. Fritz Klein, der *Der Fuchs* in seinem Buch *The Bisexual Option* als Beispiel für »das Bisexuelle in der Kunst« behandelt, zeigt wenig Begeisterung über Nelly (die er Ellen nennt wie im Film): »Der negative Aspekt der Bisexualität wird sehr betont«, bedauert Klein, »wenn ihre Unentschiedenheit bezüglich ihrer Bisexualität mit dem Tod bestraft wird. Bisexualität wird als zwiespältiger Zustand betrachtet, der nicht überdauern kann. Es muß eine Entscheidung getroffen werden – gib das männliche oder das weibliche Sexualobjekt auf, mit allen Konsequenzen; gib die innere Frau oder den inneren Mann preis ... Das weibliche Objekt und damit ihre innere Männlichkeit wurden getötet.«[95]

Dies ist ein vorzügliches Beispiel für eine »politisch korrekte« Kritik, wie sie sich auch gegen die negative Stereotypisierung von Afroamerikanern, Indianern, Juden oder Schwulen in Literatur und Film wendet. Was freilich an Kleins Analyse weitaus mehr stört, ist ihr freizügiger Umgang mit der literarischen Vorlage, sosehr das dem Film auch entsprechen mag. »Im Roman«, schreibt er, »ist Ellen in ihrem Begehren ambivalent, und obwohl sie in mancherlei Hinsicht stark erscheint – besonders in ihrer Beziehung zu Jill –, endet sie als passive, unglückliche Versagerin. Aber der negative Aspekt der Bisexualität wird sehr betont ...«, und so weiter.

In Lawrences Erzählung ist Nellie March jedoch in jeder Hinsicht die sympathischste der drei Hauptfiguren. Ihre Unentschiedenheit liegt in der Natur der Sache; sie wählt nicht zwischen abstrakten Sexualitäten, sondern zwischen Personen, von denen die eine anscheinend sicher und die andere anscheinend gefährlich ist. Aber welche ist welche? Und was ist ihr lieber – Sicherheit oder Gefahr? Wenn sie gelassen bemerkt, sie könne sich nicht vorstellen, mit Jill Banford alt zu werden, dann denkt sie dabei nicht an lesbische Liebe, sondern an Jill.

Trotz (oder, um der Fairneß willen, wegen) der Nachdrücklichkeit seiner Symbole ist Lawrences *Der Fuchs* kraftvoll und bewegend. Sein Blick auf das gemeinsame Leben der beiden Frauen besitzt Überzeugungskraft, und der schlaue, selbstsichere und anmaßende junge Mann wirkt auf den Leser und auf March – oder auch Banford – gleichermaßen beunruhigend. Es ist in der Tat eine sehr erotische Geschichte, auch wenn sie unserer Ansicht nach mit der lesbischen Liebe nicht gerade freundlich umgehen mag. Wenn überhaupt jemand »gewinnt«, so ist das meines Erachtens Nellie, nicht weil sie den Preis der Heterosexualität gewinnt (Ehe, heterosexuellen Sex oder das heterosexuelle Privileg), sondern weil sie in vielerlei Hinsicht die Stärkste von allen ist.

»Jeder saß [im spitzen Winkel eines Dreiecks] in eigensinniger Abgeschiedenheit an seinem Platz.« In *Der Fuchs* ist das erotische Dreieck offensichtlich. Eigentlich *schafft* in diesem Fall das Dreieck die Erotik. Die Beziehung zwischen March und Banford ist eingefahren und ein wenig langweilig geworden, und der junge Grenfel entfacht seine leidenschaftlichen Gefühle an Banfords wachsender Eifersucht und Abneigung. Wie das Kind in Lillian Hellmans *The Children's Hour* horcht er an der Schlafzimmertür der beiden Frauen und macht sich so zum störenden, unterbrechenden Dritten. Basil Ransoms selbstzufriedene Bemerkung: »Was kann man von einem Herrn schon erwarten? Wenn ich's kann, werde ich ihnen bestimmt alles verderben«, paßt durchaus auch auf Henry, dessen Tischmanieren und Herrenstatus von Banford heftig attackiert werden.

Lawrence, dessen »Traum von einer Ehe zu dritt«[96] mit einer Frau und einem engen Freund wir bereits kennen, reagierte mit wahrscheinlich komplexeren und feindseligeren Empfindungen auf ein Dreieck aus zwei Frauen und einem Mann. Und bei seinen chthonischen Energien und seinen auf das Elementare angelegten Porträts drängt sich eine Form der Jungschen Entweder-Oder-Analyse von »männlich« und »weiblich« geradezu auf. *Der*

Der bisexuelle Plot

Fuchs jedoch – ob in seiner ursprünglichen Form oder als Film – als »schlecht für Bisexuelle« anzusehen (wie das einige bisexuelle Kommentatoren getan haben) heißt, nicht genau genug nachgedacht zu haben.

Die Rezensenten des Films waren fast einhellig der Meinung, er habe viel von der suggestiven Kraft der Geschichte eingebüßt, indem er eine zurückhaltend erzählte Geschichte über sexuelles Begehren in grobe Bilder umgesetzt habe – Ellen, die sich vor einem Spiegel selbst befriedigt, oder die Bettszene von Jill und Ellen. Pauline Kael beklagt die Ausdrücklichkeit des Films als ästhetischen und damit auch erotischen Verlust: »Wenn alles ausformuliert wird, wenn jeder sexuell aufgeklärt ist, dann brauchen wir keine Symbole mehr.«[97] Im allgemeinen betrachtete die Kritik *The Fox* als einen Film über lesbische Liebe und nicht über Bisexualität. Kael, die das »Dreieck« im Film als »*The Children's Hour* auf dem Lande« bezeichnet hat, erntete Kritik wegen angeblicher Lesbenschelte. Sie hatte im *New Yorker* die rhetorische Frage gestellt: »Wenn March so ein Swinger ist, wenn sie vor Sex mit Männern keine Angst hat, warum sitzt sie dann auf dem Land und spielt Puppenhaus mit der häßlichen kleinen Jill?«[98] Für Renata Adler ist es ein Film über Banfords Lesbischsein (Sandy Dennis ist »die weiblichere, zerbrechlichere und letztlich lesbischere« von beiden) einerseits und Marchs Unbefriedigtheit andererseits (»daß sie unbefriedigt und einsam ist, wird schon lange vor der Nacktszene vor dem Badezimmerspiegel deutlich«). Der Fuchs schien ihr, da er von Paul getötet wird, »eine Metapher für die lesbische Liebe«[99], die am Ende ebenfalls zerstört ist. Die katholische Zeitschrift *Commonweal* fand den Film anstößig, bizarr und krank und umging das schwierige Sexualitätenproblem mit einer Beschreibung des »nicht sehr glücklichen Arrangements« der Frauen: »March ist die unglücklichere von beiden und die frustriertere – was zu zeigen zweifellos Sinn der Masturbationsszene war.«[100] Zweifellos.

Stanley Kauffman hatte gehofft, daß der Film »sogar ohne die Vieldeutigkeit und die dunklen Kräfte D. H. Lawrences ein bewegendes und exzentrisches Sexdreieck hätte zeigen können«. Aber er fand Sandy Dennis »dilettantisch« und meinte, Keir Dullea könne die Rolle bekommen haben, weil er einem Fuchs nicht ganz unähnlich sieht. Trotzdem fand er, Anne Heywoods March »vermittle glaubwürdig, daß sich Heterosexualität und Homosexualität in ihr im Konflikt befinden«.[101] Wie der Satz »Ransom gewinnt« impliziert auch das Bild des »Konflikts« eine Entscheidung. Entweder wird Ellens Homosexualität (d. h. ihre Liebe zu Jill) oder ihre Heterosexualität (d. h., daß sie sich zu Paul hingezogen fühlt) den Kampf um ihre Seele für sich entscheiden. Eine der beiden Alternativen muß die richtige sein. Daß sie sich in Wirklichkeit zu beiden hingezogen fühlen könnte – daß Homosexualität und Heterosexualität in ihr nicht nur existieren, sondern *ko*existieren –, wird von diesen Kritikern nicht als Möglichkeit wahrgenommen.

Newsweek lieferte das klassische Ausweichmanöver: »Miss Heywoods Situation wird als ein klarer Fall von AC-DC dargestellt, mit einem onanistischen Zwischenspiel zur Abrundung der psychologischen Studie.«[102] Nur in einer einzigen Rezension fiel das Wort »Bisexualität«: Judith Crist benutzte es in einer verallgemeinernden Aussage, die die Frage nicht nur anspricht, sondern zugleich auch umgeht: »Anne Heywood in der Rolle der jungen Frau, die sowohl von einem Mann als auch von einer Frau begehrt wird, ist perfekt. Sie gibt das hinreißende Porträt einer Frau, zerrissen von jener Bisexualität, die uns alle in ihren Klauen hält.«[103] Mit anderen Worten, wir sind wieder einmal alle bisexuell. Ob wir diese parapsychoanalytische Empfindung nun teilen oder nicht, sie formuliert die Stimmung am Ende der sechziger Jahre. Entweder sind alle bisexuell, oder March muß sich zwischen Hetero- und Homosex entscheiden. Ihre Situation ist entweder allegorisch universal oder unhaltbar widersprüchlich.

Wie kommt es, daß 1968 die lesbische Liebe in *The Fox* sichtbarer und auch benennbarer war als die Bisexualität? Lag es daran, daß die lesbische Liebe so offenkundig das »andere«, das Nicht-Ich und damit leicht zu dämonisieren ist? Oder lag es daran, daß Bisexualität – da sie in der Presse nicht so einfach als »die – nicht wir« betrachtet wurde – sogar eine noch größere Bedrohung darstellte? Konversion, sexuelle Unbeständigkeit, die Fähigkeit, für beide Geschlechter attraktiv und von beiden Geschlechtern angezogen zu sein – sind wahrhaft gefährliche Attribute. Vielleicht ist der Hinweis des *Saturday Review* auf Anne Heywoods »erstaunliche Ähnlichkeit mit der jungen Garbo«[104] durchaus passend.

Ich möchte, aus reinem Vergnügen, mit einigen Äußerungen der Göttlichen selbst zu Bisexualität, Konfusion, sexuellen Geheimnissen und doppeltem Begehren schließen. Die Garbo hatte viele Liebhaber und Liebhaberinnen. Wie die folgenden Sätze aus ihrer einem Freund diktierten Autobiographie

Der bisexuelle Plot

deutlich machen, besteht die Möglichkeit, daß der bisexuelle Plot nur aus einer Person besteht, wenn er von einer Schauspielerin bzw. einer Leinwandlegende handelt:

> Von da an träumte ich häufig von einem reifen, erfahrenen Mann mit der Leidenschaftlichkeit eines Jungen und der verfeinerten Technik eines Erwachsenen. Seltsamerweise träumte ich auch von Frauen im Alter meiner Mutter, die für mich die idealen Liebhaberinnen darstellten. Diese Träume überlagerten sich. Manchmal war das männliche Element vorherrschend, manchmal das weibliche. Ein andermal war ich mir nicht sicher. Und häufig sah ich in meinen Träumen einen weiblichen Körper mit männlichen Geschlechtsorganen oder einen männlichen Körper mit weiblichen Geschlechtsorganen. Diese Bilder, die sich in meinem Kopf vermischten, bereiteten mir bisweilen Vergnügen, aber noch öfter Schmerz. Es gibt für mich nur ein Wort, das meine Haltung dem Sex gegenüber auszudrücken vermag: Verwirrung ... Ich glaube, ich könnte niemals für längere Zeit mit einem Mann oder einer Frau zusammenleben. Männer und Frauen ziehen mich verstandesmäßig an, aber jede Intimität macht mir angst. Ich brauche ein langes zärtliches Vorspiel, ehe ich mich selbst vergesse und mich einem anderen Menschen wirklich hingeben kann. Aber auch dann noch bleibt der dominierende Faktor Verwirrung. Wenn ich mit einem jungen Mädchen zusammen war, träumte ich von einem jungen Mann – und umgekehrt ...
>
> Wie zum Ausgleich für meine sexuellen Unzulänglichkeiten oder, wenn Sie so wollen, meine Bisexualität, hatte ich den unwiderstehlichen Drang, auf der Bühne zu stehen oder in Filmen zu spielen ...
>
> Mehr noch, auf der Bühne oder vor der Kamera zu stehen war für mich ein sexuelles Erlebnis ... Für mich war es ein rein sexuelles Erlebnis und mein absolutes Geheimnis. Vielleicht ist dieses rein emotionale Erleben, gepaart mit tiefer sexueller Befriedigung, die Grundlage meiner Kreativität.[105]

20. Trios

> Wir wechseln die Partner
> Abwechslung muß sein.
> Einer mit einer,
> noch feiner mit zwei'n.
> Fred Ebb [1]

Vier Stühle nebeneinander. In der Mitte sitzen Helene und Vicki, zwei attraktive junge Frauen, Händchen haltend. Neben ihnen auf den äußeren Stühlen und einander sehr ähnlich, zwei schlanke, gutaussehende junge Männer, die Haare zu einem Pferdeschwanz zusammengebunden: Brad und John, in schwarzen Hemden und Jeans. Brad ist Helenes Ehemann, John ist Vickis Verlobter. Auch die beiden Frauen sind ein Liebespaar. Das Thema heute, verkündet die Talk-Show-Gastgeberin Ricki Lake, sei »Bisexuelle Paare, die es auch bleiben wollen«.

Brad sagte, er fühle sich durch die andere Beziehung seiner Frau nicht bedroht. Oder, wie sich zeigte, durch die anderen Beziehungen, denn nach einem Werbeblock (dem obligatorischen retardierenden Moment bei Sex-Talk-Shows) wurde das Quartett auf der Bühne um eine fünfte Person erweitert. Herein trat Justine, eine weitere Freundin und Geliebte Helenes. Der Auftritt dieser fünften Person und die damit verbundene Störung der Symmetrie und des ruhigen, selbstsicheren Gleichgewichts auf der Bühne war vermutlich der bewußte Versuch, das Ganze vom Klassischen ins Barocke, vom Geraden ins Ungerade und (möglicherweise) Merkwürdige zu verschieben. Die versammelten Personen waren angenehm, beredt und keineswegs dumm. Auf keinen Fall konnte man sie einfach als Verlierer abtun, obwohl das Publikum nichts unversucht ließ. »Werden Sie für den Rest Ihres Lebens bisexuell sein, oder ist das eine Phase?« wollte ein Zuschauer wissen. »Woher soll ich das wissen?« fragte Helene verständlicherweise zurück. »Wir haben diese Linie überschritten, und Sie haben es nicht getan«, sagte sie an anderer Stelle. John und Brad betonten mehrfach, wenn sie sich an der Bisexualität ihrer Frauen nicht störten, dann sollte das auch kein anderer tun.

Unausweichlich bewegte sich die Diskussion auf die sexuelle Dreierbeziehung zu. »Sehen Sie zu?« wollte Ricki von Brad wissen. »Ich habe zugesehen«, antwortete der nach kurzer Pause. »Er tut es«, fällt ihm Vicki ins Wort. Das Publikum hält den Atem an. Manchmal, stellt sich heraus, schlafen sie zu dritt miteinander. Brad betont, er sei nicht als Voyeur beteiligt. Es sei nicht die Vorstellung von zwei Frauen zusammen, die ihn errege. Ihre Ehe sei liebevoll, geprägt durch gegenseitiges Vertrauen und offen, obwohl nur Helene und nicht Brad Beziehungen außerhalb der Ehe suche, und dann auch nur zu anderen Frauen.

Wir haben gesagt, daß Liebe und Haß eigentlich zwei Seiten desselben starken Gefühls darstellen und daß das Gefühl eher von Liebe in Haß umschlägt als ganz und gar verschwindet. Wenn jemand unsere Liebe enttäuscht oder betrügt, werden wir eher Haß als Gleichgültigkeit empfinden. Und so gilt auch ein weiteres vermeintliches Paradox: Die Kehrseite der erotischen Eifersucht ist die Dreierbeziehung. Auch in diesem Fall vermag der Liebende seine Ängste und sein Verlangen zu befriedigen, denn es besteht eine Beziehung zwischen der Angst vor der Untreue des Partners, dem eigenen Verlangen, untreu zu sein, und dem Wunsch, um die Untreue des anderen zu wissen und sie damit zu kontrollieren.

Bisexualität wird häufig mit Untreue und sogar sexuellen Dreierbeziehungen gleichgesetzt. »Bisexualität bedeutet nicht simultane Beziehungen, das ist ein Mißverständnis«, sagte die lesbische Aktivistin Ann Northrop bei Phil Donahue. Aber das ist nicht so sehr Miß-verstehen als willentliches Falsch-verstehen, man zieht es vor zu glauben, Bisexuelle seien promiskuitiv, bindungsunfähig oder nur zu befriedigen, wenn sie »beides zusammen« haben können, was »zusammen« nun auch immer bedeuten mag. Während dieses Bild offensichtlich auf viele Bisexuelle gar nicht zutrifft, scheint die Vorstellung von »drei in einem Bett« doch *irgend jemandes* Phantasie zu befriedigen. Allerdings ist dieser Irgendjemand offenbar nicht immer der Bisexuelle.

Wenn wir sexuellen Betrug als die verbreitetste negative Klischeevorstellung über Bisexualität ansehen, dann dürften Swingen und Gruppensex vermutlich zu den positivsten bzw. sexuell erregendsten Vorurteilen zählen. Wie Helene und Brad jedoch bei Ricki Lake mehrfach betonten, ist Helene nicht promiskuitiv und hat mit ihren Partnerinnen nicht bloße Bettgeschichten. Sie war mit ihnen befreundet, sie hatten sich bei der Arbeit kennengelernt (zwei der Frauen arbeiteten als Tänzerinnen, obwohl nicht bekannt wurde, in welcher Sparte), frühstückten zusammen, gingen miteinander aus, führten lange Gespräche.

Eine solches »Henry und June«-Trio aus zwei Frauen und einem Mann, das männlich-heterosexuellen Phantasien vom Beobachten zweier Lesben beim Liebesakt (und der möglichen Teilnahme) so entgegenkommt, könnte man für die verbreitetste Form des Dreiers halten. Mit einer gewissen Überraschung stellen wir daher fest, daß nach der schon mehrfach erwähnten Untersuchung *Dual Attraction* »die zwei verbreitetsten Geschlechterkombinationen vorwiegend männlich geprägt sind: Entweder waren es drei Männer und eine Frau oder zwei Männer und eine Frau.«[2] Etwa die Hälfte der bei der Befragung erfaßten Männer und Frauen hatten im Laufe der vergangenen zwölf Monate an einem Dreier partizipiert – mit einer mittleren Häufigkeit von zwei- bis dreimal pro Jahr. Swingen und Gruppensex, worüber etwa 40 Prozent der Befragten berichteten, fanden mit etwa der gleichen Häufigkeit statt, nämlich zwei- bis dreimal im Jahr. Nun handelte es sich bei den Befragten um selbstidentifizierte Bisexuelle, Mitglieder des Bisexuellen Zentrums in San Francisco, einer Stadt, die von den Forschern als »natürliches Versuchslabor für alles, was mit Sexualität zu tun hat«, bezeichnet wurde.[3] In einer Stadt mit einem so großen schwulen Bevölkerungsanteil wird der rein männliche Dreier statistisch gesehen einleuchten, aber selbst wenn dabei sämtliche Beteiligte Bisexuelle wären, dürfte es schwerfallen, in dieser Formation einen Fall von Bisexualität zu erkennen.

Ein Dreier aus zwei Männern und einer Frau ist nun allerdings offenkundig bisexuell und zugleich gefährlicher als ein Trio aus zwei Frauen und einem Mann, bei dem »Mann« an Herrschaft und Männlichkeit, aber auch an sinnliche Exzesse denkt. Als Meister der lustvollen Schuldgefühle (nicht nur in solchen, sondern auch in anderen Situationen) darf Philip Roths Alexander Portnoy gelten, dessen einzige Erfahrung mit einem Dreier ihn so beeindruckt hat, daß er sie seinem Psychiater Dr. Spielvogel (!) erzählt.

Portnoy und seine Freundin, die er *das Äffchen* nennt, befinden sich auf einer Italienreise, als sie beschließen, eine wiederholt gehegte Phantasie in die Tat umzusetzen:

Trios

> Doktor, ich frage Sie: Wer hat als erster den Vorschlag gemacht? Seit dem Abend, als wir uns kennenlernten – wer hat wem ausgemalt, wie das wohl wäre, noch eine andere Frau bei uns im Bett zu haben? ... Es war nämlich das Äffchen höchstpersönlich, das sich aus unserem gemieteten Wagen herausbeugte und in ihrem *Alta moda*-Italienisch der Hure klarmachte, was wir wollten und wieviel wir zu zahlen bereit seien ... Wir hatten es uns bereits in allen Einzelheiten ausgemalt, hatten nun schon viele, viele Monate lang von allen Möglichkeiten laut vor uns hin geträumt, und doch mach' ich ein Gesicht wie 'ne Katze, wenn es donnert, als der Mittelfinger des Äffchens in Linas Möse verschwindet.
>
> Ich kann den Zustand, in den ich jetzt geriet, am besten mit dem Ausdruck »rastlose Geschäftigkeit« umschreiben. Jungejunge, war ich geschäftig! Es gab aber auch *so* viel zu tun. Du hier und ich dort – okay, jetzt *du* dort und *ich* hier – prima; jetzt rutscht sie nach unten, während ich mich nach oben durchwühle, und du drehst dich halb rum, ja, genau ... und so immer weiter, Doktor bis ich zum dritten- und letztenmal fertig wurde.

Nachdem die Frau gegangen ist, beschuldigt das Äffchen Portnoy, er habe sie ins Unglück gestürzt, gleichzeitig beschuldigt sie ihn, er habe aus der Situation zu wenig gemacht. Seine nicht sehr kluge Antwort: »... du hast sie so mit Beschlag belegt, daß ich kaum dran konnte«, löst eine weitere Schimpfkanonade aus: »Ich bin nicht lesbisch! Wage nicht zu behaupten, ich wäre lesbisch! *Wenn* ich es bin, *hast du mich dazu gemacht!*«[4]

Nun ist Roth – milde ausgedrückt – kein besonders schwulenfreundlicher Schriftsteller, und *Portnoys Beschwerden*, der große (feuchte) Amerikanische Traum eines Mannes, nicht gerade ein bisexueller Roman. Ich halte es freilich für ein sehr gutes Buch – über manche Stellen muß ich heute noch lauthals lachen – und einer eingehenderen Betrachtung würdig, um zu sehen, was möglicherweise aus diesem arbeitsreichen One-Night-Stand über das Verhältnis des Dreiers zur Bisexualität in Erfahrung zu bringen ist. »Das Äffchen war mittlerweile diejenige, die auf dem Rücken lag, und ich streckte dem Kronleuchter meinen Arsch entgegen (und den Fernsehkameras, dachte ich flüchtig).«

Die Lösung des Dreikörperproblems [5]

Der autobiographische Artikel, den der Schriftsteller Michael Szymanski über sein »zweites Coming-out« (das erste als Schwuler, das zweite als Bisexueller) in Genre veröffentlichte, wurde auf dem Titelblatt mit einem Farbphoto von zwei Männern und einer Frau im Bett angekündigt. Der Mann in der Mitte blickt melancholisch und sexy direkt in die Kamera; die Köpfe seiner beiden Partner liegen auf seiner Brust, die Augen geschlossen, dicht an ihn geschmiegt, in je einer seiner Armbeugen. Auf dem Bild wurde die Position des Autors (bzw. seines Stellvertreters), des einzigen »Subjekts« in dieser Komposition, dargestellt. Desgleichen auf der ganzseitigen Photographie neben dem Text in der Zeitschrift. Hier erscheinen die drei Liebenden aufrecht stehend, in einer Art Ballettposition: Der zweite Mann und die Frau halten je eine Hand des Autors. Die Frau blickt mit herausfordernder Besitzermiene zum Leser, während der zweite Mann dem in der Mitte in die Augen schaut. Alle drei sind schlank, wohlgeformt und nackt.

Szymanski entwirft das Szenario eines Dreiers: »Schon in meinen frühesten Phantasien habe ich mir vorgestellt, zwischen einem Mann und einer Frau zu liegen ... Ich träumte von einem starken, muskulösen Körper, dessen Atem mich von oben streifte, und von einem weichen, biegsamen, unbehaarten Körper vor mir.«[6] Wie jedoch aus dem Artikel hervorgeht, fühlt er sich zwar erotisch zu Männern und Frauen gleichermaßen hingezogen, war aber bisher immer nur mit entweder einem Mann oder einer Frau, nie mit beiden zusammen im Bett. Als der Artikel erschien, ging er regelmäßig mit einer Frau aus, und viele Mitglieder »seiner« Schwulenszene in West-Hollywood mieden ihn deshalb. Es war nicht möglich, öffentlich Händchen zu halten, seine schwulen Freunde entwickelten eine geradezu »voyeuristische Faszination«. Der »Exherausgeber eines Schwulenmagazins« warnte Szymanski, er könne seine Texte nicht mehr veröffentlichen, wenn er nicht diskreter mit ihr »umgehe«. Szymanskis Problem war nicht, daß er mehrere Partner zur gleichen Zeit hatte, sondern eine allgemeine Biphobie (unreflektierte Vorurteile gegen eine fließende sexuelle Identität) und die Heterophobie der Schwulengemeinde (wie einer seiner schwulen Freunde seine eigene Reaktion bezeichnete). Die Semiotik der Bisexualität erfordert freilich etwas, das ein normales Standphoto nicht zu zeigen vermag: Zeit. Daher die frivole Kurzschrift, die Phantasie anstelle der Realität »drei in einem Bett«.

Trios

Ein ähnliches Kürzel benutzte die Zeitschrift *Mirabella* zur Illustration eines Auszugs aus *Dual Attraction*. Die Überschrift des Artikels »Tangled Lives« (Verstrickte Leben) erwies sich als symptomatisch für seine Ambivalenz: Angeblich sollten festgelegte Vorstellungen über sexuelle Identitäten hinterfragt werden, und das »kühne« Unterfangen trug die Titelzeile »Sind wir alle ein bißchen Bi?«. Aber die Illustration in *Mirabella* zeigte Bisexualität als ein Knäuel erotischer, muskulöser Körper. In diesem Fall wurde das Zeitproblem mittels einer Photomontage gelöst. Das Ergebnis war eine schöne erotische Photographie, die Ähnlichkeit mit einem Actionphoto oder einer Reihe von Filmbildern hatte, die Männer und Frauen beim Liebesspiel zeigten. Der Busen einer Frau und der Po einer anderen (oder derselben, aus einer anderen Position photographiert) sind die einzigen deutlich erkennbaren »sexuellen« Körperteile. (Im Gegensatz dazu gehört die einzig sichtbare Brustwarze auf dem *Genre*-Titelbild einem Mann.) Zweimal erscheint derselbe Mann in dieser Komposition, allerdings ist eine dritte, offensichtlich andere männliche Gestalt (die Haare sind weniger gelockt) am unteren Bildrand hockend zu sehen. Bi-Sex à la MTV, neu verpackt für den potenten, in die Jahre gekommenen, aber ewig jugendlichen Konsumenten.

Mirabella ist, trotz der großen Artikel über männliche Autoren, Künstler und Computergurus immer noch weitgehend ein Frauenmagazin, angefüllt mit Werbung für Schönheitscremes und mit den üblichen »Beauty News«-Spalten. Vielleicht ist das mit ein Grund dafür, daß im oben beschriebenen Photo, gemessen an der Positionierung der Frauengesichter und -körper parallel zur Bildebene, die Männer als Hintergrund für die im Vordergrund stehenden Frauen erscheinen. Eines der Frauengesichter hat in Haltung und Ausdruck auffallende Ähnlichkeit mit dem Gesicht des bisexuellen Autors im *Genre*-Photo. Hier wie dort soll Nachdenklichkeit vermittelt werden: »Ich betrachte meine Bisexualität«, wie sie sich, gewissen Phantasien nicht unähnlich, in ineinander verschlungenen, sich windenden Körpern offenbart. Man fühlt sich, wenn auch nur kurz, an Michelangelos unlängst gesäubertes und einiger seiner keuschen Lendentücher entledigtes *Jüngstes Gericht* erinnert. So gesehen bedeutet Bisexualität reichlich sexuelle Aktivität. Einer der schwulen Freunde Szymanskis wagte die These, »schwule Männer werden heterosexuell, weil sie im Hochleistungs- und Konkurrenzdruck dieser Welt der polierten Körper und des coolen Looks nicht mithalten können ... Mit einer Frau ist es viel einfacher, da kann man sich gehenlassen und muß nicht so gut aussehen.«[7] Und trotzdem sehen diese multiplen Bi-Körper toll aus. Bisexualität bedeutet auf dieser Ebene auch, sehr sexy zu sein. Interessant ist, daß die heterosexuelle Presse in der Regel das Bild von zwei Frauen und einem Mann benutzt. In den schwullesbischen Medien sind es meist zwei Männer und eine Frau.[8]

In einem Buch, das als die »erste systematische Erforschung des Dreiers« bezeichnet wurde, berichtet der Therapeut Arno Karlen – ein gerngesehener Gast in Talk-Shows – über seine Interviews mit 50 der Sache kundiger Personen. Karlen unterscheidet den Dreier vom Swingen, bei dem »Seitensprünge organisiert werden wie eine Pauschalreise«[9]. In einer soziologischen Untersuchung über Swinger waren 93 Prozent der Beteiligten Weiße, zwei Drittel gehörten der Mittelklasse an, die Mehrheit waren Republikaner oder keiner Partei zugehörig, und mehr als 30 Prozent waren konservativ.[10] Für Karlen ist Swingen häufig eine »Brutstätte für die Plattheiten des ›mittleren‹ Amerika«[11] in »Clubs und Gesellschaftsabenden« mit der Atmosphäre »eines lüsternen Rotary-Clubs«[12].

»Im Unterschied zu den Swingern passen Menschen, die sexuelle Dreierbeziehungen pflegen, in keine Schablone«, meint Karlen.[13] Eine seiner Befragten (Anfang 30, Psychologin) beschreibt den Dreier als »eine Art heiliger Gemeinschaft, man teilt mit einem Freund. Mit einem Partner ist es Liebe zwischen zwei Menschen, öffnet man diesen Kreis, sind es drei. Vielleicht ist es nicht möglich, die ganze Welt zu lieben, aber wenn man ohne Eifersucht oder Besitzanspruch lieben kann, öffnet sich die Tür einen kleinen Spalt.«[14] »So einen Gefühlshöhepunkt wie in einem Dreier hat man zu viert nicht«[15], sagt eine andere Frau. »Wenn man jemanden liebt, ist es toll, mit anzusehen, daß es dem anderen gutgeht, und zusehen kann man eben nur, wenn jemand Drittes da ist. Das ist wie eine Erweiterung des eigenen Ichs. Ich bin allerdings lieber die Geliebte als die Ehefrau.«[16]

Und von männlicher Seite: »Ich habe in den Dreiern gar nicht so besonders genossen, daß ich erst die eine und dann die andere gebumst habe, sondern mehr, daß es eine Wechselbeziehung zwischen allen drei Leuten gab. Besonders erregend war es, wenn die beiden Frauen homosexuellen Verkehr hatten. Übrigens hatte keine der Frauen eine lesbische Vorgeschichte. Alle hatten in unseren Dreiern ihre ersten Erfahrungen damit. Ich glaube, wenn jemand den eigenen erotischen Bedürfnissen auf die Spur kommt, ist immer Homosexualität im Spiel. Ich hatte nie eine Dreiecksbeziehung mit einem anderen Mann; damals bin ich einmal nahe dran gewesen, aber mir ist klargeworden, daß ich in der Beziehung voreingenommen bin.«[17]

Das Wort »homosexuell« taucht in Karlens *Liebe zu dritt* häufig auf, etwa in der Überlegung: »In vielen Dreiern kommt es gar nicht zu homosexuellen Kontakten, doch die Möglichkeit dazu ist in der Situation angelegt.«[18] Wie der Therapeut feststellt, »lassen sich viele Frauen vor allem auf Dreier ein, weil es ihnen gerade um das homosexuelle Erlebnis dabei geht«[19]. In diesem fast 400 Seiten langen Buch über erotische Dreiergespanne glänzt das Wort »bisexuell« freilich wieder durch nahzu völlige Abwesenheit.

Gelegentlich taucht es in den Berichten der Befragten auf: »Maria ist bi, Connie aber nicht«[20] oder, diesmal spricht Connie selbst: »Ich habe das nie als einen Dreier betrachtet, weil ich nicht bi bin und keine Liebesgefühle für Maria hatte.«[21] Ein Mann, der seit zehn Jahren eine »Dreier-Ehe« mit seiner Ehefrau und einer anderen Frau führt, erinnert sich: »Irgendwann in den revolutionären sechziger Jahren bin ich dann zusammen mit noch einem Professor zu der Überzeugung gelangt, wir müßten bisexuell werden; wir fanden, daß es, logisch gesehen, ganz natürlich sein müßte. Wir haben angefangen, uns zu küssen, aber es hat nicht geklappt. Wir haben herumgealbert und gelacht und schließlich aufgegeben. Damit hatte es sich!«[22]

Karlen selbst hält offensichtlich den Begriff Bisexualität weder für besonders notwendig noch für besonders brauchbar. Wenn er ihn in seinen Berichten benutzt, setzt er ihn meist in Anführungszeichen, etwa bei der Beschreibung eines College-Campus, »wo Feminismus, Lesbianismus und ›Bisexualität‹ von weiten Kreisen hofiert wurden und großes Ansehen genossen«[23].

Auch im Kapitel »Von Mann zu Mann« fehlen die Anführungszeichen nicht:

> Die Zahl der Männer mit homosexuellen Erfahrungen ist zwei- bis dreimal größer als die der Frauen, und doch finden Dreier überwiegend mit zwei Frauen statt. Kommt wirklich einmal eine Triade mit zwei Männern zustande, so schlafen diese nacheinander mit der Frau oder befriedigen sie gleichzeitig, ohne daß es dabei zu homosexuellem Kontakt kommt. Wohl habe ich von gelegentlichem Sex unter Männern in orgiastischen Dreiern und in Gruppen gehört, doch ich erhielt nicht einen einzigen Bericht von einem gefühlvollen Liebesakt, wie er zwischen Frauen in solchen Situationen oft vorkommt. Sollte männliche »Bisexua-

lität« in Dreiern und in Gruppen tatsächlich zunehmen, wie einige Leute behaupten, so haben meine Gesprächspartner jedenfalls nichts dergleichen erlebt oder beobachtet.[24]

So spricht also ein »Experte« über Dreierbeziehungen mit in der Regel mindestens einem männlichen und einer weiblichen Beteiligten, bei denen es vielfach zu sexuellem Kontakt sowohl zwischen gleichgeschlechtlichen als auch andersgeschlechtlichen Partnern kommt. Trotzdem bleibt für ihn Bisexualität lediglich ein Phantom, eine bloße Vorstellung anderer vom Geschehen.

Warum scheut er den Begriff? Karlens Zweifel scheinen in seiner Ablehnung der Instinkttheorie und der Freudschen Trieblehre begründet (»Dieser Theorie zufolge sind wir von Natur aus bisexuell«, aber »heute findet man ein so verkürztes Verständnis des Instinkts unter Wissenschaftlern kaum noch«[25]). Er schließt sich vielmehr »der Auffassung an, daß Identifikation und Projektion bei den verschiedensten homo- und heterosexuellen Verhaltensweisen eine Rolle spielen und nicht einfach mit Homoerotik gleichgesetzt werden sollten«[26]. Seiner Meinung nach suchen die von ihm Befragten Macht und Intimität. »Viele Dreier sind in Wirklichkeit ein Versuch, der Eifersucht Herr zu werden, indem man die Konkurrenz im Auge und damit auch mehr oder weniger unter Kontrolle behält ... Das Zulassen eines dritten Partners ist nicht selten ein Herrschafts- oder Machtgebaren.«[27]

Ménages à trois

»In der Liebe, da stimme ich Ihnen zu, ist das Paar nicht ideal«, sagt Jim (Henri Serre) zu der unberechenbaren und gleichmütigen Catherine (Jeanne Moreau) in *Jules und Jim* (1961), François Truffauts klassischem Film über eine *ménage à trois*. *Jules und Jim* spielt eine kleine, aber wichtige Rolle in der Collegekomödie *Einsam, Zweisam, Dreisam* (1994), in der es ebenfalls um eine *ménage* – oder zumindest ein Studentenapartment – *à trois* geht. In Eddys Seminar »Der Französische Film« (dem einzigen Seminar, das die drei Zimmergenossen jemals zu besuchen scheinen) wird Truffauts Film zwar nicht namentlich erwähnt, aber er spielt für die Erotik von *Einsam, Zweisam, Dreisam* eine zentrale Rolle, ganz besonders in den idyllisch-ländlichen Szenen (hier, wie in vielen anderen Kontexten, steht Südkalifornien für Südfrankreich).

Ist *Jules und Jim* ein bisexueller Film? Gewiß nicht. Es scheint eigentlich nur darum zu gehen, daß Jules (Oskar Werner) und Jim um Catherine werben und sie sich teilen, während in *Einsam, Zweisam, Dreisam* – es sei mir noch einen Augenblick gestattet, Kleines mit Großem zu vergleichen – der erotische Trampelpfad im Kreise führt: Stuart will mit Alex schlafen (die wegen ihres männlichen Vornamens versehentlich in seinem Studentenapartment einquartiert wird), die wiederum begehrt Eddy (den dritten Zimmergenossen), der nun seinerseits – wie sich herausstellt – am liebsten mit Stuart ins Bett ginge. Am Ende hat er mit beiden geschlafen, ja die drei gehen sogar zusammen ins Bett, wobei Alex netterweise die heterosexuelle Mittelposition zufällt. Bald wird klar, daß das, was sie eigentlich anmacht und verbindet, die Beziehung zu dritt ist. Nach einigen Fehlschlägen wird das Problem der sexuellen Eifersucht auf eine Weise gelöst, die offenkundig temporär sein wird. Sämtliche Außenstehenden werden ausgeschlossen, ja grausam abgewiesen (Alex' Freund und Stuarts Freundin, Eddys arrangiertes Rendezvous mit einem schwulen Mann) zugunsten der endogamen Loyalität zu den beiden Insidern. Außerdem trifft man sich regelmäßig in einem Bett, um zu toben oder zu schlafen. So sind sie, die Freuden der Jugend.

Jules und Jim hingegen präsentiert zwei junge Männer, der eine blond, der andere dunkelhaarig, ein Österreicher und ein Franzose, einer groß, der andere eher klein, der eine ein Frauenheld, der die feste Bindung scheut, der andere ein wenig unbeholfen, aber darauf aus zu heiraten. Beide verlieben sich zuerst in eine Statue, die aussieht wie Catherine, und schließlich in Catherine selbst. Jules, der blonde, linkische Österreicher, heiratet sie, kann sie jedoch nicht halten. »Sie glaubt, bei einem Paar braucht nur einer treu zu sein«, erklärt Jules seinem Freund und revidiert damit seine frühere naive Vorstellung, es sei stets der Ehemann, der nach der Heirat Freiheiten genießt, während die Gattin auf dem Pfad der Treue wandelt. Jim wird Catherines Geliebter und möchte sie heiraten, Jules stimmt zu, weil er sie nicht ganz verlieren will.

Es gibt den Plan, zu dritt zusammenzuleben, der allerdings dem Gang der Ereignisse zum Opfer fällt: Jim und Catherine kommen ums Leben, als sie ihr Auto absichtlich ins Wasser fährt, Jules bleibt zurück und trauert. Zu Anfang und am Ende des Films werden die beiden Männer vom Erzähler mit

Don Quijote und Sancho Pansa verglichen, einem anderen ungleichen, aber unzertrennlichen Paar. »Die Freundschaft von Jules und Jim fand keine Entsprechung in der Liebe«, sagt die Stimme am Ende des Filmes. »Sie akzeptierten ihre Unterschiedlichkeit. Alle nannten sie Don Quijote und Sancho Pansa.«

Auch René Girard beginnt seine Darstellung des triangulären Begehrens mit Don Quijote und Sancho Pansa. »Die chevalereske Leidenschaft definiert ein Begehren *als Imitation des anderen*, im Gegensatz zu jenem *aus sich selbst erzeugten* Begehren, dessen Genuß wir uns heute meist rühmen. Don Quijote und Sancho Pansa borgen ihr Verlangen vom anderen in einem Akt, der so grundlegend und ursprünglich ist, daß er schließlich mit dem Willen, es als eigenes zu sehen, vollkommen verschmilzt.«[28] Zwar ist die Vermittlungsinstanz Don Quijotes eine literarische (ein Buch mit Ritterromanzen) und die Sancho Pansas eine mündliche (die Ideen Don Quijotes), aber dieser Unterschied wiegt weniger schwer als die Tatsache, daß zwar jeder sein Verlangen für das eigene hält, es aber nur insofern das eigene ist, als es von einem anderen abgeleitet ist.

Diese Aussage dürfte für all jene problematisch klingen, die an Kontrolle und ein verstehbares und beherrschbares Selbst glauben. In Truffauts *Jules und Jim* – bezeichnenderweise nennt der Titel nur die Namen der beiden Männer, als handele es sich, wie bei *Romeo und Julia*, um eine Liebesgeschichte zwischen den beiden – treffen die beiden Männer dieselbe Frau, boxen miteinander und stehen danach gemeinsam unter der Dusche. Es gibt beiläufige, wenn auch sicher nicht zufällige Anspielungen auf Oscar Wilde, Shakespeare, Proust (Jims langjährige Freundin heißt Gilberte; einer der Liebhaber Catherines trägt den Namen Albert) und auf Stendhals *Rot und Schwarz*, mit dem sich im übrigen auch Girard befaßt (Jim gibt sich in seinem autobiographisch gefärbten Roman den Namen Julien; sein Lieblingslehrer hieß Sorel). Mit den parenthetischen Verweisen auf Don Quijote und Sancho Pansa ist *Jules und Jim* nicht nur ein Film über erotische Rivalität, er will sich auch in die große Tradition der europäischen Liebesliteratur einordnen.

Aber bisexuell? Trotz der schweißtreibenden Momente beim Sport scheint sich zwischen Jules und Jim rein gar nichts abzuspielen. Wenn ihre Idealisierung Catherines auch ein wenig zu sehr danach aussieht, als ob hier ein Objekt anstelle eines Subjekts gewählt würde (sie ist eine lebendiggewordene Statue, eine Statue, die sie zum ersten Mal auf einem von Alberts Dias gesehen haben), so erweist sich Catherine doch bald als ausgesprochen vital – und eigensinnig. Ihr erstes gemeinsames Abenteuer, nachdem sie und Jules ein Paar geworden sind (er muß seinen flirtbereiten Freund warnen – »nicht sie, Jim« –, als sie die Treppe zu ihr hinaufgehen), besteht Catherine in Männerkleidern. Sie ist »Thomas« mit einer Schiebermütze, einem auf die Oberlippe gemalten Schnurrbart – der uns später in Madonnas »Justify My Love« wieder begegnet – und jenem bekanntesten unter den Accessoires, mit denen sich die Geschlechterrolle auf die Probe stellen läßt: einer brennenden Zigarre. Gewiß, Jules ist später damit einverstanden, daß Jim zu ihnen zieht, aber das ist sehr viel später, als seine und Catherines Ehe bereits nur noch der Form nach besteht. Was auch immer an sexueller Anziehung zwischen den beiden Männern bestehen mag, wird bis zur Unkenntlichkeit heruntergespielt. Der *Film* ist mit all seinen kulturellen und visuellen Zeichen – von Oscar Wilde bis hin zum Duschen – durchaus als schwul oder bi zu deuten. Aber die *Charaktere* sind sehr viel weniger erkennbar »vielseitig«. Dennoch möchte ich die Behauptung wagen, daß ein solches Liebestrio latent, aber doch auf bedeutsame Weise bisexuell ist, eben weil es alle drei Seiten des Dreiecks aktiviert. Es ist eine Beziehung zwischen drei Menschen, die durch sexuelles Begehren lebendig wird. Wenn es den Erzähler zu der Behauptung drängt, »die Freundschaft zwischen Jules und Jim fand keine Entsprechung in der Liebe«, dann liegt das unter anderem daran, daß für uns »Liebe« diese Form der Freundschaft ausschließt. Was ihre Beziehung lebendig macht, ist die Anwesenheit dreier Partner.

»Eine reine Liebe zu dritt«

Truffauts *Jules und Jim* basierte auf einem 1953 in Paris erschienenen Roman von Henri-Pierre Roché. Die Figur des Jules hat Rochés Freund, den deutsch-jüdischen Schriftsteller Franz Hessel zum Vorbild, Kathrin (im Film Catherine) dessen Frau, die Kunststudentin Helen Grund-Hessel, und in Jim hat sich der Autor Roché selbst ein Denkmal gesetzt. Dieses als »eines der turbulenteren Liebesdreiecke des Jahrhunderts«[29] beschriebene Verhältnis – Roché selbst nannte es »*un pur amour à trois*« – dauerte etwa zwölf Jahre. Als Roché erfuhr, daß Hessel nach zweimaliger Internierung im Lager Les Milles bei Aix-en-Provence im Januar 1941 gestorben war, schrieb er in sein Tagebuch: »Wie fest haben wir daran geglaubt, daß wir eines Tages die Muße haben würden, unser unendliches Gespräch fortzusetzen. Wir haben uns keine Briefe geschrieben, uns nicht getroffen, aus Angst um und Mitleid für Hln [Helen] – und wir glaubten wahrhaftig, bei all ihrer Liebe zum Risiko und zum Absoluten würde Gott sie zuerst zu sich nehmen ... Hlns Heftigkeit und ihr Revolver haben immer zwischen uns gestanden.«[30]

In der Tat war dies nicht die einzige *amour à trois*, die die beiden Männer verband. »Franz und ich haben denselben Geschmack, was Frauen anbelangt, aber wir begehren verschiedene Dinge von ihnen, und niemals hat es zwischen uns so etwas wie Rivalität gegeben«[31], schreibt Roché 1906 in seinem Tagebuch. Zu den Frauen, die sie sich teilten, gehörten die Malerin Marie Laurencin, Gräfin Franziska zu Reventlow und Euphemia Lamb, Engländerin und ehemaliges Modell des Malers Augustus John.

Rochés Roman hält sich in den Details an seine *ménage à trois*, nur der Schluß wird radikal verändert. Der Tod von Kathrin und Jim im Auto, das sie in die Seine fährt, ersetzt den Tod Jules an den Folgen der Haft im Lager. In seiner Trauer um »die Muße ..., unser unendliches Gespräch fortzusetzen«, schreibt Roché die Geschichte dieser Dreierbeziehung um, so daß nun Hessel – der zuerst starb – die Rolle des Überlebenden und Trauernden zufällt. Roché selbst hat dieses Beziehungsmuster noch einmal in einer Dreierbeziehung mit der jungen amerikanischen Schauspielerin Beatrice Wood und dem Avantgardekünstler Marcel Duchamp aufgegriffen: »Wir waren«, schreibt Wood in ihrer Autobiographie, »so etwas wie *un amour à trois*; uns verband eine Art göttlicher Freundschaft.«[32] »Ich bin überzeugt«, meint ein Duchamp-Kenner, »daß Roché (wie viele andere Männer) in Duchamp verliebt war.« Beatrice Wood habe berichtet, obwohl Duchamp »keineswegs homosexuell war, hat er wohl mehr als einmal mit einem Mann geschlafen. Roché ist wahrscheinlich einer von ihnen.«[33]

Ein letztes Wort über die Bisexualität in *Jules und Jim* sollte vielleicht von François Truffaut kommen: »Beim Lesen von *Jules und Jim* hatte ich das Gefühl, hier einem Beispiel dafür zu begegnen, wozu ein Film noch nie imstande war: zwei Männer zu zeigen, die dieselbe Frau lieben, ohne daß das Publikum einer dieser Figuren mehr zugetan wäre als den anderen, da es das Bedürfnis verspürt, sie alle drei gleichermaßen zu lieben. Dieses antiselektive Element war es, das mich bei dieser Geschichte, die der Verlag als ›Eine reine Liebe zu dritt‹ vorstellte, am meisten berührte.«[34] »Nicht einem mehr zugetan als den anderen«, »ein antiselektives Element«, »das Bedürfnis, alle drei gleichermaßen zu lieben«: In Truffauts filmischer Imagination entwickelt sich die erotische Übertragung oder Projektion nicht, oder nicht nur, als ein Aspekt der Liebe von Jules zu Jim – oder Jims Liebe zu Jules-und-Catherine –, sondern mehr noch aus einer Begegnung *mit der Triade*. Wo Truffaut von Unentschiedenheit und Zwanghaftigkeit spricht (»nicht imstande sein«, »das Bedürfnis spüren« bzw. gezwungen sein), bezeichnet er einen Bereich der Lust – einer Lust, die um so intensiver ist, als sie den bisexuellen Blick und die bisexuelle Befriedigung zuläßt. Vielleicht ist es kein Zufall, daß eben diese Elemente, die Truffaut so deutlich vor Augen standen und – wie ihm nicht entging – den Stoff für einen hervorragenden Film abgaben – Unentschiedenheit, Zwanghaftigkeit, Antiselektivität –, genau das bezeichnen, was am bisexuellen Lebensstil so häufig kritisiert wird. Darin steckt eine Lektion über Sex und Liebe gleichermaßen.

That's Entertainment

Der Dramatiker Joe Orton hat sich etwa zur selben Zeit eine ganz andere *ménage à trois* ausgedacht – ein bisexuelles Dreieck, dessen Triebkraft nicht idealisierte Liebe, sondern opportunistisches Begehren ist. Seine 1964 erschienene Bett- und Sitcom-Farce *Seid nett zu Mr. Sloane* stellt in einer brillanten Tennessee-Williams-Travestie die Bisexualität ins Rampenlicht – durchsetzt mit den mystischen Elementen aus Edward Albees *missing baby*-Plot, einer Parodie auf die Familie Ödipus aus den sechziger Jahren. Die Titelfigur des Stückes, der bisexuelle und fröhlich-amoralische Sloane, mietet ein Zimmer im Haus der einundvierzigjährigen Kathrin, die dort mit ihrem alten Vater lebt. In der Eingangsszene des Stückes vertraut Kathrin ihm an, ihr »Mann«, »fast noch ein Junge«, sei »unter sehr traurigen Umständen« ums Leben gekommen. Hier finden wir deutliche Anklänge an Blanche Dubois aus *Endstation Sehnsucht*, obwohl Orton bekanntlich versucht hat, seine Frauengestalten von »diesen Tennessee-Williams-Transvestiten« abzusetzen.[35]

Innerhalb einer Minute hat Sloane aus Kathrin herausgekitzelt, daß sie nicht verheiratet ist und ein uneheliches Kind hat. Er selbst, erzählt er ihr, sei in einem Waisenhaus aufgewachsen. Wenig später ist sie schon dabei, seine »zarte Haut« zu streicheln. Er wird sowohl das Baby als auch, am Ende des Stückes, Vater sein.

Kathrins Bruder Ed, den Orton beschreibt als »einen Mann, der an Sex mit Jungen interessiert war, ... der gewöhnlichste Mann der Welt«[36], findet Sloane gleichermaßen faszinierend. Und Sloane stellt fest, daß sich Ed ebenso leicht mit erfundenen Details aus seinem früheren Leben zufriedenstellen läßt wie seine Schwester. In dem Waisenhaus, in dem er seine Kinderjahre verbracht haben will, habe es »nur Jungen« gegeben (»ideal«, meint Ed). Sloane gibt an, er interessiere sich für Schwimmen und Bodybuilding (»Gut, gut. Ausgezogen?«), und Ed kann sich die Frage nicht verkneifen, ob er gerne Lederkleidung direkt auf der Haut trägt. »Eddie ist sehr viel zäher und härter als Sloane«, schrieb Orton dem Broadway-Regisseur Alan Schneider. »Sloane ist die zweideutige Figur, nicht Eddie.« Das Stück ist »kein Stück über zwei Frauen und einen Mann«, sondern »über einen Mann, eine Frau und einen Jungen. Sehr, sehr wichtig.«[37]

»Jung, willfährig, bisexuell und tödlich, wenn er sich bedroht fühlt«[38], ist Sloane das vollkommene Objekt der Begierde. Es dauert nicht lange, bis Kathrin und Ed mit ihm schlafen und Sloane ihnen das Heft aus der Hand nimmt. Eds Vergangenheit hat auffällige und sicher nicht zufällige Ähnlichkeiten mit der Bricks in Tennessee Williams' *Die Katze auf dem heißen Blechdach*, mit dem Unterschied, daß in seinem Fall der weibliche Störenfried, der sich einst zwischen ihn und seinen geliebten Freund drängte, nicht die Ehefrau, sondern die Schwester war. Wie sich zeigt, war der in der Eingangsszene erwähnte »Junge« Eds Freund:

> Er war mein Freund. Herrliche Zeiten haben wir verlebt. Zusammen fischen gegangen, geschwommen, morgens um zwei besoffen nach Haus. Unschuldig waren wir, sag ich dir. Bis sie daherkam. (*Pause*) Ihm Dinge beibrachte, die er nie hätte tun sollen. Da war's aus ... vorbei ... zu Ende. (*Er räuspert sich*) Sie hat ihn dazu gekriegt, ihr ein Kind zu machen, war immer meine Ansicht. Danach war's nicht mehr das Wahre. Nie wieder. Ein typischer Fall.[39]

Ebenfalls typisch und hervorragend in Szene gesetzt (Terence Rattigan, selbst ein Könner seines Fachs, hat das Stück mit den Werken William Congreves und Oscar Wildes verglichen[40]) ist die Art und Weise, in der Sloanes Aufstieg in seinen wohlverdienten Fall umschlägt. Wie das Publikum bald erfährt, ist Sloane nicht nur ein erstklassiger Schwindler und willfähriger Bettgenosse, sondern auch ein gesuchter Mörder. Als Kathrins und Eds mürrischer alter Vater ihn erkennt und mit Anzeige droht, bringt Sloane ihn um. Bruder und Schwester merken, daß sie ihn jetzt in der Hand haben, ein Handel wird geschlossen – das gleiche Abkommen, das Demeter und Pluto über Persephone trafen. Sechs Monate mit Ed und sechs Monate mit Kathrin, die »was Kleines« im Bauch hat, wie sie sagt, und den Vater ihres Kindes nicht (noch einmal) verlieren möchte. »Ausgezeichnet, Eddie«, stellt sie am Ende fest, »das war aber sehr gescheit von dir, auf so 'ne hübsche Idee zu kommen.«[41]

»In Ortons Stücken«, meint John Clum, »sind die maskulinen Männer bisexuell.«[42] »Sie streuen ihren Samen aus, ohne Rücksicht auf Alter oder Geschlecht«, sagt der Polizist Truscott zu Dennis in *Loot*[43]. Und in *What the Butler Saw* verteidigt sich die als Junge verkleidete Geraldine: »Ich muß ein Junge sein. Ich mag Mädchen.«[44] Clum fragt sich, »ob Ortons Insistieren auf Bisexualität nicht der Befürchtung entspringt, das Publikum könne Homosexualität mit der von ihm so verabscheuten Tuntenhaftigkeit gleichsetzen«.[45] John Lahr vermutet darin das Spiegelbild einer Ambivalenz in Ortons eigenem Leben, »seine eigene, gespaltene sexuelle Natur«: »*Seid nett zu Mr. Sloane* ist das ausgesprochen autobiographischste von Ortons Hauptwerken.«[46] Alan Sinfield hingegen glaubt, daß Orton etwas zu umgehen sucht: »›Eigentlich sind wir alle bisexuell‹ ist die häufigste Ausrede. Hal und Dennis (in *Loot*) sind gegenüber dem Geschlecht ihrer Partner angeblich indifferent ... Aber weder Orton selbst noch seine Bekannten lebten so.«[47]

Für Sinfield war aus dem Blickwinkel der neunziger Orton »in den sechziger Jahren vor der Schwulenbewegung stehengeblieben«, er habe sexuelle Stereotypen eher gemieden, anstatt sich mit ihnen auseinanderzusetzen und »schwules Selbstverständnis« zu entwickeln. Viele seiner Figuren »praktizieren Homosexualität ganz ohne Probleme ... aber offenbar ist keiner *homosexuell*«. Orton, stellt Sinfield vorwurfsvoll fest, »lehnte Natur, Tiefe und Aufrichtigkeit auch deshalb ab, weil er zwar eine intuitive Opposition zur herrschenden Sexualideologie empfand, aber große Schwierigkeiten hatte, ein positives Homosexuellenbild zu entwickeln«. Dabei, und vielleicht gerade weil er »nicht in dieser Reformbewegung mitmarschierte«, gab Orton dem Theater einige seiner am weitgehendsten grenzüberschreitenden bisexuellen Charaktere. Er schrieb nicht bzw. nicht nur über Charaktere, sondern über Interaktionen; für ihn war die Bisexualität das Normale. Rückblickend scheint mir das als ein ziemlich scharfsinniger (wenn vielleicht auch unumgänglicher) »revolutionärer« Schritt.

Life is a Cabaret

»*I want you for my wife.*« »*What would your wife want with me?*« Mit diesem uralten (und nicht übersetzbaren) Scherz bringt der Conferencier des Kit-Kat-Clubs in Bob Fosses Verfilmung des Musicals *Cabaret* (1972) die sexuelle Ambivalenz ins Spiel. Joel Grey selbst wird zum »*Master of Ceremonies*«, dem Meister *sexueller* Zeremonien, und deckt in seinen musikalischen Nummern das gesamte Spektrum von männlich bis weiblich, von hetero bis schwul ab. Er ist bisexuell in dem Sinne, daß er sich auf der Bühne mit fast jedermann und -frau zu verbinden versteht, eine Truppe von vermutlich transvestitischen Girls eingeschlossen. (Wie die berühmte Pinkelszene zeigt, ist zumindest ein Mann darunter.)

Die bisexuelle Hauptperson abseits der Cabaretbühne ist allerdings der junge Schriftsteller Brian Roberts (Michael York), eine der zahlreichen Personifikationen des »Christopher Isherwood« in Isherwoods *Leb wohl, Berlin*. Michael York hatte zwei Jahre zuvor den findigen und ungehemmt bisexuellen Helden in Harold Princes schwarzer Filmkomödie *Something for Everyone* (1970) gespielt und brachte in seine Rolle des Brian das mit ein, was ich den »Repertoir-Effekt« genannt habe. Das Publikum hatte ihn bereits als Bisexuellen gesehen und würde ihm die Rolle jetzt um so eher abnehmen.

Die Vermutung, er könne bi oder schwul sein, tut Michael York allerdings in seiner Autobiographie *Accidentally on Purpose* mit einem einzigen, lässig formulierten Absatz ab. Nach Einsetzen des Stimmbruchs, in der Teenagerzeit »wurde mir die homosexuelle Alternative in vollem Umfange bewußt. Obgleich mein Vater seine Intoleranz gegenüber dieser unlängst legalisierten sexuellen Orientierung zum Ausdruck gebracht hatte, habe ich natürlich damit experimentiert, kurz und erfolglos, wobei mich nicht nur meine eigene Neugier, sondern auch einige andere dazu drängten, dieses klassische Ideal kennenzulernen. Es war nicht geschaffen für mich. Später jedoch waren viele meiner engsten Freunde homosexuell, und durch meinen Beruf hatte ich häufig Gelegenheit, ihresgleichen zu verstehen und darzustellen.« Für den jungen Michael York jedoch »wurden nun Frauen das ausschließliche Objekt der Begierde«.[48]

»Ihresgleichen« (*their kind*) als Bezeichnung für die Homosexuellen als Gruppe erinnert an *Christopher and his Kind*, Isherwoods Erinnerungen an die dreißiger Jahre, in denen er sich selbst und seine erotischen Abenteuer beschreibt, »so ehrlich, offen und wahrheitsgemäß wie nur möglich ..., vor allem, was mich selbst betrifft«[49]. Isherwood war nun in der Tat homosexuell, und zwar mit Vergnügen. Aber jener »Christoph« in Leb wohl, Berlin legte hinsichtlich seiner Sexualität wesentlich mehr Zurückhaltung an den Tag als der Memoirenschreiber Isherwood 40 Jahre später. Nicht daß er keine Hinweise gäbe; er verbringt den Sommer auf der Insel Rügen in Begleitung schöner blonder, deutscher Jünglinge, die sich vor allem für Bodybuilding interessieren, und er beschließt, der unschuldigen Natalie Landauer nichts über seine Affäre mit Sally Bowles zu erzählen, denn »dazu hätte es eines langen intimen Gespräches bedurft, für das ich einfach nicht aufgelegt war. Und am Ende aller Erklärungen würde Natalie wahrscheinlich genauso entsetzt und noch viel eifersüchtiger als jetzt gewesen sein.«[50]

Dennoch ist »Christopher« in Leb wohl, Berlin vergleichsweise geschlechtslos. Der berühmte Satz, den John van Druten als Titel für seine dramatische Bearbeitung der Berlin-Geschichten wählte: »Ich bin eine Kamera mit offenem Verschluß, nehme nur auf, registriere nur, denke nichts«[51], ermöglicht das Inkognito des Beobachters. 1975 gab Isherwood in einem Interview zu, er habe den Autoren späterer Bühnen- und Filmfassungen seiner Werke ein Problem hinterlassen: »Was ist los mit diesem Chris? Warum fängt er mit einem so willigen und attraktiven Mädchen nichts an?« Damals war Homosexualität freilich ein gewagtes Thema, das seinen Schatten auf die übrigen Geschichten geworfen hätte. »Ein homosexueller Ich-Erzähler wäre, besonders damals, allzu auffällig gewesen, er hätte den anderen Figuren im Weg gestanden.« Also beschloß er, einige Details seiner Beziehung zu Jean Ross, dem Vorbild für Sally Bowles, herunterzuspielen: »Daß wir einmal, als ich kein Geld mehr hatte, ein Zimmer teilten und zusammen in einem Bett schliefen, und natürlich die Beziehungen zwischen meinen Freunden und ihr!« Solche Details hätten aus dem Buch eine »Komödie« gemacht, freilich nicht ohne »Verluste«, »denn davon handelt das Buch ja nicht«.[52]

Dennoch möchte ich behaupten, daß die Frage der Sexualität und ihre Grenzüberschreitungen von homosexuell nach heterosexuell (und vom Paar zur Dreierbeziehung) in der Tat das ist, wovon das Buch handelt, insofern man überhaupt zu sagen vermag, wovon ein Buch handelt. Diese Formulierung liefert in all ihrer Unschärfe eine passende, wenn auch bewußt ungenaue Beschreibung der Rolle, die Sexualität und Bisexualität in den Erzählungen um die Figur des Christopher Isherwood-Cliff Bradshaw-Brian

Roberts spielen, während sich an ihr der Übergang von den dreißiger Jahren in die siebziger und vom Buch auf die Bühne und in den Film vollzieht.

Isherwood erinnert die Beziehung zu Jean Ross, dem Vorbild für Sally Bowles, als eine »Bruder und Schwester«-Beziehung. Es sei eine asexuelle, »aber ehrlichere, intimere Beziehung als die Beziehung zwischen Sally und ihren diversen Partnern im Roman, auf der Bühne und auf der Leinwand« gewesen. Man habe auch an Sex gedacht, aber Jean habe nie versucht, ihn zu verführen. »Zu schade, daß wir uns jetzt nicht lieben können«, sagt Jean eines trüben, verregneten Nachmittags, »etwas anderes gibt's ja nicht zu tun.« Er »mußte ihr recht geben – in beiden Punkten«. Dennoch teilten sie mindestens einmal das Bett »aufgrund irgendwelcher finanziellen oder räumlichen Zwänge«. Und Jean kannte Christophers »Sexualpartner«, »zeigte selbst aber keinerlei Gelüste nach ihnen«, obwohl er, nach eigenem Bekunden, »wirklich nichts dagegen gehabt« hätte.[53] Der Wunsch bleibt Ersatz der Tat. Wie wir wissen, kennt das Unbewußte kein »Nein«. Christopher, der Erzähler in Isherwoods Geschichten und Erinnerungen, schlüpft mit seinen Sexualpartnern zu Jean Ross ins Bett: nicht in der Realität, sondern indem er den Gedanken niederschreibt. »Dabei hätte er wirklich nichts dagegen gehabt.« In der Tat scheint er die Vorstellung durchaus angenehm zu finden.

Wenn man nun die Beziehung zwischen Christopher und Sally als dyadisch und »inzestuös« (Bruder – Schwester, Mutter – Sohn, sexuell Geächteter – sexuell Geächtete) und die Liebhaber, die jeder mitbringt (ins Zimmer, ins Bett, in die Erzählung), als Repräsentanten der »Außenwelt« (in der Rolle des dritten Schauspielers bei Sophokles) betrachtet, so wird damit das komplexe Zusammenspiel von Liebe und Begehren wieder in die Position des zentralen und bedeutendsten menschlichen Plots gerückt. Wie er die Geschichte erzählt, sind sie das Paar, wie »asexuell« ihre Beziehung in der Praxis auch gewesen sein mag. Ihre jeweiligen Liebhaber und Zufallsbegegnungen sind Unterbrechungen – oft willkommen und heftig umworben, aber eben Unterbrechungen.

Dennoch hat die Frage von Chris-Cliff-Brians unbestimmbarer sexueller Identität nicht periphere, sondern zentrale Bedeutung.

Wenn Christopher kein erotisches Interesse an Sally hat, dann »inszeniert sie ihre sexuellen Posen vor einem Erzähler, für den das nur Theater ist«. Er schätzt ihre Manöver, aber nur als Vorführung, zu der er nominell Distanz wahrt. Sallys mangelnde Eignung wird damit in zweifacher Hinsicht bedeutsam: »was sexy sein sollte, ist nur ›sexy‹«. Und wie Linda Mizejewski bemerkt, wird durch diesen »Sex in Anführungszeichen« Heterosexualität ironisiert und durch Camp ersetzt.[54] Man könnte sagen, Christophers Bedauern hat einen doppelten Boden. Als Sally in Berlin im Café Windermere (benannt nach Oscar Wildes Komödie *Lady Windermeres Fächer*) auf Kundensuche geht, stellt Christopher fest, daß ihr für das Geschäft mit dem Sex der rechte Spürsinn fehlt: »Sie verschwendete eine Menge Zeit, indem sie einem ältlichen Herrn Avancen machte, der ganz offensichtlich lieber ein Schwätzchen mit dem Barmann gehalten hätte.« Der Ton sexueller *Schadenfreude* (i.O. deutsch) ist unüberhörbar; er freut sich über ihre Versuche und über ihr Scheitern. Denn ihr Versagen ist ein Zeichen für seinen Erfolg oder den Erfolg von »Seinesgleichen«. Indifferenz macht also doch einen Unterschied. Christopher empfindet Sallys Männergeschichten nicht einfach anerkennenswert oder amüsant, auf ganz subtile Weise konkurriert er mit ihr.

Dieses nur angedeutete bisexuelle Dreieck – der Erzähler selbst ist nicht daran interessiert, die Aufmerksamkeit des älteren Herrn im Café Windermere auf sich zu ziehen – wird offenkundig und entfaltet seine dramatische Wirkung im Film *Cabaret*, wenn Sally und Brian um die sexuelle und finanzielle Gunst des deutschen Playboys Baron Max (Helmut Griem) konkurrieren.

Aber Brians Coming-out hat Zeit gebraucht. Wie wir gesehen haben, ist »Christopher« von geradezu entwaffnender Zurückhaltung, was seine Sexualität und besonders seine Homosexualität anlangt. *I Am a Camera* – geschrieben von einem schwulen Dramatiker, der die Möglichkeiten des Stoffes erkannt hatte – verschob das Problem der gefährlichen Sexualität auf Sally Bowles, indem es ihr gestattete (besonders in der Darstellung durch die »knabenhafte« Julie Harris), von der Androgynie zur Promiskuität überzugehen. Sallys phallische Wortspiele und Zweideutigkeiten – auf den Busen ihrer Zimmerwirtin anspielend, sagt sie: »Also, Fräulein Schneider hat einen großen, oder?«[55] – stützen die Codierung ihres extravaganten und unberechenbaren Verhaltens als schwul und männlich[56], während aus dem »echten« Schwulen der Geschichte (zum zusätzlichen Vergnügen der Eingeweihten dargestellt vom bisexuellen Schauspieler Laurence Harvey) Chris wurde, der »überzeugte Junggeselle«, der mit der Schriftstellerei verheiratet ist.

Wenn Chris sich zu Beginn des Filmes selbst einen »überzeugten (*con-*

firmed) Junggesellen« nennt, scheint diese Äußerung der Überprüfung bedürftig. Ja das Wort »überzeugt« selbst impliziert insgeheim sein Gegenteil: im Zweifel sein. »Überzeugter Junggeselle« tilgt als Euphemismus für einen Homosexuellen unbemerkt das Phantom des anderen Mannes oder anderer Männer aus dem erotischen Gesamtbild. Das Gegenteil von »überzeugt« ist, so verstanden, »noch zu haben«, d. h., reif für die Ehe. Ist der überzeugte Junggeselle nicht verheiratet (mit einer Frau), ist er definitionsgemäß allein. Die weiteren sozialen Eigenschaften des überzeugten Junggesellen – Aktivität, Wohlstand, gesellschaftliche Verbindungen – enthalten freilich das Vollbild des »schwulen Gentleman«, jener brauchbaren und nützlichen Persönlichkeit, die Cole Porter »*The Extra Man*« genannt hat:

> Ich bin ein Extramann, ein Extramann,
> Als Extramann bin ich unerreicht,
> Ich seh gut aus, bin harmlos, hilfreich und geschickt,
> als Vierter beim Bridge und als der Vierzehnte bei Tisch.
> Sie finden meinen Namen auf jeder Liste
> Doch wenn er fehlt, fällt's niemandem auf.[57]

Chris aus *I Am a Camera* verkehrt natürlich nicht in solch betuchten Kreisen. Seine Überzeugung als Junggeselle ist eine defensive und unklare Haltung, die eine Überprüfung durch den schrägen Charme von Sally Bowles, wie sich zeigt, geradezu herausfordert. Eines Abends nach reichlichem Weingenuß und ausgiebigem Jammern über seine Arbeit fällt er über Sally her – Mizejewski nennt das »seine einzige heterosexuelle Handlung im ganzen Film«. Sie bietet ihm eine freundschaftlich gemeinte Umarmung, aber er will ihr zeigen, daß er »trotz seiner Schreibstörung nicht gänzlich impotent« ist.[58] Er geht auf sie los, produziert sich als Heterosexueller – und läßt die Gelegenheit ungenutzt vorübergehen. Als Grund dafür, daß er kein Sexleben hat, weder mit Sally noch mit sonst jemandem, wird das ernsthafte Bemühen um seine Schriftstellerei angegeben, was freilich nicht völlig überzeugt.

Unter den nicht ganz überzeugten Zuschauern befand sich auch der Produzent und Regisseur Harold Prince, der 1966 *Cabaret* als Musical auf die Bühne brachte – übrigens derselbe Harold Prince, der die Rolle des unternehmungslustigen bisexuellen Helden in *Something for Everyone* mit Michael York besetzen sollte. »Wir müssen einen richtigen Kerl aus ihm machen«, erklärte er. »Wenn er bei dem Mädchen wohnt, dann muß er mit ihr schlafen!«[59] So wurde aus Chris Isherwood (dem überzeugten Junggesellen) Cliff Bradshaw (der heißblütige Heterosexuelle). Als das Musical 1987 nach dem enorm erfolgreichen Bob-Fosse-Film wieder auf die Bühne gebracht wurde, durfte Cliff seine Bisexualität offen zeigen und wurde von einem interessierten Deutschen namens Gottfried verfolgt. Aber das war eine Rückwirkung des Films. Die gefeierte Berliner Diseuse (und Witwe des Komponisten Kurt Weill) Lotte Lenya, die in der ersten Bühneninszenierung mitgewirkt hatte, meinte, 1966 habe man Chris nur heterosexuell sehen können.[60] Der abartige Sex und die dekadente Geschlechterambiguität fielen einem neuen Charakter zu, dem Conferencier des Cabarets, was Joel Grey internationalen Starruhm einbrachte.

Fosses *Cabaret* war die vierte in einer ganzen Reihe dramatischer Bearbeitungen von Isherwoods Berlin-Geschichten, allerdings die erste, in der die männliche Hauptfigur bisexuell ist, was Isherwood selbst als »in der Haltung zutiefst antischwul« bedauert hat. Für ihn war der von Michael York gespielte Brian in unerträglicher Weise »mal so, mal so«.[61] Nun hatte zu diesem Zeitpunkt die schwule Befreiungsbewegung bereits begonnen, das Bild des Homosexuellen in der Öffentlichkeit zu verändern.

Liza Minelli in der Rolle der Sally war eine Camp-Ikone und »ganz und gar Judy Garlands Tochter«[62], wie Isherwood bemerkte. Damit war ihnen das schwule – und lesbische – Publikum gewissermaßen sicher und willkommen. Diese Sally ist keine hoffnungsvolle Anfängerin mehr, sondern der Star der Show, und die bereits im Musical angelegten Camp-Assoziationen kommen zur vollen Blüte. Wenn sie den Titelsong vorträgt, in dem sie das Schicksal ihrer an Alkohol und Pillen zugrunde gegangenen Freundin Elsie beklagt, darf sich das Publikum des Aufstiegs und Falls ihrer Mutter Judy Garland erinnern. Und die nachdrücklich bekundete Absicht, zu gegebener Zeit »wie Elsie« abzutreten, bezieht ihre begeisterte Zustimmung aus eben diesem Pathos.

Und wie funktioniert Brians Bisexualität im Film? Wie verhält sie sich zu Sallys Position als weibliche Drag-Queen und als Kultstar und zu der fröhlichen Ambisexualität des Conferenciers vor der Kulisse eines näherrückenden »faszinierenden Faschismus«, wie Susan Sontag das einmal genannt hat?[63]

Zum einen könnte Brian, da er sich in die Schwulenikone Minelli verliebt, eher *mehr* als weniger schwul erscheinen. Paradoxerweise wird seine Homosexualität durch seine Heterosexualität verstärkt.

Zum anderen macht Brians Bisexualität das erotische Dreieck zur primären Einheit des Begehrens.

Brian verdient seinen Lebensunterhalt mit Englischunterricht für Deutsche. In dem einleitenden Scherz des Films »*I want you for my wife*« ist uns schon das Problem der promiskuitiven Präposition begegnet. Wofür steht *for*? Auch sein Schüler Fritz Wendel hat Schwierigkeiten mit den Präpositionen. »*We do not sleep on each other*«, teilt er Brian über Sally mit, die er mit Brian bekanntmachen wird. »Das ist doch richtig, ›*on*‹?« »*With*«, antwortet Brian nachsichtig lächelnd. Sprachschüler sind so herrlich naiv in ihren Fehlern, scheint er zu denken. Die Sprache wird verfremdet, buchstäblich und schließlich erotisch, denn sie ist das Fremde, der Eindringling, der das Vertraute zerstört. Betrachten wir die folgende Szene, die sich kurz nach dieser Unterrichtsstunde abspielt.

Sally versucht Brian zu verführen. Mit einer Ungeschicklichkeit, die sowohl abstößt und anrührt, legt sie seine schlaffe Hand auf ihre Brust. Er ist höflich, aber ganz einfach uninteressiert. »Du schläfst doch mit Mädchen, oder?« formuliert sie als rhetorische Frage. In der nun folgenden Pause findet wiederum eine semantische Verschiebung statt. Sally realisiert, daß ihre Frage nicht nur als erotische Aufforderung zu verstehen ist. »Oh – du tust es nicht«, sagt sie einen Augenblick später. Inzwischen ist er vom Bett ans andere Ende des Zimmers entkommen und macht sich am Plattenspieler zu schaffen. »Also, wenn du es unbedingt wissen willst – ich schlafe nicht mit Mädchen. Oder, um genau zu sein, ich habe es dreimal versucht, und es war jedesmal eine Katastrophe.«

Sally paßt sich dem neuen Stand der Dinge an und ist bereit, ihn zu trösten, zumal sie erkennt, daß sein Desinteresse nicht ihr persönlich, sondern den Frauen im allgemeinen gilt. »Freunde sind viel schwerer zu finden als Liebhaber. Und außerdem macht Sex jede Freundschaft kaputt.« Im Film folgt an dieser Stelle eine weitere Szene aus dem Englischunterricht von Brian und Fritz. Fritz deklamiert: »*He would have been*«, »*She would have been*«, »*We would have been* . . .«. Diese Konjugation im *conditional perfect* beschreibt den Plot sowohl was den Gegensatz von Tatsachen und Voraussetzungen (Bedingungen) anbelangt als auch hinsichtlich dessen, was er an Wunscherfüllung und schließlich Verkehrung oder Scheitern enthält. Der vollkommen regelgerechte und unauffällige Schritt vom »*he*« zu »*she*« und »*we*«, die fundamentale Architektur der Verbkonjugation, zeichnet den

Gang der erotischen Abenteuer Brians nach – und den des Dritten im erotischen Dreiergespann des Filmes, des reichen und attraktiven deutschen Barons Max.

Er wäre gewesen, sie wäre gewesen, wir wären gewesen ..., ja *was*? Reich, glücklich, verheiratet, Liebende? Max ist eine neue Figur, die in der Isherwood-Vorlage so nicht vorkommt. Er ersetzt den Amerikaner Clive, der in Isherwoods Roman und seinen früheren dramatischen Bearbeitungen als Liebhaber Sallys und freizügiger Gönner Sallys und Brians auftaucht. Stand und Nationalität machen Max zum »Protofaschisten« des Films, zu einer Art Edelausgabe jener Nazischläger und schönen arischen Hitlerjungen, die an anderer Stelle auftauchen. »Maximilians Heterosexualität verbirgt seine Homosexualität; Brians Homosexualität verbirgt seine Heterosexualität«, stellt der Psychoanalytiker Stephen Bauer fest.[64] In der Praxis sind beide Männer bisexuell.

Kaum ist Brian mit Sally ins Bett gegangen – es fängt damit an, daß er sie tröstet, weil ihr Vater nicht zu einer Verabredung erschienen ist –, da tritt Max auf den Plan und macht die heterosexuelle »Heilung« zunichte. »Offenbar waren diese drei Mädchen einfach die falschen drei Mädchen«, lautete Sallys entzückter Kommentar, und Brian hatte gleichermaßen erfreut zugestimmt. An die Stelle der abwesenden Drei (»die falschen drei Mädchen«) ist jetzt anscheinend ein Paar getreten. Allerdings nicht für lange.

Sally lernt also den schönen Max kennen, merkt, daß er reich ist, und schleppt ihn in den Kit-Kat-Club, wo er Sally und Brian erklärt: »Ich halte es für meine Pflicht, Sie zu verderben. Einverstanden?« Brian reagiert gereizt, offenbar ist sein sexueller Erfolg bedroht. Glaubt Sally, daß Max ihr »gegen eine kleine Untreue« eine Filmrolle verschafft? Als Max sie morgens mit einer Flasche Champagner und drei Gläsern weckt, ist das erotische Dreieck zwar etabliert, aber noch nicht gänzlich sexualisiert. Die Verführung Brians durch Max wird die nächsten Szenen in Anspruch nehmen.

Während des ganzen Films bilden die Musiknummern auf der Bühne des Kit-Kat-Clubs eine Art Kontrapunkt zu den Ereignissen in der »realen Welt«. So hören wir aus dem Off die Ankündigung der Nummer »Two Ladies« durch den Conferencier (»Berlin sorgt derzeit für die seltsamsten Bettgenossen«), während wir Sally, Brian und Max im Fond einer Limousine sitzen sehen. Mit diesen seltsamen Bettgenossen sind Aristokraten und Nazis offenbar ebenso gemeint wie homosexuelle Liebespaare. Auf sehr komplexe Weise bedient sich der Film sexueller »Dekadenz«, um die politischen Verhältnisse in Deutschland zu zeigen, und die heiseren Übergänge des Conferenciers zu Transvestismus und unorthodoxen erotischen Paarungen verweisen auf die heimliche sexuelle Ambivalenz im Herzen des Faschismus. »Two Ladies« ist als Kommentar zu beiden Sorten »seltsamer Bettgenossen« zu verstehen, aber wie Mizejewski bemerkt, stellt Brians Bisexualität ein gewisses Problem dar, denn »seine sexuelle Ambiguität entzieht ihn der narrativen Forderung nach eindeutiger politischer Zuordnung, nach einer klaren Unterscheidung zwischen einem (latent weiblichen) monströsen Faschismus und einem sauberen (heterosexuellen) Antifaschismus«[65]. Ihm fällt die Position des außenstehenden Beobachters zu, des Amerikaners (nicht Engländers, wie in früheren Versionen) im Berlin der Vorkriegszeit, der die Entwicklungen in Deutschland durchschaut und ablehnt. Wie ist es dann möglich, daß er sich in Max verliebt? Selbst wenn Sally ihre Unzulänglichkeiten hat und Helmut Griem im konventionellen Sinne schöner ist als Liza Minelli, ist die Verführung des anfänglich mißtrauischen und widerständigen Brian durch Max ein Zeichen für seine vorübergehende Aussöhnung mit dem faszinierenden Faschismus, selbst wenn er gut verkleidet daherkommt. Hier werden die Mythen vom »Bisexuellen als bloßem Zaungast« und »vom Bisexuellen als promiskuitivem Ketzer« vor einer nationalen und politischen Kulisse inszeniert.

Aber was will das Publikum? Es will natürlich alles sehen. »*Some have one*«, singt der Conferencier. »*Some have two. Some have ... two ladies – and he's the only man.*« Auf der Bühne des Kit-Kat-Clubs unterstreicht stroboskopisches Licht den raschen Wechsel von Personen und Positionen, ein bewegtes Auf und Ab von Körpern unter riesigen Laken. Es folgt das großartige Couplet von »*the two-for-one*«:

We switch partners daily
We play as we please
Twosey beats onesey
But nothing beats threes.
I sleep in the middle – I left – and I right –
But there's room on the bottom if you drop in some night.

Als Brian und Sally Max auf seinen Landsitz begleiten, wird die Frage, wer wo schläft, zum logistischen Problem. In einer scherzhaften kleinen Szene zwischen Brian und Max in Maxens Ankleidezimmer erwähnt dieser ganz nebenbei seine Frau und mindert damit die Ernsthaftigkeit oder zumindest die Ausschließlichkeit seiner möglichen Ansprüche auf Sally. »Sind Sie noch verheiratet?« fragt Brian. »Sehr sogar«, antwortet Max. Aber seine Frau lebt anderswo ihr eigenes Leben und geht ihren Interessen nach, sie »beschäftigt sich mit Kultur und Kunst ... Wir haben eine recht spezielle Beziehung.« Er wirft Brian einen seiner Pullover zu. Brian zieht sein Hemd aus, und uns enthüllt sich Michael Yorks athletischer, unbehaarter, knabenhafter Körper. »Ich hatte recht. Blau ist Ihre Farbe.« Die Atmosphäre erotisiert sich allmählich.

Und wer ist in dieser *ménage à trois* der Dritte? Am Abend tanzen Max, Sally und Brian zusammen. Die alkoholgeschwängerte Partyszene beginnt damit, daß Sally allein tanzt und Max sich zu ihr gesellt. Es wird deutlich, daß Brian nicht weiß, auf wen, ja nicht einmal, daß er eifersüchtig ist. Die beiden ziehen ihn in ihren Tanz hinein, und die Kamera zeigt Brians Kopf in der Mitte. Aber er ist betrunken und verliert das Bewußtsein, was Sally und Max die Gelegenheit gibt, sich gemeinsam zurückzuziehen. Damit ist Brian in der Position des Dritten, der Position des Kindes, das beobachtet und seinen Phantasien nachhängt, nachdem die Eltern es zu Bett gebracht und den Raum gemeinsam verlassen haben. Allerdings war auch Sally schon einmal in dieser Position. Bei früherer Gelegenheit bemerkt Max zu Brian, es sei sehr viel ruhiger, wenn das Kind – Sally – ein Schläfchen hält.

Vielleicht weil Sally zu verführen fast als Widerspruch in sich erscheint – sie, die keiner Gelegenheit zu einem erotischen Handgemenge aus dem Wege zu gehen scheint, obwohl wir sie nur mit Brian im Bett zu sehen bekommen –, konzentriert sich die Erzählung auf den Fortgang der Affäre zwischen Brian und Max. Ihr Blickwechsel in einem bayerischen Biergarten spricht Bände, und ein erschreckend ernster und schöner Hitlerjunge singt »Tomorrow Belongs to Me«. Wir sehen sie, gereizt und sichtlich mit ihrer Beziehung beschäftigt, auf dem Rücksitz von Maxens Auto. Und dann folgt der große Krach zwischen Sally und Brian, ausgelöst durch sexuelle Spannung und Eifersucht.

Max, meint Sally trotzig, sei ein echter Mann. »Er ist höflich, sehr sexy und weiß eine Frau zu schätzen.« Im Gegensatz zu dir, impliziert sie mit der Subtilität eines Vorschlaghammers. Sie will Brian vermitteln, daß sie seine eigenen Erfolge in Sachen Heterosexualität im Vergleich dazu kümmerlich und unentschlossen findet, daß er an Max nicht heranreicht.

»Schlaf doch mit Maximilian!« schlägt er gereizt zurück. »Das tue ich bereits«, erwidert Sally in dem Glauben, damit ihre Trumpfkarte auszuspielen.

»Ich auch«, sagt Brian nach einer kleinen, tödlichen Pause. Sally ist außer sich. Dieses Spiel kann sie nicht spielen, noch weniger kann sie hoffen, es zu gewinnen. »Ihr zwei Schweine«, zischt sie. »Zwei, zwei?« darauf Brian. »Solltest du nicht sagen, drei!?« Die Szene blendet auf den Conferencier über, der sich mit breitem Grinsen und in Frauenkleidung in die Tanzgruppe des Kit-Kat-Clubs eingereiht hat. Max macht sich aus dem Staube, er hinterläßt eine kurze Nachricht und ein wenig Bargeld.

»Zwei, zwei? Solltest du nicht sagen, drei?« In *Cabaret* gibt es »gute« und »schlechte« Dreier, desgleichen »gute« und »schlechte« Bisexuelle. Die »beste« Dreiergruppe ist die zugleich konventionellste und am wenigsten dauerhafte: Sally, Brian und das Kind, das sie erwartet und dessen Vater sowohl Brian als auch Max sein könnte. Brian macht ihr einen Heiratsantrag, gemeinsam stellen sie sich ihr Leben in einem Häuschen auf dem Lande bei Cambridge vor, und Brian, mit Hut und nacktem Oberkörper, eine Krawatte um den bloßen Hals und eine Zigarre zwischen den Zähnen, die fleischgewordene, sich selbst parodierende Karikatur phallischer Männlichkeit mit allem, was an überkompensierenden Merkmalen dazugehört, erhebt beschwipst das Glas: nicht auf alle drei, sondern auf »das Baby und mich«. Eine bedeutungsträchtige und in symbolischer Hinsicht kostspielige Auslassung. Wenig später läßt Sally das Kind abtreiben, ohne mit ihm gesprochen zu haben, der Traum ist vorbei. Brian verläßt Berlin, während Sally und der Conferencier, dessen »heimliche Weiblichkeit«[66] das Geheimnis des kommenden Nazideutschland repräsentiert, zu dem Paar werden, das zurückbleibt: eine Frau, die wie eine Drag-Queen auftritt, und ein Mann, der wie eine Frau zurechtgemacht ist.

Damit stellt der Film zweierlei Ansichten von Bisexualität einander gegenüber: zum einen ein sich Überkreuzen der Geschlechteridentitäten, zum anderen ein grenzensprengendes und allumfassendes Begehren. Sie laufen im Film allerdings auf dasselbe hinaus, obwohl Brians wie auch Maxens Bisexualität bewußt nicht mit Camp, Drag oder Effeminiertheit in Verbindung gebracht werden. Bringt uns Brians Sexualität lediglich die Unentschiedenheit wieder? Ist er irgendwie einfach nicht Manns genug, heterosexuell zu sein, wie Sally im großen Streit höhnisch bemerkt? Aber auch der überaus attraktive Frauenkenner Max erweist sich als bisexuell. Oder fehlt Brian einfach der Mut, sich zu seiner Homosexualität zu bekennen?

Macht eine Schwalbe einen Sommer bzw. eine heterosexuelle Affäre aus einem Homosexuellen einen Bisexuellen? Und ist Sally, die einer frauenfeindlichen Karikatur der grotesken Verführerin so nahekommt, überhaupt eine »Frau«? Jean Ross' Tochter berichtet, ihre Mutter habe immer behauptet, nicht sie sei das Vorbild für die Figur der Sally Bowles gewesen, sondern ein Mann, ein Freund Christopher Isherwoods. Isherwood selbst bemerkt, den Namen »Bowles« habe er von Paul Bowles übernommen.

In mancher Hinsicht ist Brians Bisexualität nicht so sehr eine persönliche Eigenschaft, sondern ein kulturelles Symptom, ein Zeichen der Zeit. Aber welcher Zeit? Der dekadenten, moralisch ambivalenten dreißiger Jahre? Oder der dekadenten, moralisch ambivalenten siebziger Jahre? Brians Bisexualität markiert sowohl den Unterschied als auch die Parallelen zwischen der im Film *beschriebenen* Zeit und der Zeit, in der der Film *entstanden ist*. 1972 war Bisexualität »chic«. Und sexy, wie Michael York in *Something for Everyone* gezeigt hat.

Der »Drang, beide Geschlechter zu sein«, den die Filmtheoretikerin Gaylyn Studlar in der filmischen Zusammenarbeit von Marlene Dietrich und Josef von Sternberg entdeckt, zeigt eine andere Art von Bisexualität, eine Bisexualität, die die »Mobilität multipler, fließender Identifikationen«[67] gestattet und zugleich auf gefährliche und grenzüberschreitende Weise mit dem Präödipalen flirtet. Ein solcher Drang ist in *Cabaret*, der wie eine Huldigung an Marlene Dietrich erscheint, bei fast allen erotischen Hauptakteuren spürbar.

Identifikation bezeichnet in der Sprache der Filmtheoretikerin hier die Position des Zuschauers. »Multiple, fließende Identifikationen« also gestatten dem Zuschauer, sich mit mehreren Figuren auf der Leinwand zu identifizieren: z. B. mit Brian *und* Sally statt mit nur einem von beiden. Eine Theorie vom »bisexuellen Schauen« löst ältere, einflußreiche Theorien ab, die im klassischen Film den »männlichen Blick« identifiziert haben.[68] Männer sahen, Frauen wurden angesehen. Männer waren Subjekte, Frauen Objekte, gewöhnlich Sexobjekte. Männer waren aktiv, Frauen passive Empfängerinnen des Blicks. Was nun geschah, wenn die Frau zurück-blickte, wie das Marlene Dietrich tat, oder gar zuerst schaute, den Mann – oder die Frau – mit ihrem Blick festhielt, wurde zum Thema der Debatte.

Mulveys »transvestitischer« Beobachter, die Frau, die sich in ihrer Vorstellung in einen Mann verwandeln mußte, um den Film in seiner normativen Perspektive zu sehen, wurde der Logik der Bisexualität folgend noch einmal erweitert und modifiziert. Denn die Bisexualität legte nicht nur multiple und mobile »fließende Identifikationen« nahe, sondern darüber hinaus den ständigen Wechsel zwischen den Positionen der Identität und des Begehrens. Dies entspricht in mancher Hinsicht dem von Freud beschriebenen paranoiden Denken (»Ich, ein Mann, liebe dich, einen Mann«; »Ich liebe ihn nicht, ich hasse ihn«; »Ich liebe nicht ihn, ich liebe sie«), in dem der grundlegende unannehmbare Gedanke (Ich, ein Mann, liebe dich, einen Mann) durch sukzessive Veränderungen für die Ebene des Bewußtseins erträglicher gemacht wird. Die dem Nationalsozialismus zugrundeliegende Paranoia verhält sich hier thematisch kongruent zu den erotischen Verkehrungen und Verbindungen, die der Conferencier des Kit-Kat-Clubs grinsend zur Schau stellt.

Abwechslung

Unterwegs dorthin sagte sie:»Deine Frau ist wunderbar, ich habe mich verliebt in sie.« Sie saß neben ihm, und er sah nicht hin, um festzustellen, ob sie rot wurde. »Ich bin auch in sie verliebt«, sagte er. »Und ich bin auch in dich verliebt«, sagte sie. »Ist das gut so?«[69]

Dieser Wortwechsel stammt nicht, wie man auf den ersten Blick vermuten könnte, aus einer Fernseh-Talk-Show über Bisexualität und Ehe, sondern aus Ernest Hemingways posthum veröffentlichten Roman *Der Garten Eden*. Dieser zwischen 1946 und Hemingways Tod im Jahre 1961 entstandene Roman ist die meisterhafte erotische Geschichte der Ehe des jungen amerikanischen Ehepaars David und Catherine Bourne in den zwanziger Jahren an der Côte d'Azur und ihrer Beziehung zu einer Frau namens Marita, die sie in einem Café in Cannes kennenlernen und zu sich nehmen.

Genaugenommen ist es Catherine, die sie aufliest. Catherine ist die am meisten grenzüberschreitende Gestalt im Buch, ein Mädchen, das zugleich ein Junge ist – und das im Bett den Part des Jungen übernehmen möchte. »Ihr Haar war kurzgeschoren wie bei einem Jungen. Kompromißlos geschnitten.« »Siehst du«, sagte sie, »das ist die Überraschung. Ich bin ein Mädchen. Aber jetzt bin ich auch ein Junge, und ich kann alles, alles, alles machen.«[70] Später, noch bevor Marita auftaucht, schläft sie mit David:

Er lag da, und dann spürte er etwas, ihre Hand hielt ihn, griff suchend tiefer, und er half mit seinen Händen und legte sich im Dunkeln zurück und dachte an gar nichts und spürte nur das Gewicht und etwas Merkwürdiges in seinem Innern, und sie sagte:
»Jetzt kannst du nicht mehr unterscheiden, wer wer ist, oder?« ...
»Du bist Catherine.«
»Nein. Ich bin Peter. Du bist meine wundervolle Catherine. Du bist meine schöne reizende Catherine. Es war so nett von dir, dich zu verwandeln. Ah, danke, Catherine, vielen Dank. Bitte, versteh mich. Bitte, versuch mich zu verstehen. Ich will ewig mit dir schlafen.«[71]

David, ein Schriftsteller, empfindet diesen Rollentausch, die physische Erfahrung, genommen zu werden, zugleich erregend und erschreckend.

In der Nacht hatte er einmal gespürt, wie sie ihn mit den Händen berührte. Er war aufgewacht, der Mond schien herein, und sie vollzog noch einmal die dunkle Magie der Verwandlung, und er sagte nicht nein, als sie zu ihm sprach und ihm die Fragen stellte, und er fühlte die Verwandlung so stark, daß ihn ein Schmerz durchfuhr, und als es vorbei war und sie beide erschöpft dalagen, zitterte sie und flüsterte: »Jetzt haben wir's getan. Jetzt haben wir es wirklich getan.« Ja, dachte er. Jetzt haben wir es wirklich getan.[72]

»Mach dir keine Sorgen, David. Ich bin ja wieder dein liebes Mädchen«[73], sagt sie ihm am nächsten Morgen, ihre Brüste an seine Brust gepreßt. »Sie verwandelt sich unbekümmert und glücklich von einem Mädchen in einen Jungen und wieder zurück«[74], stellt David fest und »dachte, was soll nur aus uns werden, wenn sich die Dinge so wild und so gefährlich und so schnell entwickeln?«[75].

Das Buch betont Catherines erotische Lust und läßt den Leser daran teilhaben. Die folgenden Zwiegespräche im Bett werden in einer Nacht und auf nicht mehr als zwei Buchseiten geführt.

»Meinst du nicht, es würde Spaß machen, wenn ich mich wieder in einen Jungen verwandelte? Es würde keine Mühe machen.«
»Du gefällst mir so, wie du jetzt bist.«
»Soll ich diesmal als Mädchen mit dir schlafen und es dann tun?«

Abwechslung

»Du bist ein Mädchen. Du bist ein Mädchen. Du bist mein reizendes Mädchen Catherine.«
»Darf ich jetzt wieder ein Junge sein?«
»Wozu?«
»Nur für ein Weilchen.«
»Wozu?«
»Es hat mir Spaß gemacht; ich vermisse es zwar nicht, aber nachts im Bett möchte ich es gern noch mal sein, wenn's nicht schlecht für dich ist. Darf ich? Wenn's nicht schlecht für dich ist?«
»Ich werde nur nachts ein Junge sein und dich nicht in Verlegenheit bringen: Mach dir bitte deswegen keine Sorgen.«
»In Ordnung, Junge.«
»Ich habe gelogen, als ich sagte, ich müßte nicht.«
»Jetzt verwandelst du dich. Bitte. Laß nicht mich das tun. Muß ich? Schön, dann tu ich's. Du bist jetzt verwandelt. Ja. Du hast es auch getan. Ja. Du hast es auch getan. Ich habe es zwar mit dir gemacht, aber du hast es getan. Ja, das hast du. Du bist meine süße, meine schöne Catherine. Du bist mein Mädchen, mein liebstes einziges Mädchen. O danke danke, du mein Mädchen.«[76]

David und Catherine sind erst seit kurzem verheiratet. Sie tragen die gleiche Kleidung – gestreifte Unisex-Pullover und Shorts – und haben, auf Catherines Betreiben, den gleichen Haarschnitt, einen jungenhaften Kurzhaarschnitt, blondiert. David beunruhigt dieser Mangel an Differenz (er hätte gerne kürzere Haare als sie, er möchte sie nicht küssen, wenn »du ein Junge bist und ich ein Junge bin«[77]), und er zeigt etwas, das man sogar als defensive Männlichkeit oder Homophobie bezeichnen könnte, wären diese Begriffe nicht so bleischwer und das Buch nicht von solch exquisiter Eleganz. Catherine: »Ich möchte doch nur, daß wir beide gleich aussehen.« David: »Das ist unmöglich.« Catherine: »Nicht, wenn du mitmachen würdest.« David: »Ich will wirklich nicht.«[78] Er hat Angst zu verschwinden. »In der Nacht war es sehr dunkel.«

»David?«
»Ja.«
»Wie geht's dir, Mädchen?«
»Mir geht's gut.«

»Laß mich dein Haar fühlen, Mädchen ... Es ist so füllig geschnitten und so kräftig und genauso wie meins. Laß mich dich küssen, Mädchen. Ah, du hast reizende Lippen. Mach die Augen zu, Mädchen ... Sei einfach mein Mädchen, und liebe mich so, wie ich dich liebe.«[79]

Man beachte, daß hier Catherine spricht, David ist »das Mädchen« – und man beachte, daß dieser Roman von Ernest Hemingway geschrieben wurde. Es wird Zeit für den Auftritt des dritten »Mädchens«, Marita, die Catherines Jungenhaarschnitt und ihre Hosen bewundert. »Schau, wen ich dir mitgebracht habe«, sagt Catherine. Marita hat sich ebenfalls die Haare schneiden lassen.[80]

»Aber wem gehört sie nun eigentlich?«
»Sei nicht so grob. Keinem gehört sie.«
»Red dich nicht raus.«
»Na schön. Sie ist in uns beide verliebt, wenn ich nicht spinne.«
»Du spinnst nicht.«
»Jedenfalls noch nicht.«[81]

Am Ende des Romans wird Catherine *tatsächlich* verrückt sein und Davids einzige Niederschrift seiner Erzählungen aus Eifersucht zerstört haben – der letzte und unverzeihliche grenzüberschreitende Akt.

Marita sagt, daß sie ihn liebe. »Man verliebt sich nicht in zwei Leute auf einmal«[82], erwidert David. Aber stimmt das? Wessen Mädchen *ist* sie? Catherine liest sie auf und scheint sie David geben zu wollen. »Sie ist dein Mädchen, und ich bin dein Mädchen.« »Du verlierst aber nicht. Wie kannst du mit zwei Mädchen verlieren?« fragt Catherine.[83] Marita hat allerdings etwas andere Vorstellungen. »Catherines Mädchen werde ich auch sein.«

»Ich mach mir nichts aus Mädchen«, sagte Catherine. Es war sehr still, und weder ihr selbst noch David kam ihr Tonfall aufrichtig vor.
»Niemals?«
»Noch nie.«
»Ich kann dein Mädchen sein, wenn du je mal eins haben willst, und Davids kann ich auch sein.«[84]

Abwechslung

Kurze Zeit später küssen sich Catherine und Marita im Auto auf der Heimfahrt von Nizza, mit sehr angenehmen Empfindungen. (»... ich sagte, so könne ich nicht fahren, wenn sie das mache, und dann hielt ich an. Ich habe sie nur geküßt, aber ich weiß, da war's um mich geschehen.«[85]) Das Dreiergespann steht. »Gib ihr auch einen Kuß«, sagt Catherine zu David, und zu seiner eigenen Überraschung tut er es. Marita bezieht ein Zimmer am Ende des Flurs, wo sie von Catherine und David besucht wird, wenn auch nicht ohne ambivalente Gefühle. »Catherine fühlt sich schrecklich«, sagt Marita. »Bitte sei nett zu ihr.« »Zum Teufel mit euch beiden«, sagt David.[86]

Catherine sagt David, es handle sich nur um eine Phase. »Ich bin mir absolut sicher, daß ich das überwinden werde ... Ich könnte es nicht ertragen, wenn du wegfahren würdest. Ich will nicht mit ihr allein sein. Ich muß es einfach machen ... Seit meiner Schulzeit hatte ich immer die Möglichkeit, es zu tun, und Leute, die es mit mir tun wollten. Aber ich wollte nie und hab es nie getan. Aber jetzt muß ich es tun.« David bleibt stumm. »Jedenfalls liebt sie dich, und du kannst sie haben und auf diese Weise alles wegwaschen.«[87]

Trotz seiner großen erotischen Vorstellungskraft ist Hemingways Roman nicht ganz frei vom Klischee des heterosexuellen Mannes und seiner Faszination von lesbischer Erotik. Zu Beginn des Romans steht Catherine im Mittelpunkt, aber das Schwergewicht verlagert sich bald auf David, den begabten amerikanischen Schriftsteller im Exil. Der Buchtitel tut das Seine, Catherine spielt die Rolle der Lilith, Adams legendärer erster Frau, die gleichzeitig mit ihm erschaffen wurde und nicht bereit war, sich ihm unterzuordnen. David nennt Catherine zuweilen »Teufel«, sie wird aufgrund ihrer Leidenschaft fürs Sonnenbad zusehends »dunkler« und schließlich, wie ihre mythische Vorgängerin, aus dem Garten Eden vertrieben. Marita, die auch »Erbin« genannt wird, erbt den Gatten – und die Welt.

Als Catherine wahnsinnig wird, Davids Manuskripte verbrennt und nach Biarritz flieht, verliebt sich Marita in David. (»Was auch kommen mag, ich bin immer dein Mädchen. Dein gutes Mädchen, und ich liebe dich.«[88]) David kann also seine außer Kontrolle geratene erste Frau durch eine sexuell attraktive, aber letztlich zahme und ihm blind ergebene Frau ersetzen, es fehlen nur noch die Papiere, die es amtlich machen. (»Sind wir die Bournes?« »Sicher. Wir sind die Bournes. Es mag eine Weile dauern, bis wir die Papiere haben. Aber wir sind es. Willst du es schriftlich haben?«[89]) Selbst die Frau des respektablen französischen Hotelchefs zieht Marita vor und macht in deren Zimmer das Bett für zwei zurecht, sobald Catherine verschwunden ist.

Damit geht David sowohl als Opfer als auch als Sieger aus dem erotischen Dreieck hervor. »Er brauchte gar nicht sein Gewissen zu prüfen, um sich zu bestätigen, daß er Catherine liebte und daß es falsch war, zwei Frauen zu lieben, und daß das nicht gut ausgehen konnte. Noch wußte er nicht, wie furchtbar das sein konnte. Er wußte bloß, daß es angefangen hatte.«[90]

Das Dreieck selbst wurde quasi auf eine Seite gekippt: Catherine als Verführerin und erotischer Mittelpunkt an der Spitze wird im weiteren Verlauf ziemlich rasch von David abgelöst, der damit die Erotik aus der Gesetzlosigkeit in die Rechtmäßigkeit zurückführt, eine *perverse* Beziehung, die sich zusehends, wenn auch auf doppelte Weise, *normalisiert*. Zum großen Teil jedoch gründet die Erregung offenkundig in erotischer Eifersucht, Konkurrenz und mimetischem Begehren. Catherine hat beim Essen zuviel getrunken, und Marita begleitet sie zu Bett (oder ins Bett?), David soll erst nachkommen, wenn sie eingeschlafen ist. Als er das Zimmer betritt, ist sie wach und begierig, mit ihm zu schlafen.

Fühlt sich jemand schuldig? »Alle sind jetzt glücklich«, sagt Catherine. Sie hat gerade gestanden, daß sie Marita geküßt hat, und fordert David auf, das gleiche zu tun: »Wir haben die ganze Schuld durch drei geteilt.«[91] David glaubt, »daß es falsch war, zwei Frauen zu lieben«, beschließt jedoch, es durchzustehen. »Wir werden uns abwechseln«, sagt Catherine. »Heute und morgen gehörst du mir. Und die zwei Tage danach gehörst du Marita. Mein Gott, habe ich Hunger. Seit einer Woche das erste Mal, daß ich Hunger habe.«[92]

Die Lust am sexuellen Rollenspiel und -tausch in *Der Garten Eden* ist nicht neu. Auch in *Inseln im Strom*, einem weiteren Spätwerk Hemingways, gibt es einen Ehemann, der eben dieses Spiel zusammen mit seiner Frau phantasiert, und wieder übernimmt die Frau die Initiative:

> Und dann war alles so, wie es sein mußte, und er sagte:
> »Soll ich du sein, oder bist du lieber ich?«
> »Das erste Mal hast du das Sagen.«
> »Ich kann nicht du sein. Ich kann's höchstens versuchen.«[93]

Das zusätzliche Element der Bisexualität in *Der Garten Eden* gestattet ein freieres Spiel der Erotik zwischen drei Personen und weist dem Ehemann die dominante Position zu, selbst wenn er der passive Partner ist, denn nach ersten provozierenden Momenten lesbischer Leidenschaft wird David, nicht Catherine (oder gar Marita) zum Gegenstand der Konkurrenz und der Begierde.

Der Garten Eden korrespondiert in vielen Details mit Hemingways Leben und Phantasien. Seine Mutter kleidete ihn und seine Schwester Marcelline als gleichgeschlechtliche Zwillinge. Im Alter von drei Jahren sorgte sich der junge Ernest, ob der Weihachtsmann wohl wisse, daß er ein Junge sei.[94] Auf manchen Kinderphotos erscheint er in Mädchenkleidern mit kurzgeschnittenen Haaren, auf anderen trägt er Jungenkleider und lange Haare. Neben ein Photo von Ernest mit Blumenhut und langem Kleid schrieb seine Mutter »Sommermädchen«. Sie erinnert sich: »Die zwei großen Kinder Ernest und Marcelline waren damals immer gleich angezogen, wie zwei kleine Mädchen.«[95]

In der Nick-Adams-Story »Das letzte gute Land« schneidet sich Nicks Schwester die Haare kurz: »Es ist schrecklich aufregend«, sagt sie. »Jetzt bin ich deine Schwester, aber ich bin auch ein Junge.«[96] Im Roman In einem andern Land möchte Catherine Barkeley ihre Haare kurz tragen und drängt Frederic Henry, die seinen wachsen zu lassen, damit sie, so wörtlich, »gleich« sind. »Ach Liebling, ich will dich so sehr, ich will du sein.« »Das bist du. Wir sind ein und dasselbe«, erwidert er.[97]

In Hemingways Tagebuch findet sich der folgende Text über seine vierte Frau Mary:

> Sie hat immer ein Junge sein wollen und denkt wie ein Junge, ohne je dabei etwas von ihrer Weiblichkeit zu verlieren. Wenn dich das irritieren sollte, dann solltest du dich pensionieren lassen. Sie liebt es, mich als ihr Mädchen zu sehen, was ich nur zu gerne bin, denn ich bin nicht ganz dumm ... Dafür belohnt sie mich, und nachts tun wir alles mögliche, was ihr und mir gefällt ... Mary hat nie lesbische Neigungen gehabt, aber sie hat immer ein Junge sein wollen. Da ich mir nie etwas aus irgendeinem Mann gemacht habe und jeden physischen Kontakt mit Männern verabscheue, ... liebte ich Marys Umarmung, die ich als etwas gänzlich Neues und außerhalb aller Stammesgesetze Liegendes empfand.[98]

Der Tagebucheintrag insistiert auf der Unterscheidung zwischen Identifikation und Begehren. Mary Hemingway möchte ein Junge sein, aber sie behält ihre Weiblichkeit. Hemingway selbst ist gerne ein Mädchen. Mary ist, wie er betont, definitiv nicht lesbisch, wie er selbst definitiv nicht homosexuell ist. Sie spielen eben nur gerne Sexspiele, in denen die Geschlechterrollen und/oder das für diese Rollen spezifische Sexualverhalten (Penetration? Oben oder unten?) nicht festgelegt sind. Ich frage mich: Belohnt ihn Mary vielleicht sogar mit Oscars?

Epilog –
»Zwischen« oder »unter«?

Zwischen den Zeilen lesen

»Der richtige Gebrauch von ›zwischen‹ (between) erfolgt bei zweien«, schrieb Samuel Johnson 1755 in seinem Wörterbuch, »und ›unter‹ (among), wenn es mehrere sind.« Und Realist, der er ist, fügt er hinzu: »Vermutlich wird diese korrekte Unterscheidung nicht immer beachtet werden.« In der Tat wird sie das nicht. Im Webster finden wir, »daß ›zwischen‹ (between) nicht auf zwei beschränkt ist«. Sir James A. H. Murray, Herausgeber des *Oxford English Dictionary*, gibt 1888 einen Überblick über den Wortgebrauch und meint: »Schon seit es das erste Mal aktenkundig wurde, ist ›zwischen‹ (between) in all seinen Bedeutungen auf mehr als zwei ausgedehnt worden.« Daraus folgt, wie William Safire bemerkt, daß »›zwischen‹ (between) noch immer das einzige Wort ist, mit dem wir die Beziehung einer Sache zu vielen sie umgebenden Dingen, und zwar im Hinblick auf mehrere Dinge und auf ein Einzelding, zum Ausdruck bringen können, ›darunter‹ (among) drückt dagegen eine kollektive und unbestimmte Beziehung aus.« Safire selbst zieht im allgemeinen *between* bei zweien vor und benutzt *among*, wenn es sich um mehrere Dinge handelt, sagt aber, er »würde sich mit ›die Schlacht zwischen (between) Japan, Europa und Amerika‹ wohler fühlen, weil es sich dabei um einen Kampf zwischen Japan und Europa, zwischen Europa und Amerika und zwischen Amerika und Japan handelt«.[1]

Ist Bisexualität eine Beziehung »zwischen« (between) oder »unter« (among)? Wie wir gesehen haben, neigen all diejenigen, die Bisexualität mit nichtmonogamem Verhalten und dieses wiederum mit Gruppensex verwechseln oder identifizieren dazu, sie für ein Knäuel aus Körpern oder Körperteilen anzusehen. Und dies nicht nur, weil die (Wunsch-)Phantasie »drei in einem Bett« aufregend wäre (eine Sexumfrage im Magazin *Details* kommt zu dem Ergebnis, daß der Dreier unter Männern die häufigste sexuelle

Epilog – »Zwischen« oder »unter«?

Phantasie darstellt: 60 Prozent aller Männer träumen davon, aber nur 25 Prozent hatten je daran teilgenommen; bei den Frauen waren es 40 bzw. 13 Prozent)[2], sondern auch aufgrund der Schwierigkeit, sich Bisexualität anders als triadisch, triangulär, kinetisch oder peripatetisch vorzustellen.

Einigen Definitionen zufolge – die jedoch offenkundig nicht mit denen Betroffener übereinstimmen – ist jemand schwul, der vordem heterosexuell war und nun mit einem gleichgeschlechtlichen Partner bzw. Partnern zusammen ist, und jemand ist heterosexuell, der schwul war und nun mit einem andersgeschlechtlichen Partner bzw. Partnern zusammen ist. Dieses »Gesetz vom ausgeschlossenen Dritten« schließt Bisexualität aus, denn sie muß, wie manche meinen, den Charakter von Gleichzeitigkeit haben, wenn sie echt sein soll. »Diachron« auftretende Bisexualität ist lediglich unentschlossene Hetero- oder Homosexualität, und »umstandsbedingte« Bisexualität ist eben nur ein Spiel oder Notbehelf.

Ein dreidimensionales Diagramm der Bisexualität oder, wie ich bereits vorgeschlagen habe, ein Möbiusband kommt dieser unmöglichen Grenzziehung schon näher. Die folgende Beschreibung eines Schnürsenkels wird einen Eindruck vermitteln, wie es um das Innen und Außen eines Möbiusbandes bestellt sein mag:

> In seiner Windung (*retorsion*), die die Öse des Dings durchquert und wiederdurchquert, von außen nach innen, von innen nach außen, *auf* der äußeren Fläche und *unter* der inneren Fläche (und *vice versa*, wenn diese Fläche umgedreht ist, wie das Oberteil des linken Schuhs), bleibt es dasselbe auf beiden Seiten, zwischen rechts und links, zeigt es sich und verschwindet (fort/da) bei der regelmäßigen Durchquerung der Öse, versichert es das Ding seiner Ähnlichkeit – das untere am oberen festgemacht, das innere am äußeren festgeschnürt – durch ein Gesetz der Striktur.[3]

Wie der Schnürsenkel ist auch Bisexualität weder »Innen« noch »Außen«, sondern das, was beides erst schafft.

Wenn der Schuh paßt

Die obige Beschreibung eines Schnürsenkels und eines geschnürten Schuhs entstammt Derridas Auseinandersetzung mit Vincent van Goghs Bild *Ein Paar Schuhe*: »Was ist ein Paar?« »Was ist in diesem Fall da ein Paar?« »Ja, stellen wir uns z. B. zwei rechte Schuhe (zum Schnüren) vor oder zwei linke Schuhe.« »Was hätten sie i. e. Martin Heidegger und Meyer Schapiro – versuchen Sie es sich vorzustellen – mit nicht als Paar zusammenpassenden Schuhen gemacht, mit zwei Schuhen desselben Fußes oder mit einem noch vereinsamteren Schuh, als diese beiden da?« Was aber, wenn es gar kein Paar ist? Wie könnten wir sie dann nennen? Derrida sieht »ein Argument eher der Zwei-Schuhe als des Paares, als des (homo- oder heterosexuellen) Pärchens; Bisexualität des Doppelgängers in zwei Schuhen«.[4]

Derrida kehrt bei seinen Überlegungen über die Schuhe van Goghs beharrlich immer wieder zu dem Begriff »bisexuell« zurück, womit gemeint ist, »daß die bisexuelle Symbolisierung . . . den Unterschied der Geschlechter nicht kennt« – in diesem Falle, weil sie eine »längliche, solide oder fest auf einer Oberfläche stehende hohle oder konkave Form auf der anderen«[5] sind und außerdem von einem Mann und von einer Frau getragen werden können, vor allen Dingen aber auf eine überraschende und unkonventionelle Weise »gepaart« sind. »Ein Paar Schuhe ist einfacher als eine *Dienlichkeit* zu behandeln als ein einzelner Schuh oder als zwei nicht als Paar zusammenpassende Schuhe. Zumindest hemmt das Paar, wenn es ihn nicht untersagt, den ›fetischisierenden‹ Antrieb; es haftet am Gebrauch, am ›normalen‹ Gebrauch . . . Vielleicht, um die Frage nach einer gewissen Unbrauchbarkeit oder nach einem ›pervertierten‹ Gebrauch auszuschließen, haben sich Heidegger und Schapiro den geringsten Zweifel an der Paarheit oder der Zusammenstellung als Paar dieser beiden Schuhe untersagt.«[6]

Welcher ist der rechte und welcher der linke? Das hängt davon ab, von welchem Punkt aus definiert wird. »Der andere (linke?) Schuh, rechts auf dem Bild (wie kann man sich orientieren, um davon zu sprechen?) ist gerader, schmaler, strikter und weniger offen . . . Kurz, früher hätte man gesagt männlicher.«[7] Wenn wir jedoch die Schuhe beschreiben, wie man das im Theater täte, als *Bühne rechts* und *Bühne links*, dann ist links rechts und rechts links.

»Ich finde dieses Paar, wenn man so sagen kann, links (schief, *gauche*). Durch und durch. Schauen Sie auf die Details, die seitliche Innenfläche:

Man würde sagen, zwei linke Füße. Verschiedene Schuhe. Und je mehr ich sie anschaue, um so mehr schauen/gehen sie mich an, um so weniger gleichen sie einem alten Paar. Vielmehr einem alten Pärchen (*couple*).«[8]

Die Hypothese, daß es sich um ein Paar handelt, ermöglicht nicht nur »Normalität«, sondern auch Narration und Identität. »Da es sich zunächst um ein Paar handelt ... muß es ein Sujet geben.« »Wenn es ein Paar gibt, gibt es einen möglichen Kontrakt, kann man das Sujet suchen und bleibt Hoffnung erlaubt.«[9] Wenn es ein Paar ist, ein Pärchen, ein links und ein rechts, heterosexuell statt bisexuell, kann die Geschichte geschrieben werden: Sie gehören einem Mann aus der Stadt oder einer Frau auf den Feldern. Wenn es sich allerdings um »zwei Schuhe« handelt, wem paßt dann der Schuh?

Was ist eine Birne?

Das Gemälde *Drei Birnen* der amerikanischen Künstlerin Janet Rickus zeigt genau das, was der Titel verspricht: drei Birnen auf einem mit einem Tuch bedeckten Tisch.[10] Eine *Comice*-Birne, goldgelb und kegelförmig; eine *Anjou*-Birne, ein wenig kleiner und gedrungener, mit glatter grüner Schale; und schließlich eine zinnoberrote Birne. Sie stehen nebeneinander, Seite an Seite, in einer Reihe, berühren sich. Die grüne Birne befindet sich in der Mitte. Die rote Birne neigt sich ein wenig keck zur Seite. Sie besitzen viel Persönlichkeit, diese Birnen. Gibt es ein Paar darunter?

Bei genauerer Betrachtung wird deutlich, daß man Birnenpaare bilden kann, wenn man das möchte. Die *Anjou*- und die rote Birne haben eine gedrungenere Form; damit wäre die *Comice*-Birne draußen. Die *Comice*-Birne und die rote Birne jedoch, beide in warmen Farben, erscheinen nach rechts geneigt, während die kühle grüne Birne in der Mitte aufrecht steht. Was die Haltung anlangt, bilden also die beiden außenstehenden Birnen, die goldene und die rote, ein Paar. Damit ist die mittlere Birne draußen. Aber könnte man im dritten Zug nicht auch sagen, daß die *Comice*- und die *Anjou*-Birne der klassischen Birnenform entsprechen, während die rote Birne, möglicherweise, weil sie etwas geneigt steht (oder im Profil zu sehen ist), der typischen Form weniger entspricht? Vielleicht sind also die beiden Birnen auf der linken Seite, *Comice* und *Anjou*, das Paar.

Drei Birnen. Oder drei Paare. Falls wir nach einer Allegorie der Bisexua-

Was ist eine Birne?

lität suchen, wäre dies ein mögliches Bild. Vergleichen wir es mit dem Umschlagbild eines Buches mit soziologischen und medizinischen Aufsätzen über Bisexualität und Aids, auf dem vor schwarzem Hintergrund die weiße Silhouette eines Mannes im Anzug zwischen der roten Silhouette eines identisch gekleideten Mannes und der roten Silhouette einer Frau in knielangem Kleid zu sehen sind. Die weiße Figur hält die beiden roten an der Hand. Das Bild spricht eine deutliche Sprache. Er hat ein Geschlecht, er ist der Mann in der Mitte, und er hat die Kontrolle. Er ist »der Bisexuelle«.

Die Birnen, die Birnenpaare, erzählen eine kompliziertere Geschichte. Sie lassen sich nicht auf eine Paarung festlegen. Wie die bisexuellen Schuhe, die ein Paar sind, dessen Geschichte so viel leichter zu erklären wäre, oder auch nicht, die als Paar soviel »brauchbarer« wären, die Schuhe eines Mannes oder einer Frau: Diese Birnenpaare sind pervers. Zuerst einmal gibt es drei davon, drei Paare, einen Dreier, kein Paar. Aber die Birne in der Mitte, so scheint es, ist durch Zufall dorthin geraten – oder durch den paradoxen »Zufall« eines perfekten Entwurfs.

Anhang

Danksagungen

Es ist mir eine Freude, den vielen Freunden und Kollegen zu danken, ohne deren engagierte Unterstützung dieses Buch nicht zustande gekommen wäre, vor allem Christian Carlson, Paul Franklin und Ted Gideonse. Ihnen allen weiß ich Dank für ihre klugen Ratschläge, ihre unerschütterliche Geduld und natürlich für ihre Freundschaft. Danken möchte ich auch Rachel Cohen, Robyn Ochs und Karen Friedland, die mich mit der Geschichte der Bisexuellen-Bewegung, ihren politischen Organisationen und ihren Szene-Blättern bekannt machten, ferner den Mitgliedern der Harvard-Radcliffe Bisexual, Gay, and Lesbian Student Association, die ihre Gedanken und Ideen mit mir teilten, und den vielen Freunden, die offiziell oder inoffiziell bereitwillig darüber sprachen, was Bisexualität für ihr Leben bedeutet.

Meiner Lektorin Becky Saletan bin ich außerordentlich verpflichtet für all die Zeit und Mühe, die sie in das Buch investiert hat; seine gegenwärtige Form verdankt es ihrer aufmerksamen Lektüre und ihrer energischen Zusammenarbeit. Denise Roys editorische Hinweise waren von großem Nutzen, außerdem bemühte sie sich um die Druckerlaubnis für viele der zitierten Texte. Beth Vesel überzeugte mich vom Wert meines Vorhabens und davon, daß ich es bewältigen könne. Ich weiß nicht, was ich ohne ihre Unterstützung und Ermutigung gemacht hätte. Auch Barbara Akiba und Herrick Wales waren mir in einem entscheidenden Stadium eine wertvolle Hilfe. Der Hyder Rollins Fund vom Harvard English Department stellte mir großzügig Gelder zur Verfügung, um die Kosten zu decken. Viele Freunde in Nantucket, wo ein großer Teil des Buches entstand, trugen jeder auf seine Weise unschätzbar zu seiner Entstehung bei. Besonderer Dank gebührt Mimi Beman und dem Kollektiv von Mitchell's Book Corner.

Barbara Johnson las die Entwürfe sämtlicher Kapitel und war immer mit glänzenden Vorschlägen zur Hand. Mit jedem Projekt stehe ich zunehmend tiefer in ihrer Schuld. Es braucht wohl ein ganzes Leben, um diese Schuld abzutragen.

Danksagungen

Mein Buch ist Dell Abromson gewidmet, meiner engsten Freundin noch aus Kindertagen, deren Leben zwar viel zu kurz war, aber dafür – wie ich glaube – außergewöhnlich reich, erfüllt und glücklich. Ich würde viel dafür geben zu erfahren, was sie zu den hier vorgestellten Ideen gesagt hätte.

Anmerkungen

Abkürzungen

GW: Band der Gesammelten Werke von Freud bzw. Jung (genaue Angaben s. S. 705 ff.)
Anm. ChG: Anmerkung Christiana Goldmann (Übersetzung von Einleitung und Kapitel 1–14)
Anm. ChE-G: Anmerkung Christel Erbacher-von Grumbkow (Übersetzung von Kapitel 15–21)
Anm. CF: Anmerkung Carl Freytag (redaktionelle Bearbeitung)

Einleitung: Vice versa

1 Freud, *Briefe an Fließ*, S. 508, 20. Juli 1904.
2 Kaja Silverman, *Male Subjectivity at the Margins*, New York u. a. 1992, S. 203.
3 Philip W. Blumstein und Pepper Schwartz, »Bisexuality: Some Social Psychological Issues«, *Journal of Social Issues*, Bd. 33/3 (1977), S. 36.
4 Colin Spencer, *Which of Us Two? The Story of a Love Affair*, New York u. London 1991, S. 259.
5 Marcia Deihl, Mitbegründerin des Boston Bisexual Woman's Network, in einem Leserbrief an den *Boston Globe*, 13. August 1993.
6 Im Laufe meiner Forschungen zu diesem Buch entdeckte ich mit Interesse, daß bereits 1947 ein »Blatt für homosexuelle Weiber« *Vice Versa* genannt worden war. Die lesbische Herausgeberin – sie benutzte als Pseudonym den Namen »Lisa Ben« (ein Anagramm von »lesbian«) – tippte alle neun Nummern des Blattes mit jeweils zehn Durchschlägen auf ihrer Schreibmaschine und verteilte sie an ihre Freunde, die sie wiederum an *ihre* Freunde weitergaben. »Ich nannte das Blatt *Vice Versa*, weil unsere Lebensform damals als ein Laster (engl. *vice*) galt. Sie war das Gegenteil der Lebensform, die die Gesellschaft von uns erwartet und die sie allein billigt. Und *vice versa* bedeutet das Gegenteil. Ich fand den Titel sehr treffend. Welchen hätte ich sonst wählen sollen?« Von ähnlichen Überlegungen habe auch ich mich bei meiner Entscheidung leiten lassen, und ich freue mich, sie mit Lisa Ben zu teilen. (Lisa Ben, »Gay Gal«, in: Eric Marcus [Hg.], *Making History: The Struggle for Gay and Lesbian Equal Rights, 1945–1990, an Oral History*, New York 1992, S. 8 f.)

Anmerkungen

7 Gorge P. V. Akrigg (Hg.), *The Letters of King James VI and I*, Berkeley u. Los Angeles 1964, S. 431.
8 William Shakespeare, *The Sonnets/Die Sonette*, Stuttgart 1974, Sonett 20, S. 23 (in der Übertragung von Stefan George, »Herr–Herrin« = engl. *master–mistress*).
9 Michel Foucault, *Sexualität und Wahrheit*, Frankfurt am Main 1977, Bd. 1, S. 58. Weiteres Material zur »Homosexualität« als einem Begriff des 19. Jahrhunderts findet sich bei Jonathan Ned Katz, *Gay/Lesbian-Almanac: A New Documentary*, New York 1994; David M. Halperin, *One Hundred Years of Homosexuality and Other Essays*, New York 1990; und George Chauncey Jr., »From Sexual Inversion to Homosexuality«, in: *Salmagundi* 38, Heft 59, S. 114–146. Eine Erörterung und Kritik der These, man könne bereits im 18. Jahrhundert von »Homosexualität« reden, ist nachzulesen bei Alan Sinfield, *The Wilde Century: Effeminacy, Oscar Wilde and the Queer Moment*, London 1994, S. 37ff.
10 »Bisexuality: Having It All«, *Lear's*, Mai 1992, S. 55.
11 Martha Weinman Lear, »Ted & Mary & Archie & Fido«, *New York Times*, 30. September 1990, S. 14.
12 John Cheever, *Tagebücher*, Hamburg 1994, S. 485 f.
13 Troix Bettencourt von der Boston Area Gay and Lesbian Youth, zitiert in David Gelman und Debra Rosenberg »Tune in, Come Out«, *Newsweek*, Internationale Ausgabe, 15. November 1993, S. 44.
14 George Hohagen und Carrie Miller, zitiert ebd. S. 44 f.
15 Ebd. S. 44.
16 Michael Winerip, »In School«, *New York Times*, 23. Februar 1994. S. B7.
17 Jim Sullivan, »Melodrama Gives British Band Suede Its Sheen«, *Boston Globe*, 8. Oktober 1993, S. 61.
18 Jim Sullivan, »The Scene«, *Boston Globe*, Calendar, 19. Mai 1994, S. 25.
19 Zitiert in *The Advocate*, 27. Mai 1994, S. 79.
20 Sandra Bernhard an Cathleen MacGuigan, *Newsweek*, 30. April 1984.
21 Matthew Gilbert, »Out of the Pigeonhole«, *Boston Globe*, 29. Mai 1994, S. A7.
22 »Bisexual Chic: Anyone Goes«, *Newsweek*, 27. Mai 1974, S. 90.
23 »The New Bisexuals«, *Time*, 13. Mai 1974, S. 79.
24 Lilian Faderman, *Odd Girls and Twilight Lovers: A History of Lesbian Life in Twentieth-Century America*, New York 1991, S. 63 ff.
25 Biphobie wird oft als eine Wortschöpfung der Bi-Aktivistin Maggi Rubenstein aus San Francisco ausgegeben.
26 *Playboy*, August 1992.
27 Gabriel Rotello, »Bi Any Means Necessary; They Call Themselves Queer Bisexuals and, to the Distress of Many in the Gay Movement, They Want In«, *Village Voice*, 30. Juni 1992, S. 37.
28 »Where Do Bisexuals Fit In? Are They Straight or Gay, or a Category unto Themselves?«, *Time*, 17. August 1992, S. 49 ff.
29 Jennet Conant, »The Devil in Miss Donohoe«, *Redbook*, Februar 1992, S. 70.
30 Jeff Yarborough, »Amanda Donohoe«, *Interview*, Bd. 21, Heft 9, September 1991, S. 113.
31 Conant, »The Devil in Miss Donohoe«, S. 70.

Anmerkungen

32 Steven Gaines und Sharon Churcher, *Obsession: The Lives and Times of Calvin Klein*, New York 1994, S. 296.
33 Ebd. S. 297.
34 Ebd. S. 298.
35 »Homo Couture«, *The Advocate*, 6. Oktober 1992.
36 Suzy Menkes, »Guys and Dolls to End an Era«, *New York Times* (Style), 29. November 1993, S. 5.
37 Gerri Hirshey, »The Snooty Dame at the Block Party«, *New York Times Magazine*, 24. Oktober 1993, S. 142.
38 Ebd. S. 144.
39 William Grimes, »Tracking the Styles of One Painful Year: *Ouch!* that Felt Good«, *New York Times*, 28. Dezember 1992, S. B1.
40 Suzy Menkes, »Fetish or Fashion?«, *New York Times* (Style), 21. November 1993, S. 1 und S. 9.
41 Tätowierungen nur für die Urlaubszeit werden heute Touristen in Indien und anderswo unter »Henna-Painting« angeboten. Bei der Rückkehr ins »normale« Leben ist alles wieder verschwunden (Anm. CF).
42 Rachel Cohen, »visi-BI-lity«, *HQ*, Bd. 2/1, 1. Dezember 1992, S. 16.
43 Ralph Ellison, *Unsichtbar*, Berlin u. Frankfurt am Main 1954.
44 Freud, *Briefe an Fließ*, S. 400, 1. August 1899.
45 Ebd. S. 63 f.
46 Freud, *Weiblichkeit*, GW XV, S. 121.
47 Nigel Nicolson, *Portrait einer Ehe*, Frankfurt am Main 1992, S. 8.
48 Ebd. S. 121.
49 Margaret Mead, »Bisexuality: What's It All About?«, *Redbook*, Januar 1975, S. 29.
50 Ebd.
51 Ebd. S. 31.
52 Ebd.
53 Fritz Klein hat auch Arbeiten unter dem Namen Fred Klein veröffentlicht. Alles über »BiKlein« (einschließlich Photo) auf seiner Homepage »http://www.bisexual.org/BiKlein.html«. (Anm. CF)
54 Gilbert Herdt, *Guardians of the Flutes: Idioms of Masculinity*, New York 1981; ders., *Rituals of Manhood: Male Initiation in Papua-New Guinea*, Berkeley 1982.
55 Michael W. Ross, »A Taxonomy of Global Behavior«, in: Rob Tielman, Manuel Carballo und Aart Hendriks (Hg.), *Bisexuality and HIV/Aids: A Global Perspective*, Buffalo 1991, S. 21–26.
56 Edmund Bergler, »The Law of the Excluded Middle«, in: *Homosexuality: Disease or Way of Life?*, New York 1956. Nach Berglers Ansicht ist heterosexuelles Verhalten bei einer Person, die auch homosexuelle Kontakte hat, höchst verdächtig. Bisexualität ist seiner Meinung nach »durch und durch verlogen«. Für ihn können Männer, die sich als bisexuell bezeichnen, nur »lustlosen, mechanischen Sex« mit Frauen haben.
57 John Stoltenberg, *Refusing to Be a Man: Essays on Sex and Justice*, Portland 1989, S. 106.
58 Barbara Tennison, »Strange Tongues«, *Terra Nostra Underground*, 1990, S. 1.
59 Gayle Feyrer, »The Cosmic Fuck«, in: dies., *The Cosmic Collected* (Selbstverlag),

Anmerkungen

S. 11 f. Zitiert in Henry Jenkins, *Textual Poachers: Television Fans and Participatory Culture*, New York 1992, S. 186.
60 Constance Penley, »Feminism, Psychoanalysis, and the Study of Popular Culture«, in: Lawrence Grossberg, Cary Nelson und Paula Treichler (Hg.), *Cultural Studies*, New York 1992, S. 491 und S. 483. (Lawrence Grossberg et al., *Cultural Studies. Eine Intervention*, *Icus-Lectures*, Heft 17+18, Wien 1994, ist *nicht* die Übersetzung dieses Buches.)
61 Ebd. S. 485. Die Erzählung *The Ring of Soshern* wurde vermutlich vor 1976 geschrieben, zirkulierte zunächst als Manuskript und wurde schließlich 1987 in der Anthologie *Alien Brothers* veröffentlicht. Wie viele K/S-Geschichten erschien auch sie unter einem Pseudonym.
62 Ebd. S. 487.
63 Ebd.
64 Ebd. S. 488.
65 Ebd. S. 489.
66 Jean Laplanche und Jean-Bertrand Pontalis, »Fantasme originaire, fantasmes des origines, origine du fantasme«, *Les Temps Modernes* 19 (1965), Nr. 215, S. 1868.
67 Montieth M. Illingworth, »Looking for Mr. Goodbyte«, *Mirabella*, Dezember 1994, S. 111.
68 Die Newsgroup »alt.sex.stories.bondage« bietet beispielsweise über 5000 »adult«-Stories – gegen Bezahlung. Die Suche nach »Sex« + »Bondage« liefert im Internet über 70 000 Hinweise. (Anm. CF)
69 Illingworth, »Looking for Mr. Goodbyte«, S. 108.

Teil I: Bi-Wege

1. Bi-Worte

1 Lily Burana, »Sandra Bernhard, Acting Lesbian«, *The Advocate*, 15. Dezember 1992, S. 70.
2 Kate Millett, *Fliegen*, Reinbek bei Hamburg 1983; zitiert in Charlotte Wolff, *Bisexualität*, Frankfurt am Main 1979, S. 69.
3 »Male« (*bases*) sind Markierungen des Baseballfeldes, die von Spielern rennend erreicht werden müssen. (Anm. CF)
4 Robert L. Chapman, *New Dictionary of American Slang*, New York 1986, S. 163.
5 Beth Elliott, »Anmerkungen zu den Autoren«, in: Elizabeth Reba Weise (Hg.), *Closer to Home: Bisexuality and Feminism*, Seattle 1992, S. 322. »Anmerkungen zu den Autoren«, in: Loraine Hutchins und Lani Kaahumanu (Hg.), *Bi Any Other Name*, Boston 1991, S. 373.
6 *BiWoman: The Newsletter of the Boston Bisexual Women's Network*, Jg. 8, Heft 5 (Oktober/November 1990), S. 4; Dell Richards, *Lesbian Lists: A Look at Lesbian Culture, History and Personalities*, Boston 1990.
7 *Brewer's Dictionary of Twentieth-Century Phrase and Fable*, Boston 1992, S. 3.
8 »*Having your cake and eating it, too*« – nur ungefähr dasselbe wie die deutsche Redewendung »Man kann denselben Kuchen nicht zweimal essen«. (Anm. CF)
9 Diane Anderson, »Living with Contradictions«, in: Weise, *Closer to Home*, S. 171.

10 John Williams Malone, *Straight Women/Gay Men*, New York 1980, S. 181.
11 Michael Stipe von »R.E.M.« in *Rolling Stone*, 20. Oktober 1994, zitiert in *The Advocate*, 15. November 1994, S. 95.
12 In *Homophilophilía*, dem (neu-)griechischen Wort für Homosexualität, haben Liebe und Geschlecht immerhin zum harmonischen Gleichklang gefunden: *to phílo* = das Geschlecht, *i philía* = die Freundschaft, die Liebe. Bisexuell heißt neugriechisch *amphisexualikós*. (Anm. CF)
13 *Now*, Jg. 7, Heft 47 (4.–10. August 1988), S. 59.
14 Gore Vidal, »Sex is Politics«, in: ders., *United States: Essays 1952–1992*, New York 1993, S. 550.
15 Gore Vidal, »The Birds and the Bees«, ebd. S. 612.
16 Tony Kushner, *Angels in America. Schwule Variationen über gesellschaftliche Themen. Teil 1: Die Jahrtausendwende naht*, in: *Theater heute*, 1/1993, S. 43.
17 Benjamin Cheever (Hg.), *The Letters of John Cheever*, New York 1988, S. 326.
18 Ebd. S. 327.
19 Ebd. S. 300.
20 Ebd.
21 Siehe auch ebd. S. 335 f.
22 Ebd. S. 337, 24. Mai 1977; James Joyce, *Ulysses*, Frankfurt am Main 1975, S. 1015: »... ja und das Herz ging ihm wie verrückt und ich hab ja gesagt ja ich will ja.«
23 Ebd. S. 338, 25. Mai 1977.
24 Ebd. S. 340, 28. August 1977.
25 Ebd. S. 341, 9. Februar 1978.
26 Ti-Grace Atkinson in einer Rede an der Columbia Universität. Zitiert in Sydney Abbott und Barbara Love, *Sappho Was a Right-On Woman: A Liberated View of Lesbianism*, New York 1972, S. 119 ff.
27 Hutchins u. Kaahumanu, *Bi Any Other Name*, S. xiv.
28 Abbott u. Love, *Sappho Was a Right-On Woman*, S. 156 f.
29 »Name Game«, *10 Percent*, Heft 6 (Januar/Februar 1994), S. 11.
30 April Martin, »Fruits, Nuts, and Chocolate: The Politics of Sexual Identity«, *The Harvard Gay and Lesbian Review*, Jg. 1, Heft 1 (Winter 1994), S. 11.
31 Ebd. S. 12.
32 Ebd. S. 14.
33 Victoria A. Brownworth, »No Mystery«, *The Advocate*, 17. Mai 1994, S. 52.
34 Pat Califia, »The Surprise Party«, in: dies., *Macho Sluts. Erotic Fiction*, Boston 1988, S. 216.
35 Jeff Yarbrough, »The Conde Nast Publications Owe Their Glitz, Glamour, and Gloss to the Gay Aesthetic«, *The Advocate*, 10. März 1992, S. 36.
36 Graham McKerrow, *Gay Times*, Januar 1993, S. 29. Zit. in Jo Eadie, »Activating Bisexuality: Towards a Bi/Sexual Politics«, in: Joseph Bristow und Angelia R. Wilson (Hg.) *Activating Theory: Lesbian, Gay, Bisexual Politics*, London 1993, S. 151. Siehe auch ebd., S. 118–139: Clare Hemmings, »Resituation the Bisexual Body«.
37 Eadie, »Activating Bisexuality«, S. 150.
38 Zum Beispiel: Lise Kreps und Gwen Riles, »Hi, My Name Is Bi; Or the Labels Discussion«, *North Bi Northwest*, Jg. 1, Heft 2 (April/Mai 1989); Lucy Friedland, »Are

Anmerkungen

You Suffering from the BLA's? The Bisexual Label Avoidance Syndrome«, *North Bi Northwest*, Jg. 3, Heft 1 (Februar/März 1990); Susanna Trnka, »A Question of Labeling«, *North Bi Northwest*, Jg. 4, Heft 3 (Juni/Juli 1991); Lucy Friedland und Liz A. Highleyman, »The Fine Art of labeling, The convergence of Anarchism, Feminism, and Bisexuality«, in: Hutchins u. Kaahumanu, *Bi Any Other Name*, S. 285–298; M.S. Montgomery, »An Old Bottle for Old Wine: Selecting the Right Label«, *North Bi Northwest*, Jg. 4, Heft 3 (Juni/Juli 1991).

39 Zitiert in Sarah Murray, »Bisexual Movement Comes Out Strong«, *BiWomen*, Jg. 8, Heft 5 (Oktober/November 1990), S. 6.
40 Dvora Zipkin, »Why Bi?«, in: Weise, *Closer to Home*, S. 55f.
41 Ebd. S. 57.
42 Ebd. S. 65.
43 Martin S. Weinberg, Colin J. Williams und Douglas W. Pryor (Hg.), *Dual Attraction: Understanding Bisexuality*, New York 1994, S. 28f.
44 Interview mit der Autorin, März 1994.
45 Weinberg et al., *Dual Attraction*, S. 35.
46 Matthew LeGrant, »The ›B‹ Word«, in: Hutchins u. Kaahumanu, *Bi Any Other Name*, S. 207ff.
47 Zitiert in Carrie Wofford, »The Bisexual Revolution: Deluded Closet Cases or the Vanguard of the Movement?«, *Outweek*, 6. Februar 1991, S. 37.
48 Holly Near, *Fire in the Rain . . . Singer in the Storm*, New York 1990, zitiert in Beth Elliott, »Holly Near and Yet So Far«, in: Weise, *Closer to Home*, S. 233. Elliott bemerkt, daß dieser Satz »in nahezu jedem Artikel, jeder Rezension und jedem Interview über das Buch zitiert wird« (ebd. S. 252, Fußnote 3).
49 Interview von Carol Stocker, »So Near, Yet So Far«, *Boston Globe*, 27. August 1990, zitiert in Elliott, ebd. S. 252.
50 Elliott, ebd. S. 233.
51 Don Marquis, *Archy and Mehitabel*, Garden City 1928.
52 Martin Greif, *The Gay Book of Days*, Secaucus N.J. 1982.
53 Jonathan Ned Katz, *Gay/Lesbian Almanac*, New York 1983.
54 Greif, *The Gay Book of Days*, S. 12.
55 Loraine Hutchins und Lani Kaahumanu, »Who Are We? Establishing and Reclaiming the Bisexual Community«, *Anything that Moves*, Frühjahr 1991, S. 19.
56 Ebd. S. 19; Jeffrey Miller (Hg.), *In Touch: The Letters of Paul Bowles*, New York 1994, S. 557.
57 Ginette Paris, *Pagan Meditations. The World of Aphrodite, Artemis, and Hestia*, Dallas 1986, S. 39–43. In Auszügen erschienen als »Who Was Sappho?«, *BiWomen: The Newsletter of the Boston Bisexual Women's Network*, Jg. 4, Heft 5 (Oktober/November 1986), S. 6.
58 Amanda Udis-Kessler, »Whose Culture Is It Anyway«, *Anything That Moves*, Frühjahr 1991, S. 8.
59 Michael Goff und Sarah Pettit, »The Voyage Out«, Impressum, *Out*, Juli 1993, S. 6.
60 Gary North und Karla Rossi, »Bi Visibility in Gay Community Takes ›Dramatic‹ Turn«, *Anything That Moves*, Frühjahr 1991, S. 13ff.; Kim Corsaro, »Bisexuality in the Gay/Lesbian Community: The Controversy Continues«, *San Francisco Bay Times*, Mai 1991.

Anmerkungen

61 *Logomotive: A Magazine of Sex & Fun (From a Bisexual Perspective)*, S. 3 und S. 40.
62 Susie Bright, *Sexual Reality: A Virtual Sex World Reader*, Pittsburgh 1992, Rückseite; deutsch: *Susie Sexperts liederliche Lesbenwelten*, Berlin 1995.
63 Editorial, *Anything That Moves*, Heft 7, Frühling 1994, 2. Umschlagseite.
64 Vgl. Robert Rodi, *Fag-Hag. Eine Freundin zum Fürchten*, Berlin 1995. Für »Fag hag«, die »LesBiSchwule Party im Uferlos« in Luzern ist es leider zu spät: Sie war im Frühjahr 1998 (Anm. CF).
65 Anspielung auf Hitchcocks berühmten Thriller *North by Northwest* (USA 1959, deutscher Verleihtitel: *Der unsichtbare Dritte*). (Anm. ChG)
66 Lenore Norrgard, »Can Bisexuals Be Monogamous?«, in: Hutchins u. Kaahumanu, *Bi Any Other Name*, S. 283.
67 Bruce Bawer, *A Place at the Table. The Gay Individual in American Society*, New York 1993, S. 34.
68 Ebd. S. 51.
69 Editorial, *Anything That Moves*, Heft 7, Frühling 1994, 2. Umschlagseite.
70 Robyn Ochs, »Biphobia: It Goes More Than Two Ways«, in: Beth Firestein (Hg.), *Bisexuality: The Psychology and Politics of an Invisible Minority*, Thousand Oaks 1996.
71 Freud, *Traumdeutung*, GW II/III, S. 303, Fußnote.
72 Freud, *Bruchstück einer Hysterie-Analyse*, GW V, S. 226, Fußnote 2. »Wechsel« ist ein veraltetes Wort für »Weiche«.
73 Diese Erfahrung wird machen, wer im Internet mit dem Stichwort »Bisexualität« auf die Suche geht. Die Mehrzahl der »heruntergeholten« Briefmarken-Bildchen zeigen einfach *zwei* Akteure – in allen möglichen Kombinationen der Geschlechter (soweit man das bei der Schärfe der Bilder erkennen kann). (Anm. CF)
74 Weise, *Closer to Home*, S. 33.
75 Michel Foucault, *Sexualität und Wahrheit*, Frankfurt am Main 1977, Bd. 1, S. 89.
76 Eric Marcus (Hg.), *Making History: The Struggle for Gay and Lesbian Equal Rights 1945–1990, an Oral History*, New York 1992, S. 285. Mehr zu Copy Berg in Randy Shilts, *Conduct Unbecoming: Lesbians and Gays in the U.S. Military, Vietnam to the Persian Gulf*, New York 1993.
77 Brief an Bryher vom 24. November 1934, zitiert in Rachel Blau DuPlessis und Susan Stanford Friedman, »›Woman is Perfect‹: H. D.'s Debate with Freud«, *Feminist Studies*, Jg. 7, Heft 3 (Herbst 1981), S. 407–416.
78 H. D. (= Hilda Doolittle), *Huldigung an Freud*, Berlin 1975, S. 94 (Hervorhebung im Original).
79 Brief an Bryher, 24. November 1934 (Beineke Rare Book Library, Yale University) (Hervorhebung im Original).
80 Shari Benstock, *Women of the Left Bank: Paris, 1900–1940*, Austin 1986, S. 317. Benstock zitiert O. W. Firkin als Hauptvertreter dieser Auffassung.
81 H. D., *Huldigung an Freud*, S. 137.
82 Ebd. S. 200.
83 Ebd. S. 195.
84 Brief an Bryher, 14. Februar 1919; Bryher an H. D., 20. März 1919 (Beineke Rare Book Library, Yale University); Andrea Weiss, *Vampires und Violets: Frauenliebe und Kino*, Dortmund 1995, S. 25.

Anmerkungen

85 Weiss, ebd. S. 24.
86 Benstock, *Women of the Left Bank*, S. 312, S. 321 und S. 332 (Hervorhebungen durch die Autorin).
87 Ebd. S. 312.
88 Ebd. S. 315.
89 Ebd. S. 334.
90 H. D. (= Hilda Doolittle), *Collected Poems 1912–1944*, New York 1983, S. 451.
91 DuPlessis u. Friedman, »Woman is Perfect«, S. 407–430. Susan Stanford Friedman und Rachel Blau DuPlessis, »›I Had Two Loves Separate‹: The Sexualities of H. D.'s Her«, *Montemora*, 8 (1981), S. 7–30.
92 DuPlessis u. Friedman, »Woman is Perfect«, S. 424f.
93 Friedman u. DuPlessis, »Sexualities of H. D.'s *Her*«, S. 9.
94 Claire Buck, *H. D. and Freud: Bisexuality and a Feminist Discourse*, New York u. London 1991, S. 11; Juliet Mitchell und Jacqueline Rose (Hg.), *Feminine Sexuality: Jacques Lacan and the École Freudienne*, New York 1982, S. 21.
95 Buck, *H. D. and Freud*, immer noch Mitchell u. Rose, S. 11 folgend.
96 Karen F., Brief an die Verfasserin.
97 David Kamp, »The Straight Queer«, *Gentleman's Quarterly*, Juli 1993, S. 95–99.
98 Elisabeth D. Däumer, »Queer Ethics; or, the Challenge of Bisexuality to Lesbian Ethics«, *Hypatia*, Jg. 7, Heft 4 (Herbst 1992), S. 104, die Michael Warner, »Introduction: Fear of a Queer Planet«, *Social Text*, Jg. 19, Heft 16, zitiert.
99 »Identity Crisis: Queer Politics in the Age of Possibilities«, *Village Voice*, 30. Juni 1992, S. 27.
100 Terry Castle, *The Apparitional Lesbian: Female Homosexuality and Modern Culture*, New York 1993, S. 12f.
101 John L. Austin, *Zur Theorie der Sprechakte*, Stuttgart 1972.
102 Eve Kosofsky Sedgwick, »Queer Performativity: Henry James' *The Art of the Novel*«, *GLQ*, Jg. 1, Heft 1, 1993. Für eine differenzierte Diskussion der Problematik dieses Ausdrucks vgl. Sedgwicks Aufsatz sowie Judith Butlers Essay »Critically Queer« in derselben Ausgabe von *GLQ* und leicht überarbeitet in ihrem Buch *Körper von Gewicht: Die diskursiven Grenzen des Geschlechts*, Berlin 1995. Butlers *Das Unbehagen der Geschlechter*, Frankfurt am Main 1991, und »Performative Acts and Gender Constitution: An Essay in Phenomenology and Feminist Theory«, in: Sue-Ellen Case (Hg.), *Performing Feminisms: Feminist Critical Theory and Theater*, Baltimore 1990, gehören zu den einflußreichsten neueren Beiträgen zur Diskussion um »performativity«. Vgl. auch die Aufsatzsammlung des English Institute: Andrew Parker und Eve Kosofsky Sedgwick (Hg.), *Performativity and Performance*, New York 1995.
103 E. L. Pattullo, »Straight Talk About Gays«, *Commentary*, Dezember 1992; Bawer, *A Place at the Table*, S. 107.
104 Eric Marcus, »What's in a Name?«, *10 Percent*, Jg. 1 (Winter 1993), S. 14f.
105 »Queer« in Deutschland: Anfang 1998 haben sich *Rosa Zone* (Deutschland West) und *Queer* (Deutschland Ost, Leipzig) zu *Queer. Die Monatszeitung für Schwule und Lesben* zusammengeschlossen (Verlag Rosa Zone, Köln). Das Thema »bisexuell« ist auf eine kleine Rubrik bei den Kontaktanzeigen beschränkt – zwischen »Mann sucht Mann« und »Frau sucht Frau«. (Anm. CF)

2. Bi-sexuelle Politik

1 Carrie Wofford, »The Bisexual Revolution: Deluded Closet Cases or the Vanguard of the Movement?«, *Outweek*, 6. Februar 1991, S. 36.
2 Robyn Ochs, Brief an die Verfasserin, 23. November 1994.
3 Eloise Salhoz, »The Power and the Pride«, *Newsweek*, 21. Juni 1993, S. 58.
4 Larry Gross, *Contested Closets: The Politics and Ethics of Outing*, Minneapolis 1993, S. 123.
5 Elisabeth D. Däumer, »Queer Ethics; or, the Challenge of Bisexuality to Lesbian Ethics«, *Hypatia*, Jg. 7, Heft 4 (Herbst 1992), S. 98.
6 Robert Bauman, »The Conservative Congressman«, in: Eric Marcus (Hg.), *Making History: The Struggle for Gay and Lesbian Equal Rights, 1945–90, an Oral History*, New York 1992, S. 357.
7 Ebd. S. 363. Im deutschen Eherecht bezieht sich ein »Irrtum über die Person« z. B. auf Doppelgänger (Ehegesetz § 31), Homosexualität würde eher unter »Irrtum über die persönlichen Eigenschaften des anderen Ehegatten« fallen (Ehegesetz § 32). (Anm. CF)
8 Ebd. S. 364.
9 Ebd. S. 365.
10 Jane Gross, »Does She Speak for Today's Women?«, *New York Times Magazine*, 1. März 1992, S. 15.
11 Ebd. S. 16.
12 Ebd. S. 53.
13 Ebd. S. 54.
14 Stuart Timmons, *The Trouble with Harry Hay: Founder of the Modern Gay Movement*, Boston 1990, S. 98.
15 Zitiert ebd. S. 100.
16 Ebd. S. 118.
17 Ebd. S. 96.
18 Ebd. S. 99.
19 Es birgt dagegen weniger Gefahren, z. B. als *womanizer* geoutet zu werden: Das ist wenigstens ein *eindeutiges* Verhalten. (Anm. CF)
20 Alice Wexler, *Emma Goldman: An Intimate Life*, New York 1984, S. 182.
21 Lillian Faderman, *Odd Girls and Twilight Lovers: A History of Lesbian Life in Twentieth-Century America*, New York 1991, S. 34; Almeda Sperry an Emma Goldman, zitiert in Blanche Wiesen Cook, »Female Support Networks and Political Activism«, *Chrysalis*, Heft 3 (Herbst 1977), S. 57; Emma Goldman an Alexander Berkman, in Richard Drinnon und Anna Maria Drinnon (Hg.), *Nowhere at Home: Letters from Exile of Emma Goldman and Alexander Berkman*, New York 1975, S. 132 f.
22 Candace Falk, *Liebe und Anarchie und Emma Goldman*, Berlin 1987, S. 147.
23 Almeda Sperry an Emma Goldman, 8. August 1912 (Boston University Libraries).
24 Almeda Sperry an Emma Goldman, 21. Oktober 1912 (Boston University Libraries), in: Falk, *Liebe und Anarchie und Emma Goldman*, S. 151.
25 Ebd. S. 153.

Anmerkungen

26 Blanche Wiesen Cook, »The Historical Denial of Lesbianism«, *Radical History Review*, 20 (1979), S. 56.
27 Emma Goldman, *Gelebtes Leben*, Berlin 1978, Bd. 1, S. 307.
28 Emma Goldman an Alexander Berkman in: Drinnon u. Drinnon, *Nowhere at Home*, S. 132 f.
29 Die bisexuelle Aktivistin Liz Highleyman erwähnt Goldmans Einfluß auf ihre eigene Entwicklung zur »Anarchistin, Bisexuellen und Sexpol-Kämpferin« (Lucy Friedland und Liz A. Highleyman, »The Fine Art of Labeling«, in: Loraine Hutchins und Lani Kaahumanu [Hg.], *Bi Any Other Name*, Boston 1991, S. 290). Kaahumanu bedient sich eines Emma Goldman zugeschriebenen Satzes für den Titel ihres Artikels über eine bisexuelle Tanzkreation, welche Leben in die BiWEST networking, coalition building, strategizing Conference in San Diego brachte. »Emma hatte ja so recht«, kommentiert sie, »für einen Ausgleich zwischen Spaß und Politik muß schon gesorgt sein« (Lani Kaahumanu, »If I Can't Dance I Won't Join Your Revolution«, *Anything That Moves*, 7 [1994], S. 20).
30 Blanche Wiesen Cook, *Eleanor Roosevelt, Bd. 1: 1884–1933*, New York 1992, S. 8.
31 Ebd. S. 13.
32 Joseph P. Lash, *Love, Eleanor: Eleanor Roosevelt and Her Friends*, Garden City 1982, S. 126, zitiert ebd. S. 441.
33 Cook, *Eleanor Roosevelt, Bd. 1*, S. 477. Cook zitiert Doris Fabers Hickok-Biographie.
34 Doris Faber, *The Life of Lorena Hickok: E.R.'s Friend*, New York 1980, S. 176.
35 Zitiert ebd. S. 152 und diskutiert in Cook, *Eleanor Roosevelt, Bd. 1*, S. 479.
36 James Roosevelt (mit Bill Libby), *My Parents: A Differing View*, Chicago 1976, S. 110 f.
37 Cook, *Eleanor Roosevelt, Bd. 1*, S. 446; Kenneth Davis, *FDR: The New York Years, 1928–1933*, New York 1985, S. 329 f.
38 Cook bei der Beschreibung eines Klischees, von dem sie annimmt, es habe Joseph Lashs Interpretation der Miller-Roosevelt-Freundschaft als »Mutter-Sohn-Beziehung« beeinflußt: Cook, *Eleanor Roosevelt, Bd. 1*, S. 441; Lash, *Love, Eleanor*, S. 123.
39 Cook, *Eleanor Roosevelt, Bd. 1*, S. 13.
40 Ebd. S. 14.
41 Lash, *Love, Eleanor*, S. 126.
42 Kate Millett, *Sexus und Herrschaft*, München 1971, S. 30.
43 Zur Geschichte von »Sexpol« vgl. Peter Gente (Hg.), *Marxismus, Psychoanalyse, Sexpol*, Frankfurt am Main 1970 (Bd. 1) u. 1972 (Bd. 2). (Anm. CF)
44 Millett, *Sexus und Herrschaft*, S. 392.
45 Ebd. S. 391.
46 Freud, *Weiblichkeit*, GW XV, S. 124.
47 Millett, *Sexus und Herrschaft*, S. 223.
48 Ebd. S. 229.
49 Vgl. Marjorie Garber, *Verhüllte Interessen. Transvestismus und kulturelle Angst*, Frankfurt am Main 1993, S. 21 ff., über das/die »dritte« (Geschlecht, Welt, Dimension etc.) unter der Überschrift »Begegnungen der dritten Art«. (Anm. CF)
50 Chris Nealon, »Northampton Debates Bisexual Question«, *Gay Community News*, 1. April 1990, S. 6.
51 Barbara Kantrowitz und Danzy Senna, »A Town Like No Other«, *Newsweek*, 21. Juni 1993, S. 56.

Anmerkungen

52 *Bay Windows*, 3. Mai 1990, S. 2.
53 Bet Power, »Who Gets to ›Belong‹ in the Lesbian Community, Anyway?«, *Gay Community News*, 15.–21. April 1990, S. 3.
54 In einem an *Off Our Backs* gerichteten Leserbrief läßt sich Dreher über das »stark lesbenfeindliche Moment bei dem Ruf nach ›Einbeziehung‹« aus und zitiert einen »männlichen Bekannten aus einer anderen Schwulengruppe«, der bemerkt habe: »Das ist eine der frauenfeindlichsten Schwulengruppen, die ich je erlebt habe.« (*Off Our Backs*, November 1991, S. 24.)
55 Robyn Ochs, Brief an die Verfasserin, 23. November 1994.
56 Vgl. Garber, *Verhüllte Interessen*, S. 13.
57 Eridani, »Is Sexual Orientation a Secondary Sex Characteristic?«, in: Reba Weise (Hg.), *Closer to Home: Bisexuality and Feminism*, Seattle 1992, S. 173.
58 Susie Bright, »BlindSexual«, in: dies., *Susie Sexperts liederliche Lesbenwelten*, Berlin 1995, S. 199. »Radikale Sexaktivistin« ist ihre selbstgewählte Bezeichnung.
59 Ebd. S. 200 f.
60 Walt Whitman, *Gesang von mir selbst*, Berlin 1946, S. 32.
61 Adrienne Rich, »Compulsory Heterosexuality and Lesbian Existence«, in: Ann Snitow, Christine Stansell und Sharon Thompson, *Powers of Desire: The Politics of Sexuality*, New York 1983, S. 182. (Der Aufsatz ist in der deutschen Ausgabe *Die Politik des Begehrens: Sexualität, Pornographie und neuer Puritanismus in den USA*, Berlin 1985, nicht enthalten.)
62 Ebd. S. 182 f.
63 Ebd. S. 189 und S. 193.
64 Ebd. S. 193.
65 Ebd. S. 199.
66 Ebd. S. 182.
67 Lani Kaahumanu, »Biphobic: ›Some of My Best Friends Are‹«, *Plexus*, Juni 1982, S. 4.
68 Ebd. S. 5.
69 Steven Epstein, »Gay Politics, Ethnic Identity: The Limits of Social Constructionism«, *Socialist Review*, Jg. 93, Heft 4 (Mai/August 1987), S. 22.
70 Diana Fuss, *Essentially Speaking: Feminism, Nature and Difference*, New York 1989, S. 104.
71 Amanda Udis-Kessler, »Present Tense: Biphobia as a Crisis of Meaning«, Vortrag auf der BiPOL Bisexuality Conference, 22. Juni 1990. Vgl. ihren damit zusammenhängenden Essay »Bisexuality in an Essentialist World«, in: Thomas Geller (Hg.), *Bisexuality: A Reader and Sourcebook*, Ojai, Cal. 1990, S. 51–63.
72 Udis-Kessler, »Bisexuality in an Essentialist World«, S. 59 f.
73 Vgl. etwa Rebecca Kaplan, »Compulsory Heterosexuality and the Bisexual Existence: Toward a Bisexual Feminist Understanding of Heterosexism«, in: Weise, *Closer to Home*, S. 269–290, und Kathleen Bennett, »Feminist Bisexuality: A Both/And Option for an Either/Or World«, ebd. S. 205–231.
74 In Deutschland ist »BiNe e.V. – Bisexuelles Netzwerk« zu nennen (Postfach 610214, 10923 Berlin). (Anm. CF)
75 Es gilt der »Satz vom ausgeschlossenen Dritten«, der die »klassische« Logik ebenso

Anmerkungen

beherrscht wie die Schaltkreise der Computer: Ja/Nein, Null/Eins, +/−. Die Grenzen dieser Logik haben zur Entwicklung einer »Fuzzy Logik« beigetragen und zu Versuchen mit Quantencomputern, deren Bausteine außer Null und Eins auch Überlagerungen dieser Zustände zulassen. (Anm. CF)
76 Alice Walker, *Sie hüten das Geheimnis des Glücks*, Reinbek bei Hamburg 1993, S. 151.
77 June Jordan, »A New Politics of Sexuality«, Rede vor der Bisexual, Gay and Lesbian Student Association an der Stanford University, 29. April 1991. Leicht verändert wiederabgedruckt u. a. in *The Progressive*, Juli 1991, S. 13.
78 Ebd. S. 12 f.
79 Vgl. Donna Haraway, »A Manifesto for Cyborgs: Science, Technology and Socialist Feminism in the 1980s«, in: Linda J. Nicholson (Hg.), *Feminism/Postmodernism*, London 1990, und Donna J. Haraway, »Situated Knowledges: The Science Question in Feminism and the Privilege of Partial Perspective«, in: dies., *Simians, Cyborgs and Women*, London 1995.
80 Homi K. Bhabha, »Signs Taken for Wonders: Questions of Ambivalence and Authority Under a Tree Outside Delhi, May 1817«, in: Francis Baker et al., *Europe and Its Others: Proceedings of the Essex Conference on the Sociology of Literature*, Colchester 1985, S. 98 f.
81 Eadie zitiert passenderweise Mary Douglas, *Reinheit und Gefährdung*, Berlin 1985. Douglas hat mit ihrem berühmten Satz »Schmutz ist Materie am falschen Ort« den modernen *locus classicus* für den Versuch einer säuberlichen Scheidung von Reinheit und Verunreinigung geliefert.

3. Fatal Attraction

1 Anna Livia, »Minimax«, in: Pam Keesey (Hg.), *Draculas Töchter*, Frankfurt am Main 1997, S. 302.
2 Scott Harris und Miles Corwin, »Opposition to Film *Basic Instinct* Rises«, *Los Angeles Times*, 21. März 1992, S. B3.
3 Brian D. Johnson, »Killer Movies«, *Maclean's*, 30. März 1992, S. 51.
4 Hilary de Vries, *Los Angeles Times*, Calendar, 15. März 1992, S. 3.
5 Johnson, »Killer Movies«, S. 51.
6 Julie Lew, »Gay Groups Protest a Film Script«, *New York Times*, 4. Mai 1991, S. 11.
7 Richard Jennings, zitiert ebd. S. 11 ff.
8 David Ehrenstein, »*Basic Instinct*: This Is a Smart, Hot, Sexy Commercial Film?«, *The Advocate*, 21. April 1992, S. 87.
9 Richard Alleva, »Dying of Heat: Verhoeven's Basic Instinct«, *Commonweal*, 24. April 1992, S. 20.
10 L. A. Kauffman, »Queer Guerillas in Tinseltown«, *The Progressive*, Juli 1992, S. 37.
11 John Leo, »The Politics of Intimidation«, *U.S. News and World Report*, 6. April 1992, S. 24.
12 Lynn Hirschberg, »Say It Ain't So, Joe!«, *Vanity Fair*, August 1991, S. 78.
13 Otis R. Bowen, »In Pursuit of the Number One Public Health Problem (Aids)«, *Public Health Reports*, Mai/Juni 1988, Bd. 103, Heft 3, S. 211 f.

Anmerkungen

14 Martin S. Weinberg, Colin J. Williams und Douglas W. Pryor (Hg.), *Dual Attraction: Understanding Bisexuality*, New York 1994, S. 6.
15 Katie Leishman, »Heterosexuals and Aids«, *Atlantic Monthly*, Februar 1987, S. 48.
16 *Newsweek*, 13. Juli 1987.
17 Jan Zita Grover, »Aids: Keywords«, in: Douglas Crimp (Hg.), *Aids: Cultural Analysis, Cultural Activism*, Cambridge, Mass. 1988, S. 21.
18 Jon Nordheimer, »Aids Specter for Women: The Bisexual Man«, *New York Times*, 3. April 1987, S. 1.
19 *Newsweek*, 13. Juli 1987.
20 Susan Gerrard und James Halpin, die aus Pepper Schwartz, »The Risky Business of Bisexual Love«, *Cosmopolitan*, Oktober 1989, S. 204 f., zitieren.
21 Richard A. Knox, »Bisexuals Put Women at Risk, Studies Say«, *Boston Globe*, 22. Juni 1990, S. 57.
22 Weinberg et al., *Dual Attraction*, S. 259.
23 Ebd. S. 274.
24 Ebd. S. 280.
25 Ebd. S. 208 und S. 204.
26 Ebd. S. 213.
27 Ebd. S. 215.
28 Ebd. S. 225 und S. 228.
29 Ebd. S. 228.
30 Ebd. S. 8.
31 Ebd. S. 229.
32 Rob Tielman, Manuel Carballo und Aart Hendriks (Hg.), *Bisexuality and HIV/Aids: A Global Perspective*, Buffalo 1991, S. 9.
33 Susan M. Kegeles und Joseph A. Catania, »Understanding Bisexual Men's Aids Risk Behavior: The Risk-Reduction Model«, ebd. S. 147.
34 Wiresit Sittitrai, Tim Brown und Sirapone Virulrak, »Patterns of Bisexuality in Thailand«, ebd. S. 97–117.
35 Richard G. Parker und Oussama Tawil, »Bisexual Behavior and HIV Transmission in Latin America«, ebd. S. 61.
36 Tade Akin Aina, »Patterns of Bisexuality in Sub-Saharan Africa«, ebd. S. 83. Vgl. auch Edward E. Evans-Pritchard, *Man and Woman Among the Azande*, London 1974, S. 37.
37 Theo G. M. Sandfort, »Bisexuality in the Netherlands: Some Data from Dutch Studies«, in: Tielman et al., *Bisexuality and HIV/Aids*, S. 79.
38 John Allen Stevenson, »A Vampire in the Mirror: The Sexuality of *Dracula*«, *PMLA*, Jg. 103, Heft 2 (März 1988), S. 146.
39 Louis Crompton, *Byron and Greek Love*, Berkeley 1985, S. 237. »Man kann heute mit guten Gründen vertreten, daß Byrons Bisexualität für sein Erleben und seine Persönlichkeit von weitaus größerer Bedeutung war, als seine Biographen bisher zuzugeben bereit gewesen sind« (S. 236, vgl. auch insb. S. 8 f., S. 210–215, S. 236 ff. und S. 242 f.). Doris Langley Moore vermutete in einem Essay über »Byron's Sexual Ambivalence«, daß »Bisexualität manchmal eine größere Bürde sein kann als Homosexualität, da der Liebende, welche Erfüllung er auch immer findet, in einem merk-

Anmerkungen

würdigen Widerspruchsgeist sich des Gefühls nicht erwehren kann, seine wahre Natur zu hintergehen« (Doris Langley Moore, *Lord Byron: Accounts Rendered*, London 1974, S. 456). Zu Polidori vgl. auch Paul Wests Roman *Lord Byron's Doctor*, New York 1989.

40 C. F. Bentley, »The Monster in the Bedroom: Sexual Symbolism in Bram Stoker's Dracula«, *Literature and Psychology*, 22 (1972), S. 105.
41 Phyllis A. Roth, »Suddenly Sexual Women in Bram Stoker's Dracula«, *Literature and Psychology*, 27 (1977), S. 113–121.
42 Thomas B. Byers, »Good Men and Monsters: The Defenses of Dracula«, *Literature and Psychology*, 31 (1981), S. 29.
43 George Stade, zitiert in Francis Ford Coppola, James V. Hart und Diana Landan (Hg.), *Bram Stoker's Dracula: The Film and the Legend*, New York 1992. Vgl. George Stade, »Dracula's Women«, *Partisan Review*, 53 (1986), S. 201–215.
44 Eine gute Übersicht findet sich bei Jules Zanger, »A Sympathetic Vibration: Dracula and the Jews«, *English Literature in Transition 1880–1920*, 34 (1991), S. 33–44. Die berüchtigte Ritualmordlegende bot sich nur allzu leicht als Bestandteil der Vampirmythologie an. Max Schrecks Draculadarstellung in Friedrich Wilhelm Murnaus *Nosferatu, eine Symphonie des Grauens* (1921/22) weist offenkundige und bestürzende Ähnlichkeiten mit antisemitischen Hetzkarikaturen aus dieser Zeit auf.
45 Vgl. z. B. Stephen D. Arata, »The Occidental Tourist: *Dracula* and the Anxiety of Reverse Colonization«, *Victorian Studies*, 33 (1990), S. 621–624.
46 Christopher Craft, »›Kiss Me with Those Red Lips‹: Gender and Inversion in Bram Stoker's *Dracula*«, *Representations*, 8 (1984), S. 114. Craft merkt die durchgängige »Zweideutigkeit der Beziehung zwischen Begehren und Geschlecht« in Werken wie Sheridan Le Fanus *Carmilla, der weibliche Vampir* und Bram Stokers *Dracula* (beide mehrfach verfilmt) an (S. 108).
47 Ebd. S. 115.
48 Ebd. S. 125.
49 Körpersäfte werden substituiert oder verkehrt, rot für weiß, da Blut sowohl an die Stelle von Milch als auch von Sperma tritt, wie der Psychoanalytiker Ernest Jones in seinem klassischen Werk über Alpträume behauptet hat: »Ein nächtlicher Besuch von einem schönen oder entsetzlichen Wesen, das den Schläfer erst mit leidenschaftlichen Umarmungen zur Erschöpfung treibt, um ihm dann den Lebenssaft auszusaugen«, bemerkt Jones, ist ein deutlicher Fingerzeig für den Analytiker, denn »im Unbewußten ist Blut für gewöhnlich ein Äquivalent für Sperma« (Ernest Jones, »On the Vampire«, in: Christopher Frayling, *Vampires: Lord Byron to Count Dracula*, London 1992, S. 411).
50 John Allen Stevenson, »A Vampire in the Mirror: The Sexuality of *Dracula*«, *PMLA*, 103 (1988), S. 146.
51 Craft, »›Kiss Me with Those Red Lips‹«, S. 122.
52 Ebd. S. 124.
53 Keesey, *Draculas Töchter*, S. 8.
54 Keesey, *Draculas Töchter*, S. 10.
55 Vgl. etwa Lillian Faderman, *Köstlicher als die Liebe der Männer*, Zürich 1990, S. 359 ff.
56 Keesey, *Draculas Töchter*, S. 16. Das war die Zeit von *Comtesse des Grauens* (1970) und

Daughters of Darkness (1975). *Gruft der Vampire* (1970), *Draculas Hexenjagd* (1971) und *Nur Vampire küssen blutig* (1971), der in dem nahezu obligatorischen Mädchenpensionat spielt, bilden eine Trilogie der Hammer Studios, die für ihre »sexploitation«-Filme berüchtigt wurden und Maßstäbe für das Genre schufen (Andrea Weiss, *Vampires und Violets: Frauenliebe und Kino*, Dortmund 1995, S. 101 f.). Roger Vadims *Und vor Lust zu sterben* (1960) und José Ramon Larraz' *Vampyres* (1977) schwammen auf derselben Welle, die für einige dann zur »ewigen Masche des lesbischen Vampirs« werden sollte (Vito Russo, *Die schwule Traumfabrik. Homosexualität im Film*, Berlin 1990, S. 201).

57 Susan Sontag, »Persona«, *Sight and Sound*, Jg. 36, Heft 4 (Herbst 1967), S. 191.
58 Russo, *Die schwule Traumfabrik*, S. 201.
59 Bonnie Zimmerman, »Daughters of Darkness: Lesbian Vampires«, *Jump Cut*, Heft 23 (März 1981), S. 23 f.
60 Bonnie Zimmerman, *The Safe Sea of Women: Lesbian Fiction 1969–89*, Boston 1990.
61 Zimmerman, »Daughters of Darkness«, S. 23.
62 *Out*, Februar/März 1994, S. 16.
63 Raymond T. McNally, *Dracula Was a Woman: In Search of the Blood Countess of Transylvania*, New York 1983.
64 Sue-Ellen Case, »Tracking the Vampire«, *Differences: A Journal of Feminist Cultural Studies*, Jg. 3, Heft 2 (Sommer 1991), S. 15.
65 Ebd. S. 16.
66 Keesey, *Draculas Töchter*, S. 18.
67 Vgl. ebd. S. 19.
68 Zu Erzsébet Báthory, die allerdings nicht nur das Blut ihrer Opfer trank, sondern sie auch abschlachtete, vgl. Georges Bataille, *Die Tränen des Eros*, München 1981, S. 170 ff. (Anm. CF)
69 Keesey, *Draculas Töchter*, S. 15, die McNally, *Dracula Was a Woman*, zitiert.
70 Keesey, *Draculas Töchter*, S. 311.
71 Pat Califia, »The Vampire«, in: dies., *Macho Sluts. Erotic Fiction*, Boston 1988, S. 253 und S. 260.
72 Ebd. S. 182.
73 Ebd. S. 260.
74 Ebd. S. 292 f.
75 Stevenson, »A Vampire in the Mirror«, S. 148; Peter Davis, »Exploring the Kingdom of Aids«, *New York Times Magazine*, 31. Mai 1987, S. 32–35.
76 Stevenson, »A Vampire in the Mirror«, S. 139 ff.
77 Marilyn Bethany, »Banderas Plays On«, *Premiere*, März 1994, S. 72.
78 Francis Ford Coppola, »Finding the Vampire's Soul«, in: Coppola et al., *Bram Stoker's Dracula*, S. 5.
79 Susan Ferraro, »Novels You Can Sink Your Teeth Into«, *New York Times Magazine*, 14. Oktober 1990, S. 67. Anne Rice schreibt Romane und Erzählungen unter dem Pseudonym Anne Rampling und Pornographie unter A. N. Roquelaure.
80 Janet Maslin, »Meditation on Vampires, by Way of John Milton«, *New York Times*, 28. Oktober 1993, S. C15 und S. C20.
81 Coppola et al., *Bram Stoker's Dracula*, S. 51.

Anmerkungen

82 Ebd. S. 55 f.
83 Klappentext zu der Taschenbuchausgabe von Anne Rice, *The Vampire Lestat. The 2nd Book in the Chronicles of the Vampires*, New York 1985.
84 Rice, *Chronicles of the Vampires*, S. 111, S. 90 und S. 119.
85 Ebd. S. 157 und S. 169.
86 Ebd. S. 171.
87 Whitley Strieber, *Der Kuß des Todes*, München 1989.
88 Weiss, *Vampires und Violets*, S. 98.
89 *Shocking Gay Pride Catalog* 1994, San Antonio, Texas.
90 Cyril Collard, *Les nuits fauves*, Paris 1989.
91 Thomas Sotinel, zitiert in Alan Riding, »Discovering a Film Idol's Feet of Clay«, *New York Times*, 28. April 1994, S. C24.
92 Ebd. S. C20 (Hervorhebung durch die Autorin).
93 Dominique Janet, ebd.
94 Ebd.

4. Kein Skandal in Bohemia

1 Anspielung auf Arthur Conan Doyles Erzählung *A Scandal in Bohemia*, in der Sherlock Holmes zum einen als *Bohemien* geschildert wird und zum anderen trotz einer Niederlage gegen »die« Frau (Irene Adler) einen Skandal in *Böhmen* verhindert. Vgl. Marjorie Garber, *Verhüllte Interessen. Transvestismus und kulturelle Angst*, Frankfurt am Main 1993, S. 272 ff. (Anm. CF)
2 Henry Louis Mencken, *Prejudices*, First Series, London 1965, S. 198.
3 Der Ausdruck stammt aus einem Brief James Stracheys an seinen Bruder Lytton vom 26. August 1909 (Robert Skidelsky, *John Maynard Keynes. A Biography. Teil 1: Hopes Betrayed 1883–1920*, New York 1994, S. 238).
4 Frances Partridge, zitiert nach Gretchen Holbrook Gerzina, *Carrington: A Life*, New York 1989, S. 154.
5 Michael Holroyd, *Carrington. Eine Liebe von Lytton Strachey*, Reinbek bei Hamburg 1995, S. 15 (dieses »Buch zum Film« ist eine Teilübersetzung von *Lytton Strachey: A Biography*, Harmondsworth 1980).
6 Vgl. etwa David Gadd, *The Loving Friends: A Portrait of Bloomsbury*, New York 1974.
7 Holroyd, *Lytton Strachey*, S. 636.
8 Ebd. S. 634 f.
9 Ebd. S. 646 und Gerzina, *Carrington*, S. 90.
10 Holroyd, *Lytton Strachey*, S. 639.
11 Gerzina, *Carrington*, S. 154.
12 Lytton Strachey an Carrington, 20. Mai 1921, in Holroyd, *Carrington*, S. 198.
13 Dora Carrington an Lytton Strachey (British Library, Strachey Collection), zitiert nach Mary Ann Caws, *Women of Bloomsbury: Virginia, Vanessa, and Carrington*, New York 1990, S. 129.
14 Holroyd, *Lytton Strachey*, S. 504.
15 Lytton Strachey an Leonard Woolf, 19. Februar 1909, ebd. S. 404.

16 Ebd. S. 406.
17 David Carrington (Hg.), *Dora Carrington, Letters and Extracts from Her Diaries*, London 1970. Vgl. auch Sallie Bingham, *Passion and Prejudice. A Family Mirror*, New York 1991, S. 199.
18 Ernest Jones an Freud, in: Bingham, *Passion and Prejudice*, S. 196.
19 Susan E. Tifft und Alex S. Jones, *The Patriarch: The Rise and Fall of the Bingham Dynasty*, New York 1991, S. 89f.; John Houseman, *Run-Through: A Memoir*, New York 1972, S. 55f.
20 Bingham, *Passion and Prejudice*, S. 200.
21 Tifft u. Jones, *The Patriarch*, S. 128f.
22 Carrington an Alix Strachey, undatiert, in: Gerzina, *Carrington*, S. 210.
23 Bingham, *Passion and Prejudice*, S. 198.
24 Ebd.
25 Ebd.
26 Gerzina, *Carrington*, S. 293.
27 Vgl. auch Christopher Hampstons Film *Carrington* (1995, Goldene Palme von Cannes), der mit dem Slogan »She had many lovers but only one love« angepriesen wird. (Anm. CF)
28 Skidelsky, *Hopes Betrayed*, S. 128.
29 Ebd. S. xv-xvi; William Rees-Mogg, *The Times*, 10. November 1983; David Marquand, *Encounter*, April 1984.
30 John C. Gilbert, *Keynes's Impact on Monetary Economics*, London–Boston 1982, S. 16; Skidelsky, *Hopes Betrayed*, S. xxii.
31 Robert Skidelsky, *John Maynard Keynes. A Biography. Teil 2: The Economist as Savior 1920–1937*, New York 1994, S. 140.
32 J. M. Keynes an Duncan Grant, 17. Dezember 1910, ebd. S. 256.
33 Ebd. S. 35.
34 J. M. Keynes an Lytton Strachey, 27. Dezember 1921; Vanessa Bell an J. M. Keynes, 1. Januar 1922; J. M. Keynes an Vanessa Bell, 6. Januar 1922, ebd. S. 93.
35 Lytton Strachey an Sebastian Sprott, 6. Juni 1922, ebd. S. 101.
36 Duncan Grant an Vanessa Bell, 25. Januar 1922, ebd. S. 100f.
37 Vanessa Bell an Roger Fry, 29. Oktober 1922, ebd. S. 116.
38 Brenda Maddox, *D. H. Lawrence: The Story of a Marriage*, New York 1994, S. 312. »Ottoline« ist Lady Ottoline Morrell.
39 Ebd. S. 227.
40 Richard Aldington, Einleitung, in: D. H. Lawrence, *Women in Love*, New York 1960, S. xi; deutsch: *Liebende Frauen*, Reinbek bei Hamburg 1974.
41 Lawrence, *Liebende Frauen*, S. 289.
42 Ebd. S. 391.
43 Aldington, in: Lawrence, *Women in Love*, S. xii.
44 Maddox, *D. H. Lawrence*, S. 12.
45 Ebd. S. 203.
46 Ebd. S. 227.
47 Maurice Magnus an Norman Douglas, 28. Oktober 1920 (Beinecke Rare Book and Manuscript Library, Yale University), zitiert nach Maddox, *D. H. Lawrence*, S. 269.

Anmerkungen

48 Lois P. Rudnick, *Mabel Dodge Luhan: New Woman, New Worlds*, Albuquerque 1984, S. 216; Maddox, *D. H. Lawrence*, S. 352.
49 »Nach Davies' wie auch Bynners Ansicht ist Lawrence nicht homosexuell gewesen. Im Gegensatz zu Giuseppe Orioli und Aldington, die beide später ihrer Überzeugung Ausdruck gaben, daß Lawrences zorniges Gehabe aus einer verdrängten homosexuellen Veranlagung herrührte, gibt Davies zu bedenken, daß seine Herkunft aus dem Bergarbeitermilieu, wo man Männlichkeit und Kameradschaft hochhält, Lawrence gezwungen habe, sein zutiefst feminines Naturell mit aufgesetzter Männlichkeit zu kaschieren« (Maddox, *D. H. Lawrence*, S. 450).
50 Benita Eisler, *O'Keeffe and Stieglitz, an American Romance*, New York 1991, S. 398.
51 Ebd. S. 459.
52 Ebd. S. 488.
53 Hayden Herrera, *Frida Kahlo. Ein leidenschaftliches Leben*, Frankfurt am Main 1998, S. 166.
54 Ebd. S. 166.
55 Ebd. S. 167
56 Ebd. S. 328.
57 Ebd.
58 Lillian Faderman, *Odd Girls and Twilight Lovers: A History of Lesbian Life in Twentieth-Century America*, New York 1991, S. 63 (Hervorhebung durch die Autorin).
59 Ebd. S. 67
60 Edward Carpenter, *Wenn die Menschen reif zur Liebe werden*, Leipzig 1902.
61 Vgl. Ellen Kay Trimberger, »Feminism, Men and Modern Love: Greenwich Village, 1900–1925«, in: Ann Snitow, *Powers of Desire: The Politics of Sexuality*, New York 1983, S. 130–152 (der Aufsatz ist in der deutschen Ausgabe *Die Politik des Begehrens: Sexualität, Pornographie und neuer Puritanismus in den USA*, Berlin 1985, nicht enthalten).
62 Faderman, *Odd Girls and Twilight Lovers*, S. 86.
63 Edmund Wilson, *The Shores of Light: A Literary Chronicle of the Twenties and Thirties*, New York 1952.
64 Ann Douglas, *Terrible Honesty: Mongrel Manhattan in the 1920s*, New York 1995, S. 48.
65 Sandra M. Gilbert und Susan Gubar (Hg.), *The Norton Anthology of Literature by Women: The Tradition in English*, New York 1985, S. 1554.
66 Jean Gould, *The Poet and the Book*, New York 1969, S. 162.
67 Faderman, *Odd Girls and Twilight Lovers*, S. 87.
68 George Chauncey, *Gay New York: Gender, Urban Culture, and the Making of the Gay Male World 1890–1940*, New York 1994.
69 Gould, *The Poet and the Book*, S. 189.
70 Ebd. S. 208 und S. 202.
71 Ebd. S. 280.
72 Max Eastman, »My Friendship with Edna Millay«, in: ders., *Great Companions: Critical Memoirs of Some Famous Friends*, New York 1959, S. 103.
73 Ann Sexton an W. D. Snodgrass, 6. Oktober 1958, in: Elisabeth Bronfen (Hg.), *Anne Sexton: Selbstportrait in Briefen*, Frankfurt am Main 1997, S. 55.
74 Edna St. Vincent Millay, »I too beneath your moon, almighty Sex«, in: Gilbert u. Gubar, *The Norton Anthology*, S. 1567f.

Anmerkungen

75 Edna St. Vincent Millay, »Rendezvous«, ebd. S. 1566.
76 Edna St. Vincent Millay, »First Fig«, ebd. S. 1555.
77 Max Eastman, »My Friendship with Edna Millay«, S. 91.
78 Chris Albertson, *Bessie*, New York 1972, S. 116.
79 Paul Oliver, Anmerkungen zu *Ma Rainey: The Complete 1928 Sessions in Chronological Order*, Document Records, 1993.
80 Faderman, *Odd Girls and Twilight Lovers*, S. 75.
81 Ebd.
82 Ebd. S. 72.
83 Romare Bearden, Interview mit Jervis Anderson, zitiert in Jervis Anderson, *This Was Harlem. A Cultural Portrait 1900—1950*, New York 1981, S. 169.
84 Eric Garber, »Glady's Bentley: The Bulldagger Who Sang the Blues«, *Out/Look*, Frühling 1988, S. 52—61.
85 Ebd. S. 61.
86 Faderman, *Odd Girls and Twilight Lovers*, S. 73.
87 Ebd. S. 70f.
88 Ebd. S. 71.
89 Ebd.
90 Ebd. In »Harlem Nights«, *The Advocate*, 26. März 1991, S. 55, führt Faderman Milt Machlins *Libby* als eine Quelle der Inspiration für diese bisexuellen »Lebedamen« an.
91 Faderman, *Odd Girls and Twilight Lovers*, S. 76.
92 Ebd. S. 74.
93 Ebd. S. 75.
94 Jean-Claude Baker und Chris Chase, *Josephine: The Hungry Heart*, New York 1993, S. 38; Daphne Duval Harrison, *Black Pearls: Blues Queens of the 1920s*, New Brunswick, N. J. 1988, S. 242.
95 Baker u. Chase, *Josephine*, S. 64.
96 Faderman, *Odd Girls and Twilight Lovers*, S. 69.
97 Wayne F. Cooper, Vorwort zu Claude McKay, *Home to Harlem*, Boston 1987, S. xviii.
98 McKay, *Home to Harlem*, S. 3.
99 Josephine Herbst an Harold Cruse, 18. November 1968 (Josephine Herbst Papers, Yale University), in: Tyrone Tillery, *Claude McKay: A Black Poet's Struggle for Identity*, Amherst 1992, S. 12 und S. 186. Mehr zu Herbsts Bisexualität in Elinor Langer, *Josephine Herbst*, Boston 1994.
100 Wayne F. Cooper, *Claude McKay, Rebel Sojourner in the Harlem Renaissance: A Biography*, Baton Rouge 1987, S. 75.
101 Charles S. Johnson, »Countee Cullen Was My Friend«, 12. September 1951, zitiert in Stephen H. Bronz, *Roots of Negro Racial Consciousness. The 1920s: Three Harlem Renaissance Authors*, New York 1964.
102 Bruce Kellner (Hg.), *The Harlem Renaissance: A Historical Dictionary for the Era*, New York 1987, S. 89.
103 Ebd. S. 368.
104 Thadious M. Davis, *Nella Larsen, Novelist of the Harlem Renaissance: A Woman's Life Unveiled*, Baton Rouge 1994, S. 325.

Anmerkungen

105 Aus Henry Crowders unveröffentlichter Autobiographie, die Mitte der dreißiger Jahre mit Hilfe des Journalisten Hugo Speck geschrieben wurde; zitiert in Anne Chisholm, *Nancy Cunard*, London 1979, S. 133.
106 Chisholm, *Nancy Cunard*, S. 163.
107 Faderman, *Odd Girls and Twilight Lovers*, S. 69.
108 Kellner, *The Harlem Renaissance*, S. 354.
109 David Levering Lewis, *When Harlem Was in Vogue*, New York 1982, S. 236.
110 Langston Hughes, *The Big Sea*, New York 1940, S. 235.
111 Kellner, *Harlem Renaissance*, S. 357.
112 Vgl. Deborah E. McDowell, Einleitung, in: Nella Larsen, *»Quicksand« and »Passing«*, New Brunswick, N. J. 1986, S. xxiii-xxvi; Judith Butler, »Passing Queering: Nella Larsen's Psychoanalytic Challenge«, in: dies., *Körper von Gewicht*, Berlin 1993, S. 223–245.
113 Freud, *Eifersucht, Paranoia und Homosexualität*, GW XIII, S. 195–207.
114 Lewis, *When Harlem Was in Vogue*, S. 58.
115 Mabel Dodge Luhan an Jean Toomer, undatiert, ebd. S. 73.
116 Ebd. S. 267.
117 Arnold Rampersad, *The Life of Langston Hughes, Bd. 2: 1941–1967: I Dream a World*, New York 1988, S. 149.
118 Henry Louis Gates Jr., »Looking for Modernism«, in: Manthia Diawara (Hg.), *Black American Cinema*, New York 1993, S. 202.
119 Ebd. S. 204.
120 Ebd. S. 202 f.
121 Ebd. S. 202.
122 James Baldwin, *Giovannis Zimmer*, Reinbek bei Hamburg 1963, S. 99.
123 Ebd. S. 10 f.
124 Ebd. S. 74.
125 Ebd. S. 133.
126 Ebd. S. 117 f.
127 Ebd. S. 114 f.
128 Ebd. S. 132.
129 Ebd. S. 85.
130 Ebd. S. 130.
131 Fritz Klein, *The Bisexual Option*, New York 1993, S. 184.
132 James Baldwin, »Encounter on the Seine: Black Meets Brown«, in: ders., *Notes of a Native Son*, Boston 1955, S. 122 f.
133 James Baldwin, »Introduction to the New Edition«, ebd.
134 Eldridge Cleaver, »Notizen über einen Landessohn«, in: ders., *Seele auf Eis*, München 1970, S. 110–124; engl. *Soul on Ice*, New York 1968.
135 Ebd. S. 113.
136 Ebd. S. 116.
137 Ebd. S. 119 f.
138 Ebd. S. 111.
139 Ebd. S. 110.
140 Ebd. S. 115.

Anmerkungen

141 Ebd. S. 120.
142 Ebd. S. 123.
143 Ebd. S. 122.
144 Ebd. S. 111.
145 »Baldwins Essay über Richard Wright verrät, daß er nicht Richard Wright, sondern seine männliche Maskulinität verachtete. Er kann sich der Männlichkeit anderer nicht gegenübersehen, ohne sich ihr zu unterwerfen oder sie zu zerstören. Und keineswegs war er willens, sich vor einem *schwarzen* Mann zu beugen. Wright verstand und lebte die Wahrheit, die Norman Mailer meinte, als er sagte: ›... Ein Mann zu sein bedeutet unaufhörlichen Lebenskampf, und es verliert einer einen Teil der Männlichkeit bei jedem schalen Kompromiß mit jeglicher Macht, an die er nicht glaubt.‹« (Ebd. S. 122f.)
146 Einführung zu Cleaver, *Soul on Ice*, S. xii.

Teil II: Bi-ologie

5. Das Geheimnis des Tiresias

1 Ovid, *Metamorphosen*, 3. Buch, 323–338.
2 Ingrid Löffler, *Die Melampodie*, Meisenheim am Glan 1963, S. 43f. Melampodie: nach dem Seher Melampus. Der zitierte Text entstammt dem Fragment 162 von Hesiod. (Anm. CF)
3 John Allen Stevenson, »A Vampire in the Mirror: The Sexuality of *Dracula*«, *PMLA*, 103 (1988), S. 146.
4 Jan Clausen, »My Interesting Condition«, *Out/Look*, Jg. 2, Heft 3 (Winter 1990), S. 13.
5 »The Difference between Men and Women from People Who Have Slept with Both«, *Donahue*, Sendung vom 14. Mai 1991.
6 Linda Yellen, Produzentin von *Second Serve*, zitiert nach »Invasion of the Gender Blenders«, *People*, 23. April 1984, S. 99.
7 »My Husband-to-Be Is a Transsexual and My Mother Is Upset«, *Donahue*, Sendung vom 18. Februar 1992.
8 Martin Duberman, »The Bisexual Debate«, in: Chad Gordon und Gayle Johnson (Hg.), *Readings in Human Sexuality*, New York 1980, S. 183.
9 Larry Rivers (mit Arnold Weinstein), *What Did I Do? The Unauthorized Biography of Larry Rivers*, New York 1992, S. 227.
10 Ebd. S. 233.
11 Ebd. S. 235.
12 Ebd. S. 222.
13 Ebd. S. 236.
14 T. S. Eliot, *Das wüste Land*, Frankfurt am Main 1951, Zeilen 218–220, 228–230, 243–246, S. 57ff.
15 Homer, *Odyssee*, XI. Buch, Zeile 128. Odysseus soll nach den Aufräumarbeiten in Ithaka bei seinem Gang durch die Welt ein »geglättetes Ruder« mit sich führen.

Anmerkungen

Wenn ein Wanderer, der ihm begegnet, dieses fälschlicherweise als »Schaufel« bezeichnen wird, ist Odysseus »angekommen«. (Anm. CF)
16 Djuna Barnes, *Nachtgewächs*, Frankfurt am Main 1993, S. 92.
17 Ebd. S. 114.
18 Ebd. S. 104.
19 Judith Butler, *Das Unbehagen der Geschlechter*, Frankfurt am Main 1991, S. 98.
20 Gayle Rubin, »The Traffic in Women: Notes on the ›Political Economy‹ of Sex«, in: Rayna R. Reiter (Hg.), *Toward an Anthropology of Women*, New York 1975, S. 180.
21 *Catch 22* ist der Titel eines Romans von Joseph Heller über den Irrsinn des Luftkriegs im Zweiten Weltkrieg (Frankfurt am Main 1991). »Catch-22« wurde zum Begriff für eine Situation, in der man nur das Falsche tun kann. (Anm. ChG)
22 Linda Williams, *Hard Core: Power, Pleasure, and the »Frenzy of the Visible«*, Berkeley 1989, S. 152 und S. 287.
23 Jeanette Winterson, *Auf den Körper geschrieben*, Frankfurt am Main 1992, Klappentext.
24 Ebd. S. 16, S. 22 und S. 115.
25 Ebd. S. 147 und S. 149.
26 James Joyce, *Ulysses*, Frankfurt am Main 1975, S. 691.
27 David Sweetman, *Mary Renault: A Biography*, New York 1993, S. 294.
28 Meredith Steinbach, »Two Chapters from Teiresias«, *TriQuarterly*, Bd. 71 (Winter 1985), S. 198 f.; dies., *The Birth of the World as we know it, or, Teiresias: a Novel*, Evanston 1996.
29 Steinbach, »Two Chapters from Teiresias«, S. 200 f.
30 Vgl. etwa Nicole Loraux, *Les expériences de Tirésias: Le féminin et l'homme grec*, Paris 1989, S. 1–26.
31 Donald Spoto, *Alfred Hitchcock. Die Dunkle Seite des Genius*, Hamburg 1984, S. 123.
32 Freud, *Traumdeutung*, GW II/III, S. 267 ff.
33 Der Psychoanalytiker Géza Róheim nahm an, daß Ödipus und Tiresias zwei Seiten ein und derselben Person sind, und zwar des Kindes, welches Zeuge der Urszene wird: »Der Dialog, den sie führen, ist ein Dialog zwischen *Verdrängung* (Ödipus) und der *Wiederkehr des Verdrängten* (Tiresias). Die ›Bisexualität des Sehers‹, die Bisexualität des Teiresias, geht darauf zurück, daß er Zeuge der Paarung wurde, bei der Mann und Frau eins werden. Und das Rätsel der Sphinx betrifft das ›zusammengesetzte Wesen, das aus einer Verbindung von Vater und Mutter‹ im Geschlechtsakt besteht. Wenn daher ›Ödipus‹, derjenige ist, der die Sphinx sieht und das Rätsel versteht‹, d. h. die Urszene, dann müssen wir annehmen, daß Tiresias der Seher und Ödipus der Weise in der Tat ein und dieselbe Person sind. Wie Tiresias wird Ödipus blind, und wie Tiresias wird Ödipus körperlich von dieser Welt entrückt.« (Géza Róheim, *The Riddle of the Sphinx, or Human Origins*, London 1934, S. 21; deutsch: *Das Rätsel der Sphinx, oder die Menschwerdung*, 1934; ders., »Tiresias and Other Seers«, *The Psychoanalytic Review*, Bd. 33, Nr. 3 (Juli 1946), S. 315 ff.
34 Sophokles, *König Ödipus*, Zeile 362.
35 Ovid, *Metamorphosen*, 3. Buch, 248 und 463.
36 Kallimachos, »Auf das Bad der Pallas« (5. Hymne), in: ders., *Die Dichtungen*, Zürich 1955, S. 138 ff.

Anmerkungen

37 Nicole Loraux, *Les expériences de Tirésias*, S. 255.
38 Jacques Lacan, *Die Ausrichtung der Kur und die Prinzipien ihrer Macht*, in: ders., *Schriften I*, Weinheim u. a. 1986, S. 186.
39 Jacques Lacan, *Die vier Grundbegriffe der Psychoanalyse*, in: ders., *Das Seminar von Jacques Lacan*, Olten u. Freiburg i. Br. 1978, Buch 11, S. 244.
40 »Die hysterisch Blinden sind also nur fürs Bewußtsein blind, im Unbewußten sind sie sehend.« (Freud, *Psychogene Sehstörung*, GW VIII, S. 95.)
41 Freud, *Drei Abhandlungen*, GW V, S. 122.
42 Freud, *Briefe an Fließ*, S. 495, 19. September 1901.

6. Freud und der Goldene Fließ

1 Freud, *Briefe an Fließ*, S. 311, 12. Dezember 1897.
2 Ebd. S. 397, 17. Juli 1899.
3 Freud, *Warum Krieg?*, GW XVI, S. 23.
4 Freud, *Drei Abhandlungen*, GW V, S. 34.
5 Platon, *Das Gastmahl*, 189d – 190a.
6 Ebd. 191b – 191c.
7 Ebd. 191d – 192b.
8 Die englische Freud-Übersetzung spricht von *original human beings*, während im deutschen Original nur von »Menschen« die Rede ist. (Anm. ChG)
9 Freud, *Drei Abhandlungen*, GW V, S. 44.
10 Freud, *Jenseits des Lustprinzips*, GW XIII, S. 62.
11 So spekuliert David F. Greenberg in *The Construction of Homosexuality*, Chicago 1988, S. 146.
12 Vgl. etwa Eva Cantarella, *Bisexuality in the Ancient World*, New Haven 1992. »Für die Griechen und Römer war die Homosexualität keine ausschließliche Entscheidung. Die Liebe zu einem anderen Mann war nicht etwas, was gegen die Norm verstieß, sie war keine andere oder irgendwie abweichende Entscheidung. Sie gehörte einfach zur Erfahrung des Lebens und entsprach der Äußerung eines Triebes, der entweder auf Gefühle oder ein sexuelles Begehren zurückging. Im Laufe des Lebens änderte sich das, und die Homosexualität verschränkte sich (manchmal zur selben Zeit) mit der Liebe zu einer Frau« (S. vii). Ein großer Teil dieses Buches besteht aus Fallbeispielen solcher bisexueller Beziehungen in der griechischen und römischen Geschichte, Philosophie und Literatur wie auch im pädagogischen und politischen Bereich.
13 Michel Foucault, *Sexualität und Wahrheit*, Frankfurt am Main 1986, Bd. 2.
14 Xenophon, *Memorabilien* III, 11.
15 Eva Keuls, *The Reign of the Phallus: Sexual Politics in Ancient Athens*, New York 1985, S. 194.
16 Greenberg, *Construction of Homosexuality*, S. 144 f.
17 Platon, *Die Gesetze*, 840a.
18 Freud, *Drei Abhandlungen*, GW V, S. 34.
19 Ebd. S. 44.
20 Ebd. S. 40.

Anmerkungen

21 Freud, *Weiblichkeit*, GW XV, 120 f.
22 Hélène Cixous, *Sorties*, in: Hélène Cixous und Catherine Clément, *The Newly Born Woman*, Manchester 1986, S. 84.
23 Johann Wolfgang v. Goethe, *Faust*, Mephisto in der »Klassischen Walpurgisnacht«.
24 Ovid, *Metamorphosen*, 4. Buch, 376–379.
25 Im *Oxford English Dictionary* (Oxford 1989, Bd. 7, S. 168) findet man u. a. folgende Belegstellen: »Another likewise was found of sixteene yeeres of age, a very Hermaphrodite of doubtless sex between both.« »An hermaphrodite may purchase according to that sexe which prevaileth.«
26 Ebd.: »Henry the Eighth was a kind of Hermaphrodite in Religion«, »He acts the Hermaphradite of Good and Ill, But God detests his double Tongue and Will«, »A race of moral hermaphrodites«.
27 Jean Cocteau, *Die Höllenmaschine*, in: ders., *Werkausgabe in zwölf Bänden*, Frankfurt am Main 1988, Bd. 4, S. 286.
28 Friedrich Nietzsche, *Jenseits von Gut und Böse*, in: *Kritische Studienausgabe*, Bd. 5, München 1988, S. 15.
29 George Devereux, »Why Oedipus Killed Laius: A Note on the Complementary Oedipus Complex in Greek Drama«, *International Journal of Psycho-analysis*, 34 (1953), S. 132–141.
30 Marianne Krüll, *Freud und sein Vater: Die Entstehung der Psychoanalyse und Freuds ungelöste Vaterbindung*, München 1979, S. 72.
31 Marie Balmary, *Psychoanalyzing Psychoanalysis: Freud and the Hidden Fault of the Father*, Baltimore 1982, S. 6, S. 27 und S. 37; Krüll, *Freud und sein Vater*, S. 72.
32 Freud, *Abriß der Psychoanalyse*, GW XVII, S. 114 f.
33 Muriel Rukeyser in: Jan Heller Levi (Hg.), *The Muriel Rukeyser Reader*, New York 1994, S. 252.
34 Cocteau, *Die Höllenmaschine*, S. 157.
35 Oscar Wilde, *Sämtliche Werke*, Bd. 5: *Gedichte*, Frankfurt am Main 1982, S. 195 ff.
36 Vgl. etwa Helmut Remmler, *Das Geheimnis der Sphinx*, Olten 1988.
37 Theodore Thass-Thiemann, »Oedipus and the Sphinx: The Linguistic Approach to Unconscious Fantasies«, *Psychoanalytic Review*, 44 (1957), S. 10–33.
38 Géza Róheim, *The Riddle of the Sphinx, or Human Origins*, London 1934; vgl. Peter Rudnytsky, *Freud and Oedipus*, New York 1987, der geistreiche Überlegungen anstellt zur Hermeneutik sowohl des Mythos als auch von Sophokles' Drama während des 19. und frühen 20. Jahrhunderts.
39 Sophokles, *König Ödipus*, Zeilen 1524–1525.
40 Ernest Jones, *Das Leben und Werk von Sigmund Freud*, Bern 1982, Bd. II, S. 27 f.
41 Nietzsche, *Jenseits von Gut und Böse*, S. 15.
42 Rudnytsky, *Freud and Oedipus*, S. 335.
43 Freud, *Briefe an Fließ*, S. 492 f., 7. August 1901. Das Projekt ging in Freuds *Drei Abhandlungen* auf.
44 Ebd. S. 331, 15. März 1898.
45 Ebd. S. 400, 1. August 1899.
46 Ebd. S. 222, 6. Dezember 1896.
47 Juliet Mitchell, *Psychoanalyse und Feminismus*, Frankfurt am Main 1985, S. 74.

48 Freud, *Traumdeutung*, GW II/III, S. 611.
49 Jacqueline Rose, »Introduction-II«, in: Juliet Mitchell und Jacqueline Rose (Hg.), *Feminine Sexuality: Jacques Lacan and the École Freudienne*, New York 1982, S. 49.
50 Robert J. Stoller, »Facts and Fancies: An Examination of Freud's Concept of Bisexuality«, in: Jean Strouse (Hg.), *Women and Analysis: Dialogues on Psychoanalytic Views of Femininity*, New York 1974.
51 Freud, *Ein Kind wird geschlagen*, GW XII, S. 224.
52 Ebd. S. 213.
53 Freud, *Das Ich und das Es*, GW XIII, S. 261 f.
54 Rose, »Introduction-II«, S. 49.
55 Hélène Cixous, *Sorties*, S. 84 f.
56 Judith Butler, *Das Unbehagen der Geschlechter*, Frankfurt am Main 1991, S. 116.
57 Ebd. S. 121.
58 Freud, *Psychopathologie des Alltagslebens*, GW IV, S. 163.
59 Nietzsche, *Jenseits von Gut und Böse*, S. 153.
60 Freud, *Briefe an Fließ*, S. 316, 29. Dezember 1897.
61 Ebd. S. 331, 15. März 1898.
62 Ebd. S. 491 f., 7. August 1901.
63 Emma Jung an Freud, 30. Oktober 1911, in: Freud u. Jung, *Briefwechsel*, S. 500.
64 Freud an Sándor Ferenczi, 6. Oktober 1910 (Freud-Ferenczi Correspondence, Freud Collection, Library of Congress).
65 Marie Bonaparte, Unveröffentlichte Aufzeichnungen, zitiert von Jeffrey Moussaieff Masson, »Einleitung«, in: Freud, *Briefe an Fließ*, S. XIV.
66 Marie Bonaparte, Unveröffentlichte Aufzeichnungen, ebd. S. XV.
67 *congressus* hat im Lateinischen die Nebenbedeutung »Geschlechtsverkehr«. (Anm. CF)
68 Freud, *Briefe an Fließ*, S. 492, 7. August 1901.
69 Freud, *Psychopathologie des Alltagslebens*, GW IV, S. 159 f.
70 Ebd. S. 160.
71 Freud, *Briefe an Fließ*, S. 66, 21. Mai 1894.
72 Ebd. S. 81, 14. Juli 1894.
73 Freud, *Traumdeutung*, GW II/III, S. 336 f.
74 Ebd. S. 424. John Kerr, *Eine höchst gefährliche Methode: Freud, Jung und Sabina Spielrein*, München 1994, S. 100 f., notiert ebenfalls, wie wichtig diese Träume für Freud waren, um mit Fließ in der Theorie der Bisexualität gleichziehen zu können.
75 Freud, *Traumdeutung*, GW II/III, S. 425 f.
76 Ernest Jones, *Das Leben und Werk von Sigmund Freud*, Bd. II, S. 27 f.
77 Freud, *Drei Abhandlungen*, GW V, S. 122.
78 Freud, *Briefe an Fließ*, S. 493, 7. August 1901.
79 Ebd. S. 495, 19. September 1901.
80 Ebd. S. 508, 20. Juli 1904 (Fließ an Freud).
81 Freud, *Analyse der Phobie*, GW VII, S. 271, Fußnote 1.
82 Otto Weininger, *Geschlecht und Charakter*, Wien 1923, S. 10.
83 Ebd.
84 Ebd. S. 20.
85 Ebd. S. 94.

Anmerkungen

86 Ebd. S. 51.
87 Ebd. S. 234.
88 Ebd. S. 235.
89 Ebd. S. 334.
90 Ebd. S. 78f.
91 Ebd. S. 413, S. 404, S. 427, S. 406, S. 408.
92 Freud, *Analyse der Phobie*, GW VII, S. 271, Fußnote.
93 Freud, *Briefe an Fließ*, S. 508, 20. Juli 1904 (Fließ an Freud).
94 Ebd. S. 508ff., 23. Juli 1904.
95 Ebd. S. 512–514, 27. Juli 1904.
96 Ernest Jones, *Leben und Werk von Sigmund Freud*, Bd. 1, S. 369.
97 Freud, *Briefe an Fließ*, S. 515f.
98 Vgl. Freud, *Fall von Paranoia*, GW VIII, S. 295–302.
99 Freud an Jung, 17. Februar 1908, in: Freud u. Jung: *Briefwechsel*, S. 134.
100 So z. B. Ernst Kris in Freud, *Briefe an Fließ*, S. 529f.
101 Mitchell, *Psychoanalyse und Feminismus*, S. 70.
102 Henry James, *Das Muster im Teppich*, in: ders., *Erzählungen*, Köln 1958, S. 339.
103 Freud, *Briefe an Fließ*, S. 331, 15. März 1898.
104 Ebd. S. 477, 30. Januar 1901.
105 Ebd. S. 492f., 7. August 1901.
106 Freud, *Ein Kind wird geschlagen*, GW XII, S. 222.
107 Ebd.
108 Freud, *Drei Abhandlungen*, GW V, S. 43
109 Freud, *Hysterische Phantasien*, GW VII, S. 197ff.
110 Mitchell, *Psychoanalyse und Feminismus*, S. 74, S. 75.
111 Freud, *Psychogenese eines Falles von weiblicher Homosexualität*, GW XII, S. 273.
112 Ebd. S. 280f.
113 Ebd. S. 281.
114 Ebd. S. 285.
115 Ebd. S. 285.
116 Ebd.
117 Ebd. S. 283.
118 Freud, *Briefe an Fließ*, S. 293, 15. Oktober 1897.
119 Freud, *Psychogenese eines Falles von weiblicher Homosexualität*, GW XII, S. 283.
120 Ebd.
121 Ebd. S. 287.
122 Karl Kraus, *Aphorismen*, Frankfurt am Main 1986, S. 33.
123 Freud, *Weibliche Sexualität*, GW XIV, S. 520.
124 Ebd. S. 533.
125 Ebd. S. 529–537. Elisabeth Young-Bruehl macht das sehr deutlich in ihrer Einführung zu dem von ihr herausgegebenen Buch *Freud on Women: A Reader*, New York 1990, S. 40.
126 Young-Bruehl, *Freud on Women*, S. 5.
127 Freud, *Einige psychische Folgen*, GW XIV, S. 30.
128 Freud, *Drei Abhandlungen*, GW V, S. 59.

Anmerkungen

129 Freud, Weiblichkeit, GW XV, S. 121 f.
130 Hier antizipiert Freud den Romancier Manuel Puig, dessen Kuß der Spinnenfrau (Frankfurt am Main 1989) eine hübsche Fußnote zu dem in den Drei Abhandlungen vorgetragenen Glauben an »die ursprünglich bisexuelle Veranlagung« darstellt.
131 Freud, Weiblichkeit, GW XV, S. 123.
132 Freud, Abriß der Psychoanalyse, GW XVII, S. 115.
133 Peter Gay, Freud – Eine Biographie für unsere Zeit, Frankfurt am Main 1989, S. 244.
134 Freud an Jung, 11. November 1909, in: Freud u. Jung: Briefwechsel, S. 285.
135 Ernest Jones, Free Associations: Memories of a Psycho-Analyst, New York 1959, S. 219.
136 Friedrich Nietzsche, Jenseits von Gut und Böse, in: Kritische Studienausgabe, Bd. 5, München 1988, S. 22; zitiert in Wilhelm Stekel, Störungen des Trieb- und Affektlebens, Bd. 2: Onanie und Homosexualität (Die homosexuelle Neurose), Berlin u. Wien 1917, S. 115. Johann Wolfgang v. Goethe, Gespräch mit F. von Müller am 7. April 1830; zitiert in Stekel, Onanie, S. 257.
137 Stekel, Onanie, S. 127 (Hervorhebungen im Original).
138 Ebd. S. 122.
139 Freud, Drei Abhandlungen, GW V, S. 44.
140 Freud, Psychogenese eines Falles von weiblicher Homosexualität, GW XII, S. 277.
141 Ebd. S. 276.
142 Freud, Endliche und unendliche Analyse, GW XVI, S. 89.
143 Ebd. S. 90.
144 Freud, Briefe an Fließ, S. 493, 7. August 1901.
145 Freud, Unbehagen in der Kultur, GW XIV, S. 463 f.
146 Ebd. S. 466.

7. Das Unbehagen in der Androgynie

1 Jung an Freud, 17. April 1910, in: Freud u. Jung, Briefwechsel, S. 340 f.
2 »Invasion of the Gender Blenders«, People, 23. April 1984, S. 97.
3 Jung, Kinderarchetypus, GW 9/1, S. 187.
4 Ebd. S. 189.
5 Erich Neumann, Die große Mutter, Zürich 1956, S. 191. Neumann beschäftigt sich mit der »Bisexualität« des »Furchtbaren Weiblichen« in Melanesien (das entweder »weiblich oder sexuell unbestimmt« ist), den Urgöttern der Maya, die als doppelgeschlechtlich (»Herr und Herrin unseres Fleisches«) gelten und nicht zuletzt, was für Paglias und Jungs Faszination von der Alchemie entscheidend ist, dem Merkurius, der für die »uroborisch mann-weibliche Natur des Großen Weiblichen« steht. Ebd. S. 169, S. 175 f. und S. 308.
6 Einige Beispiele: In der gnostischen Literatur dient der Androgyne als Symbol der Erlösung. Im apokryphen Thomas-Evangelium naht das Reich Gottes, »wenn ihr zwei zu einem macht« (Otto Betz und Tim Schramm [Hg.], Perlenlied und Thomas-Evangelium, Zürich u. a. 1985, S. 64). Nach dem Genesisbericht schuf Gott Adam nach seinem Bilde, »männlich und weiblich«, bevor er Eva von Adams Leib nahm. Die androgyne Vereinigung von Männlichem und Weiblichem wird auch in der

669

Anmerkungen

Kabbala als eine Weise der Transzendenz beschrieben. In der Hindumythologie beschreiben sowohl die Upanishaden als auch die Puranas die Spaltung des »ursprünglich bisexuellen« Höchsten Selbstseins »in männlich und weiblich« (Alan Watts, *The Two Hands of God: The Myths of Polarity*, New York 1969, S. 75 und S. 80).
7 Andreas Lindemann (Hg.), *Die Clemensbriefe*, Tübingen 1992, Kap. 12, Vers 2, S. 234.
8 Jung, *Begriff des kollektiven Unbewußten*, GW 9/1, S. 55.
9 Frantz Fanon, *Schwarze Haut, Weiße Masken*, Frankfurt am Main 1985, S. 131.
10 Ebd.
11 Ebd. S. 132 ff.
12 Ebd. S. 133.
13 Marie Delcourt, *Hermaphrodite. Mythes et rites de la Bisexualité dans l'antiquité classique*, Paris 1958, S. 2 und S. 4.
14 Christine Downing, *Myths and Mysteries of Same-Sex Love*, New York 1989, S. 111.
15 Jung, *Kinderarchetypus*, GW 9/1, S. 189.
16 Ebd. S. 191
17 *Akte X – Der Film*: »Die Wahrheit ist irgendwo da draußen.« (Anm. CF)
18 Jung, *Frau in Europa*, GW 10, S. 140 ff.
19 Vgl. John Kerr, *Eine höchst gefährliche Methode: Freud, Jung und Sabina Spielrein*, München 1994.
20 Ebd. S. 587 f.
21 Jung, *Erinnerungen, Träume, Gedanken*, S. 189. All die folgenden Jung-Zitate verdanke ich Kerrs Buch.
22 Kerr, *Gefährliche Methode*, S. 587.
23 Jung, *Erinnerungen, Träume, Gedanken*, S. 190 f.
24 Ebd. S. 199.
25 Ebd. S. 189.
26 Das gilt nur für die englische Sprache. Dort hat *animus* auch die Bedeutung »Gefühl von Animosität«, »heftiger Groll oder Haß«. (Anm. ChG)
27 Jung, *Aion*, GW 9/2, S. 24.
28 Jung, *Frau in Europa*, GW 10, S. 148 f.
29 Jung, *Aion*, GW 9/2, S. 23.
30 Ebd.
31 June Singer, *Androgyny: The Opposites Within*, Boston 1976; deutsch: *Nur Frau, Nur Mann? Wir sind auf beides angelegt*, München 1981, S. 47.
32 Singer, *Nur Frau, Nur Mann?*, S. 46.
33 Ebd., vgl. auch Mircea Eliade, *Rites and Symbols of Initiation*, New York 1965, S. 26.
34 Adrienne Rich, »The Stranger«, in: dies., *Diving into the Wreck: Poems 1971–72*, New York 1973.
35 Adrienne Rich, »Compulsory Heterosexuality and Lesbian Existence«, in: dies., *Blood, Bread, and Poetry: Selected Prose 1979–1985*, New York 1986, S. 34.
36 Carolyn G. Heilbrun, *Toward a Recognition of Androgyny*, New York 1973, S. x.
37 Camille Paglia, *Die Masken der Sexualität*, Berlin 1992.
38 Für eine erhellende Diskussion des Neopaganismus bei Jung und seiner Schule vgl. Richard Noll, *The Jung Cult: Origins of a Charismatic Movement*, Princeton 1994, S. 76–80, S. 103–108.

Anmerkungen

39 Cynthia Secor, »The Androgyny Papers«, *Women's Studies*, 2 (1974), S. 139 ff.
40 Ebd. S. 164.
41 Nikolai Berdjajew, *The Destiny of Man*, London 1948, S. 64; zitiert in Norman O. Brown, *Zukunft im Zeichen des Eros*, Pfullingen 1962, S. 170.
42 Barbara Charlesworth Gelpi, »The Politics of Androgyny«, *Women's Studies*, 2 (1974), S. 152.
43 Ebd. S. 158.
44 James Hillman, *Anima*, Dallas 1985, S. 116.
45 Mary Daly, *Jenseits von Gottvater, Sohn & Co.*, München 1980, S. 29.
46 Mary Daly, *Gyn/Ökologie. Eine Metaethik des radikalen Feminismus*, München 1980, S. 12.
47 Ebd. S. 405 f.
48 Virginia Woolf, *Ein Zimmer für sich allein*, Frankfurt am Main 1981, S. 113. Für eine nuancierte und hilfreiche Diskussion dieser Frage in den siebziger Jahren vgl. Elaine Showalters Kapitel »Virginia Woolf and the Flight into Androgyny« in: dies. (Hg.), *A Literature of Their Own: British Women Novelists from Brontë to Lessing*, Princeton 1977, S. 263–297. Indem sie Woolfs gleichermaßen berühmtes Diktum »one must be woman-manly or man-womanly« zitiert, schreibt Showalter: »In mancherlei Hinsicht artikuliert Woolf ein Ideal ihrer Klasse und des Bloomsbury-Kreises: die Trennung von Politik und Kunst, Bisexualität als Modeerscheinung« (S. 288).
49 Carolyn Heilbrun, »Further Notes Toward a Recognition of Androgyny«, *Women's Studies*, 2 (1974), S. 144.
50 Gelpi, »The Politics of Androgyny«, S. 151.
51 Singer, *Androgyny*, S. ix.
52 Eliade wirft diesen Autoren vor, die Gestalt des Androgynen zu wörtlich zu nehmen. Er klagt, es gehe ihnen »nicht um eine aus der Verschmelzung der Geschlechter resultierende Fülle, sondern um einen Überfluß erotischer Möglichkeiten. Ihr Thema ist nicht das Erscheinen eines neuen Menschheitstypus, bei dem die Verschmelzung der Geschlechter ein neues unpolarisiertes Bewußtsein schaffen wird. Sie streben nach einer selbsternannten sinnlichen Vollkommenheit, die der aktiven Gegenwart beider Geschlechter in einer Person entspringt« (Mircea Eliade, *Méphistophélès et l'Androgyne*, Paris 1962, S. 123). Die Rede von »der aktiven Gegenwart beider Geschlechter in einer Person« ist kein Echo auf Jung, sondern auf den späten Freud. Und was den »Überfluß der erotischen Möglichkeiten« betrifft, so wollte die »Androgynie« sich diese gerade vom Leibe halten, statt sie, wie es in der Praxis nur allzuoft geschieht, an ihre Brust zu drücken. Die gleiche Kritik findet sich auch in Marie Delcourt, *Hermaphrodite*. Bei ihre Suche nach der ursprünglichen Bedeutung der Androgynie in griechischen und römischen Sagen distanziert sich Delcourt von der Tendenz, »den zweigestaltigen Gott auf einen effeminierten Knaben zurückzuführen, auf eine bloß banale Kuriosität, dazu ersonnen, äußerst begrenzten und engen Vergnügungen zu frönen« (ebd. S. 2). Delcourt, die eine uns nun schon vertraute Gleichsetzung von bisexuell, hermaphroditisch und androgyn macht, unterstreicht, daß eine »sorgfältige Untersuchung der dem Mythos zugrundliegenden Vorstellungen keinerlei erotische Elemente zutage fördert« (ebd.).
53 Susan Sontag, »Anmerkungen zu Camp«, in: dies., *Kunst und Antikunst*, Reinbek bei Hamburg, 1968, S. 273.

Anmerkungen

54 Jacques Lacan, *Die Bedeutung des Phallus*, in: ders., *Schriften II*, Weinheim u. a. 1986, S. 132. »Männliche Parade« = frz. *parade virile*.
55 Sontag, »Anmerkungen zu Camp«, S. 273.
56 Singer, *Nur Frau, Nur Mann?*, S. 29.
57 Ebd. S. 334.
58 Ebd. S. 331 ff.
59 Ebd. S. 334.
60 Ebd. S. 336.
61 Ebd. S. 337 f.
62 Ebd. S. 342.
63 Ebd. S. 347.
64 Ebd.; die von ihr zitierte Stelle stammt aus Miguel Serrano, *The Serpent of Paradise: The Story of an Indian Pilgrimage*, London 1974, S. 19 f.
65 Paglia, *Die Masken der Sexualität*, S. 262 f.
66 Singer, *Nur Frau, Nur Mann?*, S. 34.
67 Freud, *Drei Abhandlungen*, GW V, S. 120 f.; *Unbehagen in der Kultur*, GW XIV, S. 465; *Weiblichkeit*, GW XV, S. 122.
68 Secor, »The Androgyny Papers«, S. 162.
69 Catherine R. Stimpson, »The Androgyne and the Homosexual«, *Women's Studies*, 2 (1974), S. 242 f.
70 Secor, »The Androgyny Papers«, S. 162.
71 Nancy Topping Bazin und Alma Freeman, »The Androgynous Vision«, *Women's Studies*, 2 (1974), S. 186.
72 Sam Keen, *Feuer im Bauch: Über das Mann-Sein*, Hamburg 1992, S. 28.
73 Ebd. S. 290 f.
74 Ebd. S. 291.
75 Ebd. S. 293.
76 Ebd. S. 292.
77 Mark Gerzon, *A Choice of Heroes: The Changing Faces of American Manhood*, Boston 1982, S. 1 f.
78 Ebd. S. 262.
79 Ebd. S. 4.
80 Ebd. S. 229.
81 Holly Boswell, »Reviving the Tradition of Alternative Genders«, *TV/TS Tapestry, A Journal for All Persons Interested in Crossdressing & Transexualism*, 66 (Winter 1993/94), S. 44 f.
82 Francis Vavra an die Verfasserin, 9. Februar 1993.
83 Roger Cohen, »Feathers! Androgyny! The Folies-Bergère Reopens«, *New York Times*, 30. September 1993, S. C13.
84 Justine McCabe, zitiert in Peter Engel, »Androgynous Zones«, *Harvard Magazine*, Januar–Februar 1985, S. 26.
85 Arlene Stein, »Androgyny Goes Pop«, *Out/Look*, Heft 12 (Frühjahr 1991), S. 26–33.
86 Danielle Bragmann, ebd. S. 26.
87 Diane Anderson, »Living with Contradictions«, in: Elizabeth Reba Weise (Hg.), *Closer to Home: Bisexuality and Feminism*, Seattle 1992, S. 171.

Anmerkungen

88 Julia Sweeney und Christine Zander, *It's Pat! My Life Exposed*, New York 1992, S. 19.
89 Caryn James, »›Orlando‹, Like Its Hero(ine), Is One for the Ages«, *New York Times*, 6. Juni 1993, S. 17.
90 Ebd. S. 23.
91 *Queen* bedeutet im englischen sowohl »Königin« als auch »Tunte«. (Anm. ChG)
92 *New York Times*, 6. Juni 1993, S. 23.
93 Jane Marcus, »A Tale of Two Cultures«, *Women's Review of Books*, Jg. 11, Heft 4 (Januar 1994), S. 11.
94 Von Rebecca L. Walkowitz brieflich im Juni 1993 der Verfasserin mitgeteilt.
95 Phil May, zitiert in Andersen, »Living with Contradictions«, in: Weise, *Closer to Home*, S. 68.
96 John Dunbar, ebd. S. 167.
97 Eliade, *Rites and Symbols of Initiation*, S. 26.
98 Edmund Spenser, *The Fairie Queene*, 4, 10–41.
99 Maureen Orth, »Nightmare in Neverland«, *Vanity Fair*, Januar 1994, S. 72.
100 Ebd.
101 Jung, *Kinderarchetypus*, GW 9/1, S. 193.
102 Keen, *Feuer im Bauch*, S. 140.
103 Marjorie Garber, *Verhüllte Interessen. Transvestismus und kulturelle Angst*, Frankfurt am Main 1993, S. 262.
104 Dana Kennedy, »Time to Face the Music«, *Entertainment Weekly*, 17. Dezember 1993, S. 30.
105 Derrick Z. Jackson, »Say It Ain't So, Michael«, *Boston Globe*, 15. Dezember 1993, S. 23.

8. Ellis im Wunderland

1 Havelock Ellis, *The New Spirit*, London 1891.
2 Ebd.
3 Asa Gray (1880) nach *The Oxford English Dictionary*, Oxford 1989, Bd. 2, S. 222: »Eine Pflanze, die sowohl Staubgefäße als auch Stempel hat, ist zweigeschlechtig« (*bisexual*).
4 Samuel Taylor Coleridge (1848), ebd.
5 Thomas Browne, ebd.
6 Sylvester (1608), ebd.
7 Vgl. Havelock Ellis, *Studies in the Psychology of Sex*, Bd. 2, *Sexual Inversion*, New York 1936, S. 310–414; deutsch: *Die krankhafte Geschlechtsempfindung auf dissoziativer Grundlage*, Leipzig 1922.
8 Ebd. S. 311; Arthur Schopenhauer, *Die Welt als Wille und Vorstellung*, zitiert in Freud, *Drei Abhandlungen*, GW V, S. 32.
9 Edward Carpenter, *The Intermediate Sex: A Study of Some Transitional Types of Men and Women*, New York 1908, S. 17.
10 Jeffrey Weeks, *Coming Out: Homosexual Politics in Britain from the Nineteenth Century to the Present*, London 1977, S. 75.

Anmerkungen

11 Edward Carpenter, *Wenn die Menschen reif zur Liebe werden*, Leipzig 1902, S. 212; Carpenter vergißt allerdings nicht zu erwähnen, daß die Voraussetzung für eine »wirkliche« Ehe eine »wirklich« freie Gesellschaft ist. (Anm. CF)
12 Ellis, *Sexual Inversion*, S. 312.
13 Ellis im Vorwort zur ersten Auflage von *Psychology of Sex*: »Offenbar wissen nur sehr wenig Leute, daß die Hinwendung des Sexualtriebs auf gleichgeschlechtliche Personen als angeboren begriffen werden kann, zumindest insofern als jeder Geschlechtstrieb angeboren ist« (S. iv).
14 Richard von Krafft-Ebing, *Psychopathia Sexualis*, Stuttgart 1907, S. 221.
15 Ellis, *Sexual Inversion*, S. 265.
16 Der Begriff stammt von Krafft-Ebing. In den ersten Auflagen der *Psychology of Sex* hat auch Ellis ihn verwendet. Später »hat er ihn zugunsten des einfacheren, sehr klaren und heute weitaus gebräuchlicheren Begriffes der ›Bisexualität‹ ohne Bedauern aufgegeben«. (Ebd. S. 88, Fußnote.)
17 Ebd. S. 4.
18 Frank Richardson, *Napoleon – Bisexual Emperor*, New York 1972, S. 56 und S. 89.
19 Ellis, *Sexual Inversion*, S. 88.
20 Ebd.
21 Ebd. S. 79 f.; S. 310–317. Vgl. auch Paul Robinson, *The Modernization of Sex*, New York 1976, S. 8 f.
22 Ellis, *Sexual Inversion*, S. 314 f.
23 Ebd. S. 315 ff.
24 Havelock Ellis, *My Life, Autobiography of Havelock Ellis*, Boston 1939, S. 257.
25 Ellis, *Sexual Inversion*, S. 310; William Shakespeare, *Romeo und Julia*, III.1, 100.
26 Ebd. S. 387.
27 Ebd. S. 309.
28 Ebd. S. 387 f.
29 Ebd. S. 387.
30 Edith Ellis an Havelock Ellis, 14. Februar 1893, ebd. S. 311.
31 Ebd. S. 330.
32 Arthur Calder-Marshall, *Havelock Ellis, A Biography*, London 1959, S. 137.
33 Ebd. S. 138.
34 Ebd. S. 140.
35 Arthur Calder-Marshall, *The Sage of Sex: A Life of Havelock Ellis*, New York 1959, S. 138.
36 Ebd. S. 140.
37 »Hirschfeld bemerkt, daß die durch Hypnose ›geheilten‹ Invertierten entweder nicht geheilt oder keine Invertierten waren.« (Ellis, *Sexual Inversion*, S. 330.)
38 Edward Carpenter und John Addington Symons, zitiert in Calder-Marshall, *Havelock Ellis*, S. 147.
39 Ebd. S. 329 f.
40 Ellis, *Sexual Inversion*, S. 88 f.
41 Robinson, *Modernization of Sex*, S. 73 f.

9. Standardabweichungen

1 Sydney Smith und Lady (Saba) Holland, *A Memoir of the Reverend Sydney Smith*, London 1855.
2 George Bernhard Shaw, *Zurück zu Methusalem*, Berlin 1923.
3 Wardell B. Pomeroy, zitiert in Susan Barron, »Bisexuality: Having It All«, *Lear's*, Jg. 8, Heft 5 (Mai 1992), S. 84.
4 Maggi Rubenstein, *Plexus*, August 1987, S. 6.
5 Freud, *Drei Abhandlungen*, GW V, S. 44, Fußnote.
6 Irving Bieber et al., *Homosexuality: A Psychoanalytical Study*, New York 1962.
7 John Williams Malone, *Straight Women/Gay Men: A Special Relationship*, New York 1980, S. 179 und S. 181.
8 Mariana Valverde, *Sex, Macht und Lust*, Frankfurt am Main, 1994, S. 142 und S. 145.
9 Alfred C. Kinsey, Wardell B. Pomeroy, Clyde E. Martin und Paul H. Gebhard, *Das sexuelle Verhalten der Frau*, Berlin 1963, S. 361 f.
10 Alfred C. Kinsey, Wardell B. Pomeroy, Clyde E. Martin, *Das sexuelle Verhalten des Mannes*, Berlin 1964, S. 606 f.
11 Ebd. S. 592.
12 Ebd. S. 609 f.
13 Randy Shilts, *Conduct Unbecoming: Lesbians and Gays in the U.S. Military, Vietnam to the Persian Gulf*, New York 1993, S. 16 f.
14 Kinsey, *Mann*, S. 610.
15 Ebd. S. 611.
16 Barbara Ehrenreich, »The Gap Between Gay and Straight«, *Time*, 10. Mai 1993, S. 76.
17 Kinsey, *Frau*, S. 361.
18 Ebd.
19 Ebd. S. 365.
20 Ebd. S. 23.
21 Kinsey, *Mann*, S. 7.
22 Kinsey, *Frau*, S. 368.
23 Ebd. S. 369.
24 Ebd. S. 375.
25 Ebd. S. 361.
26 Ebd. S. 360.
27 David Halberstam, *The Fifties*, New York 1993, S. 278.
28 Rock Hudson und Sara Davidson, *Rock Hudson. Mein Leben*, München 1986, S. 63 f.
29 Charlotte Wolff, *Bisexualität*, Frankfurt am Main 1979, S. 280 ff. und S. 266.
30 Eine der wichtigsten Sammlungen von Aufsätzen zur Bisexualität, herausgegeben von Fritz Klein und Timothy J. Wolf, ist unter drei verschiedenen Titeln erschienen: als Sonderheft des *Journal of Homosexuality* (Jg. 11, Heft 1–2, 1985), als selbständiger Band *Bisexualities: Theory and Research*, New York 1985, und, viel lebendiger klingend, tatsächlich aber identisch, unter dem Titel *Two Lives to Lead: Bisexuality in Men and Women*, New York u. London 1985.
31 Man denke auch an die Sexfilme der fünfziger Jahre (*Schulmädchenreport Teil X*), deren

Anmerkungen

Betrachter langwierige Belehrungen eines »Experten« (meist mit schwarzer Hornbrille und in weißem Kittel) über sich ergehen lassen mußten, bevor die erste Mädchenbrust freigelegt wurde. (Anm. CF)

32 Betty Hannah Hoffman, »Can This Marriage Be Saved?«, *Ladie's Home Journal*, September 1982, S. 10–17.
33 Catherine McEver, »The Bisexual Lover«, *Cosmopolitan*, April 1982, S. 116.
34 Dianne Hales, »My Husband's Other Lovers Were Men«, *Woman's Day*, 13. September 1988, S. 76 ff.
35 Janet Lever et al., »Behavior Patterns and Sexual Identity of Bisexual Males«, *Journal of Sex Research*, 29 (1992), S. 141–167.
36 Ebd. S. 164 f.
37 Carin Rubenstein, »Sexual Response: Generation Sex«, *Mademoiselle*, Juni 1993, S. 130–135.
38 »Women in Love«, *Mademoiselle*, März 1993, S. 180.
39 John O. G. Billy et al., »The Sexual Bevior of Men in the United States«, *Family Planning Perspectives*, 25 (1993), S. 52–60.
40 Ebd. S. 58.
41 T. W. Smith, »Adult Sexual Behavior in 1989: Number of Partners, Frequency of Intercourse and Risk of Aids«, *Family Planning Perspectives*, 28 (1991), S. 102–107.
42 William H. Masters, Virginia E. Johnson und Robert C. Kolodny, *Heterosexuality*, New York 1994, Umschlagtext der Hardcoverausgabe.
43 William H. Masters, Virginia E. Johnson und Robert C. Kolodny, *Masters and Johnson on Sex and Human Loving*, Boston 1985, S. 373.
44 Samuel J. Janus und Cynthia L. Janus, *The Janus Report on Sexual Behavior*, New York 1993, S. 70.
45 Kaye Wellings et al., *Sexual Behavior in Britain: The National Survey of Sexual Attitudes and Lifestyles*, London 1994, S. 211 ff.
46 Robert T. Michael et al., *Sex in America: A Definitive Survey*, Boston 1994, S. 176 und S. 178. Die vollständigen Ergebnisse der Studie wurden in einem gleichzeitig veröffentlichten wissenschaftlichen Band vorgelegt: Edward O. Laumann et al., *The Social Organization of Sexuality: Sexual Practices in the United States*, Chicago 1994. Auch in diesem Band ist »bisexuell« eine schwer zu findende Kategorie. In dem Abschnitt »Die Mischung gleich- und andersgeschlechtlicher Sexualpartner« würdigen die Autoren immerhin »die Bedeutung der ganzen Lebensspanne, um Fragen wie das Geschlecht der Sexualpartner dynamisch sehen zu können« (S. 312). »Die Zahlen ... sind zwar sehr klein, aber es scheint, als räumten zwei Drittel der Frauen, die sich selber als homosexuell einstufen, eine zumindest minimale Neigung auch zu Männern ein, während von den Männern, die von sich berichten, sie fühlten sich zu Männern und nie zu Frauen hingezogen, eine verschwindende Minderheit sich nicht selber als homosexuell betrachtet« (S. 313). Solche Fragen werden, wie nicht anders zu erwarten, unter der Überschrift »Homosexualität« verhandelt.
47 Michael et al., *Sex in America*, S. 174 und S. 177.
48 Ebd. S. 172.
49 Ebd. S. 208 und S. 212.
50 Ruth Hubbard, »False Genetic Markers«, *New York Times*, 2. August 1993, S. A15.

10. Die Rückkehr zur Biologie

1 Edna St. Vincent Millay, »I Shall Forget You Presently«.
2 Ann Landers, »Teacher Needs to Learn Lesson – There Aren't Five Sexes«, *Miami Herald*, 21. Dezember 1992, S. 2C.
3 Anne Fausto-Sterling, »The Five Sexes«, *The Sciences*, März/April 1993, S. 20–24. Eine kürzere Fassung dieses Artikel erschien unter dem Titel »How Many Sexes Are There?« auf der Leserbriefseite der *New York Times*, 12. März 1993, S. A29.
4 Fausto-Sterling, »The Five Sexes«, S. 22
5 Ebd. S. 24.
6 Steve Wolfe, Brief an die *New York Times*, 26. März 1993, S. A12.
7 Gary Fairmount Filosa, Brief an die *New York Times*, 26. März 1993, S. A12.
8 Ebd.
9 Simon LeVay, »A Difference in Hypothalamic Structure Between Heterosexual and Homosexual Men«, *Science*, 253, 30. August 1991, S. 1034–1037.
10 David J. Jefferson, »Science Besieged: Studying the Biology of Sexual Orientation Has Political Fallout«, *Wall Street Journal*, 12. August 1993, S. 1.
11 Michael Bailey und Richard Pillard, »Are Some People Born Gay?«, *New York Times*, 17. Oktober 1991, S. A21.
12 Mariana Valverde, *Sex, Macht und Lust*, Frankfurt am Main, 1994, S. 141.
13 Richard von Krafft-Ebing, *Psychopathia Sexualis*, Stuttgart 1907, S. 259.
14 Robert A. Wild, zitiert in Natalie Angier, »Male Hormone Molds Women, Too, in Mind and Body«, *New York Times*, 3. Mai 1994, S. C13.
15 Roger S. Rittmaster, zitiert ebd.
16 Angier, »Male Hormone Molds Women«, S. C13.
17 Freud, *Drei Abhandlungen*, GW V, S. 42. »Der Wortführer der männlichen Invertierten« ist Karl Heinrich Ulrichs.
18 Robert J. Stoller, »Facts and Fancies: An Examination of Freud's Concept of Bisexuality«, in: Jean Strouse (Hg.), *Women and Analysis: Dialogues on Psychoanalytic Views of Femininity*, New York 1974, S. 345.
19 Joe Dolce, »And How Big Is Yours?«, *The Advocate*, 1. Juni 1993, S. 40.
20 Schön, wenn es wahr wäre: Den Juden wurde *keineswegs* verziehen, daß sie »so geboren« waren. (Anm. CF)
21 Vgl. *Goldlöckchen und die drei Bären*, Köln 1993.
22 Ruth Hubbard und Elijah Wald, *Exploding the Gene Myth*, Boston 1993, S. 96.
23 LeVay, »A Difference in Hypothalamic Structure«, S. 1035.
24 Ebd. S. 1034.
25 LeVay erwähnt die Möglichkeit, daß seine Stichprobe vielleicht nicht repräsentativ ist. Man könnte versucht sein, schwule Aids-Patienten als eine »Teilmenge der Schwulen einzustufen, die z. B. durch die Neigung zu charakterisieren wäre, sich in sexuelle Beziehungen mit einer großen Anzahl wechselnder Partner einzulassen, oder durch die ausgeprägte Vorliebe für die passive Rolle im Analverkehr«. Aber er lehnt das mit der Bemerkung ab, daß »die Mehrzahl der homosexuellen Männer, die sich mit HIV infiziert haben, in der *Multicenter Aids Cohort Study* angaben, beim Geschlechtsverkehr sowohl die aktive als auch die passive Rolle übernommen zu haben, und dasselbe wird auf

Anmerkungen

die homosexuellen Befragten in meiner Studie zutreffen« (»A Difference in Hypothalamic Structure«, S. 1036). Das ist die einzige Erwähnung sexueller Rollenspiele in diesem Papier, und offenkundig fällt sie nur in der Absicht, diese als ein unerhebliches Unterscheidungsmerkmal unberücksichtigt lassen zu können.

26 Dolce, »And How Big Is Yours?«, S. 40.
27 Hubbard u. Wald, *Exploding the Gene Myth*, S. 94.
28 Natalie Angier, »Report Suggests Homosexuality Is Linked to Genes«, *New York Times*, 16. Juli 1993, S. A12.
29 Dean H. Hamer et al., »A Linkage Between DNA Markers on the X Chromosome and Male Sexual Orientation«, *Science*, 261, 16. Juli 1993, S. 321; J. Michael Bailey und Richard C. Pillard, »A Genetic Study of Male Sexual Orientation«, *Archives of General Psychiatry*, 48 (1991), S. 1089–1096.
30 Hamer, »A Linkage Between DNA Markers«, S. 326.
31 Ebd. S. 321 f. (Hervorhebung durch die Autorin).
32 Dimorph = in zwei verschiedenen Formen existierend oder auftretend.
33 Angier, »Report Suggests Homosexuality Is Linked to Genes«, S. A12.
34 Amanda Udis-Kessler, »Appendix: Notes on the Kinsey Scale and Other Measures of sexuality«, in: Elizabeth Reba Weise (Hg.), *Closer to Home: Bisexuality and Feminism*, Seattle 1992, S. 316.
35 Ebd. S. 317.
36 Braden Robert Berkey, Terri Perelman-Hall und Lawrence A. Kurdek, »The Multidimension Scale of Sexuality«, *Journal of Homosexuality*, 19 (1990), S. 68. Die Autoren berufen sich auf J. P. Pauls Gebrauch der Unterscheidung von »diachron bisexuell« (*sequential bisexual*) und »synchron bisexuell« (*contemporaneous bisexual*) und auf G. Ziniks Begriffe *serial* und *concurrent*. Vgl. J. P. Paul, »The Bisexual Identity: An Idea Without Social Recognition«, *Journal of Homosexuality*, 9 (1983/84), S. 45–63; G. Zinik, »Identity Conflict or Adaptive Flexibility? Bisexuality Reconsidered«, in: Fritz Klein und Timothy J. Wolf, *Two Lives to Lead: Bisexuality in Men and Women*, New York u. London 1985, S. 7–18.

II. Andererseits

1 *The Oxford English Dictionary*, Oxford 1989, Bd. 1, S. 386.
2 Steve Wolfe, Leserbrief an die *New York Times*, 12. März 1993, S. A29.
3 Chandler Burr, »Genes vs. Hormones«, *New York Times*, 2. August 1993, S. A15.
4 David Gelaman, Donna Foote, Todd Barrett und Mary Talbot, »Born or Bred?«, *Newsweek*, 24. Februar 1992, S. 46–53.
5 Ruth Hubbard, »False Genetic Markers«, *New York Times*, 2. August 1993, S. A15; Ruth Hubbard und Elijah Wald, *Exploding the Gene Myth*, Boston 1993, S. 94 f.
6 »The Bisexual and the Navy«, *Time*, 2. Februar 1976, S. 49.
7 Havelock Ellis, *Studies in the Psychology of Sex*, Bd. 2: *Sexual Inversion*, New York 1936, S. 288; deutsch: *Die krankhafte Geschlechtsempfindung auf dissoziativer Grundlage*, Leipzig 1922. In einer Fußnote zitiert Ellis Biervliets »L'homme droit et l'homme gauche« aus der *Revue philosophique*, Oktober 1901: »Es wird hier gezeigt, daß der Be-

schaffenheit ihres Nervensystems nach die Beidhändigen nachweislich linksseitige Personen sind: Ihre optische, akustische, olfaktorische und muskuläre Reizbarkeit liegt vorwiegend auf der linken Seite.«

8 Havelock Ellis, *My Life, Autobiography of Havelock Ellis*, Boston 1939, S. 57.
9 Ebd. S. 85 f. Der Vorfall wurde zu einer Urszene für die »Uralagnia« und die Theorie des »Undinismus«, die er später aufstellte.
10 Freud, *Briefe an Fließ*, S. 316 f., 29. Dezember 1897.
11 Ebd., 4. Januar 1898, S. 318 f.
12 Vgl. etwa E. W. Lane, *An Account of the Manners and Customs of the Modern Egyptians*, London 1837, Bd. 1, S. 200: »Unzerlegtes Geflügel wird von zwei Leuten gemeinsam auf die Platte gelegt, indem jeder dazu nur die rechte Hand benutzt. Viele Araber verbieten eine Berührung der Speisen mit der Linken, es sei denn, die Rechte wäre verkrüppelt.« Bd. 1, S. 283: »Bei den Moslems ist es Sitte, die rechte Hand in Ehren zu halten: die Rechte für alle ehrenwerten Zwecke zu benutzen und die Linke für Handlungen, die, wenngleich notwendig, doch unrein sind.«
13 Ernest Jones, *Das Leben und Werk von Sigmund Freud*, Bd. 1, Bern und Stuttgart 1960, S. 366.
14 Freud, *Briefe an Fließ*, S. 362, 9. Oktober 1898.
15 Eine 1910 nachgetragene Fußnote in den *Drei Abhandlungen* sagt über »Invertierte«, sie suchten »vom Narzißmus ausgehend jugendliche und der eigenen Person ähnliche Männer [auf], die sie so lieben wollen, wie die Mutter sie geliebt hat«. Die hier formulierten Einstellungen stimmen weitgehend mit denen überein, die Freud in dem zur gleichen Zeit verfaßten Essay über Leonardo da Vinci äußert. Es ist interessant, daß die Fußnote im weiteren für die Bisexualität einiger dieser »angeblich Invertierten« argumentiert: »Wir haben ferner sehr häufig gefunden, daß angeblich Invertierte gegen den Reiz des Weibes keineswegs unempfindlich waren, sondern die durch das Weib hervorgerufene Erregung fortlaufend auf ein männliches Objekt transponierten. Sie wiederholten so während ihres ganzen Lebens den Mechanismus, durch welchen ihre Inversion entstanden war. Ihr zwanghaftes Streben nach dem Manne erwies sich als bedingt durch ihre ruhelose Flucht vor dem Weibe« (GW V, S. 44). Dieser Abschnitt weist große Ähnlichkeiten mit der im weiteren zitierten Passage aus dem Essay *Kindheitserinnerung des Leonardo da Vinci* auf, mit der einen, vermutlich nicht ganz unwichtigen Abweichung, daß Freud den von ihm bewunderten Leonardo nicht »invertiert« nennt.
16 Freud, *Kindheitserinnerung des Leonardo da Vinci*, GW VIII, S. 170.
17 Ebd. S. 172.
18 Ebd. S. 205.
19 Ebd. S. 209.
20 Vgl. etwa den Fall Schreber (Freud, *Fall von Paranoia*). »Mein einstiger Freund Fließ«, schrieb Freud an Jung, »hat eine schöne Paranoia entwickelt, nachdem er sich der gewiß nicht geringen Neigung zu mir entledigt« (Freud an Jung, 17. Februar 1908, in: Freud u. Jung, *Briefwechsel*, S. 134). Peter Gay bemerkt dazu: »Was immer er Jung sagen mochte, er bemühte sich, seine Gefühle für Fließ und nicht dessen Gefühle für ihn zu analysieren« (Peter Gay, *Freud: eine Biographie für unsere Zeit*, Frankfurt am Main 1989, S. 312).

Anmerkungen

21 Ira S. Wile, *Handedness: Right and Left*, Boston 1934, S. 12; Dmitrij S. M. Mereschkowskij, *Leonardo da Vinci. Historischer Roman*, München 1925.
22 Walter Benjamin, *Einbahnstraße*, in: *Gesammelte Werke*, Bd. IV, Frankfurt am Main 1972, S. 89.
23 Alice Werner, »Note on the Terms Used for ›Right Hand‹ and ›Left Hand‹ in the Bantu Languages«, *Journal of the Royal African Society*, 4 (1904), S. 112–116, zitiert in Lauren Julius Harris, »Left-Handedness: Early Theories, Facts, and Fancies«, in: Jeannine Herron (Hg.), *Neuropsychology of Left-Handedness*, New York 1980, S. 52.
24 Wile, *Handedness*, S. 37; Robert Hertz, »La préeminence de la main droite. Étude sur la polarité réligieuse«, *Revue philosophique de la France et de l'étranger*, 68 (1909), S. 553–580.
25 Anaxagoras, Fragment DK 59 A 42, in: Jaap Mansfeld (Hg.), *Die Vorsokratiker*, Bd. 2, Stuttgart 1983, S. 217.
26 Aristoteles, *Problemata*, XXXII.7, 961a.
27 Cesare Lombroso, »Left-Handedness and Left-Sideness«, *North American Review*, 177 (1903), S. 440–444.
28 Wile, *Handedness*, S. 235.
29 *Momism*: die Theorie, daß »die Mütter« an den Neurosen ihrer Söhne schuld sind. (Anm. ChG)
30 Abram Blau, *The Master Hand: A Study of the Origin and Meaning of Right and Left Sideness and Its Relation to Personality and Language*, New York 1946.
31 Ives Hendrick, *Facts and Theories of Psychoanalysis*, New York 1941.
32 Abram Blau, zitiert in Michael Barsley, *The Other Hand*, New York 1966, S. 208 f.
33 Vgl. z. B. die Studien in Stanley Coren (Hg.), *Left-Handedness: Behavioral Implications and Anomalies*, Amsterdam u. New York 1990.
34 Ebd.
35 Stanley Coren, *The Left-Hander Syndrome: The Causes and Consequences of Left-handedness*, New York 1992, S. 200.
36 C. M. McCormick, S. F. Witelson und E. Kinstone, *Psychoneuroendocrinology*, 1990, Bd. 1, S. 69–76.
37 Coren, *Left-Hander Syndrome*, S. 201.
38 Ebd. S. 200.
39 Luther entschied sich für linkshändig: »Da schrieen sie zu dem HERRN, und der HERR erweckte ihnen einen Retter, Ehud, den Sohn Geras, der war linkshändig« (Richter 3, 15). Und: »Unter diesem ganzen Volk waren siebenhundert auserlesene Männer, die linkshändig waren und mit der Schleuder ein Haar treffen konnten, ohne zu fehlen« (Richter 20, 16).
40 Platon, *Die Gesetze*, 794–795.
41 Zu Baden-Powell vgl. Tim Jeal, *The Boy-Man: The Life of Lord Baden-Powell*, New York 1990, und John Jackson, *Ambidexterity: or, Two-Handedness and Two-Brainedness*, London 1905, S. xii.
42 Jackson, *Ambidexterity*, zitiert in Coren, *Left-Hander Syndrome*, S. 60.
43 James Creighton-Browne, »Dexterity and the Bend Sinister«, *Proceedings of the Royal Institution of Great Britain*, 18 (1907), S. 623–652. Der Ausdruck »Bend Sinister«

Anmerkungen

kommt ursprünglich aus der Heraldik und bezeichnet einen schräg von rechts oben nach links unten laufenden Balken. Später nahm er in der Genealogie die Bedeutung »Bastard« an. (Anm. ChG)

Teil III: Bi-Gesetze

12. Schulen der Normalität

1 Freud, *Psychologie des Gymnasiasten*, GW X, S. 204 – der Festschriftbeitrag zum 50. Jubiläum des Leopoldstädter Kommunalreal- und Obergymnasiums zu Wien, im Volksmund »Sperlgymnasium«, das Freud zwischen seinem neunten und siebzehnten Lebensjahr besuchte (1865–1873).
2 Ebd. S. 205.
3 Robert (Ranke-) Graves, *Goodbye to All That*, New York 1989; deutsch: *Strich drunter!*, Reinbek bei Hamburg 1990, S. 27.
4 Freud, *Drei Abhandlungen*, GW V, S. 44, Fußnote 1 (Zusatz von 1915).
5 Jung, *Liebesproblem des Studenten*, GW 10, S. 126f.
6 Ebd. S. 127.
7 Arthur Marshall, *Giggling in the Shrubbery*, London 1985.
8 Francesco Petrarca, *Canzoniere*, München 1993, Gedicht 73, S. 221.
9 Gespräch mit der Verfasserin, Februar 1994.
10 Arthur Marshall, *Whimpering in the Rhododendrons: The Splendours and Miseries of the English Prep School*, London 1982.
11 Das Phänomen des »smashing« in den neuentstandenen Mädchencolleges Neuenglands entsprach den »raves« englischer Schulmädchen. Hier wie dort befanden sich junge Mädchen der Mittel- und Oberschicht in gleichgeschlechtlichen Gemeinschaften mit starkem Reformcharakter. Martha Vicinus, »Distance and Desire: English Boarding School Friendships«, *Signs: Journal of Women in Culture and Society*, 9 (1984), S. 604.
12 Marshall, *Giggling*, S. 158.
13 Ebd. S. 163.
14 Ebd. S. 163f.
15 Ebd. S. 166.
16 Obici und Marchesini, *Le »Amicizie« ai Collegio*, Rom 1898, zitiert in Havelock Ellis, »The School-Friendships of Girls«, Anhang zu: ders., *Studies in the Psychology of Sex*, Bd. 2: *Sexual Inversion*, New York 1936, S. 368; deutsch: *Die krankhafte Geschlechtsempfindung auf dissoziativer Grundlage*, Leipzig 1922.
17 Ebd. S. 369f.
18 Ebd. S. 371ff.
19 Ebd. S. 371.
20 In manchen Gegenden Griechenlands haben Mädchen eine *syntróphissa* (»Kameradin«, wörtlich: »gemeinsam Ernährte«). Eine derartige Beziehung bleibt auch nach der Heirat der Freundinnen weiter bestehen. (Anm. CF)
21 Ellis, *Sexual Inversion*, S. 374.

Anmerkungen

22 Ebd. S. 368, S. 373, S. 370 (Hervorhebungen im Original).
23 Obici u. Marchesini, Le »Amicizie« ai Collegio, zitiert ebd. S. 370.
24 Ellis, Sexual Inversion, S. 379.
25 Vgl. Lillian Faderman, Köstlicher als die Liebe der Männer, Zürich 1990, und dies., Odd Girls and Twilight Lovers: A History of Lesbian Life in Twentieth-Century America, New York 1991. Romantische Männerfreundschaften florierten natürlich genauso und sind in Erinnerungen aus der Schulzeit (etwa von Terence Greenidge) und in Biographien beschrieben (wie Michael Holroyd, Lytton Strachey: A Biography, Harmondsworth 1980).
26 Ellis, Sexual Inversion, S. 380.
27 Alec Waugh, Public School Life: Boys, Parents, Masters.
28 Graves, Strich drunter!, S. 27.
29 Iwan Bloch, Das Sexualleben unserer Zeit in seinen Beziehungen zur modernen Kultur, Berlin 1907, S. 593 ff. Vgl. auch Ellis, Sexual Inversion, S. 83, Fußnote.
30 Iwan Bloch, Sexual Life in England, Past and Present, London 1938, S. 388 f.
31 Freud, Drei Abhandlungen, GW V, S. 35.
32 Iwan Bloch, Die Prostitution, Berlin 1912, Bd. 1, S. 103.
33 Magnus Hirschfeld, Die Homosexualität des Mannes und des Weibes, Berlin u. New York 1984, Kap. 8.
34 Ellis, Sexual Inversion, S. 86 f.
35 Die überzeugendste Erörterung dieser Ansicht findet sich in Judith Butler, Das Unbehagen der Geschlechter, Frankfurt am Main 1991, S. 181–186.
36 Alan Sinfield, The Wilde Century: Effeminacy, Oscar Wilde and the Queer Moment, London 1994, S. 64.
37 Ebd. S. 65.
38 Zitiert ebd.
39 Ebd. S. 65 f.
40 Zitiert in Ellis, Sexual Inversion, S. 82.
41 Graves, Strich drunter!, S. 61 f.
42 Ebd. S. 52.
43 Ebd. S. 64.
44 Ebd. S. 72.
45 Ebd. S. 73.
46 Ebd. S. 70.
47 Ebd. S. 293.
48 Ebd. S. 349.
49 Graves, Good-bye to All That, S. 220 (in der deutschen Ausgabe nicht enthalten).
50 Ebd. S. 40 f.
51 Terence Greenidge, Degenerate Oxford? A Critical Study of Modern University Life, London 1930, S. 90 f.
52 Eduard M. Forster, Maurice, München 1988, S. 95 f. Maurice wurde, wie Forster auf dem Widmungsblatt erklärt, »Begonnen 1913, beendet 1914. Gewidmet einem glücklicheren Jahr«. Die »letzten Notizen« des Autors stammen aus dem Jahr 1960; die erste gebundene Ausgabe erschien 1971.
53 Ebd. S. 132.
54 Ebd. S. 16.

55 Ebd. S. 138.
56 Ebd. S. 141.
57 Ebd. S. 142.
58 Ebd. S. 150.
59 Ebd. S. 152.
60 Ebd. S. 148.
61 Ebd. S. 155.
62 Ebd. S. 160.
63 Ebd. S. 206.
64 Ebd. S. 207f. und S. 194f.
65 Ebd. S. 242.
66 Ebd. S. 218.
67 Ebd. S. 213.
68 Ebd. S. 215.
69 Ebd. S. 254.
70 Ebd. S. 256ff.
71 Ebd. S. 277.
72 Ebd. S. 281f.
73 Ebd. S. 243.
74 Ebd. S. 295.
75 Ebd. S. 294.

13. Erotische Erziehung

1 Freud, *Massenpsychologie und Ich-Analyse*, GW XIII, S. 154. Freud zitiert Molière, *Les Femmes savantes*, III.5: »Quoi! Monsieur sait du grec! Ah! permettez, de grâce, / Que, pour l'amour du grec, monsieur, on vous embrasse.«
2 Henry James, *The Pupil*, in: ders., *Great Short Works of Henry James*, N. Y. 1966, S. 313.
3 Evelyn Waugh, *Auf der schiefen Ebene*, Zürich 1984, Präludium, S. 13.
4 T. S. Eliot, »Tradition und individuelle Begabung«, in: ders., *Essays I*, Frankfurt am Main 1988, S. 349.
5 Forster, *Maurice*, S. 60.
6 Ebd. S. 60f.
7 Michael Holroyd, *Lytton Strachey: A Biography*, Harmondsworth 1980.
8 Gespräch mit der Verfasserin, Mai 1994.
9 Alan Sinfield, *The Wilde Century: Effeminacy, Oscar Wilde and the Queer Moment*, London 1994, S. 65.
10 Allan D. Bloom, *Der Niedergang des amerikanischen Geistes*, Hamburg 1988, S. 73.
11 Ann Pellegrini, »Long Before Stonewall« (Rezension von Eva Cantarella, *Bisexuality in the Ancient World*), *Women's Review of Books*, 10 (1993), S. 29. Vgl. etwa: Michel Foucault, *Sexualität und Wahrheit*, Frankfurt am Main 1977; David M. Halperin, *One Hundred Years of Homosexuality and Other Essays on Greek Love*, New York 1990; John J. Winkler, *Der gefesselte Eros: Sexualität und Geschlechterverhältnis im antiken Griechenland*, München 1997.

Anmerkungen

12 Werner Jaeger, *Paideia*, Berlin 1933.
13 Eva Cantarella, *Bisexuality in the Ancient World*, New Haven 1992, S. 32 (Titel des italienischen Originals: *Seconda Natura*). Cantarella merkt noch an: »All das bedeutete offensichtlich, daß sie als Liebhaber ungeeignet waren. Ihr besonderer Status wurde durch das Gesetz anerkannt und sozusagen kodifiziert, indem es dafür Sorge trug, daß sie ihre jüngeren Kameraden nicht verführten.«
14 Ebd. S. 216 f.
15 Ebd. S. 36.
16 Cantarella geht auf diese These ein und kritisiert sie, vgl. dazu z. B. J. Henderson, *The Maculate Muse: Obscene Language in Attic Comedy*, New Haven 1975, S. 204 ff.
17 Cantarella, *Bisexuality*, S. 216 f.
18 Gore Vidal, »The Twelve Caesars«, in: ders., *United States: Essays 1952–1992*, New York 1993, S. 525.
19 David M. Halperin, »Is There a History of Sexuality?«, in: Henry Abelove, Michèle Aina Barale und David M. Halperin (Hg.), *The Lesbian and Gay Studies Reader*, New York 1993, S. 420. Ähnlich der Titelaufsatz von Halperin, *One Hundred Years* und die Einführung zu David M. Halperin, John J. Winkler und Froma I. Zeitlin (Hg.), *Before Sexuality: The Construction of Erotic Experience in the Ancient Greek World*, Princeton 1990.
20 Halperin, »Is There a History of Sexuality?«, S. 428, Anmerkung 24.
21 Ebd. S. 421. Zu »Bisexualität« zitiert Halperin Paul Veynes Wendung »*une bisexualité de sabrage*«, in »La famille et l'amour sous le Haut-Empire romain«, *Annales (E.S.C.)*, 33 (1978), S. 50–55, und Ramsey MacMullens Kritik an Veyne in *Historia*, 32 (1983), S. 484–502. Andere Forscher, die auch mit Hilfe der Kategorie »Bisexualität« antike Sexualpraktiken beschreiben, sind u. a. Luc Brisson, »Bisexualité et méditation en Grèce ancienne«, *Nouvelle revue de psychanalyse*, 7 (1973), S. 27–48; Alain Schnapp, »Un autre image de l'homosexualité en Grèce ancienne«, *Le Débat*, 10 (1981), S. 107–117, und Lawrence Stone, »Sex in the West«, *The New Republic*, 8. Juli 1985, S. 25–37. Was die griechische Homosexualität betrifft, vgl. Kenneth J. Dover, *Homosexualität in der griechischen Antike*, München 1983.
22 Platon, *Der Staat*, 5. Buch, 474d–475a.
23 Bloom, *Niedergang*, S. 71.
24 Ebd. S. 72.
25 Percy Bysshe Shelley, *Hellas*, in: ders., *Shelley's Poems*, London 1907, S. 315.
26 Percy Bysshe Shelley, »A Discourse on the Manners of the Ancient Greeks Relative to the Subject of Love«, in: James A. Notopoulos (Hg.), *The Platonism of Shelley*, Durham N.C. 1949, S. 407.
27 Louis Crompton, *Byron and Greek Love: Homophobia in* 19th-Century England, Berkeley 1985, S. 87 f.
28 Crompton, *Byron and Greek Love*, S. 86.
29 Bloom, *Niedergang*, S. 308.
30 Crompton, *Byron and Greek Love*, S. 80.
31 Ebd. S. 81.
32 Ebd. S. 195.
33 Ebd. S. 66.
34 Parker Tyler, *Screening the Sexes: Homosexuality in the Movies*, New York 1993, S. 246 f.

35 Lillian Hellman, Einführung zu *Four Plays by Lillian Hellman*, New York 1942, S. viii.
36 Manfred Triesch, *The Lillian Hellman Collection at the University of Texas*, Austin 1966, S. 102 ff.
37 Vgl. Mary Titus, »Murdering the Lesbian: Lillian Hellman's The Children's Hour«, *Tulsa Studies in Women's Literature*, 10 (1991), S. 219.
38 Lillian Hellman, *Pentimento*, Boston 1973, S. 114.
39 Lillian Hellman, *Eine unfertige Frau*, Frankfurt am Main 1987, S. 96 f.
40 Titus, »Murdering the Lesbian«, S. 226.
41 Lillian Hellman, *The Children's Hour*, in: dies., *Six Plays*, New York 1979, S. 15.
42 Ebd. S. 19 f.
43 Ebd. S. 27.
44 Terry Castle, *The Apparitional Lesbian: Female Homosexuality and Modern Culture*, New York 1993, S. 63.
45 Théophile Gautier, *Mademoiselle de Maupin*, Stuttgart 1965, S. 488.
46 Hellman, *Six Plays*, S. 22.
47 Ebd. S. 64.
48 Ebd. S. 72.
49 Ebd. S. 73.
50 Eleanor Roosevelt, *The Autobiography of Eleanor Roosevelt*, Boston 1984, S. 15.
51 Olivia (= Dorothy Strachey Bussy), *Olivia*, Berlin 1983, S. 10.
52 Blanche Wiesen Cook, »›Women Alone Stir My Imagination‹: Lesbianism and Cultural Tradition«, *Signs: Journal of Women in Culture and Society*, 4 (1979), S. 727 f.
53 Bussy, *Olivia*, S. 7 f.
54 Ebd. S. 8 f.
55 Ebd. S. 9.
56 Vgl. z. B. Castle, *The Apparitional Lesbian*, und Diana Fuss, *Identification Papers*, New York 1995, S. 107 ff.
57 Martha Vicinus, »Distance and Desire: English Boarding School Friendships«, *Signs: Journal of Women in Culture and Society*, 9 (1984), S. 609.
58 Fuss, *Identification Papers*, S. 140.
59 Corinne Robinson, unveröffentlichte Erinnerungen; Cook, »›Women Alone Stir My Imagination‹«, S. 116.
60 Cook, »›Women Alone Stir My Imagination‹«, S. 119.
61 Ebd. S. 173.
62 Ebd. S. 120.
63 Bussy, *Olivia*, S. 59 f.
64 Freud, *Übertragungsliebe*, GW X, S. 319 f
65 Muriel Spark, *Die Blütezeit der Miss Jean Brodie*, Zürich 1983, S. 133.
66 Ebd. S. 193.
67 Freud, *Dynamik der Übertragung*, GW VIII, S. 374.
68 H. D. (= Hilda Doolittle), *Huldigung an Freud*, Berlin 1975, S. 163.
69 Ebd. S. 76.
70 Ebd. S. 83.
71 Ebd. S. 90 f.
72 Ebd. S. 92.

Anmerkungen

73 Ebd. S. 31 f.
74 Ebd. S. 217 f.
75 Ebd. S. 217.
76 Ebd. S. 184.
77 Ebd. S. 218.
78 Bell Hooks, *Teaching to Transgress: Education as the Practice of Freedom*, New York 1994, S. 191.
79 Jane Gallop, »Feminism and Harassment Policy«, *Academe*, September/Oktober 1994, S. 23.
80 Margaret Talbot, »A Most Dangerous Method: The Pedagogical Problem of Jane Gallop«, *Lingua Franca*, Januar/Februar 1994, S. 27.
81 Ebd. S. 1.
82 Ebd. S. 32.
83 Ebd. S. 35.
84 Ebd. S. 34.
85 Ebd. S. 39.

14. »Nur eine Phase«

1 Freud, *Psychogenese eines Falles von weiblicher Homosexualität*, GW XII, S. 276.
2 Adam Phillips, *Vom Küssen, Kitzeln und Gelangweiltsein*, Göttingen 1997, S. 24 ff.
3 *Phase in/phase out*, so die Zwischentitel im Englischen: vorsichtig einführen/auslaufen lassen, Vorspiel/Nachspiel, anlaufen lassen/abwickeln. (Anm. CF)
4 Merlin Holland, zitiert in *Newsweek*, 27. Februar 1995, S. 21.
5 »Es ist so wunderbar, wenn eine blühende Jungfrau . . .«, vertraut er seinem Freund Robert Sherard in den Flitterwochen an, worauf dieser Einhalt gebietet (Richard Ellmann, *Oscar Wilde*, München 1991, S. 347).
6 Ebd. S. 341, S. 350, S. 352.
7 Ebd. S. 285.
8 Ebd. S. 391.
9 Otho Holland (Lloyd) an Arthur Ransome, 28. Februar 1912, zitiert ebd. S. 386.
10 Ebd. S. 654.
11 Robert Sherard an A. J. A. Symons, 8. Mai 1935, zitiert ebd. 722 f.
12 Gore Vidal, »Oscar Wilde: On the Skids Again«, in: ders., *At Home: Essays 1982–1988*, New York 1988, S. 206.
13 Vgl. Jonathan Dollimore, *Sexual Dissidence: Augustine to Wilde, Freud to Foucault*, Oxford 1991.
14 Interview mit der Autorin, März 1994.
15 Stephen Spender, *World Within World: The Autobiography*, London 1951, S. viii.
16 David Leavitt, *While England Sleeps*, New York 1993, S. 172.
17 Ebd. S. 278.
18 Ebd. S. 140.
19 Ebd.
20 David Leavitt, »Did I Plagiarize His Life?«, *New York Times Magazine*, 3. April 1994, S. 37.

Anmerkungen

21 Edward Morgan Forster, *What I Believe*, London 1939.
22 James Atlas, »Who Owns a Life? Asks a Poet, When His Is Turned into Fiction«, *New York Times*, 20. Februar 1994, S. E14.
23 Stephen Spender an Christopher Isherwood, 21. Oktober 1934, in: Lee Bartlett (Hg.), *Letters to Christopher: Stephen Spender's Letters to Christopher Isherwood 1929–1939*, Santa Barbara 1980, S. 67f.
24 Stephen Spender an Christopher Isherwood, 18. Januar 1935, ebd., S. 72.
25 Spender, *World Within World*, S. 196.
26 Ebd. S. 184.
27 Ebd. S. 197.
28 Ebd. S. 205.
29 Ebd. S. 208.
30 Ebd. S. 260.
31 Ebd. S. 280.
32 Atlas, »Who Owns a Life?«.
33 Spender, *World Within World*, S. 67f.
34 Ian Hamilton, »Spender's Lives«, *The New Yorker*, 28. Februar 1994, S. 76 und S. 79.
35 Chrisopher Isherwood, *Christopher und die Seinen*, Berlin 1992, S. 21.
36 Ebd. S. 21 und S. 23.
37 Ebd. S. 22.
38 Vgl. Freuds *Zur Dynamik der Übertragung*, desgleichen die Fallstudien *Analyse der Phobie eines fünfjährigen Knaben* (»Der kleine Hans«) und *Bemerkungen über einen Fall von Zwangsneurose* (»Der Rattenmann«). Der ursprünglich von Eugen Bleuler stammende Begriff Ambivalenz hat unter anderem im Werk Melanie Kleins und Karl Abrahams zentrale Bedeutung.
39 Spender, *World Within World*, S. 185f.
40 Ebd. S. 318
41 Hamilton, »Spender's Lives«, S. 84
42 Tagebucheintrag, zitiert in Alan Riding, »Nijinsky's Notebooks Are Published, Unexpurgated«, *New York Times*, 24. Januar 1995, S. C13.
43 Paul Monette, *Coming Out. Die Geschichte eines halben Lebens*, Frankfurt am Main 1993, S. 220.
44 Ebd. S. 350.
45 Ebd. S. 152.
46 Freud, *Briefe an Fließ*, S. 397, 17. Juli 1899.
47 Monette, *Coming Out*, S. 304.
48 Ebd. S. 249.
49 Ebd. S. 295f.
50 Ebd. S. 298.
51 Ebd. S. 302.
52 Ebd. S. 306.
53 Ebd.
54 Ebd. S. 316.
55 Ebd. S. 306.
56 Ebd. S. 304.

Anmerkungen

57 Ebd. S. 318.
58 Ebd. S. 319.
59 Ebd.
60 Ebd. S. 327f.
61 Ebd. S. 325.
62 Ebd. S. 329.
63 Ebd. S. 330.
64 Ebd. S. 303.
65 Ebd. S. 308.
66 Ebd.

15. Familienwerte

1 Virginia Woolf, *Orlando. Eine Biographie*, Frankfurt am Main 1992, S. 185.
2 Susan Bickelhaupt, »Names and Faces«, *Boston Globe*, 4. April 1994, S. 31.
3 William Shakespeare, *Hamlet*, III.1, 147.
4 Im Italienischen ist das *letto matrimoniale* jenes Doppelbett ohne Ritze und – möglicherweise zur Förderung des Vollzugs der ehelichen Pflichten – mit nur *einer* Decke. (Anm. CF)
5 Katha Pollitt, »Bothered and Bewildered«, *New York Times*, 22. Juli 1993, S. A23.
6 Andrew Sullivan, »The Politics of Homosexuality«, *The New Republic*, 10. Mai 1993, S. 37.
7 John Boswell, *Same-Sex Unions in Premodern Europe*, New York 1994.
8 Frank Rich, »Straight at Stonewall«, *New York Times*, 19. Juni 1994, S. 17.
9 Clive S. Lewis, *The Allegory of Love: A Study in Medieval Tradition*, London 1973, S. 2f.
10 Andreas Capellanus, *De Amore*, Buch I, 29.IX, in: Alfred Karnein, *De Amore deutsch*, München 1970, S. 215: »Die Lieb zwischen zwaien eeleüten und zwischen zwaien geliebten puelen, die ist gantz ungeleich und ir ursprungk sind von sachen, die ganntz wider einander sind.« Vgl. auch Hanns Martin Elster (Hg.), *Des königlich fränkischen Kaplans Andreas 3 Bücher »Über die Liebe«*, Dresden 1924. (Anm. CF)
11 Bryher, *The Heart to Artemis: A Writer's Memoir*, New York 1962, S. 201, zitiert nach Kenneth S. Lynn, *Hemingway. Eine Biographie*, Reinbeck bei Hamburg 1989, S. 245.
12 Edward N. S. Lorusso, Einführung zu Robert McAlmon, *Village*, Albuquerque 1990, S. vii.
13 Lynn, *Hemingway*, S. 245.
14 Lorusso, Einführung zu *Village*, S. viif.
15 Shari Benstock, *Women of the Left Bank: Paris 1900–1940*, Austin 1986, S. 312.
16 Eric Schmitt, »In Fear, Gay Soldiers Marry for Camouflage«, *New York Times*, 12. Juli 1993, S. A10.
17 Humphrey Carpenter, *W.H. Auden: A Biography*, London 1981, S. 175.
18 Austin Wright, zitiert ebd. S. 177.
19 Christopher Isherwood, *Christopher und die Seinen*, Berlin 1992, S. 185f.
20 Carpenter, *W.H. Auden*, S. 17.

Anmerkungen

21 Brian Finney, *Christopher Isherwood: A Critical Biography*, London 1979, S. 120.
22 Golo Mann an Humphrey Carpenter, zitiert in Carpenter, *W. H. Auden*, S. 186.
23 Ebd. S. 187.
24 Isherwood, *Christopher*, S. 186.
25 Carol Brightman (Hg.), *Between Friends: The Correspondence of Hannah Arendt and Mary McCarthy, 1949–1975*, New York 1995, S. 343.
26 Stephen Holden, »A Union of Convenience Across a Cultural Divide«, *The New York Times*, 4. August 1993, S. C18.
27 »The Oprah Winfrey Show«, 25. Oktober 1986.
28 »Donahue«, 25. Oktober 1986.
29 Claudia de Lys, *A Treasury of American Superstitions*, New York, 1948, S. 232. De Lys erklärt diesen Unterschied folgendermaßen: »Aus der zweizinkigen Gabel, einem weiblichen Symbol, hat sich die dreizinkige Gabel, ein männliches Symbol, entwickelt. Die unterschiedliche Bedeutung erklärt sich nun daher, daß in einigen Teilen der Welt das Fallenlassen einer Gabel auf einen Mann verweist, während andernorts, wo es die dreizinkige Gabel nicht gibt, die Gabel ein weibliches Symbol bleibt und den Besuch einer Frau ankündigt.«
In Deutschland sollte man nicht weiteressen, wenn die Gabel heruntergefallen ist, da dies eine gestörte Verdauung anzeigt. (Helmut Hiller, *Lexikon des Aberglaubens*, München 1986; Anm. CF)
30 »Swinging and Threesomes«, »Donahue«, 4. Februar 1991.
31 Harold Bloom, *The American Religion: The Emergence of the Post-Christian Nation*, New York 1992, S. 108 f.
32 Ebd. S. 188–189.
33 Allen Drury, *Advise and Consent*, London 1960, S. 293; deutsch: *Macht und Recht. »Wo bleibt das Gewissen, Herr Präsident?«*, Zürich 1961 (stark gekürzt).
34 Drury, *Advise and Consent*, S. 298.
35 Ebd. S. 300.
36 Ebd. S. 300 f.
37 Drury, *Macht und Recht*, S. 263.
38 Ebd.
39 Ebd. S. 301.
40 Ebd. S. 305.
41 Ebd. S. 307.
42 Ebd. S. 425.
43 Ebd. S. 447.
44 Ebd. S. 449 f.
45 Ebd. S. 453.
46 Ebd. S. 264.
47 Ebd. S. 306.
48 Ebd.
49 Ebd. S. 307.
50 Ebd. S. 404 (Hervorhebung durch die Autorin).
51 Ebd. S. 460.
52 Ebd. S. 433.

Anmerkungen

53 Ebd.
54 Tony Kushner, *Engel in Amerika. Schwule Variationen über gesellschaftliche Themen. Teil 2: Perestroika*, Bad Homburg v.d.H. 1995, S. 78.
55 Ebd. S. 77.
56 Ebd. S. 75.
57 Ebd. S. 78.
58 Tony Kushner, *Angels in America, Schwule Variationen über gesellschaftliche Themen. Teil eins: Die Jahrtausendwende naht*, Theater heute, 1/1993, S. 41 ff.
59 Ebd. S. 48.
60 Kushner, *Perestroika*, S. 74 f.
61 Ebd. S. 59 f.
62 Christopher Alexander, »Affirmation: Bisexual Mormon«, in: Loraine Hutchins und Lani Kaahumanu (Hg.), *Bi Any Other Name*, Boston 1991, S. 193.
63 Ebd. S. 194.
64 Ebd. S. 197.
65 Tennessee Williams, *Cat on a Hot Tin Roof*, 1955; New York 1985, S. xiii; deutsch: *Die Katze auf dem heißen Blechdach*, Frankfurt am Main 1956, S. 7. Die deutsche Fassung ist leicht gekürzt.
66 Williams, *Katze*, S. 29.
67 Ebd. S. 34.
68 Williams, *Cat*, S. 44.
69 Williams, *Katze*, S. 8.
70 Ebd. S. 70.
71 Ebd. S. 69.
72 Ebd. S. 68 f.
73 Williams, *Cat*, S. 86.
74 Williams, *Katze*, S. 71 f. (Es heißt wirklich *Tanten*, nicht *Tunten*!)
75 Ebd. S. 72.

16. Unzweckmäßige Ehen

1 Edward Carpenter, *Wenn die Menschen reif zur Liebe werden*, Leipzig 1902, S. 213.
2 »Bisexuals Discriminated Against by Gays and Heterosexuals«, »Donahue«, 21. Januar 1993.
3 Vito Russo, *Die schwule Traumfabrik: Homosexualität im Film*, Berlin 1990, S. 183.
4 Ebd. S. 214.
5 Barry Kohn und Alice Matusow, *Barry and Alice: Portrait of a Bisexual Marriage*, Englewood Cliffs 1980, S. 190.
6 Ebd. S. 78.
7 Ebd. S. 122.
8 Ebd. S. 123.
9 Elisabeth Kübler-Ross, *Interviews mit Sterbenden*, Stuttgart 1971.
10 Kohn u. Matusow, *Barry and Alice*, S. 130 ff.
11 Humphrey Burton, *Leonard Bernstein. Die Biographie*, München 1994, S. 79.

Anmerkungen

12 Kenneth Ehrman, zitiert ebd.
13 Ebd. S. 156.
14 Ebd. S. 155 f. Der »neue Freund« ist ein verheirateter Mann: der Tenor aus *The Wind Remains*, einer Avantgarde-Oper seines Freundes Paul Bowles.
15 Ebd. S. 282; Brief von Felicia Montealegre, datiert »Donnerstag, der 27.«
16 Ebd. S. 285.
17 Ebd.
18 Ebd. S. 292.
19 Ebd. S. 570.
20 Ebd.
21 Zu Paul Hume siehe ebd.
22 *Newsweek*, 8. November 1976.
23 *People*, 25. November 1976.
24 Burton, *Leonard Bernstein*, S. 664.
25 engl. *over a Cheever: overachiever* = »einer, der übers Ziel hinausschießt«, auch: »Erfolgsmensch«. (Anm. ChE-G)
26 Scott Donaldson (Hg.), *Conversations with John Cheever*, Jackson 1987, S. 124.
27 John Cheever, *Tagebücher*, Reinbek bei Hamburg 1994, S. 12.
28 Robert Gottlieb, »Nachwort«, in: Cheever, *Tagebücher*, S. 553.
29 Christina Robb, »Cheever's Story«, in: Donaldson, *Conversations with John Cheever*, S. 222.
30 Cheever, *Tagebücher*, S. 173.
31 Ebd. S. 205 f.
32 Ebd. S. 244 f.
33 Ebd. S. 271.
34 Ebd. S. 301 f.
35 Ebd. S. 345 f.
36 Ebd. S. 261.
37 Ebd. S. 418.
38 Ebd. S. 481.
39 Ebd. S. 484 f.
40 Ebd. S. 497 f. H. ist Hope Lange, mit der Cheever zehn Jahre lang ein Verhältnis hatte.
41 Ebd. S. 511.
42 Ebd. S. 519.
43 Ebd. S. 528.
44 Ebd. S. 549.
45 Susan Cheever, *Home Before Dark*, Boston 1984, S. 172.
46 Ebd. S. 174.
47 Ebd. S. 175 f.
48 Ebd. S. 176.
49 Ebd. S. 186.
50 Ebd. S. 199.
51 Ebd. S. 202 f.
52 Donaldson, *Conversations with John Cheever*, S. 124 f.

Anmerkungen

53 Susan Cheever, *Home Before Dark*, S. 206f.
54 Ebd. S. 209.
55 John Cheever, *Tagebücher*, S. 10.
56 WASPy: WASP = White Anglo Saxon Protestant, waspish = reizbar, gereizt. (Anm. CF)
57 Marian Christy, »Benjamin Cheever – A Son in the Shadow«, *Boston Globe*, 25. Dezember 1988, S. A14.
58 Paul Bowles an Bruce Morissette, 20. Februar 1930, in: Jeffrey Miller (Hg.), *In Touch: The Letters of Paul Bowles*, New York 1994, S. 39.
59 Paul Bowles an Morissette, 22. Februar 1930, ebd. S. 42.
60 Paul Bowles an Aaron Copland, Sommer 1933, ebd. S. 117.
61 Paul Bowles an Aaron Copland, 2. September 1933, ebd. S. 124. »Wie gefährlich es wäre, Mädchen zu lieben, wie man Knaben liebt: mehrere am Tag! Man wäre schon längst irgendwo im Gefängnis.«
62 Paul Bowles an Dorothy Norman, April 1938, ebd. S. 162.
63 Truman Capote, Einleitung zu *My Sister's Hand in Mine: An Expanded Edition of the Collected Works of Jane Bowles*, New York 1977, S. v.; das Tennessee Williams-Zitat steht auf dem Buchumschlag.
64 Millicent Dillon, *Jane Bowles – Lauter kleine Sünden*, Hamburg 1993, S. 76.
65 Ebd. S. 62.
66 Ebd. S. 80.
67 Ebd. S. 112.
68 Ebd. S. 10.
69 Ebd. S. 476.
70 Ebd. S. 177.
71 Ebd. S. 444.
72 Paul Bowles an Regina Weinrich, 8. November 1983, in: Miller, *In Touch*, S. 521.
73 Michael Upchurch, »The Great Unknown«, *New York Times Book Review*, 26. Juni 1994, S. 27.
74 Nigel Nicolson, *Portrait einer Ehe*, Frankfurt am Main 1992, S. 9.
75 Ebd. S. 9ff.
76 Ebd. S. 108.
77 Ebd. S. 22.
78 Ebd. S. 236.
79 Ebd. S. 36.
80 Ebd. S. 171.
81 Harold Nicolson an Vita Sackville-West, 9. Juni 1919, ebd. S. 174.
82 Ebd. S. 36.
83 Ebd. S. 43f.
84 Ebd. S. 42.
85 Ebd. S. 46ff.
86 Ebd. S. 53.
87 Ebd. S. 53f.
88 Ebd. S. 47.
89 Ebd. S. 54.
90 Ebd. S. 119.

91 Ebd. S. 119–123.
92 Ebd. S. 119.
93 Ebd. S. 126.
94 Ebd. S. 131.
95 Ebd. S. 165.
96 Violet Keppel an Vita Sackville-West, 4. Oktober 1918, ebd. S. 165.
97 Ebd. S. 165.
98 Ebd. S. 149.
99 Ebd. S. 151.
100 Ebd.
101 Harold Nicolson an Vita Sackville-West, 10. September 1918, ebd. S. 156.
102 Ebd. S. 155.
103 Ebd. S. 124.
104 Ebd. S. 129.
105 Ebd. S. 131.
106 Mitchell A. Leaska und John Phillips (Hg.), »*The Letters of Violet Trefusis to Vita Sackville-West*, New York 1991, S. 49; deutsch: »*Trunken von Deiner Schönheit«. Violet Trefusis an Vita Sackville-West*, Frankfurt am Main 1995.
107 Nicolson, *Portrait einer Ehe*, S. 150.
108 Vita Sackville-West an Harold Nicolson, 8. Dezember 1922, ebd. S. 188.
109 Leaska u. Phillips, *Trunken von Deiner Schönheit*, S. 394.
110 Nicolson, *Portrait einer Ehe*, S. 121.
111 Ebd.
112 Ebd. S. 197.; Sendung der BBC 1929, ebd. S. 196 f.
113 23. September 1923, ebd. S. 195.
114 Ebd. S. 195.
115 Ebd. S. 196.
116 Ebd. S. 238.
117 Violet Keppel Trefusis, *Don't Look Round*, New York 1992, ebd. S. 189.
118 Ebd. S. 214.
119 Vita Sackville-West an Harold Nicolson, 17. August 1926, ebd. S. 213.
120 Virginia Woolf an Vita Sackville-West, ohne Datum 1927, in: Nigel Nicolson und Joanne Trautmann (Hg.), *The Letters of Virginia Woolf*, Bd. 3, S. 393. Blanche Wiesen Cook, »Women Alone Stir My Imagination: Lesbianism and the Cultural Tradition«, *Signs: Journal of Women in Culture and Society*, Bd. 4/4 (1979), S. 727.
121 Virginia Woolf an Vita Sackville-West, 18. Juli 1927, in: Nicolson u. Trautmann, *Letters*, Bd. 3, S. 397. Mit scharfen Worten attackierte Cook die Annahme, die Ehe habe Vitas Leben bestimmt und an der Beziehung zu Virginia Woolf sei – wie manche männliche Biographen behauptet haben – »weder Liebe noch Lust« beteiligt gewesen (Cook, »Women Alone Stir My Imagination«, S. 727 f.). Nicolsons *Portrait einer Ehe* ist für sie keine »adäquate Biographie« Vitas: »Obgleich mit Liebe geschrieben ... gleicht sie gelegentlich dem Beschwerdebrief eines wütenden Sohnes an seine viel zu oft abwesende Mutter.« Ihre schärfste Kritik bleibt freilich Quentin Bell vorbehalten, dem Neffen und Nachlaßverwalter Virginia Woolfs und Autor ihrer Biographie: »Nachdem er eher zögerlich die Existenz einer lesbischen

Anmerkungen

Freundschaft zwischen Vita und Virginia akzeptiert hat ... erklärt Quentin Bell, diese Beziehung könne keineswegs befriedigend gewesen sein.« Er kommt zu dem Schluß: »Es hat wahrscheinlich Zärtlichkeiten zwischen ihnen gegeben; sie sind wahrscheinlich auch miteinander ins Bett gegangen; aber was auch immer zwischen ihnen vorgefallen ist, ich bezweifle, daß es Virginia erregt und Vita befriedigt hat« (Quentin Bell, *Virginia Woolf. Eine Biographie*, Frankfurt am Main 1977, S. 381).

122 Mitchell A. Leaska, Einführung zu: Louise DeSalvo und Mitchell A. Leaska (Hg.), *»Geliebtes Wesen...« Briefe von Vita Sackville-West an Virginia Woolf*, Frankfurt am Main 1995, S. 37.
123 Nicolson u. Trautmann, *Letters*, Bd. 3, S. 221.
124 Vita Sackville-West an Harold Nicolson, 17. August 1926, in: Nicolson, *Portrait einer Ehe*, S. 213.
125 Zit. in Suzanne Raitt, *Vita and Virginia: The Work and Friendship of V. Sackville-West and Virgina Woolf*, Oxford 1993, S. 5.

Teil IV: Bi-Sex

17. Erotische Dreiecke

1 Montesquieu, *Persische Briefe*, Wiesbaden 1947, Brief LIX, S. 122.
2 René Girard, *Deceit, Desire and the Novel: Self and Other in Literary Structure*, Baltimore 1990, S. 17.
3 Marcel Proust, *Auf der Suche nach der verlorenen Zeit*, Frankfurt am Main 1970, Bd. 13, S. 322, Fußnote 1.
4 Girard, *Deceit, Desire and the Novel*, S. 2.
5 Ebd. S. 40.
6 Ebd. S. 46.
7 Ebd. S. 47.
8 Eve Kosofsky Sedgwick, *Between Men: English Literature and Male Homosocial Desire*, New York 1985, S. 21.
9 Gültigkeit und Wirkung der Thesen Sedgwicks werden an Arbeiten wie Emma Donoghue, *Passions Between Women: British Lesbian Culture 1668–1801*, London 1993, und der von Columbia University Press herausgegebenen Reihe »Between Women, Between Men« zu schwullesbischen Themen deutlich.
10 Claude Lévi-Strauss, *Die elementaren Strukturen der Verwandtschaft*, Frankfurt am Main 1981, S. 189.
11 Sedgwick, *Between Men*, S. 27.
12 Terry Castle, *The Apparitional Lesbian: Female Homosexuality and Modern Culture*, New York 1993, S. 67–73.
13 Ebd. S. 71.
14 Ebd. S. 84.
15 Ebd. S. 85.
16 Ebd. S. 85 f.

Anmerkungen

17 Shoshana Felman, »On Reading Poetry: Reflections on the Limits and Possibilities of Psychoanalytical Approaches«, in: John P. Muller und William J. Richardson (Hg.), *The Purloined Poe: Lacan, Derrida and Psychoanalytic Reading*, Baltimore 1988, S. 144 f.
18 Freud, *Briefe an Fließ*, S. 514, 27. Juli 1904.
19 Freud, *Witz und Beziehung zum Unbewußten*, GW VI, S. 106.
20 Ebd. S. 110.
21 Ebd. S. 161.
22 »Zur Unterstützung ... kann man noch anführen, daß der Witz auch bei der dritten Person seinen Lacheffekt einbüßt, sobald derselben ein Aufwand von Denkarbeit zugemutet wird. Die Anspielungen des Witzes müssen augenfällig sein, die Auslassungen sich leicht ergänzen; mit der Erweckung des bewußten Denkinteresses ist in der Regel die Wirkung des Witzes unmöglich gemacht. Hierin liegt ein wichtiger Unterschied von Witz und Rätsel.« (Ebd. S. 168.)
23 Vgl. Marabel Morgan, *Die totale Frau*, Zürich 1978, und auch dies., *The electric Woman, Hope for tired Mothers, Lovers, and Others*, Waco 1985. (Anm. CF)
24 Vito Russo, *Die schwule Traumfabrik: Homosexualität im Film*, Berlin 1990, S. 167.
25 Janet Maslin, »Love in an New York Isosceles Triangle«, *The New York Times*, 30. April 1993, S. C16.
26 Anchee Min, *Rote Azalee*, Köln 1994, S. 115.
27 Ebd. S. 123.
28 Ebd. S. 125 f.
29 Ebd. S. 127.
30 Ebd. S. 131.
31 Ebd. S. 145 f.
32 Ebd. S. 147.
33 Ebd. S. 147 f. (Hervorhebung durch die Autorin).
34 Ebd. S. 228.
35 Ebd. S. 245.
36 Ebd. S. 248 ff.
37 Ebd. S. 301.
38 Ebd. S. 265 f.
39 Ebd. S. 290.
40 Ebd. S. 298 f.
41 Ebd. S. 302.
42 Ebd. S. 345.
43 Anaïs Nin, *Henry, June und ich. Intimes Tagebuch*, Bern u. a. 1987.
44 Ebd. S. 282.
45 William Shakespeare, *Romeo und Julia*, III.1, 94.
46 Ebd. S. 66.
47 Ebd. S. 71.
48 Ebd. S. 77, S. 67, S. 23 und S. 281.
49 Ebd. S. 18.
50 Ebd. S. 26.
51 Ebd. S. 31.
52 Ebd. S. 30.

18. Eifersucht

1 René Girard, *Deceit, Desire, and the Novel: Self and Other in Literary Structure*, Baltimore 1990, S. 17.
2 Susie Bright, *Susie Sexperts liederliche Lesbenwelten*, Berlin 1995, S. 201.
3 Steven Gaines und Sharon Churcher, *Obsession: The Lives and Times of Calvin Klein*, New York 1994, S. 318.
4 Ebd.
5 Kathleen Fullerton Bernhard, *Jealousy: Its Nature and Treatment*, Springfield 1986, S. xi.
6 Vgl. Freud, *Über einige neurotische Mechanismen bei Eifersucht, Paranoia und Homosexualität*.
7 Nancy Friday, *Eifersucht. Die dunkle Seite der Liebe*, Bern u. a. 1986, S. 259 ff.
8 Peter Salovey (Hg.), *The Psychology of Jealousy and Envy*, New York und London 1991, S. xi.
9 Vgl. Eugene W. Mathes, *Jealousy: The Psychological Data*, Lanham 1992, S. xi–xiii.
10 Ebd. S. xi.
11 Ebd., zitiert M. Hunt, *Sexual Behaviour in 1970s*, New York 1975.
12 Vgl. Nena O'Neill und George O'Neill, *Die offene Ehe*, Reinbeck bei Hamburg 1974.
13 Z. Rubin, »Measurement of Romantic Love«, *Journal of Personality and Social Psychology*, Bd. 16 (1970), S. 265–273.
14 Eugene Mathes und Nancy Severa, »Jealousy, Romantic Love and Liking: Theoretical Considerations and Preliminary Scale Development«, *Psychological Reports*, Bd. 49, S. 23–31.
15 Bem Allen, Vorwort zu Mathes, *Jealousy*, S. xi.
16 Aus dem »Interpersonal Jealousy Scale«. Die Fragen sind im Anhang zu Gregory L. White und Paul E. Mullen, *Jealousy: Theory, Research, and Clinical Strategies*, New York u. London 1989, S. 297, abgedruckt.
17 White u. Mullen, *Jealousy*, S. 121.
18 Ebd. S. 121; S. S. Brehm, *Intimate Relationships*, New York 1985.
19 P. C. Larson, »Gay Male Relationships«, in: W. Paul, J. D. Weinrich, J. C. Gonziorek und M. E. Hotveldt (Hg.), *Homosexuality: Social, Psychological, and Biological Issues*, Beverly Hills 1982; White u. Mullen, *Jealousy*, S. 121.
20 White u. Mullen, *Jealousy*, S. 121; V. Morris, »Helping Lesbian Couples Cope with Jealousy«, *Women-in-Therapy*, Bd. 1 (1982), S. 27–34.
21 L. G. Smith und J. R. Smith, »Co-Marital Sex. The Incorporation of Extra-Marital Sex into the Marriage Relationship«, in: Joseph Zubin und John Money (Hg.), *Contemporary Sexual Behaviour. Critical Issues in the 1970s*, Baltimore 1973, S. 391–408.
22 D. Denfeld, »Dropouts from Swinging, the Marriage Counselor or Informant«, in: J. R. Smith und L. G. Smith (Hg.), *Beyond Monogamy*, Baltimore 1974, S. 260–267; Gilbert D. Bartell, »Group Sex Among Mid-Americans«, *Journal of Sex Research*, Bd. 6 (1970), S. 113–130.
23 C. A. Varnia, »An Exploratory Study of Spouse Swapping«, in: Smith u. Smith, *Beyond Monogamy*, S. 214–229; White u. Mullen, *Jealousy*, S. 122.
24 White u. Mullen, *Jealousy*, S. 123; L. L. Constantine und J. M. Constantine, »Sexual

Aspects of Multilateral Relations«, in: Smith u. Smith, *Beyond Monogamy*, S. 268–290; Rosabeth M. Kanter, *Commitment and Community: Communes and Utopias in Sociological Perspective*, Cambridge 1972; J.W. Ramey, »Communes, Group Marriage and the Upper Middle Class«, in: Smith u. Smith, *Beyond Monogamy*, S. 214–229.
25 Sandra Bem, »The Measurement of Psychological Androgyny«, *Journal of Consulting and Clinical Psychology*, Bd. 42 (1974), S. 155–162; Sandra Bem, »Sex-Role Adaptability: One Consequence of Psychological Androgyny«, *Journal of Personality and Social Psychology*, Bd. 4 (1975), S. 634–643.
26 D. Amstutz, *Androgyny and Jealousy*, unveröffentlichte Dissertation, Northern Illinois University, 1982; White u. Mullen, *Jealousy*, S. 124.
27 White u. Mullen, *Jealousy*, S. 124.
28 Eugene W. Mathes, »A Cognitive Theory of Jealousy«, in: Salovey, *Psychology of Jealousy and Envy*, S. 57–58.
29 Ebd. S. 59.
30 Ebd.
31 Hildegard Baumgart, *Eifersucht. Erfahrungen und Lösungsversuche im Beziehungsdreieck*, Reinbek bei Hamburg 1985, S. 338.
32 Freud, *Einführung des Narzißmus*, GW X, S. 154.
33 Ernest Jones, *Hamlet and Oedipus*, New York 1976, S. 117.
34 Susie Bright, »Blind Sexual«, in: dies., *Susie Sexperts liederliche Lesbenwelten*, S. 206f.
35 Susanna Trnka, »A pretty Good Bisexual Kiss There ...« in: Elizabeth Reba Weise (Hg.), *Closer to Home: Bisexuality and Feminism*, Seattle 1992, S. 107.
36 »Geraldo«, 13. September 1989.
37 Martin S. Weinberg, Colin J. Williams und Douglas W. Pryor (Hg.), *Dual Attraction: Understanding Bisexuality*, New York 1994, S. 108.
38 Ebd. S. 109.
39 Karen F., Brief an die Verfasserin.
40 Interview mit der Verfasserin, März 1993. »Brian Ford« ist ein Pseudonym.
41 Freud, *Eifersucht, Paranoia und Homosexualität*, GW XIII, S. 195f.
42 Ebd. S. 196f.
43 William Shakespeare, *Othello*, IV.3, 55–57.
44 Freud, *Eifersucht, Paranoia und Homosexualität*, GW XIII, S. 197f.
45 Ebd. S. 206.
46 Germaine Brée, Einführung zu Alain Robbe-Grillet, *La Jalousie*, Paris 1957.
47 Girard, *Deceit, Desire, and the Novel*, S. 83.
48 William Shakespeare, *Othello*, III.3, 71 u. 100.
49 Ebd. V.1, 19.
50 Ebd. III.3, 460–469 und 479–480.

19. Der bisexuelle Plot

1 George Meredith, *Modern Love, and Poems of the English Roadside, with Poems and Ballads*, London 1862, Sonnett 43.
2 Henry James, *Die Damen aus Boston*, Frankfurt am Main u. a. 1984, S. 156f.

Anmerkungen

3 Lillian Faderman, *Köstlicher als die Liebe der Männer*, Zürich 1990, S. 205.
4 Frederick W. Dupee, *Henry James*, New York 1951, S. 152.
5 Louis Auchincloss, *Reading Henry James*, Minneapolis 1975, S. 42; Faderman, *Köstlicher als die Liebe der Männer*, S. 206 u. S. 210f.
6 Robert McLean, »*The Bostonians*: New England Pastoral«, *Papers in Language and Literature*, Nr. 7 (1971), S. 374.
7 Walter F. Wright, *The Madness of Art: A Study of Henry James*, Lincoln 1962, S. 94f.
8 Jean Strouse, *Alice James: A Biography*, Boston 1980, S. 250.
9 Tony Tanner, *Henry James: The Writer and His Work*, Amherst 1985, S. 53.
10 Edmund Wilson, »The Ambiguity of Henry James«, *Hound and Horn*, Nr. 8 (April – Juni 1934), S. 396. Diese und weitere vielsagende Zitate über Sexualität und *Die Damen aus Boston* hat Judith Fetterley am Anfang ihrer Arbeit über diesen Roman (*The Resisting Reader*, Bloomington 1978, S. 102 – 107) zusammengestellt.
11 Tanner, *Henry James*, S. 54.
12 Irving Howe, Einleitung zu James W. Gargano (Hg.), *The Bostonians, Critical Essays on Henry James: The Early Novels*, Boston 1987, S. 154 – 169.
13 Tanner, *Henry James*, S. 54.
14 Terry Castle, *The Apparitional Lesbian: Female Homosexuality and Modern Culture*, New York 1993, S. 174, S. 176 und S. 177.
15 Ebd. S. 178f.
16 Ebd. S. 174.
17 Ebd. S. 151; Jeanette Foster, *Sex Variant Women in Literature*, Tallahassee 1985, S. 15.
18 Castle, *Apparitional Lesbian*, S. 264, Anm. 13.
19 »Wie man's nimmt, am Ende ist *Die Damen aus Boston* Olive Chancellors Buch«, meint Judith Fetterley in *The Resisting Reader*, S. 118.
20 James, *Die Damen aus Boston*, S. 41.
21 Ebd. S. 89.
22 Ebd. S. 90.
23 Ebd. S. 92.
24 Ebd. S. 96f. In Goethes *Dichtung und Wahrheit* (IV, 16) heißt es: »Alles ruft uns zu, daß wir entsagen«. (Anm. CF)
25 Ebd.
26 Ebd.
27 Jede »heroische« Deutung Olives wird sich mit dem gelegentlich offenkundigen, oftmals vernichtenden ironischen Blick des Autors auf seine Heldin auseinandersetzen müssen. Zwei kleine Beispiele: Olives Reaktion auf eine vergleichsweise banale Bemerkung Verenas über die Leiden Jeanne d'Arcs am Anfang ihrer Bekanntschaft: »Sie sagte es so entzückend, daß Olive sich kaum enthalten konnte, ihr einen Kuß zu geben« (S. 95); oder auf den eher beiläufig geäußerten Satz, sie könne kein Deutsch, wolle es aber lernen (als Reaktion auf ein Zitat in deutscher Sprache): »›Wir werden es zusammen studieren – alles werden wir studieren‹, sagte Olive beinahe keuchend« (S. 96). Basil und Verena wird an anderer Stelle die gleiche Behandlung zuteil.
28 Ebd. S. 103.

29 Ebd. S. 156f.
30 Ebd. S. 188.
31 Ebd. S. 411.
32 Da wir hier an Mrs. Tarrants Erinnerungen teilhaben, sind die Informationen etwas unbestimmt. Ebd. S. 79.
33 Ebd. S. 94.
34 Ebd.
35 Ebd. S. 150.
36 Ebd. S. 152.
37 Ebd. S. 154.
38 Ebd. S. 154f.
39 Ebd. S. 286.
40 Ebd. S. 336.
41 Ebd. S. 338.
42 Ebd. S. 332 (Hervorhebung durch die Autorin).
43 Ebd. S. 333.
44 Ebd. S. 398.
45 Ebd. S. 396.
46 Ebd. S. 93.
47 Paula C. Rust, »The Politics of Sexual Identity: Sexual Attraction and Behavior among Lesbian and Bisexual Women«, *Social Problems*, Bd. 39/4 (November 1992), S. 367.
48 James, *Die Damen aus Boston*, S. 185.
49 Ebd. S. 245.
50 Ebd. S. 187.
51 Ebd. S. 445.
52 Ebd. S. 414.
53 William Shakespeare, *Othello*, V.2, 287.
54 Ebd. III.4, 69.
55 James, *Die Damen aus Boston*, S. 417.
56 Matthiessen schreibt über Henry James' Haltung gegenüber Olive: »Er behandelt sie nicht satirisch, sondern betrachtet sie als eine ihrem Wesen nach tragische Figur« (Francis O. Matthiessen [Hg.], *The American Stories and Novels of Henry James*, New York 1964, S. xix–xx). Man beachte auch die Schilderung der Szene im Künstlerzimmer der Music Hall: »Und neben ihr lag, völlig vernichtet, den Kopf in den Schoß von Verenas Mutter vergraben, die tragische Gestalt von Olive Chancellor« (James, *Die Damen aus Boston*, S. 480).
57 James, *Die Damen aus Boston*, S. 421.
58 Rust, »Politics of Sexual Identity«, S. 368.
59 Das »eigentliche Thema von *Die Damen aus Bosten* ist nicht Liebe, sondern Macht« (Fetterley, *The Resisting Reader*, S. 131).
60 Charles A. Anderson, »James' Portrait of the Southerner«, *American Literature*, Bd. 27 (1955), S. 310.
61 McLean, »*The Bostonians*: New England Pastoral«, S. 381.
62 Fetterley, *The Resisting Reader*, S. 119

Anmerkungen

63 William McMurray, »Pragmatic Realism in *The Bostonians*«, *Nineteenth Century Fiction*, Bd. 16 (März 1962), S. 341.
64 Irwing Howe, Einführung zu Henry James, *The Bostonians*, New York 1956, S. xxvii.
65 Leon Edel, *Henry James: The Middle Years 1882–1895*, Philadelphia u. New York 1962, S. 141.
66 Fetterley, *The Resisting Reader*, S. 113.
67 Ebd. S. 146.
68 Ebd. S. 117.
69 Ebd. S. 170.
70 William Shakespeare, *Was ihr wollt*, V.1, 260–63.
71 Castle merkt in *Apparitional Lesbian* auch an, daß Olivia einer der weiteren Vornamen Stephen Gordons in Radclyffe Halls *Quell der Einsamkeit* ist und daß Virginia Woolf den Namen in »Chloë liebte Olivia« in *Ein Zimmer für sich allein* benutzt.
72 James, *Die Damen aus Boston*, S. 491.
73 David H. Lawrence, *Der Fuchs, Der Marienkäfer, Die Hauptmannspuppe. Sämtliche Kurzromane I*, Zürich 1975, S. 7 f.
74 Ebd. S. 7.
75 Ebd. S. 10.
76 Ebd. S. 9.
77 Ebd. S. 14.
78 Ebd. S. 17.
79 Ebd. S. 31 f.
80 Ebd. S. 17.
81 Ebd. S. 32.
82 Ebd. S. 37. Die im folgenden hervorgehobenen Stellen sind in der deutschen Übersetzung nicht enthalten. (Anm. ChE-G)
83 Ebd. S. 43.
84 Ebd. S. 45.
85 Ebd. S. 47.
86 Ebd. S. 40.
87 Ebd. S. 50.
88 Ebd. S. 56.
89 Ebd. S. 57.
90 Ebd.
91 Ebd.
92 James, *Die Damen aus Boston*, S. 401.
93 Vito Russo, *Die schwule Traumfabrik: Homosexualität im Film*, Berlin 1990, S. 133.
94 Fred Klein, *The Bisexual Option: A Concept of One Hundred Percent Intimacy*, New York 1978, S. 182.
95 Ebd. S. 182.
96 Brenda Maddox, *D. H. Lawrence: The Story of a Marriage*, New York 1994, S. 227.
97 Pauline Kael, »The Current Cinema«, *The New Yorker*, 10. Februar 1968, S. 102.
98 Ebd. S. 100.
99 Renata Adler, »Lawrence's Novella ist Intelligently Treated«, *New York Times*, 8. Februar 1968, S. 36.

Anmerkungen

100 *Commonweal,* 5. März 1968, S. 656.
101 Stanley Kauffmann, »Three for the Road«, *The New Republic*, Bd. 158 (9. März 1968), S. 24.
102 *Newsweek,* 19. Februar 1968, S. 92.
103 Mit Zustimmung zitiert in Klein, *The Bisexual Option*, S. 183. Klein bemerkt, dies sei die einzige Rezension, in der von Bisexualität die Rede ist: »Obwohl es also nur drei Charaktere gibt, ist der bisexuelle derjenige, der nicht existiert.«
104 Arthur Knight, »SR Goes to the Movies«, *Saturday Review,* 10. Februar 1968, S. 40.
105 Gronowicz, *Greta Garbo,* S. 61 ff.

20. Trios

1 Fred Ebb, »Zwei Ladies«, in: *Cabaret* (Musical, Musik von John Kander).
2 Martin S. Weinberg, Colin J. Williams und Douglas W. Pryor (Hg.), *Dual Attraction: Understanding Bisexuality,* New York 1994, S. 68.
3 Ebd. S. 6.
4 Philip Roth, *Portnoys Beschwerden*, Reinbek bei Hamburg 1995, S. 94 ff.
5 »Dreikörperproblem«: Das physikalische Problem, die Bahn von drei Körpern (von Sternen, Planeten, Liebenden ...) zu bestimmen, die sich gegenseitig anziehen, ist mathematisch nicht exakt lösbar. (Anm. CF)
6 Michael Szymanski, »Bisexuality: My Second Coming Out«, *Genre,* Nr. 8 (Oktober/November 1992), S. 38.
7 Ebd. S. 39.
8 Auch auf dem Cover der Penguin-Taschenbuchausgabe des vorliegenden Buches ist Bisexualität als Körperlandschaft dargestellt: Bäuche, Rücken, eine (weibliche) Brustwarze als markanteste Erhebung, ein (weiblicher) Nabel als markanteste Senke. (Anm. CF)
9 Arno Karlen, *Über die Liebe zu dritt. Ein Report,* Frankfurt am Main u. a. 1989, S. 76.
10 Ebd. S. 72.
11 Ebd. S. 77. An dieser Stelle bezieht sich Karlen auf Aussagen des Anthropologen Gilbert D. Bartell in *Gruppensexreport: Über Milieu, Motive und Rituale,* Frankfurt am Main 1972.
12 Karlen, *Liebe zu dritt,* S. 76.
13 Ebd. S. 80.
14 Ebd. S. 109 f.
15 Ebd. S. 50.
16 Ebd. S. 50.
17 Ebd. S. 129.
18 Ebd. S. 85.
19 Ebd. S. 214.
20 Ebd. S. 193.
21 Ebd. S. 204.
22 Ebd. S. 160.
23 Ebd. S. 221.

Anmerkungen

24 Ebd. S. 252.
25 Ebd. S. 215.
26 Ebd. S. 259.
27 Ebd. S. 211.
28 René Girard, *Deceit, Desire, and the Novel: Self and Other in Literary Structure*, Baltimore 1990, S. 4.
29 Carlton Lake und Linda Ashton, *Henri-Pierre Roché: An Introduction*, Austin 1991, S. 9.
30 Ebd. S. 150.
31 17. Dezember 1906, ebd. S. 152.
32 Beatrice Wood, *I Shock Myself: The Autobiography of Beatrice Wood*, San Francisco 1985, S. 25.
33 Paul B. Franklin im Gespräch mit der Autorin.
34 François Truffaut, »Erinnerungen an Henri-Pierre Roché«, in: ders., *Jules und Jim. Protokoll der deutschen Fassung des Films*, München 1981, S. 4.
35 Joe Orton an Michael White, 14. Juli 1967, zitiert in John Lahr, *Halt die Ohren steif*, Hamburg 1987, S. 333.
36 Ebd. S. 255.
37 *Plays and Players*, August 1965; zitiert ebd. S. 257.
38 John M. Clum, *Acting Gay: Male Homosexuality in Modern Drama*, New York 1992, S. 137.
39 Joe Orton, *Seid nett zu Mr. Sloane*, Reinbek bei Hamburg, o. J., S. 73.
40 Terence Rattigan, zitiert in Lahr, *Halt die Ohren steif*, S. 274.
41 Orton, *Seid nett zu Mr. Sloane*, S. 73.
42 Clum, *Acting Gay*, S. 125.
43 Joe Orton, *Loot*, in: ders., *The Complete Plays*, London 1976, S. 244.
44 Joe Orton, *What the Butler Saw*, in: ders., *The Complete Plays*, London 1976, S. 413.
45 Clum, *Acting Gay*, S. 126.
46 Lahr, *Halt die Ohren steif*, S. 257.
47 Alan Sinfield, »Who Was Afraid of Joe Orton«, in: Joseph Bristow (Hg.), *Sexual Sameness: Textual Differences in Lesbian and Gay Writing*, London 1992, S. 182.
48 Michael York, *Accidentally on Purpose: An Autobiography*, New York 1991, S. 59.
49 Christopher Isherwood, *Christopher und die Seinen*, Berlin 1992, S. 9.
50 Christopher Isherwood, *Leb wohl Berlin. Ein Roman in Episoden*, Frankfurt am Main u. a. 1992, S. 149.
51 Vgl. John van Druten, *I Am a Camera*, New York 1952.
52 Norman McLain Stoop, »Christopher Isherwood: A Meeting by Another River«, *After Dark*, Bd. 7 (1975), S. 62.
53 Isherwood, *Christopher*, S. 63.
54 Linda Mizejewski, *Divine Decadence: Fascism, Female Spectacle and the Makings of Sally Bowles*, Princeton 1992, S. 60f.
55 van Druten, *I Am a Camera*, S. 24.
56 Vgl. Mizejewski, *Divine Decadence*, S. 86.
57 Cole Porter, in: Robert Kimball (Hg.), *The Complete Lyrics of Cole Porter*, New York 1983, S. 115.
58 Mizejewski, *Divine Decadence*, S. 137.

59 Frank Marcus, »Ich bin ein Berliner«, *Plays and Players*, Mai 1968, S. 15.
60 Interview von George Voskovec mit Lotte Lenya, in: Mizejewski, *Divine Decadence*, S. 123.
61 Stoop, »Christopher Isherwood: A Meeting by Another River«, zitiert in Mizejewskis, *Divine Decadence*.
62 David J. Gehrin, »An Interview with Christopher Isherwood«, *Journal of Narrative Technique*, Bd. 2 (1972), S. 147.
63 Susan Sontag, »Faszinierender Faschismus«, in: dies., *Im Zeichen des Saturn*, München, Wien 1981.
64 Stephen F. Bauer, »Cultural History and the Film *Cabaret*«, *Psychoanalytic Study of Society*, Bd. 12 (1988), S. 193–194.
65 Mizejewski, *Divine Decadence*, S. 219.
66 Ebd. S. 218.
67 Gaylyn Studlar, *In the Realm of Pleasure: Von Sternberg, Dietrich and the Masochistic Aesthetic*, Urbana 1988, S. 35.
68 Vgl. insbesondere die Arbeiten von Laura Mulvey und Mary Ann Doane.
69 Ernest Hemingway, *Der Garten Eden*, Reinbek bei Hamburg 1987, S. 128.
70 Ebd. S. 24f.
71 Ebd. S. 27f.
72 Ebd. S. 31.
73 Ebd. S. 32.
74 Ebd. S. 45.
75 Ebd. S. 32.
76 Ebd. S. 74ff.
77 Ebd. S. 89.
78 Ebd. S. 229.
79 Ebd. S. 112.
80 Ebd. S. 123.
81 Ebd. S. 130f.
82 Ebd. S. 133.
83 Ebd. S. 134.
84 Ebd. S. 137.
85 Ebd. S. 148.
86 Ebd. S. 151.
87 Ebd. S. 148f.
88 Ebd. S. 316.
89 Ebd. S. 314.
90 Ebd. S. 171.
91 Ebd. S. 144.
92 Ebd. S. 220.
93 Ernest Hemingway, *Inseln im Strom*, Reinbek bei Hamburg 1971, S. 298.
94 James R. Mellow, *Hemingway: A Life Without Consequences*, Boston 1992, S. 11. Eine neuere Deutung der Geschlechterrollen bei Hemingway versuchen Nancy R. Comley und Robert Scholes, *Hemingway's Genders: Rereading the Hemingway Text*, New Haven 1994.

Anmerkungen

95 Kenneth S. Lynn, *Hemingway. Eine Biographie*, Reinbek beim Hamburg 1989, S. 46 und S. 49.
96 Ernest Hemingway, *Nick Adams Stories*, in: ders., *Gesammelte Werke*, Bd. 7, *Stories 2*, Reinbek bei Hamburg 1973, S. 161.
97 Ernest Hemingway, *In einem andern Land*, Reinbek bei Hamburg 1987, S. 229.
98 Mary Welsh Hemingway, *Wie es war*, Reinbek bei Hamburg 1977, S. 318.

Epilog – »Zwischen« oder »unter«?

1 William Safire, »Betwixt, Among and Between«, »On Language«, *The New York Times Magazine*, 12. September 1993, S. 28 ff.
2 »Love Rules: The 1994 *Details* Survey on Romance and the State of Our Unions«, *Details*, Mai 1994, S. 110.
3 Jaques Derrida, *Die Wahrheit in der Malerei*, Wien 1992, S. 350.
4 Ebd. S. 304, S. 306, S. 312, S. 388, S. 390.
5 Ebd. S. 317.
6 Ebd. S. 388.
7 Ebd. S. 328.
8 Ebd. S. 327.
9 Ebd. S. 332.
10 *Pear* (Birne) ist ein Homophon zu *pair* (Paar). (Anm. ChE-G)

Literaturhinweise

Nähere bibliographische Angaben für Quellen, die nur mit Kurztitel genannt sind, finden sich jeweils weiter oben im gleichen Kapitel.
Im Folgenden sind die mit Kurztitel genannten Werke von Sigmund Freud und Carl Gustav Jung aufgeführt.

Sigmund Freud

Sigmund Freud und Carl Gustav Jung, *Briefwechsel*, hg. von William McGuire et al., Frankfurt am Main 1974
Sigmund Freud, *Briefe an Wilhelm Fließ 1887–1904*, hg. von Jeffrey Moussaieff Masson, Frankfurt am Main 1986
Sigmund Freud, *Gesammelte Werke*, hg. von Anna Freud et al., Frankfurt am Main 1960 ff., 18 Bde., darin:
Abriß der Psychoanalyse, XVII 67–138
Analyse der Phobie eines fünfjährigen Knaben, VII 243–377
Bruchstück einer Hysterie-Analyse, V 163–286
Das Ich und das Es, XII 237–289
Drei Abhandlungen zur Sexualtheorie, V 29–145
Dynamik der Übertragung; Zur, VIII 364–374
Ein Kind wird geschlagen. Beitrag zur Kenntnis der Entstehung sexueller Perversionen, XII 197–226
Einführung des Narzißmus; Zur, X 138–170
Einige psychische Folgen des anatomischen Geschlechtsunterschieds, XIV 17–30
Endliche und die unendliche Analyse; Die, XVI 59–99
Fall von Paranoia (Dementia paranoides); Psychoanalytische Bemerkungen über einen autobiographisch beschriebenen, VIII 240–320
Hysterische Phantasien und ihre Beziehung zur Bisexualität, VII 191–199
Jenseits des Lustprinzips, XIII 3–69
Kindheitserinnerung des Leonardo da Vinci; Eine, VIII 128–211
Massenpsychologie und Ich-Analyse, XIII 73–161
Neue Folge der Vorlesungen zur Einführung in die Psychoanalyse, XV 3–197
Psychogene Sehstörung in psychoanalytischer Auffassung; Die, VIII 94–102
Psychogenese eines Falles von weiblicher Homosexualität, XII 271–302
Psychologie des Gymnasiasten; Zur, X 204–207
Psychopathologie des Alltagslebens; Zur, IV 5–310

Literaturhinweise

Selbstdarstellung; Nachschrift zur, XIV 33–96
Traumdeutung; Die, II/III, 1–626
Über einige neurotische Mechanismen bei Eifersucht, Paranoia und Homosexualität, III 195–207
Übertragungsliebe; Bemerkungen über die, X 306–321
Unbehagen in der Kultur; Das, XIV 421–506
Warum Krieg?, XVI 12, 13–27
Weibliche Sexualität; Über die, XIV 517–537
Weiblichkeit; Die, XV 119–145
Witz und seine Beziehung zum Unbewußten; Der, VI 5–269
Zwangsneurose; Bemerkungen über einen Fall von, VII 381–463

Carl Gustav Jung

Carl Gustav Jung, *Erinnerungen, Träume, Gedanken von C. G. Jung*, hg. von Aniela Jaffé, Zürich u. Stuttgart 1962
Carl Gustav Jung, *Gesammelte Werke*, hg. von Marianne Niehus-Jung et al., Olten u. Freiburg i.B. 1958 ff., 20 Bde., darin:
Aion. Beiträge zur Symbolik des Selbst, 9/2
Begriff des kollektiven Unbewußten; Der, 9/1, 53–66
Frau in Europa; Die, 10, 135–156
Kinderarchetypus; Zur Psychologie des, 9/1, 163–195
Liebesproblem des Studenten; Das, 10, 115–133

Filmhinweise

Die im Buch erwähnten Filme sind im Folgenden mit ihrem Originaltitel und gegebenenfalls mit ihrem deutschen Verleihtitel verzeichnet.

Advise and Consent (USA 1962, D: Sturm über Washington)
Anders als die andern: s. Tea and Sympathy
Basic Instinct (USA 1992)
Begierde: s. Hunger
Besten Jahre der Miss Jean Brodie, Die: s. Prime of Miss Jean Brodie
Beziehungsweise andersrum: s. A Different Story
Black Widow (USA 1986, D: Die Schwarze Witwe)
Blood and Roses: s. Et Mourir de Plaisir
Borderline (USA 1930)
Bostonians (GB 1984, D: Damen aus Boston)
Bram Stoker's Dracula (USA 1992, auch: Dracula)
Brideshead Revisited (GB-TV 1982)
Cabaret (USA 1972)
Carmilla (USA 1990)
Carrington (GB 1995)
Cat on a Hot Tin Roof (USA 1958, D: Die Katze auf dem heißen Blechdach)
Children's Hour, The (USA 1961)
Club der toten Dichter, Der: s. Dead Poets Society
Color purple, The (USA 1986, D: Die Farbe Lila)
Comtesse des Grauens: s. Countess Dracula
Countess Dracula (GB 1970, D: Comtesse des Grauens)
Crying Game, The (GB 1992)
Damen aus Boston: s. Bostonians
Daughters of Darkness (1975)
Dead Poets Society (USA 1989, D: Der Club der toten Dichter)
Death Trap (USA 1982, D: Mörderspiel)
Different Story, A (USA 1977, D: Beziehungsweise andersrum)
Disclosure (USA 1994, D: Enthüllung)
Dog Day Afternoon (USA 1975, D: Hundstage)
Dracula (USA 1931)
Dracula (USA 1992, auch: Bram Stoker's Dracula)
Dracula's Daughter (USA 1936)
Draculas Hexenjagd: s. Twins of Evil

Filmhinweise

Drei von ganzem Herzen: s. Three of Hearts
Einsam, Zweisam, Dreisam: s. Threesome
Enthüllung: s. Disclosure
Es geschah in einer Nacht: s. It Happened One Night
Et Mourir de Plaisir (F/I 1960, D: Und vor Lust zu sterben)
Farbe Lila, Die: s. Color purple
Fatal Attraction (USA 1987, D: Eine verhängnisvolle Affäre)
Fox, The (USA 1967)
Frisson des Vampires, Le (F 1970, D: Sexualterror der entfesselten Vampire)
Gesetz der Begierde, Das: s. La Ley del deseo
Go Fish (USA 1994)
Gone with the Wind (USA 1939, D: Vom Winde verweht)
Graduate (USA 1967, D: Die Reifeprüfung)
Grief (USA 1993)
Gruft der Vampire: s. Vampire Lovers
Henry and June (USA 1990, D: Henry und June)
Henry und June: s. Henry and June
Himmel über der Wüste: s. Sheltering Sky
Hochzeitsbankett, Das: s. Wedding Banquet
Hundstage: s. Dog Day Afternoon
Hunger, The (USA 1983, D: Begierde)
I Am a Camera (GB 1955)
I Was a Male War Bride (USA 1949, D: Ich war eine männliche Kriegsbraut)
Ich war eine männliche Kriegsbraut: s. I Was a Male War Bride
Infame Lügen: s. These Three
Interview mit einem Vampir: s. Interview with the Vampire
Interview with the Vampire (USA 1994, D: Interview mit einem Vampir)
It Happened One Night (USA 1934, D: Es geschah in einer Nacht)
Jules et Jim (F 1961, D: Jules und Jim)
Jules und Jim: s. Jules et Jim
Katze auf dem heißen Blechdach, Die: s. Cat on a Hot Tin Roof
Kiss of the Spider Woman, The (USA/Brasilien 1985, D: Kuß der Spinnenfrau)
Königin Christine: s. Queen Christina
Kuß der Spinnenfrau: s. Kiss of the Spider Woman
Lästerschule, Die: s. School of Scandal
Law of Desire: s. La Ley del deseo
Ley del deseo, La (Spanien 1986, D: Das Gesetz der Begierde, USA: Law of Desire)
Lianna (USA 1983)
Looking for Langston (GB 1988)
Lust for a Vampire (GB 1971, D: Nur Vampire küssen blutig)
Mädchen in Uniform (D 1931)
Making Love (USA 1982)
Manche mögen's heiß: s. Some Like it Hot
Mark of Lilith, The (GB 1986)
Maurice (GB 1987)

Filmhinweise

Mörderspiel: s. Death Trap
North by Northwest (USA 1959, D: Der unsichtbare Dritte)
Nosferatu, eine Symphonie des Grauens (D 1921/1922)
Nuits fauves, Les (F 1992, D: Wilde Nächte)
Nur Vampire küssen blutig: s. Lust for Vampire
Orlando (GB u. a. 1992)
Paris, France (Canada/F 1993)
Paul Bowles: The Complete Outsider (USA/Marokko 1994)
Persona (Schweden 1966)
Personal Best (USA 1982)
Philadelphia (USA 1993)
Portrait of a Marriage (GB-TV 1990)
Prime of Miss Jean Brodie (GB 1969, D: Die besten Jahre der Miss Jean Brodie)
Queen Christina (USA 1933, D: Königin Christine)
Reality Bites (USA 1993, D: Voll das Leben)
Reifeprüfung, Die: s. Graduate
Rocky Horror Picture Show (USA 1974)
School of Scandal, The (USA 1914, D: Die Lästerschule)
Schwarze Witwe, Die: s. Black Widow
Sexual-Terror der entfesselten Vampire: s. Le Frisson des Vampires
Sheltering Sky, The (GB/I 1990, D: Himmel über der Wüste)
Some Like it Hot (USA 1958, D: Manche mögen's heiß)
Something for Everyone (USA 1970)
Sturm über Washington: s. Advise and Consent
Sunday, Bloody Sunday (GB 1971)
Sylvia Scarlett (USA 1936)
Tea and Sympathy (USA 1956, D: Anders als die andern)
These Three (USA 1936, D: Infame Lügen)
Three of Hearts (USA 1992/1993, D: Drei von ganzem Herzen)
Threesome (USA 1994, D: Einsam, Zweisam, Dreisam)
Tongues Untied (USA 1991)
Twins of Evil (GB 1971, D: Draculas Hexenjagd)
Und vor Lust zu sterben: s. Et Mourir de Plaisir
Unsichtbare Dritte, Der: s. North by Northwest
Vampire Lovers, The (GB 1970, D: Gruft der Vampire)
Vampyres (GB 1977, auch: Vampyres, Daughters of Dracula)
Verhängnisvolle Affäre, Eine: s. Fatal Attraction
Voll das Leben: s. Reality Bites
Vom Winde verweht: s. Gone with the Wind
Wedding Banquet, The (Taiwan/USA 1993, auch: Hsi Yen, D: Das Hochzeitsbankett)
Wilde Nächte: s. Les nuits fauves

Personenregister

Abbott, Sydney 52
Adler, Renata 594
Albee, Edward 488, 610
Albertson, Chris 155
Aldington, Richard 72, 76, 144f., 468
Alexander der Große, König von Makedonien 10, 62, 64, 363
Alexander, Christopher 484f.
Alkibiades 204
Almodóvar, Pedro 130
Anaxagoras 360
Anderson, Brett 15
Anderson, Sherwood 18
Andreas Capellanus 467
Apollinaire, Guillaume 186f.
Arendt, Hannah 99, 471
Aristogeiton 204
Aristophanes 200ff., 228, 290
Aristoteles 360
Armani, Giorgio 24
Arquette, Alexis 16
Asch, Sholem 18
Atkinson, Ti-Grace 266
Atlas, James 447, 450
Auden, W. H. 447, 455, 469ff.
Auer, Jane 512
Augustinus 432
Austen, Jane 538
Austin, John L. 79

Bacon, Francis 364
Baden-Powell, Robert 363
Baez, Joan 17
Bailey, Michael 292, 335, 344, 346
Baker, Jean-Claude 158
Baker, Josephine 60, 158, 552

Bakker, Jim 45
Baldwin, James 29, 163f., 169ff.
Baldwin, William 545
Banderas, Antonio 130
Bankhead, Tallulah 17, 61, 157
Barnes, Djuna 18, 61, 95, 187, 511
Barney, Natalie 413
Barrett, Michèle 108
Barrie, James 287, 298
Báthory, (Gräfin) Erzsébet 128
Bauer, Stephen 620
Bauman, Robert 45, 88ff., 92
Bawer, Bruce 67, 80
Bearden, Romare 156
Beardsley, Aubrey 285
Beatty, Warren 556
Bell, Vanessa 136, 139, 142f.
Bennett, William 395, 400
Benson, Arthur C. 395
Bentley, Gladys 156, 161
Berdjajew, Nikolai 260
Berg, Vernon E. 71, 353
Bergler, Edmund 33
Bergman, Ingmar 127
Berkman, Alexander 94f.
Bernhard, Kathleen Fullerton 557
Bernhard, Sandra 16, 20f., 45, 439
Bernhardt, Sarah 18, 73
Bernstein, Jamie 499
Bernstein, Leonard 20, 104, 496ff.
Bertolucci, Bernardo 511
Bhabha, Homi K. 113
Bieber, Irving 306
Bingham, Henrietta 139f.
Bishop, John Peale 151
Blau, Abram 360

Personenregister

Blau, Dick 424
Blazy, Philippe Douse 134
Blitzstein, Marc 498
Bloch, Iwan 380
Bloch, Lucienne 147
Bloom, Allan 395, 398f.
Bloom, Harold 476f., 486
Blücher, Heinrich 471
Bly, Robert 251
Bobba, Roberta 513
Böhme, Jakob 260
Bohringer, Romane 134
Boissevain, Eugen 152f.
Bonaparte, Marie 222
Boswell, Holly 274f.
Boswell, John 466
Bourdet, Edouard 18
Bowen, Otis 119
Bowie, David 23, 28, 45, 132, 212, 284
Bowles, Jane 496, 511ff.
Bowles, Paul 61, 496, 511ff., 624
Boy George 23, 279, 284
Boyle, Kay 468
Brando, Marlon 20, 277
Brenan, Gerald 139f.
Breuer, Josef 221f.
Bright, Susie 20, 65, 105, 114, 181f., 317, 563
Bristow, Joseph 77
Brown, Norman 260
Browne, Thomas 359
Bryher (Annie Winifred Ellerman) 72, 74f., 468
Buck, Claire 76
Burr, Chandler 353
Burton, Humphrey 498f.
Burton, Richard 46
Busch, Charles 127
Bussy, Dorothy Strachey 96, 409, 411ff., 587
Bussy, Simon 412
Butler, Judith 189, 219
Bynner, Witter 146, 151f.
Byron, (Lord) George Gordon 64, 126, 400

Caine, Michael 565
Calder-Marshall, Arthur 300ff.
Califia, Pat 54, 129
Cameron, Paul 334
Campbell, Joseph 250, 260
Campbell, Mary 526
Campbell, Naomi 24
Campbell, Roy 527
Capote, Truman 512
Carlyle, Thomas 359
Carpenter, Edward 74, 150, 216, 290f., 496
Carrington, Dora 136ff.
Case, Sue-Ellen 128
Castle, Terry 78, 535ff., 575f., 584
Chambrun, (Prinzessin) Martha Ruspoli de 513
Chao, Winston 471
Chapman, Tracy 279
Chauncey, George 152
Cheever, Benjamin 49f., 500f., 510
Cheever, John 20, 49ff., 496, 500ff.
Cheever, Susan 500, 507ff.
Chin, May 472
Christina, Königin von Schweden 64, 228
Cixous, Hélène 200, 219
Clausen, Jan 180f., 187
Cleaver, Eldridge 172ff.
Cleland, John 11
Clum, John 612
Coates, Helen 498
Cobain, Kurt 16, 77
Cohen, Rachel 25
Cohn, Felicia Montealegre 497ff.
Coleridge, Samuel Taylor 127, 263, 289f., 583
Colette 61
Collard, Cyril 133f.
Congreves, William 611
Cook, Blanche Wiesen 95ff., 410, 414
Cook, Nancy 95, 97
Copland, Aron 498, 511
Coppola, Francis Ford 130f.
Corsaro, Kim 64

Cothran, Tom 499
Craft, Christopher 126
Crawford, Joan 157
Crichton, Michael 425
Crisp, Quentin 47, 283
Crist, Judith 595
Crompton, Louis 400f.
Crowder, Henry 160
Cruise, Tom 130, 132
Cullen, Countee 29, 159, 164
Cunard, Nancy 160

D'Souza, Dinesh 395
Daly, Mary 261f.
Dante Alighieri 373
Darwin, Charles 290, 359
Dass, Ram 64
Daudet, Alphonse 159
Däumer, Elisabeth 87
Davidson, Jaye 281
Davies, Rhys 146
Dean, James 277
Delcourt, Marie 253
Delisle, Françoise 296
Deneuve, Cathérine 132f.
Dennis, Sandy 592
Derrida, Jacques 635
Dickerman, Marion 95, 97
Dietrich, Marlene 18, 20, 73, 250, 624
Dillon, Millicent 512f.
Dollimore, Jonathan 79, 108, 191, 395, 442, 444
Donahue, Phil 181f., 473, 476, 598
Donnelly, Patrice 434
Donohoe, Amanda 20f.
Doolittle, Hilda (H. D.) 29, 72ff., 145, 420, 468
Douglas, (Lord) Alfred Bruce 441
Douglas, Ann 151
Douglas, Michael 117, 545
Douglas, Norman 145
Dreher, Sarah 103
Drury, Allen 477, 481ff.
Druten, John van 614
Duberman, Martin 183, 187

DuBois, Nina Yolande 159
DuBois, W. E. B. 159
Duchamp, Marcel 609
Duke, Doris 463
Dullea, Keir 592, 594
Duncan, Isodora 150
DuPlessis, Rachel 76
Durant, Will 183

Eadie, Jo 54, 113
Eagels, Jeanne 157
Eastman, Max 153
Eastwood, Clint 284
Edel, Leon 585
Ehrenreich, Barbara 311
Eisler, Benita 146f.
Eliade, Mircea 250, 286
Eliot, T. S. 185ff., 193f., 393
Ellerman, John 468
Ellis, Edith Lees 42, 296ff.
Ellis, Havelock 42, 46, 74, 216, 221, 290ff., 308, 354, 374ff., 381, 383, 402, 427, 584
Ellison, Ralph 26
Ellmann, Richard 440f.
Euripides 182, 196, 208
Evans-Pritchard, Edward E. 125

Faderman, Lillian 94, 149, 151f., 155ff., 574f.
Falk, Candice 94
Fanon, Frantz 252f.
Fausto-Sterling, Anne 331ff., 345
Fellini, Federico 279
Felman, Shoshana 538f.
Fenn, Sherilyn 545
Ferenczi, Sándor 222
Ferguson, Gladys 155
Fetterley, Judith 585f.
Ficke, Arthur 151f.
Finch, Peter 544
Fließ, Wilhelm 26, 199, 206, 215ff., 219, 220ff., 229ff., 246, 291, 352ff., 362, 457, 542
Ford, Brian 567

Personenregister

Ford, Charles Henri 61
Forrest, Katherine V. 54
Forster, E. M. 145, 387, 394, 431
Fosse, Bob 613, 618
Foster, Jeanette 575
Foster, Meg 493
Foucault, Michel 11, 99, 534
Frank, Waldo 162
Franklin, Benjamin 359
Freud, Anna 242
Freud, Sigmund 26, 72 ff., 76, 100, 126, 162, 175, 189, 193, 198 f., 200, 202 ff., 210 f., 213 ff., 220 ff., 229 ff., 238 ff., 252, 258, 263, 269, 282, 291, 308, 336 ff., 352, 355 ff., 362, 368 f., 402 f., 419 f., 430, 447, 457, 468, 533 f., 538, 542 f., 557 f., 562, 568 f., 625
Friday, Nancy 557 f., 568
Friedman, Susan Stanford 76
Fuss, Diane 412

Gallop, Jane 424 ff., 428
Garber, Eric 156
Garbo, Greta 543, 595
García Márquez, Gabriel 279
Gardiner, Muriel 447 f., 452
Garland, Judy 618
Garnett, David 136
Garrique, Jean 184
Gates, Henry Louis 163
Gaultier, Jean-Paul 24
Gautier, Théophile 265, 405, 539
Gee, Jack 155
Geffen, David 434
Geismar, Maxwell 175
Gelpi, Barbara Charlesworth 264
Genet, Jean 98, 175
Gertler, Mark 137 f.
Gerzon, Mark 273
Gibson, J. T. 156
Gide, André 412, 511
Gilbert, John 543
Gilbert, John C. 141
Gilman, Charlotte Perkins 227

Girard, René 532 ff., 538 ff., 568, 607
Giroud, Françoise 134
Glazer, Richard 16
Gochros, Jean Schaar 317
Goethe, Johann Wolfgang von 243, 577
Gogh, Vincent van 635
Goldman, Emma 93 ff., 150
Gottfried, Martin 592
Gottlieb, Robert 501
Gould, Jean 152
Graff, Gerald 112
Grant, Cary 29, 543
Grant, Duncan 136, 141 ff.
Graves, Richard Perceval 386
Graves, Robert 379, 382 ff., 431
Greene, Michele 20
Gregg, Frances Josepha 72 f.
Grey, Joel 613, 618
Griem, Helmut 616, 621
Grizzard, George 480
Gross, Larry 87
Grosvenor, Rosamund 518 f., 524
Gründgens, Gustaf 470
Grund-Hessel, Helen 608

Hagar, Sammy 21
Hamer, Dean H. 292, 335, 344 ff.
Hamilton, (Lady) Emma 42
Hamilton, Ian 451
Hamlin, Harry 494
Hanks, Tom 130
Hansberry, Lorraine 61
Haraway, Donna 113
Harmodios 204
Harrod, Roy 141
Hart, Richard 498
Harvey, Laurence 616
Hay, Harry 91 f.
Head, Murray 544
Heijenoort, Jean van 147
Heilbrun, Carolyn 260, 263 f., 270
Hellman, Lillian 405, 573, 593
Hemingway, Ernest 18, 29, 405, 544, 625, 628 ff.
Hemingway, Marcelline 631

Personenregister

Hemingway, Mariel 21, 434, 439
Hemingway, Mary 631 f.
Hemphill, Essex 163
Henry, Renée 513
Hepburn, Katherine 543
Herbst, Josephine 159, 184
Herrera, Hayden 148
Hessel, Franz 608
Heywood, Anne 592, 594 f.
Hickok, Lorena 96
Hillman, James 261
Hipparchos 204
Hirschfeld, Magnus 221, 231, 292, 381, 451
Hitchcock, Alfred 195
Hobhouse, John Cam 400
Hoffman, Dustin 546
Holman, Libby 157
Holroyd, Michael 138
Holt, Winston 333
Homer 185 f., 535
Houseman, John 139
Howe, Irving 585 f., 591
Hubbard, Ruth 329, 343, 353
Hudson, Rock 315, 351
Hughes, Holly 78
Hughes, Langston 61, 160 f., 163 f.
Humble, James 90
Hunter, Alberta 155
Hurston, Zora Neale 161
Hutchins, Loraine 56, 61
Huysmans, Joris-Karl 441
Hyndman, Tony 447 ff., 452

Ibsen, Henrik 497
Indigo Girls 279
Ireland, Patricia 89 ff.
Isherwood, Christopher 447 f., 451, 455, 470 f., 613 ff., 618, 620, 624

Jackman, Harold 159
Jackson, Derrick Z. 288
Jackson, Glenda 544
Jackson, John 363
Jackson, Michael 250, 286 f.

Jacobs, Helen Hull 140
Jagger, Mick 13, 23, 45, 250, 285
Jakobson, Roman 193
James I., König von England 10, 29
James, Alice 575
James, Caryn 283
James, Henry 232, 574, 579, 581 f., 584, 586 f.
James, William 359
Janus, Cynthia L. 326
Janus, Samuel J. 326
Jefferson, Thomas 101
Jenney, Louisa Carpenter du Pont 157
John, Augustus 609
John, Elton 13, 28
Johnson, Magic 463
Johnson, Samuel 633
Johnson, Virginia E. 185, 325 f., 328
Johnson, Willard »Spud« 146
Jones, Ernest 126, 139 f., 213, 243, 356, 562
Joplin, Janis 17
Jordan, June 86, 112 f., 115
Jordan, Neil 130 f., 281
Joyce, James 186 f., 192, 194
Julien, Isaac 163
Julius Caesar 10, 62
Jung, C. G. 231, 250 ff., 269 ff., 275, 286, 369 ff.
Jung, Emma 222, 256

Kaahumanu, Lani 56, 61, 107
Kael, Pauline 594
Kahlo, Frida 61, 147 ff.
Kallimachos 197
Karlen, Arno 603 ff.
Katharina II., Zarin von Rußland 228
Kauffman, Stanley 594
Kazan, Elia 491
Keen, Sam 272 f., 287
Keesey, Pam 128
Kelly, Grace 517
Kepner, James 92
Kerr, John 257
Keynes, John Maynard 136, 141 ff.

Personenregister

Kimball, Roger 400
King, Billie Jean 45
King, Perry 493
Kinsey, Alfred 30, 175, 300, 304, 314f., 320f., 323, 326, 333, 340, 442
Kirstein, Lincoln 139
Kirstein, Mina 139f.
Klein, Calvin 22ff., 556f.
Klein, Fritz 31, 56, 169, 317, 321, 329, 592
Kohn, Barry 495
Kolodny, Robert C. 325
Krafft-Ebing, Richard von 206, 221, 292, 308, 336f., 382
Kraus, Karl 231
Kübler-Ross, Elisabeth 496
Kushner, Tony 48, 477, 483ff.

Lacan, Jacques 198f., 265, 534, 538f.
Lahr, John 612
Lake, Ricki 597ff.
Lamb, (Lady) Caroline 401
Lamb, Euphemia 609
Landseer, Edwin 363
Lang, k. d. 249, 279f., 284
Lape, Esther 95
Laplanche, Jean 37
Larsen, Nella 161, 557
Latimer, Margery 162
Laurencin, Marie 609
Lawrence, D. H. 29, 61, 99, 143ff., 554, 587ff., 591, 593f.
Leaska, Mitchell 527
Leavitt, David 444, 446f., 453, 455
Lee, Ang 471
LeFanus, Joseph 127
LeGuin, Ursula 270
Lennox, Annie 23
Lenya, Lotte 618
Leonardo da Vinci 242, 356ff., 362
LeVay, Simon 313, 335, 338ff., 344f., 347f., 351
Levin, Ira 565
Lévi-Strauss, Claude 533ff.
Lewis, C. S. 467

Lewis, Dione 513
Lichtenstein, Mitchell 471
Lillie, Beatrice 157
Litvin, Natascha 449, 454
Locke, Alain 164
Lombroso, Cesare 360
Lopokova, Lydia 136, 141ff.
Loraux, Nicole 197
Love, Barbara 52
Love, Courtney 16
Ludwig XVI., König von Frankreich 11
Luhan, Mabel Dodge 143, 145f., 162
Lukian 204
Lumet, Sidney 493, 565
Lynch, Kelly 545
Lynn, Kenneth 468

Mabley, Jackie »Moms« 60
Maddox, Brenda 145
Madonna 13, 24, 77
Magnus, Maurice 145
Magritte, René 234
Mailer, Norman 98f., 174f.
Malcolm X 432
Malone, John 306
Manet, Edouard 536
Mann, Erika 469ff., 512
Mann, Golo 471
Mann, Thomas 400, 470f.
Mansfield, Katherine 136
Mantle, Mickey 41
Marcus, Eric 78, 80f.
Marcus, Jane 284
Maree, Teena 24
Marie Antoinette, Königin von Frankreich 11
Marin, John 146
Marinoff, Fania 160
Markie, Mark 77
Marlowe, Christopher 535
Marmor, Judd 17
Marquand, David 141
Martial 398
Martin, April 53
Maslin, Janet 545

Personenregister

Masters, William H. 185, 325 f., 328
Mathes, Eugene 559
Matheson, Hilda 527
Matsuda 24
Matthiessen, Francis O. 584
Matusow, Alice 495
Maugham, W. Somerset 61
McAlmon, Robert 468
McBey, Marguerite 513
McCalla, Deirdre 280
McCarthy, Joseph 483
McCarthy, Mary 151
McGillis, Kelly 284
McKay, Claude 159, 162, 164, 511
McPherson, Kenneth 74, 468
Mead, Margaret 27 f.
Medeiros, Maria de 550
Meleagros 204
Mercury, Freddie 64
Michelangelo 62, 602
Milholland, Ines 152
Millay, Edna St. Vincent 151 ff., 162
Miller, Earl 96 f.
Miller, Henry 98 f., 549 ff.
Miller, June 549 ff.
Miller, Marilyn 157
Miller, Mark 315
Millett, Kate 98 ff.
Milton, John 433, 591
Min, Anchee 546 ff.
Minnelli, Liza 618, 621
Mitchell, Juliet 76, 231 f., 234
Mizejewski, Linda 616 f.
Moll, Albert 300
Molnár, Ferenc 540
Monette, Paul 143, 433, 456 ff.
Money, John 17, 71, 99
Montherlant, Henri de 60
Moreau, Jeanne 605
Morrell, (Lady) Ottoline 138
Mulvey, Laura 277
Murray, James A. H. 633
Murry, John Middleton 136
Myrdal, Gunnar 99

Nader, George 315
Napoleon I. Bonaparte 293
Naumburg, Margret 162
Navratilova, Martina 353
Near, Holly 58, 280
Neumann, Erich 251, 261
Newman, Paul 486
Nicholson, Nancy 385 f.
Nicolson, Harold 20, 34, 136, 495 f., 514, 516 ff., 522 ff.
Nicolson, Nigel 27, 495, 514 ff., 521 f., 526 f.
Nietzsche, Friedrich 215, 260
Niles, Blair 156
Nin, Anaïs 61, 549 ff.
Norman, Dorothy 512
Norrgard, Lenore 66
Northrop, Ann 492, 598
Nugent, Bruce 163

O'Hara, Frank 184
O'Keeffe, Georgia 146 ff.
Ochs, Robyn 83, 85, 371
Oldman, Gary 130
Oliver, Paul 155
Olivier, Laurence 20
Ontkean, Michael 494
Orton, Joe 610 ff.
Ovid 179, 182, 185, 195 f., 207 f., 219

Pacino, Al 493
Paglia, Camille 251, 260, 269, 395
Park, Julie Ann 15
Partridge, Ralph 136, 139 f.
Pater, Walter 395
Pattullo, E. L. 80
Pearn, Inez 448 f.
Penley, Constance 35 f.
Perkins, Helvetia 513
Petrarca 373
Pfennig, Richard 230
Pillard, Richard 292, 335, 344, 346
Plante, David 454
Platky, Anita 91

Personenregister

Platon 200, 203 f., 270, 290, 359, 363, 395, 398 f.
Poe, Edgar Allan 538 f.
Pole, Rupert 550
Polidori, John William 126
Pollitt, Katha 464 f.
Pomeroy, Wardell 305
Pontalis, J.-B. 37
Porter, Cole 86, 617
Potter, Madeleine 576
Potter, Sally 283 f.
Pound, Ezra 72, 74, 76, 468
Preminger, Otto 480
Presley, Elvis 250
Presley, Lisa Marie 288
Prince 77, 279
Prince, Harold 613, 617
Proust, Marcel 493, 532 f., 607
Pryor, Douglas 56, 75

Rainey, Gertrude »Ma« 60 f., 155
Rainey, Will »Pa« 155
Rainier III., Fürst von Monaco 517
Rambova, Natascha 42
Rampersad, Arnold 163
Rattigan, Terence 611
Read, Elizabeth 95
Reagan, Ronald 107
Rector, Kelly 556 f.
Redgrave, Vanessa 576
Reeve, Christopher 565, 576
Reitman, Ben 94
Renault, Mary 193, 401, 557
Reventlow, (Gräfin) Franziska zu 609
Rice, Anne 29, 130 ff.
Rich, Adrienne 30, 106 f., 110, 259
Richards, Renée 182
Richthofen, Frieda von 143, 146
Rickus, Jane 636
Rie, Oscar 230
Riggs, Marlon 161
Riley, Pat 280
Rivera, Diego 147 ff.
Rivera, Geraldo 278, 368
Rivers, Larry 183 ff., 187, 563

Roberson, Ida 160
Robertiello, Richard 557
Roberts, Julia 284
Robeson, Eslanda 74
Robeson, Paul 74
Robinson, Paul 304
Roché, Henri-Pierre 608 f.
Róheim, Géza 213
Römer, Lucien S. von 292
Roosevelt, Eleanor 62, 86, 95 ff., 413 f.
Rorem, Ned 50
Rose, Jacqueline 217 f.
Ross, Jean 614 f.
Ross, Robert 441
Rossetti, Dante Gabriel 214
Rostand, Edmond 73
Roth, Philip 599 f.
Rousseau, Jean-Jacques 356
Rubenstein, Maggi 305
Rubin, Gayle 189, 534
Rubirosa, Porfirio 463
Russel, Maude 158
Russell, Theresa 129
Russo, Vito 127, 494, 545, 591 f.
Rust, Paula 582

Sackville, (Lady) Victoria 526
Sackville, (Lord) Lionel 517
Sackville-West, Vita 20, 26 f., 34, 62, 135 ff., 190, 495 f., 514 ff.
Safire, William 633
Salovey, Peter 558
Salvini, Eve 24
Sand, George 228
Sands, Ethel 138
Sanger, Margaret 303
Sappho 10, 61, 64
Sarandon, Susan 133
Sardanapal, König von Assyrien 209
Sarelle, Leilani 545
Sayles, John 415
Schneider, Alan 611
Schneider, Maria 17
Schopenhauer, Arthur 290
Schreiner, Olive 297

Schwerdtner, Karl Maria 214
Scott, Geoffrey 516
Scott, Tony 132
Secor, Cynthia 270
Sedgwick, Eve Kosofsky 86, 533 ff., 538 ff., 568
Serre, Henri 605
Sexton, Anne 154
Shainess, Natalie 17
Shakespeare, William 10 f., 29, 60, 62, 263, 291, 377, 399, 450, 535, 569, 572, 583, 587, 607
Shelley, Percy Bysshe 291, 399
Sheridan, Richard Brinsley 543
Shilts, Randy 353
Shocked, Michelle 279 f.
Sidney, Philip 493
Simpson, Lillian 155
Sinfield, Alan 107 f., 382, 612
Singer, June 259, 264 ff.
Skidelsky, Robert 141
Smith, Bessie 60, 155, 159
Smith, Clara 158
Smith, Constance Spencer 401
Smith, Joseph 477
Smith, Paul 24
Snodgrass, W. D. 154
Socarides, Charles 17
Sokrates 10, 204, 398
Sontag, Susan 127, 265, 618
Sophokles 182, 185, 195, 210, 541, 615
Souvestre, Emile 412
Souvestre, Marie 95, 412 ff.
Spender, Stephen 433, 444, 446 ff., 461
Spenser, Edmund 286
Sperry, Almeda 93 f.
Spiegel, Mildred 497
Spielberg, Steven 491
Spielrein, Sabina 256
Sprott, Sebastian 141 f.
Staël, Madame de 60
Stallone, Sylvester 284
Stead, W. F. 382
Stein, Gertrude 511
Steinbach, Meredith 193 f.

Steinem, Gloria 28
Stekel, Wilhelm 243 f.
Stendhal 607
Stephen, Adrian 136, 142
Stephen, Virginia s. Woolf, Virginia
Sternberg, Josef von 624
Stevens, Wallace 452
Stieglitz, Alfred 146 ff.
Stimpson, Catherine 87, 262, 269, 272
Stoker, Bram 126, 131
Stoller, Robert J. 99, 338
Stoltenberg, John 35
Stone, Sharon 77, 116 f., 129, 545
Strachey, (Lady) (Jane Maria Grant) 412
Strachey, Alix 139
Strachey, Elinor 413
Strachey, James 412
Strachey, Joan Pernel 412
Strachey, Lytton 136 ff., 394, 401, 412
Strachey, Marjorie 412
Strachey, Philippa 412
Strand, Paul 146
Strand, Rebecca »Beck« 146
Streisand, Barbra 77
Strouse, Jean 575
Studlar, Gaylyn 624
Sullivan, Andrew 465 f.
Swanson, Gloria 156
Sweetman, David 193
Swinburne, Algernon Charles 265, 523
Swinton, Tilda 283
Swoboda, Hermann 229 f.
Szymanski, Michael 601 f.

Tanner, Tony 575
Taylor, Elizabeth 77, 463, 486
Taylor, Mark Adams 499
Theokrit 204
Thompson, Clarence 145
Thompson, Louise 161
Thompson, Virgil 511
Thorpe, Frances Wills 163
Thurman, Uma 553
Thurman, Wallace 160 f.
Tibol, Racquel 149

Personenregister

Tolins, Jonathan 346
Tolstoi, Leo N. 93
Tomlin, Stephen 140
Toomer, Jean 162
Towne, Robert 434, 439
Trefusis, Denys 517, 522 f., 526
Trefusis, Violet 514, 516 ff.
Tripplehorn, Jeanne 117, 545
Troche, Rose 16
Trudeau, Garry 466
Truffaut, François 605, 607 ff.
Trump, Ivana 20
Tschaikowski, Pjotr I. 62
Turlington, Christy 24
Tyler, Parker 404

Udis-Kessler, Amanda 109, 350
Ulrichs, Karl Heinrich 290
Upchurch, Michael 514

Valverde, Mariana 306, 335
Van Vechten, Carl 156, 160, 162
Vaughn, Marjorie Bennett 414
Vavra, Francis 276
Verhoeven, Paul 116
Verlaine, Paul 511, 523
Versace, Gianni 24
Vidal, Gore 48, 305, 397, 442

Walker, A'Lelia 157
Walker, Alice 29, 491
Warnow, Catherine 514
Waters, Ethel 155
Weber, Bruce 22, 24
Weeks, Jeffrey 291
Weill, Kurt 618
Weinberg, Martin 56, 75, 119, 121 f.
Weininger, Otto 226 ff., 240
Weinrich, Regina 514
Weise, Elizabeth Reba 55, 70
Wells, Hal 317
Werner, Oskar 606

West, Mae 284
Wexler, Alice 94
Wheelright, Mary Cabot 147
Whitman, Walt 61, 298, 403
Wilde, Constance 441
Wilde, Oscar 18, 29, 86, 95, 213, 265,
　285, 382, 440 ff., 607 f., 611, 616
Wile, Ira S. 360
Williams, Colin 56, 75
Williams, Ethel 155
Williams, Linda 190 f.
Williams, Tennessee 486 ff., 490 f.,
　511 f., 611
Williams, William Carlos 468
Wilson, Edmund 151
Winfrey, Oprah 475
Winsloe, Christa 410
Winterson, Jeannette 192
Wittig, Monique 213
Wolfe, Thomas 104
Wolff, Charlotte 316
Wolff, Toni 256
Wolters, Barbara 316
Wood, Beatrice 609
Wood, Clement 156
Woolf, Leonard 136, 139, 414, 528
Woolf, Virginia 29, 62, 64, 86, 136,
　138 f., 141, 143, 190, 263, 283 f.,
　412, 414, 516 f., 523, 527 f.
Wright, Richard 172, 175
Wright, Walter F. 575

Xenophon 204

Yeats, William Butler 130
York, Michael 613, 617, 622, 624
Young-Bruehl, Elisabeth 240

Zane, Billy 283
Zimmerman, Bonnie 127
Zipkin, Dvora 55 f.